COOPER
SMITHS
OIL
OFF

Impressum

© 2000 by

ZEITGEIST VERLAG

Düsseldorfer Straße 60
40545 Düsseldorf
Tel. 0211-556255
Fax 0211-575167
Internet: www.zeitgeistverlag.de
e-mail: kontakt@zeitgeistverlag.de

In Kooperation mit

Dino

Rotebühlstraße 87
70178 Stuttgart

Herausgegeben von Willy Knupp
im Auftrag von RTL Television
© RTL Television
Merchandising/Licensing 2000

Autoren
Achim Schlang
Christoph Schulte
Thomas Allstedt
Jörg Beckmann
Jörg Walz

Konzeption und verantwortlich für den Inhalt
Hubert Bücken

Projektleitung und Redaktion
Jörg Beckmann

Gestaltung
Udo Ring

Umschlaggestaltung
Volker Büchle

Redaktionelle Mitarbeit
Beate Bieniek, Sebastian Rühl,
Julia Siegers

Bildnachweis
Seite 367

Illustrationen
Paolo d'Alessio

Lithos und Herstellung
publishing partner Bochum

Druck
Mohn Media Gütersloh

Redaktionsschluss Februar 2000
Alle Angaben wurden sorgfältig recherchiert, eine Gewähr kann aber nicht übernommen werden.

Printed in Germany

ISBN 3-89748-277-0

Kampf am Limit

Die Formel 1 Chronik 1950-2000

Auf über 300 Seiten werden die wichtigsten Begebenheiten seit der Einführung der Formel-1-Weltmeisterschaft im Jahre 1950 bis zu ihrer 50. Saison im Jahre 1999 erzählt. Außerdem werden die Teams und Autos vorgestellt, mit denen die Formel 1 ins neue Jahrhundert geht.

Jahr für Jahr finden Sie auf sechs bis acht Seiten:

- Eine Zusammenfassung der Saison. Die Autoren bringen die Entscheidungskämpfe des Jahres auf den Punkt. Dazu mehrere Kurzstories, in denen die wichtigsten Aspekte des Jahres focusartig abgehandelt werden.
- Kurzmeldungen mit interessanten Details, Personalien, Anekdoten rund um die Saison.
- Eine Tabelle mit allen Fahrern, die in der Saison für mindestens ein Rennen mit einem Auto des entsprechenden „Teams" gemeldet waren. Bitte beachten Sie, dass in den ersten Jahrzehnten viele Werke ihre Autos auch an private Teams und Privatfahrer verkauften oder verliehen. Deshalb sind die Fahrertabellen oft sehr lang.
- Eine Tabelle mit den Platzierten auf Rang 1, 2 und 3 – allerdings nur für die Rennen, die zur Weltmeisterschaft zählten. Die Rückstände auf den Sieger sind folgendermaßen angegeben: Vor dem Punkt die Minuten, vor dem Komma die Sekunden, hinter dem Komma die Tausendstel-Sekunden.
- Eine Tabelle mit dem WM-Endstand. Ab 1958 sind dort auch die Punkte des Konstrukteurspokals aufgeführt. Hier änderte sich im Laufe der Jahre die Zählweise. Zunächst wurden nur die Punkte des Teambesten in jedem Rennen aufgenommen. Erst seit 1979 werden die WM-Zähler beider Fahrer dem Team gutgeschrieben. 1991 entfielen die ungerechten Streichresultate, die nach wechselnden Regeln ermittelt wurden. Wer oft in die Punkteränge kam, dem wurden Punkte gestrichen.

Die Formel 1 Statistik

Am Ende des Buchs finden Sie auf über vierzig Seiten detaillierte Tabellen und Statistiken. Neben zahlreichen Bestenlisten aus fünfzig Jahren enthält dieser Teil alle Rennen von 1950-1999, mit den Ergebnissen sämtlicher Fahrer. Außerdem eine Bilanz aller Teams – und die Erfolgsdaten der Rennfahrer, die in den fünfzig Jahren mindestens einen Punkt geholt haben.

Die Titelbildmontage zeigt links Juan Manuel Fangio auf Alfa Romeo beim Großen Preis von Deutschland 1951. Sein „Gegner" ist Ferrari-Pilot Michael Schumacher 1999 in Brasilien.

Innentitel vorn: Cockpit eines Cooper-Rennwagens aus den fünfziger Jahren
Innentitel hinten: Ferrari-Cockpit 1999

Liebe Leser,

1999 feierte die Formel 1 ein Jubiläum, es war das fünfzigste Jahr der Formel-1-Weltmeisterschaft. Am 13. Mai 1950 wurde in Silverstone das erste Rennen gestartet und sofort ging von dieser neuen Weltmeisterschaft eine große Faszination aus. 100.000 bis 150.000 Besucher waren von Anfang an keine Seltenheit. Millionen hörten die Rundfunkreportagen, sahen die spannenden Bilder in den Wochenschauen. Schnell interessierte sich auch das neue Medium Fernsehen für die Formel 1.

Heute können wir mit Stolz sagen, dass kein anderes jährliches Sportereignis weltweit attraktiver ist als die Formel-1-WM. Viele Fernsehsender rund um den Globus übertragen die Rennen, im Schnitt sitzen über eine Milliarde Zuschauer als begeisterte Zeugen vor den TV-Geräten und verfolgen die spannenden Wettkämpfe.

Natürlich hat sich die Formel 1, wie alles auf der Welt, in diesen fünfzig Jahren sehr verändert. Die Rennställe, früher oft kleine Garagenfirmen, sind heute Unternehmen mit mehreren hundert hochqualifizierten Mitarbeitern. Immer häufiger stehen auch Weltkonzerne dahinter. Die Werbewirtschaft investiert gewaltige Summen für Sponsorships, ohne die die immensen Entwicklungskosten nicht zu finanzieren wären.

Die größte und erfreulichste Entwicklung nahm der Bereich Sicherheit. Ascari, Fangio oder Hawthorn fuhren noch im Polohemd – ohne Gurte, ohne Helm, nur mit Stoffmütze und Staubbrille in Autos ohne jegliche Schutzvorrichtungen. Die Zuschauer standen ungesichert an der Rennstrecke. Damals wussten die Piloten, wenn sie in einen Rennwagen stiegen, dass sie ein tödliches Risiko auf sich nahmen. Ganz ausschließen kann man solch ein Risiko in keiner Sportart. Wir, die FIA, konnten in Zusammenarbeit mit den Konstrukteuren die Gefahren sehr minimieren. Den Motorsport noch sicherer zu machen, wird auch in Zukunft unser Bestreben sein.

Fünfzig Jahre Formel 1, fünfzig Jahre Faszination, Dramatik und Spannung – ich wünsche Ihnen viel Spaß mit dieser Chronik. Bei vielen werden Erinnerungen wach werden, den jüngeren Lesern, davon bin ich überzeugt, wird durch die Fotos und die Geschichten die große Tradition des Ereignisses Formel 1 näher gebracht.

Ihr

Max Mosley
President Fédération Internationale de l'Automobile

13.14 Uhr Ortszeit, die sogenannten Grid girls marschieren in einträchtiger Formation zu den Startplätzen der jeweiligen Rennfahrer. Mittlerweile nimmt die Show rund um d

eigentlichen Grand Prix einen enormen Stellenwert ein. Rahmenrennen von Nachwuchsformeln, Konzerte, teilweise sogar Flugshows unterhalten die Fans auf den Rängen.

In der modernen Formel 1 gehen solche Überschläge, wie der von Benetton-Pilot Alexander Wurz 1998 in Kanada, meist glimpflich aus. Wurz entstieg dem völlig zerstörten

Auto unverletzt und nahm den Neustart im Ersatzwagen auf. Noch in den achtziger Jahren endeten Unfälle dieser Art häufig mit schlimmen Folgen für die Rennfahrer.

Die Anfänge des Motorsports

Kaum rollen die ersten Automobile, messen sich deren Besitzer auch schon bei Wettfahrten. Die Vorläufer der modernen Grand-Prix-Rennen ähneln jedoch eher Ausdauer-Veranstaltungen. Dennoch begeistern sich früh die Zuschauer für die Rennen.

Im Jahre 1886 erfanden die Herren Carl Friedrich Benz und Gottfried Daimler unabhängig voneinander das Automobil. Bereits acht Jahre später gab es das erste offizielle Autorennen: Am 22. Juli 1894 starteten in Paris 21 Benzinkutschen. Das Ziel, die 126 Kilometer entfernte Stadt Rouen, erreichten 17 Teilnehmer. Für den Schnellsten wurde ein Schnitt von 17 km/h errechnet. Ärzte warnten vor gesundheitlichen Schäden.

1900 schrieb der englische Zeitungsverleger Gordon Benett einen internationalen Pokal aus, der seinen Namen trug. Der GB-Pokal war kein Wettbewerb der einzelnen Firmen und immer noch ging es um Langstrecken, zum Beispiel Paris-Berlin oder Paris-Madrid. Hunderttausende von Zuschauern säumten die Straßen – leider kam es bei der „Raserei" zu zahlreichen schweren Unfällen. 1903 beendeten die Regierungen von Spanien und Frankreich die Durchführung des Rennens Paris-Madrid per Dekret bereits in Bordeaux.

1906 schlug der Automobil Club von Frankreich ein neues Kapitel der Renngeschichte auf: Am 26. und 27. Juni wurde in Le Mans der erste aller „Grand Prix" ausgetragen. Es war kein Langstreckenrennen mehr, der Wettbewerb wurde vielmehr auf einem Rundkurs gefahren. Es siegte der Ungar Ferencz Szisz. Er und Männer wie Christian Lautenschlager, Carl Jörns, Victor Hémery, Louis Wagner und Max Sailer waren die Stars bis zum Ausbruch des ersten Weltkrieges.

In den goldenen Zwanzigern erlebten Grand Prix unterschiedlicher Formeln eine Blütezeit. Mit Alfa Romeo, Bugatti, Benz,

Das Fürstentum Monaco veranstaltet schon früh Rennveranstaltungen. Die Streckenführung war 1933 nahezu die gleiche wie am Ende des 20. Jahrhunderts. Die Piloten durchfuhren die Haarnadelkurve vor dem Bahnhof, wo heute das Loews-Hotel steht.

Nicht alle Rennfahrer kamen auch ins Ziel. Bei einem Rennen 1924 in Cardiff wurde dieser wackere Pilot von seinem linken Hinterrad überholt.

Die äußeren Bedingungen waren zwar schauerlich, doch zur Eröffnung des Nürburgrings am 18. Juni 1927 kamen die Zuschauer in Scharen.

Historie

▲ *Reifenwechsel waren bereits 1935 nötig. Die völlig abgefahrenen Gummis werden durch neue ersetzt. Anders als heute dauerte das mehrere Minuten.*

▼ *Sie waren die Mercedes-Stars vor dem Zweiten Weltkrieg (v. l.): Manfred von Brauchitsch, Richard Seaman, Hermann Lang und Rudolf Caracciola.*

▲ *Bernd Rosemeyer (M.) mit seiner Frau Elly und Ferdinand Porsche. Der Auto-Union-Pilot verunglückte 1938 bei einem Rekordversuch.*

Sunbeam, Delage, Fiat, Mercedes oder Talbot gab es eine unglaubliche Markenvielfalt. 1925 wurde die erste WM ausgeschrieben – allerdings nicht für Piloten, sondern für Hersteller. Der erste Weltmeistertitel ging an Alfa Romeo. Leider kam beim Grand Prix von Frankreich der Alfa-Star Antonio Ascari, Vater des späteren F1-Weltmeisters, ums Leben. Bis Anfang der dreißiger Jahre war Alfa Romeo – die Rennabteilung wurde von Enzo Ferrari geleitet – tonangebend auf den Rennstrecken. Den Alfa-Fahrer Tazio Nuvolari halten noch heute viele für den größten Rennfahrer aller Zeiten. Seine Gegner waren Rudolf Carraciola (Mercedes), Louis Chiron (Bugatti) oder Achille Varzi, der für verschiedene Teams fuhr.

In Deutschland wurde ab 1933 der Motorsport zur Staatsangelegenheit. Man pumpte große Summen in die Rennabteilungen von Mercedes-Benz und Auto Union. Mit Beginn der Saison 1934 galt für Grand Prix die „750 kg Formel" – damit war das Maximalgewicht der Wagen gemeint. Weil

Man nannte ihn den Bergkönig: Grand-Prix-Star Hans Stuck fuhr vor dem Zweiten Weltkrieg für Auto Union. Danach bestritt er einige Läufe in der neuen Formel 1. Sein Sohn Hans-Joachim errang in 74 F1-GP immerhin 29 WM-Punkte.

der neue Mercedes 1934 beim Eifelrennen 751 kg auf die Waage brachte, ließ Rennleiter Alfred Neubauer den weißen Lack bis aufs Blech abschmirgeln und setzte damit den Grundstein für den Begriff „Silberpfeile".

Die deutschen Werke bestimmten in den Folgejahren die Rennszene in Europa. Das änderte sich auch 1938 nicht, als die „Dreiliter-Kompressor-Formel" eingeführt wurde. Der Mercedes W154 von 1938, ein Zwölfzylinder, brachte 468 PS bei 7.800 U/min auf die Straße und erreichte eine Spitze von 300 km/h. Einen Weltmeister gab es in jenen Jahren allerdings nicht, sondern lediglich Sieger der einzelnen Grand Prix. Immerhin addierte man einzelne GP-Ergebnisse ab 1935 zu einer Europameisterschaft. Die Champions waren Rudolf Carraciola auf Mercedes (1935, 37, 38), Bernd Rosemeyer auf Auto Union (36) und Hermann Lang auf Mercedes (39).

Der im August 1939 ausgebrochene Zweite Weltkrieg ließ den Motorsport pausieren.

Die **Formel-1-WM** wird geboren

Kaum schwiegen die Waffen in Europa, wurden schon erste Vorbereitungen für eine Wiedergeburt des Motorsports getroffen. Das erste Nachkriegsrennen wurde am 9. September 1945 in Paris gefahren. Jean-Pierre Wimille, der französische Superstar, gewann.

Während in Deutschland an eine Fortsetzung des werksseitigen Einsatzes der Silberpfeile und Co. nicht zu denken war, übernahmen Alfa Romeo, Maserati und Ferrari das Kommando. 1946 kam es zu einer denkwürdigen Sitzung der FIA-Sportabteilung C.S.I.: Die Funktionäre beschlossen eine neue Formel für die Saison 1947 und gaben ihr den Namen Formel A. Der Begriff hielt sich nur kurze Zeit, dann wurde er durch den Terminus Formel 1 abgelöst.

Im ersten Reglement wurde der Hubraum von Saugmotoren auf 4,5 Liter begrenzt. Bei Kompressor-Aggregaten durfte er 1,5 Liter nicht überschreiten. In der „Steinzeit" der Formel 1 Ende der vierziger Jahre wurde zwar noch keine Weltmeisterschaft ausgetragen, dennoch bot die Epoche großartigen Sport. Es waren vor allem italienische und französische Werke, die ihre geretteten Vorkriegsrennwagen modifizierten. Junge Rennfahrer gab es kaum – der Krieg hatte ihnen keine Chance gelassen, ihr Talent zu entfalten. So waren die meisten Fahrer mittlerweile Mitte vierzig oder älter. Einige der großen Talente verunglückten zudem bei den ersten Nachkriegs-Grand-Prix. Auf dem Bremgarten-Kurs in Bern starb 1948 das italienische As Achille Varzi. Aus dem Cockpit geschleudert, wurde er von seinem Boliden erdrückt. Und im Januar des folgenden Jahres schlug auch für Jean-Pierre Wimille die Stunde. Er, der als bester Pilot der frühen Nachkriegszeit galt, verunglückte in Buenos Aires. Die Formel 1 verlor ihren ersten potentiellen Champion.

1949 organisierte die Motorrad-Vereinigung FIM ihre erste Weltmeisterschaft und da wollte die FIA nicht zurückstehen. Dem Vorbild der zweirädrigen Zunft entsprechend, wurde für 1950 die Formel-1-Weltmeisterschaft ins Leben gerufen: Nach einheitlichem Reglement wurden nationale Grand Prix ausgeschrieben und den erfolgreichsten Fahrern Punkte zuerteilt. So hatte man am Saisonende einen Weltmeister. Meisterschaftspunkte wurden zunächst lediglich an die Fahrer vergeben.

In den ersten Jahrzehnten zählten längst nicht alle F1-Grand-Prix für die Weltmeisterschaft, sondern nur einige ausgewählte Rennen pro Jahr.

Der Franzose Jean-Pierre Wimille gilt als kommender Superstar der Formel 1, als er 1949 stirbt.

Bei vielen Formel-1-Rennen der Gegenwart sind die alten Rennwagen aus der Vor- und Nachkriegszeit eine große Attraktion. Der Mercedes W125 aus dem Jahre 1937 wur

on einem Achtzylinder-Kompressormotor angetrieben. Aus 5.660 ccm holten die Ingenieure die stolze Leistung von rund 650 PS heraus. Der Wagen schaffte über 300 km/h.

Die Geschichte des Autorennens ist fast so alt wie die des Automobils. Seit 1906 messen sich die größten Fahrer bei Grand-Prix-Rennen, den „Königsveranstaltungen“ des Motorsports. So gelangen Fahrer wie Campari, Nuvolari, Caracciola und Rosemeyer zu Weltruhm – Weltmeister werden sie indes nie. Das ändert sich 1950 mit Geburt der Formel-1-WM: Erstmals werden die Rennen einheitlich gewertet und am Saisonende wird ein Champion gekürt.

Das Jahr Eins der Formel Eins

1950

Der erste WM-Lauf der Formel 1 in Silverstone. Die Alfas machen zwischen Strohballen das Rennen unter sich aus. Giuseppe Farina (vorn) gewinnt vor Alfa-Teamkollege Luigi Fagioli.

Aus heutiger Sicht befinden wir uns 1950 im Mittelalter des Grand-Prix-Sports. Die Piloten fahren genauso unbekümmert und schutzlos wie vor vierzig Jahren: Sie tragen Leinenhauben und Staubbrillen, viele fahren im Polohemd. Sicherheitsgurte verwenden nur Flugzeugpiloten.

Die Motoren sind durchweg vor den Piloten montiert. Ihr Hubraum beträgt entweder maximal 4,5 Liter ohne Kompressor oder 1,5 Liter mit Aufladung – das Reglement erlaubt beides. Daraus ergeben sich abenteuerliche Konstruktionen: Ferrari verteilt die 1,5 Liter auf zwölf schnapsglasgroße 125 cm³-Zylinder. Und in England baut die BRM gar einen 1,5-l-V16.

Doch die Formel 1 ist zunächst eine überwiegend italienische Angelegenheit. Drei Teams aus Italien treten gegen zwei unterlegene französische Firmen an. Und südlich der Alpen ist es damals nicht anders, als 50 Jahre später: Wenn in der F1 etwas passiert, was der italienischen Presse nicht passt, dann rauscht es im Blätterwald gewaltig.

Die erste Bombe platzt, noch bevor es richtig losgeht. Alfa Romeo, das Super-Team der frühen Jahre, sucht Fahrer. Nach einjähriger Abstinenz vom Grand-Prix-Sport wollen die Mailänder wieder mitmischen. Aber wer soll die bereits 1937 konstruierten Alfettas steuern? Achille Varzi war 1948 tödlich verunglückt. Jean-Pierre Wimille erwischte es im Vorjahr in Buenos Aires, als unvorsichtige Zuschauer über die Piste rannten. Und Graf Felice Trossi, der distinguierte Aristokrat, wurde fast zeitgleich von einem Krebsleiden dahingerafft. Der Tod hat im alten Alfa-Team gewaltig aufgeräumt. Aber Teamleiter Giovanbattista Guidotti weiß Rat: Er formt die Mannschaft der drei „F" – Farina, Fagioli und Fangio.

Prompt ist in Italien die Hölle los. Dass einer der italienischen Renner dem Argentinier Fangio anvertraut wird, gleicht Landesverrat. Juan Manuel Fangio glättet die Wogen diplomatisch: „Was soll die Diskussion? Ich fühle mich in Italien zu Hause. Außerdem wurde mein Vater hier geboren." Der 38-jährige Südamerikaner weiß: Der Alfa-Vertrag ist eine Lizenz zum Punkte sammeln. Offen gesteht er: „Das Angebot riss mich fast vom Stuhl! Mit diesem Auto kann ich Champion werden."

Alfa Romeos Gegenspieler ist die Scuderia Ferrari, die allerdings das Premierenrennen im englischen Silverstone auslässt. Der Chef, Enzo Ferrari, ist eine große, stattliche Erscheinung. Hinter seiner hohen Stirn werden die Gedanken geboren, die seit Jahrzehnten Siege auf den Pisten bringen. Der Commendatore ▶

In den F1-Gründertagen wird unter freiem Himmel geschraubt. Und die Mechaniker (hier von Talbot-Lago) kennen keine Geheimniskrämerei.

Die **Teams**

Alfa Romeo

Giuseppe Farina	I
Juan Manuel Fangio	ARG
Luigi Fagioli	I
Reginald Parnell	GB
Consalvo Sanesi	I
Piero Taruffi	I

Ferrari

Alberto Ascari	I
Dorino Serafini	I
Peter Whitehead	GB
Luigi Villoresi	I
Raymond Sommer	F
Clemente Biondetti	I

Maserati

Prince Bira	THA
Reginald Parnell	GB
Louis Chiron	MC
Felice Bonetto	I
Franco Rol	I
David Murray	GB
David Hampshire	GB
Emmanuel de Graffenried	CH
José Froilan González	ARG
Nello Pagani	I
Toni Branca	CH
Franco Comotti	I
Joe Fry	GB
Brian Shawe-Taylor	GB
Paul Pietsch	D

Talbot Lago

Louis Rosier	F
Yves Giraud-Cabantous	F
Raymond Sommer	F
Philippe Étancelin	F
Eugène Chaboud	F
Eugène Martin	F
Henri Louveau	F
Johnny Claes	B
Harry Schell	USA
Pierre Levegh	F
Charles Pozzi	F
Willy Mairesse	B

Simca Gordini

Robert Manzon	F
Maurice Trintignant	F

ERA

Leslie Johnson	GB
Cuth Harrison	GB
Bob Gerard	GB
Peter Walker	GB
Tony Rolt	GB

Alta

Joe Kelly	IRL
Geoffrey Crossley	GB

Cooper

Harry Schell	USA

Viele Fahrer

Bis einschließlich 1962 können die Teams beliebig viele Rennwagen einsetzen. Danach wird die Zahl – mit Ausnahmen – auf zwei Autos beschränkt. Viele Privatfahrer kaufen oder mieten zudem Rennwagen und nehmen an einzelnen Rennen teil.

weiß, dass ihm mit Fangio ein großer Fisch durch die Lappen gegangen ist. Ein Ferrari-Mechaniker verrät: „Als der Chef hörte, daß Fangio von Alfa verpflichtet wurde, lief er tagelang deprimiert durchs Werk." Aber für das schwarze springende Pferdchen auf gelbem Grund – das Wappen des italienischen Fliegerhelden Francesco Baracca aus dem ersten Weltkrieg – greifen 1950 ebenfalls Star-Piloten ins Lenkrad: Alberto Ascari, den nur der Anblick schwarzer Katzen in Panik versetzt, und Luigi „Gigi" Villoresi.

Die übrigen Rennställe kämpfen lediglich um die Plätze hinter Alfa Romeo und Ferrari. Talbot und Maserati sind noch am ehesten konkurrenzfähig, Gordini, ERA und Cooper jedoch sind absolut chancenlos.

Das Duell der Alfetta gegen Ferrari hat seinen ganz besonderen Reiz: „Der Tipo 158 wurde vor dem Krieg von meiner Scuderia in Modena gebaut", erklärt Ferrari zornig. „Er war meine Idee und entstand auf mein Drängen." Damals arbeitete Ferrari für Alfa Romeo. Jetzt will er es dem früheren Arbeitgeber zeigen. Aber noch springt das „cavallino rampante" nicht hoch genug. Die Alfas sind haushoch überlegen. Außer Farina und Fangio kann sich in dieser Saison kein anderer Pilot in die Siegerliste eintragen.

Vor dem entscheidenden Finale in Monza kocht die Spannung dem Siedepunkt entgegen. Drei Siege für Fangio, zwei für Farina – beide hoffen auf den Titelgewinn. Die italienische Presse sieht Juan Manuel Fangio als großen Favoriten. Aber mit etwas Glück könne es auch Farina schaffen. Es sei schließlich „moralisch gerecht", wenn ein Italiener mit Alfa Romeo Champion würde.

Die Tifosi sind völlig aus dem Häuschen. Monza ist ohnehin bereits seit Jahren ein Zauberwort für die rennbegeisterten Italiener.

Giuseppe Farina, der erste Champion

Alfa Romeo heißt 1950 die Mannschaft, die es zu schlagen gilt. Nino Farina (l.) muss aber bis zum letzten Lauf in Monza um den Titel bangen.

Dr. Guiseppe Farina ist der erste Weltmeister der Formel 1. Farina ist promovierter Wirtschaftswissenschaftler und in Sachen Motorsport alles andere als ein unbeschriebenes Blatt: Bereits seit den 30er Jahren sitzt der Neffe des legendären Automobildesigners Battista „Pinin" Farina hinter den großen Lenkrädern damaliger Grand-Prix-Boliden. Bekannt wird er allerdings unter seinem Spitznamen „Nino", den er bereits in der Vorkriegszeit wegen seiner Ähnlichkeit zum gleichnamigen Spross der italienischen Königsfamilie erhält. Farina wird am 30. Oktober 1906 in Turin geboren und gilt als knallharter Sportler – hart gegen sich selbst und hart gegen andere.

Gemeinsam mit Luigi Fagioli (ebenfalls eine bekannte Fahrergröße aus der Vorkriegszeit) und dem fünf Jahre jüngeren Argentinier Juan Manuel Fangio bilden die drei Alfa-Romeo-Werkspiloten das Team der „drei großen F's". Als Farina sich 1950 das erste F1-Championat sichert, hat er bereits den Zenit seiner Karriere überschritten. Doch Farina liebt den Rennsport und bleibt ihm bis Mitte der 50er Jahre treu. Seine Unfälle häufen sich. Um dennoch weiter fahren zu können, lässt er sich schmerzstillende Injektionen geben. Erst als 1956 ein Mechaniker Giuseppe Farinas Boliden in Indianapolis testet und während der Probefahrt tödlich verunglückt, hängt der alternde Champion seinen Helm endgültig an den Nagel.

Versuche, sich als Autohändler und Fahrschulleiter niederzulassen, scheitern. Eine neue Lebensaufgabe findet er schließlich in dem – von Onkel „Pinin" gegründeten – Karosserie-Studio.

Auf dem Weg nach Reims zum Großen Preis von Frankreich verunglückt Farina am 30. Juni 1966 am Steuer seines Lotus-Ford „Cortina" in den französischen Alpen tödlich. Bei Chambéry knallt der Grandseigneur der Formel 1 gegen einen Telegrafenmast…

◀

Giuseppe Farina (l.) und Teamkamerad Juan Manuel Fangio sind die großen Rivalen des ersten Formel-1-Jahres.

Sprechchöre aus zigtausend Kehlen skandieren die Namen der Favoriten, als die Renner auf ihre Startplätze geschoben werden. Für einen ist das alles zuviel: In Anwesenheit von Enzo Ferrari und Team-Manager Nello Ugolini fällt Motoren-Ingenieur Aurelio Lampredi in Ohnmacht! Dem Mann schwinden die Sinne, obwohl Ferrari „nur" noch um den Tagessieg kämpft.

Farina trumpft im Rennen souverän auf. Und Fangio? Der bleibt wegen eines Getriebeschadens stehen. Der Argentinier: „Vor Wut hätte ich heulen können. Im wichtigsten Rennen meiner Karriere verhindert Pech den Titelgewinn." In der Not übernimmt er das Auto von Piero Taruffi. Aber erneut streikt die Technik: Der Motor verreckt, Giuseppe Farina ist Weltmeister. Fangios dubioser Doppelausfall verursacht in der Presse einen Riesenwirbel. Nicht nur in Argentinien wird von Sabotage gesprochen. Doch Fangio will davon nichts hören: „Ich vertraue Alfa und hole mir den Titel im nächsten Jahr."

Ferrari 125 S

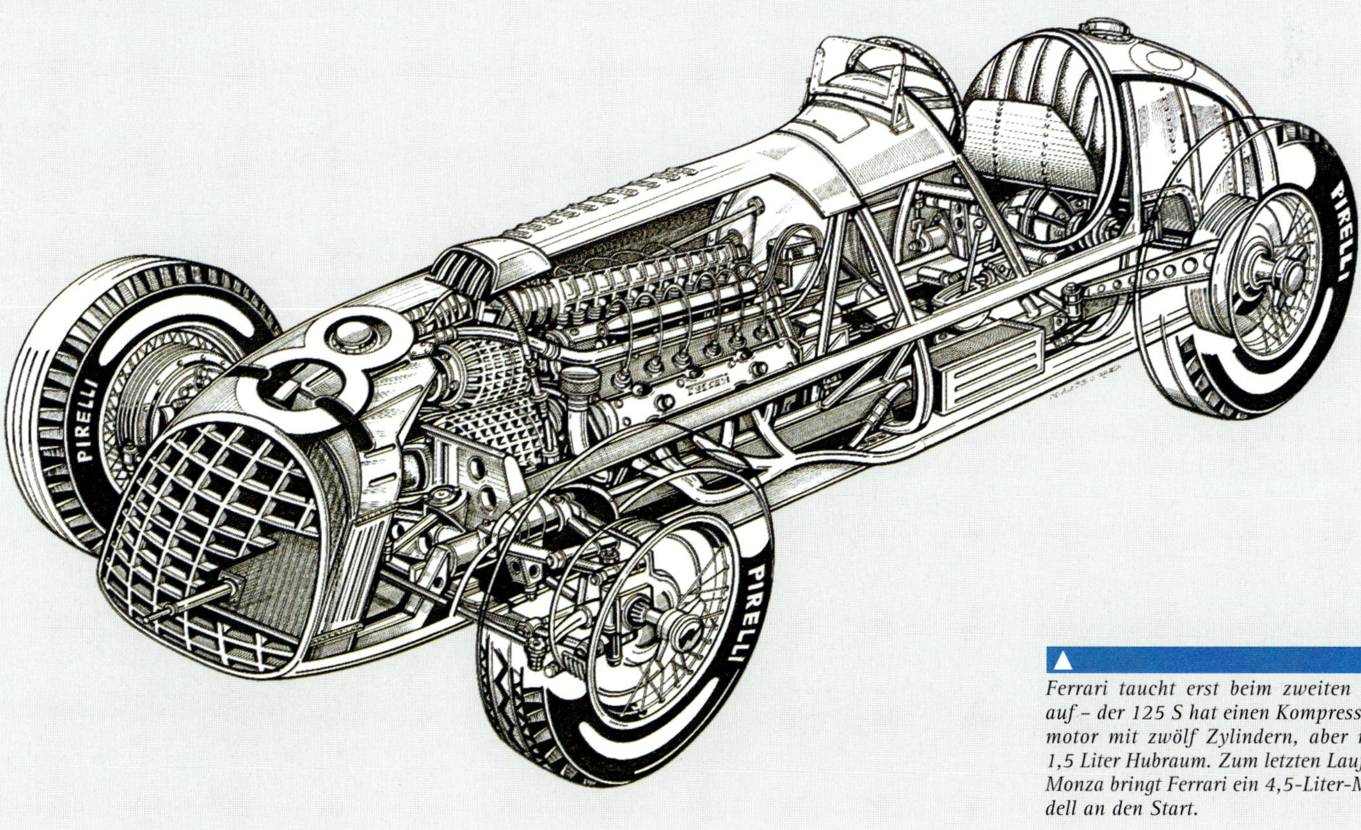

▲

Ferrari taucht erst beim zweiten GP auf – der 125 S hat einen Kompressormotor mit zwölf Zylindern, aber nur 1,5 Liter Hubraum. Zum letzten Lauf in Monza bringt Ferrari ein 4,5-Liter-Modell an den Start.

Je nach Breite der Startgeraden gehen die Fahrer aus Dreier- oder Viererreihen ins Rennen. In Monza vorn: Ascaris Ferrari zwischen drei Alfas.

Englands König George VI. gratuliert beim Grand Prix von England den Alfa-Piloten. Von links: Fangio, Sieger Farina, Zweiter Fagioli.

Massencrash in **Monte Carlo**

Bereits der zweite WM-Lauf der Formel-1-Geschichte bringt eine denkwürdige Karambolage. Im Verlauf der Startrunde des Grand Prix von Monaco verliert Nino Farina in der Tabak-Kurve die Kontrolle über seinen Alfa Romeo 158 Alfetta. Eine Mittelmeerwelle wässert überraschenderweise die gepflasterte Strecke. Der Italiener dreht sich auf dem nassen Asphalt und bleibt quer auf der Piste stehen. Froilan Gonzalez kann nicht ausweichen und rutscht mit seinem Maserati in das dunkelrote Hindernis. Der heranrasende Luigi Fagioli sieht die Kollision im letzten Moment. Sein Alfa Romeo kommt rechtzeitig zum Stehen, doch bei der Vollbremsung stellt sich sein Wagen quer – die Piste ist dicht. Die Autos der nachfolgenden Piloten Rosier, Manzon, Schell, de Graffenried, Trintignant, Harrison und Rol machen das Chaos perfekt.

Die Erinnerungen an diesen Moment sind bei Fangio Zeit seines Lebens präsent: Mehr als 30 Jahre nach dem Crash erinnert sich Juan Manuel Fangio, im Rahmen eines PR-Termins für Mercedes Benz, noch im Detail an die Vorgänge jenes 21. Mai 1950: „Ich war von der Pole-Position aus gestartet und führte. Von dem Unfall wusste ich natürlich nichts. Ich fuhr durch den Tunnel, kam ans helle Tageslicht zurück. Plötzlich sah ich gelbe Warnflaggen und registrierte, dass alle Zuschauer in die andere Richtung schauten. Mich, als Führenden, würdigten sie keines Blickes. Ich war alarmiert und bremste. Dann sah ich den Schlamassel. Ich stoppte rechtzeitig. Während ich mich durch das Gewusel manövrierte, sah ich einen Zuschauer, der den Marshals zur Hilfe eilte. Im Laufen warf er seine brennende Zigarette weg – in eine riesige Benzinlache! Ich duckte mich im Cockpit. Aber nichts passierte, die Glut der Kippe erlosch. Hätte sich das scheinbar unvermeidliche Flammeninferno ereignet – wir wären wohl niemals mehr auf dem Straßenkurs von Monaco gestartet."

Niemand wird verletzt. Das Rennen wird nicht abgebrochen. Fangio gewinnt mit einer Runde Vorsprung vor Alberto Ascari im Ferrari.

Langsam passiert der Alfa-Pilot und spätere Sieger Fangio (34) das Durcheinander in der Tabak-Kurve, ausgelöst durch eine Mittelmeerwelle.

◄ *Alfa Romeo-Fahrer Juan Manuel Fangio (hier vor dem Franzosen Raymond Sommer im Talbot Lago) gewinnt den Belgien-GP in Spa-Francorchamps.*

Kurz-**Meldungen**

● **Der erste aller Formel-1-WM-Läufe**, der Große Preis von Europa, wird an einem Samstag ausgetragen, damit der heilige Sonntag der Briten nicht gestört wird. 150.000 Fans sind am 13. Mai live mit dabei, als die ersten WM-Punkte vergeben werden. Unter den Zuschauern sind auch König George VI. und Kronprinzessin Elizabeth, die spätere Queen.

● Der **Altersdurchschnitt** der fünf Fahrer in den Punkterängen beim ersten WM-Lauf beträgt stolze 44,6 Jahre. Der Zweitplatzierte Luigi Fagioli stammt noch aus dem vorigen Jahrhundert: Geburtsjahr 1898.

● Der stärkste Motor der Premieren-Saison, der **BRM**-16-Zylinder mit 525 PS ist derart unzuverlässig, dass er bei keinem der WM-Läufe eingesetzt wird.

● Erstmals seit Kriegsende wird wieder ein Großer Preis von Deutschland ausgetragen. Das Rennen auf dem **Nürburgring** wird für Rennwagen der Formel 2 ausgeschrieben. Es zählt nicht zur WM.

● Sanitätsdienst 1950: Nach seinem Monaco-Sieg fährt Juan Manuel Fangio seinen Freund **Froilan González**, der sich beim Unfall in Runde eins Brandverletzungen zuzog, im privaten Pkw in eine Klinik nach Bologna.

● In der ersten Saison des Formel-1-Championats erreichen die Renner **Spitzengeschwindigkeiten** von bis zu 300 km/h.

● Die Formel-1-Weltmeisterschaft wird ein Jahr später ins Leben gerufen, als das WM-Championat für **Motorräder**. Dennoch sind die Autosportler den meisten anderen Sportarten voraus: Zuvor werden lediglich beim Boxen und Fußball (seit 1930) WM-Titel vergeben. Bei Tennis, Leichtathletik, Golf und Skisport kennt man zu dieser Zeit nur einzelne Veranstaltungen mit Prestigewert.

● Die **Mindestdistanz** der Rennen beträgt 1950 schon 300 Kilometer, die Renndauer drei Stunden.

● Die **Startnummern** werden vor jedem Rennen per Los verteilt. Erst Mitte 1973 verständigt man sich auf feste Nummern für jedes Team.

1950

Siegerpodeste

1 3.5.1950 GP England – Silverstone
Pole: Giuseppe Farina

1. Giuseppe Farina	Alfa Romeo	2:13.23,600
2. Luigi Fagioli	Alfa Romeo	- 2,600
3. Reginald Parnell	Alfa Romeo	- 52,000

2 21.5.1950 GP Monaco – Monte Carlo
Pole: Juan Manuel Fangio

1. Juan Manuel Fangio	Alfa Romeo	3:13.18,700
2. Alberto Ascari	Ferrari	- 1 Runde
3. Louis Chiron	Maserati	- 2 Runden

3 30.5.1950 Indianapolis 500
Pole: Walt Faulkner

1. Johnnie Parsons	Kurtis-Offenhauser	2:46.55,970
2. Bill Holland	Deidt-Offenhauser	- 1 Runde
3. Mauri Rose	Deidt-Offenhauser	- 1 Runde

4 4.6.1950 GP Schweiz – Bremgarten
Pole: Juan Manuel Fangio

1. Giuseppe Farina	Alfa Romeo	2:02.53,700
2. Luigi Fagioli	Alfa Romeo	- 0,400
3. Louis Rosier	Talbot Lago	- 1 Runde

5 18.6.1950 GP Belgien – Spa-Francorchamps
Pole: Giuseppe Farina

1. Juan Manuel Fangio	Alfa Romeo	2:47.26,000
2. Luigi Fagioli	Alfa Romeo	- 14,000
3. Louis Rosier	Talbot Lago	- 2.19,000

6 2.7.1950 GP Frankreich – Reims
Pole: Juan Manuel Fangio

1. Juan Manuel Fangio	Alfa Romeo	2:57.52,800
2. Luigi Fagioli	Alfa Romeo	- 25,700
3. Peter Whitehead	Ferrari	- 3 Runden

7 3.9.1950 GP Italien – Monza
Pole: Juan Manuel Fangio

1. Giuseppe Farina	Alfa Romeo	2:51.17,400
2. D. Serafini/A. Ascari	Ferrari	- 1.18,600
3. Luigi Fagioli	Alfa Romeo	- 1.35,600

Alle Ergebnisse im Detail auf Seite 368

In der ersten Formel-1-Weltmeisterschaft ist auch blaues Blut am Start: Birabongse Bhanudej Bhanubadh, siamesischer Prinz mit thailändischer Staatsbürgerschaft. Doch der korrekte Name ist ein wahrer Zungenbrecher und weder vom Publikum noch der Presse korrekt auszusprechen. Deshalb startet Seine Königliche Hoheit offiziell unter dem Namenskürzel B. Bira. Bira pilotiert einen Maserati und sammelt in Monaco und Bern fünf WM-Punkte. Biras Onkel, König Chulalonkorn, inspirierte Hollywood zur Produktion des Films „Der König und ich" (mit Yul Brunner).

Die ersten **Teams**

ALFA ROMEO

Die Firma entsteht 1906 als Ableger des französischen Automobilherstellers Darracq in Neapel. 1909 wird der Betrieb nach Mailand verlegt und neu organisiert. Jetzt heißt er offiziell Società **A**nonima **L**ombarda **F**abbrica **A**utomobili – Alfa ist geboren. Ab 1915 kümmert sich Nicola Romeo um die Geschicke der Fabrik – sein Name wird Bestandteil der Firma. Der erste Grand-Prix-Wagen entsteht 1914. 1920 wird der 22-jährige Enzo Ferrari Rennleiter. Als sich Alfa Romeo 1933 offiziell aus dem Grand-Prix-Rennsport zurückzieht, übernimmt Ferrari das komplette Werksteam. Die Alfa-Rennwagen fahren jetzt mit Werksunterstützung unter dem Namen Scuderia Ferrari. 1939 verlässt Ferrari im großen Krach das Haus Alfa. Alfa gründet einen eigenen Rennstall – Alfa Corse. In den ersten Jahren nach dem Zweiten Weltkrieg ist die vor dem Krieg konstruierte Alfetta 158 unschlagbar. 1949 pausiert Alfa Romeo, kehrt jedoch ein Jahr später in den Grand-Prix-Sport zurück und gewinnt 1950 alle Rennen der ersten Formel-1-Weltmeisterschaft.

Das Auto: Der Tipo 158 ist eine Weiterentwicklung des Rennwagens von 1938. 8 Zylinder, 1,5 Liter Kompressor, 370 PS bei 8500 U/min., Spitze 290 km/h, 700 Kilo unbetankt, 4 Gänge.

FERRARI

Enzo Ferrari, jahrelang für den Einsatz der Alfa-Romeo-Boliden verantwortlich, gründet 1939 nach einem Streit mit Alfa sein eigenes Unternehmen. Er plant, nach dem Ende des Krieges eigene Rennwagen zu bauen. Der erste Ferrari, ein zweisitziger Sportwagen mit der schlichten Bezeichnung Tipo 125, nimmt am 11. Mai 1947 erstmals an einem Stadtrennen teil. Die Typbezeichnung steht für den Inhalt der Zylinder. Mit einem ähnlichen Motor steigt Ferrari 1950 beim Großen Preis von Monaco in die Formel-1-WM ein. Allerdings ändert Ferrari im Laufe der Saison seine Konzeption grundlegend: weg vom Kompressor-, hin zum hochvolumigen Saugmotor. Der Hubraum wächst von 3,3 Litern auf die maximal erlaubten 4,5 Liter.

Die Autos: Tipo 125 S, 12 Zylinder, 1,5 Liter Kompressor, 300 PS bei 7500 U/min., Spitze 270 km/h, 730 kg unbetankt, 5 Gänge.

Tipo 375 (Monza), 12 Zylinder, 4,5 Liter Saugmotor, 370 PS bei 8500 U/min., Spitze 300 km/h, 850 kg unbetankt, 4 Gänge.

MASERATI

Die Ursprünge von Maserati gehen auf das Jahr 1898 zurück. Damals konstruiert Carlo Maserati einen Einzylinder-Hilfsmotor für Fahrräder. 1912 wird die Officine Alfieri Maserati gegründet. Der Name Maserati ist aus den Rennlisten der Vorkriegszeit nicht wegzudenken, zweimal gewinnt ein Maserati-Pilot sogar das 500-Meilen-Rennen in Indianapolis. 1937 verkaufen die Maserati-Brüder ihr Werk an den Großindustriellen Adolfo Orsi und dessen Sohn Omer.

An den Farben erkennt man die Nationalität: Italienische Autos sind rot, französische blau, englische grün.

Die Orsis verlagern die Betriebsstätte 1940 von Bologna nach Modena. 1948 überwerfen sich die Maseratis mit den neuen Chefs und gründen die Rennwagen-Firma OSCA. Alle Fahrer, die 1950 in Maseratis an den Start gehen, haben den Status von Privatfahrern. Maseratis tauchen bis 1960 in der Formel 1 auf.

Das Auto: Der 4CLT/48 ist eine unterlegene Konstruktion von 1948. 4 Zylinder, 1,5 Liter Kompressor, 260 PS bei 7000 U/min., Spitze 260 km/h, 625 kg unbetankt, 4 Gänge.

TALBOT

Der französische Rennstall Talbot geht aus der Sunbeam-Talbot-Darracq-Gruppe hervor. Seit den zwanziger Jahren nehmen Talbot-Wagen erfolgreich an internationalen Meisterschaften teil. Der Versuch, in der F1-WM an alte Erfolge anzuknüpfen, scheitert. Nach zwei schwachen Jahren zieht sich Talbot 1951 aus der Formel 1 zurück.

Das Auto: Der Talbot Lago T26C ist eine Konstruktion von 1948. 6 Zylinder, 4,5 Liter Saugmotor, 280 PS bei 5000 U/min., Spitze 270 km/h, 850 kg unbetankt, 4 Gänge.

GORDINI

Der Franzose Amédée Gordini sorgt für Furore, als er 1939 beim Grand Prix von Frankreich in der 1,5-Liter-Klasse mit einem eigenhändig frisierten Simca-Fiat antritt. Noch vor der Ausschreibung der ersten Fahrer-WM stellt er sich komplett auf eigene Füße. Das Team Gordini nimmt bis 1956 an Grand Prix teil, holt aber keinen einzigen Punkt.

Das Auto: Der Gordini Type 15 comp. ist das kleinste Auto im Starterfeld. 4 Zylinder, 1,5 Liter Kompressor, 164 PS bei 5250 U/min., Spitze 240 km/h, 680 kg unbetankt, 4 Gänge.

BRITISCHE TEAMS

Außer diesen fünf Marken versuchen bei einzelnen Rennen Privatfahrer auf anderen Autos ihr Glück. 1950 rollen siebenmal grüne Autos des Typs **ERA** (English Racing Automobiles) an den Start – sie holen weder 1950 noch in den beiden Folgejahren einen Punkt.

BRM – ebenfalls ein englisches Team – baut zwar einen Formel-1-Wagen, muss den Start aber auf 1951 verschieben.

Auch das Team **Alta**, vor dem Krieg durchaus erfolgreich, versucht von 1950-52 bei fünf Grand Prix sein Glück – null Punkte.

In Monaco tritt der in Paris lebende Amerikaner Harry Schell mit einem Formel-3-**Cooper** (500 ccm) an – und wird in einen Unfall verwickelt. Keiner ahnt, dass die große Zeit der Cooper noch Ende des Jahrzehnts kommen wird.

1950

Indianapolis in der **Formel 1**

Von 1950 bis 1960 zählt das weltberühmte 500-Meilen-Rennen von Indianapolis zur Fahrer-Weltmeisterschaft. Die Aufnahme von Indy in den WM-Kalender ist kurios, weil auf dem Oval-Kurs nach einem abweichenden technischen Reglement gefahren wird. Aber die FIA will mit dem zunächst einzigen Überseeauftritt der Rennserie den Begriff „Weltmeisterschaft" verleihen, zudem ist es eine Respektsbekundung gegenüber den USA. Die Rennen tragen allerdings nicht den Namen „Großer Preis von Amerika" sondern heißen „Indianapolis 500". Für das Championat haben die Läufe keinerlei Bedeutung. Die Amis bleiben – von wenigen Ausnahmen abgesehen – unter sich. Die Autos sind andere als bei den europäischen Läufen, ebenfalls die Teams. Fahrer wie Bill Vukovich, Pat Flaherty und Roger Ward, allesamt Superstars in den USA, haben keinerlei F1-Titelambitionen. Umgekehrt wagen sich nur wenige Europäer in Indianapolis an den Start. Und die wenigen scheitern im Oval.

▶ *Drei Ferrari beim nicht zur WM zählenden GP in Barcelona. Ascari holt den ersten F1-Sieg für die Scuderia.*

▼ *Insgesamt 16 Piloten fahren 1950 für Maserati. Louis Chiron schafft als Einziger einen Podestplatz – in Monaco.*

Endstand **Fahrer-WM**

1.	**Giuseppe Farina** Alfa Romeo	30
2.	**Juan Manuel Fangio** Alfa Romeo	27
3.	**Luigi Fagioli** Alfa Romeo	24 (28)
4.	**Louis Rosier** Talbot-Lago	13
5.	**Alberto Ascari** Ferrari	11
6.	**Johnnie Parsons** Kurtis-Offenhauser	9 *
7.	**Bill Holland** Deidt-Offenhauser	6 *
8.	**Prince Bira** Maserati	5
9.	**Reginald Parnell** Maserati	4
	Louis Chiron Maserati	4
	Mauri Rose Deidt-Offenhauser	4 *
	Peter Whitehead Ferrari	4
13.	**Yves Giraud-Cabantous** Talbot-Lago	3
	Raymond Sommer Talbot-Lago	3
	Cecil Green Kurtis-Offenhauser	3 *
	Robert Manzon Simca Gordini	3
	Dorino Serafini Ferrari	3
	Philippe Étancelin Talbot-Lago	3
19.	**Felice Bonetto** Maserati	2
20.	**Tony Bettenhausen** Kurtis-Offenhauser	1 *
	Joie Chitwood Kurtis-Offenhauser	1 *
	Eugène Chaboud Talbot-Lago	1

* Nur in Indianapolis am Start
Gewertet wurden die besten vier Resultate. Gesamtpunktzahl in Klammern.

Reglement

Autos: Einsitzig, ohne Gewichtsvorschriften.
Motor: Maximal 4,5 Liter ohne oder 1,5 Liter mit Kompressor.
Treibstoff: Freigestellt.
Fahrer: Es dürfen sich mehrere Piloten abwechseln, die Punkte werden geteilt (bis 1956).
Renndistanz: 300 km, mindestens drei Stunden.
Punkte: Sieger **8** (ab 1961 9, ab 1991 10); Zweiter **6**; Dritter **4**; Vierter **3**; Fünfter **2**. Einen Punkt gibt es für die schnellste Runde (bis 1960). Ab 1961 erhält der Sechste einen Punkt.
Streichresultate: Es werden nach wechselnden Kriterien nicht alle Ergebnisse gewertet. 1950 nur die besten vier Ergebnisse aus sieben Rennen.

Alfas Triumph, Alfas Ausstieg

Als die zweite Formel-1-Saison beginnt, ist Alfa Romeo das Maß aller Dinge. Bislang ungeschlagen geht die Werksrennmannschaft des Mailänder Automobilproduzenten gestärkt in das Jahr der Titelverteidigung. Man setzt auf die modifizierte Alfetta, Tipo 159. Doch der 1,5-Liter-Kompressormotor hat eine Schwäche: Der 425 PS starke Achtzylinder säuft wie ein Loch – gut 170 Liter Methanol-Spezialgemisch auf 100 Rennkilometer! Ferrari bleibt dem im Vorjahr eingeschlagenen Kurs treu und setzt auf großvolumige Saugmotoren. Das Duell Alfa gegen Ferrari ist ein Zweikampf der beiden Systeme – Kompressor contra Sauger.

Ausbuchtungen an den Flanken des Alfa Romeo 159 verraten die unter dem dünnen Alukleid montierten Zusatztanks. Insgesamt kann der Bolide jetzt 225 Liter Treibstoff bunkern. Um über die Distanz zu kommen, sind immer noch zwei oder drei Boxenstopps notwendig. Doch auch der 4,5-Liter-Ferrari ist kein Sparmobil.

Die Weltmeisterschaft wird mit denselben Protagonisten wie im Premierenjahr ausgetragen: Es sind die gleichen Teams. Und bei den Fahrern gibt es nur eine wesentliche Veränderung: Ferrari verpflichtet vor dem Frankreich-Grand-Prix den Argentinier José Froilan González. Im Vorjahr startete Fangios Freund für das unterlegene Maserati-Team.

Am 14. Juni ist es so weit. In Silverstone muss Alfa Romeo die erste Niederlage einstecken. Froilan González siegt, sein Lands-

mann und Mentor Fangio kommt auf Alfa mit 51 Sekunden Rückstand als Zweiter ins Ziel. Enzo Ferrari, vor dem Krieg Leiter des Alfa-Motorsport-Engagements, kommentiert das lang ersehnte Ereignis mit dem Bauch, nicht mit dem Kopf: „Ich weinte vor Glück. Aber in meine Freudentränen mischte sich auch Schmerz. Mir kam der Gedanke, dass ich an diesem Tag meine Mutter umgebracht habe.“ Mit solchen Sprüchen könnte man Schmalzfabrikanten als Sponsoren gewinnen.

Ferrari-Kenner Brock Yates relativiert Enzo Ferraris theatralischen Ausspruch: „Fünf Jahre lang hatte Enzo Ferrari auf diesen Tag gewartet. Vielleicht hat er in Silverstone ja wirklich seine Mutter umgebracht – aber erst nachdem er ein halbes Jahrzehnt gnadenlos auf sie eingeprügelt hatte.“

Fangio ist im zweiten WM-Jahr nicht zu bremsen. Er holt seinen ersten Titel – und den zweiten für Alfa. Aber die siegreichen Italiener fahren mit einem weiterentwickelten Vorkriegsmodell, und ein neues Auto für die Saison 1952 ist nicht in Sicht...

González, die draufgängerische 125-Kilo-Kämpfernatur, wird prompt wie ein Held gefeiert. Argentinien ist 1951 noch weit entfernt. Da fällt es nicht schwer, dem 29-Jährigen eine geheimnisumwitterte Herkunft anzudichten. Am besten verkauft es sich, dass der „Pampas-Stier“, der auch auf die Spitznamen „Cabezon“ und „Pepe“ hört, der Sohn eines armen Busfahrers sei. Tatsächlich ist er der Spross eines Autohändlers und der Neffe eines Rennfahrers. Erzogen wurde González in einem Kloster. Seine raue Fahrweise lässt darauf indes keine Rückschlüsse zu. Enzo Ferrari wundert sich über die mangelnde Konstanz des Argentiniers: „Manchmal ist er wahnsinnig schnell und dann nimmt er sich beängstigend viel Zeit.“ Auch González’ Motivation ist Ferrari fremd: „Er regt sich auf, schwitzt, verausgabt sich seelisch und körperlich. Das kann doch keine Freude machen.“

Nachdem in Silverstone der Knoten geplatzt ist, siegt Ferrari auch zwei Wochen später auf dem Nürburgring. Und ausgerechnet in Monza erlebt die Formel-1-Weltmeisterschaft sogar den ersten Ferrari-Doppelsieg! Fangio, in England noch gelassen, findet es nun nicht mehr spaßig: „Monza war für Alfa Romeo das, was Waterloo für Napoleon war.“

Dreimal Alfa Romeo, dreimal Ferrari. Erneut muss die Entscheidung im Finalrennen fallen – diesmal zwischen Fangio (Alfa) und Ascari (Ferrari). Der Showdown ist am 28. Oktober beim Großen Preis von Spanien in Barcelona. Gefahren wird auf dem 6,3 km langen Kurs im Stadtteil Pedralbes.

Von der Pole aus übernimmt Ascari das Kommando. Fangio ▶

In Silverstone gelingt Ferrari-Pilot González der Sieg über Alfa Romeo, den Ex-Rennstall seines Chefs.

Die **Teams**

Alfa Romeo	
Juan Manuel Fangio	ARG
Giuseppe Farina	I
Felice Bonetto	I
Luigi Fagioli	I
Consalvo Sanesi	I
Emmanuel de Graffenried	CH
Paul Pietsch	D
Ferrari	
Alberto Ascari	I
José Froilan González	ARG
Luigi Villoresi	I
Piero Taruffi	I
Reginald Parnell	GB
Peter Whitehead	GB
Rudolf Fischer	CH
Chico Landi	BRA
Talbot Lago	
Louis Rosier	F
Yves Giraud-Cabantous	F
Louis Chiron	MC
Henri Louveau	F
Willy Mairesse	B
Jacques Swaters	B
André Pilette	B
Johnny Claes	B
Philippe Étancelin	F
Pierre Levegh	F
Duncan Hamilton	GB
José Froilan González	ARG
Eugène Chaboud	F
Georges Grignard	F
Maserati	
Emmanuel de Graffenried	CH
Louis Chiron	MC
Harry Schell	USA
David Murray	GB
Onofré Marimón	ARG
Francesco Godia	E
Philip Fotheringham-Parker	GB
John James	GB
Prince Bira	THA
Toni Branca	CH
Simca Gordini	
Maurice Trintignant	F
Robert Manzon	F
André Simon	F
Aldo Gordini	F
ERA	
Bob Gerard	GB
Brian Shawe-Taylor	GB
Alta	
Joe Kelly	IRL
HWM	
George Abecassis	GB
Stirling Moss	GB
BRM	
Reginald Parnell	GB
Peter Walker	GB
OSCA *	
Franco Rol	I
Veritas *	
Peter Hirt	CH

* neue Teams

Juan Manuel Fangio: Der erste von fünf Titeln

Juan Manuel Fangio gratuliert seinem starken Ferrari-Konkurrenten Alberto Ascari (rechts) in Monza zum Sieg.

Er ist bis heute der erfolgreichste Rennfahrer der Welt. Kein anderer hat fünf WM-Titel geholt, kein anderer ist so zum Mythos geworden. Fangio wird 1911 in Balcarce, Argentinien, geboren. Sein Vater ist Steinmetz und Landwirt. Juan Manuel erlernt das Schmiede-Handwerk, arbeitet in einer Autoschlosserei und fährt nebenbei Rennen. Die Autos leiht er sich von Freunden. 1940 gewinnt er in Argentinien ein Langstreckenrennen. Fangio gilt schnell als hoffnungsvolles Fahrertalent. 1949 wird er mit Unterstützung der argentinischen Regierung nach Europa geschickt. Er gewinnt auf Anhieb am Steuer von Maserati und Ferrari mehrere Rennen. Darauf verpflichtet Alfa Romeo den 39-Jährigen als Topfahrer für die neue Formel-1-Weltmeisterschaft. Wegen eines Motorschadens im entscheidenden letzten Rennen (Monza) verliert er den Titel knapp an Giuseppe Farina.

Doch 1951 ist er nicht zu stoppen: Fangio holt seinen ersten WM-Titel. Die weiteren folgen 1954, '55, '56 und '57. Heute unfassbar – aber Fangio sichert sich seine fünf Titel auf vier verschiedenen Marken. Nicht minder eindrucksvoll ist seine Siegquote: Fangio bestreitet 51 GP, 24 davon gewinnt er.

Der Argentinier fährt wie ein Uhrwerk, ohne überflüssiges Risiko: „Es reicht, wenn ich eine Zehntelsekunde vor dem Zweiten durchs Ziel komme." Fangio kann charmant sein, doch seine Mitarbeiter fürchten ihn als unerbittlichen Zuchtmeister, stets das Maximum verlangend. Doch er ist auch hart gegen sich selbst – weil er sich 1952 überfordert, muss er eine Saison aussetzen.

Er wird allgemein „Maestro" genannt – der Meister. Seit seiner Kindheit hängt ihm wegen seiner Säbelbeine noch ein weiterer Name an: El Chueco – der Krummbeinige. Fangio ist von den nächsten Seiten dieser Chronik nicht wegzudenken. Auch nach Ende seiner Karriere '58 bleibt er der F1 verbunden. Er ist umjubelter Stargast vieler Rennen. Als er 1995 mit 84 Jahren stirbt, bekommt er ein Staatsbegräbnis.

folgt dem Rivalen. Vor dem Start bezeichnete der Argentinier seine eigenen Chancen als „schlecht". Aber er schöpft schon nach wenigen Runden Hoffnung. Immer noch jagt Fangio den Ferrari Ascaris, als er plötzlich von einem Stück Gummi im Gesicht getroffen wird, das sich von einem der Hinterreifen des Spitzenreiters gelöst hat. Ferrari hat sich selbst ausgetrickst, als man auf die kleinen 16-inch-Reifen setzte. Zusatztanks sollten die Ferrari nonstop ins Ziel kommen lassen. Aber das hohe Gewicht der vollgetankten Boliden ist in Verbindung mit dem hohen Tempo auf der Diagonalen zuviel für die kleinen Gummis. Schon nach neun Runden muss Ascari zum Reifenwechsel an die Boxen. Fangio hat mit seinen 18-inch-Pneus freie Fahrt!

Schulterblick nicht vergessen! Ferrari-Fahrer Alberto Ascari schaut in Monza auf den Alfa Romeo von Juan Manuel Fangio. Während Fangio ausfällt, stürmt der Ferrari 375 zum Sieg. Doch der Titel geht in diesem Jahr an den Argentinier Fangio.

Kurz-**Meldungen**

● Erstmals werden auf deutschem Boden WM-Punkte für das Fahrer-Championat vergeben. Am 29. Juli startet die Elite auf dem **Nürburgring**. Einziger einheimischer Pilot: Paul Pietsch als Alfa-Gastfahrer. Er verabschiedet sich zu Beginn der zwölften Runde durch einen spektakulären Unfall.

● Im Qualifying für den GP von Deutschland stellt **Alberto Ascari** seinen Ferrari auf die Pole-Position. Der Italiener fährt allerdings 12,7 Sekunden langsamer als Hermann Lang während des Trainings für den GP von Deutschland 1939...

● Auf der schweizerischen **Bremgarten-Piste** verregnet erstmals ein WM-Lauf – sieht man von Indy ab, wo 1950 wegen Regens nur 138 von 200 Runden gefahren wurden.

● Im Mai tauchen die ersten Monoposti mit **Scheibenbremsen** auf. Allerdings findet diese Technik erst bei den Indianapolis 500 – und nicht in Europa – Verwendung.

● Die erste große Ära der **Tankstopps** geht zu Ende, weil die Tanks ausreichend Sprit fassen. Erst Anfang der 80er Jahre wird Nachtanken wieder üblich. 1951 gilt ein Boxenstopp bereits als gelungen, wenn er nicht länger als 20 Sekunden dauert.

● Es gibt gewaltige **Klassenunterschiede** in der Formel 1. Das schwächste Auto, der Gordini, bringt es auf gut 160 PS bei etwas mehr als 5000 U/min (Alfa 159: 425 PS). Geschaltet wird der Gordini mit einem Vierganggetriebe. WM-Punkte holen die vier Gordini-Piloten 1951 nicht...

● Beim Frankreich-GP **teilen sich erstmals zwei Piloten den Sieg**. Fangio und Fagioli dividieren ihre Punkte, nachdem sie während des Rennens die Autos tauschten! So wird das argentinisch-italienische Duo auf den Plätzen eins und elf gewertet.

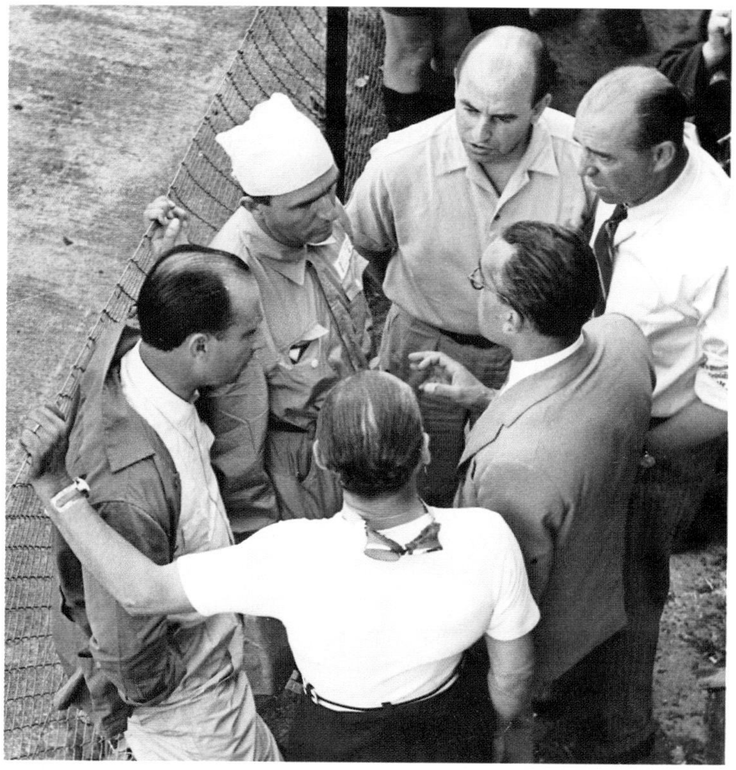

Teambesprechung anno 1951: Unter freiem Himmel berät sich die Alfa-Corse-Mannschaft. Von links im Uhrzeigersinn: Fangio, Farina, Pietsch, ein Funktionär, Alfa-Romeo-Konstrukteur Sata und Bonetto.

Siegerpodeste

1 27.5.1951 GP Schweiz – Bremgarten
Pole: Juan Manuel Fangio

1. Juan Manuel Fangio	Alfa Romeo	2:07.53,640
2. Piero Taruffi	Ferrari	- 55,240
3. Giuseppe Farina	Alfa Romeo	- 1.19,310

2 30.5.1951 Indianapolis 500
Pole: Duke Nalon

1. Lee Wallard	Kurtis-Offenh.	3:57.38,050
2. Mike Nazaruk	Kurtis-Offenh.	- 1.47,243
3. J. McGrath/M. Ayulo	Kurtis-Offenh.	

3 17.6.1951 GP Belgien – Spa-Francorchamps
Pole: Juan Manuel Fangio

1. Giuseppe Farina	Alfa Romeo	2:45.46,200
2. Alberto Ascari	Ferrari	- 2.51,000
3. Luigi Villoresi	Ferrari	- 4.21,900

4 1.7.1951 GP Frankreich – Reims
Pole: Juan Manuel Fangio

1. L. Fagioli/J. M. Fangio	Alfa Romeo	3:22.11,000
2. A. Ascari/F. González	Ferrari	- 58,200
3. Luigi Villoresi	Ferrari	- 3 Runden

5 14.7.1951 GP England – Silverstone
Pole: José Froilan González

1. José Froilan González	Ferrari	2:42.18,200
2. Juan Manuel Fangio	Alfa Romeo	- 51,000
3. Luigi Villoresi	Ferrari	- 2 Runden

6 29.7.1951 GP Deutschland – Nürburgring
Pole: Alberto Ascari

1. Alberto Ascari	Ferrari	3:23.03,300
2. Juan Manuel Fangio	Alfa Romeo	- 30,500
3. José Froilan González	Ferrari	- 4.39,000

7 16.9.1951 GP Italien – Monza
Pole: Juan Manuel Fangio

1. Alberto Ascari	Ferrari	2:42.39,300
2. José Froilan González	Ferrari	- 44,600
3. F. Bonetto/G. Farina	Alfa Romeo	- 1 Runde

8 28.10.1951 GP Spanien – Pedralbes
Pole: Alberto Ascari

1. Juan Manuel Fangio	Alfa Romeo	2:46.54,100
2. José Froilan González	Ferrari	- 54,280
3. Giuseppe Farina	Alfa Romeo	- 1.45,540

Alle Ergebnisse im Detail auf Seite 368

„Im Rennwagen", berichtet er nach der Zieldurchfahrt und dem Titelgewinn, „habe ich normalerweise zwei Angewohnheiten. Ich kaue Kaugummi und ich summe vor mich hin. Diesmal aber betete ich."

Völlig überraschend erklärt Alfa Romeo zum Saisonende seinen Rückzug vom Grand-Prix-Sport. Erst in den achtziger Jahren werden Alfas wieder auf den Formel-1-Rennstrecken zu sehen sein. Aber dem Superteam der ersten Jahre wird nie wieder ein Sieg beschert sein.

Die gerade zwei Jahre alte Automobilweltmeisterschaft wird vom Ausstieg des Weltmeister-Teams hart getroffen. Soll Ferrari die WM unter sich ausmachen? Kurzerhand entschließt man sich zum Saisonende, die nächsten beiden Weltmeisterschaften auf Boliden der Formel 2 auszutragen. Die Formel 2 ist 1948 eingeführt worden – für Saugmotoren bis 2 Liter Hubraum.

Mercedes: Comeback verschoben

Zu Jahresbeginn 1951 schnuppert Mercedes-Benz Grand-Prix-Luft. Vor dem Krieg hatten die Silberpfeile aus Untertürkheim gemeinsam mit den Konkurrenten der Auto Union den Grand-Prix-Sport beherrscht. Jetzt erhält Rennleiter Alfred Neubauer den Auftrag, die Szene auszuloten. Für zwei Rennen (ohne WM-Status) in Buenos Aires wird ein schwäbisches Expeditions-Korps in Marsch gesetzt. Man greift auf Konstruktionen aus dem Jahr 1939 zurück – Autos der Dreiliter-Formel, mit Kompressor versteht sich. Zwei Exemplare des Typs finden sich im Werksmuseum, zwei weitere auf einem Schrottplatz in Berlin…

Als Piloten werden Juan Manuel Fangio, Hermann Lang und Karl Kling verpflichtet. Rudolf Caracciola, der Superstar der 30er, lehnt das Angebot ab. Er ist 50 Jahre alt.

Zwei zweite und zwei dritte Plätze sind die stolze Ausbeute für die Oldie-Truppe. Doch Neubauer hatte mehr erwartet. Und die deutschen Ingenieure finden den Grund für das „Formtief" der – vor einem Dutzend Jahren – siegverwöhnten Silberpfeile. Zementstaub, der aufgetragen wurde, um frisch geteerte Streckenteile zu festigen, ist in die Vergaser geraten.

Aber trotz der Niederlagen hat Mercedes wieder Blut geleckt. Doch Mercedes weiß, dass mit den Vorkriegswagen kein Blumentopf und erst recht kein Formel-1-Rennen zu gewinnen ist. Hinzu kommt, dass die FIA beschließt, die WM 1952 und '53 für Formel-2-Boliden auszuschreiben. Eine Beteiligung daran lehnt Mercedes indes ab. Stattdessen gibt der Vorstand eine Neukonstruktion in Auftrag, mit der ab 1954 auf Punktejagd gegangen werden soll.

Kein Sieg beim Test mit den Vorkriegs-Silberpfeilen: Karl Kling in Buenos Aires.

BRM – Die Briten humpeln noch

Nachdem 1950 ausschließlich italienische und französische Rennwagen in den Punkterängen landen, bricht im zweiten WM-Jahr ein britisches Auto in diese Phalanx ein: Der Wagen stammt von British Racing Motors, kurz BRM. Reginald Parnell wird in Silverstone als Fünfter abgewinkt. Das ist eine Sensation, denn weder Reg Parnell noch Teamkollege Peter Walker nehmen am Training teil. Beide tauchen überraschend am Sonntag an der Strecke auf. Sie erhalten die Starterlaubnis, müssen das Rennen aber aus der letzten Reihe aufnehmen.

Das Projekt BRM wird nach dem Krieg vom englischen Rennfahrer Raymond Mays ins Leben gerufen. Seine Idee: Zahlreiche Industriefirmen sollen sich gemeinsam am Bau eines National-Rennwagens beteiligen, um der Welt die Qualität der Produkte „Made in England" zu beweisen. Tatsächlich engagieren sich rund hundert Firmen an dem Projekt. Als Motor dient ein V16 mit 1,5 Litern Hubraum und zweistufigem Rolls-Royce-Zentrifugalkompressor. Auf die geplante Benzineinspritzung wird verzichtet. Stattdessen wird das Aggregat mit zwei SU-Vergasern bestückt. Das Chassis besteht aus einem Rohrrahmen mit vorderer Einzelradaufhängung und einer De-Dion-Achse hinten.

Parnells Auftritt in Silverstone bleibt eine Eintagsfliege. Die Konstruktion ist zu kompliziert. Vier Zylinderreihen mit je zwei Nockenwellen, eine aus zwei Hälften bestehende Kurbelwelle mit Zahnradverbindung – das ist noch nicht praxistauglich. Das Projekt verlangt mehr Zeit. Und die läuft den Briten davon: Schon 1952 gilt für die an der WM teilnehmenden Rennwagen ein neues technisches Reglement. Erst viele Jahre später wird BRM bei der Titelvergabe ernsthaft mitmischen.

Raymond Mays (im Auto) gründet das britische Team BRM, das 1962 den Weltmeister stellen wird.

1951

Endstand Fahrer-WM

1.	**Juan Manuel Fangio** Alfa Romeo	**31 (37)**
2.	**Alberto Ascari** Ferrari	**25 (28)**
3.	**José Froilan González** Ferrari	**24 (27)**
4.	**Giuseppe Farina** Alfa Romeo	**19 (22)**
5.	**Luigi Villoresi** Ferrari	**15 (18)**
6.	**Piero Taruffi** Ferrari	**10**
7.	**Lee Wallard** Kurtis-Offenhauser	**9 ***
8.	**Felice Bonetto** Alfa Romeo	**7**
9.	**Mike Nazaruk** Kurtis-Offenhauser	**6 ***
10.	**Reginald Parnell** Ferrari/BRM	**5**
11.	**Luigi Fagioli** Alfa Romeo	**4**
12.	**Consalvo Sanesi** Alfa Romeo	**3**
	Andy Linden Sherman-Offenhauser	**3 ***
	Louis Rosier Talbot-Lago	**3**
15.	**Emmanuel de Graffenried** Maserati	**2**
	Manny Ayulo Kurtis-Offenhauser	**2 ***
	Bobby Ball Schroeder-Offenhauser	**2 ***
	Jack McGrath Kurtis-Offenhauser	**2 ***
	Yves Giraud-Cabantous Talbot-Lago	**2**

* Nur in Indianapolis am Start
Gewertet wurden die besten vier Resultate.
Gesamtpunktzahl in Klammern.

◀

Bei Ferrari brennt der Baum: Der Commendatore will endlich den WM-Titel. Im April testen die Ferrari-Asse Luigi Villoresi und Alberto Ascari den Ferrari 375 vor WM-Beginn beim GP von San Remo. Ascari gewinnt vor den Teamkollegen Serafini und Fischer.

1952

Ferrari-Solo

Die dritte WM-Saison steht ganz im Zeichen von Alberto Ascari. Der Italiener, dessen Name in den 50er Jahren neben Fangio zum Synonym für den Grand-Prix-Sport wird, räumt scheinbar nach Belieben ab: Ascari startet bei sieben der insgesamt acht Läufe – sechsmal gewinnt er. Es ist aber auch der Durchbruch für Ferrari: Am Saisonende stehen sechs Doppelsiege in der Bilanz.

Ferrari-Star Alberto Ascari empfängt jubelnd die Siegergrüße von Prinz Bernhard der Niederlande. 1952 taucht Zandvoort erstmals im Formel-1-WM-Kalender auf. Ascari gewinnt den ersten Formel-1-GP auf der vor den Toren Amsterdams in den Dünen gelegenen Strecke. Hinter ihm kommen seine Teamkollegen Giuseppe Farina und Luigi Villoresi ins Ziel.

Wenn Alberto beim Start die Führung übernimmt", erzählt Enzo Ferrari stolz, „dann ist es sehr, sehr schwer, ihn zu überholen. Ich wage zu behaupten, es ist unmöglich." Ascari sammelt bereits seit 1950 WM-Punkte für die Scuderia und gilt nicht nur in Italien als Superstar.

Dem großen Alberto Ascari fehlt 1952 allerdings auch ein würdiger Gegner. Titelverteidiger Juan Manuel Fangio muss pausieren, um seine schweren Sturzverletzungen auszukurieren (siehe Kasten auf Seite 35). Zudem hat sich Alfa Romeo, die erfolgsverwöhnte Truppe der Vorjahre, Ende 1951 aus der Formel 1 zurückgezogen. Zur Konstruktion eines neuen Rennwagens fehlt der gerade mit der Großserienherstellung von Automobilen beginnenden Marke das Geld.

Für die FIA ist der Rückzug des zweifachen Weltmeisterteams ein ziemliches Problem: Es fehlen die Gegner für Ferrari. Deshalb hat man sich kurzerhand entschieden, das eigentlich bis Ende 1953 geltende Reglement außer Kraft zu setzen und stattdessen die Weltmeisterschaft auf Formel-2-Wagen auszutragen. Diese wesentlich billigere Formel ist bereits 1948 eingeführt worden, zahlreiche Werke haben entsprechende Autos gebaut. So schreiben sich 1952 rund achtzig Piloten in die Starterlisten ein – größtenteils Fahrer mit privaten Rennwagen. Sie sind gegen die Ferrari nahezu chancenlos – vor allem, wenn der Mailänder Autohändler am Steuer sitzt.

Ascaris Markenzeichen ist sein „Bierbauch". Dennoch ist er einer der ersten Piloten, der sich durch gezieltes körperliches Training auf die Grand-Prix-Einsätze vorbereitet. Die Konkurrenz staunt – und fährt hinterher.

Bereits auf dem Nürburgring, im drittletzten WM-Lauf des Jahres, fällt die Entscheidung im Titelkampf zugunsten Ascaris. 260.000 Fans marschieren in der Eifel auf. Die Show ist attraktiv: Zwölf der 30 Starter sind Deutsche, darunter mehrere Privatfahrer auf BMW oder Veritas. Unter dem Namen Veritas bauen zwei ehemalige BMW-Mitarbeiter in einer Werkstatt am Nürburgring Monoposto-Rennwagen auf BMW-Basis, die bei kleineren Rennen auch ganz gut abschneiden. Doch an der Spitze kann die nationale Elite nicht mitmischen. Von der Pole-Position aus bleibt Ascari in Führung. Nach nur vier Runden liegt der Italiener bereits mit fast einer Minute Vorsprung vor seinem Landsmann und Teamkollegen Giuseppe Farina, dem Weltmeister von 1950, der von Alfa zu Ferrari gewechselt ist. Trotzdem wird es noch einmal eng für den Mailänder: Nach 15 der insgesamt 18 Runden lenkt er seinen Tipo 500 mit der Startnummer 102 überraschend an die Boxen. Bis hinüber zu den Zuschauern, die dicht gedrängt an der alten Bruchsteinmauer auf dem „Promenadenplatz" stehen, ist Ascaris Stimme zu hören. „Olio, olio", brüllt der Titelanwärter. Während seine Mechaniker den gewünschten Schmierstoff nachfüllen, übernimmt Farina die Spitze. Doch im Schluss-

Bitte nicht über die Fußspitzen fahren: Spa-Francorchamps ist die zweite europäische Station im F1-Kalender. Ascari gewinnt den belgischen GP.

Die Teams

Ferrari	
Alberto Ascari	I
Giuseppe Farina	I
Piero Taruffi	I
Rudolf Fischer	CH
Luigi Villoresi	I
André Simon	F
Peter Hirt	CH
Rudolf Schöller	CH
Piero Carini	I
Franco Comotti	I
Charles de Tornaco	B
Roger Laurent	B
Louis Rosier	F
Roy Salvadori	GB
Peter Whitehead	GB
Maurice Trintignant	F

Maserati	
José Froilan González	ARG
Felice Bonetto	I
Franco Rol	I
Emmanuel de Graffenried	CH
Harry Schell	USA
Gino Bianco	BRA
Eitel Cantoni	URU
Chico Landi	BRA
Philippe Étancelin	F
Jan Flinterman	NL
Gordini	
Robert Manzon	F
Jean Behra	F
Maurice Trintignant	F
Prince Bira	THA
Johnny Claes	B
Paul Frère	B
Max de Terra	B
Robert O'Brien	USA
Cooper *	
Mike Hawthorn	GB
Alan Brown	GB
Eric Brandon	GB
Reginald Parnell	GB
Ken Wharton	GB
David Murray	GB
Connaught *	
Dennis Poore	GB
Eric Thompson	GB
Ken McAlpine	GB
Ken Downing	GB
Stirling Moss	GB
Fraser Nash *	
Ken Wharton	GB
Aony Crook	GB
ERA	
Stirling Moss	GB
Alta	
Graham Whitehead	GB
Peter Whitehead	GB
HWM	
Peter Collins	GB
Lance Macklin	GB
Paul Frère	B
Duncan Hamilton	GB
Roger Laurent	B
George Abecassis	GB
Stirling Moss	GB
Yves Giraud-Cabantous	F
Johnny Claes	B
Aries van der Lof	NL
Tony Gaze	AUS
OSCA	
Elie Bayol	F
Aston Butterworth *	
Bill Aston	GB
Robin Montgomerie-Charrington	GB
Veritas	
Paul Pietsch	D
Toni Ulmen	D
Fritz Rieß	D
Theo Helfrich	D
Adolf Brudes	D
Hans Klenk	D
Josef Peters	D
Arthur Legat	B
AFM *	
Hans Stuck	D
Willi Heeks	D
Helmut Niedermayr	D
BMW *	
Marcel Balsa	F
Bernd Nacke	D
Ernst Klodwig	D
Rudolf Krause	D

* neue Teams

spurt gelingt es Alberto Ascari, die alte Reihenfolge wieder herzustellen.

Als bester des germanischen Dutzends landet der Nürnberger Veritas-Pilot Fritz Rieß auf Platz sieben. Auf Ascari fehlen dem Le Mans-Sieger desselben Jahres allerdings zwei Runden.

Aber es ist nicht nur die Leistung Ascaris, die bestaunt wird: Bei Ferrari stimmt das gesamte Paket. Der kleine Zwei-Liter-Wagen gilt als genial und wird als eines der erfolgreichsten Rennautos in die GP-Geschichte eingehen. Er ist einfach und sauber konzipiert. Angetrieben wird der Ferrari 500 mittels eines Vierzylinder-Motors. Seine Elastizität ist beeindruckend. So genügt ein Vierganggetriebe. Und – heute undenkbar – die einzelnen Übersetzungen müssen noch nicht einmal den jeweiligen Strecken angepasst werden! Die Leistung des Motors beträgt 180 PS. Das reicht, um den 560 Kilogramm leichten Wagen bis auf 240 km/h zu beschleunigen.

Eher einfach konzipiert sind in dieser Zeit auch noch die Finanzen: So erhalten die sieben Erstplatzierten des Grand Prix der Schweiz Preisgelder in Höhe von insgesamt 22.000 Franken. Der Sieger kassiert 7.000, danach gibt es gestaffelt 4.500, 3.500, 2.500, 2.000, 1.500 und 1.000 Fränkli. Allerdings: Ein „normaler“ Angestellter hat zu jener Zeit im Monat vielleicht 400 Mark in der Gehaltstüte.

Geradezu lächerliche Gehälter erhalten die Werksfahrer als Festgehalt und Enzo Ferrari ist stolz darauf, seine Piloten besonders knapp zu halten. Dennoch will natürlich jeder Fahrer zu dem überlegenen italienischen Stall. Einen hat der Ferrari-Chef, den alle nur „Commendatore“ nennen, besonders im Blick: Mike Hawthorn. Auf dem unterlegenen Cooper-Bristol hat der 24-jährige Neueinsteiger in Belgien den vierten Platz geholt, zwei Rennen später steht der Engländer gar auf dem Podest. Nach Saisonende lädt Ferrari „den Jüngling“ nach Maranello ein...

Ungesichert beobachten die Zuschauer in den Dünen von Zandvoort den Start der 18 F2-Wagen. Vorn bemüht sich Mike Hawthorn (Cooper), aus dem Ferrari-Sandwich auszubrechen. An Position 4 und 5 halten zwei Gordini mit.

Dr. Giuseppe „Nino" Farina, erster Formel-1-Weltmeister, wird 1952 von Teamkollege Alberto Ascari deutlich geschlagen.

Ferraris erster Weltmeister: **Alberto Ascari**

1952 fehlen Alberto Ascari die Gegner. Der Mailänder gewinnt sechs Rennen in Folge – und natürlich die Meisterschaft.

Er ist Fiat-Händler in Mailand; ein seriöser Geschäftsmann und besorgter Familienvater. Am Steuer mutiert Alberto zum Supermann: erdrückend, fast schon demütigend überlegen gewinnt er 13 seiner 32 GP, immer auf Ferrari. Ascari fährt punktpräzise, besonnen und kalt.
Schon Albertos Vater Antonio war ein berühmter Rennfahrer. Er verunglückte 1925 beim Großen Preis von Frankreich tödlich. Zeitlebens hat Alberto Angst davor, dass auch seine Kinder zu Halbwaisen werden. Und seine Vorahnung trügt nicht: 1955 wird Alberto Ascari im Auto sterben. Allerdings nicht im Rennwagen, sondern am Steuer eines privaten Ferrari, den er für einen Freund in Monza Probe fährt. Mögliche Unfallursache: ein Blutgerinnsel im Kopf, dass er sich bei seinem wenige Tage zuvor in Monaco überstandenen Sturz ins Hafenbecken zugezogen haben könnte.

Die Karriere des Italieners, Jahrgang 1918, ist typisch für Männer seiner Generation. Mit 18 fährt er Motorrad, 1940 erstmals ein Autorennen (mit Ferrari die Mille Miglia). Nach dem Krieg steigt Alberto mit fast 30 wieder in einen Rennwagen, einen Maserati und siegt bei mehreren Rennen. Freund und Vorbild ist Luigi Villoresi. 1948 verliert Alberto in England noch knapp gegen ihn. Doch danach kommt er stets vor ihm ins Ziel. Beide gehören von 1950 bis '53 zum Ferrari-Team. Alberto Ascari kommt besser als seine Teamkollegen mit dem Formel-2-Boliden zurecht. Er gewinnt nahezu unangefochten die Weltmeisterschaften '52 und '53. 1954 wechseln Villoresi und Ascari zu Lancia. Italien ist geschockt. Ascari ist damit weg vom Fenster: Er erobert nur noch einen einzigen Punkt.

Kurz-**Meldungen**

- Die **Ferrari-Serienproduktion** kommt langsam auf Touren. 1952 verkauft Enzo Ferrari immerhin 44 Autos an die betuchte Kundschaft.

- Die Karriere des deutschen Rennfahrers **Rudolf Caracciola**, der vor dem Krieg sechsmal den Großen Preis von Deutschland gewinnen konnte, endet in Bern: Im Rahmenrennen für den Schweiz-GP kollidiert der Mercedes 300 SL des Rheinländers mit einem Baum. „Caratsch" bricht sich den linken Oberschenkel dreifach!

- Mit **Mike Hawthorn** klassiert sich erstmals ein Engländer unter den besten fünf Piloten der Saison. Hawthorn, der noch auf Cooper-Bristol startet, wird mit 10 Punkten WM-Vierter und erhält daraufhin ein Angebot von Enzo Ferrari.

- Auf drei unterschiedlichen Fabrikaten versucht **Stirling Moss** sein Glück. Der britische Zahnarzt-Sohn startet auf HWM, ERA und Connaught, ohne WM-Punkte zu holen.

- Die Schweizer **Kirche** kämpft gegen die Formel 1. Der Synodalrat von Bern will durch den geforderten Renn-Stopp die „Entheiligung des Sonntags" und eine drohende „Verrohung der Volksmoral" verhindern.

- Weil er bereits seit 25 Jahren Motorsport betreibt, wird **Philippe „Fifi" Étancelin** vor dem WM-Lauf in Frankreich zum „Ritter der Ehrenlegion" ernannt. Der Maserati-Rennfahrer ist flotte 56.

- Erstmals zählt der **Holland-GP** mit zur WM. Die Piste von Zandvoort entsteht nach dem Krieg. Zur Fundamentierung werden die Reste gesprengter Küsten-Bunker der deutschen Besatzungstruppen verwendet.

- Bevor **Fangio** in Monza schwer stürzt, entkommen er und Froilan González knapp einer Katastrophe. In England flüchten beide aus einem Kino, als sich Teile der Decke lösen. Sekunden später stürzt ein schwerer Kronleuchter auf die verwaisten Plätze der beiden Rennfahrer…

- In Indianapolis stellt der Amerikaner **Freddy Agabashian** seinen Cummins-Diesel Special mit einem Schnitt von 222,058 km/h(!) auf die Pole. Der Monster-Bolide wird von einem 6,7-Liter-Motor mit Kompressor und Abgasturbolader angetrieben.

- Die **Helmpflicht** wird für Autorennen eingeführt. Vorläufig gilt die Bestimmung nur für offene Rennwagen.

1952

Siegerpodeste

1 18.5.1952 GP Schweiz – Bremgarten
Pole: Giuseppe Farina

1. Piero Taruffi	Ferrari	3:01.46,100
2. Rudolf Fischer	Ferrari	- 2.37,200
3. Jean Behra	Gordini	- 1 Runde

2 30.5.1952 Indianapolis 500
Pole: Freddie Agabashian

1. Troy Ruttman	Kuzma-Offenh.	3:52.41,880
2. Jim Rathmann	Kurtis-Offenhauser	- 4.02,329
3. Sam Hanks	Kurtis-Offenhauser	

3 22.6.1952 GP Belgien – Spa-Francorchamps
Pole: Alberto Ascari

1. Alberto Ascari	Ferrari	3:03.46,300
2. Giuseppe Farina	Ferrari	- 1.55,200
3. Robert Manzon	Gordini	- 4.28,400

4 6.7.1952 GP Frankreich – Rouen
Pole: Alberto Ascari

1. Alberto Ascari	Ferrari	3:00.00,000
2. Giuseppe Farina	Ferrari	- 1 Runde
3. Piero Taruffi	Ferrari	- 2 Runden

5 19.7.1952 GP England – Silverstone
Pole: Giuseppe Farina

1. Alberto Ascari	Ferrari	2:44.11,000
2. Piero Taruffi	Ferrari	- 1 Runde
3. Mike Hawthorn	Cooper-Bristol	- 2 Runden

6 3.8.1952 GP Deutschland – Nürburgring
Pole: Alberto Ascari

1. Alberto Ascari	Ferrari	3:06.13,300
2. Giuseppe Farina	Ferrari	- 14,100
3. Rudolf Fischer	Ferrari	- 7.10,100

7 17.8.1952 GP Niederlande – Zandvoort
Pole: Alberto Ascari

1. Alberto Ascari	Ferrari	2:53.28,500
2. Giuseppe Farina	Ferrari	- 40,100
3. Luigi Villoresi	Ferrari	- 1.34,400

8 7.9.1952 GP Italien – Monza
Pole: Alberto Ascari

1. Alberto Ascari	Ferrari	2:50.45,600
2. José Froilan González	Maserati	- 1.01,800
3. Luigi Villoresi	Ferrari	- 2.03,200

Alle Ergebnisse im Detail auf Seite 368

Ascaris Pleite in Indianapolis

Enzo Ferrari lässt sich zu Saisonbeginn von seinem Geschäftspartner Luigi Chinetti zu einem einmaligen Abenteuer überreden: Alberto Ascari soll auf den Großen Preis der Schweiz verzichten und stattdessen in Indianapolis starten! Man verspricht sich davon, gleich drei Fliegen mit einer Klappe zu schlagen: Die PR-Wirkung eines Indy-Starts soll den Absatz der Ferrari-Sportwagen in den USA verbessern. Außerdem darf der 4,5 Liter-Bolide wegen der Reglementsänderungen in Europa keine WM-Punkte mehr sammeln. Und schließlich will der Commendatore in den USA mit Maserati gleichziehen – Maserati hatte das 500-Meilen-Rennen von Indianapolis 1939 und 1940 gewonnen. Ferrari hat sich in den Kopf gesetzt, den Doppelschlag der Konkurrenz durch einen erneuten italienischen Triumph in Vergessenheit geraten zu lassen.

Die USA-Expedition wird für die Scuderia aus Maranello zum Desaster. Nur mit Mühe kann sich Ascari für den Klassiker qualifizieren. Ohne attackieren zu können, liegt der WM-Favorit in der Anfangsphase des Rennens auf Rang acht. Dann scheitert die altmodische europäische Technik: Eines der hinteren Speichenräder des umgebauten Tipo 375 bricht. Ascari muss in der 41. Runde aufgeben. Die einheimischen Gegner kennen derartige Probleme nicht – längst verwenden die Amis stabile Magnesiumräder.

Enzo Ferrari schwört dem „Nudeltopf" Rache. Ein Jahr später soll alles besser werden. Aber es bleibt bei den großen Worten. In eigener Regie unternimmt Nino Farina zwar noch einige Anläufe in Indianapolis. Der Weltmeister von 1950 setzt auf amerikanische Chassis mit Ferrari-Motor. Erfolge kann er damit aber auch nicht feiern. Noch kurz vor seinem Tod wird Enzo Ferrari bedauern, nie die Indy 500 gewonnen zu haben.

▲ *Alberto Ascari versucht sich als einer der wenigen europäischen F1-Piloten 1952 bei dem damals noch zur WM zählenden Indy 500. Sein Vorjahres-4,5-Liter-Ferrari ist der einzige V12 im 33 Starter umfassenden Feld. Ascaris Fahrt endet nach einem Dreher in der 41. von 200 Runden. Das Gesamtklassement führt ihn an 31. Stelle. Wegen des Starts in Indianapolis verzichtet Ascari auf den Schweizer GP. Alle anderen gewinnt er.*

▼ *Bernie Ecclestone würde es grausen: So sieht es 1952 im Fahrerlager aus. Jeder stellt sich hin, wo gerade Platz ist.*

Die **Formel 1** pausiert

Der Alfa Romeo-Rückzug erwischt die Sportfunktionäre eiskalt: Die WM-Organisatoren befürchten langweilige Startfelder. Deshalb wird für die Jahre 1952 und '53 die Fahrerweltmeisterschaft für Autos ausgeschrieben, die nach dem bisherigen Formel-2-Reglement aufgebaut sind. Das Reglement erlaubt Saugmotoren bis maximal 2000 cm³. Das Gewicht der Wagen ist freigestellt. Außerdem ist nach wie vor der Einsatz von Kompressoren zugelassen. Dann darf der Hubraum jedoch maximal 500 cm³ betragen – doch dafür entscheidet sich kein einziges Team. Die wichtigsten Teams fahren diese Wagen:

Ferrari 500 F-2	(4 Zyl., 175 PS)
Gordini 16/20	(6 Zyl., 155 PS)
Maserati A6-GCM	(6 Zyl., 180 PS)
Maserati Platé	(4 Zyl., 150 PS)
Cooper T20 Bristol	(6 Zyl., 140 PS)

Die F2-Jahre 1952 und 53 gehören Ferrari. Die Scuderia gewinnt 14 von 15 Rennen und feiert zehn Doppelsiege.

Der Cooper T20, auf dem Mike Hawthorn in Spa seine Karriere beginnt, gleicht eher einem Insekt...

Das Reglement erlaubt viele Freiheiten. So sind auch verkleidete Wagen, wie der Gordini 16/20, zugelassen.

Endstand **Fahrer-WM**

1.	**Alberto Ascari** Ferrari	36 (53,5)
2.	**Giuseppe Farina** Ferrari	24 (27)
3.	**Piero Taruffi** Ferrari	22
4.	**Rudolf Fischer** Ferrari	10
	Mike Hawthorn Cooper	10
6.	**Robert Manzon** Gordini	9
7.	**Troy Ruttman** Kuzma-Offenhauser	8 *
	Luigi Villoresi Ferrari	8
9.	**José Froilan González** Maserati	6,5
10.	**Jim Rathman** Kurtis-Offenhauser	6 *
	Jean Behra Gordini	6
12.	**Sam Hanks** Kurtis-Offenhauser	4 *
13.	**Ken Wharton** Fraser-Nash	3
	Dennis Poore Connaught	3
	Duane Carter Lesovsky-Offenhauser	3 *
16.	**Felice Bonetto** Maserati	2
	Alan Brown Cooper	2
	Paul Frère HWM	2
	Maurice Trintignant Gordini	2
	Eric Thompson Connaught	2
	Art Cross Bowes Seal	2 *
22.	**Bill Vukovich** Kurtis-Offenhauser	1 *

* Nur in Indianapolis am Start
Gewertet wurden die besten vier Resultate.
Gesamtpunktzahl in Klammern.

Fangio schachmatt

Titelverteidiger Fangio nimmt 1952 an keinem einzigen WM-Lauf teil! Alfa Romeo hat sich zurückgezogen. Daher unterschreibt der Argentinier zunächst bei Maserati. Doch deren neue Renner sind zum WM-Start in der Schweiz noch nicht einsatzbereit. Anfang Juni nimmt das Schicksal seinen Lauf: Fangio geht am 1. Juni in Albi, außerhalb der WM, für BRM an den Start und scheidet aus. Am folgenden Samstag pilotiert der Argentinier erneut den englischen Boliden. Diesmal bei Dundrod nahe Belfast – wieder streikt das Auto.

Fangio hat die Nase voll. Er braucht ein Erfolgserlebnis. Der Rennfahrer saust zum Flughafen in Belfast. Am nächsten Tag wird in Monza ein nicht zur WM zählendes Grand-Prix-Rennen gestartet. Dort wartet ein für ihn vorbereiteter Maserati.

„Ich kam in Le Bourget an", erzählt Fangio später, „und fragte nach einem Flug nach Mailand. Aber alle Italienflüge waren wegen schlechten Wetters gestrichen. Was tun? Ich studierte den Fahrplan der Bahn und musste feststellen, dass ich nach dem Rennen in Monza ankommen würde…"

Auf die Frage, ob die Strecke mit dem Auto zu schaffen sei, erntet er ein mitleidiges Lächeln der Boden-Stewardess. Der Rennfahrer muss sich eine unfreiwillig komische Frage gefallen lassen: „Sind Sie etwa Fangio?" Der Südamerikaner leiht sich von seinem Rennfahrer-Kollegen Louis Rosier einen Renault und rast los.

Zwei Stunden vor dem Start erreicht Fangio die Rennstrecke von Monza. Da der amtierende Weltmeister nicht am Training teilnahm, muss er aus der letzten Reihe starten. Übermüdet verliert er im Verlauf der zweiten Runde im leichten Linksknick „Serraglio" die Kontrolle über den Maserati. „Es dauerte wohl nur drei, vier Sekunden – aber mir erschien es wie eine Ewigkeit. Das Kreischen der Reifen, Strohballen, Bäume. Licht, Schatten. Ich wurde aus dem Cockpit geschleudert und flog auf einen Baum zu. So ist es wohl, wenn man tödlich verunglückt, dachte ich. Ich knallte ins Grün und roch Gras und Erde. Es erinnerte mich an die Umgebung meiner Heimatstadt, wo ich als kleines Kind herumtobte. Dann verlor ich das Bewusstsein."

Fünf Monate verbringt Fangio im Hospital, um die Wirbelsäulen-Verletzungen auszukurieren. Die Saison vergeht für den amtierenden Weltmeister, ohne dass er noch einmal am Steuer sitzt.

Ex-Ferrari-Pilot Froilan González taucht beim Saisonfinale in Monza am Steuer eines Maserati auf. Sein zweiter Platz ist sensationell.

Zwischen diesen beiden Bildern liegen 46 Jahre. Der Fahrbahnbelag auf der Nordschleife des Nürburgrings erinnert 1953 an einen Acker. 1998 ist der Asphalt makellos. D

er Nürburg präsentiert sich in besserem Zustand. 1953 kämpft Fangio im Maserati vor Ferrari-Pilot Hawthorn um Platz zwei. Michael Schumacher wird 1998 Zweiter.

Die Briten kommen

Für die Formel 1 ist es die zweite Saison der Formel-2-Boliden. Superstar Fangio kommt nach seinem schweren Unfall im Vorjahr zurück. Er hat bei demselben Team unterschrieben, für das er 1952 fahren wollte – bei Maserati, dem bislang glücklosen Stall der ersten Stunde.

Mit Mike Hawthorn siegt erstmals ein Brite in der F1.

Die Renner der Scuderia Ferrari am Nürburgring.

Auch im vierten WM-Jahr stammen die siegfähigen Boliden aus italienischer Produktion. Doch allmählich ändert sich die Szene: Nach den bislang siegreichen Fahrern argentinischer und italienischer Herkunft beginnt England, sich als dritte Macht zu etablieren. Es wird zwar noch bis 1958 dauern, bis die erste WM-Krone einem Briten verliehen wird, doch zum ersten Grand-Prix-Sieg reicht es bereits '53.

Die Weichen stellt der Industrielle Tony Vanderwell, der es als Teamchef noch sehr weit bringen wird. Vanderwell überredet Enzo Ferrari, der großen englischen Nachwuchshoffnung Mike Hawthorn eine Chance zu geben. Im Vorjahr belegte der 23-jährige Brite mit seinem Cooper-Bristol-T20 hinter den drei Ferrari-Fahrern immerhin Rang vier in der WM. Daher fällt es dem Commendatore leicht, den jungen Briten zu empfangen.

Gemeinsam mit seinem Vater reist Hawthorn nach Modena, den Cooper im Reisegepäck. Der Brite will die Qualitäten des Ferrari direkt mit dem gewohnten Sportgerät vergleichen. Doch Enzo Ferrari ist beleidigt: „Wenn du glaubst, der Cooper sei das bessere Auto, kannst du es ja weiterhin fahren." Mike Hawthorn ist in einen Fettnapf getreten. Doch der Commendatore beruhigt sich wieder und Hawthorn steigt in den Tipo 500.

Bereits nach wenigen Runden ist der Brite begeistert: „Beschleunigung, Bremsen, Straßenlage – alles ist wundervoll. Keine Frage, diesen Ferrari möchte ich fahren." Team-Manager Nello Ugolini nickt zufrieden: „Wir werden dir das Auto bis morgen grün lackieren." Grün ist die klassische Farbe für britische Rennwagen.

Die Eile hat einen Grund: Bereits am nächsten Tag beginnt in Modena das Training für ein nicht zur WM zählendes Rennen. Doch Hawthorns Neuerwerbung wird nicht rechtzeitig fertig. So beginnt der junge Engländer das Training mit seinem Cooper. „Natürlich", erinnert er sich später, „wollte ich möglichst nahe an die Ferrari-Zeiten herankommen. Doch dabei unterlief mir ein böser Fehler." Am Ende einer Geraden wählt Mike Hawthorn einen am Vortag mit dem Ferrari gefundenen Bremspunkt. Sein kleiner Cooper ist damit jedoch überfordert. Hawthorn: „Ich flog mit 130 km/h in die Strohballen. dann wurde ich aus dem Auto geschleudert, schlug gegen einen hinter den Strohballen stehenden Pfosten und spürte einen furchtbaren Schmerz. Mir raste nur ein Gedanke durch den Kopf – mein Gott, ich bin tot."

Auf Händen und Knien kriecht der verletzte Pilot zu seinem Renner. Der liegt mit laufendem Motor auf der Seite. Hawthorn schaltet die Zündung aus. Vor Ort sind weder Ärzte noch Sanitäter. So wird das Unfallopfer mit einem Pkw ins Hospital transportiert. Dort erscheint kurze Zeit später Nello Ugolini: „Der Chef würde sich freuen, wenn du für uns fährst." Mike Hawthorn, Brite durch und durch, bittet um Bedenkzeit. Er hofft auf einen konkurrenzfähigen englischen

1953

Rennwagen. Aber den gibt es noch nicht. Hawthorn unterschreibt.

Die Weichen für den ersten GP-Sieg eines Engländers – seit Dick Seaman Ende der 30er Jahre – sind gestellt: Beim Frankreich-GP steht Hawthorn ganz oben auf dem Treppchen. Er beendet damit Ascaris Siegesserie, der neunmal hintereinander gewinnen konnte. Allerdings siegt Ascari in seinem letzten Ferrari-Jahr noch zwei weitere Male und wird unangefochten wiederum Weltmeister.

Natürlich gehört das Interesse der Zuschauer in diesem Jahr auch Juan Manuel Fangio: Nach seiner unfallbedingten Pause meldet sich der Champion von 1951 eindrucksvoll in der Weltmeisterschaft zurück. Leistungsmäßig ist Fangios 200 PS starker Maserati den Rennern aus Maranello überlegen. So kann der Argentinier fünfmal die schnellste Rennrunde verbuchen. Wegen der starren Hinterachse des A6GCM kann Fangio allerdings in den Kurven nicht mithalten. Zudem steht der extreme Durst des Rennwagens aus Modena dem Erfolg hinderlich im Weg: Durchschnittlich rinnen auf 100 Kilometern 33 Liter Spezialgemisch aus Benzol, Wasser, Methyl, Alkohol und Aceton durch die Vergaser. Die Ferraris begnügen sich im Schnitt mit 23 Litern.

Doch in Monza siegt Fangio in einem dramatischen Rennen mit einer Sekunde Vorsprung vor Farina: Je zwei Maserati und Ferrari rasen 46 Runden lang in einem Abstand von zwanzig Metern um den Kurs. 26 Mal wechselt die Führung. Wenige Meter vor dem Ziel rutscht der Führende Ascari von der Piste, Fangio holt den ersten Sieg für Maserati und schiebt sich in der WM-Wertung auf Rang zwei zwischen die Ferrari-Übermacht.

Die **Teams**

Ferrari	
Alberto Ascari	I
Giuseppe Farina	I
Mike Hawthorn	GB
Luigi Villoresi	I
Umberto Maglioli	I
Piero Carini	I
Kurt Adolff	D
Peter Hirt	CH
Max de Terra	B
Jacques Swaters	B
Louis Rosier	F
Maserati	
Juan Manuel Fangio	ARG
José Froilan González	ARG
Emmanuel De Graffenried	CH
Felice Bonetto	I
Onofré Marimón	ARG
Oscar Gálvez	ARG
Hermann Lang	D
Johnny Claes	B
Sergio Mantovani	I
Luigi Musso	I
Chico Landi	BRA
Prince Bira	THA
Gordini	
Maurice Trintignant	F
Jean Behra	F
Harry Schell	USA
Robert Manzon	F
Robert Mières	ARG
Carlos Menditéguy	ARG
Pablo Birger	ARG
Fred Wacker jr.	USA
Georges Berger	B
Cooper	
Stirling Moss	GB
Ken Wharton	GB
Alan Brown	GB
John Barber	GB
Adolfo Schwelm Cruz	ARG
Peter Whitehead	GB
Jim Stewart	GB
Ken Wharton	GB
Bob Gerard	GB
Tony Crook	GB
Rodney Nuckey	GB
HWM	
Lance Macklin	GB
Peter Collins	GB
Paul Frère	B
Yves Giraud-Cabantous	F
Duncan Hamilton	GB
Jack Fairman	GB
Albert Scherrer	CH
John Fitch	USA
Connaught	
Ken McAlpine	GB
Roy Salvadori	GB
Prince Bira	THA
Stirling Moss	GB
Jack Fairman	GB
Johnny Claes	B
André Pilette	B
Tony Rolt	GB
Ian Stewart	GB
OSCA	
Louis Chiron	MC
Elie Bayol	F
Veritas	
Hans Herrmann	D
Wolfgang Seidel	D
Willi Heeks	D
Theo Helfrich	D
Oswald Karch	D
Ernst Loof	D
Erwin Bauer	D
Arthur Legat	B
AFM	
Theo Fitzau	D
Hans Stuck	D
Günther Bechem	D
BMW	
Rudolf Krause	D
Ernst Klodwig	D
EMW *	
Edgar Barth	D

* neue Teams

1953

Siegerpodeste

1	18.1.1953 GP Argentinien – Buenos Aires Pole: Alberto Ascari	
1. Alberto Ascari	Ferrari	3:01.04,600
2. Luigi Villoresi	Ferrari	- 1 Runde
3. José Froilan González	Maserati	- 1 Runde

2	30.5.1953 Indianapolis 500 Pole: Bill Vukovich	
1. Bill Vukovich	Kurtis-Off.	3:53.01,690
2. Art Cross	Kurtis-Off.	- 3.30,872
3. S. Hanks/D. Carter	Kurtis-Off.	

3	7.6.1953 GP Niederlande – Zandvoort Pole: Alberto Ascari	
1. Alberto Ascari	Ferrari	2:53.35,800
2. Giuseppe Farina	Ferrari	- 10,400
3. F. Bonetto/J.F. González	Maserati	- 1 Runde

4	21.6.1953 GP Belgien – Spa-Francorchamps Pole: Juan Manuel Fangio	
1. Alberto Ascari	Ferrari	2:48.30,300
2. Luigi Villoresi	Ferrari	- 2.48,200
3. Onofré Marimón	Maserati	- 1 Runde

5	5.7.1953 GP Frankreich – Reims Pole: Alberto Ascari	
1. Mike Hawthorn	Ferrari	2:44.18,600
2. Juan Manuel Fangio	Maserati	- 1,000
3. José Froilan González	Maserati	- 1,400

6	18.7.1953 GP England – Silverstone Pole: Alberto Ascari	
1. Alberto Ascari	Ferrari	2:50.00,000
2. Juan Manuel Fangio	Maserati	- 1.00,000
3. Giuseppe Farina	Ferrari	- 2 Runden

7	2.8.1953 GP Deutschland – Nürburgring Pole: Alberto Ascari	
1. Giuseppe Farina	Ferrari	3:02.25,000
2. Juan Manuel Fangio	Maserati	- 1.04,000
3. Mike Hawthorn	Ferrari	- 1.43,600

8	23.8.1953 GP Schweiz – Bremgarten Pole: Juan Manuel Fangio	
1. Alberto Ascari	Ferrari	3:01.34,400
2. Giuseppe Farina	Ferrari	- 1.12,930
3. Mike Hawthorn	Ferrari	- 1.35,960

9	13.9.1953 GP Italien – Monza Pole: Alberto Ascari	
1. Juan Manuel Fangio	Maserati	2:49.45,900
2. Giuseppe Farina	Ferrari	- 1,400
3. Luigi Villoresi	Ferrari	- 1 Runde

Alle Ergebnisse im Detail auf Seite 368

Frankreich-**Krimi**

Der Grand Prix von Frankreich zählt zu den spannendsten aller Zeiten: Bereits vor dem Start werden die Nerven strapaziert. Der Grund ist ein nächtliches Sportwagenrennen im Rahmenprogramm. In der Morgendämmerung disqualifizieren die Funktionäre die Spitzenreiter, das italienische Duo Umberto Maglioli/Piero Carini auf Ferrari. Umgehend protestieren die Italiener und ziehen ihr komplettes Grand-Prix-Team zurück. Der Veranstalter gerät unter Druck. Dann lenkt Nello Ugolini, Team-Manager der Scuderia, ein. Alberto Ascari, Mike Hawthorn, „Gigi" Villoresi und Nino Farina treten an.

Zunächst beherrscht González das Rennen. Doch der Argentinier startet mit halbvollem Tank. Der Zeitverlust durch den fälligen Boxenstopp wirft ihn auf Platz sechs zurück. Vorn kämpfen jetzt Mike Hawthorn und Juan Manuel Fangio um die Führung. Stets liegt der argentinische Maserati-Pilot von den Boxen bis zur Haarnadelkurve Thillois in Front, während der britische Ferrari-Fahrer von Thillois bis zu den Boxen die Nase vorn behält. In der Schlussphase können González und Ascari aufschließen. Aus dem Duo wird ein Quartett. Das Rennen endet mit Mike Hawthorns erstem Grand-Prix-Sieg. Mit einer Sekunde Vorsprung kreuzt er die Ziellinie. Dem viertplatzierten Ascari fehlen lächerliche 4,6 Sekunden auf den Überraschungssieger.

Don't cry, **Argentina**

Die Saison wird am 18. Januar in Buenos Aires eröffnet. Damit werden erstmals WM-Punkte in Südamerika vergeben. Fast eine halbe Million Zuschauer drängen in das „Autodromo 17 de Octobre", um den Grand Prix von Argentinien live mitzuerleben. Die Menschenmassen lassen die Sicherheitsvorkehrungen zusammenbrechen. Während des Rennens irritieren unvorsichtige Zuschauer Giuseppe Farina, der die Kontrolle über seinen Ferrari verliert und in die Menge schleudert. Neun Menschen sterben, 40 weitere werden verletzt. Der Rennbegeisterung der Argentinier tut die Tragödie keinen Abbruch. Der Lauf wird fortgesetzt. Immerhin nehmen mit Fangio, González, Galvez und Marimón gleich vier Landsleute teil. Mit dem Großen Preis von Argentinien wird bis 1958 alljährlich Mitte Januar die Weltmeisterschaft eröffnet.

▼ *Nach dem schweren Unfall Farinas geht auch Ferrari-Pilot Villoresi die Straße aus – zum Glück folgenlos.*

Farinas letzter Sieg

Nachdem Alberto Ascari bereits in Argentinien, Holland, Belgien und England als Erster die Ziellinie überquerte, gilt er natürlich auch beim Großen Preis von Dreutschland als Favorit. Schließlich gewann der Mailänder bislang jedes seiner drei Nürburgring-Rennen.
Doch 1953 scheint ihn sein Eifel-Glück zu verlassen. Zwar erobert der Ferrari-Pilot mit einer Zeit von 9.58,08 Minuten die Pole-Position, aber am Start übernimmt Juan Manuel Fangio zunächst das Kommando. Doch bereits am Ende der ersten von 18 Runden hat der Italiener 11,1 Sekunden Vorsprung auf Fangio. So sieht auf einmal wieder alles nach einem weiteren Ascari-Sieg aus. Doch da löst sich bei Tempo 230 das rechte Vorderrad am Ferrari des Titelverteidigers! 4.12 Minuten dauert der Boxenstopp. Dann jagt Ascari dem Feld hinterher. Allerdings mangelt es ihm nun an Vertrauen in sein Auto. So machen sich die rauen Sitten der frühen 50er bemerkbar: Ascari übernimmt kurzerhand den Wagen seines Teamkollegen Luigi Villoresi. Im Gegenzug muss „Gigi" in das reparierte Dreirad des Titelfavoriten umsteigen.
Ascari kämpft sich noch einmal bis auf Platz drei vor. Dann wird seine Aufholjagd endgültig durch einen Motorschaden gestoppt. In Führung liegt inzwischen Ferrari-Pilot Dr. Giuseppe Farina, der erste Formel-1-Champion. Der Akademiker fährt dem letzten Grand-Prix-Sieg seiner Karriere entgegen. Damit stellt er einen Rekord auf, der wohl für die Ewigkeit gilt: Nino Farina zählt bereits 47 Lenze und ist damit der älteste Sieger in der Geschichte der Formel-1-Weltmeisterschaft. Nur 1950 stand ein noch älterer Pilot in Reims auf dem Siegertreppchen – der 53-jährige Luigi Fagioli. Allerdings gemeinsam mit Fangio, der zwischendurch das Auto des Italieners übernommen hatte.

▲ *Auf dem Nürburgring gelingt Giuseppe Farina mit 47 Jahren der letzte Sieg seiner Karriere.*

Endstand **Fahrer-WM**

1.	**Alberto Ascari** Ferrari	**34,5 (47)**
2.	**Juan Manuel Fangio** Maserati	**27,5 (29)**
3.	**Giuseppe Farina** Ferrari	**26 (32)**
4.	**Mike Hawthorn** Ferrari	**19 (27)**
5.	**Luigi Villoresi** Ferrari	**17**
6.	**J. Froilan González** Maserati	**13,5 (14,5)**
7.	**Bill Vukovich** Kurtis Kraft	**9 ***
8.	**E. de Graffenried** Maserati	**7**
9.	**Felice Bonetto** Maserati	**6,5**
10.	**Art Cross** Kurtis Kraft	**6 ***
11.	**Onofré Marimón** Maserati	**4**
	Maurice Trintignant Gordini	**4**
13.	**Oscar Gálvez** Maserati	**2**
	Sam Hanks Kurtis Kraft	**2 ***
	Duane Carter Kurtis Kraft	**2 ***
	Jack McGrath Kurtis Kraft	**2 ***
	Hermann Lang Maserati	**2**
18.	**Freddie Agabashian** Kurtis Kraft	**1,5 ***
	Paul Russo Kurtis Kraft	**1,5 ***

* Nur in Indianapolis am Start
Gewertet wurden die besten vier Resultate. Gesamtpunktzahl in Klammern.

▼ *Beim Holland-GP in Zandvoort stehen mit Ascari, Fangio und Farina drei Weltmeister in der ersten Startreihe – ein Maserati zwischen zwei Ferraris.*

Kurz-**Meldungen**

● In mehreren Autowerken wird an neuen Formel-1-Rennern geschraubt, die 1954 in der Weltmeisterschaft eingesetzt werden sollen. Gespannt wartet man vor allem auf die Wagen der neuen **Mercedes-Rennabteilung**.

● Am 11. August stirbt der Italiener **Tazio Giorgio Nuvolari**. Für viele Experten ist der „fliegende Teufel aus Mantua" der größte Rennfahrer aller Zeiten. Nuvolari macht sich vor allem mit seinen Grand-Prix-Einsätzen in dem von Enzo Ferrari geleiteten Alfa Romeo-Werksteam einen Namen. Nuvolari wird 61 Jahre alt.

● Im Dezember scheitern die Vertragsverhandlungen zwischen Ferrari und **Ascari**. „Ciccio" besteht auf einer Weiterverpflichtung seines Freundes Villoresi. Als Ferrari die Bitte nicht erfüllt, unterschreibt das unzertrennliche Duo bei F1-Einsteiger Lancia.

● **Stirling Moss** startet bei einigen GP am Steuer eines Cooper-Alta T24. Der Wagen wird von Alf Francis, dem berühmten Mechaniker des Briten, modifiziert. Unter anderem werden – erstmals im GP-Sport – Scheibenbremsen eingebaut.

Villoresi (l.) geht mit Ascari zu Lancia.

● In Monza beendet **Hans Stuck sen.** mit 53 Jahren seine kurze GP-Karriere. Der Vorkriegsstar und Vater von „Strietzel" wird beim Italien-GP wegen technischer Probleme mit 23 Runden Rückstand auf den Sieger abgewinkt und deshalb nicht klassiert.

● Das stärkste Auto der Saison ist der **Maserati** A6-GCM. Der Sechszylinder entwickelt bei einem Hubraum von 1987ccm 200 PS. Damit wird die spezifische Leistung von Saugmotoren erstmals auf 100 PS pro 1000 cm^3 gesteigert.

● Beachteter Außenseiter beim Deutschland-GP auf dem Nürburgring ist **Edgar Barth** aus der „SBZ" (sowjetisch besetzte Zone). Das ostdeutsche Talent pilotiert einen EMW (Eisenacher Motoren Werke) und scheidet in der vorletzten Runde mit einem Hinterachsendefekt aus.

● Die FIA schreibt erstmals auch eine **Markenwertung** aus – aber nur für Sportwagen. Gewertet werden einzelne Rennen – von Le Mans bis zur Mille Miglia. Ferrari geht als erster Sportwagenweltmeister in die Geschichte ein.

● Bei den F1-Rennen sind jetzt zwar Sturzhelme Pflicht, an einen **Overall** denkt aber noch lange keiner. Mike Hawthorn besteht darauf, stets mit Fliege ins Cockpit zu steigen.

1954

Sternstunden

Neun Jahre nach dem Krieg sind auch die Deutschen im Grand-Prix-Zirkus wieder bei der Musik. Mercedes hat sein Weltmeisterschafts-Debüt gut vorbereitet. Während die meisten Teams die in den beiden Vorjahren eingesetzten Formel-2-Renner weiterentwickeln, erscheinen die Stuttgarter mit einer völligen Neukonstruktion. Zudem verpflichtet die in Vorkriegszeiten erfolgsverwöhnte Mannschaft den besten Rennfahrer der Welt. Und Fangio bringt den Stern der Silberpfeile wieder zum Strahlen.

Mercedes-Rennleiter Alfred Neubauer streckt schon 1953 seine Fühler in Richtung Juan Manuel Fangio aus. Doch der Argentinier will für die deutschen Formel-1-Neueinsteiger nicht das „Versuchskaninchen" spielen und sagt zunächst ab. Aber der füllige Neubauer, bereits vor dem Krieg Mercedes-Rennleiter, lässt nicht locker. In der Werbungsphase zahlen die Stuttgarter dem Superstar am Nürburgring die Hotelkosten. Für ein Zimmer mit Bad – damals keine Selbstverständlichkeit. Die Deutschen schicken sogar, als Gratis-Service, einen Augenarzt zum unter Bindehautentzündung leidenden Fangio. Eine neue Rennbrille wird auch spendiert. Das bringt's – der Südamerikaner beißt an.

Aber die kleinen Geschenke sind nicht der eigentliche Grund:

Überlegen: Fangio im Silberpfeil. Mercedes baut Wagen mit oder ohne Radverkleidung. Gonzáles Ferrari gibt es nur mit freistehenden Rädern.

Der unverkleidete Silberpfeil W 196 am Nürburgring. Ferrari-Pilot Louis Rosier darf mal Probe sitzen – ein heute undenkbares Zugeständnis.

„Neubauer versprach mir einen ausgezeichneten Rennwagen. Ich besorgte mir Informationen über das Projekt und die beseitigten alle Zweifel. Es gab nur noch einen Wermutstropfen. Das Auto sollte rechtzeitig für den Grand Prix von Frankreich einsatzbereit sein. Ich aber fühlte mich in Topform und wollte meinen zweiten WM-Titel. Die Lösung des Problems: Die beiden ersten WM-Läufe des Jahres wurde ich an Maserati ausgeliehen."

Der „Überbrückungstrick" funktioniert: Fangio siegt in Argentinien und Belgien, wo er zusätzlich die schnellste Runde des Rennens dreht. Damit hat „El Chueco" – der Krummbeinige – bereits 17 WM-Punkte, bevor er in Reims endlich in den Silberpfeil steigt. Maurice Trintignant, irgendwann in ferner Zukunft Jean Alesis Trauzeuge bei dessen erster Hochzeit, liegt mit neun Zählern auf Rang zwei.

Bereits die ersten Runden am Steuer des pünktlich fertig ge- ▶

Die **Teams**

Ferrari	
José Froilan González	ARG
Mike Hawthorn	GB
Maurice Trintignant	F
Giuseppe Farina	I
Robert Manzon	F
Umberto Maglioli	I
Louis Rosier	F
Piero Taruffi	I
Alberto Ascari	I
Jacques Swaters	B
Reginald Parnell	GB
Mercedes	
Juan Manuel Fangio	ARG
Karl Kling	D
Hans Herrmann	D
Hermann Lang	D
Maserati	
Juan Manuel Fangio	ARG
Luigi Musso	I
Robert Mières	ARG
Onofré Marimón	ARG
Stirling Moss	GB
Sergio Mantovani	I
Prince Bira	THA
Alberto Ascari	I
Luigi Villoresi	I
Harry Schell	USA
Louis Rosier	F
Francesco Godia	E
Ronald Flockhart	GB
Roy Salvadori	GB
Ken Wharton	GB
Emmanuel de Graffenried	CH
Ottorino Volonterio	CH
Jorge Daponte	ARG
Gordini	
Élie Bayol	F
André Pilette	B
Jean Behra	F
Roger Loyer	F
Paul Frère	B
Jacques Pollet	F
Clemar Bucci	ARG
Fred Wacker jr.	USA
Georges Berger	B
Lancia *	
Alberto Ascari	I
Luigi Villoresi	I
Cooper	
Eric Brandon	GB
Horace Gould	GB
Bob Gerard	GB
Peter Whitehead	GB
HWM	
Lance Macklin	GB
Connaught	
John Riseley-Prichard	GB
Leslie Thorne	GB
Don Beauman	GB
Leslie Marr	GB
Bill Whitehouse	GB
Vanwall *	
Peter Collins	GB
Klenk *	
Theo Helfrich	D

* neue Teams

Mercedes-Asse im Gespräch: Der Deutsche Karl Kling (links) mit Bremgarten-Sieger Juan Manuel Fangio.

stellten, stromlinienverkleideten Mercedes W196 begeistern Fangio: „Die Form des Rennautos ist wunderschön und einzigartig. Sein Motor hat unglaublich viel Kraft. Nie zuvor fuhr ich einen Boliden mit derart tiefem Schwerpunkt. Für mich steht fest, dass ein Mercedes den Frankreich-GP gewinnt – nur den Namen des Fahrers kenne ich noch nicht."

Klarer Fall von Tiefstapelei: Neben dem Weltmeister hat Mercedes nur deutsche Piloten verpflichtet, die zuvor keine Rolle in der Formel 1 spielten.

Alfred Neubauer ist keineswegs so optimistisch wie sein Starpilot. Im Training stellt sich heraus, dass der Benzinverbrauch mit 35 Litern auf 100 Kilometer höher ist als erwartet. Der Tank fasst 185 Liter, die Distanz beträgt 506,3 Kilometer – das kann eng werden. Die Stuttgarter reagieren schnell. Telefonisch werden im Werk Zusatztanks geordert. Ingenieur Rudolf Uhlenhaut eilt nach Deutschland zurück, um den Bau persönlich zu überwachen.

Der Aufwand soll sich lohnen: Ab dem Start übernehmen die Mercedes-Fahrer Fangio und Kling die Führung. Der Argentinier: „Die Konkurrenten sahen wir an diesem Tag eigentlich nur beim Start und bei Überrundungsmanövern." Auch „Mercedes-Junior" Hans Herrmann macht seinen Job gut. Bis zu seinem Ausfall hält Herrmann Rang drei. Da jedoch die schnellste Rennrunde auf sein Konto geht, bekommt er noch einen WM-Punkt gutgeschrieben.

An der Spitze haben Juan Manuel Fangio und Karl Kling alles unter Kontrolle. Einzig als sich der Maserati des Prinzen Bira vor dem Mercedes dreht, wird es brenzlig für den Argentinier. Doch der Silberpfeil mit Startnummer 18 verfehlt das kreiselnde Hindernis glücklicherweise um wenige Zentimeter. Kurz darauf ist der historische Debüt-Doppelsieg unter Dach und Fach!

Neubauer ist den Tränen nahe. Vor lauter Rührung fühlt er „den Geschmack von Matjesheringen in der Kehle". Der Mann hat den historischen Überblick. Ihm ist sehr wohl bewusst, dass es auf den Tag genau vor 40 Jahren einen Mercedes-Dreifachsieg beim Großen Preis von Frankreich gab: Am 4. Juli 1914 gewann Mercedes-Fahrer Christian Lautenschlager in Lyon den Klassiker vor seinen Teamkollegen Louis Wagner und Otto Salzer. Wagner, der einzige Überlebende des Trios, sitzt jetzt auf der Ehrentribüne und bejubelt seine Nachfolger. Ganz Deutschland ist im Freudentaumel, weil nicht nur der Triumph von Reims gefeiert wird – zeitgleich schlagen Herberger, Walter und Co. im Berner Wankdorf-Stadion die hoch favorisierte ungarische Elf im Endspiel um die Fußballweltmeisterschaft mit 3:2. Neubauer lauscht genüsslich den Klängen der deutschen Nationalhymne, die zu Ehren des Sieger-Rennstalls gespielt wird. Noch zwei Jahre zuvor, nach dem Mercedes-Sieg in Le Mans 1952, hatte die Ehrenkapelle die Noten der deutschen Hymne „vergessen". Das Ende des Zweiten Weltkrieges lag immerhin erst sieben Jahre zurück...

Abends im Hotel wird Fangio klar, dass ihm mit diesem Wagen der zweite WM-Titel kaum zu nehmen sein wird. Dennoch wird er beim nächsten Rennen in Silverstone nur Vierter. Dafür verantwortlich ist die voll verkleidete Karosserie. Sie behindert seine Sicht derart, dass er mehrfach die Markierungstonnen rammt. Ferrari-Pilot González gewinnt und Mercedes erscheint fortan ebenfalls mit frei stehenden Rädern.

Die Roten können noch einen einzigen Sieg verbuchen: In Barcelona gewinnt Hawthorn vor Fangio, nachdem der Motor des neuen Champions überhitzte: Papier war vor die Kühler geflogen.

Beim Saisonfinale taucht erstmals Lancia mit dem D50 auf. Am Steuer sitzt Alberto Ascari, der 1954 nur sporadisch WM-Läufe für Maserati bestritten hat. Der Lancia ist offensichtlich ein großer Wurf: Ascari übernimmt von der Pole die Führung, fährt die schnellste Runde und baut seinen Vorsprung pro Umlauf um zwei Sekunden aus, ehe er nach zehn Runden mit Kupplungsschaden liegen bleibt. Der Punkt für die schnellste Runde bleibt der einzige für den amtierenden Weltmeister.

Das neue **Reglement**

Zunächst wird für die neue Formel 1 ein Reglement bis 1957 beschlossen, Doch das Regelwerk wird – mit Ausnahme leichter Modifikationen – bis 1960 verlängert. Die Motoren dürfen maximal 2500 cm³ Hubraum haben, die Zahl der Zylinder ist freigestellt. Auch der Treibstoff unterliegt bis 1957 keinerlei Restriktionen – erst ab 1958 ist Flugbenzin vorgeschrieben. Es gibt für die Wagen keinerlei Gewichtsvorschrift.
Außer Saugmotoren sind auch Kompressormotoren mit maximal 750 cm³ erlaubt. Doch damit geht kein Rennstall an den Start.

Einige Wagen von 1954 im Überblick (Hubraum alle 2400-2498 ccm):

	Zylinder	PS	U/Min.	Gänge	Spitze	Gewicht (unbetankt)
Mercedes W196	8	260	8500	5	280 km/h	758 kg
Ferrari 625	4	240	7000	4	250 km/h	600 kg
Ferrari 553	4	250	7500	4	250 km/h	590 kg
Lancia D 50	8	260	8000	5	280 km/h	600 kg
Maserati 250 F	6	260	7000	5	290 km/h	630 kg
Gordini Typ 16	6	220	6000	4	240 km/h	590 kg
Vanwall	4	210	6500	5	245 km/h	570 kg
HWM-Alta	4	195	6000	4	220 km/h	560 kg

Monza: Stirling Moss schiebt seinen Maserati ins Ziel. Mercedes wird aufmerksam.

Gordini-Renner in Monza. Das tapfere französische Team bleibt chancenlos.

Vanwall gegen Maserati in Silverstone. Unter dem Leitblech von Peter Collins Vanwall (20) befindet sich der Kühler.

Doppelsieg für Ferrari in Silverstone – und einen Siegerkuss für Froilan González von seiner Frau.

Kurz-**Meldungen**

● Der Veranstalter des **Deutschland-GP** honoriert die schnellste Rennrunde mit einem Geldpreis in Höhe von 600 Mark. Der deutsche Mercedes-Pilot Karl Kling kassiert die Summe.

● Beim Frankreich-GP, ausgetragen vor den Toren der Champagne-Stadt Reims, gibt es hingegen Sachpreise zu gewinnen. Weil **Fangio** im Training als erster Pilot auf der Straßenpiste ein Durchschnittstempo jenseits der 200 km/h-Schallmauer erreicht, erhält er 50 Flaschen Champagner.

● Die britische Presse macht **Mike Hawthorn** und **Peter Collins** massive Vorwürfe, da beide im Ausland Rennen fahren, anstatt ihren Wehrdienst zu leisten. Hawthorn meldet sich daraufhin zur Musterung – mit schweren Brandverletzungen (Folgen eines Unfalls in Syracus) an beiden Beinen. Die Militärärzte nehmen nicht einmal seine Verbände ab und schicken den Rennfahrer direkt wieder nach Hause.

● **Fangios** Siegerzeit beim Deutschland-GP beträgt 3:45.45,8 Stunden – es ist das zeitlich längste Rennen (außer Indianapolis) der Formel-1-Geschichte. Die Distanz beträgt damals 500 Kilometer. Das sind 22 Runden auf dem 22,8 km langen Nürburgring.

● Ken Gregory, Freund und Manager von **Stirling Moss**, versucht vergeblich, Mercedes das britische Talent ans Herz zu legen. Moss kauft sich daraufhin für umgerechnet 75000 Mark einen F1-Maserati 250F und startet als Privatfahrer. Doch nachdem Moss in Monza sogar Fangio in Bedrängnis bringt und seinen Wagen mit letztem Einsatz über die Ziellinie schiebt, macht ihm Neubauer im Herbst doch noch ein Angebot – für die Saison '55.

● Der Industrielle Tony Vanderwell setzt einen Vierzylinder unter dem Namen **Vanwall** ein. Das Auto wird von dem 23-jährigen Peter Collins gefahren. Vanderwells Ziel: Er will beweisen, dass englische Autos die Italiener schlagen können. 1958 wird er den ersten Konstrukteurspokal der Formel-1-Geschichte gewinnen.

● **Hermann Lang**, GP-Europameister von 1939, beendet seine Karriere auf der Nordschleife. Der Schwabe kämpft sich bis auf Platz zwei vor, dann dreht er sich im Streckenabschnitt Hatzenbach und muss aufgeben. Aus Altersgründen mustert Mercedes-Rennleiter Neubauer den 45-Jährigen anschließend aus.

● Insgesamt kassieren 24 Piloten WM-Punkte – neuer Rekord. Schlusslicht ist der amtierende Weltmeister **Alberto Ascari** mit einem Punkt.

1954

Siegerpodeste

1 17.1.1954 GP Argentinien – Buenos Aires
Pole: Giuseppe Farina

1. Juan Manuel Fangio	Maserati	3:00.55,800
2. Giuseppe Farina	Ferrari	- 1.19,000
3. José Froilan González	Ferrari	- 2.01,000

2 31.5.1954 Indianapolis 500
Pole: Jack McGrath

1. Bill Vukovich	Kurtis-Offenh.	3:49.17,270
2. Jimmy Bryan	Kuzma-Offenh.	- 1.09,951
3. Jack McGrath	Kurtis-Offenh.	

3 20.6.1954 GP Belgien – Spa-Francorchamps
Pole: Juan Manuel Fangio

1. Juan Manuel Fangio	Maserati	2:44.42,400
2. Maurice Trintignant	Ferrari	- 24,200
3. Stirling Moss	Maserati	- 1 Runde

4 4.7.1954 GP Frankreich – Reims
Pole: Juan Manuel Fangio

1. Juan Manuel Fangio	Mercedes	2:42.47,900
2. Karl Kling	Mercedes	- 0,100
3. Robert Manzon	Ferrari	- 1 Runde

5 17.7.1954 GP England – Silverstone
Pole: Juan Manuel Fangio

1. José Froilan González	Ferrari	2:56.14,000
2. Mike Hawthorn	Ferrari	- 1.10,000
3. Onofré Marimón	Maserati	- 1 Runde

6 1.8.1954 GP Deutschland – Nürburgring
Pole: Juan Manuel Fangio

1. Juan Manuel Fangio	Mercedes	3:45.45,800
2. González/Hawthorn	Ferrari	- 1.36,500
3. Maurice Trintignant	Ferrari	- 5.08,600

7 22.8.1954 GP Schweiz – Bremgarten
Pole: José Froilan González

1. Juan-Manuel Fangio	Mercedes	3:00.34,500
2. José Froilan González	Ferrari	- 57,800
3. Hans Herrmann	Mercedes	- 1 Runde

8 5.9.1954 GP Italien – Monza
Pole: Juan Manuel Fangio

1. Juan Manuel Fangio	Mercedes	2:47.47,900
2. Mike Hawthorn	Ferrari	- 1 Runde
3. U. Maglioli/F. González	Ferrari	- 2 Runden

9 24.10.1954 GP Spanien – Pedralbes
Pole: Alberto Ascari

1. Mike Hawthorn	Ferrari	3:13.52,100
2. Luigi Musso	Maserati	-1.13,200
3. Juan Manuel Fangio	Mercedes	- 1 Runde

Alle Ergebnisse im Detail auf Seite 369

Mercedes W196 – die Legende

Mit dem heute als Legende eingestuften W196 revolutioniert Mercedes 1954 den GP-Sport. Als der Bolide die Formel-1-Bühne betritt, ist er der Konkurrenz haushoch überlegen. Zu den technischen Leckerbissen zählen: die bislang nur bei Dieselmotoren verwendete Treibstoffeinspritzung, zwangsgesteuerte (desmodromische) Ventile, die ohne Ventilfedern – Schwachstelle bei hohen Drehzahlen – auskommen, Einzelradaufhängung mit Drehstabfederung, Eingelenk-Pendelachse hinten, innenliegende Trommelbremsen mit Turbinenkühlung und der geneigt montierte Achtzylinder-Reihenmotor.

Für dieses technische Wunderwerk sind maßgeblich die Ingenieure Fritz Nallinger und Rudolf Uhlenhaut verantwortlich. Von dem Rennwagen werden zwei unterschiedliche Versionen gebaut: Der Typ „Monza" mit Stromlinienverkleidung (1954 ist die Karosserieform noch freigestellt) und der Typ „Nürburgring" mit frei stehenden Rädern.

Der Bolide wiegt trocken 640 Kilo. Die verkleidete Version bringt 40 Kilo mehr auf die Waage. Unter der dünnen Aluminiumhaut befindet sich ein Gitterrohrrahmen. Geschaltet wird mittels Fünfganggetriebe. Die Spitzengeschwindigkeit des W196 liegt bei 280 km/h. Der Motor leistet 260 PS bei 8500 U/min. 1955 steigert sich die Leistung auf 290 PS. Als Treibstoff liefert Esso die Spezialmixtur „RD1". Sie besteht, neben weiteren geheimen Ingredienzien, aus Flugzeugsprit mit 130 Oktan (23%), Methylalkohol (25%), Benzol (45%), Azeton (3%) und Nitrobenzol (2%). Der Chemiecocktail ist derart aggressiv, dass er über Nacht nicht im Tank bleiben darf. Nach jedem Einsatz werden Motor, Leitungen und Tank mit herkömmlichem Sprit „ausgewaschen".

Nur eine Konkurrenz-Konstruktion erreicht 1954 das technische Niveau der Silberpfeile: Lancias D50. Bau- und Testphase des roten Flachmanns ziehen sich allerdings endlos hin. Erst am 24. Oktober, beim Saisonfinale in Barcelona, debütiert der Wagen. Er ist pfeilschnell, aber unzuverlässig.

Die Maserati-Phalanx in Monza. Das blaugelbe Auto wird vom argentinischen Privatier Jorge Daponte pilotiert. Ohne Fangio kann Maserati 1954 nicht gewinnen.

Alfred Neubauer – der Erfinder der Silberpfeile

Alfred Neubauer ist eine stattliche Erscheinung. Der Mercedes-Benz-Rennleiter gilt als cholerischer Despot und Mann ohne Kompromisse. Was er macht, macht er gründlich: Neubauer arbeitet wie ein Tier, schreit, stopft Unmengen in sich hinein und ist alles andere als ein Abstinenzler. Als Neubauer 1954 mit den Silberpfeilen wieder an den Rennstrecken auftaucht, wiegt er gut und gern drei Zentner und entspricht ganz und gar nicht dem ästhetischen Status seines Arbeitgebers. Aber der bärbeißige Renndirektor, an dem Freunde und Bekannte durchaus humorvolle und warmherzige Züge ausmachen, gilt als Vater des Mercedes-Erfolgs – und das nicht erst in den fünfziger Jahren, sondern lange vorher.
Als Ferdinand Porsche 1923 als Konstrukteur zu Mercedes kommt, bringt er seinen Freund Alfred Neubauer mit. Drei Jahre später ist „Don Alfredo" bereits für sein Organisationstalent bekannt und wird Chef der Mercedes-Rennabteilung. Der Beginn des 750-Kilo-Reglements für Grand-Prix-Boliden im Jahr 1934 ist Legende: Beim Eifel-Rennen auf dem Nürburgring sind die Boliden zu schwer. Doch abspecken lassen sie sich nicht mehr. Mercedes-Fahrer Manfred von Brauchitsch fährt seinen Chef an: „Lassen Sie sich etwas einfallen, sonst sind wir die Lackierten..." Gesagt, getan. Über Nacht wird die weiße Lackschicht entfernt und die Autos dadurch vier Kilo leichter. Als die Wagen Jahre später den konkurrierenden Teams der Auto Union und Alfa Romeo um die Ohren fahren, wird der Begriff „Silberpfeil" geboren. Als Spitzenfahrer hat Mercedes Rudolf Caracciola, Manfred von Brauchitsch und Luigi Fagioli unter Vertrag. Sie holen zahlreiche Weltrekorde, ehe der Rennsport 1939 zum Erliegen kommt.
Nach dem Krieg startet Neubauer zunächst ein erfolgreiches Sportwagenprogramm. Auch bei F1-Läufen versucht man 1951 mitzuhalten – aber die Vorkriegswagen sind nicht mehr siegfähig. Neubauer überredet die Geschäftsleitung zum Bau neuer Silberpfeile. 1954 taucht Mercedes wieder an den Rennstrecken auf. Neubauers bärige Gestalt und der Filzhut werden zum Lieblingsmotiv der Fotografen.
Zwei Jahre dauert das triumphale Comeback. Bei zwölf Rennen siegt Mercedes neunmal, ehe sich das Werk '55 vom Motorsport zurückzieht. Erst Ende der Achtziger wird man an ein Comeback denken...

Stoppuhren um den Hals: Alfred Neubauer bei einem kurzen „Erholungsnickerchen".

Endstand Fahrer-WM

1.	**Juan Manuel Fangio** Maserati/Mercedes	42 (57)
2.	**José F. González** Ferrari	25 (26,5)
3.	**Mike Hawthorn** Ferrari	24,5
4.	**Maurice Trintignant** Ferrari	17
5.	**Karl Kling** Mercedes	12
6.	**Bill Vukovich** Kurtis Kraft	8 *
	Hans Herrmann Mercedes	8
8.	**Jimmy Bryan** Kuzma	6 *
	Giuseppe Farina Ferrari	6
	Luigi Musso Maserati	6
	Robert Mières Maserati	6
12.	**Jack McGrath** Kurtis Kraft	5 *
13.	**Onofré Marimón** Maserati	4
	Stirling Moss Maserati	4
	Robert Manzon Ferrari	4
	Sergio Mantovani Maserati	4
17.	**Prince Bira** Maserati	3
18.	**Élie Bayol** Gordini	2
	Mike Nazaruk Kurtis Kraft	2 *
	André Pilette Gordini	2
	Luigi Villoresi Lancia	2
	Umberto Magioli Ferrari	2
23.	**Troy Ruttman** Kurtis Kraft	1,5 *
	Duane Carter Kurtis Kraft	1,5 *
25.	**Alberto Ascari** Lancia	1

* Nur in Indianapolis am Start
Gewertet wurden die besten fünf Resultate.
Gesamtpunktzahl in Klammern.

Onofré Marimón – das erste Opfer

Belohnung im Ziel: Maserati-Fahrer Onofré Marimón mit Orangina.

Die Fahrer der Formel-1-Weltmeisterschaft bleiben vier Jahre von Tragödien verschont. Das ändert sich am 31. Juli 1954. Am Nürburgring macht eine Schreckensmeldung die Runde: Der Maserati mit Startnummer 6, gefahren von Onofré Marimón, ist in der Wehrseifenabfahrt verunglückt. Fangio, der den Unfall aus größerer Entfernung aus dem Cockpit verfolgt, stoppt an den Boxen, um die Maserati-Mannschaft zu informieren. Zu diesem Zeitpunkt ahnt er aber nicht, dass sein Freund und Schüler verletzt ist.
Froilan González, der Ex-Kumpan, mit dem er sich wegen unterschiedlicher politischer Ansichten verkracht hat, fährt mit Fangio zur Unfallstelle. Die Südamerikaner finden ihren Landsmann – tot. Fangio: „Seine Brust war furchtbar zugerichtet. Ein paar deutsche Zuschauer standen betroffen um ‚Pinocchio' herum. Plötzlich tauchte aus dem Nichts ein Pfarrer auf. Er sprach Gebete." Froilan González, ein Mann wie ein Bär, schluchzt hemmungslos. Auch Juan Manuel Fangio weint. Die Trauer um den verlorenen Freund weckt ihre alte Kameradschaft wieder...
Onofré Marimón ist der erste Pilot, der während eines WM-Wochenendes stirbt. Der Argentinier fährt seit 1951 für Maserati. Große Erfolge bleiben dem in Buenos Aires geborenen Fahrer verwehrt: In seinen elf Grand Prix kommt er zweimal als Dritter ins Ziel. Als er stirbt, ist er 31 Jahre alt.

Ein Cockpit von 1954 (Mercedes). Hinter dem riesigen Vierspeichenlenkrad aus Holz und Aluminium prangt als dominantes Instrument der Drehzahlmesser. Das Fünfganggetriebe wird per H-Schaltung betätigt. Wegen des breiten Kardantunnels liegen Bremse und Kupplung 60 cm auseinander.

Das Jahr der Katastrophen

In Le Mans ereignet sich eine Katastrophe, deren Schatten auch die Formel 1 verdunkelt: Nach dem Tod von über 80 Zuschauern werden spontan vier Grand Prix abgesagt. Weil Alberto Ascari sein Leben verliert und Lancia unter Geldmangel leidet, verschenkt man das rollende Material kurzerhand an Ferrari. Und Mercedes ist enttäuscht: sechs Rennen – und nur fünf Siege…

Die Saison beginnt in Argentinien – bei glühender Hitze. Als Titelanwärter gilt Lokalmatador und Weltmeister Juan Manuel Fangio – und er wird seiner Favoritenrolle in Buenos Aires eindrucksvoll gerecht. An der Seite des Mercedes-Piloten fährt erstmals ein Teamkamerad ohne deutschen Pass: Stirling Moss. Der 25-jährige Brite ist ein Mann der neuen Fahrer-Generation. Fangio zählt inzwischen 44 Lenze.

Beide Mercedes-Fahrer liegen beim nächsten Rennen, dem Grand Prix von Monaco, bis zur 50. Runde unangefochten an der Spitze. Der Dritte, Hans Herrmann, ist nach einem Trainingsunfall im Krankenhaus und Gastfahrer André Simon fällt wegen eines Ventilschadens aus. Doch auch das Führungsduo kämpft in der zweite Hälfte des 100-Runden-Rennens mit den Tücken der Technik: Moss ereilt ein Motorschaden und bei Fangio streikt die Hinterachse – erstmals versagt die Technik aller eingesetzten Silberpfeile.

Alberto Ascari übernimmt mit seinem Lancia die Führung. Doch seine Freude währt nur kurz: In der Schikane am Hafen kommt er von der Piste ab und stürzt kopfüber ins Meer. Die Matrosen der Hochseeyacht des Reeders Onassis ziehen ihn aus dem Hafenbecken – Ascari kommt offensichtlich mit ein paar Schrammen davon. So erbt Ferrari-Pilot Maurice Trintignant den Sieg – es bleibt der einzige Erfolg der Scuderia in diesem Jahr.

Nur wenige Tage später, am 26. Mai, dreht Alberto Ascari in Monza einige Testrunden mit dem Ferrari-Sportwagen seines Freundes Eugenio Castellotti. Aus der dritten Runde kommt der Doppelweltmeister nicht zurück. Die Kollegen finden den aus dem Wagen geschleuderten Ascari in der Nähe des umgestürzten Ferrari. Ascari stirbt Minuten später in den Armen seines Mentors und väterlichen Freundes Luigi Villoresi. Als Unfallursache wird heute eine kurzzeitige Bewusstlosigkeit ver-

1955

Beim Saisonauftakt in Buenos Aires feiert Stirling Moss seinen Einstand im Mercedes-Formel-1-Team. Doch der junge Brite steht die Saison über eindeutig im Schatten Fangios. Ihm gelingt nur ein Sieg – genug für den Vizetitel.

Zwei Generationen, zwei Freunde, ein Team: Juan Manuel Fangio (l.) und Stirling Moss siegen für Mercedes.

mutet – die Folge eines beim Hafenunfall zugezogenen Blutgerinnsels im Kopf.

„Ich hielt mich zu dieser Zeit in Deutschland auf", erinnert sich Fangio. „Plötzlich kam ein Journalist auf mich zu. Er musterte mich von oben bis unten und sagte mir dann ohne die geringste Vorwarnung, Alberto Ascari sei tot. Ich konnte es nicht glauben." Fangio hat den Tod seines Freundes des Onofré Marimón immer noch nicht verwunden und ist tief getroffen.

Wenige Tage später machen erneut Schreckensbotschaften die Runde. In Führung liegend, verunglückt die amerikanische ▶

Die **Teams**

Mercedes	
Juan Manuel Fangio	ARG
Stirling Moss	GB
Piero Taruffi	I
Karl Kling	D
Hans Herrmann	D
André Simon	F
Ferrari	
Maurice Trintignant	F
Giuseppe Farina	I
Paul Frère	B
José Froilan González	ARG
Umberto Maglioli	I
Eugenio Castellotti	I
Piero Taruffi	I
Mike Hawthorn	GB
Harry Schell	USA
Johnny Claes	B
Lancia	
Eugenio Castellotti	I
Luigi Villoresi	I
Alberto Ascari	I
Giuseppe Farina	I
Louis Chiron	MC
Maserati	
Robert Mières	ARG
Jean Behra	F
Luigi Musso	I
Carlos Menditéguy	ARG
Cesare Perdisa	I
Harry Schell	USA
Sergio Mantovani	I
Clemar Bucci	ARG
André Simon	F
Peter Collins	GB
Horace Gould	GB
Lance Macklin	GB
Peter Walker	GB
John Fitch	USA
Louis Rosier	F
Roy Salvadori	GB
Alfredo Uria	URU
Gordini	
Robert Manzon	F
Jacques Pollet	F
Hernando da Silva Ramos	F/BRA
Élie Bayol	F
Mike Sparken	F
Jean Lucas	F
Pablo Birger	ARG
Jesus Iglesias	ARG
Connaught	
Ken McAlpine	GB
Tony Rolt	GB
Peter Walker	GB
Leslie Marr	GB
Cooper	
Jack Brabham	AUS
Vanwall	
Mike Hawthorn	GB
Ken Wharton	GB
Harry Schell	USA

1955

Auf der neuen Hochgeschwindigkeitspiste von Monza startet Mercedes wieder mit den Stromlinien-W196.

Rennlegende Bill Vukovich während der Indy 500 tödlich. „Vukys" Kurtis-Kraft-Renner prallt gegen den Boliden seines Rivalen Al Keller. Das Auto landet kopfüber und geht in Flammen auf. Der als William Vucerovich geborene Sohn serbischer Einwanderer konnte in den beiden Vorjahren Oval-Klassiker für sich entscheiden.

Ein Sieg, ein Ausfall. Noch ist Fangio unzufrieden. Doch dann trumpft der argentinische Superstar groß auf: Mit einem Doppelschlag in Spa und Zandvoort stellt er die Weichen für seinen dritten WM-Titel. „El Chueco" liegt zwei Rennen vor Saisonschluss mit 27 Punkten an der Tabellenspitze. Dahinter folgen sein Teamkollege Moss und Monaco-Sieger Trintignant.

Was sich anschließend beim Grand Prix von Großbritannien ereignet, zählt zu den großen Rätseln der Formel-1-Historie: Stirling Moss gewinnt mit zwei Zehntelsekunden Vorsprung vor Fangio. Fangio reicht der zweite Platz für den Titelgewinn. Hat er dem Kollegen deshalb großzügig den Vortritt gelassen, um Moss vor heimischem Publikum endlich einen – längst fälligen – Sieg zu ermöglichen? Fangio gibt auf diese Frage nie eine eindeutige Antwort.

Das Finale findet in Monza statt. Auf der neuen, zehn Kilometer langen Piste wird sich herausstellen, ob Moss tatsächlich bereits besser ist als Fangio. Im Training muss er sich dem Südamerikaner um eine Zehntelsekunde geschlagen geben. Aber kaum fällt die Startflagge, sprintet der Brite in Führung. Fangio folgt ihm wie ein Schatten. Doch

Ferrari-Pilot Maurice Trintignant gelingt es in Monaco als Einzigem, die Mercedes-Dominanz 1955 zu brechen.

1955

Lancias Geschenk für Ferrari

Der Formel-1-Boilde der Turiner Autoschmiede Lancia wird erst zum letzten WM-Lauf 1954, dem Großen Preis von Spanien, fertig. Lancia hat Großes vor und mit den Ex-Ferrari-Piloten Alberto Ascari und Luigi Villoresi zwei Spitzenfahrer unter Vertrag. Ascari gelingt es, den Lancia bei seiner Premiere auf Anhieb für die Pole-Position zu qualifizieren. Im Rennen fällt er zwar aus, fährt jedoch die schnellste Runde.

Unter der Aluhaut des Lancia D50 arbeitet ein 2,5-Liter-Achtzylinder mit 260 PS. Damals sensationell ist die tragende Struktur des Motorblocks, der zugleich das Fahrwerk stabilisiert – später wird das zum Standardmerkmal aller Rennwagen. Der Motor ist diagonal im Chassis montiert. Die Kardanwelle führt seitlich am Fahrer vorbei. So sitzen Fahrer – und Schwerpunkt – tiefer. Die Treibstofftanks befinden sich rechts und links zwischen den Rädern – dadurch bleibt die Gewichtsverteilung konstant.

In den ersten beiden Rennen der '55er Saison steht Ascari abermals in der ersten Reihe, kann jedoch erneut nicht punkten. Als er am 26. Mai verunglückt, verliert Gianni Lancia die Lust am Motorsport. Er verschenkt seine Rennabteilung an Ferrari. Sechs Werkswagen vom Typ D50 werden mit Ersatzteilen am 26. Juli der Scuderia übergeben.

In Maranello arbeitet man derweil an einem Zweizylinder-F1-Motor. Das Aggregat soll auf kurvenreichen Strecken Verwendung finden, da man sich von den großvolumigen Zylindern ein hervorragendes Drehmoment verspricht. Als die erfolgreichen Lancia-Wagen plötzlich vor der Werkstür stehen, wird die Zweizylinderidee verworfen. 1955 ist ein trauriges Jahr für Ferrari – gegen Mercedes kriegt man mit dem Squalo-Vierzylinder kaum einen Stich. Die Scuderia konzentriert sich deshalb schnell darauf, den Lancia D50 für 1956 weiterzuentwickeln.

Die beiden strömungsgünstig zwischen den Rädern montierten Tanks sind charakterristisch für den Lancia D50.

die Nagelprobe bleibt aus. Ein Boxenstopp – der Windabweiser ist zersplittert – wirft den englischen „Kronprinzen" weit zurück. Mit der schnellsten Runde des Rennens meldet er noch einmal Siegansprüche an, dann stoppt ihn ein Motorschaden. Dank des Punktes für die schnellste Runde stockt Moss sein Konto auf 23 Zähler auf. Das reicht klar zum Gewinn der Vizemeisterschaft. Auf diesen Platz im WM-Klassement wird sich der Zahnarztsohn in den nächsten Jahren spezialisieren...

Weil sich Mercedes am Saisonende vom Motorsport verabschiedet, trennen sich anschließend die Wege von Fangio und Moss. Der Maestro unterschreibt bei Ferrari, Moss heuert bei Maserati an. Die Teamkollegen werden zu Rivalen. Ihrer Freundschaft bereitet das indes keinen Abbruch. Geheimnisse haben sie nicht voreinander – abgesehen vom Ausgang des Rennens in Aintree. Nur Fangio kennt die Wahrheit, und er nimmt sie 1995 mit ins Grab.

Kurz-**Meldungen**

- Die Bilanz von **Mercedes-Benz** am Ende des Formel-1-Engagements ist beeindruckend: an zwölf Rennen teilgenommen, neun Siege eingefahren, darunter sieben doppelte, einen dreifachen und einen vierfachen. Der Rückzug von Formel-1- und Sportwagen-Rennen wird mit der Doppelbelastung der Versuchsabteilung begründet. Sie soll sich künftig ausschließlich um die Entwicklung von Serienwagen kümmern.

- In Monaco gibt einer der ganz Großen des GP-Sports seine Abschiedsvorstellung. **Louis Chiron** fährt im Alter von 56 Jahren einen Werks-Lancia und wird Sechster mit fünf Runden Rückstand.

- Auch für den Deutschen **Karl Kling** endet 1955 die kurze, zweijährige Formel-1-Karriere. Er zählte vor dem Krieg zu den großen Hoffnungen des Motorsports. Mit den neuen Silberpfeilen holte der 45-Jährige immerhin noch 17 Punkte.

- Die 1922 gebaute Piste von **Monza** wird aufwendig renoviert. Man verkürzt die Rennstrecke von 6,3 auf 5,75 km. Zusätzlich wird ein Hochgeschwindigkeits-Oval mit überhöhten Kurven (38°) errichtet, was die Gesamtlänge der neuen Anlage auf zehn Kilometer bringt.

- Beim GP von England in Aintree taucht ein Australier mit Namen **Jack Brabham** auf. Der Mann vom fünften Kontinent pilotiert einen stromlinienverkleideten Cooper T40. Der Knüller: Der 140 PS starke Zwei-Liter-Motor Marke Bristol ist nicht vorn eingebaut, sondern als Mittelmotor installiert.

- Weil Automobil-Riese **Fiat** in Ferrari ein PR-Zugpferd für die italienische Automobil-Industrie sieht, unterstützt das Turiner Werk Enzo Ferrari mit umgerechnet knapp 500.000 Mark.

- Am 23. Oktober gewinnt der Brite **Tony Brooks** den Grand Prix von Syrakus, der nicht zur WM zählt. Der Zahnarzt fährt einen Connaught-Alta. Es ist der erste Sieg eines Formel-1-Boliden mit Scheibenbremsen und der erste GP-Triumph einer englischen Konstruktion seit dem Erfolg von Sir Henry Segrave. Der hatte 1923 am Steuer eines Sunbeam den Frankreich-GP in Tours gewonnen.

- Beim **Hitzerennen** in Argentinien werden über 50 Boxenstopps registriert. Der Ferrari mit Startnummer 12 wird von fünf (!) Piloten gefahren, darunter auch Froilan González.

1955

Siegerpodeste

1	16.1.1955 GP Argentinien – Buenos Aires Pole: José Froilan González	
1. Juan Manuel Fangio	Mercedes	3:00.38,600
2. José F. González/ Guiseppe Farina/ Maurice Trintignant	Ferrari	-1.29,600
3. Giuseppe Farina/ Umberto Maglioli/ MauriceTrintignant	Ferrari	- 2 Runden

2	22.5.1955 GP Monaco – Monte Carlo Pole: Juan Manuel Fangio	
1. Maurice Trintignant	Ferrari	2:58.09,700
2. Eugenio Castellotti	Lancia	- 20,300
3. J. Behra/C. Perdisa	Maserati	- 1 Runde

3	30.5.1955 Indianapolis 500 Pole: Jerry Hoyt	
1. Bob Sweikert	Kurtis-Offenh.	3:53.59,530
2. Bettenhausen/Russo	Kurtis-Offenh.	- 2.43,558
3. Jimmy Davies	Kurtis-Offenh.	

4	5.6.1955 GP Belgien – Spa-Francorchamps Pole: Eugenio Castellotti	
1. Juan Manuel Fangio	Mercedes	2:39.29,000
2. Stirling Moss	Mercedes	- 8,100
3. Giuseppe Farina	Ferrari	- 1.40,500

5	19.6.1955 GP Niederlande – Zandvoort Pole: Juan Manuel Fangio	
1. Juan Manuel Fangio	Mercedes	2:54.23,800
2. Stirling Moss	Mercedes	- 0,300
3. Luigi Musso	Maserati	- 57,100

6	16.7.1955 GP England – Aintree Pole: Stirling Moss	
1. Stirling Moss	Mercedes	3:07.21,200
2. Juan Manuel Fangio	Mercedes	- 0,200
3. Karl Kling	Mercedes	-1.11,800

7	11.9.1955 GP Italien – Monza Pole: Juan Manuel Fangio	
1. Juan Manuel Fangio	Mercedes	2:25.04,400
2. Piero Taruffi	Mercedes	- 0,700
3. Eugenio Castellotti	Ferrari	- 46,200

Alle Ergebnisse im Detail auf Seite 369

Hitzeschlacht in Argentinien

Buenos Aires am 16. Januar. In der argentinischen Hauptstadt werden die ersten WM-Punkte der neuen Saison vergeben. Den 21 Piloten steht eine heiße Schlacht bevor – im wahrsten Sinne des Wortes. Das Thermometer zeigt 37 Grad im Schatten, der Asphalt hat sich auf mehr als 50 Grad aufgeheizt. Selbst die einheimischen Rennfahrer stöhnen. Juan Manuel Fangio: „Das war mehr als ein Autorennen. Das war das Ausloten der Grenzen von Mensch und Maschine. Viele Leute glauben, als Formel-1-Pilot säße man im kühlen Fahrtwind. Das ist lachhaft. Die Hitze des Motors strömt zusätzlich ins Cockpit – das Fahren unter solchen Bedingungen wird zur Tortur."

Seit Tagen trinken die europäischen Rennfahrer jeden Schluck, den sie in ihre Finger bekommen. Einzig Lokalmatador Fangio bereitet sich anders auf die Hitzeschlacht vor: Er trainiert seinen Körper darauf, Durst auszuhalten. Er trinkt so wenig wie möglich. So ruft ihm seine Frau kurz vor dem Start zu: „Viel Glück, du Kamel!"

Der „Kamel-Trick" funktioniert. Reihenweise kapitulieren die Gegner des Maestro. Sie übergeben die Boliden an ihre Teamkollegen. Nach einer Verschnaufpause lösen sie diese dann erneut ab. Der Weltmeister hingegen hält in der glühenden Hitze tapfer durch. Während seines Boxenstopps schüttet sich Fangio eine Flasche Mineralwasser über den Kopf. Das nasse Hemd kühlt – für etwas mehr als eine Runde.

▲ *Mercedes-Rennleiter Neubauer mit seinem Spitzenfahrer Fangio.*

Selbst der beinharte Brite Stirling Moss verliert das Bewusstsein. Er schafft es nicht einmal bis an die Boxen. Sanitäter fahren ihn in Richtung Hospital. Auf dem Weg dorthin kommt Moss wieder zu sich. Er protestiert, will zurück an die Piste. Aber die Samariter verstehen kein Englisch. Erst im Krankenhaus kann sich der Mercedes-Pilot verständlich machen. Er wird auf seinen Wunsch hin zurücktransportiert und kommt gerade rechtzeitig, um ein freiwerdendes Cockpit zu übernehmen.

Der 48-jährige Farina kämpft wie ein Löwe. In Monza zog er sich schwere Brandverletzungen am linken Bein zu. Die Wunden sind noch nicht ausgeheilt. Ein Asbestverband reicht nicht, um neue Qualen zu verhindern. Mit Morphium wird der alte Haudegen fit gespritzt.

Einer der Ferrari steht völlig intakt eine Runde lang an den Boxen. Alle Piloten sind restlos erschöpft. Dann erbarmt sich González und übernimmt das Steuer.

Nur Sieger Fangio und sein fünftplatzierter Landsmann Roberto Mieres stehen den dreistündigen Backofen-Grand-Prix ohne Ablösung durch. Die auf den Plätzen zwei, drei und vier abgewinkten Rennwagen werden von je drei (!) Piloten ins Ziel gebracht. Als sich der Sieger montags medizinisch checken lässt, diagnostizieren die Ärzte Verbrennungen zweiten Grades am rechten Bein und Herzprobleme.

▼ ▶ *Start zum dramatischen Monaco-Grand-Prix. Die erste Starterreihe fällt aus: Fangio (2) und Moss (6) durch defekte Autos, Ascari (26) durch einen Sturz ins Hafenbecken (Foto rechts). Es ist das letzte Rennen des Italieners, der wenige Tage später bei einer Probefahrt tödlich verunglückt.*

Die **Katastrophe** von **Le Mans**

1955 ereignet sich in Le Mans das furchtbarste Unglück in der Geschichte des Motorsports. Abermals messen sich die größten Fahrer ihrer Zeit beim traditionellen 24-Stunden-Rennen. Gut zwei Stunden nach dem Start, am Samstag dem 11. Juni um 18.19 Uhr, jagen vier Wagen dicht an dicht an der Haupttribüne entlang. An der Spitze Mike Hawthorn im Jaguar. Hawthorn will an die damals noch nicht von der Strecke abgegrenzte Box, sein Landsmann Macklin im Austin bremst irritiert aus Tempo 250 und kommt ins Schleudern. Er fliegt an den Fahrbahnrand, reißt zwei Zuschauern die Beine ab. Ihm folgt Pierre Levegh im Mercedes 300 SLR. Der Franzose hebt noch die Hand, um den folgenden Fangio zu warnen, dann kracht sein Wagen gegen eine Böschung, überschlägt sich und explodiert in der Menschenmenge. 81 Zuschauer sind tot, das 82. Opfer ist Pierre Levegh.
Schon eine Woche später findet der Große Preis von Holland statt. Doch die Rennen in Frankreich, Deutschland, Spanien sowie der Schweiz werden abgesagt. Bis heute sind bei den Eidgenossen große Rennveranstaltungen aufgrund des Le-Mans-Unfalls per Gesetz verboten.
Bei den verbleibenden Rennen verbucht Mercedes Doppelsiege. Am 12. Oktober beschließen die Stuttgarter „nach reiflicher Überlegung", den bereits im Vorjahr diskutierten Rücktritt anzutreten und sich für „einige Jahre vom Rennsport fernzuhalten". Es werden vier Jahrzehnte.

81 Zuschauer und Mercedes-Fahrer Pierre Levegh bezahlen den Unfall mit ihrem Leben.

Endstand **Fahrer-WM**

1.	**Juan Manuel Fangio** Mercedes	40 (41)
2.	**Stirling Moss** Mercedes	23
3.	**Eugenio Castellotti** Lancia	12
4.	**Maurice Trintignant** Ferrari	11,3
5.	**Giuseppe Farina** Ferrari	10,3
6.	**Piero Taruffi** Mercedes	9
7.	**Bob Sweikert** Kurtis-Offenhauser	8 *
8.	**Robert Mières** Maserati	7
9.	**Jean Behra** Maserati	6
	Luigi Musso Maserati	6
11.	**Karl Kling** Mercedes	5
12.	**Jimmy Davies** Kurtis Kraft	4 *
13.	**Paul Frère** Ferrari	3
	Tony Bettenhausen Kurtis-Offenhauser	3 *
	Paul Russo Kurtis-Offenhauser	3 *
	Johnny Thompson Kuzma-Offenhauser	3 *
17.	**José Foilan González** Ferrari	2
	Carlos Menditéguy Maserati	2
	Cesare Perdisa Maserati	2
	Luigi Villoresi Lancia	2
21.	**Umberto Maglioli** Ferrari	1,3
22.	**Hans Herrmann** Mercedes	1
	Walt Faulkner Kurtis-Offenhauser	1 *
	Bill Vukovich Kurtis-Offenhauser	1 *
	Bill Homeier Kurtis-Offenhauser	1 *

* Nur in Indianapolis am Start
Gewertet wurden die besten fünf Resultate.
Gesamtpunktzahl in Klammern.

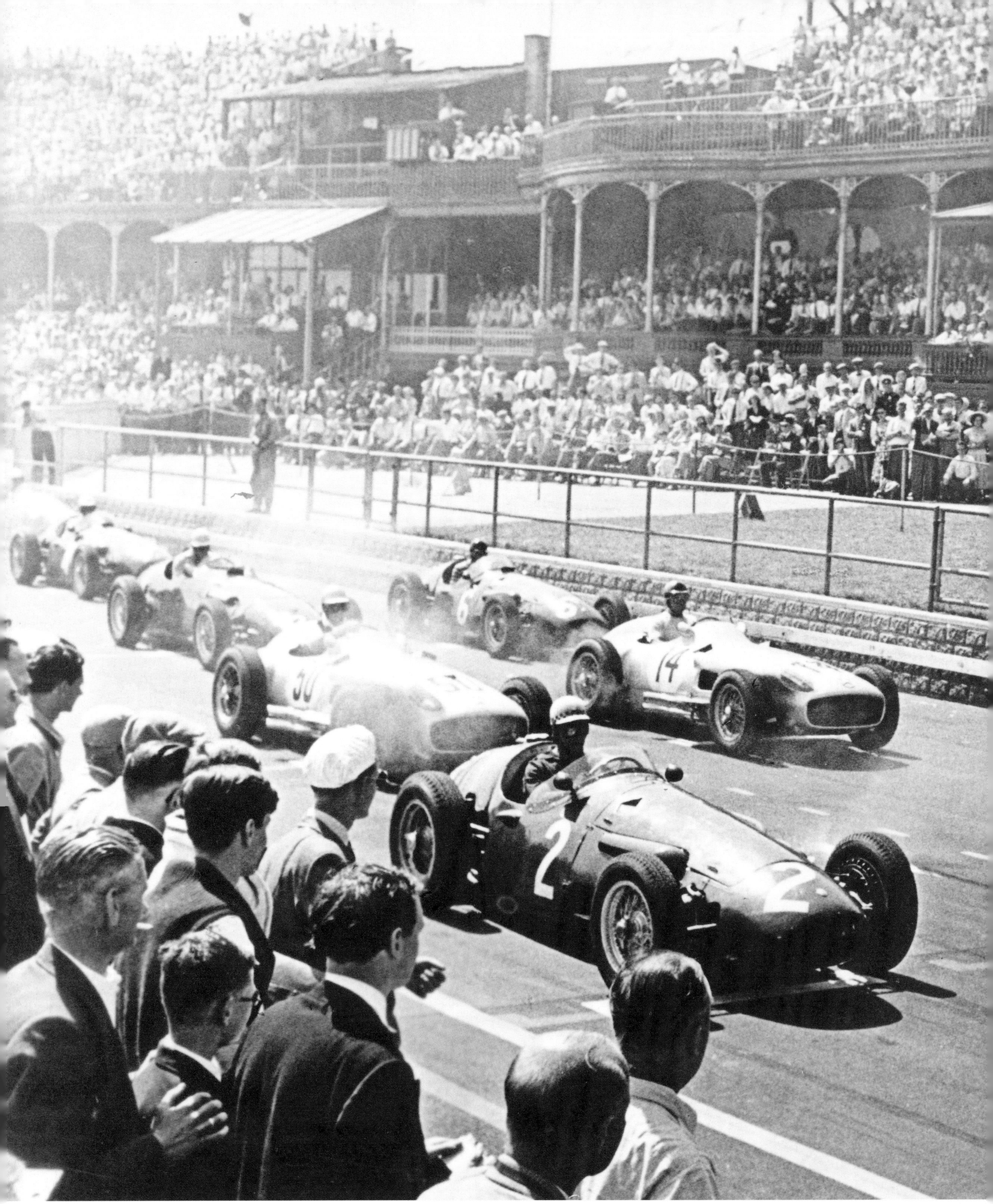

Großer Preis von England 1955 in Aintree: Der Starter hat die Flagge gesenkt, die Piloten schießen von ihren Startplätzen. Dicht gedrängt beobachten die Zuschauer von

iktorianischen Tribüne, dass Stirling Moss (12) schon leicht die Nase vorn hat – vor Mercedes-Teamkollege Fangio (10). Der Brite kann einen umjubelten Heimsieg feiern.

Fangio und Ferrari – eine Ehe mit Dellen

Mercedes-Benz ist nicht mehr mit von der Partie. Doch die Formel 1 leidet keinesfalls unter dem Fehlen der dominanten Deutschen. Mit Ferrari – dank des Lancia-Materials konkurrenzfähig – und Maserati sind zwei starke Werke am Start. Gordini, Connaught, Vanwall und BRM bilden den Unterbau der Pyramide.

Erneut geht Juan Manuel Fangio als Titelanwärter in die neue Saison – diesmal als Ferrari-Pilot. Fangio und Ferrari – das scheint eine Traumpaarung zu sein. Doch zwischen dem eigenwilligen Commendatore und dem dreifachen Weltmeister kriselt es von Beginn an: Enzo Ferrari gelingt es nicht, den Argentinier mit seinem als Hungerlohn verschrieenen Haustarif abzuspeisen. Alle Hinweise, es sei „eine Ehre, für die Scuderia zu fahren", fruchten nicht.

Fangio schickt für die Vertragsverhandlungen Marcello Giambertone in den Ring, seinen mit allen Wassern gewaschenen Manager. „Giamba" schindet ein Jahressalär in Höhe von zwölf Millionen italienischen Lire heraus, damals rund 150.000 Mark – plus einiger vertraglich festgehaltener „Bonbons". Ferrari akzeptiert zähneknirschend. Nach zwei mageren Jahren braucht er den Erfolg und Fangio ist der Garant dafür.

Um den Millionen-Mann zu Höchstleistungen zu treiben, nimmt der Commendatore einige junge Heißsporne unter Vertrag: den Schönling Eugenio Castellotti, den der Chef nur „il bello" nennt. Und den Römer Luigi Musso, der sich ungern wäscht. Beide sind als angebliche Playboys bekannt. Das gilt auch für

1956

▲ *Fast nie ohne Sonnenbrille: Enzo Ferrari mit seinem „Golden Boy". Peter Collins gewinnt den Frankreich-GP.*

◄ *Fangio zerknittert 1956 nicht nur die Nase seines Ferrari... Doch am Ende erringt er seinen vierten WM-Titel.*

den spanischen Marquis Alfonso de Portago, einen furchtlosen Draufgänger. Der Adelsmann rechnet sich Chancen aus, den spanischen Königsthron zu besteigen, falls Franco die Macht verlieren sollte. Vierter im Bunde ist Peter Collins aus England, für den Fairplay an oberster Stelle steht.

Der Saisonauftakt beginnt mit einer riesigen Sensation und endet mit einem Skandal: In Buenos Aires sieht Carlos Menditéguy, ein Allroundsportler und hervorragender Polospieler, lange wie der sichere Sieger aus. Dann verschaltet sich der Argentinier, eine Antriebswelle seines Maserati reißt, und der pfeilschnelle Außenseiter segelt von der Bahn. Stirling Moss übernimmt die Führung, dann kämpft sich Fangio in Front. 20 Runden vor Ende des Rennens unterläuft dem Titelverteidiger jedoch ein schwerer Fehler: Er dreht sich in der Ascari-Kurve. Streckenposten schieben ihn zurück auf die Bahn – Fangio gewinnt gemeinsam mit Luigi Musso, auf dessen Wagen Fangio nach 22 Runden umstieg. Maserati-Teamchef Nello Ugolini legt sofort Protest gegen den Sieger ein. Der Ex-Ferrari-Mitarbeiter spricht von unerlaubter fremder Hilfe. Rennleitung und FIA nehmen Fangio allerdings nicht aus der Wertung. Fangio: „Es waren Marshals, keine Zuschauer, die mein Auto anschoben. Deshalb wurde der Protest mit Recht abgeschmettert." Fangio kennt die Paragraphen offensichlich nicht: Die machen bei „fremder Hilfe" keinen Unterschied zwischen Fans und Streckenposten...

Das WM-Zwischenklassement führt nun erstmals ein Franzose an. Sechs Punkte für Rang zwei reichen Jean Behra aus, da Fangio das Auto von Musso übernahm und die Punkte mit dem Italiener teilen muss.

Anschließend wird deutlich, dass der Weg zum Titel für Fangio kein Spaziergang wird: Stirling Moss, der nach dem Mercedes-Rückzug nun für Maserati ins Steuer greift, triumphiert in Monaco und Peter Collins in Spa. Und in Reims schlägt der Ferrari-Brite erneut zu. Fangios Nerven liegen blank. Hinter vorgehaltener Hand spricht er von Sabotage. In Monte Carlo lassen ihn die Stoßdämpfer im Stich, in Spa läuft das Differential heiß, und in Reims kollabiert das Spritsystem. Nach dem Großen Preis von Belgien sucht er die Piste nach dem Getriebeöl seines Ferrari ab und findet auf dem Asphalt keinen Tropfen. Wurde er ohne Öl ins Rennen geschickt? „Kein Öl in Spa, eine Spritdusche in Frankreich", listet Fangio auf, „außerdem Defekte bei den Sportwagenrennen."

Ein Arzt diagnostiziert bei dem südamerikanischen Superstar ein zerrüttetes Nervenkostüm. Fangio lässt sich für zehn Tage krank schreiben. Wütend verlangt Enzo Ferrari ein Gegengutachten eines Arztes seiner Wahl.

Die zehn Tage Ruhe beenden die Apathie des Titelverteidigers. Parallel setzt Fangio-Manager „Giamba" bei Enzo Ferrari durch, dass der Starpilot einen Chefmechaniker seines Vertrauens zugeteilt bekommt. Misstrauen beherrscht die Szene. Dann meldet sich Fangio mit zwei eindrucks- ▶

Die **Teams**

Lancia-Ferrari	
Juan Manuel Fangio	ARG
Peter Collins	GB
Eugenio Castellotti	I
Paul Frère	B
Luigi Musso	I
Alfonso de Portago	E
Olivier Gendebien	B
André Pilette	B
Giorgio Scarlatti	I

Maserati	
Stirling Moss	GB
Jean Behra	F
Francesco Godia	E
Cesare Perdisa	I
Luigi Villoresi	I
Horace Gould	GB
Louis Rosier	F
Chico Landi	BRA
Gerino Gerini	I
Umberto Maglioli	I
José Froilan González	ARG
Carlos Menditéguy	ARG
Piero Taruffi	I
Joakim Bonnier	S
Harry Schell	USA
Emmanuel de Graffenried	CH
Mike Hawthorn	GB
Roy Salvadori	GB
Luigi Piotti	I
Alfredo Uria	URU
Oscar González	URU
Ottorino Volonterio	CH
André Simon	F
Bruce Halford	GB
Jack Brabham	AUS

Gordini	
Hernando da Silva Ramos	F/BR
Robert Manzon	F
André Pilette	B
Élie Bayol	F
André Milhoux	B
André Simon	F

Vanwall	
Mike Hawthorn	GB
Harry Schell	USA
Maurice Trintignant	F
José Froilan González	ARG
Piero Taruffi	I

Connaught	
Jack Fairman	GB
Ronald Flockhart	GB
Archie Scott-Brown	GB
Les Leston	GB
Desmond Titterington	GB
Piero Scotti	I

BRM	
Mike Hawthorn	GB
Tony Brooks	GB
Ronald Flockhart	GB

Cooper	
Bob Gerard	GB

Bugatti *	
Maurice Trintignant	F

Emeryson *	
Paul Emery	GB

* neue Teams

Ferraris **Lancia**

Ferrari hat im Vorjahr die Wagen der Lancia-Rennabteilung übernommen, die nach Ascaris Tod aufgelöst wurde. Umgehend stoppt man in Modena die Entwicklung des eigenen Vierzylinders sowie eines Zweizylinders. Der Lancia D50 wird modifiziert. Die Seitenkästen, in denen Lancia die Tanks untergebracht hatte, werden ein Teil der Karosserie. Vorne ersetzen Schraubenfedern die bislang verwendeten Blattfedern. Der Motor bleibt weitgehend unverändert. Zeitweise versucht Ferrari, den Lancia-Motor in den Ferrari 555 Squalo einzusetzen – allerdings ohne Erfolg.

Die wichtigsten Wagen 1956 im Vergleich (alle ca. 2500 ccm):

	Zylinder	PS	U/Min.	Gänge	Spitze	Leergewicht
Lancia-Ferrari D50	8	265	8.000	5	290 km/h	645 kg
Ferrari 555 Squalo	8	270	8.600	5	250 km/h	630 kg
Maserati 250F	6	270	7.400	5	290 km/h	630 kg
Vanwall	4	280	7.500	5	285 km/h	570 kg
BRM P25	4	260	8.000	4	275 km/h	550 kg
Gordini 32	8	256	7.300	5	260 km/h	650 kg
Bugatti 251	8	265	7.500	5	250 km/h	750 kg
Connaught B	4	250	6.800	4	260 km/h	580 kg

vollen Siegen in Silverstone und auf dem Nürburgring zurück. Der denkwürdige Grand Prix von Italien (siehe Kasten rechts) bringt die Entscheidung zugunsten Fangios – und dessen Trennung von Ferrari. Der strenge Teamchef sieht es gelassen. Er will künftig auf seine junge Garde bauen, la squadra primavera – „das Frühlings-Team".

Das Rennen in Monza geht wegen der noblen Geste von Peter Collins in die Geschichte ein. Aber am Rande spielt sich parallel ebenfalls einmaliges ab: Klar auf der Siegerstraße, rollt Stirling Moss mit trockenem Tank aus. Der Engländer parkt seinen Maserati eingangs der Parabolica. Aus der Traum? Nein. Luigi Piotti, Privatier und Markenkollege von Moss, erkennt schlagartig die Situation. Der Italiener rollt ans Heck des Havaristen und schiebt Moss an die Boxen. Der Tank wird nachgefüllt und Moss gewinnt. Viel länger hätte das Rennen nicht dauern dürfen, denn die Reifen des siegreichen Maserati sind bereits scheintot, als die erlösende schwarz-weiß-karierte Flagge geschwenkt wird.

Hoffnungsvoll in Monaco gestartet, am Saisonende im Museum: Gordini gibt nach sieben Jahren in der Formel 1 auf.

Bugatti, erfolgreiche Marke der Vorkriegs-GP-Ära, kommt wieder – mit quer montiertem Achtzylinder.

Mike Hawthorn am Steuer des neuen BRM. Der Wagen debütiert in Monaco, Punkte holt Hawthorn '56 damit nicht.

Peter Collins große Geste

Die WM-Entscheidung fällt beim Saisonfinale in Monza. Titelverteidiger Juan Manuel Fangio und sein Teamkollege Peter Collins dürfen sich noch Hoffnungen auf die WM-Krone machen. Der Argentinier konnte bisher 30 Punkte sammeln. Das Konto seines Rivalen weist 22 Zähler auf. So viele hat bisher auch der Franzose Jean Behra zusammengetragen, doch der zählt nicht zu den Favoriten des Rennens. Collins Chancen sind gering. Falls er siegt, ist er Weltmeister – vorausgesetzt, Fangio holt keine Punkte…

Nach dem Training spricht zunächst alles für den Südamerikaner. Fangio erkämpft sich die Pole-Position. Collins ist 3,4 Sekunden langsamer und steht als Sechster in der dritten Startreihe. „Die Reifen werden heute entscheiden", raunt Fangio seinem Manager Marcello Giambertone vor dem Start zu. Tatsächlich werden die Pneus arg geschunden – die Gummis werden durch die beiden Steilkurven über Gebühr strapaziert. Nach neun Runden sind die beiden Ferrari-Piloten Alfonso de Portago und Eugenio Castellotti bereits draußen – Reifenschäden…

Fangio führt seit Runde acht. Doch dann bemerkt er einen Schaden an der Lenkung. Fangio kommt an die Boxen. Des Pfusches und der Schlamperei der Ferrari-Mechaniker überdrüssig, hat der Argentinier seit einigen Wochen einen verantwortlichen „Leib-Monteur". Der sucht in der Kürze der Zeit jedoch vergebens nach dem passenden Ersatzteil. In der Not wird ein Reserveauto ausgeschlachtet…

Vier Runden verstreichen. Auf diesem Auto hat Fangio keine Chance mehr. Dankbar übernimmt Castellotti den Wagen.

Niedergeschlagen hockt Fangio in den Boxen. „Giamba" fordert den Ferrari-Rennleiter auf, Luigi Musso zu stoppen, damit Fangio mit dessen Boliden weiterfahren kann. Doch Eraldo Sculati verfolgt die Idee nur halbherzig. Als Musso einen Boxenstopp einlegt, weigert er sich, das Cockpit zu verlassen. Dann kommt Peter Collins zum Reifenwechsel. Der Brite liegt zwar hinter Moss und Musso, hat jetzt aber Siegchancen – und wenn er gewinnt, ist er Weltmeister!

Kaum steht der Ferrari still, fragt Giambertone: „Peter, gibst du Fangio dein Auto?" Collins sieht den zusammengekauerten Kollegen und steigt spontan aus. Er macht sich durch diese einmalige sportliche Geste unsterblich. Fangios Augen leuchten. Der vierte Weltmeistertitel ist ihm jetzt sicher. Als Zweiter hinter Moss wird er abgewinkt. Collins spielt seine Großzügigkeit herunter: „Ich bin ja erst 25 Jahre alt und habe noch genug Zeit, mir den WM-Titel zu holen." Ein tragischer Irrtum…

Für die Scuderia Ferrari ist es ein durchweg erfolgreiches Jahr. Deshalb erhalten alle Ferrari-Piloten am Saisonende goldene Medaillen. Nur Fangio geht leer aus. Zweimal wird das Edelmetall angefordert. Enzo Ferrari schweigt.

Fangio ist beim Grand Prix in Monza fassungslos: Sein Ferrari kann nicht repariert werden.

Sportsgeist: Peter Collins vergibt seine Titelchancen an den älteren Teamkollegen Fangio.

1956

Siegerpodeste

1	**22.1.1956 GP Argentinien – Buenos Aires** Pole: Juan Manuel Fangio		
	1. L. Musso/J. M. Fangio	Lancia-Ferrari	3:00.03,700
	2. Jean Behra	Maserati	- 24,400
	3. Mike Hawthorn	Maserati	- 2 Runden
2	**13.5.1956 GP Monaco – Monte Carlo** Pole: Juan Manuel Fangio		
	1. Stirling Moss	Maserati	3:00.32,900
	2. P. Collins/J. M. Fangio	Lancia-Ferrari	- 6,100
	3. Jean Behra	Maserati	- 1 Runde
3	**30.5.1956 Indianapolis 500** Pole: Pat Flaherty		
	1. Pat Flaherty	Watson-Off.	3:53.28,840
	2. Sam Hanks	Kurtis-Off.	- 20,450
	3. Don Freeland	Phillips-Off.	
4	**3.6.1956 GP Belgien – Spa-Francorchamps** Pole: Juan Manuel Fangio		
	1. Peter Collins	Lancia-Ferrari	2:40.00,300
	2. Paul Frère	Lancia-Ferrari	- 1.51,300
	3. C. Perdisa/S. Moss	Maserati	- 3.16,600
5	**1.7.1956 GP Frankreich – Reims** Pole: Juan Manuel Fangio		
	1. Peter Collins	Lancia-Ferrari	2:34.23,400
	2. Eugenio Castellotti	Lancia-Ferrari	- 0,300
	3. Jean Behra	Maserati	- 1.29,900
6	**14.7.1956 GP England – Silverstone** Pole: Stirling Moss		
	1. Juan Manuel Fangio	Lancia-Ferrari	2:59.47,000
	2. A. d. Portago/P. Collins	Lancia-Ferrari	- 1 Runde
	3. Jean Behra	Maserati	- 2 Runden
7	**5.8.1956 GP Deutschland – Nürburgring** Pole: Juan Manuel Fangio		
	1. Juan Manuel Fangio	Lancia-Ferrari	3:38.43,700
	2. Stirling Moss	Maserati	- 46,400
	3. Jean Behra	Maserati	- 7.38,300
8	**2.9.1956 GP Italien – Monza** Pole: Juan Manuel Fangio		
	1. Stirling Moss	Maserati	2:23.41,300
	2. P. Collins/J. M. Fangio	Lancia-Ferrari	- 5,700
	3. Ronald Flockhart	Connaught	- 1 Runde

Alle Ergebnisse im Detail auf Seite 370

Die ehemaligen Mercedes-Teamgefährten Stirling Moss (l.) und Juan Manuel Fangio fahren jetzt für verschiedene Teams und haben beide Titelchancen. 1956 ahnt der Engländer noch nicht, dass er als „Ewiger Zweiter" in die Annalen der Formel 1 eingehen wird.

Kurz-**Meldungen**

● Erstmals seit 1951 nimmt **BRM** wieder an einem WM-Lauf teil. In Silverstone starten Mike Hawthorn und Tony Brooks für die Briten. Der BRM 25 von Konstrukteur Peter Berthin ist enorm schnell – aber unzuverlässig. In der Anfangsphase führen die zwei BRM-Piloten, aber keiner von ihnen erreicht das Ziel. Zuvor war eine Monaco-Expedition gescheitert: Wegen Ventilproblemen reiste BRM nach dem Training wieder ab.

● Am 30. Juni stirbt **Alfredo Ferrari** an Nierenversagen. Enzo Ferraris einziger Sohn aus seiner Ehe mit Laura wird von allen Dino genannt. Er erkrankt an Muskelschwäche und wird nur 24 Jahre alt. Jahrelang wird der Commendatore zur Erinnerung an seinen einzigen legitimen Sohn eine schwarze Krawatte tragen. Später werden alle V6-Motoren und die damit bestückten Autos „Dino" genannt. Jahre danach adoptiert das Ehepaar Ferrari Enzos 1945 unehelich geborenen Sohn Piero (Lardi).

● Ein Comeback-Versuch der Nobelmarke **Bugatti** scheitert kläglich. In Reims qualifiziert sich Maurice Trintignant am Steuer eines Bugatti T251 nur für die vorletzte Startreihe. Im Rennen scheidet er nach 17 von 61 Runden mit defektem Gaszug aus. Aus finanziellen Gründen wird das Projekt anschließend gestoppt. Interessante Novität: Der Reihen-Achtzylinder mit Mitteltrieb liegt quereingebaut hinter dem von vier Seitentanks umgebenen Fahrersitz.

● **Colin Chapman** macht sich später einen Namen als genialer Konstrukteur und Chef des von ihm gegründeten Lotus-Rennstalls. 1956 versucht sich der Brite beim Großen Preis von Frankreich allerdings noch als Formel-1-Rennfahrer. Im Training zerstört Chapman seinen Vanwall wegen blockierter Bremsen und räumt dabei Teamkollege Mike Hawthorn mit von der Piste. Das Auto ist irreparabel zerstört. Daher muss Chapman am Sonntag zuschauen. An der Entwicklung des 56er Vanwall ist Chapman auch beteiligt: Von ihm stammt das Fahrwerk.

● Vanwall-Chef **Tony Vanderwell** ist auf Fahrersuche. Und da Wolfgang Graf Berghe von Trips und Hans Herrmann bei Sportwagen-Rennen sehr gute Vorstellungen bieten, legen Stirling Moss und Mercedes-Ingenieur Rudolf Uhlenhaut Vandervell die beiden Piloten ans Herz. „GAV" lehnt jedoch ab – für das Verpflichten deutscher Fahrer bekomme man keine Orden.

Vanwall – Power made in England

In Reims pilotiert Mike Hawthorn erstmals den Vanwall. Er wird Zehnter, mit fünf Runden Rückstand.

Das Team Vanwall – seit 1954 dabei – mausert sich zu einem wachsenden Machtfaktor der Formel 1. Colin Chapman entwirft einen feingliedrigen Gitterrohrrahmen. Frank Costin ist für die aerodynamisch ausgefeilte Verkleidung verantwortlich. Der Aerodynamiker ist ein Bruder des Motorenspezialisten Mike Costin, der zusammen mit Keith Duckworth 1960 Cosworth gründet. Angetrieben wird die schlanke und elegante Konstruktion vom stärksten Motor des Feldes: Der Vierzylinder leistet 280 PS bei 7500 U/min. Vanwall tritt in Monaco, Belgien, Frankreich, England und Italien an. Schleichend wächst für Ferrari und Maserati starke Konkurrenz heran.

Das Auto der Baureihe VW56 ist schnell. Das beweist der Sieg von Stirling Moss bei einem Silverstone-F1-Rennen ohne WM-Status. Doch der Wagen ist auch recht defektanfällig. Von zwölf möglichen Zielankünften – nur beim Heim-GP in Silverstone werden sporadisch drei Autos eingesetzt – werden nur zwei realisiert. Und es gibt eine weitere Schwachstelle im Team: Stirling Moss sagt Teamchef Tony Vanderwell unmissverständlich: „Mit Maurice Trintignant und Harry Schell wirst du keine Rennen gewinnen." Der Industrie-Kapitän, den alle nur „GAV" nennen, hört auf Moss und engagiert für 1957 nur britische Fahrer. Er buttert ein Vermögen in das Projekt, um England an die Spitze der Formel 1 zu bringen. Allein ein einziger Motor wird während der Transporte mit umgerechnet 60.000 DM versichert.

Wirklich gut ist vorläufig nur das Betriebsklima: Harry Schell erhält im Urlaub ein Telegramm seines Arbeitgebers. Es kommt aus Paris, wo Tony Vanderwell die Bar seines Piloten aufgesucht hatte. Der schwerreiche Industrielle beschwert sich bitter über die hohen Preise. Schell kabelt umgehend zurück: „Von jetzt an gehen deine Getränke auf meine Rechnung."

Endstand
Fahrer-WM

1.	**Juan Manuel Fangio** Lancia-Ferrari	30 (33)
2.	**Stirling Moss** Maserati	27 (28)
3.	**Peter Collins** Lancia-Ferrari	25
4.	**Jean Behra** Maserati	22
5.	**Pat Flaherty** Watson-Offenhauser	8 *
6.	**Eugenio Castellotti** Lancia-Ferrari	7,5
7.	**Sam Hanks** Kurtis-Offenhauser	6 *
	Paul Frère Lancia-Ferrari	6
	Francesco Godia Maserati	6
10.	**Jack Fairman** Connaught	5
11.	**Luigi Musso** Lancia-Ferrari	4
	Mike Hawthorn Vanwall	4
	Don Freeland Phillips-Offenhauser	4 *
	Ron Flockhart Connaught	4
15.	**Johnnie Parsons** Kuzma-Offenhauser	3 *
	Harry Schell Vanwall	3
	Cesare Perdisa Maserati	3
	Alfonso de Portago Lancia-Ferrari	3
19.	**Olivier Gendebien** Lancia-Ferrari	2
	Hernando da Silva Ramos Gordini	2
	Dick Rathmann Kurtis-Offenhauser	2 *
	Luigi Villoresi Maserati	2
	Horace Gould Maserati	2
	Louis Rosier Maserati	2
25.	**Chico Landi** Maserati	1,5
	Gerino Gerini Maserati	1,5
27.	**Paul Russo** Kurtis-Novi	1 *

* Nur in Indianapolis am Start
Gewertet wurden die besten fünf Resultate.
Gesamtpunktzahl in Klammern.

● **José Froilan González**, der alte Haudegen der ersten WM-Jahre, startet ein letztes Mal in Europa. Aber der lange Weg von Buenos Aires nach Silverstone zahlt sich nicht aus: Der Argentinier erobert zwar Startplatz sechs, doch dann bricht auf den ersten Metern eine Antriebswelle seines Vanwall.

● **Mike Hawthorn** erlebt eine kuriose Saison: Der Engländer bestreitet nur drei Grand Prix und tritt dabei auf drei verschiedenen Marken an: Maserati, BRM und Vanwall. Anschließend signalisiert er Enzo Ferrari, dass er 1957 zu einer Rückkehr nach Italien bereit sei. Daraufhin wird der Brite von den Roten verpflichtet.

● Dem belgischen Journalisten und Gelegenheitsrennfahrer **Paul Frère** wird in Spa unterwartet ein Ferrari-Cockpit angeboten. Frère kommt prompt als Zweiter ins Ziel. Es ist Frères elfter und letzter GP. Insgesamt holt er elf WM-Punkte in seiner Karriere.

● Aufgrund des Rückzugs von Mercedes aus der Formel 1 macht sich der Veranstalter des **GP von Deutschland** ernsthafte Sorgen um das Publikumsinteresse. Aber die Pessimisten liegen falsch: 100.000 Zuschauer bringen reichlich Geld in die Tageskasse.

● Immer noch können reinrassige **Amateure** an Grand Prix teilnehmen. Auf dem Nürburgring geht der Schweizer Ottorino Volonterio dieses Wagnis ein. Im Training fehlen dem „Gentleman-Driver" weit mehr als vier (!) Minuten auf die Pole-Zeit von Fangio. Volonterio kommt ins Ziel, schafft aber nur 16 der 22 Runden und wird nicht gewertet.

● Enzo Ferrari setzt auf die junge Generation. Nach der Trennung von seinem Weltmeister Juan Manuel Fangio engagiert er auch einen neuen, jungen Chefkonstrukteur. **Carlo Chiti** hat bis dahin für Alfa Romeo gearbeitet.

● Aus für einen Rennstall der ersten Stunde: **Gordini**, seit 1950 ununterbrochen dabei, bringt seine schweren Achtzylinder Typ 32 ins Museum. In 40 Rennen hat man nur zweimal einen dritten Platz einfahren können. Amédée Gordini verbrüdert sich mit Renault – unter seinem Namen kommen beliebte Serienfahrzeuge auf den Markt.

● Alle Rekorde, die **Mercedes-Benz** mit den Silberpfeilen vom Typ W196 im Vorjahr aufgestellt hat, werden 1956 gebrochen.

25 Fahrer gehen im Laufe der Saison in einem Maserati an den Start. Die Einzigen, die regelmäßig punkten, sind Stirling Moss (Foto beim Großen Preis von Frankreich) und Jean Behra. Maserati ist nach dem Mercedes-Rückzug die einzige ernsthafte Konkurrenz für die Lancia-Ferrari. Zum Saisonende kommt Maserati mit einer weiterentwickelten Version des 250F, der bereits 1954 debütierte. Prompt bewirbt sich Juan Manuel Fangio bei seinem alten Team, mit dem er bereits 1953 einen Anlauf zum Gewinn des WM-Titels genommen hatte. Damals musste sich der Argentinier Alberto Ascari geschlagen geben. Mit Maserati will Fangio den Ärger bei Ferrari vergessen, den er trotz des Titels bei den Roten hatte.

1957

Pfunds-Stirling

Das Ende einer Ära wird eingeläutet: Zu Beginn der Formel 1 machen italienische und deutsche Teams die Weltmeisterschaft unter sich aus. Auch 1957 fährt die italienische Scuderia Maserati dank Juan Manuel Fangio auf und davon. Erstmals können jedoch englische Rennwagen WM-Läufe gewinnen: Der kleine Rennstall Vanwall jagt mit Stirling Moss Weltmeister Fangio.

Die Saison steht abermals im Zeichen von Juan Manuel Fangio, der zu Maserati zurückgekehrt ist. Für den Ferrari-Konkurrenten hat er bereits 1953 den Vizetitel geholt und 1954 mit zwei Siegen die Basis für seinen Mercedes-Titel geschaffen.

Weil Fangio im Vorjahr von den jungen Fahrern massiv unter Druck gesetzt wurde, erwarten viele einen Generationswechsel. Doch der Maserati ist dem Ferrari überlegen. Die Ferrari-Piloten fahren erstmals seit 1951 keinen Sieg ein – Titelverteidiger Fangio gewinnt dagegen vier Mal.

Starke Konkurrenz erwächst den Italienern aus England – Vanwall entwickelt sich zum Sieger-Team. Stirling Moss, Fangios härtester Verfolger im Vorjahr, ist von Maserati zu Vanwall gewechselt. Die Briten werden mit ihrem neuen Wagen allerdings erst so spät fertig, dass sie in Argentinien noch nicht antreten können. Um die Titelchancen des neuen Vanwall-Stars Stirling Moss zu wahren, darf der in Buenos Aires auf Maserati starten. Der Plan geht nicht auf: Ein früher Reparaturstopp kostet den Engländer sieben Runden. Immerhin: Er erhält einen Zähler für die schnellste Rennrunde.

Erst in Aintree gelingt Vanwall der Durchbruch. Der Erfolg ist in erster Linie der Fahrkunst von Stirling Moss zu verdanken, der an diesem Wochenende auch ►

Stirling Moss passiert in Aintree die Ziellinie. Dokumentiert von stilvoll gekleideten Fotografen.

Zwei britische Gentlemen: Mike Hawthorn (links) und Peter Collins auf dem Weg zur Hochzeit von Stirling Moss.

Die **Teams**

Ferrari	
Luigi Musso	I
Mike Hawthorn	GB
Peter Collins	GB
Maurice Trintignant	F
Wolfgang Graf Berghe von Trips	D
José Froilan González	ARG
Alfonso de Portago	E
Eugenio Castellotti	I
Cesare Perdisa	I
Alessandro de Tomaso	ARG
Maserati	
Juan Manuel Fangio	ARG
Masten Gregory	USA
Jean Behra	F
Harry Schell	USA
Carlos Menditéguy	ARG
Giorgio Scarlatti	I
Stirling Moss	GB
Joakim Bonnier	S
Hans Herrmann	D
Ivor Bueb	GB
Ottorino Volonterio	CH
André Simon	F
Francesco Godia	E
Horace Gould	GB
Bruce Halford	GB
Luigi Piotti	I
Vanwall	
Stirling Moss	GB
Tony Brooks	GB
Stuart Lewis-Evans	GB
Roy Salvadori	GB
Cooper	
Roy Salvadori	GB
Jack Brabham	AUS
Mike McDowell	GB
Les Leston	GB
Bob Gerard	GB
BRM	
Ronald Flockhart	GB
Herbert MacKay-Fraser	USA
Les Leston	GB
Jack Fairman	GB
Connaught	
Stuart Lewis-Evans	GB
Ivor Bueb	GB

Beim Italien-GP kämpfen Juan Manuel Fangio und Stirling Moss um den Sieg. Der Argentinier treibt seinen Maserati wild driftend über die Piste, doch Moss siegt auf Vanwall.

Nürburgring: **Fangios letzter Sieg** bringt Titel Nummer fünf

▲ *Sieger Fangio umarmt den geschlagenen Mike Hawthorn nach einer unglaublichen Aufholjagd.*

Das Training für den Großen Preis von Deutschland verspricht Spannung: Die beiden Maserati-Piloten Juan Manuel Fangio und Jean Behra stehen neben dem Ferrari-Duo Mike Hawthorn und Peter Collins. Fangio ist der Schnellste des Quartetts. Aber sein Maserati ist durstig. Die Ferrari-Piloten werden ohne Stopp über die Distanz kommen. Fangio aber wird zum Tanken und Reifenwechsel an die Boxen müssen.

Seine Taktik muss lauten: Flucht nach vorn! Nach zwölf Runden hat er sich ein Zeitpolster von 31 Sekunden verschafft. Jetzt bremst er an seiner Box. Der Sekundenzeiger tickt. Auftanken. Hinten braucht der Maserati neue Pneus. Das Ferrari-Duo fliegt vorbei. Fangio ist längst aus dem Cockpit gestiegen. Er leert eine kleine Flasche Mineralwasser. Manager Giambertone redet auf ihn ein: „Lass die beiden glauben, sie hätten es schon geschafft. Greife erst an, wenn wir ein Zeichen geben. Und hör auf zu lächeln, die von Ferrari beobachten uns…"

Mit 38 Sekunden Rückstand nimmt Fangio den Kampf wieder auf. Tatsächlich lullt der Argentinier die Spitzenreiter durch zwei mäßig schnelle Runden ein. Ein Maserati-Mechaniker, der nicht in den Plan eingeweiht ist, stößt abwechselnd Flüche und Klagelaute aus. Und Ferrari-Rennleiter Romolo Tavoni signalisiert seinen Piloten: Tempo halten! Die Falle ist zugeschnappt. Jetzt greift Fangio an.

Im Verlauf von nur einer Runde nimmt er den beiden Ferrari-Fahrern zwölf (!) Sekunden ab. Hawthorn: „Ich erschrak fast zu Tode." Nun wird es ernst. Hawthorn und Collins schonen ihr Material nicht mehr. Die „Spielerei in der Eifel" hat ein Ende. Der Südamerikaner unterbietet den Rundenrekord bei jedem Umlauf. In Runde 20 stellt er mit einer Rundenzeit von 9.17,4 Minuten einen Fabelrekord auf. Drei Sekunden trennen den entfesselt fahrenden 46-Jährigen von der Spitze.

Hawthorn gesteht: „Peter und ich zogen alle Register, kämpften in jeder Kurve um Zehntel. Man sagte mir, auf dem Ring gibt es 176 Kurven. Ich habe sie nie gezählt… Fangio kam immer näher. Im Rückspiegel sah ich, wie er in der Südkehre Peter überholte. Sofort driftete er mit zwei Rädern vom Pistenrand und wirbelte Steinchen auf. Das ist ein alter Trick der harten südamerikanischen Schule. Eines der Geschosse ließ Peters Rennbrille splittern."

Im Bereich der Abfahrt nach Adenau schnappt sich der Maestro auch Hawthorn. Der glaubt, während des Überholvorgangs einen entschuldigenden Blick Fangios zu sehen. Fangio gewinnt mit 3,6 Sekunden Vorsprung und ist zum fünften Mal Weltmeister. Die geschlagenen Ferrari-Fahrer haben „jede Minute dieses Rennens genossen".

Giambertone wundert sich über das Temperament des deutschen Publikums, dass die Jahrhundertschlacht mit wildem Geschrei verfolgt. Der Held des Tages sagt ausgepumpt: „Heute habe ich Dinge gewagt, die ich nie zuvor wagte und die ich in meinem Leben niemals mehr wagen möchte." Es ist Fangios letzter Formel-1-Sieg.

◄ *Juan Manuel Fangio ist an Peter Collins vorbei. Nun jagt der Maserati-Pilot Mike Hawthorns Ferrari hinterher.*

Fangios Erfolgsbilanz

GP	Siege	Poles	schnellste Runden	Titel
51	24	28	23	5

Juan Manuel Fangio stand bei 48 GP in der ersten Reihe. In 41 seiner 51 Rennen hat der „Maestro" gepunktet – eine unerreichte Bilanz.

Vanwall-Fahrer Stuart Lewis-Evans im Nürburgring-Karussell. Mit dem Vierzylinder siegt Moss dreimal.

die erste Pole-Position für den britischen Rennstall erobert hat und als Führender aus der ersten Runde kommt.

Doch als der Favorit nach 21 Umläufen an den Boxen vorbeifliegt, tönt der Auspuff seines Vanwall ungesund. Zweimal muss er zum Check. Das Triebwerk läuft danach immer noch nicht rund. Es ist völlig ausgeschlossen, dass Moss den Rückstand wieder aufgeholen kann. Seine einzige Chance ist ein Wagenwechsel.

Nach 26 von 90 Runden wird Tony Brooks an die Boxen geholt. Der Zahnarzt springt aus dem Cockpit und Moss reiht sich wieder in das Kampfgetümmel ein. Und diesmal stehen die Renngötter, so es sie gibt, ganz auf der Seite der Briten. Moss macht die Sensation perfekt: Erstmals in der Formel-1-Geschichte siegt ein englischer Rennwagen – und das auf englischem Boden.

Nach dem Triumph gibt es einen Rückschlag: Moss wird Fünfter, weil das Fahrwerk des Vanwall der Eifelachterbahn rund um die Nürburg nicht gewachsen ist. Juan Manuel Fangio fährt hier das Rennens seines Lebens und sichert sich vorzeitig seinen fünften WM-Titel. Die beiden letzten Läufe der Saison gewinnt Stirling Moss deutlich – und er demonstriert damit den Anbruch einer neuen Zeit: Künftig werden die italienischen Teams die WM nicht mehr unter sich ausfahren.

Ferrari-Fahrer Eugenio Castellotti verunglückt bei Testfahrten in Modena tödlich. Er wird nur 27 Jahre alt.

Moss (18), Collins (26), Fangio (32), Hawthorn (28) und Brooks (20) in Monaco – kurz vor einem Massenunfall.

1957

Siegerpodeste

1 13.1.1957 GP Argentinien – Buenos Aires		
Pole: Stirling Moss		
1. Juan Manuel Fangio	Maserati	3:00.55,900
2. Jean Behra	Maserati	- 18,300
3. Carlos Menditéguy	Maserati	- 1 Runde

2 19.5.1957 GP Monaco – Monte Carlo		
Pole: Juan Manuel Fangio		
1. Juan Manuel Fangio	Maserati	3:10.12,800
2. Tony Brooks	Vanwall	- 25,200
3. Masten Gregory	Maserati	- 2 Runden

3 30.5.1957 Indianapolis 500		
Pole: Pat O'Connor		
1. Sam Hanks	Epperly-Offenh.	3:41.14,250
2. Jim Rathmann	Epperly-Offenh.	- 21,461
3. Jimmy Bryan	Kuzma-Offenhauser	

4 7.7.1957 GP Frankreich – Rouen		
Pole: Juan Manuel Fangio		
1. Juan Manuel Fangio	Maserati	3:07.46,400
2. Luigi Musso	Lancia-Ferrari	- 50,800
3. Peter Collins	Lancia-Ferrari	- 2.06,000

5 20.7.1957 GP England – Aintree		
Pole: Stirling Moss		
1. T. Brooks/S. Moss	Vanwall	3:06.37,800
2. Luigi Musso	Lancia-Ferrari	- 25,600
3. Mike Hawthorn	Lancia-Ferrari	- 42,800

6 4.8.1957 GP Deutschland – Nürburgring		
Pole: Juan Manuel Fangio		
1. Juan Manuel Fangio	Maserati	3:30.38,300
2. Mike Hawthorn	Lancia-Ferrari	- 3,600
3. Peter Collins	Lancia-Ferrari	- 35,600

7 18.8.1957 GP Pescara – Pescara		
Pole: Juan Manuel Fangio		
1. Stirling Moss	Vanwall	2:59.22,700
2. Juan Manuel Fangio	Maserati	- 3.13,900
3. Harry Schell	Maserati	- 6.46,800

8 8.9.1957 GP Italien – Monza		
Pole: Stuart Lewis-Evans		
1. Stirling Moss	Vanwall	2:35.03,900
2. Juan Manuel Fangio	Maserati	- 41,200
3. Wolfgang von Trips	Lancia-Ferrari	- 2 Runden

Alle Ergebnisse im Detail auf Seite 370

Herzlichen Glückwunsch: Am 7. Oktober, einen Monat nach Saisonende, werden Formel-1-Star und Vize-Weltmeister Stirling Moss und Katie Molson getraut.

Stirling Moss, der 28-jährige Zahnarzt-Sohn, wird zum Idol der britischen Nation. Zumal er versichert, künftig nur noch englische Autos zu fahren – und das Versprechen bis zum Karriereende hält. Nach der Saison krönt er das erfolgreiche Jahr mit seiner Hochzeit. Er heiratet in London die 22-jährige Brauerei-Erbin Katie Molson aus Kanada. Ein halbes Dutzend Formel-1-Kollegen steht Spalier.

Außer dem Vanwall erregt noch eine andere englische Marke Aufsehen – ein Team, das seit 1953 in der Versenkung verschwunden war: Cooper bringt mit dem T 43 ein Auto mit völlig neuem Konzept. Der Wagen wiegt rund 300 Kilo weniger als die übrigen Boliden – und der Motor sitzt hinter dem Piloten. Cooper-Fahrer Jack Brabham feuert in Monte Carlo einen Warnschuss ab – nur Spritmangel verhindert einen Podestplatz. Er schiebt seinen Rennwagen ins Ziel und wird Sechster. WM-Punkte gibt es dafür 1957 allerdings noch nicht. Noch ahnt niemand, dass dem Mittelmotorkonzept die Zukunft gehört.

Ferrari, amtierender Titelträger, muss sich mit Rang drei zufrieden geben. Mit diesem Abschneiden hätte Enzo Ferrari – wenn auch zähneknirschend – leben können. Aber das Jahr ist eines der härtesten im Leben des 59-jährigen Patriarchen. Er leidet sichtbar unter dem Tod seines Sohnes Dino, der im Vorjahr gestorben ist. Und auch der Sport fordert Opfer. Am 14. März verunglückt Eugenio Castellotti bei Tests in Modena tödlich. Der 26-Jährige wird beim Aufprall aus seinem F1-Ferrari gegen eine Mauer geschleudert und stirbt noch an der Unfallstelle. Bei der Mille Miglia, dem traditionellen italienischen Sportwagenrennen, lässt Alfonso de Portago sein Leben. Es ist der Beginn einer dramatischen Entwicklung im Motorsport. Immer häufiger wird in den kommenden Jahren die Ferrari-Fahne in Maranello auf halbmast sinken.

Im Morgengrauen auf einer Waldlichtung: Ferrari-Monteure lassen die Pferdestärken der vier Lancia-Ferrari 801 für das Duell beim Frankreich-GP in Rouen les Essarts warm laufen.

Kurz-Meldungen

● Der Große Preis von Deutschland auf der Nordschleife des **Nürburgrings** geht zum letzten Mal über seine „klassische" Distanz von 22 Runden oder 501,820 Kilometer. Ab 1958 begnügt man sich mit 15 Runden – 160 Kilometer weniger.

● Erstmals werden in einem Land zweimal WM-Punkte vergeben. Drei Wochen vor dem Italien-GP in Monza wird der **Große Preis von Pescara** ausgetragen. Mit 25,838 km ist der Straßenkurs die längste aller GP-Pisten. Nie wieder gibt es hier einen WM-Lauf.

● **Bernhard Charles Ecclestone**, ein britischer Geschäftsmann, betritt die Formel-1-Bühne. Der 28-Jährige kauft am Saisonende den bankrotten Connaught-Rennstall, der 1957 nur einen WM-Lauf – in Monaco – bestreitet. Stuart Lewis-Evans wird immerhin Vierter, Ivor Bueb fällt aus.

● Die FIA stellt mit der Wiedereinführung der **Formel 2** die Weichen für die Zukunft. Die Motoren der Wagen sind auf 1,5 Liter Hubraum beschränkt. Es ist geplant, Konstruktionen dieser Art in wenigen Jahren zur neuen Formel 1 zu erklären. Beim Deutschland-GP auf dem Nürburgring sind neun Formel 2 am Start. Porsche-Pilot Edgar Barth lässt im Training vier F1-Kollegen hinter sich.

● Der **Monaco-GP** wird zum ersten und einzigen Mal über 105 – anstatt 100 – Runden ausgetragen. Runde vier bringt beinahe eine Wiederholung des Massen-Crashs von 1950: Die Boliden von Moss, Collins, Hawthorn und Brooks kollidieren in der Hafenschikane. Niemand wird ernsthaft verletzt. Tony Brooks kann seine Fahrt sogar fortsetzen.

● Nach dem **Argentinien-GP** chartert Hobby-Flieger Mike Hawthorn eine kleine Piper Club und geht mit Hobby-Filmer Wolfgang Graf Berghe von Trips in die Luft. Beim Dreh kommt der rheinische GP-Debütant an den Zündschlüssel. Die Piper neigt sich gen Boden, ehe Hawthorn im letzten Moment die Ursache erkennt und die Maschine abfangen kann.

● Vor dem nicht zur WM zählenden **GP von Kuba** wird Juan Manuel Fangio von Fidel Castros Rebellen entführt, um Lösegeld zu erpressen. Der Maestro wird gut behandelt und verfolgt am Fernseher, wie Stirling Moss siegt. Kurz darauf kommt Fangio frei.

Mille Miglia: Tod im Ferrari

Nach dem Tod von Eugenio Castellotti gilt Luigi Musso als die Nummer eins der Ferrari-Piloten. Doch der Italiener erkrankt und muss seine Teilnahme an der zur Sportwagen-WM zählenden „Mille Miglia" absagen. Als Ersatzfahrer wird Alfonso de Portago genannt. Der Spanier kennt grundsätzlich keine Angst, doch die 1000 Meilen fürchtet er. Einer seiner Freundinnen schreibt er: „Wie du weißt, wollte ich eigentlich nicht an der Mille Miglia teilnehmen... Dann sagte mir Ferrari, ich müsste es tun... Das heißt, dass ich vielleicht schon am nächsten Sonntag jung sterben werde."

Vor dem Start stachelt Enzo Ferrari seine Fahrer auf. Der Belgier Olivier Gendebien will unbedingt das Auto von de Portago fahren. Der ihm zugeteilte 250 GTO ist ihm nicht schnell genug. Ferrari lehnt ab. Gendebien ist sauer. De Portago auch – dem Spanier hat der Commendatore vom Wunsch seines Teamkollegen erzählt und hinzugefügt: „Gendebien schlägt dich sowieso, ganz gleich, welches Auto ich dir gebe."

Die Mille Miglia wird auf italienischen Landstraßen gefahren. Kurz vor dem kleinen Dörfchen Guidizzolo überschlägt sich der Ferrari von Alfonso de Portago. Der Rennfahrer und sein Beifahrer sind tot, und mit ihnen sterben zehn Zuschauer, die den Straßenrand säumten. Unter den Opfern sind fünf Kinder. Eine Zeitung titelt: „Die Mille Miglia, Friedhof für Babys und Männer, Schluss damit!"

Im Vatikan toben die Würdenträger und in Rom die Senatoren: Die Mille Miglia wird für immer verboten. Damit nicht genug. Ein Sündenbock wird gesucht – und in der Person von Enzo Ferrari gefunden. Der Teamchef wird wegen fahrlässiger Tötung und Körperverletzung angeklagt. Die Staatsanwaltschaft wirft Ferrari vor, die montierten Englebert-Pneus seien für eine Höchstgeschwindigkeit von 220 km/h ausgelegt. De Portagos Rennwagen hatte eine Spitze von knapp 300 km/h...

Der Rechtsstreit dauert mehr als vier Jahre. Dann wird Enzo Ferrari freigesprochen. Die wahre Unfallursache ist indes nicht Gegenstand der endlosen Verhandlungen: Beim letzten Service-Stopp hatte der Spanier einen Reifenwechsel ebenso abgelehnt wie eine Reparatur. Ein Reifen scheuerte an der Karosserie, weil die Radaufhängung beschädigt war. Aber de Portago wollte keine Zeit verlieren...

Enzo Ferrari selbst kämpft während des Prozesses und in der Folgezeit für eine Wiedergeburt der Mille Miglia: „Wenn ich von diesem Rennen spreche, kann ich nicht vermeiden, eine tiefe Rührung zu verspüren. Mit der Mille Miglia verbinden mich viele Jahre meines Lebens als Rennfahrer, als Teamchef und als Konstrukteur. Stets war ich voller Bewunderung für dieses Rennen und die außergewöhnlichen Fahrer."

Die Mille Miglia wird erst 1977, 50 Jahre nach dem ersten Rennen, wieder gestartet – nicht als Sportwagenrennen, sondern als Zuverlässigkeitsfahrt. Zugelassen sind nur Fahrzeugmodelle, die vor 1957 am Rennen teilnahmen.

▼ *Alfonso de Portago (hier in Porto) verunglückt bei der Mille Miglia im Ferrari-Sportwagen tödlich.*

Endstand Fahrer-WM

1.	**Juan Manuel Fangio** Maserati	40 (46)
2.	**Stirling Moss** Vanwall	25
3.	**Luigi Musso** Lancia-Ferrari	16
4.	**Mike Hawthorn** Lancia-Ferrari	13
5.	**Tony Brooks** Vanwall	11
6.	**Masten Gregory** Maserati	10
7.	**Sam Hanks** Epperly-Offenhauser	8 *
	Jean Behra Maserati	8
	Peter Collins Lancia-Ferrari	8
	Harry Schell Maserati	8
11.	**Jim Rathmann** Epperly-Offenhauser	7 *
12.	**Stuart Lewis-Evans** Vanwall	5
	Maurice Trintignant Lancia-Ferrari	5
14.	**Carlos Menditéguy** Maserati	4
	Jimmy Bryan Kuzma-Offenhauser	4 *
	Wolfgang von Trips Ferrari	4
17.	**Paul Russo** Kurtis-Novi	3 *
18.	**Andy Linden** Kurtis-Offenhauser	2 *
	Roy Salvadori Cooper	2
20.	**José Froilan González** Lancia-Ferrari	1
	Alfonso de Portago Lancia-Ferrari	1
	Giorgio Scarlatti Maserati	1

* Nur in Indianapolis am Start
Gewertet wurden die besten fünf Resultate.
Gesamtpunktzahl in Klammern.

▲ *Für Wolfgang Graf Berghe von Trips (29) geht ein Traum in Erfüllung: Der Rennfahrer aus Kerpen-Horrem wird in seinem ersten Rennen Dritter und rettet in Monza die Ferrari-Ehre.*

1958

Fangios englischer Erbe

Die Saison beginnt mit einem kleinen Starterfeld. Ferrari ist als einziges Werksteam angetreten. Der britische Stall Vanwall hat sich erst für Monaco angesagt. Sein Star-Fahrer Stirling Moss darf in Buenos Aires einen der neuen Cooper-Mittelmotorwagen fahren. Der Formel-1-Stall von Maserati ist offiziell aufgelöst. Zahlreiche Privatiers nehmen mit eigenen Maserati teil. Nur zwei Werkswagen werden halbherzig betreut. In einem sitzt Weltmeister Fangio, der seinen Rücktritt angekündigt hat.

Stets mit Fliege unterwegs: Mike Hawthorn reicht ein einziger Sieg zum Gewinn der Weltmeisterschaft. Aber der Brite leidet darunter, dass er in einem italienischen Auto sitzt.

So dreht sich alles um die Frage: Wer wird Nachfolger des Giganten Juan Manuel Fangio? Seit 1954 saß der Argentinier ununterbrochen auf dem Thron des Champions. Er hat fünf Weltmeistertitel mit vier verschiedenen Teams geholt – was könnte diesem Mann die Formel 1 noch bieten? Zudem geht er mächtig auf die fünfzig zu – und das Zeitalter der alten Herren in der Formel 1 ist nun mal vorbei.

Auf technischem Sektor steht eine andere Frage im Vordergrund. Nämlich: Wie werden sich die herkömmlichen Frontmotor-Boliden gegen das Mittelmotor-Konzept behaupten?

Stirling Moss ist bei Vanwall geblieben. Er brennt natürlich darauf, nach drei Vizetiteln in Folge endlich Weltmeister zu werden. Aber dann sagt sein Teamchef Tony Vanderwell die Teilnahme am Großen Preis von Argentinien ab! Die FIA hatte ▶

Ferrari Dino 246

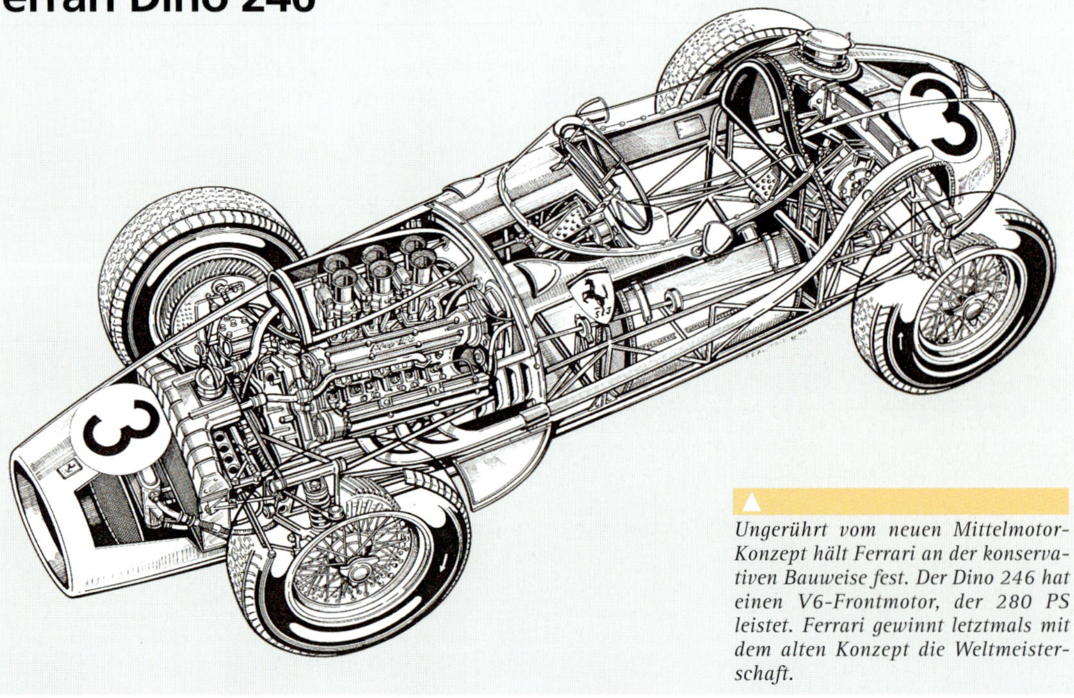

Ungerührt vom neuen Mittelmotor-Konzept hält Ferrari an der konservativen Bauweise fest. Der Dino 246 hat einen V6-Frontmotor, der 280 PS leistet. Ferrari gewinnt letztmals mit dem alten Konzept die Weltmeisterschaft.

Die **Teams**

Ferrari	
Mike Hawthorn	GB
Peter Collins	GB
Luigi Musso	I
Phil Hill	GB
Wolfgang Graf Berghe von Trips	D
Olivier Gendebien	B
Vanwall	
Stirling Moss	GB
Tony Brooks	GB
Stuart Lewis-Evans	GB
Cooper-Climax	
Stirling Moss	GB
Roy Salvadori	GB
Maurice Trintignant	F
Jack Brabham	AUS
Ian Burgess	GB
Jack Fairman	GB
Maserati	
Juan Manuel Fangio	ARG
Carlos Menditéguy	ARG
Phil Hill	USA
Gerino Gerini	I
Carol Shelby	USA
Masten Gregory	USA
Troy Ruttman	USA
Wolfgang Seidel	D
Hans Herrmann	D
Maurice Trintignant	F
Cliff Allison	GB
Joakim Bonnier	S
Giulio Cabianca	I
Harry Schell	USA
Jean Behra	F
Horace Gould	GB
Francesco Godia	E
Giorgio Scarlatti	I
Marie Therese de Filippis	I
BRM	
Harry Schell	USA
Jean Behra	F
Joakim Bonnier	S
Maurice Trintignant	F
Ronald Flockhart	GB
Lotus-Climax *	
Cliff Allison	GB
Graham Hill	GB
Alan Stacey	GB
Connaught	
Ivor Bueb	GB
Jack Fairman	GB
Porsche *	
Carel Godin de Beaufort	NL

* neue Teams

Rivalen der Rennbahn aber Freunde im Leben sind Mike Hawthorn (r.) und Stirling Moss (M.). Ihr Landsmann Stuart Lewis-Evans (l.) fährt seine zweite Saison auf Vanwall. Er überlebt das dramatische Jahr nicht.

kurzfristig beschlossen, dass alle Wagen künftig mit Flugbenzin betrieben werden müssen. Vanderwell: „Es war unmöglich, die Motoren unserer Autos in so kurzer Zeit umzustellen." Moss berät die Situation mit seinem Manager Ken Gregory und der nimmt Kontakt zu Rob Walker auf.

Walker, Mitglied der Whiskey-Dynastie, unterhält ein eigenes kleines GP-Team mit den neuen Mittelmotor-Coopern. Gregory fragt bescheiden: „Gibst du Stirling einen deiner Cooper für den GP von Argentinien?" Mister Walker zeigt Interesse. Und auch die argentinischen Veranstalter sind begeistert, ihr winziges Starterfeld durch einen großen Namen aufzuwerten. Sie spendieren Flugtickets und Autotransport.

Als die Veranstalter sehen, dass sie die Transportspesen für einen „lächerlich kleinen" Cooper mit

Fangio bei seinem letzten Rennen in Reims – Rad an Rad mit Moss, Aug in Aug mit einem mutigen Fotografen.

Mike Hawthorn – der unglückliche Weltmeister

Die Fliege ist sein Markenzeichen. John Michael Hawthorn, geboren 1929, startet nie ohne den eleganten Halsschmuck – mit der Fliege am Kragen wird er der erste britische Formel-1-Weltmeister.

Seine Formel-1-Karriere hat 1952 in Spa auf einem Cooper im Team seines Vaters Leslie begonnen. Ein Jahr später startet er erstmals für Ferrari. Bereits im vierten Rennen für die Scuderia holt sich Hawthorn seinen ersten Grand-Prix-Sieg nach einem packenden Zweikampf mit Fangio. In seiner ganzen Karriere, bei insgesamt 45 GP-Starts, kommt er nur auf zwei weitere Siege: 1954 in Barcelona und 1958 in Reims.

Der Engländer leidet sehr unter dem Vorwurf, 1955 den Unfall beim 24-Stunden-Rennen von Le Mans ausgelöst zu haben, indem er unerwartet für den nachfolgenden Fahrer die Box angesteuert hatte.

1956 wechselt Hawthorn zu BRM – sein Traum ist die Weltmeisterschaft auf einem englischen Wagen. Doch die unzuverlässigen Autos veranlassen Mike ein Jahr später zur Rückkehr zu Ferrari – nur so rechnet er sich Chancen auf den WM-Titel aus. Den holt sich der schnelle Engländer 1958. Rechte Freude hat er an seinem Triumph jedoch nicht. Mit Peter Collins und Luigi Musso starben zwei Teamkollegen, mit Stuart Lewis-Evans ein weiterer Rennfahrer. Die Tragödien veranlassen Hawthorn, den Sturzhelm nach seinem Titelgewinn an den Nagel zu hängen, auch seine Verlobte Jean Howarth drängt ihn zur Aufgabe der Karriere. Enzo Ferrari bietet seinem jungen Weltmeister an, englischer Ferrari-Importeur zu werden.

Am 22. Januar 1959, wenige Wochen nach dem Titelgewinn, kommt es auf einer englischen Landstraße zu einem zufälligen Zusammentreffen zwischen Hawthorn und dem Rennstallbesitzer Rob Walker (Cooper). Hawthorn fährt einen Jaguar, Walker einen Mercedes 300 SL. Aus einer Laune heraus treten beide aufs Gas, leisten sich ein privates Wettrennen im strömenden Regen. Hawthorn kommt bei hohem Tempo von der Straße ab, prallt gegen einen Baum. Erst nach seinem Tod wird bekannt, dass er unter einer schweren Nierenkrankheit litt und kaum ein hohes Alter erreicht hätte.

Nach acht Jahren endlich Weltmeister auf Ferrari – aber drei gute Freunde verloren: Mike Hawthorn.

Zwei-Liter-Motörchen investierten, sind sie entsetzt und wütend. Sie hatten einen „richtigen Rennwagen“ erwartet. Das Geld scheint zum Fenster hinausgeworfen. Doch die Gemüter beruhigen sich schnell, als Stirling Moss im ersten Training die drittbeste Zeit fährt.

Zu dumm: Ausgerechnet vor dem Qualifyfing hat Stirling einen Unfall im Hotelzimmer. Katie, seit drei Monaten seine Ehefrau, sticht ihm beim Herumtollen mit einem Finger ins Auge. Stirling Moss hat starke Schmerzen und sein Sehvermögen ist eingeschränkt. So kommt er nur auf Startplatz sieben. Große Chancen darf er sich auch aus einem weiteren Grund nicht ausrechnen. Die Räder der Ferrari und Maserati sind mit Zentralverschlüssen montiert. Reifenwechsel sind in kurzer Zeit möglich. Die Felgen des Cooper aber werden mit je vier Schrauben befestigt...

30 Minuten vor dem Start wird Moss der Verband vom verletzten Auge abgenommen. Schon nach vier Runden gibt die Kupplung des Cooper ihren Geist auf. Ohne Kupplung kämpft sich der Engländer auf Platz eins vor. Längst haben die Rivalen neue Reifen. Moss setzt alles auf eine Karte: Er verzichtet auf einen Reifenwechsel – und siegt mit zwei Sekunden Vorsprung vor Ferrari-Star Musso, dessen Auto zwar 75 PS mehr hat, aber auch 180 Kilo schwerer ist. Das Rennen hätte nicht eine Runde länger dauern dürfen – die Laufflächen der hinteren Reifen sind längst verschwunden, und drei der fünf Lagen des Pneu-Unterbaus sind auch schon wegradiert. Fangio kommt auf einen ungewohnten vierten Platz.

Erst vier Monate später ist das nächste Rennen – in Monaco. Diesmal sitzt Stirling Moss im Frontmotor-Vanwall, dem Wagen seines Teams – und fällt aus. Wieder siegt ein Cooper. Maurice Trintignant ist am Steuer.

Für den Cooper-Mittelmotor bleiben die beiden ersten Rennen die einzigen Erfolge – danach fällt das Team ins Mittelfeld ab. John Cooper kennt die Gründe für die vorläufige Niederlage seines Konzeptes: „Wenn ich mir die Piloten aussuchen könnte, würden wir häufiger siegen. Aber die Stars glauben noch nicht so recht daran, dass ein neues F1-Zeitalter begonnen hat.“ Unter den kritisierten Cooper-Fahrern befindet ▶

Drei Opfer – die Formel 1 trägt Trauer

Ein schlimmes Jahr für den Motorsport. Drei Formel-1-Piloten verunglücken bei Rennen tödlich.

Luigi Musso
Der Sohn einer reichen italienischen Diplomatenfamilie kommt über Sportwagenrennen 1953 in die Formel 1. Bis 1955 fährt er für Maserati, dann holt Enzo Ferrari den äußerlich ruhigen, auf der Strecke aber risikoreichen Fahrer. 1958 ruhen alle Hoffnungen der Nation auf dem einzigen italienischen Ferrari-Piloten. Schon beim Belgien-GP erleidet er einen schweren Unfall. Drei Wochen später führen Hawthorn und Teamkollege Musso in Reims das Feld an, als Mussos Ferrari in einer Kurve plötzlich quersteht und mit dem Heck voraus in ein Feld segelt. Musso stirbt eine Stunde später im Krankenhaus – drei Wochen vor seinem 34. Geburtstag.

▲ *Luigi Musso – der Italiener sollte für Ferrari Weltmeister werden.*

▼ *Für Peter Collins stand Fairplay an oberster Stelle im Sport.*

Peter Collins
Er ist seit 1952 dabei. Auf dem unterlegenen HWM hatte der Sohn eines englischen Autohändlers ebenso wenig Chancen wie 1954 auf Vanwall. 1956 engagiert Enzo Ferrari den sympathischen „Golden Boy“, der gerade 24 Jahre alt ist. Er siegt im ersten Jahr gleich zwei Mal und verschenkt die Titelchancen durch eine noble Geste an den älteren Fangio. Nach einer schwächeren 57er Saison gewinnt er 1958 für Ferrari den England-GP. Der nächste Lauf ist der GP von Deutschland auf dem Nürburgring. Collins überschlägt sich in einer Rechtskurve im Streckenabschnitt „Pflanzgarten“ und wird gegen einen Baum geschleudert. Der bei allen Kollegen hochbeliebte Fahrer stirbt am selben Tag in einer Bonner Klinik.

Stuart Lewis-Evans
Auch der letzte Lauf des Jahres in Casablanca fordert ein Opfer. Stuart Lewis-Evans fährt erst im zweiten Jahr Formel 1. 1957 nimmt er am Monaco-Grand-Prix teil und wird Vierter. Danach wechselt er zu Vanwall und holt in Pescara Platz fünf. 1958 steht er bei Vanwall zwar im Schatten seiner Teamkollegen Stirling Moss und Tony Brooks, erringt aber zweimal die Pole-Position und zwei Podest-Plätze. Beim Marokko-GP kommt er auf einer Öllache ins Schleudern, der Wagen fängt Feuer. Eine Woche später erliegt der 27-jährige Engländer seinen schweren Brandverletzungen.

Vanwall, obwohl Gewinner des Konstrukteur-Pokals, zieht sich aus der Formel 1 zurück, Bernie Ecclestone zunächst ebenfalls, und Weltmeister Mike Hawthorn will nie wieder Rennen fahren. Er überlebt seinen Formel-1-Ausstieg nur wenige Wochen.

Der **Mittelmotor-Cooper**

„Die Pferde gehören vor den Wagen.“ Dieser Ausspruch von Enzo Ferrari sagt alles über die Denkweise der Formel-1-Teamchefs. Die Idee von John Cooper, den Motor hinter dem Fahrer ins Auto zu bauen, wird allgemein belächelt. Das ändert sich nach den ersten beiden Überraschungssiegen zu Saisonbeginn 1958. Die Vorteile sind offensichtlich. Vor allem ist die Gewichtsverteilung viel besser als bei der herkömmlichen Bauweise. Außerdem kann auf die schwere Kardanwelle verzichtet werden. Durch die Lage des Motors direkt vor der Hinterachse liegt beim Beschleunigen viel mehr Gewicht auf den Antriebsrädern. John Cooper hat zudem alle Räder einzeln aufgehängt. Das ermöglicht einerseits eine weitere Reduzierung des Gewichts, andererseits die kompaktere Bauweise. Speziell auf kurvenreichen Strecken wie in Monte Carlo kann der kleine Cooper seine Vorteile voll ausspielen. Zwar ist anfangs der Climax-Motor schwächer als andere Aggregate, doch das niedrige Gewicht des Rennwagens gleicht dieses Manko wieder aus.
Bis 1959 wird das Konzept weiter verbessert. Nur ein Jahr nach ihrer Premiere sind die Cooper den Frontmotor-Fahrzeugen überlegen und auf Titelkurs.

▶ *Jack Brabham wird in Monaco mit seinem Cooper Vierter hinter Teamkollege Trintignant und den Ferrari-Fahrern Musso und Collins.*

1958

Siegerpodeste

1 19.1.1958 GP Argentinien – Buenos Aires
Pole: Juan Manuel Fangio

1. Stirling Moss	Cooper-Climax	2:19.33,700
2. Luigi Musso	Ferrari	- 2,700
3. Mike Hawthorn	Ferrari	- 12,600

2 18.5.1958 GP Monaco – Monte Carlo
Pole: Tony Brooks

1. Maurice Trintignant	Cooper-Climax	2:52.27,900
2. Luigi Musso	Ferrari	- 20,200
3. Peter Collins	Ferrari	- 38,800

3 26.5.1958 GP Niederlande – Zandvoort
Pole: Stuart Lewis-Evans

1. Stirling Moss	Vanwall	2:04.49,200
2. Harry Schell	BRM	- 47,900
3. Jean Behra	BRM	- 1.42,300

4 30.5.1958 Indianapolis 500
Pole: Dick Rathmann

1. Jimmy Bryan	Epperly-Offenh.	3:44.13,800
2. George Amick	Epperly-Offenh.	- 27,629
3. Johnny Boyd	Kurtis-Offenhauser	

5 15.6.1958 GP Belgien – Spa-Francorchamps
Pole: Mike Hawthorn

1. Tony Brooks	Vanwall	1:37.06,300
2. Mike Hawthorn	Ferrari	- 20,700
3. Stuart Lewis-Evans	Vanwall	- 3.00,900

6 6.7.1958 GP Frankreich – Reims
Pole: Mike Hawthorn

1. Mike Hawthorn	Ferrari	2:03.21,300
2. Stirling Moss	Vanwall	- 24,600
3. Wolfgang von Trips	Ferrari	- 59,700

7 19.7.1958 GP England – Silverstone
Pole: Stirling Moss

1. Peter Collins	Ferrari	2:09.04,200
2. Mike Hawthorn	Ferrari	- 24,200
3. Roy Salvadori	Cooper-Climax	- 50,600

8 3.8.1958 GP Deutschland – Nürburgring
Pole: Mike Hawthorn

1. Tony Brooks	Vanwall	2:21.15,000
2. Roy Salvadori	Cooper-Climax	- 3.29,700
3. Maurice Trintignant	Cooper-Climax	- 5.11,200

9 24.8.1958 GP Portugal – Porto
Pole: Stirling Moss

1. Stirling Moss	Vanwall	2:11.27,800
2. Mike Hawthorn	Ferrari	- 5.12,750
3. Stuart Lewis-Evans	Vanwall	- 1 Runde

10 7.9.1958 GP Italien – Monza
Pole: Stirling Moss

1. Tony Brooks	Vanwall	2:03.47,800
2. Mike Hawthorn	Ferrari	- 24,200
3. Phil Hill	Ferrari	- 28,300

11 19.10.1958 GP Marokko – Casablanca
Pole: Mike Hawthorn

1. Stirling Moss	Vanwall	2:09.15,100
2. Mike Hawthorn	Ferrari	- 1.24,700
3. Phil Hill	Ferrari	- 1.25,500

Alle Ergebnisse im Detail auf Seite 370

Als eines der letzten Teams entscheidet sich Ferrari für den Einbau der modernen Scheibenbremsen. Vorreiter war 1951 BRM. Technische Neuerungen führen bei der Scuderia stets zu endlosen Diskussionen.

Kurz-**Meldungen**

● In diesem Jahr steigen zwei Fahrer mit den gleichen **Nachnamen** in die Formel 1 ein – nicht miteinander verwandt und sogar von verschiedenen Kontinenten: Der Amerikaner Phil Hill auf Ferrari und der Brite Graham Hill auf Lotus. Beide werden in einigen Jahren kurz hintereinander Weltmeistertitel holen.

● Mit **Climax** taucht ein neuer Motoren-Name in den Siegerlisten auf. Die Firma aus Coventry rüstet Cooper und Lotus aus. Der Hubraum der Vierzylinder wird im Verlauf der Saison von 2,0 über 2,2 auf die erlaubten 2,5 Liter gesteigert. Neu ist, dass dieser Motor allen Teams zum Kauf angeboten wird. Bisher bauten die Rennställe ihre Triebwerke selbst.

● Zu denjenigen, die sich nicht für den GP von Monaco qualifizieren können, zählen auch Bruce Kessler und Paul Emery. Beide fahren auf **Connaught**. Die Ex-Werksautos sind im Besitz von Bernie Ecclestone. Der dreht auch einige Trainingsrunden, die allerdings „nicht ganz ernst gemeint" sind. Nach einem weiteren glücklosen Versuch beim GP von England zieht sich Ecclestone vorläufig aus dem GP-Sport zurück.

● **Juan Manuel Fangio** verabschiedet sich vom GP-Sport mit Starts in Buenos Aires und in Reims, wo er Ende der 40er Jahre sein Europa-Debüt gegeben hatte. In beiden Rennen wird er Vierter. Mit sieben Punkten – in Argentinien fährt er die schnellste Runde – belegt er im WM-Endklassement Platz 14.

● Zum Saisonende zieht **Tony Vanderwell** sein F1-Team zurück. 1959 (GB) und 1960 (F) wird Tony Brooks den legendären Vierzylinder allerdings noch einmal an den Start bringen – ohne Erfolg. Tony Vanderwell hat sein Ziel erreicht, das er sich 1954 gesetzt hatte. Damals wollte der englische Zubehör-Fabrikant von Enzo Ferrari einen Rennwagen kaufen. Als Ferrari ihn in Modena drei Stunden warten ließ, schwor der patriotische Brite wütend: „Ich werde diese verdammten roten Blechhaufen schlagen!" Es gelingt ihm 1958 beim neu eingeführten „Pokal für Konstrukteure".

● Nicht nur die Formel 1 hat Tote zu beklagen. In **Indianapolis** werden in der Startrunde 14 der 33 Autos in eine Massenkarambolage verwickelt – Pat O´Connor stirbt.

● Mit **Maria-Teresa de Filippis** tritt erstmals eine Frau bei einem WM-Grand Prix an. In Monaco kann sich die Italienerin nicht qualifizieren. In Spa wird sie auf ihrem Maserati 250F Zehnte, in Monza und Oporto scheidet sie aus. 1959 beendet sie ihre Formel-1-Karriere.

Hills **Angst** im **Lotus**

Mit Lotus betritt ein neues Team die Szene. Chef Colin Chapman hat den Mark 16 gemeinsam mit Frank Costin entworfen. Das Duo hatte zuvor an der Konstruktion des Vanwall mitgearbeitet. Es wundert niemand, dass der Lotus 16, ein Auto mit Frontmotor, den Vanwall-Boliden recht ähnlich sieht…
Einer der drei Fahrer des Jahres 1958 ist der neue Formel-1-Pilot Graham Hill. Nach dem Training zum Belgien-GP sitzt er entnervt in der Lotus-Box. „Auf dieser schnellen Strecke", gesteht er, „hatte ich zum erstenmal im Leben nackte Angst. Ich weiß nicht, ob ich mich wirklich zum Formel-1-Fahrer eigne." Und dann beschreibt er seinen Arbeitsplatz im Lotus: „Das Kreuzgelenk ist zwischen meinen Fußknöcheln. Hier mündet der Antrieb vom Motor. Von dort aus führt eine Kardanwelle schräg unter meinem linken Knie zu einem zweiten Kreuzgelenk genau neben meinem linken Oberschenkel. Von diesem zweiten Kreuzgelenk geht eine kurze Welle zum Getriebe neben meiner linken Hüfte…"
Graham Hill fährt mit der Angst im Nacken zwei Jahre punktelos, ehe er das richtige Auto hat, um nach dem Weltmeistertitel zu greifen.

Der **entscheidende Punkt**

Rückblickend fällt die Entscheidung im Titel-Duell zwischen Mike Hawthorn und Stirling Moss am 24. August in Oporto. Heute heißt die portugiesische Stadt Porto. Ein Missverständnis innerhalb des Teams Vanwall und die geradezu ritterliche Haltung von Stirling Moss bringen dem Landsmann den entscheidenden Vorteil.
Der Zweikampf der beiden Briten ist auf seinem Höhepunkt. Moss erobert die Pole-Position – mit fünf Hundertstel Sekunden Vorsprung vor Hawthorn. Im Rennen ist es dann aber der Ferrari-Pilot, der zunächst dem Sieg entgegenfährt. Auf nassem Asphalt verdrängt er Moss nach nur einer Runde von der Spitze. Doch wenig später lassen die Bremsen seines Ferrari nach. Moss stellt die Reihenfolge

In Porto siegt Stirling Moss im Vanwall. Doch sein Einsatz für Mike Hawthorn bringt ihn um den Titel.

Graham Hill auf dem neuen Lotus in Monaco. Das Cockpit des fragilen Gefährts ist furchteinflößend. Nach 69 Runden ist für Hill Schluss – Motorschaden.

der Startrunde wieder her. Hawthorn fällt zurück. Sporadisch gelingen ihm jedoch extrem schnelle Runden. Der führende Moss wird von seiner Box schlecht informiert und attackiert nicht, als Hawthorn die schnellste Rennrunde hinlegt. Dafür gibt es damals einen Punkt. Als am Saisonende abgerechnet wird, fehlt Moss ein einziger Zähler zum Titelgewinn…

In der Schlussphase dieses GP von Portugal überschlagen sich die Ereignisse: Hawthorn fährt seine letzte Runde, da dreht er sich. Der Motor stirbt ab. Vergeblich bemüht sich der Ferrari-Pilot, seinen Boliden anzuschieben – die Piste steigt an. Jetzt kommt Moss vorbei, der seine Auslaufrunde fährt. „Das schaffst du nie“, brüllt er dem Gegner zu, „lass' ihn neben der Bahn gegen die Fahrtrichtung rollen!“ Das funktioniert, der Ferrari springt wieder an, Hawthorn wendet, wird Zweiter und kassiert sechs Punkte plus einen für die schnellste Runde.

Nach dem WM-Lauf will die Rennleitung Mike Hawthorn disqualifizieren. Die Begründung: Fahren bzw. schieben gegen die Fahrtrichtung. Stirling Moss wird als Zeuge aufgerufen. Der Vanwall-Pilot: „Ich sagte denen, sie sollen Mike nicht disqualifizieren. Er hatte zum Anrollen ja schließlich nicht den Asphalt genutzt. Die Funktionäre blieben stur. Dann schrie ich sie an und fragte: Wer war denn hier Augenzeuge? Ihr Gentlemen oder ich?“ Hawthorn wird nicht disqualifiziert. „Wenn ich mich nicht so für ihn eingesetzt hätte“, sagt Moss später, „wäre ich jetzt Champion. Aber ich würde das jederzeit wieder tun, weil es fair war.“

Aber das Leben ist nicht fair: 1960 wendet Stirling Moss an gleicher Stelle den „Hawthorn-Trick“ an, nachdem er sich wegen blockierter Bremsen gedreht hat. Auch er startet den Wagen entgegen der Fahrtrichtung – und wird disqualifiziert!

sich auch Jack Brabham, der Weltmeister der nächsten beiden Jahre…

Für die wettfreudigen Briten ist alles klar: Seit Saisonbeginn handeln Englands Buchmacher Stirling Moss und das Team Vanwall als Titelfavoriten. Die Engländer fühlen sich als kommende Supermacht des Grand-Prix-Sports – mit Recht, wie die Entwicklung zeigen wird. Vier Engländer kämpfen darum, wer „erster englischer Weltmeister“ wird. Moss und Brooks bei Vanwall, Hawthorn und Collins bei Ferrari. Am Ende der Saison stehen in der Tat fünf Engländer an der Spitze der WM-Wertung. Auch die neu eingeführte Teamwertung führt das englische Team Vanwall an.

Mike Hawthorn übernimmt die Krone von Juan Manuel Fangio. Dass er diesen Traum in einem Ferrari erreicht, ist für den nationalbewussten Briten der einzige Wermutstropfen. Ein einziger Sieg reicht ihm für den Titel – neben fünf zweiten Plätzen. Das Kunststück, das Championat mit nur einem Sieg zu ergattern, wird später nur noch einem Fahrer gelingen: Keke Rosberg 1982.

Als Mike Hawthorn beim Grand Prix von Frankreich die britische Nationalhymne zu Ehren seines Sieges hört, weint er. Sein Teamkollege Luigi Musso ist in einer Kurve im Zweikampf mit Hawthorn von der Strecke abgekommen. Erst unmittelbar vor der Siegerehrung hat man Hawthorn gesagt, dass Musso tot ist. Zwei Rennen später, beim Großen Preis von Deutschland auf dem Nürburgring, stirbt Peter Collins, Landsmann und enger Freund von Mike Hawthorn. Schon damals will Hawthorn den Rennsport aufgeben. Verträge und WM-Chancen bewegen ihn zur Teilnahme an den restlichen drei Rennen, die er jeweils als Zweiter hinter den Vanwall-Piloten Moss oder Brooks beendet.

Das Jahr endet mit einem weiteren Todesopfer während eines Formel-1-Rennens. Vanwall-Pilot Stewart Lewis-Evans gerät beim Großen Preis von Marokko in Casablanca auf eine Öllache. Der Wagen schleudert, fängt Feuer, der Engländer stirbt einige Tage später an den schweren Verletzungen. Sein Freund Bernie Ecclestone zieht sich vom aktiven Rennsport tief getroffen zurück und löst den Connaught-Rennstall auf.

Endstand Fahrer-WM

1.	**Mike Hawthorn** Ferrari	42 (49)
2.	**Stirling Moss** Cooper/Vanwall	41
3.	**Tony Brooks** Vanwall	24
4.	**Roy Salvadori** Cooper-Climax	15
5.	**Peter Collins** Ferrari	14
	Harry Schell BRM	14
7.	**Maurice Trintignant** Cooper-Climax	12
	Luigi Musso Ferrari	12
9.	**Stuart Lewis-Evans** Vanwall	11
10.	**Phil Hill** Ferrari	9
	Jean Behra BRM	9
	Wolfgang von Trips Ferrari	9
13.	**Jimmy Bryan** Epperly-Offenhauser	8 *
14.	**Juan Manuel Fangio** Maserati	7
15.	**George Amick** Epperly-Offenhauser	6 *
16.	**Tony Bettenhausen** Epperly-Offenhauser	4 *
	Johnny Boyd Kurtis-Offenhauser	4 *
18.	**Jack Brabham** Cooper-Climax	3
	Cliff Allison Lotus-Climax	3
	Joakim Bonnier BRM	3
21.	**Jim Rathmann** Epperly-Offenhauser	2 *

* Nur in Indianapolis am Start
Gewertet wurden die besten sechs Resultate.
Gesamtpunktzahl in Klammern.

Konstrukteure

1. Vanwall	48 (57)
2. Ferrari	40 (57)
3. Cooper-Climax	31
4. BRM	18
5. Maserati	6
6. Lotus-Climax	3

Neue **Regeln**

Die Mindestdauer der Rennen wird von drei auf zwei Stunden verkürzt. Erstmals gibt es Treibstoff-Bestimmungen. Anstelle der Spezialmixturen nach eigenen Rezepten wird nun Flugzeugbenzin vorgeschrieben. Fahrerwechsel während der Rennen sind erlaubt, allerdings gibt es dafür keine WM-Punkte mehr.

Neu eingeführt wird ein „Pokal für Konstrukteure“, bei dem die sechs besten Resultate gewertet werden. Es handelt sich um den Vorläufer der später ausgeschriebenen Konstrukteurs-WM.

Drei Grand-Prix-Siege erringt der Engländer Mike Hawthorn während seiner Formel-1-Karriere – alle auf Ferrari. 1958 gelingt ihm ein Erfolg in Frankreich. Mit diesem

vie fünf zweiten, einem dritten und einem fünften Rang sichert er sich den WM-Titel. Erstmals gewinnt ein Brite die WM. Wenige Monate später stirbt Hawthorn im PKW.

1959

Triumph der Mittelmotoren

Zu Beginn des Vorjahres zog sich mit Maserati das Team des Champions aus der WM zurück. In diesem Jahr gibt mit Vanwall der erfolgreichste Rennstall der Vorsaison auf. Tony Vanderwell folgt dabei dem Rat seiner Ärzte: Mit Rücksicht auf sein Herz soll der schwergewichtige Industriekapitän Fahrerlager und Boxen meiden – zu aufregend. Getreu dem Motto „Alles oder Nichts" schließt er kurzerhand seine Rennabteilung. Mittlerweile greift ein anderes englisches Team nach den Sternen: Cooper zeigt, dass dem Mittelmotor die Zukunft gehört.

Die Ex-Vanwall-Piloten Stirling Moss und Tony Brooks stehen nicht lange auf der Straße. Moss fährt für Rob Walkers Team, das ihm einen Cooper-Climax anbietet, und Brooks unterschreibt bei Ferrari. Beide gelten als aussichtsreiche Titel-Kandidaten. Den Cooper-Werks-Piloten Jack Brabham hat hingegen niemand so recht auf der Liste.

Carlo Chiti und die übrigen Ferrari-Ingenieure drängten den Commendatore während des Winters vergeblich, einen Mittelmotor-Boliden auf die Räder zu stellen. Anstelle einer modernen Konstruktion setzt der eigensinnige Chef lieber auf „Modellpflege": Der Dino 246 wird modifiziert und als Dino 256 für – vorläufig – eine weitere Saison eingesetzt. Immerhin: Die F1-Ferrari sind jetzt endlich mit Scheibenbremsen ausgerüstet. Collins und Hawthorn hatten das energisch gefordert.

Schnell wird klar, dass die Ferrari in ihrer Konstruktion zu altmodisch sind. Dank ihrer Leistung – der 300 PS starke V6 des Dino ist der Konkurrenz überlegen – siegt Tony Brooks auf Strecken, die in erster Linie „geradeaus gehen": In Reims und auf der Avus. Auch in Monza hat er beste Chancen, wie Platz zwei im Training beweist. Doch ausgerechnet vor Ferraris Haustür platzt der Sechszylinder bereits nach wenigen Kilometern.

Auf den Pisten, die das Fahrwerk und die Chassiskonstruktion fordern, hat Ferrari nichts zu melden. Der Mittelmotor-Cooper, trotz eines PS-Handicaps von 60 PS, kreuzt fünfmal die Linie als Sieger. Bei Ferrari hängt der Haussegen schief: Auf dem Höhepunkt der Streitigkeiten bewerfen sich Enzo Ferrari und sein Rennleiter Romolo Tavoni vor den Werkshallen in Modena in aller Öffentlichkeit mit Steinen! Die italienische Presse schiebt die Niederlage im Titelkampf Tony Brooks in die Schuhe. Sie wirft dem Briten vor, beim Finale in Sebring vorsichtshalber an die Box gefahren zu sein, nachdem ihm Teamkollege von Trips einen Rammstoß versetzte. Tenor: Ferrari braucht einen Italiener à la Ascari, um wieder Weltmeister zu werden. Den wird es aber in diesem Jahrtausend nicht mehr geben...

Da Ferrari seine Weichen falsch gestellt hat – und auch für 1960 falsch stellen wird – soll endlich Stirling Moss große Stunde schlagen. Dem ewigen Pechvogel unterläuft jedoch ein folgenschwerer Fehler: Moss sitzt in keinem der Werks-Cooper, sondern in einem Kundenauto des privaten Rennstalls von Rob Walker. Theoretisch hat sich der Engländer richtig entschieden. Dank der „goldenen Hände" des Walker-Chefmechanikers Alf Francis müsste der dunkelblaue T51 den grünen Werksautos überlegen sein. Francis glaubt, das Vierganggetriebe – abgeleitet von der Citroën-Serienproduktion – als Schwachstelle erkannt zu haben. Es scheint der Kraft des von ▶

▲ *Saisonstart in Monaco: Keiner hat Jack Brabham (Nr. 24) auf der Rechnung, der im Cooper seinen ersten Sieg holt. Beim Start setzt er sich von den Ferrari-Piloten Tony Brooks (50) und Phil Hill (48) sowie Teamkollege Bruce McLaren (22) ab. Mit Maurice Trintignant (Dritter) und McLaren (Fünfter) landen zwei weitere Cooper in den Punkten.*

▶ *Zwei Menschen im Kummer vereint: Stirling Moss tröstet die Mutter seines Freundes Mike Hawthorn. Der vom Rennsport zurückgetretene Weltmeister ist kurz zuvor bei einem privaten Straßenrennen umgekommen. Moss, bester Rennfahrer seiner Epoche, hat selbst große Probleme: Er leidet sehr unter dem Scheitern seiner jungen Ehe.*

1959

Die **Teams**

Vanwall

Tony Brooks	GB

Ferrari

Tony Brooks	GB
Phil Hill	GB
Dan Gurney	USA
Olivier Gendebien	B
Jean Behra	F
Cliff Allison	GB
Wolfgang Graf Berghe von Trips	D

Cooper-Climax

Jack Brabham	AUS
Stirling Moss	GB
Maurice Trintignant	F
Bruce McLaren	NZ
Masten Gregory	USA
Giorgio Scarlatti	I
Ian Burgess	GB
Colin Davis	GB
Mario de Cabral	POR
Hans Herrmann	D
Roy Salvadori	GB
Jack Fairman	GB
Ivor Bueb	GB
Chris Bristow	GB
Peter Ashdown	GB
Mike Taylor	GB
Henry Taylor	GB
Harry Schell	USA
Alessandro de Tomaso	ARG
George Constantine	USA

BRM

Stirling Moss	GB
Joakim Bonnier	S
Harry Schell	USA
Ronald Flockhart	GB
Hans Herrmann	D

Maserati

Fritz d'Orey	BRA
Giorgio Scarlatti	I
Carel Godin de Beaufort	NL
Giulio Cabianca	I

Lotus-Climax

Innes Ireland	GB
Graham Hill	GB
Alan Stacey	GB
David Piper	GB
Bruce Halford	GB

Connaught

Bob Said	USA

Porsche

Wolfgang Graf Berghe von Trips	D
Carel Godin de Beaufort	NL
Harry Blanchard	USA

Aston Martin *

Roy Salvadori	GB
Carol Shelby	USA

JBW *

Brian Naylor	GB

Tec Mec *

Fritz d'Orey	BRA

Kurtis-Offenhauser *

Rodger Ward	USA

* neue Teams

2,2 auf 2,5 Liter aufgebohrten Climax-Motors nicht gewachsen zu sein. John Cooper teilt diese Meinung. Aber sein Budget reicht nicht aus, um Modifikationen zu finanzieren. Walker hingegen verfügt über die notwendigen finanziellen Mittel und bestellt bei dem italienischen Spezialisten Valerio Colotti ein neues Fünfganggetriebe...

Colotti, ein ehemaliger Maserati-Ingenieur, arbeitet unter großem Zeitdruck, um die Wünsche seines englischen Auftraggebers zu erfüllen. Das Resultat ist eine absolute Katastrophe. Rob Walker: „Ich hätte es nicht für möglich gehalten, dass in unserer Zeit in Modena eine derart schlechte Arbeit geleistet wird. Ich spreche nicht von Kleinigkeiten – die Zahnräder des Getriebes waren eine Zumutung. Sie fügten sich ▶

Tony Brooks: Rasender Zahnarzt

Für den 27-jährigen Zahnmediziner aus Dukinfield/England ist 1959 das erfolgreichste Jahr. Nach zwei Jahren bei Vanwall (1958 mit drei Siegen immerhin Rang drei der WM) sitzt er nun in einem Ferrari. Brooks Vorgänger Peter Collins und Luigi Musso verloren im Vorjahr ihr Leben, Mike Hawthorn hat sich zurückgezogen, Wolfgang Graf Berghe von Trips ist wegen seiner vielen Unfälle in Ungnade gefallen. Einzig Phil Hill ist bei den „Roten" geblieben. Sein wichtigster Teamkollege wird der Sunnyboy und Frauenschwarm Tony Brooks. Der rennfahrende Dentist holt die beiden einzigen Saisonsiege für Ferrari. Nur noch ein Mal können Autos mit Frontmotor gegen Mittelmotor-Konstruktionen siegen: beim Boykott-GP 1960 in Monza. Tony Brooks wird WM-Zweiter.

Der Fahrstil des Briten unterscheidet sich vollkommen vom Stil seines größten Rivalen: Während Jack Brabham seinen Cooper um die Kurse zwingt, fährt Tony Brooks mit Eleganz und Leichtigkeit.

Brooks ist religiös. Und so kommen ihm nach mehreren schweren Unfällen ernste Zweifel, ob er sein Schicksal so herausfordern darf. Der Brite findet für sich die Antwort und zieht sich Anfang der sechziger Jahre langsam aus der Formel 1 zurück.

▲ *Tony Brooks ist bei Ferrari 1959 für zwei Siege gut. Der Engländer gewinnt dort, wo es auf den Motor und nicht auf das – veraltet konzipierte – Chassis ankommt: in Frankreich und Deutschland.*

▼ *Auf der umstrittenen Berliner Avus übersteht Hans Herrmann einen haarsträubenden Unfall mit leichten Verletzungen. Er wird aus dem BRM-Wagen herausgeschleudert.*

Nie wieder **Avus**

Zum ersten Mal seit 1926 wird der Große Preis von Deutschland auf der Berliner Avus ausgetragen. Die simple Piste, zwei Geraden, die durch zwei Kehren miteinander verbunden sind, wird aus politischen Gründen gewählt. Die „Auto-Verkehrs-und-Übungs-Straße" liegt im geteilten Berlin, einer der „Frontstädte" des Kalten Krieges. Mit dem Berliner Rennen soll ein Zeichen gesetzt werden. Es wird ein blutiges Zeichen.

Besucher aus dem Ostteil der ehemaligen Hauptstadt sind herzlich eingeladen – die berühmte Mauer trennt noch nicht. Ostberliner dürfen ihre Eintrittskarten mit der im Westen nahezu wertlosen Ostmark bezahlen. Willy Brandt, regierender Oberbürgermeister des Westteils der geteilten Gemeinde, entschädigt den Veranstalter im Kursverhältnis 1:1. Pro kassiertem „Alu-Chip" erhält der AvD aus dem Senatssäckel eine „richtige" Mark.

Gefahren wird nicht die 19,3 km lange Vorkriegspiste, sondern eine auf 8,3 km verkürzte Variante. Der neuralgische Punkt der Rennstrecke ist die Nordkurve, eine geklinkerte (!) Steilkurve mit einem Neigungswinkel von 43,6 Grad. Baurat Erich Krey hat das Monstrum 1937 verbrochen. Die Formel-1-Piloten sind alles andere als begeistert. Titelanwärter Jack Brabham knurrt: „Hier entscheidet nur die Motorleistung. Fahrerisch ist die Strecke langweilig und völlig anspruchslos. Das einzige, was den Zuschauern geboten wird, sind Windschattenduelle." Stirling Moss trainiert nur wenige Runden. „Dann", so der Rennfahrer, „kam ein Herr Schmidt von der Rennleitung und bat mich zu fahren – das Publikum sei andernfalls enttäuscht. Ich wollte nicht, aber ich tat ihm trotzdem den Gefallen." Moss spricht von einer „Rutschbahn in den Tod". Und der Brite behält mit seiner düsteren Charakterisierung recht.

Samstag steht ein Sportwagenrennen im Rahmenprogramm. Jean Behra, kurz zuvor von Ferrari gefeuert, verliert in der Nordkurve die Kontrolle über seinen – persönlich modifizierten – Porsche RSK, den „Behra-Porsche". Der Rennwagen prallt gegen einen oben auf dem Rand der Steilkurve stehenden Flak-Sockel aus dem Zweiten Weltkrieg. Behra wird aus seinem Cockpit gegen einen Fahnenmast geschleudert. Für ihn kommt jede Hilfe zu spät. Im Hildegard-Krankenhaus kann nur noch sein Tod festgestellt werden.

Der Grand Prix wird in zwei Läufen à 30 Runden ausgetragen – die Zeiten werden addiert. Hans Herrmann, der Behras Todessturz vor 24 Stunden von der Tribüne aus miterlebte, bittet um Verständnis: „Ich brauche wohl nicht zu erklären, mit welchen Gefühlen ich jetzt in meinen Rennwagen steige..."

Von den 15 Startern sind beim zweiten Lauf nur noch neun mit von der Partie – sieben erreichen das Ziel. Der Wagen von Hans Herrmann überschlägt sich in der Südkurve, der Pilot wird herausgeschleudert. Wie durch ein Wunder kommt er mit geringfügigen Blessuren davon. Drei Ferrari belegen die ersten Plätze. Die Formel 1 wird nie mehr auf die Avus zurückkehren. Für andere Serien bleibt das Oval jedoch offizielle Rennstrecke.

▲ *Ferrari-Pilot Tony Brooks behält vor Masten Gregorys Cooper in der Steilkurve der Avus die Führung.*

▶ *Wolfgang Graf Berghe von Trips nimmt Abschied von seinem ehemaligen Teamkollegen. Jean Behra stirbt auf der Avus im privaten Porsche.*

Rote Zigarre jagt grüne Zigarre – 1961 gleichen die zierlichen Formel-1-Boliden dicken Havannas. Noch fehlen Flügel oder die ab den siebziger Jahren typischen Seitenkäst

n Ferrari von Phil Hill erkennt man am Heck deutlich eine zusätzliche Öffnung zur Kühlung des Motors. Auch der Lotus von Jim Clark hat diese Öffnung am Heck.

1962

Very British

Die Briten sind zurück: British Racing Green ist die Farbe der Saison. Nach jahrelanger Durststrecke schafft BRM mit Graham Hill den Durchbruch. Die bahnbrechendste Entwicklung kommt jedoch aus der Ideenschmiede Lotus: Colin Chapman setzt erstmals auf die sogenannte Monocoque-Bauweise und revolutioniert damit den Rennwagenbau. In Maranello fliegen indes die Fetzen – und die gesamte Teamleitung.

Der Haussegen hängt bei Ferrari zu Saisonbeginn mächtig schief: Weltmeister Phil Hill ist Enzo Ferrari böse, da der Firmenchef ihm gegenüber kein Wort des Dankes oder der Anerkennung für den Titelgewinn verliert. Und Enzo Ferrari kocht vor Wut und lässt in Maranello die Fetzen fliegen. Der Commendatore duldet keine Götter neben sich. Ingenieur Carlo Chiti und Rennleiter Romolo Tavoni sind dem Boss nach der 61er Dominanz zu selbstherrlich. Natürlich ziehen die beiden Selbstdarsteller den Kürzeren. Zufrieden tönt Enzo Ferrari bei einer Mitarbeiter-Ansprache: „Die Generäle sind wir los, jetzt müsst ihr Unteroffiziere das Kommando übernehmen." So wird der erst 26-jährige Mauro Forghieri neuer Technischer Direktor. Forghieris Vater Reclus arbeitete bereits vor dem Krieg gemeinsam mit Enzo Ferrari an der Alfetta 158. Der Kosmetik-Produzent Eugenio Dragoni übernimmt Tavonis Posten.

Forghieri bezeichnet die Chiti-Konstruktion Tipo 156 als „veraltet und primitiv". Doch um einen neuen Boliden für 1962 auf die Räder zu stellen, ist es zu spät.

Das Jahr der Titelverteidigung wird für Ferrari zum Desaster. Weltmeister Phil Hill startet mit drei Podestplätzen in Zandvoort, Monaco und Spa zwar gut in das neue Jahr, über die 14 früh gewonnenen WM-Punkte kommt er indes bis zum Saisonende nicht hinaus. Hills Teamkollegen Giancarlo Baghetti, Lorenzo Bandini, Ricardo Rodriguez und Willy Mairesse sammeln gemeinsam gar nur 17 Zähler...

Die englischen Teams, die sich zuvor vehement gegen die 1,5-Liter-Formel stellten, haben das F1-Terrain überlegen zurückerobert. Climax und BRM bieten nun Achtzylinder-Motoren an, die dem Ferrari-V6 mindestens ebenbürtig sind. Und in puncto Fahrwerkstechnik brauchten sich die britischen Konstrukteure bereits 1961 nicht vor den Italienern zu verstecken.

Auch Porsche, seit dem Vorjahr mit am Start, hat aufgerüstet und tritt mit einem modernen Achtzylinder und völlig neuem Chassis an. Experten bescheinigen den Boliden der Zuffenhausener Rennabteilung größtes Potential. Tatsächlich gewinnt Porsche-Pilot Dan Gurney den Großen Preis von Frankreich. Weil jedoch weitere Erfolge ausbleiben, diskutiert die Geschäftsführung in Stuttgart den baldigen Rückzug aus dem

1962

Es läuft nicht rund bei Ferrari. Ingenieur Mauro Forghieri (M.) im Gespräch mit seinen Piloten Phil Hill und Lorenzo Bandini.

1962 schafft Graham Hill den großen Durchbruch. Mit BRM wird der smarte Brite Weltmeister. Mit vier Siegen sichert er sich den Titel und BRM ein weiteres Jahr in der Formel 1.

sündhaft teuren Grand-Prix-Sport.

Die Saison ist geprägt vom Duell des BRM-Fahrers Graham Hill und dem Lotus-Star Jim Clark, der in seinem dritten Formel-1-Jahr bereits nach der WM-Krone greift. Sein Renner erregt großes Aufsehen – es ist der erste Wagen in Monocoque-Bauweise.

Den spannendsten Grand Prix des Jahres sehen die Fans auf dem verregneten Nürburgring. Porsche-Pilot Dan Gurney startet von der Pole-Position. Neben ihm stehen Graham Hill (BRM), Jim Clark (Lotus) und John Surtees (Lola) – vier Piloten, vier verschiedene Teams. Als die Flagge – wegen des Regens mit einer Stunde Verspätung – gesenkt wird, bleibt Clarks Lotus stehen. Der Schotte hat vergessen, die Ben- ▶

Die **Teams**

Ferrari	
Phil Hill	USA
Giancarlo Baghetti	I
Lorenzo Bandini	I
Ricardo Rodriguez	MEX
Willy Mairesse	B
Lotus-Climax	
Jim Clark	GB
Trevor Taylor	GB
Innes Ireland	GB
Masten Gregory	USA
Neville Lederle	SA
Maurice Trintignant	F
Jack Brabham	AUS
Nino Vaccarella	I
Heinz Schiller	CH
Joseph Siffert	CH
John Campbell-Jones	GB
Lucien Bianchi	B
Wolfgang Seidel	D
Jay Chamberlain	USA
Tony Shelly	NZ
Roger Penske	USA
Bob Schroeder	USA
Jim Hall	USA
Ernie Pieterse	SA
Porsche	
Dan Gurney	USA
Joakim Bonnier	S
Carel Godin de Beaufort	NL
Ben Pon	NL
Heini Walter	CH
Nino Vaccarella	I
Cooper-Climax	
Bruce McLaren	NZ
Tony Maggs	SA
Timmy Mayer	NZ
Jack Lewis	GB
Ian Burgess	GB
Bernard Collomb	F
Hap Sharp	USA
John Love	RHO
Mike Harris	RHO
BRM	
Graham Hill	GB
Richie Ginther	USA
Bruce Johnstone	SA
Brabham-Climax	
Jack Brabham	AUS
De Tomaso-OSCA	
Roberto Lippi	I
Emeryson-Climax	
Tony Settember	USA
Wolfgang Seidel	D
Gilby-BRM	
Keith Greene	GB
Lola-Climax *	
John Surtees	GB
Roy Salvadori	GB
ENB *	
Lucien Bianchi	B
LDS-Alfa Romeo *	
Doug Serrurier	SA

* neue Teams

Stirling Moss – Der ewige Zweite tritt ab

Helfer bergen den schwer verletzten Stirling Moss nach seinem Unfall in Goodwood. Der Crash beendet eine großartige Karriere.

Am Ostermontag, dem 23. April, endet die Formel-1-Laufbahn von Stirling Moss. Neben Piloten wie Tazio Nuvolari, Juan Manuel Fangio, Jim Clark, Ayrton Senna oder Michael Schumacher zählt der Brite zu der kleinen Clique der besten Rennfahrer aller Zeiten. Aber er hat auch permanentes Pech: Niemals gewinnt er eine Weltmeisterschaft. In den vier Jahren von 1955 bis 58 ist er stets Zweiter, in den drei Folgejahren jeweils Dritter der WM-Wertung. Seine große Zeit beginnt '55 als Teamkollege von Juan Manuel Fangio auf Mercedes. Sie endet an jenem April-Tag bei einem Rennen, das nicht zur Weltmeisterschaft zählt. Stirling Moss tritt für sein Walker-Team bei der „Glover Trophy" in Goodwood an.

Neun Runden sind noch zu fahren, Moss liegt auf Platz vier, als er an die Boxen muss. Das Getriebe seines Lotus steckt im vierten Gang fest. Mit zwei Runden Rückstand hinter Spitzenreiter Graham Hill nimmt er das Rennen wieder auf.

In dieser Situation hätten vermutlich viele Piloten die Restdistanz abgespult und dann Feierabend gemacht. Nicht so Stirling Moss. Er fährt stets am Limit – gemäß seiner Berufsehre. In Runde 34 stellt er gar einen neuen Rundenrekord auf! Dann schlägt das Schicksal zu: Eingangs der Fordwater-Kurve schließt Moss bei Tempo 200 zu Graham Hills BRM auf. In der etwas langsameren St. Mary's-Kurve kann Hill den Gegner bereits im Augenwinkel neben sich sehen. Dann schießt der in hellem BRP-Grün lackierte Lotus geradeaus und knallt gegen einen Erdwall. Die Helfer benötigen 45 Minuten, um Moss aus den Trümmern seines Rennwagens zu befreien. Moss ist schwer verletzt: Das Nasenbein, ein Wangenknochen, der linke Arm und das linke Bein sind gebrochen. Außerdem werden böse Schnittverletzungen im Gesicht und eine derangierte Augenhöhle diagnostiziert. Doch am schwersten wiegt ein Hirntrauma – Stirling Moss liegt im Koma und ist linksseitig gelähmt.

Graham Hill sagt aus: „Es ist völlig unmöglich, dass Stirling mich an dieser Stelle überholen wollte. Irgend etwas an seinem Wagen war defekt." Möglicherweise klemmte der Gaszug. Drei Sekunden blieben dem Piloten, um vor dem Einschlag Tempo wegzunehmen. Aber im Gras finden sich keine Bremsspuren. Verlor Moss auf dem holprigen Untergrund den Kontakt zur Pedalerie? Die Unfallursache wird nie geklärt.

Wochen später erlangt der Patient sporadisch sein Bewusstsein wieder. Moss braucht ein Jahr zur Genesung. Moss: „Ich kann mich an nichts erinnern. Sogar der Morgen des Unfalltags ist ausgelöscht." Als ihn eine Bekannte fragt, was am Ostermontag 1962 geschah, antwortet Moss: „Ich verunglückte tödlich." Er erschrickt über die eigenen Worte, die ihm sein Unterbewusstsein vorgab…

Am 1. Mai '63 kehrt der Zahnarztsohn nach Goodwood zurück und testet sein Können am Steuer eines Lotus Monte Carlo. Er fährt absolut konkurrenzfähige Rundenzeiten – obwohl er nur 80 Prozent Leistung investiert. Dennoch erklärt er seinen Rücktritt: „Ich musste mir sagen, wo ich bremsen muss, wo ich schalten muss. Vor dem Unfall sah ich den Drehzahlmesser, ohne meinen Blick von der Piste zu wenden. Alles nahm ich gleichzeitig wahr – Piste, Gegner, Drehzahlmesser und Rückspiegel. Diese Fähigkeit habe ich verloren." Jahre später wird er sagen: „Vielleicht handelte ich voreilig und hätte doch noch einige Jahre fahren sollen."

Moss hat Glück, dass er lebend aus diesem Schrotthaufen herausgekommen ist, der einmal ein Lotus-Rennwagen war.

Ganz neu: **Das Monocoque**

Lotus-Chef Colin Chapman landet mit seinem Lotus 25 den absoluten Clou: Der findige Konstrukteur überträgt die im Flugzeugbau bereits seit langem eingesetzte Schalen- oder Monocoque-Bauweise auf seine Rennwagenkonstruktionen. Statt des bisher üblichen Gitterrohrrahmens werden Aluminiumplatten miteinander verbunden und mittels quer eingesetzten Platten verstärkt. Die Konstruktion ist viel leichter als die bislang verwendeten Rohrrahmenkonstruktionen und zugleich wesentlich verwindungssteifer. Mit dieser Bauweise wird Colin Chapman zum Vorreiter für die Konstruktion moderner Formel-Rennwagen. Im Laufe der Jahre wird die Monocoque-Bauweise von allen Teams übernommen. Später ändert sich nur das Material: Statt der Aluminiumplatten wird ab den Achtzigern Kohlefaser verwendet.

zinpumpe einzuschalten! Clark kommt als Letzter weg. Doch bereits in der ersten Runde überholt er 16 (!) Konkurrenten. An der Spitze steht die Reihenfolge bereits mit Beginn des dritten Umlaufs fest: Hill, Gurney und Surtees. Bis zur Zielankunft bleibt es dabei. Doch die extrem geringen Abstände innerhalb der Kampfgruppe machen den GP zum Krimi. Nach 342 Kilometern trennen die drei lediglich 4,4 Sekunden. Clark wird als Vierter abgewinkt – nach einem wilden Ausrutscher in Runde elf begnügt er sich mit einer ruhigeren Gangart.

Zum Finale reist der GP-Tross nach Südafrika. Damit werden erstmals seit dem Marokko-GP 1958 wieder WM-Punkte auf dem schwarzen Kontinent vergeben. Und die Afrikaner bekommen einen Leckerbissen serviert: In East London fällt die Entscheidung im Titelkampf zwischen Graham Hill und Jim Clark, die jeweils drei Siege auf dem Konto haben.

Das Training verläuft ganz im Sinne der Fans. Clark und Hill ▶

◀

Der amtierende Weltmeister erlebt ein katastrophales Jahr. Phil Hill gelingt kein Sieg, magere 14 Punkte sind die Ausbeute einer ganzen Saison.

▲

Schlank und filigran – der neue Lotus 25 in Monocoque-Bauweise aus der Ideenschmiede von Colin Chapman zählt zu den revolutionären Neuerungen der Formel 1.

Formel Clark

Bereits in der Vorsaison hatte sich abgezeichnet, dass die Kombination Lotus/Jim Clark 1963 kaum zu schlagen sein wird. Der 27-jährige Schotte gewinnt sieben von zehn Rennen und wird überlegen Weltmeister.

Auch wenn es Jim Clark im Vorjahr nicht gelang, Champion zu werden – die Bauweise seines Lotus 25 hat die Konkurrenz überzeugt. BRM und Ferrari übernehmen – zumindest ansatzweise – das Monocoque-Konzept. Beide präsentieren sogenannte „Halbmonocoques". BRM von Saisonbeginn an, die Italiener folgen erst in Monza. Dabei gehen die Techniker unterschiedliche Wege. Die Briten konstruieren ein Chassis, dessen zentraler Bereich in „Schalenbauweise" (Monocoque) gefertigt ist – vorn und hinten sind Hilfsrahmen aus Stahlrohren angebracht. Ferrari entscheidet sich für eine Mixtur aus klassischem Gitterrohrrahmen und genieteten Blechen.

Bei Lotus wird der Typ 25 nur geringfügig modifiziert. Aber dank der Mark II-Version des Climax-V8 ist das Paket noch stärker als 1962: Der „Kurzhuber" bringt bei 9700 U/min knapp 200 PS. Die Weber-Doppelvergaser mussten einer Lucas-Benzineinspritzung weichen.

Die Fahrer Joakim Bonnier und Dan Gurney müssen sich nach neuen Verträgen umsehen, weil Porsche werkseitig nicht mehr mitspielt. Der in der Schweiz lebende Schwede Bonnier unterschreibt bei Rob Walker. Gurney, der 1962 in Rouen für Porsche einen glücklichen „Abstaubersieg" heimfahren konnte, wird von Jack Brabham angeheuert. Der Australier will von der neuen Monocoque-Bauweise nichts wissen: Noch bis 1970, ehe Bernie Ecclestone das Brabham-Kommando übernimmt, wird sein Team den herkömmlichen Rohrrahmen-Chassis treu bleiben.

Zum Saionauftakt im Fürstentum Monaco rutscht Vizemeister Jim Clark wegen eines Getriebeproblems von der Piste und kommt nicht ins Ziel. Er ärgert sich schwarz: „Ich hielt mich für ein furchtbar kluges Kind, weil ich es aufgrund meiner überlegenen Führung langsam angehen ließ. Ganz behutsam schaltete ich. Und plötzlich steckte das Getriebe im vierten Gang fest, während der Ganghebel in der Leerlaufposition blockiert war..." Sieger wird BRM-Fahrer Graham Hill vor Teamkollege Richie Ginther und dem Cooper-Piloten Bruce McLaren.

Doch ab dem zweiten Rennen schlägt der Schotte gnadenlos zu:

In seinem vierten Formel-1-Jahr ist es Jim Clark, der die Maßstäbe setzt. Lediglich Graham Hill (zwei) und John Surtees (ein Sieg) können den Schotten 1963 schlagen. Alle anderen Rennen gewinnt der Lotus-Pilot, der damit souverän Weltmeister wird.

Mit vier aufeinander folgenden Siegen legt er den Grundstein für seinen ersten WM-Titel. Schon in Monza, nach sieben der zehn Weltmeisterschaftsläufe, macht er den Sack zu. Champion nach nur 70 Prozent der Saison, das ist eine neue Bestleistung. Sie wird erst 1992 von Nigel Mansell übertroffen werden, der sich bereits nach elf von 16 Läufen – das entspricht 68,7 Prozent – zum Weltmeister küren lässt.

Speziell in Spa trumpft Clark ganz groß auf: Selbst durch einen gewaltigen Regenguss lässt er sich nicht aus der Ruhe bringen. Auf der überfluteten Piste wird er mit einer Rundenzeit von 6.41 Minuten gestoppt. Zum Vergleich: Seine schnellste Rennrunde legt er in 3.58,1 zurück... Fast fünf Minuten beträgt im Ziel sein Vorsprung vor dem zweitplatzierten Bruce McLaren. Aber überrundet ist der Neuseeländer keineswegs!

Auch in Reims gewinnt Clark im Regen, aber es handelt sich nur um einen harmlosen Schauer. Der Nässespezialist steht trotzdem vor Problemen. Er liegt in Führung und der Motor läuft nicht mehr rund. Aus diesem Grund, das Tempo muss gedrosselt werden, kommen ihm die Tropfen gelegen. Aber sie bringen auch Nachteile. Clark: „Meine Reifen wiesen kaum noch Profil auf – es war mein vierter Grand Prix auf ein und demselben Reifensatz..." Jack Brabham rückt gefährlich auf, bevor er wegen einer feuchten Zündanlage auf Rang vier zurückfällt.

Erst in Deutschland reißt die Serie von Jim Clark. Mit John Surtees gewinnt endlich wieder ein Ferrari-Pilot. Die Durststrecke der Roten begann mit dem tragischen Rennen in Monza 1961, als WM-Kandidat von Trips starb und sein Teamkollege Phil Hill das Rennen und die WM gewann. Seither hat es keinen Ferrari-Sieg mehr gegeben.

Trotz der Siegesserie – bis zum Saisonende gewinnt Clark noch drei weitere Grand Prix – bleibt das Getriebe die Schwachstelle ▶

Die **Teams**

BRM	
Graham Hill	GB
Richie Ginther	USA
Lorenzo Bandini	I
Maurice Trintignant	F
Moises Solana	MEX
Lotus-Climax	
Jim Clark	GB
Jim Hall	USA
Trevor Taylor	GB
Joseph Siffert	CH
Pedro Rodriguez	MEX
Mike Spence	GB
Innes Ireland	GB
Jack Brabham	AUS
Hap Sharp	USA
Maurice Trintignant	F
Mike Hailwood	GB
Chris Amon	NZ
Rodger Ward	USA
Masten Gregory	USA
Phil Hill	USA
Brausch Niemann	SA
Bernard Collomb	F
Ernie Pieterse	SA
Cooper-Climax	
Bruce McLaren	NZ
Tony Maggs	SA
Joakim Bonnier	S
Mario de Cabral	POR
Trevor Blokdyk	SA
John Love	RHO
Lola-Climax	
Chris Amon	NZ
Masten Gregory	USA
Maurice Trintignant	F
Lucien Bianchi	B
Mike Hailwood	GB
John Campbell-Jones	GB
Bob Anderson	GB
Ferrari	
John Surtees	GB
Lorenzo Bandini	I
Ludovico Scarfiotti	I
Willy Mairesse	B
Porsche	
Gerhard Mitter	D
Carel Godin de Beaufort	NL
Brabham-Climax	
Dan Gurney	USA
Jack Brabham	AUS
David Prophet	SA
BRP-BRM	
Innes Ireland	GB
ATS *	
Phil Hill	USA
Giancarlo Baghetti	I
Gilby	
Ian Raby	GB
Scirocco *	
Tony Settember	USA
Ian Burgess	GB
Stebro *	
Peter Broeker	CDN
Alfa Special *	
Peter de Klerk	SA
LDS	
Doug Serrurier	SA
Sam Tingle	SA

* neue Teams

Kurz-**Meldungen**

● Ferrari schneidet endlich einen alten Zopf ab und verabschiedet sich als letztes aller Teams von den klassischen **Speichenrädern**. Die Italiener setzen jetzt auch auf Alu-Räder.

● Die 14,1 Kilometer lange Piste von Spa versinkt am Tag des **GP von Belgien** in sintflutartigem Regen. Mehrere Teamchefs intervenieren bei der Rennleitung und fordern einen Abbruch. Aber noch haben die Funktionäre kein Mitleid mit den Piloten. Den ersten Zwangsstopp wegen Regens wird es erst 1971 in Kanada geben.

● Wie schon in den Vorjahren werden längst nicht bei jedem F1-Rennen WM-Punkte vergeben. Insgesamt gehen weltweit **24 Formel-1-Veranstaltungen** über die Bühne. Nur zehn davon haben WM-Status.

● **Jim Clark** ist in die Rolle von Stirling Moss geschlüpft. Der Schotte wird – unabhängig von den Ergebnissen der Rennen – als bester Pilot der Welt gehandelt. Seine Schwäche: Dauerpech in Monaco. Erneut gelingt ihm der angepeilte Sieg nicht, weil er nach einem defektbedingten Dreher ausfällt. „BILD" schreibt von einem „gefährlichen Überholversuch" und empfiehlt, Clark einen Wandspruch mit dem Schriftzug „Fahre niemals über dein Können" zu schenken…

● Das älteste regelmäßig eingesetzte Fahrzeug ist der **Porsche-Vierzylinder** des Holländers Carel Godin de Beaufort. Das Auto vom Typ 718 mit Chassis-Nummer 201 stammt aus der Saison 1959. Immerhin: Der orangefarbene Bolide wird in Belgien und den USA als Sechster abgewinkt – die zwei WM-Punkte bringen de Beaufort Rang 14 im WM-Endklassement. Auf der Nordschleife des Nürburgrings fährt der Deutsche Gerhard Mitter einen Porsche 718 auf Platz vier ins Ziel.

● Der Braunschweiger Kurt Kuhnke versucht vergeblich, seinen betagten **Lotus 18** für den GP von Deutschland zu qualifizieren. Angetrieben wird das englische Auto von einem Vierzylinder Marke Borgward! Kuhnke gelingt im Training eine Zeit von 11.23,5 Minuten. Pole-Setter Jim Clark schafft 8.45,8 Minuten…

● Auch im 14. Jahr des Championats fehlt es einigen Veranstaltern immer noch am notwendigen **Organisationstalent**. In Monza, dem Schauplatz des GP von Italien, gibt es sämtliche Pässe, Armbinden und Unterlagen für die Mitglieder des GP-Zirkus im Infield der Piste – weit jenseits der Absperrungen… Bruce McLaren und Teamchef John Cooper setzen ihre Fäuste ein, um bis zum Akkreditierungsbüro vorzudringen!

● Der Name **Ford** taucht in der Formel 1 auf: In Watkins Glen bringt der Kanadier Peter Broeker einen Stebro – angetrieben durch einen Ford-Vierzylinder – an den Start. Der Stebro-Pilot verpasst als Siebter nur knapp einen WM-Punkt, ist aber trotzdem frustriert: Im Ziel fehlen ihm 22 Runden auf den Sieger Graham Hill.

● Vergeblich sucht man die **Lotus-Kollegen** von Jim Clark auf den oberen Rängen der WM-Tabelle. Die 17 weiteren Fahrer, die in diesem Jahr einen Lotus bewegt haben, kommen insgesamt auf fünf (!) Punkte. Der Weltmeister bringt es inklusive der Streichresultate auf 73 Punkte!

● Beim **Großen Preis der Solitude** in Stuttgart – der F1-Lauf zählt nicht zur WM – gewinnt Jack Brabham auf seinem Brabham. Den ersten WM-Lauf-Sieg erringt Brabham für sein eigenes Team erst drei Jahre später.

des Lotus 25. Clark erzählt: „Wir führten ein regelrechtes Warenlager an Getriebeteilen mit. Neben einem neuen Colotti-Getriebe, das wir in Zandvoort bekamen, hatten wir zwei VW-Hewland-Getriebe und eines von Hobbs zur Auswahl. Außerdem besaßen wir ein ausgezeichnetes ZF-Getriebe. Aber das war drei Jahre alt und für Motoren bis maximal 7500 U/min ausgelegt… Kein Wunder, dass das nicht immer mitspielte."

Die Chapman'sche „Getriebe-Taktik" und das lediglich sporadische Wechseln der Reifen zählt zu den zeitgenössischen Vorkommnissen, die von späteren Generationen nur kopfschüttelnd bestaunt werden. Das gilt auch für das Improvisationstalent der Lotus-Mechaniker. In Mexiko wird ein drittes Werksauto für Pedro Rodriguez eingesetzt, den älteren Bruder von Ricardo, der hier vor Jahresfrist tödlich verunglückte. Im Training reißt am Motor des Mexikaners der Nockenwellenantrieb. Ersatzteile gibt es nicht. Aber die Schrauber geben nicht auf. Downtown Mexico-City werden sie fündig: In einem Fahrradgeschäft finden sie eine passende Kette, mit der der Motor wieder flottgemacht werden kann…

Natürlich ist Jim Clark über den Titelgewinn erfreut. Aber in der Stunde des Glücks denkt er mehr an seinen Teamchef, als an sich selbst: „Endlich sind Colin Chapmans unermüdliche Bemühungen von Erfolg gekrönt. Es hat nie an Leuten gefehlt, die Colin schlechtgemacht haben. Sie behaupteten, seine Rennwagen seien unzuverlässig. Diese albernen Aussagen sind jetzt gründlich widerlegt worden." Den Lotus-Climax 25 bezeichnet der neue Champion als das geniale Produkt eines genialen Konstrukteurs.

Monaco: Der spätere Sieger Graham Hill (BRM) liegt vor Bonnier (Cooper) und Bandini (Ferrari), die beide leer ausgehen.

In Belgien demonstriert Jim Clark bei widrigsten Wetterbedingungen seine ganze Klasse. Der Ausnahmefahrer gewinnt souverän vor Bruce McLaren und Dan Gurney.

ATS – der Flop des Jahrzehnts

Auch wenn die Finanzierung gesichert ist und die Qualität der Mitarbeiter stimmt, ist der Erfolg nicht garantiert. Mit ATS – Automobili Turismo e Sport – taucht ein neues Formel-1-Team auf. Hinter dem Projekt steht unter anderem Carlo Chiti, der ehemalige Ferrari-Konstrukteur. Als Geldgeber treten der Großindustrielle Dr. Billi und Jaime Ortiz Patino in Aktion. Das zierliche Auto vom Typ 100 wird von einem V8-Motor im Winkel von 90° angetrieben. Das Aggregat besitzt ein Alu-Gehäuse und hat vier oben liegende Nockenwellen. Mit einer Querschnittsfläche von lediglich 0,34 m^2 wird sogar der revolutionäre Lotus 25 (0,37 m^2) unterboten.

Das Team aus Bologna verpflichtet Jack Fairman als Testfahrer. Anschließend unterschreiben mit Phil Hill und Giancarlo Baghetti zwei namhafte Piloten. Das Debüt des ATS wird mit Spannung erwartet.

Doch beim Auftakt in Monaco fehlen die Neulinge. Erst in Spa tauchen sie auf – enttäuschen aber auf ganzer Linie. Wegen Problemen mit dem Getriebe und der Kraftübertragung fallen beide Autos aus. Auch in Zandvoort kommt kein ATS ins Ziel. Daraufhin verordnet sich Chiti eine Denkpause – ATS fehlt in Reims und Silverstone.

Auf dem Nürburgring wollen die Italiener zuschlagen. Aber Hill und Baghetti warten zunächst vergeblich auf ihre Autos. Der Truck-Chauffeur schlief während der Anreise übermüdet ein und landete im Straßengraben. Mit Verspätung wird der Schrott angeliefert. Verzweifelt versucht man, nach dem Motto „Aus zwei mach eins" wenigstens einen ATS 100 startklar zu machen. Über Nacht legen sogar Chiti und Hill mit Hand an. Vergeblich.

In Monza klappt's besser. Hill wird Elfter, Baghetti 15. – aber auf Sieger Clark fehlen im Ziel sieben bzw. 23 Runden… Weder in Watkins Glen noch in Mexiko kommt ein ATS ins Ziel. Noch vor dem Finale in Südafrika drehen Dr. Billi und Patino den Geldhahn zu.

14 Jahre später wird es wieder ein ATS-Team geben. Aber das Engagement des deutschen Felgenherstellers Günter Schmid hat mit dem ATS-Team von 1963 nur den Namen gemein. Es dient zwar Rennfahrern wie Keke Rosberg und Gerhard Berger als Einstiegsplattform, kassiert aber in 99 Rennen zwischen 1977 und 1984 nur neun Punkte.

Der ATS ist eine anfällige Konstruktion. Weder Giancarlo Baghetti (Bild) noch Phil Hill können punkten.

1963

Siegerpodeste

1	26.5.1963 GP Monaco – Monte Carlo		
	Pole: Jim Clark		
	1. Graham Hill	BRM	2:41.49,700
	2. Richie Ginther	BRM	- 4,600
	3. Bruce McLaren	Cooper-Climax	- 12,800

2	9.6.1963 GP Belgien – Spa-Francorchamps		
	Pole: Graham Hill		
	1. Jim Clark	Lotus-Climax	2:27.47,600
	2. Bruce McLaren	Cooper-Climax	- 4.54,000
	3. Dan Gurney	Brabham-Climax	- 1 Runde

3	23.6.1963 GP Niederlande – Zandvoort		
	Pole: Jim Clark		
	1. Jim Clark	Lotus-Climax	2:08.13,700
	2. Dan Gurney	Brabham-Climax	- 1 Runde
	3. John Surtees	Ferrari	- 1 Runde

4	30.6.1963 GP Frankreich – Reims		
	Pole: Jim Clark		
	1. Jim Clark	Lotus-Climax	2:10.54,300
	2. Tony Maggs	Cooper-Climax	- 1.04,900
	3. Graham Hill	BRM	- 2.13,900

5	20.7.1963 GP England – Silverstone		
	Pole: Jim Clark		
	1. Jim Clark	Lotus-Climax	2:14.09,600
	2. John Surtees	Ferrari	- 25,800
	3. Graham Hill	BRM	- 37,600

6	4.8.1963 GP Deutschland – Nürburgring		
	Pole: Jim Clark		
	1. John Surtees	Ferrari	2:13.06,800
	2. Jim Clark	Lotus-Climax	- 1.17,500
	3. Richie Ginther	BRM	- 2.44,900

7	8.9.1963 GP Italien – Monza		
	Pole: John Surtees		
	1. Jim Clark	Lotus	2:24.19,600
	2. Richie Ginther	BRM	- 1.35,000
	3. Bruce McLaren	Cooper	- 1Runde

8	6.10.1963 GP USA – Watkins Glen		
	Pole: Graham Hill		
	1. Graham Hill	BRM	2:19.22,100
	2. Richie Ginther	BRM	- 34,300
	3. Jim Clark	Lotus-Climax	- 1 Runde

9	27.10.1963 GP Mexiko – Mexiko City		
	Pole: Jim Clark		
	1. Jim Clark	Lotus-Climax	2:09.52,100
	2. Jack Brabham	Brabham-Climax	- 1.41,100
	3. Richie Ginther	BRM	- 1.54,700

10	28.12.1963 GP Südafrika – East London		
	Pole: Jim Clark		
	1. Jim Clark	Lotus-Climax	2:10.36,900
	2. Dan Gurney	Brabham-Climax	- 1.06,800
	3. Graham Hill	BRM	- 1 Runde

Alle Ergebnisse im Detail auf Seite 372

Doppelweltmeister Jack Brabham erlebt die erste volle Saison mit eigenem Team. In der WM hängt er sogar Ferrari ab.

Kampf um Platz zwei in Zandvoort: Ireland (30), Ginther (14), Bonnier (28) und Gurney liegen dicht beieinander. Nur Jim Clark ist auf und davon. Er überrundet das komplette Feld.

Jim Clark – der treue Lotus-Mann

Auf einem Bauernhof in Fife, Schottland, wird Jim Clark am 4. März 1936 geboren. Schon als Kind interessiert er sich brennend für Motoren aller Art. Bei jeder Gelegenheit hopst er auf einen Traktor und dreht ein paar Runden auf Hof oder Feld. Geschwindigkeit spielt dabei keine Rolle. Die Technik fesselt ihn. Als Neunjähriger lernt er am Steuer des väterlichen Austin 7 – heimlich – das Autofahren. Ein Jahr später wagt er sich sogar an den mächtigen Alvis 20 heran. Jim Clark beschreibt das kühne Vorhaben: „Meine Beine waren zu kurz, aber

Lotus-Chef Colin Chapman (l.) hat mit Jim Clark den besten Rennfahrer der Gegenwart unter Vertrag. Der Schotte beschert dem Teamchef reihenweise Erfolge – und die ersten beiden WM-Titel. In seiner gesamten Karriere fährt Jim Clark nie für ein anderes F1-Team.

ich löste das Problem. Ich trat die Kupplung, legte einen Gang ein und dann – schwupps – rutschte ich mit einem Satz zurück auf den Sitz, damit ich die Straße sehen konnte. Per Handgas hielt ich den Motor in Gang."
Mit 18 macht Jim Clark seinen Führerschein und kurz darauf fährt er sein erstes Autorennen. Regional macht er sich aufgrund seiner ständigen Siege einen großen Namen. Jock McBain, ein Lotus-Kunde, empfiehlt Colin Chapman, das Talent unter Vertrag zu nehmen. Doch der Lotus-Chef beißt vorerst nicht an. Bei Formel-2-Testfahrten in Brands Hatch kann er sich dann jedoch persönlich davon überzeugen, dass McBain nicht zuviel versprochen hat.
Die nächste Begegnung zwischen Chapman und Clark findet Weihnachten 1958 in Brands Hatch statt. Beide starten auf gleichwertigen Lotus-Elite. Chapman: „Mein Start gelang ausgezeichnet, und ich war mir sicher, das Rennen in der Tasche zu haben. Doch dann flog Jimmy an mir vorbei, und ich dachte, hallo – was soll das denn?"
Jim Clark erhält keinerlei elterliche Unterstützung für seine Rennaktivitäten und wird ständig von seinem schlechten Gewissen geplagt, weil er sich nicht ausschließlich Ackerbau und Viehzucht widmet. Doch der Rennsport lässt ihn nicht los. Am 26. Dezember 1959 fährt er in Brands Hatch sein erstes Monoposto-Rennen am Steuer eines „Gemini" der Formel Junior – er kommt nicht ins Ziel. Anschließend nimmt er an sechs weiteren Rennen dieser Klasse und zwei Formel-2-Veranstaltungen teil. Dann gibt er, am 5. Juni 1960, in Zandvoort sein Formel-1-Debüt – in Chapmans Lotus-Team! Bis zu seinem Unfalltod am 7. April 1968 bestreitet er 72 Grand Prix in denen er 25 Siege holt. Auch 33 Pole-Positions sprechen eine deutliche Sprache. Zweimal – 1963 und '65 – wird er Weltmeister. 1964 gewinnt er das 500-Meilen-Rennen von Indianapolis. Unvergessen ist sein Urteil über den weltberühmten Oval-Klassiker: „Was soll ich sagen? Es sind 800 Linkskurven..."
Der Schotte zählt zur Kategorie der „Naturtalente". Er verfügt über eine phänomenale Grundschnelligkeit, die ihn zu einem der besten F1-Piloten aller Zeiten macht – vielleicht sogar zum allerbesten. Bei Tourenwagen-Einsätzen begeistert er seine Fans regelmäßig durch geradezu magische Driftwinkel.
Mit unglaublicher Härte legt er an sich selbst strenge Maßstäbe an. Eindrucksvoll ist auch seine Vielseitigkeit – Formel-Autos diverser Kategorien (1, 2 und Tasman), Indy-Rennwagen, Sport-Prototypen und „Tin-Tops" – er beherrscht alles, was vier Räder hat. Sogar in der NASCAR geht er an den Start! Aber egal wo, wann und auf welchem Auto er startet, sein „Markenzeichen" ist immer unverkennbar: Wenn es wirklich ernst wird, legt er den Kopf leicht in den Nacken.
Als Mensch ist Jim Clark sensibel wie Phil Hill und so bescheiden wie Denis Hulme. Keinerlei Star-Allüren, die die Zeitungen füllen. Er liebt die Freiheit. Von Jahr zu Jahr entscheidet er sich neu, ob er seine Karriere fortsetzen soll. Clark: „Ich schließe grundsätzlich nur Ein-Jahres-Verträge ab." Er plant, „in verhältnismäßig jungen Jahren mit dem aktiven Sport Schluss zu machen". Der Schotte lässt durchblicken, als 35-Jähriger aufhören zu wollen. Nach Beendigung seiner Karriere will er heiraten. Als aktiver F1-Pilot möchte er keiner Frau die Sorgen und Ängste zumuten, die sein Beruf mit sich bringt.
Jim Clark stirbt mit 32 Jahren bei einem Formel-2-Rennen auf dem Hockenheimring. In den Jahren seiner F1-Karriere ist er Chapmans Lotus-Team treu geblieben.

Endstand **Fahrer-WM**

1.	**Jim Clark** Lotus-Climax	54 (73)
2.	**Graham Hill** BRM	29
	Richie Ginther BRM	29 (34)
4.	**John Surtees** Ferrari	22
5.	**Dan Gurney** Brabham-Climax	19
6.	**Bruce McLaren** Cooper-Climax	17
7.	**Jack Brabham** Brabham-Climax	14
8.	**Tony Maggs** Cooper-Climax	9
9.	**Innes Ireland** BRP-BRM	6
	Lorenzo Bandini Ferrari	6
	Joakim Bonnier Cooper-Climax	6
12.	**Gerhard Mitter** Porsche	3
	Jim Hall Lotus-BRM	3
14.	**Carel Godin de Beaufort** Porsche	2
15.	**Trevor Taylor** Lotus-Climax	1
	Ludovico Scarfiotti Ferrari	1
	Joseph Siffert Lotus-BRM	1

Gewertet wurden die besten sechs Resultate. Gesamtpunktzahl in Klammern.

Konstrukteure

1.	Lotus-Climax	54 (74)
2.	BRM	36 (45)
3.	Brabham-Climax	28 (30)
4.	Ferrari	26
5.	Cooper-Climax	25 (26)
6.	BRP-BRM	6
7.	Porsche	5
8.	Lotus-BRM	4

Porsches schneller Rückzug

Der Porsche 804 bringt dem deutschen Rennstall einen einzigen Erfolg. Dan Gurney gewinnt 1962 in Rouen.

Durch Erfolge in der Formel 2 ermutigt, entschließt sich Porsche mit Beginn der 1,5-Liter-Formel-1 im Jahr 1961 zum Einstieg in den Grand-Prix-Sport. Leicht modifizierte F2-Rennwagen vom Typ 718 kommen zum Einsatz. Als Piloten verpflichten die Zuffenhausener den Amerikaner Dan Gurney und den Schweden Joakim Bonnier.
Als Motor der Rohrrahmen-Konstruktion dient ein luftgekühlter Vierzylinder, der bei 8.500 U/min 165 PS abgibt. Die silbernen Rennwagen sind den Ferrari Tipo 156 hoffnungslos unterlegen. Auch Lotus ist stärker. Das weiterentwickelte Modell 787 – zehn PS mehr Leistung dank Umrüstung auf Einspritzung – bringt keine befriedigenden Ergebnisse. Porsche ist aufgrund der Erfolge in Sportwagenrennen verwöhnt. Nur Siege zählen.
Die sollen 1962 dank des völlig neuen Typ 804 erzielt werden. Der Achtzylinder-Boxer, ebenfalls luftgekühlt, bringt geringfügig mehr Leistung als der Vorgänger-Boxer. Am Pilotenpaar wird festgehalten. Tatsächlich gelingt ein glücklicher Sieg in Rouen – Dan Gurney gewinnt mit einer Runde Vorsprung vor dem Cooper-Piloten Tony Maggs. Das Geheimnis des Erfolgs: Die Favoriten Clark, Hill, McLaren, Brabham und Surtees fallen aus, oder werden durch Defekte weit zurückgeworfen... Noch vor Saisonende 1962 erklärt Porsche den Rückzug aus der Formel 1.
Die Porsche der Saison 1963 werden von privaten Teams ohne offizielle Werksunterstützung gefahren. Zwanzig Jahre später – von 1983 bis 1987 liefert Porsche den Motor für McLaren. Die Kombination gewinnt drei Weltmeisterschaften hintereinander.

Nur noch **zwei**

Die FIA beschränkt die Zahl der eingesetzten Autos auf zwei pro Team, lässt aber Ausnahmen zu. Bisher hat es keine Limitierung gegeben. Ferrari hat noch 1962 zeitweise fünf Autos an den Start gerollt. Da aber viele Privatteams ihre Autos von den Werksteams kaufen, ist der Übergang fließend. So setzt Lotus zwar regelmäßig zwei „offizielle" Wagen ein, aber zahlreiche andere Fahrer bewegen ebenfalls Lotus-Boliden unter eigenem Teamnamen.
Die Vergabe der Startnummern wird erst Mitte 1973 vereinheitlicht. Von da an erhalten die Teams ihre Nummern für die gesamte Saison. Bis dahin werden sie vor jedem GP neu vergeben.

1964

Saison der **Pannen**

Zunächst scheint es, als habe Titelverteidiger Jim Clark auf seinem überlegenen Lotus mit seinen Gegnern erneut leichtes Spiel. Doch die Clark-Show des Vorjahres wiederholt sich nicht, was vor allem an zahlreichen technischen Problemen liegt. Insgesamt verläuft das Rennjahr recht ausgeglichen und spannend, die Entscheidung um den WM-Titel fällt erst im letzten Rennen der Saison. Vier Fabrikate – Lotus, BRM, Ferrari und Brabham – teilen sich die Siege. Fünf Piloten erklimmen die oberste Podest-Stufe: Jim Clark, John Surtees, Graham Hill, Dan Gurney und Lorenzo Bandini.

Technische Gründe sind die Ursache für die „Artenvielfalt“ auf den Siegerpodesten. Reihum erweist sich die 64er Generation der Formel-1-Boliden als unzuverlässig. Alle haben mächtig an den Motoren gebastelt. Nur noch vereinzelt setzen die Teams auf vier oder sechs Zylinder. Die meisten Ingenieure verteilen die 1500 ccm auf acht oder zwölf Zylinder. Probleme mit den Kolben, Ventilfedern und Treibstoffsystemen sorgen für zahlreiche Ausfälle der Favoriten. Der Ferrari Tipo 158 (8 Zylinder, 210 PS bei 12.000 U/min) leidet bis in den Sommer unter thermisch bedingten „gremlins“ – Kinderkrankheiten, die sich nur schwer orten und aussortieren lassen. Mit elf Ausfällen bringt der Große Preis von Österreich den Pannenrekord der Saison. ▶

1964

Die **Teams**

Lotus-Climax	
Jim Clark	GB
Peter Arundell	GB
Mike Spence	GB
Chris Amon	NZ
Walt Hansgen	USA
Mike Hailwood	GB
Gerhard Mitter	D
Moises Solana	MEX
Peter Revson	USA
Trevor Taylor	GB
Joseph Siffert	CH
BRM	
Graham Hill	GB
Richie Ginther	USA
Tony Maggs	SA
Maurice Trintignant	F
Giancarlo Baghetti	I
Brabham-Climax	
Dan Gurney	USA
Jack Brabham	AUS
Joseph Siffert	CH
Bob Anderson	GB
Joakim Bonnier	S
Hap Sharp	USA
Jochen Rindt	A
Frank Gardner	AUS
Ian Raby	GB
Ferrari	
John Surtees	GB
Lorenzo Bandini	I
Pedro Rodriguez	MEX
Ludovico Scarfiotti	I
Cooper-Climax	
Bruce McLaren	NZ
Phil Hill	USA
Joakim Bonnier	S
Edgar Barth	D
John Taylor	GB
BRP-BRM	
Innes Ireland	GB
Trevor Taylor	GB
Porsche	
Carel Godin de Beaufort	NL
ATS	
Mario de Cabral	POR
Scirocco	
André Pilette	B
Honda *	
Ronnie Bucknum	USA

* neue Teams

▲ *Nürburgring: Sieger John Surtees gewährt Graham Hill einen Schluck aus dem Siegerpokal. Lorenzo Bandini übt sich als Dritter in Vorfreude.*

◄ *Drei Jahre nach dem Amerikaner Phil Hill wird wieder ein Ferrari-Pilot Weltmeister. Der Brite John Surtees sichert sich mit zwei Siegen und einem einzigen Punkt Vorsprung vor Graham Hill denkbar knapp den Titel.*

1964

Honda nimmt Anlauf

Im Juli taucht in Europa ein mit Spannung erwarteter neuer Formel-1-Rennwagen auf: Der Honda RA 271. Im Motorradsport lehrten die Japaner den Europäern bereits das Fürchten. Jetzt wollen sie die Formel 1 erobern. Bereits 1962 reifte bei Firmen-Chef Soichiro Honda die Idee zum Einstieg in die F1-Weltmeisterschaft. Er orderte ein Cooper-Chassis und ließ es mit einem hauseigenen Motor bestücken. Doch die Fahrleistungen des Zwitters enttäuschten und Honda-san gab den Auftrag zur Konstruktion eines komplett eigenen Rennautos.

Nach intensiven Testfahrten in Suzuka wird der Bolide in Zandvoort der Öffentlichkeit vorgestellt. Der RA 271 basiert auf einem Alu-Monocoque mit Hilfsrahmen für den quer eingebauten V12-Motor. Die Leistung des mit zwölf Keihin-Vergasern bestückten Antriebsaggregats liegt bei gut 215 PS. Neben Rädern und Bremsen stammen einzig die Reifen nicht aus dem Land der aufgehenden Sonne: Gemeinsam mit Honda betritt der amerikanische Reifenhersteller Goodyear die Grand-Prix-Szene.

Als Pilot wird der – in Europa völlig unbekannte – Kalifornier Ronnie Bucknum verpflichtet. Nach den Testrunden auf dem Dünenkurs des holländischen Seebades feiert das neue Team auf dem Nürburgring sein Grand-Prix-Debüt. In der Eifel beeindrucken die Japaner in erster Linie durch ein riesiges Aufgebot an Menschen und Material. Aber es fehlt der Truppe an Erfahrung. Der Zeitnehmer misst mit seiner Stoppuhr die Renndauer, nicht einzelne Rundenzeiten... Und Ronnie Bucknum wird während des Rennens zu keinem Zeitpunkt per Signal-Tafel über seine Platzierung und die Abstände nach vorn beziehungsweise hinten informiert. Dafür kann die Honda-Crew um Nakamura-san improvisieren: Als Ölsammler wird eine leere Getränkedose unterhalb der Entlüftung des Kurbelgehäuses montiert!

Im Training kommt der US-Pilot nicht über den letzten Startplatz hinaus. Bucknum umrundet die Ruine der Nürburg in einer Zeit von 9.34,3 Minuten. Vorn steht der Ferrari von John Surtees mit 8.38,4 auf der Pole... Im Rennen schlägt sich Bucknum auf der ihm zuvor unbekannten Piste wacker, bis er in Runde zwölf vom Asphalt rutscht. Mit vier Runden Rückstand wird er als 13. gewertet.

Noch fehlt es den Asiaten an Speed, doch die Experten geben dem neuen Team gute Noten. Chassis, Motor, Getriebe – alles wurde entwickelt, ohne auf eigene Erfahrungen zurückgreifen zu können. Etwas mehr als 15 Monate werden noch vergehen, dann darf Honda den ersten Sieg in der Königsklasse feiern.

Honda stellt seinen neuen Formel-1-Boliden der Öffentlichkeit vor. Der Zwölfzylinder beeindruckt durch infernalischen Lärm. Nach anfänglichen Schwierigkeiten wandelt sich der fernöstliche Rennstall in einen ernst zu nehmenden Gegner.

Jim Clark und Lotus – diese Kombination ist nach Expertenmeinung kaum zu schlagen. Doch das Material lässt den Ausnahmefahrer der Sechziger in dieser Saison zu oft im Stich. Der Schotte landet schließlich auf Rang drei hinter John Surtees und Graham Hill.

Der wohl kurioseste Grand Prix des Jahres wird in Spa-Francorchamps ausgetragen. Dan Gurney präsentiert sich in den Ardennen in bestechender Form. Die technisch interessierten Beobachter wundern sich, was der Amerikaner aus dem konzeptionell veralteten Brabham-Climax BT 7 heraus holt. Längst setzt die Konkurrenz auf Monocoque-Konstruktionen à la Lotus. Der konservative Jack Brabham hingegen bleibt dem guten alten Gitterrohrrahmen treu. Und sein Team schlägt der Avantgarde mit ihren Monocoques immer wieder ein Schnippchen.

In Spa scheint jedenfalls kein Kraut gegen die Kombination Gurney/Brabham gewachsen zu sein. Aber nach 30 der 32 Runden taucht überraschend Graham Hill als neuer Spitzenreiter auf. Dann folgt Bruce McLaren. Wo ist Gurney? Endlich erscheint der Brabham mit Startnummer 15. Er stoppt an den Boxen. „Benzin", brüllt der Pilot verzweifelt gestikulierend. Das ist ein frommer Wunsch. Die Crew ist aufs Nachtanken nicht vorbereitet – es gibt keinen Tropfen Sprit in der Brabham-Box. Gurney kapiert endlich, dass er an dieser Tankstelle niemals bedient wird, und gibt wieder Gas. Sein Schicksal ist besiegelt. Irgendwo draußen in der Ardennen-Landschaft wird er schon bald mit staubtrockenem Tank stehenbleiben.

Tatsächlich rollt sein Brabham-Climax wenig später kraftlos aus. Aber er ist nicht das einzige Energiekrisen-Opfer dieses Tages.

Spitzenreiter Hill bleibt während der Schlussrunde stehen, weil die Kraftstoffreserven seines BRM erschöpft sind. Und dann beginnt auch der Cooper-Climax von Bruce McLaren zu stottern. Der Neuseeländer hat das Ziel bereits vor Augen, da saugen die Spritpumpen ins Leere, der Motor stirbt ab. Der Cooper rollt auf den Mann mit der schwarzweiß-karierten Flagge zu, der im Gefälle hinter der Haarnadelkurve La Source steht. Auf der Haupttribü-

Spa-Francorchamps – ein denkwürdiges Rennen ist zu Ende. Dan Gurney (l.) hat die Zielflagge wegen Spritmangels nicht gesehen. Auch Jim Clark strandet – aber erst in der Auslaufrunde. Noch weiß der Schotte nicht, dass er das Rennen gewonnen hat.

ne ist der Teufel los, denn jetzt fliegt Jim Clark im Lotus heran und fängt den weidwunden Cooper kurz vor der rettenden Linie noch ab. Aus der Auslaufrunde kehrt der Schotte erst mit Verspätung, Huckepack auf dem Lotus seines Teamkollegen Peter Arundell sitzend, zurück. Sein eigenes Auto hatte er zuvor parken müssen – der Tank war leer...

So turbulent, wie der GP in Spa verlief, so abwechslungsreich geht die Saison weiter. Nacheinander siegen Gurney, Clark, Surtees und Bandini. Die WM entwickelt sich zum Krimi. Und der Titelkampf bleibt weiterhin offen – weder in Monza noch in Watkins Glen fällt die Entscheidung. Dann drei Wochen Pause vor dem Finale in Mexico-City. Graham Hill (39 Punkte), Surtees (34) und Clark (30) dürfen sich noch Hoffnungen auf den Gewinn des Championats machen. Nur die besten sechs Resultate des Jahres zählen. Während Surtees und ▶

Kurz-**Meldungen**

● **Reg Parnell**, Chef eines der Top-Lotus-Privatteams, stirbt im Januar nach kurzer schwerer Krankheit. Der Rennstall wird nun von seinem Sohn Tim geleitet.

● **Ken Tyrrell** übernimmt kommissarisch die Führung des Cooper-Teams, da John Cooper nach einem Verkehrsunfall, in den er Ende 1963 verwickelt wurde, noch nicht von seinen Verletzungen genesen ist. Als neuer zweiter Fahrer wird Phil Hill verpflichtet, nachdem Wunsch-Pilot Tim Mayer, ein Bruder des späteren McLaren-Chefs Teddy Mayer, während der winterlichen Tasman-Serie tödlich verunglückte.

● Mit **Peter Arundell** betritt ein wahrer Senkrechtstarter die F1-Szene. Der britische Lotus-Pilot bestreitet als Rookie die ersten vier WM-Läufe des Jahres, landet dabei einmal auf dem Treppchen und kassiert insgesamt elf Punkte. Dann verunglückt er bei einem F2-Rennen in Reims schwer. Bei seinem Comeback im Jahr 1966 wird er nicht mehr an die 64er Superform anknüpfen können.

● Erstmals wird der GP von England auf der Piste von **Brands Hatch** ausgetragen. Die Rennstrecke in der Grafschaft Kent, 32 Kilometer von London entfernt gelegen, gilt als eine der schönsten und anspruchsvollsten des Landes. Sie entstand nach dem Zweiten Weltkrieg aus einer ursprünglich nur von Radsportlern und Motorradfahrern genutzten Geländepiste.

● Während des Abschlusstrainings auf dem Nürburgring verunglückt der holländische Privatier **Carel Godin de Beaufort** schwer. Sein betagter Vierzylinder-Porsche kommt im Streckenabschnitt „Bergwerk" von der Bahn ab, als eine Felge bricht. Der Rennfahrer hatte den Defekt zuvor bemerkt, ging aber trotzdem auf eine schnelle Runde, weil ihm die Trainingszeit davonlief. Dienstags erliegt der Gentleman-Driver seinen schweren Verletzungen.

● Der **GP von Österreich** wird in den WM-Kalender aufgenommen. Gefahren wird auf der 3,2 km langen L-förmigen Flugplatz-Piste von Zeltweg – gelegen unterhalb des aktuellen A1-Rings. Auf der Rüttelpiste gewinnt überraschend der Ferrari-Pilot Lorenzo Bandini. Es ist der erste und einzige WM-Sieg des Italieners.

● Der mit österreichischer Lizenz startende Deutsche **Jochen Rindt** gibt sein Grand-Prix-Debüt. Er gilt als eines der größten Nachwuchs-Talente der Szene. Dank des Sieges im 24-Stunden-Rennen von Le Mans, gemeinsam mit Masten Gregory, kommt Rindt weltweit in die Schlagzeilen. Es bleibt 1964 allerdings bei nur einem Einsatz.

● **Maurice Trintignant**, zweimaliger Monaco-Sieger, beendet im Alter von 47 Jahren in Monza seine Formel-1-Karriere. 14 Tage vor seinem Rücktritt holt sich der Oldie aus Frankreich auf dem Nürburgring noch einmal zwei WM-Punkte.

● Erstmals siegt das 1962 gegründete **Team Brabham** des australischen Ex-Weltmeisters. Dan Gurney gewinnt am Steuer seines Brabham-Climax BT7 in Rouen und Mexiko.

● Motorenhersteller **Climax** wagt sich an ein mutiges Projekt: Die Engländer beginnen mit der Konstruktion eines 16-Zylinder-Boxermotors, der bei 12000 U/min 220 PS abgeben soll. Das komplizierte 1,5-Liter-Aggregat mit acht (!) Nockenwellen vom Typ FWMV wird allerdings nicht über das Prüfstand-Stadium hinauskommen.

● Der 25-jährige Schotte **Jackie Stewart** holt im Formel-3-Team von Ken Tyrrell mit einem Cooper einen Sieg nach dem anderen. Zum Saisonende bekommt er einen Vertrag für das BRM-Formel-1-Team.

● Beim GP der USA tritt **Ferrari** nicht im klassischen rot an, sondern in den amerikanischen Farben weiß-blau. Grund: Ferrari hat sich mit dem italienischen Motorsportverband überworfen und will den nationalstolzen Funktionären in Rom eins auswischen.

▶

England freut sich: Ex-Rennfahrer Stirling Moss, immer noch Liebling der Nation, ist wieder unter der Haube. In ihrer Heimatstadt New York heiratet er die 23-jährige Sekretärin Elaine Barbarino.

1964

Siegerpodeste

1 10.5.1964 GP Monaco – Monte Carlo
Pole: Jim Clark

1. Graham Hill	BRM	2:41.19,500
2. Richie Ginther	BRM	- 1 Runde
3. Peter Arundell	Lotus-Climax	- 3 Runden

2 24.5.1964 GP Niederlande – Zandvoort
Pole: Dan Gurney

1. Jim Clark	Lotus-Climax	2:07.35,400
2. John Surtees	Ferrari	- 53,600
3. Peter Arundell	Lotus-Climax	- 1 Runde

3 14.6.1964 GP Belgien – Spa-Francorchamps
Pole: Dan Gurney

1. Jim Clark	Lotus-Climax	2:06.40,500
2. Bruce McLaren	Cooper-Climax	- 3,400
3. Jack Brabham	Brabham-Climax	- 48,100

4 28.6.1964 GP Frankreich – Rouen
Pole: Jim Clark

1. Dan Gurney	Brabham-Climax	2:07.49,100
2. Graham Hill	BRM	- 24,100
3. Jack Brabham	Brabham-Climax	- 24,900

5 11.7.1964 GP England – Brands Hatch
Pole: Jim Clark

1. Jim Clark	Lotus-Climax	2:15.07,000
2. Graham Hill	BRM	- 2,800
3. John Surtees	Ferrari	- 1.20,600

6 2.8.1964 GP Deutschland – Nürburgring
Pole: John Surtees

1. John Surtees	Ferrari	2:12.04,800
2. Graham Hill	BRM	- 1.15,600
3. Lorenzo Bandini	Ferrari	- 4.52,800

7 23.8.1964 GP Österreich – Zeltweg
Pole: Graham Hill

1. Lorenzo Bandini	Ferrari	2:06.18,230
2. Richie Ginther	BRM	- 6,180
3. Bob Anderson	Brabham-Climax	- 3 Runden

8 6.9.1964 GP Italien – Monza
Pole: John Surtees

1. John Surtees	Ferrari	2:10.51,800
2. Bruce McLaren	Cooper-Climax	- 1.06,000
3. Lorenzo Bandini	Ferrari	- 1 Runde

9 4.10.1964 GP USA – Watkins Glen
Pole: Jim Clark

1. Graham Hill	BRM	2:16.38,000
2. John Surtees	Ferrari	- 30,500
3. Joseph Siffert	Brabham-BRM	- 1 Runde

10 25.10.1964 GP Mexiko – Mexiko Stadt
Pole: Jim Clark

1. Dan Gurney	Brabham-Climax	2:09.50,320
2. John Surtees	Ferrari	- 1.08,940
3. Lorenzo Bandini	Ferrari	- 1.09,630

Alle Ergebnisse im Detail auf Seite 373

Clark jeden Punkt, den sie in Mexiko gewinnen sollten, behalten dürfen, muss Hill mindestens Dritter werden, um sein Punktekonto aufzustocken. Schuld ist die leidige Streichresultats-Regelung, die erst 1991 abgeschafft wird.

Die WM-Arithmetik scheint den Herren der FIA zu kompliziert zu sein. Anders ist der Skandal nicht zu erklären, der am ersten Trainingstag im Land der Azteken die Formel-1-Welt erschüttert. Jim Clark wird kurzerhand aus dem Kreis der Titelanwärter „aussortiert". Maurice Baumgartner, Präsident der Internationalen Sportkommission, verkündet, Jim Clark sei zu Saisonbeginn in Monaco nicht Vierter, sondern lediglich Fünfter geworden. Der Monaco-GP fand am 10. Mai statt. Jetzt wird der 23. Oktober geschrieben... Lotus-Boss Colin Chapman benötigt drei Stunden, um Baumgartner davon zu überzeugen, dass dieser irrt. Jetzt hat Clark wieder 30 Punkte.

Im Rennen liegt Clark dann deutlich in Führung. Aber Graham Hill ist Dritter, was zum Titelgewinn ausreichen würde. Hinter dem BRM-Piloten folgt das Ferrari-Duo Bandini/Surtees. Wie schon zuvor in Watkins Glen, arbeitet im Rücken des Italieners der neue Zwölfzylinder-Boxermotor, der 220 PS abgibt und bis 12.000 U/min dreht. Bandini benutzt das Gefährt als Ramme und dreht in der 180°-Kehre Hill in die Leitplanken.

Jetzt ist Clark auf Titelkurs – bis kurz vor Rennende. Da sieht er Öl auf der Piste. Ist es das eigene? Er wählt eine neue Linie, und im Verlauf der nächsten Runde wird die Befürchtung zur Gewissheit: Auch hier liegt Öl!

Clark wird langsamer, fällt schließlich aus. Jetzt führt Dan Gurney vor Bandini und Surtees. Die Konstellation spricht für Hill als neuen Champion, doch es kommt anders. Ferrari erkennt die Situation augenblicklich und signalisiert Bandini, sich von Surtees überholen zu lassen. Bandini „funktioniert" umgehend. Dank der Kooperation des Italieners heißt der neue Champion John Surtees – er hat einen Punkt Vorsprung vor Hill. Schon lange vor den Tagen von Michael Schumacher und Eddie Irvine interpretiert die Scuderia aus Maranello die Formel 1 als Teamsport. Ferrari holt zudem auch den Konstrukteurspokal.

Zur Startaufstellung wird noch die gesamte Streckenbreite genutzt. In Monza teilen sich Reihe 1 Graham Hill (18), John Surtees und Dan Gurney.

Sonderprämie: Weil er beim Training zum Grand Prix von Belgien die schnellste Runde dreht, bekommt Brabham-Fahrer Dan Gurney 100 Flaschen Champagner.

John Surtees – Champion auf zwei

Die Italiener nennen den Briten „Sohn des Windes". John Surtees ist der einzige Motorsportler, der es auf zwei und vier Rädern zu Weltmeister-Ehren bringt. Als MV-Agusta-Werksfahrer holt er sieben Motorrad-Titel in den Klassen 350 und 500 ccm. Mit dieser Ausbeute ist er der absolute Zweirad-Star der Jahre 1956 bis 1960. Parallel dazu beginnt er seine zweite Karriere als Autorennfahrer. Seinen ersten WM-Lauf der Formel 1 bestreitet er 1960 in Monaco für Lotus. Bereits der dritte Start, beim GP von Portugal, bringt beinahe den ersten Sieg. In Führung liegend, wundert sich Surtees, „wie einfach es ist, einen GP zu gewinnen", da dreht er sich...

Von seinen Eltern wurde der am 11. Februar 1934 in Tatsfield geborene Engländer ähnlich liebevoll behandelt, wie die Motorräder im väterlichen Laden. Surtees senior, Hobby-Rennfahrer der Gespannklasse, handelt mit Bikes aller Hubraumgrößen, und Mutter Surtees kann besser Motorrad fahren als kochen. Scherzhaft wird behauptet, John Surtees lernte das Motorradfahren, noch bevor er laufen konnte. Tatsächlich steht er bereits als Elfjähriger als Teilzeitkraft auf der väterlichen Lohnliste. Mit 15 verlässt er die Schule.

Erste Gehversuche im Rennwagen macht er im Oktober des Jahres 1959 in Goodwood am Steuer eines Aston Martin Sportwagens. Surtees: „Ich setzte mich ins Cockpit. Sofort fiel mir die unmögliche Sitzposition auf. Ich ließ sie nach meinen Wünschen verändern. Dann fuhr ich los. Aber nach einer Runde kam ich zurück an die Boxen und ließ den Sitz in die ursprüngliche Position zurückstellen." Doch nur kurz hat der Zweiradmann Probleme dieser Art. 1960 sichert er sich vertraglich die Möglichkeit, an motorradfreien Wochenenden fremdzugehen. Nach nur vier Rennen auf Rennwagen der Formeln Junior und 2 hält ihn Colin Chapman für Formel-1-tauglich!

Für die Saison 1963 unterschreibt Surtees bei Ferrari. Ein Jahr später wird er Weltmeister. Seine Karriere scheint beendet, als er im Herbst 1965 beim Training für ein CanAm-Rennen in Mosport stürzt. Schwer verletzt wird er aus den Trümmern seines Lola T70 geborgen. Seine Überlebenschancen sind gering. Er erhält die letzte Ölung. Im Mai 1966 sitzt er beim F1-Saisonauftakt wieder im Cockpit seines Ferrari

und vier Rädern

und führt das Rennen bis zu seinem Ausfall an! Das nächste Rennen in Belgien gewinnt er. Aber mittlerweile hat er sich mit dem Commendatore und dem Team zerstritten. Enzo Ferrari setzt längst auf Lorenzo Bandini als kommenden Weltmeister. Nach dem Belgien-Sieg gibt es keine Basis mehr für eine Zusammenarbeit. Surtees fliegt raus, wechselt zu Cooper und wird dennoch Vizeweltmeister 1966.
Enzo Ferrari, selbst kein einfacher Mensch, beschreibt Surtees als streitbaren Zeitgenossen, der sich mit Gott und der Welt angelegt hat. Er wechselt in den nächsten Jahren noch mehrfach die Teams, fährt für Honda, BRM und McLaren. 1970 gründet er sein eigenes Team, sitzt dort anfänglich auch im Cockpit. Große Erfolge stellen sich nicht mehr ein. 1978 sperrt der „Graue Wolf", wie er auch genannt wird, das Team aus finanziellen Gründen zu.
John Surtees sammelt Oldtimer und schreibt für englische Fachzeitungen.

Zwei Siege und vier weitere Podestplätze machen den mehrfachen Motorrad-Weltmeister zum Formel-1-Champion auf Ferrari.

Endstand Fahrer-WM

1.	**John Surtees** Ferrari	40
2.	**Graham Hill** BRM	39 (41)
3.	**Jim Clark** Lotus-Climax	32
4.	**Lorenzo Bandini** Ferrari	23
	Richie Ginther BRM	23
6.	**Dan Gurney** Brabham-Climax	19
7.	**Bruce McLaren** Cooper-Climax	13
8.	**Peter Arundell** Lotus-Climax	11
	Jack Brabham Brabham-Climax	11
10.	**Joseph Siffert** Brabham-BRM	7
11.	**Bob Anderson** Brabham-Climax	5
12.	**Tony Maggs** BRM	4
	Mike Spence Lotus-Climax	4
	Innes Ireland BRP-BRM	4
15.	**Joakim Bonnier** Cooper-Climax	3
16.	**Chris Amon** Lotus-BRM	2
	Maurice Trintignant BRM	2
	Walt Hansgen Lotus-Climax	2
19.	**Mike Hailwood** Lotus-BRM	1
	Phil Hill Cooper-Climax	1
	Trevor Taylor BRP-BRM	1
	Pedro Rodriguez Ferrari	1

Gewertet wurden die besten sechs Resultate. Gesamtpunktzahl in Klammern.

Konstrukteure

1.	**Ferrari**	45 (49)
2.	**BRM**	42 (51)
3.	**Lotus-Climax**	37 (40)
4.	**Brabham-Climax**	30
5.	**Cooper-Climax**	16
6.	**Brabham-BRM**	7
7.	**BRP-BRM**	5
8.	**Lotus-BRM**	3

Neue **Start-Regel**

Das Startprozedere wird durch Einführung des „dummy grid" geändert. Vor dem Start wird das Feld ein- bis zweihundert Meter vor den markierten Positionen zum „Vorstart" aufgestellt. Auf ein Zeichen des Starters werden die Rennwagen „en bloc" vorgefahren. Ein kurzer Halt, dann geht es los. Aus dem relativ kurzen Anlauf wird später die sogenannte Einführungsrunde.

Jim Clark, Weltmeister 1963 und 1965, prägt eine Epoche. Er gilt zu seiner Zeit als bester Fahrer. Umso tragischer ist, dass der Schotte nie auf dem anspruchsvolle

adtkurs im Fürstentum Monaco gewinnen kann. Entweder wird Jim Clark von Defekten an seinen Lotus gebremst oder ihm unterläuft einer seiner seltenen Fahrfehler.

1965

Siegerpodeste

1	1.1.1965 GP Südafrika – East London	Pole: Jim Clark
1. Jim Clark	Lotus-Climax	2:06.46,000
2. John Surtees	Ferrari	- 29,000
3. Graham Hill	BRM	- 31,800

2	30.5.1965 GP Monaco – Monte Carlo	Pole: Graham Hill
1. Graham Hill	BRM	2:37.39,600
2. Lorenzo Bandini	Ferrari	- 1.04,000
3. Jackie Stewart	BRM	- 1.41,900

3	13.6.1965 GP Belgien – Spa-Francorchamps	Pole: Graham Hill
1. Jim Clark	Lotus-Climax	2:23.34.800
2. Jackie Stewart	BRM	- 44,800
3. Bruce McLaren	Cooper-Climax	- 1 Runde

4	27.6.1965 GP Frankreich – Clermont-Ferrand	Pole: Jim Clark
1. Jim Clark	Lotus-Climax	2:14.38,400
2. Jackie Stewart	BRM	- 26,300
3. John Surtees	Ferrari	- 2.33,500

5	10.7.1965 GP England – Silverstone	Pole: Jim Clark
1. Jim Clark	Lotus-Climax	2:05.25,400
2. Graham Hill	BRM	- 3,200
3. John Surtees	Ferrari	- 27,600

6	18.7.1965 GP Niederlande – Zandvoort	Pole: Graham Hill
1. Jim Clark	Lotus-Climax	2:03.59,100
2. Jackie Stewart	BRM	- 8,000
3. Dan Gurney	Brabham-Climax	- 13,000

7	1.8.1965 GP Deutschland – Nürburgring	Pole: Jim Clark
1. Jim Clark	Lotus-Climax	2:07.52,400
2. Graham Hill	BRM	- 15,900
3. Dan Gurney	Brabham-Climax	- 21,400

8	12.9.1965 GP Italien – Monza	Pole: Jim Clark
1. Jackie Stewart	BRM	2:04.52,800
2. Graham Hill	BRM	- 3,300
3. Dan Gurney	Brabham-Climax	- 16,500

9	3.10.1965 GP USA – Watkins Glen	Pole: Graham Hill
1. Graham Hill	BRM	2:20.36,100
2. Dan Gurney	Brabham-Climax	- 12,500
3. Jack Brabham	Brabham-Climax	- 57,500

10	24.10.1965 GP Mexiko – Mexiko City	Pole: Jim Clark
1. Richie Ginther	Honda	2:08.32,100
2. Dan Gurney	Brabham-Climax	- 2,890
3. Mike Spence	Lotus-Climax	- 1.00,150

Alle Ergebnisse im Detail auf Seite 373

Bereits in Runde eins unterbietet Clark den seit dem Vorjahr bestehenden Rundenrekord, den Surtees mit einer Zeit von 8.39,0 Minuten hielt, um 2,9 Sekunden. Niemand kann das Lotus-As an diesem Tag gefährden. Jimmy Clark, der zuvor bei seinen Starts auf dem Nürburgring immer Pech hatte, holt endlich auch auf der anspruchsvollsten aller Pisten die volle Punktzahl.

Während Lotus triumphiert, stürzt Ferrari wieder einmal ab. Im Jahr der Titelverteidigung spielt die Scuderia nur eine Nebenrolle. Pannen, schlechtes Handling, mangelnde Motorleistung – „Big John“ Surtees

Kurz-**Meldungen**

● **BRP**, das von Ken Gregory und Alfred Moss – Manager und Vater von Stirling Moss – geleitete Privatteam, tritt nicht mehr in der Formel 1 an. Ein Indy-Projekt bringt keinen Erfolg. Aus finanziellen Gründen scheitert im Winter 1965/66 ein Comeback-Versuch im GP-Sport.

● Im letzten Jahr des 1,5-Liter-Reglements betreiben die Rennställe in erster Linie „Modell-Pflege“. Auf kostspielige Entwicklungen wird weitgehend verzichtet. **Climax** und **Honda** bilden die Ausnahmen. Die Motorenfirma lässt ihren Zwölfzylinder-Boxer auf dem Prüfstand laufen und rüstet die bewährten V8 auf vier Ventile pro Zylinder um. Honda hat den RA 271 komplett überarbeitet und tritt mit dem neuen Modell RA 272 an.

● Mit **Jackie Stewart** betritt ein viel versprechendes Talent die Szene. Im Vorjahr bestritt der Schotte zwölf Formel-3-Rennen und siegte elf Mal! Das erste Mal am 14. März, nur fünf Tage, nachdem er zum ersten Mal ein Formel-Auto getestet hatte! Stewart wird von BRM verpflichtet, um Richie Ginther zu ersetzen, der zu Honda abgewandert ist. Als zweites Ausnahmetalent taucht Jochen Rindt auf, der bei Cooper unterschreibt.

● Zehn Jahre nach Alberto Ascaris Sturz ins Hafenbecken von Monte Carlo wiederholt sich im Fürstentum ein Wasser-Crash. Der Australier **Paul Hawkins** verliert im Verlauf der 80. Runde die Kontrolle über seinen Lotus-Climax und landet in den Fluten des Mittelmeers. Hawkins kommt mit ein paar Schrammen davon. Vor dem Großen Preis von Deutschland überreichen seine versammelten Kollegen dem Formel-1-Freischwimmer einen Rettungsring.

● Der Grand Prix des A.C.F. – den Namen **„GP von Frankreich“** gibt es offiziell immer noch nicht – wird erstmals auf der 8,055 Kilometer langen Rennstrecke von Clermont-Ferrand in Zentralfrankreich ausgetragen.

● Der für den 22. August angesetzte **Große Preis von Österreich** wird abgesagt. Die Teams weigern sich, erneut auf der Waschbrett-Piste des Flughafens von Zeltweg anzutreten, auf der im Vorjahr die Autos reihenweise kaputt gingen. In Österreich werden daraufhin erste Überlegungen zum Bau einer permanenten Rennstrecke angestellt.

● In Monza kommt es zu einem „Skandal“, als das Greenhorn **Jackie Stewart** seinem Teamkollegen Graham Hill den Sieg vor der Nase wegschnappt. Bei BRM hängt anschließend der Haussegen schief.

1965

steht auf verlorenem Posten. Nur sporadisch flackern Highlights auf. In Spa – wo Jim Clark zum vierten Mal in Folge gewinnt – wundert sich der Schotte darüber, dass die Ferrari „so furchtbar langsam“ sind.

Rennleiter Eugenio Dragoni versucht erfolgreich, von den eigenen Fehlern abzulenken. Er bekämpft Surtees hinter den Kulissen und bevorzugt seinen Landsmann Lorenzo Bandini. Der in Libyen geborene frühere Werkstatt-Besitzer bekommt von Dragoni stets die besseren Chassis und die stärkeren Motoren zugeschustert. Surtees wird WM-Sechster, Ferrari landet im Endklassement des Konstrukteurs-Championats nur auf Rang vier. Auch im privaten Bereich erlebt Enzo Ferrari Trauriges: Adalgisa Bisbini Ferrari, die Mutter des Commendatore, kommt auf tragische Weise ums Leben. Die Greisin portioniert ihr Frühstück unsachgemäß und erstickt beim Verzehr eines hartgekochten Hühnereis.

Vor ihrem Ableben hat sich die alte Dame noch einmal kräftig in die Hauspolitik eingemischt. Sohn Enzo musste ihr in die Hand versprechen, dass er eines Tages seinen unehelichen Sohn Piero Lardi anerkennen wird, der jetzt noch von Enzo Ferraris Gattin mit dem Wort „Bastard“ immer dann fortgejagt wird, wenn er sich auf dem Firmengelände in Modena zeigt. Piero Lardi-Ferrari wird in den 80er Jahren sogar kurzfristig in die Teamführung der Scuderia eingebunden werden.

1965 kann Jim Clark erstmals auf der anspruchsvollsten aller Formel-1-Strecken gewinnen. Mit seinem Sieg auf dem Nürburgring unterstreicht der Schotte seine Ausnahmestellung.

In Mexiko fährt Richie Ginther den ersten Sieg für Honda nach Hause. Es ist gleichzeitig auch der erste Erfolg für den 35-jährigen Amerikaner, der bisher für Ferrari und BRM arbeitete.

Endstand Fahrer-WM

1.	**Jim Clark** Lotus-Climax	54
2.	**Graham Hill** BRM	40 (47)
3.	**Jackie Stewart** BRM	33 (34)
4.	**Dan Gurney** Brabham-Climax	25
5.	**John Surtees** Ferrari	17
6.	**Lorenzo Bandini** Ferrari	13
7.	**Richie Ginther** Honda	11
8.	**Mike Spence** Lotus-Climax	10
	Bruce McLaren Cooper-Climax	10
10.	**Jack Brabham** Brabham-Climax	9
11.	**Denis Hulme** Brabham-Climax	5
	Joseph Siffert Brabham-BRM	5
13.	**Jochen Rindt** Cooper-Climax	4
14.	**Pedro Rodriguez** Ferrari	2
	Ronnie Bucknum Honda	2
	Richard Attwood Lotus-BRM	2

Gewertet wurden die besten sechs Resultate. Gesamtpunktzahl in Klammern.

Konstrukteure

1.	Lotus-Climax	54 (58)
2.	BRM	45 (61)
3.	Brabham-Climax	27 (31)
4.	Ferrari	26 (27)
5.	Cooper-Climax	14
6.	Honda	11
7.	Brabham-BRM	5
8.	Lotus-BRM	2

Clark, Hill, Ginther, Stewart: Drei Briten gegen einen Amerikaner beim Start in Silverstone. Jim Clark holt hier den dritten Sieg in Folge.

● Erstmals seit dem Großen Preis von England 1958 gewinnt in Mexiko-Stadt ein Rennwagen, der nicht mit **Dunlop**-Reifen fährt. Der Honda von Mexiko-Sieger Richie Ginther ist mit Pneus des amerikanischen Herstellers **Goodyear** ausgerüstet, der zusammen mit Honda im Vorjahr die Grand-Prix-Bühne betreten hat.

● Zum Jahresende kündigt **Bruce McLaren** bei Cooper. Seit 1958 war der Neuseeländer für den Rennstall aus Surbiton gestartet. Jetzt will er sich – wie zuvor schon sein früherer Teamkollege Jack Brabham – mit einem eigenen Team selbständig machen.

● Nur **16 Piloten** holen sich zumindest einen WM-Punkt. Es ist die niedrigste Anzahl von Punktgewinnern während der Gültigkeit der 1,5-Liter-Formel.

1966

Black Jack zum Dritten

Ab diesem Jahr wird alles anders: Der Hubraum wird verdoppelt. Damit erhöht sich auch die PS-Zahl. Seit zwei Jahren konnten die Teams an den neuen Motoren bauen. Der größte Wurf gelingt dem Brabham-Team aus Australien. Eigner Jack Brabham sichert sich seinen dritten Weltmeister-Titel und gewinnt den Konstrukteurspokal.

Obwohl die Teams seit Ende November des Jahres 1963 über die neuen Baubestimmungen unterrichtet sind, präsentieren sich in der Stunde Null nur wenige Rennställe gut gerüstet. Beim Saisonauftakt in Monaco sind nur sieben Drei-Liter-Autos am Start. Außerdem treten sechs Rennwagen mit Zwei-Liter-Motoren und je einer mit 2,4 und 2,7 Litern Hubraum an.

Brauchbar vorbereitet sind nur die Teams von Ferrari, Brabham und Cooper. Der australische Ex-Champion Jack Brabham vertraut zuverlässiger Simpel-Technik und wird sich mit diesem Konzept durchsetzen. Auch Cooper geht einen technisch anspruchslosen Weg: Als neuen Motorenpartner wählen die Briten Maserati. Die Italiener haben den 2,5-Liter-V12 aus den 50er Jahren ausgemottet, auf drei Liter Hubraum aufgebohrt und gründlich überarbeitet. Den Namen „HighTech" verdient das Aggregat trotzdem nicht...

Die Scuderia Ferrari hält die besten Karten in Händen, verschenkt aber den technischen Vorsprung durch einen dicken Patzer im Bereich der Personalführung. Mitbewerber Honda greift erst im September ins Geschehen ein.

Einen ziemlichen Absturz erleben BRM und Lotus. BRM hat einen 16-Zylinder-Motor konstruiert, den auch das Team von Colin Chapman einsetzen will. Auf dem Papier ist der Motor der Konkurrenz haushoch überlegen. Aus zwei Achtzylindern der 1,5-Liter-Formel wird mit größtem technischen Aufwand ein Aggregat konzipiert. Doch die Technik ist so kompliziert, dass die mit diesem Motor angetriebenen Boliden vor allem durch Ausfälle glänzen. Den einzigen Sieg mit BRM-Power kann Lotus-Pilot Jim Clark in Watkins Glen herausfahren. 1968 wird die Entwicklung dieses anfälligen Aggregats eingestellt.

Als in Monte Carlo die ersten WM-Punkte vergeben werden, stellt John Surtees seinen Drei-Li-

Frankreich-GP: Zum ersten Mal seit 1960 siegt der stille Australier Jack Brabham wieder – es ist der Auftakt zu vier Siegen in Folge.

1966

ter-Ferrari – Teamkollege Bandini fährt die 2,4-Liter-Version – überraschend in die erste Startreihe. Überraschend deshalb, weil der hemdsärmelige Engländer völlig von den lebensgefährlichen Sturzverletzungen genesen ist, die er sich im Herbst des Vorjahres bei einem CanAm-Trainingsunfall im kanadischen Mosport zugezogen hatte. Beim Start beschleunigt Surtees Pole-Setter Jackie Stewart aus und setzt sich an die Spitze. Als Letzter nimmt Jim Clark die Steigung hinauf zum Casino. Der Schotte wird sich im weiteren Rennverlauf bis auf Rang drei vorkämpfen. Dann bricht die hintere Radaufhängung seines Lotus. Auch nach einjähriger Abstinenz im Fürstentum hat sich an Clarks chronischem Monaco-Pech nichts geändert.

Surtees kämpft vorn nicht nur mit der Konkurrenz, sondern auch mit seinem Ferrari. Der rote Bolide lässt sich – ähnlich wie die klobigen Cooper-Maserati – nur mühsam durch die engen Kurven zwingen. Wachsbleich ist das Gesicht des Piloten, so beschreibt es ein Augenzeuge und der Mund des Fahrers ist nicht mehr als ein dünner, farbloser Strich. Ein Differential-Schaden wirft ihn bereits in der Eröffnungsphase aus dem Rennen.

Während der BRM-Fahrer Jackie Stewart ungefährdet dem Sieg entgegenfährt, schrumpft hinter ihm das Feld bis auf sechs Autos zusammen. Und weil Guy Ligier – der spätere Formel-1-Teamchef – und Joakim Bonnier weniger als 90 Prozent der Renndistanz zurücklegen, werden lediglich vier Piloten klassiert. Die FIA kann drei WM-Punkte wieder mit nach Paris nehmen...

Der GP von Belgien verläuft nicht nur wegen des Wetters chaotisch. Wie schon in Monte Carlo, mischt der 35-jährige Hollywood-Regisseur John Frankenheimer die F1-Szene gewaltig auf. Der Amerikaner dreht gerade den Film „Grand Prix". Echte und falsche Teamchefs, echte und falsche Rennfahrer – im Fahrerlager geht es drunter und drüber.

Diesmal hält der Ferrari durch und Surtees gewinnt. Enzo Ferrari sieht sein Team auf Erfolgskurs. ▶

◀ *In Holland überrundet Jack Brabham das gesamte Feld. Selbst Jim Clark, der beste Fahrer seiner Zeit, hat gegen den Australier keine Chance. Mit dem Brabham-Repco wird erstmals ein Fahrer auf seiner eigenen Konstruktion Weltmeister.*

Die **Teams**

Lotus-BRM/-Climax	
Jim Clark	GB
Mike Spence	GB
Peter Arundell	GB
Pedro Rodriguez	MEX
G. „Geki" Russo	I
BRM	
Graham Hill	GB
Jackie Stewart	GB
Bob Bondurant	USA
Innes Ireland	GB
Brabham-Repco	
Jack Brabham	AUS
Denis Hulme	NZ
John Taylor	GB
Bob Anderson	GB
Chris Irwin	GB
Joseph Siffert	CH
Joakim Bonnier	S
Ferrari	
John Surtees	GB
Mike Parkes	GB
Lorenzo Bandini	I
Ludovico Scarfiotti	I
Giancarlo Baghetti	I
Cooper-Maserati	
John Surtees	GB
Jochen Rindt	A
Joseph Siffert	CH
Joakim Bonnier	S
Richie Ginther	USA
Chris Amon	NZ
Moises Solana	MEX
Chris Lawrence	GB
Guy Ligier	F
Honda	
Richie Ginther	USA
Ronnie Bucknum	USA
McLaren-Serenissima/-Ford *	
Bruce McLaren	NZ
Shannon-Climax *	
Trevor Taylor	GB
Eagle-Climax *	
Dan Gurney	USA
Bob Bondurant	USA

* neue Teams

Neue **Reifen**

Firestone und Goodyear ändern das Querschnittsprofil der Formel-1-Reifen. Sie werden flacher und gleichzeitig breiter. Die Seitenwände sind jetzt gerade. Nur Dunlop bleibt noch eine Zeit dem bauchig gewölbten Seitenprofil treu.

1966

Das verregnete **Hollywoodrennen** von Spa

Drückende Hitze liegt über den Ardennen. Die Fans sind in Massen nach Spa gepilgert. Hier, auf der ultraschnellen Piste, verspricht sich jeder von den neuen Autos der Drei-Liter-Formel einen ganz besonderen Nervenkitzel. Das Terrain ist für die Kraftprotze – der schwächste Drei-Liter-Bolide hat 80 PS mehr als der stärkste Rennwagen des Vorjahres-Feldes – ideal. Im Mai fuhr Mike Parkes beim 1000-km-Rennen am Steuer eines Ferrari-Prototypen seine schnellste Runde mit einem Schnitt von 224,2 km/h. Dieser Rekordschnitt wird das Wochenende sicherlich nicht überleben. Tatsächlich: John Surtees fliegt im Training mit einem Schnitt von 232,8 km/h durch die Hügellandschaft!
Sonntags ist der Himmel wolkenverhangen. Eine Überraschung ist der Wechsel des Wetters nicht. Spa-Besucher sind nicht gerade verwöhnt, was Sonnenschein betrifft. 16 Rennwagen werden zum Vorstart aufgestellt – 15 echte und ein „Schauspieler". Ganz hinten steht ein McLaren-Oldsmobile mit illegalem 4,5-Liter-Motor. Pilotiert wird das Gerät von Phil Hill, dem Champion der Saison 1961. Aber heute will der Amerikaner nicht um WM-Punkte kämpfen. Auf Hills McLaren ist eine Filmkamera montiert. Hill steht auf der Lohnliste der Produzenten des Films „Grand Prix" – nach nur einer Runde soll der schnelle Kameramann ausscheren und sein Filmmaterial an den Boxen abliefern.
Als das Startsignal gegeben wird, stellt Jim Clark fest, dass er einen entscheidenden Fehler gemacht hat. Der Schotte lässt die Kupplung kommen, tritt das Gaspedal nieder und – nichts tut sich. Clark hat vergessen, den ersten Gang einzulegen. Selbst John Frankenheimers rasender Helfer Hill ist schon vorbei, als sich der Lotus endlich in Bewegung setzt. Weit kommt er nicht. Nach einem Kilometer ist Feierabend. Die Ventile haben den unfreiwilligen Drehzahltest beim Start nicht überstanden.
Clark bleibt einiges erspart. Kaum ist das Feld jenseits der „Eau Rouge" den Blicken der Zuschauer bei Start-und-Ziel entzogen, da tönt die Stimme des Streckensprechers: „In der Burnenville-Kurve regnet es stark!" Diese Information wäre auch für die Piloten von Interesse. Aber sie ahnen nichts Böses und fliegen mit Top-Speed auf die Regenwand zu...
Zwischen Burnenville und Malmédy fegt es Mike Spence, Jo Siffert, Joakim Bonnier und Denis Hulme von der nassen Bahn. Weiter unten, am Masta-S, erwischt es Bob Bondurant, Graham Hill und Jackie Stewart. Obwohl sich Bondurants BRM überschlägt und auch Stewarts Rennwagen übel zugerichtet wird, bleibt die Katastrophe aus. Der Personenschaden hält sich Grenzen: Stewart bricht sich ein Schlüsselbein. Die Verletzung ist relativ harmlos. Weil er aber viele Minuten in auslaufendem Sprit sitzt – und sich gleichermaßen vor der Brandgefahr und Verätzungen recht empfindlicher Körperteile fürchtet –, wird der Spa-Crash für Stewart zum traumatischen Erlebnis. Fortan ist er einer der eifrigsten „Sicherheits-Apostel" der Szene.
An einen Abbruch denkt die Rennleitung nicht. Abbrüche von F1-Rennen sind noch nicht „erfunden". Nur sieben Autos plus Hollywood-Hill kommen aus der ersten Runde zurück. Und von diesen sieben wird kein weiterer mehr ausfallen! Von Langeweile ist während der 2:09.11,3 Stunden keine Spur. Im Gegenteil: Jochen Rindt und John Surtees liefern sich auf nasser Piste ein Jahrhundert-Duell. Lange führt der Cooper-Pilot, von Surtees gejagt. Der Zweikampf ist entschieden, als das Sperrdifferential an Rindts Cooper festgeht. Kampflos muss er Surtees in der Schlussphase davonziehen lassen. Fast wäre Rindt der erste F1-Sieg gelungen, auf den er jetzt bis in den Herbst 1969 warten muss.
Sieben Rennwagen kommen ins Ziel. Aber Guy Ligier und Dan Gurney, den Fehlzündungen plagen, liegen zu weit zurück, um in die Wertung zu kommen. Auch der zweite GP der Saison 1966 sieht keine sechs Punktgewinner.

▼

Verrückte Formel 1: Hollywood-Regisseur John Frankenheimer dreht während der normalen Rennveranstaltungen seinen Film „Grand Prix". Bei dieser Szene sitzt Schauspieler Yves Montand in einem „halben" Ferrari, der Honda wird von James Garner pilotiert.

▶

Der junge Jackie Stewart (l.) und Graham Hill bleiben 1966 BRM-Teamkollegen. Dan Gurney (r.) tritt erstmals mit seinem eigenen Eagle-Team an.

Was sich in Modena anschließend hinter den Kulissen tut, wird für immer ein Geheimnis bleiben. Sicher ist: Rennleiter Eugenio Dragoni sucht offen den Streit mit Surtees und grault den Briten aus dem Team. Ferrari will, erstmals seit den Tagen von Alberto Ascari, einen Italiener zum Champion machen. Der Commendatore setzt auf Lorenzo Bandini, der das Zwischenklassement nach zwei Läufen mit zehn Punkten anführt.

Aber der Italiener wird den hoch gesteckten Erwartungen nicht gerecht. Als Ferraris neue Nummer eins führt er zwar lange den GP von Frankreich in Reims an, aber defektbedingt kommt er nicht ins Ziel.

Während Jack Brabham mit vier aufeinanderfolgenden Siegen in Reims, Brands Hatch, Zandvoort und auf dem Nürburgring den Grundstein für seinen dritten Titelgewinn legt, geht Bandini völlig unter. Zum Saisonende wird sein Konto zwölf WM-Punkte aufweisen, die ihm lediglich Platz acht im Endklassement einbringen...

John Surtees, der nicht lange arbeitslos bleibt und wenige Tage nach seiner Entlassung bei Cooper unterschreibt, schlägt hingegen erfolgreich zu. Surtees beendet die Saison als Vizemeister. Kein Kenner zweifelt daran, dass sich der Engländer auf Ferrari den Titel gesichert hätte.

Die Scuderia muss sich im Jahr der peinlichen Niederlage gegen den australischen „Bastler" Brabham mit einem Trostpflaster zufriedengeben: In Monza erleben die Tifosi einen Doppelsieg der heißgeliebten Ferrari. Ludovico Scarfiotti siegt vor Mike Parkes. Es ist ein Pyrrhussieg, denn während die Fans jubeln, lässt sich Jack Brabham zum Titelgewinn gratulieren. Er hat seinen Brabham-Repco zwar nach sieben Runden wegen eines Öllecks parken müssen, doch mit 42 WM-Punkten liegt er bei zwei ausstehenden Rennen uneinholbar in Führung.

Kurz-**Meldungen**

● Erstmals seit 1961 sinkt die Anzahl der WM-Läufe. Nach drei Rennjahren mit je zehn WM-Grand Prix zählen jetzt nur **neun Rennen** zum Championat. Der Grund: Für den ursprünglich geplanten frühen Januar-Termin des GP von Südafrika sind die Rennwagen der neuen Formel noch nicht startklar.

● Zum ersten Mal seit der Saison 1961 gewinnt der Brite **Graham Hill** keinen einzigen WM-Grand Prix. Immerhin: Der Weltmeister des Jahres 1962 hält sich bei einem Start in den USA schadlos und wird Sieger des Klassikers „500 Meilen von Indianapolis".

● Im Verlauf der Startrunde des GP von Deutschland auf dem Nürburgring verunglückt **John Taylor** am 7. August und zieht sich Brandverletzungen zu. Der Brite befindet sich bereits wieder auf dem Weg der Besserung, als er am 8. September in einer Koblenzer Klinik an den Folgen einer plötzlich aufgetretenen Infektion stirbt.

● Auf dem Nürburgring macht der Journalisten-Sohn **Jacky Ickx** auf sich aufmerksam. Der Belgier fährt eines der neun Formel-2-Autos (1000 ccm Hubraum), die das Startfeld auffüllen. Im Training steigert er sich auf eine Zeit von 8.52,0 Minuten und lässt damit nicht nur alle F2-Kollegen, sondern auch drei F1-Piloten hinter sich.

● **Jim Clark** muss auf den Start beim GP von Frankreich in Reims wegen leichter Augenverletzungen verzichten. Während des Trainings prallt ihm ein Rebhuhn ins Gesicht! Der Mexikaner Pedro Rodriguez wird als Ersatz-Pilot verpflichtet.

● In Reims gelingt dem Briten **Mike Parkes**, Ingenieur und Reserve-Pilot der Scuderia Ferrari, ein sensationelles Debüt als Formel-1-Pilot: Der Brite wird mit nur 9,5 Sekunden Rückstand auf Sieger Jack Brabham als Zweiter abgewinkt.

● Der Rennfahrer **Bruce McLaren** gründet sein eigenes Formel-1-Team – mit sich selbst als einzigem Fahrer. Der Neuseeländer, der seit 1958 dabei ist, hat einen schwachen Start. Drei Punkte sind die Ausbeute 1966. McLaren setzt auch auf den Ford-Kundenmotor.

● Noch ein Rennfahrer macht sich als Teamchef selbständig: Der Amerikaner **Dan Gurney**, zuletzt Brabham-Pilot, gründet das Eagle-Team, das allerdings nur zwei volle Saisons durchsteht.

● Lotus-Chef Colin Chapman überzeugt in Geheimverhandlungen den US-Konzern **Ford**, einen Formel-1-Motor zu finanzieren. Er soll von der britischen Rennmotoren-Firma Cosworth gebaut werden und bis Mai 1967 einsatzbereit sein.

● Mit **Firestone** mischt neben Dunlop und Goodyear ein dritter Reifenhersteller im Gummikrieg mit.

◄ *Überraschung durch Surtees-Ersatz Mike Parkes: Bei seinem Formel-1-Debüt auf Ferrari wird der Brite auf Anhieb Zweiter.*

1966

Siegerpodeste

1 22.5.1966 GP Monaco – Monte Carlo
Pole: Jim Clark

1. Jackie Stewart	BRM	2:33.10,500
2. Lorenzo Bandini	Ferrari	- 40,200
3. Graham Hill	BRM	- 1 Runde

2 12.6.1966 GP Belgien – Spa-Francorchamps
Pole: John Surtees

1. John Surtees	Ferrari	2:09.11,300
2. Jochen Rindt	Cooper-Maserati	- 42,100
3. Lorenzo Bandini	Ferrari	- 1 Runde

3 3.7.1966 GP Frankreich – Reims
Pole: Lorenzo Bandini

1. Jack Brabham	Brabham-Repco	1:48.31,300
2. Mike Parkes	Ferrari	- 9,500
3. Denis Hulme	Brabham-Repco	- 2 Runden

4 16.7.1966 GP England – Brands Hatch
Pole: Jack Brabham

1. Jack Brabham	Brabham-Repco	2:13.13,400
2. Denis Hulme	Brabham-Repco	- 9,600
3. Graham Hill	BRM	- 1 Runde

5 24.7.1966 GP Niederlande – Zandvoort
Pole: Jack Brabham

1. Jack Brabham	Brabham-Repco	2:27.03,000
2. John Surtees	Cooper-Maserati	- 44,400
3. Jochen Rindt	Cooper-Maserati	- 2.32,600

6 7.8.1966 GP Deutschland – Nürburgring
Pole: Jim Clark

1. Jack Brabham	Brabham-Repco	2:20.32,500
2. Graham Hill	BRM	- 1 Runde
3. Jim Clark	Lotus-Climax	- 2 Runden

7 4.9.1966 GP Italien – Monza
Pole: Mike Parkes

1. Ludovico Scarfiotti	Ferrari	1:47.14,800
2. Mike Parkes	Ferrari	- 5,800
3. Denis Hulme	Brabham-Repco	- 6,100

8 2.10.1966 GP USA – Watkins Glen
Pole: Jack Brabham

1. Jim Clark	Lotus-BRM	2:09.40,100
2. Jochen Rindt	Cooper-Maserati	- 1 Runde
3. John Surtees	Cooper-Maserati	- 1 Runde

9 23.10.1966 GP Mexiko – Mexiko Stadt
Pole: John Surtees

1. John Surtees	Cooper-Maserati	2:06.35,340
2. Jack Brabham	Brabham-Repco	- 7,880
3. Denis Hulme	Brabham-Repco	- 1 Runde

Alle Ergebnisse im Detail auf Seite 373

John Surtees heuert nach seinem Ferrari-Rausschmiss bei Cooper an. Die Scuderia verschenkt durch die Kündigung einen möglichen WM-Titel.

Graham Hill testet den neuen BRM mit 16-Zylinder-Motor. Der Motor ist jedoch viel zu defektanfällig.

Ferrari 312

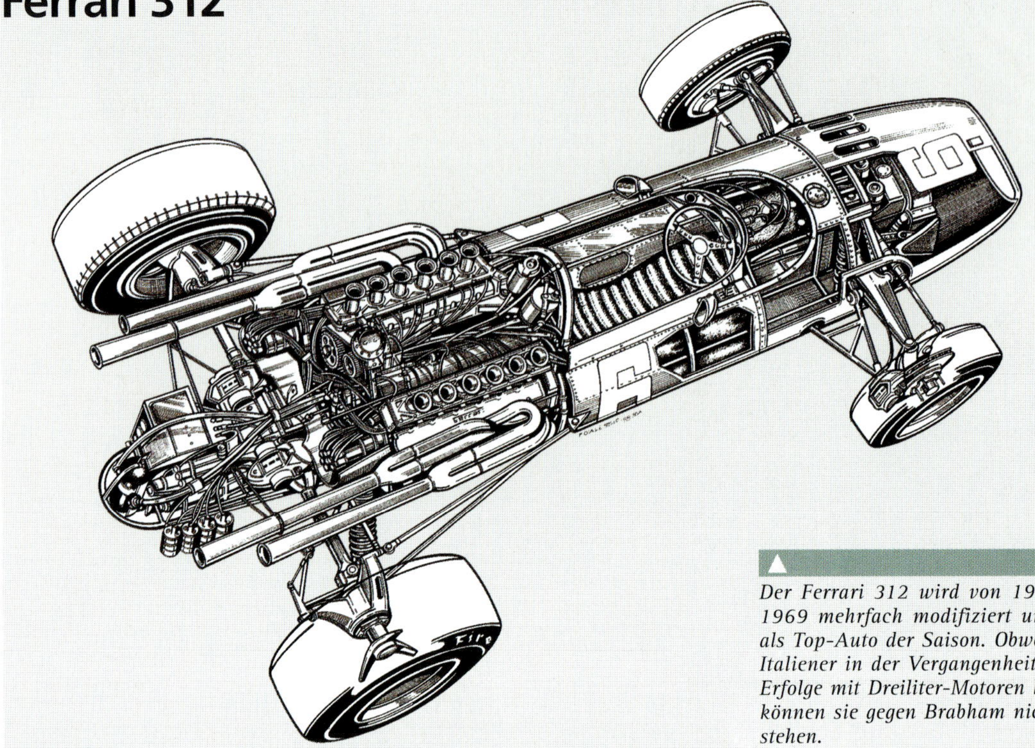

Der Ferrari 312 wird von 1966 bis 1969 mehrfach modifiziert und gilt als Top-Auto der Saison. Obwohl die Italiener in der Vergangenheit große Erfolge mit Dreiliter-Motoren hatten, können sie gegen Brabham nicht bestehen.

PS-Explosion durch neues Reglement

Ab diesem Jahr wird die Formel 1 neu definiert. Das Hubraumlimit von 1.500 ccm fällt – es gilt künftig nur noch für Turbolader-Maschinen, die aber bis 1977 kein Team einsetzt. Für Saugmotoren gilt ab 1966 ein maximales Hubvolumen von 3.000 ccm. Die Piloten müssen sich von einer Saison auf die andere auf völlig neue Boliden einstellen. Durch die großen Motoren wirkt bis zu 50 Prozent mehr Kraft auf die Räder.

Die neuen Autos (Auswahl)

Typ	Zylinder	Hubraum	PS	U/Min.	Gewicht (unbetankt)
Brabham BT12-Repco	8	2.996 ccm	320	7.500	515 kg
BRM P83-H16	16	2.998 ccm	400	11.000	690 kg
Cooper T81 Maserati	12	2.990 ccm	360	9.500	605 kg
Ferrari 312 (24 Ventile)	12	2.990 ccm	360	10.000	548 kg
Ferrari 312 (36 Ventile)	12	2.990 ccm	390	10.000	540 kg
Ferrari Dino 246	6	2.417 ccm	280	8.500	505 kg
Lotus L43-BRM	16	2.998 ccm	425	10.500	580 kg
McLaren M2B-Ford	8	2.999 ccm	321	9.000	530 kg
Honda RA 273	12	2.992 ccm	400	11.000	720 kg

Brabham und Repco – Sieg der Zuverlässigen

Als Jack Brabham am 3. Juli in Reims den Frankreich-Grand-Prix gewinnt, siegt erstmals ein F1-Pilot am Steuer eines Boliden, der seinen eigenen Namen trägt: Brabham gewinnt auf Brabham.
Der Australier hat maßgeblich an der Konstruktion mitgewirkt. Verantwortlicher Designer ist allerdings Ron Tauranac, den Brabham in den Nachkriegsjahren auf den australischen Rennpisten als Rivalen kennen lernte. Tauranacs Eltern waren mit dem damals Dreijährigen von England nach Australien ausgewandert.
Brabham und Tauranac hatten 1961 gemeinsam eine Firma gegründet und ihren ersten Rennwagen – mit Climax-Kundenmotor – gebaut. Mit ihm fährt der zweifache Weltmeister 1962 und '63 einzelne Rennen, daneben werden auch Lotus-Chassis eingesetzt. 1964 holt Brabham-Pilot Dan Gurney die ersten beiden WM-Siege.
Für die neue Dreiliter-Formel konstruieren die beiden Teameigner Brabham und Tauranac ein völlig neues Auto. Sie legen den BT19 extrem konservativ und unkompliziert aus. Das Chassis besteht aus einem Gitterrohrrahmen mit einzeln aufgehängten Rädern. Die Federung erfolgt über Schraubenfedern, in denen hydraulische Stoßdämpfer liegen.

Auf der Suche nach einem Motorenpartner wird Jack Brabham in seiner australischen Heimat fündig. Der Motorzubehör-Hersteller Repco aus Melbourne versucht sich erstmals an einem Rennmotor. Die Repco-Ingenieure wählen einen GM Oldsmobile-Motorblock als Basis, der eigentlich in die PKW-Serienproduktion gehen sollte. Dafür aber erwies sich der Aluminium-Block als zu teuer. Repco übernimmt die Teile der Vorserie.
Mit einer Nenndrehzahl von 8000 U/min und einer Leistung, die zwischen 300 und 320 PS liegt, ist der 16-Ventiler der schwächste aller Drei-Liter-Motoren des Jahrgangs 1966. Aber er ist extrem zuverlässig! Jack Brabham gewinnt vier Rennen hintereinander und steht frühzeitig als Weltmeister fest.

▲ *Der Neuseeländer Denis Hulme pilotiert den zweiten Brabham-Repco. Einen Sieg holt er 1966 zwar nicht, aber er steht mehrfach auf dem Podest.*

Der Höhenflug des Teams hält noch ein Jahr an. 1967 erringen Denis Hulme und Jack Brabham Rang eins und zwei in der WM sowie die Konstrukteurs-Meisterschaft.
1968 stellt Repco die Motorproduktion ein, Brabham entscheidet sich für den neuen Erfolgsmotor Cosworth.

▼ *Jack Brabham und Designer Ron Tauranac sind das Erfolgsduo im Brabham-Team. Ihre Konstruktion ist 1966 die Zuverlässigste.*

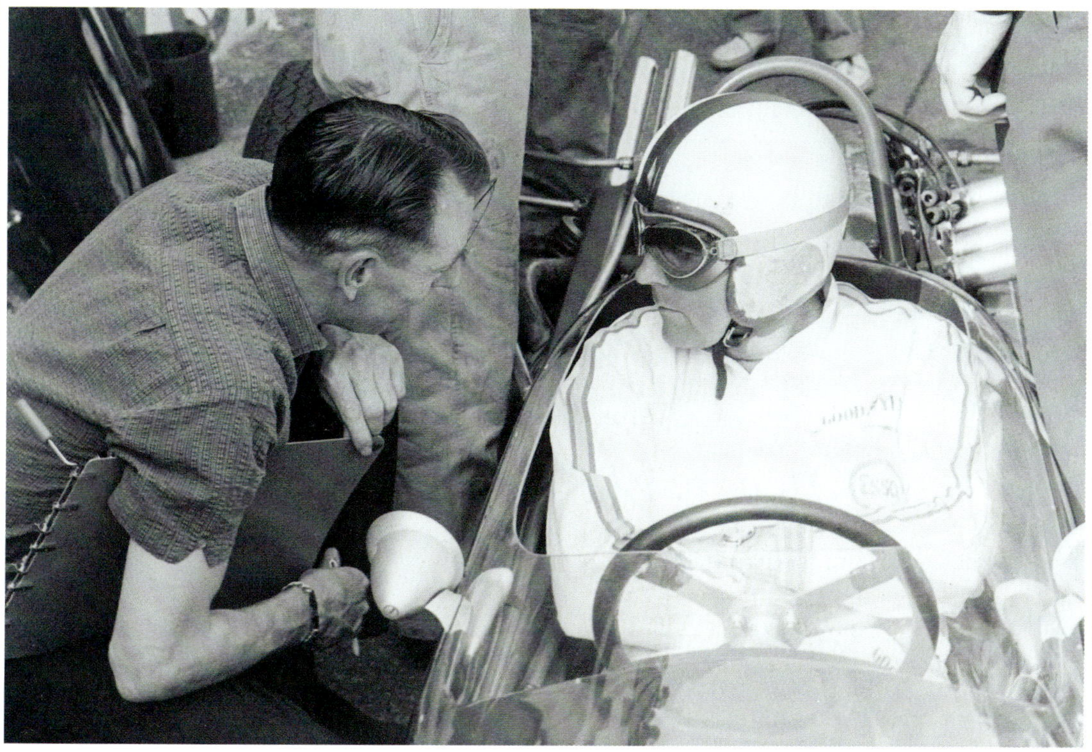

Endstand **Fahrer-WM**

1.	**Jack Brabham** Brabham-Repco	42 (45)
2.	**John Surtees** Ferrari/Cooper-Maserati	28
3.	**Jochen Rindt** Cooper-Maserati	22 (24)
4.	**Denis Hulme** Brabham-Repco	18
5.	**Graham Hill** BRM	17
6.	**Jim Clark** Lotus-Climax	16
7.	**Jackie Stewart** BRM	14
8.	**Mike Parkes** Ferrari	12
	Lorenzo Bandini Ferrari	12
10.	**Ludovico Scarfiotti** Ferrari	9
11.	**Richie Ginther** Honda	5
12.	**Dan Gurney** Eagle-Climax	4
	Mike Spence Lotus-BRM	4
14.	**Bob Bondurant** BRM	3
	Joseph Siffert Cooper-Maserati	3
	Bruce McLaren McLaren-Ford	3
17.	**John Taylor** Brabham-BRM	1
	Bob Anderson Brabham-Climax	1
	Peter Arundell Lotus-Climax	1
	Joakim Bonnier Cooper-Maserati	1

Gewertet wurden die besten fünf Resultate. Gesamtpunktzahl in Klammern.

Konstrukteure

1.	**Brabham-Repco**	42 (49)
2.	**Ferrari**	31 (32)
3.	**Cooper-Maserati**	30 (35)
4.	**BRM**	22
5.	**Lotus-BRM**	13
6.	**Lotus-Climax**	8
7.	**Eagle-Climax**	4
8.	**Honda**	3
9.	**McLaren-Ford**	3
10.	**Brabham-BRM**	1
	Brabham-Climax	1

Neue **Regeln**

Die wichtigste Änderung im Reglement betrifft das Hubraumlimit (siehe links). Es sind auch Diesel- und Wankelmotoren sowie Gasturbinen erlaubt, aber niemand setzt sie ein. Das Mindestgewicht der Wagen wird von 450 auf 500 Kilo erhöht, ohne Benzin. Die Distanz der WM-Läufe liegt von nun an zwischen 300 und 400 km (bisher 500).

1967

Der Sieg des Bären

Weihnachten und Neujahr fallen in diesem Jahr für die Formel-1-Teams aus: Bereits am 2. Januar beginnt die Saison auf der neuen Kyalami-Rundstrecke in Südafrika. Alle Teams kommen mit alten Autos – außer Ferrari: Die Scuderia lässt das erste Rennen des Jahres sausen. Die zuverlässigen Brabham-Repco gelten wiederum als Favoriten. Lotus hat einen neuen Motor angekündigt, der vom Weltkonzern Ford finanziert und bei Cosworth in England gebaut wird. Das Triebwerk kommt erst beim dritten Rennen zum Einsatz – und siegt auf Anhieb.

John Love ist ein weitgehend unbekannter Rennfahrer. Der 43-jährige Mann aus Rhodesien (heute Simbabwe) fährt seit 1962 mit einem privaten Cooper-Climax ein einziges Rennen pro Jahr – in Südafrika. Nie hat er einen Punkt geholt. Aber diesmal übernimmt er 20 Runden vor Rennende die Führung. Er behält sie 13 Runden lang, dann muss Love auf den Reservetank umschalten. Doch die Pumpe funktioniert nicht. Der Afrikaner muss nachtanken, verliert eine Runde und wird Zweiter hinter Überraschungssieger Pedro Rodriguez.

In Monaco wird das Brabham-Team seiner Favoritenrolle gerecht – Denis Hulme siegt. Der Neuseeländer, den man im Fahrerlager „den Bär" nennt, überrundet das gesamte Feld. Doch der Erfolg des Neuseeländers wird durch einen tragischen Unfall überschattet. In der Schlussphase des Rennens liegt Hulme mit knapp 20 Sekunden Vorsprung vor Lorenzo Bandini in Front. Der Ferrari-Fahrer erhält von seiner Crew unmissverständliche Signale: Bandini soll angreifen, das Unmögliche noch möglich machen. In Runde 82 streift der Italiener die Streckenbegrenzung der Hafenschikane. Sein Ferrari überschlägt sich und fängt sofort Feuer. Die schlecht ausgerüsteten Helfer gehen chaotisch zu Werk. Vier endlose Minuten vergehen, bevor Bandini aus der Feuerfalle befreit werden kann. Es werden großflächige Verbrennungen dritten Grades diagnostiziert. Drei Tage lang kämpft er im Hospital von Monte Carlo um sein Leben. In den wenigen Minuten, die er bei Bewusstsein ist, appelliert er an Freunde: „Dramatisiert den Unfall nicht. Solche Dinge kön-

▲ *Pedro Rodriguez heißt der glückliche Sieger des Auftaktrennens in Südafrika. Der Cooper-Pilot erbt den Sieg von John Love, dem rhodesischen Gelegenheitsfahrer.*

◀ *Mexiko: Die WM ist entschieden, der neue Titelträger heißt Denis Hulme (l.). Jim Clark (r.), neben Hulmes Teamkollege Jack Brabham der schärfste Konkurrent, wird WM-Dritter.*

nen passieren." Im Nebenzimmer verliert seine schwangere Ehefrau Margerita ihr Kind. Am Mittwoch erklären die behandelnden Ärzte, Bandinis Zustand habe sich leicht gebessert. Doch noch am selben Tag schließt er die Augen für immer.

Im Vorfeld des Stadt-Grand-Prix ist die Premiere des Lotus-Ford 49 mit Spannung erwartet worden. Doch sein erster Renneinsatz wird auf das Rennen in Zandvoort verlegt. Das Debüt verläuft für die „Chapmänner" ausgesprochen positiv: Graham Hill stellt den Typ 49 auf die Pole-Position, Teamkollege Jim Clark gewinnt souverän. Dennoch bleibt der von der Konkurrenz befürchtete Durchmarsch des Lotus-Ford aus. In Spa-Francorchamps gewinnt Dan Gurney mit seinem eigenen Eagle-Weslake, Brabham-Repco-Pilot Jack Brabham siegt in Le Mans, diesmal Austragungsort des Frankreich-GP. Die ersten fünf Rennen sehen mit Rodriguez, Hulme, Clark, Gurney und Brabham fünf verschiedene Sieger. Mit einer frühen Entscheidung im Titelkampf ist nicht zu rechnen. ▶

Die **Teams**

Brabham-Repco	
Jack Brabham	AUS
Denis Hulme	NZ
Bob Anderson	GB
Guy Ligier	F
Dave Charlton	SA
Luki Botha	SA
Ferrari	
Chris Amon	NZ
Mike Parkes	GB
Ludovico Scarfiotti	I
Lorenzo Bandini	I
Jonathan Williams	GB
Cooper-Maserati	
Pedro Rodriguez	MEX
John Love	RHO
Jochen Rindt	A
Joseph Siffert	CH
Joakim Bonnier	S
Jacky Ickx	B
Alan Rees	GB
Richard Attwood	GB
Andrea de Adamich	I
Silvio Moser	CH
Guy Ligier	F
BRM	
Jackie Stewart	GB
Mike Spence	GB
Chris Irwin	GB
Piers Courage	GB
David Hobbs	GB
Lotus-Ford	
Jim Clark	GB
Graham Hill	GB
Moises Solana	MEX
Eppie Wietzes	CDN
Giancarlo Baghetti	I
Piers Courage	GB
Chris Irwin	GB
Mike Fisher	USA
Eagle-Climax/-Weslake	
Dan Gurney	USA
Bruce McLaren	NZ
Ludovico Scarfiotti	I
Al Pease	CDN
Honda	
John Surtees	GB
McLaren-BRM	
Bruce McLaren	NZ
Lola-Ford	
Hubert Hahne	D
LDS	
Sam Tingle	SA
Matra-Ford *	
Jean-Pierre Beltoise	F
Johnny Servoz-Gavin	F

* neue Teams

1967

Lotus 49

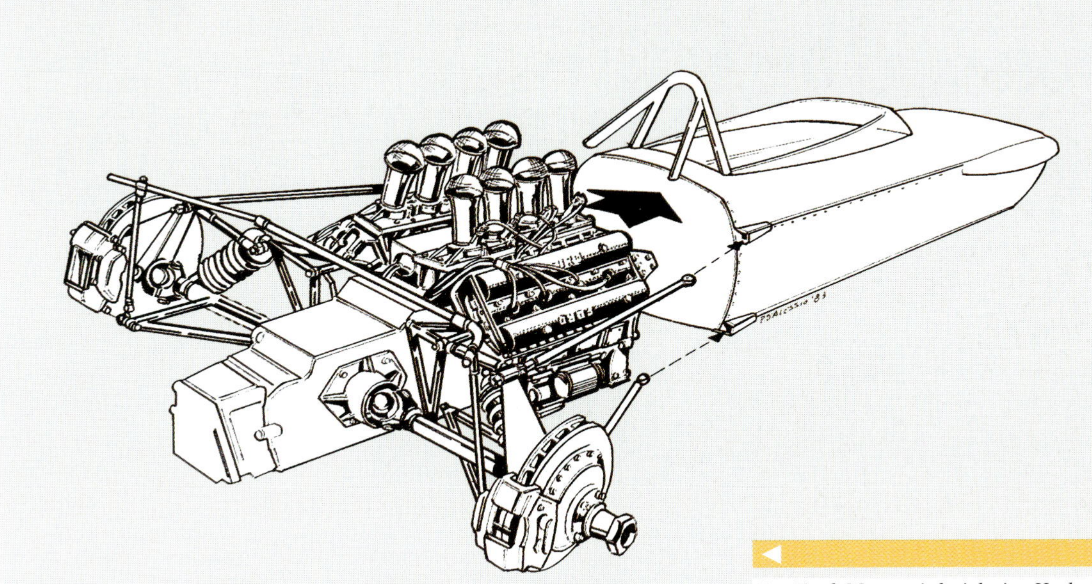

Nach weiteren Erfolgen von Jim Clark, Denis Hulme und Jack Brabham erleben die Fans in Monza einen der interessantesten Grand Prix des Jahres. Der Start des Rennens bringt den ersten Höhepunkt: Das Zeichen zum Vorstart wird von einigen Piloten missverstanden. Sie gehen voll aufs Gas. Andere rollen nur recht langsam vor und wollen ihre endgültige Startposition einnehmen. Das Chaos ist perfekt. Der Starter erkennt die Situation, reißt augenblicklich die italienische Flagge hoch – jetzt beschleunigen auch die zuvor noch Zögernden. Abbruch und Neu-

Der Ford-Motor wird nicht ins Heck eingebaut – er ist das Heck des extrem leichten und schlanken Lotus 49. Lotus bekommt 1967 den V8-Motor mit dem Baunamen DFV exklusiv von Ford-Cosworth. Er wird erstmals in Zandvoort eingesetzt. Zu spät – am Saisonende fehlen entscheidende Punkte zum Titel. 1968 werden auch McLaren und Matra den Motor einsetzen.

Lotus und Cosworth – Der Beginn einer Erfolgsstory

Nach zehnjähriger Zusammenarbeit mit Climax und BRM entscheidet sich Lotus-Chef Colin Chapman 1967 für einen Ford-Motor. Er hat erkannt, wie wichtig ein starker Motorenpartner in der Formel 1 ist. Während beim Ford-Ableger Cosworth der neue 3-Liter-V8 konstruiert wird, widmet sich Lotus der Fertigung eines flammneuen Chassis. Colin Chapman macht während der Entwicklung des Typs 49 kein Geheimnis aus seiner Philosophie: „Wir brauchen eine ganz simple Konstruktion. Der völlig neue Motor wird genug Probleme aufwerfen. Deshalb will ich beim Chassis auf Nummer Sicher gehen."

Lotus entwickelt ein auffallend schmales Monocoque-Chassis, an das der Motor als tragendes Element angeschraubt wird. Das Leichtmetallaggregat bringt es anfänglich auf 400 PS. Der erste Einsatz beim GP der Niederlande endet prompt mit einem Sieg von Jim Clark. Drei weitere folgen im Laufe des Jahres. Allerdings ist das filigrane 510-Kilo-Geschoss sehr anfällig. Vor allem das Fahrgestell birgt Probleme.

Der Ford-Cosworth-V8 setzt Maßstäbe. In den folgenden 14 Jahren werden – bis auf drei Ferrari-Siege – alle Weltmeister diesen Motor in ihrem Rücken haben. Cosworth bietet das Aggregat jedem Team zum Kauf an – die preiswerteste Möglichkeit, an einen Formel-1-Motor zu kommen.

Der neue Lotus ist schlicht konstruiert. Die filigrane Konstruktion der Radaufhängung wird beim Nachfolger Lotus 72 noch für tragische Unfälle sorgen. Aber der neue Ford-Motor entwickelt sich zum erfolgreichsten Aggregat der F1-Geschichte.

start wäre jetzt die korrekte Entscheidung. Aber weil das Feld das Rennen dennoch unfallfrei aufnimmt, lässt die Rennleitung den Dingen ihren Lauf.

Vorn setzt sich das Quartett Clark, Hill, Brabham und Hulme ab. Aber nach 13 Runden steuert der Schotte wegen eines Reifendefekts die Boxen an. Clark trifft seine Mechaniker völlig unvorbereitet. Als er wieder ins Rennen geht, liegt er eine Runde plus zwölf Sekunden hinter Spitzenreiter Denis Hulme. Dann legt der Champion der Jahre 1963 und ‘65 eine Aufholjagd auf den Asphalt, die zu den größten der WM-Geschichte zählt: Innerhalb von 46 Runden kämpft sich Jim Clark zurück an die Spitze. In der letzten Runde stirbt der Ford-V8 jedoch auf der langen Geraden zur Parabolica ab – der Tank des Lotus ist trocken...

Jetzt fliegen John Surtees und Jack Brabham nebeneinander auf die Parabolica zu. Geschickt manövriert Surtees seinen Honda so, dass dem Gegner nur die von Öl und Bindemittel verschmierte Innenbahn bleibt. Der Australier wagt den Angriff, für wenige Meter liegt er in Front. Doch dann stellt sich sein Brabham-Repco quer. Und während der Titelverteidiger zaubert, um seinen Wagen abzufangen, sticht Surtees wieder auf Platz eins vor und rettet ihn knapp ins Ziel. Nur wenige Augenblicke später rollt der Lotus von Jim Clark lautlos als Dritter über die Linie.

Zum Saisonende gewinnt Monza-Pechvogel Clark auch die Rennen in Watkins Glen und Mexiko. Als einziger kann er in der Saison vier Siege verbuchen. Doch der Titel geht an den fleißigeren Punktesammler Denis Hulme. Zum Titelgewinn reicht ihm in Mexiko ein dritter Platz – mit einer Runde Rückstand hinter Clark und Brabham.

Sein Teamchef Jack Brabham verpasst die Titelverteidigung knapp. Aber der Rennstall gewinnt erneut den Konstrukteurspokal – mit einem unspektakulären aber zuverlässigen Auto. Bei 22 Einsätzen ist der Brabham-Repco nur vier Mal ausgefallen.

Neuer Mann bei Honda: Der Weltmeister von 1964, John Surtees (mit Chef-Ingenieur Nakamura), fährt jetzt für die Japaner.

Das Rennen in Mexiko gewinnt zwar Jim Clark, doch Weltmeister wird der Drittplatzierte Denis Hulme (hier vor Surtees auf Honda).

1967

Siegerpodeste

1 2.1.1967 GP Südafrika – Kyalami
Pole: Jack Brabham

1. Pedro Rodriguez	Cooper-Maserati	2:05.45,900
2. John Love	Cooper-Climax	- 26,400
3. John Surtees	Honda	- 1 Runde

2 7.5.1967 GP Monaco – Monte Carlo
Pole: Jack Brabham

1. Denis Hulme	Brabham-Repco	2:34.34,300
2. Graham Hill	Lotus-BRM	- 1 Runde
3. Chris Amon	Ferrari	- 2 Runden

3 4.6.1967 GP Niederlande – Zandvoort
Pole: Graham Hill

1. Jim Clark	Lotus-Ford	2:14.45,100
2. Jack Brabham	Brabham-Repco	- 23,600
3. Denis Hulme	Brabham-Repco	- 25,700

4 18.6.1967 GP Belgien – Spa-Francorchamps
Pole: Jim Clark

1. Dan Gurney	Eagle-Weslake	1:40.49,400
2. Jackie Stewart	BRM	- 1.03,000
3. Chris Amon	Ferrari	- 1.40,000

5 2.7.1967 GP Frankreich – Le Mans
Pole: Graham Hill

1. Jack Brabham	Brabham-Repco	2:13.21,300
2. Denis Hulme	Brabham-Repco	- 49,500
3. Jackie Stewart	BRM	- 1 Runde

6 15.7.1967 GP England – Silverstone
Pole: Jim Clark

1. Jim Clark	Lotus-Ford	1:59.25,600
2. Denis Hulme	Brabham-Repco	- 12,800
3. Chris Amon	Ferrari	- 16,600

7 6.8.1967 GP Deutschland – Nürburgring
Pole: Jim Clark

1. Denis Hulme	Brabham-Repco	2:05.55,700
2. Jack Brabham	Brabham-Repco	- 38,500
3. Chris Amon	Ferrari	- 39,000

8 27.8.1967 GP Kanada – Mosport Park
Pole: Jim Clark

1. Jack Brabham	Brabham-Repco	2:40.40,000
2. Denis Hulme	Brabham-Repco	- 1.01,900
3. Dan Gurney	Eagle-Weslake	- 1 Runde

9 10.9.1967 GP Italien – Monza
Pole: Jim Clark

1. John Surtees	Honda	1:43.45,000
2. Jack Brabham	Brabham-Repco	- 0,200
3. Jim Clark	Lotus-Ford	-23,100

10 1.10.1967 GP USA – Watkins Glen
Pole: Graham Hill

1. Jim Clark	Lotus-Ford	2:03.13,200
2. Graham Hill	Lotus-Ford	- 6,300
3. Denis Hulme	Brabham-Repco	- 1 Runde

11 22.10.1967 GP Mexiko – Mexiko Stadt
Pole: Jim Clark

1. Jim Clark	Lotus-Ford	1:59.28,700
2. Jack Brabham	Brabham-Repco	- 1.25,360
3. Denis Hulme	Brabham-Repco	- 1 Runde

Alle Ergebnisse im Detail auf Seite ...

Dan Gurney gewinnt im eigenen Eagle-Team den Belgien-GP. Es bleibt der einzige Triumph. Ein Jahr später schließt der Amerikaner seinen Formel-1-Rennstall und geht zu Bruce McLaren, dessen Team eine erste Blütezeit erlebt.

Denis Hulme – Der Weltmeister aus dem Kiwi-Land

Denis Clive Hulme wird am 18. Juni 1936 auf einer Farm in Motueka, Neuseeland, geboren. Die Eltern haben ein ungewöhnlich lebhaftes Kind in die Welt gesetzt. Als zweijähriger Knirps fällt er in einen Bach. Vater Clive zieht ihn aus dem Wasser und pumpt die Brühe aus dem kleinen Körper. Auch abenteuerliche Ritte am Steuer eines Pedal-Autos, das er zu seinem vierten Geburtstag geschenkt bekommt, gehören zum Lebensabschnitt in Motueka. Nach seinem Monaco-Sieg 1967 behauptet Hulme, dass er die Gasometer-Kurve Runde für Runde in exakt jenem Stil meisterte, den er als Vierjähriger anwandte, um mit dem Tretauto vom Wohnzimmer über den Flur in die Küche zu gelangen...

„Meine Eltern hätten es gern gesehen, wenn ich zur Air Force gegangen wäre, aber dazu fehlte mir die Bildung", gesteht Hulme später.

Der stille Neuseeländer Denis Hulme ist der beständigste Pilot des Jahres 1967 – und erfolgreicher als sein Teamchef Jack Brabham.

Sein Vater besitzt einen kleinen Lkw-Fuhrpark. Eines Tages hat er Ärger mit einem der Motoren. Die Reparatur bereitet ihm Sorgen. Niemand sonst in der Region benutzt einen Morris Diesel. Als er am nächsten Morgen in die Küche kommt, um sich ein Frühstück zu bereiten, tritt auch der Filius ein – ölverschmiert. „It's right", murmelt er beiläufig –

will sagen, der Motor läuft wieder. Dann äußert er sich genauer: „Ich dachte, es sei nur die Einspritzung, aber ich musste mir auch noch andere Bauteile vornehmen."

Mit 16 macht Hulme den Führerschein. Freunde überreden ihn: Sein MG müsse, so argumentieren sie, bei einem Rennen eingesetzt werden. Der Tauranga-Car-Club veranstaltet ein Bergrennen. Ein Sprint hinauf zum Gipfel Papamoa Hill. Gut drei Kilometer Kurven – eine nach der anderen. Als der rote MG abgewinkt wird, bleibt den Zeitnehmern die Spucke weg. Das Greenhorn hat den Pistenrekord seiner Klasse um sechs Sekunden unterboten!

Das Talent beißt sich durch. 1960 wird Hulme als „Driver to Europe" nominiert – alljährlich erhält der vielversprechendste Nachwuchsfahrer der „Kiwis" ein „Rennstipendium" für Einsätze in Europa. Über die Formel Junior und Formel 2 arbeitet er sich bis in die Formel 1 vor. In der alten Welt gilt er zunächst als Exote. Erst recht, nachdem sich herumgesprochen hat, dass er seine ersten Formel-Rennen in der Heimat barfuß fuhr. Hulme: „So hatte ich wesent-

Lorenzo Bandini – Ferraris Hoffnung stirbt

lich mehr Gefühl für die Pedalerie." Nach erfolgreichen Formel-1-Starts bei Grand Prix ohne WM-Status verpflichtet ihn Jack Brabham ab 1965 für Championats-Läufe. Bis Ende 1974 nimmt der „Bär" an 112 WM-Rennen teil. Achtmal gewinnt er, 1967 wird er vor seinem Teamchef Jack Brabham Weltmeister. Nur einmal erkämpft er sich eine Pole-Position. 1968 wechselt er zu McLaren.
Auch in den Stunden des größten Erfolges bewahrt er sich seine Bescheidenheit. Sein „Zuhause" bleibt immer Pongakawa. Für die internationale Presse bleibt Denis ein schwieriger Gesprächspartner – still und nüchtern kommentiert er seine Erfolge. Er ist alles andere als ein Showman, sondern ein zäher und konzentrierter Techniker.
Außerhalb der Formel 1 ist Hulme vor allem in der nordamerikanischen CanAm-Serie erfolgreich. Nach seinem Rückzug als Profi fährt er weiterhin sporadisch Rennen. Am 4. Oktober 1992 stirbt er am Steuer eines Tourenwagens während des legendären Klassikers in Bathurst an einem Herzinfarkt.

Kurz-**Meldungen**

● Letztmalig geht der **Große Preis von Monaco** über die klassische Distanz von 100 Runden. Weil der tödliche Unfall des Italieners Lorenzo Bandini auf Konditionsschwächen des Piloten zurückgeführt wird, verkürzen die Veranstalter künftig die Distanz auf 80 Umläufe.

● Zum ersten und einzigen Mal wird der GP des A.C.F. auf dem kleinen, 4,4 Kilometer langen Bugatti-Circuit in **Le Mans** ausgetragen. Von der berühmten Rennstrecke des 24-Stunden-Klassikers werden nur die Startgerade und ein kurzer Streckenabschnitt genutzt. Die „Mickey-Mouse-Bahn" dient normalerweise als Übungsgelände einer Rennfahrerschule und findet weder bei den Piloten noch bei den Fans Anklang.

● Erst beim Gran Premio von Italien am 10. September besteht das Startfeld erstmals komplett aus Boliden mit **Drei-Liter-Motoren**. Das Reglement erlaubt die Verwendung der Dreiliter bereits seit dem 1. Januar des Vorjahres.

● In Monza gelingt Honda dank der Fahrkunst von **John Surtees** der zweite GP-Sieg nach dem Erfolg von Richie Ginther im Jahr 1965. Der Triumph geht allerdings nicht allein auf das Konto der Japaner. Das Chassis des Rennwagens ist ein Entwurf von Lola-Chef Eric Broadley. Scherzhaft wird deshalb von einem „Hondola" gesprochen.

● Dank seines Sieges in Mexiko zieht **Jim Clark** in der „ewigen Siegerliste" mit Juan Manuel Fangio gleich. Beide bringen es auf 24 Erfolge bei Grand Prix mit WM-Status.

● Von den Werks-Teams setzt lediglich **BRM** noch auf Dunlop-Reifen. Die Siege teilen sich allerdings die neuen amerikanischen Mitbewerber Goodyear und Firestone.

● Zwei Rennen nach Bandinis tödlichem Unfall verliert Ferrari einen weiteren Fahrer: Beim Belgien-GP verunglückt der Engländer **Mike Parkes** so schwer, dass seine F1-Karriere beendet ist. Für den großgewachsenen Piloten hatte Ferrari ein verlängertes Chassis bauen müssen.

● **Maserati**, zwei Jahre lang Motorenlieferant von Cooper, zieht sich aus der Formel 1 zurück. Der schwere V12-Motor, dessen Konstruktion auf das Jahr 1956 zurückgeht, ist nicht mehr konkurrenzfähig.

Im Sport spielt stets Nationalstolz mit, auch in der Formel 1. So sehr sich die Italiener über die WM-Titel von Fangio, Hawthorn, Hill und Surtees freuen – am liebsten hätten sie mal wieder einen italienischen Weltmeister auf Ferrari. Das war zuletzt Alberto Ascari 1952 und '53 und bis zum Ende des Jahrtausends wird sich daran nichts ändern. Das weiß man zum Glück 1967 noch nicht, als Lorenzo Bandini seine sechste Saison für die Scuderia fährt. Seit dem Rausschmiss von Weltmeister John Surtees im Vorjahr ist Bandini die Nummer eins. Ihm gelang zwar nur ein Sieg (1964 in Österreich), aber in seinem Pass steht die richtige Nationalität: Italiener – obgleich er 1935 in Libyen geboren und erst drei Jahre später nach Florenz gekommen ist.
Lorenzo Bandini ist ein charmanter Kerl, ein Herzensbrecher mit dem Aussehen eines Filmstars und ein risikofreudiger Rennfahrer. Kein Italiener nimmt ihm übel, dass er 1964 beim Mexiko-GP Graham Hill voll ins Heck gerauscht ist und Ferrari-Teamkollege Surtees damit zum Titel verholfen hat. Hill sieht das natürlich anders, er schenkt Bandini ein Buch mit dem Titel „Wie lerne ich Auto fahren?"
Viel kann der Ferrari-Fahrer davon nicht mehr profitieren. Er stirbt nach einer schwachen 66er Saison beim zweiten Rennen des Jahres 1967 in Monaco. Italien trauert. Erst 17 Jahre später wird ein Italiener wieder Hoffnungsträger der Scuderia sein: Michele Alboreto.

Denis Hulme führt den GP-Monaco an, gefolgt von Lorenzo Bandinis Ferrari. In diesem Streckenabschnitt verunglückt der Italiener (r.) später tödlich.

Endstand **Fahrer-WM**

1.	**Denis Hulme** Brabham-Repco	51
2.	**Jack Brabham** Brabham-Repco	46 (48)
3.	**Jim Clark** Lotus-Ford	41
4.	**John Surtees** Honda	20
	Chris Amon Ferrari	20
6.	**Pedro Rodriguez** Cooper-Maserati	15
	Graham Hill Lotus-BRM/Ford	15
8.	**Dan Gurney** Eagle-Weslake	13
9.	**Jackie Stewart** BRM	10
10.	**Mike Spence** BRM	9
11.	**John Love** Cooper-Climax	6
	Jochen Rindt Cooper-Maserati	6
	Joseph Siffert Cooper-Maserati	6
14.	**Bruce McLaren** McLaren-BRM	3
	Joakim Bonnier Cooper-Maserati	3
16.	**Bob Anderson** Brabham-Climax	2
	Mike Parkes Ferrari	2
	Chris Irwin BRM	2
19.	**Ludovico Scarfiotti** Ferrari	1
	Guy Ligier Brabham-Repco	1
	Jacky Ickx Cooper-Maserati	1

Gewertet wurden die besten fünf Resultate der ersten sechs Rennen und die besten vier der letzten fünf Rennen. Gesamtpunktzahl in Klammern.

Konstrukteure

1.	**Brabham-Repco**	**63 (67)**
2.	**Lotus-Ford**	**44**
3.	**Cooper-Maserati**	**28**
4.	**Honda**	**20**
	Ferrari	**20**
6.	**BRM**	**17**
7.	**Eagle-Weslake**	**13**
8.	**Cooper-Climax**	**6**
	Lotus-BRM	**6**
10.	**McLaren-BRM**	**3**
11.	**Brabham-Climax**	**2**

F1-Feuerwehr

Nach dem Monaco-Unfall von Lorenzo Bandini, der in seinem Wagen tödliche Brandwunden erlitt, sollen künftig gutgerüstete Feuerwehrleute die Strecken säumen. Die Industrie wird aufgefordert, bessere flammfeste Overalls für die Piloten zu entwickeln.

Europas Grenzen fallen schon 1968: Der schottische Formel-1-Pilot Jackie Stewart fährt für den englischen Rennstall von Ken Tyrrell in einem französischen Matra-Chassis.

or wird mit amerikanischem Geld in England gebaut. Der britische Reifenhersteller Dunlop liefert die Pneus. Die Kombination ist mit drei Saisonsiegen sehr erfolgreich.

Das jähe Ende der Ära Clark

Mit Jim Clark stirbt einer der besten Rennfahrer aller Zeiten – ein Schock für die Formel 1. Die Entscheidung um den neuen Weltmeister fällt erneut erst im letzten Rennen. Im Laufe des Jahres wachsen den Rennwagen Flügel. Zur Verbesserung des Kurvenverhaltens entwickeln die Ingenieure teilweise abenteuerliche Konstruktionen. Die Flügel sind auch Ursache für einige Unfälle. Neben Clark verlieren noch drei weitere Piloten in diesem Jahr ihr Leben.

Jim Clark ist der ganz große Favorit der neuen Saison. Nach dem Pech im Vorjahr ist der dritte Titelgewinn des Schotten geradezu überfällig. Mit einem souveränen Sieg in Kyalami wird Clark seiner Favoritenrolle voll gerecht. Es ist sein 25. Erfolg bei einem Formel-1-Rennen, und es soll auch sein letzter sein. Noch vor dem zweiten WM-Lauf des Jahres, dem GP von Spanien in Jarama, kommt die Schock-Meldung aus Hockenheim: Jim Clark ist tot. Die Formel-1-Szene ist wie gelähmt. Vergleichbare Reaktionen wird erst der Tod von Ayrton Senna im Frühjahr 1994 auslösen.

Jacky Ickx, Jackie Stewart, Jochen Rindt und Chris Amon werden als mögliche neue Leitfiguren des GP-Sports gehandelt. Aber keiner der jungen Viererbande wird sich 1968 den Titel sichern.

Sie müssen sich durchsetzen gegen alte Hasen, die den Thron schon vorgewärmt haben: Jack Brabham (3 Titel), John Surtees, Graham Hill und den amtierenden Weltmeister Denis Hulme. Der hat den Stall gewechselt – von Brabham zu McLaren, einem jungen Team, das in zwei Jahren gerade vier Punkte geholt hat.

Zunächst schlägt Graham Hill zu, der sich die WM-Läufe in Spanien und – natürlich – Monaco sichert. Zum vierten Mal hört Hill den Standardsatz von Fürst Rainier: „Ich freue mich, dass Sie es sind."

Es ist eine Saison, in der vieles im Umbruch ist. Die Benzinkon-

zerne BP und Esso haben sich als Geldgeber zurückgezogen. Daraufhin wird das Reglement geändert: Künftig dürfen die Autos in den Farben von Sponsoren lackiert sein und es wird nicht mehr lange dauern, bis deren Namen auf Chassis und Flügeln kleben. Auch auf dem Motorensektor gibt es Änderungen: Ford bietet seinen Cosworth-V8 zum Kauf an. Neben Lotus und McLaren wählt auch der englische Teamgründer Ken Tyrrell für seine Matra-Chassis das Wunderaggregat. Der Schotte Jackie Stewart kommt mit dem Matra bestens klar und greift ab Saisonmitte nach der WM-Krone.

Nach Graham Hills beiden Siegen zu Saisonbeginn kommen andere Piloten zum Zuge. Nacheinander siegen Bruce McLaren, Jackie Stewart – der von BRM zu Einsteiger Tyrrell gewechselt ist –, Jacky Ickx und Jo Siffert. An Spannung lässt die Saison nichts zu wünschen übrig. Leider wird der Motorsport von weiteren tragischen Unfällen überschattet.

Seit dem Belgien-GP in Spa gibt es deutlich erkennbare Modifikationen an den Boliden. Über der Hinterachse wachsen den F1-Autos Flügel. Immer höher ragen die Konstruktionen. Die Aerodynamiker wollen mit den Flossen aus der Zone der Turbulenzen hinaus in den Bereich der „clean air", des sauberen Luftstroms. Während des Trainings für den GP von Frankreich in Rouen verursacht die neue Technik einen ersten schweren Unfall. Auch wenn der letzte Beweis ausbleibt, löst ein Bruch des Heckflügels einen Horror-Abflug des Briten Jackie Oliver aus. Sein Lotus bricht beim Aufprall gegen die Streckenbegrenzung in zwei Teile. Wie durch ein Wunder bleibt der spätere Teamchef nahezu unverletzt.

Niemand will auf die Flügel verzichten, obwohl die meisten Piloten nicht mehr als einen „stabileren Geradeauslauf" registrieren. Weder den Fahrern noch den Funktionären sind sie so recht geheuer, da es keine exakten Berechnungen über die auftretenden Belastungen gibt. Die teils zierlichen Befestigungsstreben sind Pi mal Daumen konzipiert... Aber erst in der nächsten Saison werden sich Zwischenfälle ereignen, die die FIA zum Handeln zwingen.

Natürlich wird schnell erkannt, dass auch die beste Flügeleinstellung immer nur ein Kompromiss sein kann. An Ideen, die in die Tat umgesetzt werden, ►

◄ *Abenteuerliche Konstruktionen zieren die Formel-1-Wagen 1968. Der Lotus mit eingebauter Stehtribüne verhilft dem Schweizer Joseph Siffert immerhin zu einem Sieg beim England-GP. Noch sind die Konstrukteure eher ratlos bei ihren aerodynamischen Experimenten.*

Die **Teams**

Brabham-Repco	
Jochen Rindt	A
Silvio Moser	CH
Jack Brabham	AUS
Dan Gurney	USA
Kurt Ahrens	D
John Love	RHO
Dave Charlton	SA
Jackie Pretorius	SA
Lotus-Ford	
Graham Hill	GB
Joseph Siffert	CH
Jim Clark	GB
Jackie Oliver	GB
Mario Andretti	USA
Bill Brack	CDN
Moises Solana	MEX
Cooper-BRM	
Ludovico Scarfiotti	I
Lucien Bianchi	B
Vic Elford	GB
Brian Redman	GB
Johnny Servoz-Gavin	F
Robin Widdows	GB
Joseph Siffert	CH
Joakim Bonnier	S
Basil van Rooyen	SA
Honda	
John Surtees	GB
Joakim Bonnier	S
David Hobbs	GB
Jo Schlesser	F
Ferrari	
Jacky Ickx	B
Chris Amon	NZ
Derek Bell	GB
Andrea de Adamich	I
BRM	
Pedro Rodriguez	MEX
Richard Attwood	GB
Piers Courage	GB
Mike Spence	GB
Bobby Unser	USA
Eagle-Climax	
Dan Gurney	USA
McLaren-Ford	
Denis Hulme	NZ
Bruce McLaren	NZ
Dan Gurney	USA
Joakim Bonnier	S
Lola	
Hubert Hahne	D
Matra/Matra-Ford	
Jackie Stewart	GB
Jean-Pierre Beltoise	F
Johnny Servoz-Gavin	F
Henri Pescarolo	F
LDS	
Sam Tingle	SA

◄ *Jim Clark auf dem Weg zu seinem 25. Formel-1-Sieg. Es wird sein letzter sein, wenige Wochen später ist der zweifache Champion tot.*

mangelt es prompt nicht. Die „beweglichen aerodynamischen Hilfsmittel“ werden erfunden. Manuell kann der Pilot die „negativen“ Tragflächen auf den Geraden flach und in den Kurven steil stellen. Ferrari geht sogar noch einen Schritt weiter: Je nach Stellung von Gas- und Bremspedal – unter Berücksichtigung des jeweils eingelegten Ganges – stellt sich der Flügel in die optimale Position!

Während der folgenden vier WM-Läufe kommt Graham Hill nicht mehr zum Zuge. In Monza wacht sogar endlich Titelverteidiger Denis Hulme auf, der nach seinem Erfolg in Italien anschließend auch den Kanada-GP gewinnt. Als Jackie Stewart zwei Wochen später in Watkins Glen zuschlägt, sind die Weichen für ein dramatisches Finale in Mexiko gestellt. Mit Hill (39 Punkte), Stewart (36) und Hulme (33) dürfen sich noch drei Piloten Hoffnungen auf den Titel machen. Hill muss zuvor allerdings die Erlebnisse verdauen, die ihn beim Grand Prix der USA schockten: Während der Fahrt lockert sich das Lenkrad! Hill: „Beim Bremsen rutschte die Lenksäule ins Armaturenbrett. So dicht, dass meine ▶

Nach etlichen Anlaufschwierigkeiten gewinnt Denis Hulme erst in Monza sein erstes Rennen des Jahres. Der Weltmeister ist von Brabham zu McLaren gewechselt. Die Saison beschließt der Neuseeländer mit zwei Siegen auf Rang drei.

Kurz-**Meldungen**

● Der ehemalige Holzhändler **Ken Tyrrell** steigt in die Formel 1 ein. Der Brite setzt bei der Fahrerwahl auf den Schotten Jackie Stewart. Als Fahrzeuge setzt Tyrrell zunächst Matra-Chassis mit Ford-Motoren ein.

● Durch seinen Sieg in Kyalami setzt sich **Jim Clark** von Juan Manuel Fangio ab. Mit 25 Grand-Prix-Siegen ist der Schotte jetzt einsamer Spitzenreiter der „ewigen Siegerliste“.

● Der Kampf der **Zigaretten-Hersteller** um die Formel-1-Boliden als Werbefläche beginnt: Statt in der gewohnten grün-gelben Lackierung erscheinen die Werks-Lotus mit Beginn der europäischen Saison in den Farben rot-weiß-gold. Sie werben für die Zigarettenmarke Gold Leaf.

● Der **Große Preis von Spanien**, zuletzt 1954 ausgetragen, ist wieder Bestandteil des Formel-1-Kalenders. Gefahren wird auf der Rennstrecke von Jarama nördlich von Madrid. Ebenso wie die Pisten von Zandvoort, Zolder und Suzuka wurde auch der spanische Circuit von dem Niederländer John Hugenholtz entworfen.

● Erstmals taucht im F1-Sport ein **Vollvisierhelm** auf. Der Amerikaner Dan Gurney trägt den „Astronautenhelm“ während des Trainings für den GP von England in Brands Hatch.

● Ein letztes Mal ist das Lotus-Privatteam des Engländers **Rob Walker** siegreich. Der Schweizer Jo Siffert gewinnt für den früheren Arbeitgeber von Stirling Moss den GP von England. Ende 1970 wird Walker seine F1-Aktivitäten aus Kostengründen einstellen.

● In Watkins Glen debütiert **Mario Andretti**. Der Amerikaner stellt seinen Lotus-Ford auf die Pole-Position.

● Wie zuvor Jack Brabham, bringt **Graham Hill** das Kunststück fertig, nach einer sechsjährigen „Titelpause“ erneut Champion zu werden. Im Verlauf der weiteren WM-Geschichte wird diese Leistung lediglich von Niki Lauda – um ein Jahr – übertroffen.

● **Brabham**, das überlegene Weltmeisterteam von 1967 stürzt ab. Champion Denis Hulme hat bei McLaren festgemacht, Vize und Teamchef Jack Brabham holt nur zwei Punkte. Er entscheidet sich, ab 1969 den neuen Ford-Motor einzusetzen. Repco stellt die F1-Produktion ein.

● Zum Ende der Saison zieht sich **Honda** wieder aus der Formel 1 zurück. Die Japaner hatten große Hoffnungen in den revolutionären Typ RA 302E mit luftgekühltem V8-Motor gesetzt. Beim Debüt des unausgereiften Rennwagens kommt es in Rouen zu einer Tragödie, als Jo Schlesser stürzt und in den Trümmern des Honda verbrennt.

Die Tabakindustrie hält Einzug in die Formel 1. Mario Andretti pilotiert einen Lotus in den Farben der Zigarettenmarke Gold Leaf. Das klassische „british racing green“ hat ausgedient.

Jim Clark stirbt in Hockenheim

Hockenheim, 7. April 1968. Auf dem Programm steht ein Formel-2-Rennen, das in zwei Läufen à 20 Runden ausgetragen wird. Überraschend ist auch Jim Clark am Start. Eigentlich wollte der Schotte an diesem Wochenende in Brands Hatch einen Ford-Prototypen fahren. Clark ist zum ersten Mal auf der badischen Piste, die keineswegs seinen Vorstellungen von einer Rennstrecke entspricht. Als „lächerlich" bezeichnet er die simple Streckenführung.

Im Training beklagt sich der Schotte über Handling-Probleme seines Lotus 48. Ist der Rennwagen „krumm"? Vor Wochenfrist wurde Clark während des Grand Prix von Barcelona von Jacky Ickx gerammt. Der Superstar muss sich mit dem siebtbesten Startplatz begnügen. Am Morgen des Renntages regnet es heftig.

Zu Beginn der fünften Runde liegt Jim Clark auf Platz acht. Dann geschieht das Unvorstellbare: Auf dem Weg zur Ostkurve – noch ist die Passage nicht durch eine Schikane unterbrochen – bricht Clarks Lotus aus und rast in den Wald, der die Piste säumt. Der Champion zieht sich beim Aufprall gegen die Bäume tödliche Verletzungen zu und stirbt wenige Minuten später unter den Händen der Notärzte.

Die Welt des Motorsports ist geschockt. Wie konnte es passieren, dass der beste aller Piloten bei einer zweitklassigen Rennveranstaltung auf einer zweitklassigen Piste ums Leben kommt? Ein Fahrfehler des zweifachen Weltmeisters muss ausgeschlossen werden. Am Unfallort wird keinerlei fahrerisches Können gefordert. Unmittelbar vor dem Unglück wurden Fotos von Clarks Lotus geschossen. Bringen sie Aufklärung? Vielleicht. Aber Teamchef Colin Chapman kauft den Film und „bezahlt" mit einem Boxen-Ticket für das nächste Rennen…

Ein Augenzeuge schwört, einige Jugendliche seien quer über die Piste gerannt, und Clark sei bei dem notwendigen Ausweichmanöver ins Schleudern geraten. Beweise fehlen. Die Unfallursache wird nie geklärt. Ein Bruch des Lenkgestänges und ein Aufhängungsdefekt werden diskutiert. Aber vermutlich löste ein Slow-puncture – ein schleichender Plattfuß – die Tragödie aus. Graham Hill verrät später: „Eingangs des Motodroms war morgens ein Motor explodiert. Möglicherweise lag dort noch ein kleines Metallstück auf dem Asphalt, das Jimmy dann später mit einem der Reifen seines Lotus aufsammelte…"

Der zweifache Weltmeister ist kurz zuvor 32 Jahre alt geworden.

Jim Clark und Lotus-Teamchef Colin Chapman – das kongeniale Duo war eine unschlagbare Verbindung.

Die Überreste von Clarks Formel-2-Lotus belegen: der Schotte hatte keine Chance, als er auf dem Hockenheimring gegen einen Baum prallte.

Vier **Tragödien**

Der Motorsport erlebt ein Jahr der Tragödien. Am 7. April verunglückt **Jim Clark** bei einem Formel-2-Rennen in Hockenheim tödlich. Am 7. Mai stirbt **Mike Spence** (36 Grand Prix, 27 WM-Punkte) bei Tests in Indianapolis. Am 7. Juni überlebt **Ludovico Scarfiotti** (10 GP, ein Sieg, 17 WM-Punkte) einen Sturz beim Training zum Bergrennen am Rossfeld nicht. Und am 7. Juli stirbt **Jo Schlesser** (drei GP-Einsätze) – Onkel des Sahara-Spezialisten Jean-Louis – während des Formel-1-WM-Laufs in Rouen.

1969

Gestutzte Flügel

Nach zwei schweren Unfällen mit den zum Teil abenteuerlichen Flügelkonstruktionen schreitet die FIA ein und reglementiert die Flügel. Im Laufe der Saison experimentieren einige Rennställe mit allradgetriebenen Autos. Sie bringen jedoch nicht den erwarteten Vorteil. Die Saison steht ganz im Zeichen von Jackie Stewart. Der junge Schotte tritt erfolgreich in die Fußstapfen des verstorbenen Jim Clark.

Die Saison beginnt mit einem eindrucksvollen Doppelschlag von Jackie Stewart, der den Titel im Vorjahr nur aufgrund seiner Motorprobleme beim Finale in Mexiko verpasst hatte. „Jack the Hair" – der Schotte lässt sich nur noch selten beim Frisör sehen – gewinnt das Auftaktrennen im südafrikanischen Kyalami und danach in Barcelona.

Der spanische WM-Lauf auf der malerischen und anspruchsvollen Piste am Montjuich, dem Judenberg, steht unter keinem günsti-

Das ging daneben: Graham Hills Lotus rutscht in Barcelona in die Leitplanken. Sind die Flügel schuld? Der Brite untersucht die Überreste seines Rennwagens.

Die **Teams**

Lotus-Ford	
Jochen Rindt	A
Graham Hill	GB
Joseph Siffert	CH
Richard Attwood	GB
John Miles	GB
Mario Andretti	USA
Pete Lovely	USA
Joakim Bonnier	S
John Love	RHO
McLaren-Ford	
Bruce McLaren	NZ
Denis Hulme	NZ
Vic Elford	GB
Derek Bell	GB
Basil van Rooyen	SA
Matra-Ford	
Jackie Stewart	GB
Jean-Pierre Beltoise	F
Johnny Servoz-Gavin	F
Ferrari	
Chris Amon	NZ
Pedro Rodriguez	MEX
BRM	
John Surtees	GB
Pedro Rodriguez	MEX
Jackie Oliver	GB
George Eaton	CAN
Bill Brack	CDN
Cooper-Maserati	
Vic Elford	GB
Brabham-Ford	
Jacky Ickx	B
Piers Courage	GB
Jack Brabham	AUS
Silvio Moser	CH
Sam Tingle	SA
Peter de Klerk	SA
John Cordts	CDN
Eagle-Climax	
Al Pease	CDN

In der zweiten Saisonhälfte werden aus den Flügeln auf Stelzen festmontierte Spoiler: Jacky Ickx vor Jackie Stewart am Nürburgring.

Geradezu abenteuerlich sind die Flügelkonstruktionen binnen weniger Monate gewachsen: Beim Spanien-GP versucht Jack Brabham, mit zwei Flügeln auf dünnen Streben das Auto auf die Strecke zu pressen.

gen Stern. Zunächst spricht alles für Lotus. Jochen Rindt – nach einer frustrierenden Saison bei Brabham hat der Deutsche bei Colin Chapman unterschrieben – führt, sein Teamkollege Graham Hill folgt hinter Chris Amon auf Platz drei. Plötzlich werden hinter dem Sprunghügel am Ende der Start-Ziel-Geraden gelbe Warnflaggen geschwenkt. Hill ist mit Tempo 240 in die Leitplanken gekracht. Aufmerksam untersucht der Brite die Trümmer seines Lotus-Ford 49B. Die Unfallursache ist ihm ein Rätsel. Hill: „Ich fand nichts Verdächtiges und begann, mich auf Jochen zu konzentrieren. Als er vorbeiraste, sah ich eine kleine Bruchstelle am Heckflügel seines Rennwagens.“ Hill will den Kollegen warnen, aber die Zeit läuft ihm davon. Im selben Streckenabschnitt wie zuvor beim Rennwagen des Briten bricht jetzt auch der Heckflügel des zweiten Werks-Lotus. Der Bolide schießt quer über die Piste, rutscht die Leitplanke entlang, prallt auf die Trümmer des Hill'schen Lotus, überschlägt sich und bleibt kopfüber liegen!

Graham Hill koordiniert die Bergung des Piloten, den das bananenkrumme Monocoque zunächst nicht freigeben will. Rindts Gesicht ist blutverschmiert. Hill hofft, dass Rindt „nur Nasenbluten“ hat. Damit liegt er nicht sehr falsch: Mit einem gebrochenen Nasenbein und einer Gehirnerschütterung kommt der Draufgänger glimpflich davon.

In Monaco werden Konsequenzen aus der Beinahe-Katastrophe gezogen. FIA-Präsident Maurice Baumgartner sowie die beiden Rennleiter Paul Frère und Charles Deutsch setzen nach dem ersten Trainingstag ein Flügelverbot durch. Die Chefs der britischen Rennställe legen sofort Protest ein. Ken Tyrrell lässt die Sicherheitsbedenken der Funktionäre nicht gelten: „Ohne Flügel ist

Die Kombination Jackie Stewart/Matra-Ford ist 1969 drückend überlegen. Der Schotte kann bereits nach acht Rennen seinen ersten WM-Titel sicherstellen.

Jackie Stewart, der clevere Geschäftsmann

Jackie Stewart wird bereits als Kind mit der Nase auf den Motorsport gestoßen. Der Vater des am 11. Juni 1939 in Milton (Dunbartonshire) geborenen Schotten fuhr Motorradrennen, bevor er ein Autohaus eröffnete. Auch Jimmy, der acht Jahre ältere Bruder des späteren Formel-1-Superstars, war in der PS-Szene aktiv. 1953 und 1954 startete er sogar beim 24-Stunden-Klassiker in Le Mans. Wegen einiger schwerer Unfälle, die Jimmy erlitt, sieht es die Familie dann aber gar nicht gern, als Jackie 1961 beginnt, ebenfalls Autorennen zu fahren. Also geht er „heimlich" an den Start – unter dem Pseudonym „A.N. Other", was übersetzt „Noch einer" heißt. Später wählt er den Namen eines seiner Sponsoren, Barry Filer. Seine Eltern lässt er in dem Glauben, er sei „nur" ein ausgezeichneter Sportschütze. Schon 1960 war er Ersatzmann der Equipe seines Landes für die Olympischen Sommerspiele in Rom.

Das Versteckspiel endet nach nur einem Jahr, als ein Zeitungsreporter die wahre Indentität des Nachwuchsfahrers lüftet. Wohl oder übel spielt nun auch die Familie mit. Über seine ersten Jahre als Rennfahrer sagt Jackie Stewart: „Ich hatte keine Ahnung, ob ich am Steuer wirklich etwas tauge. Meine Gegner fuhren zu schwach – ich hatte keinen richtigen Maßstab."

Den bekommt er, als er bei Testfahrten auf der Piste von Oulton Park am Steuer eines Jaguar E nur unwesentlich langsamer ist als Roy Salvadori und der ist ein gestandener F1-Pilot. 1963 gelingt ihm der Durchbruch: Stewart bekommt einen Formel-3-Vertrag. Fünf Tage nach ersten Tests am Steuer eines Monoposto gewinnt er sein erstes F3-Rennen! 1964 ist er in der Formel 3 einsame Spitze.

Nach Saisonende 1964 zeigt Lotus-Chef Colin Chapman Interesse an Stewart. Am Steuer eines Lotus-Climax 33 startet der Schotte anlässlich des Grand Prix in Südafrika. Das Rennen wird in zwei Läufen ausgetragen. Zunächst scheidet Stewart aus, den zweiten Lauf gewinnt er. Aber er kann sich nicht mit Chapman einigen und unterschreibt 1965 seinen ersten Formel-1-Vertrag bei BRM. Sein Jahresgehalt beträgt umgerechnet 38.000 DM. Die erste F1-Saison beendet er auf Rang drei der WM-Liste. Zwei Jahre später wechselt der zartgliedrige Schotte zum neuen Formel-1-Team von Ken Tyr-

Dritter Sieg im vierten Rennen – Jackie Stewart lässt sich in Holland mit seiner Frau Helen feiern.

Matra – Frankreichs Rakete

In fast zwanzig Jahren hatten die Franzosen, trotz ihrer starken Autoindustrie, in der Formel 1 keine Rolle gespielt. Das ändert sich 1966. Der französische Flugzeug- und Raketenbauer Matra hat die kleine Sportwagenfabrik Bonnet übernommen und baut erfolgreiche Wagen für die Formeln 2 und 3. Der englische Holzhändler und Rennstallbesitzer Ken Tyrrell überzeugt die Franzosen vom Bau eines Formel-1-Chassis. Als Motor übernimmt er den neuen Kaufmotor von Cosworth. Ums Haar hätte sein Fahrer Jackie Stewart damit bereits in der ersten Saison – 1968 – den WM-Titel gewonnen. 1969 ist der Matra-Ford derart überlegen, dass Stewart mit 26 Punrkten Vosprung vor Jacky Ickx seinen ersten Titel holt. 1970 kooperiert Matra mit Simca, einem Unternehmen des Chrysler-Konzerns. Damit verliert man den Ford-Motor. Ken Tyrrell nimmt zunächst die Chassis des neuen March-Teams, dann baut er während der Saison 1970 sein eigenes Auto unter dem Namen Tyrrell auf. Jackie Stewart bleibt sein Fahrer bis zum Ende seiner Formel-1-Karriere 1973.

In Ken Tyrrells „Bastelbude" entsteht das Weltmeisterauto 1969. In das französische Chassis wird der Fordmotor eingebaut.

es noch viel gefährlicher, weil die Autos so konstruiert sind, dass sie nur mit Flügeln gefahren werden können." Tyrrells Argument wird in der Praxis widerlegt: Lediglich zwei Zehntelsekunden Zeitverlust pro Runde bringt die „Aktion Geflügelschere" im Schnitt. Die Gemüter beruhigen sich schnell. Und die Fans atmen auf: Endlich sehen Formel-1-Boliden wieder wie Formel-1-Boliden aus! „Monaco-Abonnent" Graham Hill siegt zum fünften Mal im Fürstentum. Es ist der 14. und letzte Sieg des britischen Haudegens, der den Status einer Legende längst erreicht hat.

Schon in Zandvoort reagieren die findigen Konstrukteure auf das Diktat von Monaco: Neue Flügel bringen den verloren gegangenen Anpressdruck zurück. Jetzt aber stehen die „Spoiler" nicht mehr auf filigranen Stelzen. Sie sind vielmehr direkt am Heck montiert.

Während des Trainings fühlen Jackie Stewart und Graham Hill neuen vierradgetriebenen Konstruktionen auf den Zahn, lassen sich jedoch nach wenigen Runden wieder in ihren Rennwagen mit konventionellem Antrieb anschnallen. Weder die Allrad-Konstruktion von Matra noch der Lotus 63 mit vier angetriebenen Rädern kann die Fahrer überzeugen. Jackie Stewart siegt in der Dünenlandschaft des Nordseebades auf dem Matra mit Heckantrieb und der Schotte wird anschließend auch im französischen Clermont-Ferrand als Erster abgewinkt. Im Laufe des Jahres testet McLaren ebenfalls ein Auto mit Allradantrieb – auch hier setzt sich die Technik nicht durch.

Der Nürburgring unterbricht die Siegesserie des schottischen Titelfavoriten. Der Matra-Mann muss sich dem belgischen Brabham-Piloten Jacky Ickx geschlagen geben. Während des Rennens benötigen Mario Andretti und Vic Elford die volle Konzentration ihrer Schutzengel. In der Startrunde segelt Mario Andretti im Stre- ▶

rell. Dem vierschrötigen ehemaligen Holzhändler bleibt Stewart bis zu seinem Karriereende treu. Gemeinsam holen sie drei Weltmeistertitel, jeweils mit einem Jahr Atempause dazwischen.
Als Stewart seine Formel-1-Karriere Ende 1973 beendet, schenkt er seiner Ehefrau Helen eine Perlenkette die mit Brillanten und Diamanten verziert ist. 99 Perlen stehen für 99 Grand Prix, 27 Brillanten für die Siege und drei Diamanten für die Titelgewinne.
Schon in seiner aktiven Zeit kassiert der Legastheniker mit dem leichten Silberblick reichlich ab. Nach seinem Rücktritt arbeitet er zunächst für Firmen wie Ford und Goodyear. Nach eigener Aussage fängt er nun erst an richtig zu verdienen. Für Geld hat er einen feinen Riecher. Ein Freund erzählt scherzhaft: „Er war ein Kind, als ich ihn kennenlernte. Er stand hoch oben auf einer Leiter und arbeitete am Dach eines Hauses. Plötzlich fiel ihm ein Penny aus der Tasche – Jackie war so schnell von der Leiter, dass er die Münze auffangen konnte, bevor sie den Boden berührte."
Anfang 1997 steigt Stewart mit einem eigenen Team in den GP-Sport ein. Im Juni 1999 verkauft er den Rennstall an Ford und macht damit das allergrößte Geschäft seines Lebens.

Mit seinem Allrad-Lotus hat Mario Andretti auf dem Nürburgring einen spektakulären Unfall, der aber glimpflich ausgeht. Alle Teams stellen die Entwicklung der Allrad-Wagen ein.

Siegerpodeste

1 1.3.1969 GP Südafrika – Kyalami
Pole: Jack Brabham

1. Jackie Stewart	Matra-Ford	1:50.39,100
2. Graham Hill	Lotus-Ford	- 18,800
3. Denis Hulme	McLaren-Ford	- 31,800

2 4.5.1969 GP Spanien – Montjuich Park
Pole: Jochen Rindt

1. Jackie Stewart	Matra-Ford	2:16.53,990
2. Bruce McLaren	McLaren-Ford	- 2 Runden
3. Jean-Pierre Beltoise	Matra-Ford	- 3 Runden

3 18.5.1969 GP Monaco – Monte Carlo
Pole: Jackie Stewart

1. Graham Hill	Lotus-Ford	1:56.59,400
2. Piers Courage	Brabham-Ford	- 17,300
3. Joseph Siffert	Lotus-Ford	- 34,600

4 21.6.1969 GP Niederlande – Zandvoort
Pole: Jochen Rindt

1. Jackie Stewart	Matra-Ford	2:06.42,080
2. Joseph Siffert	Lotus-Ford	- 24,520
3. Chris Amon	Ferrari	- 30,510

5 6.7.1969 GP Frankreich – Clermont-Ferrand
Pole: Jackie Stewart

1. Jackie Stewart	Matra-Ford	1:56.47,400
2. Jean-Pierre Beltoise	Matra-Ford	- 57,100
3. Jacky Ickx	Brabham-Ford	- 57,300

6 19.7.1969 GP England – Silverstone
Pole: Jochen Rindt

1. Jackie Stewart	Matra-Ford	1:55.55,600
2. Jacky Ickx	Brabham-Ford	- 1 Runde
3. Bruce McLaren	McLaren-Ford	- 1 Runde

7 3.8.1969 GP Deutschland – Nürburgring
Pole: Jacky Ickx

1. Jacky Ickx	Brabham-Ford	1:49.55,400
2. Jackie Stewart	Matra-Ford	- 57,700
3. Bruce McLaren	McLaren-Ford	- 3.21,600

8 7.9.1969 GP Italien – Monza
Pole: Jochen Rindt

1. Jackie Stewart	Matra-Ford	1:39.11,260
2. Jochen Rindt	Lotus-Ford	- 0,080
3. Jean-Pierre Beltoise	Matra-Ford	- 0,170

9 20.9.1969 GP Kanada – Mosport Park
Pole: Jacky Ickx

1. Jacky Ickx	Brabham-Ford	1:59.25,700
2. Jack Brabham	Brabham-Ford	- 46,200
3. Jochen Rindt	Lotus-Ford	- 52,000

10 5.10.1969 GP USA – Watkins Glen
Pole: Jochen Rindt

1. Jochen Rindt	Lotus-Ford	1:57.56,840
2. Piers Courage	Brabham-Ford	- 46,990
3. John Surtees	BRM	- 2 Runden

11 19.10.1969 GP Mexiko – Mexiko Stadt
Pole: Jack Brabham

1. Denis Hulme	McLaren-Ford	1:54.08,800
2. Jacky Ickx	Brabham-Ford	- 2,560
3. Jack Brabham	Brabham-Ford	- 38,480

Alle Ergebnisse im Detail auf Seite 375

Kurz-**Meldungen**

● Am 3. Januar erblickt in Hürth-Hermühlheim ein gewisser **Michael Schumacher** das Licht der Welt.

● Matra, Lotus und McLaren setzen sporadisch Rennwagen mit **Vierradantrieb** ein. Ferrari und Cosworth (die Briten liebäugeln mit dem Einsatz eines eigenen F1-Autos) experimentieren lediglich mit diesem Antriebssystem. Es bewährt sich nicht. Nur ein WM-Punkt, den Johnny Servoz-Gavin auf Matra im GP von Kanada holt, geht an die vierradgetriebene Fraktion.

● In Monaco taucht ein letztes Mal ein **Cooper** – das Modell T86 mit Maserati-Motor – auf. Anschließend verschwindet die erfolgreiche Marke (129 GP, zwei Konstrukteurs-Titel, 16 Siege, 11 Pole-Positions) für immer.

● **Graham Hill** gewinnt zum fünften Mal den GP von Monaco. Der Rekordsieger profitiert allerdings vom Pech des Schotten Jackie Stewart. Stewart fährt innerhalb von 22 Runden einen Vorsprung von knapp 30 Sekunden auf Hill heraus, dann bricht die linke Halbwelle seines Matra.

● Das neue Privat-Team **„Frank Williams Racing Cars Ltd."** setzt einen Brabham-Ford mit dem Engländer Piers Courage ein.

● Der **Große Preis von Belgien** wird abgesagt, weil die GPDA Sicherheitsbedenken gegen die 14,1 Kilometer lange Piste von Spa-Fancorchamps äußert. Pläne, den Belgien-Grand-Prix ausnahmsweise in England durchzuführen, werden fallen gelassen.

● Nachdem der Neuseeländer Chris Amon während des 1000-km-Rennens auf dem Nürburgring am Steuer eines Ferrari 312P den **Rundenrekord** auf eine Zeit von 8.03,3 Minuten geschraubt hatte, fällt während des GP von Deutschland die Acht-Minuten-Grenze: Im Training durchbrechen bereits acht Piloten die „Schallmauer". Im Rennen verbessert Jacky Ickx, Brabham-Ford, den Rundenrekord auf 7.43,8 Minuten.

● Die **Startfelder** sind ausgesprochen mager. Die Tiefpunkte des Jahres werden in Frankreich und Deutschland erreicht, wo jeweils nur 13 Wagen mitmischen. In Deutschland wird das Feld durch acht Rennwagen der Formel 2 aufgestockt. Eigentlich hätten es zwölf F2-Autos sein sollen. Aber Gerhard Mitter verunglückt während des Trainings am Steuer seines BMW F269 bei Kilometer 4,9 tödlich, als die Lenkung versagt. Seine Teamkollegen Hubert Hahne und Dieter Quester verzichten daraufhin ebenso auf den Start wie Hans Herrmann (Lotus 49B).

● Der italienische Autokonzern **Fiat** übernimmt 50 % von Ferrari. Zuvor war ein Übernahmeangebot von Ford abgeblitzt. Enzo Ferrari bleibt Chef der Rennabteilung.

● Die vier Briten **Max Mosley** (später FIA-Präsident), Robin Herd, Alan Rees und Graham Coaker – Gründer der Firma March – präsentieren ihre ersten Produkte. Speziell der March Formel 3 ist ein guter Wurf. Das Quartett beschließt, 1970 in den GP-Sport einzusteigen.

● Der 24-jährige Belgier **Jacky Ickx** gilt als große Hoffnung, nachdem er sich mit zwei Siegen auf Brabham-Ford den Vizetitel geholt hat. Ickx hatte Ferrari nach der freudlosen Saison 1967 verlassen, jetzt holt ihn die Scuderia zurück.

● Der noch amtierende Weltmeister **Graham Hill** bricht sich beim Großen Preis der USA in Watkins Glen beide Beine. Der Lotus-Pilot ist zwar 1970 wieder am Start, aber er holt in seinen weiteren fünf Formel-1-Jahren keinen einzigen Podestplatz mehr.

In Watkins Glen holt Jochen Rindt seinen längst fälligen ersten Sieg. Zweiter wird der Brite Piers Courage (r.), Dritter John Surtees.

ckenabschnitt „Wippermann" am Steuer seines Lotus 63, der vierradgetriebenen Version, von der Bahn. Der Amerikaner hat auf einer Bodenwelle das Gewicht seines voll getankten Autos unterschätzt. Andretti entkommt unverletzt. Sekunden später kann Elford einem der abgerissenen Lotus-Räder nicht ausweichen. Der McLaren des Briten steigt auf und verschwindet in Rückenlage zwischen den Bäumen am Pistenrand. Vic Elford gerät in Panik. 240 Liter Sprit hat er gebunkert, die Benzinpumpe summt... Blitzschnell ist Andretti zur Stelle. Er schaltet die Zündung des McLaren aus und befreit den Briten aus seiner misslichen Lage. Elford bezahlt den Crash mit einem dreifachen Armbruch. Nur noch einmal wird er in der Formel 1 starten – 1971 auf dem Nürburgring.

Bereits in Monza, nach acht von elf Rennen, sichert sich Jackie Stewart seinen ersten WM-Titel. Höhepunkte werden beim anschließenden Restprogramm in Übersee nicht mehr erwartet, doch zumindest eine Überraschung gibt es noch: In Watkins Glen holt sich Jochen Rindt erstmals die volle Punktzahl – nach 50 vergeblichen Anläufen. Der clevere Geschäftsmann – ähnlich

Ford-Cosworth DFV – erfolgreichster Motor aller Zeiten

Die zehn Bestplatzierten des diesjährigen WM-Klassements fahren für vier verschiedene Rennställe. Aber sie haben alle etwas gemeinsam: den Motor. Es sind identische Aggregate des Typs Ford-Cosworth DFV.

Als 1966 in der Formel 1 das Drei-Liter-Reglement eingeführt wird, sind Lotus-Chef Colin Chapman alle angebotenen Drei-Liter-Aggregate zu schwer und zu kompliziert. Chapman nimmt Kontakt mit Walter Hayes, dem PR-Chef des Autogiganten Ford auf. Er erläutert ihm seine Vorstellungen von einem Rennmotor und überzeugt ihn.

Ford zahlt an die selbständige Motorenfabrik Cosworth in Northampton 100.000 Pfund, damit dort Formel-1- und Formel-2-Motoren unter dem Namen von Ford gebaut werden.

Es entsteht a) ein 1600 ccm-Vierzylinder-Reihenmotor für die Formel 2, genannt FVA, basierend auf dem Ford-Motorblock 120E und einem Leichtmetall-Zylinderkopf mit vier Ventilen pro Zylinder; und b) ein 90°-V8-Motor, genannt DFV, mit 3000 ccm mit den gleichen Zylinderköpfen.

In der Saison 1967 darf Chapman diesen Motor exklusiv für Lotus einsetzen. Erst nach langen Verhandlungen willigt er ein, dass Ford das Aggregat ab 1968 allen Teams zur Verfügung stellt, die ihn haben möchten. Der V8 ist ein Volltreffer. Zeitweise wird praktisch das gesamte Formel-1-Feld mit dem DFV ausgerüstet, Ferrari ausgenommen. Zwischen 1967 und '83 werden 153 Grand Prix dank des DFV und der direkten Weiterentwicklungen gewonnen. Walter Hayes: „Der erfolgreichste Formel-1-Motor entstand zu einem extrem günstigen Preis. Um den ersten Gang des Getriebes im Serienauto Cortina zu synchronisieren, wurde zehnmal soviel Geld investiert wie für den 67er DFV…"

Weltmeister mit Ford-Cosworth V8

1968	Graham Hill	Lotus
1969	Jackie Stewart	Matra
1970	Jochen Rindt	Lotus
1971	Jackie Stewart	Tyrrell
1972	Emerson Fittipaldi	Lotus
1973	Jackie Stewart	Tyrrell
1974	Emerson Fittipaldi	McLaren
1976	James Hunt	McLaren
1978	Mario Andretti	Lotus
1980	Alain Jones	Williams
1981	Nelson Piquet	Brabham
1982	Keke Rosberg	Williams
1994	Michael Schumacher	Benetton

Die Autos von 1969

Typ	Zylinder	PS	U/Min.	Gänge	Gewicht (unbetankt)
Brabham BT26-Ford	8	425	9.000	5	535 kg
Lotus 49-Ford	8	425	9.000	5	530 kg
Lotus 63-Ford (Allrad)	8	425	9.000	5	600 kg
Matra MS10-Ford	8	425	9.000	5	540 kg
Matra MS84-Ford (Allrad)	8	425	9.000	5	600 kg
Matra MS11	12	420	9.000	5	560 kg
McLaren M7A-Ford	8	425	9.000	5	540 kg
McLaren M9A-Ford (Allrad)	8	425	9.000	5	565 kg
BRM P138	12	420	9.500	5	540 kg
Ferrari 312 (48 Ventile)	12	436	11.000	5	530 kg

Den Ford-Motor kann sich fast jedes Team leisten. Sogar Frank Williams, der seine Wohnungseinrichtung verkauft und für sein Privatteam einen Brabham-Ford erwirbt. Sein Fahrer Piers Courage kommt zweimal auf Rang 2.

wie Jackie Stewart stellt er Business und Sport auf eine Ebene – landet damit einen Volltreffer: Der Große Preis der USA ist das höchst dotierte Formel-1-Rennen des Jahres. 50.000 Dollar gibt es für Platz eins. Wer als Erster ausfällt, und nach amerikanischem Verständnis damit „Letzter" wird, erhält immerhin noch 2700 Dollar. Neben der Siegprämie kassiert Rindt noch jeweils 1000 Dollar für die Pole und die schnellste Runde des Rennens.

Erleichtert gesteht der Sieger, nachdem ihn Tex Hopkins mit seinem berühmten „Tigersprung" abgewinkt hat: „Ich habe mich nicht einmal in der letzten Runde getraut, an den Erfolg zu glauben. Bisher ging ja immer irgend etwas kaputt, wenn ich vorn lag." Dann wundert er sich: „Das große Glücksgefühl spüre ich nicht – wahrscheinlich, weil ich schon einige Grand Prix hätte gewinnen müssen."

Endstand Fahrer-WM

1.	**Jackie Stewart** Matra-Ford	**63**
2.	**Jacky Ickx** Brabham-Ford	**37**
3.	**Bruce McLaren** McLaren-Ford	**26**
4.	**Jochen Rindt** Lotus-Ford	**22**
5.	**Jean-Pierre Beltoise** Matra-Ford	**21**
6.	**Denis Hulme** McLaren-Ford	**20**
7.	**Graham Hill** Lotus-Ford	**19**
8.	**Piers Courage** Brabham-Ford	**16**
9.	**Joseph Siffert** Lotus-Ford	**15**
10.	**Jack Brabham** Brabham-Ford	**14**
11.	**John Surtees** BRM	**6**
12.	**Chris Amon** Ferrari	**4**
13.	**Richard Attwood** Lotus-Ford	**3**
	Vic Elford McLaren-Ford	**3**
	Pedro Rodriguez BRM	**3**
16.	**Johnny Servoz-Gavin** Matra-Ford	**1**
	Silvio Moser Brabham-Ford	**1**
	Jackie Oliver BRM	**1**

Gewertet wurden die besten fünf Resultate der ersten sechs Rennen und die besten vier der letzten fünf Rennen.

Konstrukteure

1.	**Matra-Ford**	**66**
2.	**Brabham-Ford**	**49 (51)**
3.	**Lotus-Ford**	**47**
4.	**McLaren-Ford**	**38 (40)**
5.	**Ferrari**	**7**
	BRM	**7**

Gesamtpunktzahl in Klammern.

Neue **Regeln**

Seit dem Monaco-GP gilt ein neues Reglement für die Flügel. Links die übliche Flügelkonstruktion zum Saisonstart, rechts die neue.

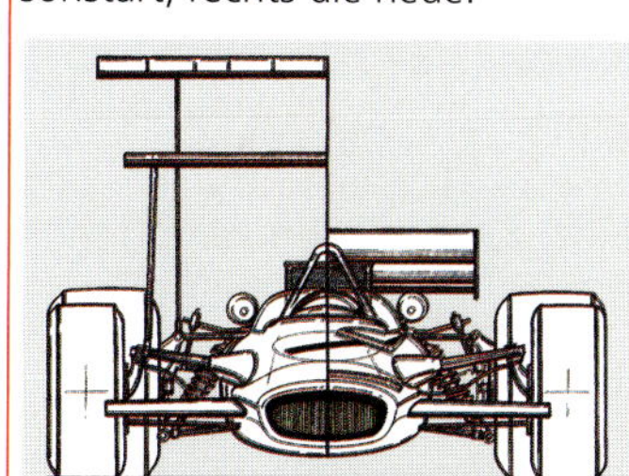

Außerdem gilt ab 1970 ein neues Minimalgewicht: 530 kg (bisher 500 kg). Die Tanks müssen künftig hinter dem Cockpit liegen und aus Gummi gefertigt sein.

1970

Der posthume Weltmeister

Wieder einmal sorgt Lotus für eine Revolution in der Formel 1. Colin Chapman präsentiert mit dem Lotus 72 einen Rennwagen in Keilform. Die Kühler wandern vom Bug an die Seite des Chassis. Aber erneut hat die Königsklasse Tote zu beklagen. Drei Formel-1-Piloten sterben im Laufe der Saison.

Die Saison beginnt mit einer riesigen Überraschung. Ken Tyrrell hat sein Team vom Matra-Chassis auf Boliden des Formel-1-Einsteigers March umgerüstet. Und die March 701 feiern im Training für den Großen Preis von Südafrika einen Einstand nach Maß: Jackie Stewart stellt seinen Kunden-March auf die Pole-Position. March-Werks-Pilot Chris Amon erobert – zeitgleich mit dem Titelverteidiger – Startplatz zwei. Aber als das Rennen nach knapp 110 Minuten abgewinkt wird, hat Jack Brabham die Nase vorn. Der Australier, der 1955 (!) in Aintree seinen ersten Grand Prix bestritt, erlebt den x-ten Frühling seiner Karriere.

Sechs Wochen später debütiert im spanischen Jarama der Lotus 72. Teamchef Colin Chapman hatte zuvor angekündigt: „Unser neuer Wagen hat keinerlei Ähnlichkeit mit den anderen Autos." Der Mann hat keineswegs übertrieben. Aufgrund der konsequenten Keilform entfällt der zentrale Kühler am Bug. Aber neben der optischen und aerodynamischen Formel-1-Revolution gibt es weitere Leckerbissen: Die vier Bremsen liegen innen, um das Gewicht der ungefederten Massen zu reduzieren. Außerdem hat Konstrukteur Maurice Phillippe die Drehstabfederung wiederentdeckt. „Bird on wheels" – Vogel auf Rädern, nennen die Briten die atemberaubende Neuschöpfung, mit der Lotus ein ausgezeichneter Wurf gelungen ist: Das Auto wird, mit Modifikationen, bis 1975 erfolgreich eingesetzt!

Während des Trainings zum Spanien-GP sorgt eine schier unglaubliche Taktlosigkeit des Veranstalters für Ärger. Offenbar ist den Funktionären zu Ohren gekommen, die Formel 1 sei eine Risiko-Sportart. Sie wollen gerüstet sein. Im Fahrerlager steht für alle Fälle ein Sarg bereit. Stewart, Rindt und Co. sind empört.

Im Verlauf der Startrunde ereignet sich dann ein schwerer Zwischenfall: Beim Anbremsen der Haarnadelkurve kurz vor der Start-Ziel-Geraden gerät der BRM des Briten Jackie Oliver wegen eines Aufhängungsbruchs aus der Kontrolle des Piloten. Er rammt den Ferrari von Jacky Ickx und beide Boliden gehen sofort in Flammen auf. Oliver entkommt dem Inferno mit einem Sprung. Ickx aber fingert zunächst ver- ▶

▼ *Jochen Rindt legt 1970 eine tolle Siegesserie hin, die erst in Österreich endet. Mit Motorschaden fällt der Titelanwärter aus.*

1970

Die **Teams**

Matra-Ford	
Jean-Pierre Beltoise	F
Henri Pescarolo	F
Brabham-Ford	
Jack Brabham	AUS
Rolf Stommelen	D
Derek Bell	GB
Peter de Klerk	SA
Gus Hutchinson	USA
Lotus-Ford	
Jochen Rindt	A
Emerson Fittipaldi	BR
Graham Hill	GB
Reine Wisell	S
John Miles	GB
Pete Lovely	USA
John Love	RHO
Dave Charlton	SA
McLaren-Ford	
Denis Hulme	NZ
Bruce McLaren	NZ
John Surtees	GB
Dan Gurney	USA
Peter Gethin	GB
Andrea de Adamich	I
Joakim Bonnier	S
Ferrari	
Jacky Ickx	B
Clay Regazzoni	CH
Ignazio Giunti	I
BRM	
Pedro Rodriguez	MEX
Jackie Oliver	GB
George Eaton	CAN
March-Ford *	
Chris Amon	NZ
Mario Andretti	USA
Johnny Servoz-Gavin	F
François Cevert	F
Joseph Siffert	CH
Jackie Stewart	GB
Ronnie Peterson	S
Surtees-Ford *	
Derek Bell	GB
John Surtees	GB
Tyrrell-Ford *	
Jackie Stewart	GB
Bellasi *	
Silvio Moser	CH
De Tomaso-Ford	
Piers Courage	GB
Tim Schenken	AUS

* neue Teams

Jochen Rindt, Deutscher mit österreichischer Lizenz, gilt als Draufgänger. Er verfügt über großes Talent. Der 28-Jährige holt fünf Siege und fährt 1970 allen davon. Nur der Tod kann ihn stoppen. Weltmeister wird Rindt trotzdem.

1970

geblich am Zentralverschluss seiner Gurte. Der Belgier: „Mein Helmvisier war längst rußgeschwärzt. Ich sah absolut nichts mehr, als sich das Gurtschloss endlich öffnete." Der Pilot erinnert sich, zuvor im Infield einen Feuerlöscher im Gras gesehen zu haben. Dorthin will er sich flüchten, obwohl er das Risiko auf sich nehmen muss, von einem seiner Kollegen überfahren zu werden. Das Rennen tobt nämlich unverändert weiter. Als er mit brennendem Overall lossprintet, spürt er, dass sein Weg „bergauf" führt. Die Kurve ist relativ stark überhöht – er läuft also in die falsche Richtung. Die lebende Fackel macht auf dem Absatz kehrt und läuft glücklicherweise einem Polizisten der Guardia Civil in die Arme, der die Flammen erstickt. Wegen Verbrennungen an Armen und Beinen wird Jacky Ickx in Monaco nicht an den Start gehen.

Nur fünf Piloten – angeführt von Jackie Stewart – erreichen das Ziel. Ein Sieg für Brabham, der zweite für den Titelverteidiger: Die Saison hat viel versprechend begonnen. Das neue Wunderauto Lotus bereitet jedoch Probleme. Jochen Rindt muss in Monaco sogar auf den betagten Lotus 49C wechseln, weil der neue Typ 72 in Jarama unter Kinderkrankheiten litt. Rindt wird Achter im Qualifying. Er werde ein bisschen herumfahren, sagt Rindt zu seiner Ehefrau Nina, denn Siegchancen habe er ja ohnehin nicht. Sein Freund Bernie Ecclestone, der sich nach langen Jahren als Makler neuerdings wieder für die Formel 1 interessiert, schärft ihm ein: „Kämpfe!"

Startgelder

Jeder Veranstalter kann sich um einen Formel-1-Lauf bemühen. Aber die Veranstalter müssen heftig hinblättern:

- Für jeden angetretenen Wagen werden ca. 9.000 DM Startgeld fällig, zudem Gelder für die im letzten Halbjahr erzielten Plätze: Pro Sieg 1.250 DM, für jeden dritten Platz immerhin noch 300 DM.
- Fürs Training gibt es pro Teilnehmer 3.750 bis 6.250 DM.
- Der Sieger bekommt vom Veranstalter 25.000 DM, der Zweite 18.750 DM, der 20. noch 625 DM.

Kurz-**Meldungen**

- Die 1966 eingeführte **Dreiliter-Formel** findet Gefallen bei der FIA und den Teams. Die Verlängerung ihrer Gültigkeitsdauer wird vorläufig auf Ende 1973 festgelegt, später wird weiter verlängert.

- Die neuen **Formel-1-March**, Typ 701, werden ein Verkaufsschlager. Neben den beiden Werks-Autos, die von Chris Amon und Jo Siffert gefahren werden, kommen drei weitere 701 zum Einsatz. Die Tyrrell Racing Organisation kauft die March für Jackie Stewart und Johnny Servoz-Gavin bzw. François Cevert. Der Privat-Rennstall Antique Automobiles Racing Ltd. erwirbt einen March für das schwedische Talent Ronnie Peterson. Mario Andretti bestreitet für das Team STP Oil Treatment Corporation fünf GP auf March.

- Ein letztes Mal tritt die Formel 1 auf der – im Vorjahr boykottierten – 14,1 Kilometer langen Piste von **Spa-Francorchamps** an. Trotz der inzwischen montierten Leitplanken und einer Schikane vor der Rechtskurve Malmedy lehnen die Piloten die Rennstrecke für die Zukunft als zu gefährlich ab. Sie wird umgebaut.

- Der Große Preis von Deutschland wird erstmals auf dem **Hockenheimring**, der für die Saison 1966 modernisiert wurde, ausgetragen. Der Wechsel von der Eifel ins Badische wird notwendig, weil die Fahrervereinigung GPDA vier Wochen vor dem Rennen das Aufstellen zahlreicher neuer Leitplanken auf dem Nürburgring fordert. In der Kürze der Zeit sind die Umbauarbeiten jedoch nicht erfüllbar. Im Winter 1970/71 wird die „Grüne Hölle" aufgrund umfangreicher Modernisierungsarbeiten für immer verschwinden.

▲ *Als dreifacher Weltmeister zieht sich Jack Brabham Ende 1970 vom aktiven Rennsport zurück. David wird 1990 in Papas Fußstapfen treten.*

- Erstmals seit 1964 ist der **Große Preis von Österreich** wieder Bestandteil des Formel-1-Terminkalenders. Gefahren wird auf dem 5,911 Kilometer langen Österreichring in der Steiermark. Die Hochgeschwindigkeitspiste erlaubt Durchschnittsgeschwindigkeiten von mehr als 200 km/h.

- Ex-Weltmeister **John Surtees** hat sein eigenes Formel-1-Team gegründet. Zunächst bestreitet er die Rennen auf McLaren. Das eigene Chassis debütiert beim England-GP.

- Mit Clay Regazzoni (Schweiz) und Emerson Fittipaldi (Brasilien) tauchen zwei viel versprechende **neue Formel-1-Piloten** auf. Fittipaldi gewinnt bereits beim vierten Anlauf (GP der USA), Regazzoni beim fünften (GP von Italien). Der deutsche Neuling Rolf Stommelen steht in Österreich als Dritter auf dem Podest.

- In Kanada tritt das **Team Tyrrell** mit eigenen Rennwagen an. Verantwortlicher Konstrukteur des Tyrrell-Ford 01 ist Derek Gardner. Der Wagen ist ein gelungener Wurf. Jackie Stewart stellt den Boliden auf die Pole und führt bis zu seinem Ausfall das Rennen an.

- Zum Saisonende beendet **Jack Brabham** seine Formel-1-Karriere. Der Australier ist einer der stärksten Piloten des Rennjahres 1970. Mit 25 Punkten wird er WM-Fünfter. Bei etwas weniger Pech hätte „Black Jack" zum Abschied noch einmal Champion werden können.

▼ *Mario Andretti im Verkaufsschlager der Saison, dem March 701. Das neue Team beeindruckt auf Anhieb.*

Durch Ausfälle und gewagte Manöver wird Rindt nach vorne gespült. 20 Runden vor Schluss liegt nur noch Jack Brabham vor ihm – 15 Sekunden voraus. Rindt attackiert, fährt zwei Sekunden schneller als im Qualifying. Rindt: „Weder vor noch nach Monaco fuhr ich jemals so gut." In der Schlussrunde trennt beide eine Sekunde. Da unterläuft Brabham beim Anbremsen der letzten Kurve im Kampf mit einem Pulk zu überrundender Konkurrenten ein Flüchtigkeitsfehler. Er gerät auf Schmutz und rutscht in die Strohballen. Rindts Lotus schlüpft innen vorbei zum Sieg! Erst 23 Sekunden später rollt „Black Jack" Brabham über die Linie.

Knapp drei Wochen später verunglückt beim Training zum Holland-GP der 28-jährige Brite Piers Courage, Erbe eines Brauerei-Konzerns, tödlich am Steuer eines De Tomaso-Ford. Sein gleichaltriger Teamchef und Freund Frank Williams ist am Boden zerstört. 30 Jahre später wird in der Empfangshalle der Williams-Zentrale noch eine Bronzetafel „an den besten Freund, den ich je hatte", erinnern.

Für Jochen Rindt scheint endlich alles nach Wunsch zu laufen. In Spa fällt er zwar wegen eines Motorschadens aus. Pedro Rodriguez, BRM, heißt der Überraschungssieger. Dann aber, jetzt ist der Lotus 72 endlich fit, schlägt Rindt zu: Der Monaco-Sieger gewinnt in Zandvoort, Clermont-Ferrand – wo er aus Angst vor Übelkeit den Vollvisierhelm gegen einen offenen Jet-Helm tauscht –, Brands Hatch und Hockenheim.

Bei Brabham zeichnet Ron Tauranac (l.) verantwortlich für die Konstruktion der Rennwagen. Der spätere Teamchef Ron Dennis (M.) ist 1970 Mechaniker im Rennstall von Jack Brabham (r.).

Bruce McLaren – Tod eines Teamchefs

Am 2. Juni 1970 wird die Formel-1-Szene von einer Schreckensmeldung erschüttert. Bruce McLaren ist bei Testfahrten in Goodwood tödlich verunglückt. Nicht in einem Formel-1-Wagen, sondern in einem CanAm-McLaren, der bei der amerikanischen Sportwagenserie eingesetzt werden soll. Die Heckverkleidung ist infolge des hohen Anpressdrucks weggeflogen, der Wagen prallt bei 200 km/h gegen eine Mauer, Bruce McLaren wird herausgeschleudert.

Der Ingenieurssohn, 1937 in Neuseeland geboren, absolviert eine Karriere im Eiltempo. Mit 15 Jahren fährt er erste Rennen, mit 21 wird er 1958 auf Empfehlung von Jack Brabham Cooper-Werksfahrer. 1959 gewinnt er den GP der USA und geht als jüngster GP-Sieger in die F1-Geschichte ein. Der „Titel" hat zur Jahrtausendwende immer noch Bestand. Bereits seine zweite Saison beendet Bruce 1960 als WM-Zweiter hinter seinem Cooper-Teamkollegen Jack Brabham. Cooper ist damals bereits auf dem absteigenden Ast, aber McLaren bleibt dem Team in der Formel 1 treu, während er in anderen Rennserien bereits eigene Autos erfolgreich einsetzt.

Bruce McLaren ist der jüngste F1-Sieger aller Zeiten. Der Neuseeländer stirbt bei Tests für sein eigenes Team.

1966 gründet Bruce McLaren ein eigenes Formel-1-Team. Er fährt die Ford-getriebenen Wagen anfangs allein, 1968 gelingt es ihm, seinen Landsmann Denis Hulme, den amtierenden Weltmeister, von Brabham wegzulocken. Das Team beendet das Jahr auf Rang zwei der WM-Tabelle hinter Lotus.

Es ist der größte Erfolg seines Teams, den Bruce McLaren noch miterlebt. Nach seinem Tod führt Mitbegründer Teddy Mayer mit McLarens Witwe das Team weiter. Zu dieser Zeit ist Ron Dennis noch Mechaniker bei Brabham. Er wird McLaren 1980 übernehmen und zum Top-Team der achtziger und neunziger Jahre machen.

Der McLaren M2B ist die erste Eigenkonstruktion des Neuseeländers für die Formel 1. Angetrieben vom Ford-V8 debütiert der Wagen 1966 und ist immerhin drei WM-Punkte gut.

1970

Siegerpodeste

1	7.3.1970 GP Südafrika – Kyalami	Pole: Jackie Stewart
1. Jack Brabham	Brabham-Ford	1:49.34,600
2. Denis Hulme	McLaren-Ford	- 8,100
3. Jackie Stewart	March-Ford	- 17,100

2	19.4.1970 GP Spanien – Jarama	Pole: Jack Brabham
1. Jackie Stewart	March-Ford	2:10.58,200
2. Bruce McLaren	McLaren-Ford	- 1 Runde
3. Mario Andretti	March-Ford	- 1 Runde

3	10.5.1970 GP Monaco – Monte Carlo	Pole: Jackie Stewart
1. Jochen Rindt	Lotus-Ford	1:54.36,600
2. Jack Brabham	Brabham-Ford	- 23,100
3. Henri Pescarolo	Matra	- 51,400

4	7.6.1970 GP Belgien – Spa-Francorchamps	Pole: Jackie Stewart
1. Pedro Rodriguez	BRM	1:38.09,900
2. Chris Amon	March-Ford	- 1,100
3. Jean-Pierre Beltoise	Matra	- 1.43,700

5	21.6.1970 GP Niederlande – Zandvoort	Pole: Jochen Rindt
1. Jochen Rindt	Lotus-Ford	1:50.43,410
2. Jackie Stewart	March-Ford	- 30,000
3. Jacky Ickx	Ferrari	- 1 Runde

6	5.7.1970 GP Frankreich – Clermont-Ferrand	Pole: Jacky Ickx
1. Jochen Rindt	Lotus-Ford	1:55.57,000
2. Chris Amon	March-Ford	- 7,610
3. Jack Brabham	Brabham-Ford	- 44,830

7	18.7.1970 GP England – Brands Hatch	Pole: Jochen Rindt
1. Jochen Rindt	Lotus-Ford	1:57.02,000
2. Jack Brabham	Brabham-Ford	- 32,900
3. Denis Hulme	McLaren-Ford	- 54,400

8	2.8.1970 GP Deutschland – Hockenheim	Pole: Jacky Ickx
1. Jochen Rindt	Lotus-Ford	1:42.00,300
2. Jacky Ickx	Ferrari	- 0,700
3. Denis Hulme	McLaren-Ford	- 1.21,800

9	16.8.1970 GP Österreich – Österreichring	Pole: Jochen Rindt
1. Jacky Ickx	Ferrari	1:42.17,320
2. Clay Regazzoni	Ferrari	- 0,610
3. Rolf Stommelen	Brabham-Ford	- 1.27,880

10	6.9.1970 GP Italien – Monza	Pole: Jacky Ickx
1. Clay Regazzoni	Ferrari	1:39.06,880
2. Jackie Stewart	March-Ford	- 5,730
3. Jean-Pierre Beltoise	Matra	- 5,800

11	20.9.1970 GP Kanada – Mont-Tremblant	Pole: Jackie Stewart
1. Jacky Ickx	Ferrari	2:21.18,400
2. Clay Regazzoni	Ferrari	- 14,800
3. Chris Amon	March-Ford	- 57,900

12	4.10.1970 GP USA – Watkins Glen	Pole: Jacky Ickx
1. Emerson Fittipaldi	Lotus-Ford	1:57.32,790
2. Pedro Rodriguez	BRM	- 36,390
3. Reine Wisell	Lotus-Ford	- 45,170

13	25.10.1970 GP Mexiko – Mexiko Stadt	Pole: Clay Regazzoni
1. Jacky Ickx	Ferrari	1:53.28,360
2. Clay Regazzoni	Ferrari	- 45,460
3. Denis Hulme	McLaren-Ford	- 45,970

Alle Ergebnisse im Detail auf Seite 375

Eine furiose Debütsaison liefert der Schweizer Ferrari-Pilot Clay Regazzoni ab. Der Rookie gewinnt in Italien erstmals in seinem fünften Rennen und beendet die Saison als Dritter.

Die Fürstenfamilie nimmt in Monaco traditionell die Siegerehrung vor. Fürstin Gracia Patricia (l.), Prinzessin Stephanie und Fürst Rainier lauschen mit Sieger Jochen Rindt der Hymne.

In England benötigt er allerdings viel Glück: Uneinholbar liegt Jack Brabham vorn, doch der Australier fährt in der Schlussrunde den Tank seines Boliden trocken und wird von Rindt abgefangen.

Ausgerechnet in Zeltweg, wo erstmals auf dem brandneuen Österreichring gefahren wird, bleibt der Lotus des in Österreich aufgewachsenen Deutschen Rindt stehen. Aber der 28-Jährige ist weiterhin auf Titelkurs. Doch schon der 5. September beendet den kurzen, glücklichen Sommer des Titelfavoriten. Rindt stirbt während des Abschlusstrainings für den GP von Italien in Monza. Einen Tag später siegt Clay Regazzoni, der am Vortag seinen 31. Geburtstag gefeiert hatte. Es ist erst der fünfte WM-Grand Prix des Ferrari-Fahrers.

GPDA-Chef Joakim Bonnier schlägt vor, Jochen Rindt den Titel zu schenken. Aber der „Nichtangriffspakt" wird abgelehnt. Fair soll es zugehen, wie es auch Rindt gewollt hätte. Zudem holen plötzlich die Ferrari auf. Jacky Ickx und Clay Regazzoni, die in der ersten Saisonhälfte nicht einen einzigen Podestplatz errungen haben, siegen mit dem neuen 312B zweimal im Doppelpack: Sowohl in Kanada als auch in Mexiko gewinnt Ickx vor Reggazoni. Aber dazwischen, beim US-Grand-Prix, kommt Ickx nur auf Rang vier. Das ist die Entscheidung: Der Belgier muss sich mit dem Vizetitel hinter dem tödlich verunglückten Freund begnügen.

Jochen Rindt – Er hatte nur ein Ziel

Jochen Rindt, geboren am 18. April 1942 in Mainz, wird im Alter von 15 Monaten Vollwaise. Seine Eltern sterben in einer Bombennacht des Sommers 1943 in Hamburg. Eine Tante nimmt das Kleinkind zu sich nach Graz. Jochen Rindt findet in Österreich eine neue Heimat. Seine deutsche Staatsangehörigkeit wird er allerdings bis zu seinem frühen Tod beibehalten.

Finanziell ist Rindt abgesichert. Ihm gehört die Gewürzmühle „Klein & Rindt", die seit 1840 in Mainz betrieben wird. Jochen Rindt ist Alleinerbe. Bis zu seiner Volljährigkeit übernimmt ein Vormund die Verwaltung der Mühle.

Als Schüler reißt der Zugereiste keine Bäume aus. Aber immerhin: Auch er schafft eines Tages die Matura – das österreichische Abitur. Rindt erlebt seine Teenager-Jahre in einer wilden Clique gemeinsam mit Helmut Marko, dem Sohn eines Grazer Elektrohändlers und zwei weiteren Freunden. Ob auf dem Moped oder im Auto, das Quartett geht immer ans Limit.

Rennfahrer will er werden. Er kauft sich einen Cooper der Formel Junior. Bezahlt wird garantiert nach Erreichen der Volljährigkeit, wenn die Pfeffergelder zur Verfügung stehen. Bereits sein zweites Rennen bringt den ersten Sieg. Ende 1963 erkennt er: „Ich eigne mich für nichts so gut wie für den Rennsport." Im Januar 1964 erscheint er auf der Londoner Racing Car Show, legt Jack Brabham 280.000 Schilling auf den Tisch und ersteht für diese Summe einen Brabham der Formel 2. Im ersten Rennen wird er Dritter, der zweite Start bringt Sieg Nummer eins. Auf der Piste von Crystal-Palace schlägt er die britischen Asse! Eine Zeitung meldet am folgenden Tag: „Unbekannter Australier besiegt Graham Hill!" Der Reporter hat „Austrian" mit „Australian" verwechselt.

1964 fährt Jochen Rindt für Rob Walker seinen ersten Formel-1-Grand-Prix und verpasst erste WM-Punkte nur wegen eines Defekts. 1965 siegt er in Le Mans und bestreitet für Cooper seine erste komplette GP-Saison. Obwohl er zur ersten Garnitur der Branche gezählt wird, muss Jochen Rindt lange auf seinen ersten GP-Sieg warten. Erst im 50. Anlauf klappt es – 1969 beim Großen Preis der USA. Das Schicksal gönnt ihm nur noch zehn weitere WM-Läufe der Formel 1. Fünf davon gewinnt er. Es ist die tolle Siegesserie im Sommer 1970. In Zeltweg reißt der Faden. Rindt fällt aus.

Aber er hat weiterhin beste Titelchancen und fährt optimistisch nach Monza. Am ersten Trainingstag läuft es nicht optimal, aber Rindt winkt ab: „Der Motor hat schon reichlich Kilometer abgespult. Morgen früh kommt ein frischer rein." Falls er einen guten Windschatten erwischt, hofft er auf eine tiefe 23er Zeit als schnellste Runde.

Samstags bespricht Rindt die Taktik für das Abschlusstraining gemeinsam mit seinem Freund Bernie Ecclestone. Erst spät will er attackieren, wenn die Hitze bereits etwas nachgelassen hat. Der Beginn der Zeitenjagd verzögert sich kurz – wenige Minuten nach 15 Uhr wird die Piste freigegeben. Jochen Rindt will zunächst den Motor checken und die neue Getriebeabstufung prüfen. Auf 328 km/h Topspeed ist sein Lotus 72 jetzt ausgelegt. Mit dem linken Fuß zuerst, wie immer, steigt er ins Cockpit. Dann gibt er Gas.

Seine erste Runde absolviert er in 1.40,78 Minuten. Dann folgen weitere Runden in 1.27,59 – 1.27,24 und 1.26,75. Im fünften Umlauf bricht beim Anbremsen der Parabolica eine Bremswelle. Denis Hulme, kurz zuvor von Rindt überholt, berichtet: „Nach einigen Schlängelbewegungen bog Jochens Auto nach links in die Leitplanken ab." Der Neuseeländer glaubt, Jochen Rindt sei „wohl in Ordnung". Tatsächlich liegt der Star im Sterben. In der Mailänder Klinik „Niguarda" wird sein Tod festgestellt.

Wenn er überlebt, wurde zu Beginn der Karriere des Jochen Rindt behauptet, dann wird er Champion. Im Herbst des Jahres 1970 wird er posthum zum Weltmeister erklärt…

Im Oktober schreibt Jochen Rindts Witwe Nina einen Brief an Jacky Ickx: „Zuerst möchte ich dir zum Sieg in Kanada gratulieren. Ehrlich gesagt, war ich dann etwas in Sorge, dass du auch in Watkins Glen gewinnst, was bedeutet hätte, dass Jochen den Titel verliert. Ich bin sehr glücklich, dass Jochen es geschafft hat, weil es sein einziger wirklicher Wunsch war."

Jochen Rindt bleibt zum Glück der einzige Weltmeister in den ersten fünfzig Jahren Formel 1, der seinen WM-Pokal nicht persönlich in Empfang nehmen kann.

Jochen Rindt beherrscht mit dem Lotus 72 die Konkurrenz, auch wenn er die Siege in Monaco und England dem Pech von Jack Brabham verdankt.

Zwei 28-Jährige wollen nach oben: Frank Williams (l.) hat 1969 ein Privatteam gegründet. Sein Freund und Fahrer Piers Courage bringt das Geld. Im Juni stirbt Courage in Zandvoort.

Endstand Fahrer-WM

1.	**Jochen Rindt** Lotus-Ford	45
2.	**Jacky Ickx** Ferrari	40
3.	**Clay Regazzoni** Ferrari	33
4.	**Denis Hulme** McLaren-Ford	27
5.	**Jack Brabham** Brabham-Ford	25
	Jackie Stewart Tyrrell-Ford	25
7.	**Pedro Rodriguez** BRM	23
	Chris Amon March-Ford	23
9.	**Jean-Pierre Beltoise** Matra-Ford	16
10.	**Emerson Fittipaldi** Lotus-Ford	12
11.	**Rolf Stommelen** Brabham-Ford	10
12.	**Henri Pescarolo** Matra-Ford	8
13.	**Graham Hill** Lotus-Ford	7
14.	**Bruce McLaren** McLaren-Ford	6
15.	**Mario Andretti** March-Ford	4
	Reine Wisell Lotus-Ford	4
17.	**Ignazio Giunti** Ferrari	3
	John Surtees McLaren-Ford	3
19.	**John Miles** Lotus-Ford	2
	Johnny Servoz-Gavin March-Ford	2
	Jackie Oliver BRM	2
22.	**Dan Gurney** McLaren-Ford	1
	François Cevert March-Ford	1
	Peter Gethin McLaren-Ford	1
	Derek Bell Surtees-Ford	1

Gewertet wurden die besten sechs Resultate der ersten sieben Rennen und die besten fünf der letzten sechs Rennen.

Konstrukteure

1.	**Lotus-Ford**	59
2.	**Ferrari**	52 (55)
3.	**March-Ford**	48
4.	**Brabham-Ford**	35
	McLaren-Ford	35
6.	**BRM**	23
	Matra Simca	23
8.	**Surtees-Ford**	3

Gesamtpunktzahl in Klammern.

Der sympathische Belgier Jacky Ickx bestreitet zwischen 1966 und 1979 116 Grand Prix. Seine erfolgreichste Zeit hat er bei Ferrari. Sechs seiner acht GP-Siege erringt de

rnalistensohn auf den Autos der Scuderia. 1970 hat er Chancen auf den WM-Titel, doch der geht posthum an Jochen Rindt. Verheiratet ist Jacky mit der hübschen Catherine.

1971

Zum ersten Mal seit 1959 fehlt der Titelverteidiger. Die Frage nach der Vergabe der Startnummer „1“ stellt sich nicht: Die Nummern werden noch von Rennen zu Rennen vergeben.

Beim Saisonauftakt in Kyalami muss Matra-Pilot Jean-Pierre Beltoise pausieren. Die FIA hat den Franzosen gesperrt, weil er am 10. Januar in den tödlichen Unfall des Italieners Ignazio Giunti verwickelt war. Giunti fuhr beim Marken-WM-Lauf „1000 Kilometer von Buenos Aires“ den Tank seines Ferrari trocken. Anschließend wollte er den Boliden zum Auftanken an die Boxen schieben. Er kam nie an – Beltoise rammte den Havaristen!

Der Amerikaner Mario Andretti, der in Südafrika seinen ersten Grand Prix für Ferrari bestreitet, siegt auf Anhieb für den neuen Arbeitgeber. Titelchancen hat er nicht, weil von Anfang an fest steht, dass Andretti nur fünf Rennen für Ferrari fahren soll.

Starkes Duo: Stewart und Tyrrell

Ferrari hatte sich zum Ende der Saison 1970 um Jackie Stewart bemüht. Aber der Schotte bleibt bei Tyrrell. Er holt für das neue Team auf Anhieb den Weltmeistertitel. Erstmals werden Slicks eingesetzt. Leider gibt es wieder mehrere tödliche Unfälle außerhalb des WM-Kalenders.

In Barcelona kommt der Südafrika-Sieger nicht über die Runden. Ein technischer Defekt wirft ihn aus dem Rennen, während Jackie Stewart siegt. Der Weltmeister des Jahres 1969 hat jetzt Tritt gefasst: Vier der nächsten fünf Grand Prix kann Stewart siegreich beenden und damit den Grundstein für seinen zweiten Titelgewinn legen. ▶

Mehrmals in der Saison führt Jackie Stewart das Feld vom Start weg an. Der Schotte holt für das Tyrrell-Team sechs der sieben Siege.

1971

Die **Teams**

Lotus-Ford	
Emerson Fittipaldi	BR
Reine Wisell	S
Dave Charlton	SA
Dave Walker	AUS
Pete Lovely	USA
Ferrari	
Jacky Ickx	B
Clay Regazzoni	CH
Mario Andretti	USA
March-Ford	
Ronnie Peterson	S
Henri Pescarolo	F
Nanni Galli	I
Andrea de Adamich	I
Alex Soler-Roig	E
Niki Lauda	A
Mike Beuttler	GB
Jean Max	F
Skip Barber	USA
Jean-Pierre Jarier	F
François Mazet	F
John Love	RHO
Brabham-Ford	
Tim Schenken	AUS
Graham Hill	GB
Dave Charlton	SA
Chris Craft	GB
Jackie Pretorius	SA
McLaren-Ford	
Peter Gethin	GB
Denis Hulme	NZ
Mark Donohue	USA
Jackie Oliver	GB
Joakim Bonnier	S
David Hobbs	GB
BRM	
Joseph Siffert	CH
Pedro Rodriguez	MEX
Howden Ganley	NZ
Helmut Marko	A
Peter Gethin	GB
Vic Elford	GB
George Eaton	CDN
John Cannon	CDN
Matra Simca	
Chris Amon	NZ
Jean-Pierre Beltoise	F
Surtees-Ford	
Mike Hailwood	GB
John Surtees	GB
Rolf Stommelen	D
Brian Redman	GB
Derek Bell	GB
Sam Posey	USA
Gijs van Lennep	NL
Tyrrell-Ford	
Jackie Stewart	GB
François Cevert	F
Peter Revson	USA
Bellasi-Ford	
Silvio Moser	CH

1971

Auch in England triumphiert Jackie Stewart. Goodyear-Renndirektor Leo Mehl (l.) gratuliert Teamchef Ken Tyrrell und dem Sieger.

Doch zunächst geht es nach Monaco, wo zum letzten Mal auf der Piste mit klassischem Layout gefahren wird. Die Stimmung im Fürstentum ist angeheizt. Traditionsgemäß sind zahlreiche Zuschauer aus dem nahen Italien angereist, und aus deren Reihen werden massive Drohungen gegen den wieder startberechtigten Jean-Pierre Beltoise ausgesprochen. Um Giunti zu „rächen", werde man den Matra-Piloten mit einem Hagel leerer Flaschen und Steinen begrüßen...

Sonntags bleiben die befürchteten Zwischenfälle aus. Während Stewart einen überlegenen Start-Ziel-Sieg nach Hause fährt, dreht Beltoise bis zu seinem Ausfall unbehelligt seine Runden.

Stewarts Siegesserie wird in Zandvoort unterbrochen. Auf der nassen Dünen-Piste hat er mit seinen Goodyear-Reifen keine Chance gegen die Firestone bereifte Konkurrenz. Hier erweist sich Jacky Ickx als Meister im Regen und gewinnt souverän. Dann gelingt Stewart ein Hattrick: Nacheinander holt er sich in Le Castellet, Silverstone und auf der umgebauten Nordschleife des Nürburgrings die volle Punktzahl.

Bereits beim Grand Prix von Österreich, dem achten von insgesamt elf WM-Läufen, sichert sich Jackie Stewart zum zweiten Mal das Championat. Weil das linke Hinterrad seines Tyrrell wegbricht, holt er zwar keine Punkte, aber da seine direkten Verfolger ebenfalls leer ausgehen, liegt er nun im Zwischenklassement uneinholbar vorn. Sieger wird der Schweizer BRM-Pilot Jo Siffert. Sein Start-Ziel-Sieg gerät am Ende noch in Gefahr, weil ein schleichender Plattfuß für miserables Fahrverhalten sorgt. Siffert

In Südafrika überrascht der Italo-Amerikaner Mario Andretti die Fachwelt. In seinem ersten Rennen für Ferrari gewinnt er. Es ist sein erster Sieg im zehnten Rennen.

Slicks – die neuen **Reifen ohne Profil**

Auf dem Reifensektor sind die beiden amerikanischen Hersteller Goodyear und Firestone seit dem Rückzug von Dunlop Ende 1970 unter sich. Der Reifenkrieg hat begonnen. Die Firmen investieren Millionen, um zu siegen. „Win on sunday – sell on monday".

Während zu Saisonbeginn in Kyalami noch – extrem schwach – profilierte Pneus zum Einsatz kommen, wird schon in Spanien auf profillose Slicks umgerüstet. Reifen mit völlig glatter Lauffläche waren zuvor nur im Kart-Sport und bei Dragster-Rennen bekannt. Die Vorteile des neuen Konzepts liegen auf der Hand: Die Gummis bilden den einzigen Kontakt zwischen Rennwagen und Piste. Von der Größe der Auflagefläche – die auch von den Faktoren Sturz und Reifendruck beeinflusst wird – hängt ab, mit welcher Qualität die Motor- und die Bremskraft auf den Asphalt übertragen werden. Was zuvor durch Profilrillen an Auflagefläche „verschenkt" wurde, kann jetzt genutzt werden.

Aber zunächst tun sich die Aktiven mit den ungewohnten Pneus schwer. Als Firestone in Barcelona den Slick B25 anbietet, wird er von Ferrari, Lotus, March und dem schweizer BRM-Piloten Joseph Siffert montiert. Sifferts Teamkollegen Pedro Rodriguez und Howden Ganley sind hingegen noch skeptisch. Der Mexikaner wählt den Typ B25 nur für die Vorderachse, der Neuseeländer nur für die Hinterachse. Aber die Slicks setzen sich schnell durch, und die Formel-1-Piloten werden 1972 noch mehr dazulernen müssen. Dann bieten die Hersteller spezielle Qualifikationsreifen an. Sie sind extrem weich und haben deshalb ausgesprochen viel Grip. Ihr Nachteil: Der Verschleiß ist enorm. Die Kunst des Rennfahrers besteht darin, die Pneus so anzufahren, dass sie im Verlauf der entscheidenden fliegenden Runde den Höhepunkt ihres kurzen Lebens erreichen. Mit zu den Tricks wird es zählen, die Reifen auf der Piste kurz durchzuheizen und anschließend über Nacht für die Runde X ruhen zu lassen.

Mit 7:4 geht das Reifenduell 1971 zugunsten von Goodyear aus. Die empfindlichste der vier Niederlagen müssen die „Eagles" in Zandvoort einstecken. Keine Kosten werden gescheut, um die Zandvoort-Spezialentwicklung G27 zu fertigen. Eingesetzt werden die Slicks am Renntag nicht. Es regnet. Und was profilierte Regenreifen betrifft, hat Firestone die Nase klar vorn. Der beste Goodyear-Pilot, Matra-Fahrer Jean-Pierre Beltoise, wird als Neunter – fünf Runden hinter Sieger Jacky Ickx – abgewinkt…

▶ *Auch Österreich-Sieger Joseph Siffert (BRM) fährt ohne Profil. Die Reifenfirmen werfen sogenannte Slicks in die GP-Schlachten. Noch können die Teams selbst entscheiden, ob sie profillos antreten.*

rettet sich knapp vor Emerson Fittipaldi ins Ziel.

Die WM ist also schon zugunsten von Jackie Stewart entschieden, als am 5. September in Monza einer der spannendsten Grand Prix der Championats-Geschichte ausgetragen wird. Das Rennen beginnt mit einem sensationellen Frühstart von Clay Regazzoni, der an diesem Tag 32 Jahre alt wird. Der Tessiner beschleunigt aus der vierten Startreihe, ohne das Signal abzuwarten und übernimmt sofort die Führung. Die Funktionäre sehen keinen Grund einzugreifen. Regazzoni fährt schließlich Ferrari, was in Monza vorläufig noch Narrenfreiheit garantiert...

Aber wegfahren kann der Tessiner nicht. Noch gibt es in Monza keine Schikanen. Lange „Windschatten-D-Züge" können sich bilden. Auf der Piste tobt eine spektakuläre Schlacht. Zwar lassen Ausfälle das Feld schrumpfen, aber die Spannung bleibt erhalten. An der Spitze haben sich ▶

▼ *Emerson Fittipaldi startet mit dem Lotus 56B in einem nicht zur WM zählenden Rennen in Silverstone. Der Wagen verfügt über einen Turbinenantrieb. Das Konzept setzt sich nicht durch.*

Samba do Brasil

Jackie Stewart und das Tyrrell-Team gelten als Favoriten auf den Titel. Aber dann ärgert den Schotten ein Magengeschwür – und ein junger Konkurrent aus Brasilien: Emerson Fittipaldi geht auf rasanten Meisterschaftskurs. Fast noch dramatischer als die Fahrer-WM entwickelt sich der Krieg der Reifenlieferanten.

Zu den Neuzugängen des Jahres zählt Niki Lauda. Der junge Österreicher, der 1971 ein einziges Formel-1-Rennen gefahren ist, kauft sich bei March ein. 50.000 Pfund verlangt Verhandlungspartner Max Mosley – Lauda drückt den Teamchef und späteren FIA-Präsidenten auf 35.000 Pfund herunter und unterschreibt. Im Gegenzug soll der Nachwuchspilot 45 Prozent der Preisgelder bekommen, die er heimfährt.

Der Deal ist nicht unfair, hat für Lauda jedoch einen Haken: Er besitzt keinen müden Schilling und verspricht, den geforderten Betrag im Herbst zu zahlen. Seine Karriere hat gerade erst begonnen, da steht sie auch schon auf dem Spiel: Treibt er das Geld nicht auf, dann ist er in der Branche unten durch. Aber er findet Sponsoren und die Rechnung geht auf, obwohl der March-Ford 721 eine „Shit-box" ist, mit der Lauda keinen einzigen WM-Punkt holt.

Die neue Saison verspricht ausgesprochen viel Spannung. Diese Erwartung bestätigt sich im Verlauf der ersten vier Rennen: Mit Jackie Stewart, Denis Hulme, Emerson Fittipaldi und Jean-Pierre Beltoise gibt es vier verschiedene Sieger. Speziell der Triumph des Franzosen Beltoise in Monaco begeistert die Fans. Im Training erkämpft sich der BRM-Pilot den viertbesten Startplatz. Als Favorit wird er jedoch nicht gehandelt. Seit einem schweren Unfall beim 12-Stunden-Rennen in Reims ist die Beweglichkeit seines linken Arms stark eingeschränkt.

Aber Beltoise ist ein Kämpfer und im verregneten Monaco fightet er sich schon auf den ersten Metern an die Spitze. Lauda bewundert ihn: „Der sieht beim Start eine Lücke, bevor sie sich überhaupt auftut." Zum ersten Mal seit Maurice Trintignant 1958 siegt ein Franzose in Monte Carlo. Landesvater Rainier III. empfängt Beltoise in seiner Loge mit dem berühmten Standardsatz: „Ich freue mich, dass Sie es sind!" Der Gewinner antwortet kurz und ehrlich: „Ich auch!"

In Nivelles, wo der Große Preis von Belgien ausgetragen wird, fehlt Titelverteidiger Jackie Stewart. Erstmals seit seinem Armbruch im Jahr 1968 muss er pausieren. Ein schmerzhaftes Magengeschwür setzt den Schotten schachmatt. „Absolute Ruhe" haben ihm die Ärzte verordnet, die sogar eine Operation vorschlagen. Einen Eingriff lehnt der Tyrrell-Star aber ab, da dieser ihn für Monate außer Gefecht setzen würde. Das Rennen in Belgien ▶

Fünf Mal kann Emerson Fittipaldi in der Saison 1972 einen Siegerpokal stemmen. In Österreich (Foto) schafft er einen glänzenden Start-Ziel-Sieg. Zwei Jahre nach dem Tod von Jochen Rindt ist das Lotus-Team wieder ganz oben.

Emerson Fittipaldi und der Lotus 72 sind die bestimmenden Faktoren der Saison 1972. Nicht zuletzt durch die krankheitsbedingte Pause von Jackie Stewart gewinnt der Brasilianer seinen ersten WM-Titel.

Mit Niki Lauda betritt ein großes Talent die GP-Bühne. Er kauft sich mit geliehenem Geld bei March ein. Den ersten WM-Punkt holt er aber erst 1973.

Die **Teams**

Tyrrell-Ford	
Jackie Stewart	GB
François Cevert	F
Patrick Depailler	F
BRM	
Jean-Pierre Beltoise	F
Howden Ganley	NZ
Peter Gethin	GB
Reine Wisell	S
Helmut Marko	A
Alex Soler-Roig	E
Jackie Oliver	GB
Brian Redman	GB
Bill Brack	CDN
Ferrari	
Jacky Ickx	B
Clay Regazzoni	CH
Mario Andretti	USA
Arturo Merzario	I
Nanni Galli	I
March-Ford	
Ronnie Peterson	S
Carlos Pace	BR
Niki Lauda	A
Henri Pescarolo	F
Mike Beuttler	GB
Skip Barber	USA
Lotus-Ford	
Emerson Fittipaldi	BR
Dave Walker	AUS
Reine Wisell	S
Dave Charlton	SA
McLaren-Ford	
Denis Hulme	NZ
Peter Revson	USA
Brian Redman	GB
Jody Scheckter	SA
Matra Simca	
Chris Amon	NZ
Surtees-Ford	
Mike Hailwood	GB
Andrea de Adamich	I
Tim Schenken	AUS
John Surtees	GB
Sam Posey	USA
John Love	RHO
Brabham-Ford	
Graham Hill	GB
Carlos Reutemann	ARG
Wilson Fittipaldi	BRA
Connew-Ford *	
François Migault	F
Williams-Ford *	
Henri Pescarolo	F
Tecno *	
Derek Bell	GB
Nanni Galli	I
Eifelland-Ford *	
Rolf Stommelen	D

* neue Teams

▲ *Souverän und fehlerfrei kämpft sich Jean Pierre Beltoise mit seinem BRM durch die Fluten von Monaco.*

gewinnt Lotus-Pilot Emerson Fittipaldi vor Stewarts Teamkollege François Cevert und dem McLaren von Denis Hulme.

Acht Rennen lang müht sich ein neues Team mit dem Namen „Eifelland" punktelos durch die Saison. Aber der deutsche Rennstall kommt nicht so recht in Fahrt. In Belgien quälen Motoraussetzer den Kölner Rolf Stommelen, der Elfter wird. Rennstallchef Günther Hennerici tobt: „Meine Großmutter wäre schneller als Rolf, wenn sie noch leben würde." Wenn Erfolge ausbleiben, hängt der Haussegen schnell schief.

Schon in Clermont-Ferrand meldet sich Jackie Stewart mit einem Sieg zurück. Es ist das Rennen, das die Karriere von BRM-Pilot Dr. Helmut Marko beendet, dem ein hochgewirbelter Kiesel das linke Augenlicht raubt. Die medizinische Versorgung ist katastrophal: Im Krankenhaus muss der Österreicher eigenhändig ein Formular ausfüllen, bevor er operiert wird – unter anderem geht

Lotus-Ford 72 – das beste Auto der Epoche

Die Typbezeichnung 72 beim Weltmeisterauto Lotus hat nichts mit dem Jahr 1972 zu tun. Im Gegenteil: Den Wagen gibt es seit zwei Jahren und er wird noch weitere drei Jahre eingesetzt. Wenige Autos haben in der Formel 1 eine solch lange Einsatzdauer. Natürlich wird der Wagen von Jahr zu Jahr weiterentwickelt, parallel dazu erprobt Lotus auch andere Boliden (z.B. 1971 den Turbinenwagen 56B). Aber der Lotus 72 ist in seiner Zeit das beste Auto im Feld – angetrieben vom Ford-Cosworth V8, der auf Initiative von Lotus-Boss Colin Chapman entstand.
Der Bolide ist von Konstrukteur Maurice Phillippe in konsequenter Keilform entworfen worden. Neben der flachen Bugpartie fallen vor allem die in Seitenkästen eingebauten Kühler und die Luftschlitze oberhalb der innen liegenden Vorderradbremsen ins Auge. Die Absicht des Konstrukteurs wird deutlich: eine effiziente Aerodynamik. Durch die messerscharfe Nase treten weniger Turbulenzen auf – der Heckflügel wird besser angeströmt. Dank der Aerody-

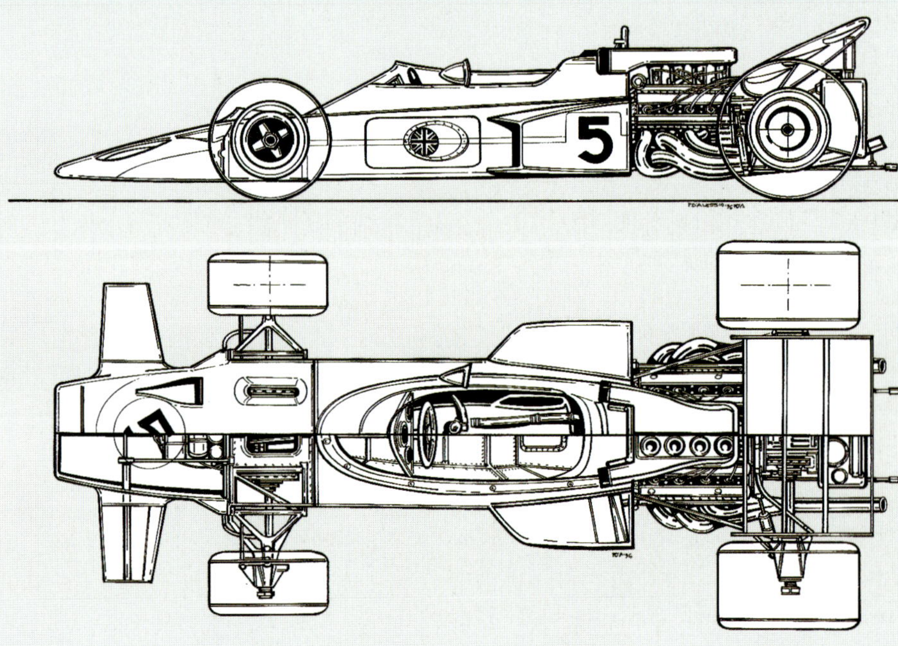

In Clermont-Ferrand feiern Goodyear-Rennleiter Ed Alexander (l.) und Teamchef Ken Tyrrell mit Jackie Stewart dessen zweiten Saisonerfolg.

namik werden bei Topspeed 15 km/h gefunden! Ein weiterer Aspekt: Durch die Seitenkästen – andere Autos haben die schweren Kühler im Bug – verlagert sich der Schwerpunkt des Autos nach hinten. Das Prinzip wird richtungsweisend für die Formel 1.
Richtungsweisend wird auch Chapmans Idee, das Auto als rasende Litfasssäule Sponsoren anzubieten. Während früher Formel-1-Wagen in Länder- oder Teamlackierung auftraten, geht er auf die Wünsche seines Zigaretten-Sponsors „John Player Special" ein. Mit seiner schwarzen Lakkierung gilt der Lotus für viele als schönstes Auto im Feld.
Der erste Weltmeistertitel 1970 hat noch einen bitteren Beigeschmack. Jochen Rindt verunglückt im Lotus 72. Emerson Fittipaldi wird 1972, wie Rindt, mit fünf Siegen Champion. Zudem verhilft der Lotus 72 seinem Team zu drei Konstrukteurstiteln. Noch 1974 ist das fünf Jahre alte Auto für drei Siege gut.

Colin Chapman und sein Konstrukteur Maurice Phillippe revolutionieren mit dem keilförmigen Lotus 72 einmal mehr die Formel 1. Gut zu erkennen sind die seitlich angebrachten Kühler.

Formel-1-Wagen 1972

Auto	Motor	Zyl.	PS	U/Min.	Chassis*	Gewicht (unbetankt)	Reifen
Brabham BT37	Ford	V8	450	10.000	V	570 kg	Goodyear
BRM P160	BRM	V12	440	10.800	O	560 kg	Firestone
Ferrari 312 B2	Ferrari	V12	470	11.600	R	580 kg	Firestone
Lotus 72D	Ford	V8	450	10.000	O	560 kg	Firestone
March 721	Ford	V8	450	10.000	V	570 kg	Goodyear
Matra MS120C	Matra	V12	470	11.500	V	560 kg	Goodyear
McLaren M19C	Ford	V8	450	10.000	V	560 kg	Goodyear
Surtees TS9B	Ford	V8	450	10.000	V	560 kg	Firestone
Tecno PA 123	Tecno	V12	430	11.000	R	580 kg	Firestone
Tyrrell 005	Ford	V8	450	10.000	V	560 kg	Goodyear

* V=Vollmonocoque, O=offenes Monocoque, R=Rohrrahmen
Motoren zwischen 2.990 und 2.998 ccm Hubraum.

es darum, wer die Rechnung bezahlen wird...

Im Sommer kommen nacheinander Fittipaldi, Ickx und dann erneut der Brasilianer zum Zug. Der Lotus-Pilot hat damit bereits vier Siege auf seinem Konto und könnte den Sack schon am 10. September in Monza zumachen. Doch das Wochenende beginnt für Lotus nicht gerade viel versprechend. Boss Colin Chapman, der wegen des Rindt-Unfalls im Jahr 1970 unverändert Repressalien der italienischen Behörden fürchtet, kommandiert eine Minitruppe nach Italien: Der Truck hat nur einen Boliden, für Titelanwärter Fittipaldi, an Bord. Für den Notfall wird ein zweiter Lkw, mit dem T-car beladen, in Chamonix „geparkt". Ein kluger Schachzug, denn die „Vorhut" verunglückt, weil ein Reifen des Trucks platzt, die kostbare Fracht nimmt Schaden. Augenblicklich wird SOS nach Chamonix gefunkt...

In Monza gibt es weitere böse Nachrichten: Firestone will sich zum Saisonende aus der Formel 1 zurückziehen. Der Grund ist die Kostenexplosion. Lotus und Ferrari sind geschockt! Auch Konkurrent Goodyear ist wenig erfreut. Chef Ed Alexander gesteht: „Wir brauchen Firestone – um sie zu schlagen."

Im Training qualifiziert sich Fittipaldi für die dritte Startreihe. Noch im Vorjahr waren hier reinrassige Windschattenschlachten möglich, was die Qualität des Startplatzes zur Nebensächlichkeit machte. Inzwischen hat man aber die Strecke mit zwei Schikanen modifiziert, welche die langen Wagenkolonnen der Vergangenheit unmöglich machen.

Aber das ist plötzlich gar nicht mehr wichtig: Beim Start gibt die Kupplung des Tyrrell-Ford von Jackie Stewart ihren Geist auf. ▶

Drei Jahre nach seinem letzten Erfolg kann sich McLaren-Fahrer Denis Hulme in Kyalami wieder über einen Siegerpokal freuen.

1972

Siegerpodeste

1 23.1.1972 GP Argentinien – Buenos Aires		
Pole: Carlos Reutemann		
1. Jackie Stewart	Tyrrell-Ford	1:57.58,820
2. Denis Hulme	McLaren-Ford	- 25,960
3. Jacky Ickx	Ferrari	- 59,390

2 4.3.1972 GP Südafrika – Kyalami		
Pole: Jackie Stewart		
1. Denis Hulme	McLaren-Ford	1:45.49,100
2. Emerson Fittipaldi	Lotus-Ford	- 14,100
3. Peter Revson	McLaren-Ford	- 25,800

3 1.5.1972 GP Spanien – Jarama		
Pole: Jacky Ickx		
1. Emerson Fittipaldi	Lotus-Ford	2:03.41,230
2. Jacky Ickx	Ferrari	- 18,920
3. Clay Regazzoni	Ferrari	- 1 Runde

4 14.5.1972 GP Monaco – Monte Carlo		
Pole: Emerson Fittipaldi		
1. Jean-Pierre Beltoise	BRM	2:26.54,700
2. Jacky Ickx	Ferrari	- 38,200
3. Emerson Fittipaldi	Lotus-Ford	- 1 Runde

5 4.6.1972 GP Belgien – Nivelles-Baulers		
Pole: Emerson Fittipaldi		
1. Emerson Fittipaldi	Lotus-Ford	1:44.06,700
2. François Cevert	Tyrrell-Ford	- 26,600
3. Denis Hulme	McLaren-Ford	- 58,100

6 2.7.1972 GP Frankreich – Clermont-Ferrand		
Pole: Chris Amon		
1. Jackie Stewart	Tyrrell-Ford	1:52.21,500
2. Emerson Fittipaldi	Lotus-Ford	- 27,700
3. Chris Amon	Matra	- 31,900

7 15.7.1972 GP England – Brands Hatch		
Pole: Jacky Ickx		
1. Emerson Fittipaldi	Lotus-Ford	1:47.50,200
2. Jackie Stewart	Tyrrell-Ford	- 4,100
3. Peter Revson	McLaren-Ford	- 1.12,500

8 30.7.1972 GP Deutschland – Nürburgring		
Pole: Jacky Ickx		
1. Jacky Ickx	Ferrari	1:42.12,300
2. Clay Regazzoni	Ferrari	- 48,300
3. Ronnie Peterson	March-Ford	- 1.06,700

9 13.8.1972 GP Österreich – Österreichring		
Pole: Emerson Fittipaldi		
1. Emerson Fittipaldi	Lotus-Ford	1:29.16,660
2. Denis Hulme	McLaren-Ford	- 1,180
3. Peter Revson	McLaren-Ford	- 36,530

10 10.9.1972 GP Italien – Monza		
Pole: Jacky Ickx		
1. Emerson Fittipaldi	Lotus-Ford	1:29.58,400
2. Mike Hailwood	Surtees-Ford	- 14,500
3. Denis Hulme	McLaren-Ford	- 23,800

11 24.9.1972 GP Kanada – Mosport Park		
Pole: Peter Revson		
1. Jackie Stewart	Tyrrell-Ford	1:43.16,900
2. Peter Revson	McLaren-Ford	- 48,200
3. Denis Hulme	McLaren-Ford	- 54,600

12 8.10.1972 GP USA – Watkins Glen		
Pole: Jackie Stewart		
1. Jackie Stewart	Tyrrell-Ford	1:41.45,354
2. François Cevert	Tyrrell-Ford	- 32,268
3. Denis Hulme	McLaren-Ford	- 37,528

Alle Ergebnisse im Detail auf Seite 376

Als Partner von BRM betritt Marlboro die Formel-1-Szene. Der amerikanische Zigaretten-Gigant wird sich zum größten Sponsor des GP-Sports entwickeln.

Emerson Fittipaldi: Jüngster Champion der Geschichte

Im März des Jahres 1968 kommt ein junger Brasilianer nach Europa, um Autorennen zu fahren. Er trägt den merkwürdigen Namen Emerson Fittipaldi, den er selbst „Fidschipaldi" ausspricht. In seiner Heimat fuhr er – vom Kart bis zum Porsche GT – derart erfolgreich, dass er jetzt in England eine Profi-Karriere aufbauen will. Er diskutiert seine Situation mit Frank Williams – „Dem Einzigen, den ich damals in Europa kannte." – und kauft sich einen Merlyn Formel Ford 1600. Als 22-Jähriger fährt er sein erstes Rennen in der alten Welt.

Nur 19 Monate später gewinnt er seinen ersten Formel-1-Grand-Prix! Emerson Fittipaldi ist ein Naturtalent der Extraklasse. Geboren wird er am 12. Dezember 1946 in São Paulo. Sein Vater Wilson fährt Motorradrennen. Ein schwerer Unfall beendet seine Karriere und nun greift er zu Mikrofon und Schreibmaschine – Wilson Fittipaldi arbeitet fortan als Formel-1-Berichterstatter.

Kein Wunder: Emerson Fittipaldi will, wie auch sein älterer Bruder Wilson jun., Rennfahrer werden. 1969 sichert sich die Talent-Spürnase Colin Chapman die Dienste des jungen Südamerikaners, der ein Jahr zuvor nach Europa gekommen ist. 1970 darf er in Brands Hatch seinen ersten Grand Prix fahren. Am Steuer eines Lotus-Ford 49C, dem Siegerauto von Monaco, wird er trotz Getriebeproblemen Achter. Bereits der nächste Einsatz, auf dem Hockenheimring, bringt ihm die ersten drei WM-Punkte ein. Chapman weiß längst, dass er einen ganz dicken Fisch an der Angel hat und vertraut ihm in Monza erstmals konkurrenzfähiges Material an: Das Super-Auto Lotus-Ford 72. Doch das Wochenende endet für Lotus mit einem Drama: Jochen Rindt verunglückt tödlich und das Team Lotus reist ab. Am 4. Oktober 1970 ist es so weit: Emerson Fittipaldi gewinnt in Watkins Glen und zeitgleich wird Jochen Rindt posthum Champion. Nur ein Jahr später braucht der Brasilianer eine Portion Glück, um einen Unfall im Straßenverkehr zu überstehen. Mit Ziel Lausanne unterwegs, erwischt es das Ehepaar Fittipaldi 30 Kilometer hinter Dijon. Ein vorausfahrendes Auto „blinkt" rechts und zieht dann nach links, um zu wenden. Auch ein Fittipaldi kann nicht mehr ausweichen… Mit Rippenbrüchen und Schnittwunden kommt er glimpflich davon. Ehefrau Maria-Helena verabschiedet sich für immer von zwei Schneidezähnen.

Sportlich verläuft die Saison 1971 für Lotus und Fittipaldi enttäuschend. Aber dann schlägt er zu: Fünf Siege sind der Grundstein für den ersten Titelgewinn. Als er sich Ende 1980 aus dem Grand-Prix-Sport zurückzieht, kann er stolz zurückblicken: 144 Grand Prix brachten ihm neben 14 Siegen die WM-Titel 1972 und 1974.

Er geht als jüngster Weltmeister der Formel 1 in die Geschichte ein – immerhin ist er erst 25. Zwei Jahre später holt Emerson auf McLaren seinen zweiten WM-Titel. Dann reitet ihn der Teufel: Er wechselt 1976 von McLaren zum Team Copersucar. Den Rennstall hat Fittis Bruder Wilson im Jahr zuvor mit Geldern der brasilianischen Zuckerindustrie gegründet. Emerson Fittipaldi gewinnt nie wieder ein Rennen, manchmal schafft er sogar die Qualifikation nicht. Obwohl ihn viele große Rennställe ködern, bleibt er stur: „Ich will auf einem brasilianischen Auto Weltmeister werden."

Champion Emerson Fittipaldi mit seiner Frau Maria-Helena.

1981 beendet er seine Formel-1-Karriere, benennt den Rennstall in Fittipaldi um und wird Teamchef. Ein Jahr später muss er Konkurs anmelden.

Emerson Fittipaldi wechselt in die IndyCar-Serie, holt dort zahlreiche Siege. 1996 muss er – mit 50 Jahren – nach einem schweren Unfall in Michigan seine Rennfahrerkarriere endgültig aufgeben.

1972

In diesem Augenblick ist die Titelverteidigung des Schotten gescheitert. Doch für die nächsten Sekunden hat er ganz andere Sorgen. Vorn in der zweiten Startreihe steht sein Bolide den Kollegen als hartes Hindernis im Weg. Tief duckt er sich, in Erwartung eines Rammstoßes, ins Cockpit.

Aber die Kollegen weichen glücklicherweise reflexartig aus. Emerson Fittipaldi siegt und lässt sich anschließend als ersten brasilianischen Formel-1-Champion feiern. Überraschend nimmt er den Titelgewinn nicht mit südamerikanischem Temperament, sondern eher mit preußischem Pflichtbewusstsein hin: „Ich bin mit meiner Arbeit zufrieden und happy."

Durch seine Siege in Kanada und den USA zeigt Jackie Stewart, dass ihn die Niederlage im Titelkampf keineswegs entmutigt hat. 1973 ist wieder ein „ungerades Jahr" – und die gehören seit 1969 dem Tyrrell-Piloten...

Ferrari-Pilot Jacky Ickx landet mit seinem Sieg in Deutschland den einzigen Erfolg des Jahres für die Scuderia.

Kurz-**Meldungen**

- Das Team Motor Racing Developments Ltd. (Brabham) wird von dem Engländer **Bernie Ecclestone** übernommen.

- Der italienische Kart-Bauer **Tecno** steigt in die Formel 1 ein. Neben dem Chassis konstruiert das Team auch den Zwölfzylinder-Motor selbst. Das Team debütiert in Belgien.

- Auch **Wilson Fittipaldi**, der Bruder des Weltmeisters, steigt in diesem Jahr in die Formel 1 ein, holt aber auf dem unterlegenen Brabham keinen einzigen Punkt.

- Die **Werks-Lotus** werden im legendären JPS-Schwarz lackiert, das die Rennwagen von Colin Chapman weit über den Rennsport hinaus weltberühmt machen wird.

- Brabham-Pilot **Carlos Reutemann** gelingt das Kunststück, bei seinem Formel-1-Debüt in Buenos Aires die Pole-Position zu erobern. Außer dem Argentinier schafften dies in 50 Jahren Formel-1-WM lediglich Mario Andretti (1968/USA) und Jacques Villeneuve (1996/Australien).

- Das deutsche Team **Eifelland** engagiert sich in der Formel 1. Chef ist der Wohnwagen-Hersteller Günther Henerici. Als Fahrer verpflichtet er Rolf Stommelen. Eingesetzt wird ein modifizierter March-Ford 721. In das Projekt eingebunden ist der extravagante Designer Luigi Colani, der dem March originelle, aber gleichzeitig auch untaugliche Detailänderungen verpasst. Im Anschluss an den GP von Österreich geht dem Rennstall aus Mayen die finanzielle Luft aus.

- In Monaco siegt bei strömendem Regen der frühere Motorradrennfahrer Jean-Pierre Beltoise auf **BRM**. Es ist der letzte Sieg des britischen Rennstalls, der Ende 1975 den regulären Rennbetrieb einstellen und 1977 endgültig verschwinden wird.

- Der GP von Belgien wird erstmals auf der nur 3,724 Kilometer langen Piste von **Nivelles** ausgetragen. Die Existenz der verschlafenen Region war außerhalb Belgiens bisher lediglich wegen der Schlacht bei Waterloo bekannt, die das politische Schicksal Napoleons besiegelte. Die relativ simple Piste findet Anklang bei den Piloten. Zum Eklat kommt es allerdings, als vor dem Start über Lautsprecher die Titelmusik des Sergio-Leone-Westerns läuft, der in Deutschland „Spiel mir das Lied vom Tod" heißt...

- In Watkins Glen gibt der Südafrikaner **Jody Scheckter** seinen Einstand im GP-Sport. Scheckter bekommt seine Chance im dritten Werks-McLaren. Er qualifiziert sich als Achter und wird als Neunter abgewinkt. Scheckter gilt als herausragendes Talent. Er wird seine erste komplette Saison allerdings erst 1974, auf Tyrrell, bestreiten.

- Im Juni trifft den Grand-Prix-Tross eine Hiobs-Botschaft aus Le Mans. Während des berühmten 24-Stunden-Rennens verunglückt **Joakim Bonnier**, der langjährige Vorsitzende der Piloten-Vereinigung GPDA, tödlich.

Endstand **Fahrer-WM**

1.	**Emerson Fittipaldi** Lotus-Ford	61
2.	**Jackie Stewart** Tyrrell-Ford	45
3.	**Denis Hulme** McLaren-Ford	39
4.	**Jacky Ickx** Ferrari	27
5.	**Peter Revson** McLaren-Ford	23
6.	**François Cevert** Tyrrell-Ford	15
	Clay Regazzoni Ferrari	15
8.	**Mike Hailwood** Surtees-Ford	13
9.	**Ronnie Peterson** March-Ford	12
	Chris Amon Matra	12
11.	**Jean-Pierre Beltoise** BRM	9
12.	**Mario Andretti** Ferrari	4
	Howden Ganley BRM	4
	Brian Redman McLaren-Ford	4
	Graham Hill Brabham-Ford	4
16.	**Andrea de Adamich** Surtees-Ford	3
	Carlos Reutemann Brabham-Ford	3
	Carlos Pace March-Ford	3
19.	**Tim Schenken** Surtees-Ford	2
20.	**Arturo Merzario** Ferrari	1
	Peter Gethin BRM	1

Gewertet wurden die jeweils besten fünf Resultate der ersten und letzten sechs Rennen.

Konstrukteure

1.	**Lotus-Ford**	61
2.	**Tyrrell-Ford**	51
3.	**McLaren-Ford**	47 (49)
4.	**Ferrari**	33
5.	**Surtees-Ford**	18
6.	**March-Ford**	15
7.	**BRM**	14
8.	**Matra Simca**	12
9.	**Brabham-Ford**	7

Gesamtpunktzahl in Klammern.

Neue **Regeln**

Die FIA beschließt, die Zylinderzahl der Motoren auf zwölf zu limitieren. Das Mindestgewicht wird auf 550 kg erhöht, weil neue Vorschriften für schwerere Tanks, stabilere Überrollbügel und eine funktionellere Löschanlage in Kraft treten. Außerdem wird angekündigt, die maximale Spritmenge ab nächstem Jahr auf 250 Liter zu begrenzen. Das Volumen der einzelnen Tanks wird auf 80 Liter beschränkt.

Wieder ein Stewart-Jahr

Es ist eine Saison voller Erkenntnisse: Emerson Fittipaldi verliert den Glauben an sein Lotus-Team. Kollege Ronnie Peterson erfährt, dass man auch mit vier Siegen auf Rang drei landen kann. Jackie Stewart weiß ab Monza, dass er zum dritten Mal Weltmeister ist. Aber ein schwerer Unfall lässt ihn umdenken: Nach dieser Saison ist Schluss.

Lotus-Chef Colin Chapman setzt 1973 auf zwei „Sturmspitzen“: Neben dem neuen Weltmeister Emerson Fittipaldi, den er seit 1970 unter Vertrag hat, verpflichtet er Ronnie Peterson. Das brasilianisch-schwedische Duo gilt als die teuerste Fahrerpaarung seit Beginn der WM. Fittipaldi kassiert 90.000 Pfund, der skandinavische Neuzugang muss sich mit zwei Dritteln dieser Summe begnügen.

Völlig neu formiert tritt BRM an. Boss Louis Stanley vertraut auf Niki Lauda und Clay Regazzoni, dem der Wiener Nachwuchs-Pilot den Spitznamen „Jakob“ verleiht. Bei Tyrrell tut sich hingegen nur hinter den Kulissen etwas: François Cevert hat sich von seiner langjährigen Freundin, der Baronesse Cristina de Caraman, getrennt. Diese Neuigkeit überrascht mehr als die Erklärung von Firestone, ein weiteres Jahr am Formel-1-Reifenkrieg teilzunehmen. Aber die Amerikaner haben schlechte Karten: Ferrari und Lotus haben sich zur Konkurrenz Goodyear geflüchtet.

Niki Lauda ist trotz seiner Jugend bereits ein ausgezeichneter Politiker, der nicht nur auf der Piste für seine Interessen kämpft. Um sich bei Tim Parnell, dem fußballverrückten BRM-Rennleiter, einzuschmeicheln, heuchelt der Wiener Interesse am runden Leder... Aber Bäume wird Lauda trotzdem nicht ausreißen können. BRM ist Kunde von Firestone und hat damit bereits verwachst, bevor die Saison beginnt. Rivale Goodyear testet allein vor dem Auftakt-GP 26 unterschiedliche Pneus – Firestone ist nicht bereit, vergleichbare Anstrengungen zu unternehmen.

Zunächst spricht alles für eine erfolgreiche Titelverteidigung durch Emerson Fittipaldi, der in

Im belgischen Zolder feiert Jackie Stewart seinen zweiten Saisonsieg. Den Erfolg für Tyrrell komplettiert sein Teamkollege François Cevert (l.). Der sympathische Franzose verunglückt im Training zum letzten Rennen tödlich.

Er ist der Mann des Jahres: Jackie Stewart sichert sich zum dritten Mal in souveräner Manier den WM-Titel. Nach 27 Siegen in 99 Grand Prix tritt der Schotte am Saisonende zurück.

Buenos Aires und Interlagos siegt. Erst in Kyalami kommt erstmals Jackie Stewart zum Zug. Im Training übersteht der Schotte unverletzt einen Highspeed-Crash, dann holt er sich in nassforschem Stil den Sieg und damit neun WM-Punkte. Nassforsch, weil er „unter gelben Flaggen" Peterson, Revson und Fittipaldi überholt. Gelb aber heißt: Überholverbot! Und das wird mit absoluter Berechtigung verhängt, weil Clay Regazzonis BRM in Flammen steht und Mike Hailwood sich verzweifelt bemüht, den Schweizer dem Feuer zu entreißen. Tyrrell-Pilot Stewart setzt noch eins oben drauf: Als Spitzenreiter Jody Scheckter auf den Krankenwagen, der den Tessiner Regazzoni abtransportiert, aufläuft, hebt der Südafrikaner warnend den rechten Arm. Stewart fackelt nicht lange und „vernascht" den McLaren plus Krankenwagen in einem Aufwasch! Später erklärt er sein Verhalten: „An der Dreiergruppe kam ich vor der Bremszone vorbei und an Jody musste ich vorbei, sonst wäre ich in das Heck seines McLaren geknallt." McLaren-Boss Teddy Mayer legt Protest gegen den Stewart-Sieg ein. Daraufhin erteilt die Rennleitung dem Tyrrell-Fahrer eine Verwarnung. Ken Tyrrell wiederum protestiert gegen die Verhängung der Rüge, die artig zurückgenommen wird...

In Spanien triumphiert noch einmal der Titelverteidiger aus Südamerika – zum letzten Mal in der laufenden Saison. Es folgt ein heißer und trauriger Sommer. Stewart, Hulme, Peterson ▶

Die **Teams**

Lotus-Ford	
Emerson Fittipaldi	BR
Ronnie Peterson	S
Dave Charlton	SA
Tyrrell-Ford	
Jackie Stewart	GB
François Cevert	F
Chris Amon	NZ
Eddie Keizan	SA
McLaren-Ford	
Peter Revson	USA
Denis Hulme	NZ
Jody Scheckter	SA
Jacky Ickx	B
Ferrari	
Jacky Ickx	B
Arturo Merzario	I
Surtees-Ford	
Carlos Pace	BR
Mike Hailwood	GB
Andrea de Adamich	I
Jochen Mass	D
Luiz Bueno	BRA
March-Ford	
James Hunt	GB
Jean-Pierre Jarier	F
Rodger Williamson	GB
Henri Pescarolo	F
Mike Beuttler	GB
Reine Wisell	S
David Purley	GB
BRM	
Jean-Pierre Beltoise	F
Niki Lauda	A
Clay Regazzoni	CH
Peter Gethin	GB
Brabham-Ford	
Carlos Reutemann	ARG
Andrea de Adamich	I
Wilson Fittipaldi	BR
Rolf Stommelen	D
John Watson	GB
ISO-Ford	
Gijs van Lennep	NL
Howden Ganley	NZ
Nanni Galli	I
Henri Pescarolo	F
Jackie Pretorius	SA
Graham McRae	NZ
Tim Schenken	AUS
Jacky Ickx	B
Tecno-Ford	
Chris Amon	NZ
Shadow *	
George Follmer	USA
Jackie Oliver	GB
Brian Redman	GB
Graham Hill	GB
Ensign-Ford *	
Rikky von Opel	FL

* neue Teams

1973

Bernie Ecclestones strenger Ordnungssinn zeigt 1973 im Fahrerlager noch keine Wirkung. Es sieht eher aus wie auf dem Campingplatz. Aber von der Atmosphäre schwärmen Fahrer und Teamchefs noch Jahrzehnte später.

und Revson teilen sich die nächsten acht WM-Siege, wobei der schottische Tyrrell-Pilot mit vier Siegen den Löwenanteil kassiert.

Aber nicht nur schnelle Runden und Erfolge sorgen für Schlagzeilen. In Silverstone ereignet sich eine Massen-Karambolage. Es ist das Formel-1-Debüt des Deutschen Jochen Mass, der bei Surtees ins Lenkrad greift. In Zandvoort spielt sich eine Tragödie ab: Der March des Nachwuchsfahrers Roger Williamson überschlägt sich, und die Streckenposten krümmen keinen Finger, um den Briten aus seiner Falle zu befreien. Sie wagen es nicht, sich dem umgestürzten Rennwagen zu nähern, aus dem lodernde Flammen schlagen.

David Purley, Augenzeuge des Unfalls, hält sofort an. Der Rennfahrer kann sehen, dass Williamson die Gurte öffnet. Er sprintet auf die gegenüberliegende Pistenseite und holt einen Feuerlöscher. Aber die Wirkung verpufft. Verzweifelt stemmt sich Purley gegen das Auto, um es auf die Räder zu stellen. Vergeblich. Ein Streckenposten stellt sich dem mutigen Mann in den Weg, der schlägt ihm mit der Faust ins Gesicht. „Gemeinsam schaffen wir es“, brüllt Purley – aber niemand hilft...

Als Purley Zuschauer zur Hilfe ruft, werden Hunde eingesetzt, um die Fans zurückzuhalten. Später wird der verkohlte Leichnam des Rennfahrers geborgen. Bereits am nächsten Wochenende tritt die Formel 1 auf dem Nürburgring an. Während des ersten Trainingstages fehlt einer der Stammpiloten: David Purley, der seinen tödlich verunglückten Kumpel zu Grabe trägt. ▶

Von Platz sechs gestartet, fährt Niki Lauda in Monaco ein bravouröses Rennen, ehe ihn ein Getriebedefekt stoppt. Beeindruckt von der Leistung bietet Enzo Ferrari dem BRM-Piloten einen Drive für 1974 an.

Jackie Stewart – Unfall mit Folgen

„Motor racing is dangerous" – Motorsport ist gefährlich – diese alte Weisheit hat zu Beginn der 70er Jahre grausame Gültigkeit. Wer bei hoher Geschwindigkeit vom rechten Weg abkommt, bezahlt die Folgen mit Verletzungen, manchmal sogar mit dem Leben.

Kyalami, 2. März 1973. Morgens tritt Jackie Stewart mit nackten Füßen in eine Glasscherbe. Es scheint nicht sein Tag zu sein. Das Abschlusstraining ist 20 Minuten alt, da steht plötzlich eine riesige Staubwolke über der Crowthorne-Kurve. Tyrrell-Pilot François Cevert kommt an die Boxen und berichtet, dass es seinen Teamkollegen Jackie Stewart erwischt hat. Die Crowthorne-Kurve wird mit annähernd 300 km/h angebremst… Da ist niemand, der sich keine großen Sorgen um den Schotten macht.

Aber Stewart hat Glück: Wenig später taucht er kreidebleich in den Boxen auf. Innerlich scheint er zu zittern. Dann sagt er mit tonloser Stimme: „Zweihundert Meter vor der Kurve trete ich aufs Pedal, aber die Bremse funktioniert nicht. Ich sehe ganz klar, was passiert – ein frontaler Aufprall gegen die Mauer! Nichts kann ich tun. Ich bin nicht mehr Herr über mein Auto, nur der Passagier einer Nussschale, die sich auf dem Ozean befindet… Tief ducke ich mich ins Cockpit und kreuze die Arme vor meiner Brust. Bange Sekunden – und dann steht mein Tyrrell still. Ich bin unverletzt!"

„Jackie hat eine Riesenportion Glück gehabt", sagt Emerson Fittipaldi mit ernster Miene. Einer der Bremsschläuche war durchgescheuert.

Die Fangzäune haben den Tyrrell sicher auf Tempo Null abgebremst. Natürlich ist der Bolide arg demoliert. Stewart denkt an seinen Freund Jochen Rindt, den er am 5. September 1970 verlor: „Er trat auf die Bremse, und Sekundenbruchteile später schlug sein Lotus in die Leitplanke ein. Jetzt weiß ich, was Jochen damals in Monza gedacht hat: gar nichts."

Stewart nimmt am nächsten Tag am Rennen teil und holt einen grandiosen aber umstrittenen Sieg. Vier Wochen später, lange vor dem nächsten Lauf bittet er Teamchef Ken Tyrrell und den Ford-Vizepräsidenten Walter Hayes um ein Gespräch. Er kündigt an, zum Saisonende definitiv seine Rennfahrerkarriere zu beenden.

Künftig hat er mehr Zeit für Sohn Paul: Jackie Stewart kündigt nach einem spektakulären Unfall seinen Rücktritt fürs Saisonende an.

Kurz-**Meldungen**

● Mit insgesamt **15 WM-Grand-Prix** wird eine Rekordzahl erreicht. Völlig neu im Programm sind die GP von Brasilien und Schweden.

● Wiederum wird fast das komplette Feld vom V8-Motor **Ford-Cosworth** DFV angetrieben. Lediglich Ferrari, BRM und Tecno entscheiden sich für eigene V12.

● Bernie Ecclestone ernennt den Südafrikaner **Gordon Murray** zum technischen Direktor des Brabham-Teams. Murray wird zu einem der genialsten Ingenieure der F1 avancieren.

● Beim Saisonauftakt in **Kyalami** ereignet sich ein dramatischer Zwischenfall. Mike Hailwood hilft mit, seinen ohnmächtigen Kollegen Clay Regazzoni aus den brennenden Trümmern seines BRM zu befreien. Der Brite wird deshalb später von Königin Elizabeth II. mit der Tapferkeits-Medaille ausgezeichnet.

● **Ferrari** durchläuft ein Krisenjahr und sammelt insgesamt lediglich zwölf WM-Punkte. In der Not geben die Italiener sogar ein „Alternativ-Chassis" bei dem britischen Spezialisten John Thompson in Auftrag.

● Der Kurs von **Monaco** präsentiert sich in neuem Layout: Der 85 Meter lange Tunnel ist durch eine 375 Meter lange, lichtdurchflutete Galerie ersetzt worden. Rund um das Schwimmbad entstand ein neuer Streckenteil. Die alte Gegengerade dient jetzt als Boxengasse.

● Durch seinen überzeugenden Auftritt in Monaco – Enzo Ferrari verfolgt das Geschehen in Maranello am TV – erhält der österreichische BRM-Fahrer **Niki Lauda** einen Ferrari-Vertrag für die Saison 1974.

● Erstmals muss ein WM-Lauf unterbrochen werden, als sich in **Silverstone** zum Ende der Startrunde ausgangs Woodcote eine Massenkarambolage ereignet. Die Trümmer von neun Boliden versperren den Weg. Unter den Crash-Piloten befindet sich auch der deutsche Debütant Jochen Mass. Mit Andrea de Adamich (Beinbrüche) wird gottlob nur ein Verletzter registriert. Nach 90-minütigen Aufräumarbeiten wird das Rennen neu gestartet. 19 der 28 Piloten verfügen noch über brauchbare Autos.

● Durch seinen Triumph in Zandvoort kommt **Jackie Stewart** auf 26 GP-Siege. Damit überholt der Schotte in der ewigen Bestenliste Landsmann Jim Clark. Im Herbst beendet Stewart seine aktive F1-Karriere mit insgesamt 27 GP-Erfolgen in 99 Rennen.

● Beim Kanada-GP in Mosport wird nach einer Karambolage zwischen Cevert und Scheckter erstmals in der F1-Geschichte ein **Pace-Car** eingesetzt. Der Porsche 914 übernimmt für vier Runden das Kommando. Dummerweise setzt sich der Fahrer nicht vor den Spitzenreiter, sondern vor den achtplatzierten Howden Ganley! Starker Regen, schlechte Sichtverhältnisse und das Pace-Car-Wirrwarr lassen die Rundentabellen der Rennleitung zusammenbrechen. Abends um 21 Uhr wird Peter Revson zum Sieger erklärt. Emerson Fittipaldi und Jackie Oliver sind hingegen davon überzeugt, dass sie gewonnen haben…

● Weil er sich bei einem Sturz während des GP von Deutschland auf dem Nürburgring das rechte Handgelenk bricht, kann **Niki Lauda** nicht bei seinem Heim-GP auf dem Österreichring antreten.

● Erstmals erscheint in der Formel 1 die Startnummer „0". **Jody Scheckter** bekommt die Unzahl in Mosport und Watkins Glen zugeteilt.

● Der **Grand Prix von Belgien** wird in Zolder ausgetragen. Das Wochenende verläuft skandalös, weil der Asphalt der Piste immer wieder aufbricht.

Bei Ferrari läuft es 1973 alles andere als rund. Die einstmals erfolgverwöhnte Scuderia lässt sogar die Rennen in Holland und Deutschland aus, damit die Autos verbessert werden können. Insgesamt kann sich Ferrari zwölf Zähler gutschreiben lassen. Sechs davon steuert der Italiener Arturo Merzario bei, der in Brasilien und Südafrika jeweils Vierter werden kann. Es sind – mit dem vierten Rang von Jacky Ickx (fährt den Deutschland-GP für McLaren) im Auftakt-Grand-Prix von Argentinien – die besten Platzierungen von Ferrari in der gesamten Saison.

1973

Siegerpodeste

1 28.1.1973 GP Argentinien – Buenos Aires
Pole: Clay Regazzoni

1. Emerson Fittipaldi	Lotus-Ford	1:56.18,220
2. François Cevert	Tyrrell-Ford	- 4,690
3. Jackie Stewart	Tyrrell-Ford	- 33,190

2 11.2.1973 GP Brasilien – Interlagos
Pole: Ronnie Peterson

1. Emerson Fittipaldi	Lotus-Ford	1:43.55,600
2. Jackie Stewart	Tyrrell-Ford	- 13,500
3. Denis Hulme	McLaren-Ford	- 1.46,400

3 3.3.1973 GP Südafrika – Kyalami
Pole: Denis Hulme

1. Jackie Stewart	Tyrrell-Ford	1:43.11,070
2. Peter Revson	McLaren-Ford	- 24,550
3. Emerson Fittipaldi	Lotus-Ford	- 25,060

4 29.4.1973 GP Spanien – Montjuich Park
Pole: Ronnie Peterson

1. Emerson Fittipaldi	Lotus-Ford	1:48.18,700
2. François Cevert	Tyrrell-Ford	- 42,700
3. George Follmer	Shadow-Ford	- 1.13,100

5 20.5.1973 GP Belgien – Zolder
Pole: Ronnie Peterson

1. Jackie Stewart	Tyrrell-Ford	1:42.13,430
2. François Cevert	Tyrrell-Ford	- 31,840
3. Emerson Fittipaldi	Lotus-Ford	- 2.02,790

6 3.6.1973 GP Monaco – Monte Carlo
Pole: Jackie Stewart

1. Jackie Stewart	Tyrrell-Ford	1:57.44,300
2. Emerson Fittipaldi	Lotus-Ford	- 1,300
3. Ronnie Peterson	Lotus-Ford	- 1 Runde

7 17.6.1973 GP Schweden – Anderstorp
Pole: Ronnie Peterson

1. Denis Hulme	McLaren-Ford	1:56.46,049
2. Ronnie Peterson	Lotus-Ford	- 4,039
3. François Cevert	Tyrrell-Ford	- 14,667

8 1.7.1973 GP Frankreich – Le Castellet
Pole: Jackie Stewart

1. Ronnie Peterson	Lotus-Ford	1:41.36,520
2. François Cevert	Tyrrell-Ford	- 40,920
3. Carlos Reutemann	Brabham-Ford	- 46,480

9 14.7.1973 GP England – Silverstone
Pole: Ronnie Peterson

1. Peter Revson	McLaren-Ford	1:29.18,500
2. François Cevert	Tyrrell-Ford	- 2,800
3. Carlos Reutemann	Brabham-Ford	- 3,000

10 29.7.1973 GP Niederlande – Zandvoort
Pole: Ronnie Peterson

1. Jackie Stewart	Tyrrell-Ford	1:39.12,450
2. François Cevert	Tyrrell-Ford	- 15,830
3. James Hunt	March-Ford	- 1.03,010

11 5.8.1973 GP Deutschland – Nürburgring
Pole: Jackie Stewart

1. Jackie Stewart	Tyrrell-Ford	1:42.03,000
2. François Cevert	Tyrrell-Ford	- 1,600
3. Jacky Ickx	McLaren-Ford	- 41,200

12 19.8.1973 GP Österreich – Österreichring
Pole: Emerson Fittipaldi

1. Ronnie Peterson	Lotus-Ford	1:28.48,780
2. Jackie Stewart	Tyrrell-Ford	- 9,010
3. Carlos Pace	Surtees-Ford	- 46,640

13 9.9.1973 GP Italien – Monza
Pole: Ronnie Peterson

1. Ronnie Peterson	Lotus-Ford	1:29.17,000
2. Emerson Fittipaldi	Lotus-Ford	- 0,800
3. Peter Revson	McLaren-Ford	- 28,800

14 23.9.1973 GP Kanada – Mosport Park
Pole: Ronnie Peterson

1. Peter Revson	McLaren-Ford	1:59.04,083
2. Emerson Fittipaldi	Lotus-Ford	- 32,734
3. Jackie Oliver	Shadow-Ford	- 34,505

15 7.10.1973 GP USA – Watkins Glen
Pole: Ronnie Peterson

1. Ronnie Peterson	Lotus-Ford	1:41.15,799
2. James Hunt	March-Ford	- 0,668
3. Carlos Reutemann	Brabham-Ford	- 22,930

Alle Ergebnisse im Detail auf Seite 377

Seine **Lordschaft** gründet ein Team

Mit dem Team **Hesketh Racing** betritt 1973 beim GP von Monaco ein neuer Rennstall mit neuem, unbekanntem Fahrer die Formel-1-Szene. Chef ist ein gewisser Lord Alexander, dritter Baron von Hesketh. Der schrullige Mann bringt zwei Zentner auf die Waage, ist 22 Jahre alt und verfügt über ein Millionenerbe. 70 Millionen Pfund hinterließ ihm ein Onkel auf dem Totenbett. Als Fahrer hat er die scheinbar verkrachte Rennfahrer-Existenz mit Namen James Hunt verpflichtet. Hunt, wegen zahlreicher Stürze auch als „James Shunt" bekannt, schien in der Formel 3 zu versauern, als er dem dicken Lord über den Weg lief, der an das schlummernde Potential des Nachwuchspiloten glaubte. Hunt selbst gesteht: „Einmal trat ich in Silverstone gegen Jackie Stewart an. Er fuhr nur einen Ford Capri, ich einen Porsche – er schlug mich trotzdem." Obwohl Hunt in seinem ersten F1-Rennen in Monte Carlo gleich Neunter wird, ist es der blaublütige Schwergewichtler Hesketh, der in der Spieler-Stadt am Mittelmeer für Furore sorgt. Als er an einem der Trainingstage abends ins Hotel kommt, teilt man ihm mit, der Lift sei defekt. Das bringt ihre Lordschaft nicht aus der Fassung. Er steckt einem Hotel-Diener eine 100-Franc-Note in die Tasche und knurrt: „Dann tragen Sie mich hoch auf mein Zimmer."

Schnell stellt sich heraus, dass Hesketh mit dem zunächst umstrittenen Crash-König James Hunt einen guten Fang gemacht hat. Schon beim zweiten Start, im französischen Le Castellet, holt sich der Günstling des Adeligen seinen ersten WM-Punkt. In Silverstone wird er als Vierter abgewinkt, dann schon gelingt der erste Sprung aufs Podest. In Zandvoort landet James Hunt auf Rang drei. Damit steht fest: Neben Niki Lauda hat ein weiteres großes Talent die GP-Bühne betreten.

Es fehlte nicht viel, und dem jungen Engländer am Steuer seines Kunden-March wäre bereits in seiner ersten Saison ein Sieg gelungen: Beim Finale in Watkins Glen fliegt er nur sieben Zehntelsekunden hinter dem Gewinner Ronnie Peterson durchs Ziel. Teamchef Hesketh glaubt, den Grund für das gute Abschneiden zu kennen: „James verlegte heute morgen seine Rennfahrerschuhe. Erst kurz vor dem Start hat er sie wiedergefunden. Immer, wenn ihm am Renntag etwas schiefgeht, fährt er anschließend aggressiv und gut." Soweit der Fahrer eines handbemalten Rolls Royce – tatsächlich kassiert Hunt in seinem ersten WM-Jahr 14 Punkte, weil er bereits einer der Besten seiner Zunft ist.

Der Lord gibt dem Team seinen hochwohlgeborenen Namen – aber das extravagante Auftreten des Hesketh-Stalls macht stets mehr Wirbel als einzelne Erfolge.

Noch ein prominenter Name taucht 1973 in der Formel 1 auf. Rikky von Opel, deutscher Industriellensohn mit Wohnsitz Liechtenstein, wird Fahrer im **Ensign-Team**, das er voll finanziert. Bereits 1974 erkennt von Opel, dass die Formel 1 für ihn eine Nummer zu groß ist. Er zieht sich von seinem teuren Hobby zurück, Ensign ist noch bis 1982 dabei.

Das dritte neue Team der Saison heißt **Shadow**. Es kommt aus der amerikanischen CanAm-Serie. In Spanien landet Shadow-Fahrer George Follmer sogar auf Rang drei. Was weitaus mehr Aufsehen erregt: Ab diesem Lauf sitzt der zweifache Weltmeister Graham Hill in einem Shadow, den er in Eigenregie einsetzt. Hill bleibt in der Saison punktelos.

Nur der vierte neue Rennstall wird überdauern. Der Engländer **Frank Williams**, seit 1969 in der Formel 1 aktiv, kommt mit einer eigenen Konstruktion, dem ISO-Ford. Das unter chronischem Geldmangel leidende Team holt zwei magere Punkte. Zwei Jahre später erhält es den Namen des Eigners.

Lord Hesketh gründet mit 22 Jahren sein eigenes Team – und bekommt Ratschläge von Graham Hill (l.). Auch der Ex-Weltmeister fährt 1973 in einem Newcomer-Team.

1973

Zum neunten Mal in der Geschichte der Fahrer-Weltmeisterschaft fällt die Entscheidung im Titelkampf in Monza. Jackie Stewart genügt ein dritter Platz, um sich die WM zu sichern – selbst wenn Fittipaldi gewinnt. Die Aufgabe scheint lösbar. Aber in Runde vier fängt sich der Schotte hinten links einen Plattfuß ein und muss zum Reifenwechsel an die Boxen. Anschließend startet er eine wahrhaft meisterliche Aufholjagd, die ihn allerdings „nur" bis auf Rang vier bringt. An der Spitze liegt das Lotus-Duo Peterson/Fittipaldi. Jeden Augenblick muss Chapman das Boxensignal zum Tauschen der Plätze zeigen, um Fittipaldis Titelchancen zu wahren. Aber nichts tut sich. Der Schwede kreuzt 0,8 Sekunden vor dem Teamkollegen die Linie. Stewart ist zunächst keineswegs in Champion-Laune: „Ich wusste, dass zwei Lotus vorn sind. Für mich war es keine Frage, dass Emerson gewonnen hatte. Allerdings irritierte es mich gewaltig, dass Ken Tyrrell wie ein Verrückter vor der Boxenmauer herumsprang." Wenig später brüllt der Teamchef seinem Star zu: „Du bist Weltmeister!" Jetzt ist Tyrrell irritiert – denn Stewart ist sprachlos. „Vermutlich", sagt der Boss später, „rechnete er gerade aus, wieviel Geld ihm die Meisterschaft einbringt."

Während der neue Champion seinen dritten WM-Titel feiert, verlässt Emerson Fittipaldi den Schauplatz der bitteren Niederlage tief enttäuscht: „Bei Lotus gibt es keinen Teamgeist mehr."

Die Verbitterung sitzt beim Brasilianer tief – er wird nach vier Jahren das Lotus-Team verlassen und bei McLaren unterschreiben. Sein letztes Geschenk an Lotus ist die Konstrukteursmeisterschaft. Die ist dem Rennstall aufgrund der vielen Siege (drei für Fittipaldi, vier für Peterson) nicht zu nehmen.

In Kanada fährt Jackie Stewart das letzte Rennen seiner Karriere, ohne es zu ahnen. Eigentlich will er sich beim US-Grand-Prix in Watkins Glen von seinen Fans verabschieden. Aber beim Training verunglückt sein französischer Teamkollege François Cevert tödlich. Jackie Stewart verzichtet auf den Start.

Ronnie Peterson unterstreicht 1973 mit vier Lotus-Siegen, dass er zu den Schnellsten im F1-Zirkus gehört.

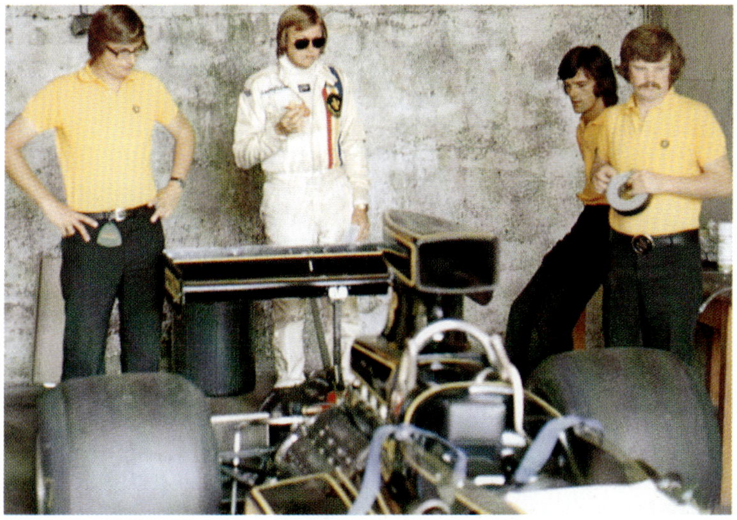

Mehr Familienschmuck als Emersons Ehefrau Maria-Helena trägt stolz der Schäferhund der Familie.

Der Neuseeländer Howden Ganley pilotiert einen der ISO-Ford, die der Brite Frank Williams ab 1973 in Eigenregie einsetzt.

Endstand Fahrer-WM

1.	**Jackie Stewart** Tyrrell-Ford	71
2.	**Emerson Fittipaldi** Lotus-Ford	55
3.	**Ronnie Peterson** Lotus-Ford	52
4.	**François Cevert** Tyrrell-Ford	47
5.	**Peter Revson** McLaren-Ford	38
6.	**Denis Hulme** McLaren-Ford	26
7.	**Carlos Reutemann** Brabham-Ford	16
8.	**James Hunt** March-Ford	14
9.	**Jacky Ickx** Ferrari	12
10.	**Jean-Pierre Beltoise** BRM	9
11.	**Carlos Pace** Surtees-Ford	7
12.	**Arturo Merzario** Ferrari	6
13.	**George Follmer** Shadow-Ford	5
14.	**Jackie Oliver** Shadow-Ford	4
15.	**Andrea de Adamich** Brabham-Ford	3
	Wilson Fittipaldi Brabham-Ford	3
17.	**Niki Lauda** BRM	2
	Clay Regazzoni BRM	2
19.	**Chris Amon** Tecno	1
	Gijs van Lennep ISO-Ford	1
	Howden Ganley ISO-Ford	1

Gewertet wurden die besten sieben Resultate der ersten acht Rennen und die besten sechs der letzten sieben Rennen.

Konstrukteure

1.	**Lotus-Ford**	92 (96)
2.	**Tyrrell-Ford**	82 (86)
3.	**McLaren-Ford**	58
4.	**Brabham-Ford**	22
5.	**March-Ford**	14
6.	**Ferrari**	12
	BRM	12
8.	**Shadow-Ford**	9
9.	**Surtees-Ford**	7
10.	**ISO-Ford**	2
11.	**Tecno**	1

Gesamtpunktzahl in Klammern.

Neue **Regeln**

Das Mindestgewicht der Wagen wird auf 575 Kilogramm angehoben. Außerdem weden ab 1. April aus Sicherheitsgründen erstmals sogenannte „verformbare" Strukturen – Knautschzonen – vorgeschrieben.

1974 beginnt die große Zeit von Niki Lauda. In seinem Einstiegsjahr bei Ferrari gewinnt der Österreicher gleich zwei Rennen. Pech und Fahrfehler verhindern weitere Erfolge

B3 ist der erste Ferrari mit Aluminium-Vollmonocoque. Im folgenden Jahr endet für die Scuderia eine elfjährige Durststrecke. Niki Lauda wird Weltmeister auf Ferrari.

Ferraris Comeback und McLarens Jubel

Die Formel 1 schreibt das Jahr 1 nach Jackie Stewart, der fünf Jahre lang der heißeste Titelanwärter war und keine Rennen mehr fahren will. Jetzt ist Emerson Fittipaldi die Nummer eins. Aber junge Wilde drängen nach – Niki Lauda, James Hunt oder auch Jody Scheckter. Das ewige Duell McLaren gegen Ferrari geht in eine neue Runde.

Hoffnungen auf den Gewinn der WM macht sich nicht nur Emerson Fittipaldi, der zu McLaren gewechselt ist. Als aussichtsreiche Kandidaten werden neben dem Brasilianer auch Clay Regazzoni und Niki Lauda gehandelt – das Duo hat bei Ferrari unterschrieben. Ronnie Peterson, der bei Lotus geblieben ist, macht sich ebenso Hoffnungen wie Brabham-Pilot Carlos Reutemann. Auch der krausköpfige Südafrikaner Jody Scheckter, den Ken Tyrrell von McLaren übernimmt, gilt wegen seiner kompromisslosen Fahrweise als Titelkandidat, obwohl er bislang nur sechs Grand Prix bestritten hat.

Zum Saisonauftakt gibt es dann eine faustdicke Überraschung: McLaren-Haudegen Denis Hulme, der „Bär“, gewinnt in Buenos Aires. Aber der Sieg des Weltmeisters von 1967 ist ausgesprochen glücklich. Der Neuseeländer kassiert nur deshalb die volle Punktzahl, weil Carlos Reutemann kurz vor dem Ziel der Sprit ausgeht. Der Argentinier verliert auf den letzten Kilometern einen Vorsprung von 35 Sekunden. Auf den voll besetzten Tribünen stürzen die Fans aus dem siebten Himmel in einen Abgrund der Enttäuschung. Für Hulme ist es der letzte GP-Sieg, nach Abschluss der Saison beendet er seine Formel-1-Karriere.

Anschließend geht es Schlag auf Schlag: Nacheinander siegen Fittipaldi, Reutemann, Lauda, erneut Fittipaldi, Peterson und Scheckter. Sieben Rennen sehen sechs verschiedene Piloten auf der obersten Stufe des Siegerpodests. Der Fight um die Nachfolge von Jackie Stewart lässt an Spannung keine Wünsche offen.

Der beste Pilot des Feldes ist der Schwede Ronnie Peterson, der im Vorjahr neunmal auf der Pole stand. Aber der Lotus 72 ist in die Jahre gekommen, und der Nachfolger vom Typ 76 – mit automatischer Kupplung – ist ein Flop.

Ein weiteres Ass stolpert vorläufig noch über die eigenen Beine: Niki Lauda. Endlich pilotiert der Wiener ein gutes Auto. Jetzt holt er sich neunmal den besten Startplatz. 1398 Führungskilometer lässt er sich gutschreiben. Aber noch fehlt es ihm an Erfahrung, seine Schnelligkeit in Ergebnisse umzusetzen. So verpatzt er den Deutschland-GP völlig. Zunächst stellt er seinen Ferrari auf die Pole. Aber beim Start lässt er sich von „Jakob“ Regazzoni und Scheckter überrumpeln. Schon eingangs der Nordkurve will er Schadensbegrenzung betreiben und Scheckter ausbrem- ▶

▼ Nach seinem Wechsel zu McLaren kann Emerson Fittipaldi erneut den Titel holen. In diesem Jahr zählen die Ferrari-Piloten zu seinen schärfsten Konkurrenten.

▲ Flankiert von den Ferrari-Piloten Lauda und Regazzoni feiert „Bär“ Denis Hulme in Argentinien seinen letzten Sieg. Der Ex-Weltmeister beendet die Karriere zum Saisonende.

Die **Teams**

Lotus-Ford		
	Ronnie Peterson	S
	Jacky Ickx	B
	Tim Schenken	AUS
	Ian Scheckter	SA
	Paddy Driver	SA
Tyrrell-Ford		
	Jody Scheckter	SA
	Patrick Depailler	F
	Eddie Keizan	SA
McLaren-Ford		
	Emerson Fittipaldi	BR
	Denis Hulme	NZ
	Mike Hailwood	GB
	David Hobbs	GB
	Jochen Mass	D
	Dave Charlton	SA
Brabham-Ford		
	Carlos Reutemann	ARG
	Carlos Pace	BR
	John Watson	GB
	Richard Robarts	GB
	Rikky von Opel	D
	Teddy Pilette	B
	Gerard Larrousse	F
	Eppie Weitzes	CDN
March-Ford		
	James Hunt	GB
	Hans-Joachim Stuck	D
	Vittorio Brambilla	I
	Reine Wisell	S
	Howden Ganley	NZ
	Chris Amon	NZ
Ferrari		
	Clay Regazzoni	CH
	Niki Lauda	A
BRM		
	Jean-Pierre Beltoise	F
	Henri Pescarolo	F
	François Migault	F
Shadow-Ford		
	Jean-Pierre Jarier	F
	Tom Pryce	GB
	Peter Revson	USA
	Brian Redman	GB
	Bertil Roos	S
Surtees-Ford		
	Carlos Pace	BR
	Jochen Mass	D
	José Dolhem	F
	Derek Bell	GB
	Helmut Koinigg	A
	Dieter Quester	D
	Leo Kinnunen	FIN
ISO-Ford		
	Arturo Merzario	I
	Tom Belso	DK
	Gijs van Lennep	NL
	Jacques Laffite	F
Lola-Ford		
	Graham Hill	GB
	Guy Edwards	GB
	Peter Gethin	GB
	Rolf Stommelen	D
Ensign-Ford		
	Vern Schuppan	AUS
	Mike Wilds	GB
Trojan-Ford *		
	Tim Schenken	AUS
Hesketh-Ford *		
	James Hunt	GB
Amon-Ford *		
	Chris Amon	NZ
Token-Ford *		
	Tom Pryce	GB
	Ian Ashley	GB
Parnelli-Ford *		
	Mario Andretti	USA
Penske-Ford *		
	Mark Donohue	USA

* neue Teams

sen. Doch im Eifer des Gefechts mutet er den kalten Pneus zuviel zu und fliegt in die Fangzäune. Obwohl der Ferrari mit dem rechten Hinterrad über das vordere linke von Scheckters McLaren steigt, kann der Südafrikaner weiterfahren. Bevor bei Lauda der Frust einsetzt, hat er andere Sorgen: „Hoffentlich kracht mir niemand ins Auto!"

Die WM bleibt spannend. Eine Entscheidung zeichnet sich nicht ab. Nicht einmal eine Vorentscheidung. Nach dem GP von Österreich, den sich Carlos Reutemann sichert, findet Laudas Freundin Mariella die treffenden Worte zur Beschreibung des turbulenten Saisonverlaufs: „Bis jetzt war die WM wie ein Film, hochdramatisch, manchmal atemlos, oft wie im Zeitraffer. Und jetzt? Es ist, als sei der Film stehen geblieben. Die WM steht plötzlich da wie ein Bild."

Die Entscheidung muss in Watkins Glen fallen, beim letzten Lauf des Jahres. Clay Regazzoni und Emerson Fittipaldi haben je 52 WM-Punkte auf dem Konto. Dem Brasilianer genügt das „Unentschieden" – er hat dreimal gewonnen, Regazzoni nur zweimal. Auch Scheckter, der bisher 45 Zähler sammeln konnte, hat noch Titelchancen. Aber nur wenn er siegt und die beiden Gegner maximal einen Punkt holen, ist er der neue Champion.

Für das große Finale werden alle Register gezogen. Als Regazzoni einen der Ferrari während Testfahrten, die unmittelbar nach dem Kanada-GP durchgeführt werden, in einen Totalschaden verwandelt, lässt die Scuderia aus Italien zwei Ersatz-Chassis einfliegen. Kosten spielen keine Rolle. Ferrari will nach zehn Jahren endlich wieder einen Weltmeister.

McLaren überrascht die Gegner durch eine Innovation: Die Helme von Fittipaldi und Hulme werden mit Sprechfunkausrüstungen bestückt. Teamchef Teddy Mayer: „Wir wollen nichts dem Zufall überlassen." Jackie Stewart, als TV-Kommentator dabei, empfiehlt Fittipaldi, seinen Empfänger auf die Fernsehfrequenz einzuschalten, um die Reportage hören zu können: „Dann weißt du immer, was auf der Piste los ist." ▶

Lauda und **Montezemolo** – Ferraris Hoffnungsträger

◀ *Zwei Mittzwanziger wollen Ferrari retten: Teamchef Luca di Montezemolo (r.) und Fahrer Niki Lauda.*

Welch eine Durststrecke hat die Scuderia Ferrari hinter sich! Der stolzeste Rennstall der Formel 1, ungeschlagen nach Punkten, Siegen und sechs Weltmeistertiteln, hat seit zehn Jahren kein Championat mehr gewonnen – weder auf der Fahrer- noch auf der Konstrukteursebene. Enzo Ferrari, mittlerweile 76 Jahre, fährt schon lange nicht mehr zu den Strecken, sondern schaut sich die Rennen am Fernseher an. Er wird immer eigenbrötlerischer, aber an seiner Autorität ist nicht zu rütteln. Auch nach dem Verkauf von 50 % der Firma an Fiat im Jahre 1969 hat er sich die Leitung des Rennstalls nicht nehmen lassen. Nach wie vor bestimmt er bei der Konstruktion der Autos mit, entscheidet über die Besetzung der Wagen – oft aus dem Bauch heraus. Er heuert und feuert nach Belieben – einer der letzten großen Patriarchen.
Nach Niki Laudas glanzvoller Vorstellung beim Monaco-GP 1973 lädt er den BRM-Fahrer nach Maranello ein und bietet ihm für 1974 ein Ferrari-Cockpit plus Gehalt. Lauda ist auf einen Schlag seine immensen Schulden los, die er bei March und BRM angesammelt hat.
Aber der alte Mann hat noch mehr aufgerüstet. Er hat einen jungen römischen Adeligen mit dem klangvollen Namen Luca Cordero di Montezemolo als Assistenten engagiert.

Der 26-jährige Jurist, der kurz zuvor sein Examen abgelegt hat, wird Manager der Rennabteilung. Er ist ein hochbegabter Rhetoriker, ein Mann mit gewinnendem Auftreten und punktgenauer Schlagfertigkeit – wie Niki Lauda.
Zudem lässt der starrsinnige Commendatore 1973 zu, dass man das Auto völlig umkonstruiert. Der 312 B3 verfügt über ein Voll-Monocoque aus Aluminium – bisher wurde der Motor in einem Rohrrahmen ans Monocoque angeschraubt. Lauda kommt mit dem Wagen bestens zurecht, holt in Spanien und Holland zwei Siege für die Scuderia, sein Teamkollege Regazzoni einen weiteren. Weil er häufiger punktet, kämpft der Tessiner um die WM, aber er verliert im letzten Rennen den greifbar nahen Weltmeistertitel. Ferrari vertagt den Erwerb der siebten Weltmeisterschaft hoffnungsvoll aufs nächste Jahr.

▼ *Der allmächtige Firmenchef Enzo Ferrari (r.) gibt auf einer Pressekonferenz die Ziele für das neue Jahr bekannt, die Montezemolo (l.) umsetzen muss.*

▲▲ Der Deutsche Hans-Joachim Stuck gibt bei March sein Formel-1-Debüt. Er bedankt sich bei Max Mosley mit einem vierten und einem fünften Rang.

▲ In seinem ersten McLaren-Jahr fährt er gleich den Titel ein: Der Brasilianer Emerson Fittipaldi (r.) mit seinem Teamchef Teddy Mayer.

Kurz-**Meldungen**

● Wie zuvor bereits seine Kollegen Jack Brabham, Bruce McLaren und John Surtees, macht sich jetzt auch **Chris Amon** selbständig. Aber der Amon-Ford AF101 ist ein Flop, der nur ein kurzes Gastspiel beim GP von Spanien in Jarama gibt. **Graham Hill** übernimmt die F1-Einsätze der Firma Lola, die in den GP-Sport zurückkehrt.

● Um die Teamkasse aufzufrischen, verpflichtet **Brabham-Boss** Bernie Ecclestone zunächst den britischen Formel Ford-Piloten Richard Robarts. Als der seinen Zahlungsverpflichtungen nicht nachkommt, ersetzt ihn Ecclestone durch Rikky von Opel. Beide Piloten sind nicht einmal durchschnittlich talentiert.

● Kurz nach Saisonbeginn verunglückt der Amerikaner **Peter Revson** (30 GP, zwei Siege, 61 WM-Punkte) bei Testfahrten in Kyalami tödlich, weil die vordere Aufhängung seines Shadow-Ford kollabiert.

● Während des Trainings für den **GP von Spanien** in Jarama stirbt ein Streckenposten. Der Marshal beseitigt eine Ölspur, die der Brabham des Playboys Rikky von Opel hinterlassen hat. Denis Hulme signalisiert dem Helfer, hinter die Leitplanken zurückzutreten. Nach einem Boxenstopp überzeugt sich der Neuseeländer nicht davon, ob sein Rat befolgt wurde. Hulme bleibt mit Vollgas auf der Ideallinie und überfährt den Marshal.

● Beim Training für den Großen Preis von Deutschland auf dem **Nürburgring** wackelt die magische Sieben-Minuten-Grenze. Niki Lauda verpasst sie mit 7.00,8 Minuten denkbar knapp. Clay Regazzoni (7.01,1), Emerson Fittipaldi (7.02,3) und Jody Scheckter (7.03,4) liegen ebenfalls in Reichweite.

● Erneut ereignet sich in Watkins Glen ein tödlicher Unfall. **Helmut Koinigg**, eine viel versprechendes österreichische Nachwuchs-Talent, kommt im Verlauf der zehnten Runde von der Piste ab. Der Surtees des 25-Jährigen mäht zwei Fangzäune nieder und schiebt dann die beiden unteren von insgesamt drei schlecht montierten Leitplanken nach hinten. Die oberste Leitplanke tötet Koinigg beim Aufprall.

● Insgesamt treten im Verlauf des Jahres **29 (!) verschiedene Teams** an. Viele der neuen (mit so exotischen Namen wie Trojan oder Token) kommen nur sporadisch zum Einsatz und scheitern an der Qualifikationshürde. Nach elfjähriger Pause kehrt das Lola-Team zurück – mit Graham Hill als Fahrer. Und zwei amerikanische Teams versuchen sich in der Formel 1: Parnelli Jones benennt seinen Stall nach seinem Namen und engagiert Landsmann Mario Andretti als Fahrer. Und Roger Penske gründet mit dem Schweizer Heinz Hofer das Penske-Team – der einzige Fahrer heißt Mark Donohue.

● Alle Siege des Jahres gehen an Teams mit **Goodyear-Reifen**. Firestone leitet den Rückzug ein.

▶ Im Lola nimmt Gentleman-Driver Graham Hill seine 17. (!) Formel-1-Saison in Angriff. Mehr als ein sechster Platz in Schweden springt für den fünffachen Monaco-Sieger und zweifachen Weltmeister nicht heraus.

1974

Siegerpodeste

1 13.1.1974 GP Argentinien – Buenos Aires		
Pole: Ronnie Peterson		
1. Denis Hulme	McLaren-Ford	1:41.02,010
2. Niki Lauda	Ferrari	- 9,270
3. Clay Regazzoni	Ferrari	- 20,410

2 27.1.1974 GP Brasilien – Interlagos		
Pole: Emerson Fittipaldi		
1. Emerson Fittipaldi	McLaren-Ford	1:24.37,060
2. Clay Regazzoni	Ferrari	- 13,570
3. Jacky Ickx	Lotus-Ford	- 1 Runde

3 30.3.1974 GP Südafrika – Kyalami		
Pole: Niki Lauda		
1. Carlos Reutemann	Brabham-Ford	1:42.40,960
2. Jean-Pierre Beltoise	BRM	- 33,940
3. Mike Hailwood	McLaren-Ford	- 42,160

4 28.4.1974 GP Spanien – Jarama		
Pole: Niki Lauda		
1. Niki Lauda	Ferrari	2:00.29,560
2. Clay Regazzoni	Ferrari	- 35,610
3. Emerson Fittipaldi	McLaren-Ford	- 1 Runde

5 12.5.1974 GP Belgien – Nivelles-Baulers		
Pole: Clay Regazzoni		
1. Emerson Fittipaldi	McLaren-Ford	1:44.20,570
2. Niki Lauda	Ferrari	- 0,350
3. Jody Scheckter	Tyrrell-Ford	- 45,610

6 26.5.1974 GP Monaco – Monte Carlo		
Pole: Niki Lauda		
1. Ronnie Peterson	Lotus-Ford	1:58.03,700
2. Jody Scheckter	Tyrrell-Ford	- 28,800
3. Jean-Pierre Jarier	Shadow-Ford	- 48,900

7 9.6.1974 GP Schweden – Anderstorp		
Pole: Patrick Depailler		
1. Jody Scheckter	Tyrrell-Ford	1:58.31,391
2. Patrick Depailler	Tyrrell-Ford	- 0,380
3. James Hunt	Hesketh-Ford	- 3,325

8 23.6.1974 GP Niederlande – Zandvoort		
Pole: Niki Lauda		
1. Niki Lauda	Ferrari	1:43.00,350
2. Clay Regazzoni	Ferrari	- 8,250
3. Emerson Fittipaldi	McLaren-Ford	- 30,270

9 7.7.1974 GP Frankreich – Dijon-Prenois		
Pole: Niki Lauda		
1. Ronnie Peterson	Lotus-Ford	1:21.55,020
2. Niki Lauda	Ferrari	- 20,360
3. Clay Regazzoni	Ferrari	- 27,840

10 20.7.1974 GP England – Brands Hatch		
Pole: Niki Lauda		
1. Jody Scheckter	Tyrrell-Ford	1:43.02,200
2. Emerson Fittipaldi	McLaren-Ford	- 15,300
3. Jacky Ickx	Lotus-Ford	- 1.01,500

11 4.8.1974 GP Deutschland – Nürburgring		
Pole: Niki Lauda		
1. Clay Regazzoni	Ferrari	1:41.35,000
2. Jody Scheckter	Tyrrell-Ford	- 50,700
3. Carlos Reutemann	Brabham-Ford	- 1.23,300

12 18.8.1974 GP Österreich – Österreichring		
Pole: Niki Lauda		
1. Carlos Reutemann	Brabham-Ford	1:28.44,720
2. Denis Hulme	McLaren-Ford	- 42,920
3. James Hunt	Hesketh-Ford	- 1.01,540

13 8.9.1974 GP Italien – Monza		
Pole: Niki Lauda		
1. Ronnie Peterson	Lotus-Ford	1:22.56,600
2. Emerson Fittipaldi	McLaren-Ford	- 0,800
3. Jody Scheckter	Tyrrell-Ford	- 24,700

14 22.9.1974 GP Kanada – Mosport Park		
Pole: Emerson Fittipaldi		
1. Emerson Fittipaldi	McLaren-Ford	1:40.26,136
2. Clay Regazzoni	Ferrari	- 13,034
3. Ronnie Peterson	Lotus-Ford	- 14,494

15 6.10.1974 GP USA – Watkins Glen		
Pole: Carlos Reutemann		
1. Carlos Reutemann	Brabham-Ford	1:40.21,439
2. Carlos Pace	Brabham-Ford	- 10,735
3. James Hunt	Hesketh-Ford	- 1.10,384

Alle Ergebnisse im Detail auf Seite 377

Clay Regazzoni – das beste Jahr des Schweizers

Der Mann mit dem melodischen italienischen Namen, den glühenden Augen und dem lustigen Schnäuzer ist Schweizer, 1939 im sonnigen Tessin geboren. Er ist bereits 31 Jahre, als Enzo Ferrari den gelernten Autopolsterer 1970 aus der Formel 2 in die Königsklasse holt. Die Scuderia hat soeben das dunkelste Jahr ihrer Geschichte hinter sich – gerade sieben Punkte haben Chris Amon und Pedro Rodriguez 1969 eingefahren. Jetzt soll mit Regazzoni und Jacky Ickx alles besser werden.

Wird es auch: Gianclaudio „Clay" Regazzoni gewinnt in seinem ersten F1-Jahr gleich den Großen Preis von Italien – besser kann man sich bei den Tifosi nicht vorstellen. Allerdings holt der belgische Teamkollege gleich drei Siege – und auch in den folgenden zwei Jahren steht Regazzoni immer im Schatten von Jacky Ickx. Clay Regazzoni ist ein knallharter Kämpfer, der die unterlegenen Ferrari mit vollem Einsatz um die Kurse treibt – und zwangsläufig auch hin und wieder Schrott abliefert.

1973 hat Enzo Ferrari genug, er kündigt Regazzoni. Der unterschreibt für die stolze Summe von 500.000 DM bei BRM. Dort trifft er auf einen jungen Kollegen namens Niki Lauda. Beide ernten keine Lorbeeren in dem Loser-Team, dessen große Erfolge nur noch Historie sind. Viele rätseln, was Enzo Ferrari veranlasst, für die Saison 1974 das BRM-Fahrerduo zu verpflichten – den Nobody Lauda und den „verlorenen Sohn" Regazzoni. Nach Laudas schnellem Sieg in Spanien setzt die Scuderia voll auf den jungen Fahrer, der eine Pole nach der anderen holt und auch noch einen weiteren Sieg nachlegt. Regazzoni punktet allerdings zuverlässiger, hat beim letzten Lauf den Titel vor Augen. Ein Vorderradschaden zerstört die Hoffnungen – er wird mit drei Punkten Rückstand Vizeweltmeister hinter Emerson Fittipaldi. Es ist das beste Jahr seiner Karriere.

Bis 1976 bilden Lauda und Regazzoni das Ferrari-Team. In dieser Zeit hat der zehn Jahre ältere Schweizer keine Chance mehr gegen den Österreicher. Er wechselt zu Ensign, Shadow und Williams. In seinem 132. Grand Prix verunglückt Regazzoni am 30. März 1980 in Long Beach. Seither sitzt er im Rollstuhl. Viele Jahre kommentiert er F1-Rennen, er gibt Fahrerlehrgänge für Behinderte und fährt manchmal sogar bei Tourenwagenrennen mit. Wenn er in der Boxengasse der Formel 1 auftaucht, setzt er nach wie vor sein strahlendes Belmondo-Lächeln auf.

◄ *Spätzünder Clay Regazzoni kommt 1970 mit 31 in die Formel 1. Zehn Jahre später beendet ein Unfall die Karriere des stets gutgelaunten Tessiners. Er ist seither querschnittsgelähmt.*

▼ *So lieben ihn die Fans: Spektakulär driftet Clay Regazzoni vor dem Tyrrell von Jody Scheckter.*

Erste Versuche mit Bordfunk scheitern. Die Tafeln bleiben – bis heute – wichtiges Info-Medium. Hier wird Lauda signalisiert: Du bist Erster mit 33 Sekunden Vorsprung auf Regazzoni.

Bereits während des Trainings wird das Funkexperiment abgebrochen. Die Idee ist gut, aber wegen des Motorenlärms verstehen die Piloten kein Wort. Die Stimmung ist angespannt. Ferrari beklagt drei Motorschäden. Und die roten Renner untersteuern grausam. Die Frage, ob er nervös sei, beantwortet Regazzoni müde lächelnd: „Ich nicht, aber mein Auto."

Sonntags sieht es nicht so aus, als würde auch nur einer der drei Titelanwärter aus eigener Kraft Punkte holen können. Das Qualifying verlief als Dreikampf der Mittelmäßigkeit. Scheckter startet von Position sieben, Fittipaldi als Achter und Regazzoni als Neunter... Einer freut sich. Fittipaldi: „Wenn es so bleibt, bin ich Meister."

Gemäß der von Luca di Montezemolo ausgegebenen Stallorder blockiert Lauda den Südafrikaner Scheckter nach Kräften. Aber das Teamwork funktioniert nicht. Das Duell Regazzoni contra Fittipaldi findet ein schnelles Ende: In der Startkurve bremst der Tessiner den McLaren des Brasilianers aus. Doch Fittipaldi kontert erfolgreich und fährt auf und davon.

Das große Finale, auf das sich weltweit alle Fans so sehr gefreut haben, wird in der zehnten Runde durch den tödlichen Unfall des Österreichers Helmut Koinigg überschattet. Der Surtees-Pilot wird ein Opfer der maroden Leitplanken, die für ihn zur Guillotine werden...

Reutemann gewinnt vor Pace, Hunt und dem neuen Weltmeister. Regazzoni wird mit vier Runden Rückstand als Elfter abgewinkt, Scheckter fällt aus. Die große Party findet nicht statt: Emerson Fittipaldi widmet seinen Titel dem verunglückten Nachwuchsfahrer Helmut Koinigg.

Auch in seiner zweiten F1-Saison fährt James Hunt, hier mit Ehefrau Suzi, für Lord Alexander Hesketh.

Endstand Fahrer-WM

1.	**Emerson Fittipaldi** McLaren-Ford	55
2.	**Clay Regazzoni** Ferrari	52
3.	**Jody Scheckter** Tyrrell-Ford	45
4.	**Niki Lauda** Ferrari	38
5.	**Ronnie Peterson** Lotus-Ford	35
6.	**Carlos Reutemann** Brabham-Ford	32
7.	**Denis Hulme** McLaren-Ford	20
8.	**James Hunt** March-Ford	15
9.	**Patrick Depailler** Tyrrell-Ford	14
10.	**Jacky Ickx** Lotus-Ford	12
	Mike Hailwood McLaren-Ford	12
12.	**Carlos Pace** Brabham-Ford	11
13.	**Jean-Pierre Beltoise** BRM	10
14.	**Jean-Pierre Jarier** Shadow-Ford	6
	John Watson Brabham-Ford	6
16.	**Hans-Joachim Stuck** March-Ford	5
17.	**Arturo Merzario** ISO-Ford	4
18.	**Graham Hill** Lola-Ford	1
	Tom Pryce Shadow-Ford	1
	Vittorio Brambilla March-Ford	1

Gewertet wurden die besten sieben Resultate der ersten acht Rennen und die besten sechs der letzten sieben Rennen.

Konstrukteure

1.	McLaren-Ford	73 (75)
2.	Ferrari	65
3.	Tyrrell-Ford	52
4.	Lotus-Ford	42
5.	Brabham-Ford	35
6.	Hesketh-Ford	15
7.	BRM	10
8.	Shadow-Ford	7
9.	March-Ford	6
10.	ISO-Ford	4
11.	Surtees-Ford	3
12.	Lola-Ford	1

Gesamtpunktzahl in Klammern.

Startnummern

Zum ersten Mal werden vor der Saison den Fahrern feste Nummern zugeteilt – eine Erleichterung für die TV-Zuschauer. Für die Teams auch: Sie müssen die Nummern nicht vor jedem GP neu aufkleben. Außerdem gibt es neue Richtlinien zugunsten größerer Sicherheit: Bessere Löschsysteme, mehr Schutz für Öl- und Treibstoffbehälter.

Lauda-Time

Den Winter über hat sich bei den Sieger-Teams des Vorjahres nicht allzuviel getan: Weltmeister Fittipaldi – „never change a winning team" – bleibt McLaren treu. Er bekommt aber mit Jochen Mass einen Kollegen, der den zurückgetretenen Denis Hulme ersetzt. Ansonsten bleibt alles unverändert: Ferrari hofft mit dem Duo Lauda/Regazzoni den seit elf Jahren überfälligen WM-Titel zu holen. Tyrrell vertraut weiter auf Scheckter und Depailler, ebenso Brabham auf Pace und Reutemann. Bei Lotus bleiben Peterson und Ickx. Letzterer verlässt Mitte Saison das Team entnervt, weil Lotus nicht nur an den Fahrern festhält, sondern auch dem völlig veralteten Lotus 72.

Insgesamt erhält die Formel 1 einen noch internationaleren Anstrich, kommen doch jetzt drei Teams aus Übersee als feste Größen hinzu: Die US-Teams Parnelli und Penske treten mit Mario Andretti und Mark Donohue an, und Weltmeister-Bruder Wilson Fittipaldi ist beim brasilianischen Stall Copersucar Teamchef und Fahrer zugleich.

Das Drei-Liter-Motorenreglement geht in sein zehntes Jahr. Auffallend: Bislang haben nur Acht-Zylinder-Motoren die WM gewinnen können. Und die ersten Rennen sprechen dafür, dass es so bleibt, denn sie beginnen mit einer faustdicken Überraschung: Ausgerechnet einer der sonst eher bescheidenen Shadows, der von Jean-Pierre Jarier, steht in den beiden südamerikanischen Rennen auf der Pole-Position. Insider wissen: Cosworth hat Shadow als Versuchskaninchen benutzt und ihnen die neueste Motorenversion zur Probe gegeben.

Während sich also die Cosworth-Spitzenteams freuen können, ist bei Ferrari Alarm angesagt. Niki Lauda bringt es auf den Punkt: „Der alte Wagen bietet uns keine Chance auf den Titel."

Doch der Neue soll nicht lange auf sich warten lassen und ist ▶

Ferrari 312T

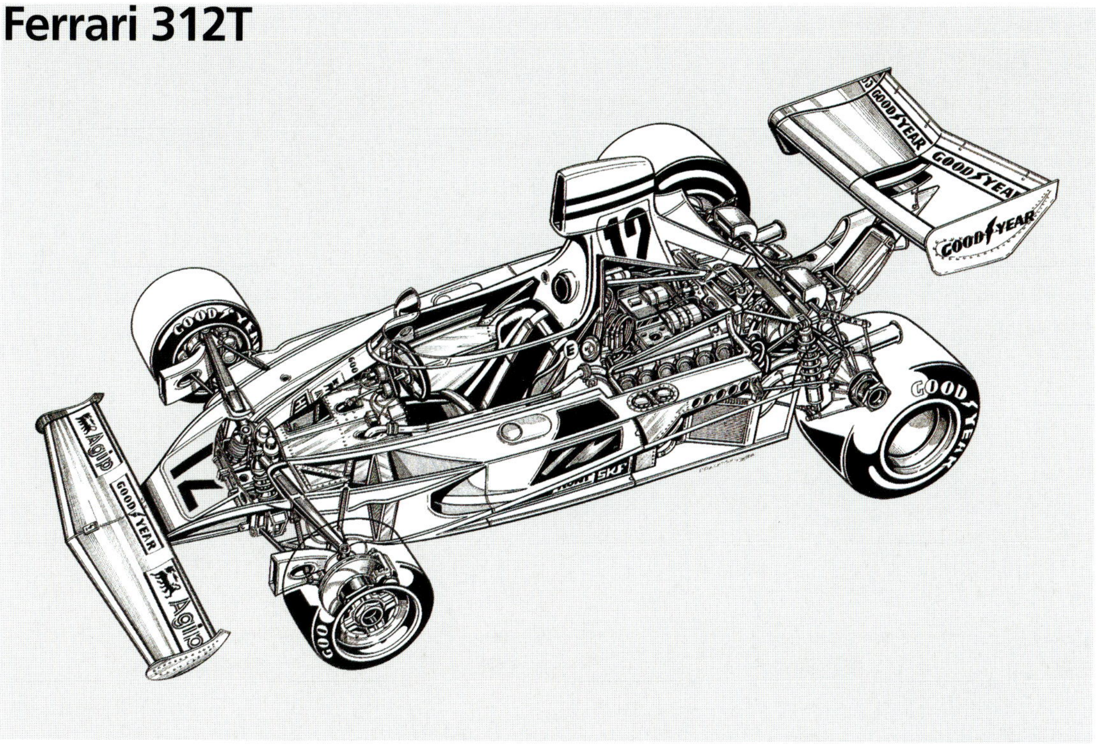

◄ Ferrari-Pilot Niki Lauda auf WM-Kurs: Im schwedischen Anderstorp feiert der Österreicher seinen dritten Sieg in Folge. Carlos Reutemann (l.) auf Brabham wird Zweiter vor Laudas Teamkollege Clay Regazzoni.

▲ Beim Ferrari 312T ist das Getriebe quer eingebaut. Der Wagen hat als einziger – wieder – einen Rohrrahmen. Auch der V12-Motor fällt aus dem Rahmen: Alle anderen Teams (außer BRM) fahren den Ford-Cosworth-V8.

▼ Von der Pole-Position schießt Niki Lauda am Nürburgring als Leader in die erste Kurve. 14 Runden später findet sich der Österreicher nach einer Hitzeschlacht hinter Reutemann und Laffite auf Platz drei wieder.

Die **Teams**

McLaren-Ford	
Emerson Fittipaldi	BR
Jochen Mass	D
Dave Charlton	SA
Ferrari	
Clay Regazzoni	CH
Niki Lauda	A
Tyrrell-Ford	
Jody Scheckter	SA
Patrick Depailler	F
Jean-Pierre Jabouille	F
Michel Leclère	F
Ian Scheckter	SA
Lotus-Ford	
Ronnie Peterson	S
Jacky Ickx	B
Brian Henton	GB
Jim Crawford	GB
John Watson	GB
Eddie Keizan	SA
Guy Tunmer	SA
Brabham-Ford	
Carlos Reutemann	ARG
Carlos Pace	BR
Hesketh-Ford	
James Hunt	GB
Brett Lunger	USA
Alan Jones	AUS
Harald Ertl	A
Torsten Palm	S
BRM	
Mike Wilds	GB
Bob Evans	GB
Shadow-Ford	
Tom Pryce	GB
Jean-Pierre Jarier	F
March-Ford	
Vittorio Brambilla	I
Lella Lombardi	I
Hans-Joachim Stuck	D
Mark Donohue	USA
Williams-Ford	
Jacques Laffite	F
Arturo Merzario	I
Damien Magee	GB
Jo Vonlanthen	CH
Renzo Zorzi	I
Ian Scheckter	SA
Tony Brise	GB
Surtees-Ford	
John Watson	GB
Dave Morgan	GB
Lola-Ford	
Graham Hill	GB
Rolf Stommelen	D
Parnelli-Ford	
Mario Andretti	USA
Penske-Ford	
Mark Donohue	USA
John Watson	GB
Ensign-Ford	
Gijs van Lennep	NL
Roelof Wunderink	NL
Chris Amon	NZ
Hill-Ford *	
Alan Jones	AUS
Tony Brise	GB
Rolf Stommelen	D
François Migault	F
Vern Schuppan	AUS
Copersucar-Ford *	
Wilson Fittipaldi	BR
Arturo Merzario	I
Lyncar-Ford *	
John Nicholson	NZ

* neue Teams

eine Wucht: 312T – T wie „transversale". Um mehr Gewicht zum Mittelpunkt des Wagens zu kriegen, hat Ingenieur Forghieri das Getriebe nicht längs, sondern quer eingebaut, was die Balance des Autos tatsächlich entscheidend verbessert.

Beim dritten Saisonlauf, dem Großen Preis von Südafrika, sieht für die Roten die Welt anders aus. Zwar kommt Niki Lauda wiederum nur auf Platz fünf an, aber er lobt überschwänglich: „Der Neue ist ein Bombenauto." Allerdings führt zu dieser Zeit Emerson Fittipaldi bereits mit 15 Punkten vor den Brabham-Fahrern Reutemann (12) und Pace (10).

Beim Großen Preis von Monaco kann Lauda endlich kontern und seinen ersten Saisonsieg feiern, drei weitere sollen in den nächsten vier Rennen folgen. Dass ein Fahrer zwei Rennen in Folge gewinnen kann, hatte es das gesamte Jahr zuvor nicht mehr gegeben.

Es ist in der Tat Lauda-Time. Innerhalb von acht Wochen reißt der Österreicher 42 Punkte und die Führung im WM-Klassement an sich. Von da an kann es der analytische Computer ruhig angehen lassen. Laudas Devise: „Nichts riskieren, ankommen und Punkte sammeln."

Was in den folgenden drei Rennen Silverstone, Nürburgring und Zeltweg so gut wie unmöglich ist. Drei Chaos-Rennen sehen drei verschiedene Sieger. In England gewinnt Fittipaldi vor Pace und Scheckter. Trockenheit, Niesel, Trockenheit, Wolkenbruch – diese Reihenfolge sorgt für 16 Unfälle, neun Führungswechsel und den Rennabbruch. Völliges Drunter und Drüber auch auf dem Nürburgring, wo in der Hitze die Goodyear-Reifen reihenweise verrecken. Sieger Carlos Reutemann hat den richtigen Ansatz: „Ich brauche keine schnellen Reifen, sondern solche die halten." Auf den Plätzen: Jacques Laffite auf dem unterfinanzierten Williams-Ford noch vor Niki Lauda. Der ▶

Jochen Mass – der traurige Sieger

Tragisch verläuft der Grand Prix, bei dem der Deutsche Jochen Mass seinen ersten und einzigen Sieg in der Formel 1 holt.

Auf dem Programm steht der Große Preis von Spanien 1975. Als die Fahrer zum Stadtrennen im Montjuich Park in Barcelona anreisen, erwartet sie ein Schreckensszenario. Die Strecke ist kaum gesichert, die Pfosten der Leitplanken nicht verankert, die Planken selbst mit rostigen Drahtschlingen festgezurrt. Schnell sind sich die Fahrer unter Führung von Weltmeister Emerson Fittipaldi einig: Auf dieser Strecke wird nicht gefahren.

Ebenso schnell bröckelt die Streikfront, als der Veranstalter droht, das gesamte Formel-1-Material zu beschlagnahmen. Als dann auch noch die CSI verlautbart, dass eigentlich alles in Ordnung sei – unter den Unterzeichnern auch Huschke von Hanstein – geht man schnell zur Tagesordnung über.

Das stellt sich als tragischer Fehler heraus: Am Rennsonntag bricht in der 26. Runde dem führenden Rolf Stommelen der Heckflügel weg. Führungslos schießt sein Hill über die Leitplanken. Stommelen überlebt schwerstverletzt, drei Streckenposten und ein Fotograf haben weniger Glück. Jetzt, wo alles zu spät ist, wird das Rennen abgebrochen, der Führende Jochen Mass (McLaren) zum traurigen Sieger erklärt.

Jochen Mass bestreitet von 1973 bis 1982 insgesamt 105 Formel-1-Rennen. Ein Sieg, ein zweiter Rang und sechs dritte Plätze sind die Podestausbeute des Deutschen.

Der amerikanische Penske-Pilot Mark Donohue verunglückt beim Training zum Österreich-GP. Er prallt nach einem Dreher mit dem Kopf gegen eine Barriere.

Nicht mehr die alte „Bastelbude", aber auch noch kein Klinik-Touch wie in den neunziger Jahren: Tyrrell bezieht 1975 sein neues Werk.

Halber Punkt **für die Dame**

Lella Lombardi kann als erste Frau der Formel-1-Geschichte punkten – und das gleich in ihrem zweiten Rennen. Die 22-jährige Italienerin fährt für March. Nach dem Abbruch des Spanien-GP erhält sie als Sechste einen halben Punkt. Es bleibt allerdings die einzige Ausbeute ihrer Karriere, die sie bereits 1976 auf Brabham beendet. Bis zum Ende des Jahrhunderts versuchen sich zwar noch andere Damen in der Königsklasse, aber keine kann sich mehr in den Punkten platzieren. Nach ihrer Formel-1-Karriere fährt Lella erfolgreich Sportwagenrennen. Sie stirbt 1992.

Lella Lombardi gelingt es als erster Frau, in der Formel 1 zu punkten. Teamkollege ist 1975 ihr Landsmann Vittorio Brambilla.

Kurz-**Meldungen**

● Beim Großen Preis von Holland erwischt es Ferrari-Rennleiter **Luca di Montezemolo**. In der Boxengasse wird der junge Adelige von Ronnie Peterson angefahren. Trotz eines gebrochenen Beins harrt Luca bis zum Rennende an der Boxenmauer aus.

● Ende des **Reifenkrieges**: Firestone zieht sich 1975 aus der Formel 1 zurück – Goodyear wird Alleinausstatter.

● Jeder Fahrer ist bares Geld: **Frank Williams** demonstriert den größten Geschäftssinn der Branche und lässt im Laufe der Saison insgesamt zehn Piloten ins Lenkrad greifen – jeder muss für seinen Einsatz zahlen.

● **Sir Louis Stanley**, Schwager des englischen Industriellen Sir Alfred Owen, versucht als Privatmann nach der Auflösung der Owen Racing Organisation deren BRM-Rennstall am Leben zu halten – mit bescheidenem Erfolg.

● Beim Training zum Großen Preis von Österreich verunglückt der amerikanische Penske-March-Fahrer **Mark Donohue** schwer. Zwei Tage später stirbt der Indianapolis-Sieger von 1972 an einem Blutgerinsel im Hirn.

● Dank der Unterstützung der Warsteiner-Brauerei schafft es **Harald Ertl**, an drei Formel-1-Läufen teilzunehmen. Auf dem Nürburgring, in Österreich und in Monza bringt er einen privaten Hesketh an den Start – pro Lauf sind 50.000 Mark Miete fällig. Beste Platzierung ist Rang acht in der Eifel.

● Die **Gebrüder Schnitzer** lassen sich einen zerlegten Ford-Cosworth-Motor des Williams-Teams zwecks Industrie-Spionage liefern. Rund 500.000 Mark setzen die Brüder für den Bau eines eigenen Formel-1-Turbo-Triebwerkes an.

● Emerson Fittipaldis älterer Bruder Wilson, der von 1972-73 bei Brabham gefahren ist (3 Punkte in 36 Rennen), gründet in seiner Heimat Brasilien ein Formel-1-Team. Geldgeber ist ein steinreicher Zuckerrohrproduzent. Einen Punkt holt **Copersucar** nicht, landet aber eine Sensationsmeldung: Der zweifache Weltmeister Emerson Fittipaldi wird zum Saisonende McLaren verlassen und seinen Bruder als Copersugar-Pilot ablösen.

● Vor dem Großen Preis von Italien entscheidet Teamchef **John Surtees** aus finanziellen Gründen, die restlichen Läufe nicht mehr zu bestreiten. Obwohl der neue Surtees für die 76er Saison so gut wie fertig ist. Der Weltmeister von 1964: „Wenn ich keinen Sponsor finde, hänge ich mir das Auto zur Erinnerung an meine Konstrukteurs-Laufbahn an die Wand."

Das schillerndste Team der Formel 1 ist auch in diesem Jahr der Rennstall des jungen Lord Hesketh. In Holland erringt Hesketh-Fahrer James Hunt sogar einen Sieg – den einzigen in der Teamgeschichte. Zum Saisonende zieht sich der Lord zurück, einige Jahre werden noch Privatfahrer mit dem Hesketh fahren.

Graham Hill – Tragödie eines Heroen

Es ist, bildlich gesprochen, als ob ein Bergsteiger, der alle Achttausender bezwungen hat, sich endlich zur Ruhe setzt, nur um kurz danach zu Hause beim Sturz von einer Leiter zu sterben. 18 lange Jahre fuhr Graham Hill Formel-1-Rennen. Weltmeister 1962 und 1968, Sieger beim Indy 500 und den 24 Stunden von Le Mans – eine unerreichte Leistung, dieser in Fachkreisen „triple crown" genannte Dreierschlag.
Im Frühjahr 1975 übernimmt Hill das Lola-Team und tauft es vor dem Spanien-Grand-Prix auf seinen Namen um. Das Rennen endet tragisch – mit einem schweren Unfall des Hill-Piloten Rolf Stommelen. Beim nächsten Lauf, dem Großen Preis von Monaco, schafft der fünffache Monaco-Sieger Hill in seinem eigenen Auto die Qualifikation nicht. Er beschließt, als Rennfahrer zurückzutreten und künftig als Teamchef zu arbeiten. In Silverstone dreht der schnauzbärtige Brite vor einem frenetisch jubelnden Publikum seine Abschiedsrunde.
Die Saison endet für Hill dennoch hoffnungsvoll. Seine beiden Fahrer Tony Brise und Alan Jones fahren zweimal in die Punkte.
Am 29. November 1975, vier Monate nach seinem Rücktritt, fliegt der begeisterte Pilot Hill sein Team von Testfahrten in Le Castellet nach Hause. Bei dichtem Nebel verfehlt er den Flughafen Elstree, die zweimotorige Aztec zerschellt auf einem Golfplatz. Mit an Bord sind der 23-jährige Rennfahrer Tony Brise, der Teammanger, der Designer, zwei Mechaniker. Es gibt keine Überlebenden. Der Motorsport verliert einen seiner größten Heroen. Die anschließenden Gerichtsverfahren und Schadenersatzforderungen zehren Graham Hills Vermögen restlos auf und treiben seine Familie in den Ruin.
Damon, der Sohn des zweifachen Weltmeisters, ist gerade 15 Jahre, als sein Vater stirbt.

Die Überreste der Aztec von Graham Hill, die beim Landeanflug auf Elstree abstürzte. Der zweifache Champion und fünf Teammitglieder sterben in den Trümmern.

Fünf Mal stand Graham Hill in Monaco als Sieger vor Fürst Rainier. Erst Ayrton Senna konnte Hill als „König von Monaco" entthronen – mit einem Sieg mehr.

1975

Siegerpodeste

1 12.1.1975 GP Argentinien – Buenos Aires
Pole: Jean-Pierre Jarier

1. Emerson Fittipaldi	McLaren-Ford	1:39.26,290
2. James Hunt	Hesketh-Ford	- 5,910
3. Carlos Reutemann	Brabham-Ford	- 17,060

2 26.1.1975 GP Brasilien – Interlagos
Pole: Jean-Pierre Jarier

1. Carlos Pace	Brabham-Ford	1:44.41,170
2. Emerson Fittipaldi	McLaren-Ford	- 5,790
3. Jochen Mass	McLaren-Ford	- 36,660

3 1.3.1975 GP Südafrika – Kyalami
Pole: Carlos Pace

1. Jody Scheckter	Tyrrell-Ford	1:43.16,900
2. Carlos Reutemann	Brabham-Ford	- 3,740
3. Patrick Depailler	Tyrrell-Ford	- 16,920

4 27.4.1975 GP Spanien – Montjuich Park
Pole: Niki Lauda

1. Jochen Mass	McLaren-Ford	42.53,700
2. Jacky Ickx	Lotus-Ford	- 1,100
3. Carlos Reutemann	Brabham-Ford	- 1 Runde

5 11.5.1975 GP Monaco – Monte Carlo
Pole: Niki Lauda

1. Niki Lauda	Ferrari	2:01.21,310
2. Emerson Fittipaldi	McLaren-Ford	- 2,780
3. Carlos Pace	Brabham-Ford	- 17,810

6 25.5.1975 GP Belgien – Zolder
Pole: Niki Lauda

1. Niki Lauda	Ferrari	1:43.53,980
2. Jody Scheckter	Tyrrell-Ford	- 19,220
3. Carlos Reutemann	Brabham-Ford	- 41,820

7 8.6.1975 GP Schweden – Anderstorp
Pole: Vittorio Brambilla

1. Niki Lauda	Ferrari	1:59.18,319
2. Carlos Reutemann	Brabham-Ford	- 6,288
3. Clay Regazzoni	Ferrari	- 29,095

8 22.6.1975 GP Niederlande – Zandvoort
Pole: Niki Lauda

1. James Hunt	Hesketh-Ford	1:46.57,400
2. Niki Lauda	Ferrari	- 1,060
3. Clay Regazzoni	Ferrari	- 55,060

9 6.7.1975 GP Frankreich – Le Castellet
Pole: Niki Lauda

1. Niki Lauda	Ferrari	1:40.18,840
2. James Hunt	Hesketh-Ford	- 1,590
3. Jochen Mass	McLaren-Ford	- 2,310

10 19.7.1975 GP England – Silverstone
Pole: Tom Pryce

1. Emerson Fittipaldi	McLaren-Ford	1:22.05,000
2. Carlos Pace	Brabham-Ford	- 1 Runde/U
3. Jody Scheckter	Tyrrell-Ford	- 1 Runde/U

11 3.8.1975 GP Deutschland – Nürburgring
Pole: Niki Lauda

1. Carlos Reutemann	Brabham-Ford	1:41.14,100
2. Jacques Laffite	Williams-Ford	- 1.37,700
3. Niki Lauda	Ferrari	- 2.23,300

12 17.8.1975 GP Österreich – Österreichring
Pole: Niki Lauda

1. Vittorio Brambilla	March-Ford	57.56,690
2. James Hunt	Hesketh-Ford	- 27,030
3. Tom Pryce	Shadow-Ford	- 34,850

13 7.9.1975 GP Italien – Monza
Pole: Niki Lauda

1. Clay Regazzoni	Ferrari	1:22.42,600
2. Emerson Fittipaldi	McLaren-Ford	- 16,600
3. Niki Lauda	Ferrari	- 23,200

14 5.10.1975 GP USA – Watkins Glen
Pole: Niki Lauda

1. Niki Lauda	Ferrari	1:42.58,175
2. Emerson Fittipaldi	McLaren-Ford	- 4,943
3. Jochen Mass	McLaren-Ford	- 47,637

Alle Ergebnisse im Detail auf Seite 378

freut sich dennoch über seine vier Punkte, weil Edelkonkurrent Fittipaldi diesmal leer ausgeht.

Chaos, Klappe, die Dritte, diesmal in Zeltweg. Dort wird wieder wegen Regens in der 29. Runde das Rennen abgebrochen. Weil noch lange nicht die für die volle Punktezahl notwendige Zweidritteldistanz absolviert ist, erhalten die ersten sechs (Brambilla, Hunt, Pryce, Mass, Peterson und Lauda) nur die halbe Punktebeute. Zu wenig für Lauda, um schon vor heimischem Publikum in Österreich zu feiern.

Das wird – für Ferrari auch viel passender – in Monza nachgeholt. Ferraris Rennleiter Luca di Montezemolo gibt die Tageslosung aus: „Clay erhält den stärksten Motor und soll gewinnen, Niki kriegt das zuverlässigste Triebwerk und soll Punkte sammeln." Und genau so kommt es: Der Sieger heißt Regazzoni, der Drittplatzierte Lauda, der damit endgültig Emerson Fittipaldi den Titel entrissen hat. Die tobenden Tifosi sind Sieger und Weltmeister zugleich. Für sie ist jetzt die WM zu Ende. Dass Lauda auch noch das Finale in Watkins Glen gewinnen kann, interessiert da nur noch die Statistiker.

Niki Lauda – Karriere auf Pump

Dieser Mann besteht aus drei Komponenten: Verstand, Willen und Mut. Das war nicht immer so. Nikolaus Andreas Lauda, geboren am 22. Februar 1949, erlebt die Welt zunächst als schüchternes Kind. Sein jüngerer Bruder Florian bezeichnet ihn als „verschreckt". Als Neunjähriger soll er Reiten lernen. Aber er hat Angst vor den „depperten Pferden" und schließt sich auf dem Klo ein. Die Mitschüler rufen ihn „Seicherl". Ein Kompliment ist das nicht.

Die Eltern zählen zu Wiens bester Gesellschaft. Der Großvater väterlicherseits wurde 1916 geadelt und hörte seitdem auf den Namen Dr. Hans von Lauda. Ginge es nach dem Willen der betuchten Eltern, würde der Erstgeborene sein Geld eines Tages als Jurist oder Unternehmer verdienen. Der Opa: „Der Niki soll in der Zeitung nicht auf der Sportseite stehen, sondern im Wirtschaftsteil."

Onkel Heinz, der unter dem Pseudonym „Karl-Heinz" Kart-Rennen gefahren war, schleppt den jungen Niki mit zum Nürburgring. Lauda ist infiziert, auch wenn er zunächst nicht unbedingt Rennfahrer werden will. Sein Ziel wird es, den eigenen Kopf durchzusetzen. Die Richtung, die er von seinen Eltern „draufgeknallt" bekommt, hält er nicht ein. Als er 1967 am Steuer eines Cooper 1300 in den Rennsport einsteigt – das Auto hat er sich auf Pump besorgt – wissen die Eltern zunächst nichts von den sportlichen Aktivitäten. Er wird enttarnt und Vater Peter schlägt Krach. Anschließend duldet er zwar das unwürdige Treiben des Filius, aber es gibt keinen Schilling Unterstützung. Mit einer langen Serie äußerst dubioser Finanzierungsgeschäfte kämpft sich Niki Lauda im Verlauf von fünf harten Jahren bis in die Formel 1. Einer seiner Wegbegleiter: „Wäre er nicht Formel-1-Weltmeister geworden – seine Story hätte eine prächtige Gaunerkomödie abgegeben."

Um sich 1972 bei March einzukaufen, benötigt er umgerechnet 350.000 DM. Die hat er nicht. Bei einer Bank nimmt Lauda einen Kredit auf. Damit kann er March-Boss Max Mosley bezahlen. Kreditwürdig ist der junge Wiener nur, weil er seine Lebensversicherung und das zu erwartende elterliche Erbe verpfändet…

Die ersten Auftritte des Jahres werden für Lauda zur Katastrophe. Am Steuer der Fehlkonstruktion March-Ford 721 fährt der Nachwuchspilot

In Monza macht Niki Lauda den Titel perfekt. Noch liegt er hinter dem führenden Teamkollegen Regazzoni, am Ende ist Lauda Dritter – und Champion.

hinterher. In seiner Heimat wird gerade Tempo 100 auf Landstraßen diskutiert und die österreichische Boulevard-Presse höhnt: „Lauda kämpft für Tempo 100 – auch auf Rennpisten!“
Der Durchbruch gelingt im Verlauf der folgenden Saison, als Lauda für BRM startet. In Monaco trumpft er großartig auf und hält bis zum Ausfall wegen eines Getriebeschadens Rang drei hinter Jackie Stewart und Emerson Fittipaldi. Enzo Ferrari verfolgt den GP am Fernseher und ist begeistert. Der Commendatore bietet Lauda einen Vertrag für 1974 an, den das ehemalige „Seicherl“ sofort unterschreibt. Als „Roter“ gewinnt er prompt seinen ersten Grand Prix. Nur ein Jahr später sichert er sich den WM-Titel.
Als er Ende 1985 nach 171 GP zurücktritt – 1980 und 1981 pausierte Lauda – blickt er auf 25 Siege und drei WM-Titel zurück. Selbst ein schwerer Feuerunfall am 1. August 1976 auf der Nordschleife des Nürburgrings hatte seine sensationelle Karriere nicht stoppen können. Auch als Ex-Rennfahrer hält Niki Lauda permanent Kontakt zur F1-Szene, mal als Berater von Ferrari, mal als F1-Experte beim Fernsehsender RTL. Beruflich ist er als Chef der Fluggesellschaft „Lauda Air“ unverändert auf Höhenflug.

Der March 721, Niki Laudas erster Formel-1-Rennwagen, entpuppt sich als absolute Gurke. Doch der Wiener kämpft sich in der Königsklasse nach oben. Auf March folgt BRM und danach schon die Krönung – ein Ferrari-Cockpit.

Teambesprechung bei Brabham in der Öffentlichkeit – heute undenkbar. Von links: Carlos Pace, Konstrukteur Gordon Murray, Carlos Reutemann und Chef Bernie Ecclestone.

Endstand Fahrer-WM

1.	**Niki Lauda** Ferrari	64,5
2.	**Emerson Fittipaldi** McLaren-Ford	45
3.	**Carlos Reutemann** Brabham-Ford	37
4.	**James Hunt** Hesketh-Ford	33
5.	**Clay Regazzoni** Ferrari	25
6.	**Carlos Pace** Brabham-Ford	24
7.	**Jody Scheckter** Tyrrell-Ford	20
	Jochen Mass McLaren-Ford	20
9.	**Patrick Depailler** Tyrrell-Ford	12
10.	**Tom Pryce** Shadow-Ford	8
11.	**Vittorio Brambilla** March-Ford	6,5
12.	**Jacques Laffite** Williams-Ford	6
	Ronnie Peterson Lotus-Ford	6
14.	**Mario Andretti** Parnelli-Ford	5
15.	**Mark Donohue** Penske-Ford	4
16.	**Jacky Ickx** Lotus-Ford	3
17.	**Alan Jones** Hill-Ford	2
18.	**Jean-Pierre Jarier** Shadow-Ford	1,5
19.	**Tony Brise** Hill-Ford	1
	Gijs van Lennep Ensign-Ford	1
21.	**Lella Lombardi** March-Ford	0,5

Gewertet wurden die besten sieben Resultate der ersten acht Rennen und die besten fünf der letzten sechs Rennen.

Konstrukteure

1.	**Ferrari**	72,5
2.	**Brabham-Ford**	54 (56)
3.	**McLaren-Ford**	53
4.	**Hesketh-Ford**	33
5.	**Tyrrell-Ford**	25
6.	**Shadow-Ford**	9,5
7.	**Lotus-Ford**	9
8.	**March-Ford**	7,5
9.	**Williams-Ford**	6
10.	**Parnelli-Ford**	5
11.	**Hill-Ford**	3
12.	**Penske-Ford**	2
13.	**Ensign-Ford**	1

Gesamtpunktzahl in Klammern.

Wende am Ring

Es scheint eine langweilige Saison zu werden: Weltmeister Niki Lauda verteidigt seinen Titel so souverän, dass nur noch die Frage nach dem Zweiten Spannung verspricht. Laudas Unfall verändert alles – es kommt zum dramatischen Duell zwischen ihm und James Hunt.

Kaum ein Mensch versteht, was zum Saisonbeginn in Emerson Fittipaldi gefahren ist. Der Brasilianer gibt seinen Platz im Spitzenteam McLaren her, um in das brasilianische Copersucar-Team seines Bruders zu wechseln. Und trotzdem: Sein Verdienst für eine spannende Saison 1976 ist unumstritten. Denn durch seinen Wechsel wird bei McLaren ein Platz frei, den Chef Teddy Mayer sofort mit dem Fahrer des dahinsiechenden Hesketh-Teams, James Hunt, besetzt. Dadurch wird das Saison-Duell – Computer Lauda gegen Playboy Hunt – überhaupt erst möglich.

Ebenso überraschend wie Fittipaldis Wechsel ist die Entscheidung von Ken Tyrrell, mit einem Sechsrad an den Start zu gehen. Konstrukteur Derek Gardner verkleinert für einen günstigen cw-Wert die Frontfläche mit vier kleinen, lenkbaren Vorderrädern. Ganz schlecht kann das Konzept nicht sein. Immerhin fahren die Tyrrell-Fahrer Scheckter und Depailler in Schweden einen Doppelsieg heraus und beenden die Saison mit insgesamt 71 WM-Punkten.

Analytiker gegen Playboy – Niki Lauda gegen James Hunt: Das Duell des Jahres ist an Brisanz kaum zu übertreffen. Den Großen Preis von England gewinnt der Österreicher am grünen Tisch.

Einen Viererpack ganz anderer Art gibt es bei March: 1976 setzt man gleich zwei Werksteams ein. Der March 761 ist eine saubere, mit 580 Kilo sehr leichte Konstruktion, leider aber leidet die Zuverlässigkeit unter dem Vier-Wagen-Einsatz. Immerhin kann Ronnie Peterson den Großen Preis von Italien gewinnen.

Ganz neu und zu höherem Ruhme Frankreichs ist das Ligier-Team entstanden. Gründer Guy Ligier, ehedem Formel-1-Fahrer, geht mit französischem Matra-Motor und dem Franzosen Jacques Laffite an den Start. 20 Punkte, eine Pole in Monza und Platz fünf in der Konstrukteurs-WM sind ein stolzer Anfangserfolg für das neue Team.

Indirekt kehrt Alfa Romeo, das Weltmeisterteam der frühen Jahre, in die Formel 1 zurück: Die Mailänder bieten Bernie Ecclestones Brabham-Team ihren Zwölfzylinder-Motor an, mit dem sie auf Langstreckenrennen sehr erfolgreich sind. Die Brabham-Fahrer Carlos Pace und Carlos Reutemann müssen indes mit vielen technischen Störungen kämpfen. Reutemann wirft genervt während der Saison das Handtuch. Der Argentinier wechselt zum Ende der WM zu Ferrari. Ecclestone lässt seinen Fahrer wegen Vertragsbruchs kräftig zur Ader.

Während des ersten Saisondrittels ist die Überlegenheit der Kombination Lauda/Ferrari besonders krass. Nach dem fünften Rennen, dem Großen Preis von Belgien, führt Lauda mit 42 Punkten vor Teamkollege Regazzoni (15). Der spätere Weltmeister James Hunt hat gerade einmal sechs Zähler. Resignierend fragt das Fachblatt Rallye Racing: „Wer wird Vize?“ – unvorstellbar, dass irgendjemand Lauda den Titel entreißen kann. Spannung scheint die 76er Saison in erster Linie aus Disqualifikationen und Protesten aller Art zu gewinnen. Bis Laudas schwerer Unfall am Nürburgring alles Sichergeglaubte auf den Kopf stellt.

Geschockt von Laudas Unfall, aber auch wegen der immer noch schwelenden Streitereien zwischen McLaren, Ferrari und der CSI, bleibt Ferrari dem folgenden Rennen in Österreich fern. Hunt kommentiert bissig: „Der alte Enzo ist ganz schön senil geworden. Anstelle des Rückzuges hätte ich eine ganze Ferrari-Armada erwartet, um mir das Leben schwer zu machen.“ Dennoch kann Hunt aus dem Ferrari-Rückzug kein Kapital schlagen: Er wird in der Steiermark nur Vierter, John Watson holt überraschend den ersten Sieg für das Penske-Team, das sich nach Saisonende aus der Formel 1 verabschiedet.

Nachdem Hunt das nächste Rennen in Zandvoort gewonnen hat, engagiert Enzo Ferrari den Brabham-Flüchtling Carlos Reutemann. Das ist Grund genug für Niki Lauda, sich bereits in Monza wieder zurückzumelden. Der Österreicher im knallroten Overall, den Kopf immer noch bandagiert, die Augenpartie verbrannt – die Bilder gehen um die Welt. Bei ▶

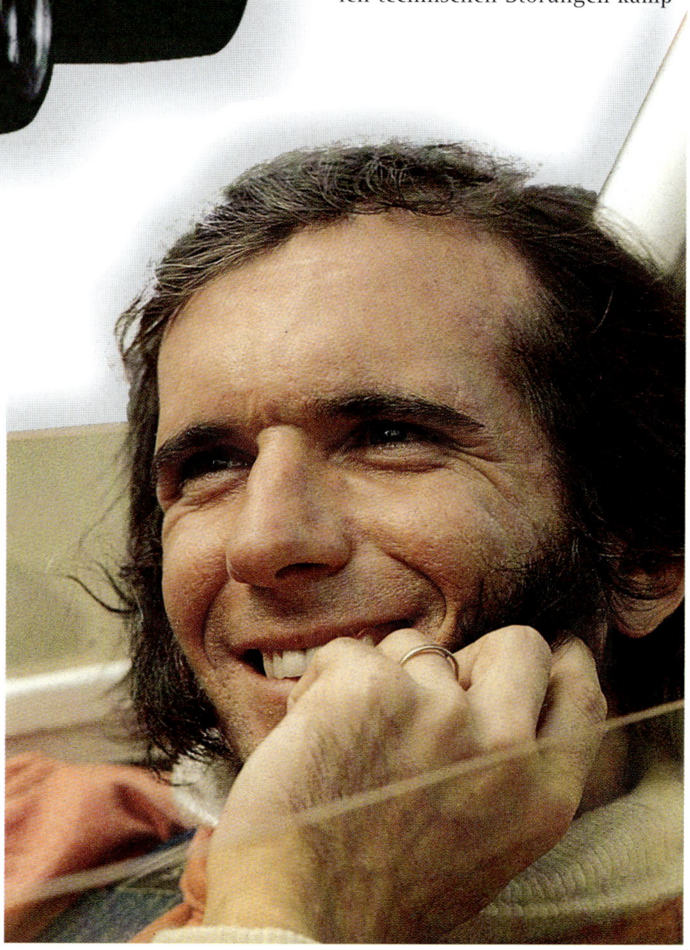

Emerson Fittipaldi, Weltmeister von 1972 und 1974, steigt bei McLaren aus. Stattdessen nimmt er im neuformierten Copersucar-Team seines Bruders Wilson Platz.

Die **Teams**

Ferrari	
Niki Lauda	A
Clay Regazzoni	CH
Carlos Reutemann	ARG
Brabham-Alfa	
Carlos Reutemann	ARG
Carlos Pace	BR
Rolf Stommelen	D
Larry Perkins	AUS
Loris Kessel	CH
Patrick Neve	B
Lella Lombardi	I
Bob Evans	GB
McLaren-Ford	
James Hunt	GB
Jochen Mass	D
Hesketh-Ford	
Harald Ertl	A
Guy Edwards	GB
Rolf Stommelen	D
Alex-Dias Riberio	BRA
Tyrrell-Ford	
Jody Scheckter	SA
Patrick Depailler	F
Alessandro Pesenti-Rossi	I
Ian Scheckter	SA
Kazuyoshi Hoshino	J
Shadow-Ford	
Tom Pryce	GB
Jean-Pierre Jarier	F
Lotus-Ford	
Mario Andretti	USA
Gunnar Nilsson	S
Ronnie Peterson	S
Bob Evans	GB
March-Ford	
Vittorio Brambilla	I
Ronnie Peterson	S
Hans-Joachim Stuck	D
Arturo Merzario	I
Lella Lombardi	I
Williams-Ford	
Jacky Ickx	B
Arturo Merzario	I
Renzo Zorzi	I
Michel Leclère	F
Warwick Brown	AUS
Hans Binder	A
Parnelli-Ford	
Mario Andretti	USA
Penske-Ford	
John Watson	GB
Ensign-Ford	
Chris Amon	NZ
Patrick Neve	B
Hans Binder	A
Jacky Ickx	B
Copersucar-Ford	
Emerson Fittipaldi	BR
Ingo Hoffmann	BR
BRM	
Ian Ashley	GB
Surtees	
Alan Jones	AUS
Brett Lunger	USA
Conny Andersson	S
Noritake Takahara	J
Henri Pescarolo	F
Ligier-Matra *	
Jacques Laffite	F
Boro-Ford *	
Larry Perkins	AUS
Kojima *	
Masahiro Hasemi	J

* neue Teams

1976

Die zweite Geburt des **Niki Lauda**

„Meine persönliche Ansicht ist, dass der Nürburgring für heutige Rennen zu gefährlich ist." Wenige Tage vor dem WM-Lauf auf der traditionsreichen Strecke in der Eifel diktiert Niki Lauda dies den Journalisten in die Notizbücher.
Beim Großen Preis von Deutschland am 1. August 1976, exakt 14.23 Uhr und 55 Sekunden, gerät Lauda in Runde zwei nach dem schnellen Linksknick vor dem Bergwerk von der Strecke. Sein Ferrari mäht bei Kilometer 10,55 auf der rechten Seite den doppelten Fangzaun nieder, wird 30 Meter weiter auf die Strecke zurückkatapultiert und dann noch von einem nachfolgenden Wagen gerammt. Der Ferrari brennt sofort. Unmittelbar danach rasen Surtees-Pilot Brett Lunger und Harald Ertl auf Hesketh in das Inferno. Lunger und Ertl, sowie Merzario und Edwards springen ins Feuer, um den ohnmächtigen Lauda aus dem Ferrari zu bergen.
Mit schweren Brandverletzungen im Gesicht – durch die Wucht des Unfalls hatte Lauda seinen Helm verloren – und verätzter Lunge wird Lauda in eine auf Brandverletzungen spezialisierte Klinik bei Heidelberg eingeliefert. Tagelang ringen die Ärzte um das Leben des Österreichers – der Katholik Lauda erhält von einem Priester die Sterbesakramente. Doch „Niki the rat" hat einen eigenen Zeitplan: „Selbst in der schlimmsten physischen Krise habe ich die Möglichkeit des Todes nie akzeptiert. Nachdem ich das Krankenhaus wieder verlassen hatte, habe ich mich völlig auf meine Erholung konzentriert."
42 Tage nach diesem Horror-Unfall startet Lauda zum Großen Preis von Italien.

▲ *Lauda im Feuerball: Der Unfall des Österreichers macht die eigentlich schon entschiedene WM wieder spannend.*

▼ *Gezeichnet von seinen schweren Verbrennungen, stellt sich Niki Lauda vor seinem Comeback der Presse.*

Proteste und **Streitereien**

Die Saison 1976 steht ganz im Zeichen von politischen Auseinandersetzungen zwischen den beiden Top-Teams Ferrari und McLaren. Der ganze Frust fängt beim Großen Preis von Spanien an. Nach dem Rennen werden alle Wagen, die die Ziellinie gekreuzt haben, genau unter die Lupe genommen. Es stellt sich heraus, dass Jacques Laffites Ligier einen Heckflügel hat, der einen Zentimeter zu weit herausragt. Logische Folge: Der Franzose, auf Platz zwölf ins Ziel gekommen, wird disqualifiziert. Dumm nur, dass auch der McLaren des Siegers James Hunt nicht den Regeln entspricht. Der Bolide ist 1,8 Zentimeter zu breit. Die CSI (Commission Sportive Internationale) entscheidet hart: James Hunt wird ebenfalls disqualifiziert. McLaren legt Einspruch ein, doch niemand kann sich vorstellen, dass dem nachgegeben werden wird.

Beim Großen Preis von England geht die Auseinandersetzung in Runde zwei. Unmittelbar nach dem Start schießt Clay Regazzoni seinen Teamkollegen Niki Lauda in der ersten Kurve ab. Das folgende Durcheinander lässt auch den McLaren von Lokalmatador Hunt stranden. Das Rennen wird abgebrochen, um das Durcheinander zu beseitigen. Gemäß den Regeln darf Hunt am Neustart nicht mehr teilnehmen, weil er zum Zeitpunkt des Rennabbruchs bereits durch den Startunfall ausgeschieden war. Aber es kommt anders. Die britischen Zuschauer protestieren derart lautstark, dass sich der Veranstalter umstimmen lässt – immerhin ist Hunt der Lokalmatador. Beim Neustart ist Hunt wieder mit von der Partie. Der Engländer gewinnt vor Niki Lauda und diesmal protestiert Ferrari.

Tatsächlich wird Hunt sein Sieg am grünen Tisch aberkannt. Damit es den Briten nicht allzu hart trifft, fällt die FIA ihrer CSI in den Rücken und gibt Hunt im Gegenzug die in Spanien wegen des illegalen McLarens aberkannten neun Punkte wieder zurück. Stattdessen erhält das Team jetzt eine Geldstrafe. Richtig verstehen kann das keiner, erklären schon gar nicht, aber die Meisterschaft bleibt so wenigstens spannend.

▲ *England: Dieser Unfall von James Hunt ist Anlass für heftige Streitereien zwischen McLaren und Ferrari. Sieger des Rennens wird Niki Lauda – am grünen Tisch.*

diesem Rennen stehen drei Ferrari am Start – Regazzoni wird Zweiter, Lauda Vierter, Reutemann Neunter.

Der Unfall hinterlässt bei Niki Lauda seine Wirkung. Er gewinnt 1976 kein Rennen mehr. Zwei vierte Plätze und ein dritter Rang – das ist die Ausbeute des Wieners nach seinem Comeback. In der gleichen Zeit schließt Hunt mit Siegen in Kanada und USA bis auf drei Zähler auf Lauda auf – im japanischen Fuji findet der Showdown für das Saisonfinale statt.

Monsunartige Regenfälle und ein Blindflug durch die Gischt bringen die Entscheidung. In Runde zwei steuert Lauda mit seinem völlig intakten Ferrari die Box an und gibt auf: „Mein Leben ist mir wichtiger als die Weltmeisterschaft." Als James Hunt nach einem Reifenwechsel als Dritter und mit einer Runde Rückstand auf Sieger Mario Andretti durchs Ziel fährt, ist er Weltmeister mit einem Punkt Vorsprung. Er hätte nicht einen Platz schlechter sein dürfen. Niki Lauda gratuliert nicht, er ist bereits Richtung Heimat abgereist. Der Regen hatte längst aufgehört.

Enzo Ferrari äußert mühsam Verständnis für die Entscheidung seines Top-Fahrers. Aber er verzeiht Lauda nie den verschenkten Titel – auch der erneute Konstrukteurs-Titel vermag ihn nicht recht zu besänftigen.

▲ *Noch kann der spätere F1-Zampano Bernie Ecclestone von Ken Tyrrell lernen. Der war mit Jackie Stewart schon dreimal Weltmeister.*

1976

Siegerpodeste

1 25.1.1976 GP Brasilien – Interlagos
Pole: James Hunt

1. Niki Lauda	Ferrari	1:45.16,780
2. Patrick Depailler	Tyrrell-Ford	- 21,470
3. Tom Pryce	Shadow-Ford	- 23,840

2 6.3.1976 GP Südafrika – Kyalami
Pole: James Hunt

1. Niki Lauda	Ferrari	1:42.18,400
2. James Hunt	McLaren-Ford	- 1,300
3. Jochen Mass	McLaren-Ford	- 45,900

3 28.3.1976 GP USA West – Long Beach
Pole: Clay Regazzoni

1. Clay Regazzoni	Ferrari	1:53.18,471
2. Niki Lauda	Ferrari	- 42,414
3. Patrick Depailler	Tyrrell-Ford	- 49,972

4 2.5.1976 GP Spanien – Jarama
Pole: James Hunt

1. James Hunt	McLaren-Ford	1:42.20,430
2. Niki Lauda	Ferrari	- 30,970
3. Gunnar Nilsson	Lotus-Ford	- 48,020

5 16.5.1976 GP Belgien – Zolder
Pole: Niki Lauda

1. Niki Lauda	Ferrari	1:42.53,230
2. Clay Regazzoni	Ferrari	- 3,460
3. Jacques Laffite	Ligier-Matra	- 35,380

6 30.5.1976 GP Monaco – Monte Carlo
Pole: Niki Lauda

1. Niki Lauda	Ferrari	1:59.51,470
2. Jody Scheckter	Tyrrell-Ford	- 11,130
3. Patrick Depailler	Tyrrell-Ford	- 1.04,840

7 13.6.1976 GP Schweden – Anderstorp
Pole: Jody Scheckter

1. Jody Scheckter	Tyrrell-Ford	1:46.53,729
2. Patrick Depailler	Tyrrell-Ford	- 19,766
3. Niki Lauda	Ferrari	- 33,866

8 4.7.1976 GP Frankreich – Le Castellet
Pole: James Hunt

1. James Hunt	McLaren-Ford	1:40.58,600
2. Patrick Depailler	Tyrrell-Ford	- 12,700
3. John Watson	Penske-Ford	- 23,550

9 18.7.1976 GP England – Brands Hatch
Pole: Niki Lauda

1. Niki Lauda	Ferrari	1:44.19,660
2. Jody Scheckter	Tyrrell-Ford	-16,180
3. John Watson	Penske-Ford	- 1 Runde

10 1.8.1976 GP Deutschland – Nürburgring
Pole: James Hunt

1. James Hunt	McLaren-Ford	1:41.42,700
2. Jody Scheckter	Tyrrell-Ford	-27,700
3. Jochen Mass	McLaren-Ford	- 52,400

11 15.8.1976 GP Österreich – Österreichring
Pole: James Hunt

1. John Watson	Penske-Ford	1:30.07,860
2. Jacques Laffite	Ligier-Matra	- 10,790
3. Gunnar Nilsson	Lotus-Ford	- 11,980

12 29.8.1976 GP Niederlande – Zandvoort
Pole: Ronnie Peterson

1. James Hunt	McLaren-Ford	1:44.52,090
2. Clay Regazzoni	Ferrrari	- 0,920
3. Mario Andretti	Lotus-Ford	- 2,090

13 12.9.1976 GP Italien – Monza
Pole: Jacques Laffite

1. Ronnie Peterson	March-Ford	1:30.35,600
2. Clay Regazzoni	Ferrari	- 2,300
3. Jacques Laffite	Ligier-Matra	- 3,000

14 3.10.1976 GP Kanada – Mosport Park
Pole: James Hunt

1. James Hunt	McLaren-Ford	1:40.09,626
2. Patrick Depailler	Tyrrell-Ford	- 6,331
3. Mario Andretti	Lotus-Ford	- 10,366

15 10.10.1976 GP USA – Watkins Glen
Pole: James Hunt

1. James Hunt	McLaren-Ford	1:42.40,741
2. Jody Scheckter	Tyrrell-Ford	- 8,030
3. Niki Lauda	Ferrari	- 1.02,324

16 24.10.1976 GP Japan – Fuji
Pole: Mario Andretti

1. Mario Andretti	Lotus-Ford	1:43.58,860
2. Patrick Depailler	Tyrrell-Ford	- 1 Runde
3. James Hunt	McLaren-Ford	- 1 Runde

Alle Ergebnisse im Detail auf Seite 379

James Hunt – mit Vollgas durchs Leben

Ein sportliches Vorbild ist er gewiss nicht: In aller Öffentlichkeit schüttet er dosenweise Bier in sich hinein, er raucht Kette und zieht auf den wildesten Parties mit den schönsten Frauen davon: James Hunt hat das Bild vom rennfahrenden Playboy geprägt. Er ist zweifelsohne ein großes Talent – aber seine Devise lautet: „Hart arbeiten, hart feiern."

Der Sohn eines englischen Börsenmaklers gewinnt 1968 auf einem selbst gekauften Formel Ford das erste Rennen. Er ist 21. Nach einigen Jahren in der Formel 3 lernt er 1972 Lord Alexander Hesketh kennen. Der junge Zweizentner-Adlige liebt ebenfalls das süße Leben, und er hat gerade einige Millionen Pfund von seinem Onkel geerbt. Für den Monaco-GP 1973 kauft seine Lordschaft einen March und meldet James Hunt als Fahrer. Das neue Team fällt mit Yacht, Hubschrauber und Mädchenschar ins Fürstentum ein. Hunt holt im Laufe der Saison einige Punkte. 1975 erkämpft er in Zandvoort seinen ersten Sieg. Der tollen Feier im Hesketh-Schloss folgt der Kater: Ende 75 gibt der Lord sein teures Formel-1-Hobby auf. Der neue Manager Anthony Horsley setzt nur noch zahlende Privatfahrer ein. McLaren holt sich den freien Rennfahrer und für wenige Monate wird Hunt zum ernsthaften Sportler. Er trainiert hart, meidet die Bierdosen, kämpft wie ein Löwe. Am Saisonende hat er, schicksalhaft unterstützt, den WM-Titel.

Hunt nimmt sein früheres zügelloses Leben wieder auf, eine Party folgt der anderen. Seine Frau Suzy trennt sich 1977 von ihm, um Weltstar und Trunkenbold Richard Burton zu heiraten. Mit Hunts Karriere geht es bergab. Er gewinnt 1977 noch dreimal, 1978 holt er auf dem veralteten McLaren allerdings nur acht Punkte. Als er 1979 beim Monaco-GP seinen Wolf-Ford mitten im Rennen abstellt, beendet eine der schillerndsten Figuren ihre F1-Karriere. James Hunt stirbt am 15. Juni 1993 an einem Herzinfarkt – mit 45 Jahren.

Die Zigarette ist für James Hunt ebenso selbstverständlich wie Alkohol und Frauen. Der Playboy ist das krasse Gegenteil zu seinem Titelrivalen des Jahres 1976, Niki Lauda.

Der Tyrrell P34 verblüfft die Konkurrenz. Zunächst wird das sechsrädrige Gefährt belächelt, aber ein Doppelsieg von Jody Scheckter und Patrick Depailler (Foto) in Schweden zeigt, dass die Konstruktion durchaus Potential hat.

Kurz-**Meldungen**

● Zum ersten Mal in der Geschichte der Formel 1 stehen **16 Rennen** auf dem Programm. Gefahren wird auf vier Kontinenten.

● **Emerson Fittipaldi**, in den vergangenen vier Jahren zweimal Weltmeister und zweimal WM-Zweiter, landet mit nur drei WM-Punkten auf Rang 16. Aber es liegen auch Welten zwischen seinen bisherigen Teams Lotus und McLaren und der Copersucar-Truppe, die ein brasilianischer Zuckermilliardär mit Fittipaldis Bruder Wilson gegründet hat.

● Normalerweise sind sie für die Verhütung zuständig, diesmal jedoch ermöglichen sie etwas: Durex – englischer Kondomhersteller – sponsort das finanziell angeschlagene **Surtees-Team**.

● **Willi Dungl**, Chefmasseur der österreichischen Winter-Olympiamannschaft, kümmert sich um Niki Lauda. Nach dessen Feuerunfall wird Dungl medizinischer Berater und Vertrauter Laudas. Der Masseur – heute Professor – bildet zahlreiche Physiotherapeuten aus, die in den 90er Jahren fester Bestandteil der F1-Teams werden.

● Williams-Fahrer **Jacky Ickx** hat Schwierigkeiten mit seinem 100. GP-Einsatz. Zuerst schafft er die Qualifikation in Zolder nicht, dann scheitert er in Monaco und Anderstorp. Erst beim Großen Preis von Frankreich ist es soweit. Unmittelbar danach wechselt der Belgier zu Ensign.

● „Carlos!" – Brabham-Teamchef **Bernie Ecclestones** Antwort auf die Frage, welcher seiner beiden Piloten, Carlos Reutemann oder Carlos Pace, der bessere sei.

● Beim Großen Preis von Deutschland wird der RAM-Brabham des Gastfahrers **Rolf Stommelen** vom Gerichtsvollzieher beschlagnahmt. Stammpilot Loris Kessel fordert 300.000 Franken von Teamchef John McDonald. Bernie Ecclestone hat Mitleid mit Stommelen und „leiht" ihm den Ersatzwagen von Reutemann und Pace.

● Der Australier **Walter Wolf** tritt als Geldgeber für Williams auf, übernimmt aber plötzlich das siechende Team inklusive Konstrukteur Harvey Postlethwaite. 1977 wird es kein Williams-Team geben, dafür geht Wolf-Ford an den Start.

In Long Beach geht Niki Lauda erstmals als Ehemann an den Start. Am 11. März heiratet er in Wien Marlene Knaus, die er auf einer Party des Schauspielers Curd Jürgens kennengelernt hatte.

Die WM ist entschieden: Niki Lauda gibt im strömenden Regen von Fuji auf. Wenige Monate nach seinem Feuerunfall ist ihm die Gesundheit wichtiger als der Titel. Champion wird James Hunt – mit einem Punkt Vorsprung vor dem Österreicher.

Endstand **Fahrer-WM**

1.	**James Hunt** McLaren-Ford	69
2.	**Niki Lauda** Ferrari	68
3.	**Jody Scheckter** Tyrrell-Ford	49
4.	**Patrick Depailler** Tyrrell-Ford	39
5.	**Clay Regazzoni** Ferrari	31
6.	**Mario Andretti** Lotus-Ford	22
7.	**John Watson** Penske-Ford	20
	Jacques Laffite Ligier-Matra	20
9.	**Jochen Mass** McLaren-Ford	19
10.	**Gunnar Nilsson** Lotus-Ford	11
11.	**Ronnie Peterson** March-Ford	10
	Tom Pryce Shadow-Ford	10
13.	**Hans-Joachim Stuck** March-Ford	8
14.	**Carlos Pace** Brabham-Alfa	7
	Alan Jones Surtees-Ford	7
16.	**Carlos Reutemann** Brabham/Ferrari	3
	Emerson Fittipaldi Copersucar-Ford	3
18.	**Chris Amon** Ensign-Ford	2
19.	**Rolf Stommelen** Brabham-Alfa	1
	Vittorio Brambilla March-Ford	1

Gewertet wurden die jeweils besten sieben Resultate der ersten und letzten acht Rennen.

Konstrukteure

1.	**Ferrari**	83
2.	**McLaren-Ford**	74 (75)
3.	**Tyrrell-Ford**	71
4.	**Lotus-Ford**	29
5.	**Penske-Ford**	20
	Ligier-Matra	20
7.	**March-Ford**	19
8.	**Shadow-Ford**	10
9.	**Brabham-Alfa**	9
10.	**Surtees-Ford**	7
11.	**Copersucar-Ford**	3
12.	**Ensign-Ford**	2
13.	**Parnelli-Ford**	1

Gesamtpunktzahl in Klammern.

Neue **Regeln**

Ab dem Spanien-GP gelten neue Sicherheitsauflagen. Vor den Füßen der Fahrer muss eine Knautschzone angebracht werden, die extrem hohen Lufthutzen werden verboten, Front- und Heckflügel müssen näher am Chassis angebracht sein. Außerdem wird ein zweiter Überrollbügel im Bereich des Amaturenbrettes vorgeschrieben.

Der Engländer James Hunt sorgt für reichlich Wirbel in der Formel 1. Das liegt aber nicht nur an seinem unkonventionellen Auftreten – Hunt ist einfach extrem schnell. 19

bestes Jahr. Er gewinnt sechs Rennen für McLaren und wird Weltmeister vor Ferrari-Pilot Niki Lauda. In Holland siegt er vor Clay Regazzoni (verdeckt) und Mario Andretti.

1977

Niki Lauda schlägt zurück

Das vierte Jahr bei Ferrari ist für den Österreicher hart. Trotz der schlechten Stimmung im Team holt er frühzeitig den Titel, ehe er das Team verlässt. Sein Nachfolger Gilles Villeneuve dreht Nullrunden. Und eine ganz neue Technik revolutioniert die Formel 1: Lotus setzt erneut Maßstäbe und baut das erste Wing-Car.

„Ich habe seit Japan keinen Sport getrieben, dafür um so mehr geraucht und getrunken. Dennoch fühle ich mich unheimlich fit." Weltmeister James Hunt eröffnet in Argentinien die Saison stilgerecht mit einer Pole für McLaren. Doch der Gewinner des Rennens heißt Jody Scheckter auf Wolf WR1-Cosworth. Es ist ein riesengroßes Kapitel Motorsportgeschichte: Der österreichisch-kanadische Selfmade-Millionär Walter Wolf tritt mit einem eigenen Rennstall an, und erstmals kann ein Einsteiger-Team auf Anhieb siegen.

Bei Ferrari ist nach den Vorkommnissen der vergangenen Saison alles anders. Clay Regazzoni muss die Scuderia Richtung Ensign verlassen – für den Schweizer bedeutet das den Abstieg in die Bedeutungslosigkeit. Lauda darf bleiben – bei Ferrari ahnt man, was er in einem anderen Team anrichten könnte. Er ist aber bei Enzo Ferrari in Ungnade gefallen. Der Österreicher muss sich damit abfinden, dass nun Teamkollege Carlos Reutemann Liebkind des Teams ist. So gibt es plötzlich Modifikationen, wie zum Beipiel einen effizienteren Heckflügel in Brasilien, nur für Reutemann. Dass der dann dort prompt gewinnt, kann Laudas Stimmung nicht verbessern.

Bei Tyrrell greift neben Stammfahrer Depailler nun der Schwede Peterson in das Steuer des Sechsrads. Brabham-Teamchef Bernie Ecclestone wird im März schwer getroffen, als sein Stammfahrer Carlos Pace bei einem Flugzeugabsturz in der Nähe von São Paulo stirbt. Ecclestone gibt dem Deutschen Hans-Joachim Stuck eine Chance, die der mit zwei dritten Plätzen in Deutschland und Österreich zu würdigen weiß. Beim Großen Preis der USA-Ost führt er sogar die ersten 15 Runden, bis ihn ein gerissenes Kupplungsseil aus dem Rennen reißt.

Noch etwas gibt es aus deutscher Sicht zu berichten: Der Felgenfabrikant Günter Schmid kauft die Reste des Penske-Teams auf und geht unter ATS (Auto Technik Spezialzubehör) mit Jean-Pierre Jarier an den Start. Das Team hält sich bis 1984 tapfer in der Formel 1, aber mehr als vier Punkte geraten nie in die Jahresbilanz.

Nach den Südamerika-Rennen nimmt sich Lauda den eigenwilligen bis cholerischen Konstrukteur Mauro Forghieri zur Brust und nordet das Team so gut wie möglich auf sich ein. Lauda weiß: Sein Ferrari 312 T2 ist im Großen und Ganzen eine Konstruktion von 1975, dafür aber zuverlässig. Die Devise muss also heißen: Punkte hamstern.

Das ist jedoch gar nicht so einfach. Völlig uneinheitlich beginnt die Saison mit vier verschiedenen Siegern: Nach Scheckter und Reutemann können Lauda in Kyalami und Andretti in Long Beach gewinnen. Was nach einer leichten Ferrari-Überlegenheit ausschaut, kippt in eine klare Lotus-Dominanz.

Um ein Haar hätte der Weltmeister 1977 auch Mario Andretti auf Lotus heißen können. Für den 37-jährigen Amerikaner platzt in diesem Jahr der Knoten. Mit vier Siegen holt er doppelt so viele erste Plätze wie in seinen acht Formel-1-Saisons davor. Es hätten mehr sein können, denn der Lotus 78 ist das technisch überragende Fahrzeug der Saison. Aber zu oft streikt entweder der Cosworth-Motor oder Marios Hirn. Wie sagt doch James Hunt nach einem gemeinsamen Start-Crash in Zandvoort zu dem Amerikaner: „So wirst du nie Weltmeister." Mario sieht das anders: „Ich fahre, um zu siegen." Punkte sammeln durch Ankommen ist seine Sache nicht.

Ganz im Gegensatz dazu Niki Lauda. Der nimmt was er kriegt, und das ist auf die Dauer reichlich. Drei Siege – in Südafrika,

▲ *Beim Saisonauftakt in Argentinien gelingt Jody Scheckter eine Sensation. Er fährt in seinem Wolf WR1 als Sieger durchs Ziel. Das Team feiert damit ein unglaubliches Formel-1-Debüt.*

▼ *Niki Lauda im Ferrari 312 T2: Obwohl er zu Saisonbeginn einen ziemlich schweren Stand im Team hat, wird „Niki the rat" zum zweiten Mal auf Ferrari Weltmeister.*

Deutschland und Holland – sechs zweite Plätze und der Umstand, dass der Österreicher in allen zwölf Rennen, die er beendet, in die Punkte fährt, unterstreichen Laudas Zuverlässigkeit.

Zwei Tage nach seinem Sieg in Zandvoort gibt Lauda bekannt, dass er Ferrari zu Saisonende verlässt und für die stattliche Summe von 500.000 Dollar bei Brabham unterschrieben hat. Der alte Enzo schäumt und schimpft Lauda einen „Judas".

Beim Großen Preis der USA-Ost holt sich Lauda vorzeitig den Titel. Die Freude im Ferrari-Team ist pflichtgemäß verhalten.

Die Spannung wird unerträglich. Von der Ferrari-Teststrecke in Fiorano hat man Niki schon verbannt. Als Lauda zum Kanada-Grand-Prix anreist, stellt er fest, dass Ferrari einen dritten Wagen einsetzen will. Am Steuer der Newcomer Gilles Villeneuve, der in Silverstone auf McLaren einen guten Eindruck hinterlassen hat. Lauda verbeißt sich ins Kleingedruckte seines Vertrages. Dort garantiert Ferrari dem Österreicher ein Zwei-Wagen-Team. Als er sich nicht durchsetzen ▶

Die **Teams**

Ferrari	
Niki Lauda	A
Carlos Reutemann	ARG
Gilles Villeneuve	CDN
McLaren-Ford	
James Hunt	GB
Jochen Mass	D
Gilles Villeneuve	CDN
Bruno Giacomelli	I
Brett Lunger	USA
Emilio de Villota	E
Tyrrell-Ford	
Ronnie Peterson	S
Patrick Depailler	F
Kunimitsu Takahashi	J
Lotus-Ford	
Mario Andretti	USA
Gunnar Nilsson	S
Penske-Ford	
Jean-Pierre Jarier	F
Hans Heyer	D
Hans Binder	A
Danny Ongais	USA
Ligier-Matra	
Jacques Laffite	F
Jean-Pierre Jarier	F
March-Ford	
Alex-Dias Riberio	BR
Ian Scheckter	SA
Hans-Joachim Stuck	D
Brian Henton	GB
Patrick Neve	B
Brett Lunger	USA
Arturo Merzario	I
Boy Hayje	NL
Shadow-Ford	
Tom Pryce	GB
Renzo Zorzi	I
Alan Jones	AUS
Riccardo Patrese	I
Jackie Oliver	GB
Arturo Merzario	I
Jean-Pierre Jarier	F
Brabham-Alfa	
John Watson	GB
Carlos Pace	BR
Hans-Joachim Stuck	D
Surtees-Ford	
Vittorio Brambilla	I
Hans Binder	A
Larry Perkins	AUS
Vern Schuppan	AUS
Copersucar-Ford	
Emerson Fittipaldi	BR
Ingo Hoffman	BR
Ensign-Ford	
Patrick Tambay	F
Clay Regazzoni	CH
Jacky Ickx	B
BRM	
Larry Perkins	AUS
Boro-Ford	
Brian Henton	GB
Hesketh-Ford	
Rupert Keegan	GB
Harald Ertl	A
Hector Rebaque	MEX
Ian Ashley	GB
Kojima-Ford	
Noritake Takahara	J
Kazuyoshi Hoshino	J
Wolf-Ford *	
Jody Scheckter	SA
Renault *	
Jean-Pierre Jabouille	F
LEC-Ford *	
David Purley	GB

* neue Teams

1977

Kurz-**Meldungen**

● 1977 ist mit **17 Läufen** die längste Saison der bisherigen F1-Weltmeisterschaft. Bestbesuchter Grand Prix ist Monza mit 200.000 Zuschauern.

● Alleiniger Reifenlieferant der Formel 1 ist **Goodyear**. Ausnahme: Die turbogetriebenen Renault haben einen Exklusiv-Vertrag mit Michelin.

● Die **Ensign**-Mechaniker trauen in Brasilien ihren Augen nicht: Eine grüne 70 Zentimeter lange Schlange hat es sich in Clay Regazzonis Cockpit gemütlich gemacht.

● Beim Großen Preis von Südafrika kommt der walisische Shadow-Pilot **Tom Pryce** zu Tode. Ein Streckenposten will dem mit Motorbrand gestrandeten Renzo Zorzi zu Hilfe eilen und läuft dabei über die Strecke. Pryce kann nicht mehr ausweichen, trifft den Streckenposten und wird von dessen Feuerlöscher erschlagen. Auch der Streckenposten ist tot.

● Sensationell der Einstieg des Teams **Wolf**, das nur einen Fahrer (Jody Scheckter) hat: Drei Siege im ersten Jahr – weitere kommen in den beiden folgenden Jahren der Teamgeschichte allerdings auch nicht hinzu.

● **ATS**-Fahrer Jean-Pierre Jarier nach seinem neunten Startplatz in Long Beach: „Ich bin noch nie in einem Team gefahren, das so gut organisiert ist." Ein solches Lob wird Chaos-Teamchef Günter Schmid in den nächsten sieben Jahren der Teamgeschichte nie wieder hören.

▲ *Jean-Pierre Jarier fährt für den deutschen Rennstall ATS.*

● Champagner-Produzent **Moët & Chandon** schreibt die „Golden Magnum Formula 1 Trophy" aus. Für die schnellsten Rundenzeiten im Training und im Rennen gibt es jeweils 50 Flaschen Champus.

● Als „Spion" betätigt sich in Schweden ein deutscher Grand-Prix-Besucher. Allround-Pilot **Hans Heyer** fotografiert alle in der Formel 1 gebräuchlichen Heckflügel. Auftraggeber: Erich Zakowski.

● Beim Monaco-GP kann **Cosworth** seinen 100. Grand-Prix-Sieg feiern.

● Schweden-Sieger **Jacques Laffite** kann ausgerechnet bei seinem Heim-Grand-Prix in Dijon nur mit blessiertem linken Arm und schmerzendem rechten Handgelenk an den Start gehen: „Ich bin mit dem Motorrad zur Strecke gefahren und dabei fürchterlich auf die Schnauze gefallen."

● Ende Juni wird überraschend der **Fahrermarkt** freigegeben. Bislang war es den Fahrern bis zum 1. September untersagt, mit anderen Teams zu verhandeln. March-Boss Max Mosley: „Wir haben gesehen, dass die bisherige Regelung unrealistisch ist. Insgeheim sprach jeder mit jedem."

● Drei Fahrer können sich 1977 erstmals als **Sieger** feiern lassen: Ligier-Fahrer Jacques Laffite gewinnt in Schweden, Lotus-Pilot Gunnar Nilsson den völlig verregneten Großen Preis von Belgien und Alan Jones auf einem Shadow in Österreich.

● Konstantester Fahrer der Saison ist **Niki Lauda**: Bei 14 Starts fällt er nur zweimal aus. Der größte Pechvogel heißt John Watson: in 12 von 17 Rennen strandet er.

● 1977 versuchen einschließlich der Qualifikations- und Trainingsläufe insgesamt **61 Fahrer** auf 20 verschiedenen Fahrzeugen ihr Glück.

● **Niki Lauda** setzt Maßstäbe: Er unterschreibt für die kommende Saison den Vertrag mit dem Brabham-Team erst, als Eigner Ecclestone ihm zwei Millionen Dollar Jahresgage garantiert. Das ist die höchste Gage, die bis dahin ein Rennfahrer einsteckte.

● Ende der Saison äußert sich der Boss der „Formula One Constructors Association", **Bernie Ecclestone**, zur F1-Zukunft: „Das TV ist der Schlüssel zum Erfolg. Was wir brauchen, sind attraktivere Übertragungen, die zum Beispiel zeigen, wie Hunt mit Lauda um Sekunden feilscht und schnell einen Rückblick einblenden, in dem sich Hunt über Lauda äußert. Der Möglichkeiten gibt es viele und alle sind realisierbar. Der Motorsport bietet mehr Glamour als jede andere Sportart. Das lässt sich doch verkaufen." Der Mann soll recht behalten…

Lotus 78: Die Geburt der **Wing-Cars**

Angeblich soll Lotus-Eigner Colin Chapman die Idee in der Badewanne gekommen sein. Vielleicht hat er sich aber auch nur den 1970er March 701 besonders sorgfältig angeschaut. Oder vielleicht hat der begeisterte Hobby-Flieger Chapman auch einfach nur besser als andere begriffen, warum Flugzeuge fliegen können.
Das Prinzip ist so simpel, dass man sich fragen muss, warum es überhaupt so lange gedauert hat, bis es den Weg in die Formel 1 geschafft hat. Dort wird es zur wichtigsten technischen Änderung der 70er Jahre. Man nehme einen Flugzeugflügel und erkennt ein bestimmtes, immer wiederkehrendes Gestaltungsprinzip. Die obere Flügelhälfte ist gebogen, während die untere nahezu gerade ist. Gleitet ein solches Profil durch die Luft, muss die „obere Luft" einen längeren Weg zurücklegen als die „untere Luft". Mit anderen Worten: Die obere Luft wird im Verhältnis zur unteren beschleunigt. Beschleunigte Luft baut allerdings einen geringeren Druck auf als nicht beschleunigte. Das Ergebnis: Die Luft an der Flügelunterseite hat einen höheren Druck als die Luft an der Flügeloberfläche und drückt demzufolge den Flügel und das damit verbundene Flugzeug nach oben. Genauso wird Auftrieb erzeugt. Und genauso wird Abtrieb erzeugt, wenn man diesen Flügel einfach umdreht.

Formel-1-Wagen 1977

Auto	Motor	Zyl.	PS	U/Min.	Chassis*	Gewicht (unbetankt)
ATS-Penske	Ford	V8	480	10.600	V	585 kg
Brabham BT45 B	Alfa	V12	525	12.000	V	615 kg
Ensign MN 06	Ford	V8	480	10.600	V	590 kg
Ferrari 312 T2	Ferrari	V12	520	12.000	R	590 kg
Fittipaldi FD05	Ford	V8	480	10.600	V	601 kg
Ligier JS7	Matra	V12	510	12.000	V	603 kg
Lotus 78	Ford	V8	480	10.600	V	588 kg
March 771	Ford	V8	480	10.600	V	600 kg
McLaren M26	Ford	V8	480	10.600	V	589 kg
Renault RS01	Renault Turbo	V6	500	11.000	O	607 kg
Shadow DN8	Ford	V8	480	10.600	O	605 kg
Surtees TS19	Ford	V8	480	10.600	V	585 kg
Tyrrell P34	Ford	V8	480	10.600	O	620 kg
Wolf WR1	Ford	V8	480	10.600	O	589 kg

* V=Vollmonocoque, O=offenes Monocoque, R=Rohrrahmen
Motoren zwischen 2.990 und 2.998 ccm Hubraum.
Ausnahme: Renault Turbo mit 1.492 ccm.

Exakt das haben Chapman's Konstrukteure Tony Rudd, Ralph Bellamy und Peter Wright gemacht. Fein säuberlich unter der glatten Oberfläche des Lotus haben sie seitlich am Chassis umgekehrte Flügelprofile angebracht, die den Lotus mit einer bislang kaum für möglich gehaltenen Kraft auf den Boden drücken und wesentlich höhere Kurvengeschwindigkeiten ermöglichen.
Schade für Lotus und Colin Chapman, dass Mario Andretti mit der revolutionären Konstruktion noch nicht so richtig klarkommt. So muss der Gewinn der Weltmeisterschaft auf 1978 vertagt werden. Aber da haben auch die anderen Teams schon begriffen, wie es geht.

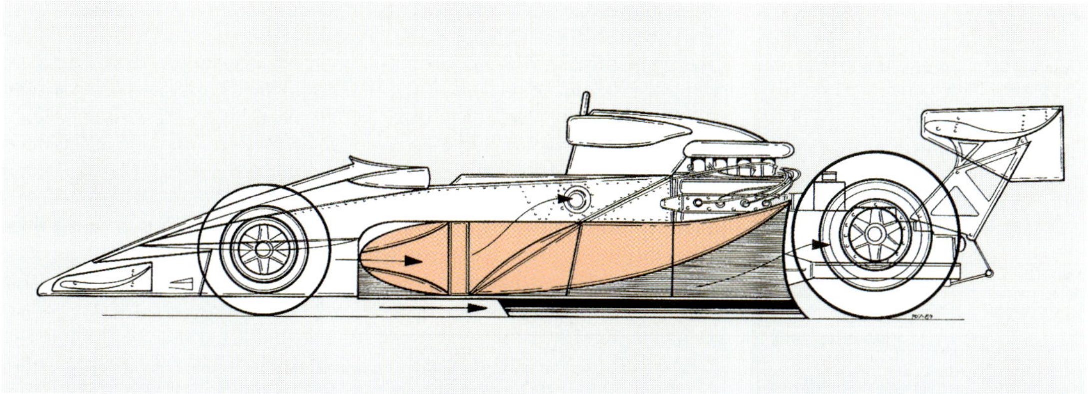

In der Zeichnung ist der „umgedrehte" Flügel (farbige Fläche) gut zu erkennen. Damit die Luft unter dem Flügelprofil nicht zur Seite entweichen kann, wird eine Schürze montiert, die bis auf den Boden reicht. Der während der Fahrt entstehende Unterdruck saugt das Auto regelrecht auf die Fahrbahn und sorgt für den gewünschten Abtrieb.

Der Deutsche Hans-Joachim Stuck bestreitet das Rennjahr für Ecclestones Brabham-Team. Zwölf Punkte sind die Bilanz.

Tyrrell setzt auch 1977 auf das Sechsrad. Doch es reicht nur zu sporadischen Podestplätzen. Siege sind Fehlanzeige.

kann, reist Lauda aus Kanada ab. Villeneuve fliegt bei seinem Ferrari-Debüt zwar von der Strecke, doch auch zum Japan-Grand-Prix übernimmt er Laudas Wagen. Der kleine Mann aus Quebec sagt im Interview: „Ich fahre ziemlich aggressiv und versuche, mir den Fahrstil meines großen Idols Ronnie Peterson anzueignen." In der sechsten Runde berührt Villeneuve das Hinterrad von dessen Tyrrell. Villeneuve steigt auf und fliegt in eine Sperrzone. Zwei Japaner werden erschlagen – unter ihnen ein Streckenposten, der gerade dabei ist, Zuschauer aus der Sperrzone zu entfernen.

Gilles Villeneuve, der einen sechsjährigen Sohn namens Jacques hat, wird Ferrari-Stammfahrer. Zwischen dem Commendatore und dem Kanadier entwickelt sich eine Art Vater-Sohn-Verhältnis, der Rennfahrer mit dem aggressiven Fahrstil steht jenseits aller Kritik. Er bleibt bei Ferrari bis zu seinem Tod im Ferrari – nur die Kollegen werden mehrfach ausgewechselt.

1978

Lotus-Sieg mit Trauerflor

Mario Andretti ist zu Saisonbeginn restlos begeistert vom neuen Lotus: „Der Lotus 78 war schon ein tolles Auto, doch der Typ 79 wird für die Konkurrenz zum K.o.-Schläger." Der Amerikaner behält Recht: Acht von 16 Rennen kann der Rennstall gewinnen. Der Schwede Ronnie Peterson, der zu Lotus zurückgekehrt ist, unterstützt Mario Andretti – so verlangt es sein Vertrag.

Andretti gewinnt in Anderstorp zwar den Start vor Lauda, doch der „Staubsauger-Brabham" liegt am Ende vorn. Der Amerikaner flucht über den Dreck, den der Ventilator aufwirbelt.

Nach dem Großen Preis von Spanien, wo Andretti und Peterson zum zweiten Mal in Folge einen ungefährdeten Doppelsieg feiern, stöhnt Konkurrent Ken Tyrrell: „Lotus hat eine neue Ära eingeleitet. Ich glaube, ich muss ein anderes Auto bauen lassen." Immer mehr Teams schließen sich im Laufe der Saison der Meinung an, dass den Wing-Cars die Zukunft gehört. Tief herunterhängende Seitenteile, sogenannte Schürzen, erhöhen den Bodeneffekt erheblich. Lotus hat die Lage von Tank, hinteren Dämpfern und Auspuffanlage optimiert, um den seitlichen Flügelflächen möglichst viel Platz für ihre Abtrieb-Arbeit einzuräumen.

Auf der Fahrerseite sind vor allem zwei Wechsel von Bedeutung. Niki Lauda ist nach seinem Bruch mit Ferrari zu Brabham gegangen. Er siegt zwei Mal. Ronnie Peterson hat seinen kurzen Ausflug zu Tyrrell bereut und ist zu seinem alten Team Lotus zurückgekehrt. Allerdings mit der klaren Klausel im Vertrag, die Nummer zwei zu sein. Er ist auf bewundernswerte Weise vertragstreu, hält sich die ganze Saison über stoisch an seine Zusage, Andretti im Kampf um den Titel zu unterstützen. In Zandvoort nimmt das groteske Züge an. Der Schwede setzt sich neben den führenden Andretti und fordert ihn auf, doch bitte schneller zu fahren, von hinten drücke Niki Lauda. Danach lässt sich Peterson wieder zurückfallen und schirmt den mit einem gebrochenem Auspuff gehandikapten Teamgefährten ab.

Dass Andretti ausgerechnet in dem Lauf seinen WM-Titel sicherstellt, in dem Peterson zu Tode kommt, überschattet das Championat des ansonsten so souveränen Amerikaners.

Eine großartige Geste ist, dass Andretti trotz des Siegesrummels beim Großen Preis von Belgien an seinen an Krebs erkrankten Ex-Kollegen Gunnar Nilsson denkt: „Ich widme ihm diesen Sieg."

Nilsson sollte eigentlich für das neue Arrows-Team fahren. Der Rennstall beginnt Saison und Teamhistorie mit einem faustdicken Skandal. Arrows ist nichts anderes als der harte Kern des Shadow-Teams. Jackie Oliver, Alan Rees, Konstrukteur Tony Southgate und Fahrer Riccardo

1978

Patrese haben sich nämlich aus dem Staub gemacht, nicht ohne vorher die Baupläne des neuen Shadow mitzunehmen. Logisch, dass sich der Arrows FA1 und der Shadow DN9 gleichen wie ein Ei dem anderen. Ein von Shadow-Chef Nichols angestrebtes Gerichtsverfahren untersagt den Einsatz des FA1, doch Justitias Mühlen mahlen langsam, und als es zum Urteilsspruch kommt, ist längst der FA2 konstruiert.

Der Skandal unterbricht die aufstrebende Karriere von Hans-Joachim Stuck, der nach seinen Brabham-Erfolgen des Vorjahres nun auf Shadow setzt und mit Entsetzen feststellen muss, dass Shadow mittlerweile ein Schatten seiner selbst ist.

Auch nicht viel Glück hat der zweite Deutsche, Jochen Mass. Bei McLaren zunehmend glücklos, wechselt Mass als neue ▶

◀

Ein Bild mit Symbolcharakter: Lotus-Chef Colin Chapman reißt jubelnd die Arme hoch, nachdem Mario Andretti als Sieger die Ziellinie überquert hat. Lotus ist 1978 das Maß der Dinge. Andretti wird souverän Weltmeister vor seinem Teamkollegen Ronnie Peterson.

Die **Teams**

Ferrari	
Carlos Reutemann	ARG
Gilles Villeneuve	CDN
Lotus-Ford	
Mario Andretti	USA
Ronnie Peterson	S
Hector Rebaque	MEX
Jean-Pierre Jarier	F
McLaren-Ford	
James Hunt	GB
Patrick Tambay	F
Bruno Giacomelli	I
Brett Lunger	USA
Nelson Piquet	BR
Wolf-Ford	
Jody Scheckter	SA
Bobby Rahal	USA
Keke Rosberg	FIN
Brabham-Alfa	
Niki Lauda	A
John Watson	GB
Nelson Piquet	BR
Tyrrell-Ford	
Patrick Depailler	F
Didier Pironi	F
Shadow-Ford	
Clay Regazzoni	CH
Hans-Joachim Stuck	D
Ligier-Matra	
Jacques Laffite	F
Copersucar-Ford	
Emerson Fittipaldi	BR
Ensign-Ford	
Derek Daly	IRL
Danny Ongais	USA
Jacky Ickx	B
Nelson Piquet	BR
Lamberto Leoni	I
Brett Lunger	USA
Harald Ertl	A
Surtees-Ford	
Vittorio Brambilla	I
Rupert Keegan	GB
René Arnoux	F
Renault	
Jean-Pierre Jabouille	F
Hesketh-Ford	
Eddie Cheever	USA
Williams-Ford	
Alan Jones	AUS
ATS-Ford *	
Jochen Mass	D
Jean-Pierre Jarier	F
Keke Rosberg	FIN
Michael Bleekemolen	NL
Martini-Ford *	
René Arnoux	F
Theodore-Ford *	
Keke Rosberg	FIN
Arrows-Ford *	
Riccardo Patrese	I
Rolf Stommelen	D
Merzario-Ford *	
Arturo Merzario	I

* neue Teams

1978

Reifenkrieg stört die WM

Die 78er Saison läuft Gefahr, nicht von Fahrern oder Fahrzeugen entschieden zu werden, sondern von den Reifen. Goodyear ist nicht mehr alleiniger Lieferant. Michelin rüstet zwar nur Renault und Ferrari aus, aber als Ferrari mit innovativen Radial-Michelins den Großen Preis von Brasilien gewinnt, kontert Goodyear mit ultraweichen Qualifikations-Gummis und stark verbesserten Rennreifen. Allerdings hat die ganze Sache einen kleinen Haken und der wird in Belgien bekanntgegeben. Goodyear-Rennleiter Paul Lauritzen gesteht: „Wegen der Michelin-Konkurrenz müssen wir uns auf fünf Teams konzentrieren. Wir haben nicht genügend Reifen der gleichen Güte für alle."
Andretti und Peterson von Lotus, die Brabham-Piloten Lauda und Watson, die Ex-Weltmeister Hunt (McLaren) und Fittipaldi (Copersucar), sowie Tyrrell-Pilot Depailler gehören zu den Glücklichen, die „goodies" bekommen, der Rest muss sich mit „woodies", mit „Holzreifen", begnügen. Später kommen noch Jones (Williams), Patrese (Arrows) und Laffite (Ligier) in den Kreis der Auserwählten. Allen anderen bleibt nur ein Ziel: Wer im Qualifying Schnellster unter den Langsamen ist, bekommt zumindest fürs Rennen (meist schon gebrauchte) gute Rennreifen.

▲ *Das Copersucar-Team gehört zu den von Goodyear Auserwählten: Emerson Fittipaldi erhält als Ex-Weltmeister Top-Reifen zugeteilt.*

mer eins zu ATS, was sich als sein Abschied als Spitzenfahrer herausstellt. ATS leidet besonders stark unter der reifenbedingten Zweiklassen-Gesellschaft.

Vorbild für das kleine ATS-Team sind Rennställe wie Wolf oder Williams. Zwar kann das Wolf-Team nicht an die ganz großen Erfolge des Vorjahres anschließen, aber immerhin gelingen Scheckter zwei zweite und ebenso viele dritte Plätze.

Der überschuldete Frank Williams, zuletzt Angestellter bei Wolf, taucht 1978 nach einjähriger Pause wieder mit eigenem Team auf. Ihm ist ein toller Coup gelungen: Er hat die Fluggesellschaft Saudi-Air als Sponsor gewinnen und 100.000 Pfund Sponsorgelder kassieren können. Die Airline gehört der saudischen Königsfamilie und das ist für andere Geldgeber Empfehlung genug, sich ebenfalls bei Williams zu engagieren.

Von nun an ist mit dem ehemaligen Hinterbänkler-Team zu rechnen, das seit 1973 gerade mal zwölf WM-Punkte gesammelt hat. Nur: Kaum ein Fahrer glaubt daran. Stuck, Mass und Patrese geben dem rührigen Frank Williams Körbe. Lediglich der eher zweitklassige Alan Jones unterzeichnet – und holt zum Saisonende in Watkins Glen den zweiten Platz.

▲ *Der Brabham-Alfa, mit dem Niki Lauda in Schweden siegt, macht jede Menge Wind – und Ärger. Die Teams setzen sich gegen Brabham-Boss Bernie Ecclestone durch: Der „Staubsauger" wird eine Woche später verboten.*

So aufsteigend die Form des kleinen Williams-Team ist, so deutlich sinkt McLarens Stern. Die Kombination Hunt, Tambay und Giacomelli schafft lediglich 15 Punkte. Erstmals seit 1972 gibt es keinen Sieg – besonders Hunt scheint seiner Form aus früheren Jahren hinterherzufahren.

Der amtierende Weltmeister Niki Lauda muss rasch erkennen, dass bei Brabham-Alfa mit einer Titelverteidigung nicht zu rechnen ist. Er kann nur in Schweden und Italien siegen. Wobei in Schweden ein höchst merkwürdiges Fahrzeug eingesetzt wird. Brabhams Konstrukteur Gordon Murray hat sich als Antwort auf die sensationellen „Wing-Cars" von Lotus den BT46B, genannt „Staubsauger", einfallen lassen. Entrüstet erklärt Ferrari-Konstrukteur Forghieri dessen Prinzip: „Die Platzierung des Wasserkühlers auf dem Motor macht einen Ventilator nötig. Diesen gestaltet Brabham aber zehnmal so groß, wie er zur Kühlung eigentlich erforderlich ist. Indem man den Raum unter dem Fahrzeug nach allen Seiten abdichtet, wird ein vakuumähnlicher Zustand unter dem Wagen geschaffen. Dieser Saugeffekt ist mit etwa 500 Kilo Abtrieb vergleichbar."

Das Prinzip funktioniert: Watson steht in der ersten Startreihe, Lauda gewinnt. Und die Konkurrenz protestiert. Forghieri: „Das ist eine bewegliche aerodynamische Hilfe und deswegen verboten." Andretti etwas krasser: „Dieser Scheiß-Ventilator pustet einem den Dreck von der Strecke gegen das Visier." Fünf Tage nach dem Schweden-Sieg wird das Ventilatorsystem verboten.

Neue Hoffnung schöpft das Team Tyrrell, das nach den großen Erfolgen Anfang der Siebziger ins Mittelmaß abgefallen ist. Patrick Depailler, seit 1972 ununterbrochen bei Tyrrell, ist sieben Mal Zweiter geworden. 1978 gelingt ihm der erste Sieg, und das auch noch in Monte Carlo – für Franzosen ist das die Steigerung eines Heimsieges.

Ein ähnliches Kunststück gelingt dem Kanadier Gilles Villeneuve. Der Draufgänger, der seinem Ferrari-Team jede Menge Schrott abliefert, nutzt das Saisonfinale auf der neuen Strecke von Montreal zu seinem ersten Triumph. Bis dahin hat sich Ferrari nicht zuletzt dank des zuverlässigen und starken Zwölfzylinders als zweitbestes Team bestätigt. Fünf Siege bringen der Scuderia Platz zwei in der Konstrukteurs-Wertung. Doch Ferraris Top-Pilot Carlos Reutemann wird nur Dritter hinter den beiden Lotus-Fahrern Mario Andretti und Ronnie Peterson.

Kurz-**Meldungen**

● Vier **neue Teams** treten 1978 an: Arrows, Martini, Merzario und Theodore – alle mit Ford-Motoren.

● Beim **Großen Preis von Argentinien** verwechselt Ehrengast Juan-Manuel Fangio die beiden Lotus und winkt den fünftplatzierten Peterson als Sieger ab. Daraufhin wird die letzte Runde des Rennens annuliert und Andretti zum Sieger erklärt.

● Der Neuseeländer **Chris Amon** zieht sich vom aktiven Rennsport zurück. Amon gilt unbestritten als größter Pechvogel der Formel 1. Trotz seines großen Talentes konnte er nicht einen seiner 96 Grand Prix gewinnen.

● 2.500 Dollar Strafe muss Lokal-Held **Emerson Fittipaldi** in Rio zahlen – pro Schlag 500 Dollar also. Fünf Faustschläge muss nämlich ein Streckenposten einstecken, der seinen Landsmann daran hindern will, dass dieser seinen defekten Copersucar über die Strecke zur Box schiebt. Im Rennen klappt es dann für alle besser: Fittipaldi wird Zweiter – die beste Copersucar-Platzierung aller Zeiten.

● Ein **Wolf-Mechaniker**, der in Kyalami bei Brabham und Lotus nachschauen soll, welche Reifen die Konkurrenz-Teams benutzen, wird postwendend zurückgeschickt. Festgebunden auf einem Wagenheber mit einem Schild: „Ich bin der Wolf-Reifenspion."

● Gefrustet sind die **Hesketh-Mechaniker** über die völlig überforderte Hesketh-Pilotin Divina Calica und rächen sich auf ihre Art. Als die „Göttliche" in der Box den ersten Gang einlegen will, hält sie statt des Schaltknüppels einen Dildo in der Hand…

● Im schwedischen Anderstorp verkündet FOCA-Chef Bernie Ecclestone, dass der englische Professor **Sid Watkins** von nun an offizieller FOCA-Doktor sein wird.

● **Mario Andretti** strahlt über Petersons Reifenwechsel während des Großen Preises von Belgien: „Mensch, unsere Mechaniker sind einsame Klasse, zwölf Sekunden für den Radwechsel – ich würde die Jungs am liebsten nach Indy mitnehmen."

● Mit dem brandneuen und völlig unerprobten ATS D1 hat **Jochen Mass** bei Testfahrten in Silverstone einen schweren Unfall. Bei „Stowe" fliegt er aus ungeklärter Ursache von der Strecke und bricht sich zweimal das linke Bein sowie die linke Schulter.

● Pech hat Wolf-Fahrer **Jody Scheckter**, als er sich zu Geheim-Verhandlungen mit Ferrari aufmacht. Der Südafrikaner bucht ausgerechnet einen Flug, in dem ein ganzer Haufen europäischer Motorsportjournalisten sitzt, die zu einer Fiat-Präsentation nach Mailand wollen.

● In Zandvoort verzeichnet Surtees-Fahrer **Vittorio Brambilla** seinen 18. Saison-Crash. Damit ist der Monza-Gorilla nur noch vier Unfälle von seinem Vorjahresrekord entfernt.

● Den tödlich verunglückten Lotus-Fahrer Ronnie Peterson ersetzt der Franzose **Jean-Pierre Jarier**. Prompt steht der Franzose in Kanada auf der Pole.

● Teamchef **Walter Wolf** reanimiert einen Oldie. Als Wolf-Fahrer Bobby Rahal in Montreal einen Totalschaden baut, lässt der Teamchef kurzerhand einen vorjährigen Wolf WR1 herrichten. Dazu muss der Bolide aus dem Hyatt-Hotel geholt werden – dort dient der Wolf als Ballsaal-Dekoration.

● Zwei große Namen nehmen Ende 1978 Abschied von der Formel 1: **Surtees** macht seinen Laden zu, und **Matra** zieht seine 12-Zylinder-Motoren vom Grand-Prix-Sport zurück.

Wolf-Pilot Jody Scheckter unterschreibt für 1979 bei Ferrari.

Der junge Wilde und seine Frau: Gilles Villeneuve, 26-jähriger Kanadier, gewinnt in seiner ersten Ferrari-Saison den Heimat-Grand-Prix in Montreal.

1979

Vier Abschiede – einer mit Rückkehrkarte

Mehrere langjährige Piloten verabschieden sich 1979 aus dem Fahrerlager, weil sie mit ihren Teams keine Erfolgschancen mehr sehen.

Niki Lauda will nach einer frustigen aber gutbezahlten Brabham-Saison seine Fluggesellschaft ausbauen. Er kommt aber zwei Jahre später zurück.

James Hunt, lebensfroher Weltmeister von 1976, weiß: „Die Gefahr, bei einem Rennen zu sterben, steigt proportional mit jedem Jahr." Weil er im Wolf-Team nur hinterherfahren kann, sieht er keinen Sinn, weitere Risiken einzugehen. Mitten in der Saison hängt er nach dem Monaco-GP den Helm an den Nagel und genießt das Leben in vollen Zügen. 14 Jahre später stirbt er mit 45 an einem Herzinfarkt.

Auch **Jacky Ickx** muss erkennen, dass seine große Zeit vorbei ist. Seit 1967 fährt der Belgier, der am Neujahrstag 1945 geboren wurde, F1-Rennen. Die meiste Zeit für Ferrari, dort vermag er sich aufgrund seiner Intelligenz auch gegen die Intrigenspiele zu wehren. Er siegt in 116 GP acht Mal, 1969 und 1970 beendet er die Saison jeweils als WM-Zweiter. „Wenn ich mehr riskiert hätte", sagt er Jahre später, „wäre ich vielleicht mal Weltmeister geworden – oder tot." Der Belgier triumphiert an anderer Stelle: Sechs Mal gewinnt er die 24 Stunden von Le Mans, zwei Mal wird er Langstreckenmeister.

Jacky Ickx fährt 1979 die letzten F1-Läufe für Ensign, als Ersatz für Patrick Depailler, der beim Drachenfliegen abgestürzt ist.

International mäßig beachtet beendet auch der Deutsche **Hans-Joachim Stuck** seine fünfjährige Formel-1-„Karriere" mit 29 Punkten aus 74 Einsätzen, meist bei March. „Strietzel" hat zu Saisonbeginn einen verhängnisvollen Fehler gemacht, als er nicht den vorbereiteten Williams-Vertrag unterzeichnet, sondern beim deutschen Loser-Team ATS einsteigt. Ende 1979 sucht er vergeblich ein neues, besseres Team. Fortan fährt er mit größerem Erfolg Sport- und Tourenwagenrennen.

In Monaco hat James Hunt genug. Der Weltmeister von 1976 in Wolf-Diensten tritt vom Rennsport zurück.

breit, dass er das seitliche Flügelprinzip stört. Trotzdem gewinnt die Truppe aus Maranello sechs Rennen. Die Fahrerpaarung ist aber auch wirklich ideal. Zu dem draufgängerischen Heißblut Gilles Villeneuve wechselt von Wolf der mittlerweile sehr abgeklärte Jody Scheckter. Beide können jeweils dreimal gewinnen. Scheckters und Ferraris Zuverlässigkeit machen sich bezahlt – der Südafrikaner kann in zwölf von 15 Rennen punkten. Programmgemäß kann Scheckter bereits in Monza seinen Titel sicherstellen. Er wird Champion mit vier Punkten vor seinem Teamkollegen Villeneuve, Ferrari wird mit 38 Punkten Vorsprung Konstrukteursweltmeister. Kein Mensch in Maranello vermutet nach diesem Triumph, welch traurige Durstrecke bevorsteht: Das erfolgreichste Team der Formel 1 wird auf seinen neun WM-Titeln bis zum Ende des Jahrhunderts sitzen bleiben, während vor allem McLaren und Williams die Titelkämpfe unter sich ausmachen.

Die zweite Saisonhälfte 1979 zeigt bereits das Heraufziehen einer neuen Ära. Frank Williams sowie sein Konstrukteur und Teilhaber Patrick Head haben mit Hilfe arabischer Petro-Millionen ein schlagkräftiges Team auf die Beine gestellt. Ab Mitte der Saison verfügt Williams sogar über einen eigenen Windtunnel. In Long Beach wird der neue Wagen vorgestellt. In Silverstone ist der erste Saisonsieg durch Clay Regazzoni fällig. Es folgt ein Hat-

Kurz-**Meldungen**

● Keine Entlastung an der **Reifenfront**. Michelin bleibt bei der unfairen Zwei-Team-Politik und konzentriert sich wie gehabt auf Ferrari und Renault. Goodyear bleibt dementsprechend bei seiner Zwei-Klassen-Gesellschaft: Arrows, Brabham, Fittipaldi, Ligier, Lotus, McLaren, Tyrrell, Williams und Wolf bekommen kostenlose Reifen, „richtige" Qualifyer bekommen nur Lauda, Hunt, Andretti und Fittipaldi. Der Rest muss sich mit schnellen Zeiten als würdig erweisen.

● Das 1970 vom 64er Weltmeister **John Surtees** gegründete Formel-1-Team tritt nicht mehr an. Über einen fünften Rang in der Konstrukteurs-WM (1972) ist man nie hinausgekommen.

● Nach einem Jahr Testerei auf der firmeneigenen Teststrecke tritt **Alfa Romeo** in Belgien erstmals seit 1965 wieder mit einem eigenen Auto an. Der 177 fährt noch mit dem Vorjahres-180°-12-Zylinder und ist auch noch nicht mit dem aktuellen Flügel-Prinzip versehen. Trotzdem kann sich Bruno Giacomelli für den 14. Startplatz qualifizieren.

● Ab dem Großen Preis von Monaco fahren die **Renault** mit Doppelturboladern von KKK. Von nun an hat jede Zylinderreihe einen eigenen Turbo, der, da er jetzt kleiner ist, wesentlich schneller in Fahrt kommt und dadurch das im unteren Drehzahlbereich gehasste Turbo-Loch mindert.

● Wieder mit von der Partie nach seinem schweren ATS-Testunfall in Silverstone: **Jochen Mass**. An der Seite von Riccardo Patrese greift er jetzt für Arrows ins Steuer.

● Katastrophenstimmung bei **McLaren**, das nur noch ein schwacher Abglanz früherer Erfolgszeiten ist: Erstmals in der Teamgeschichte kann sich mit Patrick Tambay ein McLaren-Fahrer nicht fürs Rennen qualifizieren.

● Zum Saisonbeginn treten die GP-Stars Lauda, Andretti und Reutemann mit neuen **Simpson-Overalls** an. Die Schutzanzüge haben fünf Schichten eines feuerfesten Materials, wie es auch bei der US-Raumfahrtbehörde NASA verwendet wird.

● Monza makaber: **Arturo Merzario** macht auf dem Heckflügel seines Eigenbaus Werbung für ein Bestattungsunternehmen, das im Fahrerlager Luxus-Sarg-Prospekte verteilt. Auch nicht schlecht: **Clay Regazzoni** bekommt zu seinem 40. Geburtstag als Senior von Renault einen Rollstuhl geschenkt. Ein Jahr später braucht er ihn nach einem schweren Rennunfall wirklich…

● Dem notorisch cholerischen FISA-Präsidenten **Jean-Marie Balestre**

trick von Alan Jones in Deutschland, Österreich und Holland. Von da an ist es der Australier im Williams, den es zu schlagen gilt.

Die Gewichte verändern sich dramatisch in dieser Saison. Als Wolf-Pilot James Hunt nach dem Großen Preis von Monaco überraschend seinen Ausstieg vermeldet, kabelt Freund Niki Lauda prompt: „Jetzt lässt du mich in diesem Scheißgeschäft einfach allein." Allerdings nicht lange: Mitten im Training zum Großen Preis von Kanada gibt der Österreicher völlig überraschend ebenfalls seinen Rücktritt bekannt. Eine Krücke von Brabham-Alfa sowie der neu eingestellte und hoch motivierte Brasilianer Nelson Piquet lassen Laudas Passion – eine eigene Airline – immer verlockender erscheinen. Die neue Lebensmaxime des zweifachen Weltmeisters aus Österreich: „Es gibt interessantere Dinge, als immer nur im Kreis zu fahren."

Und noch eine Wachablösung bahnt sich an: Ausgerechnet beim Heimrennen in Dijon siegt Renault-Fahrer Jean-Pierre Jabouille mit seinem Turbo-getriebenen RS10 und kann den ersten Erfolg für ein aufgeladenes Triebwerk verbuchen. Noch spektakulärer als der Turbo-Sieg ist jedoch der Kampf um Platz zwei. Ferrari-Pilot Villeneuve und René Arnoux auf dem zweiten Renault setzen dabei sämtliche Gesetze der Physik außer Kraft. Ständig wechseln die Positionen. Die Autos berühren sich mehrfach – die Reifenspuren werden noch Tage später bestaunt. Der Kanadier bleibt am Ende zwei Zehntel vor Arnoux. Dennoch – der Triumph von Renault, verbunden mit sechs Poles, macht allen klar, dass die Turbo-Zeit ansteht.

Die Sensation ist perfekt: Zwei Jahre nach dem Debüt gewinnt Renault mit dem Turbo-Motor erstmals ein Rennen. Dass es sich um den Heim-Grand-Prix handelt, versüßt die Sache noch.

Ganze 14 Punkte kann Weltmeister Mario Andretti 1979 holen. Der neue Lotus 80 entpuppt sich als der Flop des Jahres.

krampfen in Spanien die Coronar-Gefäße: Pflichtbewusste Ordner wollen den Franzosen nicht ins Fahrerlager lassen, weil seine FISA-Armbinde mit der Jahreszahl des Vorjahres versehen ist. Balestre schreiend: „Wenn Sie mich nicht durchlassen, sorge ich dafür, dass 1980 kein spanischer Grand Prix stattfindet."

● Aus Respekt ihren arabischen Sponsoren gegenüber trinken die **Williams-Piloten** Alan Jones und Clay Regazzoni auf dem Siegertreppchen keinen Alkohol, sondern lassen es bei Ananassaft oder Mineralwasser.

● Zwei Formel-1-Stars sind schon vor dem Großen Preis von Österreich lädiert: **Jacky Ickx** hat einen Fahrradunfall und Hunts Wolf-Nachfolger **Keke Rosberg** hat sich Schürfwunden an Kopf, Armen und Beinen zugezogen. Der Finne stürzte mit seinem Dreirad mit Motor und Ballonreifen auf dem Weg zu einer Müllkippe.

● **BMW** und **Ferrari** basteln an Turbo-Motoren. Die Bayern auf der Basis eines Vierzylinders, die Roten an einem Sixpack.

Mit zwei Überraschungssiegen startet Jacques Laffite in die neue Saison. Der französische Ligier-Pilot wird schließlich WM-Vierter – wie in den Folgejahren.

1979

Siegerpodeste

1 21.1.1979 GP Argentinien – Buenos Aires
Pole: Jacques Laffite

1. Jacques Laffite	Ligier-Ford	1:36.03,210
2. Carlos Reutemann	Lotus-Ford	- 14,940
3. John Watson	McLaren-Ford	- 1.28,810

2 4.2.1979 GP Brasilien – Interlagos
Pole: Jacques Laffite

1. Jacques Laffite	Ligier-Ford	1:40.09,640
2. Patrick Depailler	Ligier-Ford	- 5,280
3. Carlos Reutemann	Lotus-Ford	- 44,140

3 3.3.1979 GP Südafrika – Kyalami
Pole: Jean-Pierre Jabouille

1. Gilles Villeneuve	Ferrari	1:41.49,960
2. Jody Scheckter	Ferrari	- 3,420
3. Jean-Pierre Jarier	Tyrrell-Ford	- 22,110

4 8.4.1979 GP USA West – Long Beach
Pole: Gilles Villeneuve

1. Gilles Villeneuve	Ferrari	1:50.25,400
2. Jody Scheckter	Ferrari	- 29,380
3. Alan Jones	Williams-Ford	- 59,690

5 29.4.1979 GP Spanien – Jarama
Pole: Jacques Laffite

1. Patrick Depailler	Ligier-Ford	1:39.11,840
2. Carlos Reutemann	Lotus-Ford	- 20,940
3. Mario Andretti	Lotus-Ford	- 27,310

6 13.5.1979 GP Belgien – Zolder
Pole: Jacques Laffite

1. Jody Scheckter	Ferrari	1:39.59,530
2. Jacques Laffite	Ligier-Ford	- 15,360
3. Didier Pironi	Tyrrell-Ford	- 35,170

7 27.5.1979 GP Monaco – Monte Carlo
Pole: Jody Scheckter

1. Jody Scheckter	Ferrari	1:55.22,480
2. Clay Regazzoni	Williams-Ford	- 0,440
3. Carlos Reutemann	Lotus-Ford	- 8,570

8 1.7.1979 GP Frankreich – Dijon-Prenois
Pole: Jean-Pierre Jabouille

1. Jean-Pierre Jabouille	Renault	1:35.20,420
2. Gilles Villeneuve	Ferrari	- 14,590
3. René Arnoux	Renault	- 14,830

9 14.7.1979 GP England – Silverstone
Pole: Alan Jones

1. Clay Regazzoni	Williams-Ford	1:26.11,170
2. René Arnoux	Renault	- 24,280
3. Jean-Pierre Jarier	Tyrrell-Ford	- 1 Runde

10 29.7.1979 GP Deutschland – Hockenheim
Pole: Jean-Pierre Jabouille

1. Alan Jones	Williams-Ford	1:24.48,830
2. Clay Regazzoni	Williams-Ford	- 2,910
3. Jacques Laffite	Ligier-Ford	- 18,390

11 12.8.1979 GP Österreich – Österreichring
Pole: René Arnoux

1. Alan Jones	Williams-Ford	1:27.38,010
2. Gilles Villeneuve	Ferrari	- 36,050
3. Jacques Laffite	Ligier-Ford	- 46,770

12 26.8.1979 GP Niederlande – Zandvoort
Pole: René Arnoux

1. Alan Jones	Williams-Ford	1:41.19,775
2. Jody Scheckter	Ferrari	- 21,783
3. Jacques Laffite	Ligier-Ford	- 1.03,253

13 9.9.1979 GP Italien – Monza
Pole: Jean-Pierre Jabouille

1. Jody Scheckter	Ferrari	1:22.00,220
2. Gilles Villeneuve	Ferrari	- 0,460
3. Clay Regazzoni	Williams-Ford	- 4,780

14 30.9.1979 GP Kanada – Montréal
Pole: Alan Jones

1. Alan Jones	Williams-Ford	1:52.06,892
2. Gilles Villeneuve	Ferrari	- 1,080
3. Clay Regazzoni	Williams-Ford	- 1.13,656

15 7.10.1979 GP USA Ost – Watkins Glen
Pole: Alan Jones

1. Gilles Villeneuve	Ferrari	1:52.17,734
2. René Arnoux	Renault	- 48,747
3. Didier Pironi	Tyrrell-Ford	- 53,159

Alle Ergebnisse im Detail auf Seite 381

Jody Scheckter – Afrikas erster Weltmeister

Er kommt unglaublich jung in die Formel 1 – Jody Scheckter ist gerade mal 22 Jahre, als er beim GP der USA 1972 von McLaren eingesetzt wird und gleich in seinem ersten Rennen lange Platz vier hält. Zwei Jahre später kämpft er bei Tyrrell bereits um den Titel, heimst zwei Siege ein und wird WM-Dritter. Im Team nennen sie den lockenköpfigen Jungen aus Südafrika „Baby-Bär". Wie ein Bär will er oft mit dem Kopf durch die Wand, und hin und wieder vergisst er dabei die Gesetze der Physik. Schwere Crashs oder unnötige Dreher sind in den ersten Jahren das Markenzeichen des ehrgeizigen Youngsters. Gleich bei seinem vierten GP verursacht er in Silverstone einen Massenunfall, dem acht Fahrzeuge zum Opfer fallen.

1977 engagiert ihn der Ölmilliardär Walter Wolf für sein neugegründetes Team. Jody Scheckter beginnt die Saison prompt mit einem Sieg in Argentinien, holt zwei weitere und wird Vizeweltmeister hinter Niki Lauda. „Er ist das größte Talent, das in der Formel 1 rumfährt", befindet der Österreicher. Dummerweise bleibt Scheckter noch ein Jahr beim nachlassenden Team Wolf, ehe er 1979 dem Werben Enzo Ferraris folgt. Scheckter kündigt an: „Ich werde Weltmeister oder Alkoholiker." Er entscheidet sich für die Abstinenz, holt wie sein Teamkollege Gilles Villeneuve drei Siege. Da er aber insgesamt regelmäßiger punktet, wird er mit knappen vier Punkten Vorsprung Weltmeister vor dem ebenso heißblütigen Kanadier.

Nach diesem brillanten Triumph verliert die Formel 1 schlagartig den Reiz für den 29-Jährigen. Hinzu kommt, dass Ferrari 1980 eine Gurke in den Wettbewerb schickt. Weltmeister Scheckter holt im ganzen Jahr nur zwei Punkte. Er gibt seine Rennfahrerkarriere frustriert auf und gründet eine Firma für Schuss-Simulatoren.

Der Südafrikaner Scheckter ist kein schillernder Weltmeister. Er wirkt abgeklärt, weltweise – und oft kommt die schwermütige Lebensart seiner litauischen Vorfahren zum Vorschein. „Ein merkwürdig schwieriger Mensch", schreibt Enzo Ferrari in seinen Memoiren, „aber ein loyaler Mann, der das Herz auf dem rechten Fleck trägt." Jody Scheckter ist der letzte Ferrari-Weltmeister, den der Commendatore erlebt.

Der routinierte Krauskopf Jody Scheckter und sein oft ungestümer Teamkollege Gilles Villeneuve fahren die WM unter sich aus.

FOCA – Bernie gegen Schürzenjäger

Innerhalb der FIA gibt es eine wichtige Änderung: Die altbekannte CSI wird in eine neue Körperschaft, die FISA (Fédération Internationale du Sport Automobile) umgewandelt. An deren Spitze bleibt der allgewaltige, querulante Jean-Marie Balestre. Der ehemalige Journalist und Präsident des französischen Automobilverbandes FFSA ist ebenso eitel wie machtbewusst und legt sich immer wieder mit FOCA-Chef Bernie Ecclestone an. Schon lange schwelt ein Streit: Auf der einen Seite die Blazer tragenden Funktionäre, die am liebsten alles beim Alten lassen wollen. Auf der anderen Seite die hemdsärmeligen Mannen um Ecclestone und Max Mosley. Sie wollen die Formel 1 in einen hochbezahlten Profit-Zirkus umwandeln. Notfalls außerhalb der FIA-Hoheit, gewissermaßen als Piratenserie.

Balestre denkt nicht daran, sich von Ecclestone und Co. etwas vorschreiben zu lassen und zieht die Zügel an. Er zwingt die Teams, sich für die nächste Saison rechtzeitig einzuschreiben, anderenfalls gibt es eine WM-Zulassung nur gegen Strafgebühren. Weiterhin bestimmt die FISA, dass nur 28 Fahrzeuge am Qualifying teilnehmen dürfen und nur die 24 schnellsten am Rennen.

Bernie Ecclestone wird mehr und mehr zum großen Zampano der Formel 1. Er will die Rennserie professionell vermarkten. Jochen Mass (l.) und James Hunt befinden sich dagegen auf dem Rückzug aus der Formel 1.

Der Franzose Jean-Marie Balestre gilt als Betonkopf. Sein Wort ist Gesetz.

In einer anderen Frage verliert die FISA: Sie will aus Sicherheitsgründen die Schürzen der Wing-Cars verbieten. Diese beweglichen, bis zum Boden reichenden Seitenteile verhindern, dass der sich unter dem Auto aufbauende Unterdruck durch seitlich hereinströmende Luft wieder aufgehoben wird. Die FOCA ignoriert das Verbot. Ecclestone: „So kurzfristig anberaumte Änderungen ignorieren wir einfach." Tatsächlich: Die FISA kuscht, die Schürzen bleiben – und es ist klar, dass es zwischen Balestre und Ecclestone bald richtig krachen wird.

In Deutschland schafft Alan Jones den ersten von drei Siegen in Folge. Damit hat sich der Rennstall von Frank Williams endgültig unter den Top-Teams etabliert.

Endstand **Fahrer-WM**

1.	**Jody Scheckter** Ferrari	51 (60)
2.	**Gilles Villeneuve** Ferrari	47 (53)
3.	**Alan Jones** Williams-Ford	40 (43)
4.	**Jacques Laffite** Ligier-Ford	36
5.	**Clay Regazzoni** Williams-Ford	29 (32)
6.	**Patrick Depailler** Ligier-Ford	20 (22)
	Carlos Reutemann Lotus-Ford	20 (25)
8.	**René Arnoux** Renault	17
9.	**John Watson** McLaren-Ford	15
10.	**Didier Pironi** Tyrrell-Ford	14
	Jean-Pierre Jarier Tyrrell-Ford	14
	Mario Andretti Lotus-Ford	14
13.	**Jean-Pierre Jabouille** Renault	9
14.	**Niki Lauda** Brabham-Alfa	4
15.	**Nelson Piquet** Brabham-Alfa	3
	Elio de Angelis Shadow-Ford	3
	Jacky Ickx Ligier-Ford	3
	Jochen Mass Arrows-Ford	3
19.	**Riccardo Patrese** Arrows-Ford	2
	Hans-Joachim Stuck ATS-Ford	2
21.	**Emerson Fittipaldi** Copersucar-Ford	1

Gewertet wurden die besten vier Resultate der ersten sieben Rennen und die besten vier der letzten acht Rennen.
Gesamtpunktzahl in Klammern.

Konstrukteure

1.	**Ferrari**	113
2.	**Williams-Ford**	75
3.	**Ligier-Ford**	61
4.	**Lotus-Ford**	39
5.	**Tyrrell-Ford**	28
6.	**Renault**	26
7.	**McLaren-Ford**	15
8.	**Brabham-Alfa**	7
9.	**Arrows-Ford**	5
10.	**Shadow-Ford**	3
11.	**ATS-Ford**	2
12.	**Copersucar-Ford**	1

Dichtes Gedränge nach dem Start zum Großen Preis der USA 1980 in Long Beach: Carlos Reutemann (28), Riccardo Patrese (29) und Gilles Villeneuve (2) streiten sich um

e Position. Dahinter geht es noch turbulenter zu. Mario Andretti (11) steigt über das Hinterrad von Jean-Pierre Jabouille (15) in die Luft. Der Amerikaner fällt aus.

Triumph für Williams

Die Saison ist erneut durch die Streitereien zwischen FIA und FOCA geprägt. Dazu kommen zahlreiche personelle Rochaden in den Teams. Am stärksten trifft es McLaren: Dort wird die komplette Führungsebene ausgetauscht. Aber auch der neue Chef Ron Dennis kann keine Wunder vollbringen. Die Teamchefs des Jahres heißen Frank Williams und Bernie Ecclestone. Das Weltmeister-Team Ferrari droht in die Bedeutungslosigkeit abzugleiten.

Von den Spitzenteams geht nur Ferrari mit unveränderter Fahrerpaarung in die neue Saison: Die Mischung – der erfahrene und schnelle Jody Scheckter neben dem ungestümen und ultraschnellen Gilles Villeneuve – ist allerdings kaum zu toppen. Zumal sich beide Fahrer noch gut verstehen – eine unter Spitzenpiloten seltene Tatsache.

Bei Williams sieht die Situation gänzlich anders aus: Neben Alan Jones nimmt der von Lotus enttäuschte Carlos Reutemann im FW 07 Platz und diese beiden Fahrer mögen sich wie Hund und Katze. Reutemanns ehemaliger Lotus-Arbeitsplatz wird mit dem jungen Millionärssohn Elio de Angelis besetzt. De Angelis muss sich allerdings erst aus seinem Shadow-Vertrag herauskaufen. Doch selbst dieser Geldsegen kann Shadow nicht mehr vor dem Untergang retten – das Team zieht sich noch während der Saison zurück. Vertragsmauscheleien, der reiche Vater im Hintergrund und der oft ungestüme Fahrstil des Römers lassen viele übersehen, dass mit Elio de Angelis ein Riesentalent heranreift. Immerhin fährt der Italiener mit Platz zwei in Brasilien das beste Lotus-Resultat der Saison heraus.

Bei Brabham nutzt man in Sachen Fahrerqualität die ganze ▶

1980

Mit fünf Siegen sichert sich Williams-Pilot Alan Jones (Nr. 27) den WM-Titel. Auch den Großen Preis von Spanien gewinnt Jones, doch wegen der Streitereien zwischen FOCA und FISA verliert der „Piraten-GP" seinen WM-Status.

Zum großen Gegenspieler von Alan Jones entwickelt sich plötzlich Nelson Piquet. In Long Beach holt der Brabham-Pilot seinen ersten Sieg – vor Riccardo Patrese und Emerson Fittipaldi. Am Saisonende ist der Brasilianer Vizeweltmeister – mit Trend nach oben.

Die **Teams**

Ferrari	
Jody Scheckter	SA
Gilles Villeneuve	CDN
Williams-Ford	
Alan Jones	NZ
Carlos Reutemann	ARG
Rupert Keegan	GB
Desiré Wilson	SA
Ligier-Ford	
Didier Pironi	F
Jacques Laffite	F
Lotus-Ford	
Mario Andretti	USA
Elio de Angelis	I
Nigel Mansell	GB
Tyrrell-Ford	
Jean-Pierre Jarier	F
Derek Daly	IRL
Mike Thackwell	NZ
Renault	
Jean-Pierre Jabouille	F
René Arnoux	F
McLaren-Ford	
John Watson	GB
Alain Prost	F
Brabham-Ford	
Nelson Piquet	BR
Ricardo Zunino	ARG
Hector Rebaque	MEX
Arrows-Ford	
Riccardo Patrese	I
Jochen Mass	D
Shadow-Ford	
Geoff Lees	GB
Fittipaldi-Ford	
Emerson Fittipaldi	BR
Keke Rosberg	FIN
Alfa Romeo	
Patrick Depailler	F
Vittorio Brambilla	I
Andrea de Cesaris	I
Bruno Giacomelli	I
ATS-Ford	
Marc Surer	CH
Jan Lammers	NL
Ensign-Ford	
Clay Regazzoni	CH
Jan Lammers	NL
Geoff Lees	GB
Tiff Needell	GB
Osella-Ford	
Eddie Cheever	USA

Teure Grand Prix

Die FOCA zieht die Preise an: Ein Grand-Prix-Veranstalter muss für ein Wochenende 540.000 Dollar zahlen. Das Geld wird nach einem internen Schlüssel an die Teams ausgeschüttet. Wer am besten abschneidet, bekommt am meisten.

Bandbreite. Nummer-eins-Pilot Nelson Piquet durchläuft die Formel-1-Schule im Zeitraffer und wird unversehens zum Weltmeisterschaftskandidaten. Der Argentinier Ricardo Zunino wird dagegen allenfalls wegen seines Geldes im Team toleriert und noch im Laufe der Saison gegen Hector Rebaque ausgewechselt. Aber auch der Mexikaner muss viel Geld mitbringen. Doch er weiß wenigstens halbwegs, wo er im Auto nach dem Gaspedal zu suchen hat. Teamchef Bernie Ecclestone frohlockt: „Was will ich mehr? Der ist schnell und bringt dazu noch gutes Geld mit."

Alfa Romeo erwirbt auf dem Fahrermarkt die Dienste eines als sehr schnell eingestuften Fahrtalents: Die Italiener setzen Stammpilot Bruno Giacomelli den Franzosen Patrick Depailler an die Seite. Depailler überzeugt zudem durch seine hervorragende Testarbeit. Nach seinem tödlichen Unfall in Hockenheim (siehe Kasten Seite 219) stößt der 21-jährige Andrea de Cesaris zu der Marke, die 1950 und 1951 die ersten beiden Formel-1-Champions stellte.

Das französische Ligier-Team füllt nach Depaillers Weggang die Lücke mit Didier Pironi mehr als gut: Der Franzose gewinnt in Belgien seinen ersten Grand Prix, Kollege Laffite zieht in Deutschland gleich. Noch erfolgreicher als Ligier ist indes die andere Franzosen-Fraktion: Jabouille und Arnoux erringen für Renault drei Siege. Es hätten noch mehr sein können – wenn nur der Turbo-Motor zuverlässiger wäre. Doch die beiden Siege in Brasilien und Südafrika geben Auskunft über die Leistungsfähigkeit der aufgeladenen Aggregate. Nicht umsonst entwickeln Ferrari und Alfa Romeo Triebwerke mit der – für die Formel 1 – neuen Technik.

Lotus und McLaren dagegen sind einmal mehr weit von etwaigen Siegen entfernt. Ex-Weltmeister Mario Andretti und Elio de Angelis sammeln verhältnismäßig magere 14 Punkte. Noch schlechter ergeht es McLaren. John Watson und die viel versprechende Neuentdeckung, der amtierende französische Formel-3-Meister Alain Prost, müssen sich mit elf Zählern zufrieden ge-

FISA gegen FOCA, Teil 2. Die Formel 1 vor dem Aus

Der Dauerstreit zwischen FISA und FOCA geht in eine neue Runde und gefährdet erstmals die Königsklasse des Motorsports. Mittlerweile zieht sich der Graben immer stärker durch die Formel-1-Teams.

Worum geht es? Die FIA (Fédération Internationale de l'Automobile) ist die Organisation, die für das technische und organisatorische Regelwerk aller großen Motorsportveranstaltungen zuständig ist, egal ob es sich um Rallyes, Sportwagen- oder Formel-1-Rennen handelt. Natürlich müssen sich die Werksteams Ferrari, Alfa und Renault mit der FIA arrangieren, weil sie in vielen Bereichen – nicht nur in der Formel 1 – Motorsport betreiben. Präsident der FIA ist der Franzose Jean-Marie Balestre. Er hat die Sportorganisation FISA, deren Chef er gleichfalls ist, von der FIA ausgegliedert.

Auf der anderen Seite steht die FOCA (Formula One Constructor's Association). Sie wurde 1971 von den englischen Garagen-Teams gegründet, die nur Formel-1-Sport betreiben, also McLaren, Williams, Brabham, Lotus, Tyrrell usw. Diese Teams meinen, notfalls auch ohne FIA leben zu können. Weil sie in der Überzahl sind, könnten sie durchaus eine WM unter sich ausfahren. Chefs der FOCA sind die Briten Bernie Ecclestone (Brabham) und Max Mosley (March).

1979 hatte sich FISA-Präsident Balestre bei dem Versuch, die Schürzen von den Autos zu verbannen, eine blutige Nase geholt. Jetzt sinnt der machthungrige Funktionär auf Rache. So beschließt „seine" FISA im März völlig überraschend noch einmal ein Schürzen-Verbot, das ab dem 1. Januar 1981 gelten soll. Die englischen Teams sehen darin eine Hilfestellung für Renault und die mit Turbotechnik experimentierenden Alfa und Ferrari. Denn ohne Schürzen gibt es keine Flügel-Autos. Und dann gibt es gegen die Turbo-Technik überhaupt kein Halten mehr. Prompt gehen Ecclestone und Mosley auf Konfrontationskurs. Balestre besinnt sich auf die Politik der kleinen Nadelstiche. So ordnet er vor den Rennen Fahrer-Briefings an. Bei Nichterscheinen setzt es eine Strafe von 2.000 Dollar. Auf Geheiß von Ecclestone boykottieren in Belgien und Monaco fast alle FOCA-Fahrer das Treffen. Balestre geht in die Vollen und droht beim GP von Spanien mit Lizenzentzug.

Der Eklat ist da und keiner will nachgeben: FISA- und FOCA-Teams trainieren getrennt. Nach Stunden lähmender Diskussion erklärt die FISA das Rennen für aufgehoben. Die FOCA ihrerseits lässt am Sonntag ihre Teams starten. Unnötig zu sagen, dass Gewinner Alan Jones für seinen Sieg keine Punkte bekommt. Denn die Weltmeisterschaft ist immer noch eine FIA-Veranstaltung.

Als der Frankreich-GP in Frage gestellt wird, gehen die Sponsoren auf die Barrikaden. Sie wollen Sport und TV-Auftritte statt Boykotts und Ego-Trips. Nach einer neunstündigen Diskussion in einem Londoner Flughafen-Hotel einigen sich alle Teams darauf, in Frankreich gemeinsam zu fahren. Monate später wird zwischen FOCA und FISA das „Concorde"-Abkommen ausgehandelt. Es sieht unter anderem vor, dass alle Teams Regeländerungen und wichtigen Entscheidungen zustimmen müssen. Geheim bleibt die Passage, in der die finanziellen Regelungen getroffen sind – z. B., wie die einzelnen Teams an den Einnahmen beteiligt werden.

▲ *Den Spanien-GP boykottieren die FIA-Teams. Man spielt vor vollen Tribünen Fußball, während sich die Funktionäre streiten.*

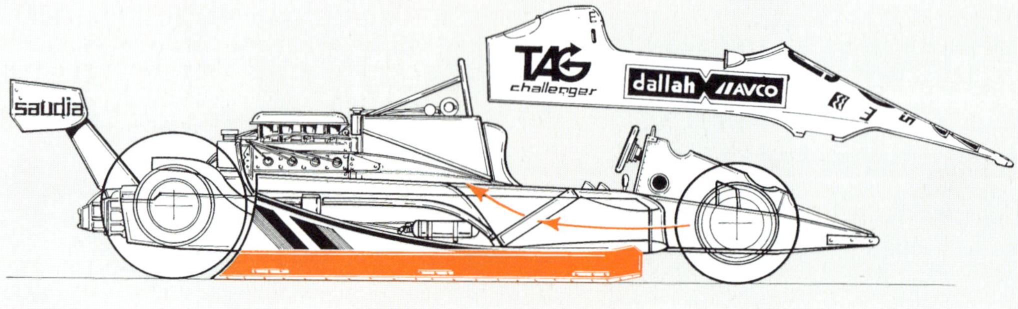

▼ *Darum geht's im Schürzenkrieg: Die beweglichen Dichtleisten an der Wagenunterkante (hier beim Williams FW07) sorgen dafür, dass der durch die seitlichen Flügel aufgebaute Unterdruck erhalten bleibt.*

ben. Prost, der immerhin in seinem ersten Grand Prix punktet, hat am Ende der Saison die Nase voll: „Am liebsten würde ich nie mehr in einen McLaren steigen."

Der frühere Brabham-Chefmechaniker Ron Dennis, mittlerweile Eigner eines Formel-2-Team, kauft sich im Laufe der Saison 1980 bei McLaren ein. Aus dem „Team McLaren" wird „McLaren International". Der Tabakkonzern Philip Morris ist treibende Kraft der Umstrukturierung. Mit Ron Dennis kommt John Barnard als Chefkonstrukteur an Bord. Der bisherige Chefdesigner Gordon Coppuck nimmt seinen Hut.

Doch nicht nur die Briten treten auf der Stelle, selbst der amtierende Weltmeister Ferrari strauchelt. Konstrukteur Mauro Forghieri gesteht – allerdings erst zu Saisonende: „Wir haben das mieseste Flügelauto." Längst reicht in der Formel 1 nicht mehr nur die Tatsache, einen starken und zuverlässigen Motor im Heck zu wissen. Die Baumaße müssen auch ein optimales Flügelkonzept zulassen. Und da hapert es bei dem Triebwerk, das durch seinen 180°-Winkel viel zu breit ist. Während der Vorjahreswagen immerhin 113 WM-Punkte einfahren konnte, ist die Ausbeute des aktuellen 312 T5 mit acht Zählern katastrophal. Nie zuvor in der Geschichte der Konstrukteurs-WM stürzten die amtierenden Champions derart tief. Die WM wird zwischen Williams und Brabham ausgemacht – unter völligem Ausschluss von Weltmeister Scheckter.

Nach fünf Vorjahressiegen hatten viele Fachleute Williams bereits eine Mitsprache in Titelfragen zugetraut. Doch mit Brabham rechneten nur wenige. Aber das Team von Bernie Ecclestone mausert sich nach dem Wechsel von Alfa-Motoren zu Cosworth-Triebwerken zu einem Top-Team. Zwar übernimmt Williams-Pilot Alan ▶

Im McLaren steigt der 25-jährige Alain Prost in die Formel 1 ein und schlägt sich beim Tennis den Frust aus der Seele, dass er im ersten Rennen „nur" Sechster wurde. Der Franzose ist der Prototyp der neuen Rennfahrergeneration: Kämpferisch, durchtrainiert, verbissen ehrgeizig.

Patrick Depailler – Tod in Hockenheim

Mit Patrick Depailler verliert die Formel 1 einen sympathischen und äußerst talentierten Rennfahrer. Acht Tage vor seinem 36. Geburtstag stirbt der Franzose bei Tests.

Bei Testfahrten zum GP von Deutschland auf dem Hockenheimring verunglückt Alfa Romeo-Pilot Patrick Depailler tödlich. Der Franzose rast mit Tempo 260 in der Ostkurve in die Leitplanken. Drei Tage nach dem Unfall beginnen Arbeiter mit der Errichtung von Fangzäunen und doppelten Reifenketten. Das Material hierzu muss nicht eigens herbeigeschafft werden. Es liegt bereits an der Stelle, an der Depailler zu Tode stürzte.

Die Unfallursache gibt Anlass zu wilden Spekulationen. Zwei Möglichkeiten gelten als wahrscheinlich. Denkbar ist, dass Gauloise-Fan Depailler in der ultraschnellen Ostkurve in Folge der hohen Querbeschleunigungskräfte, die die Schürzen-Boliden zulassen, für einen Sekundenbruchteil einen Black-Out hatte. Bereits Jacky Ickx klagte im Vorjahr über dieses Phänomen, als er völlig unvorbereitet ein Auto mit der für ihn ungewohnten Flügeltechnik fuhr. Auch die zweite Möglichkeit hängt mit der Wing-Car-Technik zusammen: Vielleicht verklemmte sich plötzlich eine Schürze, verursachte so einen schlagartigen Zusammenbruch des Unterdrucks. In der noch ohne Schikanen gefahrenen Ostkurve kann das blitzartig zum Abflug führen.

Nach einem Trainingsunfall im Vorfeld des Frankreich-GP gibt der schnelle Franzose eine Äußerung von sich, die beiden Erklärungen Raum lässt: „So, wie ich eben rausgeflogen bin, ist es mir auch schon bei Tests in Brands Hatch gegangen. Ich verlor bereits vor der Kurve die Kontrolle über das Auto. Das ist doch mehr als seltsam. Entweder stimmt etwas mit dem Auto nicht oder mit mir."

95 Grand Prix hat der 35-Jährige bis zu seinem Tod gefahren, die meisten für Tyrrell. Nur zweimal hat er siegen können, aber zehnmal wurde er Zweiter.

Wie beliebt er war, zeigt sich Jahre später, als Depaillers Sohn Loic an seinem 18. Geburtstag eine Gedenkparty gibt. Alle früheren Teamgefährten seines Vaters nehmen daran teil.

Piquet zum Ersten

Drei Teams setzen in diesem Jahr auf die Turbo-Technik: Renault, Ferrari und Toleman. Trotzdem bleibt der bewährte Ford-Cosworth das Spitzentriebwerk – dank seiner Zuverlässigkeit. Beim Weltmeisterteam Williams verkrachen sich die Piloten Alan Jones und Carlos Reutemann. Lachender Dritter ist Nelson Piquet.

Die neue Saison beginnt wieder mit Getöse: Der Große Preis von Argentinien muss wegen der alten Polit-Streitereien verschoben werden. In Kyalami gehen nur die FOCA-Teams an den Start und die FIA versagt dem Rennen den WM-Status. Goodyear wiederum hat von den ganzen Querelen endgültig genug und erklärt den sofortigen Rückzug aus der Formel 1 – langsam wird selbst dem cholerischsten Streithammel klar, dass es so nicht weitergehen kann. Und tatsächlich: Nach endlosen Diskussionen erarbeiten die Parteien einen Minimal-Konsens. Die FIA behält die Herrschaft über den Motorsport, die FISA bleibt ihr ausführendes Organ, aber die FOCA hat die Vollmacht, mit Streckenbetreibern und Fernsehanstalten zu verhandeln. Endlich kann es losgehen.

Das Weltmeisterteam Williams tritt mit der Vorjahresmannschaft, sprich Weltmeister Alan Jones und Carlos Reutemann, an. Bei allen anderen Top-Teams gibt es Veränderungen. Ferrari ersetzt Jody Scheckter durch Didier Piro-

Titelentscheidung auf dem Parkplatz: Vor dem Cesars Palace in Las Vegas verliert Carlos Reutemann den WM-Titel an Nelson Piquet. Der Kurs wird von allen Fahrern heftig kritisiert und als Formel 1 unwürdig bezeichnet.

ni. In Maranello setzt man nun auf Turbo-Motoren und es grenzt an ein Wunder, dass Gilles Villeneuve im ersten Jahr und ausgerechnet in Monaco – eine für die Turbo-Technik ungünstigere Streckencharakteristik gibt es nicht – Ferraris ersten Sieg mit aufgeladenem Motor herausfährt. Ebenso sensationell ist Villeneuves zweiter Ferrari Sieg in Spanien (siehe Seite 226).

Bei Lotus hat Mario Andretti endgültig die Nase voll und wird bei Alfa Romeo Teamgefährte von Bruno Giacomelli. Lotus füllt die Andretti-Lücke, indem Elio de Angelis zur neuen Nummer eins gemacht wird. An dessen Seite greift der junge Engländer Nigel Mansell ins Steuer. Dummerweise verliert das britische Team unheimlich viel Zeit und Energie bei dem Versuch, das absenkbare Doppelchassis des Typ 88 protestsicher zu machen. Vergeblich.

Renault rekrutiert an die Seite von René Arnoux den viel versprechenden Alain Prost. Tatsächlich gewinnt der McLaren-Flüchtling in Dijon seinen ersten Formel-1-Grand-Prix und kann in Holland und Italien zwei weitere Triumphe hinzufügen. Auf einen Sieg weniger kommt Landsmann Jacques Laffite in dem neu benannten Talbot Ligier. Die neue gallische Speerspitze wird mit einem Matra-Zwölfzylinder befeuert. Laffites Schwager Jean-Pierre Jabouille leidet immer noch an seinen Beinverletzungen und wird wahlweise von Jean-Pierre Jarier oder Patrick Tambay ersetzt.

Ein weiterer Siegeskandidat ist McLaren-Pilot John Watson, der die aufsteigende Form des McLaren-Teams (siehe Seite 224) ausgerechnet bei seinem Heimatrennen in Silverstone in einen Sieg ummünzen kann. Sein italienischer Teamkollege Andrea de Cesaris „glänzt“ damit, Vittorio Brambillas Saison-Rekord von 22 Unfällen zu toppen.

Inzwischen beweisen die Konstrukteure einmal mehr ihren Erfindungsreichtum. Gelegenheit dafür gibt ihnen der Pariser Friedensvertrag zwischen FISA und FOCA, der endlich das Schürzenverbot durchsetzt und nun einen Bodenabstand von sechs Zentimetern vorschreibt. Der Hintergrund ist ernst: Durch die Flügel-Schürzentechnik werden mittlerweile Kurvengeschwindigkeiten erreicht, die – siehe Patrick Depaillers Unfall 1980 in Hockenheim – unverantwortlich sind.

Und trotzdem: Um das Abstandsgebot zu umgehen, wird gemogelt auf Teufel komm raus. Der beste Trick kommt von Brabham: Eine Hydraulik senkt den Wagen während der Fahrt ab und pumpt ihn rechtzeitig zur Kontrolle wieder auf die vorgeschriebene Höhe von sechs Zentimetern. Bei der Präsentation der Brabham-Technik in Long Beach ist Konstrukteur Gordon Murray keine Ausrede zu blöd: „Das ist doch nur eine Einstellungshilfe, die uns ein schnelles Abstimmen des Fahrwerks erlaubt.“ Sicher ist, dass sein abgesenkter Brabham einen Abtrieb wie zu den Zeiten bester Schürzenautos produziert. Und ebenso sicher ist, dass Brabham-Spitzenfahrer Nelson Piquet nicht zuletzt dank dieser Technik ein ernstzunehmender WM-Kandidat ist. Siege in Argentinien, Imola und Deutschland sprechen eine deutliche Sprache.

Dennoch ist Williams das Team, das die Saisoneröffnung in Long Beach dominiert. „Ein Doppelsieg zu Beginn der Saison hebt die Moral“, findet Weltmeister Alan Jones, der zwei Wochen später ▶

Die **Teams**

Ferrari	
Gilles Villeneuve	CDN
Didier Pironi	F
Williams-Ford	
Alan Jones	AUS
Carlos Reutemann	ARG
Talbot Ligier-Matra	
Jacques Laffite	F
Jean-Pierre Jarier	F
Jean-Pierre Jabouille	F
Patrick Tambay	F
Lotus-Ford	
Elio de Angelis	I
Nigel Mansell	GB
Tyrrell-Ford	
Eddie Cheever	USA
Michele Alboreto	I
Ricardo Zunino	ARG
Renault Turbo	
Alain Prost	F
René Arnoux	F
McLaren-Ford	
John Watson	GB
Andrea de Cesaris	I
Brabham-Ford	
Nelson Piquet	BR
Hector Rebaque	MEX
Arrows-Ford	
Riccardo Patrese	I
Siegfried Stohr	I
ATS-Ford	
Jan Lammers	NL
Slim Borgudd	S
Fittipaldi-Ford	
Keke Rosberg	FIN
Chico Serra	BR
March-Ford	
Derek Daly	IRL
Eliseo Salazar	CHI
Ensign-Ford	
Marc Surer	CH
Eliseo Salazar	CHi
Alfa Romeo	
Mario Andretti	USA
Bruno Giacomelli	I
Theodore-Ford	
Patrick Tambay	F
Marc Surer	CH
Osella-Ford *	
Miguel-Angel Guerra	ARG
Beppe Gabbiani	I
Piercarlo Ghinzani	I
Jean-Pierre Jarier	F
Toleman-Hart Turbo *	
Brian Henton	GB
Derek Warwick	GB

* neue Teams

Carlo Chitti, Rennleiter von Alfa Romeo, verpflichtet mit Mario Andretti den Weltmeister von 1978. Der Amerikaner war bei Lotus unglücklich.

1981

Siegerpodeste

1 15.3.1981 GP USA West – Long Beach
Pole: Riccardo Patrese

1. Alan Jones	Williams-Ford	1:50.41,330
2. Carlos Reutemann	Williams-Ford	- 9,190
3. Nelson Piquet	Brabham-Ford	- 34,920

2 29.3.1981 GP Brasilien – Rio de Janeiro
Pole: Nelson Piquet

1. Carlos Reutemann	Williams-Ford	2:00.23,660
2. Alan Jones	Williams-Ford	- 4,440
3. Riccardo Patrese	Arrows-Ford	- 1.03,044

3 12.4.1981 GP Argentinien – Buenos Aires
Pole: Nelson Piquet

1. Nelson Piquet	Brabham-Ford	1:34.32,740
2. Carlos Reutemann	Williams-Ford	- 26,610
3. Alain Prost	Renault	- 49,980

4 3.5.1981 GP San Marino – Imola
Pole: Gilles Villeneuve

1. Nelson Piquet	Brabham-Ford	1:51.23,970
2. Riccardo Patrese	Arrows-Ford	- 4,580
3. Carlos Reutemann	Williams-Ford	- 6,340

5 17.5.1981 GP Belgien – Zolder
Pole: Carlos Reutemann

1. Carlos Reutemann	Williams-Ford	1: 16.31,610
2. Jacques Laffite	Talbot Ligier-Matra	- 36,060
3. Nigel Mansell	Lotus-Ford	- 43,690

6 31.5.1981 GP Monaco – Monte Carlo
Pole: Nelson Piquet

1. Gilles Villeneuve	Ferrari	1:54.23,380
2. Alan Jones	Williams-Ford	- 39,910
3. Jacques Laffite	Talbot Ligier-Matra	- 1.29,240

7 21.6.1981 GP Spanien – Jarama
Pole: Jacques Laffite

1. Gilles Villeneuve	Ferrari	1:46.35,019
2. Jacques Laffite	Talbot Ligier-Matra	- 0,211
3. John Watson	McLaren-Ford	- 0,571

8 5.7.1981 GP Frankreich – Dijon-Prenois
Pole: René Arnoux

1. Alain Prost	Renault	1:35.48,130
2. John Watson	McLaren-Ford	- 2,290
3. Nelson Piquet	Brabham-Ford	- 24,220

9 18.7.1981 GP England – Silverstone
Pole: René Arnoux

1. John Watson	McLaren-Ford	1:26.54,800
2. Carlos Reutemann	Williams-Ford	- 40,650
3. Jacques Laffite	Talbot Ligier-Matra	- 1 Runde

10 2.8.1981 GP Deutschland – Hockenheim
Pole: Alain Prost

1. Nelson Piquet	Brabham-Ford	1:25.55,600
2. Alain Prost	Renault	- 11,520
3. Jacques Laffite	Talbot Ligier-Matra	- 1.04,600

11 16.8.1981 GP Österreich – Österreichring
Pole: René Arnoux

1. Jacques Laffite	Talbot Ligier-Matra	1:27.36,470
2. René Arnoux	Renault	- 5,170
3. Nelson Piquet	Brabham-Ford	- 7,340

12 30.8.1981 GP Niederlande – Zandvoort
Pole: Alain Prost

1. Alain Prost	Renault	1:40.22,430
2. Nelson Piquet	Brabham-Ford	- 8,240
3. Alan Jones	Williams-Ford	- 35,500

13 13.9.1981 GP Italien – Monza
Pole: René Arnoux

1. Alain Prost	Renault	1:26.33,897
2. Alan Jones	Williams-Ford	- 22,175
3. Carlos Reutemann	Williams-Ford	-50,587

14 27.9.1981 GP Kanada – Montréal
Pole: Nelson Piquet

1. Jaqcues Laffite	Talbot Ligier-Matra	2:01.25,205
2. John Watson	McLaren-Ford	- 6,233
3. Gilles Villeneuve	Ferrari	- 1.50,275

15 17.10.1981 GP USA – Las Vegas
Pole: Carlos Reutemann

1. Alan Jones	Williams-Ford	1:44.09,077
2. Alain Prost	Renault	- 20,048
3. Bruno Giacomelli	Alfa Romeo	- 20,428

Alle Ergebnisse im Detail auf Seite 382

Gilles Villeneuves größtes Rennen

Ganz selten gibt es solche Siege. Siege, von denen man genau weiß, dass sie an diesem Tag und in dieser Form nur von einem ganz bestimmten Fahrer erreicht werden können. Nicht von der Technik, nicht vom Team, nicht von äußeren Gegebenheiten wie Wetter, Renntaktik oder auch nur durch eigenes Glück oder Pech der anderen. Gilles Villeneuves Sieg 1981 in Jarama ist so ein „Fahrer-Sieg". Vom siebten Startplatz – „Der Motor ist klasse, aber das Fahrwerk ist eine Katastrophe" – legt Gilles einen Superstart hin, der ihn auf Platz drei hinter die Williams katapultiert. Wenig später liegt er hinter dem führenden Jones. Als der einen kleinen Fahrfehler macht, übernimmt Gilles die Führung – ganz nach dem Motto: Das wird mit diesem Auto nicht lange dauern, macht aber trotzdem Spaß.

Hinter ihm drückt der wesentlich schnellere Reutemann, dann gesellt sich Pole-Mann Laffite dazu. Beide intensivieren ihren Druck, als auch noch Watson und de Angelis aufschließen. Die Zuschauer reißt es von ihren Sitzen: Vorne fährt der mit Abstand Langsamste und hinten führen die Schnelleren einen Veitstanz auf, probieren alles, um die rote Blockade aus dem weg zu räumen.

Doch Gilles behält die Nerven: In den Kurven wild rutschend, braucht der Ferrari-Pilot in jeder Runde die rettende Gerade, um sich dort mit seiner Turbo-Kraft ein wenig zu befreien. Gilles macht nicht den Hauch eines Fehlers, seine Kampflinie ist perfekt, jeder Bremspunkt ist optimal, jedes Rausbeschleunigen aus den Kurven frühestmöglich – im Ziel

Carlos Reutemann – ein verhinderter Weltmeister

Um einen Punkt verpasst der Argentinier 1981 den Titel. Der zweite Rang in der WM ist zwar sein bestes Ergebnis in elf Jahren Formel 1 – dennoch geht er als einer der ganz Großen in die Rennsportchronik ein.

„Carlos ist zu sentimental", hat Bernie Ecclestone geurteilt, nachdem Reutemann 1972 in dessen Brabham-Team einstieg und gleich beim ersten Rennen die Pole-Position holte. Der Farmer-Sohn, 1942 in Santa Fé geboren, gilt lange als „braver Junge". Nach seinem Wechsel zu Ferrari (1976) urteilt allerdings sein Teamkollege Niki Lauda: „Carlos' Kälte und bedingungsloser Ehrgeiz sind erschreckend." 1978 bügelt Reutemann mit vier Ferrari-Siegen seinen jungen Teamkollegen Gilles Villeneuve (1 Sieg). Nach einem Lotus-Jahr kommt Carlos 1980 zu Williams, wo er gegen Alan Jones keine Chance hat. 1981 will es Reutemann wissen.

Von wegen braver Junge: Bei Williams kostet ihn seine harte Haltung die Unterstützung des gesamten Teams.

Er ignoriert die Stallregie, mit der Frank Williams seinem Weltmeister Jones helfen will, den Titel zu verteidigen. Die ganze Saison fährt Reutemann gegen das eigene Team, das auf der Seite von Jones steht. Er führt fast immer die Tabelle an – erst im letzten Lauf verliert er den Titel. Nicht an Jones, sondern an Brabham-Fahrer Nelson Piquet.

Der Argentinier will zurücktreten, aber Frank Williams kämpft. Er feuert Alan Jones und bietet Reutemann eine Jahresgage von zwei Millionen Dollar. Doch nach zwei Rennen beendet Reutemann 1982 seine Karriere. Der populärste Sportler Argentiniens wechselt in die Politik, wird Gouverneur seiner Heimatprovinz und bewirbt sich um das Amt des Staatspräsidenten.

Reutemann vor Jones – 1981 ist Carlos meist schneller als der Weltmeister. Doch das Team unterstützt Alan Jones.

Herzschlagfinale über zig Runden: Gilles Villeneuve fährt in Spanien im Rennen seines Lebens zum Sieg.

trennen gerade mal 1,24 Sekunden den Sieger Villeneuve vom fünftplatzierten de Angelis. Brabham-Konstrukteur Gordon Murray: „Das war das Großartigste, was ich je gesehen habe. Das Auto war schrecklich, aber Gilles absolut fehlerfrei. Das war der Sieg eines Fahrers."

Turbos und Sauger

Drei Teams setzen 1981 auf Turbomotoren:

Auto	Zylinder	Zyl.-Winkel	PS	U/Min.	Hubraum
Ferrari 126 CK	V6	120°	550	11.500	1.496 ccm
Renault RE 30	V6	90°	550	11.500	1.492 ccm
Toleman-Hart TG 181	4 R	–	490	9.500	1.496 ccm

Alle übrigen Teams bleiben bei Saugmotoren:

Auto	Zylinder	Zyl.-Winkel	PS	U/Min.	Hubraum
Ford-Cosworth DFV	V8	90°	490	10.750	2.990 ccm
Alfa Romeo 312	V12	60°	520	12.000	2.991 ccm
Matra MS 81	V12	60°	520	12.000	2.993 ccm

Der kleinste Vertreter der Turbo-Fraktion kommt aus der Motorenschmiede des Briten Brian Hart. Er setzt auf einen Reihenvierzylinder, der es auf rund 490 PS bringt. Punkte gibt es für die Kombination Toleman-Hart 1981 nicht.

Endstand Fahrer-WM

1.	**Nelson Piquet** Brabham-Ford	50
2.	**Carlos Reutemann** Williams-Ford	49
3.	**Alan Jones** Williams-Ford	46
4.	**Jacques Laffite** Talbot Ligier-Matra	44
5.	**Alain Prost** Renault Turbo	43
6.	**John Watson** McLaren-Ford	27
7.	**Gilles Villeneuve** Ferrari Turbo	25
8.	**Elio de Angelis** Lotus-Ford	14
9.	**René Arnoux** Renault Turbo	11
	Hector Rebaque Brabham-Ford	11
11.	**Riccardo Patrese** Arrows-Ford	10
	Eddie Cheever Tyrrell-Ford	10
13.	**Didier Pironi** Ferrari Turbo	9
14.	**Nigel Mansell** Lotus-Ford	8
15.	**Bruno Giacomelli** Alfa Romeo	7
16.	**Marc Surer** Theodore-Ford	4
17.	**Mario Andretti** Alfa Romeo	3
18.	**Patrick Tambay** Theodore-Ford	1
	Andrea de Cesaris McLaren-Ford	1
	Slim Borgudd ATS-Ford	1
	Eliseo Salazar March-Ford	1

Gewertet wurden die besten elf Resultate.

Konstrukteure

1.	**Williams-Ford**	95
2.	**Brabham-Ford**	61
3.	**Renault**	54
4.	**Talbot Ligier-Matra**	44
5.	**Ferrari**	34
6.	**McLaren-Ford**	28
7.	**Lotus-Ford**	22
8.	**Arrows-Ford**	10
	Alfa Romeo	10
	Tyrrell-Ford	10
11.	**Ensign-Ford**	5
12.	**Theodore-Ford**	1
	ATS-Ford	1

Schürzenkrieg

Die Schürzen bleiben – sie dürfen aber nicht mehr beweglich sein. Die untere Fahrzeugkante muss 60 mm über der Fahrbahn liegen. Prompt erfinden Ingenieure Hydrauliksysteme, die die Autos während der Fahrt absenken. Die FISA reagiert, indem für 1982 der Bodenabstand wieder freigegeben wird.

1982

Proteste, Tragödien und die Legende Villeneuve

Nach zweijähriger Pause feiert Niki Lauda, Doppelweltmeister mit Ferrari, sein Comeback bei McLaren. Mit dem Kanadier Gilles Villeneuve verliert die Szene ihren charismatischsten und draufgängerischsten Piloten. Und Keke Rosberg schafft es, mit einem einzigen Sieg Formel-1-Weltmeister zu werden.

Die Saison beginnt gleich auf mehreren Ebenen mit Sensationen und Paukenschlägen: Superstar Alan Jones verlässt – genau wie sein Williams-Teamkollege Carlos Reutemann zwei Rennen später – den Formel-1-Zirkus. Dafür kommt ein anderer, ganz Großer zurück. Niki Lauda bringt es auf den Punkt, als er seinem neuen Teamchef Ron Dennis und dem gemeinsamen Sponsor Marlboro die Relationen klar macht: „Fürs Fahren verlange ich nur einen Dollar. Der Rest ist für meinen Public-Relation-Wert, für meine Personality." Der deutlich siebenstellige „Rest" – von rund fünf Millionen Dollar ist die Rede – ist es wert. Bereits im dritten Lauf – in Long Beach – feiert der Österreicher den ersten Sieg am Steuer des McLaren, ein zweiter folgt in Silverstone. Lauda beweist, dass er nichts verlernt hat.

Der Österreicher sorgt auch sonst für Aufregung. Anlass ist die für alle Top-Piloten neu geschaffene Superlizenz der FISA. Maulkorbparagraphen und Exklusivitätsklauseln degradieren die Spitzenverdiener zu Marionetten der Teambosse. Sogar der sonst so unpolitische Gilles Villeneuve ist entsetzt: „Wir liefern uns der FOCA und der FISA völlig aus. Wer vorzeitig aus einem Vertrag ausscheidet, riskiert, seine Lizenz zu verlieren. Wir lassen uns nicht zu Leibeigenen der Teams machen."

Flugs und unter Leitung von Lauda organisieren sich die Herren Fahrer im Vorfeld des Grand Prix von Südafrika. Statt zum Training anzutreten, ziehen sie ins 20 Kilometer entfernte „Sun-

nyside Park Hotel" und schließen sich dort in einem Konferenzraum ein, Übernachtung mit gemeinsamem Frühstück inklusive. Die Fahrer drohen mit Trainings- und Rennboykott. Die Teamchefs stellen im Gegenzug Kündigungen und einen Ersatz-Grand-Prix mit neuen Fahrern in Aussicht. Schließlich kommt es zu einem Kompromiss. Der Grand Prix ist gerettet, und alle sind froh, dass es mit dem Renault-Piloten Alain Prost als Sieger auch einen sportlichen Gewinner gibt.

Der Streit um die Superlizenz ist nicht das einzige Politikum der Saison. Da wären noch die Tricksereien mit dem Gewicht. Zu Beginn der Saison hat die FISA das Mindestgewicht der Formel-1-Autos – mit Öl und Wasser, aber ohne Sprit – auf 580 Kilo gesenkt. Der Trick einiger Teams: Es werden die wassergekühlten Scheibenbremsen eingeführt. Bei der Abnahme sind die hierfür vorgesehenen Wassertanks randvoll, während des Rennens jedoch staubtrocken. Nach dem Rennen, wenn es zur Schlussabnahme geht, sind die Tanks – Öl und Wasser dürfen ja nachgefüllt werden – wieder gefüllt. Der Betrug ist so plump, dass es schon wieder einen gewissen Charme hat. Allerdings nicht für Renault und Ferrari. Prompt protestieren die gegen Piquets Sieg und Rosbergs zweiten Platz in Brasilien. Tatsächlich disqualifiziert die FISA ▶

▲ *Zu Saisonbeginn wird erstmal gestreikt. Rückkehrer Niki Lauda führt die Piloten an, die sich von der Sportbehörde nicht länger gängeln lassen wollen.*

▼ *Didier Pironi, Franzose in Ferrari-Diensten, liegt nach zwei Dritteln der Saison auf WM-Kurs. In einem Rennjahr ohne echten Favoriten hat der extrem schnelle Pilot plötzlich die besten Aussichten. Der Unfall in Hockenheim macht alle Hoffnungen zunichte.*

Die **Teams**

Williams-Ford	
Keke Rosberg	FIN
Derek Daly	IRL
Carlos Reutemann	ARG
Mario Andretti	USA
Brabham-BMW Turbo	
Nelson Piquet	BR
Riccardo Patrese	I
Renault Turbo	
Alain Prost	F
René Arnoux	F
Talbot Ligier-Matra	
Jacques Laffite	F
Eddie Cheever	USA
Ferrari Turbo	
Gilles Villeneuve	CDN
Didier Pironi	F
Patrick Tambay	F
Mario Andretti	USA
McLaren-Ford	
Niki Lauda	A
John Watson	GB
Lotus-Ford	
Elio de Angelis	I
Nigel Mansell	GB
Geoff Lees	GB
Alfa Romeo	
Andrea de Cesaris	I
Bruno Giacomelli	I
Arrows-Ford	
Marc Surer	CH
Mauro Baldi	I
Brian Henton	GB
Tyrrell-Ford	
Michele Alboreto	I
Brian Henton	GB
Slim Borgudd	S
Ensign-Ford	
Roberto Guerrero	COL
ATS-Ford	
Manfred Winkelhock	D
Eliseo Salazar	CHI
Theodore-Ford	
Jan Lammers	NL
Derek Daly	IRL
Geoff Lees	GB
Tommy Byrne	IRL
Fittipaldi-Ford	
Chico Serra	BR
March-Ford	
Jochen Mass	D
Raul Boesel	BR
Rupert Keegan	GB
Osella-Ford	
Jean-Pierre Jarier	F
Riccardo Paletti	I
Toleman-Hart Turbo	
Derek Warwick	GB
Teo Fabi	I

1982

die beiden, was die FOCA dazu bringt, den Großen Preis von San Marino zu boykottieren.

Nur 14 Wagen sind demzufolge in Imola am Start, und trotzdem gibt es ein Rennen, das die Zuschauer von den Sitzen reißt. Die beiden Ferrari-Stars Gilles Villeneuve und Didier Pironi liefern sich ein Duell Rad an Rad. Pironi gewinnt, und Gilles – bis dahin mit Didier befreundet – fühlt sich betrogen: „Nach dem Ausfall von Arnoux war das Rennen gelaufen, und die Box zeigte uns „slow", also Position halten. Daraufhin wurde ich langsamer. Als Pironi mich dann überholte, dachte ich, er wollte den Zuschauern nur eine gute Show bieten. Aber das war nicht der Fall. Im Gegenteil, er wurde immer schneller."

Mit diesem Zwist geht es ins belgische Zolder. Villeneuve und Pironi sollen nie wieder die Möglichkeit haben, sich auszusprechen, denn im Qualifying stürzt Villeneuve zu Tode (siehe Kasten). Das Rennen selbst gewinnt Laudas McLaren-Kollege John Watson vor Keke Rosberg. Der Finne, der zu Saisonbeginn ganz überraschend die Lücke von Alan Jones bei Williams füllte, hat jetzt bereits 14 Punkte und liegt hinter Renault-Mann Prost (18) und Watson (17) auf Rang drei im Gesamtklassement.

Die Saison entwickelt sich immer stärker zu einem Zweikampf der Systeme. Auf der einen Seite die leistungsüberlegenen Turbo-Teams. An deren Spitze Renault mit Prost und Arnoux und Ferrari, die nach Belgien neben Didier Pironi nun Patrick Tambay einsetzen. Auf der anderen Seite stehen die unterlegenen, aber zuverlässigeren Teams mit den Ford-Kundenmotoren. Rosberg und Reutemann-Ersatz Derek Daly bei Williams, Watson und Lauda bei McLaren.

Eine Zwitterstellung haben die Brabham-Fahrer Nelson Piquet und Neuzugang Riccardo Patrese. Denn deren Teamleitung hat sich zwar für BMW-Turbo-Power entschieden, wechselt aber nach Kyalami wieder auf Ford-Motoren. Vor dem fünften Rennen in Belgien hat dann BMW die Nase voll und stellt Brabham-Boss Ecclestone vor ein Ultimatum: „Entweder wird jetzt unser Motor eingesetzt oder ein anderes Team erhält ihn." Ecclestone reagiert. In Belgien fährt der BMW-Motor unter Piquet die ersten zwei Zähler ein. In Kanada gibt es sogar einen Doppelsieg, wobei Piquet mit BMW-Power gewinnt, Patrese als Zweiter jedoch noch ein Ford-Triebwerk im Rücken hat. Doch auch das Rennen in Montreal hat einen Toten zu beklagen. Pole-Setter Didier Pironi kommt beim Start nicht von der Stelle. Die dahinter stehenden Konkurrenten können das Hindernis umfahren. Nicht so der aus der vorletzten Reihe gestartete Osella-Pilot Riccardo Paletti. Der Italiener ist sofort tot, Pironi kommt mit dem Schrecken davon.

Zwist gibt es auch unter den Renault-Fahrern. Spätestens in Frankreich wird zwischen Prost und Arnoux das Kriegsbeil ausgegraben. Der führende Arnoux weigert sich beharrlich, gemäß der Boxenweisung Kollege Prost den Vortritt zu lassen und gewinnt das Rennen lieber selbst. Prost sauer: „Noch zehn Minuten vor dem Start haben wir besprochen, dass René mich auf jeden Fall vorbeilässt – und dann klaut er mir drei Punkte, die mich vielleicht den Titel kosten können. Eines ist klar: Wir werden 1983 nicht im selben Team fahren."

Der Italiener Ricardo Paletti stirbt im kanadischen Montreal in den Trümmern seines Osella. Es ist erst sein zweiter GP-Start. Bis 1994 stirbt bei F1-Rennen kein weiterer Pilot.

Der Brite Nigel Mansell fährt auch in seinem zweiten F1-Jahr für Lotus. Frank Williams will Mansell sogar verpflichten, doch Lotus-Boss Chapman gibt den Fahrer nicht frei.

Da war die Welt noch in Ordnung: Die Teamkollegen Gilles Villeneuve und Didier Pironi (r.) sind gut befreundet.

Gilles Villeneuve – die letzte schnelle Runde

Gilles war in seiner Freude am Risiko hart an der Schwelle zur Todessehnsucht. Ob High-Speed-Snow-Boarding oder Helikopter fliegen, bis der Tank trocken war, Spaß machte es nur, wenn Gevatter Hein mitlachte. Legende sind die Fahrten mit Didier Pironi im privaten Ferrari von Monaco nach Maranello. Abwechselnd fuhr einer, der andere drückte die Stoppuhr. Gewonnen hatte der, der sich am längsten traute, Vollgas zu geben. Trotz Baustellen, LKW oder Wohnwagen. Der englische Journalist Eoin S. Young brachte es auf den Punkt: „Der Umstand, dass Villeneuve lange genug lebte, um in einem offiziellen Rennen ums Leben zu kommen, hatte was Überraschendes."

Im Training zum Großen Preis von Belgien läuft Gilles Uhr ab. Fast auf Ansage. In Imola sah er sich von Didier Pironi um den Sieg betrogen. Nun will Villeneuve die alte Rangfolge wieder herstellen. Dazu bedarf es eines deutlichen Qualifying-Ergebnisses. Zehn Minuten vor Ende des letzten Trainings startet Gilles in seinem Ferrari mit der Nummer 27 zu dem, was er selbst „Kamikaze-Runde" nennt: „Egal was kommt, ich kann dann nicht vom Gas gehen, weil ich sonst meine letzte Chance für eine schnelle Runde verspielen würde."

Genau so kommt es: Jochen Mass bummelt auf der Ideallinie, sieht aber im Rückspiegel den heranbrausenden Ferrari. Der Deutsche will die Linie freigeben und fährt in die Spur, für die sich auch Villeneuve umentschieden hat. Villeneuves Ferrari hebt ab, überschlägt sich. Die Kräfte sind so enorm, dass der Kanadier samt Sitzschale aus dem Cockpit fliegt. Gilles Villeneuve – kein Ferrari-Pilot wird von den Italienern heißer geliebt – stirbt wenig später. Er war der Prototyp des Formel-1-Gladiators. Dem Siege wichtiger waren als der Titel. Und eine schnelle Runde wichtiger als sein Leben…

Der Vater eines elfjährigen Jungen namens Jacques ist dreißig, als sein Kamikazeleben endet. Er wird in der Formel 1 eine einzigartige Legende – obwohl er in 67 Rennen für McLaren und Ferrari nur sechs Siege herausgefahren hat. Sein Sohn wird in seinen ersten 32 Rennen elf Mal gewinnen.

Gilles Villeneuve: Enzo Ferrari nannte den Draufgänger und Unfallkönig liebevoll „Prinz der Zerstörung".

Doch bis dahin ist es noch lange hin – zu lange für Ferrari-Star Didier Pironi. Nach seinem Sieg in Holland, einem zweiten Platz hinter Lauda in Silverstone und einem dritten Rang in Frankreich stellt sich der ultraschnelle Franzose als allererster Titelkandidat heraus. Dann kommt der Große Preis von Deutschland mit seinem völlig verregneten Samstagvormittag. Reifenlieferant Goodyear braucht dringend Informationen über seinen Regenpneu. Pironi stellt sich als Tester zur Verfügung – die schnelleren Freitagszeiten und damit seine Pole kann im Regen keiner mehr gefährden. In dichter Gischt „übersieht" der Franzose den langsam fahrenden Prost und steigt über dessen Hinterräder auf. Der Unfall ist eine Kopie des Unglücks von Zol-

Brabham bekommt die neuen BMW-Turboaggregate. Doch erst nach einem Machtwort der Bayern baut Brabham die Motoren auch ein. Bis dahin fährt man mit dem vertrauten und zuverlässigen Ford-Achtzylinder.

1982

Siegerpodeste

1 23.1.1982 GP Südafrika – Kyalami
Pole: René Arnoux

1. Alain Prost	Renault	1:32.08,401
2. Carlos Reutemann	Williams-Ford	- 14,946
3. René Arnoux	Renault	- 27,900

2 21.3.1982 GP Brasilien – Rio de Janeiro
Pole: Alain Prost

1. Alain Prost	Renault	1:44.33,134
2. John Watson	McLaren-Ford	- 2,990
3. Nigel Mansell	Lotus-Ford	- 36,859

3 4.4.1982 GP USA West – Long Beach
Pole: Andrea de Cesaris

1. Niki Lauda	McLaren-Ford	1:58.25,318
2. Keke Rosberg	Williams-Ford	- 14,660
3. Riccardo Patrese	Brabham-Ford	- 1.19,143

4 25.4.1982 GP San Marino – Imola
Pole: René Arnoux

1. Didier Pironi	Ferrari	1:36.38,887
2. Gilles Villeneuve	Ferrari	- 0,366
3. Michele Alboreto	Tyrell-Ford	- 1.07,684

5 9.5.1982 GP Belgien – Zolder
Pole: Alain Prost

1. John Watson	McLaren-Ford	1:35.41,995
2. Keke Rosberg	Williams-Ford	- 7,268
3. Eddie Cheever	Talbot Ligier-Matra	- 1 Runde

6 23.5.1982 GP Monaco – Monte Carlo
Pole: René Arnoux

1. Riccardo Patrese	Brabham-Ford	1:54.11,259
2. Didier Pironi	Ferrari	- 1 Runde
3. Andrea de Cesaris	Alfa Romeo	- 1 Runde

7 6.6.1982 GP USA – Detroit
Pole: Alain Prost

1. John Watson	McLaren-Ford	1:58.41,043
2. Eddie Cheever	Talbot Ligier-Matra	- 15,726
3. Didier Pironi	Ferrari	- 28,077

8 13.6.1982 GP Kanada – Montréal
Pole: Didier Pironi

1. Nelson Piquet	Brabham-BMW	1:46.39,577
2. Riccardo Patrese	Brabham-Ford	- 13,799
3. John Watson	McLaren-Ford	- 1.01,836

9 3.7.1982 GP Niederlande – Zandvoort
Pole: René Arnoux

1. Didier Pironi	Ferrari	1:38.03,254
2. Nelson Piquet	Brabham-BMW	- 21,649
3. Keke Rosberg	Williams-Ford	- 22,365

10 18.7.1982 GP England – Brands Hatch
Pole: Keke Rosberg

1. Niki Lauda	McLaren-Ford	1:35.33,812
2. Didier Pironi	Ferrari	- 25,726
3. Patrick Tambay	Ferrari	- 38,436

11 25.7.1982 GP Frankreich – Le Castellet
Pole: René Arnoux

1. René Arnoux	Renault	1:33.33,217
2. Alain Prost	Renault	- 17,308
3. Didier Pironi	Ferrari	- 42,128

12 8.8.1982 GP Deutschland – Hockenheim
Pole: Didier Pironi

1. Patrick Tambay	Ferrari	1:27.25,178
2. René Arnoux	Renault	- 16,379
3. Keke Rosberg	Williams-Ford	- 1 Runde

13 15.8.1982 GP Österreich – Österreichring
Pole: Nelson Piquet

1. Elio de Angelis	Lotus-Ford	1:25.02,212
2. Keke Rosberg	Williams-Ford	- 0,125
3. Jacques Laffite	Talbot Ligier-Matra	- 1 Runde

14 29.8.1982 GP Schweiz – Dijon-Prenois
Pole: Alain Prost

1. Keke Rosberg	Williams-Ford	1:32.41,087
2. Alain Prost	Renault	- 4,442
3. Niki Lauda	McLaren-Ford	- 1.00,343

15 12.9.1982 GP Italien – Monza
Pole: Mario Andretti

1. René Arnoux	Renault	1:22.25,734
2. Patrick Tambay	Ferrari	- 14,064
3. Mario Andretti	Ferrari	- 48,452

16 25.9.1982 GP USA – Las Vegas
Pole: Alain Prost

1. Michele Alboreto	Tyrell-Ford	1:41.56,888
2. John Watson	McLaren-Ford	- 27,292
3. Eddie Cheever	Talbot Ligier-Matra	- 56,450

Alle Ergebnisse im Detail auf Seite 383

Keke Rosberg – der Überraschungs-Champion

Ein Sieg – zumal noch der erste überhaupt seiner Formel-1-Karriere – und schon Weltmeister. Der Mann, der eigentlich Zahnarzt werden wollte, erweist sich als absoluter Formel-1-Minimalist. Lediglich Mike Hawthorn war 1958 das Kunststück geglückt, mit nur einem Erfolg Weltmeister zu werden.

Rosbergs sparsamer Auftritt – Motto: lieber Punkte sammeln als groß aufgeigen – muss wohl daran liegen, dass der Finne nie mit der großen Kelle anrühren durfte. Nie großes Geld oder lukrative Sponsoren im Rücken, wurde Keke schon früh dazu gezwungen, sich gegen alle durchzubeißen. Beispiel 1978: In dem Jahr schafft Rosberg den Aufstieg in die Formel 1, muss aber gleichzeitig in anderen Klassen seinen Lebensunterhalt verdienen: „Ich fuhr in jenem Jahr 41 Rennen an 36 Wochenenden."

Und lange Zeit sieht es so aus, als würde dem Finnen nie der Durchbruch gelingen. Nach einem schwachen Jahr bei Theodore, wo er immerhin das nicht zur WM zählende Formel-1-Rennen in Silverstone gewinnen kann, bleibt Rosberg nichts anderes übrig, als in den USA in der CanAm-Serie zu fahren. Beim F1-Stall ATS versucht er ebenfalls sein Glück. Erst als James Hunt bei Wolf aussteigt, bietet sich Rosberg eine weitere Formel-1-Chance, die Ende der Saison 1979 bei Fittipaldi endet, als der Brasilianer das aufkauft, woran der Österreicher Walter Wolf die Lust verloren hat. Fittipaldi erweist sich erneut als Sackgasse. Bis Frank Williams die 1982 Fahrer weglaufen. Der Brite macht Rosberg ein Testangebot. Keke nutzt die Chance, überzeugt Williams und bekommt den Drive. Worauf sich Frank eingelassen hat, wird ihm schnell klar. Der Asket, Marathon-Läufer und Zigarretten-Hasser Williams traut seinen Augen nicht, als sich Keke unmittelbar nach der Vertragsunterschrift demonstrativ eine Marlboro aus der Jackentasche angelt und grinsend in Franks Büro anfängt zu rauchen…

Nie wieder kämpft der 33-jährige Weltmeister in vier weiteren F1-Jahren um den Titel mit. Aber der spätere Teamchef im Tourenwagenbereich hilft einem Landsmann auf den Formel-1-Thron: Er wird Manager von Mika Häkkinen.

In Dijon feiert Keke Rosberg (r.) seinen ersten Formel-1-Sieg. Es bleibt der einzige 1982 – und der reicht sogar zum Titel.

Eigentlich ist Keke Rosberg bei Williams nur Ersatz für die Abtrünnigen Jones und Reutemann. Doch der Finne wird tatsächlich Weltmeister.

Kurz-Meldungen

● Am 16. Dezember stirbt **Colin Chapman** völlig überraschend an einem Herzinfarkt. Der Brite stand in seiner Zeit als Formel-1-Konstrukteur für bahnbrechende Erfindungen und Innovationen, die aber auch manchem Piloten zum Verhängnis wurden. Der Gründer und Chef von Lotus wurde 54 Jahre alt.

● Arrows-Pilot **Marc Surer** bricht sich in Kyalami – wie schon zwei Jahre zuvor – bei einem Unfall beide Beine.

● Während der 14tägigen Vor-Saison-Tests in Le Castellet verzeichnet das Brabham-Team mit den neuen **BMW-Turbo-Motoren** insgesamt neun Triebwerkschäden.

● Der völlig unerwartete Rücktritt des Williams-Piloten **Carlos Reutemann** bringt jede Menge Bewegung in den Fahrermarkt. Ad hoc-Ersatz ist zunächst einmal Mario Andretti, der aber wegen seines US-Engagements für weitere Auftritte nicht zur Verfügung steht. Williams Wunschfahrer Nigel Mansell – „für den würde ich eine Million Dollar Ablöse zahlen" – wird von Lotus nicht freigegeben. Dann denkt man sogar daran, Fittipaldi oder Scheckter zu reaktivieren. Schließlich wird Derek Daly Williams-Pilot. Der Ire hatte bei seinem bisherigen Team Theodore den neuen Vertrag noch nicht unterzeichnet.

● Als im Training zum Großen Preis von Frankreich Williams-Pilot **Keke Rosberg** versucht, im Windschatten von Lauda seine Zeit zu verbessern, lässt der Österreicher den finnischen Konkurrenten durch ein hartes Bremsmanöver aussteigen: „Wenn Rosberg der Esel, glaubt, ich sei dumm, dann ist er deppert."

● In der Hockenheimer Ostkurve kommt es zu einem Zweikampf zwischen **Nelson Piquet** und Eliseo Salazar. Allerdings nicht auf, sondern neben der Strecke und zwar mit Faustschlägen und Fußtritten. Der führende Piquet wurde beim Überrunden von Salazar abgeschossen, Piquet verliert danach vor laufenden Kameras die Contenance: „Normalerweise reagiere ich nicht so extrem. Aber Salazar hat mich in Zandvoort schon einmal aufgehalten. Ich war einfach stocksauer."

● Der strenggläubige Rennfahrer **Alex Ribeiro** – Helmaufschrift: „Jesus saves" – veröffentlicht nach vierjähriger Arbeit seine Memoiren mit dem Titel: „Mehr als ein Sieger". Was wohl stimmen muss. Die Formel-1-Bilanz des Brasilianers: zehn Rennen – zehn Nichtqualifikationen.

● Ausgerechnet auf der Turbo-Strecke Zeltweg feiert Saugmotoren-Hersteller **Cosworth** seinen 150. Grand-Prix-Erfolg.

● Um den schwer verletzten Didier Pironi in Monza zu ersetzen, reaktiviert Ferrari für ein Rennen **Mario Andretti**. Der US-Star fährt prompt auf die Pole.

● Beim **Großen Preis von Frankreich** gibt es den ersten Renault-Doppelsieg der Formel-1-Firmengeschichte.

● Rabenschwarze Saison für **Jochen Mass**. Kaum hat er halbwegs verdaut, dass er am tödlichen Unfall von Gilles Villeneuve beteiligt war, erwischt es ihn selbst schwer am Ende der Mistral-Geraden von Le Castellet. Beim Anbremsen der Signes kommt er mit Arrows-Fahrer Mauro Baldi ins Gehege. Mass March überschlägt sich mehrmals und bleibt jenseits (!) der dreifachen Leitplanke zwischen den Zuschauern liegen. Wie durch ein Wunder werden nur zwölf Zuschauer leicht verletzt. Mass kommt mit leichten Verbrennungen und schweren Prellungen davon.

● Ausnahmsweise gibt es wieder einen **Grand Prix der Schweiz**. Er wird im französischen Dijon gestartet, weil die Schweiz seit 1955 große Rennveranstaltungen untersagt.

● Es gibt keine **Mindestmaße** mehr für den Abstand zwischen Auto und Straße. Die meisten Teams setzen die Wagen so tief, dass fast keine Federung mehr möglich ist. Die Fahrer klagen immer häufiger über Rücken- und Nackenschmerzen.

In seinem letzten Formel-1-Jahr fährt Jochen Mass für March. Beste Platzierung 1982: Rang sieben in Detroit.

der – mit dem Unterschied, dass Pironi den Horrorcrash überlebt. Die Beinverletzungen sind jedoch so schlimm, dass eine Amputation des rechten Unterschenkels droht. Die kann zwar vermieden werden, doch erst Jahre später sind die Verletzungen ausgeheilt. An eine Fortsetzung der Karriere ist nicht zu denken.

Einen Tag später gewinnt Pironis Teamgefährte Patrick Tambay. Der zeigt nach seinem ersten Grand-Prix-Sieg wahre Größe: „Es war, als hätten Pironi und Villeneuve neben mir im Auto gesessen. Ohne sie hätte ich nie gewinnen können, denn sie haben mein Auto bei den Tests erst so gut gemacht."

Die WM-Situation ist sehr unübersichtlich. Der führende Pironi liegt im Krankenhaus und die Schnellsten – die Brabham-, Renault- und Ferrari-Piloten – sind weit abgeschlagen. Da kommt die Stunde von Keke Rosberg. Mit einem zweiten Rang in Österreich und seinem Premieresieg in Dijon übernimmt einer die Führung in der Weltmeisterschaft, den garantiert keiner auf der Rechnung hatte. Noch nicht einmal Teamchef Frank Williams, der in gewohnt einfühlsamer Art darauf hinweist, dass auch ihn das Schicksal hart gebeutelt hat: „Alles spricht vom Ferrari-Pech wegen Villeneuve und Pironi. Keiner denkt daran, dass mir zu Beginn der Saison zwei Fahrer davongelaufen sind. Jones und Reutemann – diese Trottel."

Ein gebrochener Heckflügel verhindert, dass Ersatzmann Rosberg seinen Titel bereits in Monza sicherstellt, aber der Sieg von Arnoux vor Tambay und Andretti schmälert seine Titel-Chancen nicht. Einzig der vierte Platz von John Watson lässt noch eine theoretische Chance offen – Watson müsste im Las-Vegas-Finale gewinnen und Keke ausfallen. Beides ist nicht der Fall, Alboreto auf Tyrrell gewinnt sein erstes Rennen. Rosberg – „Ich fahre hier auf Sieg, auch wenn ich nur zwei Punkte brauche." – wird Fünfter und Weltmeister.

Endstand Fahrer-WM

1.	**Keke Rosberg** Williams-Ford	44
2.	**Didier Pironi** Ferrari Turbo	39
	John Watson McLaren-Ford	39
4.	**Alain Prost** Renault Turbo	34
5.	**Niki Lauda** McLaren-Ford	30
6.	**René Arnoux** Renault Turbo	28
7.	**Patrick Tambay** Ferrari Turbo	25
	Michele Alboreto Tyrrell-Ford	25
9.	**Elio de Angelis** Lotus-Ford	23
10.	**Riccardo Patrese** Brabham-BMW Turbo	21
11.	**Nelson Piquet** Brabham-BMW Turbo	20
12.	**Eddie Cheever** Talbot Ligier-Matra	15
13.	**Derek Daly** Williams-Ford	8
14.	**Nigel Mansell** Lotus-Ford	7
15.	**Carlos Reutemann** Williams-Ford	6
	Gilles Villeneuve Ferrari Turbo	6
17.	**Andrea de Cesaris** Alfa Romeo	5
	Jacques Laffite Talbot Ligier-Matra	5
19.	**Mario Andretti** Ferrari Turbo	4
20.	**Jean-Pierre Jarier** Osella-Ford	3
	Marc Surer Arrows-Ford	3
22.	**Manfred Winkelhock** ATS-Ford	2
	Eliseo Salazar ATS-Ford	2
	Bruno Giacomelli Alfa Romeo	2
	Mauro Baldi Arrows-Ford	2
26.	**Chico Serra** Fittipaldi-Ford	1

Gewertet wurden die besten elf Resultate.

Konstrukteure

1.	Ferrari	74
2.	McLaren-Ford	69
3.	Renault	62
4.	Williams-Ford	58
5.	Brabham-Ford/BMW	41
6.	Lotus-Ford	30
7.	Tyrrell-Ford	25
8.	Talbot Ligier-Matra	20
9.	Alfa Romeo	7
10.	Arrows-Ford	5
11.	ATS-Ford	4
12.	Osella-Ford	3
13.	Fittipaldi-Ford	1

So breit wie möglich – so lautet das Motto der Konstrukteure von 1977 bis 1982. Es ist die Zeit der Wing-Cars. Flügelprofile neben dem Fahrer in Verbindung mit den Schür

der Wagenseite erhöhen den Anpressdruck und ermöglichen immense Kurvengeschwindigkeiten. Auch der Renault Turbo von Alain Prost ist damit ausgerüstet.

1983

Der erste Turbo-Weltmeister

Die Schürzen sind endgültig verboten, um die Kurvengeschwindigkeiten zu reduzieren. Die gewaltigen Seitenkästen der Wing-Cars verschwinden und der Fahrer, der im Vorjahr fast auf den Vorderrädern gesessen hat, bekommt eine neue Position. Fast alle Teams setzen in diesem Jahr Turbo-Motoren ein. Die WM verläuft spannend. Acht Fahrer tragen sich in die Siegerlisten ein – erst beim letzten Lauf fällt die Entscheidung.

Ein Blick auf den wunderschönen weiß blauen Brabham BT52 sagt alles: So muss sie aussehen, die neue Generation der Formel-1-Wagen des 83er Reglements. Spitz, schlank, erst ganz weit hinten, wie die Stummelflügel eines Starfighters, die angestellten Kühler. Die neuen Regeln schreiben einen flachen Unterboden vor, was endgültig die wilde Zeit der „Wing-Cars" beendet. Wesentlich weniger Abtrieb und deutlich reduzierte Kurvengeschwindigkeiten sind die Folge. Zwangsläufig verschwin-

Schlank ist schön: Der Brabham BT52 der 83er Saison hat mit dem „Wing-Car" des Vorjahres nichts mehr gemeinsam. Die Rakete mit BMW-Turbo-Power bringt Nelson Piquet auf den WM-Thron.

den auch die geräumigen Seitenkästen, in denen bislang die ausladenden Flügelprofile untergebracht werden mussten. Jetzt heißt es: Schlank ist schön.

Erst recht, wenn man das Auftaktrennen gewinnen kann. Brabham – zu Stammfahrer Nelson Piquet gesellt sich Arrows-Flüchtling Riccardo Patrese – ist beim Saisondebüt in Brasilien die bestimmende Kraft. So sehr, dass sich Sieger Piquet über seine Gegner lustig machen kann: „Es war eine Spazierfahrt.“

Das stimmt so natürlich nicht. Denn Brabham plant mitten in dieser Spazierfahrt einen gefährlichen Zwischenstopp ein: den von Brabham-Konstrukteur Gordon Murray erdachten Tankstopp. Die Idee ist klar: Turbos brauchen viel Sprit, also viel Gewicht, sprich harte Reifen. Tankt man statt einmal voll zweimal nur halbvoll, spart man Gewicht und kann weichere, also schnellere Reifen einsetzen. Gelingt es so, rund 30 Sekunden auf die „Durchfahrer“ rauszufahren, ist mehr als der zusätzliche Tankstopp zeitmäßig rausgeholt. Die Idee ist so berückend, dass selbst ein Nicht-Turbo-Team wie Williams die ganze Sache in Brasilien mal ausprobiert. Im Laufe der Saison wird der Stopp bei den meisten Teams obligatorisch.

Doch zurück zu Brabham und den starken BMW-Motoren. Auch

▲ *Nelson Piquet freut sich mit seiner Freundin Sylvia über den zweiten Weltmeister-Titel. Der Brasilianer ist seit seinem ersten F1-Jahr 1978 Ecclestones Brabham-Team treu geblieben.*

die Hauptkonkurrenten haben Turbo-Kraft im Heck und verfügen über eine gewisse Erfahrung mit dieser Technik. Das sind vor allen anderen Renault und Ferrari.

Bei den Franzosen hat man Alain Prost behalten. Da der aber eine ausgewiesene Abneigung gegenüber seinem alten Gefährten René Arnoux entwickelt hat, wird nun als zweiter Fahrer Eddie Cheever eingesetzt. Arnoux heuert als neuer Teamgefährte von Patrick Tambay bei Ferrari an. Dort steht er zu Beginn der Saison allerdings sehr im Schatten von Tambay.

Patrick Tambay ist es auch, der beim zweiten Rennen der Saison in Long Beach auf der Pole steht. Das hat in diesem Fall aber überhaupt keine Bedeutung, denn der Gewinner heißt John Watson. Der McLaren-Ford-Pilot, Teampartner von Niki Lauda, startet von der 22. Position aus und kann trotzdem nach einer bestechenden Überholorgie auf diesem Stadtkurs gewinnen.

Apropos Stadtkurse. Dies sind die letzten halbwegs geschützten Biotope für Teams mit Saug- ▶

Die **Teams**

Ferrari Turbo	
Patrick Tambay	F
René Arnoux	F
McLaren-Ford/TAG-Porsche T.	
Niki Lauda	A
John Watson	GB
Renault Turbo	
Alain Prost	F
Eddie Cheever	USA
Williams-Ford/Honda Turbo	
Keke Rosberg	FIN
Jacques Laffite	F
Jonathan Palmer	GB
Brabham-BMW Turbo	
Nelson Piquet	BR
Riccardo Patrese	I
Lotus-Ford	
Elio de Angelis	I
Nigel Mansell	GB
Tyrrell-Ford	
Michele Alboreto	I
Danny Sullivan	USA
Ligier-Ford	
Jean-Pierre Jarier	F
Raul Boesel	BR
Alfa Romeo Turbo	
Andrea de Cesaris	I
Mauro Baldi	I
Arrows-Ford	
Marc Surer	CH
Chico Serra	BR
Alan Jones	AUS
Thierry Boutsen	B
ATS-BMW Turbo	
Manfred Winkelhock	D
Osella-Ford	
Teo Fabi	I
Piercarlo Ghinzani	I
March-Ford	
Eliseo Salazar	CHI
Kenny Acheson	GB
Theodore-Ford	
Roberto Guerrero	COL
Johnny Cecotto	V
Toleman-Hart Turbo	
Derek Warwick	GB
Bruno Giacomelli	I
Spirit-Honda Turbo *	
Stefan Johansson	S

* neue Teams

Keine **Opfer**

Nach den tödlichen Unfällen von Gilles Villeneuve und Ricardo Paletti 1982 gibt es bei Formel-1-Rennen lange Zeit keinen Toten mehr. Die Sicherheitsbestimmungen zeigen Wirkung. Zwölf Jahre werden die Piloten schwerste Crashs und Überschläge überstehen.
Alle Unfälle, bei denen F1-Piloten in den nächsten Jahren sterben, geschehen bei Rennveranstaltungen außerhalb der WM-Grand-Prix.

1983

Turbos für alle

1977 gab es den ersten Turbo in der Formel 1 – sechs Jahre später ist diese Technik das Maß der Dinge. Zwischen 700 und 850 PS kann man dank der Lader aus 1,5 Litern Hubraum rauskitzeln, 200 bis 300 PS mehr als bei den Saugmotoren von Ford mit ihrem exakt doppelt so großen Hubraum. Klar also, dass nun auch die letzten Ford-Mohikaner in Richtung Aufladungstechnik umschwenken. Die FOCA beendet endgültig ihren Kampf gegen diese Technik – was allerdings auch bedeutet, dass man sich jetzt der mit dieser Technik einhergehenden Kostenspirale ausliefert.

Renault, Brabham, Ferrari, Toleman heißen die Teams, die bereits mit dem Turbodampf versehen sind. Alfa hat ein wenig Erfahrungen aus der 82er Saison und setzt nun voll auf Turbos. Die Japaner in Form von Honda wollen ihrerseits mit der neuen Technik antreten. Um Daten zu sammeln, verbinden sie sich mit dem Formel-2-Team Spirit, das somit den Sprung in die Königsklasse schafft. Später wechselt Honda zu Williams. Das deutsche Klein-Team ATS wird unter BMWs Fittiche genommen – rund 150.000 Mark muss ATS-Chef Günter Schmid pro Triebwerk auf den weißblauen Tisch des Münchener Hauses legen. Auch Renault sucht sich ein zweites Standbein, das in diesem Fall Lotus heißt.

Ganz Großes bahnt sich bei McLaren an. Im Auftrag von Mansour Ojjehs Firma TAG (Techniques d'Avant Garde) baut Porsche für das McLaren-Team einen Sechszylinder-Turbolader. Beim Großen Preis von Holland kann das Weissacher Triebwerk erstmals eingesetzt werden.

▲ *Mit dem TAG-Porsche Turbo debütiert bei McLaren das Triebwerk der Zukunft.*

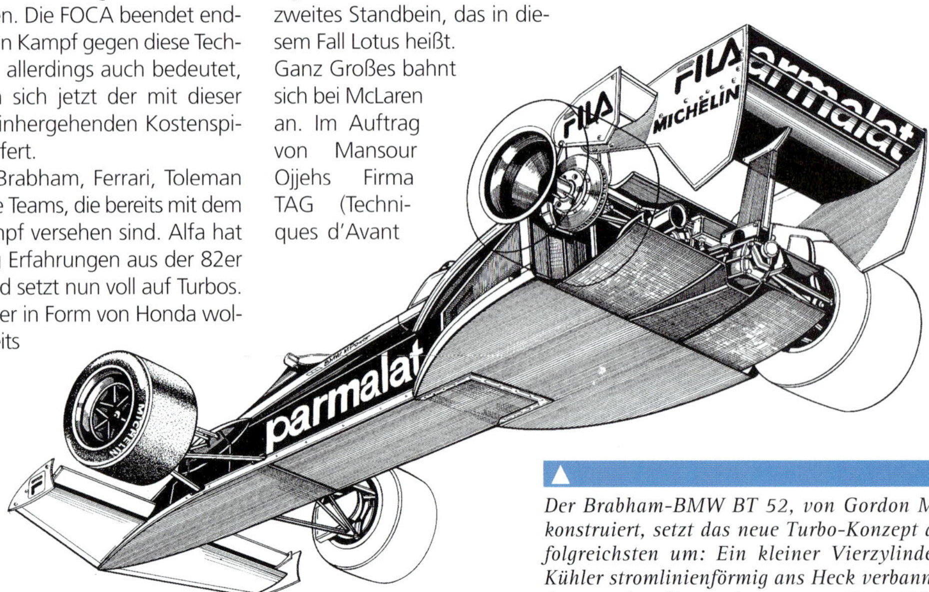

▲ *Der Brabham-BMW BT 52, von Gordon Murray konstruiert, setzt das neue Turbo-Konzept am erfolgreichsten um: Ein kleiner Vierzylinder, die Kühler stromlinienförmig ans Heck verbannt. Zudem werden die geschwungenen Unterböden der Wing-Cars verboten – jetzt muss der Boden absolut flach sein.*

WM-Träume auf

Der Große Preis von Holland ist vorbei und im Mobilhome sitzt ein Häufchen Elend namens Alain Prost: „Ich habe es nicht mit Absicht gemacht. Ich kam auf Sand, die Räder haben blockiert, ich konnte nichts mehr machen. Dabei war es kein Risiko, ich war so viel schneller als Nelson, es wäre ganz leicht gegangen – ohne den Sand." Trotz seines Vorsprungs in der WM hat sich Alain Prost von Piquets Pole also verunsichern lassen. Die WM scheint zu kippen – vom nervösen, introvertierten Dauerdenker Prost hin zum vor Selbstbewusstsein strotzenden Nelson Piquet, der stets nur Blödsinn oder Mädels im Kopf hat.

Prompt lässt sich Prost zu einem schwachsinnigen Manöver hinreißen. Im Gedränge der Überrundungen ist Prost auf Piquet aufgelaufen und merkt schnell, dass Nelson Probleme mit den Reifen hat, „vor allem in der Tarzan-Kurve." Genau dort schert Alain aus Piquets Windschatten, wählt die Innenbahn und schießt seinen Konkurrenten im Kampf um den Titel von der Bahn.

Piquet lacht sich innerlich schlapp darüber, dass ihn der überlegene Prost

motoren. Nach dem McLaren-Triumph gewinnt in Detroit der Tyrrell-Ford-Pilot Michele Alboreto. In Monaco kann Williams-Ford-Fahrer Keke Rosberg hoch pokern. Trotz nasser Strecke setzt er beim Start auf abtrocknende Straßenverhältnisse. Er lässt Slicks aufziehen und gewinnt tatsächlich. Doch nach diesen drei Erfolgen ist Schluss mit lustig bei den Saugern – alle übrigen Rennen gehen an die Turbos.

Im französischen Le Castellet kann Alain Prost seinen ersten Sieg der Saison feiern. In Imola sieht dann Brabham-Pilot Riccardo Patrese bereits wie der sichere Sieger aus. Sechs Runden vor Schluss leistet sich der Italiener jedoch einen winzig kleinen Ausrutscher: „Ich hätte das Rennen locker gewinnen können. Dieser Ausrutscher ist der schlimmste Fehler meines Lebens." Gnadenlos

Den kuriosesten Zieleinlauf des Jahres erlebt die F1 in Long Beach. Beim Start fahren die beiden McLaren mit John Watson (Nr. 7) und Niki Lauda (Nr. 8) am Ende des Feldes. 75 Runden später belegen sie die Plätze eins und zwei.

reagieren die Tifosi, die den Ausfall des in Führung liegenden Italieners frenetisch bejubeln, obwohl dadurch ein Franzose, Patrick Tambay, das Rennen gewinnt. Der allerdings fährt für Ferrari...

Als nächster Turbo-Sieger ist dann wieder Alain Prost an der Reihe. Nach seinem Sieg in Belgien setzt der Renault-Pilot auf den WM-Titel: „Im letzten Jahr bin ich in neun Rennen hintereinander ausgefallen. Jetzt bin ich in sechs Rennen sechsmal angekommen und habe zweimal gewonnen. Soll ich da nicht an den Titel denken?" Soll er, zumal seine Zuverlässigkeit noch viel deutlichere Züge annimmt. In den ersten elf Rennen kommt der Franzose elf Mal ins Ziel. Mit einem weiteren Sieg in Österreich kann er sich einen Vorsprung von 14 Punkten herausfahren. Was ja eigentlich reichen müsste. Vor allem, wenn man sich dagegen die Pechsträhne von Nelson Piquet ansieht.

Nach dessen Heimsieg sind die Zeichen überwiegend auf Frust gestellt: Eine defekte Drosselklappe in Long Beach, ein verpatzter Start in Imola, ein Platt-

Sand gebaut – Wie Alain Prost die WM 1983 verschenkte

mit diesem dummen Überholmanöver von der Stecke räumt. Denn drei Kilometer später bleibt auch Prost mit blockiertem rechten Voderrad liegen. Hätte Prost vor Piquet gewonnen, hätte der Franzose seinen WM-Vorsprung um drei weitere Punkte ausgebaut – die WM wäre so gut wie entschieden. Da ist Piquet der Rempler schon lieber. Optimistisch verkündet er seinem Team: „Die nächsten Rennen gewinne ich." Das gelingt ihm tatsächlich in Monza und Brands Hatch, während Prost nur noch einmal punktet.
Zandvoort ist für Prost der Anfang vom Ende der sicher geglaubten Weltmeisterschaft. Die Spannungen im Renault-Team wachsen von Rennen zu Rennen. Zwei Tage nach dem letzten Lauf trennt sich Prost von Renault. Sein Sponsor Marlboro hat ihm längst ein Cockpit bei McLaren beschafft. Dort hat er einen ebenbürtigen Teamkollegen: Niki Lauda.

Durch ein dummes Manöver gegen Piquet verbuddelt Alain Prost seine WM-Chancen im Dünensand von Zandvoort.

1983

Siegerpodeste

1 13.3.1983 GP Brasilien – Rio de Janeiro
Pole: Keke Rosberg

1. Nelson Piquet	Brabham-BMW	1:48.27,731
2. Niki Lauda	McLaren-Ford	- 51,883
3. Jacques Laffite	Williams-Ford	- 1.13,951

2 27.3.1983 GP USA West – Long Beach
Pole: Patrick Tambay

1. John Watson	McLaren-Ford	1:53.34,889
2. Niki Lauda	McLaren-Ford	- 27,993
3. René Arnoux	Ferrari	- 1.13,638

3 17.4.1983 GP Frankreich – Le Castellet
Pole: Alain Prost

1. Alain Prost	Renault	1:34.13,913
2. Nelson Piquet	Brabham-BMW	- 29,720
3. Eddie Cheever	Renault	- 40,232

4 1.5.1983 GP San Marino – Imola
Pole: René Arnoux

1. Patrick Tambay	Ferrari	1:37.52,460
2. Alain Prost	Renault	- 48,781
3. René Arnoux	Ferrari	- 1 Runde

5 15.5.1983 GP Monaco – Monte Carlo
Pole: Alain Prost

1. Keke Rosberg	Williams-Ford	1:56.38,121
2. Nelson Piquet	Brabham-BMW	- 18,475
3. Alain Prost	Renault	- 31,366

6 22.5.1983 GP Belgien – Spa-Francorchamps
Pole: Alain Prost

1. Alain Prost	Renault	1:27.11,502
2. Patrick Tambay	Ferrari	- 23,182
3. Eddie Cheever	Renault	- 39,869

7 5.6.1983 GP USA Ost – Detroit
Pole: René Arnoux

1. Michele Alboreto	Tyrrell-Ford	1:50.53,669
2. Keke Rosberg	Williams-Ford	- 7,702
3. John Watson	McLaren-Ford	- 9,283

8 12.6.1983 GP Kanada – Montréal
Pole: René Arnoux

1. René Arnoux	Ferrari	1:48.31,838
2. Eddie Cheever	Renault	- 42,029
3. Patrick Tambay	Ferrari	- 52,610

9 16.7.1983 GP England – Silverstone
Pole: René Arnoux

1. Alain Prost	Renault	1:24.39,780
2. Nelson Piquet	Brabham-BMW	- 19,161
3. Patrick Tambay	Ferrari	- 26,246

10 7.8.1983 GP Deutschland – Hockenheim
Pole: Patrick Tambay

1. René Arnoux	Ferrari	1:27.10,319
2. Andrea de Cesaris	Alfa Romeo	- 1.10,652
3. Riccardo Patrese	Brabham-BMW	- 1.44,093

11 14.8.1983 GP Österreich – Österreichring
Pole: Patrick Tambay

1. Alain Prost	Renault	1:24.32,745
2. René Arnoux	Ferrari	- 6,835
3. Nelson Piquet	Brabham-BMW	- 27,659

12 28.8.1983 GP Niederlande – Zandvoort
Pole: Nelson Piquet

1. René Arnoux	Ferrari	1:38.41,950
2. Patrick Tambay	Ferrari	- 20,839
3. John Watson	McLaren-Ford	- 43,741

13 11.9.1983 GP Italien – Monza
Pole: Riccardo Patrese

1. Nelson Piquet	Brabham-BMW	1:23.10,880
2. René Arnoux	Ferrari	- 10,212
3. Eddie Cheever	Renault	- 18,612

14 25.9.1983 GP Europa – Brands Hatch
Pole: Elio de Angelis

1. Nelson Piquet	Brabham-BMW	1:36.45,865
2. Alain Prost	Renault	- 6,571
3. Nigel Mansell	Lotus-Ford	- 30,315

15 15.10.1983 GP Südafrika – Kyalami
Pole: Patrick Tambay

1. Riccardo Patrese	Brabham-BMW	1:33.25,708
2. Andrea de Cesaris	Alfa Romeo	- 09,364
3. Nelson Piquet	Brabham-BMW	- 21,969

Alle Ergebnisse im Detail auf Seite 383

fuß in Detroit, ein gerissener Gaszug in Montreal, ein geplatzter Benzinfilter in Hockenheim – da ist ein gutes Nervenkostüm gefragt.

Und noch etwas spricht für Prosts Titelambitionen. Bei Ferrari kommt René Arnoux immer besser in Schwung, was natürlich den WM-Chancen von Teamkollege Tambay nicht unbedingt gut tut. In seinem achten Rennen für Ferrari, dem Großen Preis von Kanada, schafft es René Arnoux endlich zu gewinnen. Und mit seinem Sieg beim Großen Preis von Deutschland auf dem Hockenheimring definiert er die aktuelle Hackordnung neu: „Bis heute gab es drei Favoriten für die Weltmeisterschaft: Prost, Piquet und Tambay. Aber ab jetzt sind es vier."

Renaults Speerspitze Prost kann in Zeltweg noch strahlen: „Es war das tollste Rennen, das ich je gefahren bin. Schon nach der ersten Runde wusste ich, dass ich heute gewinnen würde." Aber in Zandvoort kommt ein Desaster auf ihn zu (siehe Seite 238).

Und es kommt noch schlimmer: Monza und Brands Hatch sind Piquets Beute. Eine vermeintlich längst entschiedene WM muss nun im letzten Rennen ausgekegelt werden. Genau das, was Prost braucht – mittlerweile sind die Finger bis zum Knöchel runtergenagt. Piquet liegt mit nur noch zwei Punkten hinter Prost und selbst Arnoux könnte trotz seiner acht Punkte Rückstand noch Weltmeister werden.

Doch bevor Prost in Kyalami einen weiteren nervlich bedingten Fehler machen kann, streikt der Turbolader. Jetzt kann ihn nur noch ein Ausfall Piquets zum Meister machen. Darauf will der Franzose aber nicht hoffen: „Nelson hat den Titel verdient, er soll ihn auch holen. Ich könnte mich nicht mehr darüber freuen." Das sieht man bei Renault jedoch etwas anders: Die Franzosen haben schwer daran zu knabbern, dass nicht sie, sondern Konkurrent BMW mit Nelson Piquet den ersten Turbo-Weltmeister der Formel-1-Geschichte stellt.

Brabhams neue Taktik: Man fährt mit halbvollem Tank einen dicken Vorsprung raus und tankt zwischendurch. Die Konkurrenz lernt – zum Saisonende legen fast alle Tankstopps ein.

Kurz-**Meldungen**

● Der **Große Preis von Brasilien** wird in 26 Länder übertragen, 50 Prozent mehr als im Vorjahr. Folgerichtig wird Bernie Ecclestone wegen seiner Verdienste um das brasilianische Fernsehen zum Ehrenbürger von Rio ernannt.

● Um **Gewichtsmogeleien** vorzubeugen, werden in Brasilien alle Fahrer in kompletter Rennbekleidung gewogen. Die Leichtgewichte: Laffite (61,6 Kilo), Prost (65,4), Guerrero (66,6) Piquet (67,0). Die schwersten sind Cheever (80,8), Tambay (80,4), Mansell (80,8) und Jarier (77,8). Arrows-Pilot und Bierliebhaber Alan Jones wiegt bei seinem Comeback 93,6 Kilo…

● Ausgerechnet in der Ford-Stadt **Detroit** fahren mit Alboreto, Rosberg und Watson drei Ford befeuerte Fahrer auf die Podest-Ränge. Alboretos Erfolg ist gleichzeitig der letzte Sieg in der Teamgeschichte von Tyrrell.

● Unüblicher Ausfallgrund für Lotus-Fahrer **Elio de Angelis** in Long Beach: Nach zwei Komplett-Reifenwechseln gehen dem Lotus-Team die Reifen aus. Statt eines dringend benötigten dritten Satzes gibt es für de Angelis nur freundliche Worte der Entschuldigung.

● Zum erstenmal seit 1970 wird der **Große Preis von Belgien** wieder in Spa ausgetragen. Die Rennfahrer sind über den von 14 Kilometer auf die Hälfte verkürzten Kurs begeistert. John Watson: „Ein Kulturschock für alle, die nur noch Retortenkurse gewohnt sind." Marc Surer: „Perfekt wie ein kleiner Nürburgring." Keke Rosberg: „Die beste aller Strecken."

● Einen Unfall mit Körperverletzung gibt es beim Großen Preis von Kanada in der Auslaufrunde. **Keke Rosberg** nimmt den in der 20. Runde wegen Motorschadens liegengebliebenen Bruno Giacomelli huckepack mit zu Start und Ziel. Giacomelli später im Krankenhaus, wo eine Schnittwunde behandelt werden muss: „Keke muss völlig vergessen haben, dass ich auf seinem Wagen saß. Er rauschte mit Tempo 70 durch die Schikane – und ich

Als Alain Prost den ersehnten Titel verfehlt, kann ihn auch Renaults Teamchef Gérard Larrousse nicht halten. Entnervt wechselt der kleine Franzose nach der Saison zu McLaren.

Ferrari – wie Renault seit 1981 mit Turbos am Start – holt mit Patrick Tambay und René Arnoux vier Siege und den Konstrukteurstitel – den letzten bis 1999.

überschlug mich zweimal bevor ich gegen eine Mauer flog." Keke ist das alles sehr peinlich. „Erst 400 Meter später habe ich gemerkt, dass Bruno nicht mehr da war – tut mir leid..."

● Wegen seines ständigen Pechs mit den BMW-Triebwerken erhält Brabham-Fahrer **Riccardo Patrese** von BMW-Rennleiter Dieter Stappert eine kleine Aufmerksamkeit. Der leidenschaftliche Sammler von Miniatur-Eisenbahnen darf sich über sieben historische Märklin-Modelle freuen.

● Konstrukteur **Gustav Brunner** entwirft für den ATS-BMW das erste Chassis, das ohne Nähte aus Karbonfaser „gebacken" wird. Eine Schweizer Firma fertigt die zukunftweisende Konstruktion.

● **Ferrari** gewinnt den Konstrukteurstitel – und hatte bis zum letzten Rennen sogar eine theoretische Chance auf die Fahrer-WM: René Arnoux, der das Cockpit von Gilles Villeneuve übernommen hat, fährt die beste Saison seiner Karriere. Ein Sieg im letzten Rennen hätte ihm den Titel bringen können. Aber der Motor streikt.

Knapp verfehlt: Ferrari-Star René Arnoux kämpft bis zum letzten Rennen um den Titel mit.

Endstand Fahrer-WM

1.	**Nelson Piquet** Brabham-BMW	59
2.	**Alain Prost** Renault	57
3.	**René Arnoux** Ferrari	49
4.	**Patrick Tambay** Ferrari	40
5.	**Keke Rosberg** Williams-Ford	27
6.	**John Watson** McLaren-Ford	22
	Eddie Cheever Renault	22
8.	**Andrea de Cesaris** Alfa Romeo	15
9.	**Riccardo Patrese** Brabham-BMW	13
10.	**Niki Lauda** McLaren-Ford	12
11.	**Jacques Laffite** Williams-Ford	11
12.	**Michele Alboreto** Tyrrell-Ford	10
	Nigel Mansell Lotus-Ford	10
14.	**Derek Warwick** Toleman-Hart	9
15.	**Marc Surer** Arrows-Ford	4
16.	**Mauro Baldi** Alfa Romeo	3
17.	**Danny Sullivan** Tyrrell-Ford	2
	Elio de Angelis Lotus-Ford	2
19.	**Johnny Cecotto** Theodore-Ford	1
	Bruno Giacomelli Toleman-Hart	1

Gewertet wurden die besten elf Resultate.

Konstrukteure

1.	Ferrari Turbo	89
2.	Renault Turbo	79
3.	Brabham-BMW Turbo	72
4.	Williams-Ford	36
5.	McLaren-Ford	34
6.	Alfa Romeo Turbo	18
7.	Tyrrell-Ford	12
8.	Lotus-Renault Turbo	11
9.	Toleman-Hart Turbo	10
10.	Arrows-Ford	4
11.	Williams-Honda Turbo	2
12.	Theodore-Ford	1
	Lotus-Ford	1

Neue Regeln

Ab 1983 sind die Schürzen und Dichtungsleisten verboten. Die Frontpartie wird verlängert: Künftig sind 50 cm „verformbare Struktur" vor den Pedalen vorgeschrieben. Das Mindestgewicht wird von 580 auf 540 kg reduziert – mit Kontrollen muss im Training jederzeit gerechnet werden.

1984

Mächtige McLaren und trockene Tanks

Die Tankstopps werden verboten – das Hantieren mit den hochexplosiven Treibstoffen erscheint der FISA zu gefährlich. Gleichzeitig wird die Spritmenge pro Fahrzeug auf 220 Liter limitiert. Weil die neuen Turbos wie die Löcher saufen, stehen die Techniker vor ziemlichen Problemen. Die Motorelektronik wird immer wichtiger. Am besten kann sich McLaren auf die neuen Gegebenheiten einstellen. Mit Niki Lauda und Alain Prost hat das Team zudem die Spitzenfahrer des Feldes unter Vertrag. Noch ahnen die wenigsten, dass der vielleicht beste Formel-1-Pilot des Jahrhunderts die Bühne betreten hat: Ayrton Senna fährt seine erste Saison bei Toleman.

Ganz egal, wie die Saison ausgeht, aber der Verlierer steht jetzt schon fest: John Watson. Der WM-Sechste von 1983 zickt ein wenig herum, weil McLaren-Chef Ron Dennis ihm nicht das richtige Angebot macht. Teampartner Niki Lauda, der seine Ruhe haben möchte und schon deswegen den Iren gerne an seiner Seite wissen will, soll Watson sogar angeboten haben, den umstrittenen Betrag aus eigener Tasche zu zahlen. Vergeblich.

Watson spekuliert auf die Tatsache, dass alle Spitzenpiloten unter Vertrag sind: Nigel Mansell und Elio de Angelis bei Lotus, Keke Rosberg und Jacques Laffite fahren für Williams. Bei Ferrari hat sich an der Seite von René Arnoux der schnelle Michele Alboreto niedergelassen. Und bei Brabham fährt neben den beiden

Fabi-Brüdern Teo und Corrado weiterhin Weltmeister Nelson Piquet. Ebenso komplett ist Renault mit Alain Prost und dem von Ferrari gefeuerten Patrick Tambay. Riccardo Patrese und Eddie Cheever haben sich zu Alfa, das jetzt auch Euroracing genannt wird, abgesetzt.

Dann platzt die Bombe. Renault und Prost trennen sich, der Franzose steht plötzlich ohne Drive da. Ron Dennis greift dankend zu, er gewinnt ein wahres Juwel. Watson sitzt unverhofft neben allen Stühlen und Lauda trifft es ebenfalls hart: den ultraschnellen Prost im favorisierten Auto und dann noch als Teamkollegen im Kampf um den Titel – schlimmer kann es nicht kommen. Der Österreicher wollte eigentlich nach zwei Jahren Anlauf in aller Ruhe mit einem technisch überlegenen Konzept den Titel einfahren.

Die letzten Rennen der vergangenen Saison hatten bereits aufgezeigt, dass die Kombination McLaren/Porsche diejenige ist, die es zu schlagen gilt. Zumal Porsche dank des ausgeklügelten elektronischen Motorenmanagements von Bosch am besten mit dem vom Reglement vorgeschriebenen Spritlimit von 220 Litern auskommt. Und Konstrukteur John Barnard hat mit seinem Flaschenhals-Heck das Design-Konzept schlechthin vorgegeben.

Ganz in diesem Sinne beginnt auch die Saison: Prost gewinnt in Rio, Kollege Lauda vor Prost in Kyalami, wo dem Österreicher nach dem Rennen nur ein Satz einfällt: „Von Anfang bis Ende war alles perfekt." Das Paket McLaren/Porsche/Michelin ist tatsächlich eine Klasse für sich. McLaren-Teammanager Joe Ramirez strahlt: „Ein Doppelsieg im sechsten Rennen, das hat noch nicht einmal BMW geschafft."

Alboretos Sieg auf Ferrari im belgischen Zolder – der Italiener fährt nach seiner Tyrrell-Lehrzeit nun dort, wo ein schneller Italiener zu fahren hat – hat eher die ▶

◀ *McLaren mit Niki Lauda (8) und Alain Prost – das ist die Kombination, die kaum zu schlagen ist. Souverän gewinnt das Team die Konstrukteurs-WM. Zwischen den Fahrern ist die Entscheidung dagegen hauchdünn.*

Die **Teams**

Ferrari Turbo	
Michele Alboreto	I
René Arnoux	F
Renault Turbo	
Patrick Tambay	F
Derek Warwick	GB
Philippe Streiff	F
Brabham-BMW Turbo	
Nelson Piquet	BR
Teo Fabi	I
Corrado Fabi	I
Manfred Winkelhock	D
Williams-Honda Turbo	
Keke Rosberg	FIN
Jacques Laffite	F
McLaren-TAG-Porsche Turbo	
Niki Lauda	A
Alain Prost	F
Alfa Romeo Turbo	
Riccardo Patrese	I
Eddie Cheever	USA
Tyrrell-Ford	
Stefan Bellof	D
Martin Brundle	GB
Stefan Johansson	S
Lotus-Renault Turbo	
Elio de Angelis	I
Nigel Mansell	GB
Toleman-Hart Turbo	
Ayrton Senna	BR
Johnny Cecotto	V
Stefan Johansson	S
Arrows-Ford	
Thierry Boutsen	B
Marc Surer	CH
ATS-BMW Turbo	
Manfred Winkelhock	D
Gerhard Berger	A
Ligier-Renault Turbo	
Andrea de Cesaris	I
François Hesnault	F
Osella-Alfa Romeo Turbo	
Piercarlo Ghinzani	I
Jo Gartner	A
RAM-Hart Turbo *	
Philippe Alliot	F
Jonathan Palmer	GB
Mike Thackwell	NZ
Spirit-Hart Turbo *	
Mauro Baldi	I
Huub Rothengatter	NL

* neue Teams

▲ *Mit Michele Alboreto fährt wieder ein Italiener für die Scuderia Ferrari. In Belgien kann „Albo" gewinnen.*

◀ *Brabham-Designer Gordon Murray (l.) und sein „Gegenspieler" bei McLaren, John Barnard, zählen zu den kreativsten Köpfen der Formel 1.*

1984

Gewohntes Bild 1984: Die McLaren-Stars Niki Lauda und Alain Prost wechseln sich mit den Siegen ab. In Hockenheim ist Prost vorne.

Funktion eines Sorbets in einem üppigen Menü: ein klein wenig Luftholen nach einem schweren Gang, bevor es gewichtig weitergeht. Es bleibt 1984 der einzige Erfolg der Roten. Die folgenden Rennen in Imola und Dijon sehen mit Prost und Lauda wieder zwei McLaren-Fahrer als Sieger. Fünf Rennen, vier McLaren-Siege – die Sache wird langsam unheimlich.

Unheimlich für die McLaren-Gegner, aber auch unheimlich für Lauda. Denn dem nutzt die Überlegenheit gar nichts. Wo Laudas Probleme liegen, wird nach seinem tollen Frankreich-Sieg in Monaco deutlich: Teamkollege Prost nimmt ihm im Qualifying satte 1,2 Sekunden ab. Lauda, wie immer schonungslos ehrlich: „Es gibt keine Entschuldigung, ich war einfach zu langsam."

Für den Österreicher kann es nur eine Logik geben: Da er den Franzosen im Abschlusstraining eh nicht bügeln kann, konzentriert er sich so früh wie möglich auf die Rennabstimmung. Beim Start steht er zwar ein paar Plätze hinter Prost, aber ein optimiertes, besonders dem Spritlimit Rechnung tragendes Renn-Set-Up kann so etwas schnell wieder gut machen. Hier zeigt sich die jahrelange Erfahrung des Taktikers.

Vor dieser Dramaturgie haben Keke Rosbergs Sieg in Dallas sowie Piquets Triumphe in Montreal und Detroit den gleichen Stellenwert wie der von Alboreto in Belgien: Es ist ganz nett, wenn mal ein anderer außer Prost und Lauda ein Rennen gewinnt.

Die Medien müssen sich da schon auf andere Ereignisse stürzen, um Spannung in die Angelegenheit zu bringen. Zum Beispiel mit der Frage, wann es Lauda gelingt, Stewarts Punkterekord von 360 Zählern zu überbieten. In England ist es soweit: Mit seinem Sieg übernimmt Lauda Rang eins der ewigen Bestenliste. Doch das lässt „Niki the rat" relativ gelassen: „Ich bin kein Statistiker."

Daher macht sich Lauda auch nichts aus einem weiteren Doppelsieg seiner Truppe in Deutschland. Zumal er dort – anders als beim ersten Doppel in Kyalami – nur Zweiter ist. Dritter wird – in Kyalami wie in Hockenheim – Renault-Fahrer Derek Warwick. Der frühere Toleman-Pilot kommt immer besser in Fahrt.

Nach Laudas Sieg auf heimischem Boden kann in Zandvoort – exakt ein Jahr nach der McLaren-Porsche-Premiere – ein erster großer Etappensieg gefeiert werden. Mit dem Doppeltriumph

Betrug in Monaco? **Prost** und zwei junge Wilde…

Wie ein Blitz schlägt der Brasilianer Ayrton Senna in die Formel 1 ein.

Was war es denn nun? Betrug, Schiebung oder einfach nur die kluge Tat eines Ringrichters, der weiß, wann das Handtuch zu werfen ist? Es geht um Monaco-Rennleiter Jacky Ickx, der in der 31. Runde vorzeitig das Rennen abbricht. Die Behauptung des Porsche-Werksfahrers, der bis 1979 116 Grand Prix gefahren ist: „Dazu haben mich allein die Wetterbedingungen veranlasst."

In der Tat, die sind unwirtlich. Mittlerer Regen beim Start, danach lässt es ein wenig nach, wird wieder kräftiger, flaut erneut ab, wird ein weiteres Mal kräftiger – bis Jacky Ickx zum roten Tuch greift und das Treiben beendet.

Womit er die Zuschauer um eine gigantische Schlacht betrügt. Denn der 24-jährige Ayrton Senna fährt in seinem Tolemann-Hart das Rennen seines Lebens. Der junge Brasilianer kämpft sich von Startplatz 13 innerhalb von 29 Runden auf Rang zwei vor – und reduziert dann innerhalb weiterer zwei Runden Prosts 33-Sekunden-Vorsprung auf elf Sekunden.

Dass der Brasilianer trotzdem nur einer von zwei Helden ist, liegt an der Leistung des Gießeners Stefan Bellof. Der Tyrrell-Pilot – als 20. und Letzter gestartet – schafft es in 24 Runden mit seinem Ford-Motor auf Rang vier. In einem der schönsten Überholmanöver der Formel-1-Geschichte greift er sich daraufhin den Ferrari-Star René Arnoux. Bellof ist jetzt Dritter und macht Boden auf Senna gut, der seinerseits Attacke Richtung Prost macht.

Es hätte ein Thriller werden können, stattdessen bricht Jacky Ickx ab: „Mir war klar, dass Ayrton Senna drei Runden später vor Prost geführt hätte. Aber die Entscheidung abzubrechen, wurde davon nicht beeinflusst."

Sicher ist, dass durch die Maßnahme eines Porsche-Werksfahrers ein Porsche-Fahrer zum Sieger gemacht wird. Und der freut sich nach Überfahren der Ziellinie: „In der nächsten Runde hätte ich Senna vorbeigelassen, und gegen Bellof hätte ich mich auch nicht gewehrt. Für mich geht es in erster Linie um Punkte – und die beiden können mir den Titel kaum streitig machen. Aber so ist es mir natürlich lieber."

Natürlich hätten die neuen Wilden Prosts WM-Pläne nicht gefährden können. Ayrton Senna da Silva beschert dem Toleman-Team, das vom Pullover-Fabrikanten Benetton gesponsert wird, mit drei Podestplätzen zwar die erfolgreichste Saison seiner vierjährigen Geschichte – aber der 24-jährige Brasilianer fährt erst sein fünftes F1-Rennen. Nicht anders Stefan Bellof. Der 26-jährige Deutsche hat beim ehemaligen Weltmeister-Team Tyrrell unterschrieben, das seiner glorreichen Vergangenheit mit Finten und Tricks hinterherläuft.

von Prost vor Lauda ist der Konstrukteurstitel der englisch-deutschen Kombination bereits drei Läufe vor Saisonschluss gesichert. Nach 54 Runden haben Prost und Lauda das komplette Feld überrundet – so viel zum Thema Überlegenheit.

Spannend bleibt aber, wer von den McLaren-Piloten den Kampf um den Fahrertitel macht. Das scheint nach dem Großen Preis von Italien so gut wie beantwortet: Lauda siegt vor zwei Italienern, dem Ferrrai-Star Alboreto und dem Alfa-Fahrer Patrese. Von Prost weit und breit keine Spur – der Franzose muss in Runde vier wegen einem der ganz seltenen Motordefekte aufgeben. Lauda hat nun10,5 Punkte Vorsprung und freut sich: „Ein gutes Rennen war's. Erst hab ich mal abgewartet, wie es sich entwickelt, und als dann der Prost ausgefallen ist, konnt' ich alles in Ruhe machen."

Doch wie gewonnen, so zerronnen. Der kleine Franzose kontert und gewinnt auf dem Nürburgring den Großen Preis von Europa. Diesmal kann sich der gar ▶

Das ist Amerika: In Dallas verteilt Schauspielerin Linda Gray alias Sue Ellen aus der Fernsehserie „Dallas" die Küsschen an Rosberg, Arnoux (Foto) und de Angelis. Auch die anderen Stars der Serie kommen zum Rennen.

Neuling Senna greift im Regenrennen von Monaco mit seinem Toleman-Hart den führenden Prost an – da erfolgt der Rennabbruch.

Der zweite Neuling, Stefan Bellof, sorgt wie Senna für Furore. Der Deutsche wird in Monaco Dritter – aber dem Tyrrell-Team werden später alle Punkte gestrichen.

1984

Siegerpodeste

1 25.3.1984 GP Brasilien – Rio de Janeiro
Pole: Elio de Angelis

1. Alain Prost	McLaren-Porsche	1:42.34,492
2. Keke Rosberg	Williams-Honda	- 40,514
3. Elio de Angelis	Lotus-Renault	- 59,128

2 7.4.1984 GP Südafrika – Kyalami
Pole: Nelson Piquet

1. Niki Lauda	McLaren-Porsche	1:29.23,430
2. Alain Prost	McLaren-Porsche	- 1.05,950
3. Derek Warwick	Renault	- 1 Runde

3 29.4.1984 GP Belgien – Zolder
Pole: Michele Alboreto

1. Michele Alboreto	Ferrari	1:36.32,048
2. Derek Warwick	Renault	- 42,386
3. René Arnoux	Ferrari	- 1.09,803

4 6.5.1984 GP San Marino – Imola
Pole: Nelson Piquet

1. Alain Prost	McLaren-Porsche	1:36.53,679
2. René Arnoux	Ferrari	- 13,416
3. Elio de Angelis	Lotus-Renault	- 1 Runde

5 20.5.1984 GP Frankreich – Dijon-Prenois
Pole: Patrick Tambay

1. Niki Lauda	McLaren-Porsche	1:31.11,951
2. Patrick Tambay	Renault	- 7,154
3. Nigel Mansell	Lotus-Renault	- 23,969

6 3.6.1984 GP Monaco – Monte Carlo
Pole: Alain Prost

1. Alain Prost	McLaren-Porsche	1:01.07,740
2. Ayrton Senna	Toleman-Hart	- 7,446
3. René Arnoux	Ferrari	- 29,077

7 17.6.1984 GP Kanada – Montréal
Pole: Nelson Piquet

1. Nelson Piquet	Brabham-BMW	1:46.23,748
2. Niki Lauda	McLaren-Porsche	- 2,612
3. Alain Prost	McLaren-Porsche	- 1.28,032

8 24.6.1984 GP USA Ost – Detroit
Pole: Nelson Piquet

1. Nelson Piquet	Brabham-BMW	1:55.41,842
2. Elio de Angelis	Lotus-Renault	- 32,638
3. Teo Fabi	Brabham-BMW	- 1.26,528

9 8.7.1984 GP USA – Dallas
Pole: Nigel Mansell

1. Keke Rosberg	Williams-Honda	2:01.22,617
2. René Arnoux	Ferrari	- 22,464
3. Elio de Angelis	Lotus-Renault	- 1 Runde

10 22.7.1984 GP England – Brands Hatch
Pole: Nelson Piquet

1. Niki Lauda	McLaren-Porsche	1:29.28,532
2. Derek Warwick	Renault	- 42,123
3. Ayrton Senna	Toleman-Hart	- 1.03,328

11 5.8.1984 GP Deutschland – Hockenheim
Pole: Alain Prost

1. Alain Prost	McLaren-Porsche	1:24.43,210
2. Niki Lauda	McLaren-Porsche	- 3,149
3. Derek Warwick	Renault	- 36,423

12 19.8.1984 GP Österreich – Österreichring
Pole: Nelson Piquet

1. Niki Lauda	McLaren-Porsche	1:21.12,851
2. Nelson Piquet	Brabham-BMW	- 23,525
3. Michele Alboreto	Ferrari	- 48,998

13 26.8.1984 GP Niederlande – Zandvoort
Pole: Alain Prost

1. Alain Prost	McLaren-Porsche	1:37.21,468
2. Niki Lauda	McLaren-Porsche	- 10,283
3. Nigel Mansell	Lotus-Renault	- 1.19,544

14 9.9.1984 GP Italien – Monza
Pole: Nelson Piquet

1. Niki Lauda	McLaren-Porsche	1:10.29,065
2. Michele Alboreto	Ferrari	- 24,249
3. Riccardo Patrese	Alfa Romeo	- 1 Runde

15 7.10.1984 GP Europa – Nürburgring
Pole: Nelson Piquet

1. Alain Prost	McLaren-Porsche	1:35.13,284
2. Michele Alboreto	Ferrari	- 23,911
3. Nelson Piquet	Brabham-BMW	- 24,922

16 21.10.1984 GP Portugal – Estoril
Pole: Nelson Piquet

1. Alain Prost	McLaren-Porsche	1:41.11,753
2. Niki Lauda	McLaren-Porsche	- 13,425
3. Ayrton Senna	Toleman-Hart	- 20,042

Alle Ergebnisse im Detail auf Seite 384

Tyrrell pfuscht und fliegt aus der WM

Not macht erfinderisch und nirgendwo sonst gilt das so sehr wie in der Formel 1. Die Regelmacher haben mal wieder was Neues im Programm: Maximal 220 Liter Sprit sind pro Rennen erlaubt, bei gleichzeitigem Verbot der gefährlichen Tankstopps. Ziel der Übung: Die Motorenkonstrukteure sollen einen Anreiz haben, möglichst verbrauchsoptimierte Hochleistungstriebwerke zu bauen.
Stattdessen werden Kühlschränke gekauft. Mit deren Hilfe kühlt man den Sprit runter. Eingedenk der Formel: Sprit um ein Grad abgekühlt hat eine um ein Prozent höhere Dichte. Oder, auf die Formel 1 formuliert: bei Minus 53° können rund 235 Liter auf das legale Volumen von 220 Litern „gequetscht" werden. Und eines ist sicher: 15 Liter haben oder nicht haben, können den Unterschied zwischen Siegen und hilflos Ausrollen machen. Bis zu fünf Runden kann ein Formel-1-Auto auf diese Weise zusätzlich absolvieren.
Noch erfinderischer ist da nur noch der letzte Ford-Cosworth-Mohikaner im Feld, das Tyrrell-Team. Tyrrell schickt die Autos seiner Fahrer Bellof und Brundle untergewichtig ins Rennen. Das fehlende Gewicht – so sieht es zumindest das FISA-Berufungsgericht – wird dann in Form von mit Bleikugeln versehenem Wasserballast erst kurz vor Rennende nachgefüllt. Da die FISA das überhaupt nicht lustig findet, wird das Tyrrell-Team von der weiteren WM-Teilnahme ausgeschlossen, und die von Stefan Bellof und Martin Brundle erkämpften 13 WM-Punkte werden kassiert.

nicht mehr so nervenschwache Prost freuen: „Auf Lauda habe ich gar nicht geachtet – ich habe nur an den möglichen Sieg und die neun WM-Punkte gedacht." Tatsächlich kann Lauda hinter Alboreto und Piquet nur Vierter werden – vom schönen Vorsprung bleiben nur 3,5 Zähler übrig.

Genug allerdings für ein Kalkül im reinsten Lauda-Stil: Diese 3,5 Punkte reichen, wenn Prost gewinnt und Lauda selbst Zweiter wird. Die Sache hat allerdings einen kleinen Haken: Lauda muss in Estoril von Startplatz elf ins Rennen gehen, Teamkollege Prost startet von der Pole...

Während Prost im Rennen vorne wegfährt, ringt Lauda in Schwerstarbeit Cheever, Tambay, Johansson, de Angelis, Alboreto, Rosberg und Senna nieder. Nur der drittplatzierte Mansell ist zu weit weg. Alles sieht nach dem Titelgewinn für den kleinen Franzosen aus, dann ist Nigel Mansell plötzlich draußen. Lauda nach dem Rennen: „Dass Mansell ausfällt, war natürlich Glück, aber Glück gehört halt mit zum Sport."

Auf dem Treppchen steht ein kreuzunglücklicher Alain Prost, der als Sieger alles richtig gemacht hat und trotzdem mit einem historisch knappen halben Punkt am Titel vorbeigefahren ist. Lauda ist zum drittenmal Weltmeister, und Alain Prost schießen die Tränen in die Augen.

Alain Prost ist ein gelehriger Schüler. 1984 profitiert er auch von der Routine des Teamkollegen. Niki Lauda gibt dem Franzosen viele Tipps.

Formel-1-Wagen 1984

(Alle Turbomotoren zwischen 1.492 und 1.449 ccm, Ford-Cosworth 2.991 ccm)

Auto	Motor	Zylinder	PS	U/min	Chassis *	Gewicht	Konstrukteur
Arrows A7	BMW	4 R Turbo	640	10.500	LKM	543 kg	Dave Wass
ATS D7	BMW	4 R Turbo	640	10.500	KM	548 kg	Gustav Brunner
Brabham BT 53	BMW	4 R Turbo	640	10.500	KM	545 kg	Gordon Murray
Ferrari 126 C4	Ferrari	V6 Turbo	660	11.000	KM	542 kg	Harvey Postlethwaite
Ligier JS 23	Renault	V6 Turbo	650	11.500	KM	580 kg	Michel Beaujon
Lotus 95 T	Renault	V6 Turbo	650	11.500	KM	540 kg	Gérard Ducarouge
McLaren MP 4/2	TAG Porsche	V6 Turbo	650	11.500	KM	540 kg	John Barnard
Osella FA1F	Alfa Romeo	V8 Turbo	620	11.000	KM	557 kg	Enzo Osella
Renault RE 30	Renault	V6 Turbo	650	11.500	KM	540 kg	Michel Têtu
Toleman TG 184	Hart	4 R Turbo	560	9.800	KM	540 kg	Rory Byrne
Tyrrell 012	Ford-Cosworth	V 8	510	10.800	LM	540 kg	Maurice Phillippe
Williams FW 09	Honda	V6 Turbo	650	11.000	LM	558 kg	Patrick Head

* LKM = Leichtmetall/Kohlefasermonocoque, KM = Kohlefasermonocoque, LMC = Leichtmetallmonocoque

Kurz-Meldungen

Noch ein Österreicher: Gerhard Berger feiert sein Debüt in Österreich bei ATS. Die Saison endet punktelos.

● **Brabham-BMW** mit drei Fahrern: Neben Stammfahrer Piquet wollen sich die Gebrüder Teo und Corrado Fabi die Saison über im Cockpit abwechseln.

● **Mauro Forghieri**, seit 1961 Rennleiter bei Ferrari, scheidet aus. Nachfolger wird – bis 1988 – Pierro Lardi-Ferrari, der adoptierte uneheliche Sohn des greisen Commendatore.

● **Erich Zakowski**, Chef eines Rennstalls am Nürburgring, kündigt für 1985 den Einstieg in die F1 an, mit eigenem Chassis und eigenem Motor.

● Unter Aasgeiern: Dafür, dass der im McLaren-Sold stehende Fitness-Pabst Willy Dungl den ATS-Fahrer **Manfred Winkelhock** in Monaco nach dessen Unfall wegen eines Muskelfaserrisses behandelt, schickt McLaren-Chef Ron Dennis eine Rechnug an ATS – über 4.000 Dollar.

● Beim **Großen Preis der USA** in Dallas stehen mit Nigel Mansell und Elio de Angelis zwei Lotus-Piloten in der ersten Startreihe – zum erstenmal seit dem legendären Lotus-Duo Andretti/Peterson 1978 in Zandvoort.

● Lotus-Pilot **Elio de Angelis** kann in Silverstone seine ganz persönlichen Top Ten feiern: In den ersten zehn Läufen der Saison ist er ins Ziel gekommen, neunmal sogar in den Punkten.

● Im Hitzerennen von Dallas (42 Grad im Schatten) kommt Tolemann-Fahrer **Ayrton Senna** auf einen ungewöhnlichen Trick: „Die Beingurte verursachten einen Wärmestau, ich habe sie während der Fahrt einfach aufgemacht."

● Das erste Training zum Großen Preis von England in Brands Hatch ist noch keine fünf Minuten alt, da gibt es die erste Schreckensmeldung: Toleman-Pilot **Johnny Cecotto** ist mit hohem Tempo in die Leitplanken geknallt. Brüche an beiden Fußknöcheln und der rechten Kniescheibe beenden nach 18 Grand-Prix-Läufen die Formel-1-Karriere des ehemaligen Motorrad-Weltmeisters.

● Als der neue private TV-Sender RTL den **Großen Preis von Deutschland** live übertragen will, stoppt das ZDF die Konkurrenz mit einer einstweiligen Verfügung. Allerdings: Übertragen will das ZDF das Rennen auch nicht. Die Mainzer setzen auf Springreiten.

● Beim **Großen Preis von Österreich** gibt es jede Menge Stoff für Statistiker: Es ist der 400. Grand Prix seit Einführung der Weltmeisterschaft 1950, Sieger Lauda steht zum 50. Mal auf dem Treppchen. Es ist der erste WM-Lauf seit Zandvoort 1967, der keinen Wagen mit einem Ford-Cosworth-Motor am Start sieht und gleichzeitig der erste WM-Lauf, bei dem nur Turbo-Autos am Start sind und Arrows kann seinen 100. GP feiern.

● Neben Niki Lauda und Osella-Fahrer Jo Gartner gesellt sich mit ATS-Pilot **Gerhard Berger** beim Großen Preis von Österreich ein dritter Österreicher an den Start. Mit Sieger Lauda, dem fünftplatzierten Jo Gartner und Berger als Sechstem kommen in Monza diese drei Österreicher sogar alle in die Punkte.

● Toleman tritt in Monza ohne **Ayrton Senna** an. Das englische Team ist darüber verschnupft, dass der Brasilianer für die nächste Saison bei Lotus unterschrieben hat und will erst die vertragliche Lage abchecken. Statt Senna greift Piercarlo Martini ins Steuer, kann sich aber nicht qualifizieren.

● ATS-Chef **Günter Schmid** wirft das Handtuch. Resultat des deutschen Rennstalls: neun Punkte in acht Jahren. Manfred Winkelhock unterschreibt bei Brabham, Gerhard Berger bei Arrows.

● Aufgegeben hat auch das **Theodore-Team**. Es hat von 1978 bis 1983 nur zwei Punkte eingefahren. Fahrer unter anderem: Keke Rosberg, Patrick Tambay, Marc Surer, Johnny Cecotto.

● Zum „neuen", also umgebauten Nürburgring fällt Williams-Fahrer **Keke Rosberg** als erstes auf: „In der tückischen Rechts-Links-Schikane nach Start und Ziel werden gleich in der Startrunde einige Wagen rausfliegen." Der Weltmeister von 1982 behält recht: Für Senna, Surer, Berger und Ghinzani ist der Große Preis von Europa nach wenigen Sekunden beendet. Für Keke Rosberg allerdings auch…

Massenkarambolage in der ersten Kurve. Das Castrol-S am neuen Nürburgring ist ein Nadelöhr.

Endstand Fahrer-WM

1.	**Niki Lauda** McLaren-TAG-Porsche Turbo	72
2.	**Alain Prost** McLaren-TAG-Porsche Turbo	71,5
3.	**Elio de Angelis** Lotus-Renault Turbo	34
4.	**Michele Alboreto** Ferrari Turbo	30,5
5.	**Nelson Piquet** Brabham-BMW Turbo	29
6.	**René Arnoux** Ferrari Turbo	27
7.	**Derek Warwick** Renault Turbo	23
8.	**Keke Rosberg** Williams-Honda Turbo	20,5
9.	**Nigel Mansell** Lotus-Renault Turbo	13
	Ayrton Senna Toleman-Hart Turbo	13
11.	**Patrick Tambay** Renault Turbo	11
12.	**Teo Fabi** Brabham-BMW Turbo	9
13.	**Riccardo Patrese** Alfa Romeo Turbo	8
14.	**Jacques Laffite** Williams-Honda Turbo	5
	Thierry Boutsen Arrows-BMW Turbo	5
16.	**Eddie Cheever** Alfa Romeo Turbo	3
	Stefan Johansson Toleman-Hart Turbo	3
	Andrea de Cesaris Ligier-Renault Turbo	3
19.	**Piercarlo Ghinzani** Osella-Alfa Turbo	2
20.	**Marc Surer** Arrows-BMW Turbo	1

Gewertet wurden die besten elf Resultate.

Konstrukteure

1.	**McLaren-TAG-Porsche T.**	**143,5**
2.	**Ferrari Turbo**	**57,5**
3.	**Lotus-Renault Turbo**	**47**
4.	**Brabham-BMW Turbo**	**38**
5.	**Renault Turbo**	**34**
6.	**Williams-Honda Turbo**	**25,5**
7.	**Toleman-Hart Turbo**	**16**
8.	**Alfa Romeo Turbo**	**11**
9.	**Arrows-BMW Turbo**	**3**
	Ligier-Renault Turbo	**3**
	Arrows-Ford	**3**
12.	**Osella-Alfa Turbo**	**2**

Lotus-Fahrer Elio de Angelis hat als Dritter in der WM nicht mal halb soviel Punkte wie Weltmeister und Vize auf den überlegenen McLaren.

1985

Alain Prost endlich am Ziel

McLaren ist auch 1985 das Team, das es zu schlagen gilt. Die Dominanz ist jedoch nicht so krass, denn Niki Lauda hat eine Pechsträhne sondergleichen. Ayrton Senna etabliert sich als Regenkönig und Alain Prost wird nach zwei Vizetiteln endlich Weltmeister.

Rückblick Estoril 1984: Alain Prost steht als Sieger weinend auf dem Treppchen, und der frisch gebackene Weltmeister Niki Lauda tröstet ihn: „Vergiss es so schnell wie möglich. Das war mein Jahr, nächstes Jahr wird deines. Da werde ich dir helfen, den Titel zu gewinnen."

Das Auftaktrennen in Brasilien erweckt nun nicht den Eindruck, als wäre der kleine Franzose unbedingt auf die Hilfe des Österreichers angewiesen. Ruhig, abgeklärt, mit sehr viel Übersicht gewinnt Prost auch ohne die Unterstützung seines Teamkollegen.

Das ist also Erkenntnis Nummer eins aus dem ersten Rennen: Prost ist stärker denn je. Zweitens: Das Williams-Honda-Team, das erstmals mit einem Kohlefaser-Chassis antritt, ist technisch bärenstark und hat sich neben Keke Rosberg mit dem Kernbeißer Nigel Mansell aufgepeppt. Bloß zuverlässig müssen sie noch werden, was eine gewisse Zeit dauert. 46 der insgesamt 71 WM-Punkte holt das Williams-Team in den letzten vier Läufen der Saison, Mansell und Rosberg gewinnen überlegen die letzten drei Rennen in Folge.

Einen völlig umgekehrten Saisonverlauf erfährt Ferrari. Seit Portugal kämpft an Michele Alboretos Seite nicht mehr der von Ferrari gefeuerte René Arnoux, sondern der Schwede Stefan Johansson. Beide haben eine starke erste Saisonhälfte. Albo führt sogar die WM an – doch je länger die Saison dauert, desto stärker lässt die Ferrari-Performance nach. Das Chassis erweist sich als problematisch. Um das zu kompensieren, dreht man auf der Motorenseite an der Leistungsschraube, was wiederum der Zuverlässigkeit der Sechszylinder-Turbos nicht bekommt. Alboreto kann in den letzten fünf Rennen

Alain Prost gegen Michele Alboreto – McLaren gegen Ferrari: So lautet das Duell nicht nur in Estoril. Während der Franzose mit konstanten Leistungen Richtung WM-Titel marschiert, müssen Ferrari und Alboreto Rückschläge verkraften. Das unzuverlässige Auto verhindert letztlich den Titelgewinn.

nicht einen Punkt machen – so kann man nicht Weltmeister werden.

Noch ein starker Bewerber ist das Lotus-Team, wo sich zu dem talentierten wie beständigen Elio de Angelis der Mann der Zukunft, Ayrton Senna, gesellt. Und es ist prompt der Brasilianer, der die erste große Sensation der Saison rausfahren kann: Senna gewinnt im 16. Lauf seiner Formel-1-Karriere in Portugal das chaotische Regenrennen mit einem brillanten Start-Ziel-Sieg: „Die Bedingungen waren fürchterlich – schlimmer als letztes Jahr in Monaco. ▶

In einer wahren Regenschlacht triumphiert Ayrton Senna. Der junge Brasilianer gewinnt in Portugal seinen ersten Grand Prix und unterstreicht sein unglaubliches Talent. Auch in Belgien siegt Senna im strömenden Regen. Ayrton Senna beschert dem traditionsreichen Lotus-Team eine letzte Blütezeit.

Die **Teams**

McLaren-TAG-Porsche Turbo	
Niki Lauda	A
Alain Prost	F
John Watson	GB
Ferrari Turbo	
Michele Alboreto	I
René Arnoux	F
Stefan Johansson	S
Lotus-Renault Turbo	
Elio de Angelis	I
Ayrton Senna	BR
Brabham-BMW Turbo	
Nelson Piquet	BR
François Hesnault	F
Marc Surer	CH
Renault Turbo	
Patrick Tambay	F
Derek Warwick	GB
François Hesnault	F
Williams-Honda Turbo	
Nigel Mansell	GB
Keke Rosberg	FIN
Toleman-Hart Turbo	
Teo Fabi	I
Piercarlo Ghinzani	I
Alfa Romeo Turbo	
Riccardo Patrese	I
Eddie Cheever	USA
Arrows-BMW Turbo	
Gerhard Berger	A
Thierry Boutsen	B
Osella-Alfa Turbo	
Piercarlo Ghinzani	I
Huub Rothengatter	NL
Ligier-Renault Turbo	
Andrea de Cesaris	I
Jacques Laffite	F
Philippe Streiff	F
Tyrrell-Ford/Renault Turbo	
Martin Brundle	GB
Stefan Bellof	D
Stefan Johansson	S
Ivan Capelli	I
Philippe Streiff	F
RAM-Hart Turbo	
Philippe Alliot	F
Manfred Winkelhock	D
Kenny Acheson	GB
Spirit-Hart Turbo	
Mauro Baldi	I
Zakspeed Turbo *	
Jonathan Palmer	GB
Christian Danner	D
Lola-Hart Turbo	
Alan Jones	AUS
Minardi-Motori Moderni Turbo *	
Pierluigi Martini	I

* neue Teams

1985

Siegerpodeste

1 7.4.1985 GP Brasilien – Rio de Janeiro
Pole: Michele Alboreto

1. Alain Prost	McLaren-Porsche	1:41.26,115
2. Michele Alboreto	Ferrari	- 3.259
3. Elio de Angelis	Lotus-Renault	- 1 Runde

2 21.4.1985 GP Portugal – Estoril
Pole: Ayrton Senna

1. Ayrton Senna	Lotus-Renault	2:00.28,006
2. Michele Alboreto	Ferrari	- 1.02,978
3. Patrick Tambay	Renault	- 1 Runde

3 5.5.1985 GP San Marino – Imola
Pole: Ayrton Senna

1. Elio de Angelis	Lotus-Renault	1:34.35,955
2. Thierry Boutsen	Arrows-BMW	- 1 Runde
3. Patrick Tambay	Renault	- 1 Runde

4 19.5.1985 GP Monaco – Monte Carlo
Pole: Ayrton Senna

1. Alain Prost	McLaren-Porsche	1:51.58,034
2. Michele Alboreto	Ferrari	- 7.541
3. Elio de Angelis	Lotus-Renault	- 1.27.171

5 16.6.1985 GP Kanada – Montreal
Pole: Elio de Angelis

1. Michele Alboreto	Ferrari	1:46.01,813
2. Stefan Johansson	Ferrari	- 1,957
3. Alain Prost	McLaren-Porsche	- 4,341

6 23.6.1985 GP USA Ost – Detroit
Pole: Ayrton Senna

1. Keke Rosberg	Williams-Honda	1:55.39,851
2. Stefan Johansson	Ferrari	- 57,549
3. Michele Alboreto	Ferrari	- 1.03,170

7 7.7.1985 GP Frankreich – Le Castellet
Pole: Keke Rosberg

1. Nelson Piquet	Brabham-BMW	1:31.46,266
2. Keke Rosberg	Williams-Honda	- 6,660
3. Alain Prost	McLaren-Porsche	- 9,285

8 21.7.1985 GP England – Silverstone
Pole: Keke Rosberg

1. Alain Prost	McLaren-Porsche	1:18.10,436
2. Michele Alboreto	Ferrari	- 1 Runde
3. Jacques Laffite	Ligier-Renault	- 1 Runde

9 4.8.1985 GP Deutschland – Nürburgring
Pole: Teo Fabi

1. Michele Alboreto	Ferrari	1:35.31,337
2. Alain Prost	McLaren-Porsche	- 11,661
3. Jacques Laffite	Ligier-Renault	- 51,154

10 18.8.1985 GP Österreich – Österreichring
Pole: Alain Prost

1. Alain Prost	McLaren-Porsche	1:20.12,583
2. Ayrton Senna	Lotus-Renault	- 30,002
3. Michele Alboreto	Ferrari	- 34,35

11 25.8.1985 GP Niederlande – Zandvoort
Pole: Nelson Piquet

1. Niki Lauda	McLaren-Porsche	1:32.29,263
2. Alain Prost	McLaren-Porsche	- 0,232
3. Ayrton Senna	Lotus-Renault	- 48,491

12 8.9.1985 GP Italien – Monza
Pole: Ayrton Senna

1. Alain Prost	McLaren-Porsche	1:17.59,451
2. Nelson Piquet	Brabham-BMW	- 51,635
3. Ayrton Senna	Lotus-Renault	- 1.00,390

13 15.9.1985 GP Belgien – Spa-Francorchamps
Pole: Alain Prost

1. Ayrton Senna	Lotus-Renault	1:34.19,893
2. Nigel Mansell	Williams-Honda	- 28,422
3. Alain Prost	McLaren-Porsche	- 55,109

14 6.10.1985 GP Europa – Brands Hatch
Pole: Ayrton Senna

1. Nigel Mansell	Williams-Honda	1:32.58,109
2. Ayrton Senna	Lotus-Renault	- 21,396
3. Keke Rosberg	Williams-Honda	- 58,533

15 19.10.1985 GP Südafrika – Kyalami
Pole: Nigel Mansell

1. Nigel Mansell	Williams-Honda	1:28.22,866
2. Keke Rosberg	Williams-Honda	- 7,572
3. Alain Prost	McLaren-Porsche	- 1.51,794

16 3.11.1985 GP Australien – Adelaide
Pole: Ayrton Senna

1. Keke Rosberg	Williams-Honda	2:00.40,473
2. Jacques Laffite	Ligier-Renault	- 46,130
3. Philippe Streiff	Ligier-Renault	- 1.28,536

Alle Ergebnisse im Detail auf Seite 385

Alain Prost: Der Professor ist endlich Weltmeister

Sechs Jahre lang ist Alain Prost dem Titel hinterhergefahren, zweimal – 1983 und 84 – mit der Angst im Nacken, dass es doch nicht mehr klappen würde. Beide Male ist er erst im Finalrennen geschlagen worden.
Der Fußballfan und Golfspieler (Handicap 18) geht mit Akribie und kühler Intelligenz an die Arbeit. Seine Eigenart, alles am Auto und im Renngeschehen zu durchleuchten und zu hinterfragen, bringt ihm den Beinamen „Professor" ein. Auch Niki Lauda verdankt er einen Teil des Erfolgs: „Ich habe bei McLaren viel von ihm gelernt. Er hat mir vor allem gezeigt, wie man vor dem Rennen mit dem psychischen Druck fertig wird."
Alain Prost, 1955 in St. Chamond bei St. Etienne geboren, hat den verbissenen Ehrgeiz vieler kleiner Männer, ganz nach oben zu kommen. Er ist nur 1,60 Meter groß und wiegt mit Montur 63 kg. 1975 gewinnt er in den französischen Nachwuchsserien jeden Pokal. 1980 kommt er zu McLaren, nach drei Jahren bei Renault kehrt er zu den Briten zurück. Er holt hier 1985 und 86 den WM-Titel, später wird er zwei weitere Titel anschließen und damit der Fahrer mit den meisten Titeln – nach Juan Manuel Fangio. Punktemäßig ist er ohnedies der erfolgreichste überhaupt: 798,5 Zähler heimst er in 199 Rennen zwischen 1980 und 93 ein.

Immer mehr Formel-1-Weltmeister entspannen beim Golf. Champion Alain Prost ist Besitzer eines Golfplatzes in der Nähe von Dijon.

Niki Lauda – Der zweite Ausstieg

Schon einmal hatte Niki Lauda keine Lust mehr, „ständig im Kreis zu fahren." Seinem Ausstieg 1979 nach Frustjahren bei Brabham folgt 1982 das erfolgreiche Comeback bei McLaren. Er holt seinen dritten Titel – „im härtesten Jahr meiner Formel-1-Laufbahn." Danach fehlt ihm offensichtlich jede Motivation. „Es ist", sagt er, „als ob das Auto spürt, dass der Fahrer nicht mehr bei der Sache ist." In den ersten acht Rennen 1985 fällt Lauda sieben Mal aus, während Teamkollege Alain Prost wie auf Flügeln zu seinem ersten WM-Titel getragen wird.
Längst hat der dreifache Weltmeister andere Ambitionen. Seine Fluggesellschaft „LaudaAir" hat 67 Mitarbeiter, zwei BAC 1-11 und eine 737. Der Chef wird gebraucht – und der gibt diesmal nach reiflicher Überlegung seinen endgültigen Rücktritt schon in der Saisonmitte bekannt. Lauda fährt noch bis zum Ende, gewinnt einmal. Als Zehnter mit 14 Punkten verlässt der Champion des Vorjahres die Formel 1. In den nächsten Jahren baut er die LaudaAir zur zweitgrößten Fluglinie Österreichs auf – und zur servicefreundlichsten der Welt.

Hier fliegt der Chef auch selbst. Niki Lauda hat den Pilotenschein und steuert seine Großraumjets in viele Länder der Welt.

Kurz-**Meldungen**

● Alle Teams, außer Arrows, setzen ab diesem Jahr kohlefaserverstärkte **Kunststoffmonocoques** ein.

● **Goodyear** ist nach dem Rückzug von Michelin die führende Reifenmarke in der Formel 1. Pirelli bedient die Teams Brabham, Minardi, Osella, RAM und Toleman.

● Den Winter über wird der neue Lotus-Fahrer **Ayrton Senna** von einer mysteriösen Virus-Infektion geplagt, die zu einer teilweisen Gesichtslähmung des Brasilianers führt.

● Dank einer unverhofften Geldspritze seitens des italienischen Strickwarenherstellers Benetton kann das **Toleman-Team** doch noch an der Weltmeisterschaft teilnehmen. Reifen bekommt die englische Truppe ab dem Großen Preis von Monaco ebenfalls. Benetton gelingt es nämlich, das erfolglose Spirit-Team zum Aufgeben zu überreden, so dass Toleman jetzt deren Pirelli-Kontingent übernehmen kann.

● Drei Teams sind 1985 **Neueinsteiger** in der Königsklasse: Minardi, Zakspeed und Beatrice.

● Beim **GP von Portugal** geht eine einmalige Serie zu Ende: Durch den Erfolg von Lotus-Pilot Ayrton Senna siegt zum erstenmal seit acht Rennen kein McLaren-Auto. Während des Regenrennens melden die Streckenposten 16 Dreher oder Ausritte.

● Arrows-Fahrer **Thierry Boutsen** hat eine lange letzte Runde in Imola: „1,5 Kilometer vor dem Ziel starb plötzlich der Motor ab. Ich rollte und rollte. Abwechselnd war ich sicher, dass ich es schaffte, dann wieder hielt ich es für aussichtslos. Tatsächlich war es eine Frage von Zentimetern." Boutsen bleibt unmittelbar hinter dem elektronischen Impulsgeber für die Zeitnahme noch auf der Ziellinie stehen.

● Pole-Mann **Michele Alboreto** kann in Spa die Vorjahresbestzeit von Alain Prost um 8,6 Sekunden unterbieten.

● Nach Asphaltarbeiten auf dem Ardennenkurs **Spa-Francorchamps** bricht immer wieder der Straßenbelag auf. Nigel Mansell klagt: „Ich fuhr hinter Piquet her und bekam so viele Steine ab, dass ich den Kopf runternehmen musste. Es war, als würde ich mit einer MP beschossen." Die Fahrer weigern sich, das Rennen aufzunehmen. Zum erstenmal in der Geschichte der Formel-1-Weltmeisterschaft wird ein WM-Lauf nach Beginn des offiziellen Trainings abgesagt. Das Rennen wird auf September verschoben.

● Der vertragslose **Marc Surer** hat doch noch Glück: Bei Brabham darf er von Spa an den völlig überforderten François Hesnault ersetzen.

● Sparkurs bei **Lotus**: Teamboss Peter Warr streicht seinen Mechanikern die traditionellen Vier-Minuten-Gratis-Telefonate nach Hause. Daraufhin legen alle Lotus-Mechaniker am Donnerstag vor dem Rennen in Detroit die Werkzeuge nieder.

● Und noch ein Streik: Nach dem **Ligier**-Trainigsdebakel am Freitag in Le Castellet hat Teamchef Guy Ligier so rumgetobt, dass einige Teammitglieder mit Streik drohen, wenn er sich nicht zurückziehe. Guy sieht daraufhin das Rennen zu Hause am Fernsehschirm.

● Nicht schlecht für ein Team, das zu Beginn der Saison wegen Geld- und Reifenmangels erst einmal gar nicht dabei war: Beim Großen Preis von Deutschland stellt **Teo Fabi** seinen Toleman-Hart auf den besten Startplatz. Das ist das Pole-Debüt für Fabi, Toleman und Hart.

● Für den in Spa verletzten Niki Lauda will McLaren-Chef Ron Dennis schnellstens **John Watson** als Ersatz verpflichten. Der Schnellschuss scheitert allerdings am Einspruch von Ferrari-Sportdirektor Marco Piccinini, der nicht will, dass Watson Alboreto wertvolle WM-Zähler wegschnappen kann. Ron Dennis nimmt's gelassen: „Hätte ich genauso gemacht." In Brands Hatch klappt es dann endlich mit Watsons Ersatzeinsatz.

● Formel-3000-Meister **Christian Danner** ersetzt bei Zakspeed in Spa Dr. Jonathan Palmer und kommt somit zu seinem Formel-1-Debüt.

● Der Franzose **Philippe Streiff** ersetzt bei Ligier den vor dem Monza-Grand-Prix gefeuerten Italiener Andrea de Cesaris.

● **Nigel Mansell** kann in Brands Hatch im 72. Anlauf endlich seinen ersten Grand Prix gewinnen. Weil ihm das so gut gefällt, siegt der Williams-Fahrer im folgenden Rennen, dem GP von Südafrika, sofort noch einmal. O-Ton Mansell: „Das ist wie mit der Liebe. Wenn du es einmal erlebt hast und siehst, wie schön es ist, dann willst du es immer wieder."

● Das Finale im australischen **Adelaide** gewinnt Williams-Fahrer Keke Rosberg. Es ist nicht nur das letzte Rennen der Saison, sondern auch Kekes letzter Einsatz für Williams. Der Finne wechselt 1986 zu McLaren.

Mit Zakspeed debütiert ein deutscher Rennstall in der Formel 1. Punkte kann die Fahrerkombination Dr. Jonathan Palmer (Foto) und Christian Danner im Premierejahr nicht sammeln.

Am Nürburgring fährt erstmals eine Onboardkamera mit. Das etwas unförmige Gerät wird am Renault von François Hesnault montiert.

Endstand **Fahrer-WM**

1.	**Alain Prost** McLaren-TAG-Porsche Turbo	73 (76)
2.	**Michele Alboreto** Ferrari Turbo	53
3.	**Keke Rosberg** Williams-Honda Turbo	40
4.	**Ayrton Senna** Lotus-Renault Turbo	38
5.	**Elio de Angelis** Lotus-Renault Turbo	33
6.	**Nigel Mansell** Williams-Honda Turbo	31
7.	**Stefan Johansson** Ferrari Turbo	26
8.	**Nelson Piquet** Brabham-BMW Turbo	21
9.	**Jacques Laffite** Ligier-Renault Turbo	16
10.	**Niki Lauda** McLaren-TAG-Porsche Turbo	14
11.	**Thierry Boutsen** Arrows-BMW Turbo	11
	Patrick Tambay Renault Turbo	11
13.	**Marc Surer** Brabham-BMW Turbo	5
	Derek Warwick Renault Turbo	5
15.	**Philippe Streiff** Ligier-Renault Turbo	4
	Stefan Bellof Tyrrell-Ford Turbo	4
17.	**René Arnoux** Ferrari Turbo	3
	Andrea de Cesaris Ligier-Renault Turbo	3
	Ivan Capelli Tyrrell-Renault Turbo	3
	Gerhard Berger Arrows-BMW Turbo	3

Gewertet wurden die besten elf Resultate. Gesamtpunktzahl in Klammern.

Konstrukteure

1.	McLaren-TAG-Porsche	90
2.	Ferrari	82
3.	Williams-Honda	71
	Lotus-Renault	71
5.	Brabham-BMW	26
6.	Ligier-Renault	23
7.	Renault	16
8.	Arrows-BMW	14
9.	Tyrrell-Ford	4
10.	Tyrrell-Renault	3

Neue **Regeln**

Die FISA reagiert auf Mogeleien: Es wird offiziell untersagt, den Sprit zu kühlen, um das Gewicht zu reduzieren. Da alle Teams mit Turbos fahren, wird der Saugmotor ab 1986 verboten. Aber die Konstrukteure sind gefordert: Die Größe der Tanks wird von 220 auf 195 Liter reduziert. Nachtanken bleibt verboten. Da die Rennen ca. 300 Kilometer lang sind, darf der Verbrauch also maximal bei 65 l auf 100 km liegen. Das Hubvolumen beträgt weiterhin maximal 1.500 ccm.

Die FIA hat ein nettes Ritual eingeführt: Am Anfang und Ende jeder Saison posieren die Fahrer für ein Gruppenfoto. In Adelaide 1986 amüsieren sich die Piloten über ris, Gerhard Berger, Huub Rothengatter, Thierry Boutsen, Allen Berg, Alessandro Nannini, Jonathan Palmer, Patrick Tambay. Vorne: Philippe Alliot, Christian Danner,

ıränge der Fotografen. Hinten von links: *Teo Fabi, Piercarlo Ghinzani, Alan Jones, Martin Brundle, Michele Alboreto, Ayrton Senna, Stefan Johansson, Andrea de Cesa-*
lippe Streiff, Nigel Mansell, Nelson Piquet, FIA-Chef Jean-Marie Balestre, René Arnoux, Alain Prost, Keke Rosberg, Johnny Dumfries, Derek Warwick, Riccardo Patrese.

Die Spar-Formel

Dieses Quartett bestimmt die WM 86. Lotus-Pilot Ayrton Senna führt in Imola vor den Williams von Nelson Piquet und Nigel Mansell sowie Alain Prost im McLaren. Das WM-Klassement wird in umgekehrter Reihenfolge lauten.

Die Vollgasbranche muss 1986 umdenken: Nicht der Fahrer mit dem dicksten Gasfuß gewinnt, sondern derjenige, der am besten mit dem begrenzten Benzinvorrat haushalten kann. Die Honda-Turbos erweisen sich als die sparsamsten Triebwerke. Doch die Kombination Williams-Honda stellt zur Überraschung aller nicht den Weltmeister.

Schmaler, flacher, schneller." So erklärt Williams-Konstrukteur Patrick Head das Konzept seines neuen FW11 im Kontrast zum Vorgänger FW10. Dass die Autos schmaler und flacher sein müssen, ist klar, denn das neue Spritreglement – 195 statt wie bisher 220 Liter – ruft nach Fahrzeugen mit geringerer Stirnfläche. Ob sie auch schneller sind, muss sich dagegen noch herausstellen.

Die Saison fängt spannend an, weil zunächst kein klarer Trend zu erkennen ist. Die ersten drei Rennen sehen drei verschiedene Sieger auf drei unterschiedlichen Marken – so soll es sein. Nelson Piquet, neuer Mann an Nigel Mansells Seite und Ersatz des zu McLaren gewechselten Keke Rosberg, kann sein Williams-Debüt mit einem Sieg vor heimischem Publikum feiern. In Jerez, Lauf Nummer zwei, gewinnt Lotus-Fahrer Ayrton Senna. Der Brasilianer siegt mit einem sensationell knappen 14-Tausendstel-Sekunden-Vorsprung vor Nigel Mansell. Senna ist froh, dass der lästige, weil schnelle, Ex-Kollege Elio de Angelis zu Brabham geflohen ist. Mit dem schottischen Grafen Johnny Dumfries hat er nun einen wesentlich langsameren Teamkollegen.

In Imola revanchiert sich Weltmeister Alain Prost für die letztjährige Disqualifikation und liefert diesmal einen nicht zu beanstandenden ersten Platz ab. Allen drei Siegern gemein ist der härteste Gegner, der Benzinverbrauch. Prost in Imola völlig ▶

Die Teams

McLaren-TAG-Porsche Turbo	
Alain Prost	F
Keke Rosberg	FIN
Ferrari Turbo	
Michele Alboreto	I
Stefan Johansson	S
Williams-Honda Turbo	
Nigel Mansell	GB
Nelson Piquet	BR
Lotus-Renault Turbo	
Ayrton Senna	BR
Johnny Dumfries	GB
Brabham-BMW Turbo	
Riccardo Patrese	I
Elio de Angelis	I
Derek Warwick	GB
Ligier-Renault Turbo	
René Arnoux	F
Jacques Laffite	F
Philippe Alliot	F
Arrows-BMW Turbo	
Marc Surer	CH
Thierry Boutsen	B
Christian Danner	D
Tyrrell-Renault Turbo	
Martin Brundle	GB
Philippe Streiff	F
Benetton-BMW Turbo	
Teo Fabi	I
Gerhard Berger	A
Zakspeed Turbo	
Jonathan Palmer	GB
Huub Rothengatter	NL
Lola-Ford Turbo	
Alan Jones	AUS
Patrick Tambay	F
Eddie Cheever	USA
Osella-Alfa Turbo	
Piercarlo Ghinzani	I
Christian Danner	D
Allen Berg	CDN
Alex Caffi	I
Minardi-Motori-Moderni Turbo	
Andrea de Cesaris	I
Alessandro Nannini	I
AGS-Motori-Moderni Turbo	
Ivan Capelli	I

▲ *Schwieriges Jahr für Stefan Johansson. Der Schwede in Ferrari-Diensten punktet nur sporadisch. Ein Sieg bleibt ihm in seiner siebenjährigen Formel-1-Karriere verwehrt.*

◀ *Flop und Top: Der revolutionäre Brabham von Designer Gordon Murray entpuppt sich als Gurke. Gerhard Berger hingegen gelingt mit seinem Benetton sogar ein Sieg.*

überrascht: „Mein Computer zeigte mir an, dass ich noch drei Liter im Tank hatte, als der Motor plötzlich abzusterben drohte."

Viel mehr Probleme als nur den Benzinverbrauch gibt es bei Ferrari. Alboreto, immerhin Vizeweltmeister, kann in den ersten Rennen gar nicht punkten, Kollege Johansson schafft bis Belgien gerade einmal einen vierten Platz. Dr. Harvey Postlethwaites Konstruktion wird die ganze Saison über keine große Rolle spielen.

Ganz anders die in Benetton umbenannte Toleman-Truppe. Mit Berger und Fabi am Steuer schafft sie in den ersten drei Rennen drei Punkteresultate und gegen Saisonende sogar einen Sieg – ein Ergebnis, wovon Patrese und de Angelis bei Brabham nur träumen können. Der Brabham BT55 ist die extremste Auslegung des neuen Reglements. Die „Flunder" ist sensationelle 23 Zentimeter niedriger

An einer Mauer endet die Formel-1-Karriere des sympathischen Franzosen Jacques Laffite. Der Ligier-Pilot erleidet in Brands Hatch schwere Beinbrüche. Sechs Siege, sieben Poles und sechs schnellste Runden sind Laffites Bilanz nach 176 Rennen.

Teamchef **Frank Williams** querschnittgelähmt

Knapp zwei Wochen vor dem Auftaktrennen in Brasilien ist die Formel-1-Szene tief geschockt. Einer ihrer wichtigsten Vertreter – der englische Rennstallbesitzer Frank Williams – hat nahe der französischen Rennstrecke Le Castellet einen Autounfall. Auf dem Weg von der Strecke zum Flughafen überschlägt sich sein Leihwagen bei hoher Geschwindigkeit. Frank Williams hat den Wagen gesteuert. Sein Beifahrer, Williams-Pressechef Peter Windsor, steigt nahezu unversehrt aus dem Wrack und birgt den bewusstlosen, eingeklemmten Frank Williams. Im Krankenhaus von Marseille kommt die niederschmetternde Diagnose: Verletzungen des siebten und achten Rückenwirbels – wenn der 44-Jährige überlebt, wird er zeitlebens gelähmt bleiben.

Der frühere Marathonläufer ringt tagelang mit dem Tod und gewinnt diesen ersten Kampf. Aber er wird weiter kämpfen müssen, um wenigstens seine Hände noch bewegen zu können.

Frank Williams meistert sein Schicksal und kehrt bereits im Juli zurück an die Rennstrecke – für immer vom Hals an gelähmt, für immer auf fremde Hilfe angewiesen.

Seine harte Gangart Teammitgliedern, Fahrern – aber auch seiner Familie und Freunden gegenüber – bringen Frank Williams den Beinamen „Rollstuhlgeneral" ein. Nicht selten werden Klagen über das eher frostige Klima im Williams-Rennstall laut. Aber trotz seiner schweren Behinderung führt Frank Williams sein Team in den folgenden zwölf Jahren zu fünf Weltmeisterschaften – stets unterstützt von seinem Technikdirektor Patrick Head. Für seine Verdienste um den britischen Motorsport erhält Frank Williams eine besondere Ehrung. Seit 1998 darf er sich „Sir" Frank nennen.

Nach seinem schweren Autounfall im März kommt Teamchef Frank Williams in Brands Hatch erstmals wieder an die Rennstrecke. Der Brite erlebt einen souveränen Doppelsieg seiner Fahrer Nigel Mansell und Nelson Piquet.

Tod in **Le Castellet**

Noch eine weitere Katastrophe ist 1986 mit der Rennstrecke Le Castellet verbunden. Bei Testfahrten im Mai bricht am Brabham von Elio de Angelis der Heckflügel. Beim unvermeidbaren Crash fängt der BT55 Feuer. Viel zu lange dauert es, bis Streckenposten den Kampf mit den Flammen aufnehmen. Der Unfall wird als Anlass genommen, feste Vorschriften in Bezug auf Streckenposten, Fachärzte und Hubschrauber auch bei Testfahrten vorzuschreiben. Für den äußerst beliebten römischen Adeligen Elio de Angelis kommt das zu spät – er stirbt zwei Tage nach seinem Unfall.

Hart aber fair fighten Ayrton Senna und Nigel Mansell im spanischen Jerez. Der Brasilianer bringt seinen Lotus mit hauchdünnem Vorsprung vor dem Briten ins Ziel.

als sein Vorgänger, der ja seinerseits nicht unbedingt ein Lastwagen war. Um hier den BMW-Motor unterzubringen, muss das Triebwerk um 72 Grad geneigt werden. Leider ist der Wagen ein völliger Flop.

Wer den Brabham kennt, kann nicht glauben, dass Alain Prost nicht so recht von der Leistung seines McLaren MP 4/2C überzeugt ist. Unmittelbar vor dem Start zum Großen Preis von Monaco sieht er Senna mit seinem Lotus-Renault 98T als haushohen Favoriten: „Der fährt uns heute um die Ohren, der hat den besseren Wagen." Eines stimmt natürlich: Die große McLaren-Überlegenheit von 1984 und 85 ist weg. Ganz recht kann Prost allerdings doch nicht haben, immerhin reicht es bei McLaren in Monaco zu einem Doppelsieg – Prost und Rosberg vor dem zum Favoriten erklärten Ayrton Senna. Und McLaren-Boss Ron Dennis strahlt kostenbewusst: „Was soll ich John Barnard ein neues Auto bauen lassen, wenn es völlig ausreicht, dass wir das alte ständig verbessern?"

Maximal erlaubte 195 Liter Benzinverbrauch drohen, die Formel zum Verbrauchs-Wettbewerb mutieren zu lassen. Nicht mehr der Fahrer mit dem kräftigsten Gasfuß ist Favorit, sondern derjenige, der am besten mit den Ressourcen haushalten kann, das aber bitte möglichst schnell. Symptomatisch sind die Worte des Spa-Siegers Nigel Mansell: „Zehn Runden vor Schluss stand meine Benzinanzeige im Minus. Immer wieder hörte ich Patrick Head über Sprechfunk: ‚Achte auf den Sprit, achte auf den Sprit.'"

Noch schlimmer soll das Problem in Montreal, dieser berüchtigten Stop-and-Go-Strecke, ▶

Kurz-**Meldungen**

● So lieben es die brasilianischen Racing-Fans: Mit **Senna** und **Piquet** stehen beim Auftaktrennen in Rio de Janeiro zwei Landsmänner in der ersten Startreihe.

● Am Swimmingpool des Interconti in Rio verrät Formel-1-Boss **Bernie Ecclestone** seinem Lieblingsjournalisten Roger Benoit: „Ich habe vergangenes Jahr im Juli heimlich Slavica in London geheiratet, aber nur meinen Freund Max Mosley als Trauzeugen eingeladen." Bernie hat mit dem langbeinigen Model eine 22 Monate alte Tochter namens Tamara.

● Renault-Chef **Jean Sage** wird in Monaco zum zweiten Mal in der Boxengasse angefahren. Das erste Mal erwischt ihn Jochen Mass in Kyalami, diesmal ist es Ferrari-Fahrer Stefan Johansson. Sage muss mit einer Kopfverletzung in ärztliche Behandlung.

● Mit dem **Großen Preis von Ungarn** startet die Formel 1 erstmals in einem Ostblockstaat. 380.000 Besucher mit einem besonders großen Anteil aus der DDR machen das Formel-1-Rennen hinter dem eisernen Vorhang zu einem politischen Großereignis.

● In **Frankreich** kommt es nur ganz knapp nicht zu einer Katastrophe. Unmittelbar vor dem Start auf dem sechsten Startplatz stehend, hat Alboreto seinen Motor abgewügt, was der Ferrari-Fahrer durch heftige Handzeichen anzeigen will. Starter Derek Ongaro reagiert sofort, aber falsch, weil er aus Versehen den grünen Startknopf drückt. Wie durch ein Wunder umkurven alle Hintermänner Albos das rote Hindernis.

● Bei der Hessen-Rallye verunglückt Arrows-Fahrer **Marc Surer** schwer. Surers Beifahrer stirbt, der Schweizer selbst ringt mit schwersten Verbrennungen und zahlreichen Knochenbrüchen tagelang mit dem Tode. Surer hatte sich neben seinem Rundstreckensport immer mehr für den Rallye-Sport begeistert.

● **BMW** beschließt, ab Ende 1986 keine Formel-1-Motoren mehr zu bauen. Auf Druck von Ecclestone liefert man doch noch ein weiteres Jahr Turbos für Brabham.

● Einen Tag vor dem Rennwochenende in Portugal stirbt **Alain Prosts** Bruder Daniel 33-jährig an einem Krebsleiden.

● Kurz vor Saisonende trennen sich zwei **Teamchefs** von ihren Konstrukteuren: Brabham-Chef Bernie Ecclestone verzeiht Gordon Murray nicht den aktuellen BT55-Flunder-Flop und McLaren-Boss Ron Dennis trennt sich von John Barnard unter anderem deswegen, weil dieser heimlich werkseigene Konstruktionspläne kopiert haben soll.

Bei Keke Rosberg läuft es 1986 nicht rund. Sein zweiter Platz in Monaco bleibt der einzige Podestrang des Finnen, dessen McLaren-Teamkollege Alain Prost von Erfolg zu Erfolg eilt.

Das verfeindete Williams-Duo

Die FIA bremst die Turbos ein – durch ein Überdruckventil wird der Ladedruck reduziert. Außerdem dürfen jetzt wieder Saugmotoren eingesetzt werden. Eine immer größere Rolle spielen Computer in der Formel 1. Nur eines bleibt beim Alten: der Mensch mit seinen Emotionen. Im Top-Team Williams kämpfen zwei um die Weltmeisterschaft, die sich abgrundtief hassen – Nigel Mansell und Nelson Piquet.

Das Williams-Team, trotz des verlorenen Titels wiederum der Favorit der neuen Saison, lässt die Szene in gespannter Vorfreude genüsslich auflachen: Ausgerechnet der Rennstall, dessen Piloten – Nigel Mansell und Nelson Piquet – sich am wenigsten leiden können, bleibt bei seiner Fahrerbesetzung. Bei fast allen anderen Teams greift zumindest ein neuer Fahrer ins Steuer.

Im Weltmeisterteam McLaren ersetzt der frühere Ferrari-Mann Stefan Johansson den zurückgetretenen Keke Rosberg. Der Schwede war frei, weil Ferrari neben Stammfahrer Michele Alboreto ganz scharf auf Gerhard Berger war. Der Österreicher hat eine gewaltige Aufgabe vor sich. Berger weiß ganz genau, dass er als Erstes seinen italienischen Teamkollegen in die Tonne stampfen muss: „Freunde werden Michele und ich wohl nicht werden. Der ist schnell und wird durch mich noch schneller werden. Verliert er gegen mich, wird es schrecklich für ihn. Der Druck, dem er bei Ferrari und in Italien seit drei Jahren standhält, wird noch größer. Besiegt er mich, zieht er seinen Kopf aus der Schlinge."

Der neue Technische Direktor, der von McLaren mit viel Geld abgeworbene John Barnard, meint, das italienische Team von England aus aufrüsten zu können. Zum Entsetzen der italienischen Medien hat die Ferrari-Leitung dem Engländer ausdrücklich zugesichert, das technische Management per Fax und Telefon von der Insel aus zu leiten.

In den ersten drei Rennen steht Berger in der Startaufstellung vor Alboreto. Doch ist Berger damit mehr ein Einäugiger unter Blinden: Zu lange braucht Ferrari, bis das Team den Anschluss an die Spitze schafft. Von den insgesamt 53 WM-Punkten werden über die Hälfte in den letzten beiden Saisonrennen gewonnen. Dort allerdings umso beeindruckender: In Japan siegt Berger, Alboreto wird Vierter und im Saisonfinale landen Berger vor Alboreto sogar einen Doppelsieg.

An Siege ist bei Brabham gar nicht zu denken. Die Truppe von Formel-1-Zampano Bernie Ecclestone war bereits im vergangenen Jahr nur noch ein Schatten ihrer selbst. Neben Riccardo Patrese verpflichtet Bernie dessen Landsmann Andrea de Cesaris.

Fast alles neu ist bei Lotus. Dort setzt man auf eine „aktive Radaufhängung". Mittels Sensoren werden in Sekundenbruchteilen alle fahrdynamischen Informationen gesammelt und von einem Computer ausgewertet. Der gibt dann über ein hydraulisches System Befehle an das Fahrwerk, damit alle auftretenden Veränderungen im Sinne eines optimal-

FIA-Techniker justieren die jetzt vorgeschriebenen „Pop-Off-Ventile". Bei vier Bar Ladedruck in den Turboladern öffnen sie sich. Die Leistungsexplosion soll damit eingedämmt werden. Aber die Technik ist nicht ganz ausgereift.

konstanten Fahrverhaltens ausgeglichen werden. In Monaco holt Ayrton Senna den ersten Sieg für den „aktiven" Lotus.

Renault hat sich vorübergehend auch als Motorenlieferant zurückgezogen. Lotus wechselt zu Honda, was als Folge mit sich bringt, dass neben Ayrton Senna nun der Japaner Satoru Nakajima ins Steuer greift. Das ganze wird bei Lotus noch mit einem Sponsorwechsel abgerundet. Statt der wunderschönen John Players Special-Lackierung treten die Lotus in Camel-Gelb an.

Benetton, die nun Ford-Motoren einsetzen, vertrauen weiterhin auf Teo Fabi, verstärken das Team aber mit dem Belgier Thierry Boutsen, der bei Arrows die Nase voll hatte. Dort fahren nun der ein Jahr lang arbeitslose Eddie Cheever und der vorjährige Brabham-Notnagel Derek Warwick.

Ziemlich kalt wird das wieder aufstrebende Ligier-Team er- ▶

Die Teams

Williams-Honda Turbo	
Nigel Mansell	GB
Nelson Piquet	BR
Riccardo Patrese	I
McLaren-TAG-Porsche Turbo	
Alain Prost	F
Stefan Johansson	S
Lotus-Honda Turbo	
Ayrton Senna	BR
Satoru Nakajima	J
Ferrari Turbo	
Michele Alboreto	I
Gerhard Berger	A
Ligier-Megatron Turbo	
René Arnoux	F
Piercarlo Ghinzani	I
Benetton-Ford Turbo	
Teo Fabi	I
Thierry Boutsen	B
Tyrrell-Ford	
Jonathan Palmer	GB
Philippe Streiff	F
Lola-Ford	
Yannik Dalmas	F
Philippe Alliot	F
Brabham-BMW Turbo	
Riccardo Patrese	I
Andrea de Cesaris	I
Stefano Modena	I
Arrows-Megatron Turbo	
Derek Warwick	GB
Eddie Cheever	USA
Zakspeed Turbo	
Martin Brundle	GB
Christian Danner	D
AGS-Ford	
Roberto Moreno	BR
Pascal Fabre	F
March-Ford	
Ivan Capelli	I
Osella-Alfa Turbo	
Alex Caffi	I
Gabriele Tarquini	I
Franco Forini	CH
Minardi-Motori-Moderni Turbo	
Alessandro Nannini	I
Adrian Campos	E
Coloni-Ford	
Nicola Larini	I

▲ *Williams gegen Williams oder Nigel Mansell (l.) gegen Nelson Piquet – so lautet das Duell des Jahres. Denn nicht nur auf der Strecke bekämpfen sich die Teamkollegen, auch abseits der Pisten wird deutlich, dass sich diese beiden nicht besonders mögen.*

◀ *Sorgen bei Ligier zu Saisonbeginn: Die zugesicherten Alfa-Motoren kommen nicht. Stattdessen lassen sich die Blauen von Megatron-Triebwerken befeuern.*

1987

Die **zwei Gesichter** des **Nelson Piquet**

Der Mann hat jetzt drei Titel, aber schon seit längerem zwei Gesichter. Läuft alles nach Plan und ist er die unumschränkte Nummer eins, so zeigt sich Nelson Piquet von seiner angenehmen, sehr entspannten, stets zu Scherzen aufgelegten Seite. Doch wehe, wenn es anders kommt.

Wie in den vergangenen zwei Jahren. Piquet kommt als zweifacher Weltmeister zu Williams und sieht den bereits eingestellten Nigel Mansell gerademal in der Rolle des willfährigen Erfüllungsgehilfen. Doch Pustekuchen. Schnell nimmt der eisenharte Brite dem launischen Brasilianer die Butter vom Brot. Und Piquet sieht nur die Möglichkeit der Intrige. Besonders mies sein Zitat, als 1986 sein Teamkollege nach dem spektakulären Reifenplatzer den schon sicher geglaubten Titel verliert: „Zum Glück ist wenigstens Prost Weltmeister geworden und nicht der andere…"

Diese Saison nun steht Piquet einmal mehr im Schatten seines Teamkollegen. Piquet wird zwar Weltmeister, aber die Bilanz spricht für Mansell, der seine sechs Siege den drei von Piquet gegenüberstellt. Mittlerweile bekannt ist Piquets Reaktion: „Der Unterschied zwischen mir und Mansell ist, dass er mit einer hässlichen Frau auf der verregneten Isle of Man haust, während ich mit meiner hübschen Freundin auf meiner Yacht im Mittelmeer kreuze."

Ende der Saison wechselt der frisch gebackene Weltmeister von Williams zu Lotus. Dort bittet er lachend vor der ersten Sitzprobe um eine Desinfektion des Cockpits. Im Zeitalter von Aids ist Piquets Äußerung eine ganz besonders spaßige Anspielung auf die angeblich homosexuellen Neigungen seines Lotus-Vorgängers Ayrton Senna. Den mag Piquet fast noch weniger als Nigel Mansell.

Der Weltmeister mit Freundin Sylvia und Dackel beim Reitausflug. Nelson Piquet gehört zu denen, die das Leben in vollen Zügen genießen. In Fahrerkreisen ist er als Primadonna verschrieen – und als Intrigant.

Nigel Mansell kämpft wie ein Löwe

Nelson Piquet, Pole-Mann des Großen Preises von England, schürt wonnevoll den von den englischen Medien heftigst ausgeschlachteten „Hass-Krieg" mit Nigel Mansell: „Es heißt immer, Nigel hätte in dieser Saison schon zweimal gewonnen, ich aber noch nicht. Man kann aber auch sagen, dass ich bereits zwei Titel gewonnen habe, während Nigel einen verlor…"

Allen ist klar, dass Mansell alles versuchen wird, seinen Teamkollegen vor heimischem Publikum zu schlagen. Doch ausgerechnet hier, vor seinen Landsleuten in Silverstone, schlägt Piquet ihn knapp im Training. Zu allem Übel führt Piquet sogar das Rennen an. Als Mansell dann auch noch zu einem Reifenwechsel an die Box kommt, scheint das Rennen endgültig zu Ungunsten des Briten entschieden. Mansell bleibt zwar Zweiter, liegt aber nach dem Stopp 28 Sekunden hinter Piquet – bei nur noch 29 zu fahrenden Runden.

Eine aussichtslose Lage. Genau das braucht einer wie Mansell, um alle Reserven zu mobilisieren. Mansell fährt von nun an eine Qualy-Runde nach der anderen. Und er schafft das Unmögliche. Drei Runden vor Schluss schließt Mansell auf seinen Teamkollegen auf und übertrifft sich selbst. Gemeinsam fliegt das Williams-Duo auf Stowe zu, Mansell täuscht links an, zieht dann rechts nach innen und lässt Piquet stehen. Das englische Publikum tobt, ist völlig aus dem Häuschen. In der Auslaufrunde bleibt Mansell ohne Sprit liegen – ein Mopedfahrer bringt ihn zu Start und Ziel, da bittet ihn Mansell, anzuhalten. Von Emotionen überwältigt steigt der National-Heros ab, kniet nieder und küsst den Asphalt der Stowe…

In Silverstone verdient sich Nigel Mansell die Bezeichnung Löwe. Scheinbar aussichtlos zurückliegend, kämpft er sich an die Spitze und gewinnt sein Heimrennen vor dem ungeliebten Teamkollegen und Senna.

wischt. Dort setzt man auf Alfa-Triebwerke. Aber Alfa wird von Fiat aufgekauft. Da sich der italienische Konzern neben Ferrari keinen zweiten Formel-1-Einsatz leisten will, zieht sich Alfa unmittelbar vor Saisonbeginn unter einer fadenscheinigen Begründung – Ligier-Fahrer Arnoux habe sich über die Alfa-Motoren beschwert – zurück. Ligier wechselt kurzfristig auf Megatron um. Das sind ältere BMW-Motoren, die vom Schweizer Heini Mader mit amerikanischen Geldern eingesetzt werden und die auch im Arrows Verwendung finden. Für Ligier kommt die Entwicklung so überraschend, dass deren Fahrer Arnoux und Ghinzani beim WM-Auftakt in Rio de Janeiro zuschauen müssen.

Die, die starten dürfen, haben ein gemeinsames Problem: Das von der FIA vorgeschriebene Überdruckventil reagiert ziemlich launisch. Mit dem Ventil, auch „Pop-off-Ventil" genannt, will die FIA die Leistungsexplosion der Turbo-Triebwerke im Qualifying einbremsen. Mit speziellen Qualifikationsmotoren werden mittlerweile bis zu 1400 PS mobilisiert. Die Technik der Ventile ist allerdings nicht ganz ausgereift. „Ein miserables Stück Ingenieurskunst", beschwert sich Teamchef Frank Williams. Moniert wird, dass die vor jedem Einsatz unter den Teams verlosten Ventile gerne zu früh aufgehen und Turbodruck ablassen. Was die Fahrer zum Wahn treibt – 0,4 Bar Differenz machen deutlich über 100 PS aus. Die FIA spricht generös von möglichen Kinderkrankheiten, die in Imola bereits gelöst seien.

Apropos Imola: In Rio gewinnt Weltmeister Alain Prost. Der McLaren-Fahrer schickt die Konkurrenz in tiefe Verzweiflung, als er lächelnd festhält: „Für mich beginnt die Saison erst in Imola."

Doch der Weltmeister irrt. Nicht nur, dass ein Williams, nämlich der unter Nigel Mansell, das San-

Lotus-Pilot Ayrton Senna ist der Mann der Zukunft. Gegen die überlegenen Williams kann der Brasilianer immerhin zwei Siege herausfahren. Hier liegt Senna vor dem Benetton von Thierry Boutsen und McLarens Nummer zwei, Stefan Johansson.

Christian Danner bestreitet seine zweite Saison bei Zakspeed. Die einzigen Punkte des Jahres holt jedoch Teamkollege Martin Brundle. In Imola wird der Brite Fünfter.

Marino-Rennen gewinnt, nein, auch der ganze Saisonverlauf entwickelt sich nicht so, dass man unbedingt von einem Prost- oder McLaren-Jahr sprechen müsste. Zwei Siege – einer in Belgien, der andere in Portugal – belegen zwar, dass der von Steve Nichols weiterentwickelte McLaren MP4/3 keine Gurke ist. Da Johansson aber nicht über zwei zweite Plätze hinwegkommt, verläuft die Saison für McLaren eher moderat.

Zurück zu Imola, wo zwei für die Saison ganz wichtige Ereignisse stattfinden: Mansell, wie gesagt, gewinnt und schiebt sich an die Tabellenspitze, Teamkollege Nelson Piquet – zusammen sind es ja die beiden großen Titelaspiranten – hat in der gefürchteten Tamburello-Kurve einen schlimmen Unfall. Piquet übersteht den High-Speed-Crash nahezu unverletzt, die Ärzte sprechen aber wegen einer dreiminütigen Bewusstlosigkeit für den Sonntag ein Fahrverbot aus. Keiner ahnt, dass der Brasilianer ▶

Ferrari verkündet die Zusammenarbeit mit John Barnard. Rennleiter Piccinini (2. v.r.) stellt ihn zusammen mit den Fahrern Michele Alboreto (l.) und Gerhard Berger (r.) der Presse vor.

1987

Siegerpodeste

1 12.4.1987 GP Brasilien – Rio de Janeiro
Pole: Nigel Mansell

1. Alain Prost	McLaren-Porsche	1:39.45,141
2. Nelson Piquet	Williams-Honda	- 40,547
3. Stefan Johansson	McLaren-Porsche	- 56,758

2 3.5.1987 GP San Marino – Imola
Pole: Ayrton Senna

1. Nigel Mansell	Williams-Honda	1:31.24,076
2. Ayrton Senna	Lotus-Honda	- 27,545
3. Michele Alboreto	Ferrari	- 39,144

3 17.5.1987 GP Belgien – Spa-Francorchamps
Pole: Nigel Mansell

1. Alain Prost	McLaren-Porsche	1:27.03,217
2. Stefan Johansson	McLaren-Porsche	- 24,764
3. Andrea de Cesaris	Brabham-BMW	- 1 Runde

4 31.5.1987 GP Monaco – Monte Carlo
Pole: Nigel Mansell

1. Ayrton Senna	Lotus-Honda	1:57.54,085
2. Nelson Piquet	Williams-Honda	- 33,212
3. Michele Alboreto	Ferrari	- 1.12,839

5 21.6.1987 GP USA Ost – Detroit
Pole: Nigel Mansell

1. Ayrton Senna	Lotus-Honda	1:50.16,358
2. Nelson Piquet	Williams-Honda	- 33,819
3. Alain Prost	McLaren-Porsche	- 45,327

6 5.7.1987 GP Frankreich – Le Castellet
Pole: Nigel Mansell

1. Nigel Mansell	Williams-Honda	1:37.03,839
2. Nelson Piquet	Williams-Honda	- 7,711
3. Alain Prost	McLaren-Porsche	- 55,255

7 12.7.1987 GP England – Silverstone
Pole: Nelson Piquet

1. Nigel Mansell	Williams-Honda	1:19.11,780
2. Nelson Piquet	Williams-Honda	- 1,918
3. Ayrton Senna	Lotus-Honda	- 1 Runde

8 26.7.1987 GP Deutschland – Hockenheim
Pole: Nigel Mansell

1. Nelson Piquet	Williams-Honda	1:21.25,091
2. Stefan Johansson	McLaren-Porsche	- 1.39,591
3. Ayrton Senna	Lotus-Honda	- 1 Runde

9 9.8.1987 GP Ungarn – Budapest
Pole: Nigel Mansell

1. Nelson Piquet	Williams-Honda	1:59.26,793
2. Ayrton Senna	Lotus-Honda	- 37,727
3. Alain Prost	McLaren-Porsche	- 1.27,456

10 16.8.1987 GP Österreich – Österreichring
Pole: Nelson Piquet

1. Nigel Mansell	Williams-Honda	1:18.44,898
2. Nelson Piquet	Williams-Honda	- 55,704
3. Teo Fabi	Benetton-Ford	- 1 Runde

11 6.9.1987 GP Italien – Monza
Pole: Nelson Piquet

1. Nigel Mansell	Williams-Honda	1:18.44,898
2. Nelson Piquet	Williams-Honda	- 55,704
3. Teo Fabi	Benetton-Ford	- 1 Runde

12 20.9.1987 GP Portugal – Estoril
Pole: Gerhard Berger

1. Alain Prost	McLaren-Porsche	1:37.03,906
2. Gerhard Berger	Ferrari	- 20,493
3. Nelson Piquet	Williams-Honda	- 1.03,295

13 27.9.1987 GP Spanien – Jerez
Pole: Nelson Piquet

1. Nigel Mansell	Williams-Honda	1:49.12,692
2. Alain Prost	McLaren-Porsche	- 22,225
3. Stefan Johansson	McLaren-Porsche	- 30,818

14 18.10.1987 GP Mexiko – Mexiko City
Pole: Nigel Mansell

1. Nigel Mansell	Williams-Honda	1:26.24,207
2. Nelson Piquet	Williams-Honda	- 26,176
3. Riccardo Patrese	Brabham-BMW	- 1.26,879

15 1.11.1987 GP Japan – Suzuka
Pole: Gerhard Berger

1. Gerhard Berger	Ferrari	1:32.58,072
2. Ayrton Senna	Lotus-Honda	- 17,384
3. Stefan Johansson	McLaren-Porsche	- 17,694

16 15.11.1987 GP Australien – Adelaide
Pole: Gerhard Berger

1. Gerhard Berger	Ferrari	1: 52.56,144
2. Michele Alboreto	Ferrari	- 1.07,884
3. Thierry Boutsen	Benetton-Ford	- 1 Runde

Alle Ergebnisse im Detail auf Seite 386

Kurz-**Meldungen**

● 39 (!) Computertechniker bringt **Honda** zum Saisonauftakt nach Brasilien. Die Herren überwachen das Telemetriesystem der Williams- und Lotus-Honda. Die Rennställe setzen verstärkt auf die Computertechnik. Bei Lotus und gegen Saisonende auch bei Williams wird zudem die aktive Radaufhängung mittels Computer gesteuert.

● Nach dem Rückzug von Pirelli ist **Goodyear** nun Alleinausstatter der Formel 1.

● Bernie Ecclestone geht dazu über, mit den **Rennstrecken** Fünfjahres-Verträge abzuschließen. Das schließt in Zukunft aus, dass sich in einem Land wie bisher zwei Streckenbetreiber abwechseln. Dijon, Brands Hatch und der Nürburgring verlieren zu Gunsten von Le Castellet, Silverstone und Hockenheim.

● Mit seinem Sieg in Belgien stellt **Alain Prost** den bisher von Jackie Stewart gehaltenen Rekord von 27 Siegen ein. Nach Portugal ist Prost dann alleiniger Rekordhalter.

● March, Larrousse, AGS und Tyrrell setzen **Cosworth-3,5-Liter-Sauger** ein.

● In Imola beginnt für **Ferrari** ein neues – trauriges – Kapitel Geschichte mit der Überschrift: 25 Rennen ohne Sieg. Bis dahin war die längste Durststrecke 24 Rennen lang. Von Rouen 1968 bis Zeltweg 1970.

● Der vom Technischen Direktor gefeuerte Ferrari-Konstrukteur **Gustav Brunner** nimmt zufrieden zur Kenntnis, dass sich das Ferrari-Team wegen anhaltender Erfolgslosigkeit der Presse stellen muss. Besonders John Barnard steht im Kreuzfeuer der Kritik. Brunner: „Der hat gedacht, dass er übers Wasser wandeln kann. Jetzt muss er feststellen, dass er noch nicht einmal schwimmen kann."

● Auch 1987 gibt es wieder **neue Teams** am Start: March (nach einjähriger Pause), Larrousse und Coloni.

● **Ayrton Senna** feiert im Fürstentum Monaco seinen 50. Grand Prix. Und seinen fünften Sieg.

● **Didier Pironi**, trotz seines verheerenden Hockenheimunfalls 1982 Vizeweltmeister, stirbt bei einem Offshore-Boot-Rennen vor der Insel Wight.

● Riesenglück hat McLaren-Pilot **Stefan Johansson** in Österreich. Im Training trifft der stets gut aufgelegte Schwede im vollen Rennspeed ein Reh. Mit über 200 km/h kracht Johansson in die Leitplanken, der McLaren ist ein Totalschaden, das Reh ebenfalls.

● Der **Große Preis von Österreich** muss nach Unfällen dreimal gestartet werden. Dafür vergisst man dann nach Rennende die Zielflagge. Sieger Mansell fährt noch eine zusätzliche Runde „um auf Nummer sicher zu gehen."

● Im Rahmen des Großen Preises von Italien gibt **Honda** seine Zukunftsplanung bekannt: Die Japaner wollen 1988 zwei Teams ausstatten. Neben Lotus mit Piquet und Nakajima wird die zweite Mannschaft aber nicht Williams sondern McLaren mit den Fahrer Prost und Senna sein.

● **Nelson Piquet** tauft seine neue Yacht auf den portugiesischen Namen „Suruba" – was gemeinhin so viel bedeutet wie Rudelrammeln…

● **Ayrton Senna** wird nach dem Rennen sein zweiter Platz in Adelaide aberkannt – wegen zu großer Kühleröffnungen. Damit ist Ferrraris Doppelsieg komplett.

▲ *Rätselraten nach Piquets schwerem Unfall in Imola. Alain Prost und Ayrton Senna tauschen gleich nach dem Abbruch Informationen aus. Der Doppelweltmeister und der brasilianische Nachwuchs-Star werden 1988 Teamkollegen sein.*

noch die ganze Saison unter diesem Unfall leiden wird – unter anderem wegen monatelanger, quälender Schlaflosigkeit.

Trotz dieses Handikaps behauptet sich Piquet als Titelaspirant. Einerlei, wer gewinnt, ob Senna wie auf den Straßenkursen von Monaco oder Detroit, oder ob Mansell wie in Frankreich und in England, stets belegt Piquet den zweiten Platz. In Deutschland und Ungarn kann er dann zwei Siege nachlegen – ausgerechnet in den Läufen, in denen Mansell zwei Mal nicht zu punkten vermag.

Eigentlich ist mal wieder der schnauzbärtige Brite der Mann der Saison. Mansell gewinnt sechs Rennen! Aber er hat auch wieder eine ganze Menge Pech... Wie zum Beispiel in Belgien, wo er bereits in der ersten Runde mit Ayrton Senna aneinander gerät. Völlig erzürnt läuft Mansell Richtung Senna-Box, wo er auf den Brasilianer einschlägt. Noch Wochen später bedauert der Brite, dass er dort nicht durfte, wie er wollte und konnte: „Senna kann von Glück sagen, dass in der Box einige Leute daneben standen und uns nach der Rauferei wieder auseinander trieben." Doch auch in Monaco, Deutschland, Ungarn und Portugal sieht Nigel keine Punkteränge. In Budapest – dort fällt Nigel Mansell in Führung liegend wegen eines Pfennigdefektes aus, stellt der Brite „einen verdammt großen Rückstand" auf Piquet fest. Allerdings meldet er sich in typischer Winner-Manier mit zwei Siegen in Spanien und Mexiko eindrücklich zurück.

Zwei Rennen stehen noch aus – Piquet führt mit 73 zu 61 Punkten vor Mansell. Der Brite weiß: „Nelsons Vorsprung ist enorm, aber alles ist möglich." Vorausgesetzt, Mansell siegt. Doch die beiden letzten Rennen der Saison gehen an Berger und Ferrari. Und für Mansell kommt es – dem Mann bleibt das Pech wirklich treu – noch viel schlimmer. Genau wie Teamkollege Piquet holt Mansell in Japan und Australien nicht einen Punkt. Ja, er kann in Suzuka noch nicht einmal an den Start gehen. Denn bereits am Freitag vor dem Rennen wird die WM entschieden. Nigel Mansell riskiert im Kurvengeschlängel auf der Rückseite des Kurses zuviel und verliert die Kontrolle über seinen Williams. Mansell knallt, das Heck voran, in die mit Reifen geschützten Leitplanken, steigt in die Luft auf, dreht sich und landet glücklicherweise auf allen vier Rädern. Am nächsten Tag muss sich Mansell dem Urteil von Rennarzt Sid Watkins unterwerfen: „Nigels Zustand lässt eine Rennteilnahme auf keinen Fall zu." Die Weltmeisterschaft wird durch einen Unfall des Williams-Fahrers Mansell entschieden – zugunsten des Williams-Fahrers Nelson Piquet.

Es ist der dritte Weltmeistertitel für den 35-jährigen Brasilianer, aber auch sein letzter. Gleichzeitig gewinnt das Williams-Team mit haushohem Vorsprung vor McLaren die Konstrukteurs-WM. Aber längst weiß Frank Williams, dass ihm 1988 eine schwere Saison bevorsteht. Honda hat den Liefervertrag gekündigt und wird künftig McLaren befeuern. Zudem hat Ron Dennis den neuen Superstar Ayrton Senna von Lotus abgeworben.

◀ *Brabham (vorne: Andrea de Cesaris, Teamchef Bernie Ecclestone, Riccardo Patrese, Team-Manager Herbie Blash) verliert nach sechs Jahren Motorenpartner BMW. Mit den Münchnern wurde das Team 1983 erster Turbo-Weltmeister. Neun Siege und 15 Poles stehen ebenfalls in der Bilanz.*

Endstand **Fahrer-WM**

1.	**Nelson Piquet** Williams-Honda Turbo	73 (76)
2.	**Nigel Mansell** Williams-Honda Turbo	61
3.	**Ayrton Senna** Lotus-Honda Turbo	57
4.	**Alain Prost** McLaren-TAG-Porsche T.	46
5.	**Gerhard Berger** Ferrari Turbo	36
6.	**Stefan Johansson** McLaren-TAG-Porsche T.	30
7.	**Michele Alboreto** Ferrari Turbo	17
8.	**Thierry Boutsen** Benetton-Ford Turbo	16
9.	**Teo Fabi** Benetton-Ford Turbo	12
10.	**Eddie Cheever** Arrows-Megatron Turbo	8
11.	**Jonathan Palmer** Tyrrell-Ford	7
	Satoru Nakajima Lotus-Honda Turbo	7
13.	**Riccardo Patrese** Brabham-BMW Turbo	6
14.	**Andrea de Cesaris** Brabham-BMW Turbo	4
	Philippe Streiff Tyrrell-Ford	4
16.	**Derek Warwick** Arrows-Megatron Turbo	3
	Philippe Alliot Lola-Ford	3
18.	**Martin Brundle** Zakspeed Turbo	2
19.	**René Arnoux** Ligier-Megatron Turbo	1
	Ivan Capelli March-Ford	1
	Roberto Moreno AGS-Ford	1

Gewertet wurden die besten elf Resultate. Gesamtpunktzahl in Klammern.

Konstrukteure

1.	**Williams-Honda**	137
2.	**McLaren-TAG-Porsche**	76
3.	**Lotus-Honda**	64
4.	**Ferrari**	53
5.	**Benetton-Ford**	28
6.	**Tyrrell-Ford**	11
	Arrows-Megatron	11
8.	**Brabham-BMW**	10
9.	**Lola-Ford**	3
10.	**Zakspeed**	2
11.	**Ligier-Megatron**	1
	March-Ford	1
	AGS-Ford	1

Das liebe **Geld**

FIA, FOCA und Teams vereinbaren die Verteilung der Einnahmen aus Fernsehrechten: 46 % für die Teams, 30 % für die FIA, 24 % für FOCA-Chef und FIA-Vizepräsident Ecclestone. Die zehn besten Teams der WM bekommen im Folgejahr alle Übersee-Reisekosten erstattet.

1988

Fünfzehn Siege für McLaren

Zum letzten Mal sind Turbo-Motoren erlaubt – und sie sind den Saugmotoren haushoch überlegen. Die Saison wird zum Duell zwischen zwei Teamkollegen: Dem zweifachen McLaren-Weltmeister Alain Prost und seinem neuen Stallgefährten Ayrton Senna. Der Brasilianer ist fünf Jahre jünger – und schlichtweg der perfektere Rennfahrer.

Für Spannung scheint gesorgt. Dank eines verschärften Reglements wird es diese Saison einen Kampf der Systeme geben. Auf der einen Seite die Turbos, neuerdings auf 2,5 Bar Ladedruck reduziert und maximal nur noch 150 Liter Treibstoff süffelnd. Auf der anderen Seite die Saugmotoren mit unbeschränktem Spritkonsum. Und das Gewicht der Sauger darf mit 500 Kilo um 40 Kilo unter dem der Turbos liegen.

Was wird da vor dem WM-Auftakt in Rio nicht alles gerätselt: Haben die Turbo-Teams bei diesen drakonischen Reduzierungen überhaupt eine Chance? Schlägt schon jetzt die große Stunde der Sauger?

Die Antwort ist ernüchternd, und jeder kann sie nach dem Auftaktrennen schwarz auf weiß auf den Ergebnislisten ablesen: Turbos, so weit das Auge reicht. Gerademal zwei Sauger kommen überhaupt durch, keiner punktet. Und wer Zweifel daran hat, ob die Turbos mit den 150 Litern zurecht kommen, sollte mal McLarens Teamchef Ron Dennis fragen. Denn der will unbedingt für sich behalten, dass Alain Prost nach dem Rennen noch mehr als 20 Liter im Tank hat...

Man kann es knapp machen und schnell beantworten, was in der Saison 1988 alles aus der prognostizierten Spannung wird. Exakt zwei Teams werden dieses Jahr Rennen gewinnen können. Und damit sich das mit der Spannung in erträglichen Grenzen hält, sei darauf hingewiesen, dass das eine Team – Ferrari – ein einziges Rennen mit unglaublich viel Glück gewinnt, während das andere Team – McLaren – die restlichen 15 Siege einheimst.

Doch der Reihe nach. Nach dem Rückzug von TAG-Porsche und BMW – deren Exklusiv-Team Brabham pausiert für eine Saison – und dem Honda-Plan, neben Lotus jetzt McLaren auszurüsten, wechselt Benetton zu Ford und Williams gezwungenermaßen zu Judd-Saugermotoren.

Bleiben wir bei den Motoren, dann ist auch schon ein Problembereich von Ferrari genannt, die mit den Fahrern des Vorjahres an den Start gehen: Das Triebwerk hat sehr viel Leistung, ist aber nicht unbedingt fahrbar. Zu ungleichmäßig wird das Drehmoment in Vortrieb umgewandelt. Das Chassis wurde ursprünglich von Gustav Brunner gezeichnet und nun von Dr. Harvey Postlethwaite und dem Technischen Direktor John Barnard geändert.

Konkurrent McLaren muss erstmals einen Wagen ohne jegliche Einflussnahme eben dieses Barnards auf die Räder stellen. Der MP4/4, von Neil Oatley und Steve Nichols erdacht, wird nach alter McLaren-Tradition in der letzten Minute fertig. Es reicht für das

▼ *Start in Imola: Senna stürmt von der Pole davon und gibt die Führung bis ins Ziel nicht mehr ab. Die Dominanz von McLaren ist bereits im zweiten Rennen erschreckend.*

1988

Team gerade noch zu einem kurzen Test in Imola, wo in kürzester Zeit sämtliche Rundenzeiten der Konkurrenz aus den Vorwochen pulverisiert werden...

Das Auftaktrennen in Rio de Janeiro gewinnt Alain Prost vor Ferrari-Star Gerhard Berger und dem Lotus-Honda von Nelson Piquet. Prosts Kommentar nach seinem Sieg: „Mein Auto war heute gut, aber nicht perfekt. Wenn es eines Tages ausgereift ist, dann wird es phantastisch sein."

In Imola bringt Prosts neuer Teamkollege Ayrton Senna als frisch gebackener Sieger die drohende McLaren-Monotonie auf einen kleinen Nenner: „In Rio waren wir vorne und jetzt auf dem verbrauchsintensiven Kurs von Imola ebenfalls. Über einem weiteren Streckentyp steht zur Zeit natürlich noch ein Fragezeichen – über den Stadtpisten wie Monaco oder Detroit."

Dabei hat Ayrton Senna nun wirklich allen Anlass zum Optimismus, muss man doch nur in Erinnerung rufen, dass er und Kollege Prost in Imola alle anderen Konkurrenten überrundet haben. Es war eine Demonstration der krassesten Überlegenheit. Und Doppelsiege können von nun an nur dadurch verhindert werden, dass einer der McLaren-Fahrer für einen Fehler sorgt. Wie Senna in Monaco, wo der Brasilianer mit großem Vorsprung und völlig ungefährdet kurz vor Rennschluss in die Leitplanken knallt. Es ist nicht Sennas einziger Fehler in dieser ▶

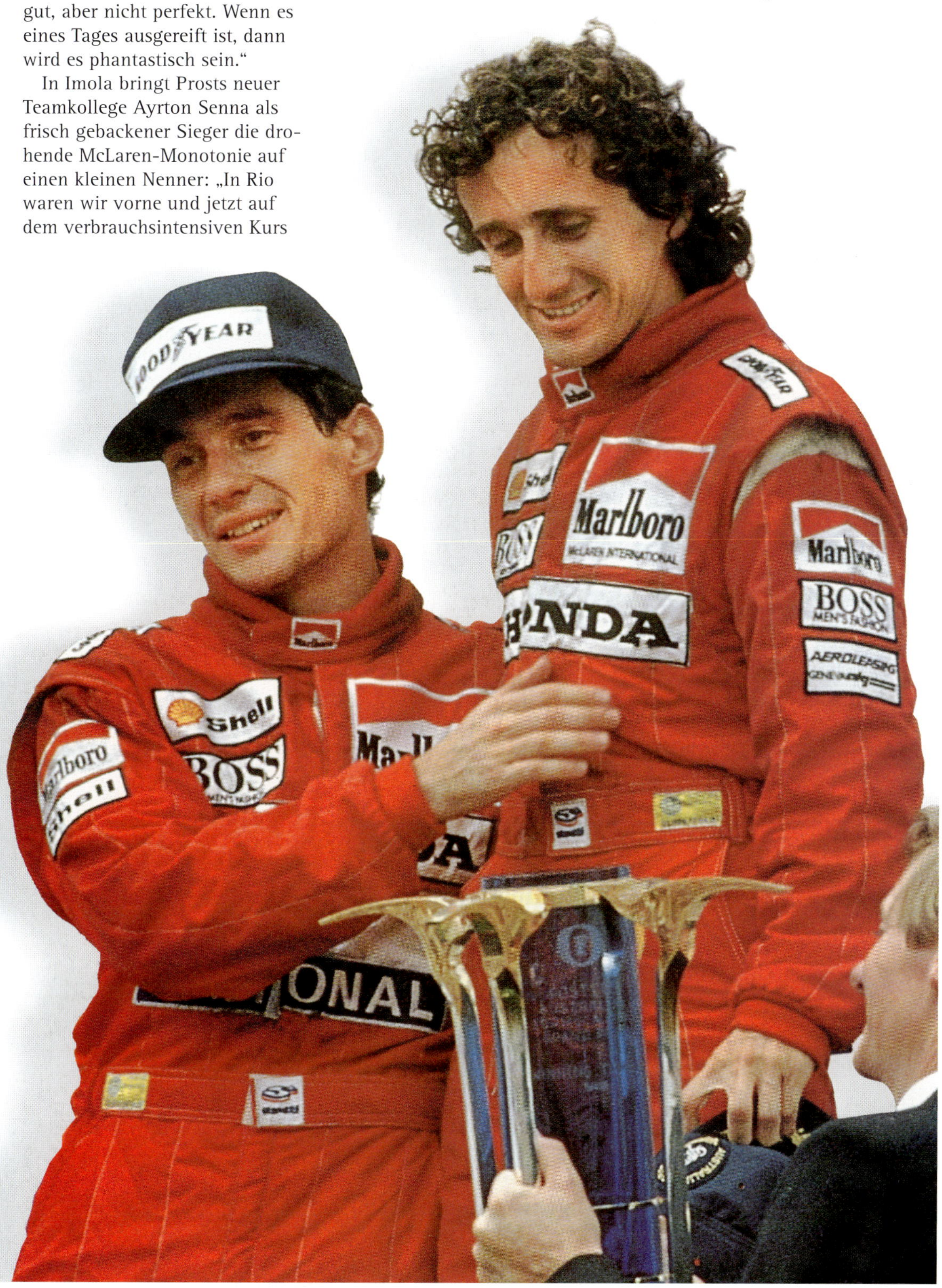

◀ *Diese beiden Herren dominieren 1988 die Formel 1 nach Belieben. Ayrton Senna und Alain Prost haben mit dem McLaren nicht nur das beste Auto zur Verfügung, sie sind auch die herausragenden Fahrer – und erbitterte Rivalen.*

Die **Teams**

Williams-Judd	
Nigel Mansell	GB
Riccardo Patrese	I
Martin Brundle	GB
Jean-Louis Schlesser	F
McLaren-Honda Turbo	
Alain Prost	F
Ayrton Senna	BR
Lotus-Honda Turbo	
Nelson Piquet	BR
Satoru Nakajima	J
Ferrari Turbo	
Michele Alboreto	I
Gerhard Berger	A
Benetton-Ford	
Alessandro Nannini	I
Thierry Boutsen	B
Tyrrell-Ford	
Jonathan Palmer	GB
Julian Bailey	GB
Arrows-Megatron Turbo	
Derek Warwick	GB
Eddie Cheever	USA
Lola-Ford	
Philippe Alliot	F
Yannik Dalmas	F
Aguri Suzuki	J
Zakspeed Turbo	
Piercarlo Ghinzani	I
Bernd Schneider	D
March-Judd	
Mauricio Gugelmin	BR
Ivan Capelli	I
Ligier-Judd	
René Arnoux	F
Stefan Johansson	S
AGS-Ford	
Philippe Streiff	F
Minardi-Ford	
Luis Perez-Sala	E
Adrian Campos	E
Pierluigi Martini	I
Osella-Alfa Turbo	
Nicola Larini	I
Coloni-Ford	
Gabriele Tarquini	I
Rial-Ford *	
Andrea de Cesaris	I
Eurobrun-Ford *	
Oscar Larrauri	ARG
Stefano Modena	I
Dallara-Ford *	
Alex Caffi	I

* neue Teams

Saison. In Monza – elf Kilometer vor dem Ziel – riskiert er bei der Überrundung von Williams-Pilot Jean-Louis Schlesser zu viel. Beide kollidieren, und Senna schreibt mit einem Crash gleich zwei Kapitel Motorsportgeschichte. Erstens: Der Unfall verhindert, dass mit McLaren erstmals ein einziges Team alle Rennen einer Saison gewinnt. Zweitens: Senna macht durch seinen Crash den Weg frei zu einem frenetisch umjubelten Ferrari-Doppelsieg in Monza. Vier Wochen nach dem Tod von Enzo Ferrari (siehe Seite 272).

Alles in allem gilt trotzdem: Prost und Senna gewinnen, was es zu gewinnen gibt – der Rest des Startfeldes ist Staffage. Um mal ein Gefühl für die Überlegenheit der McLaren zu bekommen: Nach dem Großen Preis der USA, dem sechsten Sieg der McLaren und ihrem vierten Doppelsieg, hat die englisch-japanische Mannschaft 78 Zähler auf dem Konto und damit 18 Punkte mehr als alle anderen Teams zusammen.

Was bei McLaren das interne Verhältnis zwischen den Fahrern angeht, so bringt der Große Preis von Ungarn die Wende: erstmals zieht Senna punktemäßig mit Prost gleich – 66 zu 66 Zähler. Nach der Anzahl der Siege hat der Brasilianer dagegen schon deutlich die Führung übernommen: Senna sechs, Prost vier.

Prost nimmt den Fehdehandschuh auf. Einen Tag nach Ungarn verkündet der Weltmeister: „Heißer war ich noch nie. Ich will diesen WM-Titel. Ich weiß, dass ich von den letzten sechs Rennen vier gewinnen muss. Der Unterschied zu Senna ist nur die Qualifikation, in den Rennen hätte ich ihn schon im Griff. Jetzt werde ich im Training fighten wie noch nie in meiner Karriere." Doch ein weiterer Senna-Sieg, diesmal in Belgien, lassen Prost erkennen: „Das ist Sennas Titel."

In Portugal und Spanien kann jedoch der kleine Franzose die Rennen für sich entscheiden und plötzlich und wider aller Erwartungen ist alles wieder offen. Wobei speziell der Portugal-Lauf die Situation eskalieren lässt. Prost fängt an, zuerst gegen Honda, dann gegen Senna zu schießen. Vor dem Rennen lässt Prost

Kurz-**Meldungen**

● Nach einem Jahr des Experimentierens setzt man bei **Lotus** statt der aktiven Radaufhängung wieder ein konventionelles Fahrwerk ein.

● **Ayrton Senna** strebt einen Prozess gegen Landsmann Nelson Piquet an, weil dieser fortgesetzt behauptet, „Senna liebt keine Mädchen."

● Auf die Reise nach **Übersee** schickt die Formel 1 rund 100 Tonnen Material. Unangefochtenes „Schwerstgewicht" ist McLaren mit 14 Tonnen.

● Nicht nur Klasse, sondern auch Masse in **Brasilien**: 18 Teams mit 38 Autos und 31 Fahrern bevölkern zum F1-Auftakt in Rio die Boxengasse. Da nur 26 im Rennen starten und nur 30 am Qualifying teilnehmen dürfen, gibt es eine Vorqualifizierung.

● Wieder dabei ist der deutsche Teamchef Günter Schmid. Der ehemalige Inhaber der Felgenfirma ATS will nun seine neue Firma **Rial** mit einem Formel-1-Engagement bekannt machen. Konstrukteur ist Gustav Brunner, Fahrer Andrea de Cesaris.

● Mauricio Gugelmin, Luis Perez-Sala, Julian Bailey, Oscar Larrauri heißen die **neuen Gesichter** in der Formel 1. An neuen Teams gibt es Rial, EuroBrun und Dallara.

● Die englische Firma **Judd** baut einen V8-Saugmotor, der von Williams, Ligier und March eingesetzt wird. Für den gelähmten Frank Williams ein hartes Jahr: Der Konstrukteursweltmeister der Jahre 1986/87 fällt nach Hondas Kündigung mit dem Judd-Motor auf Rang sieben ab. Trost: Für 1989 konstruiert Renault einen Zehn-Zylinder-Motor für Williams.

● Ausgerechnet in seinem Heimatrennen wird der Brasilianer **Ayrton Senna** disqualifiziert. Senna hat eine Startverschiebung genutzt, um in den Reserve-McLaren umzusteigen – ein eindeutiger Regelverstoß.

Nigel Mansell erlebt bei Williams ein Übergangsjahr. Ab 1989 kann Konstrukteur Patrick Head auf Renault-Power bauen – ohne Mansell. Der wechselt zu Ferrari.

● **Stefan Johansson** muss in Rio trotz seines 21. Startplatzes das Rennen aus der letzten Reihe beginnen. Der Schwede brauchte zu lange auf der Toilette. Als er von der Pinkelpause zurückkehrt, macht sich das Feld bereits zur Vorstartrunde auf.

● Der Große Preis San Marino ist **McLarens** 300. GP-Einsatz. Und der zehnte Doppelsieg. Der zweitplatzierte McLaren-Fahrer Alain Prost wird mit 421,5 WM-Zählern Punktekönig vor Niki Lauda (420,5).

● Zum Großen Preis von Mexiko, dem vierten Anlauf, kann sich Zakspeed-Pilot **Bernd Schneider** als 15. erstmals qualifizieren.

● Der **Große Preis von England** ist seit dem Großen Preis von Belgien 1985 das erste Formel-1-Rennen, in dem es regnet. Sieger damals wie jetzt in England: Ayrton Senna.

● Ehrenvoller Auftrag für den italienischen Journalisten Pino Allievi. Jeden dritten Tag fährt der Reporter der „Gazetta dello Sport" von Mailand nach Maranello, um dort zusammen mit dem 90-jährigen **Enzo Ferrari** dessen Lebenserinnerungen aufzuzeichnen.

● Michele Alboreto und Riccardo Patrese kämpfen beide um das für 1989 noch freie **Williams-Cockpit** an Thierry Boutsens Seite. Trotz der Konkurrenzsituation gehen beide Italiener nach dem GP von Ungarn zusammen in die Ferien nach Sardinien. Den Drive bekommt Patrese.

● **Nigel Mansell**, der sich gerade erst von seinem Markenzeichen, dem Schnauzer, verabschiedet hatte, lässt sich vor dem Ungarn-GP einen Vollbart stehen – wegen Windpocken. Im Rennen gibt der Brite wegen krankheitsbedingter Erschöpfung auf.

Erschöpft und mit blutender Hand hat Zakspeed-Pilot Bernd Schneider seine erste Qualifikation geschafft.

● Beleidigte **Teamchefs** machen auf geheim: Nigel Mansell, der nächste Saison zu Ferrari wechseln wird, darf nicht mehr für Williams testen. Thierry Boutsen, der 1989 zu Williams wechselt, hat das gleiche Schicksal bei seinem (Noch-)Team Benetton.

● Das **Brabham-Team** tritt in diesem Jahr nicht an. Heimlich verkauft FOCA-Chef Bernie Ecclestone seinen Rennstall an Fiat. Der Brite hat erkannt, dass in der TV-Vermarktung seine Zukunft liegt.

● Mogelei bei **Benetton**: Beim Belgien-GP wird regelwidriger Sprit festgestellt. 250.000 Dollar Strafe, außerdem werden Boutsen (3.) und Nannini (4.) die Punkte aberkannt.

● Nach dem Rückzug der Motorenlieferanten BMW und Porsche ist Deutschland nur noch durch den Rennstall **Zakspeed** in der Formel 1 vertreten.

In Silverstone stehen ausnahmsweise mal nicht die McLaren in der ersten Reihe, sondern die Ferrari-Piloten Gerhard Berger und Michele Alboreto. Sieger wird dennoch Ayrton Senna.

unterschwellig durchblicken, dass er seit einigen Rennen keinen richtig funktionierenden Motor habe, „Ayrton dagegen hat merkwürdigerweise keine Probleme." Und nach Rennende beschwert sich Sieger Prost: „Wenn solche Risiken eingegangen werden, dann macht der Kampf um den Titel keinen Spaß mehr."

Der Brasilianer drückt Prost nämlich auf der Start-Ziel-Geraden gefährlich nah an die Boxenmauer, um ihn am Überholen zu hindern. Senna ist nicht nur schneller als Prost, er ist auch hungriger und rücksichtsloser.

Senna entscheidet die Saison in Suzuka, passend für Honda, die sich nach der Prost-Verdächtigung eine Unverschämtheit von FIA-Funktionär Jean-Marie Balestre gefallen lassen müssen. Der Franzose fordert in einem offenen Brief die Honda-Leute auf, Fairplay walten zu lassen und keinen der beiden Fahrer in ihrem Titelkampf zu fördern oder zu behindern.

Senna hat das alles nicht nötig. Zwar verhaut der Pole-Mann den Start völlig – „eine Mischung aus eigenem Fehler und problematischer Kupplung" – und fällt auf den 14. Platz zurück. Aber in seiner unwiderstehlichen Art kämpft er sich an die Spitze, wo er Prost auf Rang zwei verdrängt. Senna ist Weltmeister. Prost hat wegen seiner Konstanz eine ganze Reihe von Streichresultaten zu erwarten. Von insgesamt 105 Zählern – elf mehr als Senna – bleiben letztendlich nur 87. Immerhin kann der Franzose beim Saisonfinale in Adelaide den letzten Sieg der Turbo-Ära herausfahren.

Lotus läuft den Erfolgen der Vergangenheit hinterher. Für Titelverteidiger Nelson Piquet kein Grund, in Hektik zu verfallen.

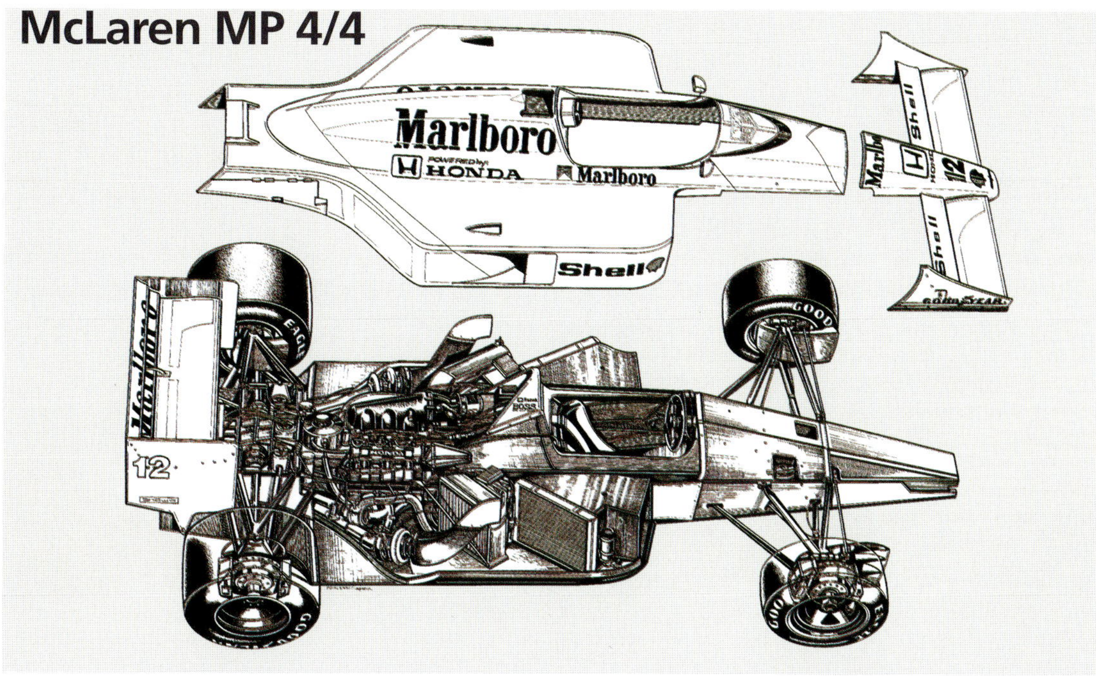

Honda ist in diesem Jahr von Williams zu McLaren gewechselt. Der Sechszylinder-Turbo wurde für den MP 4/4 gründlich überarbeitet und in ein extrem schmales Kevlar-Monocoque eingebaut. Die Öl- und Wasserkühler sind in den seitlichen Pontons untergebracht.

1988

Siegerpodeste

1 3.4.1988 GP Brasilien – Rio de Janeiro		
Pole: Ayrton Senna		
1. Alain Prost	McLaren-Honda	1:36.06,857
2. Gerhard Berger	Ferrari	- 9,873
3. Nelson Piquet	Lotus-Honda	- 1.08,581

2 1.5.1988 GP San Marino – Imola		
Pole: Ayrton Senna		
1. Ayrton Senna	McLaren-Honda	1:32.41,264
2. Alain Prost	McLaren-Honda	- 2,334
3. Nelson Piquet	Lotus-Honda	- 1 Runde

3 15.5.1988 GP Monaco – Monte Carlo		
Pole: Ayrton Senna		
1. Alain Prost	McLaren-Honda	1:57.17,077
2. Gerhard Berger	Ferrari	- 20,453
3. Michele Alboreto	Ferrari	- 41,229

4 29.5.1988 GP Mexiko – Mexiko City		
Pole: Ayrton Senna		
1. Alain Prost	McLaren-Honda	1:30.15,737
2. Ayrton Senna	McLaren-Honda	- 7,104
3. Gerhard Berger	Ferrari	- 57,314

5 12.6.1988 GP Kanada – Montréal		
Pole: Ayrton Senna		
1. Ayrton Senna	McLaren-Honda	1:39.46,618
2. Alain Prost	McLaren-Honda	- 5,934
3. Thierry Boutsen	Benetton-Ford	- 51,409

6 19.6.1988 GP USA Ost – Detroit		
Pole: Ayrton Senna		
1. Ayrton Senna	McLaren-Honda	1:54.56,035
2. Alain Prost	McLaren-Honda	- 0.38,713
3. Thierry Boutsen	Benetton-Ford	- 1 Runde

7 3.7.1988 GP Frankreich – Le Castellet		
Pole: Alain Prost		
1. Alain Prost	McLaren-Honda	1:37.37,328
2. Ayrton Senna	McLaren-Honda	- 31,752
3. Michele Alboreto	Ferrari	- 1.06,505

8 10.7.1988 GP England – Silverstone		
Pole: Gerhard Berger		
1. Ayrton Senna	McLaren-Honda	1:33.16,367
2. Nigel Mansell	Williams-Judd	- 23,344
3. Alessandro Nannini	Benetton-Ford	- 51,214

9 24.7.1988 GP Deutschland – Hockenheim		
Pole: Ayrton Senna		
1. Ayrton Senna	McLaren-Honda	1:32.54,188
2. Alain Prost	McLaren-Honda	- 13,609
3. Gerhard Berger	Ferrari	- 52.095

10 7.8.1988 GP Ungarn – Budapest		
Pole: Ayrton Senna		
1. Ayrton Senna	McLaren-Honda	1:57.47,081
2. Alain Prost	McLaren-Honda	- 0,529
3. Thierry Boutsen	Benetton-Ford	- 31,410

11 28.8.1988 GP Belgien – Spa-Francorchamps		
Pole: Ayrton Senna		
1. Ayrton Senna	McLaren-Honda	1:28.00,549
2. Alain Prost	McLaren-Honda	- 30,470
3. Ivan Capelli	March-Judd	- 1.15,768

12 11.9.1988 GP Italien – Monza		
Pole: Ayrton Senna		
1. Gerhard Berger	Ferrari	1:17.39,744
2. Michele Alboreto	Ferrari	- 0,502
3. Eddie Cheever	Arrows-Megatron	- 35,532

13 25.9.1988 GP Portugal – Estoril		
Pole: Alain Prost		
1. Alain Prost	McLaren-Honda	1:37.40,958
2. Ivan Capelli	March-Judd	- 9,553
3. Thierry Boutsen	Benetton-Ford	- 44,619

14 2.10.1988 GP Spanien – Jerez		
Pole: Ayrton Senna		
1. Alain Prost	McLaren-Honda	1:48.43,851
2. Nigel Mansell	Williams-Judd	- 26,232
3. Alessandro Nannini	Benetton-Ford	- 35,446

15 30.10.1988 GP Japan – Suzuka		
Pole: Ayrton Senna		
1. Ayrton Senna	McLaren-Honda	1:33.26,173
2. Alain Prost	McLaren-Honda	- 13,363
3. Thierry Boutsen	Benetton-Ford	- 36,109

16 13.11.1988 GP Australien – Adelaide		
Pole: Ayrton Senna		
1. Alain Prost	McLaren-Honda	1:53.14,676
2. Ayrton Senna	McLaren-Honda	- 36,787
3. Nelson Piquet	Lotus-Honda	- 47,546

Alle Ergebnisse im Detail auf Seite 387

Enzo Ferrari: Abschied mit 90

Der Commendatore in seinem Arbeitszimmer. Enzo Ferrari lebte und arbeitete auf dem Gelände der hauseigenen Teststrecke Fiorano. Kein anderer prägte die Formel 1 so sehr wie der charismatische und oft rätselhafte Gründer des berühmtesten Rennstalls.

Gerechnet hatten alle längst damit, und trotzdem ist es ein Schock für eine ganze Nation. Am 14. August stirbt eine Legende. Enzo Ferrari schließt 90-jährig in Modena für immer seine Augen.

Schon im Jahr zuvor, anlässlich der Vierzigjahresfeier seines weltberühmten Unternehmens, sagte er seinen zu Tränen gerührten Mitarbeitern: „Ich nähere mich der Ziellinie." Mit ihm geht einer der letzten großen Patriarchen der automobilen Welt. Ein Visionär, ein Menschengewinnler, ein Diktator, ein Despot.

Er nutzte den Motorsport für seine Ziele wie kein Zweiter. Nie wurde Geld für Werbung ausgegeben. „Die Rennerfolge meiner Autos müssen für sich sprechen", war Ferraris Motto.

Er schuf Rennstars – und ließ sie wieder fallen. Er nannte den ungestümen und wilden, doch letztendlich nie Weltmeister gewordenen Gilles Villeneuve fast zärtlich „meinen Prinzen der Zerstörung". Und er schimpfte den zweifachen Ferrari-Weltmeister Niki Lauda einen „Judas", als dieser das Team verließ. Enzo Ferrari lebte einsam und unnahbar und in Gedanken stets bei seinem in jungen Jahren an Leukämie verstorbenen Erstgeborenen Dino.

Ob gekrönte Häupter oder Wirtschaftsmagnaten, ob Künstler oder bloß Lebenskünstler – sie alle kamen nach Maranello und erwiesen dem großen Enzo ihre Referenz – der letzte bedeutende Besucher vor Enzos Tod war niemand Geringerer als der Papst.

Gerhard Berger, der letzte noch von Enzo Ferrari eingestellte Pilot, der letzte Fahrer, der mit dem eigenwilligen Alten noch den Vertrag aushandelte und diesen per Handschlag besiegelte, findet die richtigen Worte zum Abschied eines Mannes, der den Rennsport wie kaum ein Zweiter prägte: „Diesen Mann kann man nur durch gute Leistungen ehren…"

Und es ist wie ein Wunder: Einen knappen Monat nach dem Tod des Commendatore siegt ausgerechnet auf der Hausstrecke in Monza Gerhard Berger vor seinem italienischen Teamkollegen Michele Alboreto. Der Doppelsieg lässt die leidgeprüften Tifiosi an ein Gotteszeichen glauben. Aber der liebe Gott hat mit Ferrari anderes im Sinn: Bis zum Ende des Jahrhunderts wird die Scuderia keinen Weltmeister mehr stellen.

Vereinbarungsgemäß gehen nach dem Tod von Enzo Ferrari weitere Firmenanteile an Fiat. Der Automobilkonzern hält nun 90 Prozent der Edelfirma, die restlichen zehn Prozent gehören Enzos unehelichem Sohn Piero Lardi-Ferrari.

Ausgerechnet beim Heimrennen auf der traditionsreichen Strecke von Monza gelingt den Ferrari-Piloten Gerhard Berger und Michele Alboreto ein frenetisch umjubelter Doppelsieg – vier Wochen nach dem Tod des großen Firmengründers Enzo Ferrari.

1988

Ayrton Senna – Erster Titel mit 28

„Der Mann geht zum Lachen ganz tief in den Keller." Der, der das sagt, muss es wissen. Es ist Sennas Manager Armando Texeira und er beschreibt damit eine der Facetten des neuen Weltmeisters. Aber es ist eben nur eine Facette: „Es gibt zwei Senna, zwei völlig getrennte Persönlichkeiten. Eine von Donnerstag bis Sonntag, da ist er völlig verkrampft und introvertiert. Der Montag-bis-Donnerstag-Senna ist lustig, locker, ein großes Kind, das am liebsten mit Modellflugzeugen spielt."

Wie dem auch sei – die Motorsportwelt interessiert am ehesten der Donnerstag-bis-Sonntag-Senna. Und da auch mehr die Leistung auf der Strecke als tief im Keller. Sennas 88er Bilanz spricht für sich und ist schlichtweg atemberaubend: Acht Siege, 13 Poles und – was am meisten beeindruckt – Weltmeister gegen Alain Prost auf identischem Material.

Als Vierjähriger beginnt Ayrton Senna da Silva 1964 mit dem Kartsport, mit 13 gewinnt er erste Meisterschaftsläufe, mit 17 ist er südamerikanischer Kartmeister. 1981 startet er in England in der Formel-Ford-Meisterschaft, Sieg im dritten Rennen. Und im Jahr darauf gewinnt Senna 22 Formel-Ford-Läufe. In der Formel 3 geht es so weiter: Trainingsbestzeit und Sieg im ersten Rennen. 1983 zwölf Formel-3-Siege und der Titel, noch im selben Jahr Testfahrten bei Williams, Toleman, McLaren und Brabham. Das Spitzenteam McLaren bietet einen Vertrag mit 200.000 Mark Verdienst an – Senna lehnt ab, will lieber in einem kleinen Team wie Toleman ohne Druck reifen. Ein Jahr später – bereits für Lotus – gewinnt Senna in seinem 16. WM-Lauf.

Senna läutet im Motorsport eine neue Ära ein. Was Niki Lauda beginnt und Alain Prost kopiert und perfektioniert, wird von Senna in eine neue Dimension geführt: Den unbegrenzten Willen, alles auf die Formel 1 auszurichten. Ein permanentes intelektuelles Kreisen um die perfekte Runde, das perfekte Set-Up, das perfekte Rennen. Kein Rennfahrer weltweit ist diese Saison näher an dieser angestrebten absoluten Perfektion als Ayrton Senna.

Er behindert Kollegen vorsätzlich, wenn die auf einer schnellen Runde sind, er sucht den Zweikampf hart an der Grenze zur Tätlichkeit, er gibt Interviews, in denen er sich mit subtiler Arroganz über seine Gegner lustig macht. Man kann ihn verachten oder verehren – Senna wird einer Motorsport-Epoche seinen Namen geben.

Viele Hände bemühen sich um Ayrton Senna. Der Brasilianer ist ein absoluter Ausnahmefahrer. Er wird für Jahre der Maßstab aller Piloten sein. Drei Titel holt er – alle mit McLaren.

Endstand Fahrer-WM

1.	Ayrton Senna	McLaren-Honda Turbo	90 (94)
2.	Alain Prost	McLaren-Honda Turbo	87 (105)
3.	Gerhard Berger	Ferrari Turbo	41
4.	Thierry Boutsen	Benetton-Ford	27
5.	Michele Alboreto	Ferrari Turbo	24
6.	Nelson Piquet	Lotus-Honda Turbo	22
7.	Ivan Capelli	March-Judd	17
	Derek Warwick	Arrows-Megatron Turbo	17
9.	Nigel Mansell	Williams-Judd	12
	Alessandro Nannini	Benetton-Ford	12
11.	Riccardo Patrese	Williams-Judd	8
12.	Eddie Cheever	Arrows-Megatron Turbo	6
13.	Mauricio Gugelmin	March-Judd	5
	Jonathan Palmer	Tyrrell-Ford	5
15.	Andrea de Cesaris	Rial-Ford	3
16.	Satoru Nakajima	Lotus-Honda Turbo	1
	Pierluigi Martini	Minardi-Ford	1

Gewertet wurden die besten elf Resultate. Gesamtpunktzahl in Klammern.

Ayrton Senna, der 13 Mal punktete, hatte zwei Streichresultate zu verzeichnen: Platz sechs in Portugal und Platz vier in Spanien. Seine übrigen Platzierungen: acht Siege und drei zweite Plätze.

Alain Prost kam 14 Mal ins Ziel, musste also drei Ergebnisse streichen. Da er stets siegte oder Zweiter wurde, vielen den Streichresultaten drei zweite Plätze zum Opfer.

Konstrukteure

1.	McLaren-Honda	199
2.	Ferrari	65
3.	Benetton-Ford	39
4.	Arrows-Megatron	23
	Lotus-Honda	23
6.	March-Judd	22
7.	Williams-Judd	20
8.	Tyrrell-Ford	5
9.	Rial-Ford	3
10.	Minardi-Ford	1

In Estoril kämpfen die Teamkollegen Alain Prost (l.) und Ayrton Senna mit harten Bandagen. Prost gewinnt zwar das Rennen, doch Senna zeigt dem Franzosen, wie weit er zu gehen bereit ist. Der Brasilianer verfügt über eine enorme mentale Stärke, die er im Rennen gegen seine Konkurrenten einsetzt.

Die berühmt-berüchtigte Eau Rouge von Spa-Francorchamps: Nur die mutigsten Piloten – wie Ferrari-Ass Nigel Mansell im August 1989 – fahren diese Kurve voll. Wicht

aussetzung ist ein perfekt abgestimmtes Auto. Durch die starke Kompression in der Senke setzen die Boliden auf und entfachen für einen kurzen Moment diesen Funkenflug.

1989

Skandal in Suzuka

Turbo-Motoren sind ab dieser Saison verboten, die Saugmotoren dürfen bis 3.500 ccm Hubraum haben. Mit dem neuen Zehnzylinder von Honda fährt McLaren wiederum auf und davon. Und wie im Vorjahr entwickelt sich zwischen den Teamkollegen Ayrton Senna und Alain Prost ein dramatischer Wettlauf um die Meisterschaft.

Die vergangene Saison hat gezeigt, dass es trotz der krassen Überlegenheit eines einzigen Teams ungeheuer spannend zugehen kann. Vorausgesetzt, die beiden Fahrer des dominanten Teams schenken sich nichts und bekämpfen sich aufs Feinste bis zum Saisonfinale.

Grund genug also, zu Beginn der neuen Saison einen Blick auf die teaminternen Konkurrenzsituationen zu werfen. Was natürlich bei McLaren ganz besonders viel Spaß macht. Das Weltmeister-Team, das im Jahre eins der turbolosen Ära mit einem Honda-Zehnzylinder an den Start geht, hat mit den beiden Vorjahrespiloten der Extraklasse zwei Titelkandidaten, die nur schwer gegeneinander zu taxieren sind. Der eine ist superschnell und sehr intelligent, der andere ist sehr schnell und superintelligent. Ein Kampf, auf den man sich freuen darf.

Nicht anders bei Ferrari. Bei den Roten versucht man zum x-ten Mal einen Neuanfang. Es gibt einen neuen Zwölfzylinder, neuer Teamchef ist Cesare Fiorio, und Konstrukteur John Barnard kommt mit einem revolutionären halbautomatischen Getriebe. Punkte und Siege sollen Stammfahrer Gerhard Berger und Alboreto-Ersatz Nigel Mansell einfahren. Ein Leckerbissen der Saison wird die Frage sein, wer von beiden die Nase vorn haben wird.

An Mansells alte Stelle im Williams-Team ist der Belgier Thierry Boutsen gewechselt. Er muss sich dort nun mit Riccardo Patrese rumbalgen. Beide gehören zu dem Kreis der möglichen Siegfahrer, nachdem Williams die unzuverlässigen Judd-Motoren gegen neue Renault-Sauger eintauschen konnte. Die Formel-1-Rückkehrer aus Frankreich setzen wie Honda auf Zehnzylinder-Triebwerke. Tatsächlich kann Boutsen in Kanada sein erstes Rennen gewinnen. Nach 95 Rennen Anlauf – länger hat bis jetzt kein Sieger gebraucht. Grund genug für den Belgier, mit einem zweiten Sieg nur noch bis zum australischen Finalrennen zu warten.

Gute Leistungen haben im Vorjahr auch schon die beiden March-Piloten Capelli und Gugelmin gebracht. Ohne Konkurrenz dürfte der dreifache Weltmeister Nelson Piquet sein, der auch in seinem zweiten Jahr bei Lotus wieder den Japaner Satoru Nakajima als Teamkollegen vorfindet.

Im Gegensatz zu Lotus ist bei Benetton zunächst völlig offen, wer sich als Nummer eins durch-

setzen wird. Der nach einem schweren Formel-3000-Unfall immer noch nicht ganz genesene, aber trotzdem schon wieder ungeheuer schnelle Johnny Herbert oder Alessandro Nannini. Herbert wird in diesem Zweikampf jäh aus dem Verkehr gezogen, als er nach seiner Nichtqualifizierung beim Kanada-GP gegen Emanuele Pirro ausgewechselt wird. Das Benetton-Team wirft dem Rekonvaleszenten vor, er könne noch nicht hart genug bremsen.

Aus deutscher Sicht ist dieses Jahr besonders spannend. Gleich vier Fahrer, Christian Danner, Volker Weidler, Joachim Winkelhock und Bernd Schneider, wollen sich in der Formel 1 etablieren. Doch drei von ihnen müssen wegen des großen Startfeldes ▶

▲ *Überraschungssieg durch Nigel Mansell in Rio. Der Ferrari-Neuling schafft eine kleine Sensation, mit der selbst die Teamführung nicht gerechnet hat.*

▼ *Ende im Notausgang: Senna (vorn) und Prost landen nach ihrer Kollision in der Auslaufzone der Schikane. In diesem Moment ist Alain Prost zum dritten Mal Weltmeister.*

Die **Teams**

McLaren-Honda	
Ayrton Senna	BR
Alain Prost	F
Ferrari	
Nigel Mansell	GB
Gerhard Berger	A
Benetton-Ford	
Alessandro Nannini	I
Johnny Herbert	GB
Emanuelle Pirro	I
Lotus-Judd	
Nelson Piquet	BR
Satoru Nakajima	J
Arrows-Ford	
Derek Warwick	GB
Eddie Cheever	USA
Martin Donnelly	GB
March-Judd	
Mauricio Gugelmin	BR
Ivan Capelli	I
Williams-Renault	
Thierry Boutsen	B
Riccardo Patrese	I
Tyrrell-Ford	
Jonthan Palmer	GB
Michele Alboreto	I
Jean Alesi	F
Johnny Herbert	GB
Rial-Ford	
Christian Danner	D
Volker Weidler	D
Minardi-Ford	
Pierluigi Martini	I
Luis Perez-Sala	E
Paolo Barilla	I
Brabham-Judd	
Martin Brundle	GB
Stefano Modena	I
Osella-Ford	
Nicola Larini	I
Piercarlo Ghinzani	I
Dallara-Ford	
Alex Caffi	I
Andrea de Cesaris	I
Ligier-Ford	
René Arnoux	F
Olivier Grouillard	F
Lola-Lamborghini	
Yannik Dalmas	F
Philippe Alliot	F
Eric Bernard	F
Michele Alboreto	I
Coloni-Ford	
Roberto Moreno	BR
Pierre-Henri Raphanel	F
Zakspeed-Yamaha	
Bernd Schneider	D
Aguri Suzuki	J
Onyx-Ford	
Stefan Johansson	S
Bertrand Gachot	F
JJ Lehto	FIN
AGS-Ford	
Gabriele Tarquini	I

1989

Formel-1-Neuling Johnny Herbert greift bei Benetton ins Steuer. Doch zur Saisonmitte wird der schnelle Brite durch Emanuele Pirro ersetzt.

Der neue Honda-Zehnzylinder macht McLaren wiederum zum dominierenden Team. Aber diesmal gelingen Prost und Senna „nur" 10 Siege...

durchs Prequalifying. Was mit anderen Worten bedeutet, dass ein GP mit zwei Deutschen am Start schon ein wirklicher Erfolg wäre. Die Betonung liegt auf wäre – die Saison ist für die Deutschen ein Desaster. Winkelhock gibt Mitte der Saison im desolaten AGS-Team auf, Weidler kann sich nie, Schneider so gut wie nie qualifizieren. Deutschland, Autonation Nummer eins in Europa, bleibt weiterhin ein Formel-1-Entwicklungsland. Beim Heimatrennen auf dem Hockenheimring ist sogar erstmals seit 1983 überhaupt kein Deutscher am Start.

Dann gibt es als Fragezeichen noch die Technik-Überlegung: acht, zehn oder zwölf Zylinder? Für wenig Zylinder sprechen Gewicht, Baumaße und Verbrauch, für eine hohe Zylinderzahl Drehzahl und Leistung. Rasch zeigt sich dann im Laufe der Saison, dass der goldene Mittelweg mit zehn Zylindern, wie Renault und Honda sie einsetzen, der richtige und zukunftsweisende ist.

Rennen Nummer eins, der Auftakt in Rio, gibt auf viele Fragen ein erstes Zwischenergebnis, mit dem die wenigsten gerechnet hatten. Ausgerechnet das Team, das bei den Rio-Tests nicht zugegen war, macht nun im Rennen die große Welle. Ferrari-Neuling Nigel Mansell ist selbst am meisten überrascht: „Wenn das Auto hält, können wir vorne mitfahren, aber ich glaube kaum, dass wir über die Runden kommen." Rennleiter Fiorio traut der hauseigenen Technik so wenig zu, dass er Mansell vorschlägt, mit nur halbvollen Tanks zu starten. Länger werde das Auto eh nicht halten und solange könne man wenigstens ein medienwirksames Feuerwerk abfackeln. Zur Überraschung der gesamten Ferrari-Crew hält der Wagen durch – Mansell gewinnt sein erstes Rennen für die Roten aus Maranello. Weniger Glück hat Teamkollege Berger. Mit dem Saisonauftakt beginnt für ihn eine Serie von zehn Rennen, in denen er keine Zielflagge sieht...

Beim San-Marino-GP in Imola wünschen sich 160.000 Zuschauer eine Wiederholung von Mansells Auftakterfolg. Doch dazu kommt es nicht. Dafür gibt es

Williams setzt 1989 auf Renault-Power. Der Belgier Thierry Boutsen kann sogar zwei Rennen gewinnen.

dann bei McLaren eine ganze Menge Feuer unterm Dach. Zwischen Alain Prost und Ayrton Senna bricht in Imola ein offener Krieg aus. Ein Krieg, der die Saison 1989 bis zum Finale bestimmen soll.

Ausgangspunkt ist Bergers schlimmer Unfall in der gefürchteten Tamburello-Kurve in Runde vier (siehe Kasten). Das Rennen wird abgebrochen, ein Neustart angesetzt und um eben diesen geht es. Gibt es doch zwischen den McLaren-Piloten eine interne Abmachung, mögliche Doppelsiege nicht durch unnötige Raufereien zu gefährden: Wem nach dem Start die erste Kurve gehört, dem gehört das Rennen. Dessen eingedenk, katapultiert sich Prost nach dem Neustart Richtung Tamburello, gewinnt das interne McLaren-Duell, nur um wenig später von Senna in der Tosa überholt zu werden. Senna gewinnt vor Prost das Rennen. Noch im Parc fermé greift sich Prost seinen Kollegen Senna am Overall – Worte gewechselt werden keine, aber allen ist klar: Dieses Rennen wird noch ein Nachspiel haben.

Erneut ist die Saison, wenn auch nicht ganz so überlegen wie im Vorjahr, ein Spiel der McLaren. Senna schließt seinem Imola-Triumph zwei Siege in Monaco und Mexiko an. Dann folgt für den Brasilianer eine Dürreperiode von vier Rennen ohne Punkte. Eine Periode, in der sich Konkurrent Prost mit drei Siegen in den USA, Frankreich – dort erklärt Prost , dass er McLaren zum Jahresende verlassen wird – und

Le Castellet: Spektakulärer Überschlag von March-Pilot Mauricio Gugelmin. Der Brasilianer bleibt unverletzt und sitzt beim Neustart im Ersatzwagen.

Imola: **Gerhard Berger** im Feuerball

Die vierte Runde hat gerade begonnen und Ferrari-Star Gerhard Berger liegt zwischen Patrese und Boutsen auf Rang sechs, als die Katastrophe ihren Lauf nimmt. In der schnellen Tamburello-Kurve weicht Bergers Ferrari unvermittelt von der Ideallinie ab und schießt geradeaus in die Leitplanken. In einer Staubwolke kracht der Ferrari sich drehend immer wieder gegen die Pistenbegrenzung.
Als Bergers Bolide endlich zum Stehen kommt, entwickelt sich alles noch viel schlimmer. Erste Flammen zucken auf, Sekunden später brennt der Ferrari mit der Startnummer 28 lichterloh. Weil Berger ohne Bewusstsein ist, wird das bordeigene Feuerlöschsystem nicht aktiviert.
Doch der Österreicher hat Glück im Unglück. Die italienischen Streckenposten machen einen sensationellen Job. In weniger als 20 Sekunden ist das Feuer gelöscht, der Tiroler wird noch an der Unfallstelle ärztlich versorgt und anschließend im Medical Center untersucht. Die Diagnose ist schwerwiegend, doch in Anbetracht des dramatischen Unfalls ein einziger Glücksfall: Verbrennungen ersten und zweiten Grades an Armen und Brust, zweiten und dritten Grades an den Händen. Dazu kommt eine leichte Gehirnerschütterung sowie Brüche einer Rippe und der linken Schulter. Nach fünf Stunden verlässt Berger das Krankenhaus auf eigenes Risiko.

Nach seinem Unfall muss sich Berger vor jedem Rennen die verletzten Hände bandagieren lassen.

Die **3,5-Liter-Formel**

Nach dem Turbo-Verbot werden diese Motoren eingesetzt (Auswahl)

Auto	Zylinder	PS	U/Min.	Konstrukteur
Arrows-Ford	V8	590	11.000	Ross Brawn
Benetton-Ford	V8	640	11.600	Rory Byrne
Brabham-Judd	V8	600	11.200	Sergio Rinland
Ferrari	V12	650	12.500	John Barnard
Ligier-Ford	V8	590	11.000	Ricardo Divila
Lola-Lamborghini	V12	610	12.800	Gérard Ducarouge
Lotus-Judd	V8	600	11.200	Frank Dernie
March-Judd	V8	610	11.500	Adrian Newey
McLaren-Honda	V10	660	12.800	Gordon Murray
Tyrrell-Ford	V8	600	11.000	Harvey Postlethwaite
Williams-Renault	V10	640	12.500	Patrick Head
Zakspeed-Yamaha	V8	580	11.000	Gustav Brunner
AGS-Ford	V8	590	11.000	Claude Galopin
Minardi-Ford	V8	590	11.000	Aldo Costa
Onyx-Ford	V8	590	11.000	Alan Jenkins
Rial-Ford	V8	590	11.000	Bob Bell

(PS-Angaben beruhen auf zuverlässigen Schätzungen)

1990

Senna gegen Prost – der Krieg geht weiter

McLaren und die wiedererstarkten Ferrari sind die Favoriten auf den WM-Titel. Bei den Briten ist jedoch zunächst nicht klar, ob Superstar Ayrton Senna überhaupt starten wird. Nach dem Suzuka-Skandal im Vorjahr hatte sich der Brasilianer mit FIA-Präsident Balestre überworfen. Erst kurz vor Saisonbeginn erhält Senna die Superlizenz für 1990.

„McLaren und Honda haben sich dermaßen an der Erfolg gewöhnt, dass sie dazu keine Alternative sehen." Das sagt kein Geringerer als Teamchef Ron Dennis zu Beginn der Saison. Dennis neuer Angestellter – Prost-Nachfolger Gerhard Berger – stößt ins selbe Horn: „1990 habe ich zum ersten Mal ein Auto, mit dem kalkuliert Rennen zu gewinnen sind. Bei Ferrari waren Siege Zufälle." Was Berger nicht unbedingt kalkulieren kann: Wer die McLaren-Siege rausfährt, er oder der übermächtige Ayrton Senna? Die Saison wird zeigen, dass Berger-Erfolge eher Zufälle bleiben.

Was McLaren bereits im Vorfeld zur Saison nicht verhindern kann, ist die Flucht der Nummer eins. Weltmeister Alain Prost wechselt von McLaren zu Ferrari und nimmt als Titelträger die Zahl eins auf dem Wagen mit zu den Roten. Wer weiß, dass Ron Dennis auch auf die Pokale seiner Fahrer besteht – Dennis ist einfach der Meinung, dass Siege, die auf seinen Autos erfahren werden, McLaren-Siege sind – der kann sich vor-

stellen, wie sehr Dennis über diese Fahnenflucht tobt.

Bei Konkurrent Williams tut sich weniger bei der Fahrerbesetzung als hinter den Kulissen. Heads Co-Konstrukteur Enrique Scalabroni wechselt zu Ferrari. Dort besteht seit dem Barnard-Weggang zu Benetton eine Vakanz. Bei Williams wird die Scalabroni-Lücke mit dem ehemaligen March-Mann Adrian Newey besetzt. Noch ahnt keiner, was dieser Wechsel für das Williams-Team eines Tages mal bedeuten wird...

Eine interessante Konstellation gibt es auch bei Benetton. Dort vertraut man im Gegensatz zur Zehn- und Zwölfzylinder-Konkurrenz auf den Cosworth mit acht Zylindern. Der neue Team-Manager und frühere Benetton-Verkäufer Flavio Briatore hat zwar nicht unbedingt Ahnung vom Motorsport, weiß aber, wie man alternden Stars auf die Sprünge hilft. Top-Fahrer Nelson Piquet bekommt einen leistungsbezogenen Vertrag. Neben einem Basisgehalt von einer Million Dollar – davon kann Nelson bestenfalls den Sprit für Autos, Yachten und Jet bezahlen – werden pro WM-Punkt 50.000 Dollar fällig. Bei Siegen eine Million Dollar zusätzlich. Was sich nach den Erfolgen in den Finalrennen von Japan und Australien – für beide Seiten – gar nicht so schlecht rechnet.

Die Saison wird in Phoenix mit einem Hammer eröffnet: Gerhard Berger steht in der Startaufstellung vor Ayrton Senna. Minardi-Mann Martini platziert sich dank der Pirelli-Reifen neben ihm und weint vor Freude. Die größte Überraschung aber heißt Jean Alesi vom Tyrrell-Team. Der hitzköpfige Franzose führt das Rennen an und als Ayrton Senna erst nach 33 Runden die gottgewollte Reihenfolge dank eines Überholmanövers herstellt, bleibt der kleine Franzose frech auf dem Gas und überholt zurück. Das mögen die Fans und seitdem ist der Name Alesi ein Gütesiegel. Sogar Senna ist beeindruckt. „Ich hatte nicht damit gerechnet, dass Alesi so stark fahren würde. Er fährt extrem sauber, genau den Fahrstil, den ich schätze."

Alesis Team ist noch für weitere Schlagzeilen gut. In Imola präsentiert Tyrrell den 019 mit einem bahnbrechenden Frontflügeldesign, das dank hochgezogener Nase eine optimierte Anströmung des restlichen Autos vorweisen kann. Tyrrell-Konstrukteur Harvey Postlethwaite zum sich anbahnenden Trend der Formel-1-Hochnäsigkeit: „In unserer Konstruktionsabteilung steht das Modell einer Vought Corsair aus dem Zweiten Weltkrieg. Dieses ▶

So sehen ihn die Gegner meistens: McLaren-Star Ayrton Senna ist der dominierende Fahrer des Jahres, auch wenn er mit Alain Prost bis zum Schluss um den Titel kämpft.

Alain Prost und Ferrari-Rennleiter Cesare Fiorio wissen, dass ihnen Senna im McLaren überlegen ist.

Zwei, die sich mögen: Ayrton Senna und sein Teamkollege Gerhard Berger funken auf gleicher Wellenlänge. Eine ungewöhnliche Harmonie im Stress-Team McLaren-Honda.

Die **Teams**

McLaren-Honda	
Ayrton Senna	BR
Gerhard Berger	A
Williams-Renault	
Thierry Boutsen	B
Riccardo Patrese	I
Ferrari	
Alain Prost	F
Nigel Mansell	GB
Benetton-Ford	
Alessandro Nannini	I
Nelson Piquet	BR
Roberto Moreno	BR
Tyrrell-Ford	
Satoru Nakajima	J
Jean Alesi	F
Lotus-Lamborghini	
Derek Warwick	GB
Martin Donnelly	GB
Johnny Herbert	GB
Arrows-Ford	
Michele Alboreto	I
Alex Caffi	I
Bernd Schneider	D
Dallara-Ford	
Emanuelle Pirro	I
Andrea de Cesaris	I
Gianni Morbidelli	I
Brabham-Judd	
Gregor Foitek	CH
Stefano Modena	I
David Brabham	AUS
Minardi-Ford	
Pierluigi Martini	I
Paolo Barilla	I
Gianni Morbidelli	I
Onyx-Ford	
JJ Lehto	FIN
Gregor Foitek	CH
Leyton House-Judd	
Mauricio Gugelmin	BR
Ivan Capelli	I
Ligier-Ford	
Nicola Larini	I
Philippe Alliot	F
AGS-Ford	
Gabriele Tarquini	I
Yannik Dalmas	F
Osella-Ford	
Olivier Grouillard	F
Lola-Lamborghini	
Eric Bernard	F
Aguri Suzuki	J
EuroBrun-Judd	
Roberto Moreno	BR

1990

Tyrrell 019

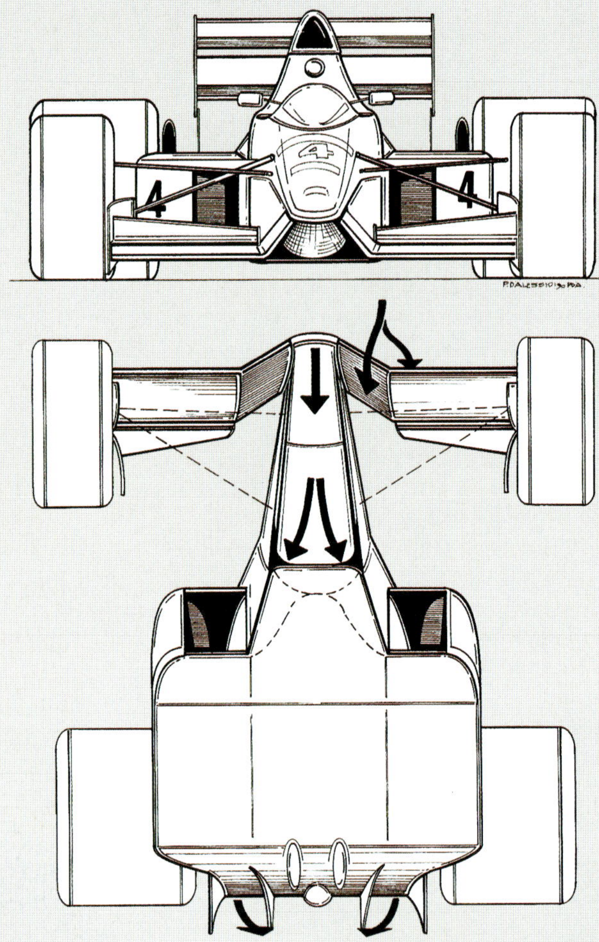

Die neue Hochnäsigkeit: Tyrrell präsentiert eine neu gestaltete Frontpartie, die den Unterboden und die Kühler besser anströmt. Die Konstruktion von Harvey Postlethwaite ist zukunftsweisend.

Flugzeug hat exakt die gleiche Flügelform."

Um in der laufenden Saison einen gewissen Trend erkennen zu können, muss man bis zum Großen Preis von Monaco warten. Der Trend läuft zugunsten von Ayrton Senna, der im Fürstentum seinen zweiten Lauf der Saison gewinnen kann. Bis dahin sah jedes Rennen einen anderen Sieger auf einem anderen Auto. Senna auf McLaren in Phoenix, Prost auf Ferrari – mit Kollege Mansell auf Platz zwei – in São Paulo, Williams-Fahrer Patrese in Imola. Nun also Sennas zweiter Erfolg trotz Problemen: „Nach einem Drittel der Renndistanz verlor mein Motor deutlich an Leistung und machte auch noch merkwürdige Geräusche." McLaren-Kollege Berger kann an Sennas Überlegenheit auch in Kanada nichts ändern, obwohl der Österreicher erstmals vor dem Brasilianer als Sieger über die Ziellinie fährt. Allerdings mit einer Strafminute wegen Frühstarts im Gepäck: „Es war ganz klar mein Fehler, die Strafe geht in Ordnung. Ich hatte allerdings gehofft, dass die Funktionäre Erbarmen mit mir haben, weil ich mich sofort wieder zurückfallen ließ."

Senna kann zwar Siege auf seinem Konto verzeichnen, aber auch eine ganze Menge Pech: In Imola verhindert ein Felgenscha-

Tyrrell-Pilot Jean Alesi (l.) sorgt gleich im ersten Rennen für Furore. Oldie Nelson Piquet erhält bei Benetton einen leistungsbezogenen Vertrag und kassiert kräftig ab: eine Million Dollar pro Sieg.

Nigel Mansells Rücktritt vom Rücktritt

Die Worte vom 15. Juli, ausgesprochen in Silverstone unmittelbar nach dem Großen Preis von England, sind noch in aller Ohren. Völlig enttäuscht über die Leistung seines Ferrari erklärt der Brite Nigel Mansell vor Zehntausenden seiner Fans emotional seinen Rücktritt: „Nach dem Finale in Adelaide werde ich mich in erster Linie um meine Familie kümmern."

Für alle, die das nicht glauben können – schließlich steht Löwe Nigel voll im Saft – bekräftigt der Schnauzbart seine Pläne. Nachdem er in Spa während des Rennens mit einem funktionstüchtigen Ferrari an der Box vorfährt und das Rennen mit einem arroganten „unfahrbar" beendet, sieht sich Mansell in Italien gezwungen, ein paar klärende Worte zu sagen. „Ich bin heiß auf das Rennen in Monza und gehe voll motiviert in die letzten vier Grand Prix. Es werden die letzten vier Formel-1-Rennen meiner Karriere. Das habe ich angekündigt und daran hat sich nichts geändert."

Rund drei Wochen haben diese Worte noch Gültigkeit. Am 1. Oktober unterschreibt Mansell einen Vertrag mit seinem alten Team Williams. Rallye Racing-Mitarbeiter Roger Benoit erklärt er den plötzlichen Sinneswandel. „Bei Williams bekomme ich die Chance meines Lebens: Zwei Autos bei jedem Test, zwei Autos bei jedem Rennen, Superkonstrukteur Patrick Head, die besten Mechaniker und der Renault-Motor – dafür habe ich zehn Jahre gearbeitet."

Spanien: Prost siegt vor Mansell. Der Brite hat den Williams-Vertrag für die nächste Saison bereits in der Tasche.

den irgendwelche Punkte, in Mexiko ein Plattfuß und in Frankreich sorgt ein verpatzter Boxenstopp für nur vier Punkte. Die beurteilt Senna aber ganz positiv: „Die WM wird so hart umkämpft werden, dass mir die vier Punkte noch nützlich sein werden.“

Vier Punkte – mehr sind auch in Silverstone für Senna nicht drin. Und wieder hinter dem Sieger Alain Prost, der erstmals in diesem Jahr und nach einem Hattrick – „Trotz 43 Siegen mein erster Hattrick in der Formel 1 überhaupt.“ – die Führung in der WM übernimmt. Prost frohlockt: „Motor und Getriebe sind ganz phantastisch, zudem hat Ferrari zur Zeit wohl das beste Chassis. Dass wir heute erneut siegten, ist für mich keine Überraschung.“

Doch nicht jeder, der in einem Ferrari sitzt, ist auch glücklich. Teamkollege Nigel Mansell, bislang sieglos und mit gerademal 13 mageren Zählern versehen, platzt in Silverstone der Kragen. „Jetzt langt es mir. Ich habe das Gefühl, Ferrari will mich verschaukeln. Die sind doch nur in der Lage, höchstens ein Auto optimal vorzubereiten. Zum Saisonende beende ich meine Karriere.“ Nigel kann es nicht verwinden, dass ihn – gehandikapt durch Getriebeprobleme – Kollege Prost vor den Augen seiner Landsleute einfach von der Spitze verdrängt.

In Deutschland und Ungarn ist die Phase der McLaren-Probleme mit dem Chassis überwunden und Senna kann in den beiden Rennen 15 Punkte holen, zwölf mehr als Konkurrent Prost.

In Spa, wo es wegen reichlich Kleinholzes insgesamt drei Starts gibt, und – ausgerechnet – auch in Monza setzt Ayrton Senna noch einen drauf: „Jetzt, da die langwierigen Vertragsverhandlungen mit McLaren endlich zu einem guten Ende gekommen sind, habe ich den Kopf wieder völlig frei für den Sport.“ Zwei Rennen, zwei Siege – und für Prost sieht es langsam mau aus.

Mit 72 Punkten (Senna) zu 56 (Prost) geht es nach Portugal, und dort gewinnt endlich wieder Ferrari. Allerdings mit dem „falschen“ Fahrer. Nigel Mansell kann seinen ersten Sieg der Saison feiern, und Kollege Prost, der sich maßlos darüber ärgert, dass ihn Mansell bereits beim Start behindert, statt im Titelkampf zu helfen, schäumt: „Ferrari hat den WM-Titel nicht verdient.“

Eine Woche später hört sich derselbe Prost mit seinen Bemerkungen über dieselbe Truppe ganz anders an: „Unser Team hat an diesem Wochenende wunderbar zusammengearbeitet. ▶

▶ *Benetton-Pilot Alessandro Nannini überrundet Olivier Grouillard. Der Italiener zählt zu den schnellen Vertretern der Formel 1. Durch einen Helikopterunfall endet seine Karriere abrupt.*

▼ *Der Belgien-GP erlebt mehrere Starts. Hier arbeitet Mansell seinen Ferrari auf. Später stellt er seinen „unfahrbaren“ Boliden an der Box ab.*

Siegerpodeste

1	11.3.1990 GP USA – Phoenix		
	Pole: Gerhard Berger		
	1. Ayrton Senna	McLaren-Honda	1:52.32,829
	2. Jean Alesi	Tyrrell-Ford	- 8,685
	3. Thierry Boutsen	Williams-Renault	- 54,080
2	25.3.1990 GP Brasilien – Interlagos		
	Pole: Ayrton Senna		
	1. Alain Prost	Ferrari	1:37.21,258
	2. Gerhard Berger	McLaren-Honda	- 13,564
	3. Ayrton Senna	McLaren-Honda	- 37,722
3	13.5.1990 GP San Marino – Imola		
	Pole: Ayrton Senna		
	1. Riccardo Patrese	Williams-Renault	1:30.55,478
	2. Gerhard Berger	McLaren-Honda	- 5,117
	3. Alessandro Nannini	Benetton-Ford	- 6,240
4	27.5.1990 GP Monaco – Monte Carlo		
	Pole: Ayrton Senna		
	1. Ayrton Senna	McLaren-Honda	1:52.46,982
	2. Jean Alesi	Tyrrell-Ford	- 1,087
	3. Gerhard Berger	McLaren-Honda	- 2,073
5	10.6.1990 GP Kanada – Montréal		
	Pole: Ayrton Senna		
	1. Ayrton Senna	McLaren-Honda	1:42.56,400
	2. Nelson Piquet	Benetton-Ford	- 10,497
	3. Nigel Mansell	Ferrari	- 13,385
6	24.6.1990 GP Mexiko – Mexiko City		
	Pole: Gerhard Berger		
	1. Alain Prost	Ferrari	1:32.35,783
	2. Nigel Mansell	Ferrari	- 25,351
	3. Gerhard Berger	McLaren-Honda	- 25,530
7	8.7.1990 GP Frankreich – Le Castellet		
	Pole: Nigel Mansell		
	1. Alain Prost	Ferrari	1:33.29,606
	2. Ivan Capelli	Leyton House-Judd	- 8,627
	3. Ayrton Senna	McLaren-Honda	- 11,606
8	15.7.1990 GP England – Silverstone		
	Pole: Nigel Mansell		
	1. Alain Prost	Ferrari	1:18.30,999
	2. Thierry Boutsen	Williams-Renault	- 39,092
	3. Ayrton Senna	McLaren-Honda	- 43,088
9	29.7.1990 GP Deutschland – Hockenheim		
	Pole: Ayrton Senna		
	1. Ayrton Senna	McLaren-Honda	1:20.47,164
	2. Alessandro Nannini	Benetton-Ford	- 6,520
	3. Gerhard Berger	McLaren-Honda	- 8,553
10	2.8.1990 GP Ungarn – Budapest		
	Pole: Thierry Boutsen		
	1. Thierry Boutsen	Williams-Renault	1:49.30,597
	2. Ayrton Senna	McLaren-Honda	- 0,288
	3. Nelson Piquet	Benetton-Ford	- 27,893
11	26.8.1990 GP Belgien – Spa-Francorchamps		
	Pole: Ayrton Senna		
	1. Ayrton Senna	McLaren-Honda	1:26.31,997
	2. Alain Prost	Ferrari	- 3,550
	3. Gerhard Berger	McLaren-Honda	- 28,462
12	9.9.1990 Italien – Monza		
	Pole: Ayrton Senna		
	1. Ayrton Senna	McLaren-Honda	1:17.57,878
	2. Alain Prost	Ferrari	- 6,054
	3. Gerhard Berger	McLaren-Honda	- 7,404
13	23.9.1990 GP Portugal – Estoril		
	Pole: Nigel Mansell		
	1. Nigel Mansell	Ferrari	1:22.11,014
	2. Ayrton Senna	McLaren-Honda	- 2,808
	3. Alain Prost	Ferrari	- 4,189
14	30.9.1990 GP Spanien – Jerez		
	Pole: Ayrton Senna		
	1. Alain Prost	Ferrari	1:48.01,461
	2. Nigel Mansell	Ferrari	- 22,064
	3. Alessandro Nannini	Benetton-Ford	- 34,874
15	21.10.1990 GP Japan – Suzuka		
	Pole: Ayrton Senna		
	1. Nelson Piquet	Benetton-Ford	1:34.36,824
	2. Roberto Moreno	Benetton-Ford	- 7,223
	3. Aguri Suzuki	Lola-Lamborghini	- 22,469
16	4.11.1990 GP Australien – Adelaide		
	Pole: Ayrton Senna		
	1. Nelson Piquet	Benetton-Ford	1:49.44,570
	2. Nigel Mansell	Ferrari	- 3,129
	3. Alain Prost	Ferrari	- 37,259

Alle Ergebnisse im Detail auf Seite 388

Die Teamführung, alle Mechaniker aber auch Nigel haben gemeinsam mit mir an einem Strick gezogen.“ Klar – diesmal hat es einen Ferrari-Sieg in der richtigen Reihenfolge gegeben: Prost vor Mansell. Da Senna mit einem überhitzten Motor aufgeben muss, liegt Prost jetzt nur noch neun Punkte hinter dem Brasilianer. Trotzdem bleibt Prost Realist: „Die Chancen stehen 85 zu 15 zugunsten Ayrtons.“ Und dann kommt der kriegsentscheidende Satz von Alain: „Wenn es mir gelingt, in Suzuka auf den ersten Metern die Führung zu übernehmen, dann rechne ich mir auch dort reelle Siegchancen aus.“ Irgendwie muss sich das auch Kollege Senna gedacht haben, und die Konsequenz aus diesem gedanklichen Pas des deux ist wirklich bemerkenswert (siehe Kasten). Sicher ist auf jeden Fall, dass zu diesem Zeitpunkt Prost nie und nimmer damit rechnet, dass alle Spekulationen zum nächsten Lauf in Suzuka dort schon nach wenigen Metern hinfällig sind. Und noch weniger ist damit zu rechnen, dass die beiden letzten Läufe zwar ein Brasilianer gewinnt, aber halt nicht der frisch gebackene Weltmeister Senna, sondern ausgerechnet dessen Intimfeind, Benetton-Fahrer Nelson Piquet. Wenigstens ein kleiner Trost für Prost...

Thierry Boutsen läuft auf den Lola von Eric Bernard auf. Boutsen unterstreicht den Aufwärtstrend bei Williams mit einem Sieg in Ungarn.

Rammstoß in Suzuka

FISA-Präsident Jean Marie Balestre bringt es auf den Punkt: „Die ganze Welt war Zeuge.“
Wovon nun war die Welt Zeuge? Unstrittig ist: Beim Großen Preis von Japan steht Senna auf der Pole, Prost neben ihm. Unstrittig ist auch: Prost muss unbedingt vor Senna punkten, sonst ist die WM gelaufen. Weiterhin ist unstrittig: Die Ferrari-Performance ist ansteigend. Gelingt Prost ein guter Start, wird es für Senna schwer, den Franzosen am Siegen zu hindern. „Ferrari hat Boden gutgemacht und ist auf einigen Strecken nicht nur ebenbürtig sondern gar überlegen“, weiß Senna.
Seit dem unglücklichen WM-Ausgang in der vergangenen Saison in Suzuka nagt es an dem überehrgeizigen Brasilianer. Er fühlt sich von Prost um den Titel betrogen. Und natürlich auch von FISA-Präsident Balestre, der ihm erst nach einer schriftlichen Entschuldigung und noch mehr Hick-Hack in allerletzter Minute die Superlizenz für die 90er Saison austeilt.

Diese zwei Herren haben sich nichts mehr zu sagen. Wortlos stapfen Ayrton Senna und Alain Prost nach ihrer Kollision zurück zu den Boxen.

Als Senna und Prost zum Saisonbeginn in Phoenix aufeinanderstoßen, sind noch nicht einmal die Grundlagen zwischenmenschlicher Gepflogenheiten möglich. Senna weigert sich, dem Franzosen die Hand zu schütteln. Bis zum September – nach dem Großen Preis von Italien – dauert es, bis es zu einer solchen Geste zwischen beiden kommt.
Lange hat es gedauert, und doch war dieser Akt ein wenig zu früh. Denn wer sich auf dauerhaften Frieden zwischen den beiden Superstars eingestellt hat, sieht sich enttäuscht. Senna bitter: „Verändern werde ich mein Verhalten gegenüber Prost trotzdem nicht.“
Das kann man ganz hervorragend am Start in Suzuka ablesen. Der hat noch eine kleine Vorgeschichte. Pole-Mann Senna denkt, dass die saubere linke Startposition in der ersten Reihe die beste ist und verlangt eine Verlegung der Pole-Position von rechts nach links. Die FISA mit Balestre an der Spitze aber stellt sich stur und beharrt auf der alten Position.

Kurz-Meldungen

● Goodyear und Pirelli sind die aktuellen **Reifenlieferanten** der Formel 1. Die Amerikaner kümmern sich um McLaren, Ferrari, Benetton, Williams, Arrows, Leyton House, Lola, Coloni und Onyx, die Italiener um Brabham, Osella, Dallara, Minardi und EuroBrun.

● **Leyton House** ist kein neues Team: Der Hauptsponsor von March gibt dem Rennstall seinen Namen.

● Böses Aus gleich für beide deutschen Formel-1-Teams. **Zakspeed** kriegt nicht ausreichend Sponsorengeld zusammen, Rial-Boss Günter Schmid hatte bereits im Vorjahr entschieden, 1990 auf den Einsatz seiner Boliden zu verzichten.

● Wer als **Trainingsschnellster** nicht 15 Minuten nach Trainingsende vor der Presse erscheint, muss eine Buße von 10.000 Dollar bezahlen und wird auf den letzten Startplatz verbannt.

● Marlboro lädt zum Großen Preis von Amerika sechs Wirtschaftsjournalisten aus der **DDR** ein.

● Das notleidende **Onyx-Team** wird von dem Schweizer Peter Monteverdi aufgekauft. Er feuert über 30 Teammitglieder, muss aber vor dem Belgien-GP das Handtuch werden. Vorbesitzer Jean-Pierre van Rossem wird verhaftet: Er soll – vorsätzlich oder blöd – 500 Millionen Mark verspekuliert haben.

● **Kein deutscher Fahrer** mehr in der Formel 1: Bernd Schneider geht in die Sportwagenszene, Christian Danner in die japanische Formel 3000.

● Nach **Patreses Imola-Sieg** gibt es viel Arbeit für die Statistiker: Patreses letzter Formel-1-Erfolg datiert aus dem Jahre 1983. Kein anderer Grand-Prix-Pilot weist zwischen zwei Siegen eine solch lange Durststrecke auf.

● Beim **Mexiko-GP** sorgt ein großer schwarzer Hund unbekannter Rasse für die Unterbrechung des Warm-Ups. Prost nachsichtig: „Der hat sich beim Überholtwerden besser verhalten als mancher Fahrer. Außerdem war das Tier verdammt schnell."

● Lotus-Pilot **Martin Donnelly** verunglückt im ersten Zeittraining des Spanien-GP lebensgefährlich. Die linke Vorderradaufhängung bricht bei Tempo 250. Der Aufprall in den Planken ist so heftig, dass der Lotus bis zum Überrollbügel regelrecht zersplittert. Der Brite selbst landet mit seiner Sitzschale regungslos auf der Strecke. Donnelly wird mit schlimmsten Brüchen ins Krankenhaus eingeliefert.

● Tragischer Unfall von Benetton-Fahrer **Alessandro Nannini**. Der Italiener stürzt am 17. Oktober vor dem Haus seiner Eltern mit seinem neuen Hubschrauber ab. Bei dem Unglück wird Nanninis rechter Unterarm abgetrennt. In einer über zehnstündigen Operation kann der Unterarm zwar wieder angenäht werden, mit der Formel-1-Karriere wird es aber vorbei sein. Im Benetton-Team wird Nannini durch den Brasilianer Roberto Moreno ersetzt.

◄ *Der Lotus von Martin Donnelly ist völlig zerstört. Der Brite überlebt den Unfall schwer verletzt.*

Endstand Fahrer-WM

1.	**Ayrton Senna** McLaren-Honda	78
2.	**Alain Prost** Ferrari	71 (73)
3.	**Nelson Piquet** Benetton-Ford	43 (44)
4.	**Gerhard Berger** McLaren-Honda	43
5.	**Nigel Mansell** Ferrari	37
6.	**Thierry Boutsen** Williams-Renault	34
7.	**Riccardo Patrese** Williams-Renault	23
8.	**Alessandro Nannini** Benetton-Ford	21
9.	**Jean Alesi** Tyrrell-Ford	13
10.	**Roberto Moreno** Benetton-Ford	6
	Ivan Capelli March-Judd	6
	Aguri Suzuki Lola-Lamborghini	6
13.	**Eric Bernard** Lola-Lamborghini	5
14.	**Derek Warwick** Lotus-Lamborghini	3
	Saturo Nakajima Tyrrell-Ford	3
16.	**Alex Caffi** Arrows-Ford	2
	Stefano Modena Brabham-Judd	2
18.	**Mauricio Gugelmin** March-Judd	1

Gewertet wurden die besten elf Resultate. Gesamtpunktzahl in Klammern.

Prompt kommt der von Platz zwei gestartete Prost am Rennsonntag besser weg. Beide Stars ziehen ein wenig aufeinander zu – das ist normal und gehört zum Kampfritual. Dann lenkt Prost eindeutig führend als erster in die Kurve ein. Und genauso eindeutig knallt ihm Senna ins Heck. Beide landen im Aus, beide gnädig von einer Staubwolke eingehüllt.

Prost ist völlig entsetzt: „Senna hat mich abgeschossen. Für ihn bedeutet die Formel 1 Krieg."

Krieger Senna sieht das anders: „Ich sah eine Lücke, doch der andere machte zu. Die FISA trägt die Schuld, alles wäre anders gelaufen, wenn ich von links gestartet wäre." Ansonsten ist der Mann absolut zufrieden: Zum zweiten Mal Weltmeister, an Intimfeind Prost wegen Suzuka 1989 Rache genommen und dann das Ganze noch der FISA in die Schuhe geschoben – besser geht es nicht mehr.

▼ *Ende in Kurve eins. Senna rammt den Ferrari von Prost, beide landen im Kies. Mit dieser angekündigten Aktion ist der Brasilianer Weltmeister.*

Konstrukteure

1.	**McLaren-Honda**	121
2.	**Ferrari**	110
3.	**Benetton-Ford**	71
4.	**Williams-Renault**	57
5.	**Tyrrell-Ford**	16
6.	**Lola-Lamborghini**	11
7.	**Leyton House-Judd**	7
8.	**Lotus-Lamborghini**	3
9.	**Brabham-Judd**	2
	Arrows-Ford	2

1991

Starker Senna, unglücklicher Mansell

Das Duell des Jahres heißt Ayrton Senna gegen Nigel Mansell. Der unglaublichen Fahrzeugbeherrschung des Brasilianers setzt „Löwe" Mansell pure Kampfkraft entgegen. Ferrari kann kein einziges Rennen gewinnen und feuert kurz vor Saisonende Starpilot Alain Prost. Mit Michael Schumacher debütiert ein deutsches Supertalent in der Formel 1.

1991

Das gibt den Leuten zu denken: Exakt 111 Tage lässt sich der Weltmeister nicht sehen. Im Schoße der Familie tankt er Kraft. Wer nach diesem vorgezogenen Ruhestand nun einen völlig eingerosteten Ayrton Senna erwartet, sieht sich getäuscht. Scharf wie eine Rasierklinge pfeilt er zum Saisonauftakt in Phoenix auf die Pole. Teamkollege Gerhard Berger, der den Winter über unermüdlich den neuen Honda-Zwölfzylinder mit rund 710 PS getestet hatte, schafft es

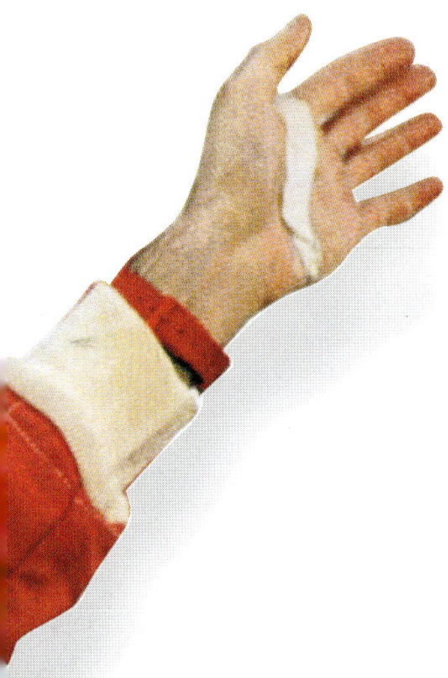

nur auf Startplatz sieben, um volle 2,3 Sekunden gedemütigt: „Sennas Zeit ist mir ein Rätsel."

Der Österreicher, der Ende 1989 von Ferrari zu McLaren gewechselt war, um dort nach eigenen Worten „Senna auf identischem Material herauszufordern", steht vor einer knochenharten Saison. Denn was Senna im Training anfängt, setzt er im Rennen fort. Uneinholbar siegt der Brasilianer. Erst über 16 Sekunden später kommt Ferrari-Mann Prost knapp vor Piquet ins Ziel. Senna vor Prost und Piquet – der Phoenix-Zieleinlauf entspricht exakt dem WM-Ergebnis der vergangenen Saison. Hat sich im Winter denn gar nichts getan?

Natürlich doch. Bei Ferrari greift anstelle von Nigel Mansell nun der heißblütige Jean Alesi ins Steuer. Und Mansell ist von Ferrari zu seinem alten Team Williams geflüchtet, wo er den Belgier Thierry Boutsen ersetzt. Bei Williams steht im Gegensatz zu McLaren und Ferrari ein brandneues Auto am Start. Erstmals hat sich das Konstrukteurs-Duo Patrick Head/Adrian Newey zusammengespannt. In Verbindung mit dem Renault-Zehnzylinder und dem mittlerweile erprobten halbautomatischen Getriebe ist der FW14 das Auto mit dem besten Potential – auch wenn es das erst nach ein paar Rennen unter Beweis stellen kann.

Denn zunächst setzt Ayrton Senna seine Demonstration der Überlegenheit fort: vier Siege in Folge und erstmals darunter auch einer vor heimischem Publikum. Ein Triumph, von dem der gläubige Senna sagt: „Es war ein Geschenk Gottes. 20 Runden vor Schluss verabschiedete sich der vierte Gang, zum Schluss hatte ich nur noch den sechsten. In den langsamen Streckenpassagen drohte der Motor abzusterben."

Für Senna wird es Zeit, Worte des Trostes und der Ermunterung für seine Konkurrenten zu finden. Der brasilianische Doppelweltmeister: „Meine Zeit ist zwar noch nicht vorüber, aber eines Tages kommt jemand, der mich ablöst."

Das ist in Kanada bereits der Fall. Endlich kann Williams-Star Nigel Mansell das FW14-Kraftpaket umsetzen. Der „Löwe" führt bis zur letzten Runde souverän. So souverän, dass er schon vor der schwarzweiß karierten Flagge verlangsamt und den Zuschauern zuwinkt. Womit Mansell nicht rechnet: Durch das Herumrollen fällt der Hydraulikdruck in den Keller. Mansell kann nicht mehr schalten und bleibt stehen. Nun tritt ausgerechnet Mansells Intimfeind Nelson Piquet auf den Plan, übernimmt mit dem Benetton die Führung und Mansells sichergeglaubten Sieg. Beim anschließenden Siegerinterview demonstriert Piquet einmal mehr, dass ihm jegliche Form von Schadenfreude völlig fremd ist: „Als ich Mansells Williams am Streckenrand geparkt sah, wäre es mir fast gekommen..."

Doch aufgeschoben ist nicht aufgehoben. In den folgenden vier Grand Prix – Mexiko, Frankreich, England, Deutschland – gelingt es Nigel Mansell fast, Sennas vier Siege in Folge nachzumachen. Nach einem zweiten Platz in Mexiko folgt tatsächlich ein Hattrick. Senna spürt den heißen Atem des Löwen und geht bis ans absolute Limit. Zwei schlimme Unfälle, einer beim Training in Mexiko, einer bei Tests in Hockenheim, sind schon mehr als nur eine Warnung.

Das Williams-Chassis ist um Längen besser als das von McLaren, der Renault-Zehnzylinder läuft wie ein Uhrwerk und Treibstofflieferant Elf braut in den französischen Labors den explosionsfreudigsten Sprit – immer stärker gerät Sennas McLaren-Truppe ins Hintertreffen.

Jedoch nicht, ohne sich noch einmal aufzubäumen. Die Truppe aus Woking setzt einen beispiellosen Testtermin in Silverstone an. Senna, Berger, Johansson, Palmer und McNish – gleich fünf Fahrer lassen dort McLaren-Boliden um die Strecke kreisen, koste es, was es wolle.

Und der Erfolg gibt den Mannen um Ron Dennis recht: In Ungarn wendet sich das Blatt erneut. Senna siegt vor Mansell und der Brasilianer kann seinen Erfolg in Belgien sogar wiederholen. Was dort umso wichtiger ist, weil Mansell wegen eines Elektrikschadens einen Nuller zu verbuchen hat. Mit 71 zu 49 Punkten verschafft sich Senna wieder Luft auf den Briten.

Doch der Schnauzbart lässt nicht locker. Ein Sieg über Senna in Monza hält zumindest die WM offen. In Portugal setzt seine Boxencrew einen Rekord: Radwechsel in 7,75 Sekunden. Allerdings ein wenig schlampig. Zumindest gilt das für den Zuständigen vom Rad hinten rechts. Denn das löst sich nach nur wenigen Metern noch in der Boxengasse. Mansell strandet hilflos, Weltmeisterträume ade. Der Brite weint im Williams-Motorhome: „Ich bin völlig verzweifelt."

Mit dieser Einstellung kommt Nigel dann auch nach Barcelona: „Ich habe zwar während der letzten Tage versucht, alles zu ver- ▶

◀ *Es ist vollbracht: Nach dem Japan-GP ist Ayrton Senna zum dritten Mal Weltmeister. Titelrivale Mansell ist schon im Rennen ausgeschieden und hat Senna im Parc fermé als erster gratuliert.*

Die **Teams**

McLaren-Honda	
Ayrton Senna	BR
Gerhard Berger	A
Ferrari	
Alain Prost	F
Jean Alesi	F
Gianni Morbidelli	I
Benetton-Ford	
Nelson Piquet	BR
Roberto Moreno	BR
Michael Schumacher	D
Williams-Renault	
Nigel Mansell	GB
Riccardo Patrese	I
Tyrrell-Honda	
Satoru Nakajima	J
Stefano Modena	I
Lola-Ford	
Eric Bernard	F
Aguri Suzuki	J
Leyton House-Ilmor	
Mauricio Gugelmin	BR
Ivan Capelli	I
Karl Wendlinger	A
Lotus-Judd	
Julian Bailey	GB
Johnny Herbert	GB
Mika Häkkinen	FIN
Brabham-Yamaha	
Martin Brundle	GB
Mark Blundell	GB
Footwork-Ford	
Michele Alboreto	I
Alex Caffi	I
Stefan Johansson	S
AGS-Ford	
Gabriele Tarquini	I
Dallara-Judd	
Emanuele Pirro	I
JJ Lehto	FIN
Minardi-Ferrari	
Pierluigi Martini	I
Gianni Morbidelli	I
Roberto Moreno	BR
Ligier-Lamborghini	
Thierry Boutsen	B
Erik Comas	F
Fondmetal-Ford *	
Olivier Grouillard	F
Gabriele Tarquini	I
Jordan-Ford *	
Andrea de Cesaris	I
Bertrand Gachot	F
Michael Schumacher	D
Roberto Moreno	BR
Alessandro Zanardi	I
Lamborghini *	
Nicola Larini	I
Eric van de Poele	B

* neue Teams

Beinhartes Duell bei Tempo 300: Mansell und Senna fliegen in Barcelona Kopf an Kopf auf die erste Kurve zu.

gessen, doch es fällt mir verdammt schwer, mich wieder zu motivieren." Trotzdem reicht es noch zu einem Sieg – doch in Japan wird das Kapitel Weltmeisterschaft 1991 endgültig beendet. Nigel Mansell fliegt, in Sennas Windschatten liegend, ins Kiesbett, Senna hat es nun endgültig geschafft.

In der Stunde des Triumphes lässt sich der Brasilianer was ganz Besonderes einfallen. Unmittelbar vor dem Zieleinlauf zieht der Mega-Star seinen McLaren zur Seite, bremst stark ab und lässt seinen dicht folgenden Teamkollegen Gerhard Berger siegen. Als „Dank für alles, was Gerhard diese Saison geleistet hat."

Eine zweischneidige Sache ist eine solche Geste. Mit ein wenig Abstand ist Gerhard Berger gar nicht glücklich über den geschenkten Sieg: „Hätte ich nur

Michael Schumacher: Antritt und Wechsel

Dem Debüt von Michael Schumacher liegt ein filmreifes Drehbuch zugrunde. Es beginnt damit, dass Jordan-Pilot Bertrand Gachot einen englischen Taxifahrer im Streit mit Reizgas besprüht. Ein englisches Gericht verurteilt den hitzköpfigen Belgier zu einer 18-monatigen Gefängnisstrafe. Gachots Cockpit ist frei, und der Belgien-GP steht an. Schumachers Manager Willi Weber und Mercedes-Motorsportchef Jochen Neerpasch nehmen eiligst Verbindung zu Eddie Jordan auf. Ziel: den amtierenden Deutschen Formel-3-Meister und Gruppe-C-Piloten Michael Schumacher ins grüne Cockpit zu bringen. Es geht dafür eine größere Summe Bares über den Tisch, die Jordan dringend benötigt – sein Team bestreitet die erste Formel-1-Saison. Bei eilig angesetzten Testfahrten in Silverstone lässt Schumacher dermaßen den Gasfuß raushängen, dass die Jordan-Leute ganz hibbelig werden und hektischst auf einen langfristigen Vertrag drängen. Auf Anraten von Jochen Neerpasch ändert Schumacher entsprechende Vertragsentwürfe dahingehend, dass er nach Spa weiter mit Jordan verhandeln wolle.

Michael Schumacher beeindruckt die Jordan-Truppe durch sensationelle Zeiten. Das Engagement dauert jedoch nur ein Rennen.

zwei Sekunden Zeit zum Überlegen gehabt, ich hätte auf die Bremse getreten."

Senna ist Weltmeister und das Finalrennen in Australien hat dem nichts mehr hinzuzufügen. Dazu hätte es nämlich auch kaum Zeit gegeben: Keine halbe Stunde dauert der Bonsai-GP, bis das Rennen, Senna führt vor Mansell und Berger, wegen sintflutartiger Regenfälle abgebrochen wird. Eine lange harte Saison endet mit dem kürzesten Rennen der Formel-1-Geschichte.

Bleibt noch festzuhalten, dass sich das Jordan-Team mit einem beachtlichen fünften Rang aus seiner ersten F1-Saison verabschiedet – vor etlichen großen Traditionsteams. Aber die sind 1991 eh nur noch Schatten ihrer selbst: Lotus, nach Ferrari das älteste Team überhaupt, ist von der Familie Chapman verkauft worden, nachdem es den Sponsor Camel verloren hat. Immerhin holt Neueinsteiger Mika Häkkinen einen fünften Platz für das Team, das sechs Weltmeister stellte.

Vier Champions brachte Brabham hervor. Nach dem Ausstieg Ecclestones ist es trotz des neuen Yamaha-V12 auf rasanter Talfahrt. Ebenso das ehemalige Mosley-Team March, das der japanische Finanzhai Akira Akagi gekauft und in Leyton House umgetauft hat. Ein Lichtblick ist allenfalls der Motor, den der Schweizer Mario Illien baut.

Ungerührt vom Transferrummel beendet das deutsche Supertalent Michael Schumacher seinen zweiten GP auf Rang fünf – vor seinem Teamkollegen, dem dreifachen Weltmeister Nelson Piquet...

Und dann kommt Spa: Michael Schumacher zeigt an beiden Trainingstagen eine sensationelle Leistung. Die Startaufstellung verzeichnet den 22-Jährigen auf Position sieben – hinter Größen wie Senna, Prost, Mansell, Berger, Alesi und Piquet.
Dass Schumacher am Rennsonntag nach wenigen hundert Metern mit Kupplungsschaden ausrollt, spielt dann schon längst keine Rolle mehr. Jedem ist klar: A star is born.

Bloß Eddie Jordan hat nichts davon. Denn schon beim nächsten Rennen ist Schumacher ein Benetton-Pilot. Statt Jordan 4,5 Millionen Mark Mitgift für die nächste Saison zahlen zu müssen, erhält Schumacher von Benetton einen langfristigen Vertrag mit einem Gehalt. Im Hintergrund hatten Neerpasch, Weber, Benetton-Chef Flavio Briatore, in erster Linie aber Formel-1-Boss Bernie Ecclestone an diesem Deal gefingert.
Eddie Jordan klagt – Jahre später einigt man sich auf eine Abfindung. 1991 aber bleibt ihm nichts anderes übrig, als Roberto Moreno von Benetton zu übernehmen und zu sehen, welche Perle er an Briatore verloren hat. In den ersten drei Rennen für Benetton punktet Schumacher jedes Mal. Seinen Teamkollegen Nelson Piquet entzaubert der Rookie völlig: Der dreifache Weltmeister beendet jedes Qualifying hinter Schumacher. Er beschließt seine Formel-1-Karriere.

Zwei Neulinge: Mika Häkkinen fährt für Lotus, Michael Schumacher hat bei Benetton festgemacht.

Max Mosley neuer Präsident

Machtwechsel in der FISA, dem Automobilsportweltverband unter dem Dach der FIA. Ecclestone-Intimus Max Mosley wird mit deutlicher Mehrheit zum Nachfolger von Jean-Marie Balestre gewählt. Der englische Rechtsanwalt, der mehrere Sprachen fließend beherrscht, verspricht einen neuen Führungsstil: „Ich bin ein Anhänger demokratischer Entscheidungen und werde mich nicht in den Vordergrund spielen." Mosley hatte es als Fahrer bis zur Formel 2 geschafft, war später einer der Mitgründer von March. Er schuf gemeinsam mit Bernie Ecclestone die FOCA, den schlagkräftigen Zusammenschluss der Rennställe. Balestre bleibt weiterhin Präsident des französischen Motorsportverbands FFSA.
Der Dachverband FISA, von Balestre gegründet, wird nach Mosleys Wahl aufgelöst – künftig ist die FIA für alle Entscheidungen zuständig.
In Mosleys erstes Amtsjahr fallen mehrere Reglementänderungen. Der Sieger bekommt ab 1991 zehn Punkte. Außerdem werden Zeitstrafen wegen Regelverstößen (bisher nur bei Frühstarts) eingeführt. Der Fahrer muss die Zeit (meist zehn Sekunden) an der Box abstehen – früher wurde die Strafe aufaddiert.
Und: Endlich ist Schluss mit den undurchsichtigen Streichresultaten. Alle Grand-Prix-Ergebnisse zählen für die WM. Zuletzt sind nur die besten elf Platzierungen bewertet worden.

Neuer Mann: Max Mosley löst Jean-Marie Balestre als FIA-Präsident ab.

1991

Siegerpodeste

1 10.3.1991 GP USA – Phoenix
Pole: Ayrton Senna

1. Ayrton Senna	McLaren-Honda	2:00.47,828
2. Alain Prost	Ferrari	- 16,322
3. Nelson Piquet	Benetton-Ford	- 17,376

2 24.3.1991 GP Brasilien – Interlagos
Pole: Ayrton Senna

1. Ayrton Senna	McLaren-Honda	1:38.28,128
2. Riccardo Patrese	Williams-Renault	- 2,991
3. Gerhard Berger	McLaren-Honda	- 5,416

3 28.4.1991 GP San Marino – Imola
Pole: Ayrton Senna

1. Ayrton Senna	McLaren-Honda	1:38.28,128
2. Riccardo Patrese	Williams-Renault	- 2,991
3. Gerhard Berger	McLaren-Honda	- 5,416

4 12.5.1991 GP Monaco – Monte Carlo
Pole: Ayrton Senna

1. Ayrton Senna	McLaren-Honda	1:53.02,334
2. Nigel Mansell	Williams-Renault	- 18,348
3. Jean Alesi	Ferrari	- 47,455

5 2.6.1991 GP Kanada – Montréal
Pole: Riccardo Patrese

1. Nelson Piquet	Benetton-Ford	1:38.51,490
2. Stefano Modena	Tyrrell-Honda	- 31,832
3. Riccardo Patrese	Williams-Renault	- 42,217

6 16.6.1991 GP Mexiko – Mexiko City
Pole: Riccardo Patrese

1. Riccardo Patrese	Williams-Renault	1:29.52,205
2. Nigel Mansell	Williams-Renault	- 1,336
3. Ayrton Senna	McLaren-Honda	- 57,356

7 7.7.1991 GP Frankreich – Magny-Cours
Pole: Riccardo Patrese

1. Nigel Mansell	Williams-Renault	1:38.00,056
2. Alain Prost	Ferrari	- 5,003
3. Ayrton Senna	McLaren-Honda	- 34,934

8 14.7.1991 GP England – Silverstone
Pole: Nigel Mansell

1. Nigel Mansell	Williams-Renault	1:27.35,479
2. Gerhard Berger	McLaren-Honda	- 42,293
3. Alain Prost	Ferrari	- 1.00,150

9 28.7.1991 GP Deutschland – Hockenheim
Pole: Nigel Mansell

1. Nigel Mansell	Williams-Renault	1:19.29,661
2. Riccardo Patrese	Williams-Renault	- 13,779
3. Jean Alesi	Ferrari	- 17,618

10 11.8.1991 GP Ungarn – Budapest
Pole: Ayrton Senna

1. Ayrton Senna	McLaren-Honda	1:49.12,796
2. Nigel Mansell	Williams-Renault	- 4,599
3. Riccardo Patrese	Williams-Renault	- 15,594

11 25.8.1991 GP Belgien – Spa-Francorchamps
Pole: Ayrton Senna

1. Ayrton Senna	McLaren-Honda	1:27.17,669
2. Gerhard Berger	McLaren-Honda	- 1,901
3. Nelson Piquet	Benetton-Ford	- 32,176

12 8.9.1991 GP Italien – Monza
Pole: Ayrton Senna

1. Nigel Mansell	Williams-Renault	1:17.54,319
2. Ayrton Senna	McLaren-Honda	- 16,262
3. Alain Prost	Ferrari	- 16,829

13 22.9.1991 GP Portugal – Estoril
Pole: Riccardo Patrese

1. Riccardo Patrese	Williams-Renault	1:35.42,304
2. Ayrton Senna	McLaren-Honda	- 20,941
3. Jean Alesi	Ferrari	- 53,554

14 29.9.1991 GP Spanien – Barcelona
Pole: Gerhard Berger

1. Nigel Mansell	Williams-Renault	1:38.41,541
2. Alain Prost	Ferrari	- 11,331
3. Riccardo Patrese	Williams-Renault	- 15,909

15 20.10.1991 GP Japan – Suzuka
Pole: Gerhard Berger

1. Gerhard Berger	McLaren-Honda	1:32.10,695
2. Ayrton Senna	McLaren-Honda	- 0,344
3. Riccardo Patrese	Williams-Renault	- 56,731

16 3.11.1991 GP Australien – Adelaide
Pole: Ayrton Senna

1. Ayrton Senna	McLaren-Honda	0:24.34,899
2. Nigel Mansell	Williams-Renault	- 1,259
3. Gerhard Berger	McLaren-Honda	- 5,120

Alle Ergebnisse im Detail auf Seite 389

Alain Prost und der **rote LKW**

Sieht so ein Lastwagen aus? Alain Prost kann 1991 nicht mit Senna Schritt halten und provoziert bei Ferrari seinen Rauswurf.

Die Aufgabenstellung für Alain Prost war klar: Er sollte Ferrari endlich wieder einen Weltmeistertitel bringen. Nach einem durchaus erfolgreichen Jahr 1990 ist die Saison 1991 für den dreifachen Champion jedoch eine echte Prüfung. Erstmals seit 1981 gewinnt der „Professor" nicht einen Grand Prix.

Mitten in der Saison organisiert die genervte Scuderia den ganzen Laden neu. Ferrari-Rennleiter Cesare Fiorio – ein Prost-Fan – wird gefeuert und durch das Triumvirat Marco Piccinini, Piero Lardi-Ferrari und Claudio Lombardi ersetzt.

Erst im siebten Lauf der Saison, dem Großen Preis von Frankreich, erhalten Prost und Teamkollege Alesi, die bislang mit einem modifizierten Vorjahresmodell an den Start gehen mussten, eine Neukonstruktion. Sofort schafft Prost einen zweiten Platz. Doch insgesamt 34 Punkte können einen dreifachen Weltmeister nicht bei der Stange halten.

Allerdings weiß der Meister der politischen Intrige, dass er für 1992 an die Italiener gebunden ist – für viel Geld. Will er das nicht verlieren, muss er dafür sorgen, dass Ferrari ihm kündigt und nicht umgekehrt. Also beginnt Alain Prost rumzumurren. Als er die italienischen Arbeitgeber damit nicht aus der Reserve locken kann, greift er zu Härterem. Im Rahmen des Großen Preises von Japan lamentiert er, sein Arbeitsgerät sei „fahrbar wie ein LKW." Das reicht.

Fünf Tage nach dem Großen Preis von Japan, Prost ist bereits zum Finallauf in Australien, kommt die Kündigung. Ferrari gedenkt, bereits das Abschlussrennen ohne den Star zu bestreiten. Teamchef Claudio Lombardi: „Wir trafen diese Entscheidung nach einer eingehenden Analyse von Prosts Verhalten. Das alles ist eine sehr delikate Angelegenheit."

Ihre Wege werden sich trennen: Alain Prost sitzt nachdenklich vor dem Cavallino rampante.

Letztendlich legt Prost ein von Ferrari hochbezahltes Pausenjahr ein. Die Scuderia hingegen ist auf dem absoluten Tiefpunkt ihrer an Höhepunkten reichen Formel-1-Geschichte angelangt. Da hilft es auch nicht, dass man in der Not den Rennleiter der Lauda-Ära, Luca di Montezemolo, zurückholt und ihn als Präsident einsetzt. In den folgenden vier Jahren wird Ferrari in 65 Rennen lächerliche zwei Siege einfahren.

Selbstverständlich ahnt 1991 niemand, dass der neue Benetton-Pilot Michael Schumacher zum Ende des Jahrhunderts die große Hoffnung der Scuderia sein wird.

Kurz-**Meldungen**

● Sensationelle Leistung von **Jean Alesi**. Der Franzose unterschreibt vor seiner dritten Saison bei Tyrrell, Williams und Ferrari. Die Italiener regeln das ganze Durcheinander nach Art des Hauses und verteilen dicke Schecks an alle Beteiligten.

● Neue Gesichter gibt es in der Formel 1: Motorenbauer **Mario Illien**, bisher in der IndyCar-Serie erfolgreich, geht in die Königsklasse. Sein Ilmor LH 10 befeuert den von Gustav Brunner und Chris Murphy entworfenen Leyton House.

● Ebenfalls neu ist das **Jordan-Team**. Der Formel-3000-Meister von 1989 geht mit dem wunderschönen Jordan-Ford 191 aus der Feder von Gary Anderson an den Start.

● Riesenglück für Seriensieger **Ayrton Senna** im Freitagtraining zum GP von Mexiko: In der 260 km/h schnellen Peralta-Kurve verliert Senna die Kontrolle über seinen McLaren, überschlägt sich und landet kopfüber im Kies. Senna entkommt unverletzt.

● Williams-Manager **Peter Windsor** wird zu Jahresbeginn von Unbekannten in einen Lastwagen gezwungen und zusammengeschlagen. Windsor hatte einst Brabham mit einer einstweiligen Verfügung lahmgelegt und später vom Gericht zwei Millionen Mark von Brabham zugesprochen bekommen.

● **Porsche** kommt nach vier Jahren zurück. Überraschend haben sich die früheren McLaren-Partner mit dem Loser-Team Arrows zusammengetan, um ihren neuen Zwölfzylinder einzusetzen. Die Liaison dauert nur bis zum Frankreich-GP, dann verabschieden sich die Deutschen punktelos wieder aus der Formel 1.

● Der von Williams Richtung Ligier gefeuerte **Thierry Boutsen** witzelt nach dem Großen Preis von Brasilien desillusioniert: „Das beste an unserem Auto ist die Trinkflasche."

● Beim GP von San Marino fällt in der **McLaren-Box** eine hübsche Fotografin auf, die besonders intensiv Heck und Unterboden ablichtet. Schnell finden den Mechaniker heraus, wer hier spioniert: Giorgia Fiorio, Tochter des Ferrari-Rennleiters Cesare Fiorio.

● Tyrrell-Konstrukteur Dr. Harvey Postlethwaite wechselt überraschend zu **Sauber-Mercedes**, womit die Gerüchte um ein Mercedes-Formel-1-Projekt neuen Auftrieb bekommen. Ebenfalls überraschend: Konstrukteur John Barnard verlässt Benetton.

● **Heinz Prüller**, österreichischer F1-Journalist und ultimativer Berger-Fan, bekommt von seinem Kollegen zum 50. Geburtstag ein eindeutiges Geschenk: Eine Schreibmaschine mit nur noch vier Tasten: B, E, R, G.

● **Ayrton Senna** wird Taufpate von Ron Dennis' Sohn Kristian.

● **Gianni Morbidelli** ersetzt beim Finallauf den von Ferrari gefeuerten Alain Prost. Für Morbidelli springt bei Minardi Ex-Benetton Mann Roberto Moreno ein, der von Michael Schumacher verdrängt worden ist.

● Der **Große Preis von Japan** in Suzuka ist mit 130.000 Zuschauern restlos ausverkauft. Insgesamt wollten vier Millionen Fans ein Ticket kaufen.

Zu schwer, zu durstig, zu schwach – Porsches F1-Comeback endet vorzeitig in einem Desaster.

Schneller Service – ein bisschen zu schnell. Fassungslos starrt Nigel Mansell auf das davonrollende rechte Hinterrad.

Endstand **Fahrer-WM**

1.	**Ayrton Senna** McLaren-Honda	96
2.	**Nigel Mansell** Williams-Renault	72
3.	**Riccardo Patrese** Williams-Renault	53
4.	**Gerhard Berger** McLaren-Honda	43
5.	**Alain Prost** Ferrari	34
6.	**Nelson Piquet** Benetton-Ford	26,5
7.	**Jean Alesi** Ferrari	21
8.	**Stefano Modena** Tyrrell-Honda	10
9.	**Andrea de Cesaris** Jordan-Ford	9
10.	**Roberto Moreno** Benetton-Ford	8
11.	**Pierluigi Martini** Minardi-Ferrari	6
12.	**JJ Letho** Dallara-Judd	4
	Bertrand Gachot Lola-Ford	4
	Michael Schumacher Benetton-Ford	4
15.	**Mika Häkkinen** Lotus-Judd	2
	Martin Brundle Brabham-Yamaha	2
	Saturo Nakajima Tyrrell-Honda	2
18.	**Julian Bailey** Lotus-Judd	1
	Eric Bernard Lola-Ford	1
	Ivan Capelli Leyton House-Ilmor	1
	Aguri Suzuki Lola-Ford	1
	Emanuele Pirro Dallara-Judd	1
	Mark Blundell Brabham-Yamaha	1
24.	**Gianni Morbidelli** Ferrari	0,5

Konstrukteure

1.	McLaren-Honda	139
2.	Williams-Renault	125
3.	Ferrari	55,5
4.	Benetton-Ford	38,5
5.	Jordan-Ford	13
6.	Tyrrell-Honda	12
7.	Minardi-Ferrari	6
8.	Dallara-Judd	5
9.	Lotus-Judd	3
	Brabham-Yamaha	3
11.	Lola-Ford	2
12.	Leyton House-Ilmor	1

Ein **Punkt** mehr

Die Punktezahl für einen ersten Platz wird von neun auf zehn erhöht. Alle anderen Ränge behalten ihre Wertungen.

Diese beiden Herren mischen seit 1991 die Formel-1-Szene auf. Der eine als Fahrer, der andere als Drahtzieher hinter den Kulissen. Michael Schumacher schlägt kometen

die Phalanx der etablierten Piloten ein. Sein Manager, der ehemalige Gastronom Willi Weber, sorgt dafür, dass sich das Talent des Jungstars auch in bare Münze umsetzt.

1992

Labatt's
GOOD YEAR
Canon
CAMEL
elf
Labatt's
Labatt's
PIZAZZ SPORT
CHAMPION
sparco
Nigel Mansell
UNITED COLORS OF BENETTON
SANYO
CAMEL
Mobil
AUTO POLI
UNITED COLORS OF BENETTON
M.Schumacher
oro

Mansells Triumph

Seit zwölf Jahren träumt der Brite Nigel Mansell vom Weltmeistertitel, elf Mal hat es nicht gelangt. 1992 aber hat er mit dem Williams-Renault das überlegene Auto und ist hochmotiviert. Es wird ein Titelkampf der Rekorde. Weltmeister Ayrton Senna muss sich am Ende einem jungen Rennfahrer geschlagen geben, der seine erste volle Saison fährt: Michael Schumacher.

Die Bewegungen auf dem Fahrermarkt halten sich in Grenzen – von einer großen Frage mal abgesehen: Was macht Alain Prost nach seinem Ferrari-Abgang?

Der Mann verhandelt ernsthaft mit Ligier, dann trifft er die richtige Entscheidung: „Ein Jahr mache ich Pause." In der Tat hat Prost den Ligier getestet – und für schlecht befunden. Thierry Boutsen und Erik Comas, die beiden Ligier-Piloten, werden sich auf jeden Fall so manches Mal in dieser Saison wünschen, auch ein Sabbat-Jahr einlegen zu können.

Im Vergleich zu den Ergebnissen des Williams-Teams wünscht sich das allerdings fast die gesamte Formel 1. Was die Truppe um Nigel Mansell und Riccardo Patrese hinlegt, ist Ehrfurcht gebietend. Die Systementscheidung für die aktive Radaufhängung (siehe Seite 299) erweist sich als goldrichtig – weder McLaren, noch Benetton, von Ferrari ganz zu schweigen, haben irgendetwas entgegenzusetzen.

Das wird allen im Auftaktrennen in Südafrika bitter klar. Unangefochten fahren Mansell und Patrese einen Doppelsieg heraus. Und der Brite legt in Mexiko, Brasilien, Spanien und San Marino vier weitere Siege in Folge nach. Damit kein Zweifel an der Überlegenheit des Williams-Renault aufkommt, komplettiert Patrese – von seinem Ausfall in Spanien abgesehen – alle Mansell-Siege zu Doppelerfolgen.

Als der Journalist Mark Fogarty nach der Siegesserie Mansell fragt, ob er langsam an den Titel denke, fällt der Schnauzbart aus der Rolle: „Wenn diese Frage ernst gemeint ist, dann sind Sie entweder ein Fall für den Psychiater oder drogensüchtig." Magic-Mansell will im 13. Formel-1-Jahr sein Glück nicht beschreien. Trotzdem bleibt nur eine Frage: Ist die Konkurrenz zu blöd?

In Brasilien gibt es von McLaren eine erste Antwort. Nachdem dort beide McLaren ausfallen, grummelt der erboste Ron Dennis öffentlich: „Weil wir im Sommer 1991 unter Druck gerieten, mussten wir die Entwicklung des neuen Autos zeitweise zurückstellen – den verlorenen Wochen laufen wir jetzt hinterher."

Als die Formel 1 Europa erreicht, bekennt Senna, der auf einen frühen Einsatz des MP4/7 mit halbautomatischem Getriebe und einer revolutionären Elektronik (drive by wire), aber ohne aktive Aufhängung, bestanden hatte, dass dies ein Fehler war. „Der erste Einsatz des neuen Autos erfolgte zu früh – es war noch nicht richtig fertig."

Trotz der Verbesserung seines McLaren sieht der Brasilianer kein Land gegenüber den überlegenen Williams. Einer optimalen Top-Power und einem „Super-Getriebe" (Gerhard Berger) stehen ein zu geringes Drehmoment des Honda-V12 und eine fehlende aktive Aufhängung gegenüber.

Wenn es eine Strecke gibt, auf der Plus- und Minuspunkte eines Autos nicht so ausschlaggebend sind, dann ist es Monaco – und dort gewinnt Senna. Nachdem ▶

Die **Teams**

McLaren-Honda	
Ayrton Senna	BR
Gerhard Berger	A
Williams-Renault	
Nigel Mansell	GB
Riccardo Patrese	I
Ferrari	
Jean Alesi	F
Ivan Capelli	I
Nicola Larini	I
Benetton-Ford	
Michael Schumacher	D
Martin Brundle	GB
Jordan-Yamaha	
Stefano Modena	I
Mauricio Gugelmin	BR
Tyrrell-Ilmor	
Olivier Grouillard	F
Andrea de Cesaris	I
Minardi-Lamborghini	
Christian Fittipaldi	BR
Gianni Morbidelli	I
Alessandro Zanardi	I
Dallara-Ferrari	
JJ Lehto	FIN
Pierluigi Martini	I
Lotus-Ford	
Mika Häkkinen	FIN
Johnny Herbert	GB
Brabham-Judd	
Eric van de Poele	B
Damon Hill	GB
Giovanna Amati	I
March-Ilmor	
Karl Wendlinger	A
Paul Belmondo	F
Jan Lammers	NL
Emanuele Naspetti	I
Ligier-Renault	
Thierry Boutsen	B
Erik Comas	F
Footwork-Mugen-Honda	
Michele Alboreto	I
Aguri Suzuki	J
Fondmetal-Ford	
Andrea Chiesa	CH
Gabriele Tarquini	I
Eric van de Poele	B
Venturi Larrousse-Lamborghini *	
Bertrand Gachot	B
Ukyo Katayama	J
Andrea Moda *	
Roberto Moreno	BR

* neue Teams

◀

Mexiko: Die Platzierung auf dem Podest entspricht am Saisonende auch der Reihenfolge der Fahrer-WM. Sieger Nigel Mansell ist der überragende Fahrer, nicht zuletzt dank des überlegenen Williams. Teamkollege Riccardo Patrese stellt Rang zwei sicher. Und Michael Schumacher, der in Mexiko als Dritter erstmals auf dem Treppchen steht, ist die Sensation des Jahres.

1992

Sie sind zwar erbitterte Rivalen auf der Rennstrecke, doch im Ziel zollen sie sich gegenseitig Respekt. Nigel Mansell gratuliert Ayrton Senna zu seinem Monaco-Sieg.

der überlegen führende Mansell nach einem zusätzlichen Boxenstopp wegen eines losen Rades den Weg an die Spitze freimacht.

Wie beflügelt steht Senna in Kanada auf der Pole – Grund genug für Mansell, eine seiner bekannten Brachial-Attacken zu starten. Beim Versuch, Senna zu überholen, fliegt Mansell ins Kiesbett. Erregt will er gegen Senna einen Protest einlegen, doch der Brasilianer, der seinerseits nach einem Materialdefekt ausfällt, kontert kühl: „Mansell trägt die Schuld. Er war zu schnell, um einlenken zu können." Einem ist die Schuldfrage völlig egal – Gerhard Berger kann endlich mal wieder einen Sieg feiern. Nach dem unerwarteten Zwischenhoch in Monaco und Kanada resümiert Senna in Frankreich emotionslos: „Hier sind wir wieder auf einem normalen Kurs, und das bedeutet eine Lücke von ungefähr ein bis zwei Sekunden zwischen Williams und uns."

In der Tat, Mansell gewinnt in Frankreich und in England. Vor seinem Heimat-Grand-Prix tönt er medienbewusst: „Jeder, der mich hier am Sieg hindern will, wird von den Fans gefrühstückt."

Nach einem weiteren Sieg in Deutschland sichert sich „Magic Mansell" in Ungarn mit Platz zwei den Titel. Im elften von 16 Rennen der Saison 1992 ist die WM entschieden.

Trotzdem wird die WM nicht langweilig. Nicht zuletzt dank eines Deutschen, der in seinem ersten vollen Formel-1-Jahr etwas zustande bringt, was vor ihm zuletzt Jackie Stewart 1965 geschafft hat: auf Anhieb WM-Dritter zu werden. Die Rede ist von Michael Schumacher, der in elf von 16 Rennen punktet. Und ein Jahr nach seinem Debüt steht der Kerpener in Spa ganz oben auf dem Treppchen: „Nach meinem ▶

Alle **Formel-1-Autos 1992**

Alle Motoren zwischen 3.493 und 3.499 ccm

Auto	Motor	PS	U/min	Gewicht	Konstrukteur
Andrea Moda S192	Judd V10	660	13.500	525 kg	Paul Burgess
Benetton B192	Ford V8	645	12.200	505 kg	Ross Brawn
Brabham BT60B	Judd V10	660	13.500	510 kg	Tim Densham
Dallara 192	Ferrari V12	700	13.800	510 kg	Gian P. Dallara
Ferrari F92AT	Ferrari V12	700	13.800	505 kg	Steve Nichols
Footwork FA13	Mugen-H. V10	680	13.200	510 kg	Alan Jenkins
Jordan 192	Yamaha V12	650	13.200	515 kg	Gary Anderson
Ligier JS37	Renault V10	680	13.500	505 kg	Frank Dernie
Lotus 107	Ford V8	645	12.200	530 kg	Peter Wright
March CG911	Ilmor V10	670	12.600	520 kg	Gustav Brunner
McLaren MP4/7A	Honda V12	700	14.000	505 kg	Neil Oatley
Minardi M192	Lamborghini V12	655	13.000	515 kg	Aldo Costa
Tyrrell 020B	Ilmor V10	670	12.600	510 kg	Mike Caughlan
Williams FW14B	Renault V10	680	13.500	510 kg	Patrick Head

PS-Angaben sind zuverlässige Schätzungen

Worauf wartet Roberto Moreno? Das Andrea-Moda-Team wird aus der Formel 1 verbannt.

Kurz-**Meldungen**

● Überraschende Absage an die Formel 1 aus Stuttgart: **Mercedes** will in Zukunft ausschließlich Tourenwagensport betreiben.

● Ex-Ferrari-Rennleiter **Luca di Montezemolo** ist zu den Roten zurückgekehrt. Der adelige Fiat-Karrierist sicherte sich als erstes die Dienste von Konstrukteur Harvey Postlethwaite, der bei Mercedes-Partner Sauber keine Zukunft mehr sieht. Außerdem verpflichtet er Niki Lauda als Berater. Montezemolos Angebot, 1993 für 30 Millionen Dollar bei Ferrari zu fahren, lehnt Ayrton Senna ab.

● Beim britischen Rennstall Brabham unterschreibt die Römerin **Giovanna Amati**. Ihr Lebenslauf weist bislang keinerlei nennenswerte motorsportliche Erfolge auf.

● Ein großer Name kehrt in die Formel 1 zurück: Minardi-Fahrer **Christian Fittipaldi** (21) ist der Sohn des früheren Teameigners Wilson Fittipaldi (Copersucar) und Neffe von Doppelweltmeister Emerson Fittipaldi.

● Ende der Südafrika-Isolation: Nach sieben Jahren startet die Formel 1 wieder in **Kyalami**. Vor dem GP werden über 100 FOCA-Pässe aus dem Akkreditierungszentrum geklaut.

● **March** heißt wieder March. Den Namen des Sponsors Leyton House hat man abgelegt, das übrig gebliebene Schuldenpaket drückt allerdings mächtig. Die Piloten sind neu: Der Österreicher Karl Wendlinger und Schauspieler-Sohn Paul Belmondo.

● Mit **Michael Schumachers** drittem Rang in Mexiko steht seit acht Jahren wieder mal ein Deutscher auf dem Treppchen. Ron Dennis will Schumacher für 1993, der lehnt aber wegen eines wasserdichten Benetton-Vertrages ab. Manager Willi Weber zeigt erstmals komödiantische Züge: „Im Millionengeschäft haben Gefühle eigentlich nichts zu suchen. Michael und ich sind vielleicht die ersten Romantiker. Geld ist nicht alles."

● Mit seinem fünften Sieg in Monaco zieht **Ayrton Senna** mit der Monaco-Legende Graham Hill gleich.

● Protestierende LKW-Fahrer blockieren in Frankreich die Zufahrtswege zur Rennstrecke von **Magny-Cours**. Opfer ist unter anderem das Andrea-Moda-Team, aber auch Spritlieferanten und Yamaha.

● Der **Hungaroring** weist einen neuen Streckenbelag auf. Ergebnis:

Mit Giovanna Amati versucht mal wieder eine Frau, in der Formel 1 Fuß zu fassen – ohne Erfolg.

An beiden Trainingstagen werden 60 Dreher registriert.

● Innerhalb kürzester Zeit quittieren zwei Teams die Formel 1. Zuerst wird das völlig untaugliche **Andrea-Moda-Team** „wegen Unwürdigkeit" von der WM ausgeschlossen. Leider muss auch das Traditionsteam **Brabham** vor dem Belgien-GP aus finanziellen Gründen die Segel streichen. Das Team, 1961 von Weltmeister Jack Brabham gegründet und von 1973 bis '79 von Bernie Ecclestone geführt, hat eine stolze Bilanz: 394 Grand Prix, 35 Siege, vier Weltmeister- und zwei Konstrukteurs-Titel.

● **Denis Hulme**, Weltmeister von 1967 auf Brabham-Repco, erliegt 56-jährig während eines Tourenwagenrennens einem Herzinfarkt. Der Neuseeländer bestritt zwischen 1965 und 1974 112 WM-Läufe und konnte acht Mal gewinnen.

● **Riesen-Unfall** zwischen Gerhard Berger und Riccardo Patrese in Estoril: Ende der 43. Runde fährt der Italiener auf der Zielgeraden gegen das Hinterrad des Österreichers. Patreses Williams fliegt 100 Meter weit parallel zur Boxengasse. Glücklicherweise entsteigt Patrese dem zerstörten Williams unverletzt und schimpft: „Gerhard ist ein Killer." Funktionäre entscheiden auf „Rennunfall".

● Schock für McLaren: Beim Monza-GP gibt **Honda** bekannt, sich zum Jahresende aus der Formel 1 zurückzuziehen. 71 Siege in 186 Rennen sind eine eindrucksvolle Bilanz. Ron Dennis hat ein Problem: Woher Ersatz nehmen?

In den Straßenschluchten von Monte Carlo kämpft Ayrton Senna verbissen um den Sieg. Technisch ist sein McLaren-Honda dem Williams-Renault von Nigel Mansell unterlegen. Doch der Brasilianer macht durch sein Können den Erfolg möglich.

Williams – die rasenden Computer

Das Zauberwort heißt aktive Radaufhängung. Um deren Wirken zu verstehen, muss man eine Grundüberlegung voranstellen, die erst einmal gar nichts mit der Radaufhängung zu tun hat. In der Formel 1 der Neuzeit gilt: Die großen Zeitgewinne werden heutzutage über eine möglichst effiziente Aerodynamik erzielt. Also über das möglichst clevere Spiel von günstig geformten Flügeln, Lufttunneln, Diffusoren, Unterböden und Zusatzblechen. Für all diese Hilfsmittel gilt, dass sie nur dann optimal arbeiten, wenn sie auch optimal angeströmt werden. Also muss das Ziel aller Formel-1-Techniker sein: das Auto möglichst konstant und stabil zu halten, damit der Anströmwinkel stabil bleibt.

Dummerweise bewegt sich aber ein Auto permanent. Und das nicht nur, wie es soll, nämlich in Fahrtrichtung, sondern auch um alle anderen nur denkbaren Achsen. Beim Bremsen und beim Gasgeben, bei Unebenheiten auf der Strecke, beim Einlenken und beim Öffnen der Lenkung – ständig verändert das Auto seine Position um Hoch-, Quer- und Längsachsen.

Hier setzt die aktive Radaufhängung an, die, besser zu verstehen, von Williams auch „reaktive Radaufhängung" genannt wird. Denn in der Tat, hier wird reagiert. Und zwar auf einen guten Teil dieser Positionsveränderungen des Autos. Über Sensoren erhält ein Bordcomputer alle notwendigen Angaben über die Bewegungen des Chassis und reagiert schnell mit Befehlen an die hydraulisch gesteuerte Radaufhängung, die unerwünschten Bewegungen zu kompensieren. Vom Erfassen der Positionsveränderung beim Chassis bis hin zum errechneten Korrekturbefehl vergehen gerade einmal vier Millisekunden. Das Resultat ist sensationell: Der Abstand des Wagenunterbodens zum Pistenoberfläche bleibt konstant, etwaiges „Nicken" und Aufbäumen des Autos gehören der Vergangenheit an. Wie beim ersten Einsatz eines Monocoques oder bei der Wing-Car-Technik ist der Formel 1 mal wieder ein Quantensprung geglückt.

Das Williams-Team ist als einziges Team 1993 mit dieser computergesteuerten Elektronik angetreten. McLaren versucht fieberhaft nachzuziehen, auch Ferrari und Benetton arbeiten daran. Allerdings wird bei der FIA auch schon überlegt, ob man der teuren Entwicklung nicht die rote Karte zeigen soll.

Die aktive Radaufhängung macht die Williams nahezu unschlagbar. Jede Fahrzeugneigung wird sofort per Computer ausgeglichen. So bleibt der Abstand zur Straße immer gleich.

1992

Siegerpodeste

1 1.3.1992 GP Südafrika – Kyalami
Pole: Nigel Mansell

1. Nigel Mansell	Williams-Renault	1:36.45,320
2. Riccardo Patrese	Williams-Renault	- 24,360
3. Ayrton Senna	McLaren-Honda	- 34,675

2 22.3.1992 GP Mexiko – Mexiko City
Pole: Nigel Mansell

1. Nigel Mansell	Williams-Renault	1:31.53,587
2. Riccardo Patrese	Williams-Renault	- 12,971
3. Michael Schumacher	Benetton-Ford	- 21,429

3 5.4.1992 GP Brasilien – Interlagos
Pole: Nigel Mansell

1. Nigel Mansell	Williams-Renault	1:36.51,856
2. Riccardo Patrese	Williams-Renault	- 29,330
3. Michael Schumacher	Benetton-Ford	- 1 Runde

4 3.5.1992 GP Spanien – Barcelona
Pole: Nigel Mansell

1. Nigel Mansell	Williams-Renault	1:56.10,674
2. Michael Schumacher	Benetton-Ford	- 23,914
3. Jean Alesi	Ferrari	- 26,462

5 17.5.1992 GP San Marino – Imola
Pole: Nigel Mansell

1. Nigel Mansell	Williams-Renault	1:28.40,927
2. Riccardo Patrese	Williams-Renault	- 9,451
3. Ayrton Senna	McLaren-Honda	- 48,984

6 31.5.1992 GP Monaco – Monte Carlo
Pole: Nigel Mansell

1. Ayrton Senna	McLaren-Honda	1:50.59,372
2. Nigel Mansell	Williams-Renault	- 0,215
3. Riccardo Patrese	Williams-Renault	- 31,843

7 14.6.1992 GP Kanada – Montréal
Pole: Ayrton Senna

1. Gerhard Berger	McLaren-Honda	1:37.08,299
2. Michael Schumacher	Benetton-Ford	- 12,401
3. Jean Alesi	Ferrari	- 1.07,327

8 5.7.1992 GP Frankreich – Magny-Cours
Pole: Nigel Mansell

1. Nigel Mansell	Williams-Renault	1:38.08,459
2. Riccardo Patrese	Williams-Renault	- 46,447
3. Martin Brundle	Benetton-Ford	- 1.12,579

9 12.7.1992 GP England – Silverstone
Pole: Nigel Mansell

1. Nigel Mansell	Williams-Renault	1:25.42,991
2. Riccardo Patrese	Williams-Renault	- 39,094
3. Martin Brundle	Benetton-Ford	- 48,395

10 26.7.1992 GP Deutschland – Hockenheim
Pole: Nigel Mansell

1. Nigel Mansell	Williams-Renault	1:18.22,032
2. Ayrton Senna	McLaren-Honda	- 4,500
3. Michael Schumacher	Benetton-Ford	- 34,462

11 16.8.1992 GP Ungarn – Budapest
Pole: Riccardo Patrese

1. Ayrton Senna	McLaren-Honda	1:46.19,216
2. Nigel Mansell	Williams-Renault	- 40,139
3. Gerhard Berger	McLaren-Honda	- 50,782

12 30.8.1992 GP Belgien – Spa-Francorchamps
Pole: Nigel Mansell

1. Michael Schumacher	Benetton-Ford	1:36.10,721
2. Nigel Mansell	Williams-Renault	- 36,595
3. Riccardo Patrese	Williams-Renault	- 43,897

13 13.9.1992 GP Italien – Monza
Pole: Nigel Mansell

1. Ayrton Senna	McLaren-Honda	1:18.15,349
2. Martin Brundle	Benetton-Ford	- 17,050
3. Michael Schumacher	Benetton-Ford	- 24,373

14 27.9.1992 GP Portugal – Estoril
Pole: Nigel Mansell

1. Nigel Mansell	Williams-Renault	1:34.46,659
2. Gerhard Berger	McLaren-Honda	- 37,533
3. Ayrton Senna	McLaren-Honda	- 1 Runde

15 25.10.1992 GP Japan – Suzuka
Pole: Nigel Mansell

1. Riccardo Patrese	Williams-Renault	1:33.09,553
2. Gerhard Berger	McLaren-Honda	- 13,729
3. Martin Brundle	Benetton-Ford	- 1.15,503

16 8.11.1992 GP Australien – Adelaide
Pole: Nigel Mansell

1. Gerhard Berger	McLaren-Honda	1:46.54,786
2. Michael Schumacher	Benetton-Ford	- 0,741
3. Martin Brundle	Benetton-Ford	- 54,156

Alle Ergebnisse im Detail auf Seite 390

Mit Riesenschritten durcheilt Michael Schumacher sein Lehrjahr. Auch etablierte Fahrer wie Ferrari-Mann Jean Alesi haben das Nachsehen.

dritten Platz in Hockenheim standen mir die Tränen der Freude in den Augen – in Spa liefen sie."

Zusammen mit Teamkollege Martin Brundle, der nach anfänglichen Problemen immer besser in Form kommt und dann neun Mal in Folge punktet, kämpft Schumacher bis zum letzten Rennen darum, Benetton auf Rang zwei in der Konstrukteurswertung zu bringen. Erst die Siege von Senna in Portugal und von Berger in Australien lassen McLaren mit acht Punkten Vorsprung auf Rang zwei landen.

Die englisch-italienische Truppe hat mit den 91 Zählern immerhin einen Abstand von 70 Einheiten auf den Vierten: Ferrari. Bei dem Mythos-Rennstall läuft rein gar nichts. Wer meint, dass dem punktelosen Auftaktrennen nichts Schlimmeres folgen kann, sieht sich in Mexiko eines Besseren belehrt: JJ Lehto ist beim Abschlusstraining in einem Dallara-Ferrari schneller als Jean Alesi und Ivan Capelli in ihren „richtigen" Ferrari. Prompt wechselt das Chaos-Team in Brasilien zu den Vorjahres-Motoren. Verzweifelt sucht Ferrari den Anschluss an die Spitze: Zwischen den GP von Brasilien und Spanien spulen die Roten über 3.000 Testkilometer ab. Vergeblich: Zwei dritte Plätze von Alesi müssen als Saisonhöhepunkte herhalten.

Stichwort 1993: Zum Saisonende bricht ein Krieg um einen Platz bei Williams aus. Allen ist klar: Wer 1993 im Williams sitzt, hat die besten Chancen auf den WM-Titel. Drei Männer geben sich bei Frank Williams die Mobilhome-Tür in die Hand: Weltmeister Mansell will endlich wie ein solcher behandelt werden. Widersacher Senna erkennt, dass nach dem Weggang von Honda die glorreichen Zeiten bei McLaren vorbei sind. Und Prost scharrt sowieso mit den Hufen, um endlich im besten Auto zu sitzen.

Frank Williams reagiert auf Nigel Mansells Forderungen mit drastischen Gehaltseinschnitten – statt elf Millionen Dollar künftig nur noch die Hälfte. Beleidigt erklärt Mansell vor dem Monza-Rennen, dass er in die IndyCar-Serie wechselt. Williams kann darüber milde lächeln, hat doch längst der hakennasige Gallier Prost bei ihm unterschrieben.

Ayrton Senna, der McLaren unbedingt verlassen will, macht Frank Williams ein ungewöhnliches Angebot: Er will zum Nulltarif für ihn fahren. Zu spät – Prost hat in seinen Vertrag eine Anti-Senna-Klausel eingearbeitet. Der Brasilianer rastet aus und beschimpft den Franzosen als „feiges Stück Scheiße". Danach lässt er sich vollaufen. Auch als frisch abgelöster Weltmeister macht Senna keine halben Sachen...

Der dreifache Weltmeister liest dem Rookie die Leviten. Michael Schumacher zeigt vor Ayrton Senna keinen Respekt. Am Saisonende hat er den Brasilianer in der WM abgehängt.

Nigel Mansell – ein Mann gab nicht auf

Trotz seiner Erfolge ist Nigel Mansell ein bodenständiger Familienmensch geblieben, der beim Shopping auch den Kinderwagen vor sich her schiebt.

Kein Mensch kann behaupten, dass dieser Mann ein Senkrechtstarter ist. Nigel Mansell fuhr zum Beispiel erst mit knapp 23 Jahren sein erstes Autorennen. In dem Alter haben sich einige Konkurrenten bereits als Formel-1-Sieger in die Listen eingetragen. Nigel, 1953 im englischen Upton-on-Severn geboren, kriegt 1976 erstmals die Chance, einen Formel Ford zu fahren. Zwei Jahre später gibt er seinen Job als Computer-Ingenieur auf, seine Frau Rosanne verkauft als Vertreterin Gasherde, beide stoßen die frisch erworbene Eigentumswohnung ab, verpfänden die Lebensversicherung – mit dem zusammengekratzten Geld kann Nigel bei March einige Formel-3-Rennen fahren. Lotus-Chef Chapman fällt der kämpferische Fahrstil Mansells auf, er engagiert ihn 1980 für sein Team. Dort steht Nigel allerdings bis 1984 stets im Schatten seines schnelleren Teamkollegen Elio de Angelis. Erst im 73. Rennen, da ist er längst zu Williams gewechselt, schafft Nigel den ersten Sieg.

Doch auch im Williams-Team, dem er von 1985 bis '88 angehört, leidet er unter dem ungeliebten Teamkollegen Nelson Piquet. 1987 hat Nigel den Titel in Griffnähe, als ihn ein schwerer Trainingsunfall in Japan außer Gefecht setzt. Aber in seiner Heimat England ist der burschikose Familienvater (eine Tochter, zwei Söhne) längst zum beliebtesten Rennfahrer des Jahrzehnts aufgestiegen. Mansell kommt aus der Arbeiterschicht, hat sich hochgerakkert, ist dabei aber bodenständig und allürenlos geblieben. Dass er Golf spielt und ein Privatflugzeug hat, wird ihm von den Fans verziehen. Dass er nach manchen Rennen aufs Treppchen schlurft wie ein Bergarbeiter nach einer Zehn-Stunden-Schicht, untermauert seinen Ruf als Kämpfer-Natur.

Zwei Ferrari-Jahren folgt das Comeback im Williams-Team 1991/92 – und nun endlich der gerecht erworbene Titel. Fünf Rennen vor Ende der Saison ist der ewige Vizeweltmeister (1986, 1987, 1991) endlich seinen Vize los. Mansell gewinnt den Titel mit vier herausgefahrenen Rekorden: Neun Saisonsiege (bisher Senna mit acht), 14 Pole-Positions (Senna: 13), 108 WM Punkte (Prost: 105), und 52 Punkten Differenz auf den WM-Zweiten (Stewart, der 1971 29 Zähler Vorsprung auf Peterson hatte). Nicht schlecht für einen Spätzünder.

Mit Volldampf zieht Nigel Mansell 1992 in der Formel 1 davon. Williams-Renault ist in der Saison fast nicht zu schlagen. Von den ersten zehn Läufen beendet Mansell nur Monaco und Kanada (u.) nicht als Sieger.

Endstand Fahrer-WM

1.	**Nigel Mansell** Williams-Renault	108
2.	**Riccardo Patrese** Williams-Renault	56
3.	**Michael Schumacher** Benetton-Ford	53
4.	**Ayrton Senna** McLaren-Honda	50
5.	**Gerhard Berger** McLaren-Honda	49
6.	**Martin Brundle** Benetton-Ford	38
7.	**Jean Alesi** Ferrari	18
8.	**Mika Häkkinen** Lotus-Ford	11
9.	**Andrea de Cesaris** Tyrrell-Ilmor	8
10.	**Michele Alboreto** Footwork-Mugen-Honda	6
11.	**Erik Comas** Ligier-Renault	4
12.	**Karl Wendlinger** March-Ilmor	3
	Ivan Capelli Ferrari	3
14.	**Thierry Boutsen** Ligier-Renault	2
	Johnny Herbert Lotus-Ford	2
	Pierluigi Martini Dallara-Ferrari	2
17.	**Bertrand Gachot** Venturi Larrousse-Lamborghini	1
	Christian Fittipaldi Minardi-Lamborghini	1
	Stefano Modena Jordan-Yamaha	1

Konstrukteure

1.	Williams-Renault	164
2.	McLaren-Honda	99
3.	Benetton-Ford	91
4.	Ferrari	21
5.	Lotus-Ford	13
6.	Tyrrell-Ilmor	8
7.	Footwork-Mugen-Honda	6
	Ligier-Renault	6
9.	March-Ilmor	3
10.	Dallara-Ferrari	2
11.	Larrousse-Lamborghini	1
	Minardi-Lamborghini	1
	Jordan-Yamaha	1

Karl Wendlinger kommt dank Mercedes in die Formel 1. Der Österreicher gehörte zum Junior-Team der Stuttgarter.

Alain Prost – Abschied mit vier Titeln

Wer soll Alain Prost in diesem Jahr schlagen? Er hat mit dem Williams, vollgestopft mit Elektronik, das beste Auto der Saison. Konkurrent Ayrton Senna liegt im Clinch mit seinem Teamchef Ron Dennis. Und Benetton wird höchstens ein Zufallssieg zugetraut. Einziger Gefahrenpunkt für Prost ist sein neuer Teamkollege Damon Hill.

Weltmeister Nigel Mansell hat den Lockrufen der IndyCar-Serie nachgegeben. Aus der Exil-Ferne verbreitet er die Jahreslosung: „Ich hätte nur einen Grund gehabt, weiter in der Formel 1 zu bleiben: um Alain Prost auf gleichem Material wegzublasen. Ich hätte es genossen, der ganzen Welt zu beweisen, wer der beste Pilot ist. Auf der Strecke habe ich den Franzosen nie fürchten müssen. Nur hinter den Kulissen."

Bei Williams hat man ganz andere Sorgen. „Wir werden dieses Jahr ständig unter Druck stehen. Das Potential unserer Autos ist ausgeschöpft. Die anderen werden uns noch näher kommen", argwöhnt Teamchef Frank Williams. Zu allem Überfluss sind beide Williams-Fahrer weg – Neuzugang Alain Prost ist zwar ein Genie, kennt aber nach seiner Auszeit die Vorjahrestechnik nicht. Das ist die Chance für den Testpiloten Damon Hill, dem das Auto bestens vertraut ist. Nach langem Zögern ringt sich Williams durch, dem Sohn von Graham Hill neben Prost eine Chance zu geben.

McLaren-Star Ayrton Senna jagt den Williams-Renault von Alain Prost. Für diesen Wagen wäre der Brasilianer auch ohne Gage gefahren. Für Prost wird es nicht die erhoffte Spazierfahrt zum vierten Titel – er hat den Zenit seiner Karriere bereits überschritten.

Probleme hat auch McLaren. Nach dem Honda-Rückzug tut sich das Spitzenteam lange Zeit schwer, einen Motorenlieferanten zu finden. Schließlich werden es Ford-Kundenmotoren, was vom Team nur schwer akzeptiert wird.

Zwischen McLaren und Benetton bricht ein erbitterter Krieg um die neuesten Ford-Cosworth-Entwicklungsstufen aus. Exklusiv-Abnehmer ist eigentlich Benetton, doch Senna argumentiert immer erfolgreicher. „Ford gibt die besseren Motoren, die 0,5 bis eine Sekunde bringen, an Benetton. Doch nur mit McLaren kann Ford gewinnen. Benetton gelingt höchstens mal ein Glückstreffer, wenn die Spitzenteams ausgefallen sind."

Senna fühlt sich in einen Zwei-Fronten-Krieg verwickelt. Nicht nur Benetton ist sein erklärter Gegner, sondern auch der eigene Teamchef Ron Dennis, mit dem er sich nicht auf einen Vertrag einigen kann. Man verständigt sich zunächst darauf, dass Senna für jedes Rennen eine Million Dollar erhält.

Mit Geld ist vieles möglich, wie Gerhard Berger demonstriert. Für 13 Millionen Dollar wechselt der Österreicher von McLaren zum italienischen Chaos-Team Ferrari. Die Gage muss als Schmerzensgeld angesehen werden, Bergers Einschätzung lässt tatsächlich nichts Gutes für Ferrari erwarten: „Ich habe keine Ahnung von

Die **Teams**

Williams-Renault	
Damon Hill	GB
Alain Prost	F
McLaren-Ford	
Ayrton Senna	BR
Michael Andretti	USA
Mika Häkkinen	FIN
Benetton-Ford	
Michael Schumacher	D
Riccardo Patrese	I
Ferrari	
Jean Alesi	F
Gerhard Berger	A
Lotus-Ford	
Alessandro Zanardi	I
Johnny Herbert	GB
Pedro Lamy	P
Tyrrell-Yamaha	
Ukyo Katayama	J
Andrea de Cesaris	I
Footwork-Mugen-Honda	
Derek Warwick	GB
Aguri Suzuki	J
Ligier-Renault	
Martin Brundle	GB
Mark Blundell	GB
Larrousse-Lamborghini	
Philippe Alliot	F
Erik Comas	F
Toshio Suzuki	J
Minardi-Ford	
Christian Fittipaldi	BR
Fabrizio Barbazza	I
Jean-Marc Gounon	F
Pierluigi Martini	I
Jordan-Hart	
Rubens Barrichello	BR
Ivan Capelli	I
Thierry Boutsen	B
Marco Apicella	I
Emanuele Naspetti	I
Eddie Irvine	GB
Lola-Ferrari	
Michele Alboreto	I
Luca Badoer	I
Sauber-Ilmor *	
Karl Wendlinger	A
JJ Lehto	FIN

* neue Teams

Bei 13 Millionen Dollar „Schmerzensgeld" hat Gerhard Berger (l.) Grund zum Lächeln. Die Mienen von Berater Niki Lauda und Rennleiter Jean Todt (r.) zeigen aber, wie es um Ferrari steht.

McLaren-Chef Ron Dennis (l.) und Flavio Briatore (Benetton) beanspruchen beide die neueste Ausbaustufe des Ford-Cosworth für ihr Team. McLaren kann Ford überzeugen.

1993

Die **Kostenexplosion** wird eingebremst

Die FIA erkennt die Zeichen der Zeit und tritt auf die Kostenbremse. Vor allem um kleine Teams vor dem finanziellen Burn-out zu bewahren, werden eine ganze Reihe von kostenmindernden Maßnahmen für die Saison 1993 ergriffen.
So darf von Kyalami an jeder Pilot nur noch 28 Slick-Reifen verwenden. Davon entfallen maximal acht auf das Qualifying. Das Ziel der ganzen Übung ist klar: Nur Williams, Ferrari, McLaren sowie Mercedes-Statthalter Sauber kommen als so genannte Goodyear-Testteams in den Genuss kostenloser Gummis. Durch die Reifenlimitierung sollen die Kosten für die kleineren Teams überschaubar bleiben.
In die gleiche Richtung zielt die Verkürzung der Trainingssitzungen um insgesamt zwei Stunden. Das freie Training wird von 90 auf 60 Minuten reduziert, dass Qualifying von 60 auf 45 Minuten. Reifenlimitierung und Zeitverknappung sind in Kyalami Anlass zu heftigen Diskussionen. Doch wie sagt Michael Schumacher so schön: „Ob die Änderungen wirklich notwendig sind, bezweifle ich. Allerdings: Die Situation ist für alle gleich."
Wichtig ist auch, dass in Zukunft nur noch Sprit erlaubt ist, der allen gesetzlichen Bestimmungen für Tankstellensprit entspricht und demzufolge auch auf gleichem Preisniveau liegt. Der als ultragiftig eingeschätzte, auf jeden Fall aber sündhaft teure Super-Sprit mit Liter-Preisen von mehreren hundert Mark gehört damit der Vergangenheit an.
Erst 1994 soll dann ein weiterer schwerwiegender Eingriff vollzogen werden: Die nahezu völlige Verbannung aller elektronischen Fahrerhilfen. Aktive Radaufhängungen, automatisches Getriebe, ABS und Traktionskontrolle sollen dann der Vergangenheit angehören.

◀ *Sündhaft teuer – und erlaubt: Bremsscheiben aus Kohlefaser. Die Verzögerung ist kaum besser als bei Stahlscheiben, aber Kohlefaser ist viel leichter.*

▶ *Sündhaft teuer – und verboten: Künftig muss der Sprit herkömmlichem – ungiftigem – Tankstellenbenzin entsprechen. Gasmasken sind dann unnötig.*

aktiven Aufhängungen, Kollege Alesi auch nicht. Das wäre vielleicht gar nicht so schlimm, aber Konstrukteur John Barnard geht es genauso wie uns Fahrern."

Ganz anders steht es um die Moral bei Benetton. Michael Schumacher, an dessen Seite jetzt Riccardo Patrese fährt, hofft zu Saisonbeginn darauf, dass der Abstand zu Williams kleiner geworden ist: „Vielleicht können wir Druck auf Williams ausüben – dann ist es nur noch ein kleiner Schritt und die machen Fehler."

Fehler werden tatsächlich gemacht, allerdings von Schumacher selbst. Denn der Kerpener muss erkennen, dass beim Auftaktrennen in Kyalami Prost nicht nur Pole und Sieg herausfährt, sondern auch, dass Senna vor den Benetton liegt. Genussvoll lässt der Brasilianer den attackierenden Schumacher in die Falle laufen und schließt so gekonnt die Tür, dass für Schumacher das Rennen beendet ist. Für Senna kommt es noch besser: Die nächsten beiden Läufe in São Paulo und Donington kann er gewinnen. Vor eigenem Publikum ist das schon ein Triumph. Doch in England fährt Senna das Rennen seines Lebens. Immer wieder einsetzender Regen macht den Grand Prix zum Lotteriespiel. Insgesamt 68 Boxenstopps und Reifenwechsel werden aufgelistet. Senna triumphiert unnachahmlich, Prost wird nur Dritter und klagt nach dem Rennen über sein Auto. Worauf Senna nochmal gewinnt, als er knochentrocken retourniert: „Wir können gerne die Autos tauschen."

In Imola und Barcelona kommt Prost endlich auf die Siegesstraße. Langsam entwickelt sich die Saison so wie allseits prognostiziert. Doch wie sehr Prost die Senna-Konkurrenz fürchtet, wird in Monaco deutlich. Aus Angst, seine Pole nicht optimal zu nutzen, legt der sonst so coole Franzose einen Frühstart hin. Eine Zehn-Sekunden-Strafe für Prost und ein Hydraulikdefekt beim daraufhin führenden Schumacher machen den Weg frei für Sennas sechsten Monaco-Triumph.

Danach zeigt Williams jedoch die wahren Kraftverhältnisse auf. Es folgen nämlich sieben Siege in Folge. Allerdings heißt der Gewinner nicht immer Prost – der bislang eher geduldete Damon Hill streift langsam aber sicher die Rolle des Erfüllungsgehilfen ab und will selbst siegen.

In Silverstone feiert Prost seinen 50. Sieg nur verhalten: „Vor einem Publikum, das wegen Hills Ausfall traurig ist, kommt bei mir keine rechte Stimmung auf."

Noch schlimmer erwischt es den Briten auf dem Hockenheimring, als Hill in Führung liegend der linke Hinterreifen explodiert. Der Mann mit der Startnummer Null, der sich langsam zum Pechvogel à la Mansell entwickelt: „Das ist noch frustrierender als mein Ausfall in Silverstone. 13 Sekunden Vorsprung, nur noch eineinhalb Runden zu fahren – ich hatte den Sieg praktisch schon in der Tasche."

Dafür klappt es dann endlich in Ungarn. In seinem 13. Formel-1-Rennen siegt Damon Hill. Teamchef Frank Williams kommentiert den Debüt-Sieg mit gewohnter Herzlichkeit: „Um zu beweisen, dass Hill wirklich ein Sieger-Typ ist, muss er noch ein paar Mal Erster werden." Wie auf Befehl legt Hill in Spa und Monza nach. Teamkollege Prost, der sich in ▶

▲ *Altstar Riccardo Patrese hat gegen den jungen Teamkollegen Michael Schumacher nicht den Hauch einer Chance.*

◀ *In Kyalami kommt es zu einer unerwarteten Geste. Ayrton Senna reicht Erzrivale Alain Prost die Hand.*

▶ *Michael Schumacher fährt in Monaco dem Sieg entgegen, nachdem der Führende Prost einen Strafstopp absitzen muss. Doch aus dem möglichen Sieg wird nichts. Eine kleine Rauchwolke hat große Folgen: das Aus für Schumi.*

◀ *Michael Andretti ist in der amerikanischen IndyCar-Szene ein Star. Doch als Formel-1-Neuling produziert er vor allem viel Schrott. In Brasilien eliminiert er Ferrari-Pilot Gerhard Berger schon auf den ersten Metern.*

1993

Siegerpodeste

1 14.3.1993 GP Südafrika – Kyalami
Pole: Alain Prost

1. Alain Prost	Williams-Renault	1:38.45,082
2. Ayrton Senna	McLaren-Ford	- 1.19,824
3. Mark Blundell	Ligier-Renault	- 1 Runde

2 28.3.1993 GP Brasilien – Interlagos
Pole: Alain Prost

1. Ayrton Senna	McLaren-Ford	1:51.15,485
2. Damon Hill	Williams-Renault	- 16,625
3. Michael Schumacher	Benetton-Ford	- 45,436

3 11.4.1993 GP Europa – Donington Park
Pole: Alain Prost

1. Ayrton Senna	McLaren-Ford	1:50.46,570
2. Damon Hill	Williams-Renault	- 1.23,199
3. Alain Prost	Williams-Renault	- 1 Runde

4 25.4.1993 GP San Marino – Imola
Pole: Alain Prost

1. Alain Prost	Williams-Renault	1:33.20,413
2. Michael Schumacher	Benetton-Ford	- 32,410
3. Martin Brundle	Ligier-Renault	- 1 Runde

5 9.5.1993 GP Spanien – Barcelona
Pole: Alain Prost

1. Alain Prost	Williams-Renault	1:32.27,685
2. Ayrton Senna	McLaren-Ford	- 16,873
3. Michael Schumacher	Benetton-Ford	- 27,125

6 23.5.1993 GP Monaco – Monte Carlo
Pole: Alain Prost

1. Ayrton Senna	McLaren-Ford	1:52.10,947
2. Damon Hill	Williams-Renault	- 52,118
3. Jean Alesi	Ferrari	- 1.03,362

7 13.6.1993 GP Kanada – Montréal
Pole: Alain Prost

1. Alain Prost	Williams-Renault	1:36.41,822
2. Michael Schumacher	Benetton-Ford	- 14,527
3. Damon Hill	Williams-Renault	- 52,685

8 4.7.1993 GP Frankreich – Magny-Cours
Pole: Damon Hill

1. Alain Prost	Williams-Renault	1:38.35,241
2. Damon Hill	Williams-Renault	- 0,342
3. Michael Schumacher	Benetton-Ford	- 10,209

9 11.7.1993 GP England – Silverstone
Pole: Alain Prost

1. Alain Prost	Williams-Renault	1:25.38,189
2. Michael Schumacher	Benetton-Ford	- 7,660
3. Riccardo Patrese	Benetton-Ford	- 1.17,482

10 25.7.1993 GP Deutschland – Hockenheim
Pole: Alain Prost

1. Alain Prost	Williams-Renault	1:18.40,885
2. Michael Schumacher	Benetton-Ford	- 16,664
3. Mark Blundell	Ligier-Renault	- 59,349

11 15.8.1993 GP Ungarn – Budapest
Pole: Alain Prost

1. Damon Hill	Williams-Renault	1:47.39,098
2. Riccardo Patrese	Benetton-Ford	- 1.11,915
3. Gerhard Berger	Ferrari	- 1.18,042

12 29.8.1993 GP Belgien – Spa-Francorchamps
Pole: Alain Prost

1. Damon Hill	Williams-Renault	1:24.32,124
2. Michael Schumacher	Benetton-Ford	- 3,668
3. Alain Prost	Williams-Renault	- 14,988

13 12.9.1993 GP Italien – Monza
Pole: Alain Prost

1. Damon Hill	Williams-Renault	1:17.07,509
2. Jean Alesi	Ferrari	- 40,012
3. Michael Andretti	McLaren-Ford	- 1 Runde

14 26.9.1993 GP Portugal – Estoril
Pole: Damon Hill

1. Michael Schumacher	Benetton-Ford	1:32.46,309
2. Alain Prost	Williams-Renault	- 0,982
3. Damon Hill	Williams-Renault	- 8,206

15 24.10.1993 GP Japan – Suzuka
Pole: Alain Prost

1. Ayrton Senna	McLaren-Ford	1:40.27,912
2. Alain Prost	Williams-Renault	- 11,435
3. Mika Häkkinen	McLaren-Ford	- 26,129

16 7.11.1993 GP Australien – Adelaide
Pole: Ayrton Senna

1. Ayrton Senna	McLaren-Ford	1:43.27,476
2. Alain Prost	Williams-Renault	- 9,259
3. Damon Hill	Williams-Renault	- 33,902

Alle Ergebnisse im Detail auf Seite 390

Monza bereits den Titel hätte sichern können, muss sich nach einem Motorschaden noch ein wenig gedulden. Nach Monza weiß der Titelanwärter: „Hole ich mir die Meisterschaft, wird jeder sagen, das sei das Normalste der Welt. Hole ich sie nicht, bin ich der Dummkopf vom Dienst."

Weil Prost jedoch „le Professeur" ist, was sich mit dem Titel Dummkopf vom Dienst kaum in Einklang bringen lässt, geht er in Portugal ausgesprochen vorsichtig zu Werk. Ein zweiter Platz reicht völlig – ein Umstand, den Benetton-Star Michael Schumacher kaltblütig ausnutzt und so seinen ersten und einzigen Saisonsieg sicherstellen kann.

In Japan erscheint McLaren mit modifiziertem Unterboden und verbesserter aktiver Aufhängung. So kann der scheidende Superstar Senna noch zwei Rennen gewinnen. Alain Prost ist zwar uneinholbar Weltmeister. Doch zum Abschiedskonzert in Adelaide holt Megastar Tina Turner Sieger Ayrton Senna auf die Bühne und singt nur für ihn „Simply the best".

Vom Testpilot zum Siegfahrer – Damon Hill hat nach seinen Erfolgen in der zweiten Saisonhälfte allen Grund, zu Späßen aufgelegt zu sein.

Rücktritt des neuen **Weltmeisters**

Unter Anspannung wird Alain Prost zum Nägelkauer. Am Ende der 93er Saison weiß der Franzose, dass seine beste Zeit vorbei ist.

Am Freitag vor dem Großen Preis von Portugal wird es zur endgültigen Gewissheit: In einer Pressekonferenz verkündet Williams-Star Alain Prost, was schon seit geraumer Zeit gemunkelt wird: „In Adelaide fahre ich mein letztes Rennen." Damit neigt sich eine der größten Karrieren der Formel 1 unwiderruflich dem Ende entgegen. Am Ende des Jahres werden 51 Siege, vier Weltmeistertitel und genau 798,5 Punkte auf dem Konto des hakennasigen Franzosen stehen – vergleichbares leistete nur Juan Manuel Fangio mit fünf Titeln.

Und trotzdem: Über dem letzten großen Titel-Triumph lastet ein Schatten des Zweifels. Freunde der ganz reinen Lehre hatten sich schon darüber aufgeregt, wie Prost in seinem Sabatt-Jahr 1992 geschickt hinter den Kulissen seinen Platz bei Williams sicherte. In diesem Vertrag steht, dass Ayrton Senna 1993 nicht Teamkollege sein darf.

Für 1994 gilt diese Klausel nicht mehr. Prost weiß, dass Frank Williams und Ayrton Senna verhandeln. Mit dem Brasilianer als neuem Teamkollegen hätte der Franzose wahrscheinlich seinen Meister gefunden. Die abgeschlossene Saison hat nämlich gezeigt, dass der Franzose seinen absoluten Zenit überschritten hat. Permanente Startfehler, Schwächen im Regen und zaghaftes Überrunden belegen, dass auch der großartigste Pilot nicht vor Altersschwäche gefeit ist. Clever wie Prost nun mal ist, nutzt er seinen letzten Titel zum ehrenvollen Abgang. Der Szene ist klar, dass Prost bald wiederkommen wird. Sei es als Berater oder gar als Chef eines eigenen Teams. Wobei er sich auch leisten könnte, ein, zwei Jahre gar nichts zu tun. Das Wirtschaftsblatt „Business Age" recherchiert das Vermögen des Frührentners auf über 100 Millionen Mark.

Kurz-**Meldungen**

● Aus für **March**: Der englische Rennstall mit den großen finanziellen Sorgen tritt zwar zum Auftaktrennen in Südafrika an, allerdings ohne Motoren. Die stehen reisefertig bei Ilmor in England. Chef Mario Illien: „March kann nicht zahlen, also gibt es keine Motoren. Ich bin Geschäftsmann, kein Sponsor."

● Interessantester Neueinsteiger der letzten Jahre ist das **Sauber-Team**. Ursprünglich sollte der Schweizer Peter Sauber den Wiedereinstieg von Mercedes in die Formel 1 leiten. Nach dem Rückzieher des Stuttgarter Konzerns fährt das Team unter dem Namen Sauber, während auf dem Motor „concept bei Mercedes-Benz" steht. Nach dem fünften Platz von JJ Lehto beim Premierenrennen kommentiert der Teamchef: „Das Auto ist hier nicht so gut wie es sein könnte."

● Schlechte Zwischenbilanz für US-Import **Michael Andretti**: Bei drei Rennstarts bringt es der McLaren-Pilot auf ganze vier Rennrunden. Nach dem Monza-GP übernimmt der Finne Mika Häkkinen dessen Cockpit.

● **Thierry Boutsen** ersetzt in Donington Ivan Capelli bei Jordan und greift nach dem letztjährigen Ligier-Desaster einmal mehr voll daneben: „Ich passe nichts ins Cockpit. Und mein Helm ragt aufgrund meiner Größe in den Lufteinlass, so dass der Hart-Motor mit 25 Prozent weniger Luft auskommen muss als bei Rubens Barrichello." Zum Saisonende beendet Boutsen seine F1-Karriere.

● Der **Doppelheckflügel** setzt sich in der Formel 1 durch und ist eine trickreiche Umgehung der Auflage, dass Heckflügel nur noch 95 Zentimeter hoch sein dürfen. Da Heckflügel laut Definition jenseits der Hinterachse liegen, gilt das Höhenverbot nicht für Leitbleche vor der Hinterachse.

● Sensation zur Saisonmitte: Zigarettensponsor **Camel** kündigt seinen Ausstieg an. Camel-Fahrer Schumacher kann es nicht fassen: „Nach Jahren der Erfolglosigkeit wird jetzt endlich die Ernte eingefahren und da hören die auf. Verstehe das wer will."

● **Nigel Mansell** leidet nach wie vor am Prost-Trauma und bietet dem Franzosen eine Wettfahrt an: Der Schnauzbart setzt eine Million Dollar auf seinen Sieg. In Silverstone antwortet Prost: „Mansell kann sich mit mir in Verbindung setzen. Wenn er sich aber daran erinnert, wie oft ich ihn in unserer gemeinsamen Ferrari-Zeit geschlagen habe, macht er vielleicht einen Rückzieher."

● Im Alter von nur 45 Jahren verstirbt Ex-Weltmeister **James Hunt** an den Folgen eines Herzinfarktes.

● Ferraris neuer Teamchef **Jean Todt** verbietet an Rennwochenenden den Rotwein und Dreitagebärte. Gesiegt wird trotzdem nicht.

● Eklat in Suzuka um Neuling **Eddie Irvine**. Der Jordan-Pilot wird nach einem Wortduell von Ayrton Senna niedergeschlagen. Nach dessen Ansicht riskierte Irvine beim Überrunden Sennas Führung.

● Am Saisonende überholt McLaren Ferrari in der ewigen **Siegesliste**. McLaren ist mit 104 Siegen neuer Spitzenreiter, Ferrari hat 103 Erfolge auf dem Konto.

Michael Andretti, Sohn des 78er F1-Weltmeisters Mario Andretti, kommt in der Königsklasse nicht zurecht.

Endstand **Fahrer-WM**

1.	**Alain Prost** Williams-Renault	99
2.	**Ayrton Senna** McLaren-Ford	73
3.	**Damon Hill** Williams-Renault	69
4.	**Michael Schumacher** Benetton-Ford	52
5.	**Riccardo Patrese** Benetton-Ford	20
6.	**Jean Alesi** Ferrari	16
7.	**Martin Brundle** Ligier-Renault	13
8.	**Gerhard Berger** Ferrari	12
9.	**Johnny Herbert** Lotus-Ford	11
10.	**Mark Blundell** Ligier-Renault	10
11.	**Michael Andretti** McLaren-Ford	7
	Karl Wendlinger Sauber-Ilmor	7
13.	**Christian Fittipaldi** Minardi-Ford	5
	JJ Lehto Sauber-Ilmor	5
15.	**Mika Häkkinen** McLaren-Ford	4
	Derek Warwick Footwork-Mugen-Honda	4
17.	**Philippe Alliot** Larrousse-Lamborghini	2
	Rubens Barrichello Jordan-Hart	2
	Fabrizio Barbazza Minardi-Ford	2
20.	**Alessandro Zanardi** Lotus-Ford	1
	Erik Comas Larrousse-Lamborghini	1
	Eddie Irvine Jordan-Hart	1

Konstrukteure

1.	Williams-Renault	168
2.	McLaren-Ford	84
3.	Benetton-Ford	72
4.	Ferrari	28
5.	Ligier-Renault	23
6.	Lotus-Ford	12
	Sauber-Ilmor	12
8.	Minardi-Ford	7
9.	Footwork-Mugen-Honda	4
10.	Jordan-Hart	3
	Larrousse-Lamborghini	3

Neue **Regeln**

Beim Boxenstopp darf ab 1994 wieder getankt werden. Dafür bekommen alle Teams einheitliche Tankanlagen, die 12 Liter pro Sekunde in die Tanks pressen.

Auf dem Hockenheimring kann Ayrton Senna zwar nicht siegen, sein Team stellt aber einen Weltrekord auf: In sagenhaften 4,8 Sekunden wechseln sie an Sennas McLaren alle vier Reifen.

1994

Freud und Leid

Formel-1-Legende Ayrton Senna avanciert mit einem Wechsel des Rennstalls wieder zum Titelfavoriten. Doch mit Michael Schumacher greift eine neue Generation nach den Pokalen. In Imola erlebt die Formel 1 ihr schwärzestes Wochenende. Danach bremst die FIA die Königsklasse rigoros ein. Sennas Teamkollege Hill wird Schumachers schärfster Konkurrent.

Michael Schumacher ist der aufgehende Stern am Formel-1-Himmel. Zu Saisonbeginn hat der Benetton-Pilot erst zwei Siege auf seinem Konto, doch die Art und Weise, wie er im Vorjahr seinen Teamkollegen, den dreifachen Weltmeister Nelson Piquet, deklassiert hat und mit der unangefochtenen Nummer eins, Ayrton Senna, auf und neben der Piste umgeht, zeugen vom Aufbegehren des Nachwuchs-Piloten.

Dennoch gilt Senna für die Saison '94 als Top-Favorit: Der Brasilianer wechselt nach sechs Jahren von McLaren zu Williams-Renault, dem zur Zeit besten Rennstall. Die Dennis-Truppe läuft der Bestform vergangener Tage weiterhin hinterher. Die fahrerische Lücke, die Senna hinterlässt, soll Martin Brundle schließen. Der Brite verfügt zwar über viel Erfahrung, ein gleichwertiger Ersatz für Senna ist er aber sicher nicht. Neben Brundle greift erneut Mika Häkkinen ins McLaren-Steuer.

Anders als bei McLaren scheint es bei Ferrari wieder aufwärts zu gehen. 1992 kam Star-Konstrukteur John Barnard, Mitte 1993 verpflichtete man den Franzosen Jean Todt als Rennleiter, der mit Peugeot im Rallyesport zahlreiche Erfolge feierte. Zu Saisonbeginn

◀ *Michael Schumacher obenauf. Er feiert seinen – vermeintlichen – Sieg in Belgien. Trotz Disqualifikationen und Sperren wird der Kerpener erster deutscher Formel-1-Weltmeister.*

1994

‘94 kommt dann der Motorenspezialist Osamu Goto zur Scuderia. Der Japaner gilt als Vater der Honda-Erfolge in den achtziger Jahren. Bei den Fahrern vertraut man auf Bewährtes: Mit Jean Alesi und Gerhard Berger hat man zwei der schnellsten Piloten unter Vertrag. Teamchef Luca di Montezemolo fordert energisch Siege ein. Tatsächlich kann Berger beim Deutschland-GP mit seinem Erfolg eine vierjährige Durststrecke von Ferrari beenden.

Michael Schumacher werden nur geringe Titelchancen eingeräumt. Allenfalls die deutschen Fans freuen sich auf ein Kräftemessen zwischen dem dreifachen Champion Senna und dem inzwischen etablierten Nachwuchspiloten aus Kerpen.

Doch Sennas Saisonstart vor heimischem Publikum verläuft anders als geplant: Pole-Setter Senna und Schumacher starten aus der ersten Reihe. Das Startduell gewinnt der Brasilianer. Doch als beide Kontrahenten in Runde 21 die Boxen anlaufen, ist die Benetton-Crew schneller – Schumacher geht in Führung. Senna eilt hinterher, überreißt den Bogen, dreht sich und scheidet aus. Das Punktekonto weist zehn zu null für Schumi aus. ▶

▲ *Der dreifache Champion Ayrton Senna ist haushoher Favorit auf den Titel – und steht gewaltig unter Druck. Nach den schlimmen Unfällen während der Trainingstage in Imola sitzt Senna kurz vor dem Start nachdenklich in seinem Williams.*

▼ *Start zum Großen Preis von San Marino: Der Benetton von JJ Lehto steht still, die Konkurrenten umkurven das Hindernis – bis auf Pedro Lamy. Vorn preschen Senna, Schumacher, Berger und Hill dem Feld davon.*

Die **Teams**

Williams-Renault	
Ayrton Senna	BR
Damon Hill	GB
David Coulthard	GB
Nigel Mansell	GB
McLaren-Peugeot	
Mika Häkkinen	FIN
Martin Brundle	GB
Philippe Alliot	F
Benetton-Ford	
Michael Schumacher	D
Jos Verstappen	NL
JJ Lehto	FIN
Johnny Herbert	GB
Ferrari	
Jean Alesi	F
Gerhard Berger	A
Nicola Larini	I
Ligier-Renault	
Éric Bernard	F
Olivier Panis	F
Johnny Herbert	GB
Franck Lagorce	F
Lotus-Mugen-Honda	
Johnny Herbert	GB
Pedro Lamy	P
Alessandro Zanardi	I
Philippe Adams	B
Mika Salo	FIN
Tyrrell-Yamaha	
Ukyo Katayama	J
Mark Blundell	GB
Sauber-Mercedes	
Karl Wendlinger	A
Heinz-Harald Frentzen	D
Andrea de Cesaris	I
JJ Lehto	FIN
Minardi-Ford	
Pierluigi Martini	I
Michele Alboreto	I
Footwork-Ford	
Christian Fittipaldi	BR
Gianni Morbidelli	I
Jordan-Hart	
Rubens Barrichello	BR
Eddie Irvine	GB
Aguri Suzuki	J
Andrea de Cesaris	I
Larrousse-Ford	
Eric Comas	F
Olivier Beretta	MC
Philippe Alliot	B
Yannick Dalmas	F
Hideki Noda	J
Jean-Denis Delétraz	CH
Simtek-Ford *	
David Brabham	AUS
Roland Ratzenberger	A
Andrea Montermini	I
Jean-Marc Gounon	F
Domenico Schiattarella	I
Taki Inoue	J
Pacific-Ilmor *	
Bertrand Gachot	B
Paul Belmondo	F

* neue Teams

Drei Wochen später, in Aida, einer im Nirgendwo der japanischen Berge neu erbauten Strecke, sucht Senna die Revanche. Der Williams-Pilot geht erneut als Trainingsschnellster ins Rennen. Wieder steht der Benetton des Deutschen neben ihm. Doch Senna verliert den Start und – schlimmer noch – sogar das Rennen, denn in der ersten Kurve wird er von seinem ehemaligen Teamkollegen Mika Häkkinen von der Piste gerempelt. Der Sieger heißt erneut Schumacher.

Als der Formel-1-Zirkus 14 Tage später nach Europa kommt, geht es für Ayrton Senna darum, den Anschluss an Michael Schumacher nicht zu verlieren. Erneut nimmt der Ex-Champ das Rennen als Trainingsschnellster auf. Doch zu diesem Zeitpunkt ist das Wochenende bereits gezeichnet von zwei schweren Trainingsunfällen von Rubens Barrichello und Roland Ratzenberger. Und es soll noch schlimmer kommen (siehe Kasten). Während die Ärzte noch um Sennas Leben kämpfen, ge-

▲ *Michael Schumacher und sein Benetton-Ford auf WM-Kurs. Besonders im Regen unterstreicht der Kerpener seine Klasse. Benetton wird mehrfach Mogelei unterstellt, manchmal auch bewiesen. Trotz aller Strafaktionen geht Schumacher als erster deutscher F1-Weltmeister in die Geschichte ein.*

▼ *Nach den tödlichen Unfällen werden rigorose Maßnahmen getroffen. Dem Sicherheitsdenken fällt auch die spektakulärste Kurve zum Opfer: Die „Eau Rouge" in Spa wird zur Schikane.*

Alptraum in Imola

Jahrelang wiegt sich die Formel 1 in Sicherheit. Tödlicher Sicherheit. Nach zahlreichen schweren Unfällen, die die Fahrer dank ihrer hochfesten Kohlefaser-Boliden fast immer unverletzt überstanden, hat der High-Speed-Zirkus den Tod seit 1982 aus seinem Repertoire verdrängt. Doch in Imola schlägt das Schicksal auf grausame Weise zu.

Bereits am Freitag nimmt das tragische Wochenende seinen Lauf: Rubens Barrichello unterläuft während des ersten Trainings in der über 200 km/h schnellen Variante Basso ein Fahrfehler, der mit einem fürchterlichen Abflug endet. Glücklicherweise lenken Zaun und Reifenstapel die raketenartige Flugbahn des Jordan zu einer glimpflichen Landung. Der bewusstlose Brasilianer wird aus dem kopfüber liegenden Wrack geborgen und sofort ärztlich versorgt. Nach einer Nacht im Krankenhaus erscheint „Rubinho" tags darauf mit Prellungen und Schnittwunden wieder im Fahrerlager.

Barrichellos Unfall macht die Anwesenden nachdenklich. Der Österreicher Roland Ratzenberger äußert sich: „So ein Abflug geht unter die Haut – es kann ja täglich jeden von uns treffen…" Wenige Stunden später ist er tot. Als der Frontflügel seines Simtek-Ford während des Abschlusstrainings bricht, verliert Ratzenberger ausgangs der Tamburello-Kurve die Kontrolle über den unlenkbaren Boliden. Die Datenaufzeichnungen dokumentieren seine

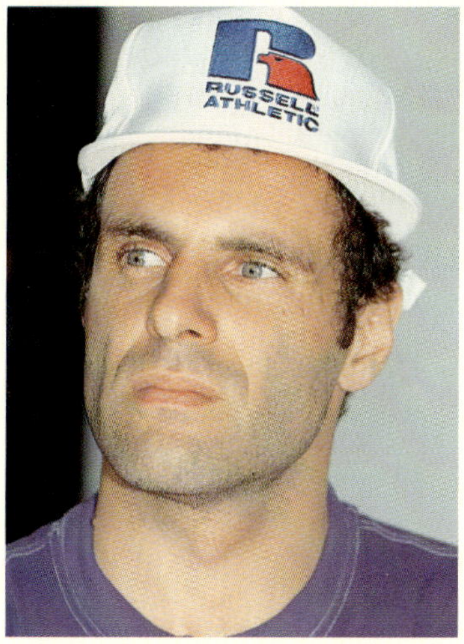

Roland Ratzenberger ist erst wenige Wochen Formel-1-Pilot. Der Österreicher stirbt in Imola in seinem Simtek.

Geschwindigkeit mit 314,9 km/h. Der Österreicher hat keine Chance.
Ayrton Senna lässt sich zur Unfallstelle fahren. Am Sonntag Mittag beschließt der Brasilianer gemeinsam mit Michael Schumacher und Michele Alboreto die Fahrergewerkschaft GPDA (Grand Prix Drivers Association) wieder ins Leben zu rufen. Sie soll sich für die Sicherheitsbelange der Fahrer einsetzen.
Beim Start übersieht Lotus-Pilot Pedro Lamy den abgewürgten Benetton von JJ Lehto. Umherfliegende Trümmer verletzen neun Zuschauer. Das Safety-Car fängt das Feld ein, bis die Strecke von den Wrackteilen gesäubert ist.
Unmittelbar nach dem Neustart des Rennens rasen Senna und Schumacher dem Feld davon, doch Sennas Flucht währt nur sieben Runden. In der Tamburello verliert er die Kontrolle über seinen Williams und schlägt mit knapp 200 km/h in die Betonmauer ein. Bereits 1989 überstand Gerhard Berger hier einen schweren Unfall mit relativ leichten Blessuren und auch diesmal gehen die Anwesenden davon aus, dass sich der Brasilianer nur leicht verletzt hat. Doch ein Teil der Radaufhängung durchschlägt Sennas Helm und lässt ihm keine Überlebenschance. Es wird später festgestellt, dass die Lenksäule gebrochen ist.
Mit Ayrton Senna da Silva verliert die Formel 1 eine ihrer herausragendsten Fahrerpersönlichkeiten. In Brasilien herrscht eine dreitägige Staatstrauer. Die Motorsportwelt ist starr vor Schreck. Und die Kette tragischer Ereignisse in Imola ist noch nicht zu Ende. Doch dass ein von Minardi-Pilot Michele Alboreto verlorenes Hinterrad in der Boxengasse Ferrari-Mechaniker verletzt, geht in der Trauer des dramatischsten Formel-1-Wochenendes unter.

Professor Sid Watkins und sein Ärzte-Team bemühen sich um den schwerverletzten Ayrton Senna. Doch der 34-jährige Brasilianer stirbt an den Folgen seiner Schädelverletzungen.

lingt Michael Schumacher der Hattrick.

Die Piloten haben die Geschehnisse von Imola noch längst nicht verdaut, da überschattet ein schwerer Unfall den Monaco-GP: Im ersten freien Training verletzt sich Sauber-Pilot Karl Wendlinger eingangs der Hafen-Schikane schwer. Der Österreicher benötigt Monate für seine vollständige Genesung, doch zur alten Bestform läuft er nicht mehr auf.

Michael Schumacher erntet in Monaco den vierten Sieg in Folge. In Spanien fährt Schumi eines der besten Rennen seiner Karriere: Trotz defekter Getriebehydraulik kommt der Benetton-Fahrer als Zweiter ins Ziel. „Zunächst war es sehr schwierig, alle Kurven im fünften Gang zu fahren", gibt Schumacher später zu Protokoll. „Dann aber gewöhnte ich mich daran und fand eine Linie, die brauchbare Zeiten zuließ." Nutznießer des Defekts ist Williams-Pilot Damon Hill, der nach Sennas Tod in die Rolle des Hauptkonkurrenten von Michael Schumacher gedrängt wird.

Ab Frankreich erhält Hill für vier Rennen Schützenhilfe vom amtierenden IndyCar-Champion Nigel Mansell, dessen Comeback Williams in der Konstrukteurswertung den Anschluss an Benetton sichern soll. Das gelingt – Konstrukteurstitel und Meisterschaft bleiben bis zum Saisonende offen. Doch dafür gibt es in erster Linie andere Gründe: Nach weiteren Siegen in Montréal und Magny-Cours wird der Kerpener in Silverstone disqualifiziert. Ursache: Wegen Überholens in der Aufwärmrunde erhält Schumacher eine Zeitstrafe. Als das Team den Deutschen nicht zur Stop-and-Go-Strafe von der Strecke holt, zeigt man Schumacher die schwarze Flagge, das Signal zum sofortigen Stopp. Doch der Kerpener „übersieht" die Aufforderung. Der Vorfall endet mit der Disqualifikation in England und Startsperre für zwei Rennen.

Schumachers Team legt Berufung ein. Der Deutsche kann deshalb in Hockenheim starten, und auch in Ungarn ist er dabei. In Belgien folgt ein neues Fiasko: Damon Hill erhält am grünen Tisch den Sieg zuerkannt – Schumachers Benetton-Ford wird nachträglich wegen einer nicht reglementkonformen Bodenplatte disqualifiziert. 1,6 Millimeter führen zum Punktverlust.

Während der Rennen in Monza und Estoril sitzt Schumacher die Sperre ab. Sein Cockpit über- ▶

Während der Saison kommt es zu verbalen Attacken der beiden WM-Führenden Schumacher und Hill. Bernie Ecclestone verordnet einen gemeinsamen Fototermin. Der Deutsche bedankt sich heftig bei ihm.

1994

Siegerpodeste

1	27.3.1994 GP Brasilien – Interlagos Pole: Ayrton Senna	
1. Michael Schumacher	Benetton-Ford	1:35.38,759
2. Damon Hill	Williams-Renault	- 1 Runde
3. Jean Alesi	Ferrari	- 1 Runde

2	17.4.1994 GP Pazifik – Aida Pole: Ayrton Senna	
1. Michael Schumacher	Benetton-Ford	1:46.01,693
2. Gerhard Berger	Ferrari	- 1.15,300
3. Rubens Barrichello	Jordan-Hart	- 1 Runde

3	1.5.1994 GP San Marino – Imola Pole: Ayrton Senna	
1. Michael Schumacher	Benetton-Ford	1:28.28,642
2. Nicola Larini	Ferrari	- 54,942
3. Mika Häkkinen	McLaren-Peugeot	- 1.10,679

4	15.5.1994 GP Monaco – Monte Carlo Pole: Michael Schumacher	
1. Michael Schumacher	Benetton-Ford	1:49.55,372
2. Martin Brundle	McLaren-Peugeot	- 37,278
3. Gerhard Berger	Ferrari	- 1.16,824

5	29.5.1994 GP Spanien – Barcelona Pole: Michael Schumacher	
1. Damon Hill	Williams-Renault	1:36.14,374
2. Michael Schumacher	Benetton-Ford	- 24,166
3. Mark Blundell	Tyrrell-Yamaha	- 1.26,969

6	12.6.1994 GP Kanada – Montréal Pole: Michael Schumacher	
1. Michael Schumacher	Benetton-Ford	1:44.31,887
2. Damon Hill	Williams-Renault	- 39,660
3. Jean Alesi	Ferrari	- 1.13,388

7	3.7.1994 GP Frankreich – Magny-Cours Pole: Damon Hill	
1. Michael Schumacher	Benetton-Ford	1:38.35,704
2. Damon Hill	Williams-Renault	- 12,642
3. Gerhard Berger	Ferrari	- 52,765

8	10.7.1994 GP England – Silverstone Pole: Damon Hill	
1. Damon Hill	Williams-Renault	1:30.03,640
2. Jean Alesi	Ferrari	- 1.08,128
3. Mika Häkkinen	McLaren-Peugeot	- 1.40,659

9	31.7.1994 GP Deutschland – Hockenheim Pole: Gerhard Berger	
1. Gerhard Berger	Ferrari	1:22.37,272
2. Olivier Panis	Ligier-Renault	- 54,779
3. Éric Bernard	Ligier-Renault	- 1.05,042

10	14.8.1994 GP Ungarn – Budapest Pole: Michael Schumacher	
1. Michael Schumacher	Benetton-Ford	1:48.00,185
2. Damon Hill	Williams-Renault	- 20,827
3. Jos Verstappen	Benetton-Ford	- 1.10,329

11	28.8.1994 GP Belgien – Spa-Francorchamps Pole: Rubens Barrichello	
1. Damon Hill	Williams-Renault	1:28.47,170
2. Mika Häkkinen	McLaren-Peugeot	- 51,381
3. Jos Verstappen	Benetton-Ford	- 1.10,453

12	11.9.1994 GP Italien – Monza Pole: Jean Alesi	
1. Damon Hill	Williams-Renault	1:18.02,754
2. Gerhard Berger	Ferrari	- 4,930
3. Mika Häkkinen	McLaren-Peugeot	- 25,640

13	25.9.1994 GP Portugal – Estoril Pole: Gerhard Berger	
1. Damon Hill	Williams-Renault	1:41.10,165
2. David Coulthard	Williams-Renault	- 0,603
3. Mika Häkkinen	McLaren-Peugeot	- 20,193

14	16.10.1994 GP Europa – Jerez Pole: Michael Schumacher	
1. Michael Schumacher	Benetton-Ford	1:40.26,689
2. Damon Hill	Williams-Renault	- 24,689
3. Mika Häkkinen	McLaren-Peugeot	- 1.09,648

15	6.11.1994 GP Japan – Suzuka Pole: Michael Schumacher	
1. Damon Hill	Williams-Renault	1:55.53,532
2. Michael Schumacher	Benetton-Ford	- 3,365
3. Jean Alesi	Ferrari	- 52,045

16	13.11.1994 GP Australien – Adelaide Pole: Nigel Mansell	
1. Nigel Mansell	Williams-Renault	1:47.51,480
2. Gerhard Berger	Ferrari	- 2,511
3. Martin Brundle	McLaren-Peugeot	- 52,487

Alle Ergebnisse im Detail auf Seite 391

Benetton B194

Der letzte Weltmeistertitel für den Ford V8. Der Motor hat nur 730 PS, Ferraris V12 dagegen 780. Allerdings ist der Ford vergleichsweise drehmomentstark und vor allem sparsam. Kleine Kühler ermöglichen schmale Seitenkästen. Das Getriebe des Benetton ist ultraleicht. Die hohe Nase optimiert den Luftstrom am Auto. Größter Vorteil des Benetton ist Ausnahmetalent Michael Schumacher.

Michael Schumacher – der Analytiker

Es ist nur eine kleine Szene: Drei Stunden nach dem Großen Preis von Belgien sitzt Sieger Michael Schumacher in der Küche eines Freundes und nimmt gerade den dritten Blaubeerpfannkuchen in Angriff, als das Telefon klingelt. Zwei Minuten später weiß Michael, dass er disqualifiziert ist. Was folgt, ist Krisenmanagement par exellence. Michael bittet um Agenturmeldungen, kontaktet Flavio Briatore, Tom Walkinshaw und Manager Willi Weber. Er sammelt Informationen, hört emotionslos zu, als ginge es um jemand anderen, gibt in kurzen, knappen Sätzen Erwiderungen und Anweisungen.

Keine dreiviertel Stunde später kommt der 25-jährige Benetton-Fahrer zurück in die Küche und bittet den Hausherrn: „Jetzt hol 'ne gute Flasche Wein aus dem Keller und wenn ihr noch ein Bett übrig habt, schlafen Corinna und ich heute nacht hier."

Kein lautes Wort, kein Gefluche, keine Anklagen, keine Tränen. Stattdessen klare Analyse: tun, was es zu tun gibt und lassen, was eh keinen Sinn macht. Alles andere kann bis zum nächsten Morgen warten.

Schon in Brasilien haben Michael Schumacher und Teamchef Flavio Briatore Grund zum Jubeln. Am Ende können sie den Weltmeister-Titel feiern.

Dieser Mann ist am Saisonende dennoch Weltmeister – obwohl zwei Ergebnisse gestrichen und er an zwei weiteren Rennen nicht teilnehmen durfte. Man weiss nicht, wie die Saison ohne die Katastrophe von Imola ausgegangen wäre. Aber man weiß: Vor Imola stand die Bilanz Schumacher gegen Senna zwanzig zu null.

Speed, extrem späte Bremspunkte, präzise Abstimmungen und eine sehr konstruktive Kommunikation mit seinen Technikern haben Michael Schumacher in dreieinhalb F1-Jahren zum Weltmeister gemacht. Einen Handwerkersohn aus Kerpen, aufgewachsen auf Vaters Kartbahn, früh eingestiegen in die Nachwuchsformeln, gefördert im Mercedes-Juniorenteam – und dann 1991 blitzschnell eingestiegen in die Formel 1. Er hatte stets die richtigen Berater, aber die hatte er wegen seiner Verlässlichkeit, seiner klaren Analysen für das Machbare und seine geradlinigen Reaktionen.

Michael Schumacher ist 1994 kein strahlender Weltmeister. Ihm fehlt noch der Star-Mythos. Die Affären – schwarze Flagge, dünnes Brett, eingestandene und vermutete Mogeleien des Benetton-Teams und der finale Crash mit Damon Hill – belasten den Titel. Dies wird sich ändern, wenn er im Jahr drauf erneut die Krone holt und erst recht, wenn er Ferrari wieder auf die Siegerstraße zurückbringt.

nimmt der Finne JJ Lehto. Damon Hill nutzt die Abwesenheit des WM-Führenden und kann damit nach den Siegen in Spanien, England und Belgien mit zwei weiteren Erfolgen aufholen. Als der Benetton-Pilot beim Großen Preis von Europa in Jerez wieder ins Geschehen eingreift, steht neben ihm in Startreihe eins ein Williams-Pilot mit Titelhoffnungen: Damon Hill. Mit seinem souveränen Sieg demonstriert Michael Schumacher seine Vormachtstellung, doch mit nur fünf Punkten Rückstand liegt Hill immer noch in Schlagdistanz.

In Japan kann Damon Hill mit einem bravourösen Rennen weiteren Boden gut machen. Der Brite siegt in einer Wasserschlacht und verweist den Kontrahenten auf Rang zwei – die Entscheidung muss in Adelaide fallen.

Schumacher eilt im Rennen sofort davon, doch von Startplatz drei pfeilt Damon Hill hinterher. Der Brite setzt den Benetton-Fahrer stark unter Druck. Und tatsächlich, in der 36. Runde macht Schumacher einen Fehler, verliert die Kontrolle und beschädigt die Radaufhängungen seines Benetton. Doch statt dem über die Strecke trudelnden Benetton auszuweichen, fährt Hill genau in die Linie Schumachers. Es kommt zur Kollision – und dem Ausfall beider Kontrahenten. Michael Schumacher ist der erste deutsche Formel-1-Weltmeister.

In dem Trubel geht völlig unter, dass sich Nigel Mansell und Gerhard Berger einen packenden Kampf um den Sieg liefern, den der Brite knapp für sich entscheidet. Es ist der letzte Erfolg für den Champion von 1992.

Nach packendem Duell feiern Berger und Mansell. Der Brite gewinnt in Adelaide zum letzten Mal einen Grand Prix.

Kurz-Meldungen

● Ab Saisonbeginn sind alle **elektronischen Hilfen** verboten. Dazu zählen automatische Getriebe, aktive Aufhängungen, Niveauregulierungen, ABS, Traktionskontrollen und Vierradlenkungen. Auch der Datenaustausch zwischen Fahrzeug und Box ist nur in eine Richtung, nämlich vom Fahrzeug aus, zulässig.

● Vor dem ersten Rennen stehen die F1-Boliden ohne **Reifen** da: Bernie Ecclestone hat das Gastkarten-Kontingent für Goodyear reduziert. Der Reifenmonopolist tritt in den Streik, Ecclestone gibt nach. Für die Reifenmechaniker bedeutet das Schwerstarbeit, denn sie dürfen in einer Nacht 450 Reifen auf Felgen montieren.

● **Heinz-Harald Frentzen** wird von seinem ehemaligen Förderer Peter Sauber in die F1 geholt. Schon nach drei GP bietet Williams dem Mönchengladbacher den Platz an, der durch Sennas Tod frei wurde. Frentzen zeigt sich loyal gegenüber seinem Teamchef und lehnt ab. Das Williams-Cockpit geht an David Coulthard.

● Jordan-Pilot **Eddie Irvine** wird nach einer Kollision in Interlagos von der FIA für ein Rennen gesperrt. Der Ire erhebt Einspruch und zieht vor das Pariser FIA-Gericht. Dort bestätigen die Juroren die Sperre, stocken die Strafe aber auf drei Rennen auf.

● Schwarzes Jahr für das junge **Sauber-Team**. Im zweiten Jahr sitzt man mit dem Sponsor „Broker" einem Betrüger auf – die Schecks sind ungedeckt. Schlimmer noch: Mercedes nimmt Sauber die bei Ilmor gebauten Motoren ab und geht mit McLaren eine langjährige Partnerschaft ein.

● **Peugeot** versucht sich erstmals als Konstrukteur von F1-Motoren. Nach einjähriger Partnerschaft bricht McLaren den Kontrakt. Eddie Jordan übernimmt 1995 den französischen V10.

● In **Hockenheim** kommt es beinahe zu einer Katastrophe: Beim Nachtanken von Jos Verstappens Benetton bricht Feuer aus. Glücklicherweise verhindern Sicherheitskleidung und Streckenposten ernsthafte Verletzungen. Ursache des Feuers ist grobe Fahrlässigkeit: Um die Tankdauer zu minimieren, entfernte Benetton sicherheitsrelevante Teile aus der Tankanlage.

● Nach Karl Wendlingers Unfall in Monaco präsentiert **Sauber** in Barcelona als erstes Team einen seitlichen Cockpitschutz. Der „hohe Kragen" wird ab der kommenden Saison Vorschrift und wird sich im Lauf der Jahre als sinnvolle Sicherheitseinrichtung erweisen.

● Michael Schumacher versucht nach den Affären rund um **Benetton** aus seinem bis 1996 gültigen Vertrag auszusteigen. Doch ein Wechsel in ein Spitzenteam ist kurzfristig unmöglich. So klettert der Deutsche schließlich doch wieder in den Boliden des italienischen Strickwaren-Herstellers.

● 1994 werden die **Motoren** von acht verschiedenen Herstellern gestellt. Das Ferrari-Triebwerk mit 75° Zylinderwinkel gilt als stärkstes (850 PS im Qualifying). Um die rote Laterne streiten sich Ilmor (670 geschätzte PS), der Ford-Kundenmotor (705 PS) und Yamaha (715 PS).

● Mit 1801 Bussen werden die Zuschauer zur abgelegenen neuen Rennstrecke **Aida** in Japan gekarrt.

● **Cyril de Rouvre** ist in einen Finanzskandal verwickelt. Er verkauft seinen Ligier-Rennstall an Benetton-Teamchef Flavio Briatore.

● **Nigel Mansell**, der im Vorjahr IndyCar-Meister wurde, wird von Renault für die F1 reaktiviert. Er übernimmt in Frankreich und Australien den Wagen von David Coulthard. In zwei Rennen holt er nur einen Punkt weniger, als Coulthard in acht Läufen.

● Die beiden aktuellen **Spitzenteams** der Formel 1, Williams und Benetton, bekommen 1995 den gleichen Motor. Renault beliefert sie mit identischen neuen Dreiliter-V10.

Endstand Fahrer-WM

1.	**Michael Schumacher** Benetton-Ford	92
2.	**Damon Hill** Williams-Renault	91
3.	**Gerhard Berger** Ferrari	41
4.	**Mika Häkkinen** McLaren-Peugeot	26
5.	**Jean Alesi** Ferrari	24
6.	**Rubens Barrichello** Jordan-Hart	19
7.	**Martin Brundle** McLaren-Peugeot	16
8.	**David Coulthard** Williams-Renault	14
9.	**Nigel Mansell** Williams-Renault	13
10.	**Jos Verstappen** Benetton-Ford	10
11.	**Olivier Panis** Ligier-Renault	9
12.	**Mark Blundell** Tyrrell-Yamaha	8
13.	**Heinz-Harald Frentzen** Sauber-Mercedes	7
14.	**Nicola Larini** Ferrari	6
	Christian Fittipaldi Footwork-Ford	6
	Eddie Irvine Jordan-Hart	6
17.	**Ukyo Katayama** Tyrrell-Yamaha	5
18.	**Éric Bernard** Ligier-Renault	4
	Karl Wendlinger Sauber-Mercedes	4
	Andrea de Cesaris Jordan/Sauber	4
	Pierluigi Martini Minardi-Ford	4
22.	**Gianni Morbidelli** Footwork-Ford	3
23.	**Eric Comas** Larrousse-Ford	2
24.	**Michele Alboreto** Minardi-Ford	1
	JJ Lehto Benetton-Ford	1

Konstrukteure

1.	**Williams-Renault**	118
2.	**Benetton-Ford**	103
3.	**Ferrari**	71
4.	**McLaren-Peugeot**	42
5.	**Jordan-Hart**	28
6.	**Ligier-Renault**	13
	Tyrrell-Yamaha	13
8.	**Sauber-Mercedes**	12
9.	**Footwork-Ford**	9
10.	**Minardi-Ford**	5
11.	**Larrousse-Ford**	2

Neue Regeln

Die FIA senkt das maximale Volumen ab 1995 von 3.500 auf 3.000 ccm. In der Boxengasse gilt jetzt ein Tempolimit von 80 km/h. Die Sicherheitstests werden verschärft.

Schrecksekunden für Rennfahrer Jos Verstappen und die Benetton-Crew 1994 in Hockenheim: Während eines Tankstopps spritzt Benzin aus dem Schlauch auf den heiß

tor und entzündet sich sofort. Glücklicherweise wird das Feuer nach wenigen Sekunden gelöscht. Fahrer und Mechaniker kommen mit leichten Verbrennungen davon.

1995

Michael Schumacher ohne Fehl und Tadel

Wie im Vorjahr machen Benetton und Williams den Fight unter sich aus. Oder anders gesagt: Michael Schumacher und Damon Hill. Diesmal haben beide die gleichen Motoren. Und damit jagt der deutsche Benetton-Pilot auf und davon. Er hetzt neunmal zum Sieg und deklassiert eindrucksvoll seine Fahrerkollegen. Mercedes will es jetzt wissen: Man wechselt vom Sauber-Team zu McLaren, dem – neben Ferrari – erfolgreichsten Stall der Formel-1-Geschichte.

Die Autos für 1995 müssen weitgehend neu konstruiert werden. Um sie langsamer zu machen, reduziert die FIA den maximalen Hubraum von 3,5 auf drei Liter. Das Manko machen die Techniker durch höhere Drehzahlen wett – zum Saisonstart treten die Topteams wie 1994 wiederum mit über 700 PS an. Durch kleinere Heck- und Frontflügel und einen neugestalteten Unterboden sollen die Kurvengeschwindigkeiten herabgesetzt werden. Die Tankgröße wird freigestellt, aber mindestens ein Tankstopp ist Pflicht.

Aus technischer Sicht hat Benetton am stärksten aufgerüstet. Weltmeister Michael Schumacher hat mit dem Renault-Zehnzylinder nun das gleiche Triebwerk im Rücken wie die Williams-Piloten. McLaren hat den Peugeot-Motor an Jordan weitergereicht und dem völlig überraschten Sauber-Team das Mercedes-Aggregat weggeschnappt. Sauber muss nun mit dem Ford-Zetec zurechtkommen. Das ist zwar das Aggregat des Vorjahres-Weltmeisters, aber in einem mittelmäßigen Auto können von dem V8 keine Wunder erwartet werden. Ligier, das die zweite Renault-Ausstattung an Benetton verlor, hat den Mugen-Honda vom Pleite-Team Lotus übernommen.

Auf der Fahrerseite gibt es wenig Veränderungen in den Spitzenteams. Bei Benetton hat nun Johnny Herbert neben Weltmeister Schumacher seinen festen Platz. McLaren meldet Mark Blundell als Ersatzfahrer – und den 41-jährigen Nigel Mansell als Stammpilot neben Mika Häkkinen. „Löwe“ Nigel hat, 16 Jahre nach seinem Formel-1-Debüt, indes unverhoffte Probleme mit der Statur. Das Cockpit muss vergrößert werden. Ron Dennis kommentiert die Umbauarbeiten: „Es wird so geräumig, dass wir Nigel noch eine Stereoanlage und eine Klimaanlage einbauen können.“ Es nutzt nichts – der Weltmeister von 1992 fährt nur zwei Rennen, gibt danach entnervt auf und widmet sich fortan seiner Leidenschaft Golf. Sein Auftritt 1995 bleibt eine Humoreske.

Die Weltmeisterschaft ist in dieser Saison ein Alleingang von Michael Schumacher. Vom vierten Lauf an führt er die WM-Tabelle vor seinem Vorjahreskonkurrenten Damon Hill an, den er am Ende mit 33 Punkten Vorsprung deutlich schlägt. Dabei ist der Benetton B195 sicher kein überragendes Auto, zum Saisonbeginn sogar ein eher schlechtes. Aber das Talent des Deutschen und die gerissenen Renn-Strategien von Ross Brawn und Rory Byrne ▶

Beim Start zum Monaco-GP dreht sich David Coulthard, Gerhard Berger testet die Flugfähigkeit des Ferrari. Keiner der nachfolgenden Wagen kommt vorbei, der Neustart ist unvermeidlich.

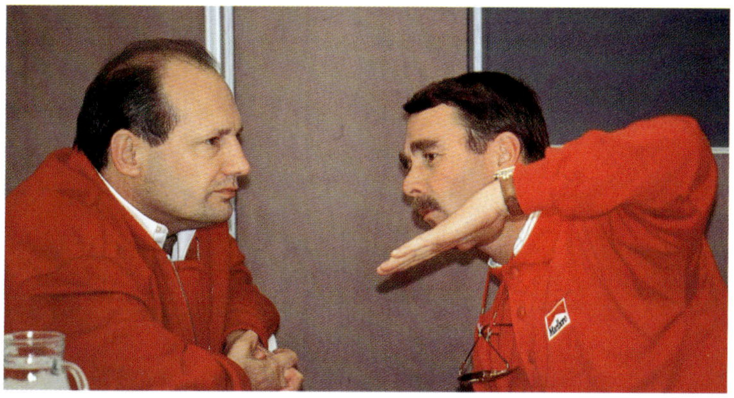

Die Lachnummer des Jahres liefert McLaren-Chef Ron Dennis mit freundlicher Unterstützung von Nigel Mansell ab. Der Brite ist für das Auto zu dick. Nach zwei Rennen verabschiedet sich Mansell aus der Formel 1.

Das packendste Rennen der Saison findet in Spa statt. Michael Schumacher kämpft sich von Platz 16 vor und verdrängt im Regen Damon Hill von der Spitze. Dabei fährt der Deutsche die meiste Zeit auf Slicks, während der Williams-Pilot Regenreifen einsetzt.

Die **Teams**

Williams-Renault	
Damon Hill	GB
David Coulthard	GB
Benetton-Renault	
Michael Schumacher	D
Johnny Herbert	GB
Ferrari	
Jean Alesi	F
Gerhard Berger	A
McLaren-Mercedes	
Mark Blundell	GB
Mika Häkkinen	FIN
Nigel Mansell	GB
Jan Magnussen	DK
Jordan-Peugeot	
Rubens Barrichello	BR
Eddie Irvine	GB
Tyrrell-Yamaha	
Ukyo Katayama	J
Mika Salo	FIN
Gabriele Tarquini	I
Ligier-Mugen-Honda	
Martin Brundle	GB
Olivier Panis	F
Aguri Suzuki	J
Sauber-Ford	
Jean-Christophe Boullion	F
Heinz-Harald Frentzen	D
Karl Wendlinger	A
Arrows-Hart	
Gianni Morbidelli	I
Taki Inoue	J
Massimiliano Papis	I
Minardi-Ford	
Pierluigi Martini	I
Luca Badoer	I
Pedro Lamy	P
Simtek-Ford	
Domenico Schiattarella	I
Jos Verstappen	NL
Pacific-Ford	
Bertrand Gachot	B
Andrea Montermini	I
Jean-Denis Delétraz	CH
Giovanni Lavaggi	I
Forti-Ford *	
Pedro Paulo Diniz	BR
Roberto Moreno	BR

* neue Teams

Titelverteidiger

Vor Michael Schumacher haben in 46 Jahren F1 nur fünf Weltmeister ihre Titel im Folgejahr verteidigt: Alberto Ascari, Juan Manuel Fangio, Jack Brabham, Alain Prost und Ayrton Senna.

lassen Williams keine Chance. Der stets braungebrannte Teamchef Flavio Briatore mutiert mit Schumi zum Superstar der Szene – unverdient, wie das Folgejahr ohne den Deutschen zeigen wird.

Dabei beginnt die Saison, wie die vergangene endete – mit einem Skandal. In Brasilien werden Schumacher und der zweitplatzierte Williams-Pilot David Coulthard disqualifiziert – wegen angeblich nicht reglementkonformen Sprits in den Tanks der Renault-befeuerten Boliden. Ferrari und Gerhard Berger dürfen sich jedoch nur kurz über den am grünen Tisch geerbten Sieg freuen, denn Wochen später bestätigt die FIA den ursprünglichen Zieleinlauf.

Damon Hill wittert in Argentinien und San Marino Morgenluft – er siegt, während der Deutsche nur vier Punkte einheimst. Schumacher wettert über den Benetton: „Ein deutlicher Rückschritt im Vergleich zum 94er Wagen." Zusätzliche Testtage bringen den Rennstall auf die Siegerspur zurück, die bessere Taktik tut ein übriges. Beispiel Monaco: Hill und Schumacher rasen im Formationsflug dem Feld davon. In der 24. Runde fährt der Brite zum ersten von zwei Stopps die Box an, Schumacher aber bleibt seelenruhig auf der Strecke. Ihm genügt ein einziger Stopp. Was Hill zu der desillusionierenden Erkenntnis verhilft: Ein vollgetankter Benetton ist genau so

▲ *Mika Häkkinen kämpft häufig mit stumpfen Waffen. Die Kombination McLaren-Mercedes ist noch nicht eingespielt. Immerhin wird der Finne zweimal Zweiter.*

▲ *Überraschung in Kanada: Auf dem Podest findet sich eine äußerst seltene Besetzung ein. Sieger Jean Alesi versammelt neben sich die Jordan-Fahrer Rubens Barrichello (l.) und Eddie Irvine.*

▼ *Monza: Mühsam halten zwei Streckenposten den völlig aufgebrachten Michael Schumacher von Damon Hill fern. Der Brite hat den Deutschen zuvor von der Strecke gerempelt.*

Die neuen **Drei-Liter-Autos**

Team	Motor	Leistung	U/Min.	Etat (US$)	Teamchef	Konstrukteur
Benetton	Renault V10	710 PS	16.000	60 Mio.	Flavio Briatore	Ross Brawn
Williams	Renault V10	710 PS	16.000	85 Mio.	Frank Williams	Patrick Head
McLaren	Mercedes V10	680 PS	15.800	90 Mio.	Ron Dennis	Neil Oatley
Ferrari	Ferrari V12	710 PS	17.000	100 Mio.	Luca di Montezemolo	John Barnard
Sauber	Ford Zetec V8	665 PS	15.000	45 Mio.	Peter Sauber	Leo Ress
Tyrrell	Yamaha V10	660 PS	15.000	25 Mio.	Ken Tyrrell	Harvey Postlethwaite
Arrows	Hart V8	640 PS	13.800	30 Mio.	Jackie Oliver	Alan Jenkins
Jordan	Peugeot V10	660 PS	k. A.	35 Mio.	Eddie Jordan	Gary Anderson
Ligier	Mugen-Honda V10	655 PS	14.000	20 Mio.	Tom Walkinshaw	Frank Dernie
Minardi	Ford V8	630 PS	14.400	9 Mio.	Giancarlo Minardi	Aldo Costa
Simtek	Ford V8	630 PS	14.400	10 Mio.	Nick Wirth	Nick Wirth
Pacific	Ford V8	630 PS	14.400	12 Mio.	Keith Wiggins	Frank Coppuck
Forti	Ford V8	630 PS	14.400	15 Mio.	Guido Forti	Giorgio Stirano

schnell wie ein nahezu trockener Williams.

In Kanada steht zum einzigen Mal in dieser Saison kein Benetton- oder Williams-Pilot auf der obersten Stufe, sondern ein in Tränen aufgelöster Jean Alesi. Weltmeister Schumacher freut sich über den ersten Sieg des Freundes dermaßen, dass er den bei der Ehrenrunde gestrandeten Ferrari-Piloten im Huckepack um den Kurs kutschiert. Er selbst ist nur Fünfter geworden. Alesi wird von zwei seltenen Treppchen-Gästen flankiert: von den Jordan-Piloten Rubens Barrichello und Eddie Irvine.

Bei Damon Hill liegen die Nerven blank, als er bei seinem Heim-Grand-Prix in Silverstone trotz Pole-Position nach dem zweiten Tankstopp wiederum knapp hinter Michael Schumacher liegt. In der Priory-Kurve startet Hill einen brutalen Überholversuch, der mit dem Aus für beide Fahrer endet. Die FIA verwarnt später Hill – und merkwürdigerweise auch Schumacher. Immerhin gewinnt den englischen Grand Prix ein Engländer – Schumis Teamkollege Johnny Herbert feiert seinen ersten F1-Erfolg.

Michael Schumacher – Wechsel zu Ferrari

Für viele besteht die Sensation vor allem in der von Manager Willi Weber ausgehandelten Gehaltshöhe. Von sagenhaften 25 Millionen Dollar jährlich wird gesprochen.

Doch die teure Entscheidung für den derzeit besten Formel-1-Piloten ist für die Tochter des Fiat-Konzerns ein logischer Schritt: Seit den Titeln von Lauda (1975 und '77) sowie Jody Scheckter ('79) herrscht in Maranello – mit Ausnahme des 1982 und '83 gewonnenen Konstrukteurstitels – Dürre. Auch der von Peugeot abgeworbene Rennleiter Jean Todt und Berater Niki Lauda vermögen keine Berge zu versetzen.

So strampelt Ferrari weiter der Spitze hinterher. Unzulängliche Boxenstopps kosten Sekunden, der aerodynamisch überholte Wagen – der noch nicht über die mittlerweile obligatorische hohe Nase verfügt – wichtige Sekundenbruchteile.

Auch Bernie Ecclestone hat ein vitales Interesse am Fahrerwechsel. Seit Saisonmitte hat Benetton Wagen und Motor im Griff, Michael Schumacher keine Konkurrenz mehr zu fürchten und das Publikum einige langweilige Rennen zu ertragen. Doch der Brite ist stets um seine Show bemüht. Und im Wechsel des analytisch arbeitenden Germanen zum Mythos-behafteten Rennstall Ferrari wittert der Geschäftsmann die Chance, die Attraktivität des Formel-1-Zirkus zu steigern.

Der Deal ist von langer Hand geplant. Bekannt wird er aber erst relativ spät durch eine Indiskretion von Ferrari-Pilot Gerhard Berger, der damit bereits in Silverstone den Transfermarkt ins Rollen bringen will. Schumacher hätte die Sache lieber unter Verschluss gehalten. Er fürchtet, dass Renault sich bemühen wird, dem Williams-Piloten Hill zum Titel zu verhelfen, um ihn 1996 für Werbeaktionen zu nutzen. Aber die Franzosen bleiben fair. Auch Benetton wehrt sich nicht, sondern übernimmt im Gegenzug das Ferrari-Duo Berger und Alesi.

Der treue Schumacher setzt beim neuen Team auf Bewährtes. Er nimmt Ross Brawn und Rory Byrne mit. Nur der neue Teamkollege ist eine weitgehend unbekannte Größe für ihn. Aber Eddie Irvine hat bei Ferrari unterschrieben, dass er sich als Nummer zwei ins Team fügt.

Gianni Agnelli (M.), die graue Eminenz des Fiat-Konzerns, erwartet von den Ferrari-Neulingen Eddie Irvine (l.) und Michael Schumacher den Titel.

Den Deutschland-GP führt ein entfesselter Damon Hill an. Eine ganze Runde, dann verabschiedet er sich mit einem phänomenalen Verbremser im Reifenstapel der Zielgeraden. Nach seinem fünften Saison-Sieg zieht sich Schumacher dann zunächst mal auf den Bonner Petersberg zurück und heiratet am 5. August seine Verlobte Corinna.

Die Formel-1-Szene bewegt eine andere Schumacher-Liaison weitaus mehr: Der angehende Doppelweltmeister hat für 1996 bei Ferrari unterschrieben. Damit kommt das Transfer-Karussel auf Touren. Kaum ein Team wird 1996 mit der Fahrerkonstellation des Vorjahres antreten.

Renngeschichte schreibt Schumacher auf seiner Schicksalsstrecke Spa-Francorchamps. Wegen eines verregneten Qualifyings startet er von Platz 16 im völlig neuen Umfeld von Piloten wie Katayama, Inoue und Lamy. Es ▶

Auffallen durch gute Leistungen: Jordan-Pilot Eddie Irvine (vorn) schafft es, ein Ferrari-Cockpit für 1996 zu ergattern. Jäger Heinz-Harald Frentzen fährt den mittelmäßigen Sauber acht Mal in die Punkte und kommt in Italien sogar erstmals aufs Podest.

1995

Siegerpodeste

1 26.3.1995 GP Brasilien – Interlagos
Pole: Damon Hill

1. Michael Schumacher	Benetton-Renault	1:38.34,154
2. David Coulthard	Williams-Renault	- 8,060
3. Gerhard Berger	Ferrari	- 1 Runde

2 9.4.1995 GP Argentinien – Buenos Aires
Pole: David Coulthard

1. Damon Hill	Williams-Renault	1:53.14,532
2. Jean Alesi	Ferrari	- 6,407
3. Michael Schumacher	Benetton-Renault	- 33,376

3 30.4.1995 GP San Marino – Imola
Pole: Michael Schumacher

1. Damon Hill	Williams-Renault	1:41.42,552
2. Jean Alesi	Ferrari	- 18,510
3. Gerhard Berger	Ferrari	- 43,116

4 14.5.1995 GP Spanien – Barcelona
Pole: Michael Schumacher

1. Michael Schumacher	Benetton-Renault	1:34.20,507
2. Johnny Herbert	Benetton-Renault	- 51,988
3. Gerhard Berger	Ferrari	- 1.05,237

5 28.5.1995 GP Monaco – Monte Carlo
Pole: Damon Hill

1. Michael Schumacher	Benetton-Renault	1:53.11,258
2. Damon Hill	Williams-Renault	- 34,817
3. Gerhard Berger	Ferrari	- 1.11,447

6 11.6.1995 GP Kanada – Montréal
Pole: Michael Schumacher

1. Jean Alesi	Ferrari	1:46.31,333
2. Rubens Barrichello	Jordan-Peugeot	- 31,687
3. Eddie Irvine	Jordan-Peugeot	- 33,270

7 2.7.1995 GP Frankreich – Magny-Cours
Pole: Damon Hill

1. Michael Schumacher	Benetton-Renault	1:38.28,429
2. Damon Hill	Williams-Renault	- 31,309
3. David Coulthard	Williams-Renault	- 1.02,826

8 16.7.1995 GP England – Silverstone
Pole: Damon Hill

1. Johnny Herbert	Benetton-Renault	1:34.35,093
2. Jean Alesi	Ferrari	- 16,479
3. David Coulthard	Williams-Renault	- 23,888

9 30.7.1995 GP Deutschland – Hockenheim
Pole: Damon Hill

1. Michael Schumacher	Benetton-Renault	1:22.56,043
2. David Coulthard	Williams-Renault	- 5,988
3. Gerhard Berger	Ferrari	- 1.08,097

10 13.8.1995 GP Ungarn – Budapest
Pole: Damon Hill

1. Damon Hill	Williams-Renault	- 1:46.25,721
2. David Coulthard	Williams-Renault	- 33,398
3. Gerhard Berger	Ferrari	- 1 Runde

11 27.8.1995 GP Belgien – Spa-Francorchamps
Pole: Gerhard Berger

1. Michael Schumacher	Benetton-Renault	1:36.47,875
2. Damon Hill	Williams-Renault	- 19,493
3. Martin Brundle	Ligier-Mugen-Honda	- 24,998

12 10.9.1995 GP Italien – Monza
Pole: David Coulthard

1. Johnny Herbert	Benetton-Renault	1:18.27,916
2. Mika Häkkinen	McLaren-Mercedes	- 17,779
3. Heinz-H. Frentzen	Sauber-Ford	- 24,321

13 24.9.1995 GP Portugal – Estoril
Pole: David Coulthard

1. David Coulthard	Williams-Renault	1:41.52,145
2. Michael Schumacher	Benetton-Renault	- 7,248
3. Damon Hill	Williams-Renault	- 22,121

14 1.10.1995 GP Europa – Nürburgring
Pole: David Coulthard

1. Michael Schumacher	Benetton-Renault	1:39.59,044
2. Jean Alesi	Ferrari	- 2,684
3. David Coulthard	Williams-Renault	- 35,382

15 22.10.1995 GP Pazifik – Aida
Pole: David Coulthard

1. Michael Schumacher	Benetton-Renault	1:48.49,972
2. David Coulthard	Williams-Renault	- 14,902
3. Damon Hill	Williams-Renault	- 48,333

16 29.10.1995 GP Japan – Suzuka
Pole: Michael Schumacher

1. Michael Schumacher	Benetton-Renault	1:36.52,930
2. Mika Häkkinen	McLaren-Mercedes	- 19,337
3. Johnny Herbert	Benetton-Renault	- 1.23,804

17 12.11.1995 GP Australien – Adelaide
Pole: Damon Hill

1. Damon Hill	Williams-Renault	1:49.15,946
2. Olivier Panis	Ligier-Mugen	- 2 Runden
3. Gianni Morbidelli	Arrows-Hart	- 2 Runden

Alle Ergebnisse im Detail auf Seite 392

Kurz-Meldungen

● Das neue Reglement definiert das **Mindestgewicht** neu. Es beträgt jetzt 595 kg – aber Fahrer und Auto werden gemeinsam gewogen. Das Fahrergewicht wird zu Saisonbeginn ermittelt und dann jeweils zum Autogewicht hinzuaddiert. Erstaunlich: Michael Schumacher, bislang immer mit 71 kg geführt, bringt plötzlich 77 Kilo auf die Waage. Die FIA bittet ihn überraschend zum Nachwiegen – prompt sind es nur noch 71,5 Kilo. Gerhard Berger: „Solche Tricks sind eines Weltmeisters unwürdig."

● Einige der Rennstrecken mussten sich nach den Imola-Geschehnissen **Modifikationen** gefallen lassen. Doch in Spa und am Nürburgring sahen die Verantworlichen ein, dass sie im Vorjahr zu weit gegangen waren. So kam die berüchtigte Eau Rouge wieder zu dem Kurvenverlauf, wegen dem sie von den Piloten gleichermaßen geliebt und gehasst wird. Und auch das Veedol-Z wurde wieder etwas flüssiger gestaltet.

● Formel-1-Legende **Juan Manuel Fangio** stirbt am 17. Juli im Alter von 84 Jahren. Der Argentinier wurde mit 24 Siegen bei 51 Starts fünf Mal Weltmeister.

● Sauber-Pilot **Heinz-Harald Frentzen** gewinnt als einziger F1-Pilot alle 17 Trainingsduelle gegen seine Teamkollegen Karl Wendlinger und Jean-Christophe Boullion.

● **Lotus**, in 38 Jahren mit sieben WM-Titeln, 79 Siegen und 107 Pole-Positions in 491 Rennen einer der wenigen Traditionsrennställe der Formel 1, existiert nicht mehr. Im Winter hatten der Deutsche Horst Schübel und David Hunt, der Bruder von James Hunt, vergebliche Rettungsversuche unternommen.

● **Larrousse-Ford** will die Saison in Imola beginnen. Wegen chronischen Geldmangels erfolgt für das französische Team vorher das endgültige Aus. Auch **Simtek** streicht die Segel.

● Das Team **Pacific** ringt mit dem Pleitegeier. Statt talentierter Piloten sind die Dienste finanzkräftiger Chauffeure gefragt. So kommen Giovanni Lavaggi und Jean-Denis Delétraz zum Einsatz. Sie müssen sich den Slogan „Rent a Pacific" anhören. Am Saisonende ist endgültig Feierabend.

In Adelaide schickt das McLaren-Team Genesungswünsche an Mika Häkkinen, der im Training verunglückte.

● Neu ist das aus der Formel 3000 kommende **Forti-Team**. Die Geldmittel dafür kommen von Pedro Diniz, dessen Vater beim italienischen Molkereikonzern Parmalat Millionen lokker macht. Vater Diniz gehört eine brasilianische Supermarktkette mit Parmalat-Produkten im Angebot.

● Die australische Stadt **Adelaide** verabschiedet sich mit einer Riesenparty aus der Formel 1. Künftig wird in Melbourne gefahren.

● Der **Nürburgring** wird wieder Schauplatz der Formel 1. 1995 findet hier der „Große Preis von Europa" statt, weil den Deutschland-GP weiterhin Hockenheim ausrichtet.

● **Jean Alesi** schafft nach 90 Anläufen beim Kanada-GP seinen ersten Sieg. Auch sonst tut sich viel bei ihm: Ferrari feuert ihn, ebenso seine Ehefrau Laurence. Der Franzose findet Trost bei Benetton und Freundin Kumiko.

● Nach einer Blinddarmoperation wird **Mika Häkkinen** in Japan Zweiter. Teamchef Dennis sieht Zusammenhänge: „Wir werden bei unseren Fahrern nach und nach weitere Körperteile entfernen."

● Außer Michael Schumacher **heiraten** in diesem Jahr auch die Rennfahrer Gerhard Berger, Mark Blundell und Jean-Christophe Boullion.

● Vor einem Jahr verunglückte **Karl Wendlinger** in Monaco, ein Jahr später gibt ihm Peter Sauber am gleichen Ort die Kündigung. Der Österreicher hat den alten Speed nicht wieder erreicht.

● Im Hexenkessel von **Monza** ist ein Ferrari-Doppelsieg zum Greifen nah. Doch eine sich lösende On-Board-Kamera an Alesis Wagen zerschlägt die Vorderradaufhängung des ihm folgenden Teamkollegen. Berger entgeht zwar möglichen Verletzungen, ist aber damit aus dem Rennen. Alesi strandet mit Radlagerschaden.

● Die Saison endet mit einem Schrecken: Beim Qualifying in Adelaide verliert **Mika Häkkinen** wegen eines schleichenden Plattfußes die Kontrolle über seinen McLaren und kracht in eine nur unzureichend gesicherte Betonmauer. Dank eines Luftröhrenschnitts von Formel-1-Arzt Sid Watkins überlebt der Finne. Mika liegt im Koma, erholt sich aber schnell und findet wieder zur alten Form zurück.

Am 5. August läuten auf dem Petersberg bei Bonn die Hochzeitsglocken für den angehenden Doppelweltmeister Michael Schumacher und Corinna Betsch.

dauert 16 Runden, dann ist Schumacher an der Spitze, hart bedrängt vom Dauerkonkurrenten und dem strömenden Regen. Hill kämpft auf Regenreifen, Schumacher gleitet auf Slicks. Die Zuschauer reißt es von den Stühlen und aus den Fernsehsesseln. Als Hill dann wegen Raserei in der Boxengasse eine 10-Sekunden-Strafe absitzen muss, machen die Nerven nicht mehr mit. Er würgt beim Start den Motor ab. Schumacher gewinnt von Startplatz 16 das dramatischste Rennen der Saison. Aber dann versucht die FIA, die Saison spannend zu halten: Sie verdonnert den Deutschen wegen des Zweikampfs zu einer Ein-Rennen-Sperre, die auf vier Rennen zur Bewährung ausgesetzt wird...

Das Duell der beiden WM-Führenden artet beim folgenden Italien-GP fast zum Faustkampf aus. In der 24. Runde knallt Hill bei einem Überrundungsmanöver mit Macht ins Heck des Benetton. Die Streckenposten haben alle Mühe, Schumacher vom Overall des Briten zu lösen. Diesmal kriegt Hill eine Rennsperre auf Bewährung aufgebrummt. Nutznießer des Crashs sind Sieger Johnny Herbert sowie Mika Häkkinen und Heinz-Harald Frentzen, die erstmals in der Saison aufs Treppchen dürfen. In Portugal holt Hills Adjutant David Coulthard seinen Premierensieg, dann gewinnt Schumacher dreimal hintereinander. Am Nürburgring schnupft er den führenden Alesi so gekonnt weg, dass der gestrandete Hill am Streckenrand spontan applaudiert. Als der Brite das letzte Rennen der Saison in Adelaide gewinnt, ist Schumacher längst mit riesigem Vorsprung Weltmeister und Benetton hat den ersten Konstrukteurstitel seiner Formel-1-Geschichte eingefahren.

Gerade 30 Punkte hat das neue „Dream-Team" McLaren-Mercedes einkassiert. Ein großer Fortschritt gegenüber der Verbindung mit Sauber ist für Mercedes noch nicht erkennbar. Rennleiter Norbert Haug bemüht sich um Schadensbegrenzung und schönt die Erfolgsbilanz mit blumigen Worten und „Sektorenbestzeiten". Immerhin ist für 1996 eine Personalentscheidung gefällt worden, von der man sich einiges verspricht: David Coulthard, zum Saisonende meist besser als Teamkollege Hill, wechselt von Williams zu McLaren. Denn Frank Williams hat auf dezenten Druck von Bernie Ecclestone Jacques Villeneuve engagiert, den Sohn der Ferrari-Legende Gilles Villeneuve und angehenden IndyCar-Champion. Für Ecclestone, ständig im Kampf mit der US-amerikanischen Monoposto-Rennserie, ist das Abwerben des namhaften Meisters eine Revanche: 1993 hatten die Amerikaner den amtierenden Weltmeister Mansell in die IndyCar-Serie gelockt.

Mit diesem Manöver fährt sich Schumi endgültig in die Unsterblichkeit. Nach seinem Sieg in Hockenheim gewinnt er auch am Nürburgring, nachdem er Ferrari-Mann Jean Alesi kurz vor Schluss in der Veedol-Schikane niederringt.

Damon Hill zollt fair und anerkennend Respekt. Nach seinem vorzeitigen Aus in der Eifel applaudiert er Sieger Schumacher auf dessen Ehrenrunde. Die WM ist für den Briten damit endgültig gelaufen.

Endstand Fahrer-WM

1.	**Michael Schumacher** Benetton-Renault	102
2.	**Damon Hill** Williams-Renault	69
3.	**David Coulthard** Williams-Renault	49
4.	**Johnny Herbert** Benetton-Renault	45
5.	**Jean Alesi** Ferrari	42
6.	**Gerhard Berger** Ferrari	31
7.	**Mika Häkkinen** McLaren-Mercedes	17
8.	**Olivier Panis** Ligier-Mugen-Honda	16
9.	**Heinz-Harald Frentzen** Sauber-Ford	15
10.	**Mark Blundell** McLaren-Mercedes	13
11.	**Rubens Barrichello** Jordan-Peugeot	11
12.	**Eddie Irvine** Jordan-Peugeot	10
13.	**Martin Brundle** Ligier-Mugen-Honda	7
14.	**Gianni Morbidelli** Arrows-Hart	5
	Mika Salo Tyrrell-Yamaha	5
16.	**Jean-Christophe Boullion** Sauber-Ford	3
17.	**Pedro Lamy** Minardi-Ford	1
	Aguri Suzuki Ligier-Mugen-Honda	1

Konstrukteure

1.	Benetton-Renault	147
2.	Williams-Renault	112
3.	Ferrari	73
4.	McLaren-Mercedes	30
5.	Ligier-Mugen-Honda	24
6.	Jordan-Peugeot	21
7.	Sauber-Ford	18
8.	Arrows-Hart	5
	Tyrrell-Yamaha	5
10.	Minardi-Ford	1

Team-Duell bei Williams

In diesem Jahr ist Williams das Maß der Dinge. Damon Hill und Formel-1-Rookie Jacques Villeneuve wechseln sich auf dem Siegerpodest ab. Hill wird im dritten Anlauf Weltmeister – mit freundlicher Unterstützung von Ferrari. Denn die Scuderia wird von unsäglichen Defekten heimgesucht. Ein Wunder, dass Michael Schumacher dennoch drei Mal siegt. Jean Alesi und Gerhard Berger, die sich von ihrem Wechsel in das Weltmeister-Team Benetton WM-Chancen versprachen, sehen indes kein Land.

Für Schumacher-Fans bricht ein neues Zeitalter an. Nirgendwo sieht man es so deutlich wie im Motodrom von Hockenheim. Die Ränge strahlen nicht mehr blau, sondern leuchtend rot. Die Fans haben mit ihrem Idol die Kappen gewechselt.

Überhaupt hat Schumachers neue Rolle als Hoffnungsträger der Scuderia Ferrari die Formel 1 durchgemischt. Kaum ein Team tritt in alter Formation an. Bei Benetton hat das langjährige Ferrari-Duo Jean Alesi und Gerhard Berger festgemacht. Damon Hill muss sich bei Williams mit dem

1996

Formel-1-Neuling Jacques Villeneuve schlägt ein wie eine Granate. Der amtierende IndyCar-Champion zeigt wenig Respekt vor etablierten Größen. Auch Teamkollege und WM-Favorit Damon Hill zeigt er schon mal die Faust, wenn der dem jungen Kanadier im Weg steht.

Die **Teams**

Benetton-Renault	
Jean Alesi	F
Gerhard Berger	A
Williams-Renault	
Damon Hill	GB
Jacques Villeneuve	CDN
Ferrari	
Michael Schumacher	D
Eddie Irvine	GB
McLaren-Mercedes	
Mika Häkkinen	FIN
David Coulthard	GB
Ligier-Mugen-Honda	
Olivier Panis	F
Pedro Paulo Diniz	BR
Jordan-Peugeot	
Rubens Barrichello	BR
Martin Brundle	GB
Sauber-Ford	
Johnny Herbert	GB
Heinz-Harald Frentzen	D
Arrows-Hart	
Ricardo Rosset	BR
Jos Verstappen	NL
Tyrrell-Yamaha	
Ukyo Katayama	J
Mika Salo	FIN
Minardi-Ford	
Pedro Lamy	P
Giancarlo Fisichella	I
Tarso Marques	BR
Giovanni Lavaggi	I
Forti-Ford	
Luca Badoer	I
Andrea Montermini	I

F1-Neuling Jacques Villeneuve als Titelkonkurrent abfinden. Der Kanadier hat David Coulthard verdrängt und der macht neben Mika Häkkinen bei McLaren einen guten Job. Weil Eddie Irvine Schumis Wasserträger bei Ferrari wurde, wird sein Jordan-Cockpit mit Martin Brundle neu besetzt. Brundles verlassenes Cockpit bei Ligier hat Unternehmer-Sohn Pedro Paulo Diniz vergoldet. Und Schumachers ehemaliger Teamkollege Johnny Herbert versucht jetzt, gemeinsam mit Heinz-Harald Frentzen das Sauber-Team endlich nach vorn zu schieben.

Völlig neue Besetzungen gibt es bei Minardi, Forti, Arrows. Auf Beständigkeit setzt allein Tyrrell.

Bei den Motoren-Partnerschaften ist dagegen nichts Neues zu vermelden. Alle Teams treten mit den weiterentwickelten Aggregaten von 1995 an. Außer Forti – dort hat man ab Hockenheim gar keine Motoren, weil Ford auf der Bezahlung überfälliger Rechnungen besteht. Das bedeutet das Aus für das Team.

Eine besonders spannende Saison erwartet in diesem Jahr keiner. Die Williams-Renault gelten als haushoch überlegen, die Ferraristi können allenfalls von einzelnen Siegen träumen, McLaren-Mercedes befindet sich noch in der Probezeit und Benetton ohne Schumacher ist so, wie Benetton vor Schumacher: Mittelmaß.

Williams-Pilot Damon Hill hat auf dem Weg zum Titel nur einen ernsthaften Gegner – seinen Teamkollegen Jacques Villeneuve. Der Neuling gibt einen Einstand nach Maß: Bei seiner Formel-1-Premiere stellt er auf der Pole-Position. Dreifach-Champion Jackie Stewart kommentiert die Leistung des jungen Kanadiers mit den Worten: „Wir haben die Geburtsstunde eines neuen Superstars erlebt." Nur wegen einer defekten Ölleitung muss Villeneuve kurz vor Rennende Teamkollege Hill passieren lassen. So bleiben Nino Farina und Giancarlo Baghetti vorerst die einzigen Piloten, die bereits ihre F1-Premiere siegreich beenden konnten.

Doch der erste Sieg des Kanadiers lässt nicht lange auf sich warten. Beim vierten Anlauf, auf dem Nürburgring, ist es so weit. Nicht nur Patrick Head, Williams-Mitinhaber und Chefkonstrukteur, ist sich sicher: „Es ist der erste von vielen..." ▶

1996

Spektakulärer Saisonauftakt: In Melbourne katapultiert sich Jordan-Pilot Martin Brundle über die halbe Konkurrenz hinweg ins Kiesbett. Beim Neustart sitzt der Brite im T-car.

Skepsis bei McLaren: Mika Häkkinen und Berater Alain Prost sind leistungsmäßig noch lange nicht am Ziel.

Sensation in Monte Carlo: Underdog Olivier Panis im Ligier ist der Überraschungssieger im Fürstentum.

Er hat Recht. Schon im ersten Jahr gewinnt der amtierende Cart-Champion und Indy-500-Sieger noch in Silverstone, Budapest und Estoril. Fehlende Streckenkenntnisse eignet sich der Computerfan am PC an. Stundenlang spielt er realistische F1-Simulationen. Selbst die schärfsten Kritiker verstummen nach dem atemberaubendsten Überholmanöver der Saison: Am Ende der 16. Runde des Portugal-GP schiebt der Kanadier in der lang gezogenen Senna-Kurve seinen Williams mit gut 230 km/h wie in Zeitlupe an Michael Schumachers Ferrari vorbei. Noch am Morgen sagte Villeneuve seinem Ingenieur, dass man dort überholen könnte. „Wenn du das versuchst“, so die Meinung von Jock Clear, „dann müssen wir anschließend die Trümmer deines Wagen einsammeln.“ Doch Villeneuve profitiert von seinen bei Oval-Rennen gemachten Erfahrungen, schränkt allerdings ein: „So etwas kann man nur mit Michael machen. Er weiß immer genau, wo die Räder seines Autos sind.“

Auch Hill ist von der Stärke seines neuen, gleichberechtigten Teamkollegen überrascht. Dennoch ist der Brite gelöster und nervenstärker als in den Jahren zuvor. Das ist bei 43 Punkten nach fünf Rennen allerdings auch kein Wunder. Hill freut sich auf Monaco, die Strecke, auf der sein Vater fünf Mal siegte. Aber in einem Chaos-Regenrennen strandet nach und nach das gesamte Feld, Hill eingeschlossen. Nur drei Fahrer sehen nach zwei Stunden die Zielflagge – ein Ausrutscher mehr und erstmals hätte man nicht genug Personal fürs Podest gehabt. Oben steht, völlig fassungslos, Ligier-Pilot Olivier Panis. Ein Franzose siegt in einem französischen Auto in Monaco – die Grande Nation zieht von Brest bis Straßbourg die Flaggen auf.

Regen überschwemmt auch den Circuit de Catulunya. In Spanien fährt Michael Schumacher ein göttliches Rennen. Nach einem missglückten Start, bei dem sich der Ferrari-Neuling als Sechster einreiht, schnupft er innerhalb weniger Runden das gesamte Feld auf und siegt mit 45 Sekunden Vorsprung vor Jean Alesi.

In Maranello schmeißt sich der Pfarrer ans Seil und bringt die Glocken zum Schwingen. Doch das Ferrari-Wunder findet vorerst keine Fortsetzung. Bei den nächsten fünf Rennen heimst Hill drei Siege ein und Villeneuve zwei. Noch einmal schlägt das rote Imperium zurück. Auf seiner Schicksalsstrecke Spa und in Monza holt Michael Schumacher zwei strahlende Siege, während Damon Hill eine der größten Niederlagen seiner Karriere einstecken muss: Frank Williams geht nicht auf

Michael Schumacher geht übers Wasser: In Spanien adelt sich der Kerpener endgültig zum Regengott. Mit Benetton-Pilot Alesi macht er kurzen Prozess, Villeneuve folgt eine Runde später.

seine Gehaltsforderung von zwölf Millionen Dollar für 1997 ein. Mehr noch, er feuert den Briten, der auf dem Weg zur Weltmeisterschaft ist, und heuert stattdessen Heinz-Harald Frentzen für das kommende Jahr an. Der Deutsche hat ihm schon zwei Körbe gegeben – aus Loyalität zu seinem Förderer Peter Sauber. Diesmal unterschreibt er.

Damon Hill, der schon beim Monza-Grand-Prix Weltmeister sein konnte, hat ein Herz für Bernies Show: Er hält den Titelkampf offen bis zum letzten Rennen. 87:78 lautet der Punktestand Hill/Villeneuve vor dem finalen Japan-Rennen. Mit einem Sieg und einem Ausfall Hills wäre der Kanadier in seiner ersten Saison Weltmeister. Es kommt genau anders herum: Villeneuve wird in der 37. Runde von seinem rechten Hinterrad überholt, Hill gewinnt vor Michael Schumacher.

Wie deutlich die Überlegenheit der Williams in der Saison ist, zeigt die Konstrukteursmeisterschaft: Williams hat 105 Punkte Vorsprung vor Vizemeister Ferrari. Immerhin – Zweiter der Konstrukteurs-WM war die Scuderia zuletzt 1990. Aber es zeigt sich auch deutlich, dass die Schwachpunkte immer noch in der liederlichen Arbeit liegen: Acht Mal ist Eddie Irvine wegen technischer Mängel ausgefallen, fünf Mal Schumacher. Der entthronte Weltmeister versichert: „Ich habe den Titel nur verliehen."

Empfänger Hill unterschreibt für die nächste Saison bei Tom Walkinshaw. Dem ehemaligen Benetton-Miteigner gehört jetzt das Arrows-Team, das seit 200 Rennen auf den ersten Sieg wartet und in diesem Jahr ein einziges Pünktchen kassiert hat.

McLaren-Mercedes setzt weiterhin auf Mika Häkkinen und David Coulthard. Seit 49 Rennen ist der Stall, der neun Weltmeister hervorbrachte, ohne Sieg. Sponsor Marlboro, 23 Jahre Hauptgeldgeber bei McLaren, liefert seine ▶

Stewart und **Prost** – Weltmeister werden Teamchefs

Sie gehören zu den besten Fahrern der Formel-1-Geschichte. Jackie Stewart ist drei Mal Weltmeister geworden (1969, 1971, 1973). Alain Prost schaffte es gar vier Mal (1985, 1986, 1989, 1993). Die Königsklasse hat sie nicht losgelassen: 1997 wollen sie beweisen, dass sie auch ein Team führen können. Beide gründen eigene Rennställe.

Jackie Stewart hat dabei einen starken Partner an der Seite. Ford, zweitgrößter Automobilproduzent weltweit und Hersteller des erfolgreichsten Formel-1-Motors. Aber die Zeiten des flotten V8, der für 174 Siege gut war, sind vorbei, seit Michael Schumacher 1994 damit Weltmeister wurde. Seither ächzen die auf zehn Zylinder aufgemotzten Aggregate im Sauber chancenlos im hinteren Mittelfeld.

Auch Stewart hat bisher nicht bewiesen, dass er ein Top-Team auf die Beine stellen kann. Mit Sohn Paul betreibt er einen mäßig erfolgreichen Formel-3000-Stall, der in sechs Jahren drei Siege herausgefahren hat. Dennoch – mit Ford hat Stewart seine Titel geholt, zu Ford bestehen enge persönliche Bindungen. Das Werk liefert kostenlos die Motoren, die Hongkong-Bank HSBC bezahlt einen Großteil des 50-Millionen-Dollar-Etats.

Ganz anders Alain Prost. Bei ihm ist eine Menge Nationalstolz im Spiel. Er kauft das französische Ligier-Team, das seit 1976 um einen Platz an der Sonne kämpft. Neun Siege hat man ja auch geschafft, den Abstauber-Sieg 1996 von Olivier Panis mitgerechnet. Prost selbst hat sich stets für die feinen Teams McLaren, Ferrari und Williams entschieden und dort seine Titel kassiert.

Jetzt aber hat er eine faszinierende Idee: Ein Team unter seinem Namen, als Generalsponsor die französischste aller Zigaretten, dazu noch den französischen Peugeot-Motor. Der gehört zwar vorerst noch Jordan, aber das wird man schon richten. Außerdem einen Franzosen als Technischen Direktor, natürlich einen französischen Konstrukteur und mindestens einen französischen Fahrer.

Eddie Jordan, dessen Stall die erfolgreichste Neugründung der 90er Jahre ist, sieht die Mühungen schmunzelnd: „Warum tun die beiden sich das an?"

Formel-1-Legende Jackie Stewart gründet ein eigenes F1-Team. Zusammen mit Sohn Paul will der Ex-Weltmeister die Formel 1 ein zweites Mal erobern – diesmal als Teamchef.

Jacques Villeneuve und Williams-Renault – 1997 eine schwer zu schlagende Kombination. Das muss auch Teamkollege Heinz-Harald Frentzen erkennen, der mit identische

aterial fährt, aber trotzdem meist unterlegen ist. Jacques, Sohn der Ferrari-Legende Gilles Villeneuve, siegt 1997 sieben Mal. Er wird im Gegensatz zum Vater Weltmeister.

1998

▲ *Nach Williams-Pilot Keke Rosberg 1982 ist Mika Häkkinen der zweite finnische Formel-1-Weltmeister. Der McLaren-Mercedes-Pilot krönt mit seinem ersten Titel eine großartige Saison und lässt sich zu Recht von Ehefrau Erja und dem Team feiern. McLaren gewinnt seinen achten Konstrukteurstitel nach sechsjähriger Durststrecke.*

◀ *Jordan-Pilot Hill macht Druck auf Frentzen im Williams. Der Deutsche erlebt erneut ein durchwachsenes Jahr.*

▶ *Spa: Mit drei Rädern erreicht Havarist Michael Schumacher die Box. Hinter ihm rollt Unfallgegner David Coulthard.*

McLaren wieder top

Alle Teams müssen neue Autos konstruieren, da die FIA neue Sicherheitsvorschriften erlassen hat. Nach den Erfolgen des Vorjahres entwickelt sich McLaren mit Mika Häkkinen zum Spitzenteam. Ferrari sucht verzweifelt den Anschluss. Das einstige Top-Team Williams versinkt im Mittelmaß und Jordan schafft seinen ersten Sieg.

Die Fans sind in Sorge. Wie werden die 98er Formel-1-Autos aussehen? Das neue Reglement lässt Zweifel aufkommen, ob man sie wieder erkennen wird: Die Renner sind 20 Zentimeter schmaler und statt der Slicks gibt es jetzt Reifen mit Rillen. Für die Fahrer bedeutet das eine große Umstellung.

Apropos Fahrer: Auf diesem Sektor bleibt bei den meisten Teams alles wie gehabt. Einen neuen Kollegen bekommt Jordan-Pilot Ralf Schumacher, zu dem sich Arrows-Flüchtling Damon Hill gesellt. Bei Sauber ist nun Johnny Herbert neben Ex-Benetton-Fahrer Jean Alesi in Diensten. In dessen altem Team fahren Alexander Wurz und Giancarlo Fisichella.

In noch einem Punkt ist Kontinuität angesagt. Ferrari erkennt zum Saisonauftakt, dass man erneut zu langsam ist. Doch diesmal ist nicht Williams die Messlatte. Die englische Weltmeistertruppe hat die ganze Saison über nichts zu melden. Ein blamables Chassis und nachlassende Mécachrome-Power, für die auch noch viel Geld ausgegeben werden muss, lassen Champion Villeneuve und Frentzen meist hilflos durch die Saison fahren.

Der Gegner auf Michael Schumachers Weg zum Titel heißt jetzt McLaren-Mercedes – die Truppe hat mit dem MP4/13 ein Super-Auto auf die Räder gestellt: Chassis, Mercedes-Motor, Bridgestone-Reifen – alles eine Wucht, die es erlaubt, in Melbourne mit den Gegnern Katze und Maus zu spielen. Das Rennen ist eine Hinrichtung. Die Silberpfeile exekutieren die Konkurrenz im Zwei-Sekunden-Takt. Um so viel sind die McLaren-Mercedes schneller als alle anderen – pro Runde.

Beide McLaren-Fahrer sind sich ihres Sieges so sicher, dass sie sich schon vor dem Start absprechen: „Das Rennen gehört dem, der als Erster in Kurve eins ist." Häkkinen gewinnt den Start – und auch das Rennen, obwohl das Team seinen zweiten Boxenstopp – man kann nicht unbedingt sagen versiebt – sie sind einfach nicht da. Erst ein zweiter Anlauf führt zum Service und ein Zurückpfeifen von Coulthard zum erwünschten und abgesprochenen Ergebnis. Viele Zuschauer sind sauer über die Schieberei. Was aber bleibt, ist in erster Linie die Erkenntnis der Konkurrenz, auf verlorenem Posten zu stehen.

Die krass demonstrierte Überlegenheit ist tatsächlich ein großer Fehler von McLaren. Denn allen ist plötzlich klar, dass gegen diesen Wagen nichts auszurichten ist. Die Quittung wird in Brasilien präsentiert (siehe Seite 339). Erneut fahren Häkkinen und Coulthard einen Doppelsieg ein – die Konkurrenz verfällt in Panik.

Die Teams

Williams-Mécachrome	
Jacques Villeneuve	CDN
Heinz-Harald Frentzen	D
Ferrari	
Michael Schumacher	D
Eddie Irvine	GB
Benetton-Playlife	
Giancarlo Fisichella	I
Alexander Wurz	A
McLaren-Mercedes	
David Coulthard	GB
Mika Häkkinen	FIN
Jordan-Mugen-Honda	
Damon Hill	GB
Ralf Schumacher	D
Prost-Peugeot	
Olivier Panis	F
Jarno Trulli	I
Sauber-Petronas	
Jean Alesi	F
Johnny Herbert	GB
Arrows	
Pedro Paulo Diniz	BR
Mika Salo	FIN
Stewart-Ford	
Rubens Barrichello	BR
Jan Magnussen	DK
Jos Verstappen	NL
Tyrrell-Ford	
Ricardo Rosset	BR
Toranosuke Takagi	J
Minardi-Ford	
Shinji Nakano	J
Esteban Tuero	ARG

Die wird in Argentinien etwas abgemildert. Bis dahin hat Michael Schumacher jede Gelegenheit genutzt, auf Partner Goodyear einzuhauen: „Unser Rückstand liegt zu 70 Prozent an den Reifen." Nun bringt Goodyear, was McLaren-Lieferant Bridgestone schon lang hat: breitere Vorderreifen. Sie sollen das chronische Untersteuern mildern.

Nach seinem Argentinien-Sieg wittert Michael Schumacher in Imola Morgenluft: „In Buenos Aires waren wir stark. Seitdem wurde unser Ferrari deutlich verbessert – weshalb sollte es hier nicht genauso gut klappen?" Aber die McLaren sind zu überlegen. Zwar fällt Häkkinen mit Getriebeschaden aus und auch bei Coulthard steigen die Getriebeöltemperaturen bedrohlich an – doch selbst ein weidwunder McLaren ist immer noch schneller als zwei Ferrari. Endlich kann David ▶

1998

In Argentinien feiert Ferrari einen Etappensieg. Irvine (l.) als Dritter und Schumacher als Gewinner lassen Teamchef Jean Todt hoch leben.

Coulthard seinen ersten Saisonsieg nachholen.

Immerhin geht es für den Schotten um seine Stellung im Team. Nach Australien ist DC von vielen bereits als klare Nummer zwei abgestempelt worden. Will er sein Blatt noch umdrehen, braucht er ein starkes Halbjahresergebnis. Doch ab dem Spanien-Grand-Prix ist der Schotte kein Gegner mehr für Häkkinen. Zu deutlich sind die Unterschiede in Training und Rennen.

Damit ist klar, dass auch 1998 nur zwei Fahrer Titelchancen haben: Mika Häkkinen und Michael Schumacher. Doch der Deutsche hat in Monaco Pech. Beim Versuch, Benetton-Pilot Alexander Wurz zu überholen, berühren sich die Autos in der engen Loews-Kurve mehrfach. Ein daraus resultierender Spurstangendefekt lässt Schumi am Ende auf Rang zehn stranden. Für Wurz kommt es noch schlimmer: In der Runde 43 übersteht er einen Horror-Crash glücklicherweise unverletzt. Mit abgerissenen Vorderrädern schießt er aus dem Tunnel und rast in die Streckenbegrenzung.

Heidi Wichlinski, Freundin von David Coulthard, und Mercedes-Motorsportchef Norbert Haug können sich in Österreich über einen Doppelsieg freuen.

Null Punkte für Schumi in Monaco, Häkkinen führt mit 46 zu 24 Zählern die WM an. Doch wie schon im Vorjahr legt Schumacher auch in der 98er Saisonmitte einen starken Zwischenspurt hin. Sein Druck auf Reifenhersteller Goodyear scheint sich auszuzahlen. Zudem werden zahlreiche Verbesserungen am Ferrari durchgeführt. Der Deutsche gewinnt in Kanada, Frankreich und England.

In Montréal ist dazu allerdings ein rüdes Manöver gegen Heinz-Harald Frentzen nötig. Aus der Boxengasse schießt Schumacher direkt in die Spur des Williams-Fahrers. Der fliegt, nur weil er Schlimmeres verhindern will, in einer Staubwolke ins Kiesbett.

In England profitiert Michael Schumacher von der Dämlichkeit der Rennleitung. Heftige Regenschauer erfordern den Einsatz des Safety-Cars. In dieser Phase überholt Schumi Alexander Wurz – ein klarer Regelverstoß. Die fällige Zehn-Sekunden-Strafe wird Ferrari jedoch erst so spät zugestellt, dass die Teamleitung seelenruhig und im völligen Einklang mit dem Reglement ihren Star das Rennen beenden lässt. Erst nach der Zieldurchfahrt (sinnigerweise in der Boxengasse) sitzt Schumacher die mittlerweile völlig unsinnige Zeitstrafe ab. Allen McLaren-Protesten zum Trotz kommt Ferrari damit durch.

In Österreich und Deutschland kann Häkkinen jeweils die vollen zehn Punkte einsacken. Kleinlaut entschuldigt sich Schumi in Hockenheim bei seinen Fans: „Tut mir leid für die zwei Punkte, aber mehr war nicht drin, in Ungarn wird der Ferrari besser liegen.“

Tatsächlich schließt Schumi hier mit einem Sieg auf, während Häkkinen nur auf Platz sechs landet. Der Schlüssel zum Ferrari-Erfolg ist eine geniale Strategie von Chefdenker Ross Brawn. Der verordnet seinem Ass kurzerhand drei statt zwei Stopps. Dazu muss Schumi in 19 Runden ein Plus von 25 Sekunden rausfahren, damit er nach dem dritten Halt noch vorne liegt. Der Auftrag wird mit

Spektakulärer Massencrash in Spa: Gleich nach dem Start rasen 13 Autos ineinander. Auslöser ist David Coulthard. Niemand wird ernsthaft verletzt.

McLarens Wunderbremse – erst erlaubt, dann verboten

Zu Saisonbeginn setzt McLaren-Mercedes neue technische Maßstäbe, die die Konkurrenz zur Verzweiflung bringen. Anderen Teams war eines bei McLaren aufgefallen: „Die Bremsscheibe des kurveninneren Hinterrades hat über die ganze Bremsphase bis hin zum Kurvenausgang konstant eine gleichbleibende Glühintensität." Richtig beobachtet: Bremst der McLaren-Fahrer eine Kurve an, wird entsprechend zum Lenkradeinschlag über ein zusätzliches Lenkgestänge das kurveninnere Hinterrad verstärkt abgebremst. Selbst wenn der Fahrer in der Kurve von der Bremse geht, hält ein Druckspeicher die Bremse des kurveninneren Rades so lange betätigt, bis der Fahrer im Kurvenausgang die Lenkung öffnet.
Die Vorteile machen die Silberpfeile uneinholbar: Der Pilot kommt schneller um die Ecke – pro Kurve um rund ein Zehntel. Ein Gewinn, der sich auf der folgenden Geraden verdoppelt: Wer schneller aus der Kurve rauskommt, legt die anschließende Gerade auch schneller zurück. Und: Da die Wunderbremse, sprich Wunderlenkung, beim Beschleunigen im Kurvenausgang das Durchdrehen der Räder vermindert, werden die Reifen stärker geschont. So kann McLaren weichere Reifenmischungen einsetzen.
Andere Konkurrenten (Williams, Jordan, Sauber) arbeiten ebenfalls mit einer Hinterradbremse. Ganz anders reagiert Ferrari auf diese technische Innovation. Die Roten verlassen sich lieber auf einen Protest. Dem wird tatsächlich stattgegeben. Einen Tag vor dem Großen Preis von Brasilien wird festgestellt, dass die Wunderbremse der Silberpfeile illegal ist.

1998 die Besten: Mika Häkkinen und sein McLaren-Mercedes.

einer Reihe begnadeter Qualifying-Runden ausgeführt – in der fast schon entschiedenen WM liegt der Deutsche nur noch sieben Punkte hinter Häkkinen.

Doch ausgerechnet auf „seinem" Kurs in Spa erhält Schumacher einen herben Dämpfer. Im strömenden Regen deklassiert er das gesamte Feld. Mit komfortablem Vorsprung knallt er dann in Runde 26 in den zu überrundenden Coulthard. Schumi verliert nach dem glimpflichen Unfallausgang die Nerven und will dem Schotten in der Box an die Gurgel. Er unterstellt dem aussichtslos zurück liegenden Schotten volle Absicht: „Die Frage ist: Warum wurde Coulthard immer langsamer und warum ging er, direkt vor mir liegend, mitten auf der Geraden vom Gas?" Dabei hätte der Deutsche hier die WM-Führung übernehmen können, denn Häkkinen hat sich bereits in Runde eins verabschiedet.

Dafür wird in Spa ein Kapitel Motorsportgeschichte geschrieben. Nach 127 Anläufen und einer total vermurksten ersten Saisonhälfte schafft das Jordan-Team mit Damon Hill und dem zweitplatzierten Ralf Schumacher den lange ersehnten Premieresieg gleich als Doppelerfolg.

Doch das Saisonduell heißt Mika Häkkinen gegen Michael Schumacher – ein Duell, das ausgerechnet in Italien einen weiteren Höhepunkt erfährt. Schumacher, unterstützt von Leutnant Irvine und Bruder Ralf, kann vor hunderttausenden Tifosi Häkkinen auf Rang vier verbannen – beide Titelaspiranten sind zwei Rennen vor Schluss nun punktgleich. „Es steht jetzt 0:0, wir fangen wieder von vorne an", resümiert Mercedes-Motorsportchef Norbert Haug.

Auf dem Nürburgring gewinnt Häkkinen, Schumacher wird Zweiter – die Entscheidung muss im Finale in Suzuka fallen.

Das ist schon zu Ende, bevor es richtig angefangen hat. Zwar holt sich Schumacher vor Häkkinen die Pole – bloß umsetzen kann er sie nicht. Beim Anfahren zur Einführungsrunde würgt er den Motor ab, was mit der Verbannung in die letzte Reihe geahndet wird. „Ich dachte, jetzt hast du es geschafft, aber noch vor dem Start war mir klar, dass ich es noch lange nicht geschafft habe." Häkkinen reißt sich zusammen und fährt einmal mehr fehlerlos. Als Schumacher dann auch noch in der 32. Runde hinten rechts ein Reifen platzt, ist der Finne endgültig Weltmeister.

Das Formel-1-Mittelfeld: Prost-Pilot Jarno Trulli holt genau wie Sauber-Mann Johnny Herbert 1998 nur einen Punkt. Diniz im Arrows schafft immerhin drei Zähler.

1998

Siegerpodeste

1 8.3.1998 GP Australien – Melbourne
Pole: Mika Häkkinen

1. Mika Häkkinen	McLaren-Mercedes	1:31.45,996
2. David Coulthard	McLaren-Mercedes	- 0,702
3. Heinz-H. Frentzen	Williams-Mécachr.	-1 Runde

2 29.3.1998 GP Brasilien – São Paulo
Pole: Mika Häkkinen

1. Mika Häkkinen	McLaren-Mercedes	1:37.11,747
2. David Coulthard	McLaren-Mercedes	- 1,102
3. Michael Schumacher	Ferrari	- 1.00,550

3 12.4.1998 GP Argentinien – Buenos Aires
Pole: David Coulthard

1. Michael Schumacher	Ferrar	1:48.36,175
2. Mika Häkkinen	McLaren-Mercedes	- 22,899
3. Eddie Irvine	Ferrari	- 57,745

4 26.4.1998 GP San Marino – Imola
Pole: David Coulthard

1. David Coulthard	McLaren-Mercedes	1:34.24,593
2. Michael Schumacher	Ferrari	- 4,554
3. Eddie Irvine	Ferrari	- 51,776

5 10.5.1998 GP Spanien – Barcelona
Pole: Mika Häkkinen

1. Mika Häkkinen	McLaren-Mercedes	1:33.37,621
2. David Coulthard	McLaren-Mercedes	- 9,439
3. Michael Schumacher	Ferrari	- 47,094

6 24.5.1998 GP Monaco – Monte Carlo
Pole: Mika Häkkinen

1. Mika Häkkinen	McLaren-Mercedes	1:51.23,595
2. Giancarlo Fisichella	Benetton-Playlife	- 11,475
3. Eddie Irvine	Ferrari	– 41,378

7 7.6.1998 GP Kanada – Montréal
Pole: David Coulthard

1. Michael Schumacher	Ferrari	1:40.57,355
2. Giancarlo Fisichella	Benetton-Playlife	- 16,622
3. Eddie Irvine	Ferrari	- 1.00,058

8 28.6.1998 GP Frankreich – Magny-Cours
Pole: Mika Häkkinen

1. Michael Schumacher	Ferrari	1:35.45,026
2. Eddie Irvine	Ferrari	- 19,575
3. Mika Häkkinen	McLaren-Mercedes	- 19,747

9 12.7.1998 GP England – Silverstone
Pole: Mika Häkkinen

1. Michael Schumacher	Ferrari	1:47.02,450
2. Mika Häkkinen	McLaren-Mercedes	- 22,465
3. Eddie Irvine	Ferrari	- 29,199

10 26.7.1998 GP Österreich – Zeltweg
Pole: Giancarlo Fisichella

1. Mika Häkkinen	McLaren-Mercedes	1:30.44,086
2. David Coulthard	McLaren-Mercedes	- 5,289
3. Michael Schumacher	Ferrari	- 39,093

11 2.8.1998 GP Deutschland – Hockenheim
Pole: Mika Häkkinen

1. Mika Häkkinen	McLaren-Mercedes	1:20.47,984
2. David Coulthard	McLaren-Mercedes	- 0,427
3. Jacques Villeneuve	Williams-Mécachrome	- 2,578

12 16.8.1998 GP Ungarn – Budapest
Pole: Mika Häkkinen

1. Michael Schumacher	Ferrari	1:45.25,550
2. David Coulthard	McLaren-Mercedes	- 9,433
3. Jacques Villeneuve	Williams-Mécachrome	- 44,444

13 30.8.1998 GP Belgien – Spa-Francorchamps
Pole: Mika Häkkinen

1. Damon Hill	Jordan-Mugen-H.	1:43.47,407
2. Ralf Schumacher	Jordan-Mugen-Honda	- 0,932
3. Jean Alesi	Sauber Petronas	- 7,240

14 13.9.1998 GP Italien – Monza
Pole: Michael Schumacher

1. Michael Schumacher	Ferrari	1:17.09,672
2. Eddie Irvine	Ferrari	- 37,977
3. Ralf Schumacher	Jordan-Mugen-Honda	- 41,152

15 27.9.1998 GP Luxemburg – Nürburgring
Pole: Michael Schumacher

1. Mika Häkkinen	McLaren-Mercedes	1:32.14,789
2. Michael Schumacher	Ferrari	- 2,212
3. David Coulthard	McLaren-Mercedes	- 34,164

16 1.11.1998 GP Japan – Suzuka
Pole: Michael Schumacher

1. Mika Häkkinen	McLaren-Mercedes	1:27.22,535
2. Eddie Irvine	Ferrari	- 6,491
3. David Coulthard	McLaren-Mercedes	- 27,662

Alle Ergebnisse im Detail auf Seite 394

▲ *Lange hat Teamchef Eddie Jordan auf diesen Moment gewartet. Umso schöner die Tatsache, dass er den ersten Erfolg seines Rennstalls als Doppelsieg feiern kann. Kleiner Wermutstropfen für Ralf Schumacher: Er musste den Sieg Teamkollege Damon Hill überlassen, obwohl der Kerpener schneller war.*

◀ *Das zweite Jahr des Stewart-Teams ist eine Enttäuschung. Die angestrebten Erfolge bleiben aus. Ursache ist in erster Linie der defektanfällige Ford-Motor, aber auch das Getriebe entpuppt sich als problematisch. Rubens Barrichello kann lediglich in Spanien und Kanada zwei fünfte Plätze belegen.*

Mika Häkkinen – In der Ruhe liegt die Kraft

Es gibt kaum einen in der Formel 1, der wie Mika Häkkinen alle Höhen und Tiefen dieses Sportes erlebt hat. Vom Hinterbänkler bis zum Top-Star, vom Senkrechtstarter bis zum vermeintlichen ewigen Talent, vom Koma-Unfall bis zum Seriensieger – der 30-jährige Finne mit dem flachsblonden Haar hat alles durchlebt und durchlitten.

Dabei hat er sich, als er 1991 in die Königsklasse stürmt, alles ganz anders vorgestellt. Wieso auch nicht? Häkkinen ist bis dahin einer, dem alles zufliegt. Ob Formel Ford, Opel Lotus oder Formel 3 – die Meisterschaften, in denen der ehemalige Artisten-Schüler an den Start geht, beendet er als Meister. Genau so soll es weitergehen. „Als ich in die Formel 1 kam,

Kurz-**Meldungen**

● **Goodyear** kündigt im Winter sein letztes Formel-1-Jahr an und will sich 1999 zurückziehen. Die Gründe: Die Reglementsänderungen ab 1998 und die ständig steigenden Kosten. McLaren reagiert prompt auf die Ankündigung und wechselt zu Bridgestone.

● British American Tobacco öffnet die Kasse und lässt Villeneuves Ex-Manager Craig Pollock und Rennwagenproduzent Adrian Reynard shoppen gehen. Der Tabak-Konzern pumpt fünf Jahre lang jeweils 150 Millionen Mark in das neue Team **British American Racing**. Als erstes wird der Tyrrell-Rennstall gekauft, der 1998 letztmalig unter altem Namen antreten wird. Nach Meinungsverschiedenheiten mit Pollock zieht sich Gründer Ken Tyrrell aus seinem Team zurück. Pollock besteht auf den Dollars von Ricardo Rosset, Tyrrell will den schnelleren Jos Verstappen engagieren.

● Nach dem Formel-1-Rückzug von **Renault** werden deren Motoren vom ehemaligen Partner Mécachrome produziert. Die Teams Williams und Benetton müssen für die Motoren nun 15 Millionen Dollar bezahlen. Darüber hinaus wird es deutlich weniger Entwicklungsstufen geben.

● Weltmeister **Jacques Villeneuve** erhält in Brasilien vom indischen FIA-Rennstewart Nazir Hoosein einen offiziellen Rüffel wegen Haarfarbe, Kleidung und Barttracht. „Eines Weltmeisters nicht würdig."

● In Imola ist sich Ferrari nicht zu schade, den aerodynamischen Offenbarungseid des Klein-Teams Tyrrell zu kopieren und ebenfalls mit den **Tower-Wings** anzutreten. Kurz nach dem Rennen werden die hässlichen Zusatzflügel von der FIA aus Sicherheitsgründen verboten.

Craig Pollock (l.) übernimmt den Rennstall von F1-Urgestein Ken Tyrrell.

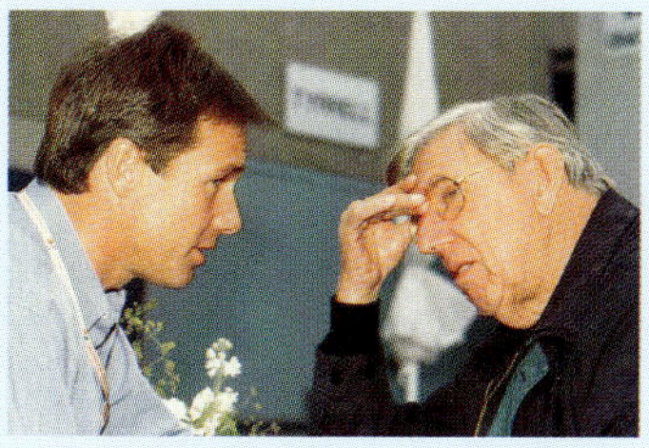

● **Mika Häkkinen** heiratet seine langjährige Freundin Erja Honkanen.

● **Gerhard Berger** wird Motorsport-Direktor bei BMW. Der Österreicher soll den Bayern mit seinem Knowhow helfen, wenn das Münchner Unternehmen ab 2000 mit Williams in der Königsklasse an den Start geht.

● Ab dem Frankreich-GP wird Stewart-Pilot Jan Magnussen vom Holländer **Jos Verstappen** ersetzt.

● In Silverstone holt **Ralf Schumacher** mit einem sechsten Platz für sich und sein Jordan-Team den ersten Punkt. Trotz Verbannung in die letzte Startreihe. Allein in der ersten Runde überholt Ralf auf regennasser Piste sieben Konkurrenten.

● **Ron Dennis** lässt seine McLaren-Box in Silverstone in der Woche vor dem Rennen für 35.000 Dollar mit polierten Granit auslegen. F1-Diktator Ecclestone schickt, nachdem der Boden akkurat verlegt wurde, an alle Teamchefs ein Fax mit der Mitteilung, dass man sich bei der Verteilung der Boxen vertan habe, jedes Team müsse zwei Boxen weiter nach hinten rücken. Dennis tobt, Bernie und die ganze Formel 1 lachen sich schlapp.

● Im chaotisch-feuchten Österreich-Qualifying holt **Giancarlo Fisichella** seine erste Pole. Neben ihm steht Sauber-Fahrer Jean Alesi. Beide werden beim Start von Mika Häkkinen überrumpelt und schießen sich dann gegenseitig ab.

● Beim Start zum **Großen Preis von Belgien** kommt es im strömenden Regen zu einem der größten Crashs der Formel-1-Geschichte. 13 zerstörte Boliden bleiben auf der Strecke, der Schaden wird auf fünf Millionen Mark geschätzt.

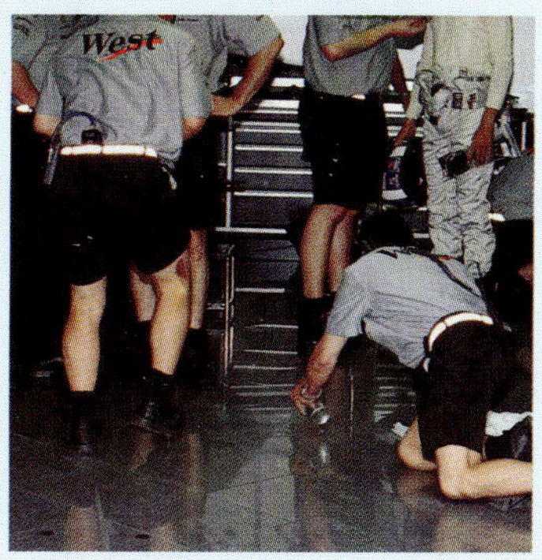

Nicht kleckern, klotzen: Granitfliesen in der McLaren-Box von Silverstone.

war ich sicher, dass ich in zwei Jahren gewinnen und um den Titel fahren würde."
Knapp daneben ist auch vorbei. Nach zwei Jahren Formel 1 für das sterbende Lotus-Team ist Mika soweit, freiwillig einen Schritt zurückzugehen, um wieder als Testfahrer, wenn auch bei McLaren, anzufangen. Die Aussicht auf einen Stammplatz bei einem absoluten Spitzenteam lassen ihm und seinem Manager Keke Rosberg diesen Rückschritt richtig erscheinen.
Teil eins des Plans geht auf: Noch in der 93er Saison wird bei McLaren ein Platz frei, den Häkkinen erhält. Nur mit Teil zwei hapert es: McLaren ist zwar immer noch eine Macht, allerdings eine, die nach 1993 das Siegen einstellt. Statt Triumphe zu feiern, wechselt das Team die Motorenpartner wie andere die Zündkerzen. Auf Honda folgen Ford, Peugeot und Mercedes. Und gute Chassis gibt es auch nicht.
Im Zentrum des ganzen Durcheinanders sitzt Mika Häkkinen, der nicht ein böses Wort über die Misere verliert. Der Frauenschwarm, unbestritten einer der Allerschnellsten, zeigt seine größte Stärke in einer nicht zu übertreffenden Teamloyalität. Als er dann noch 1995 in Australien wegen eines Defekts am McLaren beinahe zu Tode stürzt, hat er endgültig alle Sympathien des ansonsten sehr zurückhaltenden McLaren-Chefs Ron Dennis auf seiner Seite.
Da mutet es fast wie ein schlechter Witz an, dass ausgerechnet Teamkollege David Coulthard die sieglose Serie für McLaren beendet. Brutale 96 Rennen braucht Häkkinen, bis er, sechs Jahre nach Eintritt in die Königsklasse, endlich 1997 seinen ersten GP gewinnen kann – kein Siegfahrer vor ihm brauchte länger.
Ein Jahr und sechs Tage nach seinem ersten Formel-1-Triumph ist Mika Häkkinen Weltmeister. Und befriedigender noch: Er ist es im direkten Fight gegen seinen ärgsten Widersacher geworden. Mit Michael Schumacher verbindet den Finnen eine Fehde, die bis zu Formel-3-Zeiten zurückgeht. Jetzt gegen „den besten Fahrer der Welt" gewonnen zu haben, macht den Titel um so süßer.

Anerkennung vom Rivalen: Schumacher gratuliert zum Sieg in Österreich.

Endstand **Fahrer-WM**

1.	**Mika Häkkinen** McLaren-Mercedes	100
2.	**Michael Schumacher** Ferrari	86
3.	**David Coulthard** McLaren-Mercedes	56
4.	**Eddie Irvine** Ferrari	47
5.	**Jacques Villeneuve** Williams-Mécachrome	21
6.	**Damon Hill** Jordan-Mugen-Honda	20
7.	**Heinz-Harald Frentzen** Williams-Mécachrome	17
	Alexander Wurz Benetton-Playlife	17
9.	**Giancarlo Fisichella** Benetton-Playlife	16
10.	**Ralf Schumacher** Jordan-Mugen-Honda	14
11.	**Jean Alesi** Sauber-Petronas	9
12.	**Rubens Barrichello** Stewart-Ford	4
13.	**Mika Salo** Arrows	3
	Pedro Paulo Diniz Arrows	3
15.	**Johnny Herbert** Sauber-Petronas	1
	Jan Magnussen Stewart-Ford	1
	Jarno Trulli Prost-Peugeot	1

Konstrukteure

1.	McLaren-Mercedes	156
2.	Ferrari	133
3.	Williams-Mécachrome	38
4.	Jordan-Mugen-Honda	34
5.	Benetton-Playlife	33
6.	Sauber-Petronas	10
7.	Arrows	6
8.	Stewart-Ford	5
9.	Prost-Peugeot	1

Neue **Regeln**

Einschneidende Änderungen zu Saisonbeginn sollen die Sicherheit erhöhen. Die Autos werden schmaler: Sie dürfen nur noch 1,80 m breit sein (bisher 2 m). Die Cockpitöffnung wird größer, der Fahrer muss sie innerhalb von fünf Sekunden verlassen können. Die Monocoques müssen höhere Belastungen aushalten, dazu werden die Crashtests verschärft.
Wichtigste Neuerung: Slicks sind ab sofort verboten. Die neuen Reifen müssen vorne drei und hinten vier Rillen haben. Sie sollen die Kurvengeschwindigkeiten verringern.
Unverändert bleiben die Eckdaten: Motor max. 3.000 ccm, max. 12 Zylinder. Mindestgewicht des Autos 595 kg (mit Fahrer).

1999

Freude, Tränen und ein Beinbruch

50 Jahre Formel 1: Das stärkste Paket wirft in der Jubiläumssaison McLaren-Mercedes in die Schlacht um die Weltmeisterschaft. Fahrergenie Michael Schumacher ist fest von seinen Titelchancen auf Ferrari überzeugt. Aber McLaren hat alles andere als einen Spaziergang vor sich. Der Unfall von Schumacher in Silverstone bringt die Saison gehörig durcheinander. Ralf Schumacher rettet die Ehre des traditionsreichen Williams-Teams und mit Heinz-Harald Frentzen avanciert ein Deutscher zum Fahrer des Jahres.

Die wichtigsten Personalveränderungen vermelden Williams und Jordan. Dort tauschen Heinz-Harald Frentzen und Ralf Schumacher die Cockpits. An Schumachers Seite nimmt der zweifache ChampCar-Meister Alessandro Zanardi Platz.

Die Teams

McLaren-Mercedes	
Mika Häkkinen	FIN
David Coulthard	GB
Ferrari	
Michael Schumacher	D
Eddie Irvine	GB
Mika Salo	FIN
Williams-Supertec	
Alessandro Zanardi	I
Ralf Schumacher	D
Jordan-Mugen-Honda	
Damon Hill	GB
Heinz-Harald Frentzen	D
Benetton-Playlife	
Giancarlo Fisichella	I
Alexander Wurz	A
Sauber-Petronas	
Jean Alesi	F
Pedro Paulo Diniz	BR
Arrows	
Pedro de la Rosa	E
Toranosuke Takagi	J
Stewart-Ford	
Rubens Barrichello	BR
Johnny Herbert	GB
Prost-Peugeot	
Olivier Panis	F
Jarno Trulli	I
Minardi-Ford	
Luca Badoer	I
Marc Gené	E
Stephane Sarrazin	F
BAR-Supertec *	
Jacques Villeneuve	CDN
Ricardo Zonta	BR
Mika Salo	FIN

* neue Teams

Der Italiener blickt bereits auf eine kurze – wenig ruhmreiche – Formel-1-Vergangenheit zurück.

Frentzen wird Teamkollege von Damon Hill, der vor einer bitteren Saison steht – am Ende verabschiedet sich der Weltmeister von 1996 vom aktiven Rennsport.

Der zweite ehemalige Williams-Fahrer, Jacques Villeneuve, greift jetzt zum Ruhme des neuen Teams BAR ins Lenkrad. Der Kanadier sowie Teamchef Craig Pollock und dessen Konstrukteur Adrian Reynard haben Großes vor. Das Team haut bis zum Auftakt in Melbourne dermaßen auf die Pauke, dass einem Angst und Bange um die Konkurrenz werden muss. Die Realität sieht dann aber doch etwas

▲ *Der Champion zeigt Nerven: Nach seinem überraschenden Fehler in Monza weint Mika Häkkinen bittere Tränen. Es wird deutlich, dass der Finne unter einem immensen Druck steht.*

◄ *Mit über 100 km/h ist Michael Schumacher in Silverstone in die Reifenstapel gekracht. Er versucht sofort auszusteigen, aber das gebrochene rechte Bein macht es ihm unmöglich.*

anders aus. Der mit Dollar-Millionen des Zigarettenkonzerns British American Tobacco gefütterte Rennstall steht am Saisonende mit null Punkten da.

Ganz anders das Team von Jackie Stewart. Nachdem Ford sein Engagement weiter verstärkt hat, fahren die weißen Renner in einer anderen Liga. Rubens Barrichello, im dritten Jahr bei den Schotten, landet mehrfach auf dem Podest.

Und Neuzugang Johnny Herbert schafft gar die Sensation: Im Chaosrennen am Nürburgring gelingt ihm ein für das Team historischer Sieg. Der Name Stewart wird im Jahr 2000 aus der Formel 1 verschwinden – im Sommer verkauft Jackie Stewart seinen Rennstall an Ford, das Team heißt ab 2000 Jaguar.

Sechs Piloten können 1999 GP-Erfolge verbuchen. Einer davon ist Michael Schumachers Sekundant bei Ferrari, der Ire Eddie Irvine. Der gewinnt ausgerechnet den Saisonauftakt in Melbourne. Dazu bedarf es einer Menge Pech bei seinem Teamkollegen, dem die Elektronik einen Strich durch die Rechnung macht. Und auch McLaren strauchelt, nachdem die Silberpfeil-Piloten im Qualifying Kreise um die Konkurrenz gefahren sind. Neben Irvine stehen Frentzen und Ralf Schumacher ►

Déjà vu in Montréal: 1997 flog Jacques Villeneuve an gleicher Stelle in die Mauer. Damals war er Titelaspirant. 1999 ist er froh, wenn sein bunter BAR-Bolide eine GP-Distanz übersteht.

auf dem Podest und sorgen für strahlende Gesichter bei ihren neuen Chefs.

In Brasilien klappt es mit dem ersten Saisonsieg von Mika Häkkinen. Titelrivale Michael Schumacher wird Zweiter und muss zähneknirschend feststellen, dass die Lücke zu McLaren immer noch recht groß ist.

Aber auch McLaren-Renner werden von Menschen gefahren. In Imola schmeißt Mika Häkkinen seinen Wagen in Runde 18 in die Mauer – Michael Schumacher kann seinen ersten Sieg 1999 verbuchen. Den Erfolg im Heimspiel toppt die Scuderia in Monaco mit einem Doppelsieg – Schumacher gewinnt vor Irvine und Häkkinen. Häkkinen kontert prompt mit zwei ersten Plätzen in Spanien und Kanada. In Montréal ist er der einzige aller teilnehmenden Weltmeister, der seinen Wagen nicht an der Mauer aufarbeitet – den anderen gelingt es in der Reihenfolge Hill, Schumacher, Villeneuve, nachdem Ex-Formel-3000-Meister Ricardo Zonta den Reigen in Runde drei eröffnet hat.

War Kanada schon turbulent, so kann der Frankreich-GP die Ereignisse locker übertreffen.

Michael Schumacher: Ein Unfall und der Druck der Fans

Silverstone, 11. Juli 1999, 14.03 Uhr. Obwohl die Rennleitung wegen der auf der Startgerade stehengebliebenen Boliden von Jacques Villeneuve und Alex Zanardi das Rennen bereits abgebrochen hat, bremst Michael Schumacher an der Stowe-Corner seinen Teamkollegen aus. Irvine denkt nicht daran, Schumi freiwillig ziehen zu lassen, doch der will auf jeden Fall den Anschluss an das davon eilende McLaren-Duo halten. Es sieht so aus, als klappe das haarige Manöver, doch als Schumacher die Kurve mit Tempo 306 anbremst, versagen die Bremsen an der Hinterachse. Sein Ferrari schießt mit 204 km/h ins Kiesbett, mit 107 km/h schlägt er in die Streckenbegrenzung ein. Das Monocoque durchstößt die Reifenstapel, trifft die Betonmauer und zerbricht. Die Welt hält den Atem an – die Schreckensbilder von Ayrton Sennas Unfall werden wieder gegenwärtig. Aber Schumacher bewegt sich, versucht auszusteigen. Es misslingt: Das rechte Bein ist gebrochen, außerdem die Ferse verletzt.

Michael Schumacher hat die Saison abgeschrieben, stellt sich erst drei Wochen später der Öffentlichkeit: Der Fernsehsender RTL schaltet ein Live-Interview von einer Bank im Garten seines Schweizer Nachbarn auf die Großbildschirme im Hockenheimer Motodrom.

Eineinhalb Stunden später, nach dem Doppelsieg von Irvine und Ersatzpilot Salo, ist Schumachers Ruhe dahin. Salos bravouröses Rennen lässt schnelle Comebackpläne reifen – erst recht, weil Häkkinen sein Punktekonto seit Silverstone kaum aufbessern konnte. Bei einem Comeback in Spa-Francorchamps hätte Schumacher immer noch WM-Chancen. Doch erste Tests auf der Hausstrecke in Fiorano sorgen für einen Rückschlag. Dann visiert Schumacher Monza an, testet erneut. Doch die zahlreichen Runden sorgen für eine Entzündung des Fußes.

Schumacher lässt durchblicken: „Ich werde mich auf die neue Saison konzentrieren." Warum soll er dem aufmüpfigen Teamkollegen zum WM-Titel verhelfen? Doch in Italien macht sich Unmut breit. Nach dem Aufschrei der italienischen Medien fordert auch Ferrari Schumachers Comeback für die letzten Rennen des Jahres. In Malaysia und Japan zeigt er Höchstleistungen. Während der drittplatzierte Häkkinen bei dem in tropischer Hitze ausgetragenen Rennen in Kuala Lumpur auf dem Podest beinahe zusammenbricht, ist Michaels Haut knochentrocken. In Japan beschert er dem Team den Konstrukteurstitel, den ersten seit 1983. Damit hält er seiner in die Diskussion gekommenen Mannschaft (Jean Todt, Ross Brawn, Rory Byrne) den Rücken frei. Willi Weber, Schumachers Manager, bringt es auf den Punkt: „Die Saison verlief so gut für Michael. Schade nur, dass er nicht dabei sein konnte…"

Skeptischer Blick nach ersten Tests. Das verletzte Bein schmerzt, an ein frühes Comeback ist nicht zu denken.

Starke Regenfälle wirbeln bereits die Startaufstellung gehörig durcheinander. Auf der Pole steht Stewart-Pilot Barrichello, daneben der Sauber von Jean Alesi. Weltmeister Häkkinen findet sich an völlig ungewohnter Stelle wieder: auf Rang 14.

Von dort startet der Finne eine furiose Aufholjagd im Regen, die ihn nach einem zwischenzeitlichen Dreher bis an die Spitze führt. Rivale Schumacher wird von der Technik eingebremst. Am Ende landet er hinter seinem Bruder auf Rang fünf. Auf dem Podest steht dennoch ein Deutscher ganz oben. Heinz-Harald Frentzen, der bei Jordan konstant Top-Leistungen abliefert, schafft den zweiten GP-Sieg seiner Karriere nach einem cleveren Schachzug des Teams. Während der regenbedingten Safety-Car-Phase tankt ihn seine Crew bis zur Tankklappe randvoll und vermeidet so einen zweiten Boxenstopp. Häkkinen und Barrichello, die ein zweites Mal zum Service müssen, landen auf den Plätzen zwei und drei.

Nächster Schauplatz ist Silverstone. Dort verhaut Michael Schumacher seinen Start. Diesen Umstand will er schleunigst ändern und greift in der Stowe Corner Kollege Irvine an – ein Manöver mit Folgen (siehe Kasten). Mit gebrochenem Bein fällt er monatelang aus. Pech hat auch Häkkinen, der sein linkes Hinterrad und damit das Rennen verliert. Nutznießer ist Kollege Coulthard. Der Schotte gewinnt vor Irvine und Williams-Pilot Ralf Schumacher.

Seinem Erfolg in England lässt Coulthard in Österreich einen Blackout der besonderen Art folgen. Dort rammt er in Rambo-Manier seinen führenden Teamkollegen in der zweiten Kurve von der Bahn und verbannt ihn ans Ende des Feldes. Von dort kämpft sich der Finne zwar bis auf Rang drei vor. Den Sieg von Ferrari-Pilot Eddie Irvine vor Coulthard kann er aber nicht verhindern. Dessen Teamchef Jean Todt heuchelt zerknirscht Freude: „Unsere Aufgabe ist es zu gewinnen und das hat Irvine getan." Der Franzose, das ist offensichtlich, will den Titel irgendwann mit Schumacher holen und nicht mit Abstauber Eddie.

Doch auch in Hockenheim müssen Todt und Häkkinen tatenlos zusehen, wie der Ire siegt. Der Finne hat sogar Glück, dass ihm nicht das gleiche Schicksal widerfährt, wie seinem Rivalen bei Ferrari. Bei Tempo 340 platzt der linke Hinterreifen am Silberpfeil und der Bolide schießt unkontrollierbar in einen Reifenstapel. Häkkinen bleibt unverletzt.

Der zweite Finne im Feld – Ferrari hat den arbeitslosen Mika Salo als Schumacher-Ersatz verpflichtet – stellt mit seinem zweiten Platz den Doppelsieg der Roten sicher. Nach dem Ausfall Häkkinens lag Salo sogar in Führung, doch er steckt für den Teamkollegen zurück. Immerhin hat Irvine jetzt Titelchancen – er führt die WM-Tabelle mit acht Punkten an.

Irvines Hoffnungen erhalten bei den nächsten Rennen in Ungarn, Belgien, Italien und am Nürburgring gleich mehrere Dämpfer. Ungarn wird Häkkinens Beute, in Spa siegt Coulthard vor Häkkinen. Spätestens hier hat die Szene eine Stallregie zugunsten des Finnen erwartet, nachdem Coulthard durch ein beinhartes Manöver beim Start die Spitze übernimmt. Nicht nur der überrumpelte Häkkinen wartet vergeblich auf den Funkbefehl von Teamchef Ron Dennis für den Schotten.

Mit Wut im Bauch fährt der Finne in Monza allen davon – bis ihm in Runde 30 ein verhängnisvoller Schaltfehler unterläuft. Nach seinem Ausfall hockt der Titelverteidiger wie ein Häufchen Elend im Wald und vergießt Tränen der Enttäuschung.

Nutznießer des Ausfalls ist Frentzen, der seinen zweiten Saisonsieg vor Ralf Schumacher und Ferrari-Pilot Salo verbuchen kann. Irvine wird nur Sechster, nach Punkten steht es zwischen ihm und Häkkinen nun 60:60.

Es folgt der Europa-GP auf dem Nürburgring. Wetterkapriolen lassen das Rennen zum Krimi werden. Nach seinem Erfolg in Monza steht Frentzen hier erstmals in dieser Saison auf der Pole und führt auch das Rennen lange an, ehe ihn ein Elektrikschaden stoppt. Die Führung übernimmt ▶

▼ *Nach seinem Sieg in Österreich wird Eddie Irvine endgültig zum Titelaspiranten. Mika Häkkinen und McLaren steht noch ein aufregender Herbst bevor.*

▲ *Schrecksekunde für McLaren in Hockenheim: Mit hohem Tempo knallt Mika Häkkinen nach einem Reifenplatzer in die Reifenstapel. Glücklicherweise kommt er mit dem Schrecken davon.*

◀ *Der Frankreich-GP ist das beste Rennen des Jahres. Pole-Mann Barrichello wehrt sich zunächst erfolgreich gegen die Attacken von McLaren-Star Häkkinen, später kommt der Finne vorbei.*

1999

Siegerpodeste

1 7.3.1999 GP Australien – Melbourne		
Pole: Mika Häkkinen		
1.Eddie Irvine	Ferrari	1:35.01,659
2.Heinz-H. Frentzen	Jordan-Mugen-H.	- 1,026
3.Ralf Schumacher	Williams-Supertec	- 7,012
2 11.4.1999 GP Brasilien – São Paulo		
Pole: Mika Häkkinen		
1. Mika Häkkinen	McLaren-Mercedes	1:36.03,785
2. Michael Schumacher	Ferrari	- 4,925
3. Heinz-H. Frentzen	Jordan-Mugen-H.	- 1 Runde
3 2.5.1999 GP San Marino – Imola		
Pole: Mika Häkkinen		
1. Michael Schumacher	Ferrari	1:33.44,792
2. David Coulthard	Mc-Laren-Mercedes	- 4,265
3. Rubens Barrichello	Stewart-Ford	- 1 Runde
4 16.5.1999 GP Monaco – Monte Carlo		
Pole: Mika Häkkinen		
1. Michael Schumacher	Ferrari	1:49.31,812
2. Eddie Irvine	Ferrari	- 30,476
3. Mika Häkkinen	McLaren-Mercedes	- 37,483
5 30.5.1999 GP Spanien – Barcelona		
Pole: Mika Häkkinen		
1. Mika Häkkinen	McLaren-Mercedes	1:34.13,665
2. David Coulthard	McLaren-Mercedes	- 6,238
3. Michael Schumacher	Ferrari	- 10,845
6 13.6.1999 GP Kanada – Montréal		
Pole: Michael Schumacher		
1. Mika Häkkinen	McLaren-Mercedes	1:41.35,727
2. Giancarlo Fisichella	Benetton-Playlife	- 0,781
3. Eddie Irvine	Ferrari	- 1,796
7 27.6.1999 GP Frankreich – Magny-Cours		
Pole: Rubens Barrichello		
1. Heinz-H. Frentzen	Jordan-Mugen-H.	1:58.24,343
2. Mika Häkkinen	McLaren-Mercedes	- 11,092
3. Rubens Barrichello	Stewart-Ford	- 43,432
8 11.7.1999 GP England – Silverstone		
Pole: Mika Häkkinen		
1. David Coulthard	McLaren-Mercedes	1:32.30,144
2. Eddie Irvine	Ferrari	- 1,829
3. Ralf Schumacher	Williams-Supertec	- 27,411
9 25.7.1999 GP Österreich – Zeltweg		
Pole: Mika Häkkinen		
1. Eddie Irvine	Ferrari	1:28.12,438
2. David Coulthard	McLaren-Mercedes	- 0,313
3. Mika Häkkinen	McLaren-Mercedes	- 22,282
10 1.8.1999 GP Deutschland – Hockenheim		
Pole: Mika Häkkinen		
1. Eddie Irvine	Ferrari	1:21.58,594
2. Mika Salo	Ferrari	- 1,007
3. Heinz-H. Frentzen	Jordan-Mugen-H.	- 5,195
11 15.8.1999 GP Ungarn – Budapest		
Pole: Mika Häkkinen		
1. Mika Häkkinen	McLaren-Mercedes	1:46.23,536
2. David Coulthard	McLaren-Mercedes	- 9,706
3. Eddie Irvine	Ferrari	- 27,228
12 29.8.1999 GP Belgien – Spa-Francorchamps		
Pole: Mika Häkkinen		
1. David Coulthard	McLaren-Mercedes	1:25.43,057
2. Mika Häkkinen	McLaren-Mercedes	- 10,469
3. Heinz-H.-Frentzen	Jordan-Mugen-H.	- 33,433
13 12.9.1999 GP Italien – Monza		
Pole: Mika Häkkinen		
1. Heinz-H.-Frentzen	Jordan-Mugen-H.	1:17.02,923
2. Ralf Schumacher	Williams-Supertec	- 3,272
3. Mika Salo	Ferrari	- 11,932
14 26.9.1999 GP Europa – Nürburgring		
Pole: Heinz-Harald Frentzen		
1. Johnny Herbert	Stewart-Ford	1:41:54,314
2. Jarno Trulli	Prost-Peugeot	- 22,618
3. Rubens Barrichello	Stewart-Ford	- 22,865
15 17.10.1999 GP Malaysia – Sepang		
Pole: Michael Schumacher		
1. Eddie Irvine	Ferrari	1:36.38,494
2. Michael Schumacher	Ferrari	- 1,040
3. Mika Häkkinen	McLaren-Mercedes	- 9,743
16 31.10.1999 GP Japan – Suzuka		
Pole: Michael Schumacher		
1. Mika Häkkinen	McLaren-Mercedes	1:31.18,785
2. Michael Schumacher	Ferrari	- 5,015
3. Eddie Irvine	Ferrari	- 1.35,688

Alle Ergebnisse im Detail auf Seite 395

Coulthard, der sie nach seinem dreherbedingten Ausfall an Ralf Schumacher weiterreicht. Der steht vor einer Sensation, muss aber mit geplatztem Reifen unvermittelt an die Box und wird nur Vierter. Auch Fisichella kann sich nicht lange an seiner Führung erfreuen. Überglücklicher Sieger wird Johnny Herbert, der an diesem Tag einfach keinen Fehler macht.

Das kann man von Ferrari nicht behaupten. Eddie Irvines Boxenstopp geht in die Geschichte ein, denn die Roten sind der Meinung, dass drei neue Pneus ausreichend sind. Es dauert quälend lange, ehe man sich entschließt, auch das vierte Rad noch an Irvines Auto zu montieren...

Bei dieser Performance fragt sich jeder, wann Michael Schumacher endlich wieder ins Cockpit steigt. In Malaysia ist es soweit. Eindrucksvoll demonstriert der Deutsche, dass er der beste Pilot der Gegenwart ist. Seine Pole-Zeit ist um eine Sekunde besser als die von Irvine, der neben ihm steht. Und auch im Rennen zieht Schumacher unwiderstehlich davon. Dann verhält er kurz, lässt Irvine passieren und sichert den Doppelsieg. Häkkinen steht als Dritter völlig ausgepumpt auf dem Podest.

Irvine startet mit vier Punkten Vorsprung ins Finale. Gewinnt er in Japan, wird er der erste Ferrari-Weltmeister nach 20 Jahren – und erntet die Lorbeeren, die Michael Schumacher mit seiner Aufbauarbeit geleistet hat.

Das Rennen ist an Langeweile kaum zu übertreffen. Lediglich die Frage, ob der souverän führende Titelverteidiger ohne Probleme das Ziel erreicht, lässt ein Minimum an Spannung aufkommen. Irvine ist nicht in der Lage, die Spitze zu übernehmen. Daher verlebt auch Michael Schumacher einen geruhsamen Nachmittag, denn so muss er den Kollegen nicht – wie versprochen – unterstützen. Mika Häkkinen gewinnt das Rennen und die WM und für Michael Schumacher bleibt die Erkenntnis, dass es noch nie so einfach war, mit Ferrari Weltmeister zu werden...

▲ *Pech für Williams-Pilot Ralf Schumacher. In Führung liegend platzt ihm am Nürburgring der rechte Hinterreifen. Stewart-Mann Johnny Herbert überholt und siegt.*

▼ *David Coulthard und Jacques Villeneuve haben beide keine leichte Saison. Der McLaren-Fahrer wird wegen seiner Fehler kritisiert, der Kanadier wird zu oft von der Technik im Stich gelassen.*

Kurz-**Meldungen**

● Tolles Debüt: In seinem ersten Grand Prix holt Arrows-Pilot **Pedro de la Rosa** gleich einen WM-Punkt. Das ist umso beeindruckender, da Arrows mit Vorjahresautos an den Start geht. De la Rosas Punkt bleibt der einzige in diesem Jahr.

● BAR-Pilot **Ricardo Zonta** fliegt im freien Training des Brasilien-GP spektakulär von der Strecke. Sehnenverletzungen im Fuß zwingen den Brasilianer zu einer mehrwöchigen Pause. Zontas Cockpit übernimmt ab Imola Mika Salo. Der Finne war bei Arrows von Tora Takagi aufgrund der dickeren Mitgift ausgebootet worden.

● Der **Kanada-GP** erlebt insgesamt vier Safety-Car-Phasen. Die letzte bringt ein Novum in der Formel 1: Erstmals endet ein Rennen hinter dem Fahrzeug der Rennleitung.

● Unfall mit Folgen: Bei seinem Abflug kurz vor Schluss des Kanada-GP zieht sich Jordan-Star **Heinz-Harald Frentzen** Knochenabsplitterungen im linken Knie zu. Das hindert ihn aber nicht daran, das nächste Rennen in Frankreich zu gewinnen.

● Der zweite Platz von Benetton-Pilot **Giancarlo Fisichella** in Kanada ist die beste Platzierung des ehemaligen Weltmeisterteams in dieser Saison.

● Vor dem Frankreich-GP kündigt **Damon Hill** seinen Rücktritt an. Sponsorendruck und Eddie Jordans „Argumente" überzeugen ihn, die Saison zu Ende zu fahren. Jordan weigerte sich, bei Nichterfüllung des Vertrags Hills restliches Gehalt, etwa acht Millionen Mark, zu bezahlen…

● Tolle Aufholjagd von **Jean Alesi** in Österreich: Von Platz 17 kämpft sich der Sauber-Pilot bis auf Rang sechs vor, ehe er mit trockenem Tank liegen bleibt. Die Statistiker zählen den 100. Ausfall eines Sauber-Boliden.

▲ *Teamchef Alain Prost präsentiert sein Fahrerduo für 2000: Nick Heidfeld (l.) und Jean Alesi (r.).*

▶ *Superjahr für Heinz-Harald Frentzen: Neues Team, zwei Siege, Vaterfreuden und Hochzeit mit Tanja.*

● Im Jahr 2000 fahren **vier Deutsche** in der Formel 1. Alain Prost gibt in Spa die Verpflichtung des frisch gebackenen Formel-3000-Europameisters Nick Heidfeld bekannt. „Quick Nick" hat bereits eine Menge F1-Erfahrung. Seit 1998 spulte er bei McLaren-Mercedes tausende Testkilometer ab.

● Unglaubliches Glück haben die BAR-Stars **Jacques Villeneuve** und **Ricardo Zonta** im Training zum GP von Belgien. Beide Fahrer überstehen ausgangs der berüchtigten Eau Rouge fürchterliche Unfälle vollkommen unverletzt. Tags darauf kann Villeneuve seine erste Zielankunft im zwölften Lauf des Jahres feiern. Er landet auf Rang 15…

● Doppeltes Glück für **Heinz-Harald Frentzen** in Monza: Seine Verlobte Tanja Nigge ist schwanger. Dieser Ankündigung lässt HH einen Sieg folgen. Im Oktober sichert sich Frentzen auch privat ab und führt seine Tanja endlich vor den Traualtar.

● Die größte Party nach dem Europa-Grand-Prix feiert nicht das siegreiche Stewart-Team, sondern Hinterbänkler **Minardi**. Deren Fahrer Marc Gené beschert dem kleinsten F1-Team mit seinem sechsten Platz einen Dollar-Segen in Millionenhöhe.

● Der Ferrari-Doppelsieg in **Malaysia** hat ein Nachspiel vor dem FIA-Gericht in Paris. Beide Ferrari werden wegen regelwidriger Windabweiser zunächst disqualifiziert. Bei der Verhandlung ist dann jedoch plötzlich alles in Ordnung. Von Toleranzen ist die Rede, die vorher nicht beachtet worden seien. Das Urteil ist eine schallende Ohrfeige für die technischen Kommissare, die nach FIA-Vorgaben ihre Arbeit verrichten. Letztendlich ist klar, dass man die Entscheidung um den Titel medienwirksam beim Saisonfinale in Suzuka erleben möchte.

Endstand **Fahrer-WM**

1.	**Mika Häkkinen** McLaren-Mercedes	**76**
2.	**Eddie Irvine** Ferrari	**74**
3.	**Heinz-Harald Frentzen** Jordan-Mugen-Honda	**54**
4.	**David Coulthard** McLaren-Mercedes	**48**
5.	**Michael Schumacher** Ferrari	**44**
6.	**Ralf Schumacher** Williams-Supertec	**35**
7.	**Rubens Barrichello** Stewart-Ford	**21**
8.	**Johnny Herbert** Stewart-Ford	**15**
9.	**Giancarlo Fisichella** Benetton-Playlife	**13**
10.	**Mika Salo** Ferrari	**10**
11.	**Jarno Trulli** Prost-Peugeot	**7**
	Damon Hill Jordan-Mugen-Honda	**7**
13.	**Alexander Wurz** Benetton-Playlife	**3**
	Pedro Paulo Diniz Sauber-Petronas	**3**
15.	**Jean Alesi** Sauber-Petronas	**2**
	Olivier Panis Prost-Peugeot	**2**
17.	**Marc Gené** Minardi-Ford	**1**
	Pedro de la Rosa Arrows	**1**

Konstrukteure

1.	**Ferrari**	**128**
2.	**McLaren-Mercedes**	**124**
3.	**Jordan-Mugen-Honda**	**61**
4.	**Stewart-Ford**	**36**
5.	**Williams-Supertec**	**35**
6.	**Benetton-Playlife**	**16**
7.	**Prost-Peugeot**	**9**
8.	**Sauber-Petronas**	**5**
9.	**Arrows**	**1**
	Minardi-Ford	**1**

◀ *Im dritten Jahr der Teamgeschichte kann Stewart ausgelassen den ersten Grand-Prix-Sieg feiern. Im turbulenten Rennen am Nürburgring fährt Johnny Herbert fehlerfrei als Sieger ins Ziel, Teamkollege Rubens Barrichello macht als Dritter den Triumph perfekt.*

▶ *Grenzenloser Jubel bei Jordan. Heinz-Harald Frentzen hat in Monza gerade seinen zweiten Saisonsieg sichergestellt. Damit greift der Deutsche zur Überraschung aller in den Titelkampf ein. Frentzens Erfolge bescheren dem Team Platz drei der Konstrukteurs-WM.*

Die Formel-1-Piloten des Jahres 1999. <u>Hintere Reihe von links:</u> Jean Alesi, Pedro Paulo Diniz (Sauber-Petronas), Jacques Villeneuve, Ricardo Zonta (BAR-Supertec), Rube
Supertec), Heinz-Harald Frentzen, Damon Hill (Jordan-Mugen-Honda), Luca Badoer, Marc Gené (Minardi-Ford). <u>Vordere Reihe von links:</u> Giancarlo Fisichella, Alexander

rrichello, Johnny Herbert (Stewart-Ford). <u>*Mittlere Reihe von links:*</u> *Pedro de la Rosa, Toranosuke Takagi (Arrows), Alessandro Zanardi, Ralf Schumacher (Williams-*
urz (Benetton-Playlife), David Coulthard, Mika Häkkinen (McLaren-Mercedes), Michael Schumacher, Eddie Irvine (Ferrari), Jarno Trulli, Olivier Panis (Prost-Peugeot)

Trend 2000: flacher, leichter, schneller

Ford hat es 1999 vorgemacht und der Aufschrei war groß: Der Motor im Heck des Stewart war als Einweg-Motor konzipiert – er hielt nur jeweils ein Rennen. Trotz der immensen Kosten gehen 2000 auch viele andere Teams diesen Weg. Neben dem Trend zu immer höheren Budgets wird auch dem Thema Sicherheit viel Augenmerk geschenkt. Die Crashtests der FIA wurden für die Saison 2000 erneut verschärft.

Mika Häkkinen hat sich für das Jahr 2000, die 51. Saison der Fahrer-Weltmeisterschaft, ein ehrgeiziges Ziel gesetzt: „Ich will den Hattrick." Drei WM-Titel in Folge hat bislang nur einer geschafft: Juan Manuel Fangio – er setzte sogar noch einen vierten drauf.

Mindestens ebenso groß ist das Ziel Michael Schumachers. Mittlerweile liegt Ferraris letzter Fahrertitel 21 Jahre zurück. Weit über eine halbe Milliarde Mark hat der Traditionsstall in diesen Jahren in die Hoffnung investiert, mal wieder ganz oben zu stehen. Noch nie war man so nah dran wie in den vergangenen drei Jahren – drei Mal wurde die WM erst im letzten Lauf verloren. Schumacher diesmal ohne Wenn und Aber: „Ich habe Ferrari fest den ersten Weltmeistertitel des neuen Jahrtausends versprochen."

Anders als Eddie Irvine hat sein neuer Teamkollege Rubens Barrichello keinen Nummer-zwei-Vertrag. Er muss nicht für Schumacher fahren, sondern darf auch selbst nach der höchsten Ehre streben, die in Italien zu erringen ist, vom Papst mal abgesehen.

Der Einfachheit halber übernahm Eddie Irvine Barrichellos Cockpit im Stewart-Team, das nun Jaguar heißt. Dennoch tat sich etliches auf dem Transfermarkt. Außer McLaren, Benetton und BAR treten alle Teams in neuer Konstellation an. Williams trennte sich vom glücklosen Alessandro Zanardi und setzt auf ein völlig neues Gesicht, den 20-jährigen Engländer Jenson Button. Auch Prost hat einen Einsteiger engagiert, den 22-jährigen Nick Heidfeld, der damit das deutsche F1-Trio zu einem Quartett auf- ▶

Der McLaren MP 4/15 ist 2000 das Maß der Dinge. Aerodynamik-Guru Adrian Newey hat wieder das erfolgversprechendste Konzept vorgelegt. Die flachere Nase senkt den Schwerpunkt, der gleichmäßige Anstieg bis zum Cockpit verteilt den Luftstrom perfekt um das Auto.

2000

Die **Teams**

McLaren-Mercedes
Mika Häkkinen (FIN)
David Coulthard (GB)

Ferrari
Michael Schumacher (D)
Rubens Barrichello (BR)

Jordan-Mugen-Honda
Heinz-Harald Frentzen (D)
Jarno Trulli (I)

Jaguar
Eddie Irvine (GB)
Johnny Herbert (GB)

Williams-BMW
Ralf Schumacher (D)
Jenson Button (GB)

Benetton-Supertec
Giancarlo Fisichella (I)
Alexander Wurz (A)

Prost-Peugeot
Jean Alesi (F)
Nick Heidfeld (D)

Sauber-Petronas
Pedro Diniz (BR)
Mika Salo (FIN)

Arrows-Supertec
Pedro de la Rosa (E)
Jos Verstappen (NL)

Minardi-Fondmetal
Marc Gené (E)
Gaston Mazzacane (ARG)

BAR-Honda
Jacques Villeneuve (CDN)
Ricardo Zonta (BR)

▲

Jenson Button (l.) heißt der kommende Stern am englischen Formel-1-Himmel. So sehen das zumindest dessen Landsleute, die den 20-Jährigen in das Williams-Cockpit neben Ralf Schumacher sehnten. Für den Deutschen wird die Saison deshalb nicht leichter. Er ist plötzlich mit 24 Jahren der Senior im Team. Button ist Nachfolger des 1999 glücklosen Italieners Alessandro Zanardi.

▼

Auffällig am neuen Ferrari F1 2000 ist seine sehr hohe Nase. Sie fällt – anders als bei McLaren – zum Cockpit hin wieder etwas ab. Der Bereich der Seitenkästen ist dagegen extrem flach. Das deutet auf einen ebenfalls sehr flach gebauten Motor hin. Handicap für Schumacher und Barrichello: die Sitzposition gleicht eher einer Liegeposition und belastet die hintere Nackenmuskulatur stark.

Die Teams machen Kasse

Fünfzig Jahre lang machten vor allem die „kleinen" Teams die Formel 1 attraktiv und spannend. Jack Brabham, Frank Williams, Bruce McLaren, Colin Chapman, Ken Tyrrell – diese Männer sind aus der 50-Jahr-Chronik der Formel 1 nicht wegzudenken. Inzwischen ist jedes mittlere F1-Team ein Unternehmen mit mindestens zweihundert Angestellten, mit Jahresumsätzen, die leicht 100 Millionen Dollar ausmachen und mit satten Gewinnen. Das weckt Begehrlichkeiten.
Immer mehr Autokonzerne wollen sich nicht mehr mit der Rolle des Motorenlieferanten zufrieden geben, sondern mitbestimmen und letztlich auch am finanziellen Erfolg ihres Teams beteiligt sein. Das geht aber nur, wenn ihnen das Team zumindest teilweise gehört.
McLaren ist seit vielen Jahren im Besitz von Teamchef Ron Dennis und dem arabischen Milliardär Mansour Ojieh. Beide trennten sich Ende 1999 von 40 Prozent ihrer Anteile und kassierten von Motorenpartner Mercedes schätzungsweise 300 Millionen Mark. Der Konzern rundet sein Engagement durch den Bau eines Autowerks ab, in dem ab 2001 ein 500.000 Mark teurer Mercedes-McLaren-Sportwagen entstehen wird.
Jackie Stewart gründete 1997 sein eigenes Team und setzte nicht zuletzt wegen seiner excellenten Kontakte zu Ford auf deren Motoren. 1999 machte der Schotte das Geschäft seines Lebens: Für geschätzte 60 Millionen Mark kaufte Ford dem 60-Jährigen den kompletten Rennstall ab und geht ab 2000 unter dem Namen Jaguar auf Titeljagd.
Frank Williams, seit diesem Jahr mit BMW verbandelt, wird nicht lange auf ein Angebot der Bayern warten müssen, wenn Motor und Chassis zusammen passen und erfolgreich sind.
Als sich Villeneuve-Manager Craig Pollock 1998 vom Zigarettenkonzern BAT eine halbe Milliarde Dollar für ein neues Formel-1-Team gesichert hatte, machte Ken Tyrrell ein gutes Geschäft. Der abgehalferte Rennstall ging für mehr Geld an die neuen Eigner über, als Tyrrell je verdienen könnte.
Längst in den Händen der Großindustrie ist Ferrari. Nicht erst seit dem Tod von Enzo Ferrari gehören 90 Prozent des Traditionsteams dem Autokonzern Fiat.
2001 wird auch Toyota erstmals in die Formel 1 einsteigen. Die Japaner bauen ihren Formel-1-Wagen in den Kölner High-Tech-Hallen der erfolgreichen Rallyeschmiede „Toyota Team Europe". 48 Millionen Dollar Garantie mussten sie aufgrund einer neuen Regelung bei der FIA hinterlegen. Das Geld wird ratenweise zurückgezahlt., wenn die Toyota-Boliden an den Start gehen – sonst schluckt es die FIA.
Laut Concorde-Abkommen dürfen nur zwölf Teams in der Formel 1 mitmischen – Toyota macht das Dutzend voll. Wer künftig einsteigen will, muss ein bestehendes Team kaufen. Damit steigt der Wert eines kleinen Stalls wie Minardi enorm. Chef Giancarlo Minardi wird vom Kuchen das kleinste Stück erhalten. Ihm gehören nur 15 Prozent des Rennstalls, 70 Prozent liegen beim Felgenhersteller Fondmetal.
Als Minardi-Interessent wird unter anderem Peter Zakowski gehandelt. Der Sohn des Zakspeed-Gründers Erich will die F1-Vergangenheit seines Vaters fortsetzen. 1999 sicherte er sich das Vorkaufsrecht an Arrows. Doch dann schnappten andere Finanziers – die Bank Morgan Grenfell und der nigerianische Prinz Malik – dem Deutschen das Team vor der Nase weg. Ein dreistelliger Millionen-Betrag wanderte in

Eddie Jordan hatte 1999 sein bestes Jahr: Rang drei der Konstrukteurs-WM und viele Millionen von der Bank. Der clevere Ire will mit den Fahrern Heinz-Harald Frentzen (l.) und Jarno Trulli die 99er Erfolgsserie fortsetzen. Die Deutsche Post hilft ihm dabei.

Nicht nur optisch ist der BAR-Auftritt 2000 dezenter als im Vorjahr. Die Frontpartie der neuen Autos erinnert stark an den 99er McLaren. Mit Honda hat BAR einen starken Motorenpartner, doch die Frage bleibt, ob der nagelneue Motor auch standfest ist.

Das ehemalige Stewart-Team heißt jetzt Jaguar. Es wurde 1999 Vierter in der Konstrukteurs-WM. Entsprechend groß sind die Erwartungen für 2000. Ford hat den Motor gewichtsmäßig nochmals abgespeckt – er war schon im Vorjahr der leichteste. Johnny Herbert (l.) und Vize-Champion Eddie Irvine sollen für Jaguar Siege holen.

die Tasche des gewieften Tom Walkinshaw, der Teamchef bleibt.
Eddie Jordan machte ebenfalls Kasse und trat 40 Prozent seines Lebenswerks an die Warburg Pinkus-Finanzgruppe ab. Damit dürfte die Jordan-Sippe für Jahrzehnte nicht mehr auf Arbeitseinkommen angewiesen sein. Zumal die laufenden Kosten des Teams durch jede Briefmarke mitgetragen werden, die deutsche Postkunden künftig ablecken.
Peter Sauber hat schon vor Jahren 51 Prozent seines Teams an Dietrich Mateschitz, Chef von Red Bull, verkauft und sein Team damit auf finanziell gesunde Füße gestellt. Das Benetton-Team wird seit 1986 vom italienischen Strickwarenfabrikanten unterhalten.
Bleibt noch Alain Prost, der als einziger Teamchef versichert, Alleineigner seines Rennstalls zu sein. Aber er hat dank seiner potenten Sponsoren vorerst wirklich keine Finanzsorgen. Für 2000 hat er sich den Schriftzug – und natürlich die Gelder – von Yahoo! gesichert, einem der größten Internet-Suchdienste.
Das Problem bei den Industriebeteiligungen: Für einen Konzern ist ein Formel-1-Rennstall vor allem eine PR-Maßnahme. Wenn der Vorstand keinen Gefallen mehr an der Formel 1 findet, wird er sich davon lösen – oder den Laden einfach dicht machen. Die DTM ist so zugrunde gegangen – sie war fest in den Händen der Autoindustrie. Als sich mehrere Werke zurückzogen, war die DTM am Ende.
Die Industriebeteiligungen an der Formel 1 sind dennoch lebensnotwendig für die Rennställe. Ab 2006 tritt in der EU das verschärfte Werbeverbot für Tabakwaren in Kraft. Damit verliert allein Ferrari 75 Millionen Dollar an jährlichen Sponsorengeldern.
Auch Formel-1-Zampano Bernie Ecclestone versucht, sein Lebenswerk zu vergolden. Er wird am 28. Oktober 2001 siebzig. Die Formula One Administration (FOA) ist bislang auf seine Person zugeschnitten. Das Unternehmen, das die Vermarktungsrechte der F1 besitzt, machte ihn zum einkommenstärksten Mann Englands. Für zwei Milliarden Dollar will er 75 Prozent der FOA-Anteile verkaufen. Die EU prüft allerdings, ob die Formel 1 überhaupt von einem einzigen Unternehmen vermarktet werden darf, oder ob hier eine Monopolmacht ausgeübt wird. Ehe das nicht geklärt ist, wird Ecclestone den Milliardendeal kaum machen können.

füllt. Teamkollege Heidfelds ist der leicht in die Jahre gekommene Jean Alesi, dessen Platz bei Sauber Mika Salo einnimmt – womit das kleine Volk der Finnen unverändert überproportional in der Formel 1 präsent ist. Dagegen ist die Japan-Fraktion, trotz starken Engagements ihrer Industrie, 2000 nicht mehr vertreten.

Bei Jordan wurde ein Cockpit durch den Rückzug von Damon Hill frei – mit Jarno Trulli neben Heinz-Harald Frentzen will Eddie Jordan den dritten Rang der Konstrukteurs-WM verteidigen.

Bei den Motorenpartnern gibt es 2000 zwei wichtige Veränderungen: Honda und BMW kommen in die Formel 1 zurück, sie befeuern BAR und Williams. BMW-Williams hat dabei mit einem Problem zu kämpfen: Der Motor soll 25 Kilo schwerer sein als die Konkurrenzprodukte von Mercedes, Ferrari oder Jaguar, die unter 100 Kilo wiegen. Dabei wird sogar auf Zylinderlaufbuchsen verzichtet, was bedeutet: Der Motor wird nach einem Rennen entsorgt. Ähnliches gilt für die Getriebe. Sie sind aufgrund dünnerer Wandstärken wesentlich leichter geworden, halten dafür aber nur noch 1.000 Kilometer durch – ein Drittel ihrer bisherigen Le- ▶

▲ *Ferrari stellt sich bei der Präsentation des neuen Ferrari F1 2000 als Einheit dar. Von links: Michael Schumacher, Teamchef Jean Todt, Ferrari-Präsident Luca di Montezemolo, Rubens Barrichello und Testfahrer Luca Badoer. Schumacher hat Ferrari versprochen, im fünften Jahr den Titel zu sichern.*

▼ *Ralf Schumacher im neuen Williams-BMW. Die Münchner Motorenbauer absolvieren 2000 ihr Lehrjahr. Der Motor muss leichter, kompakter und stärker werden, wenn man eines Tages nach dem Titel greifen will. Und die Williams-Designer unter der Leitung von Patrick Head müssen bereit sein, auch unkonventionelle Ideen zu verfolgen.*

bensdauer. Kosten spielen anscheinend bei den Formel-1-Spitzenteams keine Rolle mehr.

Das Mindestgewicht eines Formel-1-Boliden liegt nach wie vor bei 600 Kilogramm, inklusive Fahrer. Der neue Ferrari bringt, so wird gemunkelt, 100 Kilo weniger auf die Waage. Man muss Ballast zuladen – und genau das ist ausdrücklich erwünscht. Es hat den großen Vorteil, dass man den Schwerpunkt des Wagens je nach Streckencharakteristik verlagern kann. Mit Platten aus Blei oder Wolfram wird ausbalanciert: Mehr Gewicht nach hinten bringt eine bessere Bodenhaftung, mehr Gewicht vorne bessere Bremseigenschaften. Verlagert man das Gewicht nach links, kommt der Fahrer schneller um Kurse mit vielen Linkskurven.

Neben dem Trend zum leichteren Auto heißt ein weiterer: so flach wie irgend möglich. Das betrifft die Motoren – der Zylinderwinkel ist bei Honda auf 88 Grad gespreizt – das betrifft aber auch die Sitzposition der Fahrer. Sie wird zur Liegeposition. Für den Fahrer bringt das Probleme. Michael Schumacher musste den ersten Test seines neuen Arbeitsgerätes wegen Nackenschmerzen abbrechen. Und Johnny Herbert bemerkte nach den ersten Runden im neuen Jaguar: „Man erkennt gerade noch den Scheitelpunkt der Kurve. Für diese Position müssen künftig ganz andere Muskelpartien trainiert werden als bei aufrechtem Sitz.“ Williams Chefkonstrukteur Patrick Head sieht noch ein Problem: „Wenn ein Fahrer das Gefühl für die Kurven verliert, nützt einem die beste Aerodynamik nichts.“ Soll heißen: Für einen Piloten am Limit ist wichtig, was sein Hintern spürt. Beruhigend, dass bei allem technischen und finanziellen Aufwand der Mensch im Cockpit immer noch die wichtigste Rolle spielt...

Jordan will die dritte Kraft hinter McLaren und Ferrari bleiben. Die Chancen beurteilte Heinz-Harald Frentzen nach den ersten Tests als sehr gut. Mit den nach oben austretenden Auspuffrohren folgt man dem von Ferrari 1998 vorgegebenen Trend.

Nick Heidfeld

Nick Heidfeld ist der vierte Deutsche, der ab 2000 in der Formel 1 Gas gibt. Er kommt wie Heinz-Harald Frentzen aus Mönchengladbach und hat seine ersten Kartrunden wie die Schumachers auf der Kartbahn in Kerpen gedreht. Es gibt noch mehr Gemeinsamkeiten: wie Frentzen und Michael Schumacher absolvierte auch „Quick Nick" das Nachwuchsprogramm von Mercedes.

Nick Heidfeld, Jahrgang 1968, wurde und wird von seinen Förderern behutsam aufgebaut. Nach zwei Jahren Formel 3 und ebenfalls zwei Formel-3000-Saisons – beide Serien verließ Nick als Meister – lag es nahe, den Mercedes-Junior bei McLaren unterzubringen. Nach über 10.000 Kilometern als offizieller Testfahrer von McLaren kennt er das Team bestens. Nick Heidfeld hatte sich den direkten Weg gewünscht, denn an Selbstbewusstsein mangelt es ihm sicher nicht. Doch er soll sich bei Prost langsam entwickeln und dann in zwei Jahren in einem Silberpfeil um Siege – und den WM-Titel – kämpfen. Das Zeug dazu hat er ohne Zweifel.

Jenson Button

Der Jüngling kommt über die Formel 1 wie das jüngste Gericht. Und die britische Motorsport-Fachwelt ist völlig hibbelig, wenn sie den Namen Jenson Button hört. Dabei blickt der 20 Jahre junge Rennfahrer gerade mal auf die Erfahrung von 44 Formel-Ford- und Formel-3-Rennen zurück. Und dennoch sicherte sich der Rookie den Drive in einem Team wie Williams.

In der Tat ist Button ein riesiges Talent. Und schnell. Er absolvierte Ende 1999 einen Test bei Prost und hinterließ staunende Gesichter. Seine Zeiten waren nahe an denen des erfahrenen Alesi. Es folgten Tests bei Williams und auch dort überzeugte Button.

Doch die Sache hat einen Haken: der Wechsel von der im Vergleich zur Formel 1 ruhigen Formel 3 in das Haifischbecken der Königsklasse ist ein gewaltiger Schritt. Jos Verstappen kann ein Lied davon singen. Der talentierte Niederländer kam 1994 aus der Formel 3 an die Seite von Schumacher zu Benetton. Dem Druck hielt er nicht stand. Seither verläuft seine Karriere wie eine Fieberkurve.

Die Rennen 2000

Datum	Großer Preis von	Ort	Rennstrecke	Runden	Rundenlänge
12. März	Australien	Melbourne	Albert Park Circuit	58	5,316 km
26. März	Brasilien	São Paulo	Autodromo José Carlos Pace	71	4,311 km
9. April	San Marino	Imola	Autodromo Enzo e Dino Ferrari	62	4,943 km
23. April	England	Silverstone	Silverstone Circuit	60	5,141 km
7. Mai	Spanien	Barcelona	Circuit de Catalunya	65	4,766 km
21. Mai	Europa	Nürburg	Nürburgring	67	4,567 km
4. Juni	Monaco	Monte Carlo	Circuit de Monte Carlo	78	3,378 km
18. Juni	Kanada	Montréal	Circuit Gilles Villeneuve	69	4,427 km
2. Juli	Frankreich	Magny-Cours	Circuit de Nevers Magny-Cours	72	4,248 km
16. Juli	Österreich	Zeltweg	A1-Ring	71	4,338 km
30. Juli	Deutschland	Hockenheim	Hockenheimring	46	6,749 km
13. August	Ungarn	Budapest	Hungaroring	77	3,976 km
27. August	Belgien	Spa-Francorchamps	Circuit de Spa-Francorchamps	44	6,967 km
10. September	Italien	Monza	Autodromo di Monza	53	5,782 km
24. September	USA	Indianapolis	Indianapolis Motor Speedway	73	4,195 km
8. Oktober	Japan	Suzuka	Suzuka International Circuit	53	5,862 km
22. Oktober	Malaysia	Sepang	Sepang International Circuit	55	5,557 km

Für Benetton geht es 2000 darum, nicht weiter im Mittelfeld durchgereicht zu werden. Ein erster Schritt ist das deutlich leichtere Auto. Dennoch fahren die Piloten Fisichella und Wurz mit einer großen Hypothek: der Supertec-Motor bleibt der Schwachpunkt.

Teamchef Alain Prost baut auf die Mischung aus Erfahrung und jugendlichem Erfolgshunger. Jean Alesi (l.) ist 2000 der dienstälteste Fahrer im Feld. Sein deutscher Teamkollege Nick Heidfeld gilt als eines der größten Talente.

Stirling Moss siegt beim Monaco-GP 1960. Während das Startprozedere in 50 Formel-1-Jahren mehrfach geändert wurde, endet jeder Grand Prix gleich. Mit dem Schwe

r karierten Flagge sind die Fahrer im Ziel. Auf die Sicherheit legt man heute weitaus mehr Wert. 1960 standen Zuschauer und Offizielle ungeschützt an der Rennstrecke.

Statistik 50 Jahre Formel 1

Alle Weltmeister von 1950 bis 1999

Jahr	Sieger	Punkte	Zweiter	Punkte	Dritter	Punkte
1950	Giuseppe Farina (I), Alfa Romeo	30	Juan Manuel Fangio (ARG), Alfa Romeo	27	Luigi Fagioli (I), Alfa Romeo	24
1951	Juan Manuel Fangio (ARG), Alfa Romeo	31	Alberto Ascari (I) Ferrari	25	José Froilan González (ARG), Ferrari	24
1952	Alberto Ascari (I), Ferrari	36	Giuseppe Farina (I), Ferrari	25	Piero Taruffi (I), Ferrari	22
1953	Alberto Ascari (I), Ferrari	34,5	Juan Manuel Fangio (ARG), Maserati	28	Giuseppe Farina (I), Ferrari	26
1954	Juan-Manuel Fangio (ARG), Maserati/Mercedes	42	José Froilan González (ARG), Ferrari	25	Mike Hawthorn (GB), Ferrari	24,5
1955	Juan Manuel Fangio (ARG), Mercedes	40	Stirling Moss (GB), Mercedes	23	Eugenio Castellotti (I), Lancia/Ferrari	12
1956	Juan Manuel Fangio (ARG), Ferrari	30	Stirling Moss (GB), Maserati	27	Peter Collins (GB), Ferrari	25
1957	Juan Manuel Fangio (ARG), Maserati	40	Stirling Moss (GB), Vanwall	25	Luigi Musso (I), Ferrari	16
1958	Mike Hawthorn (GB), Ferrari	42	Stirling Moss (GB), Cooper-Climax/Vanwall	41	Tony Brooks (GB), Vanwall	24
1959	Jack Brabham (AUS), Cooper-Climax	31	Tony Brooks (GB), Ferrari	27	Stirling Moss (GB), Cooper-Climax	25,5
1960	Jack Brabham (AUS), Cooper-Climax	43	Bruce McLaren (NZ), Cooper-Climax	34	Stirling Moss (GB), Lotus-Climax	19
1961	Phil Hill (USA), Ferrari	34	Wolfgang Graf Berghe von Trips (D), Ferrari	33	Stirling Moss (GB), Lotus-Climax	21
1962	Graham Hill (GB), BRM	42	Jim Clark (GB), Lotus-Climax	30	Bruce McLaren (NZ), Cooper-Climax	27
1963	Jim Clark (GB), Lotus-Climax	54	Graham Hill (GB), BRM	29	Richie Ginther (USA), BRM	29
1964	John Surtees (GB), Ferrari	40	Graham Hill (GB), BRM	39	Jim Clark (GB), Lotus-Climax	32
1965	Jim Clark (GB), Lotus-Climax	54	Graham Hill (GB), BRM	40	Jackie Stewart (GB), BRM	33
1966	Jack Brabham (AUS), Brabham-Repco	42	John Surtees (GB), Ferrari/Cooper-Maserati	28	Jochen Rindt (A), Cooper-Maserati	22
1967	Denis Hulme (NZ), Brabham-Repco	51	Jack Brabham (AUS), Brabham-Repco	46	Jim Clark (GB), Lotus-Ford	41
1968	Graham Hill (GB), Lotus-Ford	48	Jackie Stewart (GB), Matra-Ford	36	Denis Hulme (NZ), McLaren-Ford	33
1969	Jackie Stewart (GB), Matra-Ford	63	Jacky Ickx (B), Brabham-Ford	37	Bruce McLaren (NZ), McLaren-Ford	26
1970	Jochen Rindt (A), Lotus-Ford	45	Jacky Ickx (B), Ferrari	40	Clay Regazzoni (CH), Ferrari	33
1971	Jackie Stewart (GB), Tyrrell-Ford	62	Ronnie Peterson (S), March-Ford	33	François Cevert (F), Tyrrell-Ford	26
1972	Emerson Fittipaldi (BR), Lotus-Ford	61	Jackie Stewart (GB), Tyrrell-Ford	45	Denis Hulme (NZ), McLaren-Ford	39
1973	Jackie Stewart (GB), Tyrrell-Ford	71	Emerson Fittipaldi (BR), Lotus-Ford	55	Ronnie Peterson (S), Lotus-Ford	52
1974	Emerson Fittipaldi (BR), McLaren-Ford	55	Clay Regazzoni (CH), Ferrari	52	Jody Scheckter (ZA), Tyrrell-Ford	45
1975	Niki Lauda (A), Ferrari	64,5	Emerson Fittipaldi (BR), McLaren-Ford	45	Carlos Reutemann (ARG), Brabham-Ford	37
1976	James Hunt (GB), McLaren-Ford	69	Niki Lauda (A), Ferrari	68	Jody Scheckter (ZA), Tyrrell-Ford	49
1977	Niki Lauda (A), Ferrari	72	Jody Scheckter (ZA), Wolf-Ford	55	Mario Andretti (USA), Lotus-Ford	47
1978	Mario Andretti (USA), Lotus-Ford	64	Ronnie Peterson (S), Lotus-Ford	51	Carlos Reutemann (ARG), Ferrari	48
1979	Jody Scheckter (ZA), Ferrari	51	Gilles Villeneuve (CDN), Ferrari	47	Alan Jones (AUS), Williams-Ford	40
1980	Alan Jones (AUS), Williams-Ford	67	Nelson Piquet (BR), Brabham-Ford	54	Carlos Reutemann (ARG), Williams-Ford	42
1981	Nelson Piquet (BR), Brabham-Ford	50	Carlos Reutemann (ARG), Williams-Ford	49	Alan Jones (AUS), Williams-Ford	46
1982	Keke Rosberg (FIN), Williams-Ford	44	Didier Pironi (F), Ferrari Turbo	39	John Watson (GB), McLaren-Ford	39
1983	Nelson Piquet (BR), Brabham-BMW Turbo	59	Alain Prost (F), Renault Turbo	57	René Arnoux (F), Ferrari Turbo	49
1984	Niki Lauda (A), McLaren TAG-Porsche	72	Alain Prost (F), McLaren TAG-Porsche	71,5	Elio de Angelis (I), Lotus-Renault Turbo	34
1985	Alain Prost (F), McLaren TAG-Porsche	73	Michele Alboreto (I), Ferrari	53	Keke Rosberg (FIN), Williams-Honda	40
1986	Alain Prost (F), McLaren TAG-Porsche	72	Nigel Mansell (GB), Williams-Honda Turbo	70	Nelson Piquet (BR), Williams-Honda Turbo	69
1987	Nelson Piquet (BR), Williams-Honda Turbo	73	Nigel Mansell (GB), Williams-Honda Turbo	61	Ayrton Senna (BR), Lotus-Honda Turbo	57
1988	Ayrton Senna (BR), McLaren-Honda Turbo	90	Alain Prost (F), McLaren-Honda Turbo	87	Gerhard Berger (A), Ferrari Turbo	41
1989	Alain Prost (F), McLaren-Honda	76	Ayrton Senna (BR), McLaren-Honda	60	Riccardo Patrese (I), Williams-Renault	40
1990	Ayrton Senna (BR), McLaren-Honda	78	Alain Prost (F), Ferrari	71	Nelson Piquet (BR), Benetton-Ford	43
1991	Ayrton Senna (BR), McLaren-Honda	96	Nigel Mansell (GB), Williams-Renault	72	Riccardo Patrese (I), Williams-Renault	53
1992	Nigel Mansell (GB), Williams-Renault	108	Riccardo Patrese (I), Williams-Renault	56	Michael Schumacher (D), Benetton-Ford	53
1993	Alain Prost (F), Williams-Renault	99	Ayrton Senna (BR), McLaren-Ford	73	Damon Hill (GB), Williams-Renault	69
1994	Michael Schumacher (D), Benetton-Ford	92	Damon Hill (GB), Williams-Renault	91	Gerhard Berger (A), Ferrari	41
1995	Michael Schumacher (D), Benetton-Renault	102	Damon Hill (GB), Williams-Renault	69	David Coulthard (GB), Williams-Renault	49
1996	Damon Hill (GB), Williams-Renault	97	Jacques Villeneuve (CDN), Williams-Renault	78	Michael Schumacher (D), Ferrari	59
1997	Jacques Villeneuve (CDN), Williams-Renault	81	Heinz-Harald Frentzen (D), Williams-Renault	42	David Coulthard (GB), McLaren-Mercedes	36
					Jean Alesi (F), Benetton-Renault	36
1998	Mika Häkkinen (FIN), McLaren-Mercedes	100	Michael Schumacher (D), Ferrari	86	David Coulthard (GB), McLaren-Mercedes	56
1999	Mika Häkkinen (FIN), McLaren-Mercedes	76	Eddie Irvine (GB), Ferrari	74	Heinz-Harald Frentzen (D), Jordan-Mugen-H.	54

Die Rekorde der Fahrer von 1950 bis 1999

Multiweltmeister

5 Titel

Juan Manuel Fangio (ARG): 1951, 54, 55, 56, 57

4 Titel

Alain Prost (F): 1985, 86, 89, 93

3 Titel

Ayrton Senna (BR): 1988, 90, 91
Nelson Piquet (BR): 1981, 83, 87
Niki Lauda (A): 1975, 77, 84
Jackie Stewart (GB): 1969, 71, 73
Jack Brabham (AUS): 1959, 60, 66

Die meisten Grand-Prix-Siege

1.	Alain Prost (F)	51
2.	Ayrton Senna (BR)	41
3.	Michael Schumacher (D)	35
4.	Nigel Mansell (GB)	31
5.	Jackie Stewart (GB)	27
6.	Jim Clark (GB)	25
	Niki Lauda (A)	25
8.	Juan Manuel Fangio (ARG)	24
9.	Nelson Piquet (BR)	23
10.	Damon Hill (GB)	22
	Stirling Moss (GB)	16
12.	Jack Brabham (AUS)	14
	Emerson Fittipaldi (BR)	14
	Mika Häkkinen (FIN)	14
	Graham Hill (GB)	14
16.	Alberto Ascari (I)	13
17.	Mario Andretti (USA)	12
	Alan Jones (AUS)	12
	Carlos Reutemann (ARG)	12
20.	Jacques Villeneuve (CDN)	11
21.	Gerhard Berger (A)	10
	James Hunt (GB)	10
	Ronnie Peterson (S)	10
	Jody Scheckter (SA)	10
25.	Dennis Hulme (NZ)	8
	Jacky Ickx (B)	8

Die meisten Pole Positions

1.	Ayrton Senna (BR)	65
2.	Jim Clark (GB)	33
	Alain Prost (F)	33
4.	Nigel Mansell (GB)	32
5.	Juan Manuel Fangio (ARG)	28
6.	Niki Lauda (A)	24
	Nelson Piquet (BR)	24
8.	Michael Schumacher (D)	23
9.	Mika Häkkinen (FIN)	21
10.	Damon Hill (GB)	20
11.	Mario Andretti (USA)	18
	René Arnoux (F)	18
13.	Jackie Stewart (GB)	17
14.	Stirling Moss (GB)	16
15.	Alberto Ascari (I)	14
	James Hunt (GB)	14
	Ronnie Peterson (S)	14
18.	Jack Brabham (AUS)	13
	Graham Hill (GB)	13
	Jacky Ickx (B)	13
	Jacques Villeneuve (CDN)	13
22.	Gerhard Berger (A)	12
23.	Jochen Rindt (D)	10
24.	David Coulthard (GB)	8
	Riccardo Patrese (I)	8
	John Surtees (GB)	8

Die schnellsten Runden

1.	Alain Prost (F)	41
2.	Michael Schumacher (D)	38
3.	Nigel Mansell (GB)	30
4.	Jim Clark (GB)	28
5.	Niki Lauda (A)	25
6.	Juan Manuel Fangio (ARG)	23
	Nelson Piquet (BR)	23
8.	Gerhard Berger (A)	21
9.	Stirling Moss (GB)	20
10.	Damon Hill (GB)	19
	Ayrton Senna (BR)	19
12.	Clay Regazzoni (CH)	15
	Jackie Stewart (GB)	15
14.	Jacky Ickx (B)	14
15.	Mika Häkkinen (FIN)	13
	Alan Jones (AUS)	13
	Riccardo Patrese (I)	13
18.	René Arnoux (F)	12
19.	Alberto Ascari (I)	11
	David Coulthard (GB)	11
	John Surtees (GB)	11
22.	Mario Andretti (USA)	10
	Jack Brabham (AUS)	10
	Graham Hill (GB)	10
25.	Denis Hulme (NZ)	9
	Ronnie Peterson (S)	9
	Jacques Villeneuve (CDN)	9

Die meisten Punkte

1.	Alain Prost (F)	798,5
2.	Ayrton Senna (BR)	614
3.	Michael Schumacher (D)	568
4.	Nelson Piquet (BR)	485,5
5.	Nigel Mansell (GB)	482
6.	Niki Lauda (A)	420,5
7.	Gerhard Berger (A)	385
8.	Damon Hill (GB)	360
	Jackie Stewart (GB)	360
10.	Carlos Reutemann (ARG)	310
11.	Mika Häkkinen (FIN)	294
12.	Graham Hill (GB)	289
13.	Emerson Fittipaldi (BR)	281
	Riccardo Patrese (I)	281
15.	Juan Manuel Fangio (ARG)	277,5
16.	Jim Clark (GB)	274
17.	Jack Brabham (AUS)	261
18.	Jody Scheckter (SA)	255
19.	Denis Hulme (NZ)	248
20.	Jean Alesi (F)	236
21.	Jacques Laffite (F)	228
22.	David Coulthard (GB)	221
23.	Clay Regazzoni (CH)	212
24.	Alan Jones (AUS)	206
	Ronnie Peterson (S)	206

Die jüngsten Grand-Prix-Sieger

Name	Jahre	Tage
Troy Ruttman (USA)	22	80
Bruce McLaren (NZ)	22	104
Jacky Ickx (B)	22	188
Michael Schumacher (D)	23	240
Emerson Fittipaldi (BR)	23	296
Mike Hawthorn (GB)	24	86
Jody Scheckter (SA)	24	131
Elio de Angelis (I)	24	148
David Coulthard (GB)	24	181
Peter Collins (GB)	24	208
Jacques Villeneuve (CDN)	25	19
Ayrton Senna (BR)	25	31
Niki Lauda (A)	25	65
Tony Brooks (GB)	25	145
Michele Alboreto (I)	25	276

Gewinner des Heimat-Grand-Prix

6 Siege

Alain Prost (F): 1981, 83, 88, 89, 90, 93

5 Siege

Jim Clark (GB): 1962, 63, 64, 65, 67

4 Siege

Juan Manuel Fangio (ARG): 1954, 55, 56, 57
Nigel Mansell (GB): 1986, 87, 91, 92

2 Siege

Alberto Ascari (I): 1951, 52
Stirling Moss (GB): 1955, 57
Jackie Stewart (GB): 1969, 71
Emerson Fittipaldi (BR): 1973, 74
Nelson Piquet (BR): 1983, 86
Ayrton Senna (BR): 1991, 93

1 Sieg

Giuseppe Farina (I): 1950
Peter Collins (GB): 1958
Ludovico Scarfiotti (I): 1966
Carlos Pace (BR): 1975
Jody Scheckter (SA): 1975
Mario Andretti (USA): 1977
James Hunt (GB): 1977
Gilles Villeneuve (CDN): 1978
Jean-Pierre Jabouille (F): 1979
John Watson (GB): 1981
René Arnoux (F): 1982
Niki Lauda (A): 1984
Damon Hill (GB): 1994
Johnny Herbert (GB): 1995
Michael Schumacher (D): 1995
David Coulthard (GB): 1999

Die Fleißigsten

1.	Riccardo Patrese (I)	256
2.	Gerhard Berger (A)	210
3.	Andrea de Cesaris (I)	208
4.	Nelson Piquet (BR)	204
5.	Alain Prost (F)	199
6.	Michele Alboreto (I)	194
7.	Nigel Mansell (GB)	187
8.	Graham Hill (GB)	176
	Jacques Laffite (F)	176
10.	Niki Lauda (A)	171
11.	Jean Alesi (F)	167
12.	Thierry Boutsen (B)	163
13.	Ayrton Senna (BR)	161
14.	Martin Brundle (GB)	158
15.	John Watson (GB)	152
16.	René Arnoux (F)	149
17.	Derek Warwick (GB)	147
18.	Carlos Reutemann (ARG)	146
19.	Emerson Fittipaldi (BR)	144
	Johnny Herbert (GB)	144
21.	Jean-Pierre Jarier (F)	135
22.	Eddie Cheever (USA)	132
23.	Clay Regazzoni (CH)	132
24.	Mario Andretti (USA)	128
	Mika Häkkinen (FIN)	128
	Michael Schumacher (D)	128

Alain Prost und Ayrton Senna haben in ihren Karrieren zahlreiche Rekorde aufgestellt. Sennas 65 Pole-Positions werden wohl ewig Bestand haben.

Statistik 50 Jahre Formel 1

Die Rekorde der Teams von 1950 bis 1999

Konstrukteurs-Weltmeister

9 Titel
Ferrari: 1961, 64, 75, 76, 77, 79, 82, 83, 99
Williams: 1980, 81, 86, 87, 92, 93, 94, 96, 97

8 Titel
McLaren: 1974, 84, 85, 88, 89, 90, 91, 98

7 Titel
Lotus: 1963, 65, 68, 70, 72, 73, 78

2 Titel
Cooper: 1959, 60
Brabham: 1966, 67

1 Titel
Vanwall: 1958
BRM: 1962
Matra: 1969
Tyrrell: 1971
Benetton: 1995

Die meisten Fahrer-Titel

11 Titel
McLaren: 1974, 76, 84, 85, 86, 88, 89, 90, 91, 98, 99

9 Titel
Ferrari: 1952, 53, 56, 58, 61, 64, 75, 77, 79

7 Titel
Williams: 1980, 82, 87, 92, 93, 96, 97

6 Titel
Lotus: 1963, 65, 68, 70, 72, 78

4 Titel
Brabham: 1966, 67, 81, 83

2 Titel
Alfa Romeo: 1950, 51
Mercedes: 1954, 55
Maserati: 1954, 57
Cooper: 1959, 60
Tyrrell: 1971, 73
Benetton: 1994, 95

1 Titel
BRM: 1962
Matra: 1969

Die meisten Siege

1.	Ferrari	125
2.	McLaren	123
3.	Williams	103
4.	Lotus	79
5.	Brabham	35
6.	Benetton	27
7.	Tyrrell	23
8.	BRM	17
9.	Cooper	16
10.	Renault	15
11.	Alfa Romeo	10
12.	Ligier	9
	Maserati	9
	Matra	9
	Mercedes	9
	Vanwall	9
17.	Jordan	3
	March	3
	Wolf	3
19.	Honda	2
20.	Eagle	1
	Hesketh	1
	Penske	1
	Porsche	1
	Shadow	1
	Stewart	1

Die Grand-Prix-Teilnahmen

Ferrari	603	Matra	60
Lotus	491	Zakspeed	54
McLaren	476	Hesketh	52
Tyrrell	418	AGS	48
Williams	395	Larrousse	48
Brabham	394	Wolf	47
Ligier	326	Gordini	40
Arrows	321	Honda	35
Benetton	267	Theodore	34
March	230	Prost	33
Minardi	221	Stewart	33
BRM	197	Porsche	31
Lola	139	Penske	30
Osella	132	Vanwall	28
Jordan	130	Eagle	25
Cooper	129	Forti	23
Renault	123	Pacific	22
Surtees	118	Simtek	21
Alfa Romeo	112	Rial	20
Fittipaldi	104	Lola Haas	19
Shadow	104	Onyx	17
ATS	99	Parnelli	16
Ensign	99	Talbot	13
Sauber	97	Mercedes	12
Dallara	78	Merzario	10
Maserati	69	Lancia	4

Die schnellsten Runden

Ferrari	138	Mercedes	9
Williams	110	March	7
McLaren	90	Vanwall	6
Lotus	71	Surtees	4
Brabham	40	Jordan	3
Benetton	38	Eagle	2
Tyrrell	20	Honda	2
Renault	18	Shadow	2
BRM	15	Wolf	2
Maserati	15	Ensign	1
Alfa Romeo	14	Gordini	1
Cooper	13	Hesketh	1
Matra	12	Lancia	1
Ligier	11	Parnelli	1

Die Pole-Positions

Ferrari	127	Mercedes	8
Williams	108	Vanwall	7
Lotus	107	March	5
McLaren	103	Matra	4
Brabham	39	Shadow	3
Renault	31	Jordan	2
Benetton	16	Lancia	2
Tyrrell	14	Arrows	1
Alfa Romeo	12	Honda	1
BRM	11	Lola	1
Cooper	11	Porsche	1
Maserati	10	Stewart	1
Ligier	9	Wolf	1

Doppelsiege

Ferrari	46	BRM	5
McLaren	35	Alfa Romeo	4
Williams	30	Matra	2
Lotus	8	Benetton	2
Brabham	8	Maserati	1
Tyrrell	8	Ligier	1
Cooper	6	Renault	1
Mercedes	5	Jordan	1

Der Traditionsrennstall Ferrari führt nach 50 Jahren fast alle Statistiken an.

Die Rekorde der Motoren- und Reifenhersteller von 1950 bis 1999

Konstrukteurs-Titel der Motoren

10 Titel
Ford: 1968, 69, 70, 71, 72, 73, 74, 78, 80, 81

9 Titel
Ferrari: 1961, 64, 75, 76, 77, 79, 82, 83, 99

6 Titel
Honda: 1986, 87, 88, 89, 90, 91
Renault: 1992, 93, 94, 95, 96, 97

4 Titel
Climax: 1959, 60, 63, 65

2 Titel
Repco: 1966, 67
Porsche: 1984, 85

1 Titel
Vanwall: 1958
BRM: 1962
Mercedes: 1998

Johnny Herbert bescherte Ford 1999 auf dem Nürburgring den 175. GP-Sieg.

Fahrer-Titel der Motoren

13 Titel
Ford: 1968, 69, 70, 71, 72, 73, 74, 76, 78, 80, 81, 82, 94

9 Titel
Ferrari: 1952, 53, 56, 58, 61, 64, 75, 77, 79

5 Titel
Honda: 1987, 88, 89, 90, 91
Renault: 1992, 93, 95, 96, 97

4 Titel
Climax: 1959, 60, 63, 65
Mercedes: 1954, 55, 98, 99

3 Titel
Porsche: 1984, 85, 86

2 Titel
Alfa Romeo: 1950, 51
Maserati: 1954, 57
Repco: 1966, 67

1 Titel
BRM: 1962
BMW: 1983

Siege der Motoren

1.	Ford-Cosworth	175
2.	Ferrari	125
3.	Renault	95
4.	Honda	71
5.	Climax	40
6.	Mercedes	28
7.	Porsche	26
8.	BRM	18
9.	Alfa Romeo	12
10.	Maserati	11
11.	BMW	9
	Vanwall	9
13.	Repco	8
14.	Mugen-Honda	4
15.	Matra	3
16.	Weslake	1

Siege der Reifenhersteller

1.	Goodyear	368
2.	Dunlop	83
3.	Michelin	59
4.	Firestone	49
5.	Pirelli	42
6.	Bridgestone	25
7.	Continental	10
	Englebert	10

Alle Fahrer mit WM-Punkten

Erfasst wurden alle WM-Läufe aus 50 Formel-1-Jahren bis Ende 1999.

Alboreto, Michele (I), * 23.12.1956
194 GP, 5 Siege, 2 Poles, 5 schnellste Runden, 186,5 Punkte
1981-94 für Tyrrell, Ferrari, Lola, Arrows, Footwork, Minardi

Alesi, Jean (F), * 11.6.1964
167 GP, 1 Sieg, 2 Poles, 4 schnellste Runden, 236 Punkte
1989-99 für Tyrrell, Ferrari, Benetton, Sauber

Alliot, Philippe (F), * 27.7.1954
109 GP, 7 Punkte
1984-94 für RAM, Ligier, Lola, Larrousse, McLaren

Allison, Cliff (GB), * 8.2.1932
16 GP, 11 Punkte
1958-61 für Lotus, Maserati, Ferrrari

Amon, Chris (NZ), * 20.7.1943
97 GP, 5 Poles, 3 schnellste Runden, 83 Punkte
1963-76 für Lola, Lotus, Cooper, Ferrari, March, Matra, Tecno, Tyrrell, Amon, Ensign

Anderson, Bob, (GB) *19.5.1931, † 14.8.1967
25 GP, 8 Punkte
1963-67 für Lola, Brabham

Andretti, Mario (USA), * 28.2.1940
128 GP, 1 WM-Titel, 12 Siege, 18 Poles, 10 schnellste Runden, 180 Punkte
1968-82 für Lotus, March, Ferrari, Parnelli, Alfa, Romeo, Williams

Andretti, Michael (USA), * 5.10.1962
13 GP, 7 Punkte
1993 für McLaren

Arnoux, René, (F), * 4.7.1948
149 GP, 7 Siege, 18 Poles, 12 schnellste Runden, 181 Punkte
1978-89 für Martini, Surtees, Renault, Ferrari, Ligier

Arundell, Peter (GB), * 8.11.1933
11 GP, 12 Punkte
1964-66 für Lotus

Ascari, Alberto (I) * 13.7.1918, † 26.5.1955
31 GP, 2 WM Titel, 13 Siege, 14 Poles, 13 schnellste Runden, 140 Punkte
1950-55 für Ferrari, Maserati, Lancia

Attwood, Richard (GB), * 4.4.1940
17 GP, 1 schnellste Runde, 11 Punkte
1965-69 für Lotus, Cooper, BRM, Brabham

Baghetti,Giancarlo(I) *25.12.1934, † 27.11.1995
21 GP, 1 Sieg, 1 schnellste Runde, 14 Punkte
1961-67 für Ferrari, ATS, BRM, Brabham, Lotus

Bailey, Julian (GB), * 9.10.1961
7 GP, 1 Punkt
1988-91 für Tyrrell, Lotus

Baldi, Mauro (I), * 31.1.1954
36 GP, 5 Punkte
1982-85 für Arrows, Alfa Romeo, Spirit Hart

Bandini, Lorenzo (I) * 21.12.1935, † 10.05.1967
42 GP, 1 Sieg, 1 Pole, 2 schnellste Runden, 58 Punkte
1961-67 für Cooper, Ferrari

Barbazza, Fabrizio (I), * 2.4.1963
8 GP, 2 Punkte
1991-93 für AGS, Minardi

Barrichello, Rubens (BR), * 23.5.1972
113 GP, 2 Poles, 77 Punkte
1993-99 für Jordan, Stewart

Bayol, Elie (F), * 28.2.1914, † 25.5.1995
7 GP, 2 Punkte
1952-56 für Osca, Gordini

de Beaufort, Carel Godin (NL) * 10.04.1934, † 3.8.1964
28 GP, 4 Punkte
1957-64 für Porsche, Maserati

Behra, Jean (F) * 16.02.1921, † 01.08.1959
52 GP, 1 schnellste Runde, 53 Punkte
1952-59 für Gordini, Maserati, BRM, Ferrari

Bell, Derek (GB), * 31.10.1941
9 GP, 1 Punkt
1968-74 für Ferrari, McLaren, Brabham, Surtees, Tecno

Bellof, Stefan (D) * 20.11.1957, † 1.9.1985
20 GP, 4 Punkte
1984-85 für Tyrrell

Beltoise, Jean-Pierre (F), * 26.4.1937
86 GP, 1 Sieg, 4 schnellste Runden, 77 Punkte
1966-74 für Matra, BRM

Berger, Gerhard (A), * 27.8.1959
210 GP, 10 Siege, 12 Poles, 21 schnellste Runden, 396 Punkte
1984-97 für ATS, Arrows, Benetton, Ferrari, McLaren

Bernard, Eric (F), * 26.8.1964
45 GP, 10 Punkte
1989-94 für Lola, Ligier, Lotus

Bianchi, Lucien (B) * 10.11.1934, † 30.03.1969
17 GP, 6 Punkte
1960-68 für Cooper, Lotus, BRM

Prinz Bira (Birabongse Bhanuban, THA) * 15.07.1914, † 30.12.1985
19 GP, 8 Punkte
1950-53 für Maserati, Osca, Gordini, Connaught

Blundell, Mark (GB), * 8.4.1966
61 GP, 32 Punkte
1991-95 für Brabham, Ligier, Tyrrell, McLaren

Bondurant, Bob (USA), * 27.4.1933
9 GP, 3 Punkte
1965-66 für Ferrari, Lotus, Eagle

Bonetto, Felice (I) * 9.6.1903, † 21.11.1953
15 GP, 17,5 Punkte
1950-53 für Maserati, Alfa Romeo

Bonnier, Joakim (S) * 31.1.1930, † 11.6.1972
104 GP, 1 Sieg, 1 Pole, 39 Punkte
1957-71 für Maserati, BRM, Porsche, Cooper, Brabham, McLaren

Borgudd, Slim (S), * 25.11.1946
10 GP, 1 Punkt
1981-82 für ATS, Tyrrell

Boullion, Jean-Christophe (F) * 27.12.1969
11 GP, 3 Punkte
1995 für Sauber

Boutsen, Thierry (B), * 13.7.1957
163 GP, 3 Siege, 1 Pole, 1 schnellste Runde, 132 Punkte
1983-93 für Arrows, Benetton, Williams, Ligier, Jordan

Brabham, Jack (AUS), * 2.4.1926
126 GP, 3 WM-Titel, 14 Siege, 13 Poles, 12 schnellste Runden, 261 Punkte
1955-70 für Cooper, Maserati, Lotus, Brabham

Brambilla, Vittorio, (I), * 11.11.1937
74 GP, 1 Sieg, 1 Pole, 1 schnellste Runde, 15,5 Punkte
1974-80 für March, Surtees, Alfa Romeo

Brise, Tony (GB) * 28.3.1952, † 29.11.1975
10 GP, 1 Punkt
1975 für Williams, Lola

Brooks, Tony (GB), * 25.2.1932
38 GP, 6 Siege, 3 Poles, 3 schnellste Runden, 75 Punkte
1956-61 für BRM, Vanwall, Ferrari, Cooper

Brown, Alan (GB), * 20.11.1919
8 GP, 2 Punkte
1952-53 für Cooper

Brundle, Martin (GB), * 1.6.1959
158 GP, 98 Punkte
1984-96 für Tyrrell, Zakspeed, Williams, Brabham, Benetton, Ligier, McLaren, Jordan

Bucknum, Ronnie (USA), * 5.4.1936, † 14.4.1992
11 GP, 2 Punkte
1964-66 für Honda

Cabianca, Giulio (I) * 19.2.1923, † 15.6.1961
3 GP, 3 Punkte
1958-60 für Maserati, Cooper

Caffi, Alex (I), * 18.3.1964
56 GP, 6 Punkte
1986-91 für Sella, Dallara, Arrwos, Footwook

Capelli, Ivan (I), * 24.5.1963
93 GP, 31 Punkte
1985-93 für Tyrrell, AGS, March, Ferrari, Jordan

Castellotti, Eugenio (I), * 10.8.1930, † 14.3.1957
14 GP, 1 Pole, 19,5 Punkte
1955-57 für Lancia, Ferrari

Cecotto, Johnny (VEN), * 25.1.1956
18 GP, 1 Punkt
1983-84 für Theodore, Toleman

Cevert, François (F) * 25.2.1944, † 6.10.1973
47 GP, 1 Sieg, 2 schnellste Runden, 89 Punkte
1969-73 für Tecno, March, Tyrrell

Chaboud, Eugène (F), * 12.4.1907, † 28.12.1983
3 GP, 1 Punkt
1950-51 für Talbot

Cheever, Eddie (USA), * 10.1.1958
132 GP, 70 Punkte
1978-89 für Hesketh, Osella, Tyrrell, Ligier, Renault, Alfa Romeo, Lola, Arrows

Chiron, Louis (MC) * 3.8.1899, † 22.6.1979
15 GP, 4 Punkte
1950-55 für Maserati, Talbot, Ocsa, Lancia

Clark, Jim (GB), * 4.3.1936, † 7.4.1968
72 GP, 2 WM-Titel, 25 Siege, 33 Poles, 28 schnellste Runden, 274 Punkte
1960-68 für Lotus

Collins, Peter (GB), * 6.11.1931, † 3.8.1958
32 GP, 3 Siege, 47 Punkte
1952-58 für HWM, Vanwall, Maserati, Ferrari

Comas, Erik (F), * 28.9.1963
59 GP, 7 Punkte
1991-94 für Ligier, Larrousse

Coulthard, David (GB), * 27.3.1971
90 GP, 6 Siege, 8 Poles, 11 schnellste Runden, 221 Punkte
1994-99 für Williams, McLaren

Courage, Piers (GB) * 27.5.1942, † 21.6.1970
28 GP, 20 Punkte
1966-70 für Lotus, BRM, Brabham

Dalmas, Yannik (F), * 28.7.1961
23 GP, 2 Punkte
1987-94 für Lola, AGS, Larrousse

Daly, Derek (GB), * 11.3.1953
49 GP, 15 Punkte
1978-82 für Ensign, Tyrrell, March, Theodore, Williams

Danner, Christian (D), * 4.4.1958
36 GP, 4 Punkte
1985-89 für Zakspeed, Arrows, Rial

de Adamich, Andrea (I), * 3.10.1941
30 GP, 6 Punkte
1968-73 für Ferrari, McLaren, March, Surtees, Brabham

de Angelis, Elio (I) * 20.3.1958, † 15.5.1986
108 GP, 2 Siege, 3 Poles, 122 Punkte
1979-86 für Shadow, Lotus, Brabham

de Cesaris, Andrea (I), * 31.5.1959
208 GP, 1 Pole, 1 schnellste Runde, 59 Punkte
1980-94 für Alfa Romeo, McLaren, Ligier, Minardi, Brabham, Rial, Dallara, Jordan, Tyrrell, Sauber

de la Rosa, Pedro (E), * 24.2.1971
16 GP, 1 Punkt
1999 für Arrows

Depailler, Patrick (F) * 9.8.1944, † 1.8.1980
95 GP, 2 Siege, 1 Pole, 4 schnellste Runden, 141 Punkte
1972-80 für Tyrrell, Ligier, Alfa Romeo

Diniz, Pedro Paulo (BR), * 22.5.1970
82 GP, 10 Punkte
1995-99 für Forti, Ligier, Arrows, Sauber

Donohue, Mark (USA) * 18.3.1937, † 19.8.1975
14 GP, 8 Punkte
1971-75 für McLaren, Penske

Dumfries, Johnny (GB), * 26.4.1958
15 GP, 3 Punkte
1986 für Lotus

Elford, Vic (GB), * 10.6.1935
13 GP, 8 Punkte
1968-71 für Cooper, McLaren, BRM

Étancelin, Philippe (F), * 28.12.1896, † 13.10.1981
12 GP, 3 Punkte
1950-52 für Talbot, Maserati

Statistik 50 Jahre Formel 1

Fabi, Teo (I), * 9.3.1955
64 GP, 3 Poles, 2 schnellste Runden, 23 Punkte
1982-87 für Toleman, Brabham, Benetton

Fagioli, Luigi (I), * 9.6.1898, † 20.6.1952
7 GP, 1 Sieg, 32 Punkte
1950-51 für Alfa Romeo

Fairman, Jack (GB), * 15.3.1913
12 GP, 5 Punkte
1953-61 für HWM, Connaught, BRM, Cooper, Ferguson

Fangio, Juan-Manuel (ARG), * 24.6.1911, † 17.7.1995
51 GP, 5 WM-Titel, 24 Siege, 29 Poles, 23 schnellste Runden, 277 Punkte
1950-58 für Alfa Romeo, Maserati, Mercedes, Ferrari

Farina, Giuseppe (I) * 30.10.1906, † 30.6.1966
33 GP, 1 WM-Titel, 5 Siege, 5 Poles, 5 schnellste Runden, 127,3 Punkte
1950-55 für Alfa Romeo, Ferrari

Fischer, Rudolf (CH) * 19.4.1912, † 30.12.1976
7 GP, 10 Punkte
1951-52 für Ferrari

Fisichella, Giancarlo (I), * 14.1.1973
57 GP, 1 Pole, 1 schnellste Runde, 49 Punkte
1996-99 für Minardi, Jordan, Benetton

Fittipaldi, Christian (BR), * 18.1.1971
40 GP, 12 Punkte
1992-94 für Minardi, Arrows

Fittipaldi, Emerson (BR), * 12.12.1946
144 GP, 2 WM-Titel, 14 Siege, 6 Poles, 6 schnellste Runden, 281 Punkte
1970-80 für Lotus, McLaren, Copersucar, Fittipaldi

Fittipaldi, Wilson (BR), * 25.12.1943
36 GP, 3 Punkte
1972-75 für Brabham, Copersucar

Flockhart, Ronald (GB) * 16.6.1923, † 12.4.1962
13 GP, 5 Punkte
1956-60 für BRM, Connaught, Lotus, Cooper

Follmer, George (USA), * 27.1.1934
12 GP, 5 Punkte
1973 für Shadow

Frentzen, Heinz-Harald (D), * 18.5.1967
97 GP, 3 Siege, 2 Poles, 7 schnellste Runden, 142 Punkte
1994-99 für Sauber, Williams, Jordan

Frère, Paul (B), * 30.1.1917
11 GP, 11 Punkte
1952-56 für HWM, Gordini, Ferrari

Gachot, Bertrand (B), * 23.12.1962
47 GP, 1 schnellste Runde, 5 Punkte
1989-95 für Onyx, Coloni, Jordan, Lola, Larrousse, Pacific

Galvez, Oscar (ARG) * 17.8.1913, † 16.12.1989
1 GP, 2 Punkte
1953 für Maserati

Ganley, Howden (NZ), * 24.12.1941
35 GP, 10 Punkte
1971-74 für BRM, ISO, March

Gartner, Jo (A), * 4.1.1954, † 1.6.1986
8 GP, 2 Punkte
1984 für Osella

Gendebien, Olivier (B) * 12.1.1924, † 2.10.1998
14 GP, 18 Punkte
1956-61 für Ferrari, Cooper, Lotus

Gené, Marc (E), * 29.3.1974
16 GP, 1 Punkt
1999 für Minardi

Gerini, Gerino (I), * 10.8.1928
6 GP, 1,5 Punkte
1956-58 für Maserati

Gethin, Peter (GB), * 21.2.1940
30 GP, 1 Sieg, 11 Punkte
1970-74 für McLaren, BRM, Lola

Ghinzani, Piercarlo (I), * 16.1.1952
76 GP, 2 Punkte
1981-89 für Osella, Toleman, Ligier, Zakspeed

Giacomelli, Bruno (I), * 10.9.1952
69 GP, 1 Pole, 14 Punkte
1977-83 für McLaren, Alfa Romeo, Toleman

Ginther, Richie (USA) * 5.8.1930, † 20.9.1989
52 GP, 1 Sieg, 3 schnellste Runden, 107 Punkte
1960-66 für Ferrari, BRM, Honda, Cooper

Giraud-Cabantous, Yves (F), * 8.10.1904, † 30.3.1973
13 GP, 5 Punkte
1950-53 für Talbot, HWM

Giunti, Ignazio (I) * 30.8.1941, † 10.1.1971
4 GP, 3 Punkte
1970 für Ferrari

Godia, Francesco (E) * 21.3.1921, † 28.11.1990
13 GP, 6 Punkte
1951-58 für Maserati

Gonzáles, José Froilan (ARG), * 5.10.1922
26 GP, 2 Siege, 3 Poles, 6 schnellste Runden, 77,5 Punkte
1950-60 für Maserati, Talbot, Ferrari, Vanwall

Gould, Horace (GB) * 20.9.1921, † 4.11.1968
14 GP, 2 Punkte
1954-58 für Cooper, Maserati

de Graffenried, Emmanuel (CH) * 18.5.1914
22 GP, 9 Punkte
1950-56 für Maserati, Alfa Romeo

Gregory, Masten (USA) * 29.2.1932, † 8.11.1985
38 GP, 21 Punkte
1957-65 für Maserati, Cooper, Porsche, Lotus, Lola, BRM

Grouillard, Olivier (F), * 2.9.1958
41 GP, 1 Punkt
1989-92 für Ligier, Osella, Fondmetal, Tyrrell

Gugelmin, Mauricio (BR), * 20.4.1963
74 GP, 1 schnellste Runde, 10 Punkte
1988-92 für March, Leyton House, Jordan

Gurney, Dan (USA), * 13.4.1931
86 GP, 4 Siege, 3 Poles, 6 schnellste Runden, 133 Punkte
1959-70 für Ferrari, BRM, Porsche, Brabham, Eagle, McLaren

Hailwood, Mike (GB) * 2.4.1940, † 23.3.1981
50 GP, 1 schnellste Runde, 29 Punkte
1963-74 für Lotus, Lola, Surtees, McLaren

Häkkinen, Mika (FIN), * 28.9.1968
128 GP, 2 WM-Titel, 14 Siege, 21 Poles, schnellste Runden, 294 Punkte
1991-99 für Lotus, McLaren

Hall, Jim (USA), * 23.7.1935
11 GP, 3 Punkte
1960-63 für Lotus

Hansgen, Walt (USA) * 28.10.1919, † 7.4.1966
2 GP, 2 Punkte
1961-64 für Cooper, Lotus

Hawthorn, Mike (GB) * 10.4.1929, † 22.1.1959
45 GP, 1 WM-Titel, 3 Siege, 4 Poles, 6 schnellste Runden, 127,5 Punkte
1952-58 für Cooper, Ferrari, Vanwall, Maserati, BRM

Herbert, Johnny (GB), 27.6.1964
144 GP, 3 Siege, 98 Punkte
1989-99 für Benetton, Tyrrell, Lotus, Ligier, Sauber, Stewart

Herrmann, Hans (D), * 23.2.1928
18 GP, 1 schnellste Runde, 10 Punkte
1953-66 für Veritas, Mercedes, Maserati, Cooper, BRM, Porsche, Brabham

Hill, Damon (GB), * 17.9.1960
116 GP, 1 WM-Titel, 22 Siege, 20 Poles, 19 schnellste Runden, 360 Punkte
1992-99 für Brabham, Williams, Arrows, Jordan

Hill, Graham (GB) * 17.2.1929, † 29.11.1975
176 GP, 2 WM-Titel, 14 Siege, 13 Poles, 10 schnellste Runden, 289 Punkte
1958-75 für Lotus, BRM, Brabham, Shadow, Lola

Hill, Phil (USA), * 20.4.1927
48 GP, 1 WM-Titel, 3 Siege, 6 Poles, 6 schnellste Runden, 98 Punkte
1958-64 für Maserati, Ferrari, Cooper, ATS, Lotus

Hulme, Denis (NZ) * 18.6.1936, † 4.10.1992
112 GP, 1 WM-Titel, 8 Siege, 1 Pole, 9 schnellste Runden, 248 Punkte
1965-74 für Brabham, McLaren

Hunt, James (GB) * 29.8.1947, † 15.6.1993
92 GP, 1 WM-Titel, 10 Siege, 14 Poles, 8 schnellste Runden, 179 Punkte
1973-79 für March, Hesketh, McLaren, Wolf

Ickx, Jacky (B), * 1.1.1945
116 GP, 8 Siege, 13 Poles, 14 schnellste Runden, 181 Punkte
1966-79 für Matra, Cooper, Ferrari, Brabham, McLaren, ISO, Lotus, Williams, Ensign, Ligier

Ireland, Innes (GB) * 12.6.1930, † 22.10.1993
50 GP, 1 Sieg, 1 schnellste Runde, 47 Punkte
1959-66 für Lotus, Cooper, BRP, BRM

Irvine, Eddie (GB), * 10.11.1965
97 GP, 4 Siege, 1 schnellste Runde, 173 Punkte
1993-99 für Jordan, Ferrari

Irwin, Chris (GB), * 27.6.1942
10 GP, 2 Punkte
1966-67 für Brabham, Lotus, BRM

Jabouille, Jean-Pierre (F), * 1.10.1942
49 GP, 2 Siege, 6 Poles, 21 Punkte
1975-81 für Tyrrell, Renault, Ligier

Jarier, Jean-Pierre (F), * 10.7.1946
135 GP, 3 Poles, 3 schnellste Runden, 31,5 Punkte
1971-83 für March, Shadow, ATS, Ligier, Lotus, Tyrrell, Osella

Johansson, Stefan (S), * 8.9.1956
79 GP, 88 Punkte
1983-91 für Spirit, Tyrrell, Toleman, Ferrari, McLaren, Ligier, Onyx, AGS, Footwork

Jones, Alan (AUS), * 2.11.1946
116 GP, 1 WM-Titel, 12 Siege, 6 Poles, 13 schnellste Runden, 206 Punkte
1975-86 für Hesketh, Lola, Surtees, Shadow, Williams, Arrows, Lola-Haas

Katayama, Ukyo (J), * 29.5.1963
95 GP, 5 Punkte
1992-97 für Larrousse, Tyrrell, Minardi

Kling, Karl (D), * 16.9.1910
11 GP, 1 schnellste Runde, 17 Punkte
1954-55 für Mercedes

Laffite, Jacques (F), * 21.11.1943
176 GP, 6 Siege, 7 Poles, 6 schnellste Runden, 228 Punkte
1974-86 für ISO, Williams, Ligier,

Lamy, Pedro (P), * 20.3.1972
32 GP, 1 Punkt
1993-96 für Lotus, Minardi

Landi, Chico (BR), * 14.7. 1907, † 7.6.1989
6 GP, 1,5 Punkte
1951-56 für Ferrari, Maserati

Lang, Hermann (D) * 6.4.1909, † 19.10.1987
2 GP, 2 Punkte
1953-54 für Maserati, Mercedes

Larini, Nicola (I), * 19.3.1964
49 GP, 7 Punkte
1987-97 für Coloni, Osella, Ligier, Lambo, Ferrari, Sauber

Lauda, Niki (A), * 22.2.1949
171 GP, 3 WM-Titel, 25 Siege, 24 Poles, 24 schnellste Runden, 420,5 Punkte
1971-85 für March, BRM, Ferrari, Brabham, McLaren

Lederle, Neville (SA), * 25.9.1938
1 GP, 1 Punkt
1962 für Lotus

Lehto, JJ (Jyrki Jarvilehto) (FIN) * 31.1.1966
62 GP, 10 Punkte
1989-94 für Onyx, Dallara, Sauber, Benetton

van Lennep, Gijs (NL), * 16.3.1942
8 GP, 2 Punkte
1971-75 für Surtees, ISO, Ensign

Lewis, Jack (GB), * 1.11.1936
9 GP, 3 Punkte
1961-62 für Cooper

Lewis-Evans, Stuart (GB), * 20.4.1930, † 25.10.1958
14 GP, 2 Poles, 16 Punkte
1957-58 für Connaught, Vanwall

Ligier, Guy (F), * 12.7.1930
12 GP, 1 Punkt
1966-67 für Cooper, Brabham

Alle Fahrer mit WM-Punkten

Lombardi, Lella (I), * 26.3.1941, † 3.3.1992
12 GP, 0,5 Punkte
1975-76 für March, Brabham

Love, John (RHO), * 7.12.1924
9 GP, 6 Punkte
1962-72 für Cooper, Brabham, Lotus, March, Surtees

Maggs, Anthony (SA), * 9.2.1937
25 GP, 26 Punkte
1961-65 für Cooper, Lotus, BRM

Maglioli, Umberto (I), * 5.6.1928
10 GP, 3,3 Punkte
1953-57 für Ferrari, Maserati, Porsche

Magnussen, JAN (DK), * 4.7.1973
25 GP, 1 Punkt
1995-98 für McLaren, Stewart

Mairesse, Willy (B) * 1.10.1928, † 2.9.1969
12 GP, 7 Punkte
1960-63 für Ferrari, Lotus

Mansell, Nigel (GB), * 8.8.1953
187 GP, 1 WM-Titel, 31 Siege, 32 Poles, 30 schnellste Runden, 482 Punkte
1980-95 für Lotus, Williams, Ferrari, McLaren

Mantovani, Sergio (I), * 22.5.1929
7 GP, 4 Punkte
1953-55 für Maserati

Manzon, Robert (F), * 12.4.1917
28 GP, 16 Punkte
1950-56 für Gordini, Ferrari

Marimon, Onofré (ARG) * 19.12.1923, † 31.7.1954
11 GP, 1 schnellste Runde, 8 Punkte
1951-54 für Maserati

Martini, Pierluigi (I), 23.4.1961
119 GP, 18 Punkte
1985-95 für Minardi, Dallara

Mass, Jochen (D), * 30.9.1946
105 GP, 1 Sieg, 2 schnellste Runden, 71 Punkte
1973-82 für Surtees, McLaren, ATS, Arrows, March

McLaren, Bruce (NZ) * 30.8.1937, † 2.6.1970
101 GP, 4 Siege, 3 schnellste Runden, 196,5 Punkte
1958-70 für Cooper, McLaren, Eagle

Menditequy, Carlos (ARG) * 10.8.1915, † 28.4.1973
10 GP, 9 Punkte
1953-60 für Gordini, Maserati, Cooper

Merzario, Arturo (I), * 11.3.1943
57 GP, 11 Punkte
1972-79 für Ferrari, ISO, Williams, Copersucar, March, Shadow, Merzario

Mières, Roberto (ARG), * 3.12.1924
17 GP, 1 schnellste Runde, 13 Punkte
1953-54 für Gordini, Maserati

Miles, John (GB), * 14.6.1943
12 GP, 2 Punkte
1969-70 für Lotus

Mitter, Gerhard (D) * 30.8.1935, † 1.8.1969
5 GP, 3 Punkte
1963-67 für Porsche, Lotus, Brabham

Modena, Stefano (I), * 12.5.1963
70 GP, 17 Punkte
1987-92 für Brabham, Eurobrun, Tyrrell, Jordan

Morbidelli, Gianni (I), * 13.1.1968
67 GP, 8,5 Punkte
1990-97 für Dallara, Minardi, Ferrari, Arrows, Sauber

Moreno, Roberto (BR), * 11.2.1959
42 GP, 1 schnellste Runde, 15 Punkte
1987-95 für AGS, Coloni, Eurobrun, Benetton, Jordan, Minardi, Andrea Moda, Forti

Moser, Silvio (CH) * 24.4.1941, † 26.5.1974
12 GP, 3 Punkte
1967-71 für Cooper, Brabham, Bellasi

Moss, Stirling (GB), * 17.9.1929
66 GP, 16 Siege, 16 Poles, 19 schnellste Runden, 186,5 Punkte
1951-61 für HWM, ERA, Connaught, Cooper, Maserati, Mercedes, Vanwall, BRM, Lotus

Musso, Luigi (I), * 28.7.1924, † 6.7.1958
24 GP, 1 Sieg, 1 schnellste Runde, 44 Punkte
1953-58 für Maserati, Ferrari

Nakajima, Satoru (J), * 23.2.1953
74 GP, 1 schnellste Runde, 16 Punkte
1987-91 für Lotus, Tyrrell

Nakano, Shinji (J), * 1.4.1971
33 GP, 2 Punkte
1997-98 für Prost, Minardi

Nannini, Alessandro (I), * 7.7.1959
77 GP, 1 Sieg, 2 schnellste Runden, 65 Punkte
1986-90 für Minardi, Benetton

Nilsson, Gunnar (S) * 20.11.1948, † 20.10.1978
31 GP, 1 Sieg, 31 Punkte
1976-77 für Lotus

Oliver, Jackie (GB), * 14.8.1942
50 GP, 1 schnellste Runde, 13 Punkte
1967-77 für Lotus, BRM, McLaren, Shadow

Pace, Carlos (BR), * 6.10.1944, † 18.3.1977
72 GP, 1 Sieg, 1 Pole, 5 schnellste Runden, 58 Punkte
1972-77 für March, Surtees, Brabham

Palmer, Jonathan (GB), * 7.11.1956
84 GP, 1 schnellste Runde, 14 Punkte
1983-89 für Williams, RAM, Zakspeed, Tyrrell

Panis, Olivier (F), * 2.9.1966
91 GP, 1 Sieg, 56 Punkte
1994-99 für Ligier, Prost

Parkes, Mike (GB) * 24.9.1931, † 28.8.1977
6 GP, 1 Pole, 14 Punkte
1966-67 für Ferrari

Parnell, Reginald (GB) * 2.7.1911, † 7.1.1964
6 GP, 9 Punkte
1950-54 für Alfa Romeo, Maserati, Ferrari, BRM, Cooper

Patrese, Riccardo (I), * 17.4.1954
256 GP, 6 Siege, 8 Poles, 13 schnellste Runden, 281 Punkte
1977-93 für Shadow, Arrows, Brabham, Alfa Romeo, Williams, Benetton

Perdisa, Cesare (I), * 21.10.1932
7 GP, 5 Punkte
1955-57 für Maserati, Ferrari

Perez Sala, Luis (E), * 15.5.1959
26 GP, 1 Punkt
1988-89 für Minardi

Pescarolo, Henri (F), 25.9.1942
57 GP, 1 schnellste Runde, 12 Punkte
1968-76 für Matra, March, ISO, BRM, Surtees

Peterson, Ronnie (S) * 14.2.1944, † 11.9.1978
123 GP, 10 Siege, 14 Poles, 9 schnellste Runden, 206 Punkte
1970-78 für March, Lotus, Tyrrell

Pilette, André (B) * 6.10.1918, † 27.12.1993
9 GP, 2 Punkte
1951-64 für Talbot, Connaught, Gordini, Ferrari, Scirocco

Piquet, Nelson (BR), * 17.8.1952
204 GP, 3 WM-Titel, 23 Siege, 24 Poles, 23 schnellste Runden, 485,5 Punkte
1978-91 für Ensign, McLaren, Brabham, Williams, Lotus, Benetton

Pironi, Didier (F), * 26.3.1952, † 23.8.1987
70 GP, 3 Siege, 4 Poles, 5 schnellste Runden, 101 Punkte
1978-82 für Tyrrell, Ligier, Ferrari

Pirro, Emanuele (I), * 12.1.1962
37 GP, 3 Punkte
1989-91 für Benetton, Dallara

Poore, Dennis (GB) * 19.8.1916, † 12.2.1987
2 GP, 3 Punkte
1952 für Connaught

de Portago, Alfonso (E) * 11.10.1928, † 12.5.1957
5 GP, 4 Punkte
1956-57 für Ferrari

Prost, Alain (F), * 24.2.1955
200 GP, 4 WM-Titel, 51 Siege, 33 Poles, 41 schnellste Runden, 798,5 Punkte
1980-93 für McLaren, Renault, Ferrari, Williams

Pryce, Tom (GB), * 11.6.1949, † 5.3.1977
42 GP, 1 Pole, 19 Punkte
1974-77 für Token, Shadow

Rebaque, Hector (MEX), * 5.2.1956
41 GP, 13 Punkte
1977-81 für Hesketh, Lotus, Brabham

Redman, Brian (GB), * 9.3.1937
12 GP, 8 Punkte
1968-74 für Cooper, Surtees, McLaren, BRM, Shadow

Regazzoni, Clay (CH), * 5.9.1939
132 GP, 5 Siege, 5 Poles, 15 schnellste Runden, 212 Punkte
1970-80 für Ferrari, BRM, Ensign, Shadow, Williams

Reutemann, Carlos (ARG), * 12.4.1942
146 GP, 12 Siege, 6 Poles, 6 schnellste Runden, 310 Punkte
1972-82 für Brabham, Ferrari, Lotus, Williams

Revson, Peter (USA) * 27.2.1939, † 22.3.1974
30 GP, 2 Siege, 1 Pole, 61 Punkte
1964-74 für Lotus, Tyrrell, McLaren, Shadow

Rindt, Jochen (A), * 18.4.1942, † 5.9.1970
60 GP, 1 WM-Titel, 6 Siege, 10 Poles, 3 schnellste Runden, 109 Punkte
1964-70 für Brabham, Cooper, Lotus

Rodriguez, Pedro (MEX), * 18.1.1940, † 11.7.1971
55 GP, 2 Siege, 1 schnellste Runde, 71 Punkte
1963-71 für Lotus, Ferrari, Cooper, BRM

Rodriguez, Ricardo (MEX) * 14.2.1942, † 1.11.1962
5 GP, 4 Punkte
1961-62 für Ferrari

Rosberg, Keke (FIN), * 6.12.1948
114 GP, 1 WM-Titel, 5 Siege, 5 Poles, 3 schnellste Runden, 159,5 Punkte
1978-86 für Theodore, ATS, Wolf, Fittipaldi, Williams, McLaren

Rosier, Louis (F), * 5.11.1905, † 29.10.1956
38 GP, 18 Punkte
1950-56 für Talbot, Ferrari, Maserati

Salazar, Eliseo (CHI), * 14.11.1954
24 GP, 3 Punkte
1981-83 für March, Ensign, ATS

Salo, Mika (FIN), * 30.11.1966
77 GP, 25 Punkte
1994-99 für Lotus, Tyrrell, Arrows, BAR, Ferrari

Salvadori, Roy (GB), * 12.5.1922
47 GP, 19 Punkte
1952-62 für Ferrari, Connaught, Maserati, Vanwall, Cooper, Aston Martin, Lola

Sanesi, Consalvo (I), * 28.3.1911
5 GP, 3 Punkte
1950-51 für Alfa Romeo

Scarfiotti, Ludovico (I) * 18.10.1933, † 8.6.1968
10 GP, 1 Sieg, 1 schnellste Runde, 17 Punkte
1963-68 für Ferrari, Eagle, Cooper

Scarlatti, Giorgio (I), * 2.10.1921
12 GP, 1 Punkt
1956-61 für Ferrari, Maserati, Cooper, De Tomaso

Scheckter, Jody (SA), * 29.1.1950
112 GP, 1 WM-Titel, 10 Siege, 3 Poles, 5 schnellste Runden, 255 Punkte
1972-80 für McLaren, Tyrrell, Wolf, Ferrari

Schell, Harry (USA) * 29.6.1921, † 13.5.1960
56 GP, 32 Punkte
1950-60 für Cooper, Talbot, Maserati, Gordini, Ferrari, Vanwall, BRM

Schenken, Tim (AUS), * 26.9.1943
34 GP, 7 Punkte
1970-74 für De Tomaso, Brabham, Surtees, ISO, Trojan

Schumacher, Michael (D), * 3.1.1969
128 GP, 2 WM-Titel, 35 Siege, 23 Poles, 38 schnellste Runden, 570 Punkte
1991-99 für Jordan, Benetton, Ferrari

Schumacher, Ralf (D), * 30.6.1975
49 GP, 1 schnellste Runde, 62 Punkte
1997-99 für Jordan, Williams

Senna da Silva, Ayrton (BR), * 21.3.1960, † 1.5.1994
161 GP, 3 WM-Titel, 41 Siege, 65 Poles, 19 schnellste Runden, 614 Punkte
1984-94 für Toleman, Lotus, McLaren, Williams

Serafini, Dorino (I), * 22.7.1909
1 GP, 3 Punkte
1950 für Ferrari

Statistik 50 Jahre Formel 1

Serra, Chico (BR), * 3.2.1957
18 GP, 1 Punkt
1981-83 für Fittipaldi, Arrows

Servoz-Gavin, Johnny (F), * 18.1.1942
12 GP, 9 Punkte
1967-70 für Matra, Cooper, March

Siffert, Joseph (CH) * 7.7.1936, † 24.10.1971
96 GP, 2 Siege, 2 Poles, 4 schnellste Runden, 68 Punkte
1962-71 für Lotus, Brabham, Cooper, March, BRM

da Silva Ramos, Hernando (F/BR) * 7.12.1925
7 GP, 2 Punkte
1955-56 für Gordini

Sommer, Raymond (F) * 31.8.1906, † 10.9.1950
5 GP, 3 Punkte
1950 für Ferrari, Talbot

Spence, Mike (GB) * 30.12.1936, † 7.5.1968
36 GP, 27 Punkte
1963-68 für Lotus, BRM

Stewart, Jackie (GB), * 11.6.1939
99 GP, 3 WM-Titel, 27 Siege, 17 Poles, 15 schnellste Runden, 360 Punkte
1965-73 für BRM, Matra, March, Tyrrell

Stommelen, Rolf (D) * 11.7.1943, † 24.4.1983
54 GP, 14 Punkte
1969-78 für Lotus, Brabham, Surtees, Eifelland, Lola, Hesketh, Arrows

Streiff, Philippe (F), * 26.6.1955
54 GP, 11 Punkte
1984-88 für Renault, Ligier, Tyrrell, AGS

Stuck, Hans-Joachim (D), * 1.1.1951
74 GP, 29 Punkte
1974-79 für March, Brabham, Shadow, ATS

Sullivan, Danny (USA), * 9.3.1950
15 GP, 2 Punkte
1983 für Tyrrell

Surer, Marc (CH), * 18.9.1951
82 GP, 1 schnellste Runde, 17 Punkte
1979-86 für Ensign, ATS, Theodore, Arrows, Brabham

Surtees, John (GB), * 11.2.1934
111 GP, 1 WM-Titel, 6 Siege, 8 Poles, 11 schnellste Runden, 180 Punkte
1960-72 für Lotus, Cooper, Lola, Ferrari, Honda, BRM, McLaren, Surtees

Suzuki, Aguri (J), * 8.9.1960
64 GP, 8 Punkte
1988-91 für Lola

Tambay, Patrick (F), * 25.6.1949
114 GP, 2 Siege, 5 Poles, 2 schnellste Runden, 103 Punkte
1977-86 für Ensign, McLaren, Theodore, Ligier, Ferrari, Renault, Lola

Tarquini, Gabriele (I), * 2.3.1962
38 GP, 1 Punkt
1987-95 für Osella, Coloni, AGS, Fondmetal, Tyrrell

Taruffi, Piero (I), * 12.10.1906, † 12.1.1988
18 GP, 1 Sieg, 1 schnellste Runde, 41 Punkte
1950-56 für Alfa Romeo, Ferrari, Mercedes, Maserati, Vanwall

Taylor, Henry (GB), * 16.12.1932
8 GP, 3 Punkte
1960-61 für Cooper, Lotus

Taylor, John (GB), * 23.3.1933, † 8.8.1966
5 GP, 1 Punkt
1966 für Brabham

Taylor, Trevor (GB), * 26.12.1936
27 GP, 8 Punkte
1961-66 für Lotus, BRM, Shannon

Thompson, Eric (GB), * 4.11.1919
1 GP, 2 Punkte
1952 für Connaught

Trintignant, Maurice (F), * 30.10.1917
82 GP, 2 Siege, 1 schnellste Runde, 72,3 Punkte
1950-64 für Gordini, Ferrari, Vanwall, Bugatti, Cooper, Maserati, BRM, Aston Martin, Lotus, Lola

von Trips, Wolfgang (D) * 4.5.1928, † 10.9.1961
27 GP, 2 Siege, 1 Pole, 56 Punkte
1957-61 für Ferrari, Porsche, Cooper

Trulli, Jarno (I), * 13.7.1974
46 GP, 11 Punkte
1997-99 für Minardi, Prost

Verstappen, Jos (NL), * 4.3.1972
57 GP, 11 Punkte
1994-98 für Benetton, Simtek, Arrows, Tyrrell, Stewart

Villeneuve, Gilles (CDN) * 18.1.1952, † 8.5.1982
67 GP, 6 Siege, 2 Poles, 8 schnellste Runden, 107 Punkte
1977-82 für McLaren, Ferrari

Villeneuve, Jacques (CDN), * 9.4.1971
65 GP, 1 WM-Titel, 11 Siege, 13 Poles, 9 schnellste Runden, 180 Punkte
1996-99 für Williams, BAR

Villoresi, Luigi (I), * 16.5.1909, † 24.8.1997
31 GP, 1 schnellste Runde, 49 Punkte
1950-56 für Ferrari, Maserati, Lancia

Warwick, Derek (GB), * 27.8.1954
147 GP, 2 schnellste Runden, 71 Punkte
1981-93 für Toleman, Renault, Brabham, Arrows, Lotus, Footwork

Watson, John (GB), * 4.5.1946
152 GP, 5 Siege, 2 Poles, 5 schnellste Runden, 169 Punkte
1973-85 für Brabham, Surtees, Lotus, Penske, McLaren

Wendlinger, Karl (A), * 20.12.1968
41 GP, 14 Punkte
1991-95 für Leyton House, March, Sauber

Wharton, Ken (GB) * 21.3.1916, † 12.1.1957
15 GP, 3 Punkte
1952-55 für Frazer Nash, Cooper, Maserati, Vanwall

Whitehead, Peter (GB) * 12.11.1914, † 20.8.1958
10 GP, 4 Punkte
1950-54 für Ferrari, Alta, Cooper

Winkelhock, Manfred (D) * 6.10.1952, † 12.8.1985
48 GP, 2 Punkte
1982-85 für ATS, Brabham, RAM

Wisell, Reine (S), * 30.9.1941
23 GP, 13 Punkte
1971-74 für Lotus, BRM, March

Wurz, Alexander (A), * 15.2.1974
35 GP, 24 Punkte
1997-99 für Benetton

Zanardi, Alessandro (I), * 23.10.1966
41 GP, 1 Punkt
1991-99 für Jordan, Minardi, Lotus, Williams

Zorzi, Renzo (I), * 12.12.1946
7 GP, 1 Punkt
1975-77 für Williams, Shadow

Pluspunkte gesammelt: Die Podestbesetzung des Italien-GP 1999 gilt als Erfolgstrio der Saison. Für Heinz-Harald Frentzen (plus 57 Punkte), Ralf Schumacher (35) und Ferrari-Ersatz Mika Salo (10) war es das erfolgreichste Jahr ihrer bisherigen Karrieren.

Bilanz der Teams

AGS

Jahr	Motor	Rang	Punkte
1986	Motori Moderni		0
1987	Ford	11	1
1988	Ford		0
1989	Ford	15	1
1990	Ford		0
1991	Ford		0

Alfa Romeo

Jahr	Motor	Rang	Punkte
1950	Alfa Romeo	*	
1951	Alfa Romeo	*	
1979	Alfa Romeo		0
1980	Alfa Romeo	11	4
1981	Alfa Romeo	8	10
1982	Alfa Romeo	9	7
1983	Alfa Romeo	6	18
1984	Alfa Romeo	8	11
1985	Alfa Romeo		0

Arrows

Jahr	Motor	Rang	Punkte
1978	Ford	9	11
1979	Ford	9	5
1980	Ford	7	11
1981	Ford	8	10
1982	Ford	10	5
1983	Ford	10	4
1984	Ford/BMW	9	6
1985	BMW	8	14
1986	BMW	10	1
1987	Megatron	6	11
1988	Megatron	4	23
1989	Ford	7	13
1990	Ford	9	2
1991	Ford/Porsche		0
1992	Mugen-Honda	7	6
1993	Mugen-Honda	9	4
1994	Ford	9	9
1995	Hart	8	5
1996	Hart	9	1
1997	Yamaha	8	9
1998	Arrows	7	6
1999	Arrows	9	1

ATS

Jahr	Motor	Rang	Punkte
1978	Ford		0
1979	Ford	11	2
1980	Ford		0
1981	Ford	12	1
1982	Ford	11	4
1983	BMW		0
1984	BMW	12	0 (1)

BAR

Jahr	Motor	Rang	Punkte
1999	Supertec		0

Benetton

Jahr	Motor	Rang	Punkte
1981	Hart		0
1982	Hart		0
1983	Hart	9	10
1984	Hart	7	16
1985	Hart		0
1986	BMW	6	19
1987	Ford	5	28
1988	Ford	3	39
1989	Ford	4	39
1990	Ford	3	71
1991	Ford	4	38,5
1992	Ford	3	91
1993	Ford	3	72
1994	Ford	2	103
1995	Renault	1	137
1996	Renault	3	68
1997	Renault	3	67
1998	Playlife	5	33
1999	Playlife	6	16

Brabham

Jahr	Motor	Rang	Punkte
1962	Climax	7	6
1963	Climax	3	28 (30)
1964	Climax	4	30
	BRM	6	7
1965	Climax	3	27 (31)
	BRM	7	5
1966	Repco	1	42 (49)
	BRM	10	1
	Climax	10	1
1967	Repco	1	63 (67)
	Climax	11	2
1968	Repco	8	10
1969	Ford	2	49 (51)
1970	Ford	4	35
1971	Ford	9	5
1972	Ford	9	7
1973	Ford	4	22
1974	Ford	5	35
1975	Ford	2	54 (56)
1976	Alfa Romeo	9	9
1977	Alfa Romeo	5	27
1978	Alfa Romeo	3	53
1979	Alfa Romeo	8	7
1980	Ford	3	55
1981	Ford	2	61
1982	Ford/BMW	5	41
1983	BMW	3	72
1984	BMW	4	38
1985	BMW	5	26
1986	BMW	9	2
1987	BMW	8	10
1989	Judd	8	8
1990	Judd	9	2
1991	Yamaha	9	3
1992	Judd		0

BRM

Jahr	Motor	Rang	Punkte
1951	BRM	*	
1952	BRM	*	
1953	BRM	*	
1954	BRM	*	
1955	BRM	*	
1956	BRM	*	
1957	BRM	*	
1958	BRM	4	18
1959	BRM	3	18
1960	BRM	4	8
1961	Climax	5	7
1962	BRM	1	42 (56)
1963	BRM	2	36 (45)
1964	BRM	2	42 (51)
1965	BRM	2	45 (61)
1966	BRM	4	22
1967	BRM	6	17
1968	BRM	5	28
1969	BRM	5	7
1970	BRM	6	23
1971	BRM	2	36
1972	BRM	7	14
1973	BRM	6	12
1974	BRM	7	10

BRP

Jahr	Motor	Rang	Punkte
1963	BRM	6	6
1964	BRM	7	5

Die Streichresultate (in Klammern die Gesamtpunktzahl) wurden nach wechselnden Regeln berechnet. Meistens wurde nur eine bestimmte Anzahl von Rennen gewertet (z. B. die besten sechs Ergebnisse). Das System führte oft zu ungerechten WM-Entscheidungen und wurde 1991 abgeschafft.

Cooper

Jahr	Motor	Rang	Punkte
1950	Cooper	*	
1952	Cooper	*	
1953	Cooper	*	
1954	Cooper	*	
1955	Cooper	*	
1956	Cooper	*	
1957	Cooper	*	
1958	Climax	3	31
1959	Climax	1	40 (53)
1960	Climax	1	48 (58)
	Maserati	5	3
	Castellotti	5	3
1961	Climax	4	14 (18)
1962	Climax	3	29 (37)
1963	Climax	5	25 (26)
1964	Climax	5	16
1965	Climax	5	14
1966	Maserati	3	30 (35)
1967	Maserati	3	28
	Climax	8	6
1968	BRM	6	14

Copersucar siehe Fittipaldi

Dallara

Jahr	Motor	Rang	Punkte
1986	Ford		0
1987	Ford		0
1988	Ford		0
1989	Ford	8	8
1990	Ford		0
1991	Judd	8	5
1992	Ferrari	10	2

Eagle

Jahr	Motor	Rang	Punkte
1966	Climax/Weslake	7	4
1967	Weslake/Climax	7	13
1968	Weslake		0
1969	Climax		0

Ensign

Jahr	Motor	Rang	Punkte
1973	Ford		0
1974	Ford		0
1975	Ford	13	1
1976	Ford	12	2
1977	Ford	10	10
1978	Ford	13	1
1981	Ford	11	5
1982	Ford		0

Ferrari

Jahr	Motor	Rang	Punkte
1950	Ferrari	*	
1951	Ferrari	*	
1952	Ferrari	*	
1953	Ferrari	*	
1954	Ferrari	*	
1955	Ferrari	*	
1956	Ferrari	*	
1957	Ferrari	*	
1958	Ferrari	2	40 (57)
1959	Ferrari	2	32 (38)
1960	Ferrari	3	26 (27)
1961	Ferrari	1	40 (52)
1962	Ferrari	5	18
1963	Ferrari	4	26
1964	Ferrari	1	45 (49)
1965	Ferrari	4	26 (27)
1966	Ferrari	2	31 (32)
1967	Ferrari	4	20
1968	Ferrari	4	32
1969	Ferrari	5	7
1970	Ferrari	2	52 (55)
1971	Ferrari	3	33
1972	Ferrari	4	33
1973	Ferrari	6	12
1974	Ferrari	2	65
1975	Ferrari	1	72,5
1976	Ferrari	1	83
1977	Ferrari	1	95 (97)
1978	Ferrari	2	58
1979	Ferrari	1	113
1980	Ferrari	10	8
1981	Ferrari	5	34
1982	Ferrari	1	74
1983	Ferrari	1	89
1984	Ferrari	2	57,5
1985	Ferrari	2	82
1986	Ferrari	4	37
1987	Ferrari	4	53
1988	Ferrari	2	65
1989	Ferrari	3	59
1990	Ferrari	2	110
1991	Ferrari	3	55,5
1992	Ferrari	4	21
1993	Ferrari	4	28
1994	Ferrari	3	71
1995	Ferrari	3	73
1996	Ferrari	2	70
1997	Ferrari	2	102
1998	Ferrari	2	133
1999	Ferrari	1	128

Fittipaldi

Jahr	Motor	Rang	Punkte
1975	Ford		0
1976	Ford	11	3
1977	Ford	9	11
1978	Ford	7	17
1979	Ford	12	1
1980	Ford	7	11
1981	Ford		0
1982	Ford	13	1

Footwork siehe Arrows

Forti

Jahr	Motor	Rang	Punkte
1995	Ford		0
1996	Ford		0

Gordini

Jahr	Motor	Rang	Punkte
1950	Gordini	*	
1951	Gordini	*	
1952	Gordini	*	
1953	Gordini	*	
1954	Gordini	*	
1955	Gordini	*	
1956	Gordini	*	

Hesketh

Jahr	Motor	Rang	Punkte
1974	Ford	6	15
1975	Ford	4	33
1976	Ford		0
1977	Ford		0
1978	Ford		0

Hill

Jahr	Motor	Rang	Punkte
1975	Ford	11	3

Honda

Jahr	Motor	Rang	Punkte
1964	Honda		0
1965	Honda	6	11
1966	Honda	8	3
1967	Honda	4	20
1968	Honda	6	14

Jordan

Jahr	Motor	Rang	Punkte
1991	Ford	5	13
1992	Yamaha	11	1
1993	Hart	10	3
1994	Hart	5	28
1995	Peugeot	6	21
1996	Peugeot	5	22
1997	Peugeot	5	33
1998	Mugen-Honda	4	34
1999	Mugen-Honda	3	61

Lancia

Jahr	Motor	Rang	Punkte
1954	Lancia	*	
1955	Lancia	*	

Statistik 50 Jahre Formel 1

Jahr	Motor	Rang	Punkte
Larrousse			
1992	Lamborghini	11	1
1993	Lamborghini	10	3
1994	Ford	11	2
Ligier			
1976	Matra	5	20
1977	Matra	8	18
1978	Matra	6	19
1979	Ford	3	61
1980	Ford	2	66
1981	Matra	4	44
1982	Matra	8	20
1983	Ford		0
1984	Renault	10	3
1985	Renault	6	23
1986	Renault	5	29
1987	Megatron	11	1
1988	Judd		0
1989	Ford	13	3
1990	Ford		0
1991	Lamborghini		0
1992	Renault	7	6
1993	Renault	5	23
1994	Renault	6	13
1995	Mugen-Honda	5	24
1996	Mugen-Honda	6	15
Lola			
1962	Climax	4	19
1963	Ford		0
1967	Ford		0
1968	Ford		0
1974	Ford	12	1
1975	Ford		0
1987	Ford	9	3 (5)
1988	Ford		0
1989	Lamborghini	15	1
1990	Lamborghini	6	11
1991	Ford	11	2
1993	Ferrari		0
1997	Ford		0
Lola Haas			
1985	Hart		0
1986	Hart/Ford	8	6
Lotus			
1958	Climax	6	3
1959	Climax	4	5
1960	Climax	2	34 (37)
1961	Climax	2	32
1962	Climax	2	36 (38)
	BRM	8	1
1963	Climax	1	54 (74)
	BRM	8	4
1964	Climax	3	37 (40)
	BRM	8	3
1965	Climax	1	54 (59)
	BRM	8	2
1966	BRM	5	13
	Climax	6	8
1967	Climax/Ford	2	44
	BRM	8	6
1968	Ford	1	62
1969	Ford	3	47
1970	Ford	1	59
1971	Ford	5	21
1972	Ford	1	61
1973	Ford	1	92 (96)
1974	Ford	4	42
1975	Ford	7	9
1976	Ford	4	29
1977	Ford	2	62
1978	Ford	1	86
1979	Ford	4	39
1980	Ford	5	14
1981	Ford	7	22
1982	Ford	6	30
1983	Ford/Renault Turbo	7	12
1984	Renault Turbo	3	47
1985	Renault Turbo	3	71
1986	Renault Turbo	3	58
1987	Honda	3	64
1988	Honda	4	23
1989	Judd	6	15
1990	Judd/Lamborghini	8	3
1991	Judd	9	3
1992	Ford	5	13
1993	Ford	6	12
1994	Mugen-Honda		0
March			
1970	Ford	3	48
1971	Ford	3	33 (34)
1972	Ford	6	15
1973	Ford	5	14
1974	Ford	9	6
1975	Ford	8	7,5
1976	Ford	7	19
1977	Ford		0
1981	Ford		0
1982	Ford		0
1983	Ford		0
1987	Ford	11	1
1988	Judd	6	22
1989	Judd	12	4
1990	Judd	7	7
1991	Ilmor	12	1
1992	Ilmor	9	3
Maserati			
1950	Maserati	*	
1951	Maserati	*	
1952	Maserati	*	
1953	Maserati	*	
1954	Maserati	*	
1955	Maserati	*	
1956	Maserati	*	
1957	Maserati	*	
1958	Maserati	5	6
1959	Maserati		0
1960	Maserati		0
Matra			
1967	Ford		0
1968	Ford	3	45
	Matra	9	8
1969	Ford	1	66
1970	Matra	6	23
1971	Matra	7	9
1972	Matra	8	12
McLaren			
1966	Serenissima/Ford	7	3
1967	BRM	10	3
1968	Ford/BRM	2	51
	BRM	10	1
1969	Ford	4	38 (40)
1970	Ford	4	35
1971	Ford	6	10
1972	Ford	3	47 (49)
1973	Ford	3	58
1974	Ford	1	73 (75)
1975	Ford	3	53
1976	Ford	2	74 (74)
1977	Ford	3	60
1978	Ford	8	15
1979	Ford	7	15
1980	Ford	7	11
1981	Ford	6	28
1982	Ford	2	69
1983	Ford/TAG-Porsche Turbo	5	34
1984	TAG-Porsche Turbo	1	143,5
1985	TAG-Porsche Turbo	1	90
1986	TAG-Porsche Turbo	2	96
1987	TAG-Porsche Turbo	2	76
1988	Honda	1	199
1989	Honda	1	141
1990	Honda	1	121
1991	Honda	1	139
1992	Honda	2	99
1993	Ford	2	84
1994	Peugeot	4	42
1995	Mercedes	4	30
1996	Mercedes	4	49
1997	Mercedes	4	63
1998	Mercedes	1	156
1999	Mercedes	2	124
Mercedes			
1954	Mercedes	*	
1955	Mercedes	*	
Minardi			
1985	Ford/Motori Moderni		0
1986	Motori Moderni		0
1987	Motori Moderni		0
1988	Ford	10	1
1989	Ford	10	6
1990	Ford		0
1991	Ferrari	7	6
1992	Lamborghini	11	1
1993	Ford	8	7
1994	Ford	10	5
1995	Ford	10	1
1996	Ford		0
1997	Hart		0
1998	Ford		0
1999	Ford	10	1
Onyx			
1989	Ford	10	6
1990	Ford		0
Osella			
1980	Ford		0
1981	Ford		0
1982	Ford	12	3
1983	Ford/Alfa Romeo		0
1984	Alfa Romeo	11	2 (4)
1985	Alfa Romeo		0
1986	Alfa Romeo		0
1987	Alfa Romeo		0
1988	Osella		0
1989	Ford		0
1990	Ford		0
Pacific			
1994	Ilmor		0
1995	Ford		0
Parnelli			
1974	Ford		0
1975	Ford	10	5
1976	Ford	13	1
Penske			
1974	Ford		0
1975	Ford	12	2
1976	Ford	5	20
1977	Ford	11	1
Porsche			
1958	Porsche		0
1959	Porsche		0
1960	Porsche		0
1961	Porsche	3	22 (23)
1962	Porsche	5	18 (19)
1963	Porsche	7	5
Prost			
1997	Mugen-Honda	6	21
1998	Peugeot	9	1
1999	Peugeot	7	9
Renault			
1977	Renault		0
1978	Renault	12	3
1979	Renault	6	26
1980	Renault	4	38
1981	Renault	3	54
1982	Renault	3	62
1983	Renault	2	79
1984	Renault	5	34
1985	Renault	7	16
Rial			
1988	Ford	9	3
1989	Ford	13	3
Sauber			
1993	Ilmor	6	12
1994	Mercedes	8	12
1995	Ford	7	18
1996	Ford	7	11
1997	Petronas	7	16
1998	Petronas	6	10
1999	Petronas	7	9
Shadow			
1973	Ford	8	9
1974	Ford	8	7
1975	Ford	6	9,5
1976	Ford	8	10
1977	Ford	7	23
1978	Ford	11	6
1979	Ford	10	3
1980	Ford		0
Simtek			
1994	Ford		0
1995	Ford		0
Stewart			
1997	Ford	9	6
1998	Ford	8	5
1999	Ford	4	36
Surtees			
1970	Ford	8	3
1971	Ford	8	8
1972	Ford	5	18
1973	Ford	9	7
1974	Ford	11	3
1975	Ford		0
1976	Ford	10	7
1977	Ford	11	6
1978	Ford	13	1
Talbot			
1950	Talbot	*	
1951	Talbot	*	
Tecno			
1972	Tecno		0
1973	Tecno	11	1
Theodore			
1978	Ford		0
1981	Ford	12	1
1982	Ford		0
1983	Ford	11	1
Toleman siehe Benetton			
Tyrrell			
1970	Ford		0
1971	Ford	1	73
1972	Ford	2	51
1973	Ford	2	82 (86)
1974	Ford	3	52
1975	Ford	5	25
1976	Ford	3	71
1977	Ford	5	27
1978	Ford	4	38
1979	Ford	5	28

1980	Ford	6	12
1981	Ford	8	10
1982	Ford	7	25
1983	Ford	7	12
1984	Ford		0
1985	Ford/Renault	9	7
1986	Renault	7	11
1987	Ford	6	11
1988	Ford	8	5
1989	Ford	5	16
1990	Ford	5	16
1991	Honda	6	12
1992	Ilmor	6	8
1993	Yamaha		0
1994	Yamaha	6	13
1995	Yamaha	8	5
1996	Yamaha	8	5
1997	Ford	10	2
1998	Ford		0
Vanwall			
1954	Vanwall	*	
1955	Vanwall	*	
1956	Vanwall	*	
1957	Vanwall	*	
1958	Vanwall	1	48 (57)
1959	Vanwall		0
1960	Vanwall		0
Williams			
1973	Ford	10	2
1974	Ford	10	4
1975	Ford	9	6
1976	Ford		0
1978	Ford	9	11
1979	Ford	2	75
1980	Ford	1	120
1981	Ford	1	95
1982	Ford	4	58
1983	Ford/Honda	4	38
1984	Honda	6	25,5
1985	Honda	3	71
1986	Honda	1	141
1987	Honda	1	137
1988	Judd	7	20
1989	Renault	2	77
1990	Renault	4	57
1991	Renault	2	125
1992	Renault	1	164
1993	Renault	1	168
1994	Renault	1	118
1995	Renault	2	112
1996	Renault	1	175
1997	Renault	1	123
1998	Mécachrome	3	38
1999	Supertec	5	35
Wolf			
1977	Ford	4	55
1978	Ford	5	24
1979	Ford		0
Zakspeed			
1985	Zakspeed		0
1986	Zakspeed		0
1987	Zakspeed	10	2
1988	Zakspeed		0
1989	Yamaha		0

* Die Konstrukteurswertung wurde erst 1958 eingeführt. Deshalb kann für die Jahre 1950 bis 1957 keine Rangliste erstellt werden.

Ron Dennis, McLaren (l.), und Frank Williams haben mit ihren Teams in den achtziger und neunziger Jahren die Formel 1 fast nach Belieben dominiert. Trotz aller Rivalität an der Rennstrecke verbindet die beiden Männer eine enge Freundschaft.

Bildnachweis

ASA Fotoagentur 5, 60/61, 110/111 u., 188/189, 193 u., 197, 202/203 o., 208, 209, 212/213, 213 r., 221 u., 224 u.r., 233, 272 u., 286 o., 290 u., 293 u., 300 u., 319 o., 327, 330 o., M., 331 M., 338 o., 340 u., 341 o., 350, 351 u., 352 o., M., 353 o., 355 u., 395

ATP 8/9, 14/15, 149, 153 o., 154/155, 162 u., 166 u., 167, 168/169, 171 u., 172, 180 o., 184 o., 186, 187 o., 189, 190 o., 192 (2), 198 (2), 199, 204 u., 205 (2), 208/209, 210, 211 u., 212 o., 214/215, 217, 219 u., 220, 221 o., 222/223, 224 o., 226, 227 (2), 229, 230 o.l., u., 231 u., 234/235, 237, 238/239, 241 M., u., 242, 243 o., 245 (3), 247 o., 248/249, 250 (3), 251 o., 252 o., 259 u., 260 u., 261, 264 o., 265 u., 272 o., 273 o., 276/277, 279 o., 280 o., 285 u., 300 o., 302/303, 304 o.l., 306 u., 309 o., 314/315, 331 u., 335, 344 u., 344/345, 346 o., M., 360 (2), 364

Automobile Club de Monaco 21, 53 u.

Benetton 312 o.

Horst Bernhard 173 o.l.

Bongarts 321 u., 337

Bernard Cahier 38, 40/41, 44, 45 o.r., 47 o., 50 r., 52/53, 57, 58 u., 60, 61, 62/63 (3), 64 (2), 66 u., 68/69 (2), 70 (2), 71 o., M., 72 r., 73, 76/77, 79 o., 80 (2), 81 r., 82/83, 86 o., 88/89, 90 (2), 92, 97, 100 o., 104, 105 u., 106 u.r., 110, 112/113, 116/117, 118 (3), 119 u., 120/121, 121 o., 122, 124, 127 u., 128/129, 132 l., 132/133, 143 o., 151 o., 152/153, 158 o., 165 o., 170 o., 171 o.,

Paul-Henri Cahier 367

Deutsches Historisches Museum 26, 49, 59 u., 65 u.l., 78 u.

Diethelm Doll 18/19 (2), 20 (2), 22 l., 24/25, 27, 33 o., 35 u., 40, 41 (2), 42/43, 45 o.l., M., 47 u.l., 50 l., 51, 54/55, 56/57, 59 o., 67 (2), 72 l., 77, 86 u., 89, 99, 106 o., 111, 113 u., 139 l., 140 u.l., 185 u., 257 u.

dpa 53 o., 109, 190 u., 193 o.

Heinrich Esch 140/141

Ferrari 58 o.

Lukas T. Gorys 6/7, 36, 225 u., 228/229, 231 o., 232 o., 238, 239, 240, 243 u., 244 (2), 246, 247 u.l., u.r., 253 (2), 254/255, 257 o., 258 (2), 259 o., 262/263 (3), 264 u., 265 o., M., 266, 267, 268, 270 (2), 271 (2), 273 u., 274/275, 277, 278 (3), 279 u., 280 u.l., u.r., 282/283 (3), 284 (2), 285 o., 286 u., 287 (2), 288, 290 o., 290/291, 291 (2), 292 (2), 293 o., 294/295, 296, 298 (2), 299 (3), 301 (3), 303 (2), 304 o.r., u., 305 (3), 306 o., 307 (2), 308, 309 u., 310/311 (5), 312 u., 313, 318 o., 318/319, 319 u., 320 o., 322/323, 324 M., u., 325 o., 326 u., 328/329 o., 330 u., 331 o., 333 (2), 334/335, 336, 336/337, 339 (2), 340 o., 341 u., 345 (2), 347 o.l., 348/349, 351 o., 352 u., 353 u., 354, 355 o., 359

Horstmüller 143 u., 156/157

Keystone 29, 31, 32, 45 u.

Klemantaski Collection 16/17 (2), 23 (2), 25, 26/27, 28, 30/31, 33 u., 34 u., 35 o., M.

Alfred Kuckertz 338 u.

Thomas Melzer 316/317, 320 u., 347 o.r.

Mercedes-Benz 28 o., 46 o., 47 u.r.

Günther Molter 22 r., 34 o., 36/37, 38/39, 43, 46 u., 48/49, 52, 58 M.l., M.r., 65 o., 65 u.r., 71 u., 74/75, 81 l., 93,

National Motor Museum Beaulieu 20/21

Pan Images 343

Oliver Reck 328/329 u.

Schirnhofer 321 o.

Sports News 251 u., 252 u.

Sutton Motorsport Images 84, 85 u., 87, 91, 94/95, 96/97, 98 (2), 98/99, 100 u., 101, 102/103, 105 o., 106 u.l., 107, 108/109, 110/111 o., 113 o., 114/115, 117, 119 o., 121 u., 122/123, 125 (2), 126 (2), 127 o., 129, 130, 131 (2), 132 o., 133, 134/135, 136/137 (2), 138 (2), 139 r., 140 o., 141, 142/143, 144 (2), 145 (2), 146, 147, 148, 150 (2), 151 M., u., 152, 153 u., 158 u., 159 (2), 160, 161 (3), 162 o., 162/163, 164, 165 u., 166 o., 169, 170 u., 173 o.r., u., 174/175, 176/177 (2), 178 (2), 179 (3), 180 u., 181 (2), 182, 183, 184 M., u.l., u.r., 185 o., M., 187 u., 191 (2), 194/195, 196/197, 200, 201 (2), 202/203 u., 204 o., 206/207 (3), 211 o., M., 213 l., 216/217, 218, 219 o., 223, 224 u.l., 225 o., 226/227, 230 o.r., 232 u., 236/237, 241 o., 249, 251 M., 256/257, 260 o., 269, 281, 317 (2), 318 u., 324 o., 325 u., 326 o., M., 332, 338 M., 340 M., 342/343, 344 o., 346 u., 347 u., 356/357

Ullstein Bilderdienst 10/11 (3), 12/13 (5), 66 o., 78 o., 79 u.

50 Jahre Formel 1: Alle Rennergebnisse

1950

1 · 3.05.1950 England – Silverstone
1. R.: G. Farina (P); L. Fagioli; J. M. Fangio; R. Parnell

1. Giuseppe Farina	Alfa Romeo	2:13.23,600
2. Luigi Fagioli	Alfa Romeo	- 2,600
3. Reginald Parnell	Alfa Romeo	- 52,000
4. Yves Giraud-Cabantous	Talbot Lago	- 2 Runden
5. Louis Rosier	Talbot Lago	- 2 Runden

6. B. Gerard; 7. C. Harrison; 8. P. Étancelin; 9. D. Hampshire; 10. J. Fry/B. Shawe-Taylor (geteilt); 11. J. Claes

Ausfälle: J.M. Fangio (63. W); B. Bira (50. W); D. Murray (45. M); G. Crossley (44. W); E. de Graffenried (37. W); L. Chiron (25. W); E. Martin (9. W); P. Walker/T.Rolt (geteilt) (6. G) L. Johnson (3. W)

N. gew.: J. Kelly (57 Runden)

2 · 21.05.1950 GP Monaco – Monte Carlo
1. R.: J. M. Fangio (P); G. Farina; F. Gonzalez

1. Juan Manuel Fangio	Alfa Romeo	3:13.18,700
2. Alberto Ascari	Ferrari	- 1 Runde
3. Louis Chiron	Maserati	- 2 Runden
4. Raymond Sommer	Ferrari	- 3 Runden
5. Prince Bira	Maserati	- 5 Runden

6. B. Gerard; 7. J.Claes

Ausfälle: L. Villoresi (64. W); P. Étancelin (37. W); F. González (2. U/F); L. Fagioli (1. U); G. Farina (1. U); L. Rosier (1. U); R. Manzon (1. U); H. Schell (1. U); E. de Graffenried (1. U); M. Trintignant (1. U); C. Harrison (1. U); F. Rol (1. U)

N. gest.: A. Piàn (U); P. Whitehead (M)

3 · 30.05.1950 Indianapolis
1. R.: W. Faulkner (P); F. Agabashian, M. Rose

1. J. Parsons	Kurtis-Offenh.	2:46.55,970
2. B. Holland	Deidt-Offenhauser	- 1 Runde
3. M. Rose	Deidt-Offenhauser	- 1 Runde
4. C. Green	Kurtis-Offenhauser	- 1 Runde
5. J. Chitwood/ T. Bettenhausen	Kurtis-Offenhauser	- 2 Runden

6. L. Wallard; 7. W. Faulkner; 8. G. Connor; 9. P. Russo; 10. P. Flaherty; 11. M. Fohr; 12. D. Carter; 13. M. Hellings; 14. J. McGrath (132. D); 15. T. Ruttman; 16. G. Hartley; 17. J. Davies; 18. J. McDowell; 19. W. Brown; 20. S. Webb; 21. J. Hoyt; 22. W. Ader; 23. J. Holmes (124. D); 24. J. Rathmann; 25. H. Banks/F. Agabashian (113. M); 26. B. Schindler (112. A); 27. B. Levrett/B. Cantrell (109. M); 28. F. Agabashian (65. M); 29. J. Jackson (53. M); 30. S. Hanks (43. M); 31. T. Bettenhausen (31. W); 32. D. Rathmann (26. M); 33. D. Dinsmore (11. M)

Rennen wurde wegen starken Regens abgebrochen.

4 · GP Schweiz – Bremgarten
1. R.: J. M. Fangio (P); G. Farina; L. Fagioli

1. Giuseppe Farina	Alfa Romeo	2:02.53,700
2. Luigi Fagioli	Alfa Romeo	- 0,400
3. Louis Rosier	Talbot Lago	- 1 Runde
4. Prince Bira	Maserati	- 2 Runden
5. Felice Bonetto	Maserati	- 2 Runden

6. E. de Graffenried; 7. N. Pagani; 8. H. Schell; 9. L. Chiron; 10. J. Claes; 11. T. Branca

Ausfälle: J. M. Fangio (34. W); P. Étancelin (26. G); R. Sommer (20. W); E. Martin (20. U); L. Villoresi (10. W); A. Ascari (5. W); Y. Giraud-Cabantous (1. U)

5 · 18.06.1950 GP Belgien – Spa-Francorchamps
1. R.: G. Farina (P); J. M. Fangio; L. Fagioli

1. Juan Manuel Fangio	Alfa Romeo	2:47.26,000
2. Luigi Fagioli	Alfa Romeo	- 14,000
3. Louis Rosier	Talbot	- 2.19,000
4. Giuseppe Farina	Alfa Romeo	- 4.05,000
5. Alberto Ascari	Ferrari	- 1 Runde

6. L. Villoresi; 7. P. Levegh; 8. J. Claes; 9. G. Crossley; 10. T. Branca

Ausfälle: E. Chaboud (23. M); R. Sommer (21. M); P. Étancelin (16. M); Y. Giraud-Cabantous (3. M)

6 · 02.07.1950 GP Frankreich – Reims
1. R.: J. M. Fangio (P); G. Farina; L. Fagioli

1. Juan Manuel Fangio	Alfa Romeo	2:57.52,800
2. Luigi Fagioli	Alfa Romeo	- 25,700
3. Peter Whitehead	Ferrari	- 3 Runden
4. Robert Manzon	Simca	- 3 Runden
5. Philippe Étancelin/ Eugène Chaboud (geteilt)	Talbot Lago	- 5 Runden

6. C. Pozzi/L. Rosier (geteilt); 7. G. Farina (56. W); 8. Y. Giraud-Cabantous

Ausfälle: P. Levegh (38. M); F. Bonetto (16. M); J.Claes (13. M); L. Rosier (12. M); R. Parnell (11. M); F. Rol (8. M); L. Chiron (8. M); D. Hampshire (7. M); R. Sommer (6. M); F. González (5. M)

N. gest.: E. Chaboud (geteilt mit P. Étancelin); L.Villoresi; A. Ascari (an anderem Rennen teilgen.)

7 · Italien (Monza)
1. R.: J. M. Fangio (P); A. Ascari; G. Farina; C. Sanesi

1. Giuseppe Farina	Alfa Romeo	2:51.17,400
2. D. Serafini/ A. Ascari (geteilt)	Ferrari	- 1.18,600
3. Luigi Fagioli	Alfa Romeo	- 1.35,600
4. Louis Rosier	Talbot	- 5 Runden
5. Philippe Étancelin	Talbot	- 5 Runden

6. E. de Graffenried; 7. P. Whitehead

Ausfälle: D. Murray (57. G); C. Harrison (52. M); R. Sommer (49. G); G. Mairesse (43.); F. Rol (40.); P. Taruffi/J. M. Fangio (geteilt) (35. M); P. Levegh (30.); J.M. Fangio (24. G); J. Claes (23. M); A. Ascari (22. M); C. Biondetti (18. M); H. Louveau (17.); F. Comotti (16.); L. Chiron (14. W); M. Trintignant (14. W); C. Sanesi (12. M); R. Manzon (8. W); B. Bira (2. M); P. Pietsch (1. M)

1951

1 · 27.05.1951 GP Schweiz – Bremgarten
1. R.: J. M. Fangio (P); G. Farina; L. Villoresi

1. Juan Manuel Fangio	Alfa Romeo	2:07.53,640
2. Piero Taruffi	Ferrari	- 55,240
3. Giuseppe Farina	Alfa Romeo	- 1.19,310
4. Consalvo Sanesi	Alfa Romeo	- 1 Runde
5. E. de Graffenried	Alfa Romeo	- 2 Runden

6. A. Ascari; 7. L. Chiron; 8. S. Moss; 9. L. Rosier; 10. P. Étançelin; 11. R. Fischer; 12. H. Schell; 13. J. Claes; 14. G. Mairesse

Ausfälle: P. Whitehead (37. U); H. Louveau (31. U); G. Abecassis (24. W); Y. Giraud-Cabantous (15. W); L. Villoresi (13. U); F. González (11. W); P. Hirt (1. W)

2 · 30.05.1951 Indianapolis
1. R.: D. Nalon (P); L. Wallard, J. McGrath

1. L. Wallard	Kurtis-Offenh.	3:57.38,050
2. M. Nazaruk	Kurtis-Offenhauser	- 1.47,243
3. J. McGrath/ M. Ayulo	Kurtis-Offenhauser	
4. A. Linden	Kurtis-Offenhauser	
5. B. Ball	Schroeder-Offenh.	

6. H. Banks; 7. C. Forberg; 8. D. Carter; 9. T. Bettenhausen (179. D); 10. D. Nalon (152. M); 11. G. Force (143. M); 12. S. Hanks (136. W/D); 13. B. Schindler (130. W); 14. M. Rose (127. W/D); 15. W. Faulkner (124. W); 16. J. Davies (111. W); 17. F. Agabashian (110. W); 18. C. Scarborough (101. W); 19. B. Mackey (98. W); 20. C. Stevenson (94. F); 21. J. Parsons (88. W); 22. C. Green (81. W); 23. T. Ruttman (79. W); 24. D. Dinsmore (74. M); 25. C. Miller (57. W); 26. W. Brown (56. W); 27. R. Ward (35. M); 28. C. Griffith (31. W); 29. B. Vukovich (30. M); 30. G. Connor (30. A); 31. M. Hellings (19. W); 32. J. McDowell (16. W); 33. J. James (9. W)

3 · 17.06.1951 GP Belgien – Spa-Francorchamps
1. R.: J. M. Fangio (P); G. Farina; L. Villoresi

1. Giuseppe Farina	Alfa Romeo	2:45.46,200
2. Alberto Ascari	Ferrari	- 2.51,000
3. Luigi Villoresi	Ferrari	- 4.21,900
4. Louis Rosier	Talbot Lago	- 2 Runden
5. Y. Giraud-Cabantous	Talbot Lago	- 2 Runden

6. A. Pilette; 7. J. Claes; 8. P. Levegh; 9. J. M. Fangio

Ausfälle: L. Chiron (29. M); C. Sanesi (12. W); P. Taruffi (9. W); P. Étancelin (1. W)

4 · 01.07.1951 GP Frankreich – Reims
1. R.: J. M. Fangio (P); G. Farina; A. Ascari

1. Luigi Fagioli/ J. M. Fangio (geteilt)	Alfa Romeo	3:22.11,000
2. F. González/ A. Ascari (geteilt)	Ferrari	- 58,200
3. Luigi Villoresi	Ferrari	- 3 Runden
4. Reginald Parnell	Ferrari	- 4 Runden
5. Giuseppe Farina	Alfa Romeo	- 4 Runden

6. L. Chiron; 7. Y. Giraud-Cabantous; 8. E. Chaboud; 9. G. Mairesse; 10. C. Sanesi; 11. J. M. Fangio/L. Fagioli (geteilt)

Ausfälle: J. Claes (55. U); L. Rosier (44. W); P. Étancelin (38. W); A. Gordini (28. M); H. Schell (24. M); M. Trintignant (12. M); A. Ascari (11. G); A. Simon (8. M); R. Manzon (4. M); O. Marimón (3. M); E. de Graffenried (2. W); P. Whitehead (2. W)

N. gest.: B. Shawe-Taylor (Parnell fährt den Wagen)

5 · 14.07.1951 GP England – Silverstone
1. R.: J. F. González (P) ; J. M. Fangio; G. Farina; A. Ascari

1. José Froilan González	Ferrari	2:42.18,200
2. Juan Manuel Fangio	Alfa Romeo	- 51,000
3. Luigi Villoresi	Ferrari	- 2 Runden
4. Felice Bonetto	Alfa Romeo	- 3 Runden
5. Reginald Parnell	BRM	- 5 Runden

6. C. Sanesi; 7. P. Walker; 8. B. Shawe-Taylor; 9. P. Whitehead; 10. L. Rosier; 11. B. Gerard; 12. D. Hamilton; 13. J. Claes

Ausfälle: G. Farina (76. F); A. Ascari (57. G); P. Fotheringham-Parker (47. W); D. Murray (46. M); L. Chiron (42. W); J. James (24. W)

N. gew.: J. Kelly

6 · 29.07.1951 GP Deutschland – Nürburgring
1. R.: A. Ascari (P); J. F. González; J. M. Fangio; G. Farina

1. Alberto Ascari	Ferrari	3:23.03,300
2. Juan Manuel Fangio	Alfa Romeo	- 30,500
3. José Froilan González	Ferrari	- 4.39,000
4. Luigi Villoresi	Ferrari	- 5.50,200
5. Piero Taruffi	Ferrari	- 7.49,100

6. R. Fischer; 7. R. Manzon; 8. L. Rosier; 9. P. Levegh; 10. J. Swaters; 11. J. Claes

Ausfälle: Y. Giraud-Cabantous (18. U); M. Trintignant (14. M); F. Bonetto (13. W); D. Hamilton (13. W); A. Simon (12. M); P. Pietsch (12. U); G. Farina (9. M); P. Étancelin (5. G); T. Branca (4. M); L. Chiron (4. M); E. de Graffenried (3. M)

N. gest.: D. Murray (U)

7 · 16.09.1951 GP Italien – Monza
1. R.: J. M. Fangio (P); G. Farina; A. Ascari; F. Gonzalez

1. Alberto Ascari	Ferrari	2:42.39,300
2. José Froilan González	Ferrari	- 44,600
3. Felice Bonetto/ Giuseppe Farina	Alfa Romeo	- 1 Runde
4. Luigi Villoresi	Ferrari	- 1 Runde
5. Piero Taruffi	Ferrari	- 2 Runden

6. A. Simon; 7. L. Rosier; 8. Y. Giraud-Cabantous; 9. F. Rol

Ausfälle: J. M. Fangio (40. M); R. Manzon (30. M); M. Trintignant (30. M); L. Chiron (24. W); P. Levegh (10. M); J. Swaters (8. M); G. Farina (7. M); J. Claes (5. W); E. de Graffenried (2. W); P. Whitehead (2. M); C. Landi (2. W)

N. gest.: R. Parnell (M/G); K. Richardson (falsche Genehmigung); H. Stuck (M/G); R. Fischer (U)

8 · 28.10.1951 GP Spanien – Pedralbes
1. R.: A. Ascari (P); J. M. Fangio; F. González; G. Farina

1. Juan Manuel Fangio	Alfa Romeo	2:46.54,100
2. José Froilan González	Ferrari	- 54,280
3. Giuseppe Farina	Alfa Romeo	- 1.45,540
4. Alberto Ascari	Ferrari	- 2 Runden
5. Felice Bonetto	Alfa Romeo	- 2 Runden

6. E. de Graffenried; 7. L. Rosier; 8. P. Étancelin; 9. R. Manzon; 10. C. Godia

Ausfälle: L. Villoresi (49. W); A. Simon (49. M); J. Claes (38. U); P. Taruffi (31. W); M. Trintignant (26. M); G. Grignard (24. M); Y. Giraud-Cabantous (8. U); L. Chiron (5. W); B. Bira (2. M)

N. gest.: J. Jover (M)

1952

1 · 18.05.1952 GP Schweiz – Bremgarten
1. R.: G. Farina (P); P. Taruffi; R. Manzon

1. Piero Taruffi	Ferrari	3:01.46,100
2. Rudolf Fischer	Ferrari	- 2.37,200
3. Jean Behra	Gordini	- 1 Runde
4. Ken Wharton	Frazer Nash-Bristol	- 2 Runden
5. Alan Brown	Cooper-Bristol	- 3 Runden

6. E. de Graffenried; 7. P. Hirt; 8. E. Brandon

Ausfälle: B. Bira (53. M); A. Simon/G. Farina (geteilt) (52. W); H. Schell (32. M); S. Moss (25. A); L. Macklin (25. A); R. Manzon (21. W); G. Farina (17. W); P. Collins (13. W/U); G. Abecassis (13. W/U); T. Ulmen (5. W); H. Stuck (5. W); L. Rosier (3. U); M. de Terra (2. W)

N. gest.: M. Trintignant (M)

2 · 30.05.1952 Indianapolis
1. R.: F. Agabashian (P); A. Linden, J. McGrath

1. T. Ruttman	Kuzma-Offenh.	3:52.41,880
2. J. Rathmann	Kurtis-Offenhauser	- 4.02,329
3. S. Hanks	Kurtis-Offenhauser	
4. D. Carter	Lesovsky-Offenhauser	
5. A. Cross	Kurtis-Offenhauser	

6. J. Bryan; 7. J. Reece; 8. G. Connor; 9. C. Griffith; 10. J. Parsons; 11. J. McGrath; 12. J. Rigsby; 13. J. James; 14. B. Schindler; 15. G. Fonder; 16. E. Johnson; 17. B. Vukovich (192. W/U); 18. C. Stevenson; 19. H. Banks; 20. M. Ayulo; 21. J. McDowell; 22. S. Webb (163. M); 23. R. Ward (131. M); 24. T. Bettenhausen (94. M); 25. D. Nalon (85. M); 26. B. Sweikert (78. W); 27. F. Agabashian (72. M); 28. G. Hartley (66. W); 29. B. Scott (50. W); 30. C. Miller (42. M); 31. A. Ascari (41. W/D); 32. B. Ball (35. G); 33. A. Linden (21. M)

3 · 22.06.1952 GP Belgien – Spa-Francorchamps
1. R.: A. Ascari (P); G. Farina; P. Taruffi

1. Alberto Ascari	Ferrari	3:03.46,300
2. Giuseppe Farina	Ferrari	- 1.55,200
3. Robert Manzon	Gordini	- 4.28,400
4. Mike Hawthorn	Cooper-Bristol	- 1 Runde
5. Paul Frère	HWM-Alta	- 2 Runden

6. A. Brown; 7. C. de Tornaco; 8. J. Claes; 9. E. Brandon; 10. B. Bira; 11. L. Macklin; 12. R. Laurent; 13. A. Legat; 14. R. O'Brien; 15. T. Gaze

Ausfälle: R. Montgomerie-Charrington (18. M); J. Behra (14. U); P. Taruffi (14. U); K. Wharton (11. U); L. Rosier (7. W); P. Collins (4. W); S. Moss (1. M/U)

4 · 06.07.1952 GP Frankreich – Rouen
1. R.: A. Ascari (P); G. Farina; P. Taruffi

1. Alberto Ascari	Ferrari	3:02.42,638
2. Giuseppe Farina	Ferrari	- 1 Runde
3. Piero Taruffi	Ferrari	- 2 Runden
4. Robert Manzon	Gordini	- 3 Runden
5. Maurice Trintignant	Simca Gordini	- 5 Runden

6. P. Collins; 7. J. Behra; 8. P. Étancelin; 9. L. Macklin; 10. Y. Giraud-Cabantous; 11. R. Fischer/P. Hirt (geteilt); 12. F. Comotti

Ausfälle: B. Bira (57. W); M. Hawthorn (52. W); E. de Graffenried/H. Schell (geteilt) (35. W); P. Whitehead (27. W); L. Rosier (18. M); J. Claes (16. W); H. Schell (8. G); P. Carini (3. W)

5 · 19.07.1952 GP England – Silverstone
1. R.: G. Farina (P); A. Ascari; P. Taruffi; R. Manzon

1. Alberto Ascari	Ferrari	2:44.11,000
2. Piero Taruffi	Ferrari	- 1 Runde
3. Mike Hawthorn	Cooper-Bristol	- 2 Runden
4. Dennis Poore	Connaught-Lea-F.	- 2 Runden
5. Eric Thompson	Connaught-Lea-F.	- 3 Runden

6. G. Farina; 7. R. Parnell; 8. R. Salvadori; 9. K. Downing; 10. P. Whitehead; 11. B. Bira; 12. G. Whitehead; 13. R. Fischer; 14. J. Claes; 15. L. Macklin; 16. K. McAlpine; 17. H. Schell; 18. G. Bianco; 19. E. de Graffenried; 20. E. Brandon; 21. T. Crook; 22. A. Brown

Ausfälle: P. Collins (74. M); D. Hamilton (45. M); S. Moss (37. M); M. Trintignant (22. G); T. Gaze (21. M); D. Murray (15. M); R. Manzon (10. M); P. Hirt (4. W); E. Cantoni (2. W)

N. gest.: B. Aston (U)

6 · 03.08.1952 GP Deutschland – Nürburgring
1. R.: A. Ascari (P); G. Farina; R. Manzon; M. Trintignant

1. Alberto Ascari	Ferrari	3:06.13,300
2. Giuseppe Farina	Ferrari	- 14,100
3. Rudolf Fischer	Ferrari	- 7.10,100
4. Piero Taruffi	Ferrari	- 1 Runde
5. Jean Behra	Gordini	- 1 Runde

6. R. Laurent; 7. F. Riess; 8. T. Ulmen; 9. H. Niedermayr; 10. J. Claes; 11. H. Klenk; 12. E. Klodwig

Ausfälle: R. Manzon (9. W); W. Heeks (8.); T. Gaze (7. G); M. Balsa (6.); A. Brudes (6. M); B. Nacke (6. M); E. Cantoni (5. W); R. Krause (4.); R. Schoeller (4. W); B. Aston (3. W); P. Carini (2. W); P. Pietsch (2. G); T. Helfrich (2.); P. Frère (2. W); J. Peters (2.); M. Trintignant (2. G/U); G. Bianco (1.)

Disq.: F. Bonetto (1. unerlaubte Starthilfe nach Dreher)

N. gest.: W. Krakau; L. Fischer; H. Merkel; P. Collins

7 · 17.08.1952 GP Niederlande – Zandvoort
1. R.: A. Ascari (P); G. Farina; M. Hawthorn

1. Alberto Ascari	Ferrari	2:53.28,500
2. Giuseppe Farina	Ferrari	- 40,100
3. Luigi Villoresi	Ferrari	- 1.34,400
4. Mike Hawthorn	Cooper-Bristol	- 2 Runden
5. Robert Manzon	Gordini	- 3 Runden

6. M. Trintignant; 7. D. Hamilton; 8. L. Macklin; 9. C. Landi/J. Flinterman (geteilt)

Ausfälle: K. Wharton (77. W); S. Moss (74. M); K. Downing (28. W); C. de Tornaco (20. W); P. Frère (16. G/W); J. Behra (11. M); J. Flinterman (8. W); G. Bianco (5. W)

N. gew.: D. van der Lof

8 · 07.09.1952 GP Italien – Monza
1. R.: A. Ascari (P); L. Villoresi; G. Farina; M. Trintignant

1. Alberto Ascari	Ferrari	2:50.45,600
2. José Froilan González	Maserati	- 1.01,800
3. Luigi Villoresi	Ferrari	- 2.03,200
4. Giuseppe Farina	Ferrari	- 2.11,400
5. Felice Bonetto	Maserati	- 1 Runde

6. A. Simon; 7. P. Taruffi; 8. C. Landi; 9. K. Wharton; 10. L. Rosier; 11. E. Cantoni; 12. D. Poore; 13. E. Brandon; 14. R. Manzon; 15. A. Brown

Ausfälle: S. Moss (61. W); G. Bianco (47. M); J. Behra (43. M); F. Rol (25. M); M. Trintignant (6. M); K. McAlpine (5. W); R. Fischer (4. M); É. Bayol (1. G)

N. gew.: M. Hawthorn

1953

1 · 18.01.1953 GP Argentinien – Buenos Aires
1. R.: A. Ascari (P); J. M. Fangio; L. Villoresi; G. Farina

1. Alberto Ascari	Ferrari	3:01.04,600
2. Luigi Villoresi	Ferrari	- 1 Runde
3. José Froilan González	Maserati	- 1 Runde
4. Mike Hawthorn	Ferrari	- 1 Runde
5. Oscar Galvez	Maserati	- 1 Runde

6. J. Behra; 7. M. Trintignant/H. Schell (geteilt); 8. J. Barber; 9. A. Brown

Ausfälle: R. Manzon (68. W); J. M. Fangio (37. W); F. Bonetto (32. W); G. Farina (31. U); C. Menditéguy (25. G); P. Birger (22. W); A. Schwelm Cruz (21. W)

② 30.05.1953 Indianapolis
1. R.: B. Vukovich (P); F. Agabashian, J. McGrath

1. B. Vukovich	Kurtis-Offenhauser	3:53.01,690
2. A. Cross	Kurtis-Offenhauser	- 3.30,872
3. S. Hanks/ D. Carter	Kurtis-Offenhauser	
4. F. Agabashian/ P. Russo	Kurtis-Offenhauser	
5. J. McGrath	Kurtis-Offenhauser	

6. J. Daywalt; 7. J. Rathmann/E. Johnson; 8. E. McCoy; 9. T. Bettenhausen/C. Stevenson/G. Hartley (197. W/U); 10. J. Davies; 11. D. Nalon (192. D); 12. C. Scarborough/B. Scott; 13. M. Ayulo (185. W); 14. J. Bryan; 15. B. Holland/J. Rathmann (178. G); 16. R. Ward/A. Linden/D. Dinsmore (178. W); 17. W. Faulkner/J. Mantz; 18. M. Teague (170. M); 19. S. Webb/J. Thomson/J. Holmes (167. M); 20. B. Sweikert (152. W); 21. M. Nazaruk (147. M); 22. P. Flaherty (116. U); 23. J. Hoyt/C. Stevenson/A. Linden (108. W); 24. D. Carter (95. W); 25. P. Russo (90. W); 26. J. Parsons (87. W); 27. D. Freeland (77. U); 28. G. Hartley (54. U); 29. C. Stevenson (43. W); 30. C. Niday (31. W); 31. B. Scott (15. M); 32. J. Thomson (7. W); 33. A. Linden (4. U)

③ 07.06.1953 GP Niederlande – Zandvoort
1. R.: A. Ascari (P); J. M. Fangio; G. Farina

1. Alberto Ascari	Ferrari	2:53.35,800
2. Giuseppe Farina	Ferrari	- 10,400
3. Felice Bonetto/ José F. González	Maserati	- 1 Runde
4. Mike Hawthorn	Ferrari	- 1 Runde
5. Em. d. Graffenried	Maserati	- 2 Runden

6. M. Trintignant; 7. L. Rosier; 8. P. Collins; 9. S. Moss

Ausfälle: L. Villoresi (68. M); K. McAlpine (64. M); H. Schell (60. W); J. M. Fangio (37. W); R. Mières (29. W); J. F. González (23. W); K. Wharton (20. W); R. Salvadori (15. M); L. Macklin (8. W)

N. gew.: J. Claes

N. gest.: F. Wacker (Schell benutzt Motor)

④ 21.06.1953 GP Belgien – Spa-Francorchamps
1. R.: J. M. Fangio (P); A. Ascari; F. González

1. Alberto Ascari	Ferrari	2:48.30,300
2. Luigi Villoresi	Ferrari	- 2.48,200
3. Onofré Marimón	Maserati	- 1 Runde
4. Em. d. Graffenried	Maserati	- 1 Runde
5. Maurice Trintignant	Gordini	- 1 Runde

6. M. Hawthorn; 7. H. Schell; 8. L. Rosier; 9. F. Wacker; 10. P. Frère; 11. A. Pilette

Ausfälle: J. Claes/J. M. Fangio (geteilt) (36. W/U); L. Macklin (20. M); G. Farina (17. M); J.M. Fangio (14. M); J.F. González (12. M); J. Behra (10. W); P. Collins (5. W); G. Berger (4. M); A. Legat (1. W)

N. gest.: J. Swaters (A); C. de Tornaco (A)

⑤ 05.07.1953 GP Frankreich – Reims
1. R.: A. Ascari (P); F. Bonetto; L. Villoresi

1. Mike Hawthorn	Ferrari	2:44.18,600
2. Juan Manuel Fangio	Maserati	- 1,000
3. José Froilan González	Maserati	- 1,400
4. Alberto Ascari	Ferrari	- 4,600
5. Giuseppe Farina	Ferrari	- 1.07,600

6. L. Villoresi; 7. E. de Graffenried; 8. L. Rosier; 9. O. Marimón; 10. J. Behra; 11. B. Gerard; 12. J. Claes; 13. P. Collins; 14. Y. Giraud-Cabantous; 15. L. Chiron

Ausfälle: F. Bonetto (43. M); S. Moss (39. W); B. Bira (30. W); É. Bayol (19. M); K. Wharton (18. W); M. Trintignant (15. W); L. Macklin (10. W); R. Mières (5. W); H. Schell (5. M); R. Salvadori (3. W)

⑥ 18.07.1953 GP England – Silverstone
1. R.: A. Ascari (P); J. F. González

1. Alberto Ascari	Ferrari	2:50.00,000
2. Juan Manuel Fangio	Maserati	- 1.00,000
3. Giuseppe Farina	Ferrari	- 2 Runden
4. José Froilan González	Maserati	- 2 Runden
5. Mike Hawthorn	Ferrari	- 3 Runden

6. F. Bonetto; 7. B. Bira; 8. K. Wharton; 9. P. Whitehead; 10. L. Rosier

Ausfälle: J. Stewart (80. U); T. Rolt (72. W); L. Villoresi (68. W); O. Marimón (68. M); P. Collins (57. U); A. Brown (57. M); J. Fairman (55. W); R. Salvadori (51. W); E. de Graffenried (35. W); L. Macklin (32. W); J. Behra (31. W); I. Stewart (27. M) M. Trintignant (16. W); D. Hamilton (15. W); B. Gerard (9. W); H. Schell (6. W); T. Crook (1. W); K. McAlpine (1. W)

N. gest.: L. Chiron

⑦ 02.08.1953 GP Deutschland – Nürburgring
1. R.: A. Ascari (P); J. M. Fangio; G. Farina; M. Hawthorn

1. Giuseppe Farina	Ferrari	3:02.25,000
2. Juan Manuel Fangio	Maserati	- 1.04,000
3. Mike Hawthorn	Ferrari	- 1.43,600
4. Felice Bonetto	Maserati	- 8.48,600
5. Em. d. Graffenried	Maserati	- 1 Runde

6. S. Moss; 7. J. Swaters; 8. A. Ascari/L. Villoresi (geteilt); 9. H. Herrmann; 10. L. Rosier; 11. R. Nuckey; 12. T. Helfrich; 13. K. McAlpine; 14. R. Krause; 15. E. Klodwig; 16. W. Seidel

Ausfälle: L. Villoresi/A. Ascari (16. M); A. Brown (16. W/U); O. Marimón (14. W); J. Claes (13.) ; E. Barth (13. W); O. Karch (11.); W. Heeks (9.); J. Behra (8. G); H. Schell (7. W); B. Bira (7. rocker); T. Fitzau (4.); K. Adolff (4.); G. Bechem (3.); R. Salvadori (2. W); E. Bauer (2.); M. Trintignant (2. W); H. Stuck (1.); E. Loof (1. W)

N. gest.: H. Glöckler (M)

⑧ 23.08.1953 GP Schweiz – Bremgarten
1. R.: J. M. Fangio (P); A. Ascari; G. Farina

1. Alberto Ascari	Ferrari	3:01.34,400
2. Giuseppe Farina	Ferrari	- 1.12,930
3. Mike Hawthorn	Ferrari	- 1.35,960
4. Juan Manuel Fangio/ Felice Bonetto (get.)	Maserati	- 1 Runde
5. Hermann Lang	Maserati	- 3 Runden

6. L. Villoresi; 7. K. Wharton; 8. M. de Terra; 9. A. Scherrer

Ausfälle: C. Landi (55. G); E. de Graffenried (49. W); O. Marimón (47. W); M. Trintignant (44. W); J. Behra (38. W); F. Bonetto/J. M. Fangio (30. M); L. Macklin (30. M); P. Hirt (18. W); P. Frère (2. M); L. Rosier (1. U); J. Swaters (1. U)

N. gest.: L. Chiron; É. Bayol; F. Wacker (A)

⑨ 13.09.1953 GP Italien – Monza
1. R.: A. Ascari (P); J. M. Fangio; G. Farina

1. Juan Manuel Fangio	Maserati	2:49.45,900
2. Giuseppe Farina	Ferrari	- 1,400
3. Luigi Villoresi	Ferrari	- 1 Runde
4. Mike Hawthorn	Ferrari	- 1 Runde
5. Maurice Trintignant	Gordini	- 1 Runde

6. R. Mières; 7. S. Mantovani/L. Musso (geteilt); 8. U. Maglioli; 9. H. Schell; 10. L. Chiron; 11. B. Bira; 12. A. Brown; 13. S. Moss; 14. H. Stuck; 15. Y. Giraud-Cabantous; 16. L. Rosier

Ausfälle: A. Ascari (80. U); F. Bonetto (78. W); O. Marimón (76. U); E. de Graffenried (71. M); P. Carini (41. M); R. Salvadori (34. M); C. Landi (19. M); É. Bayol (18. M); J. Fitch (15. M); J. Claes (8. W); L. Macklin (7. M)

N. gew.: J. Fairman; K. Wharon; K. McAlpine

1954

① 17.01.1954 GP Argentinien – Buenos Aires
1. R.: G. Farina (P); J. F. González; J. M. Fangio; M. Hawthorn

1. Juan Manuel Fangio	Maserati	3:00.55,800
2. Giuseppe Farina	Ferrari	- 1.19,000
3. José Froilan González	Ferrari	- 2.01,000
4. Maurice Trintignant	Ferrari	- 1 Runde
5. Élie Bayol	Gordini	- 2 Runden

6. H. Schell; 7. B. Bira; 8. E. de Graffenried; 9. U. Maglioli

Ausfälle: O. Marimón (6. U); R. Mières (6. M); J. Daponte (6. W); R. Loyer (6. W); L. Rosier (3. U)

Disq.: M. Hawthorn, J. Behra (unerlaubte Starthilfe nach Dreher)

N. gest.: L. Musso (M); C. Menditéguy (M)

② 31.05.1954 Indianapolis
1. R.: J. McGrath (P); J. Daywalt, J. Bryan

1. B. Vukovich	Kurtis-Offenhauser	3:49.17,270
2. J. Bryan	Kuzma-Offenhauser	- 1.09,951
3. J. McGrath	Kurtis-Offenhauser	
4. T. Ruttman/ D. Carter	Kurtis-Offenhauser	
5. M. Nazaruk	Kurtis-Offenhauser	

6. F. Agabashian; 7. D. Freeland; 8. P. Russo/J. Hoyt; 9. L. Crockett; 10. C. Niday; 11. A. Cross/J. Parsons/S. Hanks/A. Linden/J. Davies; 12. C. Stevenson/W. Faulkner; 13. M. Ayulo; 14. B. Sweikert; 15. D. Carter/J. Jackson/T. Bettenhausen/M. Teague; 16. E. McCoy; 17. J. Reece; 18. E. Elisian/B. Scott; 19. F. Armi/G. Fonder; 20. S. Hanks/J. Davies/J. Rathmann (192. W/D); 21. P. O'Connor (182. D); 22. R. Ward/E. Johnson (173. M); 23. G. Hartley/M. Teague (169. W); 24. J. Thomson/A. Linden/B. Homeier (166. M); 25. A. Linden/B. Scott (166. W); 26. J. Hoyt (131. M); 27. J. Daywalt (112. D); 28. J. Rathmann/P. Flaherty (111. U); 29. T. Bettenhausen (106. W); 30. S. Webb/D. Kladis (105. M); 31. L. Duncan/G. Fonder (102. W); 32. J. Parsons (80. M); 33. B. Homeier (75. U)

③ 20.06.1954 GP Belgien – Spa-Francorchamps
1. R.: J. M. Fangio (P); J. F. González; G. Farina

1. Juan Manuel Fangio	Maserati	2:44.42,400
2. Maurice Trintignant	Ferrari	- 24,200
3. Stirling Moss	Maserati	- 1 Runde
4. Mike Hawthorn/ José F. González (geteilt)	Ferrari	- 1 Runde
5. André Pilette	Gordini	- 1 Runde

6. B. Bira; 7. S. Mantovani

Ausfälle: P. Frère (15. M); G. Farina (15. W); J. Behra (13. W); O. Marimón (4. M); J. Swaters (2. M); J.F. González (2. W); R. Mières (1. F)

④ 04.07.1954 GP Frankreich – Reims
1. R.: J. M. Fangio (P); K. Kling; A. Ascari

1. Juan Manuel Fangio	Mercedes	2:42.47,900
2. Karl Kling	Mercedes	- 0,100
3. Robert Manzon	Ferrari	- 1 Runde
4. Prince Bira	Maserati	- 1 Runde
5. Luigi Villoresi	Maserati	- 3 Runden

6. J. Behra

Ausfälle: P. Frère (51. W); M. Trintignant (37. M); L. Rosier (28. M); O. Marimón (28. G); R. Mières (25. M); K. Wharton (20. W); H. Schell (20. W); H. Herrmann (17. M); R. Salvadori (16. W); J.F. González (14. M); L. Macklin (11. M); G. Berger (10. M); M. Hawthorn (10. M); J. Pollet (9. M); A. Ascari (2. M)

N. gest.: S. Mantovani

⑤ 17.07.1954 GP England – Silverstone
1. R.: J. M. Fangio (P); J. F. González; S. Moss

1. José Froilan González	Ferrari	2:56.14,000
2. Mike Hawthorn	Ferrari	- 1.10,000
3. Onofré Marimón	Maserati	- 1 Runde
4. Juan Manuel Fangio	Mercedes	- 1 Runde
5. Maurice Trintignant	Ferrari	- 3 Runden

6. R. Mières; 7. K. Kling; 8. K. Wharton; 9. A. Pilette; 10. B. Gerard; 11. D. Beauman; 12. H. Schell; 13. L. Marr; 14. L. Thorne; 15. H. Gould

Ausfälle: S. Moss (81. W); B. Whitehouse (64. W); J. Behra (55. W); R. Salvadori (54. W); B. Bira/R. Flockhart (geteilt) (45. U); L. Villoresi/A. Ascari (41. W); J. Riseley-Prichard (41. U); R. Parnell (26. W); A. Ascari (22. W); C. Bucci (19. U); P. Collins (17. M); R. Manzon (17. M); P. Whitehead (5. W); L. Rosier (3. M); E. Brandon (3.)

N. gest.: A. Brown; R. Nuckey (Brandon fährt den Wagen)

⑥ 01.08.1954 GP Deutschland – Nürburgring
1. R.: J. M. Fangio (P); M. Hawthorn; S. Moss

1. Juan Manuel Fangio	Mercedes	3:45.45,800
2. José Froilan González/ Mike Hawthorn (geteilt)	Ferrari	- 1.36,500
3. Maurice Trintignant	Ferrari	- 5.08,600
4. Karl Kling	Mercedes	- 6.06,500
5. Sergio Mantovani	Maserati	- 8.50,500

6. P. Taruffi; 7. H. Schell; 8. L. Rosier; 9. R. Manzon; 10. J. Behra

Ausfälle: B. Bira (19. W); H. Lang (11. D); C. Bucci (9. W); T. Helfrich (9. M); H. Herrmann (8. W); P. Frère (5. W); M. Hawthorn (4. W); R. Mières (3. W); S. Moss (2.); A. Pilette (1. G)

N. gest.: O. Marimón (tödlicher U); L. Villoresi (Aufgabe nach Marimóns U); K. Wharton (A)

⑦ 22.08.1954 GP Schweiz – Bremgarten
1. R.: J. F. González (P); J. M. Fangio; S. Moss

1. Juan Manuel Fangio	Mercedes	3:00.34,500
2. José Froilan González	Ferrari	- 57,800
3. Hans Herrmann	Mercedes	- 1 Runde
4. Robert Mières	Maserati	- 2 Runden
5. Sergio Mantovani	Maserati	- 2 Runden

6. K. Wharton; 7. U. Maglioli; 8. J. Swaters

Ausfälle: K. Kling (39. W); M. Trintignant (34. M); M. Hawthorn (31. W); H. Schell (24. W); S. Moss (22. W); F. Wacker (11. W); J. Behra (9. W); C. Bucci (1. W)

N. gest.: R. Manzon (U)

⑧ 05.09.1954 GP Italien – Monza
1. R.: J. M. Fangio (P); A. Ascari; S. Moss

1. Juan Manuel Fangio	Mercedes	2:47.47,900
2. Mike Hawthorn	Ferrari	- 1 Runde
3. Umberto Maglioli/ José González (geteilt)	Ferrari	- 2 Runden
4. Hans Herrmann	Mercedes	- 3 Runden
5. Maurice Trintignant	Ferrari	- 5 Runden

6. F. Wacker; 7. P. Collins; 8. L. Rosier; 9. S. Mantovani; 10. S. Moss; 11. J. Daponte

Ausfälle: A. Ascari (49. W); L. Villoresi (43. W); K. Kling (37. U); R. Mières (35. W); L. Musso (34. W); R. Manzon (17. M); J.F. González (17. G); C. Bucci (14. W); J. Behra (3. M)

N. gest.: G. de Riu

⑨ 24.10.1954 GP Spanien – Pedralbes
1. R.: A. Ascari (P); J. M. Fangio; M. Hawthorn; H. Schell

1. Mike Hawthorn	Ferrari	3:13.52,100
2. Luigi Musso	Maserati	-1.13,200
3. Juan Manuel Fangio	Mercedes	- 1 Runde

Abkürzungen

A	= Aufgabe	W	= Wagen
D	= Dreher	Disq.	= Disqualifziert
F	= Feuer	N. gew.	= Nicht gewertet
G	= Getriebe	N. gest.	= Nicht gestartet
M	= Motor defekt	1. R.	= 1. Reihe
U	= Unfall	(P)	= Pole Position

4. Robert Mières	Maserati	- 1 Runde
5. Karl Kling	Mercedes	- 1 Runde

6. F. Godia; 7. L. Rosier; 8. K. Wharton; 9. B. Bira

Ausfälle: S. Mantovani (59. W/U); E. de Graffenried/O. Volonterio (geteilt) (58. M); H. Herrmann (51. W); M. Trintignant (48. G); J. Pollet (38. M); H. Schell (30. W); S. Moss (21. W); J. Behra (18. W); J. Swaters (17. M); A. Ascari (11. W); L. Villoresi (3. W); R. Manzon (3. M)

N. gest.: P. Collins (U)

1955

① 16.01.1955 GP Argentinien – Buenos Aires
1. R.: J. F. González (P); A. Ascari; J. M. Fangio; J. Behra

1. Juan Manuel Fangio	Mercedes	3:00.38,600
2. José F. González/ Guiseppe Farina/ Maurice Trintignant	Ferrari	-1.29,600
3. Giuseppe Farina/ Umberto Maglioli/ MauriceTrintignant	Ferrari	- 2 Runden
4. Hans Herrmann/ Karl Kling/ Stirling Moss (geteilt)	Mercedes	- 2 Runden
5. Robert Mières	Maserati	- 5 Runden

6. H. Schell/J. Behra; 7. L. Musso/S. Mantovani/H. Schell

Ausfälle: H. Schell/ C. Menditéguy/ C. Bucci (geteilt) (55. W); S. Mantovani/ L. Musso/ J. Behra (geteilt) (55. M); J. Iglesias (39. W); M. Trintigant (37. W); E. Castellotti/ L. Villoresi (geteilt) (36. U); S. Moss (30. W); A. Uria (23. W); A. Ascari (22. U); É. Bayol (8. W); L. Villoresi (3. W); J. Behra (3. U); K. Kling (3. U); P. Birger (2. U); C. Menditéguy (2. U)

② 22.05.1955 GP Monaco – Monte Carlo
1. R.: J. M. Fangio (P); A. Ascari; S. Moss

1. Maurice Trintignant	Ferrari	2:58.09,700
2. Eugenio Castellotti	Lancia	- 20,300
3. Jean Behra/ Cesare Perdisa (geteilt)	Maserati	- 1 Runde
4. Giuseppe Farina	Ferrari	- 1 Runde
5. Luigi Villoresi	Lancia	- 1 Runde

6. L. Chiron; 7. J. Pollet; 8. P. Taruffi/P. Frère (geteilt); 9. S. Moss

Ausfälle: C. Perdisa/J. Behra (87. D); A. Ascari (81. U); H. Schell (69. M); R. Mières (65. W); É. Bayol (64. W); J. M. Fangio (50. W); R. Manzon (39. G); A. Simon (25. W); M. Hawthorn (23. M); L. Rosier (9. W); L. Musso (8. W)

N. gest.: H. Herrmann (U)

③ 30.05.1955 Indianapolis
1. R.: J. Hoyt (P); T. Bettenhausen, J. McGrath

1. B. Sweikert	Kurtis-Offenh.	3:53.59,530
2. T. Bettenhausen/ P. Russo	Kurtis-Offenhauser	- 2.43,558
3. J. Davies	Kurtis-Offenhauser	
4. J. Thomson	Kuzma-Offenhauser	
5. W. Faulkner/ B. Homeier	Kurtis-Offenhauser	

6. A. Linden; 7. A. Herman; 8. P. O'Connor; 9. J. Daywalt; 10. P. Flaherty; 11. D. Carter; 12. C. Weyant; 13. E. Johnson; 14. J. Rathmann; 15. D. Freeland (179. W); 16. C. Niday (171. U/F); 17. A. Cross (169. W); 18. S. Templeman (143. W); 19. S. Hanks (135. W); 20. K. Andrews (121. M); 21. J. Parsons (120. W); 22. E. Russo (113. M); 23. R. Crawford (112. M); 24. J. Bryan (91. W); 25. B. Vukovich (57. tödl. U); 26. J. McGrath (55. W); 27. A. Keller (55. U); 28. R. Ward (54. U); 29. J. Boyd (54. U); 30. E. Elisian (54. A); 31. J. Hoyt (41. M); 32. F. Agabashian (40. D); 33. J. Reece (11. W/D)

④ 05.06.1955 GP Belgien – Spa-Francorchamps
1. R.: E. Castellotti (P); J. M. Fangio; S. Moss

1. Juan Manuel Fangio	Mercedes	2:39.29,000
2. Stirling Moss	Mercedes	- 8,100
3. Giuseppe Farina	Ferrari	- 1.40,500
4. Paul Frère	Ferrari	- 3.25,500
5. Robert Mières/ Jean Behra (geteilt)	Maserati	- 1 Runde

6. M. Trintignant; 7. L. Musso; 8. C. Perdisa; 9. L. Rosier
Ausfälle: K. Kling (22. W); E. Castellotti (17. G); M. Hawthorn (9. G); J. Behra (4. U)

N. gest.: J. Claes (M)

⑤ 19.06.1955 GP Niederlande – Zandvoort
1. R.: J. M. Fangio (P); S. Moss; K. Kling

1. Juan Manuel Fangio	Mercedes	2:54.23,800
2. Stirling Moss	Mercedes	- 0,300
3. Luigi Musso	Maserati	- 57,100
4. Robert Mières	Maserati	- 1 Runde
5. Eugenio Castellotti	Ferrari	- 3 Runden

6. J. Behra; 7. M. Hawthorn; 8. N. da Silva Ramos; 9. L. Rosier; 10. J. Pollet; 11. J. Claes

Ausfälle: M. Trintignant (66. G); R. Manzon (45. W); H. Gould (24. U); K. Kling (22. D); P. Walker (3. W)

Alle Rennergebnisse

(6) 16.07.1955 GP England – Aintree
1. R.: S. Moss (P); J. M. Fangio; J. Behra

1. Stirling Moss	Mercedes	3:07.21,200
2. Juan Manuel Fangio	Mercedes	- 0,200
3. Karl Kling	Mercedes	-1.11,800
4. Piero Taruffi	Mercedes	- 1 Runde
5. Luigi Musso	Maserati	- 1 Runde

6. M. Hawthorn/E. Castellotti; 7. M. Sparken; 8. L. Macklin; 9. K. Wharton/H. Schell (geteilt)

Ausfälle: M. Trintignant (60. M); R. Mières (48. M); J. Brabham (31. W); K. McAlpine (31. W); P. Collins (29. W); N. da Silva Ramos (27. M); R. Salvadori (24. G); H. Gould (23. W); H. Schell (21. W); T. Rolt/P. Walker (geteilt) (20. W); L. Marr (19. W/U); E. Castellotti (17. W); A. Simon (10. G); J. Behra (10. W); R. Manzon (5. W)

N. gest.: J. Fairman (M)

(7) 11.09.1955 GP Italien – Monza
1. R.: J. M. Fangio (P); S. Moss; K. Kling

1. Juan Manuel Fangio	Mercedes	2:25.04,400
2. Piero Taruffi	Mercedes	- 0,700
3. Eugenio Castellotti	Ferrari	- 46,200
4. Jean Behra	Maserati	- 2.56,600
5. Carlos Menditéguy	Maserati	- 1 Runde

6. U. Maglioli; 7. R. Mières; 8. M. Trintignant; 9. J. Fitch

Ausfälle: M. Hawthorn (39. G); K. Kling (33. G); L. Musso (32. G); H. Gould (32. W); S. Moss (28. M); J. Pollet (27. M); N. da Silva Ramos (24. W); P. Collins (23. W); H. Schell (8. W); J. Lucas (8. M); K. Wharton (1. W)

N. gest.: G. Farina (Reifen); L. Villoresi (Reifen); L. Piotti (M)

1956

(1) 22.01.1956 GP Argentinien – Buenos Aires
1. R.: J. M. Fangio (P); E. Castellotti; L. Musso; J. Behra

1. Luigi Musso/ Juan M. Fangio (geteilt)	Lancia-Ferrari	3:00.03,700
2. Jean Behra	Maserati	- 24,400
3. Mike Hawthorn	Maserati	- 2 Runden
4. Chico Landi/ Gerino Gerini (geteilt)	Maserati	- 6 Runden
5. Olivier Gendebien	Lancia-Ferrari	- 7 Runden

6. A. Uria/O. Gonzalez

Ausfälle: S. Moss (82. M); P. Collins (59. U); L. Piotti (58. U); C. Menditéguy (43. W); E. Castellotti (41. G); J. F. González (25. W); J.M. Fangio (23. W)

(2) 13.05.1956 GP Monaco – Monte Carlo
1. R.: J. M. Fangio (P); S. Moss; E. Castellotti

1. Stirling Moss	Maserati	3:00.32,900
2. Peter Collins/ Juan M. Fangio (geteilt)	Lancia-Ferrari	- 6,100
3. Jean Behra	Maserati	- 1 Runde
4. Juan Manuel Fangio/ Eugenio Castellotti (geteilt)	Lancia-Ferrari	- 6 Runden
5. Hernando da Silva Ramos	Gordini	- 7 Runden

6. É. Bayol/A. Pilette; 7. C. Perdisa; 8. H. Gould

Ausfälle: R. Manzon (91. W/U); L. Rosier (73. M); E. Castellotti (15. W); M. Trintignant (14. M); H. Schell (3. U); L. Musso (3. U)

N. gest.: M. Hawthorn (M); T. Brooks (W); L. Chiron (M)

(3) 30.05.1956 Indianapolis
1. R.: P. Flaherty (P); J. Rathmann, P. O'Connor

1. P. Flaherty	Watson-Offenh.	3:53.28,840
2. S. Hanks	Kurtis-Offenhauser	- 20,450
3. D. Freeland	Phillips-Offenhauser	
4. J. Parsons	Kuzma-Offenhauser	
5. D. Rathmann	Kurtis-Offenhauser	

6. B. Sweikert; 7. B. Veith; 8. R. Ward; 9. J. Reece; 10. C. Griffith; 11. G. Hartley; 12. F. Agabashian; 13. B. Christie; 14. A. Keller; 15. E. Johnson; 16. B. Garrett; 17. D. Dinsmore; 18. P. O'Connor; 19. J. Bryan; 20. J. Rathmann (176. M); 21. J. Tolan (174. M); 22. T. Bettenhausen (161. W/U); 23. E. Elisian/E. Russo (161. M); 24. J. Daywalt (135. U); 25. J. Turner (132. M); 26. K. Andrews (95. D); 27. A. Linden (91. M); 28. A. Herman (75. W/U); 29. R. Crawford (50. U); 30. J. Boyd (36. M); 31. T. Ruttman (23. D); 32. J. Thomson (23. D); 33. P. Russo (22. W/U)

(4) 03.06.1956 GP Belgien – Spa-Francorchamps
1. R.: J. M. Fangio (P); S. Moss; P. Collins

1. Peter Collins	Lancia-Ferrari	2:40.00,300
2. Paul Frère	Lancia-Ferrari	- 1.51,300
3. Cesare Perdisa/ Stirling Moss (geteilt)	Maserati	- 3.16,600
4. Harry Schell	Vanwall	- 1 Runde
5. Luigi Villoresi	Maserati	- 2 Runden

6. A. Pilette; 7. J. Behra; 8. L. Rosier

Ausfälle: J.M. Fangio (24. W); M. Trintignant (12. M); P. Scotti (11. W); S. Moss (11. W); E. Castellotti (11. W); H. Gould (3. G); C. Godia (1. U)

N. gest.: M. Hawthorn (zurückgezogen)

(5) 01.07.1956 GP Frankreich – Reims
1. R.: J. M. Fangio (P); E. Castellotti; P. Collins

1. Peter Collins	Lancia-Ferrari	2:34.23,400
2. Eugenio Castellotti	Lancia-Ferrari	- 0,300
3. Jean Behra	Maserati	- 1.29,900
4. Juan Manuel Fangio	Lancia-Ferrari	- 1.35,100
5. Cesare Perdisa/ Stirling Moss (geteilt)	Maserati	- 2 Runden

6. L. Rosier; 7. C. Godia; 8. N. da Silva Ramos; 9. R. Manzon; 10. M. Hawthorn, H. Schell (geteilt); 11. A. Pilette

Ausfälle: A. Simon (42. M); P. Taruffi (41. M); O. Gendebien (39. W); L. Villoresi (24. W); A. de Portago (21. G); M. Trintignant (19. G); S. Moss (13. W); H. Schell (6. M)

N. gest.: C. Chapman (U)

(6) 14.07.1956 GP England – Silverstone
1. R.: S. Moss (P); J. M. Fangio; M. Hawthorn; P. Collins

1. Juan Manuel Fangio	Lancia-Ferrari	2:59.47,000
2. Alfonso de Portago/ Peter Collins (geteilt)	Lancia-Ferrari	- 1 Runde
3. Jean Behra	Maserati	- 2 Runden
4. Jack Fairman	Connaught-Alta	- 3 Runden
5. Horace Gould	Maserati	- 4 Runden

6. L. Villoresi; 7. C. Perdisa; 8. C. Godia; 9. R. Manzon; 10. E. Castellotti, A. de Portago (geteilt); 11. B. Gerard

Ausfälle: S. Moss (95. W); H. Schell (87. W); D. Titterington (75. M); N. da Silva Ramos (72. W); M. Trintignant (71. W); P. Collins (65. W); R. Salvadori (60. W); T. Brooks (40. M/U); M. Hawthorn (25. W); L. Rosier (24. W); B. Halford (23. M); U. Maglioli (22. G); A. Scott-Brown (17. W); P. Emery (13. W); J. Brabham (4. M); R. Flockhart (3. M); J. F. González (1. W)

(7) 05.08.1956 GP Deutschland – Nürburgring
1. R.: J. M. Fangio (P); P. Collins; E. Castellotti; S. Moss

1. Juan Manuel Fangio	Lancia-Ferrari	3:38.43,700
2. Stirling Moss	Maserati	- 46,400
3. Jean Behra	Maserati	- 7.38,300
4. Francesco Godia	Maserati	- 2 Runden
5. Louis Rosier	Maserati	- 3 Runden

Ausfälle: A. Milhoux (16. M); A. de Portago, P. Collins (15. U); L. Villoresi (14. M); H. Schell (14. M); L. Musso, E. Castellotti (12. U); P. Collins (9. W); E. Castellotti (6. W); U. Maglioli (4. W); H. Gould (4. W); R. Salvadori (3. W); R. Manzon (1. W); G. Scarlatti (1. M)

Disq.: B. Halford (21., nach Dreher angeschoben)

N. gew.: O. Volonterio

N. gest.: C. Perdisa (U); A. Pilette (U); L. Piotti (Auto von Villoresi gefahren)

(8) 02.09.1956 GP Italien – Monza
1. R.: J. M. Fangio (P); E. Castellotti; L. Musso

1. Stirling Moss	Maserati	2:23.41,300
2. Peter Collins/ Juan M. Fangio (geteilt)	Lancia-Ferrari	- 5,700
3. Ronald Flockhart	Connaught	- 1 Runde
4. Francesco Godia	Maserati	- 1 Runde
5. Jack Fairman	Connaught	- 3 Runden

6. L. Piotti; 7. E. de Graffenried; 8. J.M. Fangio, E. Castellotti (geteilt); 9. A. Simon; 10. G. Gerini; 11. R. Salvadori

Ausfälle: L. Musso (47. W); U. Maglioli, J. Behra (43. W); H. Schell (33. W); J. Behra (24. magneto); B. Halford (17. M); M. Trintignant (14. W); P. Taruffi (13. W); E. Castellotti (10. W); R. Manzon (8. G); L. Villoresi, J. Bonnier (8. M); A. de Portago (7. W); L. Leston (7. W); N. da Silva Ramos (4. M)

N. gest.: W. von Trips (U); A. Scott-Brown (A)

1957

(1) GP Argentinien – Buenos Aires
1. R.: S. Moss (P); J. M. Fangio; J. Behra; E. Castellotti

1. Juan Manuel Fangio	Maserati	3:00.55,900
2. Jean Behra	Maserati	- 18,300
3. Carlos Menditéguy	Maserati	- 1 Runde
4. Harry Schell	Maserati	- 2 Runden
5. José Froilan González/ Alfonso de Portago	Lancia-Ferrari	- 2 Runden

6. C. Perdisa/P. Collins/W. v. Trips; 7. J. Bonnier; 8. S. Moss; 9. A. de Tomaso; 10. L. Piotti

Ausfälle: E. Castellotti (76. W); M. Hawthorn (36. W); L. Musso (32. W); P. Collins (27. W)

(2) 19.05.1957 GP Monaco – Monte Carlo
1. R.: J. M. Fangio (P); P. Collins; S. Moss

1. Juan Manuel Fangio	Maserati	3:10.12,800
2. Tony Brooks	Vanwall	- 25,200
3. Masten Gregory	Maserati	- 2 Runden
4. Stuart Lewis-Evans	Connaught-Alta	- 3 Runden
5. Maurice Trintignant	Lancia-Ferrari	- 5 Runden

6. J. Brabham

Ausfälle: W. von Trips, M. Hawthorn (geteilt) (96. M); G. Scarlatti, H. Schell (geteilt) (65. W); R. Flockhart (61. W); C. Menditéguy (52. U); I. Bueb (48. W); H. Schell (24. W); H. Gould (11. U); M. Hawthorn (5. U); P. Collins (5. U); S. Moss (5. U)

(3) 30.05.1957 Indianapolis
1. R.: P. O'Connor (P); E. Sachs, T. Ruttman

1. S. Hanks	Epperly-Offenh.	3:41.14,250
2. J. Rathmann	Epperly-Offenh.	- 21,461
3. J. Bryan	Kuzma-Offenhauser	
4. P. Russo	Kurtis-Novi	
5. A. Linden	Kurtis-Offenhauser	

6. J. Boyd; 7. M. Teague; 8. P. O'Connor; 9. B. Veith; 10. G. Hartley; 11. J. Turner; 12. J. Thomson; 13. B. Christie; 14. C. Weyant; 15. T. Bettenhausen; 16. J. Parsons; 17. D. Freeland; 18. J. Reece (183. W); 19. D. Edmunds (171. D); 20. J. Tolan (139. W); 21. A. Herman (112. U); 22. F. Agabashian (108. W); 23. E. Sachs (106. W); 24. M. Magill (102. U); 25. E. Johnson (94. W); 26. B. Cheesbourg (82. W); 27. A. Keller (76. U); 28. J. Daywalt (54. U); 29. E. Elisian (52. W); 30. R. Ward (28. M); 31. T. Ruttman (14. W); 32. E. Russo (1. U); 33. E. George (1. U)

(4) 07.07.1957GP Frankreich – Rouen
1. R.: J. M. Fangio (P); J. Behra; L. Musso

1. Juan Manuel Fangio	Maserati	3:07.46,400
2. Luigi Musso	Lancia-Ferrari	- 50,800
3. Peter Collins	Lancia-Ferrari	- 2.06,000
4. Mike Hawthorn	Lancia-Ferrari	- 1 Runde
5. Jean Behra	Maserati	- 7 Runden

6. H. Schell; 7. M. MacDowel/J. Brabham (geteilt)

Ausfälle: S. Lewis-Evans (31. W); C. Menditéguy (31. M); R. Salvadori (26. M); H. MacKay-Fraser (25. W); M. Trintignant (24. W); H. Gould (5. W); J. Brabham (5. U); R. Flockhart (3. U)

(5) 20.07.1957 GP England – Aintree
1. R.: S. Moss (P); J. Behra; T. Brooks

1. Tony Brooks/ Stirling Moss (geteilt)	Vanwall	3:06.37,800
2. Luigi Musso	Lancia-Ferrari	- 25,600
3. Mike Hawthorn	Lancia-Ferrari	- 42,800
4. Maurice Trintignant/ Peter Collins (geteilt)	Lancia-Ferrari	- 2 Runden
5. Roy Salvadori	Cooper-Climax	- 5 Runden

6. B. Gerard; 7. S. Lewis-Evans; 8. I. Bueb

Ausfälle: J. Brabham (75. W); J. Behra (70. W); P. Collins (54. W); S. Moss/ T. Brooks (geteilt) (52. M); J. M. Fangio (50. M); J. Fairman (47. M); L. Leston (45. M); H. Schell (40. W); C. Menditéguy (36. W); J. Bonnier (19. W)

N. gest.: H. Gould (A)

(6) 04.08.1957 GP Deutschland – Nürburgring
1. R.: J. M. Fangio (P); M. Hawthorn; J. Behra; P. Collins

1. Juan Manuel Fangio	Maserati	3:30.38,300
2. Mike Hawthorn	Lancia-Ferrari	- 3,600
3. Peter Collins	Lancia-Ferrari	- 35,600
4. Luigi Musso	Lancia-Ferrari	- 3.37,600
5. Stirling Moss	Vanwall	- 4.37,500

6. J. Behra; 7. H. Schell; 8. M. Gregory; 9. T. Brooks; 10. G. Scarlatti; 11. B. Halford; 12. E. Barth; 13. B. Naylor; 14. C.G. de Beaufort; 15. T. Marsh

Ausfälle: H. Herrmann (15. M); U. Maglioli (14. M); C. Godia (12. W); R. Salvadori (12. W); S. Lewis-Evans (11. G); J. Brabham (7. W); P. England (5. W); D. Gibson (4. W); H. Gould (2. W)

(7) 18.08.1957 GP Pescara – Pescara
1. R.: J. M. Fangio (P); S. Moss; L. Musso

1. Stirling Moss	Vanwall	2:59.22,700
2. Juan Manuel Fangio	Maserati	- 3.13,900
3. Harry Schell	Maserati	- 6.46,800
4. Masten Gregory	Maserati	- 8.16,500
5. Stuart Lewis-Evans	Vanwall	- 1 Runde

6. G. Scarlatti; 7. J. Brabham

Ausfälle: C. Godia (11. M); B. Halford (10. W); L. Musso (10. W); J. Bonnier (8. M); R. Salvadori (5. U); J. Behra (5. W); L. Piotti (2. M); H. Gould (2. U); T. Brooks (2. M)

(8) 08.09.1957 GP Italien – Monza
1. R.: S. Lewis-Evans (P); S. Moss; T. Brooks; J. M. Fangio

1. Stirling Moss	Vanwall	2:35.03,900
2. Juan Manuel Fangio	Maserati	- 41,200
3. Wolfgang von Trips	Lancia-Ferrari	- 2 Runden
4. Masten Gregory	Maserati	- 3 Runden
5. Giorgio Scarlatti/ Harry Schell (geteilt)	Maserati	- 3 Runden

6. M. Hawthorn; 7. T. Brooks; 8. L. Musso; 9. C. Godia; 10. H. Gould; 11. A. Simon/O. Volonterio (geteilt)

Ausfälle: P. Collins (63. M); J. Behra (51. M); S. Lewis-Evans (50. W); B. Halford (48. M); H. Schell (35. W); J. Bonnier (32. M); L. Piotti (4. M)

1958

(1) 19.01.1958 GP Argentinien – Buenos Aires
1. R.: J. M. Fangio (P); M. Hawthorn; P. Collins; J. Behra

1. Stirling Moss	Cooper-Climax	2:19.33,700
2. Luigi Musso	Ferrari	- 2,700
3. Mike Hawthorn	Ferrari	- 12,600
4. Juan Manuel Fangio	Maserati	- 53,000
5. Jean Behra	Maserati	- 2 Runden

6. H. Schell; 7. C. Menditéguy; 8. C. Godia; 9. H. Gould

Ausfälle: P. Collins (1. W)

(2) 18.05.1958 GP Monaco – Monte Carlo
1. R.: T. Brooks (P); J. Behra; J. Brabham

1. Maurice Trintignant	Cooper-Climax	2:52.27,900
2. Luigi Musso	Ferrari	- 20,200
3. Peter Collins	Ferrari	- 38,800
4. Jack Brabham	Cooper-Climax	- 3 Runden
5. Harry Schell	BRM	- 9 Runden

6. C. Allison

Ausfälle: W. von Trips (92. M); J. Bonnier (72.U); G. Hill (70. M); R. Salvadori (57. G); M. Hawthorn (48. W); S. Moss (39. M); J. Behra (31. W); G. Scarlatti (28. M); T. Brooks (23. M); S. Lewis-Evans (13. W)

(3) 26.05.1958 GP Niederlande – Zandvoort
1. R.: S. Lewis-Evans (P); S. Moss; T. Brooks

1. Stirling Moss	Vanwall	2:04.49,200
2. Harry Schell	BRM	- 47,900
3. Jean Behra	BRM	- 1.42,300
4. Roy Salvadori	Cooper-Climax	- 1 Runde
5. Mike Hawthorn	Ferrari	- 1 Runde

6. C. Allison; 7. L. Musso; 8. J. Brabham; 9. M. Trintignant; 10. J. Bonnier; 11. C.G. de Beaufort

Ausfälle: G. Scarlatti (52. W); S. Lewis-Evans (46. M); G. Hill (42. W); P. Collins (33. D); M. Gregory (17. W); T. Brooks (14. W)

N. gest.: H. Gould (Gregory fuhr den Wagen)

(4) 30.05.1958 Indianapolis
1. R.: D. Rathmann (P); E. Elisian, J. Reece

1. J. Bryan	Epperly-Offenh.	3:44.13,800
2. G. Amick	Epperly-Offenh.	- 27,629
3. J. Boyd	Kurtis-Offenhauser	
4. T. Bettenhausen	Epperly-Offenhauser	
5. J. Rathmann	Epperly-Offenhauser	

6. J. Reece; 7. D. Freeland; 8. J. Larson; 9. E. Johnson; 10. B. Cheesbourg; 11. A. Keller; 12. J. Parsons; 13. J. Tolan; 14. B. Christie (190. D); 15. D. Wilson (152. F); 16. A. J. Foyt (149. D); 17. P. Russo (123. W); 18. S. Templeman (117. W); 19. R. Ward (94. W); 20. B. Garrett (81. W); 21. E. Sachs (69. A); 22. J. Thomson (53. W); 23. C. Weyant (39. W/U); 24. J. Turner (22. W); 25. B. Veith (2. U); 26. D. Rathmann (1. U); 27. E. Elisian (1. U); 28. P. O'Connor (1. tödl. U); 29. P. Goldsmith (1. U); 30. J. Unser (1. U); 31. L. Sutton (1. U); 32. A. Bisch (1. U)

Disq.: M. Magill

(5) 15.06.1958 GP Belgien – Spa-Francorchamps
1. R.: M. Hawthorn (P); L. Musso; S. Moss

1. Tony Brooks	Vanwall	1:37.06,300
2. Mike Hawthorn	Ferrari	- 20,700
3. Stuart Lewis-Evans	Vanwall	- 3.00,900
4. Cliff Allison	Lotus-Climax	- 4.15,500
5. Harry Schell	BRM	- 1 Runde

6. O. Gendebien; 7. M. Trintignant; 8. R. Salvadori; 9. J. Bonnier; 10. M. T. de Filippis

Ausfälle: C. Godia (23. M); J. Brabham (17. U/M); G. Hill (13. M); L. Musso (6. U); J. Behra (6. W/M); P. Collins (6. M); W. Seidel (5. M); M. Gregory (1. M); S. Moss (1. M)

N. gest.: K. Kavanagh (M)

(6) 06.07.1958 GP Frankreich – Reims
1. R.: M. Hawthorn (P); L. Musso; H. Schell

1. Mike Hawthorn	Ferrari	2:03.21,300
2. Stirling Moss	Vanwall	- 24,600
3. Wolfgang von Trips	Ferrari	- 59,700
4. Juan Manuel Fangio	Maserati	- 2.30,600
5. Peter Collins	Ferrari	- 5.24,900

6. J. Brabham; 7. P. Hill; 8. J. Bonnier; 9. G. Gerini; 10. T. Ruttman; 11. R. Salvadori

Ausfälle: J. Behra (42. W); H. Schell (42. M); S. Lewis-Evans/ T.Brooks (geteilt) (36. M); G. Hill (34. M); C. Godia (29. U); M. Trintignant (24. W); T. Brooks (17. G); C. Shelby (10. M); L. Musso (10. tödl. U); C. Allison (7. M)

(7) 19.07.1958 GP England – Silverstone
1. R.: S. Moss (P); H. Schell; R. Salvadori; M. Hawthorn

1. Peter Collins	Ferrari	2:09.04,200
2. Mike Hawthorn	Ferrari	- 24,200
3. Roy Salvadori	Cooper-Climax	- 50,600
4. Stuart Lewis-Evans	Vanwall	- 50,800
5. Harry Schell	BRM	- 1.14,800

6. J. Brabham; 7. T. Brooks; 8. M. Trintignant; 9. C. Shelby

Ausfälle: W. v. Trips (60. M); J. Bonnier (50. G); G. Gerini (44. G); I. Burgess (41. W); S. Moss (26. M); C. Allison (22. M); I. Bueb (20. G); J. Behra (20. W); A. Stacey (20. M); G. Hill (18. M); J. Fairman (8. M)

(8) GP Deutschland – Nürburgring
1.R.: M. Hawthorn (P); T. Brooks; S. Moss; P. Collins

1. Tony Brooks	Vanwall	2:21.15,000
2. Roy Salvadori	Cooper-Climax	- 3.29,700
3. Maurice Trintignant	Cooper-Climax	- 5.11,200
4. Wolfgang von Trips	Ferrari	- 6.16,300
5. Bruce McLaren	CooperClimax	- 6.26,300

6. E. Barth; 7. I. Burgess; 8. T. Marsh; 9. P. Hill; 10. C. Allison; 11. I. Bueb

Ausfälle: M. Hawthorn (12. W); P. Collins (11. tödl. U); H. Schell (10. W); W. Seidel (10. W); J. Behra (5. W); G. Hill (5. W); C. Goethals (5. W); H. Herrmann (4. M); S. Moss (4. W); C.G. de Beaufort (4. M); D. Gibson (3. M); J. Brabham (2. U); B. Naylor (2. W); J. Bonnier (2. U)

N. gest.: T. Ruttman (M)

(9) GP Portugal – Porto
1. R.: S. Moss (P); M. Hawthorn; S. Lewis-Evans

1. Stirling Moss	Vanwall	2:11.27,800
2. Mike Hawthorn	Ferrari	- 5.12,750
3. Stuart Lewis-Evans	Vanwall	- 1 Runde
4. Jean Behra	BRM	- 1 Runde
5. Wolfgang von Trips	Ferrari	- 1 Runde

6. H. Schell; 7. J. Brabham; 8. M. Trintignant; 9. R. Salvadori

Ausfälle: C. Shelby (48. W/U); T. Brooks (37. U); G. Hill (26. U); C. Allison (16. M); J. Bonnier (10. A); M. T. de Filippis (7. M)

(10) 07.09.1958 GP Italien – Monza
1. R.: S. Moss (P); T. Brooks; M. Hawthorn; S. Lewis-Evans

1. Tony Brooks	Vanwall	2:03.47,800
2. Mike Hawthorn	Ferrari	- 24,200
3. Phil Hill	Ferrari	- 28,300
4. M. Gregory/ C.Shelby (geteilt)	Maserati	- 1 Runde
5. Roy Salvadori	Cooper-Climax	- 8 Runden

6. G. Hill; 7. C. Allison

Ausfälle: M. T. de Filippis (58. M); G. Cabianca (52. M); J. Behra (43. W); H. Herrmann (33. M); S. Lewis-Evans (31. M); M. Trintignant (25. G); S. Moss (18. G); J. Bonnier (15. W/F); O. Gendebien (5. W); G. Gerini (3. U); C. Shelby (2. M); H. Schell (1. U); W. von Trips (1. U); J. Brabham (1. U)

(11) 19.10.1958 GP Marokko – Casablanca
1. R.: M. Hawthorn (P); S. Moss; S. Lewis- Evans

1. Stirling Moss	Vanwall	2:09.15,100
2. Mike Hawthorn	Ferrari	- 1.24,700
3. Phil Hill	Ferrari	- 1.25,500
4. Joakim Bonnier	BRM	- 1.46,700
5. Harry Schell	BRM	- 2.33,700

6. M. Gregory; 7. R. Salvadori; 8. J. Fairman; 9. H. Herrmann; 10. C. Allison; 11. J. Brabham; 12. G. Gerini; 13. B. McLaren; 14. R. La Caze;15. A. Guelfi; 16. G. Hill

Ausfälle: S. Lewis-Evans (42. M/ tödl. U); F. Picard (32. U); T. Bridger (31. U); T. Brooks (30. M); O. Gendebien (30. U) ; J. Behra (27. M); W. Seidel (16. U); R. Flockhart (16. W); M. Trintignant (10. M)

1959

(1) 10.05.1959 GP Monaco – Monte Carlo
1. R.: S. Moss (P); J. Behra; J. Brabham

1. Jack Brabham	Cooper-Climax	2:55.51,300
2. Tony Brooks	Ferrari	- 20,400
3. Maurice Trintignant	Cooper-Climax	- 2 Runden
4. Phil Hill	Ferrari	- 3 Runden
5. Bruce McLaren	Cooper-Climax	- 4 Runden

6. R. Salvadori (A. 84. W)

Ausfälle: S. Moss (82. W); R. Flockhart (65. W/D); H. Schell (49. W); J. Bonnier (45. W/U); J. Behra (25. M); G. Hill (22. F); M. Gregory (7. G); B. Halford (2. U); C. Allison (2. U); W. von Trips (2. U)

(2) 30.05.1959 Indianapolis
1. R.: J. Thomson (P); E. Sachs, J. Rathmann

1. R. Ward	Watson-Offenh.	3:40.49,200
2. J. Rathmann	Watson-Offenh.	- 23,277
3. J. Thomson	Lesovsky-Offenhauser	
4. T. Bettenhausen	Epperly-Offenhauser	
5. P. Goldsmith	Epperly-Offenhauser	

6. J. Boyd; 7. D. Carter; 8. E. Johnson; 9. P. Russo; 10. A. J. Foyt; 11. G. Hartley; 12. B. Veith; 13. A. Herman; 14. J. Daywalt; 15. C. Arnold; 16. J. McWithey; 17. E. Sachs (183. G/D); 18. A. Keller (164. W); 19. P. Flaherty (163. U); 20. D. Rathmann (151. F); 21. B. Cheesbourg (148. W); 22. D. Freeland (137. W); 23. R. Crawford (116. U); 24. D. Branson (113. W); 25. B. Christie (110. W); 26. B. Grim (86. W); 27. J. Turner (48. W); 28. C. Weyant (46. U); 29. J. Larson (46. U); 30. M. Magill (46. U); 31. R. Amick (46. U); 32. L. Sutton (35. U); 33. J. Bryan (2. G)

(3) 31.05.1959 GP Niederlande – Zandvoort
1. R.: J. Bonnier (P); J. Brabham; S. Moss

1. Joakim Bonnier	BRM	2:05.26,800
2. Jack Brabham	Cooper-Climax	- 14,200
3. Masten Gregory	Cooper-Climax	- 1.23,000
4. Innes Ireland	Lotus-Climax	- 1 Runde
5. Jean Behra	Ferrari	- 1 Runde

6. P. Hill; 7. G. Hill; 8. M. Trintignant; 9. C. Allison; 10. C.G. de Beaufort

Ausfälle: S. Moss (64. G); H. Schell (47. M); T. Brooks (43. W); C. Shelby (26. M); R. Salvadori (4. M)

(4) 05.07.1959 GP Frankreich – Reims
1. R.: T. Brooks (P); J. Brabham; P. Hill

1. Tony Brooks	Ferrari	2:01.26,500
2. Phil Hill	Ferrari	- 27,500
3. Jack Brabham	Cooper-Climax	- 1.37,700
4. Olivier Gendebien	Ferrari	- 1.47,500
5. Bruce McLaren	Cooper-Climax	- 1.47,700

6. R. Flockhart; 7. H. Schell; 8. G. Scarlatti; 9. C.G. de Beaufort; 10. F. d'Orey; 11. M. Trintignant

Ausfälle: J. Behra (32. M); R. Salvadori (21. M); D. Gurney (20. W); I. Ireland (15. W); I. Burgess (14. M); M. Gregory (9. A); G. Hill (8. M); C. Davis (8. W); J. Bonnier (7. W)

Disq.: S. Moss (unerlaubte Starthilfe nach D)

(5) 18.07.1959 GP England – Aintree
1. R.: J. Brabham (P); R. Salvadori; H. Schell

1. Jack Brabham	Cooper-Climax	2:30.11,600
2. Stirling Moss	BRM	- 22,200
3. Bruce McLaren	Cooper-Climax	- 22,400
4. Harry Schell	BRM	- 1 Runde
5. Maurice Trintignant	Cooper-Climax	- 1 Runde

6. R. Salvadori; 7. M. Gregory; 8. A. Stacey; 9. G. Hill; 10. C. Bristow; 11. H. Taylor; 12. P. Ashdown; 13. I. Bueb

Ausfälle: C. Shelby (70. W); F. d'Orey (58. U); R. Flockhart (54. D); J. Fairman (40. G); J. Bonnier (38. M); I. Burgess (32. G); H. Herrmann (22. G); D. Piper (20. W); B. Naylor (19. W); M. Taylor (18. W); T. Brooks (14. M)

N. gest.: I. Ireland (Stacey fuhr den Wagen)

(6) 02.08.1959 GP Deutschland – Avus, Berlin
1. R.: T. Brooks (P); S. Moss; D. Gurney; J. Brabham

1. Tony Brooks	Ferrari	2:09.31,600
2. Dan Gurney	Ferrari	- 1,900
3. Phil Hill	Ferrari	- 1.04,800
4. Maurice Trintignant	Cooper-Climax	- 1 Runde
5. Joakim Bonnier	BRM	- 2 Runden

6. I. Burgess; 7. H. Schell (A 50. W)

Ausfälle: B. McLaren (38. W); H. Herrmann (36. U); M. Gregory (24. M); J. Brabham (16. W); G. Hill (11. W); I. Ireland (8. W); C. Allison (3. W); S. Moss (2. G)

N. gest.: J. Behra (tödl. U); W. von Trips (A nach Behras U)

(7) 23.08.1959 GP Portugal – Monsanto Park
1. R.: S. Moss (P); J. Brabham; M. Gregory

1. Stirling Moss	Cooper-Climax	2:11.55,410
2. Masten Gregory	Cooper-Climax	- 1 Runde
3. Dan Gurney	Ferrari	- 1 Runde
4. Maurice Trintignant	Cooper-Climax	- 2 Runden
5. Harry Schell	BRM	- 3 Runden

6. R. Salvadori; 7. R. Flockhart; 8. C. Shelby; 9. T. Brooks; 10. M. de Cabral

Ausfälle: B. McLaren (39. W); J. Brabham (24. U); J. Bonnier (11. M); P. Hill (6. U); G. Hill (6. U); I. Ireland (4. G)

(8) 13.09.1959 GP Italien – Monza
1. R.: S. Moss (P); T. Brooks; J. Brabham

1. Stirling Moss	Cooper-Climax	2:04.05,400
2. Phil Hill	Ferrari	- 46,700
3. Jack Brabham	Cooper-Climax	- 1.12,500
4. Dan Gurney	Ferrari	- 1.19,600
5. Cliff Allison	Ferrari	- 1 Runde

6. O. Gendebien; 7. H. Schell; 8. J. Bonnier; 9. M. Trintignant; 10. C. Shelby; 11. C. Davis; 12. G. Scarlatti; 13. R. Flockhart; 14. I. Burgess; 15. G. Cabianca

Ausfälle: R. Salvadori (45. M); B. McLaren (23. M); J. Fairman (19. M); I. Ireland (15. W); G. Hill (2. M); T. Brooks (1. M)

(9) 12.12.1959 GP USA – Sebring
1. R.: S. Moss (P); J. Brabham; H. Schell

1. Bruce McLaren	Cooper-Climax	2:12.35,700
2. Maurice Trintignant	Cooper-Climax	- 0,600
3. Tony Brooks	Ferrari	- 3.00,900
4. Jack Brabham	Cooper-Climax	- 4.57,300
5. Innes Ireland	Lotus-Climax	- 3 Runden

6. W. von Trips; 7. H. Blanchard

Ausfälle: R. Salvadori (24. W); C. Allison (24. W); R. Ward (21. W); A. de Tomaso (14. W); P. Hill (9. W); F. d'Orey (7. W); H. Schell (6. W); G. Constantine (6. W); S. Moss (6. G); A. Stacey (2. W); B. Said (1. M/U)

N. gest.: P. Cade (M)

1960

(1) 07.02.1960 GP Argentinien – Buenos Aires
1. R.: S. Moss (P); I. Ireland; G. Hill; J. Bonnier

1. Bruce McLaren	Cooper-Climax	2:17.49,500
2. Cliff Allison	Ferrari	- 26,300
3. Maurice Trintignant/ Stirling Moss	Cooper-Climax	- 36,900
4. Carlos Menditéguy	Cooper-Climax	- 53,300
5. Wolfgang von Trips	Ferrari	- 1 Runde
6. Innes Ireland	Lotus-Climax	- 1 Runde

7. J. Bonnier; 8. P. Hill; 9. R. Larreta; 10. F. González; 11. R. Bonomi; 12. M. Gregory; 13. G. Munaron; 14. N. Estefano

Ausfälle: H. Schell (64. W); J. Brabham (43. G); S. Moss (41. W); G. Hill (38. M); A. Stacey (25. A); E. Chimeri (24. A); A. Creus (17. A); G. Scarlatti (11. M)

(2) 29.05.1960 GP Monaco – Monte Carlo
1. R.: S. Moss (P); J. Brabham; C. Bristow

1. Stirling Moss	Lotus-Climax	2:53.45,500
2. Bruce McLaren	Cooper-Climax	- 52,100
3. Phil Hill	Ferrari	- 1.01,900
4.Tony Brooks	Cooper-Climax	- 1 Runde
5. Joakim Bonnier	BRM	- 17 Runden
6. Richie Ginther	Ferrari	- 30 Runden

7. G. Hill (A 67. U); 8. W. von Trips (A 62. W); 9. I. Ireland

Ausfälle: D. Gurney (45. W); R. Salvadori (30. M); A. Stacey (24. M); J. Surtees (18. W); C. Bristow (18. G); M. Trintignant (5. G)

Disq.: J. Brabham (41. unerlaubte Starthilfe nach D)

(3) 30.05.1960 Indianapolis
1. R.: E. Sachs (P); J. Rathmann, R. Ward

1. J. Rathmann	Watson-Offenh.	3:36.11,360
2. R. Ward	Watson-Offenh.	- 12,759
3. P. Goldsmith	Epperly-Offenhauser	
4. D. Branson	Phillips-Offenhauser	
5. J. Thomson	Lesovsky-Offenhauser	

6. E. Johnson; 7. L. Ruby; 8. B. Veith; 9. B. Tinglestad; 10. B. Christie; 11. R. Amick; 12. D. Carter; 13. B. Homeier; 14. G. Hartley; 15. C. Stevenson; 16. B. Grim; 17. S. Templeman; 18. J. Hurtubise (186. W); 19. J. Bryan (153. W); 20. T. Ruttman (135. W); 21. E. Sachs (133. W); 22. D. Freeland (130. W); 23. T. Bettenhausen (126. W); 24. W. Weiler (104. U); 25. A. J. Foyt (91. G); 26. E. Russo (85. U); 27. J. Boyd (78. W); 28. G. Force (75. W); 29. J. McWithey (61. W); 30. L. Sutton (48. W); 31. D. Rathmann (43. W); 32. A. Herman (35. W); 33. D. Wilson (12. W)

(4) 06.06.1960 GP Niederlande – Zandvoort
1. R.: S. Moss (P); J. Brabham; I. Ireland

1. Jack Brabham	Cooper-Climax	2:01.47,200
2. Innes Ireland	Lotus-Climax	- 24,000
3. Graham Hill	BRM	- 56,600
4. Stirling Moss	Lotus-Climax	- 57,700
5. Wolfgang von Trips	Ferrari	- 1 Runde
6. Richie Ginther	Ferrari	- 1 Runde

7. H. Taylor; 8. C. G. de Beaufort

Ausfälle: A. Stacey (58. W); P. Hill (55. M); J. Bonnier (55. M/U); J. Clark (43. W); M. Trintignant (40. G); D. Gurney (12. W/U); C. Bristow (10. M); B. McLaren (9. W); T. Brooks (5. G)

N. gest.: C. Daigh; L. Reventlow; R. Salvadori; M. Gregory (Streit um Startgeld)

(5) 19.06.1960 GP Belgien – Spa-Francorchamps
1. R.: J. Brabham (P); T. Brooks; P. Hill

1. Jack Brabham	Cooper-Climax	2:21.37,300
2. Bruce McLaren	Cooper-Climax	- 1.03.300
3. Olivier Gendebien	Cooper-Climax	- 1 Runde
4. Phil Hill	Ferrari	- 1 Runde
5. Jim Clark	Lotus-Climax	- 2 Runden
6. Lucien Bianchi	Cooper-Climax	- 8 Runden

Ausfälle: G. Hill (36. M); A. Stacey (25. tödl. U); W. Mairesse (24. W); W. von Trips (23. W); C. Bristow (20. tödl. U); C. Daigh (17. M); J. Bonnier (15. M); I. Ireland (14. U); D. Gurney (5. M); T. Brooks (3. G); L. Reventlow (2. M)

N. gest.: S. Moss (U); M. Taylor (U)

(6) 03.07.1960 GP Frankreich – Reims
1. R.: J. Brabham (P); P. Hill; G.Hill

1. Jack Brabham	Cooper-Climax	1:57.24,900
2. Olivier Gendebien	Cooper-Climax	- 48,300
3. Bruce McLaren	Cooper-Climax	- 51,900
4. Henry Taylor	Cooper-Climax	- 1 Runde
5. Jim Clark	Lotus-Climax	- 1 Runde
6. Ronald Flockhart	Lotus-Climax	- 1 Runde

7. I. Ireland; 8. B. Halford (A 41. M); 9. M. Gregory; 10. I. Burgess; 11. W. von Trips (A 32. W); 12. P. Hill (A 30. W)

Ausfälle: J. Bonnier (23. M); L. Bianchi (19. W); D. Gurney (18. M); G. Munaron (16. W); W. Mairesse (15. W); T. Brooks (8. W); M. Trintignant (1. U); G. Hill (1. U)

N. gest.: R. Ginther (M); D. Piper (M); C. Daigh (M)

(7) 16.07.1960 GP England – Silverstone
1. R.: J. Brabham (P); G. Hill; B. McLaren; J. Bonnier

1. Jack Brabham	Cooper-Climax	2:04.24,600
2. John Surtees	Lotus-Climax	- 49,600
3. Innes Ireland	Lotus-Climax	- 1.29,600
4. Bruce McLaren	Cooper-Climax	- 1 Runde
5. Tony Brooks	Cooper-Climax	- 1 Runde
6. Wolfgang von Trips	Ferrari	- 2 Runden

7. P. Hill; 8. H. Taylor; 9. O. Gendebien; 10. D. Gurney; 11. M. Trintignant; 12. D. Piper; 13. B. Naylor; 14. M. Gregory; 15. G. Munaron; 16. J. Clark

Ausfälle: G. Hill (72. U); L. Bianchi (61. W); J. Bonnier (60. W); C. Daigh (57. M); I. Burgess (57. M); J. Fairman (45. W); R. Salvadori (45. W); K. Greene (13. M)

N. gest.: L. Reventlow (Daigh fuhr den Wagen); G. Scarlatti

(8) 14.08.1960 GP Portugal – Porto
1. R.: J. Surtees (P); D. Gurney; J. Brabham

1. Jack Brabham	Cooper-Climax	2:19.00,030
2. Bruce McLaren	Cooper-Climax	- 57,970
3. Jim Clark	Lotus-Climax	- 1.53,230
4. Wolfgang von Trips	Ferrari	- 1.58,810
5. Tony Brooks	Cooper-Climax	- 6 Runden
6. Innes Ireland	Lotus-Climax	- 7 Runden

7. O. Gendebien

Ausfälle: M. de Cabral (38. G); J. Surtees (37. M); P. Hill (30. U); D. Gurney (25. M); M. Gregory (22. G); G. Hill (9. G); J. Bonnier (7. M)

Disq.: S. Moss (in falsche Richtung gefahren)

N. gest.: H. Taylor (U)

(9) 04.09.1960 GP Italien – Monza
1. R.: P. Hill (P); R. Ginther; W. Mairesse

1. Phil Hill	Ferrari	2:21.09,200
2. Richie Ginther	Ferrari	- 2.27,600
3. Willy Mairesse	Ferrari	- 1 Runde
4. Giulio Cabianca	Cooper-Climax	- 2 Runden
5. Wolfgang von Trips	Ferrari	- 2 Runden
6. Hans Herrmann	Porsche	- 3 Runden

7. E. Barth; 8. P. Drogo; 9. W. Seidel; 10. F. Gamble

Ausfälle: B. Naylor (42. G); A. Thiele (33. G); G. Munaron (28. W); G. Scarlatti (27. M); V. Wilson (24. W); A. Owen (1. U)

N. gest.: H. Gould (W)

(10) 20.11.1960 GP USA – Riverside
1. R.: S. Moss (P); J. Brabham; D.Gurney

1. Stirling Moss	Lotus-Climax	2:28.52,200
2. Innes Ireland	Lotus-Climax	- 38,000
3. Bruce McLaren	Cooper-Climax	- 1.22,000
4. Jack Brabham	Cooper-Climax	- 1 Runde
5. Joakim Bonnier	BRM	- 1 Runde
6. Phil Hill	Cooper-Climax	- 1 Runde

7. J. Hall; 8. R. Salvadori; 9. W. von Trips; 10. C. Daigh; 11. P. Lovely; 12. O. Gendebien; 13. B. Drake; 14. H. Taylor; 15. M. Trintignant; 16. J. Clark

Ausfälle: G. Hill (35. G); I. Burgess (30. W); B. Naylor (21. M); D. Gurney (19. M); R. Flockhart (12. W); T. Brooks (7. D); J. Surtees (4. U)

1961

(1) 14.05.1961 GP Monaco – Monte Carlo
1. R.: S. Moss (P); R. Ginther; J. Clark

1. Stirling Moss	Lotus-Climax	2:45.50,100
2. Richie Ginther	Ferrari	- 3,600
3. Phil Hill	Ferrari	- 41,300
4. Wolfgang von Trips	Ferrari	- 2 Runden
5. Dan Gurney	Porsche	- 2 Runden
6. Bruce McLaren	Cooper-Climax	- 5 Runden

7. M. Trintignant; 8. C. Allison; 9. H. Herrmann; 10. J. Clark; 11. J. Surtees (A 69. W); 12. J. Bonnier (A 60. W); 13. T. Brooks (A 55. M)

Ausfälle: W. von Trips (99. M/U); M. May (43. G); J. Brabham (39. M); G. Hill (12. W)

N. gest.: I. Ireland (U/verletzt)

(2) 22.05.1961 GP Niederlande – Zandvoort
1. R.: P. Hill (P); W. von Trips; R. Ginther

1. Wolfgang von Trips	Ferrari	2:01.52,100
2. Phil Hill	Ferrari	- 0,900
3. Jim Clark	Lotus-Climax	- 13,100
4. Stirling Moss	Lotus-Climax	- 22,200
5. Richie Ginther	Ferrari	- 22,300
6. Jack Brabham	Cooper-Climax	- 1.20,100

7. J. Surtees; 8. G. Hill; 9. T. Brooks; 10. D. Gurney; 11. J. Bonnier; 12. B. McLaren; 13. T. Taylor; 14. C.G. de Beaufort;

Alle Rennergebnisse

15. H. Herrmann

N. gest.: M. Gregory; I. Burgess (beide: Reserve)

3 18.06.1961 GP Belgien – Spa-Francorchamps
1. R.: P. Hill (P); W. von Trips; O. Gendebien

1. Phil Hill	Ferrari	2:03.03,800
2. Wolfgang von Trips	Ferrari	- 0,700
3. Richie Ginther	Ferrari	- 19,500
4. Olivier Gendebien	Ferrari	- 45,600
5. John Surtees	Cooper-Climax	- 1.26,800
6. Dan Gurney	Porsche	- 1.31,000

7. J. Bonnier; 8. S. Moss; 9. J. Lewis; 10. M. Gregory; 11. C.G. de Beaufort; 12. J. Clark; 13. T. Brooks

Ausfälle: G. Hill (25. W); M. Trintignant (24. W); L. Bandini (21. W); J. Brabham (13. M); L. Bianchi (10. W); I. Ireland (10. M); B. McLaren (10. W); W. Mairesse (8. M)

N. gest.: T. Marsh; W. Seidel; I. Burgess (beide: kein Startgeld); C. Allison (U, verletzt)

4 02.07.1961 GP Frankreich – Reims
1. R.: P. Hill (P); W. von Trips; R. Ginther

1. Giancarlo Baghetti	Ferrari	2:14.17,500
2. Dan Gurney	Porsche	- 0,100
3. Jim Clark	Lotus-Climax	- 1.01,100
4. Innes Ireland	Lotus-Climax	- 1.10,300
5. Bruce McLaren	Cooper-Climax	- 1.41,800
6. Graham Hill	BRM	- 1.41,900

7. J. Bonnier; 8. R. Salvadori; 9. P. Hill; 10. H. Taylor; 11. M. May; 12. M. Gregory; 13. M. Trintignant; 14. I. Burgess; 15. R. Ginther (A 41. W)

Ausfälle: S. Moss (32. W); W. Mairesse (28. W); C.G. de Beaufort (24. M); L. Bianchi (22. W); W. von Trips (19. M); G. Scarlatti (16. M); J. Brabham (15. W); B. Collomb (7. M); J. Surtees (5. U/W); T. Brooks (5. M); J. Lewis (5. M)

N. gest.: J.-M. Bordeu (Wagen fuhr Bianchi)

5 15.07.1961 GP England – Aintree
1. R.: P. Hill (P); R. Ginther; J. Bonnier

1. Wolfgang von Trips	Ferrari	2:40.53,600
2. Phil Hill	Ferrari	- 46,000
3. Richie Ginther	Ferrari	- 46,800
4. Jack Brabham	Cooper-Climax	- 1.08,600
5. Joakim Bonnier	Porsche	- 1.16,200
6. Roy Salvadori	Cooper-Climax	- 1.26,200

7. D. Gurney; 8. B. McLaren; 9. T. Brooks; 10. I. Ireland; 11. M. Gregory; 12. L. Bandini; 13. T. Maggs; 14. I. Burgess; 15. K. Greene; 16. C.G. de Beaufort; 17. W. Seidel

Ausfälle: J. Clark (63. W); L. Bianchi (46. G); S. Moss (45. W); G. Hill (44. M); G. Baghetti (28. D); T. Marsh (26. M); J. Surtees (24. W); T. Parnell (13. W); J. Lewis (8. W); G. Ashmore (8. M); H. Taylor (6. U); M. Natili (1. M)

Disq.: J. Fairman; S. Moss (geteilt, unerlaubte Starthilfe)

6 06.08.1961 GP Deutschland – Nürburgring
1. R.: P. Hill (P); J. Brabham; S. Moss; J. Bonnier

1. Stirling Moss	Lotus-Climax	2:18.12,400
2. Wolfgang von Trips	Ferrari	- 21,400
3. Phil Hill	Ferrari	- 22,500
4. Jim Clark	Lotus-Climax	- 1.17,100
5. John Surtees	Cooper-Climax	- 1.53,100
6. Bruce McLaren	Cooper-Climax	- 2.41,400

7. D. Gurney; 8. R. Ginther; 9. J. Lewis; 10. R. Salvadori; 11. T. Maggs; 12. I. Burgess; 13. H. Herrmann; 14. C.G. de Beaufort; 15. T. Marsh; 16. G. Ashmore

Ausfälle: W. Mairesse (14. U); M. Trintignant (13. M); B. Collomb (12. M); L. Bandini (11. M); T. Brooks (7. M); J. Bonnier (6. M); W. Seidel (4. W); I. Ireland (2. F); G. Hill (2. U); J. Brabham (1. M/U)

N. gest.: M. May (U)

7 10.09.1961 GP Italien – Monza
1. R.: W. von Trips (P); R. Rodriguez

1. Phil Hill	Ferrari	2:03.13,000
2. Dan Gurney	Porsche	- 31,200
3. Bruce McLaren	Cooper-Climax	- 2.28,400
4. Jack Lewis	Cooper-Climax	- 2.40,400
5. Tony Brooks	BRM	- 2.40,500
6. Roy Salvadori	Cooper-Climax	- 1 Runde

7.C.G. de Beaufort; 8. L. Bandini; 9. M. Trintignant; 10. T. Parnell; 11. H. Taylor; 12. R. Pirocchi

Ausfälle: S. Moss (37. W); R. Ginther (24. M); G. Starrabba (20. M); J. Bonnier (15. W); N. Vaccarella (14. M); G. Baghetti (14. M); R. Rodriguez (14. M); M. Gregory (12. W); G. Hill (11. M); J. Brabham (9. M); B. Naylor (7. M); J. Fairman (6. M); I. Ireland (6. W); J. Surtees (3. U); W. Seidel (2. M); R. Bussinello (2. M); R. Lippi (2. M); J. Clark (2. U); W. von Trips (2. tödl. U); G. Ashmore (1. U)

N. gest.: M. Natili (Pirocchi fuhr das Auto)

8 08.11.1961 GP USA – Watkins Glen
1. R.: J. Brabham (P); G. Hill

1. Innes Ireland	Lotus-Climax	2:13.45,800
2. Dan Gurney	Porsche	- 4,300
3. Tony Brooks	BRM	- 49,000
4. Bruce McLaren	Cooper-Climax	- 58,000
5. Graham Hill	BRM	- 1 Runde
6. Joakim Bonnier	Porsche	- 2 Runden

7. J. Clark; 8. R. Penske; 9. P. Ryan; 10. H. Sharp; 11. O. Gendebien/M. Gregory (geteilt)

Ausfälle: R. Salvadori (97. M); L. Ruby (77. W); J. Hall (77. W); S. Moss (59. M); J. Brabham (58. M); M. Gregory (24. G); W. Hansgen (15. U); J. Surtees (1. M)

1962

1 20.05.1962 GP Niederlande – Zandvoort
1. R.: J. Surtees (P); G. Hill; J. Clark

1. Graham Hill	BRM	2:11.02,100
2. Trevor Taylor	Lotus-Climax	- 27,200
3. Phil Hill	Ferrari	- 1.21,100
4. Giancarlo Baghetti	Ferrari	- 1 Runde
5. Tony Maggs	Cooper-Climax	- 2 Runden
6. C.G. de Beaufort	Porsche	- 4 Runden

7. J. Bonnier; 8. J. Lewis; 9. J. Clark

Ausfälle: R. Rodriguez (74. D); R. Ginther (72. U); I. Ireland (62. D); M. Gregory (55. G); D. Gurney (48. G); B. McLaren (22. G); R. Salvadori (13. A); J. Surtees (9. W/U); J. Brabham (5. U); B. Pon (3. D)

N. gew.: W. Seidel

2 03.06.1962 GP Monaco – Monte Carlo
1. R.: J. Clark (P); G. Hill; B. McLaren

1. Bruce McLaren	Cooper-Climax	2:46.29,700
2. Phil Hill	Ferrari	- 1,300
3. Lorenzo Bandini	Ferrari	- 1.24,100
4. John Surtees	Lola-Climax	- 1 Runde
5. Joakim Bonnier	Porsche	- 7 Runden
6. Graham Hill	BRM	- 8 Runden

7. W. Mairesse (A 91. W); 8. J. Brabham (A 78. W)

Ausfälle: G. Hill (93. M); I. Ireland (65. W); J. Clark (56. G); R. Salvadori (45. W); T. Maggs (44. G); T. Taylor (25. W); D. Gurney (1. U); R. Ginther (1. M/U); M. Trintignant (1. U)

N. gest.: R. Rodriguez (Mairesse fuhr den Wagen)

3 17.06.1962 GP Belgien – Spa-Francorchamps
1. R.: G. Hill (P); B. McLaren; T. Taylor

1. Jim Clark	Lotus-Climax	2:07.32,300
2. Graham Hill	BRM	- 44,100
3. Phil Hill	Ferrari	- 2.06,500
4. Ricardo Rodriguez	Ferrari	- 2.06,600
5. John Surtees	Lola-Climax	- 1 Runde
6. Jack Brabham	Lotus-Climax	- 2 Runden

7. C. G. de Beaufort; 8. M. Trintignant; 9. L. Bianchi; 10. J. Siffert; 11. J. Campbell-Jones

Ausfälle: T. Taylor (26. U); W. Mairesse (26. U); R. Ginther (23. W); T. Maggs (23. G); B. McLaren (20. W); M. Gregory (14. A); I. Ireland (10. W); G. Baghetti (5. M)

N. gest.: D. Gurney (Wagen nicht rennfähig)

4 08.07.1962 GP Frankreich – Rouen
1. R.: J. Clark (P); G. Hill; B. McLaren

1. Dan Gurney	Porsche	2:07.35,500
2. Tony Maggs	Cooper-Climax	- 1 Runde
3. Richie Ginther	BRM	- 2 Runden
4. Bruce McLaren	Cooper-Climax	- 3 Runden
5. John Surtees	Lola-Climax	- 3 Runden
6. Carel G. de Beaufort	Porsche	- 3 Runden

7. M. Trintignant; 8. T. Taylor; 9. G. Hill (45. M); 10. J. Bonnier (43. G)

Ausfälle: J. Clark (34. W); J. Lewis (28. W/U); R. Salvadori (21. W); M. Gregory (15. M); J. Brabham (11. W); J. Siffert (6. W); I. Ireland (2. W)

5 21.07.1962 GP England – Aintree
1. R.: J. Clark (P); J. Surtees; I. Ireland

1. Jim Clark	Lotus-Climax	2:26.20,800
2. John Surtees	Lola-Climax	- 49,200
3. Bruce McLaren	Cooper-Climax	- 1.44,800
4. Graham Hill	BRM	- 1.56,800
5. Jack Brabham	Lotus-Climax	- 1 Runde
6. Tony Maggs	Cooper-Climax	- 1 Runde

7. M. Gregory; 8. T. Taylor; 9. D. Gurney; 10. J. Lewis; 11. T. Settember; 12. I. Burgess; 13. R. Ginther; 14. C. G. de Beaufort; 15. J. Chamberlain; 16. I. Ireland

Ausfälle: P. Hill (47. M); R. Salvadori (35. M); J. Bonnier (27. W); W. Seidel (11. W/M); T. Shelly (6. M)

N. gest.: K. Greene (Shelly fuhr den Wagen)

6 05.08.1962 GP Deutschland – Nürburgring
1. R.: D. Gurney (P); G. Hill; J. Clark; J. Surtees

1. Graham Hill	BRM	2:38.45,300
2. John Surtees	Lola-Climax	- 2,500
3. Dan Gurney	Porsche	- 4,400
4. Jim Clark	Lotus-Climax	- 42,100
5. Bruce McLaren	Cooper-Climax	- 1.19,600
6. Ricardo Rodriguez	Ferrari	- 1.23,800

7. J. Bonnier; 8. R. Ginther; 9. T. Maggs; 10. G. Baghetti; 11. I. Burgess; 12. J. Siffert; 13. C.G. de Beaufort; 14. H. Walter; 15. N. Vaccarella; 16. L. Bianchi; 17. J. Lewis (A 11. M)

Ausfälle: J. Brabham (10. M); P. Hill (10. W); K. Greene (8. W); M. Trintignant (5. G); L. Bandini (5. U); R. Salvadori (5. G); H. Schiller (5. W); B. Collomb (3. G); T. Taylor (1. U)

7 16.09.1962 GP Italien – Monza
1. R.: J. Clark (P); G. Hill

1. Graham Hill	BRM	2:29.08,400
2. Richie Ginther	BRM	- 29,800
3. Bruce McLaren	Cooper-Climax	- 57,800
4. Willy Mairesse	Ferrari	- 58,200
5. Giancarlo Baghetti	Ferrari	- 1.31,300
6. Joakim Bonnier	Porsche	- 1 Runde

7. T. Maggs; 8. L. Bandini; 9. N. Vaccarella; 10. C.G. de Beaufort; 11. P. Hill; 12. M. Gregory; 13. D. Gurney (R 67. W); 14. R. Rodriguez (R 64. M)

Ausfälle: I. Ireland (46. W); J. Surtees (43. M); R. Salvadori (42. M); T. Taylor (26. W); T. Settember (19. M); M. Trintignant (18. W); J. Clark (13. W)

8 07.10.1962 GP USA – Watkins Glen
1. R.: J. Clark (P); R. Ginther

1. Jim Clark	Lotus-Climax	2:07.13,000
2. Graham Hill	BRM	- 9,200
3. Bruce McLaren	Cooper-Climax	- 1 Runde
4. Jack Brabham	Brabham-Climax	- 1 Runde
5. Dan Gurney	Porsche	- 1 Runde
6. Masten Gregory	Lotus-Climax	- 1 Runde

7. T. Maggs; 8. I. Ireland; 9. R. Penske; 10. R. Schroeder; 11. H. Sharp; 12. T. Taylor; 13. J. Bonnier

Ausfälle: R. Ginther (36. G); M. Trintignant (33. W); T. Mayer (32. G); J. Surtees (20. W); C.G. de Beaufort (10. U)

N. gest.: R. Salvadori (Surtees fuhr den Wagen); J. Hall (M); P. Hill (kein ernsthafter Versuch)

9 29.12.1962 GP Südafrika – East London
1. R.: J. Clark (P); G. Hill

1. Graham Hill	BRM	2:08.03.300
2. Bruce McLaren	Cooper-Climax	- 49,800
3. Tony Maggs	Cooper-Climax	- 50,300
4. Jack Brabham	Brabham-Climax	- 53,800
5. Innes Ireland	Lotus-Climax	- 1 Runde
6. Neville Lederle	Lotus-Climax	- 4 Runden

7. R. Ginther; 8. J. Love; 9. B. Johnstone; 10. E. Pieterse; 11. C.G. de Beaufort (A 71. W)

Ausfälle: D. Serrurier (63. W); J. Clark (62. W); R. Salvadori (57. W); M. Harris (32. W); J. Surtees (27. M); T. Taylor (12. W)

1963

1 26.05.1963 GP Monaco – Monte Carlo
1. R.: J. Clark (P); G. Hill

1. Graham Hill	BRM	2:41.49,700
2. Richie Ginther	BRM	- 4,600
3. Bruce McLaren	Cooper-Climax	- 12,800
4. John Surtees	Ferrari	- 14,100
5. Tony Maggs	Cooper-Climax	- 2 Runden
6. Trevor Taylor	Lotus-Climax	- 2 Runden

7. J. Bonnier; 8. J. Clark (79. G/U); 9. J. Brabham (78. G)

Ausfälle: I. Ireland (41. G/U); W. Mairesse (38. W); M. Trintignant (35. W); D. Gurney (26. W); J. Hall (21. G); J. Siffert (4. M)

N. gest.: C. Amon (Trintignant fuhr den Wagen)

2 09.06.1963 GP Belgien – Spa-Francorchamps
1. R.: G. Hill (P); D. Gurney; W. Mairesse

1. Jim Clark	Lotus-Climax	2:27.47,600
2. Bruce McLaren	Cooper-Climax	- 4.54,000
3. Dan Gurney	Brabham-Climax	- 1 Runde
4. Richie Ginther	BRM	- 1 Runde
5. Joakim Bonnier	Cooper-Climax	- 2 Runden
6. C. G. de Beaufort	Porsche	- 2 Runden

7. T. Maggs (28. D); 8. T. Settember (26. D)

Ausfälle: J. Surtees (20. W); G. Hill (18. G); L. Bianchi (18. U); J. Hall (17. U); J. Siffert (17. D); P. Hill (14. W); J. Brabham (13. W); C. Amon (11. W); I. Ireland (10. G); G. Baghetti (8. G); W. Mairesse (8. M); T. Taylor (6. W)

Abkürzungen

A	= Aufgabe	W	=	Wagen	
D	= Dreher	Disq.	=	Disqualfiziert	
F	= Feuer	N. gew.	=	Nicht gewertet	
G	= Getriebe	N. gest.	=	Nicht gestartet	
M	= Motor defekt	1. R.	=	1. Reihe	
U	= Unfall	(P)	=	Pole Position	

3 23.06.1963 GP Niederlande – Zandvoort
1. R.: J. Clark (P); G. Hill; B. McLaren

1. Jim Clark	Lotus-Climax	2:08.13,700
2. Dan Gurney	Brabham-Climax	- 1 Runde
3. John Surtees	Ferrari	- 1 Runde
4. Innes Ireland	BRM	- 1 Runde
5. Richie Ginther	BRM	- 1 Runde
6. Ludovico Scarfiotti	Ferrari	- 2 Runden

7. J. Siffert; 8. J. Hall; 9. C.G. de Beaufort; 10. T. Taylor; 11. J. Bonnier

Ausfälle: G. Hill (70. M); J. Brabham (69. D/W); C. Amon (30. W); G. Baghetti (18. W), P. Hill (16. W); T. Maggs (15. M); B. McLaren (8. G); G. Mitter (3. W)

4 30.06.1963 GP Frankreich – Reims
1. R.: J. Clark (P); G. Hill; D. Gurney

1. Jim Clark	Lotus-Climax	2:10.54,300
2. Tony Maggs	Cooper-Climax	- 1.04,900
3. Graham Hill	BRM	- 2.13,900
4. Jack Brabham	Brabham-Climax	- 2.15,200
5. Dan Gurney	Brabham-Climax	- 2.33,400
6.Joseph Siffert	Lotus-Climax	- 1 Runde

7. C. Amon; 8. M. Trintignant; 9. I. Ireland; 10. L. Bandini; 11. J. Hall; 12. B. McLaren (43. W); 13. T. Taylor (42. W)

Ausfälle: P. Hill (35. W); J. Bonnier (33. W/G); M. Gregory (31. G); J. Surtees (13. W); T. Settember (6. W); R. Ginther (5. W)

N. gest.: L. Scarfiotti (U/verletzt); P. Arundell (fuhr in einem anderen Rennen)

5 20.07.1963 GP England – Silverstone
1. R.: J. Clark (P); D. Gurney; G. Hill; J. Brabham

1. Jim Clark	Lotus-Climax	2:14.09,600
2. John Surtees	Ferrari	- 25,800
3. Graham Hill	BRM	- 37,600
4. Richie Ginther	BRM	- 1 Runde
5. Lorenzo Bandini	BRM	- 1 Runde
6. Jim Hall	Lotus-Climax	- 2 Runden

7. C. Amon; 8. M. Hailwood; 9. T. Maggs; 10. C.G. de Beaufort; 11. M. Gregory; 12. B. Anderson; 13. J. Campbell-Jones

Ausfälle: J. Siffert (67. G); J. Bonnier (66. W); D. Gurney (60. M); I. Raby (60. G); I. Burgess (37. W); J. Brabham (28. M); T. Settember (21. W); B. McLaren (7. M)

Disq.: I. Ireland (unerlaubte Starthilfe in Boxenstopp); T. Taylor (unerlaubte Starthilfe in Boxenstopp)

6 04.08.1963 GP Deutschland – Nürburgring
1. R.: J. Clark (P); J. Surtees; L. Bandini; G. Hill

1. John Surtees	Ferrari	2:13.06,800
2. Jim Clark	Lotus-Climax	- 1.17,500
3. Richie Ginther	BRM	- 2.44,900
4. Gerhard Mitter	Porsche	- 8.11,500
5. Jim Hall	Lotus-Climax	- 1 Runde
6. Joakim Bonnier	Cooper-Climax	- 1 Runde

7. J. Brabham; 8. T. Taylor; 9. J. Siffert (A 11. W); 10. B. Collomb

Ausfälle: C.G. de Beaufort (10. W); T. Maggs (8. M); D. Gurney (7. G); M. de Cabral (7. G); I. Burgess (6. W); T. Settember (6. U); B. McLaren (4. U); C. Amon (3. U); G. Hill (3. G); W. Mairesse (2. U); I. Ireland (2. U); L. Bandini (1. U)

7 08.09.1963 GP Italien – Monza
1. R.: J. Surtees (P); G. Hill

1. Jim Clark	Lotus	2:24.19,600
2. Richie Ginther	BRM	- 1.35,000
3. Bruce McLaren	Cooper	- 1Runde
4. Innes Ireland	BRP	- 2 Runden
5. Jack Brabham	Brabham	- 2 Runden
6. Tony Maggs	Cooper	- 2 Runden

7. J. Bonnier; 8. J. Hall; 9. M. Trintignant; 10. M. Hailwood; 11. P. Hill, 12. B. Anderson, 13. M. Spence (74. W); 14. D. Gurney (65. W); 15. G. Baghetti; 16. G. Hill (60. W)

Ausfälle: I. Ireland (85. M); J. Siffert (41. W); L. Bandini (38. G); M. Gregory (27. M); J. Surtees (17. M)

N. gest.: C. Amon (U/verletzt)

8 06.10.1963 GP USA – Watkins Glen
1. R.: G. Hill (P); J. Clark; J. Surtees; R. Ginther

1. Graham Hill	BRM	2:19.22,100
2. Richie Ginther	BRM	- 34,300
3. Jim Clark	Lotus-Climax	- 1 Runde
4. Jack Brabham	Brabham-Climax	- 2 Runden
5. Lorenzo Bandini	Ferrari	- 4 Runden
6. Carel G. de Beaufort	Porsche	- 11 Runden

7. P. Broeker; 8. J. Bonnier; 9. J. Surtees (A 83. M); 10. J. Hall (A 77. G); 11. B. McLaren (A 75. W)

Ausfälle: J. Siffert (57. G); R. Ward (45. G); T. Maggs (45. M); D. Gurney (43. W); P. Rodriguez (37. M); T. Taylor (25. W); M. Gregory (15. M); H. Sharp (7. W); P. Hill (5. W); G. Baghetti (1. W)

(9) 27.10.1963 GP Mexiko – Mexiko Stadt
1. R.: J. Clark (P); J. Surtees

1. Jim Clark	Lotus-Climax	2:09.52,100
2. Jack Brabham	Brabham-Climax	- 1.41,100
3. Richie Ginther	BRM	- 1.54,700
4. Graham Hill	BRM	- 1 Runde
5. Joakim Bonnier	Cooper-Climax	- 3 Runden
6. Dan Gurney	Brabham-Climax	- 3 Runden

7. H. Sharp; 8. J. Hall; 9. J. Siffert; 10. C.G. de Beaufort; 11. M. Solana (A 58. M)

Ausfälle: P. Hill (41. W); L. Bandini (37. M); B. McLaren (31. M); P. Rodriguez (27. W); M. Gregory (24. W); T. Taylor (20. W); G. Baghetti (13. M); C. Amon (10. G); T. Maggs (8. M)

Disq.: J. Surtees (unerlaubte Starthilfe in Boxenstopp)

N. gest.: F. Dochnal (U)

(10) 28.12.1963 GP Südafrika – East London
1. R.: J. Clark (P); J. Brabham; D. Gurney

1. Jim Clark	Lotus-Climax	2:10.36,900
2. Dan Gurney	Brabham-Climax	- 1.06,800
3. Graham Hill	BRM	- 1 Runde
4. Bruce McLaren	Cooper-Climax	- 1 Runde
5. Lorenzo Bandini	Ferrari	- 1 Runde
6. Joakim Bonnier	Cooper-Climax	- 2 Runden

7. T. Maggs; 8. T. Taylor; 9. J. Love; 10. C.G. de Beaufort; 11. D. Serrurier; 12. T. Blokdyk; 13. J. Brabham (A 71. U); 14. B. Niemann

Ausfälle: P. de Klerk (54. G); D. Prophet (50. W); R. Ginther (44. W); J. Surtees (44. M); E. Pieterse (4. M); S. Tingle (3. W)

N. gest.: P. Driver (U)

1964

(1) 10.05.1964 GP Monaco – Monte Carlo
1. R.: J. Clark (P); J. Brabham

1. Graham Hill	BRM	2:41.19,500
2. Richie Ginther	BRM	- 1 Runde
3. Peter Arundell	Lotus-Climax	- 3 Runden
4. Jim Clark	Lotus-Climax	- 4 Runden
5. Joakim Bonnier	Cooper-Climax	- 4 Runden
6. Mike Hailwood	Lotus-BRM	- 4 Runden

7. B. Anderson (A 87. G); 8. J. Siffert; 9. P. Hill (A 71. W); 10. L. Bandini (A 68. G)

Ausfälle: J. Clark (97. M); D. Gurney (62. G); M. Trintignant (54. A); J. Brabham (30. W); B. McLaren (18. W); J. Surtees (15. G); T. Taylor (8. W)

N. gest.: I. Ireland (U/verletzt)

(2) 24.05.1964 GP Niederlande – Zandvoort
1. R.: D. Gurney (P); J. Clark; G. Hill

1. Jim Clark	Lotus-Climax	2:07.35,400
2. John Surtees	Ferrari	- 53,600
3. Peter Arundell	Lotus-Climax	- 1 Runde
4. Graham Hill	BRM	- 1 Runde
5. Chris Amon	Lotus-BRM	- 1 Runde
6. Bob Anderson	Brabham-Climax	- 2 Runden

7. B. McLaren; 8. P. Hill; 9. J. Bonnier; 10. G. Baghetti; 11. R. Ginther; 12. M. Hailwood (A 58. W); 13. J. Siffert

Ausfälle: J. Brabham (45. W); L. Bandini (26. W); D. Gurney (24. W); C.G. de Beaufort (9. M)

N. gest.: T. Maggs (U)

(3) 14.06.1964 GP Belgien – Spa-Francorchamps
1. R.: D. Gurney (P); G. Hill; J. Brabham

1. Jim Clark	Lotus-Climax	2:06.40,500
2. Bruce McLaren	Cooper-Climax	- 3,400
3. Jack Brabham	Brabham-Climax	- 48,100
4. Richie Ginther	BRM	- 1.58,600
5. Graham Hill	BRM	- 1 Runde
6. Dan Gurney	Brabham-Climax	- 1 Runde

7. T. Taylor; 8. G. Baghetti; 9. P. Arundell; 10. I. Ireland

Ausfälle: G. Hill (32. W); D. Gurney (32. W); J. Siffert (14. M); P. Hill (14. M); L. Bandini (12. M); A. Pilette (11. M); J. Bonnier (8. Fahrer krank); C. Amon (4. M); J. Surtees (4. M)

Disq.: P. Revson (unerlaubte Starthilfe)

N. gest.: T. Maggs (M); B. Anderson (M)

(4) 28.06.1964 GP Frankreich – Rouen
1. R.:J. Clark (P); D. Gurney; J. Surtees

1. Dan Gurney	Brabham-Climax	2:07.49,100
2. Graham Hill	BRM	- 24,100
3. Jack Brabham	Brabham-Climax	- 24,900
4. Peter Arundell	Lotus-Climax	- 1.10,600
5. Richie Ginther	BRM	- 2.12,100
6. Bruce McLaren	Cooper-Climax	- 1 Runde

7. P. Hill; 8. M. Hailwood; 9. L. Bandini; 10. C. Amon; 11. M. Trintignant; 12. B. Anderson

Ausfälle: I. Ireland (32. D); J. Clark (32. M); J. Surtees (7. M); T. Taylor (7. W/U); J. Siffert (5. M)

N. gest.: P. Revson (Hailwood fuhr den Wagen)

(5) 11.07.1964 GP England – Brands Hatch
1. R.: J. Clark (P); G. Hill; D. Gurney

1. Jim Clark	Lotus-Climax	2:15.07,000
2. Graham Hill	BRM	- 2,800
3. John Surtees	Ferrari	- 1.20,600
4. Jack Brabham	Brabham-Climax	- 1 Runde
5. Lorenzo Bandini	Ferrari	- 2 Runden
6. Phil Hill	Cooper-Climax	- 2 Runden

7. B. Anderson; 8. R. Ginther; 9. M. Spence; 10. I. Ireland; 11. J. Siffert; 12. G. Baghetti; 13. D. Gurney; 14. J. Taylor

Ausfälle: J. Bonnier (47. W); P. Revson (44. W); I. Raby (38. W); T. Maggs (38. G); T. Taylor (23. Fahrer nicht fit); M. Hailwood (17. W); C. Amon (10. W); B. McLaren (7. G); F. Gardner (1. U)

N. gest.: R. Attwood (A)

(6) 02.08.1964 GP Deutschland – Nürburgring
1. R.: J. Surtees (P); J. Clark; D. Gurney; L. Bandini

1. John Surtees	Ferrari	2:12.04,800
2. Graham Hill	BRM	- 1.15,600
3. Lorenzo Bandini	Ferrari	- 4.52,800
4. Joseph Siffert	Brabham-BRM	- 5.23,100
5. Maurice Trintignant	BRM	- 1 Runde
6. Tony Maggs	BRM	- 1 Runde

7. R. Ginther; 8. M. Spence; 9. G. Mitter; 10. D. Gurney; 11. C. Amon (A 13. W); 12. J. Brabham (A 12. W); 13. R. Bucknum (A 12. D); 14. P. Revson (A 11. U)

Ausfälle: M. Trintignant (15. M); J. Clark (8. M); B. McLaren (5. M); B. Anderson (5. W); E. Barth (4. W); G. Baghetti (3. W); P. Hill (2. M); M. Hailwood (1. M); J. Bonnier (1. W)

N. gest.: C. G. de Beaufort (tödl. U)

(7) 23.08.1964 GP Österreich – Zeltweg
1. R.: G. Hill (P); J. Surtees; J. Clark; D. Gurney

1. Lorenzo Bandini	Ferrari	2:06.18,230
2. Richie Ginther	BRM	- 6,180
3. Bob Anderson	Brabham-Climax	- 3 Runden
4. Tony Maggs	BRM	- 3 Runden
5. Innes Ireland	BRP-BRM	- 3 Runden
6. Joakim Bonnier	Brabham-Climax	- 4 Runden

7. G. Baghetti; 8. M. Hailwood; 9. J. Brabham

Ausfälle: J. Rindt (59. W); P. Hill (59. U/F); D. Gurney (48. W); B. McLaren (44. M); M. Spence (42. W); J. Clark (41. W); T. Taylor (22. W); J. Siffert (19. D); J. Surtees (9. W); C. Amon (8. M); G. Hill (6. M)

(8) 06.09.1964 GP Italien – Monza
1. R.: J. Surtees (P); D. Gurney; G. Hill

1. John Surtees	Ferrari	2:10.51,800
2. Bruce McLaren	Cooper-Climax	- 1.06,000
3. Lorenzo Bandini	Ferrari	- 1 Runde
4. Richie Ginther	BRM	- 1 Runde
5. Innes Ireland	BRP-BRM	- 1 Runde
6. Mike Spence	Lotus-Climax	- 1 Runde

7. J. Siffert; 8. G. Baghetti; 9. L. Scarfiotti; 10. D. Gurney; 11. B. Anderson; 12. J. Bonnier; 13. P. Revson; 14. J. Brabham (60. W)

Ausfälle: J. Clark (28. M); M. de Cabral (25. M); M. Trintignant (22. W); R. Bucknum (13. W); M. Hailwood (5. M); G. Hill (1. W)

N. gest.: J.-C. Rudaz (M)

(9) 04.10.1964 GP USA – Watkins Glen
1. R.: J. Clark (P); J. Surtees

1. Graham Hill	BRM	2:16.38,000
2. John Surtees	Ferrari	- 30,500
3. Joseph Siffert	Brabham-BRM	- 1 Runde
4. Richie Ginther	BRM	- 3 Runden
5. Walt Hansgen	Lotus-Climax	- 3 Runden
6. Trevor Taylor	BRP-BRM	- 4 Runden

7. M. Spence/J. Clark (geteilt; 103. W); 8. M. Hailwood (102. W)

Ausfälle: D. Gurney (70. W); L. Bandini (59. M); J. Clark, M. Spence (geteilt; 55. W); R. Bucknum (51. M); C. Amon (48. M); J. Bonnier (38. W); B. McLaren (27. M); J. Brabham (15. M); P. Hill (5. W); I. Ireland (3. G)

N. gew.: H. Sharp

(10) 25.10.1964 GP Mexiko – Mexiko Stadt
1. R.: J. Clark (P); D. Gurney

1. Dan Gurney	Brabham	2:09.50,320
2. John Surtees	Ferrari	- 1.08,940
3. Lorenzo Bandini	Ferrari	- 1.09,630
4. Mike Spence	Lotus	- 1.21,860
5. Jim Clark	Lotus	- 1 Runde
6. Pedro Rodriguez	Ferrari	- 1 Runde

7. B. McLaren; 8. R. Ginther; 9. P. Hill; 10. M. Solana; 11. G. Hill; 12. I. Ireland; 13. H. Sharp

Ausfälle: J. Clark (64. W); P. Hill (64. M); C. Amon (46. G); J. Brabham (45. W); M. Hailwood (12. M); J. Siffert (11. W); J. Bonnier (10. W); T. Taylor (6. M)

1965

(1) 01.01.1965 GP Südafrika – East London
1. R.: J. Clark (P); J. Surtees; J. Brabham

1. Jim Clark	Lotus-Climax	2:06.46,000
2. John Surtees	Ferrari	- 29,000
3. Graham Hill	BRM	- 31,800
4. Mike Spence	Lotus-Climax	- 54,400
5. Bruce McLaren	Cooper-Climax	- 1 Runde
6. Jackie Stewart	BRM	- 2 Runden

7. J. Siffert; 8. J. Brabham; 9. P. Hawkins; 10. P. de Klerk; 11. T. Maggs; 12. F. Gardner; 13. S. Tingle; 14. D. Prophet; 15. L. Bandini (67. W)

Ausfälle: J. Bonnier (43. W/G); J. Rindt (40. W); J. Love (21. W); D. Gurney (12. W)

N. gew.: B. Anderson

(2) 30.05.1965 GP Monaco – Monte Carlo
1. R.: G. Hill (P); J. Brabham

1. Graham Hill	BRM	2:37.39,600
2. Lorenzo Bandini	Ferrari	- 1.04,000
3. Jackie Stewart	BRM	- 1.41,900
4. John Surtees	Ferrari	- 1 Runde
5. Bruce McLaren	Cooper-Climax	- 2 Runden
6. Joseph Siffert	Brabham-BRM	- 2 Runden

7. J. Bonnier; 8. D. Hulme; 9. B. Anderson; 10. P. Hawkins (A 80. U)

Ausfälle: J. Surtees (100. W); J. Brabham (44. M); R. Attwood (44. U); R. Bucknum (34. G); F. Gardner (30. M); M. Hailwood (12. G); R. Ginther (2. W)

(3) 13.06.1965 GP Belgien – Spa-Francorchamps
1. R.: G. Hill (P); J. Clark; J. Stewart

1. Jim Clark	Lotus-Climax	2:23.34.800
2. Jackie Stewart	BRM	- 44,800
3. Bruce McLaren	Cooper-Climax	- 1 Runde
4. Jack Brabham	Brabham-Climax	- 1 Runde
5.Graham Hill	BRM	- 1 Runde
6. Richie Ginther	Honda	- 1 Runde

7. M. Spence, 8. J. Siffert 9. L. Bandini; 10. D. Gurney; 11. J. Rindt; 12. L. Bianchi; 13. I. Ireland; 14. R. Attwood (A 27. U/F)

Ausfälle: M. Gregory (13. W); R. Bucknum (10. W); J. Bonnier (10. W); J. Surtees (6. W); F. Gardner (4. W)

N. gest.: B. Anderson (A), W. Mairesse

(4) 27.06.1965 GP Frankreich – Clermont-Ferrand
1. R.: J. Clark (P); J. Stewart; L. Bandini

1. Jim Clark	Lotus-Climax	2:14.38,400
2. Jackie Stewart	BRM	- 26,300
3. John Surtees	Ferrari	- 2.33,500
4. Denis Hulme	Brabham-Climax	- 2.53,100
5. Graham Hill	BRM	- 1 Runde
6. Joseph Siffert	Brabham-BRM	- 1 Runde

7. M. Spence; 8. L. Bandini (37. W/U); 9. B. Anderson (35. W)

Ausfälle: B. McLaren (24. W); J. Bonnier (22. W); C. Amon (21. W); I. Ireland (19. G); D. Gurney (17. M); R. Ginther (10. W); R. Bucknum (5. W); J. Rindt (4. U)

(5) 10.07.1965 GP England – Silverstone
1. R.: J. Clark (P); G. Hill; R. Ginther; J. Stewart

1. Jim Clark	Lotus-Climax	2:05.25,400
2. Graham Hill	BRM	- 3,200
3. John Surtees	Ferrari	- 27,600
4. Mike Spence	Lotus-Climax	- 39,600
5. Jackie Stewart	BRM	- 1.14,600
6. Dan Gurney	Brabham-Climax	- 1 Runde

7. J. Bonnier; 8. F. Gardner; 9. J. Siffert; 10. B. McLaren; 11. I. Raby; 12. M. Gregory; 13. R. Attwood; 14. J. Rindt (64. M)

Ausfälle: I. Ireland (42. M); J. Rhodes (39. W); B. Anderson (34. G); D. Hulme (30. W); R. Ginther (27. W); L. Landini (3. M)

N. gest.: J. Brabham (Gurney fuhr den Wagen); C. Amon (Raby fuhr den Wagen)

(6) 18.07.1965 GP Niederlande – Zandvoort
1. R.: G. Hill (P); J. Clark; R. Ginther

1. Jim Clark	Lotus-Climax	2:03.59,100
2. Jackie Stewart	BRM	- 8,000
3. Dan Gurney	Brabham-Climax	- 13,000
4. Graham Hill	BRM	- 45,100
5. Denis Hulme	Brabham-Climax	- 1 Runde
6. Richie Ginther	Honda	- 1 Runde

7. J. Surtees; 8. M. Spence; 9. L. Bandini; 10. I. Ireland; 11. F. Gardner; 12. R. Attwood; 13. J. Siffert

Ausfälle: J. Rindt (49. W); B. McLaren (37. W); J. Bonnier (17. W); B. Anderson (12. M)

(7) 01.08.1965 GP Deutschland – Nürburgring
1. R.: J. Clark (P); J. Stewart; G. Hill; J. Surtees

1. Jim Clark	Lotus-Climax	2:07.52,400
2. Graham Hill	BRM	- 15,900
3. Dan Gurney	Brabham-Climax	- 21,400
4. Jochen Rindt	Cooper-Climax	- 3.29,600
5. Jack Brabham	Brabham-Climax	- 4.41,200
6. Lorenzo Bandini	Ferrari	- 5.08,600

7. J. Bonnier; 8. M. Gregory

Ausfälle: J. Surtees (12. G); J. Siffert (10. M); G. Mitter (9. W); M. Spence (9. W); R. Attwood (8. W); B. McLaren (8. G); D. Hulme (6. W); P. Hawkins (5. W); C. Amon (4. W); J. Stewart (3. W); F. Gardner (1. G)

N. gest.: B. Anderson (U)

(8) 12.09.1965 GP Italien – Monza
1. R.: J. Clark (P); J. Surtees; J. Stewart

1. Jackie Stewart	BRM	2:04.52,800
2. Graham Hill	BRM	- 3,300
3. Dan Gurney	Brabham-Climax	- 16,500
4. Lorenzo Bandini	Ferrari	- 1.15,900
5. Bruce McLaren	Cooper-Climax	- 1 Runde
6. Richard Attwood	Lotus-BRM	- 1 Runde

7. J. Bonnier; 8. J. Rindt; 9. I. Ireland; 10. J. Clark (64. W); 11. M. Spence (63. W); 12. N. Vaccarella (59. M); 13. R. Bussinello (59. W); 14. R. Ginther (57. W)

Ausfälle: D. Hulme (47. W); F. Gardner (46. M); J. Siffert (44. G); Geki (38. W); J. Surtees (35. W); R. Bucknum (28. M); M. Gregory (23. G); G. Baghetti (13. W); G. Bassi (9. M)

(9) 03.10.1965 GP USA – Watkins Glen
1. R.: G. Hill (P); J. Clark

1. Graham Hill	BRM	2:20.36,100
2. Dan Gurney	Brabham-Climax	- 12,500
3. Jack Brabham	Brabham-Climax	- 57,500
4. Lorenzo Bandini	Ferrari	- 1 Runde
5. Pedro Rodriguez	Ferrari	- 1 Runde
6. Jochen Rindt	Cooper-Climax	- 2 Runden

7. R. Ginther; 8. J. Bonnier; 9. B. Bondurant; 10. R. Attwood; 11. J. Siffert; 12. M. Solana; 13. R. Bucknum

Ausfälle: J. Stewart (13. W); B. McLaren (12. W); J. Clark (12. M); I. Ireland (10. A, Fahrer krank); M. Spence (10. M)

(10) 24.10.1965 GP Mexiko – Mexiko Stadt
1. R.: J. Clark (P); D. Gurney

1. Richie Ginther	Honda	2:08.32,100
2. Dan Gurney	Brabham-Climax	- 2,890
3. Mike Spence	Lotus-Climax	- 1.00,150
4. Joseph Siffert	Brabham-BRM	- 1.54,420
5. Ronnie Bucknum	Honda	- 1 Runde
6. Richard Attwood	Lotus-BRM	- 1 Runde

7. P. Rodriguez; 8. L. Bandini

Ausfälle: G. Hill (57. M); M. Solana (56. W); J. Bonnier (44. W); J. Rindt (40. W); J. Brabham (39. W); J. Stewart (36. W); B. Bondurant (30. W); B. McLaren (26. G); J. Clark (9. M)

N. gest.: L. Scarfiotti (Rodriguez fuhr den Wagen); I. Ireland (Teamfehler)

1966

(1) 22.05.1966 GP Monaco – Monte Carlo
1. R.: J. Clark (P); J. Surtees

1. Jackie Stewart	BRM	2:33.10,500
2. Lorenzo Bandini	Ferrari	- 40,200
3. Graham Hill	BRM	- 1 Runde
4. Bob Bondurant	BRM	- 5 Runden

Ausfälle: R. Ginther (81. W); J. Clark (61. W); J. Rindt (57. M); J. Siffert (36. W); M. Spence (35. W); J. Brabham (18. G); J. Surtees (17. W); D. Hulme (16. W); B. McLaren (10. W); B. Anderson (4. M)

N. gew.: G. Ligier; J. Bonnier

(2) 12.06.1966 GP Belgien – Spa-Francorchamps
1. R.: J. Surtees (P); J. Rindt; J. Stewart

1. John Surtees	Ferrari	2:09.11,300
2. Jochen Rindt	Cooper-Maserati	- 42,100
3. Lorenzo Bandini	Ferrari	- 1 Runde
4. Jack Brabham	Brabham-Repco	- 2 Runden
5. Richie Ginther	Cooper-Maserati	- 3 Runden

Ausfälle: B. Bondurant (1. U); J. Bonnier (1. U); J. Clark (1. U); G. Hill (1. U); D. Hulme (1. U); J. Siffert (1. M); M. Spence (1. U); J. Stewart (1. U)

N. gew.: G. Ligier; D. Gurney

N. gest.: B. McLaren (M); V. Wilson (Bondurant fuhr den Wagen); P. Arundell (M)

(3) 03.07.1966 GP Frankreich – Reims
1. R.: L. Bandini (P); J. Surtees; M. Parkes

1. Jack Brabham	Brabham-Repco	1:48.31,300
2. Mike Parkes	Ferrari	- 9,500
3. Denis Hulme	Brabham-Repco	- 2 Runden

Alle Rennergebnisse

4. Jochen Rindt	Cooper-Maserati	- 2 Runden
5. Dan Gurney	Eagle-Climax	- 3 Runden
6. John Taylor	Brabham-BRM	- 3 Runden

7. B. Anderson; 8. C. Amon

Ausfälle: P. Rodriguez (41. W); G. Hill (14. W); J. Siffert (11. M); M. Spence (9. W); J. Surtees (6. M); P. Arundell (4. G)

N. gew.: G. Ligier; L. Bandini; J. Bonnier

N. gest.: J. Clark (von Vogel im Gesicht getroffen)

(4) 16.07.1966 GP England – Brands Hatch
1. R.: J. Brabham (P); D. Hulme; D. Gurney

1. Jack Brabham	Brabham-Repco	2:13.13,400
2. Denis Hulme	Brabham-Repco	- 9,600
3. Graham Hill	BRM	- 1 Runde
4. Jim Clark	Lotus-Climax	- 1 Runde
5. Jochen Rindt	Cooper-Maserati	- 1 Runde
6. Bruce McLaren	McLaren-Serenissima	- 2 Runden

7. C. Irwin; 8. J. Taylor; 9. B. Bondurant; 10. G. Ligier; 11. C. Lawrence

Ausfälle: J. Surtees (68. W); J. Bonnier (43. W); P. Arundell (33. G); J. Stewart (18. M); M. Spence (16. W); D. Gurney (10. M); T. Taylor (1. W)

N. gew.: J. Siffert; B. Anderson

(5) 24.07.1966 GP Niederlande – Zandvoort
1. R.: J. Brabham (P); D. Hulme; J. Clark

1. Jack Brabham	Brabham-Repco	2:20.32,500
2. Graham Hill	BRM	- 1 Runde
3. Jim Clark	Lotus-Climax	- 2 Runden
4. Jackie Stewart	BRM	- 2 Runden
5. Mike Spence	Lotus-BRM	- 3 Runden
6. Lorenzo Bandini	Ferrari	- 3 Runden

7. J. Bonnier; 8. J. Taylor; 9. G. Ligier

Ausfälle: J. Siffert (80. M); B. Anderson (74. W); J. Surtees (45. W); D. Hulme (38. W); P. Arundell (29. W); D. Gurney (27. W); M. Parkes (11. U); J. Rindt (3. U)

N. gest.: B. McLaren (M)

(6) 07.08.1966 GP Deutschland – Nürburgring
1. R.: J. Clark (P); J. Surtees

1. Jack Brabham	Brabham-Repco	2:27.03,000
2. John Surtees	Cooper-Maserati	- 44,400
3. Jochen Rindt	Cooper-Maserati	- 2.32,600
4. Graham Hill	BRM	- 6.41,400
5. Jackie Stewart	BRM	- 8.28,900
6. Lorenzo Bandini	Ferrari	- 10.56,400

7. D. Gurney; 8. J.-P. Beltoise; 9. H. Hahne; 10. J. Schlesser; 11. H. Herrmann; 12. P. Arundell

Ausfälle: M. Spence (13. M); J. Clark (12. U); C. Lawrence (11. W); L. Scarfiotti (10. W); M. Parkes (10. U); D. Hulme (9. W); P. Rodriguez (8. M); A. Rees (5. M); J. Bonnier (5. W); P. Courage (4. U); B. Bondurant (4. M); K. Ahrens (4. G); B. Anderson (3. W); J. Ickx (2. U); J. Taylor (1. tödl. U)

N. gest.: S. Moser (M); G. Mitter (Fahrer krank); G. Ligier (U/verletzt)

(7) 04.09.1966 GP Italien – Monza
1. R.: M. Parkes (P); L. Scarfiotti

1. Ludovico Scarfiotti	Ferrari	1:47.14,800
2. Mike Parkes	Ferrari	- 5,800
3. Denis Hulme	Brabham-Repco	- 6,100
4. Jochen Rindt	Cooper-Maserati	- 1 Runde
5. Mike Spence	Lotus-BRM	- 1 Runde
6. Bob Anderson	Brabham-Climax	- 2 Runden

7. B. Bondurant; 8. P. Arundell (64. M); 9. Geki

Ausfälle: J. Clark (59. G); J. Siffert (47. M); L. Bandini (34. W); J. Surtees (32. W); R. Ginther (17. W/U); D. Gurney (8. M); J. Brabham (8. W); J. Stewart (6. W); J. Bonnier (4. W); G. Hill (1. W)

N. gew.: G. Baghetti

(8) 02.10.1966 GP USA – Watkins Glen
1. R.: J. Brabham (P); J. Clark

1. Jim Clark	Lotus-BRM	2:09.40,100
2. Jochen Rindt	Cooper-Maserati	- 1 Runde
3. John Surtees	Cooper-Maserati	- 1 Runde
4. Joseph Siffert	Cooper-Maserati	- 3 Runden
5. Bruce McLaren	McLaren-Ford	- 3 Runden
6. Peter Arundell	Lotus-Climax	- 7 Runden

Ausfälle: I. Ireland (97. M); M. Spence (75. W); R. Bucknum (59. W); J. Brabham (56. M); J. Stewart (54. M); G. Hill (53. W); L. Bandini (35. M); D. Hulme (19. W); D. Gurney (14. W); P. Rodriguez (14. W)

N. gew.: R. Ginther; J. Bonnier

Disq.: B. Bondurant (unerlaubte Starthilfe)

(9) 23.10.1966 GP Mexiko – Mexiko Stadt
1. R.: J. Surtees (P); J. Clark

1. John Surtees	Cooper-Maserati	2:06.35,340
2. Jack Brabham	Brabham-Repco	- 7,880
3. Denis Hulme	Brabham-Repco	- 1 Runde
4. Richie Ginther	Honda	- 1 Runde
5. Dan Gurney	Eagle-Climax	- 1 Runde
6. Joakim Bonnier	Cooper-Maserati	- 2 Runden

7. P. Arundell; 8. R. Bucknum

Ausfälle: P. Rodriguez (50. W); B. McLaren (41. M); J. Siffert (34. W); J. Rindt (33. W); I. Ireland (29. W); J. Stewart (27. W); B. Bondurant (25. W); G. Hill (19. M); M. Solana (10. M); J. Clark (10. G)

N. gest.: M. Spence (U)

1967

(1) 02.01.1967 GP Südafrika – Kyalami
1. R.: J. Brabham (P); D. Hulme

1. Pedro Rodriguez	Cooper-Maserati	2:05.45,900
2. John Love	Cooper-Climax	- 26,400
3. John Surtees	Honda	- 1 Runde
4. Denis Hulme	Brabham-Repco	- 2 Runden
5. Bob Anderson	Brabham-Climax	- 2 Runden
6. Jack Brabham	Brabham-Repco	- 4 Runden

Ausfälle: S. Tingle (57. U); P. Courage (52. W); D. Gurney (45. W); J. Siffert (42. M); J. Rindt (39. M); M. Spence (32. W); J. Bonnier (31. M); J. Clark (23. M); G. Hill (7. U); J. Stewart (3. M)

N. gew.: D. Charlton; L. Botha

(2) 07.05.1967 GP Monaco – Monte Carlo
1. R.: J. Brabham (P); L. Bandini

1. Denis Hulme	Brabham-Repco	2:34.34,300
2. Graham Hill	Lotus-BRM	- 1 Runde
3. Chris Amon	Ferrari	- 2 Runden
4. Bruce McLaren	McLaren-BRM	- 3 Runden
5. Pedro Rodriguez	Cooper-Maserati	- 4 Runden
6. Mike Spence	BRM	- 4 Runden

Ausfälle: L. Bandini (82. tödl. U); P. Courage (65. D); J. Clark (43. W); J. Surtees (33. M); J. Siffert (32. M); J. Rindt (15. G); J. Stewart (15. W); D. Gurney (5. W); J. Servoz-Gavin (5. W); J. Brabham (1. M)

(3) 04.06.1967 GP Niederlande – Zandvoort
1. R.: G. Hill (P); D. Gurney; J. Brabham

1. Jim Clark	Lotus-Ford	2:14.45,100
2. Jack Brabham	Brabham-Repco	- 23,600
3. Denis Hulme	Brabham-Repco	- 25,700
4. Chris Amon	Ferrari	- 27,300
5. Mike Parkes	Ferrari	- 1 Runde
6. Ludovico Scarfiotti	Ferrari	- 1 Runde

7. C. Irwin; 8. M. Spence; 9. B. Anderson; 10. J. Siffert

Ausfälle: J. Surtees (74. M); J. Stewart (52. W); J. Rindt (42. W); P. Rodriguez (40. G); G. Hill (12. G); D. Gurney (9. W); B. McLaren (2. U)

(4) 18.06.1967 GP Belgien – Spa-Francorchamps
1. R.: J. Clark (P); D. Gurney

1. Dan Gurney	Eagle-Weslake	1:40.49,400
2. Jackie Stewart	BRM	- 1.03,000
3. Chris Amon	Ferrari	- 1.40,000
4. Jochen Rindt	Cooper-Maserati	- 2.13,900
5. Mike Spence	BRM	- 1 Runde
6. Jim Clark	Lotus-Ford	- 1 Runde

7. J. Siffert; 8. B. Anderson; 9. P. Rodriguez (26. M); 10. G. Ligier

Ausfälle: J. Brabham (16. M); D. Hulme (15. M); J. Bonnier (11. W); G. Hill (4. W); C. Irwin (2. W); J. Surtees (2. W); M. Parkes (1. U)

N. gew.: L. Scarfiotti

(5) 02.07.1967 GP Frankreich – Le Mans
1. R.: G. Hill (P); J. Brabham

1. Jack Brabham	Brabham-Repco	2:13.21,300
2. Denis Hulme	Brabham-Repco	- 49,500
3. Jackie Stewart	BRM	- 1 Runde
4. Joseph Siffert	Cooper-Maserati	- 3 Runden
5. Chris Irwin	BRM	- 4 Runden
6. Pedro Rodriguez	Cooper-Maserati	- 4 Runden

Ausfälle: C. Irwin (77. M); C. Amon (48. M); D. Gurney (41. W); J. Rindt (34. W); B. McLaren (27. W); J. Clark (24. W); B. Anderson (17. W); G. Hill (14. W); M. Spence (10. W)

N. gew.: G. Ligier

(6) 15.07.1967 GP England – Silverstone
1. R.: J. Clark (P); G. Hill; D. Hulme

1. Jim Clark	Lotus-Ford	1:59.25,600
2. Denis Hulme	Brabham-Repco	- 12,800
3. Chris Amon	Ferrari	- 16,600
4. Jack Brabham	Brabham-Repco	- 21,800
5. Pedro Rodriguez	Cooper-Maserati	- 1 Runde
6. John Surtees	Honda	- 2 Runden

7. C. Irwin; 8. D. Hobbs; 9. A. Rees; 10. G. Ligier

Ausfälle: B. Anderson (68. M); G. Hill (65. M); M. Spence (45. W); D. Gurney (35. W); S. Moser (30. W); J. Rindt (27. M); J. Stewart (21. W); B. McLaren (15. M); J. Siffert (11. M); J. Bonnier (1. M)

N. gest.: P. Courage (Wagen gefahren von Irwin)

(7) 06.08.1967 GP Deutschland – Nürburgring
1. R.: J. Clark (P); D. Hulme

1. Denis Hulme	Brabham-Repco	2:05.55,700
2. Jack Brabham	Brabham-Repco	- 38,500
3. Chris Amon	Ferrari	- 39,000
4. John Surtees	Honda	- 2.25,700
5. Joakim Bonnier	Cooper-Maserati	- 8.42,100
6. Guy Ligier	Brabham-Repco	- 1 Runde

7. C. Irwin; 8. P. Rodriguez

Ausfälle: D. Gurney (13. W); J. Siffert (12. W); G. Hill (9. W); H. Hahne (7. W); J. Stewart (6. W); J. Rindt (5. W); J. Clark (5. W); B. McLaren (4. W); M. Spence (4. W)

N. gest.: B. Redman

(8) 27.08.1967 GP Kanada – Mosport Park
1. R.: J. Clark (P); G. Hill; D. Hulme

1. Jack Brabham	Brabham-Repco	2:40.40,000
2. Denis Hulme	Brabham-Repco	- 1.01,900
3. Dan Gurney	Eagle-Weslake	- 1 Runde
4. Graham Hill	Lotus-Ford	- 2 Runden
5. Mike Spence	BRM	- 3 Runden
6. Chris Amon	Ferrari	- 3 Runden

7. B. McLaren; 8. J. Bonnier; 9. D. Hobbs; 10. R. Attwood; 11. M. Fisher

Ausfälle: J. Clark (70. W); E. Wietzes (70. W); J. Stewart (66. M); C. Irwin (19. D); J. Rindt (5. W)

N. gew.: A. Pease

N. gest.: J. Siffert

(9) 10.09.1967 GP Italien – Monza
1. R.: J. Clark (P); J. Brabham; B. McLaren

1. John Surtees	Honda	1:43.45,000
2. Jack Brabham	Brabham-Repco	- 0,200
3. Jim Clark	Lotus-Ford	-23,100
4. Jochen Rindt	Cooper-Maserati	- 56,600
5. Mike Spence	BRM	- 1 Runde
6. Jacky Ickx	Cooper-Maserati	- 2 Runden

7. C. Amon

Ausfälle: G. Hill (59. M); G. Baghetti (51. M); J. Siffert (51. U); B. McLaren (47. M); J. Bonnier (47. M); J. Stewart (46. M); D. Hulme (31. M); G. Ligier (27. W); C. Irwin (17. W); L. Scarfiotti (6. M); D. Gurney (5. M)

(10) 01.10.1967 GP USA – Watkins Glen
1. R.: G. Hill (P); J. Clark

1. Jim Clark	Lotus-Ford	2:03.13,200
2. Graham Hill	Lotus-Ford	- 6,300
3. Denis Hulme	Brabham-Repco	- 1 Runde
4. Joseph Siffert	Cooper-Maserati	- 2 Runden
5. Jack Brabham	Brabham-Repco	- 4 Runden
6. Joakim Bonnier	Cooper-Maserati	- 7 Runden

7. J.-P. Beltoise

Ausfälle: J. Surtees (97. W); C. Amon (96. W); J. Stewart (73. W); J. Ickx (46. M); G. Ligier (44. W); C. Irwin (42. M); M. Spence (36. M); J. Rindt (34. M); D. Gurney (25. W); B. McLaren (17. W); M. Solana (8. W)

(11) 22.10.1967 GP Mexiko – Mexiko Stadt
1. R.: J. Clark (P); C. Amon

1. Jim Clark	Lotus-Ford	1:59.28,700
2. Jack Brabham	Brabham-Repco	- 1.25,360
3. Denis Hulme	Brabham-Repco	- 1 Runde
4. John Surtees	Honda	- 1 Runde
5. Mike Spence	BRM	- 2 Runden
6. Pedro Rodriguez	Cooper-Maserati	- 2 Runden

7. J.-P. Beltoise; 8. J. Williams; 9. C. Amon; 10. J. Bonnier; 11. G. Ligier; 12. J. Siffert (60. M)

Ausfälle: B. McLaren (46. W); C. Irwin (34. W); J. Stewart (25. M); G. Hill (19. W); M. Solana (13. W); D. Gurney (5. W); M. Fisher (2. W)

1968

(1) 01.01.1968 GP Südafrika – Kyalami
1. R.: J. Clark (P); G. Hill; J. Stewart

1. Jim Clark	Lotus-Ford	1:53.56,600
2. Graham Hill	Lotus-Ford	- 25,300
3. Jochen Rindt	Brabham-Repco	- 30,400
4. Chris Amon	Ferrari	- 2 Runden
5. Denis Hulme	McLaren-BRM	- 2 Runden
6. Jean-Pierre Beltoise	Matra-Ford	- 3 Runden

7. J. Siffert; 8. J. Surtees; 9. J. Love

Ausfälle: D. Gurney (59. W); J. Ickx (52. W); J. Bonnier (48. W); J. Stewart (44. M); S. Tingle (36. M); B. van Rooyen (23. W); P. Rodriguez (21. W); J. Brabham (18. M); A. de Adamich (14. U); M. Spence (9. W); B. Redman (5. M/W); D. Charlton (4. W); L. Scarfiotti (3. W/U)

(2) 12.05.1968 GP Spanien – Jarama
1. R.: C. Amon (P); P. Rodriguez; D. Hulme

1. Graham Hill	Lotus-Ford	2:15.20,100
2. Denis Hulme	McLaren-Ford	- 15,900
3. Brian Redman	Cooper-BRM	- 1 Runde
4. Ludovico Scarfiotti	Cooper-BRM	- 1 Runde
5. Jean-Pierre Beltoise	Matra-Ford	- 9 Runden

Ausfälle: B. McLaren (78. W); J. Surtees (75. G); J. Siffert (63. W); C. Amon (58. W); P. Courage (53. W); P. Rodriguez (28. U); J. Ickx (14. W); J. Rindt (11. W)

N. gest.: J. Brabham (M)

(3) 26.05.1968 GP Monaco – Monte Carlo
1. R.: G. Hill (P); J. Servoz-Gavin

1. Graham Hill	Lotus-Ford	2:00.32,300
2. Richard Attwood	BRM	- 2.200
3. Lucien Bianchi	Cooper-BRM	- 4 Runden
4. Ludovico Scarfiotti	Cooper-BRM	- 4 Runden
5. Denis Hulme	McLaren-Ford	- 7 Runden

Ausfälle: J. Surtees (17. G); P. Rodriguez (17. U); P. Courage (13. W); J.-P. Beltoise (12. U); J. Siffert (12. W); D. Gurney (10. W); J. Rindt (9. U); J. Brabham (8. W); J. Servoz-Gavin (4. U); J. Oliver (1. U); B. McLaren (1. U)

(4) 09.06.1968 GP Belgien – Spa-Francorchamps
1. R.: C. Amon (P); J. Stewart; J. Ickx

1. Bruce McLaren	McLaren-Ford	1:40.02,100
2. Pedro Rodriguez	BRM	- 12,100
3. Jacky Ickx	Ferrari	- 39,600
4. Jackie Stewart	Matra-Ford	- 1 Runde
5. Jackie Oliver	Lotus-Ford	- 2 Runden
6. Lucien Bianchi	Cooper-BRM	- 2 Runden

7. J. Siffert (A 26. W); 8. J.-P. Beltoise

Ausfälle: J. Oliver (27. W); P. Courage (23. M); D. Hulme (19. W); J. Surtees (12. W), C. Amon (9. W); R. Attwood (7. W); J. Brabham (7. M); B. Redman (7. U); J. Rindt (6. M); G. Hill (6. W); J. Bonnier (2. W)

(5) 23.06.1968 GP Niederlande – Zandvoort
1. R.: C. Amon (P); J. Rindt; G. Hill

1. Jackie Stewart	Matra-Ford	2:46.11,260
2. J.-P. Beltoise	Matra	- 1.33,930
3. Pedro Rodriguez	BRM	- 1 Runde
4. Jacky Ickx	Ferrari	- 2 Runden
5. Silvio Moser	Brabham-Repco	- 3 Runden
6. Chris Amon	Ferrari	- 5 Runden

7. R. Attwood; 8. J. Bonnier; 9. G. Hill (82. D)

Ausfälle: D. Gurney (64. M); J. Siffert (56. G); J. Surtees (51. M); P. Courage (51. D); J. Rindt (40. W); J. Brabham (23. D); B. McLaren (20. U); D. Hulme (11. W); L. Bianchi (10. U)

N. gew.: J. Oliver

(6) 07.07.1968 GP Frankreich – Rouen
1. R.: J. Rindt (P); J. Stewart; J. Ickx

1. Jacky Ickx	Ferrari	2:25.40,900
2. John Surtees	Honda	- 1.58,600
3. Jackie Stewart	Matra-Ford	- 1 Runde
4. Vic Elfort	Cooper-BRM	- 2 Runden
5. Denis Hulme	McLaren-Ford	- 2 Runden
6. Piers Courage	BRM	- 3 Runden

7. R. Attwood; 8. B. McLaren; 9. J.-P. Beltoise; 10. C. Amon; 11. J. Siffert

Ausfälle: J. Rindt (46. W); J. Brabham (16. W); J. Servoz-Gavin (15. U); G. Hill (15. W); J. Schlesser (3. tödl. U)

N. gew.: P. Rodriguez

N. gest.: J. Oliver

(7) 20.07.1968 GP England – Brands Hatch
1. R.: G. Hill (P); J. Oliver; C. Amon

1. Joseph Siffert	Lotus-Ford	2:01.20,300
2. Chris Amon	Ferrari	- 4,400
3. Jacky Ickx	Ferrari	- 1 Runde
4. Denis Hulme	McLaren-Ford	- 1 Runde
5. John Surtees	Honda	- 2 Runden
6. Jackie Stewart	Matra-Ford	- 2 Runden

7. B. McLaren; 8. P. Courage

Ausfälle: J. Rindt (56. W); P. Rodriguez (53. W); J. Oliver (44. W); R. Widdows (35. W); V. Elford (27. M); G. Hill (27. W); J.-P. Beltoise (12. W); R. Attwood (11. W); D. Gurney (9. W); J. Bonnier (7. M); J. Brabham (1. W)

N. gew.: S. Moser

(8) 04.08.1968 GP Deutschland – Nürburgring
1. R.: J. Ickx (P); C. Amon; J. Rindt

1. Jackie Stewart	Matra-Ford	2:19.03,200
2. Graham Hill	Lotus-Ford	- 4.03,200
3. Jochen Rindt	Brabham-Repco	- 4.09,400
4. Jacky Ickx	Ferrari	- 5.55,200
5. Jack Brabham	Brabham-Repco	- 6.21,100
6. Pedro Rodriguez	BRM	- 6.25,000

7. D. Hulme; 8. P. Courage; 9. D. Gurney; 10. H. Hahne; 11. J. Oliver; 12. K. Ahrens; 13. B. McLaren; 14. R. Attwood

Ausfälle: C. Amon (12. U); J.-P. Beltoise (9. U); L. Bianchi (8. W); J. Siffert (7. W); J. Surtees (4. W); V. Elford (1. U)

N. gestart.: S. Moser (W)

(9) 08.09.1968 GP Italien – Monza
1. R.: J. Surtees (P); B. McLaren; C. Amon

1. Denis Hulme	McLaren-Ford	1:40.14,800
2. Johnny Servoz-Gavin	Matra-Ford	- 1.28,400
3. Jacky Ickx	Ferrari	- 1.28,600
4. Piers Courage	BRM	- 1 Runde
5. Jean-Pierre Beltoise	Matra	- 2 Runden
6. Joakim Bonnier	McLaren-BRM	- 4 Runden

Ausfälle: J. Siffert (59. W); J. Brabham (57. W); D. Hobbs (43. M); J. Stewart (43. M); J. Oliver (39. W); B. McLaren (35. W); J. Rindt (34. M); P. Rodriguez (23. W); D. Gurney (20. M); G. Hill (11. U); J. Surtees (9. U); C. Amon (9. U); D. Bell (5. W); V. Elford (3. U)

(10) 22.09.1968 GP Kanada – Mont-Tremblant
1. R.:J. Rindt (P); C. Amon; J. Siffert

1. Denis Hulme	McLaren-Ford	2:27.11,200
2. Bruce McLaren	McLaren-Ford	- 1 Runde
3. Pedro Rodriguez	BRM	- 2 Runden
4. Graham Hill	Lotus-Ford	- 4 Runden
5. Vic Elford	Cooper-BRM	- 4 Runden
6. Jackie Stewart	Matra-Ford	- 7 Runden

Ausfälle: J.-P. Beltoise (78. G); C. Amon (73. W); J. Servoz-Gavin (72. U); H. Pescarolo (55. W); J. Rindt (40. M); J. Oliver (33. W); J. Brabham (32. W); J. Siffert (30. W); D. Gurney (30. W); P. Courage (23. G); B. Brack (19. W); J. Surtees (11. G); J. Bonnier (1. W)

N. gew.: L. Bianchi

N. gest.: J. Ickx (U/ verletzt); A. Pease (M)

(11) 06.10.1968 GP USA – Watkins Glen
1. R.: M. Andretti (P); J. Stewart

1. Jackie Stewart	Matra-Ford	1:59.20,290
2. Graham Hill	Lotus-Ford	- 24,680
3. John Surtees	Honda	- 1 Runde
4. Dan Gurney	McLaren-Ford	- 1 Runde
5. Joseph Siffert	Lotus-Ford	- 3 Runden
6. Bruce McLaren	McLaren-Ford	- 5 Runden

Ausfälle: P. Courage (94. W); D. Hulme (93. U); L. Bianchi (89. W); J. Brabham (78. M); J. Rindt (74. M); V. Elford (72. W); P. Rodriguez (67. W); J. Bonnier (63. W); C. Amon (60. W); J.-P. Beltoise (45. W); B. Unser (36. M); M. Andretti (33. W); D. Bell (15. M)

N. gest.: J. Oliver (U); H. Pescarolo (M)

(12) 03.11.1968 GP Mexiko – Mexiko Stadt
1. R.: J. Siffert (P); C. Amon

1. Graham Hill	Lotus-Ford	1:56.43,950
2. Bruce McLaren	McLaren-Ford	- 1.19,320
3. Jackie Oliver	Lotus-Ford	- 1.40,650
4. Pedro Rodriguez	BRM	- 1.41,090
5. Joakim Bonnier	Honda	- 1 Runde
6. Joseph Siffert	Lotus-Ford	- 1 Runde

7. J. Stewart; 8. V. Elford; 9. H. Pescarolo; 10. J. Brabham (A 60. W)

Ausfälle: J. Servoz-Gavin (58. W); D. Gurney (29. W); P. Courage (26. M); L. Bianchi (22. M); J. Surtees (18. M); C. Amon (17. W); M. Solana (15. W); J.-P. Beltoise (11. W); D. Hulme (11. W/U); J. Ickx (4. W); J. Rindt (3. W)

1969

(1) 01.03.1969 GP Südafrika – Kyalami
1. R.: J. Brabham (P); J. Rindt; D. Hulme

1. Jackie Stewart	Matra-Ford	1:50.39,100
2. Graham Hill	Lotus-Ford	- 18,800
3. Denis Hulme	McLaren-Ford	- 31,800
4. Joseph Siffert	Lotus-Ford	- 49,200
5. Bruce McLaren	McLaren-Ford	- 1 Runde
6. J.-P. Beltoise	Matra-Ford	- 2 Runden

7. J. Oliver; 8. S. Tingle

Ausfälle: J. Rindt (45. W); J. Surtees (41. M); P. Rodriguez (39. W); C. Amon (35. M); J. Brabham (33. W); M. Andretti (32. G); J. Love (32. W); J. Ickx (21. W); B. van Rooyen (13. W)

N. gew.: P. de Klerk

(2) 04.05.1969 GP Spanien – Montjuich Park
1. R.: J. Rindt (P); C. Amon; G. Hill

1. Jackie Stewart	Matra-Ford	2:16.53,990
2. Bruce McLaren	McLaren-Ford	- 2 Runden
3. Jean-Pierre Beltoise	Matra-Ford	- 3 Runden
4. Denis Hulme	McLaren-Ford	- 3 Runden
5. John Surtees	BRM	- 6 Runden
6. Jacky Ickx	Brabham-Ford	- 7 Runden

Ausfälle: J. Ickx (84. W); P. Rodriguez (74. M); C. Amon (57. M); J. Brabham (52. M); J. Siffert (31. W/M); J. Rindt (20. U); P. Courage (19. M); G. Hill (9. U); J. Oliver (2. W)

(3) 18.05.1969 GP Monaco – Monte Carlo
1. R.: J. Stewart (P); C. Amon

1. Graham Hill	Lotus-Ford	1:56.59,400
2. Piers Courage	Brabham-Ford	- 17,300
3. Joseph Siffert	Lotus-Ford	- 34,600
4. Richard Attwood	Lotus-Ford	- 52,900
5. Bruce McLaren	McLaren-Ford	- 1 Runde
6. Denis Hulme	McLaren-Ford	- 2 Runden

7. V. Elford

Ausfälle: J. Ickx (49. W); J. Stewart (23. W); J.-P. Beltoise (21. W); C. Amon (17. W); P. Rodriguez (16. M); S. Moser (16. W); J. Surtees (10. U/G); J. Brabham (10. U); J. Oliver (1. U)

(4) 21.06.1969 GP Niederlande – Zandvoort
1. R.: J. Rindt (P); J. Stewart; G. Hill

1. Jackie Stewart	Matra-Ford	2:06.42,080
2. Joseph Siffert	Lotus-Ford	- 24,520
3. Chris Amon	Ferrari	- 30,510
4. Denis Hulme	McLaren-Ford	- 37,160
5. Jacky Ickx	Brabham-Ford	- 37,670
6. Jack Brabham	Brabham-Ford	- 1.10,810

7. G. Hill; 8. J.-P. Beltoise; 9. J. Surtees; 10. V. Elford

Ausfälle: S. Moser (55. W); B. McLaren (25. W); J. Rindt (17. W); P. Courage (13. W); J. Oliver (10. G)

(5) 06.07.1969 GP Frankreich – Clermont-Ferrand
1. R.: J. Stewart (P); D. Hulme

1. Jackie Stewart	Matra-Ford	1:56.47,400
2. Jean-Pierre Beltoise	Matra-Ford	- 57,100
3. Jacky Ickx	Brabham-Ford	- 57,300
4. Bruce McLaren	McLaren-Ford	- 1 Runde
5. Vic Elford	McLaren-Ford	- 1 Runde
6. Graham Hill	Lotus-Ford	- 1 Runde

7. S. Moser; 8. D. Hulme; 9. J. Siffert

Ausfälle: C. Amon (31. M); J. Rindt (23. Fahrer hatte doppelte Sicht); P. Courage (22. W); J. Miles (2. W)

(6) 19.07.1969 GP England – Silverstone
1. R.: J. Rindt (P); J. Stewart; D. Hulme

1. Jackie Stewart	Matra-Ford	1:55.55,600
2. Jacky Ickx	Brabham-Ford	- 1 Runde
3. Bruce McLaren	McLaren-Ford	- 1 Runde
4. Jochen Rindt	Lotus-Ford	- 1 Runde
5. Piers Courage	Brabham-Ford	- 1 Runde
6. Vic Elford	McLaren-Ford	- 2 Runden

7. G. Hill; 8. J. Siffert; 9. J.-P. Beltoise

Ausfälle: P. Rodriguez (62. M); C. Amon (46. G); D. Hulme (28. W); J. Oliver (20. W); J. Bonnier (7. M); D. Bell (6. W); J. Surtees (2. W)

(7) 03.08.1969 GP Deutschland – Nürburgring
1. R.: J. Ickx (P); J. Stewart; J. Rindt

1. Jacky Ickx	Brabham-Ford	1:49.55,400
2. Jackie Stewart	Matra-Ford	- 57,700
3. Bruce McLaren	McLaren-Ford	- 3.21,600
4. Graham Hill	Lotus-Ford	- 3.58,800
5. Joseph Siffert	Lotus-Ford	- 2 Runden
6. Jean-Pierre Beltoise	Matra-Ford	- 2 Runden

Ausfälle: J. Siffert (13. W); J.-P. Beltoise (13. W); J. Oliver (12. W); D. Hulme (12. W); J. Rindt (11. W); J. Bonnier (5. W); P. Courage (2. U); V. Elford (1. U); M. Andretti (1. U)

N. gest.: J. Surtees (W); H. Herrmann; H. Hahne ; D. Quester (A nach Mitter U); G. Mitter, Formel 2 Fahrer (tödl. U)

(8) 07.09.1969 GP Italien – Monza
1. R.: J. Rindt (P); D. Hulme

1. Jackie Stewart	Matra-Ford	1:39.11,260
2. Jochen Rindt	Lotus-Ford	- 0,080
3. Jean-Pierre Beltoise	Matra-Ford	- 0,170
4. Bruce McLaren	McLaren-Ford	- 0,190
5. Piers Courage	Brabham-Ford	- 33,440
6. Pedro Rodriguez	Ferrari	- 2 Runden

7. D. Hulme; 8. J. Siffert (65. M); 9. G. Hill (64. W); 10. J. Ickx (62. W)

Ausfälle: J. Oliver (49. W); S. Moser (10. W); J. Brabham (7. W); J. Miles (4. M)

N. gew.: J. Surtees

N. gest.: T. Brambilla (Rodriguez fuhr den Wagen)

(9) 20.09.1969 GP Kanada – Mosport Park
1. R.: J. Ickx (P); J.-P. Beltoise; J. Rindt

1. Jacky Ickx	Brabham-Ford	1:59.25,700
2. Jack Brabham	Brabham-Ford	- 46,200
3. Jochen Rindt	Lotus-Ford	- 52,000
4. Jean-Pierre Beltoise	Matra-Ford	- 1 Runde
5. Bruce McLaren	McLaren-Ford	- 3 Runden
6. Johnny Servoz-Gavin	Matra-Ford	- 6 Runden

7. P. Lovely

Ausfälle: G. Hill (43. W); J. Siffert (41. W); J. Miles (41. G); P. Rodriguez (38. W); J. Stewart (33. U); J. Surtees (16. M); P. Courage (14. W); J. Cordts (11. W); D. Hulme (10. W); J. Oliver (3. M); S. Moser (1. U)

N. gew.: B. Brack

Disq.: A. Pease (zu langsam)

(10) 05.10.1969 GP USA – Watkins Glen
1. R.: J. Rindt (P); D. Hulme

1. Jochen Rindt	Lotus-Ford	1:57.56,840
2. Piers Courage	Brabham-Ford	- 46,990
3. John Surtees	BRM	- 2 Runden
4. Jack Brabham	Brabham-Ford	- 2 Runden
5. Pedro Rodriguez	Ferrari	- 7 Runden
6. Silvio Moser	Brabham-Ford	- 10 Runden

Ausfälle: G. Hill (91. U); J. Ickx (78. M); G. Eaton (77. M); J.-P. Beltoise (73. M); D. Hulme (53. G); J. Stewart (36. M); P. Lovely (26. W); J. Oliver (24. M); M. Andretti (4. W); J. Siffert (4. W)

N. gew.: J. Servoz-Gavin

N. gest.: B. McLaren (M)

(11) 19.10.1969 GP Mexiko – Mexiko Stadt
1. R.: J. Brabham (P); J. Ickx

1. Denis Hulme	McLaren-Ford	1:54.08,800
2. Jacky Ickx	Brabham-Ford	- 2,560
3. Jack Brabham	Brabham-Ford	- 38,480
4. Jackie Stewart	Matra-Ford	- 47,040
5. Jean-Pierre Beltoise	Matra-Ford	- 1.38,520
6. Jackie Oliver	BRM	- 2 Runden

7. P. Rodriguez; 8. J. Servoz-Gavin; 9. P. Lovely; 10. P. Courage; 11. S. Moser (61. W)

Ausfälle: J. Surtees (54. G); J. Rindt (22. W); G. Eaton (7. G); J. Siffert (5. U); J. Miles (4. W); B. McLaren (Einführungsrunde W)

1970

(1) 07.03.1970 GP Südafrika – Kyalami
1. R.: J. Stewart (P); C. Amon; J. Brabham

1. Jack Brabham	Brabham-Ford	1:49.34,600
2. Denis Hulme	McLaren-Ford	- 8,100
3. Jackie Stewart	March-Ford	- 17,100
4. Jean-Pierre Beltoise	Matra	- 1.13,100
5. John Miles	Lotus-Ford	- 1 Runde
6. Graham Hill	Lotus-Ford	- 1 Runde

7. H. Pescarolo; 8. J. Love; 9. P. Rodriguez; 10. J. Siffert; 11. P. de Klerk; 12. D. Charlton (74. W); 13. J. Rindt (73. M)

Ausfälle: J. Surtees (61. M); J. Ickx (61. M); G. Eaton (59. M); J. Servoz-Gavin (58. M); P. Courage (40. U); B. McLaren (40. M); M. Andretti (27. M); R. Stommelen (24. M); J. Oliver (23. G); C. Amon (15. M)

(2) 19.04.1970 GP Spanien – Jarama
1. R.: J. Brabham (P); D. Hulme; J. Stewart

1. Jackie Stewart	March-Ford	2:10.58,200
2. Bruce McLaren	McLaren-Ford	- 1 Runde
3. Mario Andretti	March-Ford	- 1 Runde
4. Graham Hill	Lotus-Ford	- 1 Runde
5. Johnny Servoz-Gavin	March-Ford	- 2 Runden

Ausfälle: J. Surtees (77. G); J. Brabham (62. M); R. Stommelen (44. M) H. Pescarolo (34. M); J.-P. Beltoise (32. M); C. Amon (11. W/M); D. Hulme (11. W); J. Rindt (10. W); P. Rodriguez (5. W); J. Ickx (1. U); J. Oliver (1. U)

N. gest.: P. Courage (U)

(3) 10.05.1970 GP Monaco – Monte Carlo
1. R.: J. Stewart (P); C. Amon

1. Jochen Rindt	Lotus-Ford	1:54.36,600
2. Jack Brabham	Brabham-Ford	- 23,100
3. Henri Pescarolo	Matra	- 51,400
4. Denis Hulme	McLaren-Ford	- 1.28,300
5. Graham Hill	Lotus-Ford	- 1 Runde
6. Pedro Rodriguez	BRM	- 2 Runden

7. R. Peterson; 8. J. Siffert (A 77. W)

Ausfälle: C. Amon (61. W); J. Stewart (58. M); J. Oliver (43. M); J.-P. Beltoise (22. W); B. McLaren (20. U); J. Surtees (15. W); J. Ickx (12. W)

N. gew.: P. Courage (58 Runden)

(4) 07.06.1970 GP Belgien – Spa-Francorchamps
1. R.: J. Stewart (P); J. Rindt; C. Amon

1. Pedro Rodriguez	BRM	1:38.09,900
2. Chris Amon	March-Ford	- 1,100
3. Jean-Pierre Beltoise	Matra	- 1.43,700
4. Ignazio Giunti	Ferrari	- 2.38,500
5. Rolf Stommelen	Brabham-Ford	- 3.31,800
6.Henri Pescarolo	Matra	- 1 Runde

7. J. Siffert; 8. J. Ickx

Ausfälle: H. Pescarolo (28. W); J. Siffert (27. W); J. Brabham (20. W); G. Hill (20. M); J. Stewart (15. M); J. Miles (14. G); J. Rindt (11. W); J. Oliver (8. M); P. Courage (5. W); D. Bell (2. W)

N. gew.: R. Peterson (20 Runden)

(5) 21.06.1970 GP Niederlande – Zandvoort
1. R.: J. Rindt (P); J. Stewart; J. Ickx

1. Jochen Rindt	Lotus-Ford	1:50.43,410
2. Jackie Stewart	March-Ford	- 30,000
3. Jacky Ickx	Ferrari	- 1 Runde
4. Clay Regazzoni	Ferrari	- 1 Runde
5. Jean-Pierre Beltoise	Matra	- 1 Runde
6. John Surtees	McLaren-Ford	- 1 Runde

7. J. Miles; 8. H. Pescarolo; 9. R. Peterson; 10. P. Rodriguez; 11. J. Brabham

Ausfälle: F. Cevert (32. W); G. Eaton (27. W); J. Oliver (24. M); P. Courage (23. tödl. U); J. Siffert (23. M); P. Gethin (19. U); D. Gurney (3. W); C. Amon (2. W)

N. gew.: G. Hill (9 Runden)

(6) 05.07.1970 GP Frankreich – Clermont-Ferrand
1. R.: J. Ickx (P); J.-P. Beltoise

1. Jochen Rindt	Lotus-Ford	1:55.57,000
2. Chris Amon	March-Ford	- 7,610
3. Jack Brabham	Brabham-Ford	- 44,830
4. Denis Hulme	McLaren-Ford	- 45,660
5. Henri Pescarolo	Matra	- 1.19,420
6. Dan Gurney	McLaren-Ford	- 1.19,650

7. R. Stommelen; 8. J. Miles; 9. J. Stewart; 10. G. Hill; 11. F. Cevert; 12. G. Eaton; 13. J.-P. Beltoise; 14. I. Giunti

Ausfälle: J.-P. Beltoise (36. W); J. Siffert (24. U); R. Peterson (18. W); J. Ickx (17. M); P. Rodriguez (7. G); J. Oliver (6. W)

N. gew.: A. de Adamich (9 Runden zurück)

(7) 18.07.1970 GP England – Brands Hatch
1. R.: J. Rindt (P); J. Brabham; J. Ickx

1. Jochen Rindt	Lotus-Ford	1:57.02,000
2. Jack Brabham	Brabham-Ford	- 32,900
3. Denis Hulme	McLaren-Ford	- 54,400
4. Clay Regazzoni	Ferrari	- 54,800
5. Chris Amon	March-Ford	- 1 Runde
6. Graham Hill	Lotus-Ford	- 1 Runde

7. F. Cevert; 8. E. Fittipaldi; 9. R. Peterson

Ausfälle: D. Gurney (61. W); P. Rodriguez (59. U); J. Oliver (55. M); J. Stewart (53. W/F); J. Surtees (52. W); H. Pescarolo (42. U); J.-P. Beltoise (25. W); M. Andretti (22. W); J. Siffert (20. W); J. Miles (16. W); G. Eaton (11. W); J. Ickx (7. W)

N. gew.: P. Lovely

N. gest.: A. de Adamich (W); R. Stommelen (U); B. Redman (W)

(8) 02.08.1970 GP Deutschland – Hockenheim
1. R.: J. Ickx (P); J. Rindt

1. Jochen Rindt	Lotus-Ford	1:42.00,300
2. Jacky Ickx	Ferrari	- 0,700
3. Denis Hulme	McLaren-Ford	- 1.21,800
4. Emerson Fittipaldi	Lotus-Ford	- 1.55,100
5. Rolf Stommelen	Brabham-Ford	- 1 Runde
6. Henri Pescarolo	Matra	- 1 Runde

7. F. Cevert; 8. J. Siffert (48. M); 9. J. Surtees (47. M)

Ausfälle: G. Hill (38. M); C. Amon (35. M); C. Regazzoni (31. M); J. Miles (25. M); J. Stewart (21. M); M. Andretti (16. W); R. Peterson (12. M); P. Rodriguez (8. W); J. Oliver (6. M); J. Brabham (5. W); J.-P. Beltoise (5. W); P. Gethin (4. M)

(9) 16.08.1970 GP Österreich – Österreichring
1. R.: J. Rindt (P); C. Regazzoni

1. Jacky Ickx	Ferrari	1:42.17,320
2. Clay Regazzoni	Ferrari	- 0,610
3. Rolf Stommelen	Brabham-Ford	- 1.27,880
4. Pedro Rodriguez	BRM	- 1 Runde
5. Jackie Oliver	BRM	- 1 Runde
6. Jean-Pierre Beltoise	Matra	- 1 Runde

7. I. Giunti; 8. C. Amon; 9. J. Siffert; 10. P. Gethin; 11. G. Eaton; 12. A. de Adamich; 13. J. Brabham; 14. H. Pescarolo; 15. E. Fittipaldi

Ausfälle: D. Hulme (31. M); J. Surtees (28. M); T. Schenken (26. M); J. Rindt (22. M); S. Moser (14. W); M. Andretti (14. M); J. Stewart (8. W); J. Miles (5. W); F. Cevert (1. M)

(10) 06.09.1970 GP Italien – Monza
1. R.: J. Ickx (P); P. Rodriguez

1. Clay Regazzoni	Ferrari	1:39.06,880
2. Jackie Stewart	March-Ford	- 5,730
3. Jean-Pierre Beltoise	Matra	- 5,800
4. Denis Hulme	McLaren-Ford	- 6,150
5. Rolf Stommelen	Brabham-Ford	- 6,410
6. François Cevert	March-Ford	- 1.03,460

7. C. Amon; 8. A. de Adamich

Ausfälle: J. Oliver (37. M); R. Peterson (36. M); J. Brabham (32. M/U); J. Ickx (26. W); G. Eaton (22. M); T. Schenken (18. M); H. Pescarolo (15. W); I. Giunti (15. W); P. Rodriguez (13. M); J. Siffert (4. M); J. Surtees (1. W)

N. gew.: P. Gethin (8 Runden zurück)

Alle Rennergebnisse

N. gest.: J. Rindt (tödl. U); G. Hill (A nach Rindt U); J. Miles (A nach Rindt U); E. Fittipaldi (A nach Rindt U)

(11) 20.09.1970 GP Kanada – Mont-Tremblant
1. R.: J. Stewart (P); J. Ickx

1. Jacky Ickx	Ferrari	2:21.18,400
2. Clay Regazzoni	Ferrari	- 14,800
3. Chris Amon	March-Ford	- 57,900
4. Pedro Rodriguez	BRM	- 1 Runde
5. John Surtees	Surtees-Ford	- 1 Runde
6. Peter Gethin	McLaren-Ford	- 2 Runden

7. H. Pescarolo; 8. J.-P. Beltoise; 9. F. Cevert; 10. G. Eaton

Ausfälle: A. de Adamich (70. W); D. Hulme (60. W); J. Brabham (58. W); J. Stewart (32. W); R. Stommelen (24. W); J. Siffert (23. M)

N. gew.: T. Schenken; G. Hill; R. Peterson; J. Oliver

(12) 04.10.1970 GP USA – Watkins Glen
1. R.: J. Ickx (P); J. Stewart

1. Emerson Fittipaldi	Lotus-Ford	1:57.32,790
2. Pedro Rodriguez	BRM	- 36,390
3. Reine Wisell	Lotus-Ford	- 45,170
4. Jacky Ickx	Ferrari	- 1 Runde
5. Chris Amon	March-Ford	- 1 Runde
6. Derek Bell	Surtees-Ford	- 1 Runde

7. D. Hulme; 8. H. Pescarolo; 9. J. Siffert; 10. J. Brabham; 11. R. Peterson; 12. R. Stommelen; 13. C. Regazzoni; 14. P. Gethin

Ausfälle: J. Stewart (83. W); G. Hill (73. W); F. Cevert (63. W); T. Schenken (62. W); J. Bonnier (51. W); J.-P. Beltoise (28. W); G. Hutchinson (22. U/W); J. Oliver (15. M); G. Eaton (11. M); J. Surtees (7. W)

(13) 25.10.1970 GP Mexiko – Mexiko Stadt
1. R.: C. Regazzoni (P); J. Stewart

1. Jacky Ickx	Ferrari	1:53.28,360
2. Clay Regazzoni	Ferrari	- 45,460
3. Denis Hulme	McLaren-Ford	- 45,970
4. Chris Amon	March-Ford	- 47,050
5. Jean-Pierre Beltoise	Matra	- 50,110
6. Pedro Rodriguez	BRM	- 1.24,760

7. J. Oliver; 8. J. Surtees; 9. H. Pescarolo

Ausfälle: J. Brabham (53. W); J. Stewart (34. W); P. Gethin (28. M); R. Stommelen (16. W); F. Cevert (9. M); G. Hill (5. M); J. Siffert (4. M); E. Fittipaldi (2. M)

N. gew.: R. Wisell

1971

(1) 06.03.1971 GP Südafrika – Kyalami
1. R.: J. Stewart (P); C. Amon; C. Regazzoni

1. Mario Andretti	Ferrari	1:47.35,500
2. Jackie Stewart	Tyrrell-Ford	- 20,900
3. Clay Regazzoni	Ferrari	- 31,400
4. Reine Wisell	Lotus-Ford	- 1.09,400
5. Chris Amon	Matra	- 1 Runde
6. Denis Hulme	McLaren-Ford	- 1 Runde

7. B. Redman; 8. J. Ickx; 9. G. Hill; 10. R. Peterson; 11. H. Pescarolo; 12. R. Stommelen; 13. A. de Adamich

Ausfälle: E. Fittipaldi (59. M); J. Surtees (57. G); F. Cevert (46. U); H. Ganley (43. Fahrer krank); P. Rodriguez (34. M); J. Siffert (32. M); D. Charlton (32. M); J. Love (31. W); J. Pretorius (23. W); P. Gethin (8. W); J. Bonnier (6. W); A. Soler-Roig (6. M)

(2) 18.04.1971 GP Spanien – Montjuich Park
1. R.: J. Ickx (P); C. Regazzoni; C. Amon

1. Jackie Stewart	Tyrrell-Ford	1:49.03,400
2. Jacky Ickx	Ferrrari	- 3,400
3. Chris Amon	Matra	- 58,100
4. Pedro Rodriguez	BRM	- 1.17,900
5. Denis Hulme	McLaren-Ford	- 1.27,000
6. Jean-Pierre Beltoise	Matra	- 1 Runde

7. F. Cevert; 8. P. Gethin; 9. T. Schenken; 10. H. Ganley; 11. J. Surtees

Ausfälle: E. Fittipaldi (55. W); H. Pescarolo (54. M); M. Andretti (51. W); A. Soler-Roig (47. W); A. de Adamich (27. W); R. Peterson (25. W); C. Regazzoni (14. M); R. Stommelen (10. W); G. Hill (6. W); J. Siffert (6. W)

N. gew.: R. Wisell

(3) 23.05.1971 GP Monaco – Monte Carlo
1. R.: J. Stewart (P); J. Ickx

1. Jackie Stewart	Tyrrell-Ford	1:52.21,300
2. Ronnie Peterson	March-Ford	- 25,600
3. Jacky Ickx	Ferrari	- 53,300
4. Denis Hulme	McLaren-Ford	- 1.06,700
5. Emerson Fittipaldi	Lotus-Ford	- 1 Runde
6. Rolf Stommelen	Surtees-Ford	- 1 Runde

7. J. Surtees; 8. H. Pescarolo; 9. P. Rodriguez; 10. T. Schenken

Ausfälle: J. Siffert (59. W); J.-P. Beltoise (48. W); C. Amon (46. W); C. Regazzoni (25. U); P. Gethin (23. U); R. Wisell (22. W); F. Cevert (6. W/U); G. Hill (2. U)

(4) 20.06.1971 GP Niederlande – Zandvoort
1. R.: J. Ickx (P); P. Rodriguez; J. Stewart

1. Jacky Ickx	Ferrari	1:56.20,090
2. Pedro Rodriguez	BRM	- 7,990
3. Clay Regazzoni	Ferrari	- 1 Runde
4. Ronnie Peterson	March-Ford	- 2 Runden
5. John Surtees	Surtees-Ford	- 2 Runden
6. Joseph Siffert	BRM	- 2 Runden

7. H. Ganley; 8. G. van Lennep; 9. J.-P. Beltoise; 10. G. Hill; 11. J. Stewart; 12. D. Hulme

Ausfälle: A. Soler-Roig (58. M); T. Schenken (40. W); F. Cevert (30. U); N. Galli (8. U); D. Walker (7. U); M. Andretti (6. W); C. Amon (3. D/M)

Disq.: R. Stommelen (20. unerlaubte Starthilfe nach D); R. Wisell (Boxenstopp)

N. gew.: H. Pescarolo; S. Barber; P. Gethin

(5) 04.07.1971 GP Frankreich – Le Castellet
1. R.: J. Stewart (P); C. Regazzoni; J. Ickx

1. Jackie Stewart	Tyrrell-Ford	1:46.41,680
2. François Cevert	Tyrrell-Ford	- 28,120
3. Emerson Fittipaldi	Lotus-Ford	- 34,070
4. Joseph Siffert	BRM	- 37,170
5. Chris Amon	Matra	- 41,080
6. Reine Wisell	Lotus-Ford	- 1.16,020

7. J.-P. Beltoise; 8. J. Surtees; 9. P. Gethin; 10. H. Ganley; 11. R. Stommelen; 12. T. Schenken (A 51. W); 13. F. Mazet

Ausfälle: H. Pescarolo (46. G); G. Hill (35. W); A. de Adamich (32. M); P. Rodriguez (28. W); C. Regazzoni (21. D/W); R. Peterson (20. M); D. Hulme (17. W); J. Ickx (5. M); A. Soler-Roig (5. W)

N. gew.: J. Max

N. gest.: N. Galli (Soler-Roig fuhr den Wagen)

(6) 17.07.1971 GP England – Silverstone
1. R.: C. Regazzoni (P); J.Stewart; J. Siffert

1. Jackie Stewart	Tyrrell-Ford	1:31.31,500
2. Ronnie Peterson	March-Ford	- 36,100
3. Emerson Fittipaldi	Lotus-Ford	- 50,500
4. Henri Pescarolo	March-Ford	- 1 Runde
5. Rolf Stommelen	Surtees-Ford	- 1 Runde
6. John Surtees	Surtees-Ford	- 1 Runde

7. J.-P. Beltoise; 8. H. Ganley; 9. J. Siffert; 10. F. Cevert; 11. N. Galli; 12. T. Schenken (A 64. G)

Ausfälle: P. Gethin (54. M); J. Ickx (52. M); C. Regazzoni (49. W); C. Amon (36. W); D. Hulme (33. M); D. Bell (24. W); M. Beuttler (22. W); D. Charlton (2. M); J. Oliver (1. U); G. Hill (1. U)

N. gew.: R. Wisell; A. de Adamich

(7) 01.08.1971 GP Deutschland – Nürburgring
1. R.: J. Stewart (P); J. Ickx

1. Jackie Stewart	Tyrrell-Ford	1:29.15,700
2. François Cevert	Tyrrell-Ford	- 30,100
3. Clay Regazzoni	Ferrari	- 37,100
4. Mario Andretti	Ferrari	- 2.05,000
5. Ronnie Peterson	March-Ford	- 2.29,100
6. Tim Schenken	Brabham-Ford	- 2.58,600

7. J. Surtees; 8. R. Wisell; 9. G. Hill; 10. R. Stommelen; 11. V. Elford; 12. N. Galli

Ausfälle: E. Fittipaldi (9. W); J. Siffert (7. W); C. Amon (7. U); P. Gethin (6. U/W); H. Pescarolo (6. W); D. Hulme (4. W); A. de Adamich (3. W); H. Ganley (3. M); J. Ickx (2. U)

Disq.: M. Beuttler (falscher Weg zu den Boxen)

(8) 15.08.1971 GP Österreich – Österreichring
1. R.: J. Siffert (P); J. Stewart

1. Joseph Siffert	BRM	1:30.23,910
2. Emerson Fittipaldi	Lotus-Ford	- 4,120
3. Tim Schenken	Brabham-Ford	- 19,770
4. Reine Wisell	Lotus-Ford	- 31,870
5. Graham Hill	Brabham-Ford	- 48,430
6. Henri Pescarolo	March-Ford	- 1.24,510

7. R. Stommelen; 8. R. Peterson; 9. J. Oliver; 10. P. Gethin; 11. H. Marko; 12. N. Galli

Ausfälle: F. Cevert (43. M); J. Stewart (36. W); J. Ickx (32. W); N. Lauda (21. W); J. Surtees (13. M); C. Regazzoni (9. M); H. Ganley (7. W); D. Hulme (5. M)

N. gew.: M. Beuttler

N. gest.: J. Bonnier (W)

(9) 05.09.1971 GP Italien – Monza
1. R.: C. Amon (P); J. Ickx

1. Peter Gethin	BRM	1:18.12,600
2. Ronnie Peterson	March-Ford	- 0,010
3. François Cevert	Tyrrell-Ford	- 0,090
4. Mike Hailwood	Surtees-Ford	- 0,180
5. Howden Ganley	BRM	- 0,610
6. Chris Amon	Matra	- 32,360

7. J. Oliver; 8. E. Fittipaldi; 9. J. Siffert; 10. J. Bonnier

Ausfälle: G. Hill (48. G); M. Beuttler (42. M); H. Pescarolo (41. W); A. de Adamich (34. M); C. Regazzoni (18. M); J. Ickx (16. M); J. Stewart (16. M); N. Galli (12. W); S. Moser (6. W); T. Schenken (6. W); H. Marko (4. M); J. Surtees (4. M)

N. gew.: J.-P. Jarier

N. gest.: R. Stommelen (U)

(10) 19.09.1971 GP Kanada – Mosport Park
1. R.: J. Stewart (P); J. Siffert; F. Cevert

1. Jackie Stewart	Tyrrell-Ford	1:55.12,900
2. Ronnie Peterson	March-Ford	- 38,300
3. Mark Donohue	McLaren-Ford	- 1.35,800
4. Denis Hulme	McLaren-Ford	- 1 Runde
5. Reine Wisell	Lotus-Ford	- 1 Runde
6. François Cevert	Tyrrell-Ford	- 2 Runden

7. E. Fittipaldi; 8. J. Ickx; 9. J. Siffert; 10. C. Amon; 11. J. Surtees; 12. H. Marko; 13. M. Andretti; 14. P. Gethin; 15. G. Eaton; 16. N. Galli

Ausfälle: R. Stommelen (27. W); J.-P. Beltoise (16. U); S. Barber (14. W); C. Regazzoni (8. U); G. Hill (3. U); T. Schenken (2. W)

N. gew.: M. Beuttler; P. Lovely

N. gest.: H. Ganley (U); C. Craft (M); H. Pescarolo (verletzt)

(11) 03.10.1971 GP USA – Watkins Glen
1. R.: J. Stewart (P); E. Fittipaldi; D. Hulme

1. François Cevert	Tyrrell-Ford	1:43.51,991
2. Joseph Siffert	BRM	- 40,062
3. Ronnie Peterson	March-Ford	- 44,070
4. Howden Ganley	BRM	- 56,749
5. Jackie Stewart	Tyrrell-Ford	- 1.00,003
6. Clay Regazzoni	Ferrari	- 1.16,426

7. G. Hill; 8. J.-P. Beltoise; 9. P. Gethin; 10. D. Hobbs; 11. A. de Adamich; 12. C. Amon; 13. H. Marko; 14. J. Cannon; 15. M. Hailwood (A 55. W/U); 16. J. Bonnier (A 55. W/U); 17. J. Surtees

Ausfälle: J. Ickx (50. W); D. Hulme (48. U); T. Schenken (42. M); C. Craft (31. W); H. Pescarolo (24. W); S. Posey (16. W); N. Galli (12. W); R. Wisell (6. W/U); P. Revson (2. W)

N. gew.: S. Barber; E. Fittipaldi; P. Lovely

N. gest.: M. Andretti ; M. Donohue (fuhren andere Rennen); G. van Lennep (Posey fuhr den Wagen)

1972

(1) 23.01.1972 GP Argentinien – Buenos Aires
1. R.: C. Reutemann (P); J. Stewart

1. Jackie Stewart	Tyrrell-Ford	1:57.58,820
2. Denis Hulme	McLaren-Ford	- 25,960
3. Jacky Ickx	Ferrari	- 59,390
4. Clay Regazzoni	Ferrari	- 1.06,720
5. Tim Schenken	Surtees-Ford	- 1.09,110
6. Ronnie Peterson	March-Ford	- 1 Runde

7. C. Reutemann; 8. H. Pescarolo; 9. H. Ganley; 10. H. Marko; 11. N. Lauda

Ausfälle: E. Fittipaldi (62. W); R. Wisell (60. W); F. Cevert (60. G); P. Revson (51. D/W/M); M. Andretti (21. M); G. Hill (12. W); A. de Adamich (12. W); P. Gethin (2. U); A. Soler-Roig (2. M/U); C. Amon (0 G)

Disq.: D. Walker

(2) 04.03.1972 GP Südafrika – Kyalami
1. R.: J. Stewart (P); C. Regazzoni; E. Fittipaldi

1. Denis Hulme	McLaren-Ford	1:45.49,100
2. Emerson Fittipaldi	Lotus-Ford	- 14,100
3. Peter Revson	McLaren-Ford	- 25,800
4. Mario Andretti	Ferrari	- 38,500
5. Ronnie Peterson	March-Ford	- 49,000
6. Graham Hill	Brabham-Ford	- 1 Runde

7. N. Lauda; 8. J. Ickx; 9. F. Cevert; 10. D. Walker; 11. H. Pescarolo; 12. C. Regazzoni; 13. R. Stommelen; 14. H. Marko; 15. C. Amon; 16. J. Love (A 74. W/U); 17. C. Pace

Ausfälle: J.-P. Beltoise (61. W); J. Stewart (46. G); M. Hailwood (29. W) C. Reutemann (28. W); T. Schenken (10. W/M); D. Charlton (3. W)

N. gew.: H. Ganley; A. de Adamich; P. Gethin

N. gest.: W. Ferguson (M)

(3) 01.05.1972 GP Spanien – Jarama
1. R.: J. Ickx (P); D. Hulme; E. Fittipaldi

1. Emerson Fittipaldi	Lotus-Ford	2:03.41,230
2. Jacky Ickx	Ferrari	- 18,920
3. Clay Regazzoni	Ferrari	- 1 Runde
4. Andrea de Adamich	Surtees-Ford	- 1 Runde
5. Peter Revson	McLaren-Ford	- 1 Runde
6. Carlos Pace	March-Ford	- 1 Runde

7. W. Fittipaldi; 8. T. Schenken; 9. D. Walker (A 88. W); 10. G. Hill; 11. H. Pescarolo

Ausfälle: J. Stewart (70. U); C. Amon (67. G); F. Cevert (66. W); P. Gethin (66. M); D. Hulme (49. G); H. Ganley (39. M); R. Wisell (25. U); M. Andretti (24. W); M. Hailwood (21. W); R. Peterson (17. U); R. Stommelen (16. U); J.-P. Beltoise (10. W); N. Lauda (8. M); A. Soler-Roig (7. G/U)

(4) 14.05.1972 GP Monaco – Monte Carlo
1. R.: E. Fittipaldi (P); J. Ickx

1. Jean-Pierre Beltoise	BRM	2:26.54,700
2. Jacky Ickx	Ferrari	- 38,200
3. Emerson Fittipaldi	Lotus-Ford	- 1 Runde
4. Jackie Stewart	Tyrrell-Ford	- 2 Runden
5. Brian Redman	McLaren-Ford	- 3 Runden
6. Chris Amon	Matra	- 3 Runden

7. A. de Adamich; 8. H. Marko; 9. W. Fittipaldi; 10. R. Stommelen; 11. R. Peterson; 12. G. Hill; 13. M. Beuttler; 14. D. Walker; 15. D. Hulme; 16. N. Lauda; 17. C. Pace

Ausfälle: H. Pescarolo (59. U); C. Regazzoni (52. U); M. Hailwood (49. U); H. Ganley (48. U); T. Schenken (32. U); R. Wisell (17. M)

Disq: P. Gethin (U)

N. gew.: F. Cevert

(5) 04.06.1972 GP Belgien – Nivelles-Baulers
1. R.: E. Fittipaldi (P); C. Regazzoni; D. Hulme

1. Emerson Fittipaldi	Lotus-Ford	1:44.06,700
2. François Cevert	Tyrrell-Ford	- 26,600
3. Denis Hulme	McLaren-Ford	- 58,100
4. Mike Hailwood	Surtees-Ford	- 1.12,000
5. Carlos Pace	March-Ford	- 1 Runde
6. Chris Amon	Matra	- 1 Runde

7. P. Revson; 8. H. Ganley; 9. R. Peterson; 10. H. Marko; 11. R. Stommelen; 12. N. Lauda; 13. C. Reutemann; 14. D. Walker

Ausfälle: G. Hill (74. W); C. Regazzoni (58. U); A. de Adamich (56. W); N. Galli (55. U/W); J. Ickx (48. W); M. Beuttler (32. W); W. Fittipaldi (29. G); P. Gethin (28. W); J.-P. Beltoise (16. M); T. Schenken (12. M)

N. gew.: H. Pescarolo

N. gest.: V. Schuppan (Marko fuhr den Wagen)

(6) 02.07.1972 GP Frankreich – Clermont-Ferrand
1. R.: C. Amon (P); D. Hulme

1. Jackie Stewart	Tyrrell-Ford	1:52.21,500
2. Emerson Fittipaldi	Lotus-Ford	- 27,700
3. Chris Amon	Matra	- 31,900
4. Francois Cevert	Tyrrell-Ford	- 49,300
5. Ronnie Peterson	March-Ford	- 56,800
6. Mike Hailwood	Surtees-Ford	- 1.36,100

7. D. Hulme; 8. W. Fittipaldi; 9. B. Redman; 10. G. Hill; 11. J. Ickx; 12. C. Reutemann; 13. N. Galli; 14. A. de Adamich; 15. J.-P. Beltoise; 16. R. Stommelen; 17. T. Schenken; 18. D. Walker (A 35. W)

Ausfälle: M. Beuttler (34. W); R. Wisell (26. W); C. Pace (19. M); H. Marko (9. A); N. Lauda (5. W)

N. gew.: P. Depailler

N. gest.: H. Pescarolo (U); H. Ganley (Beltoise fuhr den Wagen); P. Gethin (U); D. Bell (W); D. Charlton (W)

(7) 15.07.1972 GP England – Brands Hatch
1. R.: J. Ickx (P); E. Fittipaldi

1. Emerson Fittipaldi	Lotus-Ford	1:47.50,200
2. Jackie Stewart	Tyrrell-Ford	- 4,100
3. Peter Revson	McLaren-Ford	- 1.12,500
4. Chris Amon	Matra	- 1 Runde
5. Denis Hulme	McLaren-Ford	- 1 Runde
6. Artur Merzario	Ferrari	- 1 Runde

7. R. Peterson (A 75. W); 8. C. Reutemann; 9. N. Lauda; 10. R. Stommelen; 11. J.-P. Beltoise; 12. W. Fittipaldi (A 70. W); 13. M. Beuttler

Ausfälle: T. Schenken (65. W); F. Cevert (61. U); D. Walker (60. W); J. Ickx (50. W); G. Hill (48. U); C. Pace (40. W); J. Oliver (37. W); M. Hailwood (32. W); D. Charlton (22. W); N. Galli (10. U); H. Pescarolo (8. W/U); P. Gethin (6. M); A. de Adamich (4. U)

N. gest.: F. Migault (W)

(8) 30.07.1972 GP Deutschland – Nürburgring
1. R.: J. Ickx (P); J. Stewart

1. Jacky Ickx	Ferrari	1:42.12,300
2. Clay Regazzoni	Ferrari	- 48,300
3. Ronnie Peterson	March-Ford	- 1.06,700
4. Howden Ganley	BRM	- 2.20,200
5. Brian Redman	McLaren-Ford	- 2.35,700
6. Graham Hill	Brabham-Ford	- 2.59,600

7. W. Fittipaldi; 8. M. Beuttler; 9. J.-P. Beltoise; 10. F. Cevert; 11. J. Stewart (A 14. U); 12. A. Merzario; 13. A. de Adamich; 14. T. Schenken; 15. C. Amon

Abkürzungen

A	= Aufgabe	W	= Wagen
D	= Dreher	Disq.	= Disqualifziert
F	= Feuer	N. gew.	= Nicht gewertet
G	= Getriebe	N. gest.	= Nicht gestartet
M	= Motor defekt	1. R.	= 1. Reihe
U	= Unfall	(P)	= Pole Position

Ausfälle: H. Pescarolo (11. U); E. Fittipaldi (11. G); D. Hulme (9. M); M. Hailwood (9. W); C. Reutemann (7. W); R. Stommelen (7. W); D. Walker (7. W); D. Bell (5. W); D. Charlton (5. A); N. Lauda (5. W); R. Wisell (4. M)

N. gew.: C. Pace

9 13.08.1972 GP Österreich – Österreichring
1. R.: E. Fittipaldi (P); C. Regazzoni

1. Emerson Fittipaldi	Lotus-Ford	1:29.16,660
2. Denis Hulme	McLaren-Ford	- 1,180
3. Peter Revson	McLaren-Ford	- 36,530
4. Mike Hailwood	Surtees-Ford	- 44,760
5. Chris Amon	Matra	- 45,640
6. Howden Ganley	BRM	- 1.01,190

7. J. Stewart; 8. J.-P. Beltoise; 9. F. Cevert; 10. N. Lauda; 11. T. Schenken; 12. R. Peterson; 13. P. Gethin; 14. A. de Adamich; 15. R. Stommelen

Ausfälle: G. Hill (37. W); W. Fittipaldi (32. W); M. Beuttler (25. W); F. Migault (23. W); J. Ickx (21. W); C. Reutemann (15. W); C.Regazzoni (14. W); D. Walker (7. M)

N. gew.: C. Pace; N. Galli

N. gest.: H. Pescarolo (U)

10 10.09.1972 GP Italien – Monza
1. R.: J. Ickx (P); C. Amon

1. Emerson Fittipaldi	Lotus-Ford	1:29.58,400
2. Mike Hailwood	Surtees-Ford	- 14,500
3. Denis Hulme	McLaren-Ford	- 23,800
4. Peter Revson	McLaren-Ford	- 35,700
5. Graham Hill	Brabham-Ford	- 1.05,600
6. Peter Gethin	BRM	- 1.21,900

7. M. Andretti; 8. J.-P. Beltoise; 9. R. Peterson; 10. M. Beuttler; 11. H. Ganley; 12. R. Wisell; 13. N. Lauda

Ausfälle: J. Ickx (47. W); C. Amon (39. W); A. de Adamich (34. W); J. Surtees (21. W); T. Schenken (21. W/U); W. Fittipaldi (21. W); C. Regazzoni (17. U); C. Pace (16. U); C. Reutemann (15. W); F. Cevert (15. M); N. Galli (7. M); J. Stewart (1. W)

11 24.09.1972 GP Kanada – Mosport Park
1. R.: P. Revson (P); D. Hulme; R. Peterson

1. Jackie Stewart	Tyrrell-Ford	1:43.16,900
2. Peter Revson	McLaren-Ford	- 48,200
3. Denis Hulme	McLaren-Ford	- 54,600
4. Carlos Reutemann	Brabham-Ford	- 1.00,700
5. Clay Regazzoni	Ferrari	- 1.07,000
6. Chris Amon	Matra	- 1 Runde

7. T. Schenken; 8. G. Hill; 9. C. Pace (A 79. W); 10. H. Ganley; 11. E. Fittipaldi; 12. J. Ickx; 13. H. Pescarolo

Ausfälle: R. Wisell (66. M); F. Cevert (52. G); P. Gethin (26. W); J.-P. Beltoise (22. W); B. Brack (21. D); W. Fittipaldi (6. G); A. de Adamich (3. G)

Disq.: N. Lauda (64. unerlaubte Starthilfe); R. Peterson (61. unerlaubte Starthilfe)

N. gew.: M. Beuttler; S. Barber

N. gest.: D. Bell (U)

12 08.10.1972 GP USA – Watkins Glen
1. R.: J. Stewart (P); P. Revson; D. Hulme

1. Jackie Stewart	Tyrrell-Ford	1:41.45,354
2. François Cevert	Tyrrell-Ford	- 32,268
3. Denis Hulme	McLaren-Ford	- 37,528
4. Ronnie Peterson	March-Ford	- 1.22,516
5. Jacky Ickx	Ferrari	- 1.23,119
6. Mario Andretti	Ferrari	- 1 Runde

7. P. Depailler; 8. C. Regazzoni; 9. J. Scheckter; 10. R. Wisell; 11. G. Hill; 12. S. Posey; 13. M. Beuttler; 14. H. Pescarolo; 15. C. Amon; 16. S. Barber; 17. M. Hailwood (A 57. W); 18. P. Revson (A 55. W)

Ausfälle: C. Pace (49. W); P. Gethin (48. M); H. Ganley (45. M); D. Walker (45. W); W. Fittipaldi (44. M); J.-P. Beltoise (41. W); B. Redman (35. M); C. Reutemann (32. M); A. de Adamich (26. W); T. Schenken (23. W); E. Fittipaldi (18. W); D. Bell (9. M)

N. gew.: N. Lauda

N. gest.: J. Surtees (M)

1973

1 28.01.1973 GP Argentinien – Buenos Aires
1. R.: C. Regazzoni (P); E. Fittipaldi

1. Emerson Fittipaldi	Lotus-Ford	1:56.18,220
2. François Cevert	Tyrrell-Ford	- 4,690
3. Jackie Stewart	Tyrrell-Ford	- 33,190
4. Jacky Ickx	Ferrari	- 42,570
5. Denis Hulme	McLaren-Ford	- 1 Runde
6. Wilson Fittipaldi	Brabham-Ford	- 1 Runde

7. C. Regazzoni; 8. P. Revson; 9. A. Merzario; 10. M. Beuttler (A 91. W)

Ausfälle: J.-P. Jarier (85. W); J.-P. Beltoise (80. M); R. Peterson (67. W) N. Lauda (67. W); C. Reutemann (17. G); C. Pace (11. W); M. Hailwood (11. W); N. Galli (1. M)

N. gew.: H. Ganley

2 11.02.1973 GP Brasilien – Interlagos
1. R.: R. Peterson (P); E. Fittipaldi; J. Ickx

1. Emerson Fittipaldi	Lotus-Ford	1:43.55,600
2. Jackie Stewart	Tyrrell-Ford	- 13,500
3. Denis Hulme	McLaren-Ford	- 1.46,400
4. Arturo Merzario	Ferrari	- 1 Runde
5. Jacky Ickx	Ferrari	- 1 Runde
6. Clay Regazzoni	BRM	- 1 Runde

7. H. Ganley; 8. N. Lauda; 9. N. Galli; 10. F. Cevert; 11. C. Reutemann; 12. L. Bueno

Ausfälle: J.-P. Beltoise (24. W); M. Beuttler (19. M); C. Pace (9. W); M. Hailwood (7. G); J.-P. Jarier (6. G); R. Peterson (6. W); W. Fittipaldi (6. M); P. Revson (4. G)

3 03.03.1973 GP Südafrika – Kyalami
1. R.: D. Hulme (P); E. Fittipaldi; J. Scheckter

1. Jackie Stewart	Tyrrell-Ford	1:43.11,070
2. Peter Revson	McLaren-Ford	- 24,550
3. Emerson Fittipaldi	Lotus-Ford	- 25,060
4. Arturo Merzario	Ferrari	- 1 Runde
5. Denis Hulme	McLaren-Ford	- 2 Runden
6. George Follmer	Shadow-Ford	- 2 Runden

7. C. Reutemann; 8. A. de Adamich; 9. J. Scheckter (A 76. M); 10. H. Ganley; 11. R. Peterson

Ausfälle: C. Pace (70. W/U); W. Fittipaldi (53. W); J. Pretorius (36. M); N. Lauda (27. M); J. Oliver (15. M); J.-P. Beltoise (5. W); D. Charlton (4. U); J. Ickx (3. U); C. Regazzoni (3. U); M. Hailwood (3. U)

N. gew.: E. Keizan; J.-P. Jarier; F. Cevert; M. Beuttler

4 29.04.1973 GP Spanien – Montjuich Park
1. R.: R. Peterson (P); D. Hulme

1. Emerson Fittipaldi	Lotus-Ford	1:48.18,700
2. François Cevert	Tyrrell-Ford	- 42,700
3. George Follmer	Shadow-Ford	- 1.13,100
4. Peter Revson	McLaren-Ford	- 1 Runde
5. J.-P. Beltoise	BRM	- 1 Runde
6. Denis Hulme	McLaren-Ford	- 1 Runde

7. M. Beuttler; 8. H. Pescarolo; 9. C. Regazzoni; 10. W. Fittipaldi; 11. N. Galli; 12. J. Ickx

Ausfälle: C. Reutemann (67. W); H. Ganley (64. W); R. Peterson (57. G); J. Stewart (48. W); N. Lauda (29. W); G. Hill (28. W); M. Hailwood (26. W); J. Oliver (24. M); A. de Adamich (18. W); C. Pace (14. W)

5 20.05.1973 GP Belgien – Zolder
1. R.: R. Peterson (P); D. Hulme

1. Jackie Stewart	Tyrrell-Ford	1:42.13,430
2. François Cevert	Tyrrell-Ford	- 31,840
3. Emerson Fittipaldi	Lotus-Ford	- 2.02,790
4. Andrea de Adamich	Brabham-Ford	- 1 Runde
5. Niki Lauda	BRM	- 1 Runde
6. Chris Amon	Tecno	- 3 Runden

7. D. Hulme; 8. C. Pace; 9. G. Hill; 10. C. Regazzoni (A 64. U); 11. M. Beuttler (A 64. U)

Ausfälle: J.-P. Jarier (61. U); J.-P. Beltoise (57. M); W. Fittipaldi (47. M); R. Peterson (43. U); P. Revson (34. U); H. Ganley (17. M/U); C. Reutemann (15. M); G. Follmer (14. W); J. Oliver (12. U); N. Galli (7. M); J. Ickx (7. W); M. Hailwood (5. U)

6 03.06.1973 GP Monaco – Monte Carlo
1. R.: J. Stewart (P); R. Peterson

1. Jackie Stewart	Tyrrell-Ford	1:57.44,300
2. Emerson Fittipaldi	Lotus-Ford	- 1,300
3. Ronnie Peterson	Lotus-Ford	- 1 Runde
4. François Cevert	Tyrrell-Ford	- 1 Runde
5. Peter Revson	McLaren-Ford	- 2 Runden
6. Denis Hulme	McLaren-Ford	- 2 Runden

7. A. de Adamich; 8. M. Hailwood; 9. J. Hunt (A 74. M); 10. J. Oliver; 11. W. Fittipaldi (A 72. W)

Ausfälle: J.-P. Jarier (68. G); G. Hill (63. W); A. Merzario (59. W); C. Reutemann (47. G); J. Ickx (45. W); H. Ganley (42. W); J.-P. Beltoise (40. U); D. Purley (32. W); C. Pace (32. W); N. Galli (31. W); N. Lauda (25. G); C. Amon (23. M); C. Regazzoni (16. W); M. Beuttler (4. M)

N. gest.: G. Follmer (U)

7 17.06.1973 GP Schweden – Anderstorp
1. R.: R. Peterson (P); F. Cevert

1. Denis Hulme	McLaren-Ford	1:56.46,049
2. Ronnie Peterson	Lotus-Ford	- 4,039
3. François Cevert	Tyrrell-Ford	- 14,667
4. Carlos Reutemann	Brabham-Ford	- 18,068
5. Jackie Stewart	Tyrrell-Ford	- 25,998
6. Jacky Ickx	Ferrari	- 1 Runde

7. P. Revson; 8. M. Beuttler; 9. C. Regazzoni; 10. C. Pace; 11. H. Ganley; 12. E. Fittipaldi (A 77. G/W); 13. N. Lauda; 14. G. Follmer

Ausfälle: E. Fittipaldi (A77. G); J.-P. Beltoise (58. M); J. Oliver (51. W); M. Hailwood (42. W); J.-P. Jarier (37. M); G. Hill (17. W); W. Fittipaldi (1. U); R. Wisell (0 W)

N. gest.: T. Belso (Ganley fuhr den Wagen)

8 01.07.1973 GP Frankreich – Le Castellet
1. R.: J. Stewart (P); J. Scheckter; E. Fittipaldi

1. Ronnie Peterson	Lotus-Ford	1:41.36,520
2. François Cevert	Tyrrell-Ford	- 40,920
3. Carlos Reutemann	Brabham-Ford	- 46,480
4. Jackie Stewart	Tyrrell-Ford	- 46,930
5. Jacky Ickx	Ferrari	- 48,900
6. James Hunt	March-Ford	- 1.22,540

7. A. Merzario; 8. D. Hulme; 9. N. Lauda; 10. G. Hill; 11. J.-P. Beltoise; 12. C. Regazzoni; 13. C. Pace; 14. H. Ganley; 15. R. von Opel; 16. W. Fittipaldi (A 51. W)

Ausfälle: J. Scheckter (44. U); E. Fittipaldi (42. U); M. Hailwood (31. W) A. de Adamich (29. W); R. Wisell (21. M); G. Follmer (17. W); H. Pescarolo (17. M); J.-P. Jarier (8. W); J. Oliver (1. W)

9 14.07.1973 GP England – Silverstone
1. R.: R. Peterson (P); D. Hulme; P. Revson

1. Peter Revson	McLaren-Ford	1:29.18,500
2. Ronnie Peterson	Lotus-Ford	- 2,800
3. Denis Hulme	McLaren-Ford	- 3,000
4. James Hunt	March-Ford	- 3,400
5. François Cevert	Tyrrell-Ford	- 36,600
6. Carlos Reutemann	Brabham-Ford	- 44,700

7. C. Regazzoni; 8. J. Ickx; 9. H. Ganley; 10. J. Stewart; 11. M. Beuttler; 12. N. Lauda; 13. R. von Opel

Ausfälle: W. Fittipaldi (45. W); E. Fittipaldi (37. W); J. Watson (37. W); G. Hill (25. W); C. Amon (7. W); G. McRae (1. M); J.-P. Beltoise (1. A*); A. de Adamich (1. A*); G. Follmer (1. A*); M. Hailwood (1. A*); J. Mass (1. A*); C. Pace (1. A*); J. Scheckter (1. A*); R. Williamson (1. A*); J. Oliver (1. A) (nach erstem Start)

N. gest.: Purley (U)

10 29.07.1973 GP Niederlande – Zandvoort
1. R.: R. Peterson (P); J. Stewart; F. Cevert

1. Jackie Stewart	Tyrrell-Ford	1:39.12,450
2. François Cevert	Tyrrell-Ford	- 15,830
3. James Hunt	March-Ford	- 1.03,010
4. Peter Revson	McLaren-Ford	- 1.09,130
5. Jean-Pierre Beltoise	BRM	- 1.13,370
6. Gijs van Lennep	Iso-Ford	- 2 Runden

7. C. Pace; 8. C. Regazzoni; 9. H. Ganley; 10. G. Follmer; 11. R. Peterson (A 67. G)

Ausfälle: M. Hailwood (53. W); N. Lauda (52. W); D. Hulme (32. M); W. Fittipaldi (28. U); C. Amon (23. W); C. Reutemann (10. W); D. Purley (9. gehalten, um Williamson zu helfen); R. Williamson (8. tödl. U); M. Beuttler (3. W); E. Fittipaldi (2. A); J. Oliver (2. M/U)

N. gew.: G. Hill

N. gest.: R. von Opel (W)

11 05.08.1973 GP Deutschland – Nürburgring
1. R.: J. Stewart (P); R. Peterson

1. Jackie Stewart	Tyrrell-Ford	1:42.03,000
2. François Cevert	Tyrrell-Ford	- 1,600
3. Jacky Ickx	McLaren-Ford	- 41,200
4. Carlos Pace	Surtees-Ford	- 53,800
5. Wilson Fittipaldi	Brabham-Ford	- 1.19,900
6. Emerson Fittipaldi	Lotus-Ford	- 1.24,300

7. J. Mass; 8. J. Oliver; 9. P. Revson; 10. H. Pescarolo; 11. R. Stommelen; 12. D. Hulme; 13. G. Hill; 14. M. Hailwood; 15. D. Purley; 16. M. Beuttler

Ausfälle: C. Reutemann (8. M); C. Regazzoni (8. M); G. Follmer (6. U); J.-P. Beltoise (5. W/G); N. Lauda (2. U); R. Peterson (1. W)

N. gest.: H. Ganley (U)

12 19.08.1973 GP Österreich – Österreichring
1. R.: E. Fittipaldi (P); R. Peterson

1. Ronnie Peterson	Lotus-Ford	1:28.48,780
2. Jackie Stewart	Tyrrell-Ford	- 9,010
3. Carlos Pace	Surtees-Ford	- 46,640
4. Carlos Reutemann	Brabham-Ford	- 47,910
5. Jean-Pierre Beltoise	BRM	- 1.21,600
6. Clay Regazzoni	BRM	- 1.38,400

7. A. Merzario; 8. D. Hulme; 9. G. van Lennep; 10. M. Hailwood; 11. E. Fittipaldi (A 49. W)

Ausfälle: J.-P. Jarier (38. G/M); R. von Opel (35. W); W. Fittipaldi (32. W); G. Hill (29. W); G. Follmer (24. W); R. Stommelen (22. W); J. Oliver (10. W); F. Cevert (7. U/W); J. Hunt (4. W); P. Revson (1. W); M. Beuttler (1. U)

N. gew.: H. Ganley

N. gest.: C. Amon (M); N. Lauda (Fahrer verletzt)

13 09.09.1973 GP Italien – Monza
1. R.: R. Peterson (P); P. Revson

1. Ronnie Peterson	Lotus-Ford	1:29.17,000
2. Emerson Fittipaldi	Lotus-Ford	- 0,800
3. Peter Revson	McLaren-Ford	- 28,800
4. Jackie Stewart	Tyrrell-Ford	- 33,200
5. François Cevert	Tyrrell-Ford	- 46,200
6. Carlos Reutemann	Brabham-Ford	- 59,800

7. M. Hailwood; 8. J. Ickx; 9. D. Purley; 10. G. Follmer; 11. J. Oliver; 12. R. Stommelen; 13. J.-P. Beltoise; 14. G. Hill; 15. D. Hulme

Ausfälle: M. Beuttler (35. W); N. Lauda (34. W/U); C. Regazzoni (32. W); C. Pace (18. W); G. van Lennep (15. M); R. von Opel (11. M); W. Fittipaldi (7. W); A. Merzario (3. U)

N. gew.: H. Ganley

N. gest.: J. Hunt (U)

14 23.09.1973 GP Kanada – Mosport Park
1. R.: R. Peterson (P); P. Revson

1. Peter Revson	McLaren-Ford	1:59.04,083
2. Emerson Fittipaldi	Lotus-Ford	- 32,734
3. Jackie Oliver	Shadow-Ford	- 34,505
4. Jean-Pierre Beltoise	BRM	- 36,514
5. Jackie Stewart	Tyrrell-Ford	- 1 Runde
6. Howden Ganley	Iso-Ford	- 1 Runde

7. J. Hunt; 8. C. Reutemann; 9. M. Hailwood; 10. C. Amon; 11. W. Fittipaldi; 12. R. Stommelen; 13. D. Hulme; 14. T. Schenken; 15. A. Merzario; 16. G. Hill; 17. G. Follmer; 18. C. Pace (A 73. W)

Ausfälle: N. Lauda (63. W); J. Scheckter (33. U); F. Cevert (33. U); M. Beuttler (21. M); R. Peterson (17. W/U); P. Gethin (6. W)

N. gew.: J.-P. Jarier; R. von Opel

15 07.10.1973 GP USA – Watkins Glen
1. R.: R. Peterson (P); C. Reutemann

1. Ronnie Peterson	Lotus-Ford	1:41.15,799
2. James Hunt	March-Ford	- 0,668
3. Carlos Reutemann	Brabham-Ford	- 22,930
4. Denis Hulme	McLaren-Ford	- 50,226
5. Peter Revson	McLaren-Ford	- 1.20,367
6. Emerson Fittipaldi	Lotus-Ford	- 1.47,945

7. J. Ickx; 8. C. Regazzoni; 9. J.-P. Beltoise; 10. M. Beuttler; 11. J.-P. Jarier (A 58. W); 12. H. Ganley; 13. G. Hill; 14. G. Follmer; 15. J. Oliver; 16. A. Merzario

Ausfälle: J. Scheckter (40. W); J. Mass (36. M); N. Lauda (36. W); M. Hailwood (35. W); C. Pace (33. W); J. Watson (8. M); R. von Opel (1. W)

Disq.: B. Redman (5. unerlaubte Starthilfe)

N. gew.: W. Fittipaldi

N. gest.: F. Cevert (tödl. U); J. Stewart, C. Amon (A nach Cevert U)

1974

1 13.01.1974 GP Argentinien – Buenos Aires
1. R.: R. Peterson (P); C. Regazzoni

1. Denis Hulme	McLaren-Ford	1:41.02,010
2. Niki Lauda	Ferrari	- 9,270
3. Clay Regazzoni	Ferrari	- 20,410
4. Mike Hailwood	McLaren-Ford	- 31,790
5. Jean-Pierre Beltoise	BRM	- 51,840
6. Patrick Depailler	Tyrrell-Ford	- 1.52,480

7. C. Reutemann (A 55. W); 8. H. Ganley (A 52. W); 9. H. Pescarolo; 10. E. Fittipaldi; 11. G. Edwards; 12. J. Watson; 13. R. Peterson

Ausfälle: G. Hill (46. M); R. Robarts (36. G); J. Ickx (36. W); H.-J. Stuck (32. W); F. Migault (32. W); J. Scheckter (26. M); C. Pace (22. M); A. Merzario (20. M); J. Hunt (12. M); J. Mass (11. W); P. Revson (2. U); J.-P. Jarier (1. U)

N. gest.: R. von Opel

2 27.01.1974 GP Brasilien – Interlagos
1. R.: E. Fittipaldi (P); C. Reutemann

1. Emerson Fittipaldi	McLaren-Ford	1:24.37,060
2. Clay Regazzoni	Ferrari	- 13,570
3. Jacky Ickx	Lotus-Ford	- 1 Runde
4. Carlos Pace	Surtees-Ford	- 1 Runde
5. Mike Hailwood	McLaren-Ford	- 1 Runde
6. Ronnie Peterson	Lotus-Ford	- 1 Runde

7. C. Reutemann; 8. P. Depailler; 9. J. Hunt; 10. J.-P. Beltoise; 11. G. Hill; 12. D. Hulme; 13. J. Scheckter; 14. H. Pescarolo; 15. R. Robarts; 16. F. Migault; 17. J. Mass

Ausfälle: J. Watson (28. W); H.-J. Stuck (25. W); J.-P. Jarier (23. W); A. Merzario (21. M); P. Revson (12. M); H. Ganley (10. W); G. Edwards (4. W); N. Lauda (4. M)

3 30.03.1974 GP Südafrika – Kyalami
1. R.: N. Lauda (P); C. Pace

1. Carlos Reutemann	Brabham-Ford	1:42.40,960
2. Jean-Pierre Beltoise	BRM	- 33,940
3. Mike Hailwood	McLaren-Ford	- 42,160
4. Patrick Depailler	Tyrrell-Ford	- 44,190
5. Hans-Joachim Stuck	March-Ford	- 46,230
6. Arturo Merzario	Iso-Ford	- 56,040

7. E. Fittipaldi; 8. J. Scheckter; 9. D. Hulme; 10. V. Brambilla; 11. C. Pace; 12. G. Hill; 13. I. Scheckter; 14. E. Keizan; 15. F. Migault; 16. N. Lauda (A 75. W); 17. R. Robarts; 18. H. Pescarolo; 19. D. Charlton

Alle Rennergebnisse

Ausfälle: C. Regazzoni (66. W); J. Watson (57. W); J. Ickx (32. W); J. Hunt (14. W); J. Mass (12. U/A); P. Driver (7. W); R. Peterson (3. U); T. Belso (1. W)

4 28.04.1974 GP Spanien – Jarama
1. R.: N. Lauda (P) ; R. Peterson

1. Niki Lauda	Ferrari	2:00.29,560
2. Clay Regazzoni	Ferrari	- 35,610
3. Emerson Fittipaldi	McLaren-Ford	- 1 Runde
4. Hans-Joachim Stuck	March-Ford	- 2 Runden
5. Jody Scheckter	Tyrrell-Ford	- 2 Runden
6. Denis Hulme	McLaren-Ford	- 2 Runden

7. B. Redman; 8. P. Depailler; 9. M. Hailwood; 10. J. Hunt; 11. J. Watson; 12. H. Pescarolo; 13. C. Pace; 14. T. Schenken (A 77. D)

Ausfälle: G. Hill (44. M); A. Merzario (38. U); J. Mass (36. G); F. Migault (28. M); J. Ickx (27. W); R. Peterson (24. M); C. Amon (23. W); R. von Opel (15. W); C. Reutemann (13. U); J.-P. Beltoise (3. M)

N. gew.: J.-P. Jarier

N. gest.: V. Brambilla (U)

5 12.05.1974 GP Belgien – Nivelles-Baulers
1. R.: C. Regazzoni (P); J. Scheckter

1. Emerson Fittipaldi	McLaren-Ford	1:44.20,570
2. Niki Lauda	Ferrari	- 0,350
3. Jody Scheckter	Tyrrell-Ford	- 45,610
4. Clay Regazzoni	Ferrari	- 52,020
5. J.-P. Beltoise	BRM	- 1.08,050
6. Denis Hulme	McLaren-Ford	- 1.10,540

7. M. Hailwood; 8. G. Hill; 9. V. Brambilla; 10. T. Schenken; 11. J. Watson; 12. G. Edwards; 13. J.-P. Jarier; 14. G. van Lennep; 15. V. Schuppan; 16. F. Migault; 17. T. Pilette; 18. B. Redman (A 81. U)

Ausfälle: J. Ickx (73. W); T. Pryce (67. W/U); C. Reutemann (63. W); R. Peterson (57. W); G. Larousse (54. W); J. Mass (54. W); P. Depailler (54. W); C. Pace (51. W); R. von Opel (50. W); J. Hunt (46. W); A. Merzario (30. W); H. Pescarolo (13. U); H.-J. Stuck (7. W)

6 26.05.1974 GP Monaco – Monte Carlo
1. R.: N. Lauda (P); C. Regazzoni

1. Ronnie Peterson	Lotus-Ford	1:58.03,700
2. Jody Scheckter	Tyrrell-Ford	- 28,800
3. Jean-Pierre Jarier	Shadow-Ford	- 48,900
4. Clay Regazzoni	Ferrari	- 1.03,100
5. Emerson Fittipaldi	McLaren-Ford	- 1 Runde
6. John Watson	Brabham-Ford	- 1 Runde

7. G. Hill; 8. G. Edwards; 9. P. Depailler

Ausfälle: H. Pescarolo (63. G); J. Ickx (35. M); N. Lauda (33. W); J. Hunt (29. W); M. Hailwood (12. U); C. Reutemann (6. U); F. Migault (6. W/U); V. Schuppan (5. U); H.-J. Stuck (4. U); V. Brambilla (2. U); J.-P. Beltoise (2. U); T. Schenken (1. U); C. Pace (1. U); B. Redman (1. U); A. Merzario (1. U); D. Hulme (1. U)

N. gest.: J. Mass ; C. Amon

7 09.06.1974 GP Schweden – Anderstorp
1. R.: P. Depailler (P); J. Scheckter

1. Jody Scheckter	Tyrrell-Ford	1:58.31,391
2. Patrick Depailler	Tyrrell-Ford	- 0,380
3. James Hunt	Hesketh-Ford	- 3,325
4. Emerson Fittipaldi	McLaren-Ford	- 53,507
5. Jean-Pierre Jarier	Shadow-Ford	- 1.16,403
6. Graham Hill	Lola-Ford	- 1 Runde

7. G. Edwards; 8. T. Belso; 9. R. von Opel; 10. V. Brambilla (A 80. M); 11. J. Watson

Ausfälle:N. Lauda (71. W); R. Wisell (60. W); D. Hulme (57. W); J. Mass (54. W); C. Reutemann (31. W); J. Ickx (28. W); C. Regazzoni (25. G); C. Pace (16. W); L. Kinnunen (9. W); R. Peterson (9. W); M. Hailwood (6. W); J.-P. Beltoise (4. M); B. Roos (3. G); H. Pescarolo (1. F)

Disq.: V. Schuppan (nicht offiziell gestartet)

N. gest.: R. Robarts (Belso fuhr den Wagen); A. Merzario (Fahrer krank)

8 23.06.1974 GP Niederlande – Zandvoort
1. R.: N. Lauda (P); C.Regazzoni

1. Niki Lauda	Ferrari	1:43.00,350
2. Clay Regazzoni	Ferrari	- 8,250
3. Emerson Fittipaldi	McLaren-Ford	- 30,270
4. Mike Hailwood	McLaren-Ford	- 31,290
5. Jody Scheckter	Tyrrell-Ford	- 34,280
6. Patrick Depailler	Tyrrell-Ford	- 51,520

7. J. Watson; 8. R. Peterson; 9. R. von Opel; 10. V. Brambilla; 11. J. Ickx; 12. C. Reutemann

Ausfälle: D. Hulme (66. W); F. Migault (61. W); A. Merzario (55. G); G. Edwards (37. W); J.-P. Jarier (28. W); J.-P. Beltoise (19. G); G. Hill (17. W); H. Pescarolo (16. W); J. Mass (9. W); J. Hunt (3. U/W); H.-J. Stuck (1. U); T. Pryce (1. U)

Disq.: V. Schuppan (Reifen außerhalb des Boxenstopps gewechselt)

9 07.07.1974 GP Frankreich – Dijon-Prenois
1. R.: N. Lauda (P); R. Peterson

1. Ronnie Peterson	Lotus-Ford	1:21.55,020
2. Niki Lauda	Ferrari	- 20,360
3. Clay Regazzoni	Ferrari	- 27,840
4. Jody Scheckter	Tyrrell-Ford	- 28,110
5. Jacky Ickx	Lotus-Ford	- 37,540
6. Denis Hulme	McLaren-Ford	- 38,140

7. M. Hailwood; 8. P. Depailler; 9. A. Merzario; 10. J.-P. Beltoise; 11. V. Brambilla; 12. J.-P. Jarier; 13. G. Hill; 14. F. Migault; 15. G. Edwards; 16. J. Watson

Ausfälle: E. Fittipaldi (28. M); C. Reutemann (25. W); J. Mass (5. W); H. Pescarolo (2. W); T. Pryce (2. U); J. Hunt (1. U)

10 20.07.1974 GP England – Brands Hatch
1. R.: N. Lauda (P); R. Peterson

1. Jody Scheckter	Tyrrell-Ford	1:43.02,200
2. Emerson Fittipaldi	McLaren-Ford	- 15,300
3. Jacky Ickx	Lotus-Ford	- 1.01,500
4. Clay Regazzoni	Ferrari	- 1.07,200
5. Niki Lauda	Ferrari	- 1 Runde
6. Carlos Reutemann	Brabham-Ford	- 1 Runde

7. D. Hulme; 8. T. Pryce; 9. C. Pace; 10. R. Peterson; 11. J. Watson; 12. J.-P. Beltoise; 13. G. Hill; 14. J. Mass

Ausfälle: H. Pescarolo (65. M); M. Hailwood (58. D); J.-P. Jarier (46. W) H.-J. Stuck (37. U); P. Depailler (36. M); A. Merzario (26. M); V. Brambilla (18. W); T. Schenken (7. W); J. Hunt (3. W/D); P. Gethin (1. A)

N. gew.: F. Migault

11 04.08.1974 GP Deutschland – Nürburgring
1. R.: N. Lauda (P); C. Regazzoni

1. Clay Regazzoni	Ferrari	1:41.35,000
2. Jody Scheckter	Tyrrell-Ford	- 50,700
3. Carlos Reutemann	Brabham-Ford	- 1.23,300
4. Ronnie Peterson	Lotus-Ford	- 1.24,200
5. Jacky Ickx	Lotus-Ford	- 1.25,000
6. Tom Pryce	Shadow-Ford	- 2.18,100

7. H.-J. Stuck; 8. J.-P. Jarier; 9. G. Hill; 10. H. Pescarolo; 11. D. Bell; 12. C. Pace; 13. V. Brambilla; 14. I. Ashley; 15. M. Hailwood (A 13. U)

Ausfälle: J. Hunt (12. G); J. Mass (11. M); P. Depailler (6. U/W); A. Merzario (6. W); J.-P. Beltoise (5. W); V. Schuppan (5. G); E. Fittipaldi (3. U/W); J. Laffite (3. U/W); J. Watson (2. U/W); N. Lauda (1. U)

Disq.: D. Hulme (verbotener Wechsel ins T-car)

12 18.08.1974 GP Österreich – Österreichring
1. R.: N. Lauda (P); C. Reutemann

1. Carlos Reutemann	Brabham-Ford	1:28.44,720
2. Denis Hulme	McLaren-Ford	- 42,920
3. James Hunt	Hesketh-Ford	- 1.01,540
4. John Watson	Brabham-Ford	- 1.09,390
5. Clay Regazzoni	Ferrari	- 1.13,080
6. Vittorio Brambilla	March-Ford	- 1.13,820

7. D. Hobbs; 8. J.-P. Jarier; 9. D. Quester; 10. T. Schenken; 11. H.-J. Stuck (A 49. W/D); 12. G. Hill

Ausfälle: R. Peterson (46. W); J. Ickx (44. U); P. Depailler (43. U); C. Pace (42. W); E. Fittipaldi (38. M); A. Merzario (25. W); J.-P. Beltoise (23. M); T. Pryce (23. D); N. Lauda (18. M); R. Stommelen (15. W/U); J. Scheckter (9. M)

N. gew.: I. Ashley; J. Laffite

13 08.09.1974 GP Italien – Monza
1. R.: N. Lauda (P); C. Reutemann

1. Ronnie Peterson	Lotus-Ford	1:22.56,600
2. Emerson Fittipaldi	McLaren-Ford	- 0,800
3. Jody Scheckter	Tyrrell-Ford	- 24,700
4. Arturo Merzario	Iso-Ford	- 1.27,700
5. Carlos Pace	Brabham-Ford	- 1 Runde
6. Denis Hulme	McLaren-Ford	- 1 Runde

7. J. Watson; 8. G. Hill; 9. D. Hobbs; 10. T. Pryce; 11. P. Depailler

Ausfälle: C. Regazzoni (41. W); N. Lauda (33. W); J. Ickx (32. M); R. Stommelen (26. W); J. Laffite (23. M); J.-P. Jarier (20. M); V. Brambilla (17. U); T. Schenken (16. W); C. Reutemann (12. G); H.-J. Stuck (11. M); H. Pescarolo (4. M); J. Hunt (3. M); F. Migault (2. G); J.-P. Beltoise (1. W)

14 22.09.1974 GP Kanada – Mosport Park
1. R.: E. Fittipaldi (P); N. Lauda

1. Emerson Fittipaldi	McLaren-Ford	1:40.26,136
2. Clay Regazzoni	Ferrari	- 13,034
3. Ronnie Peterson	Lotus-Ford	- 14,494
4. James Hunt	Hesketh-Ford	- 15,669
5. Patrick Depailler	Tyrrell-Ford	- 55,322
6. Denis Hulme	McLaren-Ford	- 1 Runde

7. M. Andretti; 8. C. Pace; 9. C. Reutemann; 10. H. Koinigg; 11. R. Stommelen; 12. M. Donohue; 13. J. Ickx; 14. G. Hill; 15. J. Laffite (A 75. W); 16. J. Mass

Ausfälle: N. Lauda (68. U); T. Pryce (66. M); J. Watson (62. W/U); J. Scheckter (49. W/U); J.-P. Jarier (47. W); A. Merzario (41. W); E. Wietzes (34. W); H.-J. Stuck (13. W)

N. gew.: C. Amon; J.-P. Beltoise

15 06.10.1974 GP USA – Watkins Glen
1. R.: C. Reutemann (P); J. Hunt

1. Carlos Reutemann	Brabham-Ford	1:40.21,439
2. Carlos Pace	Brabham-Ford	- 10,735
3. James Hunt	Hesketh-Ford	- 1.10,384
4. Emerson Fittipaldi	McLaren-Ford	- 1.17,753
5. John Watson	Brabham-Ford	- 1.25,804
6. Patrick Depailler	Tyrrell-Ford	- 1.27,506

7. J. Mass; 8. G. Hill; 9. C. Amon; 10. J.-P. Jarier; 11. C. Regazzoni; 12. R. Stommelen

Ausfälle: R. Peterson (53. W); J. Scheckter (45. W); A. Merzario (44. W); N. Lauda (39. W); J. Laffite (32. W); M. Donohue (28. W); J. Dolhem (26. A); V. Brambilla (22. W); H. Koinigg (10. tödl. U); J. Ickx (8. W/U); D. Hulme (5. M)

Disq.: T. Schenken (7. inoffiziell gestartet); M. Andretti (5. unerlaubte Starthilfe)

N. gew.: M. Wilds; T. Pryce

1975

1 12.01.1975 GP Argentinien – Buenos Aires
1. R.: J.-P. Jarier (P); C. Pace

1. Emerson Fittipaldi	McLaren-Ford	1:39.26,290
2. James Hunt	Hesketh-Ford	- 5,910
3. Carlos Reutemann	Brabham-Ford	- 17,060
4. Clay Regazzoni	Ferrari	- 35,790
5. Patrick Depailler	Tyrrell-Ford	- 54,250
6. Niki Lauda	Ferrari	- 1.19,650

7. M. Donohue; 8. J. Ickx; 9. V. Brambilla; 10. G. Hill; 11. J. Scheckter; 12. T. Pryce (A 52. W); 13. R. Stommelen; 14. J. Mass

Ausfälle: C. Pace (47. M); M. Andretti (28. W); M. Wilds (25. W); R. Peterson (16. W/G); J. Laffite (16. G); W. Fittipaldi (13. U)

Disq.: J. Watson (7. Reparatur außerhalb der Boxengasse)

N. gew.: A. Merzario

N. gest.: J.-P. Jarier (W)

2 26.01.1975 GP Brasilien – Interlagos
1. R.: J.-P. Jarier (P); E. Fittipaldi

1. Carlos Pace	Brabham-Ford	1:44.41,170
2. Emerson Fittipaldi	McLaren-Ford	- 5,790
3. Jochen Mass	McLaren-Ford	- 36,660
4. Clay Regazzoni	Ferrari	- 43,280
5. Niki Lauda	Ferrari	- 1.01,880
6. James Hunt	Hesketh-Ford	- 1.05,120

7. M. Andretti; 8. C. Reutemann; 9. J. Ickx; 10. J. Watson; 11. J. Laffite; 12. G. Hill; 13. W. Fittipaldi; 14. R. Stommelen; 15. R. Peterson

Ausfälle: J.-P. Jarier (33. W); P. Depailler (32. W/U); T. Pryce (32. U); A. Merzario (25. W); M. Wilds (23. W); M. Donohue (23. W); J. Scheckter (19. W); V. Brambilla (2. M)

3 01.03.1975 GP Südafrika – Kyalami
1. R.: C. Pace (P); C. Reutemann

1. Jody Scheckter	Tyrrell-Ford	1:43.16,900
2. Carlos Reutemann	Brabham-Ford	- 3,740
3. Patrick Depailler	Tyrrell-Ford	- 16,920
4. Carlos Pace	Brabham-Ford	- 17,310
5. Niki Lauda	Ferrari	- 28,640
6. Jochen Mass	McLaren-Ford	- 1.03,340

7. R. Stommelen; 8. M. Donohue; 9. T. Pryce; 10. R. Peterson; 11. G. Tunmer; 12. J. Ickx; 13. E. Keizan; 14. D. Charlton; 15. B. Evans; 16. C. Regazzoni (A 72. W); 17. M. Andretti (A 71. W)

Ausfälle: I. Scheckter (56. U); J. Hunt (54. W); J.-P. Jarier (38. M); L. Lombardi (24. M); A. Merzario (23. M); J. Watson (20. W); V. Brambilla (17. W); W. Fittipaldi (1. A)

N. gest.: G. Hill (U)

N. gew J. Laffite; E. Fittipaldi

4 27.04.1975 GP Spanien – Montjuich Park
1. R.: N. Lauda (P); C. Regazzoni

1. Jochen Mass	McLaren-Ford	42.53,700
2. Jacky Ickx	Lotus-Ford	- 1,100
3. Carlos Reutemann	Brabham-Ford	- 1 Runde
4. Jean-Pierre Jarier	Shadow-Ford	- 1 Runde
5. Vittorio Brambilla	March-Ford	- 1 Runde
6. Lella Lombardi	March-Ford	- 2 Runden

7. T. Brise; 8. J. Watson

Ausfälle: R. Stommelen (26. W/U); C. Pace (26. U); R. Peterson (24. U) T. Pryce (24. U); R. Wunderink (21. W); M. Andretti (17. W/U); B. Evans (8. W); J. Hunt (7. U); J. Scheckter (4. M); M. Donohue (4. U); A. Jones (4. U); P. Depailler (2. U); A. Merzario (2. A/ Protest); W. Fittipaldi (2. A/ Protest); N. Lauda (1. U)

N. gew.: C. Regazzoni; F. Migault

N. gest.: E. Fittipaldi (beurteilte Strecke als unsicher)

5 11.05.1975 GP Monaco – Monte Carlo
1. R.: N. Lauda (P); T. Pryce

1. Niki Lauda	Ferrari	2:01.21,310
2. Emerson Fittipaldi	McLaren-Ford	- 2,780
3. Carlos Pace	Brabham-Ford	- 17,810
4. Ronnie Peterson	Lotus-Ford	- 38,450
5. Patrick Depailler	Tyrrell-Ford	- 40,860
6. Jochen Mass	McLaren-Ford	- 42,070

7. J. Scheckter; 8. J. Ickx; 9. C. Reutemann

Ausfälle: M. Donohue (67. U); J. Hunt (64. U); A. Jones (62. W); V. Brambilla (49. U); T. Pryce (40. U); J. Watson (37. D) C. Regazzoni (37. U); M. Andretti (10. W/F); J.-P. Jarier (1. U)

6 25.05.1975 GP Belgien – Zolder
1. R.: N. Lauda (P); C. Pace

1. Niki Lauda	Ferrari	1:43.53,980
2. Jody Scheckter	Tyrrell-Ford	- 19,220
3. Carlos Reutemann	Brabham-Ford	- 41,820
4. Patrick Depailler	Tyrrell-Ford	- 1.00,080
5. Clay Regazzoni	Ferrari	- 1.03,860
6. Tom Pryce	Shadow-Ford	- 1.28,450

7. E. Fittipaldi; 8. C. Pace; 9. B. Evans; 10. J. Watson; 11. M. Donohue; 12. W. Fittipaldi

Ausfälle: F. Migault (58. W); V. Brambilla (55. W); J. Ickx (53. W); R. Peterson (37. W/U); L. Lombardi (19. W/M); J. Laffite (19. G); T. Brise (18. M); J. Hunt (16. W); J.-P. Jarier (14. D); A. Merzario (3. W); A. Jones (2. U); J. Mass (1. U)

7 08.06.1975 GP Schweden – Anderstorp
1. R.: V. Brambilla (P); P. Depailler

1. Niki Lauda	Ferrari	1:59.18,319
2. Carlos Reutemann	Brabham-Ford	- 6,288
3. Clay Regazzoni	Ferrari	- 29,095
4. Mario Andretti	Parnelli-Ford	- 44,380
5. Mark Donohue	Penske-Ford	- 1.30,763
6. Tony Brise	Hill-Ford	- 1 Runde

7. J. Scheckter; 8. E. Fittipaldi; 9. R. Peterson; 10. T. Palm (A 79. W); 11. A. Jones; 12. P. Depailler; 13. B. Evans; 14. D. Magee; 15. J. Ickx; 16. J. Watson; 17. W. Fittipaldi

Ausfälle: T. Pryce (54. D); I. Scheckter (50. W/U); V. Schuppan (48. W); C. Pace (42. U); J.-P. Jarier (39. M); V. Brambilla (37. W/U); J. Watson (35. W); J. Hunt (22. W); L. Lombardi (11. W)

8 22.06.1975 GP Niederlande – Zandvoort
1. R.: N. Lauda (P); C. Regazzoni

1. James Hunt	Hesketh-Ford	1:46.57,400
2. Niki Lauda	Ferrari	- 1,060
3. Clay Regazzoni	Ferrari	- 55,060
4. Carlos Reutemann	Brabham-Ford	- 1 Runde
5. Carlos Pace	Brabham-Ford	- 1 Runde
6. Tom Pryce	Shadow-Ford	- 1 Runde

7. T. Brise; 8. M. Donohue; 9. P. Depailler; 10. G. van Lennep; 11. W. Fittipaldi; 12. I. Scheckter; 13. A. Jones; 14. L. Lombardi; 15. R. Peterson (A 70. W); 16. J. Scheckter (A 68. M)

Ausfälle: J. Laffite (66. M); J. Mass (62. U); J.-P. Jarier (45. W/U); J. Watson (44. W); E. Fittipaldi (41. M); B. Evans (24. W); J. Ickx (7. M); V. Brambilla (1. U)

N. gest.: H. Fushida (M)

9 06.07.1975 GP Frankreich – Le Castellet
1. R.: N. Lauda (P); J. Scheckter

1. Niki Lauda	Ferrari	1:40.18,840
2. James Hunt	Hesketh-Ford	- 1,590
3. Jochen Mass	McLaren-Ford	- 2,310
4. Emerson Fittipaldi	McLaren-Ford	- 39,770
5. Mario Andretti	Parnelli-Ford	- 1.02,080
6. Patrick Depailler	Tyrrell-Ford	- 1.07,400

7. T. Brise; 8. J.-P. Jarier; 9. J. Scheckter; 10. R. Peterson; 11. J. Laffite; 12. J.-P. Jabouille; 13. J. Watson; 14. C. Reutemann; 15. G. van Lennep; 16. A. Jones; 17. B. Evans; 18. L. Lombardi

Ausfälle: C. Pace (27. W); J. Ickx (18. W); W. Fittipaldi (15. M); M. Donohue (7. W); V. Brambilla (7. W); C. Regazzoni (7. M); T. Pryce (3. W)

N. gest.: F. Migault (M)

10 19.07.1975 GP England – Silverstone
1. R.: T. Pryce (P); C. Pace

1. Emerson Fittipaldi	McLaren-Ford	1:22.05,000
2. Carlos Pace	Brabham-Ford	- 1 Runde/U
3. Jody Scheckter	Tyrrell-Ford	- 1 Runde/U
4. James Hunt	Hesketh-Ford	- 1 Runde/U
5. Mark Donohue	March-Ford	- 1 Runde/U
6. Vittorio Brambilla	March-Ford	- 1 Runde

7. J. Mass (A 56. U); 8. N. Lauda; 9. P. Depailler (A 55. U); 10. A. Jones; 11. J. Watson (A 53. U); 12. M. Andretti; 13. C. Regazzoni; 14. J.-P. Jarier (A 54. U); 15. T. Brise (A 54. U); 16. B. Henton (A 54. U); 17. J. Nicholson (A 52. U); 18. D. Morgan (A 51. U); 19. W. Fittipaldi (A 51. U)

Ausfälle: H.-J. Stuck (46. U); J. Crawford (29. U); T. Pryce (21. U); L. Lombardi (19. W); R. Peterson (8. M); J. Laffite (6. G); C. Reutemann (5. M)

(11) 03.08.1975 GP Deutschland – Nürburgring
1. R.: N. Lauda (P); C. Pace

1. Carlos Reutemann	Brabham-Ford	1:41.14,100
2. Jacques Laffite	Williams-Ford	- 1.37,700
3. Niki Lauda	Ferrari	- 2.23,300
4. Tom Pryce	Shadow-Ford	- 3.31,400
5. Alan Jones	Hill-Ford	- 3.50,300
6. Gijs van Lennep	Ensign-Ford	- 5.05,500

7. L. Lombardi; 8. H. Ertl; 9. P. Depailler; 10. M. Andretti (A 13. W)

Ausfälle: J. Hunt (11. W); C. Regazzoni (10. M); T. Brise (10. W/U); J. Scheckter (8. W/U); J.-P. Jarier (8. W); C. Pace (6. W); W. Fittipaldi (5. M); E. Fittipaldi (4. W); H.-J. Stuck (4. M); V. Brambilla (4. W); J. Watson (3. W); R. Peterson (2. W); M. Donohue (2. W); J. Mass (1. W/U)

N. gest.: I. Ashley (U/verletzt)

(12) 17.08.1975 GP Österreich – Österreichring
1. R.: N. Lauda (P); J. Hunt

1. Vittorio Brambilla	March-Ford	57.56,690
2. James Hunt	Hesketh-Ford	- 27,030
3. Tom Pryce	Shadow-Ford	- 34,850
4. Jochen Mass	McLaren-Ford	- 1.12,660
5. Ronnie Peterson	Lotus-Ford	- 1.23,330
6. Niki Lauda	Ferrari	- 1.30,280

7. C. Regazzoni; 8. J. Scheckter; 9. E. Fittipaldi; 10. J. Watson; 11. P. Depailler; 12. C. Amon; 13. B. Lunger; 14. C. Reutemann; 15. T. Brise; 16. R. Stommelen; 17. L. Lombardi

Ausfälle: H. Ertl (24. W); J. Laffite (22. W); C. Pace (18. M); J. Vonlanthen (15. M); H.-J. Stuck (11. U); J.-P. Jarier (11. W) B. Evans (3. M); M. Andretti (2. D)

N. gew.: R. Wunderink

N. gest.: W. Fittipaldi (U/verletzt); M. Donohue (tödl. U); B. Henton (U)

(13) 07.09.1975 GP Italien – Monza
1. R.: N. Lauda (P); C. Regazzoni

1. Clay Regazzoni	Ferrari	1:22.42,600
2. Emerson Fittipaldi	McLaren-Ford	- 16,600
3. Niki Lauda	Ferrari	- 23,200
4. Carlos Reutemann	Brabham-Ford	- 55,100
5. James Hunt	Hesketh-Ford	- 57,100
6. Tom Pryce	Shadow-Ford	- 1.15,900

7. P. Depailler; 8. J. Scheckter; 9. H. Ertl; 10. B. Lunger; 11. A. Merzario; 12. C. Amon; 13. J. Crawford; 14. R. Zorzi

Ausfälle: J.-P. Jarier (33. W); L. Lombardi (22. U); H.-J. Stuck (16. U); J. Laffite (8. G); C. Pace (7. M); R. Stommelen (4. U); J. Mass (3. U); V. Brambilla (2. W); M. Andretti (2. U); T. Brise (2. U); R. Peterson (2. M); B. Evans (1. W)

(14) 05.10.1975 GP USA – Watkins Glen
1. R.: N. Lauda (P); E. Fittipaldi

1. Niki Lauda	Ferrari	1:42.58,175
2. Emerson Fittipaldi	McLaren-Ford	- 4,943
3. Jochen Mass	McLaren-Ford	- 47,637
4. James Hunt	Hesketh-Ford	- 49,475
5. Ronnie Peterson	Lotus-Ford	- 49,986
6. Jody Scheckter	Tyrrell-Ford	- 50,321

7. V. Brambilla; 8. H.-J. Stuck; 9. J. Watson; 10. W. Fittipaldi

Ausfälle: B. Lunger (47. U); R. Wunderink (42. G); C. Regazzoni (29. A/Protest); J.-P. Jarier (20. W); C. Reutemann (10. M); M. Andretti (10. W); T. Brise (6. U); M. Leclère (6. M); P. Depailler (3. U); C. Pace (3. U)

N. gew.: T. Pryce; B. Henton

N. gest.: J. Laffite (U); L. Lombardi (W)

1976

(1) 25.01.1976 GP Brasilien – Interlagos
1. R.: J. Hunt (P) ; N. Lauda

1. Niki Lauda	Ferrari	1:45.16,780
2. Patrick Depailler	Tyrrell-Ford	- 21,470
3. Tom Pryce	Shadow-Ford	- 23,840
4. Hans-Joachim Stuck	March-Ford	- 1.28,170
5. Jody Scheckter	Tyrrell-Ford	- 1.56,460
6. Jochen Mass	McLaren-Ford	- 1.58,270

7. C. Regazzoni; 8. J. Ickx; 9. R. Zorzi; 10. C. Pace; 11. I. Hoffman 12. C. Reutemann (A 38. W); 13. E. Fittipaldi; 14. L. Lombardi

Ausfälle: J.-P. Jarier (34. U); J. Hunt (33. U); V. Brambilla (16. W); J. Laffite (15. W); R. Peterson (11. U); M. Andretti (7. U); J. Watson (3. W/F); I. Ashley (3. W)

(2) 06.03.1976 GP Südafrika – Kyalami
1. R.: J. Hunt (P); N. Lauda

1. Niki Lauda	Ferrari	1:42.18,400
2. James Hunt	McLaren-Ford	- 1,300
3. Jochen Mass	McLaren-Ford	- 45,900
4. Jody Scheckter	Tyrrell-Ford	-1.08,400
5. John Watson	Penske-Ford	- 1 Runde
6. Mario Andretti	Parnelli-Ford	- 1 Runde

7. T. Pryce; 8. V. Brambilla; 9. P. Depailler; 10. B. Evans; 11. B. Lunger; 12. H.-J. Stuck; 13. M. Leclère; 14. C. Amon; 15. H. Ertl; 16. J. Ickx; 17. E. Fittipaldi (A 71. M)

Ausfälle: C. Regazzoni (53. M); J. Laffite (50. M); J.-P. Jarier (29. W); C. Pace (23. M); G. Nilsson (19. W); C. Reutemann (17. M); R. Peterson (16. U); I. Scheckter (1. U)

(3) 28.03.1976 GP USA West – Long Beach
1. R.: C. Regazzoni (P); P. Depailler

1. Clay Regazzoni	Ferrari	1:53.18,471
2. Niki Lauda	Ferrari	- 42,414
3. Patrick Depailler	Tyrrell-Ford	- 49,972
4. Jaques Laffite	Ligier-Matra	- 1.12,828
5. Jochen Mass	McLaren-Ford	- 1.22,292
6. Emerson Fittipaldi	Copersucar-Ford	- 1 Runde

7. J.-P. Jarier; 8. C. Amon; 9. C. Pace; 10. R. Peterson

Ausfälle: J. Scheckter (35. W); T. Pryce (33. W); M. Andretti (16. W); J. Hunt (4. U); H.-J. Stuck (3. U); G. Nilsson (1. W/U); C. Reutemann (1. U); V. Brambilla (1. U)

N. gew.: A. Jones; J. Watson

(4) 02.05.1976 GP Spanien – Jarama
1. R.: J. Hunt (P); N. Lauda

1. James Hunt	McLaren-Ford	1:42.20,430
2. Niki Lauda	Ferrari	- 30,970
3. Gunnar Nilsson	Lotus-Ford	- 48,020
4. Carlos Reutemann	Brabham-Alfa	-1 Runde
5. C. Amon	Ensign-Ford	- 1 Runde
6. Carlos Pace	Brabham-Alfa	- 1 Runde

7. J. Ickx; 8. T. Pryce; 9. A. Jones; 10. M. Leclère; 11. C. Regazzoni; 12. J. Laffite; 13. L. Perkins

Ausfälle: J. Mass (66. M); J.-P. Jarier (62. W); J. Scheckter (54. W); J. Watson (52. M); A. Merzario (37. W); M. Andretti (35. W); P. Depailler (26. W/U); V. Brambilla (22. U); H.-J. Stuck (17. G); R. Peterson (12. W); E. Fittipaldi (4. W)

(5) 16.05.1976 GP Belgien – Zolder
1. R.: N. Lauda (P); C. Regazzoni

1. Niki Lauda	Ferrari	1:42.53,230
2. Clay Regazzoni	Ferrari	- 3,460
3. Jaques Laffite	Ligier-Matra	- 35,380
4. Jody Scheckter	Tyrrell-Ford	- 1.31,080
5. Alan Jones	Surtees-Ford	- 1 Runde
6. Jochen Mass	McLaren-Ford	- 1 Runde

7. J. Watson; 8. L. Perkins; 9. J.-P. Jarier; 10. T. Pryce; 11. M. Leclère; 12. L. Kessel

Ausfälle: B. Lunger (63. W); C. Pace (59. W); C. Amon (52. W/U); J. Hunt (36. W); H.-J. Stuck (34. W); H. Ertl (32. M); P. Depailler (30. M); M. Andretti (29. W); P. Neve (25. W); A. Merzario (22. M); C. Reutemann (18. M); R. Peterson (17. U); G. Nilsson (8. U); V. Brambilla (7. W)

(6) 30.05.1976 GP Monaco – Monte Carlo
1. R.: N. Lauda (P); C. Regazzoni

1. Niki Lauda	Ferrari	1:59.51,470
2. Jody Scheckter	Tyrrell-Ford	- 11,130
3. Patrick Depailler	Tyrrell-Ford	- 1.04,840
4. Hans-Joachim Stuck	March-Ford	- 1 Runde
5. Jochen Mass	McLaren-Ford	- 1 Runde
6. Emerson Fittipaldi	Copersucar-Ford	- 1 Runde

7. T. Pryce; 8. J.-P. Jarier; 9. C. Pace; 10. J. Watson; 11. M. Leclère; 12. J. Laffite (A 76. U); 13. C. Amon; 14. C. Regazzoni (A 74. U)

Ausfälle: G. Nilsson (40. M); R. Peterson (27. U); J. Hunt (28. M); V. Brambilla (10. W); A. Jones (2. U); C. Reutemann (1. U)

(7) 13.06.1976 GP Schweden – Anderstorp
1. R.: J. Scheckter (P); M. Andretti

1. Jody Scheckter	Tyrrell-Ford	1:46.53,729
2. Patrick Depailler	Tyrrell-Ford	- 19,766
3. Niki Lauda	Ferrari	- 33,866
4. Jaques Laffite	Ligier-Matra	- 55,819
5. James Hunt	McLaren-Ford	- 59,483
6. Clay Regazzoni	Ferrari	- 1.00,366

7. R. Peterson; 8. C. Pace; 9. T. Pryce; 10. V. Brambilla; 11. J. Mass; 12. J.-P. Jarier; 13. A. Jones; 14. A. Merzario (A 71. M); 15. B. Lunger

Ausfälle: H. Ertl (55. D); H.-J. Stuck (53. M); M. Andretti (46. M); C. Amon (39. W/U); M. Leclère (21. M); L. Perkins (19. M); E. Fittipaldi (11. W); L. Kessel (6. U); G. Nilsson (3. U); C. Reutemann (3. M); J. Watson (1. W/U)

(8) 04.07.1976 GP Frankreich – Le Castellet
1. R.: J. Hunt (P); N. Lauda

1. James Hunt	McLaren-Ford	1:40.58,600
2. Patrick Depailler	Tyrrell-Ford	- 12,700
3. John Watson	Penske-Ford	- 23,550
4. Carlos Pace	Brabham-Alfa	- 24,820
5. Mario Andretti	Lotus-Ford	- 43,920
6. Jody Scheckter	Tyrrell-Ford	- 55,070

7. H.-J. Stuck; 8. T. Pryce; 9. A. Merzario; 10. J. Ickx; 11. C. Reutemann; 12. J.-P. Jarier; 13. M. Leclère; 14. J. Laffite; 15. J. Mass; 16. B. Lunger; 17. G. Edwards; 18. P. Neve; 19. R. Peterson (A 52. W)

Ausfälle: A. Jones (45. W); V. Brambilla (29. W); E. Fittipaldi (22. W); H. Pescarolo (20. W); C. Regazzoni (18. W/D); N. Lauda (9. W); G. Nilsson (9. W); H. Ertl (5. W)

(9) 18.07.1976 GP England – Brands Hatch
1. R.: N. Lauda (P); J. Hunt

1. Niki Lauda	Ferrari	1:44.19,660
2. Jody Scheckter	Tyrrell-Ford	-16,180
3. John Watson	Penske-Ford	- 1 Runde
4. Tom Pryce	Shadow-Ford	- 1 Runde
5. Alan Jones	Surtees-Ford	- 1 Runde
6. Emerson Fittipaldi	Copersucar-Ford	- 2 Runden

7. H. Ertl; 8. C. Pace; 9. J.-P. Jarier

Ausfälle: G. Nilsson (68. M); R. Peterson (61. W); B. Lunger (56. G); P. Depailler (48. M); C. Reutemann (47. W); A. Merzario (40. M); C. Regazzoni (37. M)*; J. Laffite (32. W)*; B. Evans (25. G); V. Brambilla (23. W/U); H. Pescarolo (17. W); C. Amon (9. W); M. Andretti (5. M); J. Mass (2. W); H.-J. Stuck (1. U); G. Edwards (1. U)

* = Disq.: bei Neustart in Reservewagen

Disq.: J. Hunt (benutzte Reservewagen bei Neustart)

(10) 01.08.1976 GP Deutschland – Nürburgring
1. R.: J. Hunt (P); N. Lauda

1. James Hunt	McLaren-Ford	1:41.42,700
2. Jody Scheckter	Tyrrell-Ford	-27,700
3. Jochen Mass	McLaren-Ford	- 52,400
4. Carlos Pace	Brabham-Alfa	- 54,200
5. Gunnar Nilsson	Lotus-Ford	- 1.57,300
6. Rolf Stommelen	Brabham-Alfa	- 2.30,300

7. J. Watson; 8. T. Pryce; 9. C. Regazzoni; 10. A. Jones; 11. J.-P. Jarier; 12. M. Andretti; 13. E. Fittipaldi; 14. S. Pesenti-Rossi; 15. G. Edwards

Ausfälle: A. Merzario (4. W); V. Brambilla (2. W/U); P. Depailler (1. U); C. Reutemann (1. M); R. Peterson (1. U); H.-J. Stuck (1. W); J. Laffite (1. G); C. Amon (1. A); N. Lauda (1. U); B. Lunger (1. U); H. Ertl (1. U)

(11) 15.08.1976 GP Österreich – Österreichring
1. R.: J. Hunt (P); J. Watson

1. John Watson	Penske-Ford	1:30.07,860
2. Jaques Laffite	Ligier-Matra	- 10,790
3. Gunnar Nilsson	Lotus-Ford	- 11,980
4. James Hunt	McLaren-Ford	- 12,440
5. Mario Andretti	Lotus-Ford	- 21,490
6. Ronnie Peterson	March-Ford	- 34,340

7. J. Mass; 8. H. Ertl; 9. H. Pescarolo; 10. B. Lunger (A 52. W/U); 11. S. Pesenti-Rossi; 12. L. Lombardi

Ausfälle: H. Binder (48. M); V. Brambilla (44. U); E. Fittipaldi (44. U); J.-P. Jarier (41. W); C. Pace (41. W/U); A. Jones (41. M/U); H.-J. Stuck (27. W); P. Depailler (25. W); A. Merzario (18. U); T. Pryce (15. W); J. Scheckter (15. W/U); C. Reutemann (1. W)

N. gew.: L. Kessel

(12) 29.08.1976 GP Niederlande – Zandvoort
1. R.: R. Peterson (P); J. Hunt

1. James Hunt	McLaren-Ford	1:44.52,090
2. Clay Regazzoni	Ferrrari	- 0,920
3. Mario Andretti	Lotus-Ford	- 2,090
4. Tom Pryce	Shadow-Ford	- 6,940
5. Jody Scheckter	Tyrrell-Ford	- 22,460
6. Vittorio Brambilla	March-Ford	- 45,030

7. P. Depailler; 8. A. Jones; 9. J. Mass; 10. J.-P. Jarier; 11. H. Pescarolo; 12. R. Stommelen

Ausfälle: J. Ickx (67. W); B. Hayje (64. W); C. Pace (54. W); J. Laffite (54. W); R. Peterson (53. W); H. Ertl (50. D/G); J. Watson (48. G); L. Perkins (45. U); E. Fittipaldi (41. W); C. Reutemann (12. W); G. Nilsson (11. U); C. Anderson (10. M); H.-J. Stuck (10. M); A. Merzario (6. U)

(13) 12.09.1976 GP Italien – Monza
1. R.: J. Laffite (P); J. Scheckter

1. Ronnie Peterson	March-Ford	1:30.35,600
2. Clay Regazzoni	Ferrari	- 2,300
3. Jaques Laffite	Ligier-Matra	- 3,000
4. Niki Lauda	Ferrari	- 19,400
5. Jody Scheckter	Tyrrell-Ford	- 19,500
6. Patrick Depailler	Tyrrell-Ford	- 35,700

7. V. Brambilla; 8. T. Pryce; 9. C. Reutemann; 10. J. Ickx; 11. J. Watson; 12. A. Jones; 13. G. Nilsson; 14. B. Lunger; 15. E. Fittipaldi; 16. H. Ertl (A 50. W); 17. H. Pescarolo; 18. S. Pesenti-Rossi; 19. J.-P. Jarier

Ausfälle: R. Stommelen (42. W); H.-J. Stuck (24. U); M. Andretti (24. U); J. Hunt (12. D); L. Perkins (9. M); C. Pace (5. W); J. Mass (3. W)

N. gest.: G. Edwards (erlaubte Watson zu fahren); A. Merzario (A); O. Stuppacher (dachte, dass er sich nicht qualifiziert hatte)

(14) 03.10.1976 GP Kanada – Mosport Park
1. R.: J. Hunt (P); R. Peterson

1. James Hunt	McLaren-Ford	1:40.09,626
2. Patrick Depailler	Tyrrell-Ford	- 6,331
3. Mario Andretti	Lotus-Ford	- 10,366
4. Jody Scheckter	Tyrrell-Ford	- 19,745
5. Jochen Mass	McLaren-Ford	- 41,811
6. Clay Regazzoni	Ferrari	- 46,256

7. C. Pace; 8. N. Lauda; 9. R. Peterson; 10. J. Watson; 11. T. Pryce; 12. G. Nilsson; 13. J. Ickx; 14. V. Brambilla; 15. B. Lunger; 16. A. Jones; 17. L. Perkins; 18. J.-P. Jarier; 19. H. Pescarolo; 20. G. Edwards

Ausfälle: J. Laffite (44. W); E. Fittipaldi (42. W); H.-J. Stuck (37. W); A. Merzario (12. D)

N. gest.: H. Ertl (U); C. Amon (U)

(15) 10.10.1976 GP USA – Watkins Glen
1. R.: J. Hunt (P); J. Scheckter

1. James Hunt	McLaren-Ford	1:42.40,741
2. Jody Scheckter	Tyrrell-Ford	- 8,030
3. Niki Lauda	Ferrari	- 1.02,324
4. Jochen Mass	McLaren-Ford	- 1.02,458
5. Hans-Joachim Stuck	March-Ford	- 1.07,978
6. John Watson	Penske-Ford	- 1.08,190

7. C. Regazzoni; 8. A. Jones; 9. E. Fittipaldi; 10. J.-P. Jarier; 11. B. Lunger; 12. A.-D. Ribeiro; 13. H. Ertl; 14. W. Brown

Ausfälle: T. Pryce (46. M); J. Laffite (35. W); V. Brambilla (35. W); C. Pace (32. U); L. Perkins (31. W); M. Andretti (24. W); J. Ickx (15. U); G. Nilsson (14. M); R. Peterson (13. W); A. Merzario (10. D); P. Depailler (8. W)

N. gew.: H. Pescarolo

(16) 24.10.1976 GP Japan – Fuji
1. R.: M. Andretti (P); J. Hunt

1. Mario Andretti	Lotus-Ford	1:43.58,860
2. Patrick Depailler	Tyrrell-Ford	- 1 Runde
3. James Hunt	McLaren-Ford	- 1 Runde
4. Alan Jones	Surtees-Ford	- 1 Runde
5. Clay Regazzoni	Ferrari	- 1 Runde
6. G. Nilsson	Lotus-Ford	- 1 Runde

7. J. Laffite; 8. H. Ertl; 9. N. Takahara; 10. J.-P. Jarier; 11. M. Hasemi

Ausfälle: J. Scheckter (59. M); H. Binder (50. W); T. Pryce (47. M); V. Brambilla (39. M); H.-J. Stuck (38. W); J. Mass (36. U); J. Watson (34. M); K. Hoshino (28. M); A. Merzario (24. G); E. Fittipaldi (10. A); C. Pace (8. A); N. Lauda (3. A); L. Perkins (2. A); R. Peterson (1. M)

N. gest.: M. Kuwashima (Sponsoren zogen zurück)

1977

(1) 09.01.1977 GP Argentinien – Buenos Aires
1. R.: J. Hunt (P); J. Watson

1. Jody Scheckter	Wolf-Ford	1:40.11,190
2. Carlos Pace	Brabham-Alfa	- 43,240
3. Carlos Reutemann	Ferrari	- 46,020
4. Emerson Fittipaldi	Copersucar-Ford	- 55,480
5. Mario Andretti	Lotus-Ford	- 2 Runden
6. Clay Regazzoni	Ensign-Ford	- 2 Runden

7. V. Brambilla

Ausfälle: M. Andretti (52. W); V. Brambilla (49. W); I. Scheckter (46. W); J. Watson (42. W); A.-D. Ribeiro (40. W); Patrick Depailler (33. M); J. Hunt (32. W); J. Mass (29. M/D); R. Peterson (29. D); I. Hoffmann (23. M); N. Lauda (21. W); H. Binder (19. W); R. Zorzi (3. G)

N. gew.: T. Pryce; J. Laffite

N. gest.: G. Nilsson (Andretti fuhr den Wagen)

(2) 23.01.1977 GP Brasilien – Interlagos
1. R.: J. Hunt (P); C. Reutemann

1. Carlos Reutemann	Ferrari	1:45.07,720
2. James Hunt	McLaren-Ford	- 10,410
3. Niki Lauda	Ferrari	- 1.47,510
4. Emerson Fittipaldi	Copersucar-Ford	- 1 Runde
5. Gunnar Nilsson	Lotus-Ford	- 1 Runde
6. Renzo Zorzi	Shadow-Ford	- 1 Runde

7. I. Hoffmann

Ausfälle: T. Pryce (34. M); C. Pace (34. U); H. Binder (33. W); J. Watson (31. U); J. Laffite (27. U); P. Depailler (24. U); M. Andretti (20. W); A.-D. Ribeiro (17. W); J. Mass (13. U); C. Regazzoni (13. U); R. Peterson (13. U); J. Scheckter (12. M); V. Brambilla (12. W); I. Scheckter (2. W); L. Perkins (2. M)

(3) 05.03.1977 GP Südafrika – Kyalami
1. R.: J. Hunt (P); C. Pace

1. Niki Lauda	Ferrari	1:42.21,600
2. Jody Scheckter	Wolf-Ford	- 5,200
3. Patrick Depailler	Tyrrell-Ford	- 5,700
4. James Hunt	McLaren-Ford	- 9,500
5. Jochen Mass	McLaren-Ford	- 19,900
6. John Watson	Brabham-Alfa	- 20,200

7. V. Brambilla; 8. C. Reutemann; 9. C. Regazzoni; 10. E. Fittipaldi; 11. H. Binder; 12. G. Nilsson; 13. C. Pace; 14. B. Lunger; 15. L. Perkins

Ausfälle: A.-D. Ribeiro (67. M); H.-J. Stuck (56. M); M. Andretti (44. U); B. Hayje (34. G); T. Pryce (23. tödl. U); J. Laffite (23. U); R. Zorzi (22. M); R. Peterson (6. W)

Alle Rennergebnisse

④ 03.04.77 GP USA West – Long Beach
1. R.: N. Lauda (P); M Andretti

1. Mario Andretti	Lotus-Ford	1:51.35,470
2. Niki Lauda	Ferrari	- 0,773
3. Jody Scheckter	Wolf-Ford	- 4,857
4. Patrick Depailler	Tyrrell-Ford	- 1.14,487
5. Emerson Fittipaldi	Copersucar-Ford	- 1.20,908
6. Jean-Pierre Jarier	Penske-Ford	- 1 Runde

7. J. Hunt; 8. G. Nilsson; 9. J. Laffite (A 79. W); 10. B. Henton; 11. H. Binder

Ausfälle: R. Peterson (63. W); C. Regazzoni (58. G); H.-J. Stuck (54. W); A. Jones (41. G); J. Mass (40. W); R. Zorzi (28. G); A.-D. Ribeiro (16. G); C. Reutemann (6. U); B. Lunger (5. U); V. Brambilla (1. U)

Disq.: J. Watson (33. unerlaubte Starthilfe)

⑤ 08.05.1977 GP Spanien – Jarama
1. R.: M. Andretti (P); J. Laffite

1. Mario Andretti	Lotus-Ford	1:42.52,220
2. Carlos Reutemann	Ferrari	- 15,850
3. Jody Scheckter	Wolf-Ford	- 24,510
4. Jochen Mass	McLaren-Ford	- 24,870
5. Gunnar Nilsson	Lotus-Ford	- 1.05,830
6. Hans-Joachim Stuck	Brabham-Alfa	- 1 Runde

7. J. Laffite; 8. R. Peterson; 9. H. Binder; 10. B. Lunger; 11. I. Scheckter; 12. P. Neve; 13. E. de Villota; 14. E. Fittipaldi

Ausfälle: J. Watson (65. W); A. Jones (57. U); R. Keegan (33. U); H. Ertl (30. M); R. Zorzi (26. M); A. Merzario (17. W); P. Depailler (13. M); J. Hunt (11. M); C. Regazzoni (10. U); V. Brambilla (10. U)

N. gest.: N. Lauda (U/verletzt)

⑥ 22.05.1977 GP Monaco – Monte Carlo
1. R.: J. Watson (P); J. Scheckter

1. Jody Scheckter	Wolf-Ford	1:57.52,770
2. Niki Lauda	Ferrari	- 0,890
3. Carlos Reutemann	Ferrari	- 32,800
4. Jochen Mass	McLaren-Ford	- 34,600
5. Mario Andretti	Lotus-Ford	- 35,550
6. Alan Jones	Shadow-Ford	- 36,610

7. J. Laffite; 8. V. Brambilla; 9. R. Patrese; 10. J. Ickx; 11. J.-P. Jarier; 12. R. Keegan

Ausfälle: G. Nilsson (52. G); J. Watson (49. G); P. Depailler (47. W/G); H. Binder (42. W); E. Fittipaldi (38.. M); J. Hunt (26. M); H.-J. Stuck (20. W/F); R. Peterson (11. W)

⑦ 05.06.1977 GP Belgien – Zolder
1. R.: M. Andretti (P); J. Watson

1. Gunnar Nilsson	Lotus-Ford	1:55.05,710
2. Niki Lauda	Ferrari	- 14,190
3. Ronnie Peterson	Tyrrell-Ford	- 19,950
4. Vittorio Brambilla	Surtees-Ford	- 24,980
5. Alan Jones	Shadow-Ford	- 1.15,470
6. Hans-Joachim Stuck	BrabhamAlfa	- 1 Runde

7. J. Hunt; 8. P. Depailler; 9. H. Ertl; 10. P. Neve; 11. J.-P. Jarier;12. L. Perkins; 13. D. Purley; 14. A. Merzario; 15. B. Hayje

Ausfälle: J. Scheckter (63. M); J. Mass (40. U); J. Laffite (33. M); C. Regazzoni (30. M); R. Keegan (15. U); C. Reutemann (15. U); R. Patrese (13. U); I. Scheckter (9. U); E. Fittipaldi (3. W); M. Andretti (1. U); J. Watson (1. U)

N. gest.: B. Lunger (Auto wurde nicht fertig)

⑧ 19.06.1977 GP Schweden – Anderstorp
1. R.: M. Andretti (P); J. Watson

1. Jaques Laffite	Ligier-Matra	1:46.55,520
2. Jochen Mass	McLaren-Ford	- 8,449
3. Carlos Reutemann	Ferrari	- 14,369
4. Patrick Depailler	Tyrrell-Ford	- 16,308
5. John Watson	Brabham-Alfa	- 18,735
6. Mario Andretti	Lotus-Ford	- 25,277

7. C. Regazzoni; 8. J.-P. Jarier; 9. J. Oliver; 10. H.-J. Stuck; 11. B. Lunger; 12. J. Hunt; 13. R. Keegan; 14. D. Purley; 15. P. Neve; 16. H. Ertl; 17. A. Jones; 18. E. Fittipaldi; 19. G. Nilsson (A 65. W)

Ausfälle: I. Scheckter (62. W); V. Brambilla (53. W); N. Lauda (48. W); J. Scheckter (30. U); R. Peterson (8. W)

⑨ 03.07.1977 GP Frankreich – Dijon-Prenois
1. R.: M. Andretti (P); J. Hunt

1. Mario Andretti	Lotus-Ford	1:39.40,130
2. John Watson	Brabham-Alfa	- 1,550
3. James Hunt	McLaren-Ford	- 33,870
4. Gunnar Nilsson	Lotus-Ford	- 1.11,080
5. Niki Lauda	Ferrari	- 1.14,450
6. Carlos Reutemann	Ferrari	- 1 Runde

7. C. Regazzoni; 8. J. Laffite; 9. J. Mass; 10. R. Keegan; 11. E. Fittipaldi; 12. R. Peterson; 13. V. Brambilla

Ausfälle: J. Scheckter (67. U); H.-J. Stuck (65. U); A. Jones (61. W); A. Merzario (28. G); P. Depailler (22. U); R. Patrese (7. W/M); D. Purley (6. W/M); J.-P. Jarier (5. G/U)

N. gew.: I. Scheckter

⑩ 16.07.1977 GP England – Silverstone
1. R.: J. Hunt (P); J. Watson

1. James Hunt	McLaren-Ford	1:31.46,060
2. Niki Lauda	Ferrari	- 18,310
3. Gunnar Nilsson	Lotus-Ford	- 19,570
4. Jochen Mass	McLaren-Ford	- 47,760
5. Hans-Joachim Stuck	Brabham-Alfa	- 1.11,730
6. Jaques Laffite	Ligier-Matra	- 1 Runde

7. A. Jones; 8. V. Brambilla; 9. J.-P. Jarier; 10. P. Neve; 11. G. Villeneuve; 12. V. Schuppan; 13. B. Lunger; 14. M. Andretti (A 63. M); 15. C. Reutemann

Ausfälle: J. Watson (61. W); J. Scheckter (60. M); E. Fittipaldi (43. M); A. Merzario (29. W); R. Patrese (21. W); P. Depailler (17. W/U); J.-P. Jabouille (17. W); I. Scheckter (7. U); P. Tambay (4. W); R. Peterson (4. M); R. Keegan (1. U)

⑪ 31.07.1977 GP Deutschland – Hockenheim
1. R.: J. Scheckter (P); J. Watson

1. Niki Lauda	Ferrari	1:31.48,620
2. Jody Scheckter	Wolf-Ford	- 14,330
3. Hans-Joachim Stuck	Brabham-Alfa	- 20,900
4. Carlos Reutemann	Ferrari	- 1.00,270
5. Vittorio Brambilla	Surtees-Ford	- 1.27,370
6. Patrick Tambay	Ensign-Ford	- 1.29,810

7. V. Schuppan; 8. A.-D. Ribeiro; 9. R. Peterson (A 43. M); 10. R. Patrese (A 43. W)

Ausfälle: R. Keegan (41. U); M. Andretti (35. M); J. Hunt (33. W); G. Nilsson (32. M); J. Mass (27. G); P. Depailler (23. M); J. Laffite (22. M); H. Rebaque (21. W); B. Lunger (15. U); I. Scheckter (10. W); H. Heyer (10. W inoffiziell gestartet); J. Watson (9. M); J.-P. Jarier (6. U); A. Jones (1. U); C. Regazzoni (1. U)

⑫ 14.08.1977 GP Österreich – Österreichring
1. R.: N. Lauda (P); J. Hunt

1. Alan Jones	Shadow-Ford	1:37.16,490
2. Niki Lauda	Ferrari	- 20,130
3. Hans-Joachim Stuck	Brabham-Alfa	- 34,500
4. Carlos Reutemann	Ferrari	- 34,750
5. Ronnie Peterson	Tyrrell-Ford	- 1.02,090
6. Jochen Mass	McLaren-Ford	- 1 Runde

7. R. Keegan; 8. J. Watson; 9. P. Neve; 10. B. Lunger; 11. E. Fittipaldi; 12. H. Binder; 13. P. Depailler; 14. J.-P. Jarier; 15. V. Brambilla; 16. V. Schuppan; 17. E. de Villota (A 51. U)

Ausfälle: J. Scheckter (46. D); J. Hunt (44. M); P. Tambay (42. M); G. Nilsson (39. M); A. Merzario (30. W); J. Laffite (22. W); M. Andretti (12. M); I. Scheckter (3. U); C. Regazzoni (1. U)

⑬ 28.08.1977 GP Niederlande – Zandvoort
1. R.: M. Andretti (P); J. Laffite

1. Niki Lauda	Ferrari	1:41.45,930
2. Jaques Laffite	Ligier-Matra	-1,890
3. Jody Scheckter	Wolf-Ford	- 1 Runde
4. Emerson Fittipaldi	Copersucar-Ford	- 1 Runde
5. Patrick Tambay	Ensign-Ford	- 2 Runden
6. Carlos Reutemann	Ferrari	- 2 Runden

7. H.-J. Stuck; 8. H. Binder; 9. B. Lunger; 10. I. Scheckter; 11. A.-D. Ribeiro; 12. V. Brambilla (A 68. U); 13. R. Patrese

Ausfälle: P. Tambay (74. W); J.-P. Jabouille (40. W); G. Nilsson (35. U); A. Jones (33. M); P. Depailler (32. M); R. Peterson (19. W); C. Regazzoni (18. M); M. Andretti (15. M); R. Keegan (9. U); J. Hunt (6. U); J.-P. Jarier (5. M); J. Watson (3. W/M); J. Mass (1. U)

Disq.: B. Henton (unerlaubte Starthilfe nach D)

⑭ 11.09.1977 GP Italien – Monza
1. R.: J. Hunt (P); C. Reutemann

1. Mario Andretti	Lotus-Ford	1:27.50,300
2. Niki Lauda	Ferrari	- 16,960
3. Alan Jones	Shadow-Ford	- 23,630
4. Jochen Mass	McLaren-Ford	- 28,480
5. Clay Regazzoni	Ensign-Ford	- 31,110
6. Ronnie Peterson	Tyrrell-Ford	- 1.19,220

7. P. Neve; 8. J. Laffite; 9. R. Keegan

Ausfälle: I. Scheckter (43. W); C. Reutemann (40. U); B. Giacomelli (39. M); R. Patrese (39. U); H.-J. Stuck (32. M); J. Hunt (27. W/D); P. Depailler (25. M); J. Scheckter (24. M); J.-P. Jabouille (24. M); J.-P. Jarier (20. M); P. Tambay (9. M); V. Brambilla (6. U); B. Lunger (5. M); G. Nilsson (5. W); J. Watson (4. U)

⑮ 02.10.1977 GP USA Ost – Watkins Glen
1. R.: J. Hunt (P); H.-J. Stuck

1. James Hunt	McLaren-Ford	1:58.23,267
2. Mario Andretti	Lotus-Ford	- 2,026
3. Jody Scheckter	Wolf-Ford	- 1.18,879
4. Niki Lauda	Ferrari	- 1.40,615
5. Clay Regazzoni	Ensign-Ford	- 1.48,138
6. Carlos Reutemann	Ferrari	- 1 Runde

7. J. Laffite; 8. R. Keegan; 9. J.-P. Jarier; 10. B. Lunger; 11. H. Binder; 12. J. Watson; 13. E. Fittipaldi; 14. P. Depailler; 15. A.-D. Ribeiro; 16. R. Peterson; 17. I. Ashley; 18. P. Neve; 19. V. Brambilla

Ausfälle: J.-P. Jabouille (31. W); G. Nilsson (18. U); H.-J. Stuck (15. U); I. Scheckter (11. U); J. Mass (9. W); D. Ongais (7. U); A. Jones (4. U)

Abkürzungen

A	= Aufgabe	W	= Wagen
D	= Dreher	Disq.	= Disqualifiziert
F	= Feuer	N. gew.	= Nicht gewertet
G	= Getriebe	N. gest.	= Nicht gestartet
M	= Motor defekt	1. R.	= 1. Reihe
U	= Unfall	(P)	= Pole Position

⑯ 09.10.1977 GP Kanada – Mosport Park
1. R.: M. Andretti (P); J. Hunt

1. Jody Scheckter	Wolf-Ford	1:40.00,000
2. Patrick Depailler	Tyrrell-Ford	- 6,770
3. Jochen Mass	McLaren-Ford	- 15,760
4. Alan Jones	Shadow-Ford	- 46,690
5. Patrick Tambay	Ensign-Ford	- 1.03,260
6. Vittorio Brambilla	Surtees-Ford	- 2 Runden

7. D. Ongais; 8. A.-D. Ribeiro; 9. M. Andretti (A 78. M); 10. R. Patrese (A 77. U); B. Lunger (A 77. M); 12. G. Villeneuve (A 77. W)

Ausfälle: V. Brambilla (79. U); J. Hunt (62. U); P. Neve (57. W); R. Peterson (35. W); R. Keegan (33. U); H. Binder (32. U); E. Fittipaldi (30. M); I. Scheckter (30. M); C. Reutemann (21. W); H.-J. Stuck (20. M); G. Nilsson (18. W); J. Laffite (13. W); J. Watson (2. U) C. Regazzoni (1. U)

N. gest.: I. Ashley (U/verletzt)

⑰ 23.10.1977 GP Japan – Fuji
1. R.: M. Andretti (P); J. Hunt

1. James Hunt	McLaren-Ford	1:31.51,680
2. Carlos Reutemann	Ferrari	- 1.02,450
3. Patrick Depailler	Tyrrell-Ford	- 1.06,390
4. Alan Jones	Shadow-Ford	- 1.06,610
5. Jaques Laffite	Ligier-Matra	- 1 Runde
6. Riccardo Patrese	Shadow-Ford	- 1 Runde

7. H.-J. Stuck; 8. V. Brambilla; 9. K. Takahashi; 10. J. Scheckter; 11. K. Hoshino; 12. A.-D. Ribeiro

Ausfälle: J. Laffite (73. W); G. Nilsson (64. G); C. Regazzoni (44. M); J. Watson (30. G); J. Mass (29. M); P. Tambay (15. M); R. Peterson (6. U); G. Villeneuve (6. U); J.-P. Jarier (4. M); H. Binder (2. U); N. Takahara (2. U); M. Andretti (2. U)

1978

① 15.01.1978 GP Argentinien – Buenos Aires
1. R.: M. Andretti (P); C. Reutemann

1. Mario Andretti	Lotus-Ford	1:37.04,470
2. Niki Lauda	Brabham-Alfa	- 13,210
3. Patrick Depailler	Tyrrell-Ford	- 13,640
4. James Hunt	McLaren-Ford	- 16,050
5. Ronnie Peterson	Lotus-Ford	- 1.14,850
6. Patrick Tambay	McLaren-Ford	- 1.19,900

7. C. Reutemann; 8. G. Villeneuve; 9. E. Fittipaldi; 10. J. Scheckter; 11. J. Mass; 12. J.-P. Jarier; 13. B. Lunger; 14. D. Pironi; 15. C. Regazzoni; 16. J. Laffite (A 51. M); 17. H.-J. Stuck; 18. V. Brambilla

Ausfälle: J. Watson (42. M); A. Jones (37. W); D. Ongais (36. W); L. Leoni (29. M); A. Merzario (10. W); R. Keegan (5. M)

② 29.01.1978 GP Brasilien – Rio de Janeiro
1. R.: R. Peterson (P); J. Hunt

1. Carlos Reutemann	Ferrari	1:49.59,860
2. Emerson Fittipaldi	Copersucar-Ford	- 49,130
3. Niki Lauda	Brabham-Alfa	- 57,020
4. Mario Andretti	Lotus-Ford	- 1.33,120
5. Clay Regazzoni	Shadow-Ford	- 1 Runde
6. Didier Pironi	Tyrrell-Ford	- 1 Runde

7. J. Mass; 8. J. Watson; 9. J. Laffite; 10. R. Patrese; 11. A. Jones

Ausfälle: H. Rebaque (41. A); G. Villeneuve (36. U); P. Tambay (35. U); H.-J. Stuck (26. W); J. Hunt (26. U); J. Scheckter (17. U/W); R. Peterson (16. U/W); D. Ongais (14. W); B. Lunger (12. M); P. Depailler (9. D/W); R. Keegan (6. U); L. Leoni (0 W)

N. gest.: J.-P. Jarier (Mass fuhr den Wagen)

③ 04.03.1978 GP Südafrika – Kyalami
1. R.: N. Lauda (P); M. Andretti

1. Ronnie Peterson	Lotus-Ford	1:42.15,767
2. Patrick Depailler	Tyrrell-Ford	- 0,466
3. John Watson	Brabham-Alfa	- 4,442
4. Alan Jones	Williams-Ford	- 38,986
5. Jaques Laffite	Ligier-Matra	- 1.09,218
6. Didier Pironi	Tyrrell-Ford	- 1 Runde

7. M. Andretti; 8. J.-P. Jarier; 9. R. Stommelen; 10. H. Rebaque; 11. B. Lunger; 12. V. Brambilla

Ausfälle: R. Patrese (64. M); J. Scheckter (60. U); P. Tambay (57. U); C. Reutemann (56. U); G. Villeneuve (56. W); R. Keegan (53. W); N. Lauda (53. M); J. Mass (44. M); A. Merzario (40. W); J.-P. Jabouille (39. M); K. Rosberg (15. W); E. Fittipaldi (9. W); E. Cheever (9. W/M); J. Hunt (6. M)

④ 02.04.1978 GP USA West – Long Beach
1. R.: C. Reutemann (P); G. Villeneuve

1. Carlos Reutemann	Ferrari	1:52.01,301
2. Mario Andretti	Lotus-Ford	- 11,061
3. Patrick Depailler	Tyrrell-Ford	- 28,951
4. Ronnie Peterson	Lotus-Ford	- 45,603
5. Jaques Laffite	Ligier-Matra	- 1.22,884
6. Riccardo Patrese	Arrows-Ford	- 1 Runde

7. A. Jones; 8. E. Fittipaldi; 9. R. Stommelen; 10. C. Regazzoni; 11. J.-P. Jarier; 12. P. Tambay (A 75. U)

Ausfälle: J. Scheckter (60. U); V. Brambilla (51. W); J.-P. Jabouille (44. M); G. Villeneuve (39. U); N. Lauda (28. W); D. Pironi (26. G); A. Merzario (18. G); J. Mass (12. W); J. Watson (10. W); J. Hunt (6. U)

N. gest.: R. Keegan (U); H.-J. Stuck (U)

⑤ 07.05.1978 GP Monaco – Monte Carlo
1. R.: C. Reutemann (P); J. Watson

1. Patrick Depailler	Tyrrell-Ford	1:55.14,660
2. Niki Lauda	Brabham-Alfa	- 22,450
3. Jody Scheckter	Wolf-Ford	- 32,290
4. John Watson	Brabham-Alfa	- 33,530
5. Didier Pironi	Tyrrell-Ford	- 1.08,060
6. Riccardo Patrese	Arrows-Ford	- 1.08,770

7. P. Tambay; 8. C. Reutemann; 9. E. Fittipaldi; 10. J.-P. Jabouille; 11. M. Andretti

Ausfälle: G. Villeneuve (63. W/U); R. Peterson (57. G); J. Hunt (44. W); R. Stommelen (39. A); A. Jones (30. W); J. Ickx (28. W); H.-J. Stuck (25. U); J. Laffite (14. G); R. Keegan (9. W)

⑥ 21.05.1978 GP Belgien – Zolder
1. R.: M. Andretti (P); C. Reutemann

1. Mario Andretti	Lotus-Ford	1:39.52,020
2. Ronnie Peterson	Lotus-Ford	- 9,900
3. Carlos Reutemann	Ferrari	- 24,340
4. Gilles Villeneuve	Ferrari	- 47,040
5. Jaques Laffite	Ligier-Matra	- 1 Runde
6. Didier Pironi	Tyrrell-Ford	- 1 Runde

7. B. Lunger; 8. B. Giacomelli; 9. R. Arnoux; 10. A. Jones; 11. J. Mass; 12. J. Ickx; 13. V. Brambilla (A 64. U)

Ausfälle: J. Laffite (70. U); H.-J. Stuck (57. D); J. Scheckter (54. U); P. Depailler (52. G); C. Regazzoni (41. W); R. Patrese (32. W); R. Stommelen (27. U); J. Watson (19. U); E. Fittipaldi (1. U); J. Hunt (1. U); N. Lauda (1. U)

N. gew.: J.-P. Jabouille

⑦ 04.06.1978 GP Spanien – Jarama
1. R.: M. Andretti (P); R. Peterson

1. Mario Andretti	Lotus-Ford	1:41.47,060
2. Ronnie Peterson	Lotus-Ford	-19,560
3. Jaques Laffite	Ligier-Matra	- 37,240
4. Jody Scheckter	Wolf-Ford	-1.00,060
5. John Watson	Brabham-Alfa	- 1.05,920
6. James Hunt	McLaren-Ford	- 1 Runde

7. V. Brambilla; 8. A. Jones; 9. J. Mass; 10. G. Villeneuve; 11. R. Keegan; 12. D. Pironi; 13. J.-P. Jabouille; 14. R. Stommelen; 15. C. Regazzoni (A 68. W)

Ausfälle: J. Ickx (65. M); E. Fittipaldi (63. W); C. Reutemann (58. W/U); N. Lauda (57. M); P. Depailler (52. M); H.-J. Stuck (46. W); H. Rebaque (22. W); R. Patrese (22. M); P. Tambay (17. D/W)

⑧ 17.06.1978 GP Schweden – Anderstorp
1. R.: M. Andretti (P); J. Watson

1. Niki Lauda	Brabham-Alfa	1:41.00,606
2. Riccardo Patrese	Arrows-Ford	- 34,019
3. Ronnie Peterson	Lotus-Ford	- 34,105
4. Patrick Tambay	McLaren-Ford	- 1 Runde
5. Clay Regazzoni	Shadow-Ford	- 1 Runde
6. Emerson Fittipaldi	Copersucar-Ford	- 1 Runde

7. J. Laffite; 8. J. Hunt; 9. G. Villeneuve; 10. C. Reutemann; 11. H.-J. Stuck; 12. H. Rebaque; 13. J. Mass; 14. R. Stommelen; 15. K. Rosberg

Ausfälle: M. Andretti (47. W); A. Jones (47. W); P. Depailler (43. W); J.-P. Jabouille (29. W); J. Watson (20. D/W); J. Scheckter (17. W); D. Pironi (9. U/W); V. Brambilla (8. U)

N. gew.: A. Merzario

⑨ 02.07.1978 GP Frankreich – Le Castellet
1. R.: J. Watson (P); M. Andretti

1. Mario Andretti	Lotus-Ford	1:38.51,920
2. Ronnie Peterson	Lotus-Ford	- 2,930
3. James Hunt	McLaren-Ford	- 19,800
4. John Watson	Brabham-Alfa	- 36,880
5. Alan Jones	Williams-Ford	- 41,810
6. Jody Scheckter	Wolf-Ford	- 54,530

7. J. Laffite; 8. R. Patrese; 9. P. Tambay; 10. D. Pironi; 11. H.-J. Stuck; 12. G. Villeneuve; 13. J. Mass; 14. R. Arnoux; 15. R. Stommelen; 16. K. Rosberg; 17. V. Brambilla; 18. C. Reutemann

Ausfälle: B. Lunger (46. M); E. Fittipaldi (44. W); R. Keegan (41. M); B. Giacomelli (29. M); P. Depailler (11. M); N. Lauda (11. M); C. Regazzoni (5. W); J.-P. Jabouille (2. M)

(10) 16.07.1978 GP England – Brands Hatch
1. R.: R. Peterson (P); M. Andretti

1. Carlos Reutemann	Ferrari	1:42.12,390
2. Niki Lauda	Brabham-Alfa	- 1,230
3. John Watson	Brabham-Alfa	- 37,250
4. Patrick Depailler	Tyrrell-Ford	- 1.13,270
5. Hans-Joachim Stuck	Shadow-Ford	- 1 Runde
6. Patrick Tambay	McLaren-Ford	- 1 Runde

7. B. Giacomelli; 8. B. Lunger; 9. V. Brambilla; 10. J. Laffite

Ausfälle: K. Rosberg (60. W); C. Regazzoni (50. G); J.-P. Jabouille (47. M); R. Patrese (41. W); D. Pironi (41. G); J. Scheckter (37. G) E. Fittipaldi (33. M); A. Merzario (33. W); D. Daly (31. W/U); M. Andretti (29. M); A. Jones (27. W); G. Villeneuve (20. W); H. Rebaque (16. G); J. Hunt (8. U); R. Peterson (7. W)

N. gew.: J. Mass

(11) 30.07.1978 GP Deutschland – Hockenheim
1. R.: M. Andretti (P); R. Peterson

1. Mario Andretti	Lotus-Ford	1:28.00,900
2. Jody Scheckter	Wolf-Ford	- 15,350
3. Jaques Laffite	Ligier-Matra	- 28,010
4. Emerson Fittipaldi	Copersucar-Ford	- 36,880
5. Didier Pironi	Tyrrell-Ford	- 57,260
6. Hector Rebaque	Lotus-Ford	- 1.37,860

7. J. Watson; 8. G. Villeneuve; 9. R. Patrese; 10. K. Rosberg; 11. H. Ertl (A 42. M)

Ausfälle: R. Peterson (37. G); A. Jones (32. W); N. Piquet (32. M); V. Brambilla (25. W); P. Tambay (17. W/U); C. Reutemann (15. W); N. Lauda (12. M); J.-P. Jabouille (6. M); H.-J. Stuck (2. U); J. Mass (2. U); P. Depailler (1. U)

Disq.: R. Stommelen (43. falsche Route in die Box); J. Hunt (35. falsche Route in die Box)

(12) 13.08.1978 GP Österreich – Österreichring
1. R.: R. Peterson (P); M. Andretti

1. Ronnie Peterson	Lotus-Ford	1:41.21,570
2. Patrick Depailler	Tyrrell-Ford	- 47,440
3. Gilles Villeneuve	Ferrari	- 1.40,060
4. Emerson Fittipaldi	Copersucar-Ford	- 1 Runde
5. Jaques Laffite	Ligier-Matra	- 1 Runde
6. Vittorio Brambilla	Surtees-Ford	- 1 Runde

7. J. Watson; 8. B. Lunger; 9. R. Arnoux

Ausfälle: P. Tambay (41. U); H.-J. Stuck (34. U); J.-P. Jabouille (32. G) N. Lauda (29. U); D. Pironi (21. U); J. Hunt (9. U); A. Jones (8. U); H. Ertl (7. U); R. Patrese (7. U); J. Scheckter (4. U); N. Piquet (3. U); H. Rebaque (2. W); M. Andretti (1. U)

Disq.: D. Daly (44. unerlaubte Starthilfe nach D); C. Reutemann (28. unerlaubte Starthilfe nach D)

N. gew.: C. Regazzoni; K. Rosberg

(13) 27.08.1978 GP Niederlande – Zandvoort
1. R.: M. Andretti (P); R. Peterson

1. Mario Andretti	Lotus-Ford	1:41.04,230
2. Ronnie Peterson	Lotus-Ford	- 0,320
3. Niki Lauda	Brabham-Alfa	- 12,210
4. John Watson	Brabham-Alfa	- 20,920
5. Emerson Fittipaldi	Copersucar-Ford	- 21,500
6. Gilles Villeneuve	Ferrari	- 45,950

7. C. Reutemann; 8. J. Laffite; 9. P. Tambay; 10. J. Hunt; 11. H. Rebaque; 12. J. Scheckter

Ausfälle: B. Giacomelli (61. D); H.-J. Stuck (57. W); R. Arnoux (41. W); A. Merzario (41. M); J.-P. Jabouille (36. W); B. Lunger (36. M); K. Rosberg (22. W/U); A. Jones (18. W); N. Piquet (17. W); P. Depailler (14. M); D. Daly (11. W); R. Patrese (1. U); D. Pironi (1. U)

Disq.: V. Brambilla (37. unerlaubte Starthilfe nach D)

N. gest.: R. Keegan (U/verletzt)

(14) 10.09.1978 GP Italien – Monza
1. R.: M. Andretti (P); G. Villeneuve

1. Niki Lauda	Brabham-Alfa	1:07.04,540
2. John Watson	Brabham-Alfa	- 1,480
3. Carlos Reutemann	Ferrari	- 20,470
4. Jaques Laffite	Ligier-Matra	- 37,530
5. Patrick Tambay	McLaren-Ford	- 40,390
6. Mario Andretti	Lotus-Ford	- 46,330

7. G. Villeneuve; 8. E. Fittipaldi; 9. N. Piquet; 10. D. Daly; 11. P. Depailler; 12. J. Scheckter; 13. A. Jones; 14. B. Giacomelli

Ausfälle: R. Patrese (30. M); J. Hunt (20. W); A. Merzario (15. M); J.-P. Jabouille (7. M); R. Peterson (1. tödl. U); V. Brambilla (1. U); B. Lunger (1. U); D. Pironi (1. U); H.-J. Stuck (1. U)

N. gew.: C. Regazzoni

(15) 01.10.1978 GP USA Ost – Watkins Glen
1. R.: M. Andretti (P); C. Reutemann

1. Carlos Reutemann	Ferrari	1:40.48,800
2. Alan Jones	Williams-Ford	- 19,739
3. Jody Scheckter	Wolf-Ford	- 45,701
4. J.-P. Jabouille	Renault	- 1.25,007
5. Emerson Fittipaldi	Copersucar-Ford	- 1.28,089
6. Patrick Tambay	McLaren-Ford	- 1.50,210

7. J. Hunt; 8. D. Daly; 9. R. Arnoux; 10. D. Pironi; 11. J. Laffite; 12. B. Rahal; 13. B. Lunger; 14. C. Regazzoni; 15. J.-P. Jarier (A 56. W); 16. R. Stommelen

Ausfälle: A. Merzario (47. G); M. Bleekemolen (44. W); N. Lauda (29. M); M. Andretti (28. M); J. Watson (26. M); P. Depailler (24. W); G. Villeneuve (23. M); K. Rosberg (22. W); H.-J. Stuck (2. W); H. Rebaque (1. W)

(16) 08.10.1978 GP Kanada – Montréal
1. R.: J.-P. Jarier (P); J. Scheckter

1. Gilles Villeneuve	Ferrari	1:57.49,196
2. Jody Scheckter	Wolf-Ford	- 13,372
3. Carlos Reutemann	Ferrari	- 19,408
4. Riccardo Patrese	Arrows-Ford	- 24,667
5. Patrick Depailler	Tyrrell-Ford	- 28,558
6. Derek Daly	Ensign-Ford	- 54,476

7. D. Pironi; 8. P. Tambay; 9. A. Jones; 10. M. Andretti; 11. N. Piquet; 12. J.-P. Jabouille

Ausfälle: J. Laffite (53. W); J. Hunt (52. U); J.-P. Jarier (50. W); R. Arnoux (38. W); B. Rahal (17. W); J. Watson (9. U); N. Lauda (6. W/U); H.-J. Stuck (2. U); E. Fittipaldi (1. U)

N. gew.: K. Rosberg

1979

(1) 21.01.1979 GP Argentinien – Buenos Aires
1. R.: J. Laffite (P); P. Depailler

1. Jaques Laffite	Ligier-Ford	1:36.03,210
2. Carlos Reutemann	Lotus-Ford	- 14,940
3. John Watson	McLaren-Ford	- 1.28,810
4. Patrick Depailler	Ligier-Ford	- 1.41,720
5. Mario Andretti	Lotus-Ford	- 1 Runde
6. Emerson Fittipaldi	Copersucar-Ford	- 1 Runde

7. E. de Angelis; 8. J. Mass; 9. A. Jones; 10. C. Regazzoni; 11. D. Daly; 12. G. Villeneuve (A 49. M)

Ausfälle: H. Rebaque (47. W); J. Lammers (43. W); J. Hunt (42. W); J.-P. Jarier (16. M); J.-P. Jabouille (16. M); N. Lauda (9. W); R. Arnoux (7. M); J. Scheckter (1. U); D. Pironi (1. U); P. Tambay (1. U); N. Piquet (1. U); A. Merzario (1. U)

N. gest.: R. Patrese (U); H.-J. Stuck (W)

(2) 04.02.1979 GP Brasilien – Interlagos
1. R.: J. Laffite (P); P. Depailler

1. Jaques Laffite	Ligier-Ford	1:40.09,640
2. Patrick Depailler	Ligier-Ford	- 5,280
3. Carlos Reutemann	Lotus-Ford	- 44,140
4. Didier Pironi	Tyrrell-Ford	- 1.25,880
5. Gilles Villeneuve	Ferrari	- 1 Runde
6. Jody Scheckter	Ferrari	- 1 Runde

7. J. Mass; 8. J. Watson; 9. R. Patrese; 10. J.-P. Jabouille; 11. E. Fittipaldi; 12. E. de Angelis; 13. D. Daly; 14. J. Lammers; 15. C. Regazzoni

Ausfälle: A. Jones (34. W); H.-J. Stuck (32. W); R. Arnoux (29. D); P. Tambay (8. U); J. Hunt (8. W); N. Piquet (6. U); N. Lauda (6. W); M. Andretti (3. W/F); J.-P. Jarier (0 W)

(3) 03.03.1979 GP Südafrika – Kyalami
1. R.: J.-P. Jabouille (P); J. Scheckter

1. Gilles Villeneuve	Ferrari	1:41.49,960
2. Jody Scheckter	Ferrari	- 3,420
3. Jean-Pierre Jarier	Tyrrell-Ford	- 22,110
4. Mario Andretti	Lotus-Ford	- 27,880
5. Carlos Reutemann	Lotus-Ford	- 1.06,970
6. Niki Lauda	Brabham-Alfa	- 1 Runde

7. N. Piquet; 8. J. Hunt; 9. C. Regazzoni; 10. P. Tambay; 11. R. Patrese; 12. J. Mass; 13. E. Fittipaldi; 14. H. Rebaque (A 72. M)

Ausfälle: R. Arnoux (68. W); A. Jones (64. W); J. Watson (62. W); H.-J. Stuck (58. U); J.-P. Jabouille (48. M); J. Laffite (46. U); D. Pironi (26. M); E. de Angelis (17. U); P. Depailler (5. U); J. Lammers (3. U)

(4) 08.04.1979 GP USA West – Long Beach
1. R.: G. Villeneuve (P); C. Reutemann

1. Gilles Villeneuve	Ferrari	1:50.25,400
2. Jody Scheckter	Ferrari	- 29,380
3. Alan Jones	Williams-Ford	- 59,690
4. Mario Andretti	Lotus-Ford	- 1.04,330
5. Patrick Depailler	Ligier-Ford	- 1.23,520
6. Jean-Pierre Jarier	Tyrrell-Ford	- 1 Runde

7. E. de Angelis; 8. N. Piquet; 9. J. Mass

Ausfälle: H. Rebaque (72. U); D. Daly (70. U); J. Watson (63. W); C. Regazzoni (49. M); J. Lammers (48. W); R. Patrese (41. W); C. Reutemann (22. W); E. Fittipaldi (20. W); A. Merzario (14. M); J. Laffite (9. W); J. Hunt (1. W); N. Lauda (1. U); P. Tambay (1. U)

Disq.: D. Pironi (73. unerlaubte Starthilfe nach D); H.-J. Stuck (50. unerlaubte Starthilfe nach D)

N. gest.: J.-P. Jabouille (U/verletzt); R. Arnoux (W)

(5) 29.04.1979 GP Spanien – Jarama
1. R.: J. Laffite (P); P. Depailler

1. Patrick Depailler	Ligier-Ford	1:39.11,840
2. Carlos Reutemann	Lotus-Ford	- 20,940
3. Mario Andretti	Lotus-Ford	- 27,310
4. Jody Scheckter	Ferrari	- 28,680
5. Jean-Pierre Jarier	Tyrrell-Ford	- 30,390
6. Didier Pironi	Tyrrell-Ford	- 48,430

7. G. Villeneuve; 8. J. Mass; 9. R. Arnoux; 10. R. Patrese; 11. E. Fittipaldi; 12. J. Lammers; 13. P. Tambay; 14. H.-J. Stuck

Ausfälle: N. Lauda (64. W); H. Rebaque (59. M); A. Jones (55. W); E. de Angelis (53. M); C. Regazzoni (33. M); J. Hunt (27. W); J. Watson (22. M); J.-P. Jabouille (22. W); J. Laffite (16. M); N. Piquet (16. W)

(6) 13.05.1979 GP Belgien – Zolder
1. R.: J. Laffite (P); P. Depailler

1. Jody Scheckter	Ferrari	1:39.59,530
2. Jaques Laffite	Ligier-Ford	- 15,360
3. Didier Pironi	Tyrrell-Ford	- 35,170
4. Carlos Reutemann	Lotus-Ford	- 46,490
5. Riccardo Patrese	Arrows-Ford	- 1.04,310
6. John Watson	McLaren-Ford	- 1.05,850

7. G. Villeneuve (A 70. W); 8. H.-J. Stuck; 9. E. Fittipaldi; 10. J. Lammers; 11. J.-P. Jarier

Ausfälle: P. Depailler (47. U); J. Hunt (41. U); A. Jones (40. W); M. Andretti (28. W); N. Piquet (24. M); N. Lauda (24. M); R. Arnoux (23. M); B. Giacomelli (22. U); E. de Angelis (22. U); J. Mass (18. D); H. Rebaque (14. W); J.-P. Jabouille (14. W); C. Regazzoni (2. U)

(7) 27.05.1979 GP Monaco – Monte Carlo
1. R.: J. Scheckter (P); G. Villeneuve

1. Jody Scheckter	Ferrari	1:55.22,480
2. Clay Regazzoni	Williams-Ford	- 0,440
3. Carlos Reutemann	Lotus-Ford	- 8,570
4. John Watson	McLaren-Ford	- 41,310
5. Patrick Depailler	Ligier-Ford	- 2 Runden
6. Jochen Mass	Arrows-Ford	- 7 Runden

7. N. Piquet (A 69. W); 8. J.-P. Jabouille

Ausfälle: P. Depailler (75. M); J. Laffite (56. G); G. Villeneuve (55. W); A. Jones (44. U); J.-P. Jarier (35. W); H.-J. Stuck (31. W); N. Lauda (22. U); D. Pironi (22. U); M. Andretti (22. W); E. Fittipaldi (18. M); R. Arnoux (9. U); J. Hunt (5. W); R. Patrese (5. W)

(8) 01.07.1979 GP Frankreich – Dijon-Prenois
1. R.: J.-P. Jabouille (P); R. Arnoux

1. Jean-Pierre Jabouille	Renault	1:35.20,420
2. Gilles Villeneuve	Ferrari	- 14,590
3. René Arnoux	Renault	- 14,830
4. Alan Jones	Williams-Ford	- 36,610
5. Jean-Pierre Jarier	Tyrrell-Ford	- 1.04,510
6. Clay Regazzoni	Williams-Ford	- 1.05,510

7. J. Scheckter; 8. J. Laffite; 9. K. Rosberg; 10. P. Tambay; 11. J. Watson; 12. H. Rebaque; 13. C. Reutemann (A 78. U); 14. R. Patrese; 15. J. Mass; 16. E. de Angelis; 17. B. Giacomelli; 18. J. Lammers

Ausfälle: D. Pironi (72. W); E. Fittipaldi (54. M); N. Piquet (53. U); M. Andretti (52. W); J. Ickx (46. M); N. Lauda (24. D)

N. gest.: H.-J. Stuck (W)

(9) 14.07.1979 GP England – Silverstone
1. R.: A. Jones (P); J.-P. Jabouille

1. Clay Regazzoni	Williams-Ford	1:26.11,170
2. René Arnoux	Renault	- 24,280
3. Jean-Pierre Jarier	Tyrrell-Ford	- 1 Runde
4. John Watson	McLaren-Ford	- 1 Runde
5. Jody Scheckter	Ferrari	- 1 Runde
6. Jacky Ickx	Ligier-Ford	- 1 Runde

7. P. Tambay (A 67. W); 8. C. Reutemann; 9. H. Rebaque; 10. D. Pironi; 11. J. Lammers; 12. E. de Angelis; 13. P. Gaillard; 14. G. Villeneuve (A 64. W)

Ausfälle: R. Patrese (46. G); K. Rosberg (45. W); J. Laffite (45. W); A. Jones (39. W); J. Mass (38. G); E. Fittipaldi (26. M); J.-P. Jabouille (22. M); N. Lauda (13. W); M. Andretti (4. W); N. Piquet (2. D)

(10) 29.07.1979 GP Deutschland – Hockenheim
1. R.: J.-P. Jabouille (P); A. Jones

1. Alan Jones	Williams-Ford	1:24.48,830
2. Clay Regazzoni	Williams-Ford	- 2,910
3. Jaques Laffite	Ligier-Ford	- 18,390
4. Jody Scheckter	Ferrari	- 31,200
5. John Watson	McLaren-Ford	- 1.37,800
6. Jochen Mass	Arrows-Ford	- 1 Runde

7. G. Lees; 8. G. Villeneuve; 9. D. Pironi; 10. J. Lammers; 11. E. de Angelis; 12. N. Piquet (A 43. M)

Ausfälle: R. Patrese (35. W); P. Tambay (31. W); K. Rosberg (30. M); N. Lauda (28. M); J. Ickx (25. W); H. Rebaque (23. W); M. Andretti (17. W); R. Arnoux (10. W); J.-P. Jabouille (8. D); E. Fittipaldi (5. W); C. Reutemann (2. U); H.-J. Stuck (1. W)

(11) 12.08.1979 GP Österreich – Österreichring
1. R.: R. Arnoux (P); A. Jones

1. Alan Jones	Williams-Ford	1:27.38,010
2. Gilles Villeneuve	Ferrari	- 36,050
3. Jaques Laffite	Ligier-Ford	- 46,770
4. Jody Scheckter	Ferrari	- 47,210
5. Clay Regazzoni	Williams-Ford	- 48,920
6. René Arnoux	Renault	- 1 Runde

7. D. Pironi; 8. D. Daly; 9. J. Watson; 10. P. Tambay

Ausfälle: N. Lauda (46. W); P. Gaillard (43. W); E. de Angelis (35. M); R. Patrese (35. W); N. Piquet (33. M); H.-J. Stuck (29. M); J. Ickx (27. M); C. Reutemann (23. W); J.-P. Jabouille (17. W); E. Fittipaldi (16. W); K. Rosberg (16. W); J. Lammers (4. U); J. Mass (2. M); M. Andretti (1. W)

(12) 26.08.1979 GP Niederlande – Zandvoort
1. R.: R. Arnoux (P); A. Jones

1. Alan Jones	Williams-Ford	1:41.19,775
2. Jody Scheckter	Ferrari	- 21,783
3. Jaques Laffite	Ligier-Ford	- 1.03,253
4. Nelson Piquet	Brabham-Alfa	- 1 Runde
5. Jacky Ickx	Ligier-Ford	- 1 Runde
6. Jochen Mass	Arrows-Ford	- 2 Runden

7. H. Rebaque

Ausfälle: D. Pironi (52. W); G. Villeneuve (50. W); E. de Angelis (41. W); K. Rosberg (34. M); J.-P. Jabouille (27. W); J. Watson (23. M); J.-P. Jarier (21. W/D); H.-J. Stuck (20. W); J. Lammers (13. G); M. Andretti (10. W); R. Patrese (8. W/U); P. Tambay (7. M); N. Lauda (5. A); E. Fittipaldi (3. W); C. Reutemann (2. U); R. Arnoux (2. U); C. Regazzoni (1. U)

(13) 09.09.1979 GP Italien – Monza
1. R.: J.-P. Jabouille (P); R. Arnoux

1. Jody Scheckter	Ferrari	1:22.00,220
2. Gilles Villeneuve	Ferrari	- 0,460
3. Clay Regazzoni	Williams-Ford	- 4,780
4. Niki Lauda	Brabham-Alfa	- 54,400
5. Mario Andretti	Lotus-Ford	- 59,700
6. Jean-Pierre Jarier	Tyrrell-Ford	- 1.01,550

7. C. Reutemann; 8. E. Fittipaldi; 9. A. Jones; 10. D. Pironi; 11. H.-J. Stuck; 12. V. Brambilla; 13. R. Patrese; 14. J.-P. Jabouille A 46. M)

Ausfälle: J. Laffite (42. M); K. Rosberg (42. M); J. Ickx (41. M); E. de Angelis (34. W); B. Giacomelli (29. D); J. Watson (14. U); R. Arnoux (14. M); P. Tambay (4. M); J. Mass (4. W); N. Piquet (2. U)

(14) 30.09.1979 GP Kanada – Montréal
1. R.: A. Jones (P); G. Villeneuve

1. Alan Jones	Williams-Ford	1:52.06,892
2. Gilles Villeneuve	Ferrari	- 1,080
3. Clay Regazzoni	Williams-Ford	- 1.13,656
4. Jody Scheckter	Ferrari	- 1 Runde
5. Didier Pironi	Tyrrell-Ford	- 1 Runde
6. John Watson	McLaren-Ford	- 2 Runden

7. R. Zunino; 8. E. Fittipaldi; 9. J. Lammers; 10. M. Andretti (A 67. W)

Ausfälle: N. Piquet (62. G); V. Brambilla (53. W); J. Ickx (48. G); J.-P. Jarier (34. M); D. Daly (29. M); H. Rebaque (27. M); E. de Angelis (25. W); J.-P. Jabouille (25. W); C. Reutemann (24. W); R. Patrese (21. D); P. Tambay (20. M); R. Arnoux (15. U); H.-J. Stuck (15. U); J. Laffite (11. M)

(15) 07.10.1979 GP USA Ost – Watkins Glen
1. R.: A. Jones (P); N. Piquet

1. Gilles Villeneuve	Ferrari	1:52.17,734
2. René Arnoux	Renault	- 48,747
3. Didier Pironi	Tyrrell-Ford	- 53,159
4. Elio de Angelis	Shadow-Ford	- 1.30,472
5. Hans-Joachim Stuck	ATS-Ford	- 1.41,219
6. John Watson	McLaren-Ford	- 1 Runde

7. E. Fittipaldi; 8. N. Piquet (A 54. W)

Ausfälle: D. Daly (53. U); J. Scheckter (49. W); R. Patrese (45. W); A. Jones (37. W); M. Surer (33. M); C. Regazzoni (30. U); R. Zunino (26. U); J.-P. Jabouille (25. W); P. Tambay (21. M); K. Rosberg (21. U); J.-P. Jarier (20. U); M. Andretti (17. G); C. Reutemann (7. U); J. Laffite (4. U); J. Ickx (3. U); B. Giacomelli (1. U)

1980

(1) 13.01.1980 GP Argentinien – Buenos Aires
1. R.: A. Jones (P); J. Laffite

1. Alan Jones	Williams-Ford	1:43.24,380
2. Nelson Piquet	Brabham-Ford	- 24,590
3. Keke Rosberg	Fittipaldi-Ford	- 1.18,640
4. Derek Daly	Tyrrell-Ford	- 1.23,480
5. Bruno Giacomelli	Alfa Romeo	- 1 Runde
6. Alain Prost	McLaren-Ford	- 1 Runde

7. R. Zunino

Ausfälle: P. Depailler (47. M); J. Scheckter (46. M); G. Villeneuve (37. U); J. Laffite (31. M); M. Surer (28. W/F); R. Patrese (28. M); J. Mass (21. G); M. Andretti (21. W); C. Reutemann (13. M); E. de Angelis (8. W); J. Watson (6. G); J.-

Alle Rennergebnisse

P. Jabouille (4. W/G); R. Arnoux (3. W); D. Pironi (2. M); J.-P. Jarier (2. U)

N. gew.: C. Regazzoni; E. Fittipaldi

2 27.01.1980 GP Brasilien – Interlagos

1. R.: J.-P. Jabouille (P); D.Pironi

1. René Arnoux	Renault	1:40.01,330
2. Elio de Angelis	Lotus-Ford	- 21,860
3. Alan Jones	Williams-Ford	- 1.06,110
4. Didier Pironi	Ligier-Ford	- 1.40,130
5. Alain Prost	McLaren-Ford	- 2.25,410
6. Riccardo Patrese	Arrows-Ford	- 1 Runde

7. M. Surer; 8. R. Zunino; 9. K. Rosberg; 10. J. Mass; 11. J. Watson; 12. J.-P. Jarier; 13. B. Giacomelli; 14. D. Daly; 15. E. Fittipaldi; 16. G. Villeneuve (A 37. M/D)

Ausfälle: P. Depailler (34. W); J.-P. Jabouille (26. M); N. Piquet (15. W/U); C. Regazzoni (14. W); J. Laffite (14. W); J. Scheckter (11. M); C. Reutemann (2. W); M. Andretti (2. D)

3 01.03.1980 GP Südafrika – Kyalami

1. R.: J. -P. Jabouille (P); R. Arnoux

1. René Arnoux	Renault	1:36.52,540
2. Jacques Laffite	Ligier-Ford	- 34.070
3. Didier Pironi	Ligier-Ford	- 52,490
4. Nelson Piquet	Brabham-Ford	- 1.01,020
5. Carlos Reutemann	Williams-Ford	- 1 Runde
6. Jochen Mass	Arrows-Ford	- 1 Runde

7. J.-P. Jarier; 8. E. Fittipaldi; 9. C. Regazzoni; 10. R. Zunino; 11. J. Watson; 12. M. Andretti; 13. G. Lees (A 71. W/U)

Ausfälle: B. Giacomelli (70. M); J.-P. Jabouille (62. W); D. Daly (62. W); K. Rosberg (59. U); A. Jones (35. G); G. Villeneuve (32. W); J. Scheckter (15. M); R. Patrese (11. U); E. Cheever (9. U); E. de Angelis (2. U)

N. gew.: P. Depailler

N. gest.: A. Prost (U/verletzt)

4 30.03.1980 GP USA West – Long Beach

1. R.: N. Piquet (P); R. Arnoux

1. Nelson Piquet	Brabham-Ford	1:50.18,550
2. Riccardo Patrese	Arrows-Ford	- 49,212
3. Emerson Fittipaldi	Fittipaldi-Ford	- 1.18,563
4. John Watson	McLaren-Ford	- 1 Runde
5. Jody Scheckter	Ferrari	- 1 Runde
6. Didier Pironi	Ligier-Ford	- 1 Runde

7. J. Mass; 8. D. Daly; 9. R. Arnoux; 10. J.-P. Jabouille

Ausfälle: K. Rosberg (59. M); C. Regazzoni (51. U); B. Giacomelli (50. U); A. Jones (48. U); G. Villeneuve (47. W); P. Depailler (41. W); J. Laffite (37. W); E. Cheever (12. W); C. Reutemann (4. W); J.-P. Jarier (4. U); E. de Angelis (4. U); R. Zunino (1. U); M. Andretti (1. U); J. Lammers (1. W)

5 04.05.1980 GP Belgien – Zolder

1. R.: A. Jones (P); D. Pironi

1. Didier Pironi	Ligier-Ford	1:38.46,510
2. Alan Jones	Williams-Ford	- 47,370
3. Carlos Reutemann	Williams-Ford	- 1.24,120
4. René Arnoux	Renault	- 1 Runde
5. Jean-Pierre Jarier	Tyrrell-Ford	- 1 Runde
6. Gilles Villeneuve	Ferrari	- 1 Runde

7. K. Rosberg; 8. J. Scheckter; 9. D. Daly; 10. E. de Angelis (A 70. U); 11. J. Laffite; 12. J. Lammers (A 65. M)

Ausfälle: R. Patrese (59. U); M. Andretti (42. G); P. Depailler (39. A); N. Piquet (33. U); A. Prost (30. W); E. Fittipaldi (17. W); T. Needell (13. M); B. Giacomelli (12. W); R. Zunino (6. W/G); J.-P. Jabouille (2. W); J. Mass (2. U)

N. gew.: J. Watson

6 18.05.1980 GP Monaco – Monte Carlo

1. R.: D. Pironi (P); C. Reutemann

1. Carlos Reutemann	Williams-Ford	1:55.34,365
2. Jacques Laffite	Ligier-Ford	- 1.13,629
3. Nelson Piquet	Brabham-Ford	-1.17,726
4. Jochen Mass	Arrows-Ford	- 1 Runde
5. Gilles Villeneuve	Ferrari	- 1 Runde
6. Emerson Fittipaldi	Fittipaldi-Ford	- 2 Runden

7. M. Andretti; 8. R. Patrese; 9. E. de Angelis (A 69. U)

Ausfälle: D. Pironi (55. U); R. Arnoux (54. U); P. Depailler (51. M); J. Scheckter (28. W); J.-P. Jabouille (26. G); A. Jones (25. W); J.-P. Jarier (1. U); B. Giacomelli (1. U); A. Prost (1. U); D. Daly (1. U)

7 29.06.1980 GP Frankreich – Le Castellet

1. R.: J. Laffite (P); R. Arnoux

1. Alan Jones	Williams-Ford	1:32.43,420
2. Didier Pironi	Ligier-Ford	- 4,520
3. Jacques Laffite	Ligier-Ford	- 30,260
4. Nelson Piquet	Brabham-Ford	- 1.14,880
5. René Arnoux	Renault	-1.16,150
6. Carlos Reutemann	Williams-Ford	- 1.16.740

7. J. Watson; 8. G. Villeneuve; 9. R. Patrese; 10. J. Mass; 11. D. Daly; 12. J. Scheckter; 13. E. Fittipaldi (A 51. M); 14. J.-P. Jarier

Ausfälle: E. Cheever (44. M); M. Surer (27. G); P. Depailler (26. W); M. Andretti (19. G); K. Rosberg (9. U); B. Giacomelli (9. W); A. Prost (7. W); E. de Angelis (4. W); R. Zunino (1. W); J.-P. Jabouille (1. W)

8 13.07.1980 GP England – Brands Hatch

1. R.: D. Pironi (P); J. Laffite

1. Alan Jones	Williams-Ford	1:34.49,228
2. Nelson Piquet	Brabham-Ford	- 11,007
3. Carlos Reutemann	Williams-Ford	- 13,285
4. Derek Daly	Tyrrell-Ford	- 1 Runde
5. Jean-Pierre Jarier	Tyrrell-Ford	- 1 Runde
6. Alain Prost	McLaren-Ford	- 1 Runde

7. H. Rebaque; 8. J. Watson; 9. R. Patrese; 10. J. Scheckter; 11. R. Keegan; 12. E. Fittipaldi; 13. J. Mass

Ausfälle: D. Pironi (64. W); M. Surer (60. M); M. Andretti (58. G); B. Giacomelli (43. U); G. Villeneuve (36. M); J. Laffite (31. W/U); P. Depailler (28. M); E. Cheever (18. W); E. de Angelis (17. W); J.-P. Jabouille (7. M)

N. gew.: R. Arnoux

9 10.08.1980 GP Deutschland – Hockenheim

1. R.: A. Jones (P); J. -P. Jabouille

1. Jacques Laffite	Ligier-Ford	1:22.59,730
2. Carlos Reutemann	Williams-Ford	- 3,190
3. Alan Jones	Williams-Ford	- 43,530
4. Nelson Piquet	Brabham-Ford	- 44,480
5. Bruno Giacomelli	Alfa Romeo	- 1.16,490
6. Gilles Villeneuve	Ferrari	- 1.28,720

7. M. Andretti; 8. J. Mass; 9. R. Patrese; 10. D. Daly; 11. A. Prost; 12. M. Surer; 13. J. Scheckter; 14. J. Lammers; 15. J.-P. Jarier; 16. E. de Angelis (A 44. W)

Ausfälle: J. Watson (40. M); J.-P. Jabouille (28. M); R. Arnoux (27. M); E. Cheever (24. G); D. Pironi (19. W); E. Fittipaldi (19. W); K. Rosberg (9. W); H. Rebaque (5. G)

10 17.08.1980 GP Österreich – Österreichring

1. R.: R. Arnoux (P); J. -P. Jabouille

1. Jean-Pierre Jabouille	Renault	1:26.15,730
2. Alan Jones	Williams-Ford	- 0,820
3. Carlos Reutemann	Williams-Ford	- 19,360
4. Jacques Laffite	Ligier-Ford	- 42,020
5. Nelson Piquet	Brabham-Ford	- 1.02,810
6. Elio de Angelis	Lotus-Ford	- 1.14,970

7. A. Prost; 8. G. Villeneuve; 9. R. Arnoux; 10. H. Rebaque; 11. E. Fittipaldi; 12. M. Surer; 13. J. Scheckter; 14. R. Patrese; 15. R. Keegan; 16. K. Rosberg

Ausfälle: N. Mansell (41. M); J. Watson (35. M); B. Giacomelli (29. W); J.-P. Jarier (26. M); D. Pironi (26. W); E. Cheever (24. W); D. Daly (13. W/U); M. Andretti (7. M)

11 31.08.1980 GP Niederlande – Zandvoort

1. R.: R. Arnoux (P); J.-P. Jabouille

1. Nelson Piquet	Brabham-Ford	1:38.13,830
2. René Arnoux	Renault	- 12,930
3. Jacques Laffite	Ligier-Ford	- 13,430
4. Carlos Reutemann	Williams-Ford	- 15,290
5. Jean-Pierre Jarier	Tyrrell-Ford	- 1.00,020
6. Alain Prost	McLaren-Ford	- 1.22,620

7. G. Villeneuve; 8. M. Andretti (A 71. W); 9. J. Scheckter; 10. M. Surer; 11. A. Jones

Ausfälle: D. Daly (61. W/U); B. Giacomelli (59. W); E. Cheever (39. M); R. Patrese (30. M); J.-P. Jabouille (24. W); G. Lees (22. U); V. Brambilla (22. U); J. Watson (19. M); E. Fittipaldi (17. W); N. Mansell (16. W/U); D. Pironi (3. U); E. de Angelis (3. U); H. Rebaque (2. G)

12 14.09.1980 GP Italien – Imola

1. R.: R. Arnoux (P); J.-P. Jabouille

1. Nelson Piquet	Brabham-Ford	1:38.07,520
2. Alan Jones	Williams-Ford	- 28,930
3. Carlos Reutemann	Williams-Ford	- 1.13,670
4. Elio de Angelis	Lotus-Ford	- 1 Runde
5. Keke Rosberg	Fittipaldi-Ford	- 1 Runde
6. Didier Pironi	Ligier-Ford	- 1 Runde

7. A. Prost; 8. J. Scheckter; 9. J. Laffite; 10. R. Arnoux; 11. R. Keegan; 12. E. Cheever; 13. J.-P. Jarier (A 55. W)

Ausfälle: J.-P. Jabouille (54. G); M. Surer (46. M); M. Andretti (41. M); R. Patrese (39. M); D. Daly (34. U); J. Watson (21. W); H. Rebaque (19. W); E. Fittipaldi (18. U); G. Villeneuve (6. U); B. Giacomelli (6. U); V. Brambilla (5. U)

13 28.09.1980 GP Kanada – Montréal

1. R.: N. Piquet (P); A. Jones

1. Alan Jones	Williams-Ford	1:46.45,530
2. Carlos Reutemann	Williams-Ford	- 15,540
3. Didier Pironi	Ligier-Ford	- 19,130
4. John Watson	McLaren-Ford	- 30,980
5. Gilles Villeneuve	Ferrari	- 1.03,230
6. Hector Rebaque	Brabham-Ford	- 1 Runde

7. J.-P. Jarier; 8. J. Laffite (A 69. W); 9. K. Rosberg; 10. E. de Angelis; 11. J. Mass; 12. J. Lammers

Ausfälle: A. Prost (42. W/U); R. Arnoux (40. W/U); J.-P. Jabouille (26. W/U); N. Piquet (24. M); M. Andretti (12. M); A. de Cesaris (9. M); E. Cheever (9. W); E. Fittipaldi (9. G); B. Giacomelli (8. W); R. Patrese (7. U); D. Daly (1. U); M. Thackwell (1. U)

14 05.10.1980 GP USA Ost – Watkins Glen

1. R.: B. Giacomelli (P); N. Piquet

1. Alan Jones	Williams-Ford	1:34.36,050
2. Carlos Reutemann	Williams-Ford	- 4,210
3. Didier Pironi	Ligier-Ford	- 12.570
4. Elio de Angelis	Lotus-Ford	- 29.690
5. Jacques Laffite	Ligier-Ford	- 1 Runde
6. Mario Andretti	Lotus-Ford	- 1 Runde

7. R. Arnoux; 8. M. Surer; 9. R. Keegan; 10. K. Rosberg; 11. J. Scheckter

Ausfälle: G. Villeneuve (50. U); J. Mass (37. W); B. Giacomelli (32. M); N. Piquet (26. D); E. Cheever (22. W); H. Rebaque (21. M); R. Patrese (17. U); J. Lammers (17. W); E. Fittipaldi (16. W); D. Daly (4. U); A. de Cesaris (3. U)

N. gew.: J. Watson; J.-P. Jarier

N. gest.: A. Prost (U/verletzt)

1981

1 15.03.1981 GP USA West – Long Beach

1. R.: R. Patrese (P); A. Jones

1. Alan Jones	Williams-Ford	1:50.41,330
2. Carlos Reutemann	Williams-Ford	- 9,190
3. Nelson Piquet	Brabham-Ford	- 34,920
4. Mario Andretti	Alfa Romeo	- 49,310
5. Eddie Cheever	Tyrrell-Ford	- 1.06,700
6. Patrick Tambay	Theodore-Ford	- 1 Runde

7. C. Serra; 8. R. Arnoux

Ausfälle: M. Surer (71. W); D. Pironi (68. M); J.-P. Jarier (65. W); H. Rebaque (50. U); J. Laffite (42. U); B. Giacomelli (42. U); J. Lammers (42. U); K. Rosberg (42. W); R. Patrese (34. W); B. Gabbiani (27. U); N. Mansell (26. U); G. Villeneuve (18. W); J. Watson (17. M); E. de Angelis (14. U); A. Prost (1. U); A. de Cesaris (1. U)

2 29.03.1981 GP Brasilien – Rio de Janeiro

1. R.: N. Piquet (P); C. Reutemann

1. Carlos Reutemann	Williams-Ford	2:00.23,660
2. Alan Jones	Williams-Ford	- 4,440
3. Riccardo Patrese	Arrows-Ford	- 1.03,044
4. Marc Surer	Ensign-Ford	- 1.17,030
5. Elio de Angelis	Lotus-Ford	- 1.26,420
6. Jacques Laffite	Talbot Ligier-Matra	- 1.26,830

7. J.-P. Jarier; 8. J. Watson; 9. K. Rosberg; 10. P. Tambay; 11. N. Mansell; 12. N. Piquet; 13. R. Zunino

Ausfälle: G. Villeneuve (26. W); H. Rebaque (23. W); S. Stohr (21. U); A. Prost (21. U); D. Pironi (20. U); A. de Cesaris (10. W); C. Serra (1. U); R. Arnoux (1. U); M. Andretti (1. U)

N. gew.: E. Cheever; B. Giacomelli

3 12.04.1981 GP Argentinien – Buenos Aires

1. R.: N. Piquet (P); A. Prost

1. Nelson Piquet	Brabham-Ford	1:34.32,740
2. Carlos Reutemann	Williams-Ford	- 26,610
3. Alain Prost	Renault	- 49,980
4. Alan Jones	Williams-Ford	- 1.07,880
5. René Arnoux	Renault	- 1.31,850
6. Elio de Angelis	Lotus-Ford	- 1 Runde

7. R. Patrese; 8. M. Andretti; 9. S. Stohr; 10. B. Giacomelli (A 52. W); 11. A. de Cesaris; 12. J. Lammers; 13. R. Zunino

Ausfälle: G. Villeneuve (41. W); P. Tambay (37. W/M); J. Watson (37. W); H. Rebaque (33. W); C. Serra (29. G); J. Laffite (20. W); M. Surer (15. M); K. Rosberg (5. W); N. Mansell (4. M); D. Pironi (4. M); E. Cheever (2. W)

4 03.05.1981 GP San Marino – Imola

1. R.: G. Villeneuve (P); C. Reutemann

1. Nelson Piquet	Brabham-Ford	1:51.23,970
2. Riccardo Patrese	Arrows-Ford	- 4,580
3. Carlos Reutemann	Williams-Ford	- 6,340
4. Hector Rebaque	Brabham-Ford	- 22,890
5. Didier Pironi	Ferrari	- 25,870
6. Andrea de Cesaris	McLaren-Ford	- 1.06,610

7. G. Villeneuve; 8. R. Arnoux; 9. M. Surer; 10. J. Watson; 11. P. Tambay; 12. A. Jones; 13. S. Borgudd

Ausfälle: E. Salazar (39. W); M. Alboreto (32. U); B. Gabbiani (32. U); B. Giacomelli (29. U); E. Cheever (29. U); M. Andretti (27. G); K. Rosberg (15. M); J. Laffite (8. U); A. Prost (4. G); M.-A. Guerra (1. U)

N. gew.: J.-P. Jabouille

5 17.05.1981 GP Belgien – Zolder

1. R.: C. Reutemann (P); N. Piquet

1. Carlos Reutemann	Williams-Ford	1:16.31,610
2. Jacques Laffite	Talbot Ligier-Matra	- 36,060
3. Nigel Mansell	Lotus-Ford	- 43,690
4. Gilles Villeneuve	Ferrari	- 47,640
5. Elio de Angelis	Lotus-Ford	- 49,200
6. Eddie Cheever	Tyrrell-Ford	- 52,510

7. J. Watson; 8. D. Pironi; 9. B. Giacomelli; 10. M. Andretti; 11. M. Surer; 12. M. Alboreto; 13. P. Ghinzani

Ausfälle: H. Rebaque (40. U); J.-P. Jabouille (36. W); C. Serra (30. M); B. Gabbiani (23. M); A. Jones (20. U); A. de Cesaris (12. G); N. Piquet (11. U); K. Rosberg (11. W); A. Prost (3. W); S. Stohr (1. U); R. Patrese (1. U)

6 31.05.1981 GP Monaco – Monte Carlo

1. R.: N. Piquet (P); G. Villeneuve

1. Gilles Villeneuve	Ferrari	1:54.23,380
2. Alan Jones	Williams-Ford	- 39,910
3. Jacques Laffite	Talbot Ligier-Matra	- 1.29,240
4. Didier Pironi	Ferrari	- 1 Runde
5. Eddie Cheever	Tyrrell-Ford	- 2 Runden
6. Marc Surer	Ensign-Ford	- 2 Runden

7. P. Tambay

Ausfälle: N. Piquet (54. U); J. Watson (54. M); M. Alboreto (51. U); B. Giacomelli (51. U); A. Prost (46. M); C. Reutemann (35. G); R. Arnoux (33. U); E. de Angelis (33. M); R. Patrese (30. G); N. Mansell (17. W); S. Stohr (16. W); A. de Cesaris (1. U); M. Andretti (1. U)

7 21.06.1981 GP Spanien – Jarama

1. R.: J. Laffite (P); A. Jones

1. Gilles Villeneuve	Ferrari	1:46.35,019
2. Jacques Laffite	Talbot Ligier-Matra	- 0,211
3. John Watson	McLaren-Ford	- 0,571
4. Carlos Reutemann	Williams-Ford	- 1,001
5. Elio de Angelis	Lotus-Ford	- 1,231
6. Nigel Mansell	Lotus-Ford	- 28,581

7. A. Jones; 8. M. Andretti; 9. R. Arnoux; 10. B. Giacomelli; 11. C. Serra; 12. K. Rosberg; 13. P. Tambay; 14. E. Salazar; 15. D. Pironi; 16. D. Daly

Ausfälle: J.-P. Jabouille (53. W); H. Rebaque (47. G); N. Piquet (44. U); S. Stohr (44. M); A. Prost (29. U); R. Patrese (22. M); A. de Cesaris (10. U)

N. gew.: E. Cheever

8 05.07.1981 GP Frankreich – Dijon-Prenois

1. R.: R. Arnoux (P); J. Watson

1. Alain Prost	Renault	1:35.48,130
2. John Watson	McLaren-Ford	- 2,290
3. Nelson Piquet	Brabham-Ford	- 24,220
4. René Arnoux	Renault	- 42,300
5. Didier Pironi	Ferrari	- 1 Runde
6. Elio de Angelis	Lotus-Ford	- 1 Runde

7. N. Mansell; 8. M. Andretti; 9. H. Rebaque; 10. C. Reutemann; 11. A. de Cesaris; 12. M. Surer; 13. E. Cheever; 14. R. Patrese; 15. B. Giacomelli; 16. M. Alboreto; 17. A. Jones

Ausfälle: J. Laffite (58. W); D. Daly (56. M); G. Villeneuve (42. W); P. Tambay (31. W); K. Rosberg (12. W); E. Salazar (7. W)

N. gest.: C. Serra (U)

9 18.07.1981 GP England – Silverstone

1. R.: R. Arnoux (P); A. Prost

1. John Watson	McLaren-Ford	1:26.54,800
2. Carlos Reutemann	Williams-Ford	- 40,650
3. Jacques Laffite	Talbot Ligier-Matra	- 1 Runde
4. Eddie Cheever	Tyrrell-Ford	- 1 Runde
5. Hector Rebaque	Brabham-Ford	- 1 Runde
6. Slim Borgudd	ATS-Ford	- 1 Runde

7. D. Daly; 8. J.-P. Jarier; 9. R. Arnoux (A 65. M); 10. R. Patrese (A 65. M); 11. M. Surer (A 62. W)

Ausfälle: M. Andretti (60. W); K. Rosberg (57. W); E. de Angelis (26. Schwarze Flagge/A); A. Prost (18. M); P. Tambay (16. W); D. Pironi (14. M); N. Piquet (12. U); B. Giacomelli (6. G); G. Villeneuve (5. U); A. Jones (4. U); A. de Cesaris (4. U); M. Alboreto (1. W); S. Stohr (1. U)

10 02.08.1981 GP Deutschland – Hockenheim

1. R.: A. Prost (P); R. Arnoux

1. Nelson Piquet	Brabham-Ford	1:25.55,600
2. Alain Prost	Renault	- 11,520
3. Jacques Laffite	Talbot Ligier-Matra	- 1.04,600
4. Hector Rebaque	Brabham-Ford	- 1.39,690
5. Eddie Cheever	Tyrrell-Ford	- 1.50,520
6. John Watson	McLaren-Ford	- 1 Runde

7. E. de Angelis; 8. J.-P. Jarier; 9. M. Andretti; 10. G. Villeneuve; 11. A. Jones; 12. S. Stohr; 13. R. Arnoux; 14. M. Surer (A 44. W/U); 15. B. Giacomelli

Ausfälle: S. Borgudd (36. M); C. Reutemann (28. M); R. Patrese (28. M); P. Tambay (28. W); D. Daly (16. W); N. Mansell (13. W); A. de Cesaris (5. D); D. Pironi (2. M)

N. gew.: E. Salazar

11 16.08.1981 GP Österreich – Österreichring

1. R.: R. Arnoux (P); A. Prost

1. Jacques Laffite	Talbot Ligier-Matra	1:27.36,470
2. René Arnoux	Renault	- 5,170
3. Nelson Piquet	Brabham-Ford	- 7,340
4. Alan Jones	Williams-Ford	- 12,040
5. Carlos Reutemann	Williams-Ford	- 31,850
6. John Watson	McLaren-Ford	- 1.31,240

7. E. de Angelis; 8. A. de Cesaris; 9. D. Pironi; 10. J.-P. Jarier; 11. D. Daly

Ausfälle: M. Andretti (47. M); S. Borgudd (45. W); R. Patrese

(44. M); E. Salazar (44. M); M. Alboreto (41. M); B. Giacomelli (36. M/F); H. Rebaque (32. W); S. Stohr (28. D); A. Prost (27. W); P. Tambay (27. M); N. Mansell (24. M); G. Villeneuve (12. U); M. Surer (1. W)

(12) 30.08.1981 GP Niederlande – Zandvoort
1. R.: A. Prost (P); R. Arnoux

1. Alain Prost	Renault	1:40.22,430
2. Nelson Piquet	Brabham-Ford	- 8,240
3. Alan Jones	Williams-Ford	- 35,500
4. Hector Rebaque	Brabham-Ford	- 1 Runde
5. Elio de Angelis	Lotus-Ford	- 1 Runde
6. Eliseo Salazar	Ensign-Ford	- 2 Runden

7. S. Stohr; 8. M. Surer; 9. M. Alboreto (A 69. M); 10. S. Borgudd

Ausfälle: M. Andretti (63. U); J. Watson (51. W); E. Cheever (47. W); J.-P. Jarier (30. G); R. Arnoux (22. U); B. Giacomelli (20. U); J. Laffite (19. U); C. Reutemann (19. U); R. Patrese (17. W); D. Daly (6. W); D. Pironi (5. U); N. Mansell (2. M); P. Tambay (1. U); G. Villeneuve (1. U)

N. gest.: A. de Cesaris (A durch Team/ U)

(13) 13.09.1981 GP Italien – Monza
1. R.: R. Arnoux (P); C. Reutemann

1. Alain Prost	Renault	1:26.33,897
2. Alan Jones	Williams-Ford	- 22,175
3. Carlos Reutemann	Williams-Ford	-50,587
4. Elio de Angelis	Lotus-Ford	- 1.32,902
5. Didier Pironi	Ferrari	- 1.34,522
6. Nelson Piquet	Brabham-Ford	- 1 Runde

7. A. de Cesaris (A 52. W/U); 8. B. Giacomelli; 9. J.-P. Jarier; 10. B. Henton

Ausfälle: N. Piquet (52. M); M. Andretti (42. W); D. Daly (38. G); P. Tambay (23. W); N. Mansell (22. W); J. Watson (20. U); R. Patrese (20. G); M. Alboreto (17. U); E. Salazar (13. W); R. Arnoux (13. U); E. Cheever (12. D); J. Laffite (12. W); S. Borgudd (11. D); G. Villeneuve (7. M); H. Rebaque (1. W)

(14) 27.09.1981 GP Kanada – Montréal
1. R.: N. Piquet (P); C. Reutemann

1. Jaqcues Laffite	Talbot Ligier-Matra	2:01.25,205
2. John Watson	McLaren-Ford	- 6,233
3. Gilles Villeneuve	Ferrari	- 1.50,275
4. Bruno Giacomelli	Alfa Romeo	- 1 Runde
5. Nelson Piquet	Brabham-Ford	- 1 Runde
6. Elio de Angelis	Lotus-Ford	- 1 Runde

7. M. Andretti; 8. D. Daly; 9. M. Surer; 10. C. Reutemann; 11. M. Alboreto; 12. E. Cheever (A 57. M)

Ausfälle: A. de Cesaris (52. D); A. Prost (49. U); N. Mansell (46. U); S. Borgudd (40. D); H. Rebaque (36. D); J.-P. Jarier (27. U); D. Pironi (25. M); A. Jones (25. W); E. Salazar (9. D); P. Tambay (7. D); R. Patrese (7. D); R. Arnoux (1. U)

(15) 17.10.1981 GP USA – Las Vegas
1. R.: C. Reutemann (P); A. Jones

1. Alan Jones	Williams-Ford	1:44,09.077
2. Alain Prost	Renault	- 20,048
3. Bruno Giacomelli	Alfa Romeo	- 20,428
4. Nigel Mansell	Lotus-Ford	- 47,473
5. Nelson Piquet	Brabham-Ford	- 1.16,438
6. Jaqcues Laffite	Talbot Ligier-Matra	- 1.18,175

7. J. Watson; 8. C. Reutemann; 9. D. Pironi; 10. K. Rosberg; 11. R. Patrese; 12. A. de Cesaris; 13. M. Alboreto (A 68. M)

Ausfälle: D. Warwick (44. G); M. Andretti (30. W); H. Rebaque (21. D); M. Surer (20. W); E. Cheever (11. M); R. Arnoux (11. W); P. Tambay (3. U); E. de Angelis (3. W); J.-P. Jarier (1. W)

Disq.: G. Villeneuve (falsche Startposition)

N. gew.: E. Salazar

1982

(1) 23.01.1982 GP Südafrika – Kyalami
1. R.: R. Arnoux (P); N. Piquet

1. Alain Prost	Renault	1:32.08,401
2. Carlos Reutemann	Williams-Ford	- 14,946
3. René Arnoux	Renault	- 27,900
4. Niki Lauda	McLaren-Ford	- 32,113
5. Keke Rosberg	Williams-Ford	- 46,139
6. John Watson	McLaren-Ford	- 50,993

7. M. Alboreto; 8. E. de Angelis; 9. E. Salazar; 10. M. Winkelhock; 11. B. Giacomelli; 12. J. Mass; 13. A. de Cesaris; 14. D. Daly; 15. R. Boesel; 16. S. Borgudd; 17. C. Serra; 18. D. Pironi

Ausfälle: J. Laffite (55. W); D. Warwick (45. U) ; R. Patrese (19. M); E. Cheever (12. W); G. Villeneuve (7. M); N. Piquet (4. U); N. Mansell (1. W); J.-P. Jarier (1. U)

(2) 21.03.1982 GP Brasilien – Rio de Janeiro
1. R.: A. Prost (P); G. Villeneuve

1. Alain Prost	Renault	1:44.33,134
2. John Watson	McLaren-Ford	- 2,990
3. Nigel Mansell	Lotus-Ford	- 36,859
4. Michele Alboreto	Tyrrell-Ford	- 50,761
5. Manfred Winkelhock	ATS-Ford	- 1 Runde
6. Didier Pironi	Ferrari	- 1 Runde

7. S. Borgudd; 8. J. Mass; 9. J.-P. Jarier; 10. M. Baldi

Ausfälle: E. Salazar (39. M); C. Serra (37. U); R. Patrese (35. A); G. Villeneuve (30. U); N. Lauda (23. U); R. Arnoux (22. U); C. Reutemann (22. U); E. de Angelis (22. U); E. Cheever (20. M); B. Giacomelli (17. M); J. Laffite (16. M/W); A. de Cesaris (15. W); D. Daly (13. W/D); R. Boesel (12. W/D)

Disq.: N. Piquet; K. Rosberg (Untergewicht der Autos)

(3) 04.04.1982 GP USA West – Long Beach
1. R.: A. de Cesaris (P); N. Lauda

1. Niki Lauda	McLaren-Ford	1:58.25,318
2. Keke Rosberg	Williams-Ford	- 14,660
3. Riccardo Patrese	Brabham-Ford	- 1.19,143
4. Michele Alboreto	Tyrrell-Ford	- 1.20,947
5. Elio de Angelis	Lotus-Ford	- 1 Runde
6. John Watson	McLaren-Ford	- 1 Runde

7. N. Mansell; 8. J. Mass; 9. R. Boesel; 10. S. Borgudd

Ausfälle: E. Cheever (59. G); A. de Cesaris (34. U); B. Henton (33. U); R. Guerrero (28. U); J. Laffite (27. D); J.-P. Jarier (27. G); N. Piquet (26. U); D. Daly (24. U); M. Andretti (20. U); A. Prost (11. W/U); D. Pironi (7. U); R. Arnoux (6. U); B. Giacomelli (6. U); E. Salazar (4. U); M. Winkelhock (2. U)

Disq.: G. Villeneuve (regelwidriger Flügel)

(4) 25.04.1982 GP San Marino – Imola
1. R.: R. Arnoux (P); A. Prost

1. Didier Pironi	Ferrari	1:36.38,887
2. Gilles Villeneuve	Ferrari	- 0,366
3. Michele Alboreto	Tyrrell-Ford	- 1.07,684
4. Jean-Pierre Jarier	Osella-Ford	- 1 Runde
5. Eliseo Salazar	ATS-Ford	- 3 Runden

Ausfälle: R. Arnoux (45. M); B. Giacomelli (25. M); R. Paletti (8. W); A. Prost (7. M); A. de Cesaris (5. W); B. Henton (1. W); D. Warwick (0 W)

Disq.: M. Winkelhock (Wagen hatte Untergewicht)

N. gew.: T. Fabi

(5) 09.05.1982 GP Belgien – Zolder
1. R.: A. Prost (P); R. Arnoux

1. John Watson	McLaren-Ford	1:35.41,995
2. Keke Rosberg	Williams-Ford	- 7,268
3. Eddie Cheever	Talbot Ligier-Matra	- 1 Runde
4. Elio de Angelis	Lotus-Ford	- 2 Runden
5. Nelson Piquet	Brabham-BMW	- 3 Runden
6. Chico Serra	Fittipaldi-Ford	- 3 Runden

7. M. Surer; 8. R. Boesel; 9. J. Laffite

Ausfälle: D. Daly (61. U); J. Mass (61. M); A. Prost (60. D); R. Patrese (53. U); M. Baldi (52. M/D); J.-P. Jarier (38. W); A. de Cesaris (35. G); B. Henton (34. M); M. Alboreto (30. M); D. Warwick (30. W); T. Fabi (14. W); N. Mansell (10. W); R. Arnoux (8. M); M. Winkelhock (1. W); E. Salazar (1. U); B. Giacomelli (1. U)

Disq.: N. Lauda (Wagen hatte Untergewicht)

N. gest.: D. Pironi (wegen U Villeneuve); G. Villeneuve (tödl. U)

(6) 23.05.1982 GP Monaco – Monte Carlo
1. R.: R. Arnoux (P); R. Patrese

1. Riccardo Patrese	Brabham-Ford	1:54.11,259
2. Didier Pironi	Ferrari	- 1 Runde
3. Andrea de Cesaris	Alfa Romeo	- 1 Runde
4. Nigel Mansell	Lotus-Ford	- 1 Runde
5. Elio de Angelis	Lotus-Ford	- 1 Runde
6. Derek Daly	Williams-Ford	- 2 Runden

7. A. Prost (A 74. U); 8. B. Henton; 9. M. Surer; 10. M. Alboreto (A 70. W)

Ausfälle: D. Pironi (76. W); A. de Cesaris (76. W); D. Daly (75. G/U); K. Rosberg (65. W); N. Lauda (57. M); N. Piquet (50. G); J. Watson (36. W); M. Winkelhock (32. W); J. Laffite (30. W); E. Cheever (28. M); E. Salazar (23. W); R. Arnoux (15. D); B. Giacomelli (5. W)

(7) 06.06.1982 GP USA – Detroit
1. R.: A. Prost (P); A. de Cesaris

1. John Watson	McLaren-Ford	1:58.41,043
2. Eddie Cheever	Talbot Ligier-Matra	- 15,726
3. Didier Pironi	Ferrari	- 28,077
4. Keke Rosberg	Williams-Ford	- 1.11,976
5. Derek Daly	Williams-Ford	- 1.23,757
6. Jacques Laffite	Talbot Ligier-Matra	- 1 Runde

7. J. Mass; 8. M. Surer; 9. B. Henton; 10. R. Arnoux; 11. C. Serra

Ausfälle: N. Mansell (45. M); N. Lauda (41. U); M. Alboreto (41. U); B. Giacomelli (31. U); E. de Angelis (18. G); E. Salazar (14. U); R. Guerrero (7. U); R. Patrese (7. U); A. de Cesaris (3. W); J.-P. Jarier (3. W); M. Winkelhock (2. U); R. Boesel (1. U); M. Baldi (1. U)

N. gew.: A. Prost

N. gest.: R. Paletti (U)

(8) 13.06.1982 GP Kanada – Montréal
1. R.: D. Pironi (P); R. Arnoux

1. Nelson Piquet	Brabham-BMW	1:46.39,577
2. Riccardo Patrese	Brabham-Ford	- 13,799
3. John Watson	McLaren-Ford	- 1.01,836
4. Elio de Angelis	Lotus-Ford	- 1 Runde
5. Marc Surer	Arrows-Ford	- 1 Runde
6. Andrea de Cesaris	Alfa Romeo	- 2 Runden

7. D. Daly (A 68. W); 8. M. Baldi; 9. D. Pironi; 10. E. Cheever (A 67. W); 11. J. Mass

Ausfälle: A. de Cesaris (69. W); K. Rosberg (53. G); R. Boesel (48. M); M. Alboreto (42. G/W); A. Prost (31. M); R. Arnoux (29. D); E. Salazar (21. W); N. Lauda (18. W); J. Laffite (9. W); R. Guerrero (3. W); B. Giacomelli (2. U); N. Mansell (2. U); G. Lees (1. U); J.-P. Jarier (1. A nach Palletis U); R. Paletti (1. tödl. U)

N. gew.: B. Henton

(9) 03.07.1982 GP Niederlande – Zandvoort
1. R.: R. Arnoux (P); A. Prost

1. Didier Pironi	Ferrari	1:38.03,254
2. Nelson Piquet	Brabham-BMW	- 21,649
3. Keke Rosberg	Williams-Ford	- 22,365
4. Niki Lauda	McLaren-Ford	- 1.23,720
5. Derek Daly	Williams-Ford	- 1 Runde
6. Mauro Baldi	Arrows-Ford	- 1 Runde

7. M. Alboreto; 8. P. Tambay; 9. J. Watson; 10. M. Surer; 11. B. Giacomelli; 12. M. Winkelhock; 13. E. Salazar; 14. J.-P. Jarier; 15. R. Patrese

Ausfälle: J. Mass (61. M); J. Lammers (42. M); E. de Angelis (41. W); A. de Cesaris (36. W); A. Prost (34. M); R. Arnoux (22. W/U); B. Henton (22. M); R. Boesel (22. M); C. Serra (19. W); D. Warwick (16. W); J. Laffite (5. W)

(10) 18.07.1982 GP England – Brands Hatch
1. R.: K. Rosberg (P); R. Patrese

1. Niki Lauda	McLaren-Ford	1:35.33,812
2. Didier Pironi	Ferrari	- 25,726
3. Patrick Tambay	Ferrari	- 38,436
4. Elio de Angelis	Lotus-Ford	- 41,242
5. Derek Daly	Williams-Ford	- 41,430
6. Alain Prost	Renault	- 41,636

7. B. Giacomelli; 8. B. Henton; 9. M. Baldi; 10. J. Mass

Ausfälle: A. de Cesaris (67. W); E. Cheever (61. M); M. Surer (60. M); K. Rosberg (51. W); J. Laffite (42. G); D. Warwick (41. W); N. Mansell (30. U); N. Piquet (10. W); R. Guerrero (4. U/W/M); J.-P. Jarier (3. W); C. Serra (3. U/F); J. Watson (3. D); T. Fabi (1. U); R. Arnoux (1. U); R. Patrese (1. A)

(11) 25.07.1982 GP Frankreich – Le Castellet
1. R.: R. Arnoux (P); A. Prost

1. René Arnoux	Renault	1:33.33,217
2. Alain Prost	Renault	- 17,308
3. Didier Pironi	Ferrari	- 42,128
4. Patrick Tambay	Ferrari	- 1.16,241
5. Keke Rosberg	Williams-Ford	- 1.30,994
6. Michele Alboreto	Tyrrell-Ford	- 1.32,339

7. D. Daly; 8. N. Lauda; 9. B. Giacomelli; 10. B. Henton; 11. M. Winkelhock; 12. G. Lees; 13. M. Surer; 14. J. Laffite; 15. D. Warwick; 16. E. Cheever

Ausfälle: A. de Cesaris (26. W/U); N. Piquet (24. M); E. de Angelis (18. W); J. Watson (14. W); J. Mass (11. U); M. Baldi (11. U); R. Patrese (9. M/F); E. Salazar (3. U); T. Fabi (1. W); J.-P. Jarier (1. W)

(12) 08.08.1982 GP Deutschland – Hockenheim
1. R.: D. Pironi (P); A. Prost

1. Patrick Tambay	Ferrari	1:27.25,178
2. René Arnoux	Renault	- 16,379
3. Keke Rosberg	Williams-Ford	- 1 Runde
4. Michele Alboreto	Tyrrell-Ford	- 1 Runde
5. Bruno Giacomelli	Alfa Romeo	- 1 Runde
6. Marc Surer	Arrows-Ford	- 1 Runde

7. B. Henton; 8. R. Guerrero; 9. N. Mansell; 10. D. Warwick; 11. C. Serra

Ausfälle: J. Watson (37. W); J. Laffite (37. W); D. Daly (26. M); R. Boesel (23. W); E. de Angelis (22. W); N. Piquet (19. U); E. Salazar (18. U); A. Prost (15. W); R. Patrese (14. M); A. de Cesaris (10. U); E. Cheever (9. W); M. Baldi (7. M); J.-P. Jarier (4. W); M. Winkelhock (4. W/G)

N. gest.: D. Pironi; N. Lauda (U/verletzt)

(13) 15.08.1982 GP Österreich – Österreichring
1.R.: N. Piquet (P); R. Patrese

1. Elio de Angelis	Lotus-Ford	1:25.02,212
2. Keke Rosberg	Williams-Ford	- 0,125
3. Jacques Laffite	Talbot Ligier-Matra	- 1 Runde
4. Patrick Tambay	Ferrari	- 1 Runde
5. Niki Lauda	McLaren-Ford	- 1 Runde
6. Mauro Baldi	Arrows-Ford	- 1 Runde

7. C. Serra; 8. A. Prost (A 49. W)

Ausfälle: J. Watson (45. W); B. Henton (33. M); N. Piquet (32. W); T. Byrne (29. D); M. Surer (29. W); R. Patrese (28. M); E. Cheever (23. M); N. Mansell (18. M); R. Arnoux (17. M); M. Winkelhock (16. D); D. Warwick (8. W); T. Fabi (8. W); R. Guerrero (7. W); M. Alboreto (2. U); R. Keegan (2. U); A. de Cesaris (1. U); D. Daly (1. U); B. Giacomelli (1. U)

(14) 29.08.1982 GP Schweiz – Dijon-Prenois
1. R.: A. Prost (P); R. Arnoux

1. Keke Rosberg	Williams-Ford	1:32.41,087
2. Alain Prost	Renault	- 4,442
3. Niki Lauda	McLaren-Ford	- 1.00,343
4. Nelson Piquet	Brabham-BMW	- 1 Runde
5. Riccardo Patrese	Brabham-BMW	- 1 Runde
6. Elio de Angelis	Lotus-Ford	- 1 Runde

7. M. Alboreto; 8. N. Mansell; 9. D. Daly; 10. A. de Cesaris; 11. B. Henton; 12. B. Giacomelli; 13. J. Watson; 14. E. Salazar; 15. M. Surer; 16. R. Arnoux (A 76. W)

Ausfälle: M. Winkelhock (56. M); J.-P. Jarier (45. M); J. Laffite (34. W); T. Fabi (32. M); R. Boesel (32. G); R. Keegan (26. D); D. Warwick (25. M); R. Guerrero (5. M)

N. gew.: E. Cheever

N. gest.: P. Tambay (Fahrer nicht fit)

(15) 12.09.1982 GP Italien – Monza
1. R.: M. Andretti (P); N. Piquet

1. René Arnoux	Renault	1:22.25,734
2. Patrick Tambay	Ferrari	- 14,064
3. Mario Andretti	Ferrari	- 48,452
4. John Watson	McLaren-Ford	- 1.27,845
5. Michele Alboreto	Tyrrell-Ford	- 1 Runde
6. Eddie Cheever	Talbot Ligier-Matra	- 1 Runde

7. N. Mansell; 8. K. Rosberg; 9. E. Salazar; 10. A. de Cesaris; 11. C. Serra; 12. M. Baldi

Ausfälle: E. de Angelis (34. M); B. Giacomelli (33. W); M. Surer (29. W); A. Prost (28. W); N. Lauda (22. W); J.-P. Jarier (11. W); N. Piquet (8. W); R. Patrese (7. W); J. Laffite (6. G); T. Fabi (3. M); D. Daly (1. U); D. Warwick (1. U); B. Henton (1. U)

N. gew.: R. Guerrero

(16) 25.09.1982 GP USA – Las Vegas
1. R.: A. Prost (P); R. Arnoux

1. Michele Alboreto	Tyrrell-Ford	1:41.56,888
2. John Watson	McLaren-Ford	- 27,292
3. Eddie Cheever	Talbot Ligier-Matra	- 56,450
4. Alain Prost	Renault	- 1.08,648
5. Keke Rosberg	Williams-Ford	- 1.11,375
6. Derek Daly	Williams-Ford	- 1 Runde

7. M. Surer; 8. B. Henton; 9. A. de Cesaris; 10. B. Giacomelli; 11. M. Baldi; 12. R. Keegan; 13. R. Boesel

Ausfälle: N. Lauda (54. M); T. Byrne (40. D); D. Warwick (33. M); E. de Angelis (29. M); M. Andretti (27. W); N. Piquet (27. W); R. Arnoux (21. M); R. Patrese (18. W); N. Mansell (9. U); J. Laffite (6. W)

N. gew.: M. Winkelhock

N. gest.: P. Tambay (Fahrer krank); R. Guerrero (U); J.-P. Jarier (U)

1983

(1) 13.03.1983 GP Brasilien – Rio de Janeiro
1. R.: K. Rosberg (P); A. Prost

1. Nelson Piquet	Brabham-BMW	1:48.27,731
2. Niki Lauda	McLaren-Ford	- 51,883
3. Jacques Laffite	Williams-Ford	- 1.13,951
4. Patrick Tambay	Ferrari	- 1.18,117
5. Marc Surer	Arrows-Ford	- 1.18,207
6. Alain Prost	Renault	- 1 Runde

7. D. Warwick; 8. C. Serra; 9. R. Arnoux; 10. D. Sullivan; 11. N. Mansell; 12. J. Cecotto; 13. E. Salazar; 14. M. Winkelhock

Ausfälle: E. Cheever (42. M); J. Watson (35. M); R. Boesel (26. W); M. Baldi (24. U/W); J.-P. Jarier (23. W); R. Patrese (20. W); C. Fabi (18. M); B. Giacomelli (17. D); M. Alboreto (8. U)

Disq.: K. Rosberg (unerlaubte Starthilfe); E. de Angelis (unerlaubter Autowechsel nach der Einführungsrunde)

N. gew.: R. Guerrero

(2) 27.03.1983 GP USA West – Long Beach
1. R.: P. Tambay (P); R. Arnoux

1. John Watson	McLaren-Ford	1:53.34,889
2. Niki Lauda	McLaren-Ford	- 27,993
3. René Arnoux	Ferrari	- 1.13,638
4. Jacques Laffite	Williams-Ford	- 1 Runde
5. Marc Surer	Arrows-Ford	- 1 Runde
6. Johnny Cecotto	Theodore-Ford	- 1 Runde

7. R. Boesel; 8. D. Sullivan; 9. M. Alboreto; 10. R. Patrese (A 73. W); 11. A. Prost; 12. N. Mansell; 13. E. Cheever (A 68. G)

Ausfälle: A. Jones (59. A); N. Piquet (52. M); A. de Cesaris (49. G); E. de Angelis (30. W); R. Guerrero (28. G); J.-P. Jarier (27. U); B. Giacomelli (27. W); M. Baldi (27. U); P. Tambay (26. U); K. Rosberg (26. U); E. Salazar (26. G); D. Warwick (12. U); M. Winkelhock (4. U)

Alle Rennergebnisse

(3) 17.04.1983 GP Frankreich – Le Castellet
1. R.: A. Prost (P); E. Cheever

1. Alain Prost	Renault	1:34.13,913
2. Nelson Piquet	Brabham-BMW	- 29,720
3. Eddie Cheever	Renault	- 40,232
4. Patrick Tambay	Ferrari	- 1.06,880
5. Keke Rosberg	Williams-Ford	- 1 Runde
6. Jacques Laffite	Williams-Ford	- 1 Runde

7. R. Arnoux; 8. M. Alboreto; 9. J.-P. Jarier; 10. M. Surer; 11. J. Cecotto; 12. A. de Cesaris; 13. B. Giacomelli (A 50. G)

Ausfälle: R. Boesel (48. M); C. Fabi (37. M); M. Winkelhock (37. M/W); N. Lauda (30. W); M. Baldi (29. U); C. Serra (27. G); R. Guerrero (24. M); D. Sullivan (22. W); E. de Angelis (21. W); R. Patrese (20. M); D. Warwick (15. W/M); N. Mansell (7. A); J. Watson (4. M)

(4) 01.05.1983 GP San Marino – Imola
1. R.: R. Arnoux (P); N. Piquet

1. Patrick Tambay	Ferrari	1:37.52,460
2. Alain Prost	Renault	- 48,781
3. René Arnoux	Ferrari	- 1 Runde
4. Keke Rosberg	Williams-Ford	- 1 Runde
5. John Watson	McLaren-Ford	- 1 Runde
6. Marc Surer	Arrows-Ford	- 1 Runde

7. J. Laffite; 8. C. Serra; 9. R. Boesel; 10. M. Baldi (A 58. M); 11. M. Winkelhock; 12. N. Mansell (A 57. W/U); 13. R. Patrese (A 55. U)

Ausfälle: A. de Cesaris (46. W); E. de Angelis (44. W); N. Piquet (42. M); J.-P. Jarier (40. W); D. Sullivan (38. U); D. Warwick (28. U); B. Giacomelli (21. W); C. Fabi (21. U); N. Lauda (12. U); J. Cecotto (12. U); M. Alboreto (11. U); R. Guerrero (4. U); E. Cheever (3. M)

(5) 15.05.1983 GP Monaco – Monte Carlo
1. R.: A. Prost (P); R. Arnoux

1. Keke Rosberg	Williams-Ford	1:56.38,121
2. Nelson Piquet	Brabham-BMW	- 18,475
3. Alain Prost	Renault	- 31,366
4. Patrick Tambay	Ferrari	- 1.04,297
5. Danny Sullivan	Tyrrell-Ford	- 2 Runden
6. Mauro Baldi	Alfa Romeo	- 2 Runden

7. C. Serra

Ausfälle: R. Patrese (65. W); J. Laffite (54. G); D. Warwick (50. U); E. de Angelis (50. W); M. Surer (50. U); J.-P. Jarier (33. W); E. Cheever (31. W); A. de Cesaris (14. G); R. Arnoux (7. U); R. Boesel (4. U); M. Winkelhock (4. U); M. Alboreto (1. U); N. Mansell (1. U)

(6) 22.05.1983 GP Belgien – Spa-Francorchamps
1. R.: A. Prost (P); P. Tambay

1. Alain Prost	Renault	1:27.11,502
2. Patrick Tambay	Ferrari	- 23,182
3. Eddie Cheever	Renault	- 39,869
4. Nelson Piquet	Brabham-BMW	- 42,295
5. Keke Rosberg	Williams-Ford	- 50,480
6. Jacques Laffite	Williams-Ford	- 1.33,107

7. D. Warwick; 8. B. Giacomelli; 9. E. de Angelis; 10. J. Cecotto; 11. M. Surer; 12. D. Sullivan; 13. R. Boesel; 14. M. Alboreto

Ausfälle: N. Lauda (34. M); N. Mansell (31. G); A. de Cesaris (26. M); R. Guerrero (24. M); R. Arnoux (23. M); C. Fabi (20. W); M. Winkelhock (19. W); J. Watson (9. U); J.-P. Jarier (9. U); T. Boutsen (5. W); M. Baldi (4. M); R. Patrese (1. M)

(7) 05.06.1983 GP USA Ost – Detroit
1. R.: R. Arnoux (P); N. Piquet

1. Michele Alboreto	Tyrrell-Ford	1:50.53,669
2. Keke Rosberg	Williams-Ford	- 7,702
3. John Watson	McLaren-Ford	- 9,283
4. Nelson Piquet	Brabham-BMW	- 1.12,185
5. Jacques Laffite	Brabham-BMW	- 1.32,603
6. Nigel Mansell	Lotus-Ford	- 1 Runde

7. T. Boutsen; 8. A. Prost; 9. B. Giacomelli; 10. R. Boesel; 11. M. Surer; 12. M. Baldi

Ausfälle: N. Lauda (50. W); J. Cecotto (35. W); A. de Cesaris (34. M); R. Arnoux (32. W); D. Sullivan (31. W); J.-P. Jarier (30. W); M. Winkelhock (27. U); D. Warwick (26. W/M); R. Patrese (25. W); E. de Angelis (6. W); E. Cheever (5. W); P. Ghinzani (5. M); P. Tambay (1. W)

N. gew.: R. Guerrero

(8) 12.06.1983 GP Kanada – Montréal
1. R.: R. Arnoux (P); A. Prost

1. René Arnoux	Ferrari	1:48.31,838
2. Eddie Cheever	Renault	- 42,029
3. Patrick Tambay	Ferrari	- 52,610
4. Keke Rosberg	Williams-Ford	- 1.17,048
5. Alain Prost	Renault	- 1 Runde
6. John Watson	McLaren-Ford	- 1 Runde

7. T. Boutsen; 8. M. Alboreto; 9. M. Winkelhock (A 68. W); 10. M. Baldi

Ausfälle: R. Patrese (57. G); D. Warwick (48. M); B. Giacomelli (44. M); N. Mansell (44. W); A. de Cesaris (43. M); J. Laffite (38. G); R. Boesel (33. W); R. Guerrero (28. M); C. Fabi (27. M); J. Cecotto (18. W); N. Piquet (16. M); N. Lauda (12. D); E. de Angelis (2. M); J.-P. Jarier (1. G); M. Surer (1. W)

Disq.: D. Sullivan (Wagen hatte Untergewicht)

(9) 16.07.1983 GP England – Silverstone
1. R.: R. Arnoux (P); P. Tambay

1. Alain Prost	Renault	1:24.39,780
2. Nelson Piquet	Brabham-BMW	- 19,161
3. Patrick Tambay	Ferrari	- 26,246
4. Nigel Mansell	Lotus-Ford	- 38,952
5. René Arnoux	Ferrari	- 58,874
6. Niki Lauda	McLaren-Ford	- 1 Runde

7. M. Baldi; 8. A. de Cesaris; 9. J. Watson; 10. J.-P. Jarier; 11. K. Rosberg; 12. J. Laffite; 13. M. Alboreto; 14. D. Sullivan; 15. T. Boutsen; 16. R. Guerrero; 17. M. Surer

Ausfälle: M. Winkelhock (50. M); R. Boesel (49. W); P. Ghinzani (47. W); D. Warwick (28. G); R. Patrese (10. M); S. Johansson (6. M); E. Cheever (4. W); B. Giacomelli (4. M); E. de Angelis (2. W)

(10) 07.08.1983 GP Deutschland – Hockenheim
1. R.: P. Tambay (P); R. Arnoux

1. René Arnoux	Ferrari	1:27.10,319
2. Andrea de Cesaris	Alfa Romeo	- 1.10,652
3. Riccardo Patrese	Brabham-BMW	- 1.44,093
4. Alain Prost	Renault	- 2.00,750
5. John Watson	McLaren-Ford	- 1 Runde
6. Jacques Laffite	Williams-Ford	- 1 Runde

7. M. Surer; 8. J.-P. Jarier; 9. T. Boutsen; 10. K. Rosberg; 11. J. Cecotto; 12. D. Sullivan; 13. N. Piquet (A 43. W/F)

Ausfälle: E. Cheever (39. W); P. Ghinzani (35. M); R. Boesel (28. M); M. Baldi (25. M); B. Giacomelli (20. M); D. Warwick (18. M); S. Johansson (12. M); P. Tambay (12. M); E. de Angelis (11. M); M. Alboreto (5. W); N. Mansell (2. M); R. Guerrero (1. M)

Disq.: N. Lauda

(11) 14.08.1983 GP Österreich – Österreichring
1. R.: P. Tambay (P); R. Arnoux

1. Alain Prost	Renault	1:24.32,745
2. René Arnoux	Ferrari	- 6,835
3. Nelson Piquet	Brabham-BMW	- 27,659
4. Eddie Cheever	Renault	- 28,395
5. Nigel Mansell	Lotus-Ford	- 1 Runde
6. Niki Lauda	McLaren-Ford	- 2 Runden

7. J.-P. Jarier; 8. K. Rosberg; 9. J. Watson; 10. C. Fabi; 11. P. Ghinzani; 12. S. Johansson; 13. T. Boutsen

Ausfälle: M. Winkelhock (34. M); A. de Cesaris (32. W); P. Tambay (31. W/M); R. Patrese (30. M); R. Guerrero (26. G); J. Laffite (22. U/W); M. Baldi (14. M); M. Alboreto (9. U); D. Warwick (3. M); B. Giacomelli (2. U); D. Sullivan (1. U); M. Surer (1. U); E. de Angelis (1. U)

(12) 28.08.1983 GP Niederlande – Zandvoort
1. R.: N. Piquet (P); P. Tambay

1. René Arnoux	Ferrari	1:38.41,950
2. Patrick Tambay	Ferrari	- 20,839
3. John Watson	McLaren-Ford	- 43,741
4. Derek Warwick	Toleman-Hart	- 1.16,839
5. Mauro Baldi	Alfa Romeo	- 1.24,292
6. Michele Alboreto	Tyrrell-Ford	- 1 Runde

7. S. Johansson; 8. M. Surer; 9. R. Patrese; 10. R. Boesel; 11. C. Fabi (A 68. M); 12. R. Guerrero; 13. B. Giacomelli; 14. T. Boutsen (A 66. W)

Ausfälle: K. Rosberg (54. M); N. Piquet (42. U); A. Prost (42. U); E. Cheever (40. W); J. Laffite (38. W); N. Mansell (27. D); N. Lauda (26. W); D. Sullivan (21. M); E. de Angelis (13. W); A. de Cesaris (6. M); J.-P. Jarier (4. W)

Disq.: M. Winkelhock

(13) 11.09.1983 GP Italien – Monza
1. R.: R. Patrese (P); P. Tambay

1. Nelson Piquet	Brabham-BMW	1:23.10,880
2. René Arnoux	Ferrari	- 10,212
3. Eddie Cheever	Renault	- 18,612
4. Patrick Tambay	Ferrari	- 29,023
5. Elio de Angelis	Lotus-Ford	- 53,680
6. Derek Warwick	Toleman-Hart	- 1.13,348

7. B. Giacomelli; 8. N. Mansell; 9. J.-P. Jarier; 10. M. Surer; 11. K. Rosberg; 12. J. Cecotto; 13. R. Guerrero

Ausfälle: C. Fabi (46. W); D. Sullivan (45. W); T. Boutsen (42. M); M. Winkelhock (36. W); M. Alboreto (30. W); A. Prost (27. M); N. Lauda (25. W); J. Watson (14. M); P. Ghinzani (11. G); M. Baldi (5. M); S. Johansson (5. W); R. Patrese (3. W); A. de Cesaris (3. D)

(14) 25.09.1983 GP Europa – Brands Hatch
1. R.: E. de Angelis (P); R. Patrese

1. Nelson Piquet	Brabham-BMW	1:36.45,865
2. Alain Prost	Renault	- 6,571
3. Nigel Mansell	Lotus-Ford	- 30,315
4. Andrea de Cesaris	Alfa Romeo	- 34,396
5. Derek Warwick	Toleman-Hart	- 44,915
6. Bruno Giacomelli	Toleman-Hart	- 52,190

7. R. Patrese; 8. M. Winkelhock; 9. R. Arnoux; 10. E. Cheever; 11. T. Boutsen; 12. R. Guerrero; 13. J. Palmer; 14. S. Johansson; 15. R. Boesel

Ausfälle: P. Tambay (68. U); M. Alboreto (65. M); M. Surer (51. M); K. Rosberg (44. M); M. Baldi (40. W); J. Watson (37. U); D. Sullivan (28. W/F); N. Lauda (26. M); E. de Angelis (13. M); J.-P. Jarier (1. G)

N. gew.: P. Ghinzani

(15) 15.10.1983 GP Südafrika – Kyalami
1. R.: P. Tambay (P); N. Piquet

1. Riccardo Patrese	Brabham-BMW	1:33.25,708
2. Andrea de Cesaris	Alfa Romeo	- 9,364
3. Nelson Piquet	Brabham-BMW	- 21,969
4. Derek Warwick	Toleman-Hart	- 1 Runde
5. Keke Rosberg	Williams-Ford	- 1 Runde
6. Eddie Cheever	Renault	- 1 Runde

7. D. Sullivan; 8. M. Surer; 9. T. Boutsen; 10. J.-P. Jarier; 11. N. Lauda (A 72. W); 12. K. Acheson

Ausfälle: M. Alboreto (61. M); P. Tambay (57. M); B. Giacomelli (57. M/F); Alain Prost (36. M); C. Fabi (29. M); E. de Angelis (21. M); R. Arnoux (10. M); M. Baldi (6. M); P. Ghinzani (2. M); M. Winkelhock (2. M); J. Laffite (2. U)

Disq.: J. Watson (überholte in der Einführungsrunde)

N. gew.: N. Mansell; R. Boesel

1984

(1) 25.03.1984 GP Brasilien – Rio de Janeiro
1. R.: E. de Angelis (P); M. Alboreto

1. Alain Prost	McLaren-Porsche	1:42.34,492
2. Keke Rosberg	Williams-Honda	- 40,514
3. Elio de Angelis	Lotus-Renault	- 59,128
4. Eddie Cheever	Alfa Romeo	- 1 Runde
5. Patrick Tambay	Renault	- 2 Runden
6. Thierry Boutsen	Arrows-Ford	- 2 Runden

7. M. Surer; 8. J. Palmer

Ausfälle: P. Tambay (60. W); D. Warwick (52. W); A. de Cesaris (43. G); R. Patrese (42. G); N. Lauda (39. W); N. Mansell (36. U); N. Piquet (33. M); T. Fabi (33. M); R. Arnoux (31. W); P. Ghinzani (29. G); F. Hesnault (26. M); P. Alliot (25. W); J. Cecotto (19. M); J. Laffite (16. W); M. Alboreto (15. W); M. Baldi (13. W); A. Senna (9. M)

Disq.: M. Brundle; S. Bellof (Am 18.07. wird Tyrrell für das gesamte Jahr disqualifiziert.)

(2) 07.04.1984 GP Südafrika – Kyalami
1. R.: N. Piquet (P); K. Rosberg

1. Niki Lauda	McLaren-Porsche	1:29.23,430
2. Alain Prost	McLaren-Porsche	- 1.05,950
3. Derek Warwick	Renault	- 1 Runde
4. Riccardo Patrese	Alfa Romeo	- 2 Runden
5. Andrea de Cesaris	Ligier-Renault	- 2 Runden
6. Ayrton Senna	Toleman-Hart	- 3 Runden

7. E. de Angelis; 8. M. Baldi; 9. M. Surer; 10. F. Hesnault; 11. M. Alboreto (A 71. W); 12. T. Boutsen

Ausfälle: P. Tambay (67. W); J. Laffite (61. W); M. Winkelhock (54. M); K. Rosberg (52. W); N. Mansell (52. W); R. Arnoux (41. W); N. Piquet (30. M); J. Cecotto (27. W); P. Alliot (25. W/M); J. Palmer (23. G/W); T. Fabi (19. M); E. Cheever (5. W)

Disq.: S. Bellof; M. Brundle (Tyrrell)

N. gest.: P. Ghinzani

(3) 29.04.1984 GP Belgien – Zolder
1. R.: M. Alboreto (P); R. Arnoux

1. Michele Alboreto	Ferrari	1:36.32,048
2. Derek Warwick	Renault	- 42,386
3. René Arnoux	Ferrari	- 1.09,803
4. Keke Rosberg	Williams-Honda	- 1 Runde
5. Elio de Angelis	Lotus-Renault	- 1 Runde
6. Ayrton Senna	Toleman-Hart	- 2 Runden

7. P. Tambay; 8. M. Surer; 9. N. Piquet (A 67. M); 10. J. Palmer

Ausfälle: K. Rosberg (70. W); M. Baldi (54. W); T. Fabi (43. D); A. de Cesaris (43. U); M. Winkelhock (40. W); N. Lauda (36. W); E. Cheever (29. M); J. Laffite (16. W); F. Hesnault (16. W); T. Boutsen (16. W); P. Ghinzani (15. W); N. Mansell (15. W); A. Prost (6. W); R. Patrese (3. W); J. Cecotto (2. W)

Disq.: S. Bellof; M. Brundle (Tyrrell)

(4) 06.05.1984 GP San Marino – Imola
1. R.: N. Piquet (P); A. Prost

1. Alain Prost	McLaren-Porsche	1:36.53,679
2. René Arnoux	Ferrari	- 13,416
3. Elio de Angelis	Lotus-Renault	- 1 Runde
4. Derek Warwick	Renault	- 1 Runde
5. Thierry Boutsen	Arrows-Ford	- 1 Runde
6. Andrea de Cesaris	Ligier-Renault	- 2 Runden

7. E. Cheever (A 59. W); 8. M. Baldi; 9. J. Palmer

Ausfälle: E. de Angelis (60. W); A. de Cesaris (59. W); P. Alliot (54. M); N. Piquet (49. M); T. Fabi (49. M); J. Gartner (47. M); M. Surer (41. M); M. Winkelhock (32. M); M. Alboreto (24. W); N. Lauda (16. M); J. Laffite (12. M); R. Patrese (7. W); N. Mansell (3. W/D); K. Rosberg (3. W); P. Tambay (1. U); F. Hesnault (1. U)

N. gew.: J. Cecotto

Disq.: S. Bellof; M. Brundle (Tyrrell)

(5) 20.05.1984 GP Frankreich – Dijon-Prenois
1. R.: P. Tambay (P); E. de Angelis

1. Niki Lauda	McLaren-Porsche	1:31.11,951
2. Patrick Tambay	Renault	- 7,154
3. Nigel Mansell	Lotus-Renault	- 23,969
4. René Arnoux	Ferrari	- 43,706
5. Elio de Angelis	Lotus-Renault	- 1.06,125
6. Keke Rosberg	Williams-Honda	- 1 Runde

7. A. Prost; 8. J. Laffite; 9. T. Fabi; 10. A. de Cesaris; 11. T. Boutsen; 12. P. Ghinzani; 13. J. Palmer

Ausfälle: M. Baldi (62. M); D. Warwick (54. U); M. Surer (52. U); E. Cheever (52. M); A. Senna (36. M); M. Alboreto (34. M); J. Cecotto (23. M); R. Patrese (16. M); N. Piquet (12. M); M. Winkelhock (6. W); P. Alliot (5. W)

N. gest.: F. Hesnault (Cesaris fuhr den Wagen)

Disq.: M. Brundell; S. Bellof (Tyrrell)

(6) 03.06.1984 GP Monaco – Monte Carlo
1. R.: A. Prost (P); N. Mansell

1. Alain Prost	McLaren-Porsche	1:01.07,740
2. Ayrton Senna	Toleman-Hart	- 7,446
3. René Arnoux	Ferrari	- 29,077
4. Keke Rosberg	Williams-Honda	- 35,246
5. Elio de Angelis	Lotus-Renault	- 44,439
6. Michele Alboreto	Ferrari	- 1 Runde

7. P. Ghinzani; 8. J. Laffite

Ausfälle: R. Patrese (25. W); N. Lauda (24. D); M. Winkelhock (23. D); N. Mansell (16. U); N. Piquet (15. W); F. Hesnault (13. W); C. Fabi (10. D); J. Cecotto (2. D); A. de Cesaris (2. U); D. Warwick (1. U); P. Tambay (1. U)

Disq.: S. Bellof (Tyrrell)

(7) 17.06.1984 GP Kanada – Montréal
1. R.: N. Piquet (P); A. Prost

1. Nelson Piquet	Brabham-BMW	1:46.23,748
2. Niki Lauda	McLaren-Porsche	- 2,612
3. Alain Prost	McLaren-Porsche	- 1.28,032
4. Elio de Angelis	Lotus-Renault	- 1 Runde
5. René Arnoux	Ferrari	- 2 Runden
6. Nigel Mansell	Lotus-Renault	- 2 Runden

7. A. Senna; 8. M. Winkelhock; 9. J. Cecotto; 10. P. Alliot; 11. E. Cheever (A 64. W)

Ausfälle: M. Surer (60. M); D. Warwick (58. W); A. de Cesaris (41. W); C. Fabi (40. M); T. Boutsen (39. M); R. Patrese (38. U); K. Rosberg (33. W); J. Laffite (32. M); M. Thackwell (30. M); P. Ghinzani (12. G); M. Alboreto (11. M); F. Hesnault (8. M)

N. gew.: H. Rothengatter

N. gest.: P. Tambay (Fahrer nicht fit)

Disq.: M. Brundle; S. Bellof (Tyrrell)

(8) 24.06.1984 GP USA Ost – Detroit
1. R.: N. Piquet (P); A. Prost

1. Nelson Piquet	Brabham-BMW	1:55.41,842
2. Elio de Angelis	Lotus-Renault	- 32,638
3. Teo Fabi	Brabham-BMW	- 1.26,528
4. Alain Prost	McLaren-Porsche	- 1.55,258
5. Jacques Laffite	Williams-Honda	- 1 Runde

Ausfälle: M. Alboreto (50. M); K. Rosberg (48. W/M); D. Warwick (41. G); P. Tambay (34. W); P. Alliot (34. W); N. Lauda (34. W); N. Mansell (28. G); T. Boutsen (28. M); A. de Cesaris (25. M); J. Cecotto (24. W); E. Cheever (22. M); A. Senna (22. U); R. Patrese (21. D); F. Hesnault (4. U); P. Ghinzani (4. U); R. Arnoux (3. U); J. Palmer (3. W/U); M. Winkelhock (1. U); M. Surer (1. U)

Disq.: M. Brundle; S. Bellof (Tyrrell)

(9) 08.07.1984 GP USA – Dallas
1. R.: N. Mansell (P); E. de Angelis

1. Keke Rosberg	Williams-Honda	2:01.22,617
2. René Arnoux	Ferrari	- 22,464
3. Elio de Angelis	Lotus-Renault	- 1 Runde
4. Jacques Laffite	Williams-Honda	- 2 Runden
5. Piercarlo Ghinzani	Osella-Alfa	- 2 Runden
6. Nigel Mansell	Lotus-Renault	- 3 Runden

7. C. Fabi; 8. M. Winkelhock; 9. N. Lauda (A 61. U)

Ausfälle: N. Mansell (65. G); A. Prost (57. U); T. Boutsen (56. U); M. Alboreto (55. U); M. Surer (55. U); A. Senna (48. W); J. Palmer (47. W); N. Piquet (46. M/U); P. Tambay (26. U); J.

Abkürzungen

A	= Aufgabe	W	= Wagen
D	= Dreher	Disq.	= Disqualifiziert
F	= Feuer	N. gew.	= Nicht gewertet
G	= Getriebe	N. gest.	= Nicht gestartet
M	= Motor defekt	1. R.	= 1. Reihe
U	= Unfall	(P)	= Pole Position

Cecotto (26. U); A. de Cesaris (16. U); H. Rothengatter (16. W); R. Patrese (13. U); D. Warwick (11. D); E. Cheever (9. U); F. Hesnault (1. U)

N. gest.: P. Alliot (U)

Disq.: S. Bellof (Tyrrell)

(10) 22.07.1984 GP England – Brands Hatch
1. R.: N. Piquet (P); A. Prost

1. Niki Lauda	McLaren-Porsche	1:29.28,532
2. Derek Warwick	Renault	- 42,123
3. Ayrton Senna	Toleman-Hart	- 1.03,328
4. Elio de Angelis	Lotus-Renault	- 1 Runde
5. Michele Alboreto	Ferrari	- 1 Runde
6. René Arnoux	Ferrari	- 1 Runde

7. N. Piquet; 8. P. Tambay (A 70. M); 9. P. Ghinzani; 10. A. de Cesaris; 11. M. Surer; 12. R. Patrese (A 67. W)

Ausfälle: F. Hesnault (44. W); A. Prost (38. G); N. Mansell (25. G); T. Boutsen (25. W); J. Laffite (15. W); J. Palmer (11. W/U); T. Fabi (10. M); M. Winkelhock (9. D); K. Rosberg (6. M); E. Cheever (2. U); P. Alliot (1. U); J. Gartner (1. U)

N. gew.: H. Rothengatter

Disq.: S. Johansson; S. Bellof (Tyrrell)

(11) 05.08.1984 GP Deutschland – Hockenheim
1. R.: A. Prost (P); E. de Angelis

1. Alain Prost	McLaren-Porsche	1:24.43,210
2. Niki Lauda	McLaren-Porsche	- 3,149
3. Derek Warwick	Renault	- 36,423
4. Nigel Mansell	Lotus-Renault	- 51,663
5. Patrick Tambay	Renault	- 1.11,949
6. René Arnoux	Ferrari	- 1 Runde

7. A. de Cesaris; 8. F. Hesnault; 9. H. Rothengatter

Ausfälle: M. Winkelhock (32. M/G); E. Cheever (30. M); T. Fabi (29. M); N. Piquet (24. G); R. Patrese (17. W); P. Ghinzani (15. W); J. Gartner (14. M); M. Alboreto (14. M); J. Palmer (12. M); K. Rosberg (11. W); J. Laffite (11. M); T. Boutsen (9. W); E. de Angelis (9. M); P. Alliot (8. M); A. Senna (5. W/U); M. Surer (2. M)

Disq.: S. Johansson (Tyrrell)

(12) 19.08.1984 GP Österreich – Österreichring
1. R.: N. Piquet (P); A. Prost

1. Niki Lauda	McLaren-Porsche	1:21.12,851
2. Nelson Piquet	Brabham-BMW	- 23,525
3. Michele Alboreto	Ferrari	- 48,998
4. Teo Fabi	Brabham-BMW	- 56,312
5. Thierry Boutsen	Arrows-BMW	- 1 Runde
6. Marc Surer	Arrows-BMW	- 1 Runde

7. R. Arnoux; 8. F. Hesnault; 9. J. Palmer; 10. R. Patrese (A 49. W); 11. P. Alliot; 12. G. Berger (A 49. G)

Ausfälle: P. Tambay (43. M); A. Senna (36. W); N. Mansell (33. M); A. Prost (29. D); E. de Angelis (29. M); E. Cheever (19. M); D. Warwick (18. M); A. de Cesaris (16. W); K. Rosberg (16. W); J. Laffite (13. M); J. Gartner (7. M); P. Ghinzani (5. G)

N. gew.: H. Rothengatter

N. gest.: M. Winkelhock (G)

(13) 26.08.1984 GP Niederlande – Zandvoort
1. R.: A. Prost (P); N. Piquet

1. Alain Prost	McLaren-Porsche	1:37.21,468
2. Niki Lauda	McLaren-Porsche	- 10,283
3. Nigel Mansell	Lotus-Renault	- 1.19,544
4. Elio de Angelis	Lotus-Renault	- 1 Runde
5. Teo Fabi	Brabham-BMW	- 1 Runde
6. Patrick Tambay	Renault	- 1 Runde

7. F. Hesnault; 8. K. Rosberg (A 69. W); 9. J. Palmer; 10. P. Alliot; 11. R. Arnoux (A 67. W); 12. J. Gartner; 13. E. Cheever (A 66. W)

Ausfälle: T. Boutsen (60. U); H. Rothengatter (54. M); R. Patrese (52. M); A. de Cesaris (32. M); J. Laffite (24. M); D. Warwick (24. D); M. Winkelhock (23. D); A. Senna (20. M); M. Surer (18. W); N. Piquet (11. W); P. Ghinzani (9. W); M. Alboreto (8. M)

Disq.: S. Johansson; S. Bellof (Tyrell)

(14) 09.09.1984 GP Italien – Monza
1. R.: N. Piquet (P); A. Prost

1. Niki Lauda	McLaren-Porsche	1:10.29,065
2. Michele Alboreto	Ferrari	- 24,249
3. Riccardo Patrese	Alfa Romeo	- 1 Runde
4. Stefan Johansson	Toleman-Hart	- 2 Runden
5. Jo Gartner	Osella-Alfa	- 2 Runden
6. Gerhard Berger	ATS-BMW	- 2 Runden

7. P. Ghinzani (A 49. W); 8. H. Rothengatter; 9. E. Cheever (A 46. W); 10. T. Boutsen

Ausfälle: P. Tambay (44. M); T. Fabi (44. W/M); M. Surer (44. M); D. Warwick (32. W); J. Palmer (21. W); N. Piquet (16. W/M); E. de Angelis (15. G); N. Mansell (14. D); J. Laffite (11. M); K. Rosberg (9. M); A. de Cesaris (8. M); F. Hesnault (8. D); P. Alliot (7. W); R. Arnoux (6. G); A. Prost (5. M); M. Winkelhock (0 G)

(15) 07.10.1984 GP Europa – Nürburgring
1. R.: N. Piquet (P); A. Prost

1. Alain Prost	McLaren-Porsche	1:35.13,284
2. Michele Alboreto	Ferrari	- 23,911
3. Nelson Piquet	Brabham-BMW	- 24,922
4. Niki Lauda	McLaren-Porsche	- 43,086
5. René Arnoux	Ferrari	- 1.01,430
6. Riccardo Patrese	Alfa Romeo	- 1 Runde

7. A. de Cesaris; 8. M. Baldi; 9. T. Boutsen (A 65. W); 10. F. Hesnault; 11. D. Warwick (A 62. M); 12. J. Gartner (A 61. W)

Ausfälle: T. Fabi (58. G); N. Mansell (52. M); P. Tambay (48. W); E. Cheever (38. W); P. Alliot (38. M); J. Palmer (36. M); J. Laffite (28. M); E. de Angelis (26. M); S. Johansson (18. M); K. Rosberg (1. U); G. Berger (1. U); M. Surer (1. U); P. Ghinzani (1. U); A. Senna (1. U)

(16) 21.10.1984 GP Portugal – Estoril
1. R.: N. Piquet (P); A. Prost

1. Alain Prost	McLaren-Porsche	1:41.11,753
2. Niki Lauda	McLaren-Porsche	- 13,425
3. Ayrton Senna	Toleman-Hart	- 20,042
4. Michele Alboreto	Ferrari	- 20,317
5. Elio de Angelis	Lotus-Renault	- 1.32,169
6. Nelson Piquet	Brabham-BMW	- 1 Runde

7. P. Tambay; 8. R. Patrese; 9. R. Arnoux; 10. M. Winkelhock; 11. S. Johansson; 12. A. de Cesaris; 13. G. Berger; 14. J. Laffite; 15. M. Baldi; 16. J. Gartner (A 66. W); 17. E. Cheever

Ausfälle: P. Ghinzani (61. M); N. Mansell (53. W/D); D. Warwick (52. G); P. Streiff (49. W); K. Rosberg (40. M); F. Hesnault (32. W); T. Boutsen (25. W); J. Palmer (20. G); M. Surer (9. W); P. Alliot (3. M)

1985

(1) 07.04.1985 GP Brasilien – Rio de Janeiro
1. R.: M. Alboreto (P); K. Rosberg

1. Alain Prost	McLaren-Porsche	1:41.26,115
2. Michele Alboreto	Ferrari	- 3.259
3. Elio de Angelis	Lotus-Renault	- 1 Runde
4. René Arnoux	Ferrari	- 2 Runden
5. Patrick Tambay	Renault	- 2 Runden
6. Jacques Laffite	Ligier-Renault	- 2 Runden

7. S. Johansson; 8. M. Brundle; 9. P. Alliot; 10. D. Warwick; 11. T. Boutsen; 12. P. Ghinzani; 13. M. Winkelhock

Ausfälle: G. Berger (52. W); A. Senna (49. W); E. Cheever (43. M); P. Martini (42. M); N. Lauda (28. W); A. de Cesaris (27. U); R. Patrese (21. W); K. Rosberg (11. M); F. Hesnault (10. U); N. Mansell (9. U); M. Baldi (8. M); N. Piquet (3. U)

(2) 21.04.1985 GP Portugal – Estoril
1. R.: A. Senna (P); A. Prost

1. Ayrton Senna	Lotus-Renault	2:00.28,006
2. Michele Alboreto	Ferrari	- 1.02,978
3. Patrick Tambay	Renault	- 1 Runde
4. Elio de Angelis	Lotus-Renault	- 1 Runde
5. Nigel Mansell	Williams-Honda	- 2 Runden
6. Stefan Bellof	Tyrrell-Ford	- 2 Runden

7. D. Warwick; 8. S. Johansson; 9. P. Ghinzani

Ausfälle: N. Lauda (50. M); E. Cheever (37. M); A. Prost (31. D); A. de Cesaris (30. W); T. Boutsen (29. W); N. Piquet (29. W); M. Brundle (21. G); M. Baldi (20. D); K. Rosberg (17. D); J. Laffite (16. W); G. Berger (13. D); P. Martini (13. D); R. Patrese (5. D); P. Alliot (4. D); F. Hesnault (4. W); J. Palmer (3. W/U)

N. gew.: M. Winkelhock

(3) 05.05.1985 GP San Marino – Imola
1. R.: A. Senna (P); K. Rosberg

1. Elio de Angelis	Lotus-Renault	1:34.35,955
2. Thierry Boutsen	Arrows-BMW	- 1 Runde
3. Patrick Tambay	Renault	- 1 Runde
4. Niki Lauda	McLaren-Porsche	- 1 Runde
5. Nigel Mansell	Williams-Honda	- 2 Runden
6. Stefan Johansson	Ferrari	- 3 Runden

7. A. Senna (A 58. W); 8. N. Piquet (A 58. W); 9. M. Brundle; 10. D. Warwick

Ausfälle: S. Johansson (58. W); E. Cheever (51. M); M. Alboreto (30. W); M. Winkelhock (28. M); P. Alliot (25. M); K. Rosberg (24. M/W); J. Laffite (23. W); P. Martini (15. M); A. de Cesaris (12. D); M. Baldi (10. W); F. Hesnault (6. M); S. Bellof (6. M); G. Berger (5. W); R. Patrese (5. M); J. Palmer (Einführungsrunde M)

N. gew.: P. Ghinzani

Disq.: A. Prost (Wagen hatte Untergewicht)

(4) 19.05.1985 GP Monaco – Monte Carlo
1. R.: A. Senna (P); N. Mansell

1. Alain Prost	McLaren-Porsche	1:51.58,034
2. Michele Alboreto	Ferrari	- 7.541
3. Elio de Angelis	Lotus-Renault	- 1.27.171
4. Andrea de Cesaris	Ligier-Renault	- 1 Runde
5. Derek Warwick	Renault	- 1 Runde
6. Jacques Laffite	Ligier-Renault	- 1 Runde

7. N. Mansell; 8. K. Rosberg; 9. T. Boutsen; 10. M. Brundle; 11. J. Palmer

Ausfälle: N. Lauda (18. D); R. Patrese (17. U); N. Piquet (17. U); T. Fabi (17. M); A. Senna (14. M); E. Cheever (11. W); S. Johansson (2. U/W); P. Tambay (1. U); G. Berger (1. U)

(5) 16.06.1985 GP Kanada – Montréal
1. R.: E. de Angelis (P); A. Senna

1. Michele Alboreto	Ferrari	1:46.01,813
2. Stefan Johansson	Ferrari	- 1,957
3. Alain Prost	McLaren-Porsche	- 4,341
4. Keke Rosberg	Williams-Honda	- 27,821
5. Elio de Angelis	Lotus-Renault	- 43,349
6. Nigel Mansell	Williams-Honda	- 1.17,878

7. P. Tambay; 8. J. Laffite; 9. T. Boutsen; 10. R. Patrese; 11. S. Bellof; 12. M. Brundle; 13. G. Berger; 14. A. de Cesaris; 15. M. Surer; 16. A. Senna; 17. E. Cheever

Ausfälle: P. Martini (58. U); N. Lauda (38. M); P. Ghinzani (36. M); P. Alliot (29. U); D. Warwick (26. U); M. Winkelhock (6. U); T. Fabi (4. M); N. Piquet (1. W)

(6) 23.06.1985 GP USA Ost – Detroit
1. R.: A. Senna (P); N. Mansell

1. Keke Rosberg	Williams-Honda	1:55.39,851
2. Stefan Johansson	Ferrari	- 57,549
3. Michele Alboreto	Ferrari	- 1.03,170
4. Stefan Bellof	Tyrrell-Ford	- 1.06,225
5. Elio de Angelis	Lotus-Renault	- 1.26,966
6. Nelson Piquet	Brabham-BMW	- 1 Runde

7. T. Boutsen; 8. M. Surer; 9. E. Cheever; 10. A. de Cesaris; 11. G. Berger; 12. J. Laffite

Ausfälle: A. Senna (52. U); M. Brundle (31. U); P. Alliot (28. U); N. Mansell (27. U); A. Prost (20. W/U); R. Patrese (20. W); D. Warwick (19. W); P. Tambay (16. U); P. Martini (12. M); N. Lauda (11. W); T. Fabi (5. W); M. Winkelhock (4. M); P. Ghinzani (1. U)

(7) 07.07.1985 GP Frankreich – Le Castellet
1. R.: K. Rosberg (P); A. Senna

1. Nelson Piquet	Brabham-BMW	1:31.46,266
2. Keke Rosberg	Williams-Honda	- 6,660
3. Alain Prost	McLaren-Porsche	- 9,285
4. Stefan Johansson	Ferrari	- 53,491
5. Elio de Angelis	Lotus-Renault	- 53,690
6. Patrick Tambay	Renault	- 1.15,167

7. D. Warwick; 8. M. Surer; 9. T. Boutsen; 10. E. Cheever; 11. R. Patrese; 12. M. Winkelhock; 13. S. Bellof; 14. T. Fabi (50. W); 15. P. Ghinzani

Ausfälle: M. Brundle (33. G); N. Lauda (31. G); A. Senna (27. M/U); G. Berger (21. U); P. Martini (20. U); P. Alliot (9. W); J. Palmer (7. M); M. Alboreto (6. M); A. de Cesaris (5. W); J. Laffite (3. M)

N. gest.: N. Mansell (U/verletzt)

(8) 21.07.1985 GP England – Silverstone
1. R.: K. Rosberg (P); N. Piquet

1. Alain Prost	McLaren-Porsche	1:18.10,436
2. Michele Alboreto	Ferrari	- 1 Runde
3. Jacques Laffite	Ligier-Renault	- 1 Runde
4. Nelson Piquet	Brabham-BMW	- 1 Runde
5. Derek Warwick	Renault	- 1 Runde
6. Marc Surer	Brabham-BMW	- 2 Runden

7. M. Brundle; 8. G. Berger; 9. R. Patrese; 10. A. Senna (61. W); 11. S. Bellof

Ausfälle: N. Lauda (58. W); T. Boutsen (58. D); A. de Cesaris (42. W); P. Martini (39. W); M. Winkelhock (29. M); K. Rosberg (22. W); N. Mansell (18. W); E. Cheever (18. M); J. Palmer (7. W); T. Fabi (5. W); S. Johansson (2. U); P. Tambay (1. U); P. Alliot (1. U); P. Ghinzani (1. U)

N. gew.: E. de Angelis

(9) 04.08.1985 GP Deutschland – Nürburgring
1. R.: T. Fabi (P); S. Johansson

1. Michele Alboreto	Ferrari	1:35.31,337
2. Alain Prost	McLaren-Porsche	- 11,661
3. Jacques Laffite	Ligier-Renault	- 51,154
4. Thierry Boutsen	Arrows-BMW	- 55,279
5. Niki Lauda	McLaren-Porsche	- 1.13,972
6. Nigel Mansell	Williams-Honda	- 1.16,820

7. G.Berger; 8. S. Bellof; 9. S. Johansson; 10. M. Brundle; 11. P. Martini (63. M); 12. K. Rosberg (62. W)

Ausfälle: E. Cheever (46. M); E. de Angelis (41. M); H. Rothengatter (33. G); T. Fabi (30. W); A. Senna (28. W); D. Warwick (26. W); N. Piquet (24. M); P. Tambay (20. D); M. Surer (16. M); M. Winkelhock (9. M); R. Patrese (9. G); F. Hesnault (9. W); P. Alliot (9. W); J. Palmer (8. M); A de Cesaris (1. U/W)

(10) 18.08.1985 GP Österreich – Österreichring
1. R.: A. Prost (P); N. Mansell

1. Alain Prost	McLaren-Porsche	1:20.12,583
2. Ayrton Senna	Lotus-Renault	- 30,002
3. Michele Alboreto	Ferrari	- 34,356
4. Stefan Johansson	Ferrari	- 39,073
5. Elio de Angelis	Lotus-Renault	- 1.22,092
6. Marc Surer	Brabham-BMW	- 1 Runde

7. S. Bellof (50. W); 8. T. Boutsen; 9. H. Rothengatter; 10. P. Tambay (47. M)

Ausfälle: J. Laffite (44. U); P. Martini (41. W); N. Lauda (40. M); G. Berger (34. M); T. Fabi (32. W); D. Warwick (30. M); K. Acheson (29. M); N. Piquet (27. W); N. Mansell (26. M); R. Patrese (26. M); J. Palmer (18. M); P. Alliot (17. M); A. de Cesaris (14. U); E. Cheever (7. M); K. Rosberg (5. M); P. Ghinzani (1. M)

(11) 25.08.1985 GP Niederlande – Zandvoort
1. R.: N. Piquet (P); K. Rosberg

1. Niki Lauda	McLaren-Porsche	1:32.29,263
2. Alain Prost	McLaren-Porsche	- 0,232
3. Ayrton Senna	Lotus-Renault	- 48,491
4. Michele Alboreto	Ferrari	- 48,837
5. Elio de Angelis	Lotus-Renault	- 1 Runde
6. Nigel Mansell	Williams-Honda	- 1 Runde

7. M. Brundle; 8. N. Piquet; 9. G. Berger; 10. M. Surer (66. W)

Ausfälle: T. Boutsen (55. W); P. Alliot (53. M); S. Bellof (40. M); D. Warwick (28. G); A. de Cesaris (26. M); P. Tambay (23. W); K. Rosberg (21. M); T. Fabi (19. W); J. Laffite (18. W); J. Palmer (14. W); P. Ghinzani (13. M); S. Johansson (10. M); P. Martini (2. U); E. Cheever (2. M); R. Patrese (2. M)

N. gew.: H. Rothengatter

(12) 08.09.1985 GP Italien – Monza
1. R.: A. Senna (P); K. Rosberg

1. Alain Prost	McLaren-Porsche	1:17.59,451
2. Nelson Piquet	Brabham-BMW	- 51,635
3. Ayrton Senna	Lotus-Renault	- 1.00,390
4. Marc Surer	Brabham-BMW	- 1.00,609
5. Stefan Johansson	Ferrari	- 1 Runde
6. Elio de Angelis	Lotus-Renault	- 1 Runde

7. P. Tambay; 8. M. Brundle; 9. T. Boutsen; 10. P. Streiff; 11. N. Mansell (48. M); 12. T. Fabi; 13. M. Alboreto (46. M)

Ausfälle: S. Johansson (51. W); K. Rosberg (45. M); J. Laffite (41. M); N. Lauda (34. W); R. Patrese (32. W); H. Rothengatter (27. M); P. Alliot (20. W); G. Berger (14. M); D. Warwick (10. W); A. Jones (7. W); E. Cheever (4. M); K. Acheson (3. W); P. Martini (1. W); P. Ghinzani (1. W)

(13) 15.09.1985 GP Belgien – Spa-Francorchamps
1. R.: A. Prost (P); A. Senna

1. Ayrton Senna	Lotus-Renault	1:34.19,893
2. Nigel Mansell	Williams-Honda	- 28,422
3. Alain Prost	McLaren-Porsche	- 55,109
4. Keke Rosberg	Williams-Honda	- 1.15,290
5. Nelson Piquet	Brabham-BMW	- 1 Runde
6. Derek Warwick	Renault	- 1 Runde

7. G. Berger; 8. M. Surer; 9. P. Streiff; 10. T. Boutsen (41. G); 11. J. Laffite (39. U); 12. P. Martini; 13. M. Brundle

Ausfälle: R. Patrese (32. M); E. Cheever (27. G); P. Tambay (25. G); T. Fabi (24. M); E. de Angelis (18. M); C. Danner (17. G); P. Alliot (11. U); S. Johansson (8. M/D); P. Ghinzani (8. U); M. Alboreto (4. W)

N. gew.: H. Rothengatter

N. gest.: N. Lauda (U/verletzt)

(14) 06.10.1985 GP Europa – Brands Hatch
1. R.: A. Senna (P); N. Piquet

1. Nigel Mansell	Williams-Honda	1:32.58,109
2. Ayrton Senna	Lotus-Renault	- 21,396
3. Keke Rosberg	Williams-Honda	- 58,533
4. Alain Prost	McLaren-Porsche	- 1.06,121
5. Elio de Angelis	Lotus-Renault	- 1 Runde
6. Thierry Boutsen	Arrows-BMW	- 2 Runden

7. J. Watson; 8. P. Streiff; 9. R. Patrese; 10. G. Berger; 11. E. Cheever; 12. P. Tambay

Ausfälle: M. Surer (63. M); S. Johansson (60. W); J. Laffite (59. M); C. Danner (56. M); I. Capelli (45. U); M. Brundle (41. W); T. Fabi (34. M); P. Alliot (32. M); P. Ghinzani (17. M); A. Jones (14. W); M. Alboreto (14. M/F); N. Piquet (7. U); D. Warwick (5. W); P. Martini (4. U)

(15) 19.10.1985 GP Südafrika – Kyalami
1. R.: N. Mansell (P); N. Piquet

1. Nigel Mansell	Williams-Honda	1:28.22,866
2. Keke Rosberg	Williams-Honda	- 7,572
3. Alain Prost	McLaren-Porsche	- 1 Runde
4. Stefan Johansson	Ferrari	- 1 Runde
5. Gerhard Berger	Arrows-BMW	- 1 Runde
6. Thierry Boutsen	Arrows-BMW	- 1 Runde

7. M. Brundle

Ausfälle: E. de Angelis (53. M); P. Martini (46. W); N. Lauda (38. M); P. Streiff (17. U); A. Senna (9. M); M. Alboreto (9. M); N. Piquet (7. M); P. Ghinzani (5. M); T. Fabi (4. M); M. Surer (4. M); H. Rothengatter (2. W); E. Cheever (1. U); R. Patrese (1. U)

N. gest.: A. Jones (Fahrer krank)

Alle Rennergebnisse

(16) 03.11.1985 GP Australien – Adelaide
1. R.: A. Senna (P); N. Mansell

1. Keke Rosberg	Williams-Honda	2:00.40,473
2. Jacques Laffite	Ligier-Renault	- 46,130
3. Philippe Streiff	Ligier-Renault	- 1.28,536
4. Ivan Capelli	Tyrrell-Renault	- 1 Runde
5. Stefan Johansson	Ferrari	- 1 Runde
6. Gerhard Berger	Arrows-BMW	- 1 Runde

7. H. Rothengatter; 8. Martini

Ausfälle: A. Senna (63. M); M. Alboreto (62. G); N. Lauda (58. W/U); D. Warwick (58. W); M. Surer (43. M); R. Patrese (43. W); T. Fabi (41. M); T. Boutsen (38. W); P. Ghinzani (29. W); A. Prost (27. M); P. Tambay (21. W); A. Jones (21. W); N. Piquet (15. W/F); E. Cheever (6. M); N. Mansell (2. W)

N. gew.: M. Brundle

Disq.: E. de Angelis (Falsche Startposition)

1986

(1) 23.03.1986 GP Brasilien – Rio de Janeiro
1. R.: A. Senna (P); N. Piquet

1. Nelson Piquet	Williams-Honda	1:39.32,583
2. Ayrton Senna	Lotus-Renault	- 34,827
3. Jacques Laffite	Ligier-Renault	- 59,759
4. René Arnoux	Ligier-Renault	- 1.28,429
5. Martin Brundle	Tyrrell-Renault	- 1 Runde
6. Gerhard Berger	Benetton-BMW	- 2 Runden

7. P. Streiff; 8. E. de Angelis; 9. J. Dumfries; 10. T. Fabi

Ausfälle: T. Boutsen (38. W); M. Alboreto (36. W); A. Prost (31. M); C. Danner (30. M); S. Johansson (27. W/D); P. Tambay (25. W); R. Patrese (22. W); J. Palmer (21. W); M. Surer (20. M); A. Nannini (19. W); A. de Cesaris (17. M); P. Ghinzani (17. M); K. Rosberg (7. M); A. Jones (6. W); N. Mansell (1. U)

(2) 13.04.1986 GP Spanien – Jerez de la Frontera
1. R.: A. Senna (P); N. Piquet

1. Ayrton Senna	Lotus-Renault	1:48.47,735
2. Nigel Mansell	Williams-Honda	- 0,014
3. Alain Prost	McLaren-Porsche	- 21,552
4. Keke Rosberg	McLaren-Porsche	- 1 Runde
5. Teo Fabi	Benetton-BMW	- 1 Runde
6. Gerhard Berger	Benetton-BMW	- 1 Runde

7. T. Boutsen; 8. P. Tambay

Ausfälle: J. Dumfries (53. G); M. Brundle (42. W); J. Laffite (41. W); N. Piquet (40. M); M. Surer (40. W); E. de Angelis (30. G); R. Arnoux (30. W); M. Alboreto (23. W); P. Streiff (23. W); C. Danner (15. M); S. Johansson (12. W/U); P. Ghinzani (11. M); R. Patrese (9. G); A. de Cesaris (2. W); J. Palmer (1. U); A. Jones (1. U); A. Nannini (0 W)

(3) 27.04.1986 GP San Marino – Imola
1. R.: A. Senna (P); N. Piquet

1. Alain Prost	McLaren-Porsche	1:32.28,408
2. Nelson Piquet	Williams-Honda	- 7,645
3. Gerhard Berger	Benetton-BMW	- 1 Runde
4. Stefan Johansson	Ferrari	- 1 Runde
5. Keke Rosberg	McLaren-Porsche	- 2 Runden
6. Riccardo Patrese	Brabham-BMW	- 2 Runden

7. T. Boutsen; 8. M. Brundle; 9. M. Surer (58. W); 10. M. Alboreto (57. W)

Ausfälle: K. Rosberg (59. W); R. Patrese (59. W); P. Ghinzani (53. W); R. Arnoux (47. W); P. Streiff (42. W); T. Fabi (40. M); J. Palmer (39. W); C. Danner (32. W); A. Jones (29. W); A. de Cesaris (21. M); E. de Angelis (20. M); J. Laffite (15. M); A. Senna (12. W); N. Mansell (9. M); J. Dumfries (9. W); H. Rothengatter (8. M); P. Tambay (6. M); A. Nannini (1. U)

(4) 11.05.1986 GP Monaco – Monte Carlo
1. R.: A. Prost (P); N. Mansell

1. Alain Prost	McLaren-Porsche	1:55.41,060
2. Keke Rosberg	McLaren-Porsche	- 25,022
3. Ayrton Senna	Lotus-Renault	- 53,646
4. Nigel Mansell	Williams-Honda	- 1.11,402
5. René Arnoux	Ligier-Renault	- 1 Runde
6. Jacques Laffite	Ligier-Renault	- 1 Runde

7. N. Piquet; 8. T. Boutsen; 9. M. Surer; 10. S. Johansson; 11. P. Streiff; 12. J. Palmer

Ausfälle: M. Brundle (68. U); P. Tambay (68. U); G. Berger (43. W); M. Alboreto (39. M); R. Patrese (39. W); E. de Angelis (32. W); T. Fabi (18. W); A. Jones (3. U)

(5) 25.05.1986 GP Belgien – Spa-Francorchamps
1. R.: N. Piquet (P); G. Berger

1. Nigel Mansell	Williams-Honda	1:27.57,925
2. Ayrton Senna	Lotus-Renault	- 19,827
3. Stefan Johansson	Ferrari	- 26,592
4. Michele Alboreto	Ferrari	- 29,634
5. Jacques Laffite	Ligier-Renault	- 1.10,690
6. Alain Prost	McLaren-Porsche	- 2.17,772

7. T. Fabi; 8. R. Patrese; 9. M. Surer; 10. G. Berger; 11. A. Jones (41. W); 12. P. Streiff

Ausfälle: A. de Cesaris (36. W); M. Brundle (26. G); H. Rothengatter (26. W); A. Nannini (25. G); R. Arnoux (24. M); N. Piquet (17. M); T. Boutsen (8. W); J. Dumfries (8. D/W); K. Rosberg (7. M); P. Ghinzani (4. M); C. Danner (3. M); P. Tambay (1. U)

N. gew.: J. Palmer

(6) 15.06.1986 GP Kanada – Montréal
1. R.: N. Mansell (P); A. Senna

1. Nigel Mansell	Williams-Honda	1:42.26,415
2. Alain Prost	McLaren-Porsche	- 20,659
3. Nelson Piquet	Williams-Honda	- 36,262
4. Keke Rosberg	McLaren-Porsche	- 1.35,673
5. Ayrton Senna	Lotus-Renault	- 1 Runde
6. René Arnoux	Ligier-Renault	- 1 Runde

7. J. Laffite; 8. M. Alboreto; 9. M. Brundle; 10. A. Jones; 11. P. Streiff; 12. H. Rothengatter

Ausfälle: R. Patrese (45. M); P. Ghinzani (44. G); A. de Cesaris (41. G); T. Boutsen (39. W); G. Berger (35. M); S. Johansson (30. U); J. Dumfries (29. U); J. Palmer (25. M); D. Warwick (21. M); A. Nannini (18. M); T. Fabi (14. W); C. Danner (7. M)

N. gest.: P. Tambay (U, verletzt)

(7) 22.06.1986 GP USA Ost – Detroit
1. R.: A. Senna (P); N. Mansell

1. Ayrton Senna	Lotus-Renault	1:51.12,847
2. Jacques Laffite	Ligier-Renault	- 31,017
3. Alain Prost	McLaren-Porsche	- 31,824
4. Michele Alboreto	Ferrari	- 1.30,936
5. Nigel Mansell	Williams-Honda	- 1 Runde
6. Riccardo Patrese	Brabham-BMW	- 1 Runde

7. J. Dumfries; 8. J. Palmer; 9. P. Streiff; 10. D. Warwick

Ausfälle: C. Danner (52. W); R. Arnoux (47. U); T. Boutsen (45. U); A. de Cesaris (44. W); N. Piquet (42. U); S. Johansson (41. W); T. Fabi (39. G); E. Cheever (38. W); A. Jones (34. W); A. Berg (29. W); M. Brundle (16. W); P. Ghinzani (15. M); K. Rosberg (13. G); G. Berger (9. W); A. Nannini (4. M); H. Rothengatter (0 W)

(8) 06.07.1986 GP Frankreich – Le Castellet
1. R.: A. Senna (P); N. Mansell

1. Nigel Mansell	Williams-Honda	1:37.19,272
2. Alain Prost	McLaren-Porsche	- 17,128
3. Nelson Piquet	Williams-Honda	- 37,545
4. Keke Rosberg	McLaren-Porsche	- 48,703
5. René Arnoux	Ligier-Renault	- 1 Runde
6. Jacques Laffite	Ligier-Renault	- 1 Runde

7. R. Patrese; 8. M. Alboreto; 9. D. Warwick; 10. M. Brundle; 11. C. Danner

Ausfälle: P. Tambay (65. W); J. Dumfries (57. M); J. Palmer (47. M); P. Streiff (44. W/F); H. Rothengatter (33. U); A. Berg (26. W); G. Berger (23. U/G); T. Fabi (8. M); S. Johansson (6. M); A. Senna (4. U); P. Ghinzani (4. U); A. Nannini (4. U); A. de Cesaris (4. M); A. Jones (3. U)

N. gew.: T. Boutsen

(9) 13.07.1986 GP England – Brands Hatch
1. R.: N. Piquet (P); N. Mansell

1. Nigel Mansell	Williams-Honda	1:30.38,471
2. Nelson Piquet	Williams-Honda	- 5,574
3. Alain Prost	McLaren-Porsche	- 1 Runde
4. René Arnoux	Ligier-Renault	- 2 Runden
5. Martin Brundle	Tyrrell-Renault	- 3 Runden
6. Philippe Streiff	Tyrrell-Renault	- 3 Runden

7. J. Dumfries; 8. D. Warwick; 9. J. Palmer

Ausfälle: P. Tambay (61. G); M. Alboreto (52. W); A. Nannini (51. W); T. Fabi (46. W); R. Patrese (40. M); A. Senna (28. G); H. Rothengatter (25. M); A. de Cesaris (24. W); G. Berger (23. W); A. Jones (23. M); S. Johansson (21. W); K. Rosberg (8. G); J. Laffite (1. U*); C. Danner (1. U*); P. Ghinzani (1. U*); A. Berg (1. U*)

* A nach erstem Start

N. gew.: T. Boutsen

(10) 27.07.1986 GP Deutschland – Hockenheim
1. R.: K. Rosberg (P); A. Prost

1. Nelson Piquet	Williams-Honda	1:22.08,263
2. Ayrton Senna	Lotus-Renault	- 15,437
3. Nigel Mansell	Williams-Honda	- 44,580
4. René Arnoux	Ligier-Renault	- 1.15,176
5. Keke Rosberg	McLaren-Porsche	- 1 Runde
6. Alain Prost	McLaren-Porsche	- 1 Runde

7. D. Warwick; 8. P. Tambay; 9. A. Jones; 10. G. Berger; 11. S. Johansson (42. W); 12. A. Berg

Ausfälle: K. Rosberg (44. W); A. Prost (44. W); C. Danner (39. M); H. Rothengatter (39. G); J. Palmer (38. M); M. Brundle (35. W); R. Patrese (23. M); A. de Cesaris (21. G); A. Nannini (20. M); J. Dumfries (18. W); T. Boutsen (14. M); P. Alliot (12. M); P. Ghinzani (11. W); P. Streiff (8. M); M. Alboreto (7. W); T. Fabi (1. U)

(11) 10.08.1986 GP Ungarn – Budapest
1. R.: A. Senna (P); N. Piquet

1. Nelson Piquet	Williams-Honda	2:00.34,508
2. Ayrton Senna	Lotus-Renault	- 17,673
3. Nigel Mansell	Williams-Honda	- 1 Runde
4. Stefan Johansson	Ferrari	- 1 Runde
5. Johnny Dumfries	Lotus-Renault	- 2 Runden
6. Martin Brundle	Tyrrell-Renault	- 2 Runden

7. P. Tambay; 8. P. Streiff; 9. P. Alliot; 10. J. Palmer

Ausfälle: R. Arnoux (49. M); A. Jones (47. W); G. Berger (45. W); T. Boutsen (41. W); K. Rosberg (35. W); T. Fabi (33. D/W); A. Nannini (31. M); M. Alboreto (30. U); D. Warwick (29. U); A. Prost (24. U/W); P. Ghinzani (16. W); C. Danner (8. W); R. Patrese (6. U); A. de Cesaris (6. M); H. Rothengatter (3. W); A. Berg (2. M)

(12) 17.08.1986 GP Österreich – Österreichring
1. R.: T. Fabi (P); G. Berger

1. Alain Prost	McLaren-Porsche	1:21.22,531
2. Michele Alboreto	Ferrari	- 1 Runde
3. Stefan Johansson	Ferrari	- 2 Runden
4. Alan Jones	Lola-Ford	- 2 Runden
5. Patrick Tambay	Lola-Ford	- 2 Runden
6. Christian Danner	Arrows-BMW	- 3 Runden

7. G. Berger; 8. H. Rothengatter; 9. K. Rosberg (48. W); 10. R. Arnoux; 11. P. Ghinzani

Ausfälle: N. Mansell (33. W); N. Piquet (30. M); T. Boutsen (26. M); T. Fabi (18. M); P. Alliot (17. M); A. Nannini (14. D/W); A. de Cesaris (14. W); A. Senna (14. M); M. Brundle (13. M); P. Streiff (11. M); J. Dumfries (10. M); J. Palmer (9. M); A. Berg (7. W); R. Patrese (3. M)

N. gest.: D. Warwick (Patrese fuhr den Wagen)

(13) 07.09.1986 GP Italien – Monza
1. R.: T. Fabi (P); A. Prost

1. Nelson Piquet	Williams-Honda	1:17.42,889
2. Nigel Mansell	Williams-Honda	- 9,828
3. Stefan Johansson	Ferrari	- 22,915
4. Keke Rosberg	McLaren-Porsche	- 53,809
5. Gerhard Berger	Benetton-BMW	- 1 Runde
6. Alan Jones	Lola-Ford	- 2 Runden

7. T. Boutsen; 8. C. Danner; 9. P. Streiff; 10. M. Brundle; 11. A. Caffi

Ausfälle: T. Fabi (45. W/D); M. Alboreto (34. M); A. de Cesaris (34. M); I. Capelli (32. W); R. Arnoux (31. G); A. Prost (28. M); J. Palmer (28. M); P. Alliot (23. M); J. Dumfries (19. G); D. Warwick (17. W/D); A. Nannini (16. M); P. Ghinzani (13. W/D); P. Tambay (3. U); R. Patrese (3. U); H. Rothengatter (2. W); A. Senna (1. W)

Disp.: A. Prost

(14) 21.09.1986 GP Portugal – Estoril
1. R.: A. Senna (P); N. Mansell

1. Nigel Mansell	Williams-Honda	1:37.21,900
2. Alain Prost	McLaren-Porsche	- 18,772
3. Nelson Piquet	Williams-Honda	- 49,274
4. Ayrton Senna	Lotus-Renault	- 1 Runde
5. Michele Alboreto	Ferrari	- 1 Runde
6. Stefan Johansson	Ferrari	- 1 Runde

7. R. Arnoux; 8. T. Fabi; 9. J. Dumfries; 10. T. Boutsen; 11. C. Danner; 12. J. Palmer; 13. A. Berg

Ausfälle: A. Senna (70. W); R. Patrese (63. M); A. Nannini (61. G); G. Berger (45. U); A. de Cesaris (44. U); K. Rosberg (42. M); D. Warwick (42. W); P. Alliot (40. M); P. Streiff (29. M); M. Brundle (19. M); A. Jones (11. W/D); H. Rothengatter (10. W); P. Ghinzani (9. M); I. Capelli (7. G)

N. gew.: P. Tambay

(15) 12.10.1986 GP Mexiko – Mexiko Stadt
1. R.: A. Senna (P); N. Piquet

1. Gerhard Berger	Benetton-BMW	1:33.18,700
2. Alain Prost	McLaren-Porsche	- 25,438
3. Ayrton Senna	Lotus-Renault	- 52,513
4. Nelson Piquet	Williams-Honda	- 1 Runde
5. Nigel Mansell	Williams-Honda	- 1 Runde
6. Philippe Alliot	Ligier-Renault	- 1 Runde

7. T. Boutsen; 8. A. de Cesaris; 9. C. Danner; 10. J. Palmer (66. W); 11. M. Brundle; 12. S. Johansson (65. W); 13. R. Patrese (65. U); 14. A. Nannini; 15. R. Arnoux (64. M); 16. A. Berg

Ausfälle: J. Palmer (66. W); J. Dumfries (54. W); D. Warwick (38. M); A. Jones (36. G); K. Rosberg (33. W); M. Alboreto (11. M); P. Streiff (9. M); P. Ghinzani (9. M); T. Fabi (5. M); P. Tambay (1. U)

N. gest.: H. Rothengatter

(16) 26.10.1986 GP Australien – Adelaide
1. R.: N. Mansell (P); N. Piquet

1. Alain Prost	McLaren-Porsche	1:54.20,388
2. Nelson Piquet	Williams-Honda	- 4,205
3. Stefan Johansson	Ferrari	- 1 Runde
4. Martin Brundle	Tyrrell-Renault	- 1 Runde
5. Philippe Streiff	Tyrrell-Renault	- 2 Runden
6. Johnny Dumfries	Lotus-Renault	- 2 Runden

7. R. Arnoux; 8. P. Alliot; 9. J. Palmer; 10. T. Fabi

Ausfälle: P. Streiff (81. W); N. Mansell (64. W/U); R. Patrese (64. W); K. Rosberg (63. W); D. Warwick (58. W); C. Danner (53. M); T. Boutsen (51. M); A. Senna (44. M); G. Berger (41. W/M); A. de Cesaris (41. W); H. Rothengatter (30. W); A. Jones (17. M); A. Nannini (11. U); P. Ghinzani (3. W); M. Alboreto (1. U/W)

N. gew.: P. Tambay; A. Berg

1987

(1) 12.04.1987 GP Brasilien – Rio de Janeiro
1. R.: N. Mansell (P); N. Piquet

1. Alain Prost	McLaren-Porsche	1:39.45,141
2. Nelson Piquet	Williams-Honda	- 40,547
3. Stefan Johansson	McLaren-Porsche	- 56,758
4. Gerhard Berger	Ferrari	- 1.39,235
5. Thierry Boutsen	Benetton-Ford	- 1 Runde
6. Nigel Mansell	Williams-Honda	- 1 Runde

7. S. Nakajima; 8. M. Alboreto (59. D); 9. C. Danner; 10. J. Palmer; 11. P. Streiff; 12. P. Fabre

Ausfälle: E. Cheever (53. M); A. Senna (51. M); R. Patrese (49. W); A. de Cesaris (22. W); D. Warwick (21. M); A. Caffi (21. A); A. Nannini (18. W); M. Brundle (16. M); T. Fabi (10. M)

Disq.: A. Campos (Falscher Start)

N. gest.: I. Capelli (Kein Motor)

(2) 03.05.1987 GP San Marino – Imola
1. R.: A. Senna (P); N. Mansell

1. Nigel Mansell	Williams-Honda	1:31.24,076
2. Ayrton Senna	Lotus-Honda	- 27,545
3. Michele Alboreto	Ferrari	- 39,144
4. Stefan Johansson	McLaren-Porsche	- 1.00,588
5. Martin Brundle	Zakspeed	- 2 Runden
6. Satoru Nakajima	Lotus-Honda	- 2 Runden

7. C. Danner; 8. P. Streiff; 9. R. Patrese; 10. P. Alliot; 11. D. Warwick (56. W); 12. A. Caffi (55. W); 13. P. Fabre

Ausfälle: T. Fabi (52. M); T. Boutsen (49. M); E. Cheever (49. M); J. Palmer (49. W); A. de Cesaris (40. D); A. Campos (31. G); G. Tarquini (27. G); A. Nannini (26. M); I. Capelli (19. W); G. Berger (17. W); A. Prost (15. M); P. Ghinzani (8. W)

N. gest.: N. Piquet (U/verletzt); R. Arnoux (W)

(3) 17.05.1987 GP Belgien – Spa-Francorchamps
1. R.: N. Mansell (P); N. Piquet

1. Alain Prost	McLaren-Porsche	1:27.03,217
2. Stefan Johansson	McLaren-Porsche	- 24,764
3. Andrea de Cesaris	Brabham-BMW	- 1 Runde
4. Eddie Cheever	Arrows-Megatron	- 1 Runde
5. Satoru Nakajima	Lotus-Honda	- 1 Runde
6. René Arnoux	Ligier-Megatron	- 2 Runden

7. P. Ghinzani (41. W); 8. P. Alliot; 9. P. Streiff; 10. P. Fabre (39. W)

Ausfälle: A. de Cesaris (43. W); T. Fabi (35. W); M. Brundle (20. M); T. Boutsen (19. W); N. Mansell (18. U); I. Capelli (15. W); N. Piquet (12. W); A. Caffi (12. M); M. Alboreto (10. W); C. Danner (10. W/D); D. Warwick (9. W); R. Patrese (6. W); G. Berger (3. M); A. Nannini (2. M); A. Senna (1. U); A. Campos (1. W); J. Palmer (2. U/A nach dem ersten Start)

(4) 31.05.1987 GP Monaco – Monte Carlo
1. R.: N. Mansell (P); A. Senna

1. Ayrton Senna	Lotus-Honda	1:57.54,085
2. Nelson Piquet	Williams-Honda	- 33,212
3. Michele Alboreto	Ferrari	- 1.12,839
4. Gerhard Berger	Ferrari	- 1 Runde
5. Jonathan Palmer	Tyrrell-Ford	- 2 Runden
6. Ivan Capelli	March-Ford	- 2 Runden

7. M. Brundle; 8. T. Fabi; 9. A. Prost (76. M); 10. S. Nakajima; 11. R. Arnoux; 12. P. Ghinzani; 13. P. Fabre

Ausfälle: E. Cheever (60. W); D. Warwick (59. G); S. Johansson (58. M); P. Alliot (43. M); R. Patrese (42. W); A. Caffi (40. W); A. de Cesaris (39. W); N. Mansell (30. M); A. Nannini (22. W); P. Streiff (10. U); T. Boutsen (6. W)

N. gest.: A. Campos (U/ verletzt)

(5) 21.06.1987 GP USA Ost – Detroit
1. R.: N. Mansell (P); A. Senna

1. Ayrton Senna	Lotus-Honda	1:50.16,358
2. Nelson Piquet	Williams-Honda	- 33,819
3. Alain Prost	McLaren-Porsche	- 45,327
4. Gerhard Berger	Ferrari	- 1.02,601
5. Nigel Mansell	Williams-Honda	- 1 Runde
6. Eddie Cheever	Arrows-Megatron	- 3 Runden

7. S. Johansson; 8. C. Danner; 9. R. Patrese; 10. R. Arnoux; 11. J. Palmer; 12. P. Fabre

Ausfälle: E. Cheever (61. W); T. Boutsen (53. W); P. Ghinzani (52. W); P. Streiff (45. U); P. Alliot (39. U); M. Alboreto (26. G); A. Nannini (23. G); M. Brundle (17. M/F); D. Warwick (13. U); I. Capelli (10. W); T. Fabi (7. U); A. Caffi (4. G); A. de Cesaris (3. G); A. Campos (2. U); S. Nakajima (1. U)

(6) 05.07.1987 GP Frankreich – Le Castellet
1. R.: N. Mansell (P); A. Prost

1. Nigel Mansell	Williams-Honda	1:37.03,839
2. Nelson Piquet	Williams-Honda	- 7,711
3. Alain Prost	McLaren-Porsche	- 55,255
4. Ayrton Senna	Lotus-Honda	- 1 Runde
5. Teo Fabi	Benetton-Ford	- 3 Runden
6. Philippe Streiff	Tyrrell-Ford	- 4 Runden

7. J. Palmer; 8. S. Johansson (75. M); 9. P. Fabre

Ausfälle: T. Fabi (78. W); G. Berger (72. W/D); M. Alboreto (65. M); D. Warwick (63. M); P. Alliot (58. W); I. Capelli (53. M); A. Campos (53. M); R. Arnoux (34. W); T. Boutsen (32. W); C. Danner (27. M); P. Ghinzani (25. M); A. Nannini (24. M); R. Patrese (20. W); M. Brundle (19. W); A. Caffi (12. G); A. de Cesaris (3. M/F); E. Cheever (1. W)

N. gew.: S. Nakajima

7 12.07.1987 GP England – Silverstone
1. R.: N. Piquet (P); N. Mansell

1. Nigel Mansell	Williams-Honda	1:19.11,780
2. Nelson Piquet	Williams-Honda	- 1,918
3. Ayrton Senna	Lotus-Honda	- 1 Runde
4. Satoru Nakajima	Lotus-Honda	- 2 Runden
5. Derek Warwick	Arrows-Megatron	- 2 Runden
6. Teo Fabi	Benetton-Ford	- 2 Runden

7. T. Boutsen; 8. J. Palmer; 9. P. Fabre

Ausfälle: P. Streiff (58. M); A. Prost (54. M); M. Alboreto (53. W); E. Cheever (46. M); A. Campos (35. W); A. Caffi (33. M); C. Danner (33. G); R. Patrese (29. W); S. Johansson (19. M); A. Nannini (11. M); A. de Cesaris (9. W/F); G. Berger (8. U); P. Alliot (8. G); R. Arnoux (4. W); I. Capelli (4. G)

N. gew.: M. Brundle

8 26.07.1987 GP Deutschland – Hockenheim
1. R.: N. Mansell (P); A. Senna

1. Nelson Piquet	Williams-Honda	1:21.25,091
2. Stefan Johansson	McLaren-Porsche	- 1.39,591
3. Ayrton Senna	Lotus-Honda	- 1 Runde
4. Philippe Streiff	Tyrrell-Ford	- 1 Runde
5. Jonathan Palmer	Tyrrell-Ford	- 1 Runde
6. Philippe Alliot	Lola-Ford	- 2 Runden

7. A. Prost (40. M)

Ausfälle: P. Ghinzani (33. M); A. Campos (29. M); T. Boutsen (27. M); N. Mansell (26. M); A. Nannini (26. M); D. Warwick (24. M); C. Danner (22. W); G. Berger (20. M); T. Fabi (19. M); A. Caffi (18. M); A. de Cesaris (13. M); M. Alboreto (11. M); P. Fabre (11. M); E. Cheever (10. M); S. Nakajima (10. W); I. Capelli (8. W); R. Arnoux (7. W); R. Patrese (6. M)

N. gew.: M. Brundle

9 09.08.1987 GP Ungarn – Budapest
1. R.: N. Mansell (P); G. Berger

1. Nelson Piquet	Williams-Honda	1:59.26,793
2. Ayrton Senna	Lotus-Honda	- 37,727
3. Alain Prost	McLaren-Porsche	- 1.27,456
4. Thierry Boutsen	Benetton-Ford	- 1 Runde
5. Riccardo Patrese	Brabham-BMW	- 1 Runde
6. Derek Warwick	Arrows-Megatron	- 2 Runden

7. J. Palmer; 8. E. Cheever; 9. P. Streiff ; 10. I. Capelli; 11. A. Nannini; 12. P. Ghinzani; 13. P. Fabre; 14. N. Mansell (71. W)

Ausfälle: A. Caffi (65. W); R. Arnoux (58. W); P. Alliot (49. U); M. Brundle (46. W); M. Alboreto (44. M); A. de Cesaris (44. G); S. Johansson (15. G); T. Fabi (15. G); A. Campos (15. U); G. Berger (14. W); C. Danner (4. W); S. Nakajima (2. W)

10 16.08.1987 GP Österreich – Österreichring
1. R.: N. Piquet (P); N. Mansell

1. Nigel Mansell	Williams-Honda	1:18.44,898
2. Nelson Piquet	Williams-Honda	- 55,704
3. Teo Fabi	Benetton-Ford	- 1 Runde
4. Thierry Boutsen	Benetton-Ford	- 1 Runde
5. Ayrton Senna	Lotus-Honda	- 2 Runden
6. Alain Prost	McLaren-Porsche	- 2 Runden

7. S. Johansson; 8. P. Ghinzani; 9. C. Danner; 10. R. Arnoux; 11. I. Capelli; 12. P. Alliot; 13. S. Nakajima; 14. J. Palmer

Ausfälle: R. Patrese (44. M); M. Alboreto (43. W); A. de Cesaris (36. M); D. Warwick (36. M); E. Cheever (32. W); G. Berger (6. M); A. Campos (4. W); A. Nannini (2. M); A. Caffi (1. W); P. Streiff (1. U/A nach erstem Start)

N. gew.: P. Fabre

Disq: M. Brundle

11 06.09.1987 GP Italien – Monza
1. R.: N. Piquet (P); N. Mansell

1. Nelson Piquet	Williams-Honda	1:14.47,707
2. Ayrton Senna	Lotus-Honda	- 1,806
3. Nigel Mansell	Williams-Honda	- 49,036
4. Gerhard Berger	Ferrari	- 57,979
5. Thierry Boutsen	Benetton-Ford	- 1.21,319
6. Stefan Johansson	McLaren-Porsche	- 1.28,787

7. T. Fabi; 8. P. Ghinzani; 9. C. Danner; 10. R. Arnoux; 11. S. Nakajima; 12. P. Streiff; 13. I. Capelli; 14. J. Palmer; 15. A. Prost; 16. A. Nannini (46. W)

Ausfälle: M. Brundle (44. G); P. Alliot (38. U); A. Campos (35. W/F); E. Cheever (28. W); F. Forini (28. M); A. Caffi (17. W); M. Alboreto (14. M); D. Warwick (10. W); A. de Cesaris (8. W); R. Patrese (6. M)

12 20.09.1987 GP Portugal – Estoril
1. R.: G. Berger (P); N. Mansell

1. Alain Prost	McLaren-Porsche	1:37.03,906
2. Gerhard Berger	Ferrari	- 20,493
3. Nelson Piquet	Williams-Honda	- 1.03,295
4. Teo Fabi	Benetton-Ford	- 1 Runde
5. Stefan Johansson	McLaren-Porsche	- 1 Runde
6. Eddie Cheever	Arrows-Megatron	- 2 Runden

7. A. Senna; 8. S. Nakajima; 9. I. Capelli; 10. J. Palmer; 11. A. Nannini (67. W); 12. P. Streiff; 13. D. Warwick; 14. T. Boutsen

Ausfälle: T. Fabi (70. W); A. de Cesaris (55. W); M. Alboreto (39. G); M. Brundle (36. G); F. Forini (33. W); P. Alliot (32. W); R. Arnoux (30. W); A. Caffi (28. M); P. Ghinzani (25. W); A. Campos (25. W); N. Mansell (14. W); R. Patrese (14. M); C. Danner (1. U/A nach erstem Start)

13 27.09.1987 GP Spanien – Jerez de la Frontera
1. R.: N. Piquet (P); N. Mansell

1. Nigel Mansell	Williams-Honda	1:49.12,692
2. Alain Prost	McLaren-Porsche	- 22,225
3. Stefan Johansson	McLaren-Porsche	- 30,818
4. Nelson Piquet	Williams-Honda	- 31,450
5. Ayrton Senna	Lotus-Honda	- 1.13,507
6. Philippe Alliot	Lola-Ford	- 1 Runde

7. P. Streiff; 8. E. Cheever (71. W); 9. S. Nakajima; 10. D. Warwick; 11. M. Brundle; 12. I. Capelli; 13. R. Patrese; 14. A. Campos; 15. M. Alboreto (68. M); 16. T. Boutsen (67. W/D)

Ausfälle: G. Berger (63. W/D); J. Palmer (56. U); R. Arnoux (56. M); C. Danner (51. G); A. Nannini (46. M); T. Fabi (41. M); A. de Cesaris (27. G); P. Ghinzani (25. W); P. Fabre (11. W); N. Larini (9. W)

14 18.10.1987 GP Mexiko – Mexiko Stadt
1. R.: N. Mansell (P); G. Berger

1. Nigel Mansell	Williams-Honda	1:26.24,207
2. Nelson Piquet	Williams-Honda	- 26,176
3. Riccardo Patrese	Brabham-BMW	- 1.26,879
4. Eddie Cheever	Arrows-Megatron	- 1.41,352
5. Teo Fabi	Benetton-Ford	- 2 Runden
6. Philippe Alliot	Lola-Ford	- 3 Runden

7. J. Palmer; 8. P. Streiff; 9. Y. Dalmas

Ausfälle: A. Senna (55. D); I. Capelli (52. M); A. Caffi (51. M); P. Ghinzani (44. M); A. Campos (33. G); R. Arnoux (30. W); D. Warwick (27. U); A. de Cesaris (23. D); G. Berger (21. M); T. Boutson (16. W); A. Nannini (14. M); M. Alboreto (13. M); M. Brundle (4. M); S. Johansson (2. U); S. Nakajima (2. U); C. Danner (2. U); Alain Prost (1. U)

15 01.11.1987 GP Japan – Suzuka
1. R.: G. Berger (P); A. Prost

1. Gerhard Berger	Ferrari	1:32.58,072
2. Ayrton Senna	Lotus-Honda	- 17,384
3. Stefan Johansson	McLaren-Porsche	- 17,694
4. Michele Alboreto	Ferrari	- 1.20,441
5. Thierry Boutsen	Benetton-Ford	- 1.25,576
6. Satoru Nakajima	Lotus-Honda	- 1.36,479

7. A. Prost; 8. J. Palmer; 9. E. Cheever; 10. D. Warwick; 11. R. Patrese (50. M); 12. P. Streiff; 13. P. Ghinzani (49. W); 14. Y. Dalmas (48. W); 15. N. Piquet (47. M)

Ausfälle: R. Arnoux (45. W); A. Caffi (44. W); R. Moreno (39. W); A. Nannini (36. M); M. Brundle (33. M); A. de Cesaris (27. M); T. Fabi (17. M); C. Danner (14. M/W/U); I. Capelli (14. U); A. Campos (3. M); P. Alliot (1. U)

N. gest.: N. Mansell (U/verletzt)

16 15.11.1987 GP Australien – Adelaide
1. R.: G. Berger (P); A. Prost

1. Gerhard Berger	Ferrari	1: 52.56,144
2. Michele Alboreto	Ferrari	- 1.07,884
3. Thierry Boutsen	Benetton-Ford	- 1 Runde
4. Jonathan Palmer	Tyrrell-Ford	- 2 Runden
5. Yannik Dalmas	Lola-Ford	- 3 Runden
6. Roberto Moreno	AGS-Ford	- 3 Runden

7. C. Danner; 8. A. de Cesaris (79. D); 9. R. Patrese (77. M)

Ausfälle: N. Piquet (59. W); I. Capelli (59. D); A. Prost (54. W/U); E. Cheever (54. M); S. Johansson (49. W); T. Fabi (47. W); A. Campos (47. G); P. Alliot (46. W); R. Arnoux (42. W); S. Modena (32. A); P. Ghinzani (27. M); S. Nakajima (23. W); D. Warwick (20. W); M. Brundle (19. M); P. Streiff (7. D); A. Nannini (1. U)

Disq.: A. Senna (regelwidrige Bremsen)

1988

1 03.04.1988 GP Brasilien – Rio de Janeiro
1. R.: A. Senna (P); N. Mansell

1. Alain Prost	McLaren-Honda	1:36.06,857
2. Gerhard Berger	Ferrari	- 9,873
3. Nelson Piquet	Lotus-Honda	- 1.08,581
4. Derek Warwick	Arrows-Megatron	- 1.13,348
5. Michele Alboreto	Ferrari	-1.14,556
6. Satoru Nakajima	Lotus-Honda	- 1 Runde

7. T. Boutsen; 8. E. Cheever; 9. S. Johansson

Ausfälle: A. de Cesaris (54. M); J. Palmer (48. W); L. Sala (47. W); P. Alliot (41. W/U); G. Tarquini (36. W); P. Streiff (36. W/D); Y. Dalmas (33. M); R. Arnoux (24. W); S. Modena (21. W/M); N. Mansell (19. W/M); A. Nannini (8. M); R. Patrese (7. M); I. Capelli (7. M); A. Campos (6. W); M. Gugelmin (1. W); O. Larrauri (0 W)

Disq.: Ayrton Senna (32. Wagen gewechselt)

2 01.05.1988 GP San Marino – Imola
1. R.: A. Senna (P); A. Prost

1. Ayrton Senna	McLaren-Honda	1:32.41,264
2. Alain Prost	McLaren-Honda	- 2,334
3. Nelson Piquet	Lotus-Honda	- 1 Runde
4. Thierry Boutsen	Benetton-Ford	- 1 Runde
5. Gerhard Berger	Ferrari	- 1 Runde
6. Alessandro Nannini	Benetton-Ford	- 1 Runde

7. E. Cheever; 8. S. Nakajima; 9. D. Warwick; 10. P. Streiff; 11. L. Sala; 12. Y Dalmas; 13. R. Patrese; 14. J. Palmer; 15. M. Gugelmin; 16. A. Campos; 17. P. Alliot; 18. M. Alboreto (55. M)

Ausfälle: J. Bailey (49. G); N. Mansell (43. W); G. Tarquini (41. M); A. Caffi (19. G); P. Ghinzani (17. W); I. Capelli (3. G); A. de Cesaris (1. W)

N. gew.: S. Modena

3 15.05.1988 GP Monaco – Monte Carlo
1.R.: A. Senna (P); A. Prost

1. Alain Prost	McLaren-Honda	1:57.17,077
2. Gerhard Berger	Ferrari	- 20,453
3. Michele Alboreto	Ferrari	- 41,229
4. Derek Warwick	Arrows-Megatron	- 1 Runde
5. Jonathan Palmer	Tyrrell-Ford	- 1Runde
6. Riccardo Patrese	Williams-Judd	- 1 Runde

7. Y. Dalmas; 8. T. Boutsen; 9. N. Larini; 10. I. Capelli

Ausfälle: A. Senna (67. U) ; P. Alliot (51. U); M. Gugelmin (46. W); P. Ghinzani (44. G); A. Nannini (39. G); L. Sala (37. W); N. Mansell (33. U); A. de Cesaris (29. W); R. Arnoux (18. W); O. Larrauri (15. U); E. Cheever (9. W); S. Johansson (7. W); G. Tarquini (6. W); N. Piquet (1. U); A. Caffi (1. U); P. Streiff (0 M)

4 29.05.1988 GP Mexiko – Mexiko Stadt
1. R.: A. Senna (P); A. Prost

1. Alain Prost	McLaren-Honda	1:30.15,737
2. Ayrton Senna	McLaren-Honda	- 7,104
3. Gerhard Berger	Ferrari	- 57,314
4. Michele Alboreto	Ferrari	- 1 Runde
5. Derek Warwick	Arrows-Megatron	- 1 Runde
6. Eddie Cheever	Arrows-Megatron	- 1 Runde

7. A. Nannini; 8. T. Boutsen; 9. Y. Dalmas; 10. S. Johansson; 11. L. Sala; 12. P. Streiff; 13. O. Larrauri; 14. G. Tarquini; 15. P. Ghinzani; 16. I. Capelli

Ausfälle: N. Piquet (59. M); A. de Cesaris (53. W); S. Nakajima (28. M); N. Mansell (21. M); B. Schneider (17. M); R. Patrese (17. M); R. Arnoux (14. U); A. Caffi (14. W/U); M. Gugelmin (11. W); P. Alliot (1. W)

5 12.06.1988 GP Kanada – Montréal
1. R.: A. Senna (P); A. Prost

1. Ayrton Senna	McLaren-Honda	1:39.46,618
2. Alain Prost	McLaren-Honda	- 5,934
3. Thierry Boutsen	Benetton-Ford	- 51,409
4. Nelson Piquet	Lotus-Honda	- 1 Runde
5. Ivan Capelli	March-Judd	- 1 Runde
6. Jonathan Palmer	Tyrrell-Ford	- 2 Runden

7. D. Warwick; 8. G. Tarquini; 9. A. de Cesaris (67. W); 10. P. Alliot (67. M); 11. S. Nakajima; 12. S. Modena; 13. L. Sala; 14. P. Ghinzani (64. M)

Ausfälle: M. Gugelmin (55. G); P. Streiff (42. W); R. Arnoux (37. G); M. Alboreto (34. M); R. Patrese (33. M); E. Cheever (32. M); N. Mansell (29. M); S. Johansson (25. M); G. Berger (23. W); A. Nannini (16. W); O. Larrauri (9. U); J. Bailey (1. U)

6 19.06.1988 GP USA Ost – Detroit
1. R.: A. Senna (P); G. Berger

1. Ayrton Senna	McLaren-Honda	1:54.56,035
2. Alain Prost	McLaren-Honda	- 38,713
3. Thierry Boutsen	Benetton-Ford	- 1 Runde
4. Andrea de Cesaris	Rial-Ford	- 1 Runde
5. Jonathan Palmer	Tyrrell-Ford	- 1 Runde
6. Pierluigi Martini	Minardi-Ford	- 1 Runde

7. Y. Dalmas; 8. A. Caffi; 9. J. Bailey (60. U)

Ausfälle: L. Sala (55. W); P. Alliot (47. G); S. Modena (47. U); M. Alboreto (46. D); R. Arnoux (46. M); M. Gugelmin (35. M); R. Patrese (27. W); N. Piquet (27. U); O. Larrauri (27. G); D. Warwick (25. U); N. Mansell (19. W); P. Streiff (16. W); A. Nannini (15. W); E. Cheever (15. W); N. Larini (8. M); G. Berger (7. W); S. Johansson (3. M)

N. gest.: I. Capelli (U/verletzt)

7 03.07.1988 GP Frankreich – Le Castellet
1. R.: A. Prost (P); A. Senna

1. Alain Prost	McLaren-Honda	1:37.37,328
2. Ayrton Senna	McLaren-Honda	- 31,752
3. Michele Alboreto	Ferrari	- 1.06,505
4. Gerhard Berger	Ferrari	- 1 Runde
5. Nelson Piquet	Lotus-Honda	- 1 Runde
6. Alessandro Nannini	Benetton-Ford	- 1 Runde

7. S. Nakajima; 8. M. Gugelmin; 9. I. Capelli; 10. A. de Cesaris; 11. E. Cheever; 12. A. Caffi; 13. Y. Dalmas; 14. S. Modena; 15. P. Martini

Ausfälle: O. Larrauri (65. W); N. Larini (57. W); B. Schneider (56. G); N. Mansell (49. W); P. Alliot (47. W); J. Palmer (41. M); R. Patrese (36. W); T. Boutsen (29. W); P. Streiff (21. W); D. Warwick (12. D)

N. gew.: L. Sala

8 10.07.1988 GP England – Silverstone
1. R.: G. Berger (P); M. Alboreto

1. Ayrton Senna	McLaren-Honda	1:33.16,367
2. Nigel Mansell	Williams-Judd	- 23,344
3. Alessandro Nannini	Benetton-Ford	- 51,214
4. Mauricio Gugelmin	March-Judd	- 1.11,378
5. Nelson Piquet	Lotus-Honda	- 1.20,835
6. Derek Warwick	Arrows-Megatron	- 1 Runde

7. E. Cheever; 8. R. Patrese; 9. G. Berger; 10. S. Nakajima; 11. A. Caffi; 12. S. Modena; 13. Y. Dalmas; 14. P. Alliot; 15. P. Martini; 16. J. Bailey; 17. M. Alboreto (63. W); 18. R. Arnoux; 19. N. Larini (61. W)

Ausfälle: T. Boutsen (39. W); I. Capelli (35. M); A. Prost (25. W); J. Palmer (15. W); A. de Cesaris (10. W); P. Streiff (9. U); L. Sala (1. U)

9 24.07.1988 GP Deutschland – Hockenheim
1. R.: A. Senna (P); A. Prost

1. Ayrton Senna	McLaren-Honda	1:32.54,188
2. Alain Prost	McLaren-Honda	- 13,609
3. Gerhard Berger	Ferrari	- 52.095
4. Michele Alboreto	Ferrari	- 1.40.912
5. Ivan Capelli	March-Judd	- 1.49,606
6. Thierry Boutsen	Benetton-Ford	- 1 Runde

7. D. Warwick; 8. M. Gugelmin; 9. S. Nakajima; 10. E. Cheever; 11. J. Palmer; 12. B. Schneider; 13. A. de Cesaris; 14. P. Ghinzani; 15. A. Caffi; 16. O. Larrauri; 17. R. Arnoux; 18. A. Nannini; 19. Y. Dalmas (40. W)

Ausfälle: P. Streiff (39. M); R. Patrese (35. U); N. Larini (28. W); N. Mansell (17. U); S. Modena (16. W); P. Alliot (9. U); N. Piquet (2. U)

10 07.08.1988 GP Ungarn – Budapest
1. R.: A. Senna (P); N. Mansell

1. Ayrton Senna	McLaren-Honda	1:57.47,081
2. Alain Prost	McLaren-Honda	- 0,529
3. Thierry Boutsen	Benetton-Ford	- 31,410
4. Gerhard Berger	Ferrari	- 1.28,670
5. Mauricio Gugelmin	March-Judd	- 1 Runde
6. Riccardo Patrese	Williams-Judd	- 1 Runde

7. S. Nakajima; 8. N. Piquet; 9. Y. Dalmas; 10. L. Sala; 11. S. Modena; 12. P. Alliot; 13. G. Tarquini

Ausfälle: D. Warwick (66. W); N. Mansell (61. A); E. Cheever (56. W); M. Alboreto (41. M); R. Arnoux (33. M); A. de Cesaris (29. W); A. Nannini (25. W); A. Caffi (23. M); S. Johansson (20. M); P. Martini (9. U); P. Streiff (9. W); I. Capelli (6. M); J. Palmer (4. M)

11 28.08.1988 GP Belgien – Spa-Francorchamps
1. R.: A. Senna (P); A. Prost

1. Ayrton Senna	McLaren-Honda	1:28.00,549
2. Alain Prost	McLaren-Honda	- 30,470
3. Ivan Capelli	March-Judd	- 1.15,768
4. Nelson Piquet	Lotus-Honda	- 1.23,628
5. Derek Warwick	Arrows-Megatron	- 1.25,355
6. Eddie Cheever	Arrows-Megatron	- 1 Runde

7. M. Brundle; 8. A. Caffi; 9. P. Alliot; 10. P. Streiff; 11. S. Johansson (40. W); 12. J. Palmer (40. M); 13. B. Schneider (39. G)

Ausfälle: M. Alboreto (36. M); R. Patrese (31. M); M. Gugelmin (30. W/U); P. Ghinzani (26. W); S. Nakajima (23. M); N. Larini (15. W); G. Berger (12. W); Y. Dalmas (10. M); A. de Cesaris (3. U); R. Arnoux (3. U)

N. gew.: G. Tarquini

Disq.: T. Boutsen ; A. Nannini (regelwidriges Benzin)

12 11.09.1988 GP Italien – Monza
1. R.: A. Senna (P); A. Prost

1. Gerhard Berger	Ferrari	1:17.39,744
2. Michele Alboreto	Ferrari	- 0,502
3. Eddie Cheever	Arrows-Megatron	- 35,532
4. Derek Warwick	Arrows-Megatron	- 36,114
5. Ivan Capelli	March-Judd	- 52,522
6. Thierry Boutsen	Benetton-Ford	- 59,878

7. R. Patrese; 8. M. Gugelmin; 9. A. Nannini; 10. A. Senna (A 50. U); 11. J.-L. Schlesser; 12. J. Bailey; 13. R. Arnoux

Ausfälle: A. Prost (35. M); P. Alliot (34. M); P. Streiff (32. G); B. Schneider (29. M); A. de Cesaris (28. U/W); P. Ghinzani (26. M); A. Caffi (25. W); Y. Dalmas (18. D/W); P. Martini (16. M); S. Nakajima (15. M); L. Sala (13. G); N. Piquet (12. W/D); N. Larini (3. M)

Alle Rennergebnisse

(13) 25.09.1988 GP Portugal – Estoril
1. R.: A. Prost (P); A. Senna

1. Alain Prost	McLaren-Honda	1:37.40,958
2. Ivan Capelli	March-Judd	- 9,553
3. Thierry Boutsen	Benetton-Ford	- 44,619
4. Derek Warwick	Arrows-Megatron	- 1.07,419
5. Michele Alboreto	Ferrari	- 1.11,884
6. Ayrton Senna	McLaren-Honda	- 1.18,269

7. A. Caffi; 8. L. Sala; 9. P. Streiff; 10. R. Arnoux; 11. G. Tarquini; 12. N. Larini

Ausfälle: M. Gugelmin (60. M); N. Mansell (55. U); J. Palmer (54. M); A. Nannini (53. W/A); G. Berger (36. W/U); N. Piquet (35. W); R. Patrese (30. W); P. Martini (28. M); Y. Dalmas (21. M); S. Nakajima (17. U); A. de Cesaris (12. W); E. Cheever (11. M); P. Alliot (8. M); S. Johansson (5. M)

(14) 02.10.1988 GP Spanien – Jerez de la Frontera
1. R.: A. Senna (P); A. Prost

1. Alain Prost	McLaren-Honda	1:48.43,851
2. Nigel Mansell	Williams-Judd	- 26,232
3. Alessandro Nannini	Benetton-Ford	- 35,446
4. Ayrton Senna	McLaren-Honda	- 46,710
5. Riccardo Patrese	Williams-Judd	- 47,430
6. Gerhard Berger	Ferrari	- 51,813

7. M. Gugelmin; 8. N. Piquet; 9. T. Boutsen; 10. A. Caffi; 11. Y. Dalmas; 12. L. Sala; 13. S. Modena; 14. P. Alliot

Ausfälle: S. Johansson (63. W); E. Cheever (61. W); I. Capelli (46. M); D. Warwick (42. U/W); A. de Cesaris (38. M); P. Streiff (17. M); M. Alboreto (16. M); P. Martini (16. G); S. Nakajima (15. D); N. Larini (10. W); J. Palmer (5. U/W); R. Arnoux (1. M)

(15) 30.10.1988 GP Japan – Suzuka
1. R.: A. Senna (P); A. Prost

1. Ayrton Senna	McLaren-Honda	1:33.26,173
2. Alain Prost	McLaren-Honda	- 13,363
3. Thierry Boutsen	Benetton-Ford	- 36,109
4. Gerhard Berger	Ferrari	- 1.26,714
5. Alessandro Nannini	Benetton-Ford	- 1.30,603
6. Riccardo Patrese	Williams-Judd	- 1.37,615

7. S. Nakajima; 8. P. Streiff; 9. P. Alliot; 10. M. Gugelmin; 11. M. Alboreto; 12. J. Palmer; 13. P. Martini; 14. J. Bailey; 15. L. Sala; 16. A. Suzuki; 17. R. Arnoux

Ausfälle: A. de Cesaris (37. M); E. Cheever (36. M); N. Larini (35. W); N. Piquet (35. A); N. Mansell (25. U); A. Caffi (23. U); I. Capelli (20. W); D. Warwick (17. D); B. Schneider (15. A)

(16) 13.11.1988 GP Australien – Adelaide
1. R.: A. Senna (P); A. Prost

1. Alain Prost	McLaren-Honda	1:53.14,676
2. Ayrton Senna	McLaren-Honda	- 36,787
3. Nelson Piquet	Lotus-Honda	- 47,546
4. Riccardo Patrese	Williams-Judd	- 1.20,088
5. Thierry Boutsen	Benetton-Ford	- 1 Runde
6. Ivan Capelli	March-Judd	- 1 Runde

7. P. Martini; 8. A. de Cesaris (78. W); 9. S. Johansson (77. W); 10. P. Alliot (76. W); 11. P. Streiff (74. W)

Ausfälle: P. Ghinzani (70. W); N. Mansell (66. W/U); A. Nannini (64. W/U); S. Modena (64. W); D. Warwick (53. M); E. Cheever (52. M); M. Gugelmin (47. U); S. Nakajima (46. U); L. Sala (42. W); A. Caffi (33. W); G. Berger (26. U); R. Arnoux (25. U); J. Palmer (17. W); O. Larrauri (13. W/U); M. Alboreto (1. U)

1989

(1) 26.03.1989 GP Brasilien – Rio de Janeiro
1. R.: A. Senna (P); R. Patrese

1. Nigel Mansell	Ferrari	1:38.58,744
2. Alain Prost	McLaren-Honda	- 7,809
3. Mauricio Gugelmin	March-Judd	- 9,370
4. Johnny Herbert	Benetton-Ford	- 10,493
5. Derek Warwick	Arrows-Ford	- 17,866
6. Alessandro Nannini	Benetton-Ford	- 18,241

7. J. Palmer; 8. S. Nakajima; 9. O. Grouillard; 10. M. Alboreto; 11. A. Senna; 12. P. Alliot; 13. A. de Cesaris (58. M); 14. C. Danner (57. G)

Ausfälle: R. Patrese (52. W); E. Cheever (38. U); B. Schneider (37. W/U); M. Brundle (28. W); I. Capelli (23. W); N. Piquet (11. W); S. Modena (10. W); T. Boutsen (4. M); P. Martini (3. M); L. Sala (1. U); G. Berger (1. U)

Disq.: N. Larini (Falsche Startposition)

(2) 23.04.1989 GP San Marino – Imola
1. R.: A. Senna (P); A. Prost

1. Ayrton Senna	McLaren-Honda	1:26.51,245
2. Alain Prost	McLaren-Honda	- 40,225
3. Alessandro Nannini	Benetton-Ford	- 1 Runde
4. Thierry Boutsen	Williams-Renault	- 1 Runde
5. Derek Warwick	Arrows-Ford	- 1 Runde
6. Jonathan Palmer	Tyrrell-Ford	- 1 Runde

7. A. Caffi; 8. G. Tarquini; 9. E. Cheever; 10. A. de Cesaris; 11. J. Herbert; 12. N. Larini (53. W/U)

Ausfälle: M. Brundle (52. W); L. Sala (44. U); M. Gugelmin (40. W); N. Piquet (30. M); N. Mansell (24. G); R. Patrese (22. W); S. Modena (20. U); P. Martini (7. G); G. Berger (4.U/F); I. Capelli (2.U); P. Alliot (1. W)

Disq.: O. Grouillard

N. gew.: S. Nakajima

N. gest.: Y. Dalmas (Motor abgewürgt)

(3) 07.05.1989 GP Monaco – Monte Carlo
1. R.: A. Senna (P); A. Prost

1. Ayrton Senna	McLaren-Honda	1: 53.33,251
2. Alain Prost	McLaren-Honda	- 50,529
3. Stefano Modeno	Brabham-Judd	- 1 Runde
4. Alex Caffi	Dallara-Ford	- 2 Runden
5. Michele Alboreto	Tyrrell-Ford	- 2 Runden
6. Martin Brundle	Brabham-Judd	- 2 Runden

7. E. Cheever; 8. A. Nannini; 9. J. Palmer; 10. T. Boutsen; 11. I. Capelli (74. W/F); 12. R. Arnoux; 13. A. de Cesaris; 14. J. Herbert; 15. R. Patrese

Ausfälle: L. Sala (49. M/F); G. Tarquini (47. W); R. Moreno (45. G); P. Alliot (39. M); M. Gugelmin (37. M); N. Piquet (33. U); N. Mansell (31. G); P.-H. Raphanel (20. G); O. Grouillard (5. G); P. Martini (4. W); D. Warwick (3. W)

(4) 28.05.1989 GP Mexiko – Mexiko Stadt
1. R.: A. Senna (P); A. Prost

1. Ayrton Senna	McLaren-Honda	1:35.21,431
2. Riccardo Patrese	Williams-Renault	- 15,560
3. Michele Alboreto	Tyrrell-Ford	- 31,254
4. Alessandro Nannini	Benetton-Ford	- 45,495
5. Alain Prost	McLaren-Honda	- 56,113
6. Gabriele Tarquini	AGS-Ford	- 1 Runde

7. E. Cheever; 8. O. Grouillard; 9. M. Brundle; 10. S. Modena; 11. N. Piquet; 12. C. Danner; 13. A. Caffi; 14. R. Arnoux; 15. J. Herbert

Ausfälle: P. Martini (54. M); N. Mansell (44. G); D. Warwick (36. W); S. Nakajima (36. G/D); A. de Cesaris (21. W); G. Berger (17. G); S. Johansson (17. W); T. Boutsen (16. W); J. Palmer (10. M); I. Capelli (2. W)

N. gew.: P. Alliot

(5) 04.06.1989 GP USA – Phoenix
1. R.: A. Senna (P); A. Prost

1. Alain Prost	McLaren-Honda	2:01.33,133
2. Riccardo Patrese	Williams-Renault	- 39,696
3. Eddie Cheever	Arrows-Ford	- 43,210
4. Christian Danner	Rial-Ford	- 1 Runde
5. Johnny Herbert	Benetton-Ford	- 1 Runde
6. Thierry Boutsen	Williams-Renault	- 1 Runde

7. G. Tarquini (74. M); 8. A. de Cesaris (71. W); 9. J. Palmer (70. W)

Ausfälle: G. Berger (62. W); A. Caffi (53. U); N. Piquet (53. W/U); S. Johansson (51. W); L. Sala (47. M); A. Senna (45. W); M. Brundle (44. W); S. Modena (38. W); N. Mansell (32. G); P. Martini (27. M); S. Nakajima (25. M); I. Capelli (23. G); M. Alboreto (18. G); A. Nannini (11. A); D. Warwick (8. U); P. Alliot (4. D)

Disq.: M. Gugelmin

(6) 18.06.1989 GP Kanada – Montréal
1. R.: A. Prost (P); A. Senna

1. Thierry Boutsen	Williams-Renault	2:01.24,073
2. Riccardo Patrese	Williams-Renault	- 30,007
3. Andrea de Cesaris	Dallara-Ford	- 1.36,649
4. Nelson Piquet	Lotus-Judd	- 1.41,484
5. René Arnoux	Ligier-Ford	- 1 Runde
6. Alex Caffi	Dallara-Ford	- 2 Runden

7. A. Senna (A 67. M); 8. C. Danner

Ausfälle: R. Moreno (58. G); D. Warwick (41. M); J. Palmer (36. U); N. Larini (34. W); I. Capelli (29. U); P. Alliot (27. U); M. Gugelmin (12. W); L. Sala (12. U); G. Berger (7. M); G. Tarquini (7. U); E. Cheever (4. W); A. Prost (3. W); M. Alboreto (1. W); S. Modena (1. U); P. Martini (1. U

Disq.: S. Johansson (ignorierte Schwarze Flagge); N. Mansell; A. Nannini (beide Frühstart)

(7) 09.07.1989 GP Frankreich – Le Castellet
1. R.: A. Prost (P); A. Senna

1. Alain Prost	McLaren-Honda	1:38.29,411
2. Nigel Mansell	Ferrari	- 44,017
3. Riccardo Patrese	Williams-Renault	- 1.06,921
4. Jean Alesi	Tyrrell-Ford	- 1.13,232
5. Stefan Johansson	Onyx-Ford	- 1 Runde
6. Olivier Grouillard	Ligier-Ford	- 1 Runde

7. E. Cheever; 8. N. Piquet; 9. E. Pirro; 10. J. Palmer; 11. E. Bernard (78. M); 12. M. Donnelly; 13. B. Gachot

Ausfälle: S. Modena (68. M); T. Boutsen (51. G); S. Nakajima (50. W); I. Capelli (44. M); A. Nannini (41. W); P. Martini (32. W); P. Alliot (31. M); G. Tarquini (31. M); G. Berger (30. G); A. Caffi (28. W); R. Arnoux (15. G); A. Senna (1. W)

N. gew.: M. Gugelmin

(8) 16.07.1989 GP England – Silverstone
1. R.: A. Senna (P); A. Prost

1. Alain Prost	McLaren-Honda	1:19.22,131
2. Nigel Mansell	Ferrari	- 19,369
3. Alessandro Nannini	Benetton-Ford	- 48,019
4. Nelson Piquet	Lotus-Judd	- 1.06,735
5. Pierluigi Martini	Minardi-Ford	- 1 Runde
6. Luis Perez-Sala	Minardi-Ford	- 1 Runde

7. O. Grouillard; 8. S. Nakajima; 9. D. Warwick; 10. T. Boutsen; 11. E. Pirro; 12. B. Gachot

Ausfälle: M. Gugelmin (55. G); M. Brundle (50. M); G. Berger (50. G); E. Bernard (47. G); P. Alliot (40. M); J. Palmer (33. U); S. Modena (32. M); J. Alesi (29. U); N. Larini (24. W); R. Patrese (20. W/U); I. Capelli (16. W); A. de Cesaris (15. G); A. Senna (12. G/D); R. Moreno (3. G)

(9) 30.07.1989 GP Deutschland – Hockenheim
1. R.: A. Senna (P); A. Prost

1. Ayrton Senna	McLaren-Honda	1:21.43,302
2. Alain Prost	McLaren-Honda	- 18,151
3. Nigel Mansell	Ferrari	- 1.23,254
4. Riccardo Patrese	Williams-Renault	- 1 Runde
5. Nelson Piquet	Lotus-Judd	- 1 Runde
6. Derek Warwick	Arrows-Ford	- 1 Runde

7. A. de Cesaris; 8. M. Brundle; 9. P. Martini; 10. J. Alesi; 11. R. Arnoux; 12. E. Cheever (41. W)

Ausfälle: S. Modena (38. M); S. Nakajima (37. D); I. Capelli (33. W); M. Gugelmin (29. G); E. Pirro (27. U); P. Alliot (21. W/F); J. Palmer (17. M); G. Berger (14. W/U); S. Johansson (9. W); A. Nannini (7. W); T. Boutsen (5. U); A. Caffi (3. W); M. Alboreto (2. W); O. Grouillard (1. W)

(10) 13.08.1989 GP Ungarn – Budapest
1. R.: R. Patrese (P); A. Senna

1. Nigel Mansell	Ferrari	1:49.38,650
2. Ayrton Senna	McLaren-Honda	- 25,967
3. Thierry Boutsen	Williams-Renault	- 38,354
4. Alain Prost	McLaren-Honda	- 44,177
5. Eddie Cheever	Arrows-Ford	- 45,106
6. Nelson Piquet	Lotus-Judd	- 1.12,039

7. A. Caffi; 8. E. Pirro; 9. J. Alesi; 10. D. Warwick; 11. S. Modena; 12. M. Brundle; 13. J. Palmer

Ausfälle: L. Sala (58. D); G. Berger (57. G); R. Patrese (55. W); S. Johansson (49. W); A. Nannini (47. W); B. Gachot (39. W); S. Nakajima (34. U); M. Gugelmin (28. W); I. Capelli (27. W); M. Alboreto (27. M); P. Ghinzani (21. W); P. Martini (20. W); A. de Cesaris (1. W)

(11) 27.08.1989 GP Belgien – Spa-Francorchamps
1. R.: A. Senna (P); A. Prost

1. Ayrton Senna	McLaren-Honda	1:40.54,196
2. Alain Prost	McLaren-Honda	- 1,304
3. Nigel Mansell	Ferrari	- 1,824
4. Thierry Boutsen	Williams-Renault	- 54,418
5. Alessandro Nannini	Benetton-Ford	- 1.08,805
6. Derek Warwick	Arrows-Ford	- 1.18,316

7. M. Gugelmin; 8. S. Johansson; 9. P. Martini; 10. E. Pirro; 11. A. de Cesaris; 12. I. Capelli; 13. O. Grouillard; 14. J. Palmer; 15. L. Sala; 16. P. Alliot (40. W)

Ausfälle: E. Cheever (39. W); B. Gachot (22. W/U); R. Patrese (21. U); M. Alboreto (20. U); A. Caffi (14. D); M. Brundle (13. W); G. Berger (10. D); S. Modena (10. W); R. Arnoux (5. U); J. Herbert (4. D)

(12) 10.09.1989 GP Italien – Monza
1. R.: A. Senna (P); G. Berger

1. Alain Prost	McLaren-Honda	1:19.27,550
2. Gerhard Berger	Ferrari	- 7,326
3. Thierry Boutsen	Williams-Renault	- 14,975
4. Riccardo Patrese	Williams-Renault	- 38,722
5. Jean Alesi	Tyrrell-Ford	- 1 Runde
6. Martin Brundle	Brabham-Judd	- 1 Runde

7. P. Martini; 8. L. Sala; 9. R. Arnoux; 10. S. Nakajima; 11. A. Caffi (48. M)

Ausfälle: A. de Cesaris (46. M); A. Senna (45. M/D); N. Mansell (42. G); B. Gachot (39. M/D); A. Nannini (34. W); I. Capelli (31. M); O. Grouillard (31. W); N. Piquet (24. D); J. Palmer (19. M); D. Warwick (19. M); N. Larini (17. G); M. Alboreto (15. W); M. Gugelmin (15. M); P. Alliot (2. M/D); E. Pirro (1. G)

(13) 24.09.1989 GP Portugal – Estoril
1. R.: A. Senna (P); G. Berger

1. Gerhard Berger	Ferrari	1:36.48,546
2. Alain Prost	McLaren-Honda	- 32,637
3. Stefan Johansson	Onyx-Ford	- 55,325
4. Alessandro Nannini	Benetton-Ford	- 1.22,369
5. Pierluigi Martini	Minardi-Ford	- 1 Runde
6. Jonathan Palmer	Tyrrell-Ford	- 1 Runde

7. S. Nakajima; 8. M. Brundle; 9. P. Alliot; 10. M. Gugelmin; 11. M. Alboreto; 12. L. Sala; 13. R. Arnoux; 14. S. Modena

Ausfälle: R. Patrese (61. W); T. Boutsen (61. W); A. Senna (49. U); N. Mansell (49. U); D. Warwick (38. U); N. Piquet (34. U); A. Caffi (34. U); E. Pirro (30. W); I. Capelli (26. M); E. Cheever (25. M/D); A. de Cesaris (18. W); R. Moreno (12. W)

Disq.: N. Mansell

(14) 01.10.1989 GP Spanien – Jerez de la Frontera
1. R.: A. Senna (P); G. Berger

1. Ayrton Senna	McLaren-Honda	1:47.48,264
2. Gerhard Berger	Ferrari	- 27,051
3. Alain Prost	McLaren-Honda	- 53,788
4. Jean Alesi	Tyrrell-Ford	- 1 Runde
5. Riccardo Patrese	Williams-Renault	- 1 Runde
6. Philippe Alliot	Lola-Lamborghini	- 1 Runde

7. A. de Cesaris; 8. N. Piquet; 9. D. Warwick; 10 J. Palmer

Ausfälle: E. Cheever (62. M); E. Pirro (60. D); A. Caffi (56. M); M. Brundle (52. W/D); M. Gugelmin (48. U); L. Sala (48. U); T. Boutsen (41. W); O. Grouillard (35. M); P. Martini (28. D); I. Capelli (24. W); J. J. Letho (21. G); P. Ghinzani (18. G); A. Nannini (15. D); S. Modena (12. W); N. Larini (7. W/U); S. Nakajima (1. U)

(15) 22.10.1989 GP Japan – Suzuka
1. R.: A. Senna (P); A. Prost

1. Alessandro Nannini	Benetton-Ford	1:35.06,277
2. Riccardo Patrese	Williams-Renault	- 11,904
3. Thierry Boutsen	Williams-Renault	- 13,446
4. Nelson Piquet	Lotus-Judd	- 1.44,225
5. Martin Brundle	Brabham-Judd	- 1 Runde
6. Derek Warwick	Arrows-Ford	- 1 Runde

7. M. Gugelmin; 8. E. Cheever; 9. A. Caffi; 10. A. de Cesaris

Ausfälle: A. Prost (47. U); S. Modena (47. M); N. Mansell (44. M); S. Nakajima (42. M); J. Alesi (38. G); P. Alliot (37. M); G. Berger (35. W); E. Pirro (34. U); O. Grouillard (32. M); I. Capelli (28. W); N. Larini (22. W); J. Palmer (21. W); B. Schneider (2. W); P. Barilla (1. W); L. Sala (1. U)

Disq: A. Senna (unerlaubte Starthilfe nach U)

(16) 05.11.1989 GP Australien – Adelaide
1. R.: A. Senna (P); A. Prost

1. Thierry Boutsen	Williams-Renault	2:00.17,421
2. Alessandro Nannini	Benetton-Ford	- 28,658
3. Riccardo Patrese	Williams-Renault	- 37,683
4. Satoru Nakajima	Lotus-Judd	- 42,331
5. Emanuele Pirro	Benetton-Ford	- 2 Runden
6. Pierluigi Martini	Minardi-Ford	- 3 Runden

7. M. Gugelmin; 8. S. Modena

Ausfälle: E. Cheever (43. M/D); J. J. Letho (28. W); O. Grouillard (23. U); N. Piquet (20. U); P. Ghinzani (19. U); N. Mansell (18. U); A. Senna (14. U); A. Caffi (14. D); I. Capelli (14. W); A. de Cesaris (13. U); M. Brundle (13. U); D. Warwick (8. U); G. Berger (7. U); P. Alliot (7. U); J. Alesi (6. W); R. Arnoux (5. D); N. Larini (1. D); A. Prost (1. A)

1990

(1) 11.03.1990 GP USA – Phoenix
1. R.: G. Berger (P); P. Martini

1. Ayrton Senna	McLaren-Honda	1:52.32,829
2. Jean Alesi	Tyrrell-Ford	- 8,685
3. Thierry Boutsen	Williams-Renault	- 54,080
4. Nelson Piquet	Benetton-Ford	- 1.08,358
5. Stefano Modena	Brabham-Judd	- 1.09,503
6. Satoru Nakajima	Tyrrell-Ford	- 1 Runde

7. P. Martini; 8. É. Bernard; 9. R. Patrese; 10. M. Alboreto; 11. A. Nannini; 12. B. Schneider; 13. R. Moreno; 14. M. Gugelmin

Ausfälle: P. Barilla (55. A); A. Suzuki (54. W); N. Mansell (50. W/D/F); G. Berger (45. W); G. Foitek (40. U); O. Grouillard (40. U); A. de Cesaris (26. W/M); A. Prost (22. W); I. Capelli (21. W); D. Warwick (7. W); N. Larini (5. M)

N. gest.: M. Donnelly

(2) 25.03.1990 GP Brasilien – Interlagos
1. R.: A. Senna (P); G. Berger

1. Alain Prost	Ferrari	1:37.21,258
2. Gerhard Berger	McLaren-Honda	- 13,564
3. Ayrton Senna	McLaren-Honda	- 37,722
4. Nigel Mansell	Ferrari	- 47,266
5. Thierry Boutsen	Williams-Renault	- 1 Runde
6. Nelson Piquet	Benetton-Ford	- 1 Runde

7. J. Alesi; 8. S. Nakajima; 9. P. Martini; 10. A. Nannini (69. W); 11. N. Larini; 12. P. Alliot; 13. R. Patrese (66. W); 14. G. Morbidelli

Ausfälle: A. Caffi (50. A); M. Donnelly (44. D); S. Modena (40. D); P. Barilla (39. W); Y. Dalmas (29. W); D. Warwick (26. W); A. Suzuki (25. W); M. Alboreto (25. W); G. Foitek (15. G); É. Bernard (14. G); O. Grouillard (9. U/W); A. de Cesaris (1. M/U)

(3) 13.05.1990 GP San Marino – Imola
1. R.: A. Senna (P); G. Berger

1. Riccardo Patrese	Williams-Renault	1:30.55,478
2. Gerhard Berger	McLaren-Honda	- 5,117
3. Alessandro Nannini	Benetton-Ford	- 6,240
4. Alain Prost	Ferrari	- 6,843
5. Nelson Piquet	Benetton-Ford	- 53,112
6. Jean Alesi	Tyrrell-Ford	- 1 Runde

7. D. Warwick; 8. M. Donnelly; 9. P. Alliot; 10. N. Larini; 11. P. Barilla; 12. J.J. Lehto; 13. É. Bernard (57. G)

Ausfälle: O. Grouillard (53. W); N. Mansell (39. M); G. Foitek (36. M); S. Modena (32. W/D); A. de Cesaris (30. W); M. Gugelmin (25. W); T. Boutsen (18. M); A. Suzuki (18. W); A. Senna (4. W/D); E. Pirro (3. D); I. Capelli (1. U); S. Nakajima (1. U); R. Moreno (1. M)

N. gest.: P. Martini (U/verletzt)

4 27.05.1990 GP Monaco – Monte Carlo
1. R.: A. Senna (P); A. Prost

1. Ayrton Senna	McLaren-Honda	1:52.46,982
2. Jean Alesi	Tyrrell-Ford	- 1,087
3. Gerhard Berger	McLaren-Honda	- 2,073
4. Thierry Boutsen	Williams-Renault	- 1 Runde
5. Alex Caffi	Arrows-Ford	- 2 Runden
6. Éric Bernard	Lola-Lamborghini	- 2 Runden

7. G. Foitek (73. U)

Ausfälle: D. Warwick (67. W/D); N. Mansell (64. W/G); P. Barilla (53. G) J.J. Lehto (53. G); P. Alliot (48. G); R. Patrese (42. W); A. de Cesaris (39. W); S. Nakajima (37. D); A. Prost (31. W); A. Nannini (21. W/M); D. Brabham (17. W); I. Capelli (14. W); N. Larini (13. W); A. Suzuki (12. W); P. Martini (8. W); M. Donnelly (7. W); S. Modena (4. W); E. Pirro (1. W)

Disq.: N. Piquet (35. unerlaubte Starthilfe nach D)

5 10.06.1990 GP Kanada – Montréal
1. R.: A. Senna (P); G. Berger

1. Ayrton Senna	McLaren-Honda	1:42.56,400
2. Nelson Piquet	Benetton-Ford	- 10,497
3. Nigel Mansell	Ferrari	- 13,385
4. Gerhard Berger	McLaren-Honda	- 14,854
5. Alain Prost	Ferrari	- 15,820
6. Derek Warwick	Lotus-Lamborghini	- 2 Runden

7. S. Modena; 8. A. Caffi; 9. É. Bernard; 10. I. Capelli; 11. S. Nakajima; 12. A. Suzuki; 13. O. Grouillard

Ausfälle: M. Donnelly (58. W); G. Foitek (54. M); A. de Cesaris (51. W); J.J. Lehto (47. M); R. Patrese (45. W); P. Alliot (35. M); J. Alesi (27. U); A. Nannini (22. U); T. Boutsen (20. U); N. Larini (19. U); E. Pirro (12. U); M. Alboreto (12. U); P. Martini (1. D)

6 24.06.1990 GP Mexiko – Mexiko Stadt
1. R.: G. Berger (P); R. Patrese

1. Alain Prost	Ferrari	1:32.35,783
2. Nigel Mansell	Ferrari	- 25,351
3. Gerhard Berger	McLaren-Honda	- 25,530
4. Alessandro Nannini	Benetton-Ford	- 41,099
5. Thierry Boutsen	Williams-Renault	- 46,669
6. Nelson Piquet	Benetton-Ford	- 46,943

7. Jean Alesi; 8. M. Donnelly; 9. R. Patrese; 10. D. Warwick; 11. S. Modena; 12. P. Martini; 13. A. de Cesaris; 14. P. Barilla; 15. G. Foitek; 16. N. Larini; 17. M. Alboreto; 18. P. Alliot; 19. O. Grouillard; 20. A. Senna (64. W)

Ausfälle: JJ. Lehto (27. M); É. Bernard (13. W/D); A. Suzuki (12. U); S. Nakajima (12. U); D. Brabham (12. W); E. Pirro (11. M)

7 08.07.1990 GP Frankreich – Le Castellet
1. R.: N. Mansell (P); G. Berger

1. Alain Prost	Ferrari	1:33.29,606
2. Ivan Capelli	Leyton House-Judd	- 8,627
3. Ayrton Senna	McLaren-Honda	- 11,606
4. Nelson Piquet	Benetton-Ford	- 41,207
5. Gerhard Berger	McLaren-Honda	- 42,219
6. Riccardo Patrese	Williams-Renault	- 1.09,351

7. A. Suzuki; 8. É. Bernard; 9. P. Alliot; 10. M. Alboreto; 11. D. Warwick; 12. M. Donnelly; 13. S. Modena; 14. N. Larini; 15. D. Brabham; 16. A. Nannini (76. W); 17. Y. Dalmas; 18. N. Mansell (73. M)

Ausfälle: S. Nakajima (64. W); M. Gugelmin (59. M); P. Martini (41. W); J. Alesi (24. W); A. Caffi (23. W); T. Boutsen (8. M); E. Pirro (8. W/D)

Disq: A. de Cesaris (Wagen hatte Untergewicht)

8 15.07.1990 GP England – Silverstone
1. R.: N. Mansell (P); A Senna

1. Alain Prost	Ferrari	1:18.30,999
2. Thierry Boutsen	Williams-Renault	- 39,092
3. Ayrton Senna	McLaren-Honda	- 43,088
4. Éric Bernard	Lola-Lamborghini	- 1.15,302
5. Nelson Piquet	Benetton-Ford	- 1.24,003
6. Aguri Suzuki	Lola-Lamborghini	- 1 Runde

7. A. Caffi; 8. J. Alesi; 9. S. Modena; 10. N. Larini; 11. E. Pirro; 12. P. Barilla; 13. P. Alliot; 14. G. Berger (61. W)

Ausfälle: N. Mansell (56. G); I. Capelli (49. W); M. Donnelly (49. M); D. Warwick (47. M); G. Tarquini (42. M); M. Alboreto (38. W); R. Patrese (27. U); S. Nakajima (21. W); A. Nannini (16. U); A. de Cesaris (13. G); P. Martini (4. W)

N. gest.: M. Gugelmin

9 29.07.1990 GP Deutschland – Hockenheim
1. R.: A. Senna (P); G. Berger

1. Ayrton Senna	McLaren-Honda	1:20.47,164
2. Alessandro Nannini	Benetton-Ford	- 6,520
3. Gerhard Berger	McLaren-Honda	- 8,553
4. Alain Prost	Ferrari	- 45,270
5. Riccardo Patrese	Williams-Renault	- 48,028
6. Thierry Boutsen	Williams-Renault	- .1.21,491

7. I. Capelli; 8. D. Warwick; 9. A. Caffi; 10. N. Larini; 11. J. Alesi (41. W)

Ausfälle: É. Bernard (36. W); A. Suzuki (34. W); S. Nakajima (25. W); N. Piquet (24. M); P. Martini (21. M); G. Foitek (20. D); N. Mansell (16. W); M. Gugelmin (13. M); D. Brabham (13. M); M. Alboreto (11. M); M. Donnelly (2. W); E. Pirro (1. U); S. Modena (1. W)

Disq: P. Alliot (unerlaubte Starthilfe nach U)

N. gew.: JJ. Lehto

10 02.08.1990 GP Ungarn – Budapest
1. R.: T. Boutsen (P); R. Patrese

1. Thierry Boutsen	Williams-Renault	1:49.30,597
2. Ayrton Senna	McLaren-Honda	- 0,288
3. Nelson Piquet	Benetton-Ford	- 27,893
4. Riccardo Patrese	Williams-Renault	- 31,833
5. Derek Warwick	Lotus-Lamborghini	- 1.14,244
6. Éric Bernard	Lola-Lamborghini	- 1.24,308

7. M. Donnelly; 8. M. Gugelmin; 9. A. Caffi; 10. E. Pirro; 11. N. Larini; 12. M. Alboreto; 13. G. Tarquini; 14. P. Alliot; 15. P. Barilla; 16. G. Berger (73. U); 17. N. Mansell (72. U)

Ausfälle: A. Nannini (65. U); I. Capelli (57. G); A. Suzuki (38. W/M); A. Prost (37. G/D); J. Alesi (37. U); S. Modena (36. M); P. Martini (36. U); A. de Cesaris (23. M); S. Nakajima (10. W/U)

11 26.08.1990 GP Belgien – Spa-Francorchamps
1. R.: A. Senna (P); G. Berger

1. Ayrton Senna	McLaren-Honda	1:26.31,997
2. Alain Prost	Ferrari	- 3,550
3. Gerhard Berger	McLaren-Honda	- 28,462
4. Alessandro Nannini	Benetton-Ford	- 49,337
5. Nelson Piquet	Benetton-Ford	- 1.29,650
6. Mauricio Gugelmin	Leyton House-Judd	- 1.48,851

7. I. Capelli; 8. J. Alesi; 9. É. Bernard; 10. A. Caffi; 11. D. Warwick; 12. M. Donnelly; 13. M. Alboreto; 14. N. Larini; 15. P. Martini; 16. O. Grouillard; 17. S. Modena (40. M)

Ausfälle: D. Brabham (37. W); A. de Cesaris (28. W); T. Boutsen (22. W); N. Mansell (20. W); R. Patrese (19. G); E. Pirro (6. W); S. Nakajima (5. M); P. Barilla (1. U); A. Suzuki (1. U)

12 09.09.1990 Italien – Monza
1. R.: A. Senna (P); A. Prost

1. Ayrton Senna	McLaren-Honda	1:17.57,878
2. Alain Prost	Ferrari	- 6,054
3. Gerhard Berger	McLaren-Honda	- 7,404
4. Nigel Mansell	Ferrari	- 56,219
5. Riccardo Patrese	Williams-Renault	- 1.25,274
6. Satoru Nakajima	Tyrrell-Ford	- 1 Runde

7. N. Piquet; 8. A. Nannini; 9. A. Caffi; 10. A. de Cesaris; 11. N. Larini; 12. M. Alboreto (51. D); 13. P. Alliot

Ausfälle: I. Capelli (37. W); A. Suzuki (37. W); O. Grouillard (28. W); M. Gugelmin (25. M); S. Modena (22. M); T. Boutsen (19. W); D. Warwick (16. W); E. Pirro (15. G/D); M. Donnelly (14. M); É. Bernard (11. W); P. Martini (8. W/D); J. Alesi (5. D)

N. gew.: Y. Dalmas

13 23.09.1990 GP Portugal – Estoril
1. R.: N. Mansell (P); A. Prost

1. Nigel Mansell	Ferrari	1:22.11,014
2. Ayrton Senna	McLaren-Honda	- 2,808
3. Alain Prost	Ferrari	- 4,189
4. Gerhard Berger	McLaren-Honda	- 5,896
5. Nelson Piquet	Benetton-Ford	- 57,418
6. Alessandro Nannini	Benetton-Ford	- 58,249

7. R. Patrese; 8. J. Alesi; 9. M. Alboreto; 10. N. Larini; 11. P. Martini; 12. M. Gugelmin; 13. A. Caffi (59. U); 14. A. Suzuki (59. U); 15. E. Pirro

Ausfälle: P. Alliot (53. U); D. Brabham (53. G); I. Capelli (52. M); T. Boutsen (31. G); É. Bernard (25. G); S. Modena (22. G); M. Donnelly (15. W); D. Warwick (6. W); Y. Dalmas (4. W); A. de Cesaris (1. M/D)

N. gest.: S. Nakajima (Fahrer krank)

14 30.09.1990 GP Spanien – Jerez de la Frontera
1. R.: A. Senna (P); A. Prost

1. Alain Prost	Ferrari	1:48.01,461
2. Nigel Mansell	Ferrari	- 22,064
3. Alessandro Nannini	Benetton-Ford	- 34,874
4. Thierry Boutsen	Williams-Renault	- 43,296
5. Riccardo Patrese	Williams-Renault	- 57,530
6. Aguri Suzuki	Lola-Lamborghini	- 1.03,728

7. N. Larini; 8. M. Gugelmin; 9. Y. Dalmas; 10. M. Alboreto

Ausfälle: D. Warwick (64. G); I. Capelli (60. A); G. Berger (57. U); A. Senna (54. W); N. Piquet (48. W); A. de Cesaris (48. W); O. Grouillard (46. W); P. Martini (42. W/D); P. Alliot (23. D); É. Bernard (21. G); S. Nakajima (14. D); G. Tarquini (6. W); S. Modena (6. U); E. Pirro (1. W/D); J. Alesi (1. U)

N. gest.: M. Donnelly (U/verletzt)

15 21.10.1990 GP Japan – Suzuka
1. R.: A. Senna (P); A. Prost

1. Nelson Piquet	Benetton-Ford	1:34.36,824
2. Roberto Moreno	Benetton-Ford	- 7,223
3. Aguri Suzuki	Lola-Lamborghini	- 22,469
4. Riccardo Patrese	Williams-Renault	- 36,258
5. Thierry Boutsen	Williams-Renault	- 46,884
6. Satoru Nakajima	Tyrrell-Ford	- 1.12,350

7. N. Larini; 8. P. Martini; 9. A. Caffi; 10. P. Alliot

Ausfälle: D. Warwick (39. G); J. Herbert (32. M); M. Alboreto (29. M); N. Mansell (27. W); E. Pirro (25. W); É. Bernard (25. W/F); G. Morbidelli (19. D); I. Capelli (17. W); A. de Cesaris (14. D); M. Gugelmin (6. M); D. Brabham (3. W); G. Berger (2. D); S. Modena (1. U); A. Prost (1. U); A. Senna (1. U)

N. gest.: J. Alesi (U)

16 04.11.1990 GP Australien – Adelaide
1. R.: A. Senna (P); G. Berger

1. Nelson Piquet	Benetton-Ford	1:49.44,570
2. Nigel Mansell	Ferrari	- 3,129
3. Alain Prost	Ferrari	- 37,259
4. Gerhard Berger	McLaren-Honda	- 46,862
5. Thierry Boutsen	Williams-Renault	- 1.51,160
6. Riccardo Patrese	Williams-Renault	- 1 Runde

7. R. Moreno; 8. J. Alesi; 9. P. Martini; 10. N. Larini; 11. P. Alliot; 12. S. Modena; 13. O. Grouillard

Ausfälle: E. Pirro (69. W); A. Senna (62. U); G. Tarquini (59. M/F); J. Herbert (58. W); S. Nakajima (54. U); I. Capelli (47. M); D. Warwick (44. G); M. Gugelmin (28. W/D); A. de Cesaris (24. W); É. Bernard (22. G); G. Morbidelli (21. G); D. Brabham (19. D); A. Suzuki (7. W)

1991

1 10.03.1991 GP USA – Phoenix
1. R.: A. Senna (P); A. Prost

1. Ayrton Senna	McLaren-Honda	2:00.47,828
2. Alain Prost	Ferrari	- 16,322
3. Nelson Piquet	Benetton-Ford	- 17,376
4. Stefano Modena	Tyrrell-Honda	- 25,409
5. Saturo Nakajima	Tyrrell-Honda	- 1 Runde
6. Aguri Suzuki	Lola-Lamborghini	- 2 Runden

7. N. Larini; 8. G. Tarquini; 9. P. Martini (76. M); 10. B. Gachot (76. M); 11. M. Brundle; 12. J. Alesi (73. G)

Ausfälle: M. Häkkinen (60. W/F); R. Patrese (50. G/U); R. Moreno (50. U); M. Alboreto (42. G); I. Capelli (41. G); T. Boutsen (41. W); G. Berger (37. W); N. Mansell (36. G); M. Gugelmin (35. G); M. Blundell (33. U); E. Pirro (17. G); G. Morbidelli (16. G); J.J. Lehto (13. W); É. Bernard (5. M)

2 24.03.1991 GP Brasilien – Interlagos
1. R.: A. Senna (P); R. Patrese

1. Ayrton Senna	McLaren-Honda	1:38.28,128
2. Riccardo Patrese	Williams-Renault	- 2,991
3. Gerhard Berger	McLaren-Honda	- 5,416
4. Alain Prost	Ferrari	- 19,369
5. Nelson Piquet	Benetton-Ford	- 21,960
6. Jean Alesi	Ferrari	- 23,641

7. R. Moreno; 8. G. Morbidelli; 9. M. Häkkinen; 10. T. Boutsen;11. E. Pirro; 12. M. Brundle; 13. B. Gachot (64. W)

Ausfälle: N. Mansell (60. G); E. Comas (51. W/D); P. Martini (48. D); M. Blundell (35. M); É. Bernard (34. W); J.J. Lehto (23. W); A. de Cesaris (21. W/U); S. Modena (20. W); I. Capelli (17. M); S. Nakajima (13. D); M. Gugelmin (10. A); G. Tarquini (1. U)

N. gest.: A. Suzuki

3 28.04.1991 GP San Marino – Imola
1. R.: A. Senna (P); R. Patrese

1. Ayrton Senna	McLaren-Honda	1:35.14,750
2. Gerhard Berger	McLaren-Honda	- 1,675
3. Jyrki J. Lehto	Dallara-Judd	- 1 Runde
4. Pierluigi Martini	Minardi-Ferrari	- 2 Runden
5. Mika Häkkinen	Lotus-Judd	- 3 Runden
6. Julian Bailey	Lotus-Judd	- 3 Runden

7. T. Boutsen; 8. M. Blundell; 9. E. v. d. Poele (58. W); 10. E. Comas; 11. M. Brundle; 12. M. Gugelmin (56. M); 13. R. Moreno (55. G/M)

Ausfälle: S. Modena (42. W); A. de Cesaris (38. W); B. Gachot (38. D/W); I. Capelli (25. W/D); É. Bernard (18. W/M); R. Patrese (18. W/M); S. Nakajima (16. W); G. Morbidelli (11. G); J. Alesi (3. D); A. Suzuki (3. D); N. Piquet (2. D); N. Mansell (1. G/U); A. Prost (0 D)

Abkürzungen

A	=	Aufgabe	W	=	Wagen
D	=	Dreher	Disq.	=	Disqualifziert
F	=	Feuer	N. gew.	=	Nicht gewertet
G	=	Getriebe	N. gest.	=	Nicht gestartet
M	=	Motor defekt	1. R.	=	1. Reihe
U	=	Unfall	(P)	=	Pole Position

4 12.05.1991 GP Monaco – Monte Carlo
1. R.: A. Senna (P); S. Modena

1. Ayrton Senna	McLaren-Honda	1:53.02,334
2. Nigel Mansell	Williams-Renault	- 18,348
3. Jean Alesi	Ferrari	- 47,455
4. Roberto Moreno	Benetton-Ford	- 1 Runde
5. Alain Prost	Ferrari	- 1 Runde
6. Emanuele Pirro	Dallara-Judd	- 1 Runde

7. T. Boutsen; 8. B. Gachot; 9. É. Bernard; 10. E. Comas; 11. J.J. Lehto; 12. P. Martini

Ausfälle: M. Häkkinen (65. W/F); G. Morbidelli (50. G); M. Gugelmin (44. W); S. Modena (43. M); R. Patrese (43. U); M. Blundell (42. U); M. Alboreto (40. M); S. Nakajima (36. D); A. Suzuki (25. W/U); A. de Cesaris (22. W); I. Capelli (13. W); G. Tarquini (10. G); G. Berger (10. U); N. Piquet (1. U/W)

5 02.06.1991 GP Kanada – Montréal
1. R.: R. Patrese (P); N. Mansell

1. Nelson Piquet	Benetton-Ford	1:38.51,490
2. Stefano Modena	Tyrrell-Honda	- 31,832
3. Riccardo Patrese	Williams-Renault	- 42,217
4. Andrea de Cesaris	Jordan-Ford	- 1.20,210
5. Bertrand Gachot	Jordan-Ford	- 1.22,351
6. Nigel Mansell	Williams-Renault	- 1 Runde

7. P. Martini; 8. E. Comas; 9. E. Pirro; 10. S. Nakajima

Ausfälle: N. Mansell (69. G/M); M. Gugelmin (62. M); J.J. Lehto (51. M); S. Johansson (49. G/M); I. Capelli (43. M); J. Alesi (35. M); É. Bernard (30. W); A. Prost (28. G); T. Boutsen (28. M); A. Senna (26. W); M. Häkkinen (22. D); M. Brundle (22. M); G. Morbidelli (21. D); R. Moreno (11. D/W); G. Berger (5. W); A. Suzuki (4. W/F); M. Alboreto (3. M)

6 16.06.1991 GP Mexiko – Mexiko Stadt
1. R.: R. Patrese (P); N. Mansell

1. Riccardo Patrese	Williams-Renault	1:29.52,205
2. Nigel Mansell	Williams-Renault	- 1,336
3. Ayrton Senna	McLaren-Honda	- 57,356
4. Andrea de Cesaris	Jordan-Ford	- 1 Runde
5. Roberto Moreno	Benetton-Ford	- 1 Runde
6. Éric Bernard	Lola-Ford	- 1 Runde

7. G. Morbidelli; 8. T. Boutsen; 9. M. Häkkinen; 10. J. Herbert; 11. S. Modena; 12. S. Nakajima

Ausfälle: A. de Cesaris (67. W); M. Blundell (55. M); B. Gachot (52. D); A. Suzuki (49. G); N. Piquet (45. W); J. Alesi (43. W); J.J. Lehto (31. M); M. Alboreto (25. W); M. Brundle (21. W); I. Capelli (20. M); A. Prost (17. M); M. Gugelmin (16. M); O. Grouillard (14. W); G. Berger (6. W/M); P. Martini (5. D)

7 07.07.1991 GP Frankreich – Magny-Cours
1. R.: R. Patrese (P); A. Prost

1. Nigel Mansell	Williams-Renault	1:38.00,056
2. Alain Prost	Ferrari	- 5,003
3. Ayrton Senna	McLaren-Honda	- 34,934
4. Jean Alesi	Ferrari	- 35,920
5. Riccardo Patrese	Williams-Renault	- 1 Runde
6. Andrea de Cesaris	Jordan-Ford	- 1 Runde

7. M. Gugelmin; 8. N. Piquet; 9. P. Martini; 10. J. Herbert; 11. E. Comas; 12. T. Boutsen

Ausfälle: R. Moreno (64. A); S. Modena (58. G); O. Grouillard (48. W); É. Bernard (44. W); J.J. Lehto (40. W); M. Blundell (37. U); A. Suzuki (33. W); M. Alboreto (32. G); M. Brundle (22. G); S. Nakajima (13. D); G. Morbidelli (9. U); I. Capelli (8. D); G. Berger (7. M); B. Gachot (1. D)

8 14.07.1991 GP England – Silverstone
1. R.: N. Mansell (P); A. Senna

1. Nigel Mansell	Williams-Renault	1:27.35,479
2. Gerhard Berger	McLaren-Honda	- 42,293
3. Alain Prost	Ferrari	- 1.00,150
4. Ayrton Senna	McLaren-Honda	- 1 Runde
5. Nelson Piquet	Benetton-Ford	- 1 Runde
6. Bertrand Gachot	Jordan-Ford	- 1 Runde

7. S. Modena; 8. S. Nakajima; 9. P. Martini; 10. E. Pirro; 11. G. Morbidelli; 12. M. Häkkinen; 13. J.J. Lehto; 14. J. Herbert (56. M)

Ausfälle: A. Senna (59. W); M. Blundell (53. M); A. de Cesaris (42. W/U); J. Alesi (32. U); A. Suzuki (30. U); T. Boutsen (30. M); M. Brundle (29. M); M. Alboreto (26. G); M. Gugelmin (25. W/A); R. Moreno (22. G); É. Bernard (22. W); I. Capelli (17. D); R. Patrese (2. U)

9 28.07.1991 GP Deutschland – Hockenheim
1. R.: N. Mansell (P); A. Senna

1. Nigel Mansell	Williams-Renault	1:19.29,661
2. Riccardo Patrese	Williams-Renault	- 13,779
3. Jean Alesi	Ferrari	- 17,618
4. Gerhard Berger	McLaren-Honda	- 32,651
5. Andrea de Cesaris	Jordan-Ford	- 1.17,537
6. Bertrand Gachot	Jordan-Ford	- 1.40,605

7. A. Senna (45. W); 8. R. Moreno; 9. T. Boutsen; 10. E. Pirro; 11. M. Brundle; 12. M. Blundell; 13. S. Modena

Ausfälle: A. Prost (38. U), I. Capelli (37. W); J.J. Lehto (36. M); N. Piquet (28. G); S. Nakajima (27. G); E. Comas (23. W); M. Gugelmin (22. G); M. Häkkinen (20. M); A. Suzuki (16. M); G. Morbidelli (15. W); P. Martini (12. M/D); É. Bernard (10. W); N. Larini (1. D)

Alle Rennergebnisse

(10) 11.08.1991 GP Ungarn – Budapest
1. R.: A. Senna (P); R. Patrese

1. Ayrton Senna	McLaren-Honda	1:49.12,796
2. Nigel Mansell	Williams-Renault	- 4,599
3. Riccardo Patrese	Williams-Renault	- 15,594
4. Gerhard Berger	McLaren-Honda	- 21,856
5. Jean Alesi	Ferrari	- 31,389
6. Ivan Capelli	Leyton House-Ilmor	- 1 Runde

7. A. de Cesaris; 8. R. Moreno; 9. B. Gachot; 10. E. Comas; 11. M. Gugelmin; 12. S. Modena; 13. G. Morbidelli; 14. M. Häkkinen; 15. S. Nakajima; 16. N. Larini; 17. T. Boutsen (72. M)

Ausfälle: P. Martini (66. M); M. Blundell (63. D); M. Brundle (60. A); J.J. Lehto (50. W); N. Piquet (39. G); É. Bernard (39. M); A. Suzuki (39. M); E. Pirro (38. W); A. Prost (29. M)

(11) 25.08.1991 GP Belgien – Spa-Francorchamps
1. R.: A. Senna (P); A. Prost

1. Ayrton Senna	McLaren-Honda	1:27.17,669
2. Gerhard Berger	McLaren-Honda	- 1,901
3. Nelson Piquet	Benetton-Ford	- 32,176
4. Roberto Moreno	Benetton-Ford	- 37,310
5. Riccardo Patrese	Williams-Renault	- 57,187
6. Mark Blundell	Brabham-Yamaha	- 1.40,035

7. J. Herbert; 8. E. Pirro; 9. M. Brundle; 10. O. Grouillard; 11. T. Boutsen; 12. P. Martini; 13. A. de Cesaris (42. W/M)

Ausfälle: S. Modena (34. W/F); J.J. Lehto (34. M); J. Alesi (31. M); G. Morbidelli (30. W); M. Häkkinen (26. M); E. Comas (26. M); N. Mansell (23. W); É. Bernard (22. G); I. Capelli (14. M); S. Nakajima (8. U); A. Prost (3. M); M. Gugelmin (2. M); M. Schumacher (1. W)

(12) 08.09.1991 GP Italien – Monza
1. R.: A. Senna (P); N. Mansell

1. Nigel Mansell	Williams-Renault	1:17.54,319
2. Ayrton Senna	McLaren-Honda	- 16,262
3. Alain Prost	Ferrari	- 16,829
4. Gerhard Berger	McLaren-Honda	- 27,719
5. Michael Schumacher	Benetton-Ford	- 34,463
6. Nelson Piquet	Benetton-Ford	- 45,600

7. A. de Cesaris; 8. I. Capelli; 9. G. Morbidelli; 10. E. Pirro; 11. E. Comas; 12. M. Blundell; 13. M. Brundle; 14. M. Häkkinen; 15. M. Gugelmin; 16. N. Larini

Ausfälle: O. Grouillard (47. G/M); J.J. Lehto (36. W); S. Modena (33. M) J. Alesi (30. M); R. Patrese (28. G/W); S. Nakajima (25. W); É. Bernard (22. M); P. Martini (9. W/D); R. Moreno (3. W/D); T. Boutsen (2. D)

(13) 22.09.1991 GP Portugal – Estoril
1. R.: R. Patrese (P); G. Berger

1. Riccardo Patrese	Williams-Renault	1:35.42,304
2. Ayrton Senna	McLaren-Honda	- 20,941
3. Jean Alesi	Ferrari	- 53,554
4. Pierluigi Martini	Minardi-Ferrari	- 1.03,498
5. Nelson Piquet	Benetton-Ford	- 1.10,003
6. Michael Schumacher	Benetton-Ford	- 1.16,582

7. M. Gugelmin; 8. A. de Cesaris; 9. G. Morbidelli; 10. R. Moreno; 11. E. Comas; 12. M. Brundle; 13. S. Nakajima; 14. M. Häkkinen; 15. M. Alboreto; 16. T. Boutsen; 17. I. Capelli (65. W)

Ausfälle: S. Modena (57. W/M); N. Mansell (51. W/M); A. Suzuki (41. G); A. Prost (40. M); G. Berger (38. M); E. Pirro (19. M); J.J. Lehto (15. W); M. Blundell (13. W); J. Herbert (2. M/W)

(14) 29.09.1991 GP Spanien – Barcelona
1. R.: G. Berger (P); N. Mansell

1. Nigel Mansell	Williams-Renault	1:38.41,541
2. Alain Prost	Ferrari	- 11,331
3. Riccardo Patrese	Williams-Renault	- 15,909
4. Jean Alesi	Ferrari	- 22,772
5. Ayrton Senna	McLaren-Honda	- 1.02,402
6. Michael Schumacher	Benetton-Ford	- 1.19,468

7. M. Gugelmin; 8. J.J. Lehto; 9. A. Zanardi; 10. M. Brundle; 11. N. Piquet; 12. G. Tarquini; 13. P. Martini; 14. G. Morbidelli (63. U); 15. E. Pirro; 16. S. Modena; 17. S. Nakajima

Ausfälle: M. Blundell (50. M); E. Comas (37. W); G. Berger (34. W); M. Alboreto (24. M); A. de Cesaris (23. W); M. Häkkinen (6. U); I. Capelli (2. U); É. Bernard (1. U); T. Boutsen (1. U)

(15) 20.10.1991 GP Japan – Suzuka
1. R.: G. Berger (P); A. Senna

1. Gerhard Berger	McLaren-Honda	1:32.10,695
2. Ayrton Senna	McLaren-Honda	- 0,344
3. Riccardo Patrese	Williams-Renault	- 56,731
4. Alain Prost	Ferrari	- 1.20,761
5. Martin Brundle	Brabham-Yamaha	- 1 Runde
6. Stefano Modena	Tyrrell-Honda	- 1 Runde

7. N. Piquet; 8. M. Gugelmin; 9. T. Boutsen; 10. A. Caffi; 11. G. Tarquini

Ausfälle: E. Comas (42. W); P. Martini (40. W); M. Schumacher (35. M); J. Herbert (32. M); S. Nakajima (31. W/U); A. Suzuki (27. W); G. Morbidelli (16. W); N. Mansell (10. W/D); A. Zanardi (8. G); M. Häkkinen (5. D); A. de Cesaris (2. U); J.J. Lehto (2. U); E. Pirro (2. U); K. Wendlinger (2. U); J. Alesi (1. U)

(16) 03.11.1991 GP Australien – Adelaide
1. R.: A. Senna (P); G. Berger

1. Ayrton Senna	McLaren-Honda	0:24.34,899
2. Nigel Mansell	Williams-Renault	- 1,259
3. Gerhard Berger	McLaren-Honda	- 5,120
4. Nelson Piquet	Benetton-Ford	- 30,103
5. Riccardo Patrese	Williams-Renault	- 50,537
6. Gianni Morbidelli	Ferrari	- 51,069

7. E. Pirro; 8. A. de Cesaris; 9. A. Zanardi; 10. S. Modena; 11. J. Herbert; 12. J.J. Lehto; 13. M. Alboreto; 14. M. Gugelmin (14. U); 15. A. Caffi; 16. R. Moreno; 17. M. Blundell; 18. E. Comas; 19. M. Häkkinen; 20. K. Wendlinger

Ausfälle: P. Martini (9. U); M. Schumacher (6. U); J. Alesi (6. U); N. Larini (6. U); T. Boutsen (6. U); S. Nakajima (5. U)

Das Rennen wurde nach 14 Runden wegen heftigen Regens abgebrochen.

1992

(1) 01.03.1992 GP Südafrika – Kyalami
1. R.: N. Mansell (P); A. Senna

1. Nigel Mansell	Williams-Renault	1:36.45,320
2. Riccardo Patrese	Williams-Renault	- 24,360
3. Ayrton Senna	McLaren-Honda	- 34,675
4. Michael Schumacher	Benetton-Ford	- 47,863
5. Gerhard Berger	McLaren-Honda	- 1.13,634
6. Johnny Herbert	Lotus-Ford	- 1 Runde

7. E. Comas; 8. A. Suzuki; 9. M. Häkkinen; 10. M. Alboreto; 11. M. Gugelmin; 12. U. Katayama; 13. E. van de Poele

Ausfälle: O. Grouillard (63. W); T. Boutsen (61. M); P. Martini (57. W); G. Morbidelli (56. M); J.J. Lehto (47. W); C. Fittipaldi (44. W); A. de Cesaris (42. M); J. Alesi (41. M); I. Capelli (29. M); G. Tarquini (24. M); K. Wendlinger (14. M); B. Gachot (9. U/W); M. Brundle (2. U/W)

(2) 22.03.1992 GP Mexiko – Mexiko Stadt
1. R.: N. Mansell (P); R. Patrese

1. Nigel Mansell	Williams-Renault	1:31.53,587
2. Riccardo Patrese	Williams-Renault	- 12,971
3. Michael Schumacher	Benetton-Ford	- 21,429
4. Gerhard Berger	McLaren-Honda	- 33,347
5. Andrea de Cesaris	Tyrrell-Ilmor	- 1 Runde
6. Mika Häkkinen	Lotus-Ford	- 1 Runde

7. J. Herbert; 8. J.J. Lehto; 9. E. Comas; 10. T. Boutsen; 11. B. Gachot; 12. U. Katayama; 13. M. Alboreto

Ausfälle: M. Brundle (48. M); G. Tarquini (46. W); A. Chiesa (38. D); P. Martini (37. W); J. Alesi (32. M); G. Morbidelli (30. D); S. Modena (18. G); O. Grouillard (13. M); A. Senna (12. W); C. Fittipaldi (3. D); M. Gugelmin (1. M); I. Capelli (1. U); K. Wendlinger (1. U)

(3) 05.04.1992 GP Brasilien – Interlagos
1. R.: N. Mansell (P); R. Patrese

1. Nigel Mansell	Williams-Renault	1:36.51,856
2. Riccardo Patrese	Williams-Renault	- 29,330
3. Michael Schumacher	Benetton-Ford	- 1 Runde
4. Jean Alesi	Ferrari	- 1 Runde
5. Ivan Capelli	Ferrari	- 1 Runde
6. Michele Alboreto	Footwork-Mugen-H.	- 1 Runde

7. G. Morbidelli; 8. J.J. Lehto; 9. U. Katayama; 10. M. Häkkinen

Ausfälle: G. Tarquini (63. W); K. Wendlinger (56. W); C. Fittipaldi (55. G); O. Grouillard (53. M); E. Comas (43. M); J. Herbert (37. U) T. Boutsen (37. U); M. Gugelmin (37. G); M. Brundle (31. U); P. Martini (25. W); B. Gachot (24. W); A. de Cesaris (22. W); A. Senna (18. W); G. Berger (5. M); A. Suzuki (3. W); S. Modena (2. G)

(4) 03.05.1992 GP Spanien – Barcelona
1. R.: N. Mansell (P); M. Schumacher

1. Nigel Mansell	Williams-Renault	1:56.10,674
2. Michael Schumacher	Benetton-Ford	- 23,914
3. Jean Alesi	Ferrari	- 26,462
4. Gerhard Berger	McLaren-Honda	- 1.20,647
5. Michele Alboreto	Footwork-Mugen-H.	- 1 Runde
6. Pierluigi Martini	Dallara-Ferrari	- 2 Runden

7. A. Suzuki; 8. K. Wendlinger; 9. A. Senna (63. D); 10. I. Capelli (63. D); 11. C. Fittipaldi; 12. P. Belmondo

Ausfälle: JJ. Lehto (57. D); G. Tarquini (57. D); M. Häkkinen (57. D); E. Comas (56. D); B. Gachot (36. M); O. Grouillard (31. D); G. Morbidelli (27. W); M. Gugelmin (25. D); A. Chiesa (23. D); R. Patrese (20. D); J. Herbert (14. D); T. Boutsen (12. M); M. Brundle (5. D); A. de Cesaris (3. W/D)

(5) 17.05.1992 GP San Marino – Imola
1. R.: N. Mansell (P); R. Patrese

1. Nigel Mansell	Williams-Renault	1:28.40,927
2. Riccardo Patrese	Williams-Renault	- 9,451
3. Ayrton Senna	McLaren-Honda	- 48,984
4. Martin Brundle	Benetton-Ford	- 53,007
5. Michele Alboreto	Footwork-Mugen-H.	- 1 Runde
6. Pierluigi Martini	Dallara-Ferrari	- 1 Runde

7. M. Gugelmin; 8. O. Grouillard; 9. E. Comas; 10. A. Suzuki; 11. JJ. Lehto (58. U); 12. K. Wendlinger; 13. P. Belmondo; 14. A. de Cesaris (56. W)

Ausfälle: U. Katayama (41. D); J. Alesi (40. U); G. Berger (40. U); B. Gachot (33. D); T. Boutsen (30. W); S. Modena (26. G); G. Morbidelli (25. W); G. Tarquini (25. M); M. Schumacher (21. D/W); I. Capelli (12. D); C. Fittipaldi (9. W); J. Herbert (9. G)

(6) 31.05.1992 GP Monaco – Monte Carlo
1. R.: N. Mansell (P); R. Patrese

1. Ayrton Senna	McLaren-Honda	1:50.59,372
2. Nigel Mansell	Williams-Renault	- 0,215
3. Riccardo Patrese	Williams-Renault	- 31,843
4. Michael Schumacher	Benetton-Ford	- 39,294
5. Martin Brundle	Benetton-Ford	- 1.21,347
6. Bertrand Gachot	Larrousse-Lamborghini	- 1 Runde

7. M. Alboreto; 8. C. Fittipaldi; 9. J.J. Lehto; 10. E. Comas; 11. A. Suzuki; 12. T. Boutsen

Ausfälle: I. Capelli (61. U); G. Berger (33. G); M. Häkkinen (31. W/G); J. Alesi (29. G); M. Gugelmin (19. W); J. Herbert (18. U); R. Moreno (12. M); A. de Cesaris (10. G); G. Tarquini (10. M); S. Modena (7. U); O. Grouillard (5. W); K. Wendlinger (2. G); G. Morbidelli (2. W); P. Martini (1. U)

(7) 14.06.1992 GP Kanada – Montréal
1. R.: A. Senna (P); R. Patrese

1. Gerhard Berger	McLaren-Honda	1:37.08,299
2. Michael Schumacher	Benetton-Ford	- 12,401
3. Jean Alesi	Ferrari	- 1.07,327
4. Karl Wendlinger	March-Ilmor	- 1 Runde
5. Andrea de Cesaris	Tyrrell-Ilmor	- 1 Runde
6. Erik Comas	Ligier-Renault	- 1 Runde

7. M. Alboreto; 8. P. Martini; 9. JJ. Lehto; 10. T. Boutsen; 11. G. Morbidelli; 12. O. Grouillard; 13. C. Fittipaldi (66. W); 14. P. Belmondo

Ausfälle: U. Katayama (62. M); M. Brundle (46. W); R. Patrese (44. G); A. Senna (38. W); S. Modena (37. W); M. Häkkinen (36. G); J. Herbert (35. W); I. Capelli (19. U); N. Mansell (15. U); M. Gugelmin (15. W); G. Tarquini (1. G)

Disq.: B. Gachot (14. unerlaubte Starthilfe nach U)

(8) 05.07.1992 GP Frankreich – Magny-Cours
1. R.: N. Mansell (P); R. Patrese

1. Nigel Mansell	Williams-Renault	1:38.08,459
2. Riccardo Patrese	Williams-Renault	- 46,447
3. Martin Brundle	Benetton-Ford	- 1.12,579
4. Mika Häkkinen	Lotus-Ford	- 1 Runde
5. Erik Comas	Ligier-Renault	- 1 Runde
6. Johnny Herbert	Lotus-Ford	- 1 Runde

7. M. Alboreto; 8. G. Morbidelli; 9. J.J. Lehto; 10. P. Martini; 11. O. Grouillard

Ausfälle: J. Alesi (62. M); A. de Cesaris (52. D); U. Katayama (50. M);T. Boutsen (47. D); I. Capelli (39. W); K. Wendlinger (34. G); S. Modena (26. M); A. Suzuki (21. D); M. Schumacher (18. U); G. Berger (11. M); G. Tarquini (7. M); B. Gachot (1. U); M. Gugelmin (1. U); A. Chiesa (1. U); A. Senna (1. U)

(9) 12.07.1992 GP England – Silverstone
1. R.: N. Mansell (P); R. Patrese

1. Nigel Mansell	Williams-Renault	1:25.42,991
2. Riccardo Patrese	Williams-Renault	- 39,094
3. Martin Brundle	Benetton-Ford	- 48,395
4. Michael Schumacher	Benetton-Ford	- 53,267
5. Gerhard Berger	McLaren-Honda	- 55,795
6. Mika Häkkinen	Lotus-Ford	- 1.20,138

7. M. Alboreto; 8. E. Comas; 9. I. Capelli; 10. T. Boutsen; 11. O. Grouillard; 12. A. Suzuki; 13. JJ. Lehto; 14. G. Tarquini; 15. P. Martini; 16. D. Hill; 17. G. Morbidelli (54. W)

Ausfälle: A. Senna (53. G); A. de Cesaris (47. W/D); J. Alesi (44. W); S. Modena (44. M); M. Gugelmin (38. M); B. Gachot (33. W); J. Herbert (32. G); K. Wendlinger (28. G); U. Katayama (28. W)

(10) 26.07.1992 GP Deutschland – Hockenheim
1. R.: N. Mansell (P); R. Patrese

1. Nigel Mansell	Williams-Renault	1:18.22,032
2. Ayrton Senna	McLaren-Honda	- 4,500
3. Michael Schumacher	Benetton-Ford	- 34,462
4. Martin Brundle	Benetton-Ford	- 36,959
5. Jean Alesi	Ferrari	- 1.12,607
6. Erik Comas	Ligier-Renault	- 1.36,498

7. T. Boutsen; 8. R. Patrese (45. D); 9. M. Alboreto; 10. JJ. Lehto; 11. P. Martini; 12. G. Morbidelli; 13. P. Belmondo; 14. B. Gachot; 15. M. Gugelmin; 16. K. Wendlinger

Ausfälle: G. Tarquini (34. M); A. de Cesaris (26. M); J. Herbert (24. M); I. Capelli (22. M); M. Häkkinen (22. M); G. Berger (17. W); O. Grouillard (9. M); U. Katayama (9. U); A. Suzuki (2. D); A. Zanardi (2. W)

(11) 16.08.1992 GP Ungarn – Budapest
1. R.: R. Patrese (P); N. Mansell

1. Ayrton Senna	McLaren-Honda	1:46.19,216
2. Nigel Mansell	Williams-Renault	- 40,139
3. Gerhard Berger	McLaren-Honda	- 50,782
4. Mika Häkkinen	Lotus-Ford	- 54,313
5. Martin Brundle	Benetton-Ford	- 57,498
6. Ivan Capelli	Ferrari	- 1 Runde

7. M. Alboreto; 8. A. de Cesaris; 9. P. Belmondo; 10. M. Gugelmin; 11. D. Hill

Ausfälle: M. Schumacher (64. D/W); R. Patrese (56. M); P. Martini (41. G); U. Katayama (36. M); J. Alesi (15. D); B. Gachot (14. U); A. Suzuki (14. U); O. Grouillard (14. U); K. Wendlinger (14. U); S. Modena (14. U); E. van de Poele (3. D); E. Comas (1. U); T. Boutsen (1. U); J. Herbert (1. U); G. Tarquini (1. U)

(12) 30.08.1992 GP Belgien – Spa-Francorchamps
1. R.: N. Mansell (P); A. Senna

1. Michael Schumacher	Benetton-Ford	1:36.10,721
2. Nigel Mansell	Williams-Renault	- 36,595
3. Riccardo Patrese	Williams-Renault	- 43,897
4. Martin Brundle	Benetton-Ford	- 46,059
5. Ayrton Senna	McLaren-Honda	- 1.08,369
6. Mika Häkkinen	Lotus-Ford	- 1.10,030

7. JJ. Lehto; 8. A. de Cesaris; 9. A. Suzuki; 10. E. van de Poele; 11. K. Wendlinger; 12. E. Naspetti; 13. J. Herbert (43. M); 14. M. Gugelmin; 15. S. Modena; 16. G. Morbidelli; 17. U. Katayama; 18. B. Gachot (41. D)

Ausfälle: T. Boutsen (28. U); I. Capelli (26. M); G. Tarquini (26. M); M. Alboreto (21. G); J. Alesi (8. D); O. Grouillard (2. U); P. Martini (1. D); G. Berger (1. W)

(13) 13.09.1992 GP Italien – Monza
1. R.: N. Mansell (P); A. Senna

1. Ayrton Senna	McLaren-Honda	1:18.15,349
2. Martin Brundle	Benetton-Ford	- 17,050
3. Michael Schumacher	Benetton-Ford	- 24,373
4. Gerhard Berger	McLaren-Honda	- 1.25,490
5. Riccardo Patrese	Williams-Renault	- 1.33,158
6. Andrea de Cesaris	Tyrrell-Ilmor	- 1 Runde

7. M. Alboreto; 8. P. Martini; 9. U. Katayama (51. W/D); 10. K. Wendlinger; 11. JJ. Lehto (48. W)

Ausfälle: M. Gugelmin (47. W); N. Mansell (42. G); T. Boutsen (42. W); E. Comas (36. U); G. Tarquini (31. G); O. Grouillard (27. M); J. Herbert (19. M); E. Naspetti (18. U); J. Alesi (13. W); I. Capelli (13. D); G. Morbidelli (13. M); B. Gachot (12. M); M. Häkkinen (6. W); A. Suzuki (3. U); E. van de Poele (1. W)

(14) 27.09.1992 GP Portugal – Estoril
1. R.: N. Mansell (P); R. Patrese

1. Nigel Mansell	Williams-Renault	1:34.46,659
2. Gerhard Berger	McLaren-Honda	- 37,533
3. Ayrton Senna	McLaren-Honda	- 1 Runde
4. Martin Brundle	Benetton-Ford	- 1 Runde
5. Mika Häkkinen	Lotus-Ford	- 1 Runde
6. Michele Alboreto	Footwork-Mugen-H.	- 1 Runde

7. M. Schumacher; 8. T. Boutsen; 9. A. de Cesaris; 10. A. Suzuki; 11. E. Naspetti; 12. C. Fittipaldi; 13. S. Modena; 14. G. Morbidelli

Ausfälle: J.J. Lehto (52. U); K. Wendlinger (49. W/G); E. Comas (48. M) U. Katayama (47. M); R. Patrese (44. U); P. Martini (44. W); I. Capelli (35. M); O. Grouillard (28. G); B. Gachot (26. W); M. Gugelmin (20. W); J. Alesi (13. D); J. Herbert (3. U)

(15) 25.10.1992 GP Japan – Suzuka
1. R.: N. Mansell (P); R. Patrese

1. Riccardo Patrese	Williams-Renault	1:33.09,553
2. Gerhard Berger	McLaren-Honda	- 13,729
3. Martin Brundle	Benetton-Ford	- 1.15,503
4. Andrea de Cesaris	Tyrrell-Ilmor	- 1 Runde
5. Jean Alesi	Ferrari	- 1 Runde
6. Christian Fittipaldi	Minardi-Lamborghini	- 1 Runde

7. S. Modena; 8. A. Suzuki; 9. J.J. Lehto; 10. P. Martini; 11. U. Katayama; 12. N. Larini; 13. E. Naspetti; 14. G. Morbidelli; 15. M. Alboreto

Ausfälle: N. Mansell (45. M); M. Häkkinen (45. M); B. Gachot (40. U); E. Comas (37. W); J. Lammers (28. W); M. Gugelmin (23. U); J. Herbert (16. G); M. Schumacher (14. G); O. Grouillard (7. U); T. Boutsen (4. G); A. Senna (3. M)

(16) 08.11.1992 GP Australien – Adelaide
1. R.: N. Mansell (P); A. Senna

1. Gerhard Berger	McLaren-Honda	1:46.54,786
2. Michael Schumacher	Benetton-Ford	- 0,741
3. Martin Brundle	Benetton-Ford	- 54,156
4. Jean Alesi	Ferrari	- 1 Runde
5. Thierry Boutsen	Ligier-Renault	- 1 Runde
6. Stefano Modena	Jordan-Yamaha	- 1 Runde

7. M. Häkkinen; 8. A. Suzuki; 9. C. Fittipaldi; 10. G. Morbidelli; 11. N. Larini; 12. J. Lammers; 13. J. Herbert

Ausfälle: J.J. Lehto (71. G); E. Naspetti (56. G); B. Gachot (52. M); R. Patrese (51. W); U. Katayama (36. W); A. de Cesaris (30. W/F); N. Mansell (19. U); A. Senna (19. U); M. Gugelmin (8. W/U); E. Comas (5. M); M. Alboreto (1. U); P. Martini (1. U); O. Grouillard (1. U)

1993

(1) 14.03.1993 GP Südafrika – Kyalami
1. R.: A. Prost (P); A. Senna

1. Alain Prost	Williams-Renault	1:38.45,082
2. Ayrton Senna	McLaren-Ford	- 1.19,824
3. Mark Blundell	Ligier-Renault	- 1 Runde
4. Christian Fittipaldi	Minardi-Ford	- 1 Runde
5. JJ. Lehto	Sauber-Ilmor	- 2 Runden
6. Gerhard Berger	Ferrari	- 3 Runden

7. D. Warwick (70. D)

Ausfälle: G. Berger (70. M); M. Brundle (58. D); M. Alboreto (56. M); E. Comas (52. M); R. Patrese (47. D); M. Schumacher (40. U); J. Herbert (39. W); K. Wendlinger (34. W); R. Barrichello (32. G); J. Alesi (31. W); P. Alliot (28. D); F. Barbazza (22. U); A. Suzuki (22. U); L. Badoer (21. G); D. Hill (17. U); A. Zanardi (17. U); M. Andretti (5. U); I. Capelli (3. U); U. Katayama (2. W); A. de Cesaris (1. W)

(2) 28.03.1993 GP Brasilien – Interlagos
1. R.: A. Prost (P); D. Hill

1. Ayrton Senna	McLaren-Ford	1:51.15,485
2. Damon Hill	Williams-Renault	- 16,625
3. Michael Schumacher	Benetton-Ford	- 45,436
4. Johnny Herbert	Lotus-Ford	- 46,557
5. Mark Blundell	Ligier-Renault	- 52,127
6. Alessandro Zanardi	Lotus-Ford	- 1 Runde

7. P. Alliot; 8. J. Alesi; 9. D. Warwick; 10. E. Comas; 11. M. Alboreto; 12. L. Badoer

Ausfälle: K. Wendlinger (62. M); J.J. Lehto (53. W); A. de Cesaris (49. W); A. Prost (30. U); C. Fittipaldi (29. U); A. Suzuki (28. U); U. Katayama (27. U); R. Barrichello (14. W); R. Patrese (4. W); M. Brundle (1. U); F. Barbazza (1. U); M. Andretti (1. U); G. Berger (1. U)

(3) 11.04.1993 GP Europa – Donington Park
1. R.: A. Prost (P); D. Hill

1. Ayrton Senna	McLaren-Ford	1:50.46,570
2. Damon Hill	Williams-Renault	- 1.23,199
3. Alain Prost	Williams-Renault	- 1 Runde
4. Johnny Herbert	Lotus-Ford	- 1 Runde
5. Riccardo Patrese	Benetton-Ford	- 2 Runden
6. Fabrizio Barbazza	Minardi-Ford	- 2 Runden

7. C. Fittipaldi; 8. A. Zanardi; 9. E. Comas; 10. R. Barrichello (71. W); 11. M. Alboreto

Ausfälle: D. Warwick (67. G); T. Boutsen (62. W); A. de Cesaris (56. G); J. Alesi (37. W); A. Suzuki (30. G); P. Alliot (28. U); M. Schumacher (23. U); M. Blundell (21. U); G. Berger (20. W); J.J. Lehto (14. W); U. Katayama (12. W); M. Brundle (8. U); M. Andretti (1. U); K. Wendlinger (1. U)

(4) 25.04.1993 GP San Marino – Imola
1. R.: A. Prost (P); D. Hill

1. Alain Prost	Williams-Renault	1:33.20,413
2. Michael Schumacher	Benetton-Ford	- 32,410
3. Martin Brundle	Ligier-Renault	- 1 Runde
4. JJ Lehto	Sauber-Ilmor	- 2 Runden
5. Philippe Alliot	Larrousse-Lamborghini	- 2 Runden
6. Fabrizio Barbazza	Minardi-Ford	- 2 Runden

7. L. Badoer; 8. J. Herbert (58. M); 9. A. Suzuki

Ausfälle: JJ Lehto (60. M); A. Zanardi (54. U); K. Wendlinger (49. M); A. Senna (43. W); J. Alesi (41. W); C. Fittipaldi (37. W); M. Andretti (33. W/D); D. Warwick (30. D); U. Katayama (23. M); D. Hill (21. D); E. Comas (19. W); A. de Cesaris (19. G); R. Barrichello (18. D); G. Berger (9. G); T. Boutsen (2. G); R. Patrese (1. U); M. Blundell (1. U)

(5) 09.05.1993 GP Spanien – Barcelona
1. R.: A. Prost (P); D. Hill

1. Alain Prost	Williams-Renault	1:32.27,685
2. Ayrton Senna	McLaren-Ford	- 16,873
3. Michael Schumacher	Benetton-Ford	- 27,125
4. Riccardo Patrese	Benetton-Ford	- 1 Runde
5. Michael Andretti	McLaren-Ford	- 1 Runde
6. Gerhard Berger	Ferrari	- 2 Runden

7. M. Blundell; 8. C. Fittipaldi; 9. E. Comas; 10. A. Suzuki; 11. T. Boutsen; 12. R. Barrichello; 13. D. Warwick; 14. A. Zanardi (61. M)

Ausfälle: JJ Lehto (54. M); L. Badoer (44. W); K. Wendlinger (43. W); D. Hill (42. M); J. Alesi (41. M); F. Barbazza (38. U); P. Alliot (27. G); M. Brundle (12. U); U. Katayama (12. U); J. Herbert (3. W)

Disq.: A. de Cesaris (42. unerlaubte Starthilfe)

(6) 23.05.1993 GP Monaco – Monte Carlo
1. R.: A. Prost (P); M. Schumacher

1. Ayrton Senna	McLaren-Ford	1:52.10,947
2. Damon Hill	Williams-Renault	- 52,118
3. Jean Alesi	Ferrari	- 1.03,362
4. Alain Prost	Williams-Renault	- 1 Runde
5. Christian Fittipaldi	Minardi-Ford	- 2 Runden
6. Martin Brundle	Ligier-Renault	- 2 Runden

7. A. Zanardi; 8. M. Andretti; 9. R. Barrichello; 10. A. de Cesaris; 11. F. Barbazza; 12. P. Alliot; 13. K. Wendlinger; 14. G. Berger (71. U)

Ausfälle: J. Herbert (62. U); R. Patrese (54. M); E. Comas (52. U); A. Suzuki (47. U); D. Warwick (44. W); M. Schumacher (33. W); U. Katayama (32. W); M. Alboreto (29. G); JJ Lehto (24. U); T. Boutsen (13. W); M. Blundell (4. W)

(7) 13.06.1993 GP Kanada – Montréal
1. R.: A. Prost (P); D. Hill

1. Alain Prost	Williams-Renault	1:36.41,822
2. Michael Schumacher	Benetton-Ford	- 14,527
3. Damon Hill	Williams-Renault	- 52,685
4. Gerhard Berger	Ferrari	- 1 Runde
5. Martin Brundle	Ligier-Renault	- 1 Runde
6. Karl Wendlinger	Sauber-Ilmor	- 1 Runde

7. J.J. Lehto; 8. E. Comas; 9. C. Fittipaldi; 10. J. Herbert; 11. A. Zanardi; 12. T. Boutsen; 13. A. Suzuki; 14. M. Andretti; 15. L. Badoer; 16. D. Warwick; 17. U. Katayama; 18. A. Senna (63. W)

Ausfälle: R. Patrese (53. A); A. de Cesaris (46. U); F. Barbazza (34. G); J. Alesi (24. M); M. Blundell (14. U); R. Barrichello (11. W); P. Alliot (9. W)

(8) 04.07.1993 GP Frankreich – Magny-Cours
1. R.: D. Hill (P); A. Prost

1. Alain Prost	Williams-Renault	1:38.35,241
2. Damon Hill	Williams-Renault	- 0,342
3. Michael Schumacher	Benetton-Ford	- 1,209
4. Ayrton Senna	McLaren-Ford	- 32,405
5. Martin Brundle	Ligier-Renault	- 33,795
6. Michael Andretti	McLaren-Ford	- 1 Runde

7. R. Barrichello; 8. C. Fittipaldi; 9. P. Alliot; 10. R. Patrese; 11. T. Boutsen; 12. A. Suzuki; 13. D. Warwick; 14. G. Berger; 15. A. de Cesaris; 16. E. Comas (67. G)

Ausfälle: J. Alesi (48. M); L. Badoer (29. W); K. Wendlinger (26. G); JJ Lehto (23. G); M. Blundell (21. D); J. Herbert (17. D); F. Barbazza (17. G); U. Katayama (10. W); A. Zanardi (4. W)

(9) 11.07.1993 GP England – Silverstone
1. R.: A. Prost (P); D. Hill

1. Alain Prost	Williams-Renault	1:25.38,189
2. Michael Schumacher	Benetton-Ford	- 7,660
3. Riccardo Patrese	Benetton-Ford	- 1.17,482
4. Johnny Herbert	Lotus-Ford	- 1.18,407
5. Ayrton Senna	McLaren-Ford	- 1 Runde
6. Derek Warwick	Footwork-Mugen-H.	- 1 Runde

7. M. Blundell; 8. JJ Lehto; 9. J. Alesi; 10. R. Barrichello; 11. P. Alliot; 12. C. Fittipaldi (57. G); 13. U. Katayama; 14. M. Brundle (54. G)

Ausfälle: A. Senna (59. W); D. Hill (42. M); A. Zanardi (42. D); T. Boutsen (42. W); L. Badoer (33. W); P. Martini (32. W); K. Wendlinger (25. U); G. Berger (11. W); A. Suzuki (9. D); M. Andretti (1. D); E. Comas (1. W)

N. gew.: A. de Cesaris

(10) 25.07.1993 GP Deutschland – Hockenheim
1. R.: A. Prost (P); D. Hill

1. Alain Prost	Williams-Renault	1:18.40,885
2. Michael Schumacher	Benetton-Ford	- 16,664
3. Mark Blundell	Ligier-Renault	- 59,349
4. Ayrton Senna	McLaren-Ford	- 1.08,229
5. Riccardo Patrese	Benetton-Ford	- 1.31,516
6. Gerhard Berger	Ferrari	- 1.34,754

7. J. Alesi; 8. M. Brundle; 9. K. Wendlinger; 10. J. Herbert; 11. C. Fittipaldi; 12. P. Alliot; 13. T. Boutsen; 14. P. Martini; 15. D. Hill (44. W); 16. M. Alboreto; 17. D. Warwick

Ausfälle: R. Barrichello (35. W); U. Katayama (29. D/W); JJ Lehto (23. M/D); A. Zanardi (20. D); A. Suzuki (10. G); M. Andretti (5. U/W); L. Badoer (5. W); A. de Cesaris (2. G); E. Comas (1. W)

(11) 15.08.1993 GP Ungarn – Budapest
1. R.: A. Prost (P); D. Hill

1. Damon Hill	Williams-Renault	1:47.39,098
2. Riccardo Patrese	Benetton-Ford	- 1.11,915
3. Gerhard Berger	Ferrari	- 1.18,042
4. Derek Warwick	Footwork-Mugen-H.	- 1 Runde
5. Martin Brundle	Ligier-Renault	- 1 Runde
6. Karl Wendlinger	Sauber-Ilmor	- 1 Runde

7. M. Blundell; 8. P. Alliot; 9. T. Boutsen; 10. U. Katayama; 11. A. de Cesaris; 12. A. Prost

Ausfälle: P. Martini (60. U); E. Comas (55. W); A. Zanardi (46. G); A. Suzuki (42. D); M. Alboreto (40. M); J. Herbert (39. D); L. Badoer (38. D); M. Schumacher (27. D); C. Fittipaldi (21. U); J. Alesi (23. U); J.J. Lehto (19. M); A. Senna (18. W); M. Andretti (16. W); R. Barrichello (1. U)

(12) 29.08.1993 GP Belgien – Spa-Francorchamps
1. R.: A. Prost (P); D. Hill

1. Damon Hill	Williams-Renault	1:24.32,124
2. Michael Schumacher	Benetton-Ford	- 3,668
3. Alain Prost	Williams-Renault	- 14,988
4. Ayrton Senna	McLaren-Ford	- 1.39,763
5. Johnny Herbert	Lotus-Ford	- 1 Runde
6. Riccardo Patrese	Benetton-Ford	- 1 Runde

7. M. Brundle; 8. M. Andretti; 9. JJ Lehto; 10. G. Berger (43. U); 11. M. Blundell (43. U); 12. P. Alliot; 13. L. Badoer; 14. M. Alboreto; 15. U. Katayama

Ausfälle: E. Comas (38. W); D. Warwick (29. W); K. Wendlinger (28. M); A. de Cesaris (25. M); C. Fittipaldi (16. U); P. Martini (16. D); A. Suzuki (15. W); R. Barrichello (12. W); J. Alesi (5. W); T. Boutsen (1. G)

N. gest.: A. Zanardi (U/verletzt)

(13) 12.09.1993 GP Italien – Monza
1. R.: A.Prost (P); D. Hill

1. Damon Hill	Williams-Renault	1:17.07,509
2. Jean Alesi	Ferrari	- 40,012
3. Michael Andretti	McLaren-Ford	- 1 Runde
4. Karl Wendlinger	Sauber-Ilmor	- 1 Runde
5. Riccardo Patrese	Benetton-Ford	- 1 Runde
6. Erik Comas	Larrousse-Lamborghini	- 2 Runden

7. P. Martini (52. U); 8. C. Fittipaldi (52. U); 9. P. Alliot; 10. L. Badoer; 11. P. Lamy (50. M); 12. A. Prost (49. M); 13. A. de Cesaris (48. W); 14. U. Katayama

Ausfälle: M. Alboreto (24. W); M. Schumacher (22. M); M. Blundell (21. U); G. Berger (16. W); J. Herbert (15. U); M. Brundle (9. U); A. Senna (9. U); A. Suzuki (1. U); D. Warwick (1. U); JJ Lehto (1. U); R. Barrichello (1. U); M. Apicella (1. U)

(14) 26.09.1993 GP Portugal – Estoril
1. R.: D. Hill (P); A. Prost

1. Michael Schumacher	Benetton-Ford	1:32.46,309
2. Alain Prost	Williams-Renault	- 0,982
3. Damon Hill	Williams-Renault	- 8,206
4. Jean Alesi	Ferrari	- 1.07,605
5. Karl Wendlinger	Sauber-Ilmor	- 1 Runde
6. Martin Brundle	Ligier-Renault	- 1 Runde

7. JJ Lehto; 8. P. Martini; 9. C. Fittipaldi; 10. P. Alliot; 11. E. Comas; 12. A. de Cesaris; 13. R. Barrichello; 14. L. Badoer; 15. D. Warwick (64. U); 16. R. Patrese (64. U)

Ausfälle: P. Lamy (62. U); J. Herbert (61. U); M. Blundell (52. U); M. Alboreto (39. G/U); G. Berger (36. W/U); M. Häkkinen (33. U); A. Suzuki (28. G); A. Senna (20. M); U. Katayama (13. U); E. Naspetti (9. M)

(15) 24.10.1993 GP Japan – Suzuka
1. R.: A. Prost (P); A. Senna

1. Ayrton Senna	McLaren-Ford	1:40.27,912
2. Alain Prost	Williams-Renault	- 11,435
3. Mika Häkkinen	McLaren-Ford	- 26,129
4. Damon Hill	Williams-Renault	- 1.23,538
5. Rubens Barrichello	Jordan-Hart	- 1.35,101
6. Eddie Irvine	Jordan-Hart	- 1.46,421

7. M. Blundell; 8. JJ Lehto; 9. M. Brundle (52. U); 10. P. Martini; 11. J. Herbert; 12. T. Suzuki; 13. P. Lamy (50. U); 14. D. Warwick (49. U)

Ausfälle: R. Patrese (46. U); G. Berger (41. M); A. Suzuki (29. D); U. Katayama (27. M); J.-M. Gounon (27. A); K. Wendlinger (26. W); E. Comas (18. M); M. Schumacher (11. U); J. Alesi (8. W); A. de Cesaris (1. U/W)

(16) 07.11.1993 GP Australien – Adelaide
1. R.: A. Senna (P); A. Prost

1. Ayrton Senna	McLaren-Ford	1:43.27,476
2. Alain Prost	Williams-Renault	- 9,259
3. Damon Hill	Williams-Renault	- 33,902
4. Jean Alesi	Ferrari	- 1 Runde
5. Gerhard Berger	Ferrari	- 1 Runde
6. Martin Brundle	Ligier-Renault	- 1 Runde

7. A. Suzuki; 8. R. Patrese (78. W); 9. M. Blundell; 10. D. Warwick; 11. R. Barrichello; 12. E. Comas; 13. A. de Cesaris; 14. T. Suzuki; 15. K. Wendlinger (74. W/U)

Ausfälle: JJ Lehto (57. W/U); J.-M. Gounon (35. D); M. Häkkinen (29. W); M. Schumacher (20. M); U. Katayama (12. U); E. Irvine (11. U/W); J. Herbert (10. W); P. Martini (6. G); P. Lamy (1. U)

1994

(1) 27.03.1994 GP Brasilien – Interlagos
1. R.: A. Senna (P); M. Schumacher

1. Michael Schumacher	Benetton-Ford	1:35.38,759
2. Damon Hill	Williams-Renault	- 1 Runde
3. Jean Alesi	Ferrari	- 1 Runde
4. Rubens Barrichello	Jordan-Hart	- 1 Runde
5. Ukyo Katayama	Tyrrell-Yamaha	- 2 Runden
6. Karl Wendlinger	Sauber-Mercedes	- 2 Runden

7. J. Herbert; 8. P. Martini; 9. E. Comas; 10. P. Lamy; 11. O. Panis; 12. D. Brabham

Ausfälle: A. Senna (56. D); M. Brundle (35. U); E. Irvine (35. U); J. Verstappen (35. U); É. Bernard (34. U); M. Blundell (22. U); C. Fittipaldi (22. G); H.-H. Frentzen (16. D); M. Häkkinen (14. W); M. Alboreto (8. W); G. Morbidelli (6. G); G. Berger (6. M); O. Beretta (3. U); B. Gachot (2. U)

(2) 17.04.1994 GP Pazifik – Aida
1. R.: A. Senna (P); M. Schumacher

1. Michael Schumacher	Benetton-Ford	1:46.01,693
2. Gerhard Berger	Ferrari	- 1.15,300
3. Rubens Barrichello	Jordan-Hart	- 1 Runde
4. Christian Fittipaldi	Footwork-Ford	- 1 Runde
5. Heinz-H. Frentzen	Sauber-Mercedes	- 1 Runde
6. Erik Comas	Larrousse-Ford	- 3 Runden

7. J. Herbert; 8. P. Lamy; 9. O. Panis; 10. É. Bernard; 11. R. Ratzenberger

Ausfälle: G. Morbidelli (70. M); K. Wendlinger (70. U); M. Alboreto (70. U); M. Brundle (68. M); P. Martini (64. W/D); J. Verstappen (55. D); D. Hill (50. W); A. Suzuki (45. W/U); U. Katayama (43. M); M. Häkkinen (20. W); O. Beretta (15. W); D. Brabham (3. M); A. Senna (1. U); M. Blundell (1. U); N. Larini (1. U)

(3) 01.05.1994 GP San Marino – Imola
1. R.: A. Senna (P); M. Schumacher

1. Michael Schumacher	Benetton-Ford	1:28.28,642
2. Nicola Larini	Ferrari	- 54,942
3. Mika Häkkinen	McLaren-Peugeot	- 1.10,679
4. Karl Wendlinger	Sauber-Mercedes	- 1.13,658
5. Ukyo Katayama	Tyrrell-Yamaha	- 1 Runde
6. Damon Hill	Williams-Renault	- 1 Runde

7. H.-H. Frentzen; 8. M. Brundle; 9. M. Blundell; 10. J. Herbert; 11. O. Panis; 12. É. Bernard; 13. C. Fittipaldi (55. W/D)

Ausfälle: A. de Cesaris (50. U); M. Alboreto (45. W); G. Morbidelli (41. M); P. Martini (38. D); D. Brabham (28. W/U); B. Gachot (24. W); O. Beretta (18. M); G. Berger (17. W); A. Senna (6. tödl. U); E. Comas (6. U); JJ Lehto (1. U); P. Lamy (1. U)

N. gest.: R. Ratzenberger (tödl. U)

(4) 15.05.1994 GP Monaco – Monte Carlo
1. R.: M. Schumacher (P); M. Häkkinen

1. Michael Schumacher	Benetton-Ford	1:49.55,372
2. Martin Brundle	McLaren-Peugeot	- 37,278
3. Gerhard Berger	Ferrari	- 1.16,824
4. Andrea de Cesaris	Jordan-Hart	- 1 Runde
5. Jean Alesi	Ferrari	- 1 Runde
6. Michele Alboreto	Minardi-Ford	- 1 Runde

7. JJ Lehto; 8. O. Beretta; 9. O. Panis; 10. E. Comas; 11. P. Lamy

Ausfälle: J. Herbert (69. G); P. Belmondo (54. A); B. Gachot (50. G); C. Fittipaldi (48. G); D. Brabham (46. U/W); M. Blundell (41. M); U. Katayama (39. G); É. Bernard (35. D); R. Barrichello (28. W); D. Hill (1. U); M. Häkkinen (1. U); G. Morbidelli (1. U); P. Martini (1. U)

N. gest.: H.-H. Frentzen (A nach Wendlingers Unfall); K. Wendlinger (U/verletzt)

(5) 29.05.1994 GP Spanien – Barcelona
1. R.: M. Schumacher (P); D. Hill

1. Damon Hill	Williams-Renault	1:36.14,374
2. Michael Schumacher	Benetton-Ford	- 24,166
3. Mark Blundell	Tyrrell-Yamaha	- 1.26,969
4. Jean Alesi	Ferrari	- 1 Runde
5. Pierluigi Martini	Minardi-Ford	- 1 Runde
6. Eddie Irvine	Jordan-Hart	- 1 Runde

7. O. Panis; 8. É. Bernard; 9. A. Zanardi; 10. D. Brabham; 11. M. Brundle (60. W)

Ausfälle: JJ Lehto (54. M); M. Häkkinen (49. M); J. Herbert (42. D); R. Barrichello (40. G); C. Fittipaldi (36. M); D. Coulthard (33. W); B. Gachot (33. W); G. Berger (28. G); G. Morbidelli (25. W); H.-H. Frentzen (22. G); E. Comas (20. W); U. Katayama (17. M); M. Alboreto (5. M); P. Belmondo (3. D); O. Beretta (0 M)

(6) 12.06.1994 GP Kanada – Montréal
1. R.: M. Schumacher (P); J. Alesi

1. Michael Schumacher	Benetton-Ford	1:44.31,887
2. Damon Hill	Williams-Renault	- 39,660
3. Jean Alesi	Ferrari	- 1.13,388
4. Gerhard Berger	Ferrari	- 1.15,609
5. David Coulthard	Williams-Renault	- 1 Runde
6. JJ Lehto	Benetton-Ford	- 1 Runde

7. R. Barrichello; 8. J. Herbert; 9. P. Martini; 10. M. Blundell (68. U); 11. M. Alboreto; 12. O. Panis; 13. É. Bernard; 14. D. Brabham; 15. A. Zanardi (63. M)

Ausfälle: M. Häkkinen (62. M); O. Beretta (58. M); G. Morbidelli (51. G); B. Gachot (48. W); E. Comas (46. W); U. Katayama (45. D); E. Irvine (41. U); A. de Cesaris (25. W); H.-H. Frentzen (6. U); M. Brundle (4. W)

Disq.: C. Fittipaldi (68. Wagen hatte Untergewicht)

(7) 03.07.1994 GP Frankreich – Magny-Cours
1. R.: D. Hill (P); N. Mansell

1. Michael Schumacher	Benetton-Ford	1:38.35,704
2. Damon Hill	Williams-Renault	- 12,642
3. Gerhard Berger	Ferrari	- 52,765
4. Heinz-H. Frentzen	Sauber-Mercedes	- 1 Runde
5. Pierluigi Martini	Minardi-Ford	- 2 Runden
6. Andrea de Cesaris	Sauber-Mercedes	- 2 Runden

7. J. Herbert; 8. C. Fittipaldi; 9. J.-M. Gounon; 10. M. Blundell; 11. E. Comas (67. M)

Ausfälle: U. Katayama (54. D); M. Häkkinen (49. M); N. Mansell (46. W); J. Alesi (42. U); R. Barrichello (42. U); É. Bernard (41. G); O. Beretta (37. M); M. Brundle (30. M); G. Morbidelli (29. U); O. Panis (29. U); D. Brabham (29. G); J. Verstappen (26. D); E. Irvine (25. G); M. Alboreto (22. M); A. Zanardi (21. M/F)

(8) 10.07.1994 GP England – Silverstone
1. R.: D. Hill (P); M. Schumacher

1. Damon Hill	Williams-Renault	1:30.03,640
2. Jean Alesi	Ferrari	- 1.08,128
3. Mika Häkkinen	McLaren-Peugeot	- 1.40,659
4. Rubens Barrichello	Jordan-Hart	- 1.41,751
5. David Coulthard	Williams-Renault	- 1 Runde
6. Ukyo Katayama	Tyrrell-Yamaha	- 1 Runde

Alle Rennergebnisse

7. H.-H. Frentzen; 8. J. Verstappen; 9. C. Fittipaldi; 10. P. Martini; 11. J. Herbert; 12. O. Panis; 13. É. Bernard; 14. O. Beretta; 15. D. Brabham; 16. J.-M. Gounon

Ausfälle: M. Alboreto (49. M); G. Berger (33. M); M. Blundell (21. G); E. Comas (13. M); A. de Cesaris (12. M); G. Morbidelli (6. W); A. Zanardi (5. M); M. Brundle (1. M); E. Irvine (0 M)

Disq.: M. Schumacher (60. in der Einführungsrunde überholt)

(9) 31.07.1994 GP Deutschland – Hockenheim
1. R.: G. Berger (P); J. Alesi

1. Gerhard Berger	Ferrari	1:22.37,272
2. Olivier Panis	Ligier-Renault	- 54,779
3. Éric Bernard	Ligier-Renault	- 1.05,042
4. Christian Fittipaldi	Footwork-Ford	- 1.21,609
5. Gianni Morbidelli	Footwork-Ford	- 1.30,544
6. Erik Comas	Larrousse-Ford	- 1.45,445

7. O. Beretta; 8. D. Hill

Ausfälle: J.-M. Gounon (40. G); D. Brabham (38. W); M. Schumacher (21. M); M. Brundle (20. M); D. Coulthard (18. W); J. Verstappen (16. F); U. Katayama (7. M); J. Alesi (1. W); H.-H. Frentzen (1. U); J. Herbert (1. U); R. Barrichello (1. U); E. Irvine (1. U); M. Blundell (1. U); M. Häkkinen (1. U); A. Zanardi (1. U); P. Martini (1. U); M. Alboreto (1. U); A. de Cesaris (1. U)

(10) 14.08.1994 GP Ungarn – Budapest
1. R.: M. Schumacher (P); D. Hill

1. Michael Schumacher	Benetton-Ford	1:48.00,185
2. Damon Hill	Williams-Renault	- 20,827
3. Jos Verstappen	Benetton-Ford	- 1.10,329
4. Martin Brundle	McLaren-Peugeot	- 1 Runde
5. Mark Blundell	Tyrrell-Yamaha	- 1 Runde
6. Olivier Panis	Ligier-Renault	- 1 Runde

7. M. Alboreto; 8. E. Comas; 9. O. Beretta; 10. É. Bernard; 11. D. Brabham; 12. G. Berger (73. W); 13. A. Zanardi; 14. C. Fittipaldi (70. G)

Ausfälle: M. Brundle (77. W); G. Berger (73. W); C. Fittipaldi (70. G); D. Coulthard (60. U); J. Alesi (59. G); P. Martini (59. D); H.-H. Frentzen (40. G); J. Herbert (35. W); A. de Cesaris (31. U); G. Morbidelli (31. U); P. Alliot (22. W); J.-M. Gounon (10. W); U. Katayama (1. U); R. Barrichello (1. U); E. Irvine (1. U)

(11) 28.08.1994 GP Belgien – Spa-Francorchamps
1. R.: R. Barrichello (P); M. Schumacher

1. Damon Hill	Williams-Renault	1:28.47,170
2. Mika Häkkinen	McLaren-Peugeot	- 51,381
3. Jos Verstappen	Benetton-Ford	- 1.10,453
4. David Coulthard	Williams-Renault	- 1.45,787
5. Mark Blundell	Tyrrell-Yamaha	- 1 Runde
6. Gianni Morbidelli	Footwork-Ford	- 1 Runde

7. O. Panis; 8. P. Martini; 9. M. Alboreto; 10. É. Bernard; 11. J.-M. Gounon; 12. J. Herbert; 13. E. Irvine (41. W)

Ausfälle: C. Fittipaldi (34. M); D. Brabham (30. W); A. de Cesaris (28. W/U); M. Brundle (25. D); R. Barrichello (20. D); U. Katayama (19. M/D); P. Adams (16. D); G. Berger (12. M); P. Alliot (12. M); H.-H. Frentzen (11. D); E. Comas (4. M); J. Alesi (3. M)

Disq.: M. Schumacher (44. regelwidriger Unterboden)

(12) 11.09.1994 GP Italien – Monza
1. R.: J. Alesi (P); G. Berger

1. Damon Hill	Williams-Renault	1:18.02,754
2. Gerhard Berger	Ferrari	- 4,930
3. Mika Häkkinen	McLaren-Peugeot	- 25,640
4. Rubens Barrichello	Jordan-Hart	- 50,634
5. Martin Brundle	McLaren-Peugeot	- 1.25,575
6. David Coulthard	Williams-Renault	- 1 Runde

7. É. Bernard; 8. E. Comas; 9. JJ Lehto; 10. O. Panis

Ausfälle: D. Coulthard (53. W); D. Brabham (47. W); U. Katayama (46. W/U); C. Fittipaldi (44. M); E. Irvine (42. M); M. Blundell (40. W/U); P. Martini (31. D); M. Alboreto (29. G); H.-H. Frentzen (23. M); A. de Cesaris (21. M); J.-M. Gounon (21. W); Y. Dalmas (19. D); J. Alesi (15. G); J. Herbert (14. M); J. Verstappen (1. W); A. Zanardi (1. U); G. Morbidelli (1. W/U)

(13) 25.09.1994 GP Portugal – Estoril
1. R.: G. Berger (P); D. Hill

1. Damon Hill	Williams-Renault	1:41.10,165
2. David Coulthard	Williams-Renault	- 0,603
3. Mika Häkkinen	McLaren-Peugeot	- 20,193
4. Rubens Barrichello	Jordan-Hart	- 28,003
5. Jos Verstappen	Benetton-Ford	- 29,385
6. Martin Brundle	McLaren-Peugeot	- 52,702

7. E. Irvine; 8. C. Fittipaldi; 9. G. Morbidelli; 10. É. Bernard; 11. J. Herbert; 12. P. Martini; 13. M. Alboreto; 14. Y. Dalmas; 15. J.-M. Gounon; 16. P. Adams

Ausfälle: M. Blundell (62. M); J.J. Lehto (61. D); A. de Cesaris (55. D); J. Alesi (39. U); D. Brabham (37. U); H.-H. Frentzen (32. W); E. Comas (28. U); U. Katayama (27. G); G. Berger (8. G)

Disq.: O. Panis (71. regelwidriger Unterboden)

(14) 16.10.1994 GP Europa – Jerez de la Frontera
1. R.: M. Schumacher (P); D. Hill

1. Michael Schumacher	Benetton-Ford	1:40.26,689
2. Damon Hill	Williams-Renault	- 24,689
3. Mika Häkkinen	McLaren-Peugeot	- 1.09,648
4. Eddie Irvine	Jordan-Hart	- 1.18,446
5. Gerhard Berger	Ferrari	- 1 Runde
6. Heinz-H. Frentzen	Sauber-Mercedes	- 1 Runde

7. U. Katayama; 8. J. Herbert; 9. O. Panis; 10. J. Alesi; 11. G. Morbidelli; 12. R. Barrichello; 13. M. Blundell; 14. M. Alboreto; 15. P. Martini; 16. A. Zanardi; 17. C. Fittipaldi; 18. É. Bernard; 19. M. Schiattarella

Ausfälle: N. Mansell (48. D); D. Brabham (43. M); A. de Cesaris (38. W); E. Comas (38. W); J. Verstappen (16. D); H. Noda (11. G); M. Brundle (9. M)

(15) 06.11.1994 GP Japan – Suzuka
1. R.: M. Schumacher (P); D. Hill

1. Damon Hill	Williams-Renault	1:55.53,532
2. Michael Schumacher	Benetton-Ford	- 3,365
3. Jean Alesi	Ferrari	- 52,045
4. Nigel Mansell	Williams-Renault	- 56,074
5. Eddie Irvine	Jordan-Hart	- 1.42,107
6. Heinz-H. Frentzen	Sauber-Mercedes	- 1.59,863

7. M. Häkkinen; 8. C. Fittipaldi; 9. E. Comas; 10. M. Salo; 11. O. Panis; 12. D. Brabham; 13. A. Zanardi

Ausfälle: M. Blundell (27. M); R. Barrichello (17. G); M. Brundle (14. U); G. Morbidelli (14. U); G. Berger (11. W); F. Lagorce (11. U); P. Martini (11. U); M. Alboreto (11. D); J. Herbert (4. D); U. Katayama (4. U); T. Inoue (4. U); H. Noda (1. W); J.J. Lehto (1. M)

(16) 13.11.1994 GP Australien – Adelaide
1. R.: N. Mansell (P); M. Schumacher

1. Nigel Mansell	Williams-Renault	1:47.51,480
2. Gerhard Berger	Ferrari	- 2,511
3. Martin Brundle	McLaren-Peugeot	- 52,487
4. Rubens Barrichello	Jordan-Hart	- 1.10,530
5. Olivier Panis	Ligier-Renault	- 1 Runde
6. Jean Alesi	Ferrari	- 1 Runde

7. H.-H. Frentzen; 8. C. Fittipaldi; 9. P. Martini; 10. JJ Lehto; 11. F. Lagorce; 12. M. Häkkinen (77. W/U)

Ausfälle: M. Alboreto (70. U/W); M. Blundell (67. U); J.-D. Deletraz (57. G); M. Salo (50. W); D. Brabham (50. M); A. Zanardi (41. W); D. Hill (36. W/U); M. Schumacher (36. U); M. Schiattarella (22. W); U. Katayama (20. D); H. Noda (19. W); G. Morbidelli (18. W); E. Irvine (16. D); J. Herbert (14. G)

1995

(1) 27.03.1995 GP Brasilien – Interlagos
1. R.: D. Hill (P); M. Schumacher

1. Michael Schumacher	Benetton-Renault	1:38.34,154
2. David Coulthard	Williams-Renault	- 8,060
3. Gerhard Berger	Ferrari	- 1 Runde
4. Mika Häkkinen	McLaren-Mercedes	- 1 Runde
5. Jean Alesi	Ferrari	- 1 Runde
6. Mark Blundell	McLaren-Mercedes	- 1 Runde

7. M. Salo; 8. A. Suzuki; 9. A. Montermini; 10. P. Diniz

Ausfälle: G. Morbidelli (63. W); T. Inoue (49. M); L. Badoer (48. G); R. Moreno (48. D); K. Wendlinger (42. M); D. Hill (31. G); J. Herbert (31. U); B. Gachot (24. G); R. Barrichello (17. W); J. Verstappen (17. W); U. Katayama (16. D); E. Irvine (16. W); D. Schiattarella (13. W); H.-H. Frentzen (11. W); O. Panis (1. U); P. Martini (0 G)

(2) 09.04.1995 GP Argentinien – Buenos Aires
1. R.: D. Coulthard (P); D. Hill

1. Damon Hill	Williams-Renault	1:53.14,532
2. Jean Alesi	Ferrari	- 6,407
3. Michael Schumacher	Benetton-Renault	- 33,376
4. Johnny Herbert	Benetton-Renault	- 1 Runde
5. Heinz-H. Frentzen	Sauber-Ford	- 2 Runden
6. Gerhard Berger	Ferrari	- 2 Runden

7. O. Panis; 8. U. Katayama; 9. D. Schiattarella

Ausfälle: M. Salo (49. U); A. Suzuki (48. U); P. Martini (45. D); G. Morbidelli (44. W); T. Inoue (41. D); R. Barrichello (34. M); J. Verstappen (24. G); D. Coulthard (17. W); M. Blundell (10. W); E. Irvine (7. M); A. Montermini (2. U); M. Häkkinen (1. U); B. Gachot (1. U); K. Wendlinger (1. U); L. Badoer (1. U)

N. gew.: P. Diniz; R. Moreno

(3) 30.04.1995 GP San Marino – Imola
1. R.: M. Schumacher (P); G. Berger

1. Damon Hill	Williams-Renault	1:41.42,552
2. Jean Alesi	Ferrari	- 18,510
3. Gerhard Berger	Ferrari	- 43,116
4. David Coulthard	Williams-Renault	- 51,890
5. Mika Häkkinen	McLaren-Mercedes	- 1 Runde
6. Heinz-H. Frentzen	Sauber-Ford	- 1 Runde

7. J. Herbert; 8. E. Irvine; 9. O. Panis; 10. N. Mansell; 11. A. Suzuki; 12. P. Martini; 13. G. Morbidelli; 14. L. Badoer; 15. P. Diniz; 16. R. Moreno

Ausfälle: K. Wendlinger (44. W); B. Gachot (37. G); D. Schiattarella (36. W/U); R. Barrichello (32. G); U. Katayama (24. D); M. Salo (20. M); A. Montermini (16. G); J. Verstappen (15. G); T. Inoue (13. U); M. Schumacher (11. U)

(4) 14.05.1995 GP Spanien – Barcelona
1. R.: M. Schumacher (P); J. Alesi

1. Michael Schumacher	Benetton-Renault	1:34.20,507
2. Johnny Herbert	Benetton-Renault	- 51,988
3. Gerhard Berger	Ferrari	- 1.05,237
4. Damon Hill	Williams-Renault	- 2.01,749
5. Eddie Irvine	Jordan-Peugeot	- 1 Runde
6. Olivier Panis	Ligier-Mugen-Honda	- 1 Runde

7. R. Barrichello; 8. H.-H. Frentzen; 9. M. Brundle; 10. M. Salo; 11. G. Morbidelli; 12. J. Verstappen; 13. K. Wendlinger; 14. P. Martini; 15. D. Schiattarella

Ausfälle: U. Katayama (57. M); D. Coulthard (55. G); M. Häkkinen (54. W); T. Inoue (44. M); B. Gachot (44. F); R. Moreno (40. W); J. Alesi (26. M); L. Badoer (22. G); N. Mansell (19. W); P. Diniz (18. G/W); A. Montermini (0 G)

(5) 28.05.1995 GP Monaco – Monte Carlo
1. R.: D. Hill (P); M. Schumacher

1. Michael Schumacher	Benetton-Renault	1:53.11,258
2. Damon Hill	Williams-Renault	- 34,817
3. Gerhard Berger	Ferrari	- 1.11,447
4. Johnny Herbert	Benetton-Renault	- 1 Runde
5. Mark Blundell	McLaren-Mercedes	- 1 Runde
6. Heinz-H. Frentzen	Sauber-Ford	- 2 Runden

7. P. Martini; 8. J.-C. Boullion (75. U); 9. G. Morbidelli; 10. P. Diniz

Ausfälle: L. Badoer (69. W); O. Panis (66. U); M. Salo (64. W); R. Barrichello (61. W); B. Gachot (43. G); J. Alesi (42. U); M. Brundle (41. U); T. Inoue (28. G); U. Katayama (27. U); E. Irvine (23. U); D. Coulthard (17. G); R. Moreno (10. W); M. Häkkinen (9. M); J. Verstappen (1. G); D. Schiattarella (1. U)

Disq.: A. Montermini

(6) 11.06.1995 GP Kanada – Montréal
1. R.: M. Schumacher (P); D. Hill

1. Jean Alesi	Ferrari	1:46.31,333
2. Rubens Barrichello	Jordan-Peugeot	- 31,687
3. Eddie Irvine	Jordan-Peugeot	- 33,270
4. Olivier Panis	Ligier-Mugen-Honda	- 36,506
5. Michael Schumacher	Benetton-Renault	- 37,060
6. Gianni Morbidelli	Footwork-Hart	- 1 Runde

7. M. Salo; 8. L. Badoer; 9. T. Inoue

Ausfälle: M. Brundle (62. U); G. Berger (62. U); P. Martini (61. W); R. Moreno (55. W); D. Hill (51. G); M. Blundell (48. M); U. Katayama (43. M); B. Gachot (37. W); H.-H. Frentzen (27. M); P. Diniz (27. G); J.-C. Boullion (20. D); A. Montermini (6. G); D. Coulthard (2. D); J. Herbert (1. U); M. Häkkinen (1. U)

(7) 02.07.1995 GP Frankreich – Magny-Cours
1. R.: D. Hill (P); M. Schumacher

1. Michael Schumacher	Benetton-Renault	1:38.28,429
2. Damon Hill	Williams-Renault	- 31,309
3. David Coulthard	Williams-Renault	- 1.02,826
4. Martin Brundle	Ligier-Mugen-Honda	- 1.03,293
5. Jean Alesi	Ferrari	- 1.17,869
6. Rubens Barrichello	Jordan-Peugeot	- 1 Runde

7. M. Häkkinen; 8. O. Panis; 9. E. Irvine; 10. H.-H. Frentzen; 11. M. Blundell; 12. G. Berger; 13. L. Badoer; 14. G. Morbidelli; 15. M. Salo; 16. R. Moreno

Ausfälle: J.-C. Boullion (49. W); B. Gachot (25. G); P. Martini (24. W); J. Herbert (3. U); U. Katayama (1. U); T. Inoue (1. U); P. Diniz (1. U)

N. gew.: A. Montermini

(8) 16.07.1995 GP England – Silverstone
1. R.: D. Hill (P); M. Schumacher

1. Johnny Herbert	Benetton-Renault	1:34.35,093
2. Jean Alesi	Ferrari	- 16,497
3. David Coulthard	Williams-Renault	- 23,888
4. Olivier Panis	Ligier-Mugen-Honda	- 1.33,168
5. Mark Blundell	McLaren-Mercedes	- 1.48,172
6. Heinz-H. Frentzen	Sauber-Ford	- 1 Runde

7. P. Martini; 8. M. Salo; 9. J.-C. Boullion; 10. L. Badoer; 11. R. Barrichello (60. U/W); 12. B. Gachot

Ausfälle: R. Moreno (49. M); M. Schumacher (46. U); D. Hill (46. U); M. Papis (29. U/W); U. Katayama (23. W); A. Montermini (22. D); M. Häkkinen (21. W); G. Berger (21. W); M. Brundle (17. D); T. Inoue (17. D); P. Diniz (14. G); E. Irvine (3. M)

(9) 30.07.1995 GP Deutschland – Hockenheim
1. R.: D. Hill (P); M. Schumacher

1. Michael Schumacher	Benetton-Renault	1:22.56,043
2. David Coulthard	Williams-Renault	- 5,988
3. Gerhard Berger	Ferrari	- 1.08,097
4. Johnny Herbert	Benetton-Renault	- 1.23,436
5. J.-C. Boullion	Sauber-Ford	- 1 Runde
6. A. Suzuki	Ligier-Mugen-Honda	- 1 Runde

7. U. Katayama; 8. A. Montermini; 9. E. Irvine (42. M)

Ausfälle: M. Häkkinen (34. M); H.-H. Frentzen (33. M); L. Badoer (29. G); G. Lavaggi (28. G); R. Moreno (28. W); R. Barrichello (21. M); M. Blundell (18. M); O. Panis (14. W); J. Alesi (13. M); P. Martini (12. M); T. Inoue (10. G); P. Diniz (9. W); D. Hill (2. U); M. Salo (1. W); M. Papis (1. G)

(10) 13.08.1995 GP Ungarn – Budapest
1. R.: D. Hill (P); D. Coulthard

1. Damon Hill	Williams-Renault	- 1:46.25,721
2. David Coulthard	Williams-Renault	- 33,398
3. Gerhard Berger	Ferrari	- 1 Runde
4. Johnny Herbert	Benetton-Renault	- 1 Runde
5. Heinz-H. Frentzen	Sauber-Ford	- 1 Runde
6. Olivier Panis	Ligier-Mugen-Honda	- 1 Runde

7. R. Barrichello; 8. L. Badoer; 9. P. Lamy; 10. J.-C. Boullion; 11. M. Schumacher (74. W); 12. A. Montermini; 13. E. Irvine (71. W)

Ausfälle: M. Brundle (68. M); M. Salo (59. W); M. Blundell (55. M); U. Katayama (47. U); M. Papis (46. W); J. Alesi (43. M); P. Diniz (33. M); T. Inoue (14. M/F); R. Moreno (9. G); G. Lavaggi (6. D);M. Häkkinen (4. M)

(11) 27.08.1995 GP Belgien – Spa-Francorchamps
1. R.: G. Berger (P); J. Alesi

1. Michael Schumacher	Benetton-Renault	1:36.47,875
2. Damon Hill	Williams-Renault	- 19,493
3. Martin Brundle	Ligier-Mugen-Honda	- 24,998
4. Heinz-H. Frentzen	Sauber-Ford	- 26,972
5. Mark Blundell	McLaren-Mercedes	- 33,772
6. Rubens Barrichello	Jordan-Peugeot	- 39,674

7. J. Herbert; 8. M. Salo; 9. O. Panis; 10. P. Lamy; 11. J.-C. Boullion; 12. T. Inoue; 13. P. Diniz; 14. R. Moreno

Ausfälle: U. Katayama (29. D); G. Lavaggi (28. G); L. Badoer (24. U); G. Berger (23. W); E. Irvine (22. F); M. Papis (21. D); A. Montermini (19. W); D. Coulthard (14. G); J. Alesi (5. W); M. Häkkinen (2. D)

(12) 10.09.1995 GP Italien – Monza
1. R.: D. Coulthard (P); M. Schumacher

1. Johnny Herbert	Benetton-Renault	1:18.27,916
2. Mika Häkkinen	McLaren-Mercedes	- 17,779
3. Heinz-H. Frentzen	Sauber-Ford	- 24,321
4. Mark Blundell	McLaren-Mercedes	- 28,223
5. Mika Salo	Tyrrell-Yamaha	- 1 Runde
6. Jean-Ch. Boullion	Sauber-Ford	- 1 Runde

7. M. Papis; 8. T. Inoue; 9. P. Diniz; 10. U. Katayama

Ausfälle: J. Alesi (46. W); R. Barrichello (44. W); E. Irvine (41. M); G. Berger (33. W); L. Badoer (27. U); M. Schumacher (24. U); G. Hill (24. U); O. Panis (21. D); D. Coulthard (14. W/D); M. Brundle (11. W); G. Lavaggi (7. D); P. Lamy (1. W)

N. gest.: A. Montermini; R. Moreno

(13) 24.09.1995 GP Portugal – Estoril
1. R.: D. Coulthard (P); D. Hill

1. David Coulthard	Williams-Renault	1:41.52,145
2. Michael Schumacher	Benetton-Renault	- 7,248
3. Damon Hill	Williams-Renault	- 22,121
4. Gerhard Berger	Ferrari	- 1.24,879
5. Jean Alesi	Ferrari	- 1.25,429
6. Heinz-H. Frentzen	Sauber-Ford	- 1 Runde

7. J. Herbert; 8. M. Brundle; 9. M. Blundell; 10. E. Irvine; 11. R. Barrichello; 12. J.-C. Boullion; 13. M. Salo; 14. L. Badoer; 15. T. Inoue; 16. P. Diniz; 17. R. Moreno

Ausfälle: A. Montermini (54. G); M. Häkkinen (45. M); J.D. Delétraz (15. A); O. Panis (11. D); P. Lamy (8. G); M. Papis (1. G); U. Katayama (1. U)

(14) 01.10.1995 GP Europa – Nürburgring
1. R.: D. Coulthard (P); D. Hill

1. Michael Schumacher	Benetton-Renault	1:39.59,044
2. Jean Alesi	Ferrari	- 2,684
3. David Coulthard	Williams-Renault	- 35,382
4. Rubens Barrichello	Jordan-Peugeot	- 1 Runde
5. Johnny Herbert	Benetton-Renault	- 1 Runde
6. Eddie Irvine	Jordan-Peugeot	- 1 Runde

7. M. Brundle; 8. M. Häkkinen; 9. P. Lamy; 10. M. Salo; 11. L. Badoer; 12. M. Papis; 13. P. Diniz; 14. G. Tarquini; 15. J.D. Delétraz

Ausfälle: D. Hill (59. U); A. Montermini (46. W); J.-C. Boullion (45. U); G. Berger (41. W); R. Moreno (23. W); H.-H. Frentzen (18. U); O. Panis (15. D); M. Blundell (15. U); T. Inoue (1. W)

(15) 22.10.1995 GP Pazifik – Aida
1. R.: D. Coulthard (P); D. Hill

1. Michael Schumacher	Benetton-Renault	1:48.49,972
2. David Coulthard	Williams-Renault	- 14,902
3. Damon Hill	Williams-Renault	- 48,333
4. Gerhard Berger	Ferrari	- 1 Runde
5. Jean Alesi	Ferrari	- 1 Runde
6. Johnny Herbert	Benetton-Renault	- 1 Runde

7. H.-H. Frentzen; 8. O. Panis; 9. M. Blundell; 10. J. Magnussen; 11. E. Irvine; 12. M. Salo; 13. P. Lamy; 14. U. Katayama; 15. L. Badoer; 16. R. Moreno; 17. P. Diniz

Ausfälle: R. Barrichello (68. M); G. Morbidelli (54. M); T. Inoue (39. M); A. Montermini (15. G); A. Suzuki (11. D); J.-C. Boullion (8. D); B. Gachot (3. G)

16 27.10.1995 GP Japan – Suzuka
1. R.: M. Schumacher (P); J. Alesi

1. Michael Schumacher	Benetton-Renault	1:36.52,930
2. Mika Häkkinen	McLaren-Mercedes	- 19,337
3. Johnny Herbert	Benetton-Renault	- 1.23,804
4. Eddie Irvine	Jordan-Peugeot	- 1.42,136
5. Olivier Panis	Ligier-Mugen-Honda	- 1 Runde
6. Mika Salo	Tyrrell-Yamaha	- 1 Runde

7. M. Blundell; 8. H.-H. Frentzen; 9. L. Badoer; 10. K. Wendlinger; 11. P. Lamy; 12. T. Inoue

Ausfälle: D. Hill (41. D); D. Coulthard (40. U); P. Diniz (33. D); J. Alesi (25. W); A. Montermini (24. D); G. Berger (17. W); R. Barrichello (16. U); U. Katayama (13. U); B. Gachot (7. W); R. Moreno (2. G); G. Morbidelli (1. D)

N. gest.: A. Suzuki (U/verletzt)

17 12.11.1995 GP Australien – Adelaide
1. R.: D. Hill (P); D. Coulthard

1. Damon Hill	Williams-Renault	- 1:49.15,946
2. Olivier Panis	Ligier-Mugen-Honda	- 2 Runden
3. Gianni Morbidelli	Arrows-Hart	- 2 Runden
4. Mark Blundell	McLaren-Mercedes	- 2 Runden
5. Mika Salo	Tyrrell-Yamaha	- 3 Runden
6. Pedro Lamy	Minardi-Ford	- 3 Runden

7. P. Diniz; 8. B. Gachot

Ausfälle: U. Katayama (71. W); J. Herbert (70. W); E. Irvine (63. W); H.-H. Frentzen (40. G); G. Berger (35. M); M. Brundle (30. U); M. Schumacher (26. W/U); J. Alesi (24. U/W); R. Moreno (22. U); R. Barrichello (21. U); D. Coulthard (20. U); T. Inoue (16. U); K. Wendlinger (9. A); A. Montermini (3. G/D)

N. gest.: L. Badoer; M. Häkkinen (W/U/verletzt)

1996

1 10.03.1996 GP Australien – Melbourne
1. R.: J. Villeneuve (P); D. Hill

1. Damon Hill	Williams-Renault	1:32.50,491
2. Jacques Villeneuve	Williams-Renault	- 38,020
3. Eddie Irvine	Ferrari	- 1.02,571
4. Gerhard Berger	Benetton-Renault	- 1.17,037
5. Mika Häkkinen	McLaren-Mercedes	- 1.35,071
6. Mika Salo	Tyrrell-Yamaha	- 1 Runde

7. O. Panis; 8. H.-H. Frentzen; 9. R. Rosset; 10. P. Diniz; 11. U. Katayama

Ausfälle: P. Lamy (43. U/W); M. Schumacher (33. W); G. Fisichella (33. W); R. Barrichello (30. M); D. Coulthard (25. W); J. Verstappen (16. M); J. Alesi (10. U); M. Brundle (2. D); J. Herbert (1. U)

2 31.03.1996 GP Brasilien – São Paulo
1. R.: D. Hill (P); R. Barrichello

1. Damon Hill	Williams-Renault	1:49.52,976
2. Jean Alesi	Benetton-Renault	- 17,982
3. Michael Schumacher	Ferrari	- 1 Runde
4. Mika Häkkinen	McLaren-Mercedes	- 1 Runde
5. Mika Salo	Tyrrell-Yamaha	- 1 Runde
6. Olivier Panis	Ligier-Mugen-Honda	- 1 Runde

7. E. Irvine; 8. P. Diniz; 9. U. Katayama; 10. P. Lamy; 11. L. Badoer; 12. M. Brundle (65. D)

Ausfälle: R. Barrichello (60. D); H.-H. Frentzen (37. M); D. Coulthard (30. D); J. Herbert (29. M); J. Villeneuve (27. D); G. Berger (27. W); A. Montermini (27. D); R. Rosset (25. U); J. Verstappen (20. M); T. Marques (1. D)

3 07.04.1996 GP Argentinien – Buenos Aires
1. R.: D. Hill (P); M. Schumacher

1. Damon Hill	Williams-Renault	1:54.55,322
2. Jacqes Villeneuve	Williams-Renault	- 12,167
3. Jean Alesi	Benetton-Renault	- 14,754
4. Rubens Barrichello	Jordan-Peugeot	- 55,131
5. Eddie Irvine	Ferrari	- 1.04,991
6. Jos Verstappen	Arrows-Hart	- 1.08,913

7. D. Coulthard; 8. O. Panis; 9. J. Herbert; 10. A. Montermini

Ausfälle: G. Berger (57. W); M. Schumacher (47. W); P. Lamy (40. W); M. Salo (37. W); M. Brundle (35. U/W); T. Marques (34. U); H.-H. Frentzen (33. D); P. Diniz (30. F); U. Katayama (29. W); R. Rosset (25. W); L. Badoer (25. U); M. Häkkinen (20. W)

4 28.04.1995 GP Europa – Nürburgring
1. R.: D. Hill (P); J. Villeneuve

1. Jacques Villeneuve	Williams-Renault	1:33.26,473
2. Michael Schumacher	Ferrari	- 0,762
3. David Coulthard	McLaren-Mercedes	- 32,834
4. Damon Hill	Williams-Renault	- 33,511
5. Rubens Barrichello	Jordan-Peugeot	- 33,713
6. Martin Brundle	Jordan-Peugeot	- 55,567

7. J. Herbert; 8. M. Häkkinen; 9. G. Berger; 10. P. Diniz; 11. R. Rosset; 12. P. Lamy 13. G. Fisichella

Ausfälle: H.-H. Frentzen (60. D); J. Verstappen (39. G); O. Panis (7. U); E. Irvine (7. D);J. Alesi (2. U)

Disq.: M. Salo (Wagen hatte Untergewicht); U. Katayama (unerlaubte Starthilfe)

5 05.05.1996 GP San Marino – Imola
1. R.: M. Schumacher (P); D. Hill

1. Damon Hill	Williams-Renault	1:35.26,156
2. Michael Schumacher	Ferrari	- 16,460
3. Gerhard Berger	Benetton-Renault	- 46,891
4. Eddie Irvine	Ferrari	- 1.01,583
5. Rubens Barrichello	Jordan-Peugeot	- 1.18,490
6. Jean Alesi	Benetton-Renault	- 1 Runde

7. P. Diniz; 8. M. Häkkinen (62. M); 9. P. Lamy; 10. L. Badoer; 11. J. Villeneuve (58. W)

Ausfälle: O. Panis (55. G); U. Katayama (46. W); D. Coulthard (45. G); R. Rosset (41. M); J. Verstappen (39. U); M. Brundle (37. D); H.-H. Frentzen (33. W); G. Fisichella (31. M); J. Herbert (26. W); M. Salo (24. M)

6 19.05.1996 GP Monaco – Monte Carlo
1. R.: M. Schumacher (P); D. Hill

1. Olivier Panis	Ligier-Mugen-H.	2:00.45,629
2. David Coulthard	McLaren-Mercedes	- 4,828
3. Johnny Herbert	Sauber-Ford	- 37,503
4. Heinz-H. Frentzen	Sauber-Ford	- 1 Runde
5. Mika Salo	Tyrrell-Yamaha	- 5 Runden
6. Mika Häkkinen	McLaren-Mercedes	- 5 Runden

7. E. Irvine (69. U)

Ausfälle: M. Häkkinen (71. U); M. Salo (71. U); L. Badoer (61. U); J. Villeneuve (67. U); Alesi (61. W); D. Hill (41. M); M. Brundle (31. U); G. Berger (10. G); P. Diniz (6. W/D); R. Rosset (4. U); U. Katayama (3. U); M. Schumacher (1. U); R. Barrichello (1. U); G. Fisichella (1. U); P. Lamy (1. U); J. Verstappen (1. D)

N. gest.: A. Montermini (U)

7 02.06.1996 GP Spanien – Barcelona
1. R.: D. Hill (P); J. Villeneuve

1. Michael Schumacher	Ferrari	1:59.49,307
2. Jean Alesi	Benetton-Renault	- 45,302
3. Jacques Villeneuve	Williams-Renault	- 48,388
4. Heinz-H. Frentzen	Sauber-Ford	- 1 Runde
5. Mika Häkkinen	McLaren-Mercedes	- 1 Runde
6. Pedro Diniz	Ligier-Mugen-Honda	- 2 Runden

Ausfälle: J. Verstappen (48. D); R. Barrichello (46. W); G. Berger (45. D); J. Herbert (21. D); M. Brundle (18. W); D. Hill (11. D); U. Katayama (9. W); E. Irvine (2. D); G. Fisichella (2. U); O. Panis (2. U); P. Lamy (1. U); R. Rosset (1. U); D. Coulthard (1. U)

Disq.: M. Salo

8 16.06.1996 GP Kanada – Montréal
1. R.: D. Hill (P); J. Villeneuve

1. Damon Hill	Williams-Renault	- 1:36.03,465
2. Jacqes Villeneuve	Williams-Renault	- 4,183
3. Jean Alesi	Benetton-Renault	- 54,656
4. David Coulthard	McLaren-Mercedes	- 1.03,673
5. Mika Häkkinen	McLaren-Mercedes	- 1 Runde
6. Martin Brundle	Jordan-Peugeot	- 1 Runde

7. J. Herbert; 8. G. Fisichella

Ausfälle: L. Badoer (45. G); P. Lamy (45. U); G. Berger (43. D); M. Schumacher (42. W); M. Salo (40. M); O. Panis (40. M); P. Diniz (39. M); A. Montermini (23. G); R. Barrichello (23. W); H.-H. Frentzen (20. G); J. Verstappen (11. M); U. Katayama (7. U); R. Rosset (7. U); E. Irvine (2. W)

9 30.06.1996 GP Frankreich – Magny-Cours
1. R.: M. Schumacher (P); D. Hill

1. Damon Hill	Williams-Renault	1:36.28,795
2. Jacqes Villeneuve	Williams-Renault	- 8,127
3. Jean Alesi	Benetton-Renault	- 46,442
4. Gerhard Berger	Benetton-Renault	- 46,859
5. Mika Häkkinen	McLaren-Mercedes	- 1.02,774
6. David Coulthard	McLaren-Mercedes	- 1 Runde

7. O. Panis; 8. M. Brundle; 9. R. Barrichello; 10. M. Salo; 11. R. Rosset; 12. P. Lamy

Ausfälle: H.-H. Frentzen (57. D/W); U. Katayama (34. M); L. Badoer (30. W); P. Diniz (29. W); J. Verstappen (11. U); E. Irvine (6. G); A. Montermini (3. W); G. Fisichella (3. W); M. Schumacher (0 M)

10 14.07.1996 GP England – Silverstone
1. R.: D. Hill (P); J. Villeneuve

1. Jacques Villeneuve	Williams-Renault	1:33.00,874
2. Gerhard Berger	Benetton-Renault	- 19,026
3. Mika Häkkinen	McLaren-Mercedes	- 50,830
4. Rubens Barrichello	Jordan-Peugeot	- 1.06,716
5. David Coulthard	McLaren-Mercedes	- 1.22,507
6. Martin Brundle	Jordan-Peugeot	- 1 Runde

7. M. Salo; 8. H.-H. Frentzen; 9. J. Herbert; 10. J. Verstappen; 11. G. Fisichella

Ausfälle: J. Alesi (45. W); O. Panis (41. W); P. Diniz (39. M); D. Hill (27. W/D); P. Lamy (22. G); R. Rosset (14. W); U. Katayama (13. M); E. Irvine (6. W); M. Schumacher (4. W)

11 28.07.1996 GP Deutschland – Hockenheim
1. R.: D. Hill (P); G. Berger

1. Damon Hill	Williams-Renault	1:21.43,417
2. Jean Alesi	Benetton-Renault	- 11,452
3. Jacques Villeneuve	Williams-Renault	- 33,926
4. Michael Schumacher	Ferrari	- 41,517
5. David Coulthard	McLaren-Mercedes	- 42,196
6. Rubens Barrichello	Jordan-Peugeot	- 1.42,099

7. O. Panis; 8. H.-H. Frentzen; 9. M. Salo; 10. M. Brundle; 11. R. Rosset; 12. P. Lamy; 13. G. Berger (43. M)

Ausfälle: E. Irvine (35. G); J. Herbert (26. W);P. Diniz (20. M); U. Katayama (20. U); M. Häkkinen (14. G); J. Verstappen (1. U)

12 11.08.1996 GP Ungarn – Budapest
1. R.: M. Schumacher (P); D. Hill

1. Jacques Villeneuve	Williams-Renault	1:46.21,134
2. Damon Hill	Williams-Renault	- 0,771
3. Jean Alesi	Benetton-Renault	- 1.24,212
4. Mika Häkkinen	McLaren-Mercedes	- 1 Runde
5. Olivier Panis	Ligier-Mugen-Honda	- 1 Runde
6. Rubens Barrichello	Jordan-Peugeot	- 2 Runden

7. U. Katayama; 8. R. Rosset; 9. M. Schumacher (71. W); 10. G. Lavaggi (70. D)

Ausfälle: G. Berger (65. M); H.-H. Frentzen (51. W); J. Herbert (36. M); E. Irvine (32. G); P. Lamy (25. U/W); D. Coulthard (24. W/D); J. Verstappen (11. D); M. Brundle (6. U); P. Diniz (2. U/W); M. Salo (1. U)

13 25.08.1996 GP Belgien – Spa-Francorchamps
1. R.: J. Villeneuve (P); D.. Hill

1. Michael Schumacher	Ferrari	1:28.15,125
2. Jacqes Villeneuve	Williams-Renault	- 5,602
3. Mika Häkkinen	McLaren-Mercedes	- 15,710
4. Jean Alesi	Benetton-Renault	- 19,125
5. Damon Hill	Williams-Renault	- 29,179
6. Gerhard Berger	Benetton-Renault	- 29,896

7. M. Salo; 8. U. Katayama; 9. R. Rosset; 10. P. Lamy

Ausfälle: D. Coulthard (38. D); M. Brundle (35. M); R. Barrichello (30. U); E. Irvine (30. G); P. Diniz (23. M); J. Verstappen (12. U/W); H.-H. Frentzen (1. U); J. Herbert (1. U); O. Panis (1. U)

14 08.09.1996 GP Italien – Monza
1. R.: D. Hill (P); J. Villeneuve

1. Michael Schumacher	Ferrari	1:17.43,632
2. Jean Alesi	Benetton-Renault	- 18,265
3. Mika Häkkinen	McLaren-Mercedes	- 1.06,635
4. Martin Brundle	Jordan-Peugeot	- 1.25,217
5. Rubens Barrichello	Jordan-Peugeot	- 1.25,475
6. Pedro Diniz	Ligier-Mugen-Honda	- 1 Runde

7. J. Villeneuve; 8. J. Verstappen; 9. J. Herbert (52. M); 10. U. Katayama

Ausfälle: R. Rosset (37. U); E. Irvine (24. U); P. Lamy (13. M); M. Salo (10. M); H.-H. Frentzen (8. U); D. Hill (6. U); G. Lavaggi (6. M); G. Berger (5. G); O. Panis (3. U); D. Coulthard (2. U)

15 22.09.1996 GP Portugal – Estoril
1. R.: D. Hill (P); J. Villeneuve

1. Jacques Villeneuve	Williams-Renault	1:40.22,915
2. Damon Hill	Williams-Renault	- 19,966
3. Michael Schumacher	Ferrari	- 53,765
4. Jean Alesi	Benetton-Renault	- 55,109
5. Eddie Irvine	Ferrari	- 1.27,389
6. Gerhard Berger	Benetton-Renault	- 1.33,141

7. H.-H. Frentzen; 8. J. Herbert; 9. M. Brundle; 10. O. Panis; 11. M. Salo; 12. U. Katayama; 13. D. Coulthard; 14. R. Rosset; 15. G. Lavaggi; 16. P. Lamy

Ausfälle: M. Häkkinen (53. U/W); J. Verstappen (48. M); P. Diniz (47. D);R. Barrichello (42. D)

16 13.10.1996 GP Japan – Suzuka
1. R.: J. Villeneuve (P); D. Hill

1. Damon Hill	Williams-Renault	- 1:32.33,791
2. Michael Schumacher	Ferrari	- 1,883
3. Mika Häkkinen	McLaren-Mercedes	- 3,212
4. Gerhard Berger	Benetton-Renault	- 26,526
5. Martin Brundle	Jordan-Peugeot	- 1.07,120
6. Heinz-H. Frentzen	Sauber-Ford	- 1.21,186

7. O. Panis; 8. D. Coulthard; 9. R. Barrichello; 10. J. Herbert; 11. J. Verstappen; 12. P. Lamy; 13. R. Rosset

Ausfälle: E. Irvine (40. U); U. Katayama (38. M); J. Villeneuve (37. W/U); M. Salo (21. M); P. Diniz (14. D); J. Alesi (1. U)

1997

1 09.03.1997 GP Australien – Melbourne
1. R: J. Villeneuve (P); H.-H. Frentzen

1. David Coulthard	McLaren-Mercedes	1:30.28,718
2. Michael Schumacher	Ferrari	- 20,046
3. Mika Häkkinen	McLaren-Mercedes	- 22,177
4. Gerhard Berger	Benetton-Renault	- 22,841
5. Olivier Panis	Prost-Mugen-Honda	- 1.00,308
6. Nicola Larini	Sauber-Petronas	- 1.36,040

7. S. Nakano; 8. H.-H. Frentzen; 9. J. Trulli; 10. P. Diniz

Ausfälle: H.-H. Frentzen (56. W); R. Barrichello (50. M); M. Salo (43. W); J. Magnussen (37. W); J. Alesi (35. W); U. Katayama (33. M); G. Fisichella (15. D); J. Verstappen (3. U); R. Schumacher (2. W); E. Irvine (1. U); J. Villeneuve (1. U); J. Herbert (1. U)

N. gest.: D. Hill (W)

2 30.03.1997 GP Brasilien – São Paulo
1. R.: J. Villeneuve (P); M. Schumacher

1. Jacques Villeneuve	Williams-Renault	1:36.06,990
2. Gerhard Berger	Benetton-Renault	- 4,190
3. Olivier Panis	Prost-Mugen-Honda	- 15,870
4. Mika Häkkinen	McLaren-Mercedes	- 33,033
5. Michael Schumacher	Ferrari	- 33,731
6. Jean Alesi	Benetton-Renault	- 34,020

7. J. Herbert; 8. G. Fisichella; 9. H.-H. Frentzen; 10. D. Coulthard; 11. N. Larini; 12. J. Trulli; 13. M. Salo; 14. S. Nakano; 15. J. Verstappen; 16. E. Irvine; 17. D. Hill (69. F); 18. U. Katayama

Ausfälle: R. Schumacher (53. W); R. Barrichello (17. W); P. Diniz (16. D)

N. gest.: J. Magnussen

3 13.04.1997 GP Argentinien – Buenos Aires
1. R.: J. Villeneuve; H.-H. Frentzen

1. Jacques Villeneuve	Williams-Renault	1:52.01,715
2. Eddie Irvine	Ferrari	- 0,979
3. Ralf Schumacher	JordanPeugeot	- 12,089
4. Johnny Herbert	Sauber-Petronas	- 29,919
5. Mika Häkkinen	McLaren-Mercedes	- 30,351
6. Gerhard Berger	Benetton-Renault	- 31,393

7. J. Alesi; 8. M. Salo; 9. J. Trulli; 10. J. Magnussen (67. M)

Ausfälle: N. Larini (64. D); P. Diniz (51. G); S. Nakano (50. W); J. Verstappen (44. M); U. Katayama (38. D); D. Hill (34. M); G. Fisichella (25. U); R. Barrichello (25. M); O. Panis (19. M); H.-H. Frentzen (6. M); M. Schumacher (1. U); D. Coulthard (1. U)

4 27.04.1997 GP San Marino – Imola
1. R.: J. Villeneuve (P); H.-H. Frentzen

1. Heinz-H. Frentzen	Williams-Renault	1:31.00,673
2. Michael Schumacher	Ferrari	- 1,237
3. Eddie Irvine	Ferrari	- 1.18,343
4. Giancarlo Fisichella	Jordan-Peugeot	- 1.23,388
5. Jean Alesi	Benetton-Renault	- 1 Runde
6. Mika Häkkinen	McLaren-Mercedes	- 1 Runde

7. N. Larini; 8. O. Panis; 9. M. Salo; 10. J. Verstappen; 11. U. Katayama

Ausfälle: P. Diniz (54. G); J. Villeneuve (41. G); D. Coulthard (39. M); R. Barrichello (33. M); J. Herbert (19. W); R. Schumacher (18. W); S. Nakano (12. U); D. Hill (12. U); G. Berger (5. D); J. Magnussen (3. D)

N. gest.: J. Trulli (G)

5 11.05.1997 GP Monaco – Monte Carlo
1. R.: H.-H. Frentzen (P); M. Schumacher

1. Michael Schumacher	Ferrari	2:00.05,654
2. Rubens Barrichello	Stewart-Ford	- 53,802
3. Eddie Irvine	Ferrari	- 1.22,108
4. Olivier Panis	Prost-Mugen-Honda	- 1.44,402
5. Mika Salo	Tyrrell-Ford	- 1 Runde
6. Giancarlo Fisichella	Jordan-Peugeot	- 1 Runde

7. J. Magnussen; 8. J. Verstappen; 9. G. Berger; 10. U. Katayama

Ausfälle: H.-H. Frentzen (40. U); S. Nakano (37. U); N. Larini (25. U); J. Alesi (17. D); J. Villeneuve (17. U); R. Schumacher (11. U); J. Herbert (10. U); J. Trulli (7. U); D. Coulthard (2. D); M. Häkkinen (2. U); D. Hill (2. U); P. Diniz (1. U)

6 25.05.1997 GP Spanien – Barcelona
1. R.: J. Villeneuve (P); H.-H. Frentzen

1. Jacques Villeneuve	Williams-Renault	1:30.35,896
2. Olivier Panis	Prost-Mugen-Honda	- 5,804
3. Jean Alesi	Benetton-Renault	- 12,534
4. Michael Schumacher	Ferrari	- 17,979
5. Johnny Herbert	Sauber-Petronas	- 27,986
6. David Coulthard	McLaren-Mercedes	- 29,744

7. M. Häkkinen; 8. H.-H. Frentzen; 9. G. Fisichella; 10. G. Berger; 11. J. Verstappen 12. E. Irvine; 13. J. Magnussen; 14. G. Morbidelli; 15. J. Trulli

Ausfälle: P. Diniz (54. M); R. Schumacher (51. M); R. Barrichello (38. M); M. Salo (36. W); S. Nakano (35. G); D. Hill (19. M); U. Katayama (12. W)

Abkürzungen

A	=	Aufgabe	W	=	Wagen
D	=	Dreher	Disq.	=	Disqualifziert
F	=	Feuer	N. gew.	=	Nicht gewertet
G	=	Getriebe	N. gest.	=	Nicht gestartet
M	=	Motor defekt	1. R.	=	1. Reihe
U	=	Unfall	(P)	=	Pole Position

Alle Rennergebnisse

⑦ 15.06.1997 GP Kanada – Montréal
1. R: M. Schumacher (P); J. Villeneuve

1. Michael Schumacher	Ferrari	1:17.40,646
2. Jean Alesi	Benetton-Renault	- 2,565
3. Giancarlo Fisichella	Jordan-Peugeot	- 3,219
4. Heinz-H. Frentzen	Williams-Renault	- 3,768
5. Johnny Herbert	Sauber-Petronas	- 4,716
6. Shinji Nakano	Prost-Mugen-Honda	- 36,701

7. D. Coulthard; 8. P. Diniz; 9. D. Hill; 10. G. Morbidelli; 11. O. Panis (52. U)

Ausfälle: M. Salo (47. M); J. Verstappen (43. G); A. Wurz (36. G); R. Barrichello (34. G); J. Trulli (33. M); R. Schumacher (15. U); U. Katayama (6. W); J. Villeneuve (2. U); E. Irvine (1. U); M. Häkkinen (1. U); J. Magnussen (1. U)

⑧ 29.06.1997 GP Frankreich – Magny-Cours
1. R.: M. Schumacher (P); H.-H. Frentzen

1. Michael Schumacher	Ferrari	1:38.50,492
2. Heinz-H. Frentzen	Williams-Renault	- 23,537
3. Eddie Irvine	Ferrari	- 1.14,801
4. Jacques Villeneuve	Williams-Renault	- 1.21,784
5. Jean Alesi	Benetton-Renault	- 1.22,735
6. Ralf Schumacher	Jordan-Peugeot	- 1.29,871

7. Coulthard (72. U); 8. J. Herbert; 9. G. Fisichella; 10. J. Trulli; 11. U. Katayama; 12. D. Hill

Ausfälle: M. Salo (62. M); A. Wurz (61. D); P. Diniz (59. D); N. Fontana (41. D); R. Barrichello (37. M); J. Magnussen (34. W); M. Häkkinen (19. M); J. Verstappen (16. M); S. Nakano (8. D); T. Marques (6. M)

⑨ 13.07.1997 GP England – Silverstone
1. R.: J. Villeneuve (P); H.-H. Frentzen

1. Jacques Villeneuve	Williams-Renault	1:28.01,665
2. Jean Alesi	Benetton-Renault	- 10,205
3. Alexander Wurz	Benetton-Renault	- 11,296
4. David Coulthard	McLaren-Mercedes	- 31,229
5. Ralf Schumacher	Jordan-Peugeot	- 31,880
6. Damon Hill	Arrows-Yamaha	- 1.13,552

7. G. Fisichella; 8. J. Trulli; 9. N. Fontana; 10. T. Marques; 11. S. Nakano (58. M)

Ausfälle: M. Häkkinen (53. M); J. Magnussen (51. M); J. Verstappen (46. M); E. Irvine (45. W); M. Salo (45. M); J. Herbert (43. G); M. Schumacher (39. W); R. Barrichello (38. M); P. Diniz (30. M); H.-H. Frentzen (1. U); U. Katayama (1. U)

⑩ 27.07.1997 GP Deutschland – Hockenheim
1.R.: G. Berger (P); G. Fisichella

1. Gerhard Berger	Benetton-Renault	1:20.59,046
2. Michael Schumacher	Ferrari	- 17,527
3. Mika Häkkinen	McLaren-Mercedes	- 24,770
4. Jarno Trulli	Prost-Mugen-Honda	- 27,165
5. Ralf Schumacher	Jordan-Peugeot	- 29,995
6. Jean Alesi	Benetton-Renault	- 34,717

7. S. Nakano; 8. D. Hill; 9. N. Fontana; 10. J. Verstappen; 11. G. Fisichella (41. W)

Ausfälle: J. Villeneuve (33. D); R. Barrichello (33. M); M. Salo (33. W); J. Magnussen (27. M); U. Katayama (23. W); J. Herbert (8. U); P. Diniz (8. U); D. Coulthard (1. W); H.-H. Frentzen (1. U); E. Irvine (1. U); T. Marques (1. W)

⑪ 10.08.1997 GP Ungarn – Budapest
1. R.: M. Schumacher (P); J. Villeneuve

1. Jacques Villeneuve	Williams-Renault	1:45.47,149
2. Damon Hill	Arrows-Yamaha	- 9,079
3. Johnny Herbert	Sauber-Petronas	- 20.445
4. Michael Schumacher	Ferrari	- 30,501
5. Ralf Schumacher	Jordan-Peugeot	- 30,715
6. Shinji Nakano	Prost-Mugen-Honda	- 41,512

7. J. Trulli; 8. G. Berger; 9. E. Irvine; 10. U. Katayama; 11. J. Alesi; 12. T. Marques; 13. M. Salo

Ausfälle: E. Irvine (77. U); D. Coulthard (65. M); J. Verstappen (61. G); P. Diniz (53. M); G. Fisichella (42. D); H.-H. Frentzen (29. W); R. Barrichello (29. M); M. Häkkinen (12. M); G. Morbidelli (7. M); J. Magnussen (5. U)

⑫ 24.08.1997 GP Belgien – Spa-Francorchamps
1.R.: J. Villeneuve (P); J. Alesi

1. Michael Schumacher	Ferrari	1:33.46,717
2. Giancarlo Fisichella	Jordan-Peugeot	- 26,753
3. Heinz-H. Frentzen	Williams-Renault	- 32,147
4. Johnny Herbert	Sauber-Petronas	- 39,025
5. Jacques Villeneuve	Williams-Renault	- 42,103
6. Gerhard Berger	Benetton-Renault	- 1.03,741

7. P. Diniz; 8. J. Alesi; 9. G. Morbidelli; 10. E. Irvine (44. U); 11. M. Salo; 12. J. Magnussen; 13. D. Hill; 14. U. Katayama; 15. J. Trulli

Ausfälle: D. Hill (43. W); U. Katayama (43. M); J. Verstappen (26. U); R. Schumacher (22. U); D. Coulthard (20. D); T. Marques (19. D); R. Barrichello (9. U); S. Nakano (6. M)

⑬ 07.09.1997 GP Italien – Monza
1. R.: J. Alesi (P); H.-H. Frentzen

1. David Coulthard	McLaren-Mercedes	1:17.04,609
2. Jean Alesi	Benetton-Renault	- 1,937
3. Heinz-H. Frentzen	Williams-Renault	- 4,343
4. Giancarlo Fisichella	Jordan-Peugeot	- 5,871
5. Jacques Villeneuve	Williams-Renault	- 6,416
6. Michael Schumacher	Ferrari	- 11,481

7. G. Berger; 8. E. Irvine; 9. M. Häkkinen; 10. J. Trulli; 11. S. Nakano; 12. G. Morbidelli; 13. R. Barrichello; 14. T. Marques

Ausfälle: D. Hill (47. M); R. Schumacher (40. W); J. Herbert (39. U); M. Salo (34. M); J. Magnussen (32. W); J. Verstappen (13. G); U. Katayama (9. W); P. Diniz (5. W)

⑭ 21.09.1997 GP Österreich – Zeltweg
1. R.: J. Villeneuve (P); M. Häkkinen

1. Jacques Villeneuve	Williams-Renault	1:27.35,999
2. David Coulthard	McLaren-Mercedes	- 2,909
3. Heinz-H. Frentzen	Williams-Renault	- 3,962
4. Giancarlo Fisichella	Jordan-Peugeot	- 12,127
5. Ralf Schumacher	Jordan-Peugeot	- 31,859
6. Michael Schumacher	Ferrari	- 33,410

7. D. Hill; 8. J. Herbert; 9. G. Morbidelli; 10. G. Berger; 11. U. Katayama; 12. J. Verstappen; 13. P. Diniz (68. W); 14. R. Barrichello (66. D)

Ausfälle: J. Magnussen (59. M); J. Trulli (59. M); S. Nakano (58. M); M. Salo (54. G); E. Irvine (37. U); J. Alesi (37. U); M. Häkkinen (1. M)

⑮ 28.09.1997 GP Luxemburg – Nürburgring
1. R.: M. Häkkinen (P); J. Villeneuve

1. Jacques Villeneuve	Williams-Renault	1:31.27,843
2. Jean Alesi	Benetton-Renault	- 11,770
3. Heinz-H. Frentzen	Williams-Renault	- 13,480
4. Gerhard Berger	Benetton-Renault	- 16,416
5. Pedro Diniz	Arrows-Yamaha	- 43,147
6. Olivier Panis	Prost-Mugen-Honda	- 43,750

7. J. Herbert; 8. D. Hill; 9. G. Morbidelli; 10. M. Salo

Ausfälle: J. Verstappen (51. M); M. Häkkinen (44. M); R. Barrichello (44. M); D. Coulthard (43. M); J. Magnussen (41. M); E. Irvine (23. M); S. Nakano (17. M); M. Schumacher (3. W); T. Marques (2. M); U. Katayama (2. U); R. Schumacher (1. U); G. Fisichella (1. U)

⑯ 12.10.1997 GP Japan – Suzuka
1. R.: J. Villeneuve; M. Schumacher

1. Michael Schumacher	Ferrari	1:29.48,446
2. Heinz-H. Frentzen	Williams-Renault	- 1,378
3. Eddie Irvine	Ferrari	- 26,384
4. Mika Häkkinen	McLaren-Mercedes	- 27,129
5. Jean Alesi	Benetton-Renault	- 40,403
6. Johnny Herbert	Sauber-Petronas	- 41,630

7. G. Fisichella; 8. G. Berger; 9. R. Schumacher; 10. D. Coulthard (53. M); 11. D. Hill; 12. P. Diniz; 13. J. Verstappen

Ausfälle: T. Marques (47. G); M. Salo (47. M); O. Panis (37. M); S. Nakano (23. W); U. Katayama (9. M); R. Barrichello (7. D); J. Magnussen (4. D)

Disq.: Villeneuve (gelbe Flagge missachtet)

⑰ 26.10.1997 GP Europa – Jerez
1. R.: J. Villeneuve (P); M. Schumacher

1. Mika Häkkinen	McLaren-Mercedes	1:38.57,771
2. David Coulthard	McLaren-Mercedes	- 1,654
3. Jacques Villeneuve	Williams-Renault	- 1,803
4. Gerhard Berger	Benetton-Renault	- 1,919
5. Eddie Irvine	Ferrari	- 3,789
6. Heinz-H. Frentzen	Williams-Renault	- 4,537

7. O. Panis; 8. J. Herbert; 9. J. Magnussen; 10. S. Nakano; 11. G. Fisichella; 12. M. Salo; 13. J. Alesi; 14. N. Fontana; 15. T. Marques; 16. J. Verstappen; 17. U. Katayama

Ausfälle: M. Schumacher (48. U); D. Hill (48. G); R. Schumacher (45. M); R. Barrichello (31. G); P. Diniz (12. D)

1998

① 08.03.1998 GP Australien – Melbourne
1. R.: M. Häkkinen (P); D. Coulthard

1. Mika Häkkinen	McLaren-Mercedes	1:31.45,996
2. David Coulthard	McLaren-Mercedes	-0,702
3. Heinz-H. Frentzen	Williams-Mécachrome	-1 Runde
4. Eddie Irvine	Ferrari	-1 Runde
5. Jaques Villeneuve	Williams-Mécachrome	-1 Runde
6. Johnny Herbert	Sauber-Petronas	-1 Runde

7.A. Wurz; 8. D. Hill; 9. O. Panis

Ausfälle: Fisichella (44. W); Alesi (42. M); Trulli (27. G); Rosset (26. G); Salo (24. G); Tuero (23. M); Nakano (9. W); M. Schumacher (6. M); Diniz (3. G); R. Schumacher (2. U); Magnussen (2. U); Takagi (2. D); Barrichello (1. G)

② 29.03.1998 GP Brasilien – São Paulo
1. R.: M. Häkkinen (P); D. Coulthard

1. Mika Häkkinen	McLaren-Mercedes	1:37.11,747
2. David Coulthard	McLaren-Mercedes	- 1,102
3. Michael Schumacher	Ferrari	- 1.00,550
4. Alexander Wurz	Benetton-Playlife	- 1.07,453
5. Heinz-H. Frentzen	Williams-Mécachrome	- 1 Runde
6. Giancarlo Fisichella	Benetton-Playlife	- 1 Runde

7.J. Villeneuve; 8. E. Irvine; 9. J. Alesi; 10. J. Magnussen; 11. J. Herbert (67. A)

Ausfälle: Panis (64. G); Barrichello (57. G); Rosset (53. G);Tuero (45. W); Diniz (27. G); Takagi (20. M); Salo (19. M); Trulli (18. W);Nakano (4. D); R. Schumacher (1. D)

③ 12.04.1998 GP Argentinien – Buenos Aires
1. R.: D. Coulthard (P); M. Schumacher

1. Michael Schumacher	Ferrari	1:48.36,175
2. Mika Häkkinen	McLaren-Mercedes	- 22,899
3. Eddie Irvine	Ferrari	- 57,745
4. Alexander Wurz	Benetton-Playlife	- 1.08,134
5. Jean Alesi	Sauber-Petronas	- 1.18,286
6. David Coulthard	McLaren-Mercedes	- 1.19,751

7.G. Fisichella; 8. D. Hill; 9. H. H. Frentzen; 10. R. Barrichello; 11. J. Trulli; 12. T. Takaqi: 13. S. Nakano; 14. R. Rosset; 15. O. Panis (66. M)

Ausfälle: Tuero (64. U); Villeneuve (53. U); Herbert (49. U);R. Schumacher (23. W); Salo (19. G); Magnussen (18. W); Diniz (14. G)

④ 26.04.1998 GP San Marino – Imola
1. R.: D. Coulthard (P); M. Häkkinen

1. David Coulthard	McLaren-Mercedes	1:34.24,593
2. Michael Schumacher	Ferrari	- 4,554
3. Eddie Irvine	Ferrari	- 51,776
4. Jacques Villeneuve	Williams-Mécachrome	- 54,590
5. Heinz-H. Frentzen	Williams-Mécachrome	- 1.17,477
6. Jean Alesi	Sauber-Petronas	- 1 Runde

7.R. Schumacher; 8. E. Tuero; 9. M. Salo; 10. D. Hill (58. M); 11. O. Panis (57. M)

Ausfälle: Rosset (49. M); Takagi (41. M); Trulli (35. W); Nakano (28. M); Diniz (19. M); Häkkinen (18. G); Fisichella (18. U); Wurz (18. M); Herbert (13. W); Magnussen (9. W), Barrichello (1. U)

⑤ 10.05.1998 GP Spanien – Barcelona
1. R.: M. Häkkinen (P); D. Coulthard

1. Mika Häkkinen	McLaren-Mercedes	1:33.37,621
2. David Coulthard	McLaren-Mercedes	- 9,439
3. Michael Schumacher	Ferrari	-- 47,094
4. Alexander Wurz	Benetton-Playlife	- 1.02,538
5. Rubens Barrichello	Stewart-Ford	- 1 Runde
6. Jacques Villeneuve	Williams-Mécachrome	- 1 Runde

7. J. Herbert; 8. H. H. Frentzen; 9. J. Trulli; 10. J. Alesi; 11. R. Schumacher; 12. J. Magnussen; 13. T. Takagi; 14. S. Nakano; 15. E. Tuero; 16. O. Panis (61. W)

Ausfälle: Hill (47. M); Irvine (29. U); Fisichella (29. U); Salo (22. M); Diniz (21. M)

⑥ 24.05.1998 GP Monaco – Monte Carlo
1. R.: M. Häkkinen (P); D. Coulthard

1. Mika Häkkinen	McLaren-Mercedes	1:51.23,595
2. Giancarlo Fisichella	Benetton-Playlife	- 11,475
3. Eddie Irvine	Ferrari	-- 41,378
4. Mika Salo	Arrows	- 1.00,363
5. Jacques Villeneuve	Williams-Mécachrome	- 1 Runde
6. Pedro P. Diniz	Arrows	- 1 Runde

7.J. Herbert; 8. D. Hill; 9. S. Nakano; 10. M. Schumacher; 11. T. Takagi; 12. J. Alesi (73. G)

Ausfälle: Trulli (57. G); Panis (50. W); R. Schumacher (45. U);Wurz (43. U); Magnussen (31. W); Coulthard (18. M); Barrichello (12. W); Frentzen (10. U); Tuero (1. U)

⑦ 07.06.1998 GP Kanada – Montréal
1. R: D. Coulthard (P); M. Häkkinen

1. Michael Schumacher	Ferrari	1:40.57,355
2. Giancarlo Fisichella	Benetton-Playlife	- 16,662
3. Eddie Irvine	Ferrari	- 1.00,058
4. Alexander Wurz	Bennetton-Playlife	- 1.03,232
5. Rubens Barrichello	Stewart-Ford	- 1.21,512
6. Jan Magnussen	Stewart-Ford	- 1 Runde

7.S. Nakano; 8. R. Rosset; 9. P. P. Diniz; 10. J. Villeneuve

Ausfälle: Tuero (54. W); Hill (43. W); Panis (40. M); Frentzen (21. D);Coulthard (19. M); Herbert (19. D); Salo (19. U); Häkkinen (1. G); R. Schumacher (1. W); Alesi (1. U); Trulli (1. U); Takagi (1. W)

⑧ 28.06.1998 GP Frankreich – Magny-Cours
1. R.: M. Häkkinen (P); M. Schumacher

1. Michael Schumacher	Ferrari	1:34.45,026
2. Eddie Irvine	Ferrari	- 19,575
3. Mika Häkkinen	McLaren-Mercedes	- 19,747
4. Jacques Villeneuve	Williams-Mécachrome	- 1.06,965
5. Alexander Wurz	Benetton-Playlife	- 1 Runde
6. David Coulthard	McLaren-Mercedes	- 1 Runde

7.J. Alesi; 8. J. Herbert; 9. G. Fisichella; 10. R. Barrichello; 11. O.Panis; 12. j. Verstappen; 13. M. Salo; 14. P. P. Diniz; 15. H. H. Frentzen (69. W); 16. R. Schumacher; 17. S. Nakano (66. M)

Ausfälle: Takagi (61. M); Trulli (56. D); Tuero (42. G); Hill (20. W); Rosset (17. M)

⑨ 12.07.1998 GP England – Silverstone
1. R.: M. Häkkinen (P); M. Schumacher

1. Michael Schumacher	Ferrari	1:47.02,450
2. Mika Häkkinen	McLaren-Mercedes	- 22,465
3. Eddie Irvine	Ferrari	- 29,199
4. Alexander Wurz	Benetton-Playlife	- 1 Runde
5. Giancarlo Fisichella	Benetton-Playlife	- 1 Runde
6. Ralf Schumacher	Jordan-Mugen-Honda	- 1 Runde

7. J. Villeneuve; 8. S. Nakano; 9. T. Takagi

Ausfälle: Alesi (54. W); Diniz (46. D);Panis (41. D); Barrichello (40. D);Verstappen (39. D); Coulthard (38. D); Trulli (38. D); Rosset (30. D); Tuero (30. D); Herbert (28. D); Salo (28. D); Frentzen (16. D); Hill (14. D)

⑩ 26.07.1998 GP Österreich – A1 Ring
1.R.: G. Fisichella (P); J. Alesi

1. Mika Häkkinen	McLaren-Mercedes	1:30.44,086
2. David Coulthard	McLaren-Mercedes	- 5,289
3. Michael Schumacher	Ferrari	- 39,093
4. Eddie Irvine	Ferrari	- 43,977
5. Ralf Schumacher	Jordan-Mugen-Honda	- 50,655
6. Jacques Villeneuve	Williams-Mécachrome	- 53,202

7. D. Hill; 8. J. Herbert; 9. A. Wurz; 10. J. Trulli; 11. S. Nakano; 12. R. Rosset

Ausfälle: Verstappen (52. M); Tuero (31. D); Fisichella (22. U); Alesi (22. U);Frentzen (17. M); Barrichello (9. W); Diniz (4. U); Salo (2. U); Panis (1. W); Takagi (1. D)

⑪ 02.08.1998 GP Deutschland Hockenheimring
1. R.: M. Häkkinen (P); D. Coulthard

1. Mika Häkkinen	McLaren-Mercedes	1:20.47,984
2. David Coulthard	McLaren-Mercedes	- 0,427
3. Jacques Villeneuve	Williams-Mécachrome	- 2,578
4. Damon Hill	Jordan-Mugen-Honda	- 7,185
5. Michael Schumacher	Ferrari	- 12,613
6. Ralf Schumacher	Jordan-Mugen-Honda	- 29,739

7.G. Fisichella; 8. E. Irvine; 9. H. H. Frentzen; 10. J. Alesi; 11. A. Wurz; 12. J. Trulli; 13. T. Takagi; 14. M. Salo; 15. O. Panis; 16. E. Tuero

Ausfälle: Herbert (38. G); Nakano (37. G); Barrichello (28. G); Verstappen (25. W); Diniz (3. W)

⑫ 16.08.1998 GP Ungarn – Budapest
1.R.: M. Häkkinen (P); D. Coulthard

1. Michael Schumacher	Ferrari	1:45.25,550
2. David Coulthard	McLaren-Mercedes	- 9,433
3. Jacques Villeneuve	Williams-Mécachrome	- 44,444
4. Damon Hill	Jordan-Mugen-Honda	- 55,075
5. Heinz-H. Frentzen	Williams-Mécachrome	- 56,510
6. Mika Häkkinen	McLaren-Mercedes	- 1 Runde

7.J. Alesi; 8. G. Fisichella; 9. R. Schumacher; 10. J. Herbert; 11. P. P. Diniz; 12. O. Panis; 13. J. Verstappen; 14. T. Takagi; 15. S. Nakano; 16. A. Wurz (70. W)

Ausfälle: Barrichello (55. G); Trulli (29. M); Salo (19. G); Irvine (14. G); Tuero (14. M)

⑬ 30.08.1998 GP Belgien – Spa-Francorchamps
1. R.: M. Häkkinen (P); D. Coulthard

1. Damon Hill	Jordan-Mugen-Honda	1:43.47,407
2. Ralf Schumacher	Jordan-Mugen-Honda	- 0,932
3. Jean Alesi	Sauber-Petronas	- 7,240
4. Heinz-H. Frentzen	Williams-Mécachrome	- 32,242
5. Pedro Diniz	Arrows	- 51,682
6. Jean Trulli	Prost-Peugot	- 2 Runden

7. D. Coulthard; 8. S. Nakano

Ausfälle: Fisichella (27. U); M. Schumacher (26. U); Irvine (26. U); Tuero (18. W); Villeneuve (17. U); Tagaki (11. U); Verstappen (9. M); Wurz (1. U); Häkkinen (1. U); Herbert (1. U)

⑭ 13.09.1998 GP Italien – Monza
1. R.: M. Schumacher (P); J. Villeneuve

1. Michael Schumacher	Ferrari	1:17.09,672
2. Eddie Irvine	Ferrari	- 37,977
3. Ralf Schumacher	Jordan-Mugen-Honda	- 41,152
4. Mika Häkkinen	McLaren-Mercedes	- 55,671
5. Jean Alesi	Sauber-Petronas	- 1.01,872
6. Damon Hill	Jordan-Mugen-Honda	- 1.06,688

7.H.-H. Frentzen; 8. G. Fisichella; 9. T. Takagi; 10. R. Barrichello; 11. E. Tuero; 12. R. Rosset; 13. J. Trulli

Ausfälle: Verstappen (40. G); Villeneuve (38. D); Salo (33. W); Wurz (25. G); Coulthard (17. M); Panis (16. A/W); Nakano (14. M); Herbert (13. D); Diniz (11. G)

⑮ 27.09.1998 GP Luxemburg – Nürburgring
1. R.: M. Schumacher (P); E. Irvine

1. Mika Häkkinen	McLaren-Mercedes	1:32.14,789
2. Michael Schumacher	Ferrari	- 2,212
3. David Coulthard	McLaren-Mercedes	- 34,164
4. Eddie Irvine	Ferrari	- 58,183
5. Heinz-H. Frentzen	Williams-Mécachrome	- 1.00,248
6. Giancarlo Fisichella	Benetton-Playlife	- 1.01,360

7.A. Wurz; 8. J. Villeneuve; 9. D. Hill; 10.J. Alesi; 11. R. Barrichello; 12. O. Panis 13. J. Verstappen ; 14. M. Salo; 15. S. Nakano; 16. T. Takagi; 17. E. Tuero

Ausfälle: R. Schumacher (54. W); Herbert (38. M); Rosset (37. M); Trulli (7. G); Diniz (7. W)

⑯ 01.11.1998 GP Japan – Suzuka
1. R.: M. Schumacher (P); M. Häkkinen

1. Mika Häkkinen	McLaren-Mercedes	1:27.22,535
2. Eddie Irvine	Ferrari	- 6,491
3. David Coulthard	McLaren-Mercedes	- 27,662
4. Damon Hill	Jordan-Mugen-Honda	- 1.13,491
5. Heinz-H. Frentzen	Williams-Mécachrome	- 1.13,857
6. Jacques Villeneuve	Williams-Mécachrome	- 1.15.867

7.J. Alesi; 8. G. Fisichella; 9. A. Wurz; 10. J. Herbert; 11. O. Panis; 12. J. Trulli (49. M)

Ausfälle: Nakano (41. W); M. Schumacher (32. W); Takagi (29. U); Verstappen (22. W); Salo (15. W); R. Schumacher (14. M); Diniz (3. D)

1999

① 07.03.1999 GP Australien – Melbourne
1. R.: M. Häkkinen (P); D. Coulthard

1. Eddie Irvine	Ferrari	1:35.01,659
2. Heinz-H. Frentzen	Jordan-Honda	-1,026
3. Ralf Schumacher	Williams-Supertec	-7,012
4. Giancarlo Fisichella	Benetton-Playlife	-33,418
5. Rubens Barrichello	Stewart-Ford	-54,697
6. Pedro de la Rosa	Arrows	-1.24,316

7. T. Takagi, 8. M. Schumacher

Ausfälle: Zonta (48. G); Badoer (42. G); Wurz (28. W); Diniz (27. G); Gené (25. U); Trulli (25. U); Panis (23. W); Häkkinen (21. W); Zanardi (20. U); Coulthard (13. W); Villeneuve (13. W); Hill (1. U); Alesi (1. G); Herbert (1. M)

② 11.04.1999 GP Brasilien – Interlagos
1. R.: M. Häkkinen (P); D. Coulthard

1. Mika Häkkinen	McLaren-Mercedes	1:36.03,785
2. Michael Schumacher	Ferrari	- 4,925
3. Heinz-Harald Frentzen	Jordan-Mugen-Honda	- 1 Runde
4. Ralf Schumacher	Williams-Supertec	- 1 Runde
5. Eddie Irvine	Ferrari	- 1 Runde
6. Olivier Panis	Prost-Peugeot	- 1 Runde

7.A. Wurz,8.T. Takagi, 9.M. Gené

Ausfälle: Frentzen (72. W); de la Rosa (53. W); Villeneuve (50.; W); Zanardi (44. G); Barrichello (43. M); Diniz (43. U); Fisichella (39. W); Sarrazin (32. U); Alesi (28. G); Coulthard (23. G); Trulli (22. G); Herbert (16. W); Hill (11. U)

③ 02.05.1999 GP San Marino – Imola
1. R.: M. Häkkinen (P); D. Coulthard

1. Michael Schumacher	Ferrari	1:33.44,792
2. David Coulthard	McLaren-Mercedes	- 4,265
3. Rubens Barrichello	Stewart-Ford	- 1 Runde
4. Damon Hill	Jordan-Mugen-Honda	- 1 Runde
5. Giancarlo Fisichella	Benetton-Playlife	- 1 Runde
6. Jean Alesi	Sauber-Petronas	- 1 Runde

7. M. Salo; 8. L. Badoer; 9. M. Gené; 10. J. Herbert; 11. A. Zanardi

Ausfälle: Salo (60. W); Herbert (59. M); Zanardi (59. U); Diniz (50. U); Panis (49. M); Irvine (47. M); Frentzen (47. U); Takagi (30. D); R. Schumacher (29. W); Häkkinen (18. U); de la Rosa (6. U); Wurz (6. U); Trulli (1. U); Villeneuve (1. G)

④ 16.05.1999 GP Monaco – Monte Carlo
1. R.: M. Häkkinen (P); M. Schumacher

1. Michael Schumacher	Ferrari	1:49.31,812
2. Eddie Irvine	Ferrari	- 30,476
3. Mika Häkkinen	McLaren-Mercedes	-37,483
4. Heinz-Harald Frentzen	Jordan-Mugen-Honda	-54,009
5. Giancarlo Fisichella	Benetton-Playlife	- 1 Runde
6. Alexander Wurz	Benetton-Playlife	- 1 Runde

7. J. Trulli; 8. A. Zanardi; 9. R. Barrichello (72. W)

Ausfälle: R. Schumacher (55. U); Alesi (51. U); Diniz (50. U); Panis (41. M); Coulthard (37. G); Salo (37. U); Takagi (37. M); Villeneuve (33. W); Herbert (33. W); de la Rosa (31. G); Gené (25. U); Badoer (11. G); Hill (4. U)

⑤ 16.05.1999 GP Spanien – Barcelona
1. R.: M. Häkkinen (P); E. Irvine

1. Mika Häkkinen	McLaren-Mercedes	1:34.13,665
2. David Coulthard	McLaren-Mercedes	-6,238
3. Michael Schumacher	Ferrari	- 10,845
4. Eddie Irvine	Ferrari	- 30,182
5. Ralf Schumacher	Williams-Supertec	- 1.27,208
6. Jarno Trulli	Prost-Peugeot	- 1 Runde

7. D. Hill; 8. M. Salo; 9. G. Fisichella; 10. A. Wurz; 11. P. de la Rosa; 12. T. Takagi

Ausfälle: Badoer (51. D); Villeneuve (41. G); Diniz (41. W); Herbert (41. W); Frentzen (36. W); Alesi (28. W); Zanardi (25. G); Panis (25. W); Gené (1. M)

⑥ 13.06.1999 GP Kanada – Montreal
1. R.: M. Schumacher (P); M. Häkkinen

1. Mika Häkkinen	McLaren-Mercedes	1:41.35,727
2. Giancarlo Fisichella	Benetton-Playlife	- 0,781
3. Eddie Irvine	Ferrari	- 1,796
4. Ralf Schumacher	Williams-Supertec	- 2,391
5. Johnny Herbert	Stewart-Ford	- 2,804
6. Pedro Diniz	Sauber-Petronas	- 3,710

7. D. Coulthard; 8. M. Gené; 9. O. Panis; 10. L. Badoer; 11. H.-H. Frentzen (66. U)

Ausfälle: Zanardi (51. G); Takagi (42. W); Villeneuve (35. U); M. Schumacher (30. U); de la Rosa (23. W); Hill (15. U); Barrichello (15. W); Zonta (3. U); Alesi (1. U); Trulli (1. U); Wurz (1. W)

⑦ 27.06.1999 GP Frankreich – Magny-Cours
1. R: R. Barrichello (P); J. Alesi

1. Heinz-Harald Frentzen	Jordan-Mugen-Honda	1:58.24,343
2. Mika Häkkinen	McLaren-Mercedes	- 11,092
3. Rubens Barrichello	Stewart-Ford	- 43,432
4. Ralf Schumacher	Williams-Supertec	- 45,457
5. Michael Schumacher	Ferrari	- 47,881
6. Eddie Irvine	Ferrari	-48,901

7. J. Trulli; 8. O. Panis; 9. R. Zonta; 10. L. Badoer; 11. P. de la Rosa

Ausfälle: Fisichella (43. D); Hill (32. W); Zanardi (27. D); Villeneuve (26. D); Wurz (26. D); Gené (26. D); Alesi (25. D); Coulthard (10. W); Diniz (7. W); Herbert (5. G)

Disq.: Takagi (unerlaubte Reifen)

⑧ 11.07.1999 GP England – Sillverstone
1. R.: M. Häkkinen (P); M. Schumacher

1. David Coulthard	McLaren-Mercedes	1:32.30,144
2. Eddie Irvine	Ferrari	- 1,829
3. Ralf Schumacher	Williams-Supertec	- 27,411
4. Heinz-Harald Frentzen	Jordan-Mugen-Honda	- 27,789
5. Damon Hill	Jordan-Mugen-Honda	- 38,606
6. Pedro Diniz	Sauber-Petronas	- 53,643

7. G. Fisichella; 8. R. Barrichello; 9. J. Trulli ; 10. A. Wurz; 11. A. Zanardi; 12. J. Herbert; 13. O. Panis; 14. J. Alesi; 15. M. Gené; 16. T. Takagi

Ausfälle: Zonta (42. W); Häkkinen (36. W); Villeneuve (30. W); Badoer (7. G); de la Rosa (1. G); M. Schumacher (1. U)

⑨ 25.07.1999 GP Österreich – A1-Ring
1. R.: M. Häkkinen (P); D. Coulthard

1. Eddie Irvine	Ferrari	1:28.12,438
2. David Coulthard	McLaren-Mercedes	- 0,313
3. Mika Häkkinen	McLaren-Mercedes	- 22,282
4. Heinz-Harald Frentzen	Jordan-Mugen-Honda	- 52,803
5. Alexander Wurz	Benetton-Playlife	- 1.06,358
6. Pedro Diniz	Sauber-Petronas	- 1.10,933

7. J. Trulli; 8. D. Hill; 9. M. Salo; 10. O. Panis; 11. M. Gené; 12. G. Fisichella (69. U); 13. L. Badoer; 14. J. Herbert; 15. R. Zonta (64. W)

Ausfälle: Barrichello (56. M); Alesi (50. W); de la Rosa (39. D); Zanardi (36. W); Villeneuve (35. W); Takagi (26. M); Ralf Schumacher (9. D)

⑩ 01.08.1999 GP Deutschland – Hockenheimring
1.R.: M. Häkkinen (P); H.- H. Frentzen

1. Eddie Irvine	Ferrari	1:21.58,594
2. Mika Salo	Ferrari	- 1,007
3. Heinz-Harald Frentzen	Jordan-Mugen-Honda	- 5,195
4. Ralf Schumacher	Williams-Supertec	- 12,809
5. David Coulthard	McLaren-Mercedes	- 16,823
6. Olivier Panis	Prost-Peugeot	- 29,879

7. A. Wurz; 8. J. Alesi; 9. M. Gené; 10. L. Badoer; 11. J. Herbert (41. G)

Ausfälle: de la Rosa (38. U); Häkkinen (26. U); Zanardi (22. W); Zonta (21. M); Takagi (16. M); Hill (14. A); Trulli (11. M); Fisichella (8. W); Barrichello (7. W); Villeneuve (1. U); Diniz (1. U)

⑪ 15.08.1999 GP Ungarn Hungaroring
1. R.: M. Häkkinen (P); E. Irvine

1. Mika Häkkinen	McLaren-Mercedes	1:46.23,536
2. David Coulthard	McLaren-Mercedes	- 9,706
3. Eddie Irvine	Ferrari	- 27,228
4. Heinz-Harald-Frentzen	Jordan-Mugen-Honda	- 31,815
5. Rubens Barrichello	Stewart-Ford	- 43,808
6. Damon Hill	Jordan-Mugen-Honda	-55,726

7. A. Wurz; 8. J. Trulli; 9. R. Schumacher; 10. O. Panis; 11. J. Herbert; 12. M. Salo; 13. R. Zonta; 14. L. Badoer; 15. P. de la Rosa; 16. J. Alesi; 17. M. Gené

Ausfälle: Alesi (75. W); Villeneuve (61. W); Fisichella (53. W); Takagi (27. W); Diniz (20. D); Zanardi (11. W)

⑫ 29.08.1999 GP Belgien – Spa-Franchorchamps
1.R.: M. Häkkinen (P); D. Coulthard

1. David Coulthard	McLaren-Mercedes	1:25.43,057
2. Mika Häkkinen	McLaren-Mercedes	- 10,469
3. Heinz-Harald-Frentzen	Jordan-Mugen-Honda	- 33,433
4. Eddie Irvine	Ferrari	- 44,948
5. Ralf Schumacher	Williams-Supertec	- 48,067
6. Damon Hill	Jordan-Mugen-Honda	- 54,916

7. M. Salo; 8. A. Zanardi; 9. J. Alesi; 10. R. Barrichello; 11. G. Fisichella; 12. J. Trulli; 13. O. Panis; 14. A. Wurz; 15. J. Villeneuve; 16. M. Gené

Ausfälle: de la Rosa (36. W); Badoer (34. W); Zonta (34. G); Herbert (28. D); Diniz (20. U); Takagi (1. W)

⑬ 12.09.1999 GP Italien – Monza
1. R.: M. Häkkinen (P); H.-H. Frentzen

1. Heinz-Harald-Frentzen	Jordan-Mugen-Honda	1:17.02,923
2. Ralf Schumacher	Williams-Supertec	- 3,272
3. Mika Salo	Ferrari	- 11,932
4. Rubens Barrichello	Stewart-Ford	- 17,630
5. David Coulthard	McLaren-Mercedes	- 18,142
6. Eddie Irvine	Ferrari	- 27,402

7. A. Zanardi; 8. J. Villeneuve; 9. J. Alesi; 10. D. Hill; 11. O.Panis (53. M)

Ausfälle: Herbert (41. W); Takagi (36. D); De la Rosa (36. W); Häkkinen (30. D); Trulli (30. W); Zonta (26. W); Badoer (24.U); Wurz (12. G); Diniz (2. U); Fisichella (2. U); Gené (1. U)

⑭ 26.09.1999 GP Luxemburg – Nürburgring
1. R.: H.-H. Frentzen (P); D. Coulthard

1. Johnny Herbert	Stewart-Ford	1:41:54,314
2. Jarno Trulli	Prost-Peugeot	- 22,618
3. Rubens Barrichello	Stewart-Ford	- 22,865
4. Ralf Schumacher	Williams-Supertec	- 39,507
5. Mika Häkkinen	McLaren-Mercedes	1:02,950
6. Marc Gené	Minardi-Ford	1:05,154

7. E. Irvine; 8. R. Zonta; 9. O. Panis; 10. J. Villeneuve (62. G)

Ausfälle: Badoer (54. G); de la Rosa (53. G); Fisichella (49. U); Salo (45. W); Takaqi (43. D); Coulthard (38. U); Alesi (36. W); Frentzen (33. W); Zanardi (11. D); Hill (1. W); Wurz (1. U); Diniz (1. U)

⑮ 17.10.1999 GP Malaysia – Sepang
1. R.: M. Schumacher (P); E. Irvine

1. Eddie Irvine	Ferrari	1:36.38,494
2. Michael Schumacher	Ferrari	- 1,040
3. Mika Häkkinen	McLaren-Mercedes	- 9,743
4. Johnny Herbert	Stewart-Ford	- 17,538
5. Rubens Barrichello	Stewart-Ford	- 32,296
6. Heinz-Harald Frentzen	Jordan-Mugen-Honda	- 34,884

7. J. Alesi; 8. A. Wurz; 9. M. Gené; 10. A. Zanardi; 11. G. Fisichella

Ausfälle: Villeneuve (49. W); Diniz (45. D); de la Rosa (31. M); Badoer (16. M); Coulthard (15. W); R. Schumacher (8. D); Takagi (8. W); Zonta (7. D); Panis (6. M); Hill (1. U); Trulli (1. M)

⑯ 31.10.1999 GP Japan – Suzuka
1. R.: M. Schumacher (P); M. Häkkinen

1. Mika Häkkinen	McLaren-Mercedes	1:31.18,785
2. Michael Schumacher	Ferrari	- 5,015
3. Eddie Irvine	Ferrari	- 1.35,688
4. Heinz-Harald Frentzen	Jordan-Mugen-Honda	- 1.38,635
5. Ralf Schumacher	Williams-Supertec	- 1.39,494
6. Jean Alesi	Sauber-Petronas	- 1 Runde

7. J. Herbert; 8. R. Barrichello; 9. J. Villeneuve; 10. A. Wurz; 11. P. Diniz; 12. R. Zonta; 13. P. de la Rosa; 14. G. Fisichella (48. M)

Ausfälle: Takagi (44. G); Badoer (44. M); Coulthard (40. G); Gené (32. G); Hill (22. A); Panis (20. W); Trulli (4. M); Zanardi (1. W)

Mika Häkkinen (l.) und Michael Schumacher waren die Rivalen um den WM-Titel der Jahre 1998 und 1999. Beide starten mit Zuversicht ins neue Jahrtausend, erneut um die WM kämpfen zu können.

In der Formel 1 ist Geschwindigkeit alles – auch beim Boxenstopp. Ein guter Service dauert im Schnitt sieben bis zehn Sekunden, je nach Spritmenge. Pro Sekunde werden

wölf Liter Benzin in den Tank gepresst. In dieser Zeit werden vier Räder gewechselt und das Visier des Piloten gereinigt. Dieses Prozedere proben die Teams hundertfach.

Register

Der Buchstabe „f" zeigt an, dass der Name oder Begriff in diesem Jahreskapitel häufiger vorkommt. **Fett** gedruckte Ziffern verweisen auf einen größeren Beitrag. Nicht aufgenommen wurden Namen aus den Statistiken und Tabellen sowie beiläufige Erwähnungen im Text.

Register

Register

TRIM
RADIO